Friedrich-Wilhelm Marquardt

Eia, wärn wir da - eine theologische Utopie

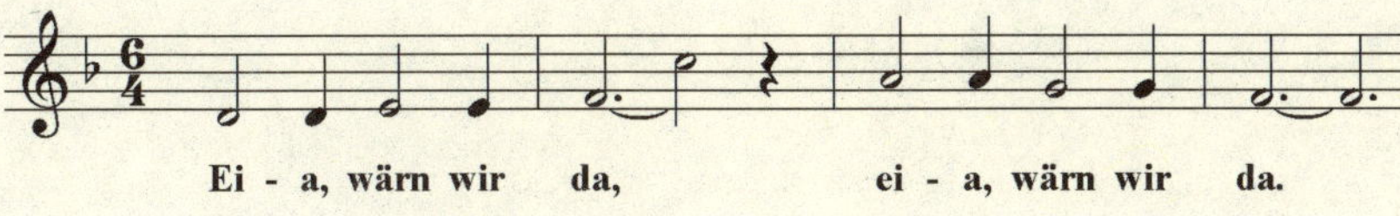

Chr. Kaiser
Gütersloher
Verlagshaus

Die Deutsche Bibliothek – CIP-Einheitsaufnahme

Marquardt, Friedrich-Wilhelm:
Eia, wärn wir da : eine theologische Utopie / Friedrich-Wilhelm Marquardt. –
Gütersloh : Kaiser , Gütersloher Verl.-Haus, 1997
ISBN 3-579-01947-3

ISBN 3-579-01947-3

Umschlaggestaltung: Ingeborg Geith, München
Satz: Weserdruckerei Rolf Oesselmann GmbH, Stolzenau
Druck und Bindung: MZ-Verlagsdruckerei GmbH, Memmingen
Printed in Germany

Inhalt

Vorwort

Soviel ich weiß, gab es bisher keine systematische Entwicklung einer Utopie im Zusammenhang der Dogmatik.

Also beginnen wir in dem vorliegenden Buch etwas *der Art nach Neues* und müssen allererst versuchen, die in Frage kommenden *Themen und Stoffe,* die aufzuwerfenden *Fragen* und sinnvollen *Methoden* für deren Beantwortung zu finden.

Wir nennen *drei Motive* für dies ungewöhnliche Vorhaben.

Erstens. Im *christlich-jüdischen Verhältnis,* dessen Verbesserung meine theologische Arbeit seit langem dienen möchte, steht – neben der Frage der Einheit und Einzigkeit Gottes, – der Frage nach der Messianität Jesu und nach der Bedeutung der Tora für das Verhältnis Gottes zu den Menschen – vor allem die *Welt*verantwortung der Christen, besonders für einen neuen Himmel, eine neue Erde, ja auch: einen neuen Menschen zur Diskussion. Juden setzen ihr hartes Nein gegen die kirchliche Botschaft von der *Erfüllung* aller Gottes-Hoffnungen und der schon begonnenen Weltvollendung im Christus-Heil. Besonders die in ihren Augen daraus resultierende christliche *Selbstgenügsamkeit* und Enthaltung von letzter Diesseitsverantwortung macht es ihnen schwer, den Gott Israels und Sinn und Ziel seiner biblischen Zeugnisse im christlichen Weltverhältnis wiederzuerkennen. Sie verstehen nicht, wie Christen sich mit der »noch nicht erlösten Welt«[1] so zufriedengeben, ja ihr sich so widerstandslos anpassen können, wie das durch die Lehre der Kirche und ihre Theologien, besonders die in der Tradition Martin Luthers stehenden, geschah. *Als Opfer unserer Gleichgültigkeit gegen die Welt* personifizieren sie die *Fraglichkeit dieses Heilsverständnisses;* sie vor allem fordert mich heraus zu dem vorliegenden Versuch. Ist wirklich diese noch nicht erlöste Welt das Maß für das Wirklichkeitsverständnis, vor dessen Gegebenheiten Kirchen und Theologie die ihnen aufgetragene Gottesbotschaft zu verantworten haben? Hatte sich nicht gerade Luther das ganz anders gedacht, als er die Verheißung einer durch und durch *neuen* Welt zur Bedingung der Möglichkeit erklärte, Gott zu begreifen, und als er mit den Aposteln auch unsere Augen richten wollte »auf die Dinge, wie sie zukünftig sein werden«: »secundum quod future sunt«, uns wegrufend von einem intuitus, einer Wahrnehmung und Anschauung der »Dinge, wie sie gegenwärtig«, derzeit noch »sind«[2] ? So

1. Theologische Erklärung zur gegenwärtigen Lage der Deutschen Evangelischen Kirche, 31. Mai 1934. These 5.
2. M. Luther, Vorlesung über den Römerbrief 1515/1516. Hrsg. von J. Ficker, 1908. Die Scholien, 198 (zu Röm 8,19).- Vgl. WA 56, 371,3ff.

gehörte nach Luther zum intuitus, zur Wahrnehmung dessen, was gerade in christlicher Theologie Wirklichkeit heißen und als wirklich gelten soll, das hinzu, was noch nicht »Sache«: res ist, bedarf Theologie (ausdrücklich anders als die Philosophie) um ihres Realitäts-Sinnes willen der Utopie.

Zweitens. Der Niederländer Kornelis Heiko Miskotte hatte gezeigt, daß es *in der Bibel* ein »tegoed«, eine Gutschrift, ein Guthaben, einen »Überschuß« an Gottesverheißungen gibt, die »in Christus« bisher nicht »erfüllt« worden sind und unter uns Menschen auch nicht.[3] ;Dabei handelt es sich vor allem um Gutschriften auf *weltliche,* gesellschaftlich-zwischenmenschliche und politische *Verwirklichungen* – um Überflüsse der Menschen- und Weltfreundlichkeit des biblischen Gottes noch weit hinaus über seine engsten Heilsbeziehungen zu einem jeden von uns und zum Volk Gottes im Weltgeschehen. Daß er »die Welt« geliebt hat, als er ihr seinen Sohn gab (Joh 3,16), besitzt offenbar *mehr* Gehalt, als wir »allein im Glauben« zu beantworten vermögen: Veränderung des Seienden im Ganzen.

Diese biblischen Gut*schriften* haben wir theologisch noch nicht als uns von Gott zugedachte Gut*haben* in unsere theologische Verantwortung aufgenommen, haben sie verdrängt, ja sogar ausgeschlossen: im Kampf gegen »Schwärmer«, und damit haben wir wichtige Teile des Gesetzes, der Propheten, der Schriften *links* liegen lassen. Eben diese in der Bibel lagernden Gutschriften Gottes für die Welt möchten wir als wesentliche Stoffe einer Utopie bedenken und behandeln, d.h. sie aufzunehmen versuchen in die Neubestimmung einer christlichen Beziehung zu Gott und der Welt.

Drittens. Last but not least hat uns der Zusammenbruch des »real existierenden« Sozialismus zu dem vorliegenden Versuch bewogen. Dieser bot seit 1917 einen »Sitz im Leben« für eine Vielzahl menschheitlicher utopischer Hoffnungen auf eine gerechtere Ordnung der Gesellschaften, auf ein materiell und seelisch-geistig gesättigtes Leben der Einzelnen. Auch wenn er solche Hoffnungen nicht erfüllte – sie konnten sich, solange es ihn gab, sei es mit Anstrengung der Vernunft, sei es traumtänzerisch an ihn heften und dadurch als »konkrete« Utopie wähnen – in den armen Ländern der Erde mit (bis heute) z. T. besseren Gründen als in den reichen westlichen Industriegesellschaften. Spätestens seit 1989 hängen solche Utopien jedoch wieder in der Luft, haben ihr Projektionsziel im Osten verloren und kehren nun in ihre verschiedenen Mutterböden zurück, denen sie entsprossen waren.[4]

3. K. H. Miskotte, Wenn die Götter schweigen. Vom Sinn des Alten Testaments. 1966, 179ff. – Vgl. original: Als de Goden zwijgen. Over de Zin van het Oude Testament, 1956. Het tegoed, 145ff.
4. Vgl. unten § 8.1.a., »Utopien in der Kritik«, S. 26ff.

Einer dieser Böden waren Judentum und Christentum, sofern und immer wenn sie die Bibel *lebendig* hielten. Ich bin der Überzeugung, daß die Kirchen nun ihren Anteil an den jetzt entwurzelten Menschheits-Utopien in ihre Verantwortung zurücknehmen und neu einpflanzen müßten in ihre Traditionen. Sie können m. E. unmöglich den nun konkurrenzlos in der Welt zurückgebliebenen Kapitalismus allein lassen im Wanken seiner Ziellosigkeit und in seiner rücksichtslos alle Werte und Normen zersetzenden Inhaltsleere. Und sie können es nicht einfach – rückblickend – auf sich beruhen lassen, daß der »real existierende« Sozialismus (außer politischen und ökonomischen Gründen) *geistig* daran scheiterte, daß er niemandem so feind war wie seiner eigenen Wurzel im sog. Utopischen Sozialismus, der seinerseits weitgehend gleich dem Religiösen Sozialismus im 18./19. Jahrhundert war.

Nicht, daß ich mich in diesem Buch nun anschickte, alte Utopien inhaltlich neu und etwa im Geist des Religiösen Sozialismus zu skizzieren. Zu stark wirkt der Widerspruch der gesellschaftlichen und kirchlich-theologischen Kräfte gegen das Genus von Utopie überhaupt. So betrachte ich es im folgenden lediglich als eine Aufgabe, *überhaupt* eine theologische Möglichkeit des Utopischen ihrer bisherigen Verdrängung abzugewinnen. Das gibt fürs erste genug zu tun.

Doch schließt das nicht aus, daß ich mit utopischen Traditionen der Bibel, der Kirchen- und Geistesgeschichte »utopisch« umzugehen versuche, also weder nur historisch-kritisch noch auf dogmatisch-kritische Weise. Meine erste Aufgabe sah ich darin, Stoffe der verlorenen Gutschriften der Bibel einigermaßen zu ordnen und zusammenzufassen. Dafür dienten mir die in der Tradition christlicher Frömmigkeit zwar vom sich wandelnden Geschmack abgewerteten, dennoch vor allem im Lied der Kirche und im Volks-Glauben bewahrten Groß-Utopien des *Paradieses* und des *neuen Jerusalem* und die doch auch theologisch lebendig gebliebene Hoffnung auf das *Reich Gottes.* Diese drei biblischen Hoffnungsziele besitzen m. E. heute womöglich mehr utopische »Aktualität« als je bisher.

Weil ich diese Aktualität im folgenden nur angedeutet, jedoch nicht inhaltlich umfassend ausgebreitet habe, möchte ich hier wenigstens die wichtigsten Berührungspunkte nennen, die ich zwischen den drei biblischen Utopieelementen und ihrer möglichen heutigen Bedeutung sehe.

Die *Utopie des Paradieses* attackiert uns heute in unserer wirtschaftlichen und geistigen Verantwortung für die *ökologischen Krisen und die Bedrohung der Naturbedingungen* unseres Daseins. Gemäß der besonderen *biblischen* Gestalt der Paradies-Tradition richtet sich ihr Angriff aber nicht nur auf das Verhältnis von Mensch und Natur, sondern umfassend auf das von Mensch zu Menschen und zu Gott. Die Lebensbedingungen des Paradieses fördern und verlangen nach einer *Gott* (nicht bloß natur-)gemäßen Weise des menschlichen Zusammenlebens.

Die *Utopie des neuen Jerusalem* attackiert uns im Zeitalter der *ökumenischen Groß- und Weltstädte:* der *kapitalistischen* Metropolen, wie vor allem auch jener *Zufluchtsstädte* für nicht selten 50 % der gesamten Bevölkerung eines südlichen Landes, die auf dem flachen Lande nicht mehr zureichend Nahrung und Kleidung und Hygiene findet, um sich dort draußen am Leben erhalten zu können. Auf die Großstädte richten sich die verzweifelten Projektionen von Hungernden. Wo, wenn nicht hier sollte die biblische Utopie von einer »neuen Bestrebung Stadt« (S. R. Hirsch) einen »Sitz im Leben« suchen und – erarbeiten?

Um das Kommen des *Reiches Gottes* haben die großen Kirchen im Vaterunser anhaltend gebetet. Aber sie haben zu wenig getan, diesem Kommen die Wege, die Bahn zu bereiten, und haben das dem orare entsprechende laborare von ihnen abweichenden Gruppen überlassen, die sie dafür auch noch theologisch mieden und bekämpften. Bestenfalls betrieben sie im Laufe der Jahrhunderte eine *Verwandlung der Reich-Gottes-Erwartung vom Chiliastischen ins bürgerlich-Ethische* und brachen ihr so die Spitze ab. Erst in allerneuester Zeit (nach den beiden Blumhardts) haben Theologen wie Helmut Gollwitzer, Jürgen Moltmann und Hans-Joachim Kraus (mit seinem Grundriß einer Systematischen Theologie unter dem Obertitel: »Reich Gottes: Reich der Freiheit« und dem Leitwort: 'Ελθάω ἡ βασιλεία σου, 1975) den grundsätzlichen theologischen und dogmatischen Sinn der biblischen Reichshoffnung in die ihr gebührende Stellung und kirchliche Aufmerksamkeit gerückt. Das geschah in Deutschland im Zusammenhang mit dem Utopie philosophierenden Denken Ernst Blochs, vor allem aber auch mit den Kämpfen der Studentenbewegung am Ende der Sechziger Jahre. Heute nun *attackiert die biblische Reichshoffnung die verheerenden Rückfälle in Ethnozentrismus und Nationalismus der Völker* der südlichen Welt, die sich vom Europäischen Kolonialismus befreit haben, und der Völker Osteuropas, des Balkan und Nordasiens, die nach dem Zusammenbruch der Sowjet-Union und des großrussischen, panslawistischen Erbes, das sie übernommen hatten, ihre nationale und religiöse Unabhängigkeit erkämpfen möchten. In manchen Formen eines jüdischen Selbstverständnisses aber ist der Selbstbehauptungs- und Überlebenbenskampf Israels im Nahen Osten zwar noch kein Kampf um den »Anbruch der Erlösung«, aber doch einer um eine notwendige allererste Voraussetzung dafür: und zwar nicht etwa nur zum Wohle des jüdischen Volkes, sondern zur Erweckung einer Hoffnung für die ganze Menschheit. Die biblische Reich-Gottes-Verkündigung ist heute noch die einzige Gestalt eines geistigen, aber zugleich die »real existierende« Menschheit im Auge habenden *Internationalismus.*

Theologisch sind mir nun *zwei Fragen* besonders schwierig und wichtig erschienen, die eine Bemühung um Utopie an uns stellt: ein religiöser und *theologischer Sinn von Raum* und – da Utopie ein Phänomen der Wirklichkeitsferne zu sein scheint – das *Problem von Transzendenz.*

In der Tradition modernen theologischen Denkens hat (ähnlich wie in der Philosophie) die Kategorie der Zeit (im Dienst der Wahrnehmung der Geschichte und zur Bestimmung der Geschichtlichkeit des Denkens) fast uneingeschränkt den Vorrang gehabt. Paul Tillich hat daneben das *Raum-Denken* einem eher konservativen, ursprungsmythisch verhafteten Denken typologisch zugeordnet[5], und auch sonst hat Theologie mit der Kategorie des Raumes nur etwas anfangen können, wenn sie sie in geschichtlichen Sinn umzusetzen vermochte. Auch wir können hinter die radikale Vergeschichtlichung und Verzeitlichung des Denkens nicht zurück, suchen *darin* aber nach einer eigenen Bedeutung des Raumes, um verstehen zu können, was der Sachverhalt ou topos – »kein Raum« – meinen könnte. Im übrigen *gibt* die verzweifelte Suche auf dem Erdball herumirrender Flüchtlingsströme nach Überlebensraum, – sind die Asyl suchenden Gruppen und Einzelnen in den Staaten Europas, – *sind* die Schicksale von Millionen politisch und ökonomisch Heimatvertriebener, ist aber auch die zionistische Landnahme Israels im Alt-Neuland seiner antiken Vorfahren *genug Anlaß,* uns um Raumfragen zu kümmern – mit Einschluß der mir völlig überflüssig scheinenden, weil nur die menschliche Wißbegier befriedigenden, aber den Menschheitsnöten Kräfte und Geld abknapsenden Raumfahrten. In dieser Situation versuche ich Utopie theologisch zu begreifen als das, was von Gott her, genauer: aus dem Zielwillen des Inneren Gottes heraus, nach einem Raum in der Herberge der Welt und der Menschheit sucht, aber dort noch nicht gefunden hat. Die »Herbergssuche« gehört zwar nur in die Überlieferung christlicher Krippenspiele und weihnachtlicher Volkslieder (»Wer klopfet an?«). Aber um die Nachricht herum, daß die Eltern Jesu und ihr Kind »keinen Raum in der Herberge« hatten (Lk 2,7), kann dies winzige Moment der biblischen Weihnachtserzählung doch einen angemessenen Stützpunkt für einen Sinn von Utopie – als das, was nach Raum sucht, aber noch keinen Raum in der Herberge gefunden hat – geben. Daß jüdische Tradition uns einen *Gottes*namen makom, Raum, Ort überliefert, gibt uns zusätzlich einen Anlaß, nach einem theologischen Sinn von Raum neu zu fragen.

Und natürlich ist das Utopische etwas uns völlig Jenseitiges und stellt uns das *Thema der Transzendenz.*

Dies verlangt nach Auschwitz eine radikalere Besinnung, als wir sie in der abendländischen Denküberlieferung bisher kannten.

Für *Jeschajahu Leibowitz,* den Professor für Organische und Biologische Chemie, den Mediziner, Philosophen und großen rabbinischen Gelehrten in Jerusalem, war Gott als ein irgendwie freies, welt- und menschenunabhängiges Sein scheint's völlig zurückgetreten hinter das seinen fordernden Willen fassen-

5. P. Tillich, Die sozialistische Entscheidung, 1933. Ausg. 1948, 18ff.24ff.

de Gesetz. Mochte eine Tendenz dazu immer schon zum Judentum gehört haben – Leibowitz schärfte die Alleinverantwortung eines die Tora praktizierenden Volkes für den »Sinn« der jüdischen Religion so radikal ein, daß man meinen konnte, Gott sei ihm »nichts anders als« das Gesetz geworden. Da er zudem in harscher jüdischer Selbstkritik der Ansicht war, mit der Vernichtung des osteuropäischen Judentums sei das heute überlebende Volk – unwillentlich oder willentlich – gar nicht mehr das Volk der Tora, war damit im Bezug auf Wege und Wandlungen dieses Volkes in der Welt auch von Gott: seiner Vorsehung, seiner Fürsorge, seiner Erwählung nichts mehr zu sagen. Leibowitz sprach nicht vom Tode Gottes, aber da uns von Gott nichts mehr zu sagen blieb, schien dies die heute angemessene Weise seiner Transzendenz: Gott hat mit der Welt nichts zu tun. Auch von unseren Gottesdiensten läßt sich *Sinn* nicht mehr aussagen – außer daß wir unsere Pflicht zu tun haben: im Gottesdienst und dem alltäglichen Halten der Gebote.

Ähnliches lehrte auf anderer Ebene der Pariser Philosoph und Talmud-Ausleger *Emmanuel Lévinas.* Konnten wir bisher Transzendenz grundsätzlich nur in einem logischen und erkenntnistheoretischen Rückbezug auf die Immanenz unserer Welt- und Selbsterfahrung, also auch des erkennenden Ich begreifen, – war sie also bisher wesentlich *uns* Transzendenz, so gilt es jetzt den waghalsigen Versuch, uns von uns zu lösen und eine Transzendenz »des Anderen« denken zu lernen. Es geht – vor allem ethisch – um die Anerkennung und den Schutz der Eigenheit, Selbständigkeit, das Selbstrecht eines jeden Anderen-als-Ich, seine wesenhafte Unabhängigkeit von meiner Verfügungsgewalt über ihn: um die Sinnhaftigkeit seiner Existenz, auch wenn sie sich gar nicht auf mich bezieht. Auch ohne daß der Andere oder das Andere mir nützt, zu mir gehört, irgendwie mit mir verbunden ist, hat es ein Recht auf sich selbst. Nach Lage der Dinge ist aber ein Eigenrecht des Anderen nur so zu erreichen, daß das herrschende abendländische Subjekt gerade auch die Königsstellung des *erkennenden* Ich verläßt – wir uns-selbst verlassen, um uns auf den Weg zum Anderen zu machen und uns seinem Vorrang zu unterziehen. Ob das praktisch, ob das auch nur in Gedanken überhaupt möglich ist, kann diskutiert werden, Zweifel daran sind möglich – das Gebot, Gott, Welt und Mensch (die »Anderen« schlechthin) aus unserer Vormundschaft zu entlassen, bleibt unabweisbar: da wir – Auschwitz hat dies gezeigt – Hüter des Anderen doch nicht waren, nicht sein konnten, solange wir es für selbstverständlich hielten (auch philosophisch selbstverständlich), uns selbst die Nächsten zu sein und bleiben zu *müssen,* wenn wir uns nicht in einem unheilbaren Irr-Sinn verlieren wollten. Durch Lévinas ist der uns »Nächste« zum Anderen-ohne-uns radikalisiert worden – eine Herausforderung ohnegleichen auch an christliche Theologie!

Denn *nun steht jede Nähe in Frage:* ethisch wie dogmatisch. Im vorliegenden Buch versuche ich, diese Herausforderung in doppelter Hinsicht anzunehmen: erstens im Blick auf Sinn und Wesen von *Utopie* als einem Phänomen der Ferne, – zweitens auf das christliche Verständnis von *Gott.* Dem *Thema der Utopie* nähere ich mich in diesem Buch also *nicht etwa von positiven* Gehalten, z.B. denen eines biblischen oder jüdischen oder christlich-reformerischen »Messianismus« her (wie dies, besonders nach Ernst Bloch und angesichts der Tradition des Religiösen Sozialismus, naheläge), sondern von der durch und durch kritischen Frage nach radikaler Transzendenz her, wie sie uns z.B. in den Werken von Leibowitz und Lévinas begegnet. Und die *Frage nach Gott,* die ich mit Absicht der Utopie zugeordnet habe, tritt damit ebenfalls in die Perspektive solcher radikalen Transzendenz – die im Grunde schon immer den tiefsten jüdischen Vorbehalt gegen das *trinitarische* Gottesverständnis der Christen ausmachte. Viel weniger das Problem trinitarischer »Hypostasen« und »Personen« Gottes ist für Juden am christlichen Gottesbekenntnis anstößig als vielmehr »schittuf«, jene Vergesellschaftung Gottes mit etwas Anderem als Gott: also die grundsätzliche Bemühung, Gott als Wesen einer sich notwendig auf die Welt und uns Menschen beziehenden *Nähe* zu begreifen.

So komme ich in dieser Utopie zu einer doppelten Näherbestimmung eines Nachdenkens über Gott: *1.* in den Zusammenhängen seiner Bestimmtheit durch utopische Räume – sofern im Paradies Gott mit den Menschen urbildlich beisammen ist, – er sich das alte und neue Jerusalem zu seiner »Stadt« erwählt hat und nie und nirgend Gott ohne sein Reich sein will; *2.* in der Nachfrage nach seiner radikalen, ihm seine Freiheit und Unabhängigkeit von Welt und Mensch einräumenden Transzendenz.

Dabei habe ich es als besonders kritische Aufgabe angesehen, einer radikalen Transzendenz *innerhalb* des trinitarisch erkannten Gottes nachzufragen, nicht etwa einen radikal transzendenten Gott gegen den trinitarischen auszuspielen. Ob das Sinn macht, muß sich herausstellen. Ich kämpfe um das trinitarische Gottesbekenntnis, das sich nicht dem Verdacht von avoda zara aussetzt: dem jüdischen Nein gegen christliche Lästerung Gottes.

Im Vorwort darf nun auch *Persönliches* zur Sprache kommen. Weite Passagen dieses Buches schrieb ich »im Gedenken an« Jeschajahu Leibowitz und Emmanuel Lévinas. Das ist wie sachlich so auch proprie dictu gesagt. Zu beiden hatte ich auch persönliche Beziehungen.

Leibowitz und seine Frau hatte ich auf dem Dach des Jerusalemer Rathauses gegenüber dem Damaskus-Tor bei Teddy Kollek kennengelernt, nachdem er schon vorher immer wieder Menschen nach mir gefragt hatte mit dem Bemerken, er halte mich für einen der wenigen Christen, von denen er sagen könne, daß sie Judentum offenbar verstünden; er hatte das auch in einem Artikel einer hebräischen Tageszeitung behauptet. Natürlich macht mich das erröten, zumal er dies Urteil wesentlich bezog auf meine Kritik an antijüdischen Denk- und Sprachformen meines Lehrers Karl Barth. Diese Kritik hat Leibowitz aber offenbar anhaltend beschäftigt – wohl auch aus jener unangenehmen Empfindung, die ihm der mehr als einmal auch von Juden gezogene Vergleich seiner jüdischen Arbeit mit der christlichen Arbeit meiner beiden Lehrer Rudolf Bultmann und Karl Barth bereitete – sie alle drei gesehen als Entmythisierer ihrer Traditionen und Kritiker ihrer Glaubensgemeinschaften. Wahrscheinlich suchte Leibowitz bei mir Argumente, sich gegen diese Vergleiche wehren zu können. Noch vierzehn Tage vor seinem Tode hat er sich ein Exemplar meiner Doktorarbeit über Barths Israel-Verständnis von Jerusalemer Studenten aus Berlin mitbringen lassen. Bei allem seinem geistigen Ingrimm gegen das Christliche fühle ich mich seinem Denken als dem eines, der mich belehrt, verbunden.

Emmanuel Lévinas aber saß neben meinem Freund Georges Casalis, als ich vor Jahrzehnten in Paris einen Vortrag über Martin Bubers Verständnis des »Theopolitischen« hielt. Ich empfand es als große Ehre, als er in die Diskussion eingriff: meine Überlegungen nicht ablehnend, aber gemäß seinem Buber-Verständnis und Gegensatz zu Buber scharf befragend.

Ich lebe und arbeite im Gedenken dieser – wie so vieler anderer – Lehrer Israels, bewahre sie nicht nur von Gehirn zu Gehirn, sondern auch von Angesicht zu Angesicht in meinem Herzen und befehle sie dem Überleben des Gottes ihrer Väter und meines Herrn Jesus Christus.

Mit dem vorliegenden Buch ist nun mein auf sieben Bände – die Zahl der Arme der Menora – angeschwollenes dogmatisches Projekt abgeschlossen. Ich will diesen Versuchen weiter nichts nachsagen.

Nur dies noch: Der vorliegende Band der Utopie ergänzt, aber überbietet auch die drei ihm vorangegangenen Bände der Eschatologie. Ich versuche dadurch einerseits die inhaltliche Beschränkung der klassischen Eschatologie aufzubrechen, über die ich in der Einleitung berichte. Andererseits versuche ich, durch Utopie auch noch eine Transzendenz des Eschatologischen zu denken und dadurch anzudeuten, was ich am Anfang der Eschatologie als Ende auch des »Endes« postulierte: nicht als das unseres Hoffens, aber als das aller christlicher Erfüllungs-Zufriedenheiten. Insofern läßt sich die Utopie doch auch als ein Werk-Stück für sich lesen: in relativer Selbständigkeit gegenüber den Bänden der Eschatologie.

Frau *Ilk Eva Jobatey* hat alle sieben Bände nicht nur getippt, sondern sie kritisch als erste Leserin, zünftige Lektorin, an die Gedanken und Schwierigkeiten der Sache dieser Bände mit Interesse und Verstand engagierte Teilnehmerin unter ihre Fittiche genommen und begleitet. Sie hat im Laufe der Jahre nicht nur Computer-Kurse mitgemacht, um dieser auch für sie neuen Schreib- und

Denkweise auf die Schliche zu kommen – sie hat auch noch Hebräisch gelernt, wozu sie bei ihrem anfänglichen Studium der Theologie an der Zehlendorfer Kirchlichen Hochschule, gleich als diese nach dem Ende der Nazizeit aus dem Untergrund wieder auftauchen und eröffnet werden konnte, nicht gekommen war: nur um besser meine Texte verfolgen zu können. Grundsätzlich weigerte sie sich, etwas zu tippen, was sie nicht verstand – und nie hatte ich einen Grund, an der Kompetenz ihres Verstehens zu zweifeln. Ihr Berufsweg, der mit dem Abschluß dieses Bandes zu Ende geht, ging in andere Richtung. Sie wurde Musikerin – was uns sehr verbindet –, Hausfrau und Mutter prachtvoller Kinder, die sie wohlbehütet durch Anfechtungen des Rassismus brachte, denen schwarze Menschen auch in der gar nicht immer weltoffenen Stadt Berlin ausgesetzt waren. Als sie dann in späten Tagen schlicht als miserabel bezahlte Schreibkraft am Institut für Evangelische Theologie der Freien Universität einen Arbeitsplatz bekam, hat sie sich schnell an meinem Vorhaben beteiligt und wurde zur unbestechlichen Aufpasserin auf die Gänge und Ergebnisse meiner Arbeit – alles noch alt- und *gut* – preußisch! Ich danke ihr auch hier in größtem Respekt.

Im Herbst 1996 *Friedrich-Wilhelm Marquardt*

Der utopische Raum: Gott

Einleitung

Wir beginnen ein für kirchliche Lehre und akademische Theologie ungewöhnliches Stück: ein Kapitel *Utopie* und ergänzen damit die bisher erarbeitete Lehre von der Zukunft: die *Eschatologie.*

In der Tradition wurde *Eschatologie* offen oder versteckt als *Widerpart* gegen alle Versuchungen von Christen und Kirchen entwickelt, sich die Zukunft Gottes auf utopische Weise und mit utopischen Inhalten zu denken. »Utopisches« galt und gilt als phantastisch, – jedes Realitätsprinzip sprengend, – als etwas innerweltlich, d.h. auf weltliche Weise und in der Welt zu Erwartendes, was nach bisherigem kirchlichem Verständnis nur außerweltlich, jenseitig, transzendent zu erhoffen ist, – als etwas, was kollektive Versprechungen bildet in einem Bereich, von dem wir doch nur im individuellen Verhältnis (z.B. von Gott und der Seele, der Seele und ihrem Gott) sprechen dürfen, – schließlich: als etwas, was statt von Gott erhofft, von uns selbst bewirkt, erstürmt, erkämpft werden kann, was also statt Hoffen: Wirken und Eilen, – statt Glauben: Werke entbindet und erfordert. *Eschatologie* wurde *antiutopisch* entwickelt vor allem wegen dieser fünf Merkmale des Utopischen: Es sei *1.* phantastisch, *2.* irreal, *3.* innerweltlich, *4.* kollektiv, *5.* kämpferisch. Die Kirche wollte wie alles Verhältnis von Mensch und Gott, so auch das zur Zukunft strikt als *Glaubens*verhältnis bewahren, Eschatologie mithin als Teil der Glaubens-Lehre bestimmen und beim Übergang zur Zukunft nicht das Gesetz des Glaubens verlassen, um es womöglich zuguterletzt noch gegen ein Gesetz der Werke auszutauschen.

Die *Themen* der Eschatologie wurden darum auf die Zukunftswerke *Gottes,* d.h. solche beschränkt, in denen er allein uns eine Zukunft bestimmt und bewirkt und in denen *Er-selbst, Er-in-Person* sich als letztes Ziel der Menschen und aller Dinge gibt.

Also: Gott konfrontiert uns in unserem Sterben dem Tod und wirft uns damit in den Kampf Seines Lebens gegen den Tod: seinen letzten Feind; das ist das erste Thema der kirchlichen Eschatologie. Er sendet Jesus im Menschensohn zu uns und allen Menschen, zu richten die Lebenden und die Toten: das ist das zweite Thema der Eschatologie. Er ruft und erweckt uns dazu von den Toten, damit wir Jesus im kommenden Menschensohn entgegeneilen und begegnen können: das dritte klassische Thema der Eschatologie. Er zieht uns ins Gespräch, in dem wir ihm letzte Rede und Antwort stehen dürfen: Ihn zu rechtfertigen mit unserem Leben und so ihn um eine letzte Rechtfertigung unseres Lebens zu bitten: die Erwartung des sog. Jüngsten Gerichts und das vierte Thema kirchlicher Eschatologie. Schließlich ruft er uns von hier fort, dorthin, wo er frei lebt und auch uns frei leben lassen will: ins ewige Leben, einem, in dem er uns teilzugeben verspricht an seinem eigenen pulsierenden Gottesleben, so daß wir befreit und sogar erlöst mit ihm und untereinander in Gemeinschaft leben, uns selbst erhellt erleben werden, indem er uns in bisher unbekannter Weise als Gott helle werden will, – und noch dazu so, daß er uns und wir ihm in einer unüberbietbaren Weise »herrlich«, d.h. wichtig, very important, werden: das ist das fünfte klassische Thema der traditionellen christlichen Eschatologie.

Wir sagten: Die kirchliche Lehre »beschränkte« ihre Lehre von der Zukunft auf diese fünf Themen.

Wir sehen dafür *drei Gründe: Erstens.* Eine im striktesten Sinne theo-logische Verantwortung; auch die Lehre von der Zukunft sollte Lehre von *Gott* sein, – *seinen* Werken, – dem, was er für uns tut, und darum sollte sie inhaltlich und formal *auf Gott konzentriert* werden.

Zweitens. Diese Beschränkung ist allerdings gleichbedeutend mit einer empfindlichen *Beschränkung des biblischen Zeugnisses,* in dem von der Zukunft *vielfältiger* und vor allem auch auf die Welt bezogen gesprochen wird; der größere Reichtum biblischer Zukunftsperspektiven macht es jedenfalls möglich, sich an den Grenzen der kirchlichen Eschatologie zu reiben und zu fragen: Was wird mit den aus der kirchlichen Lehre verdrängten Stoffen der Bibel? In den Perikopenreihen und der *Predigt* tauchen sie ja zum guten Teil auf; warum meidet sie die kirchliche *Lehre?* Und damit verbindet sich die weitere Frage: Wie wären sie gegenüber dem Schweigen der Tradition dennoch theologisch zu verantworten?

Drittens. Die Vermutung läßt sich nicht von der Hand weisen, daß jene eschatologische Beschränkung, so sehr sie theologisch verantwortet worden ist, zugleich doch *historisch* bedingt und eine Selbstbeschränkung der Kirche gegenüber ihr gefährlich gewordenen *Häretikern* ist, also Teil ihrer unablässigen Ketzerbekämpfungen in den eigenen Reihen, damit ein Teil der Herausbildung ihrer eigenen Orthodoxie.

Dabei spielten, wie immer, auch hier keineswegs nur Entscheidungen theologischer Lehre, sondern *auch Interessen politischer Selbstbehauptung* eine Rolle. Gerade die *eschatologischen Ketzer und »Schwärmer«* hatten ein anderes Verhältnis zu den Ordnungen und Arrangements »dieser Welt«, der gegenwärtig-gegebenen, in der wir jetzt leben. Sie hielten sie nicht für eine ewige, sondern eine vergängliche, vorübergehende und darum auch *wandelbare* Ordnung und wollten darum auch die Christen in ein anderes, beweglicheres Verhältnis zur Welt hineinmanövrieren: zur Religion, zur Gesellschaft, vor allem: zum Staat, – immer bedrohten die eschatologischen Abweichler das mühsam erworbene Gleichgewichts-Verhältnis zwischen den Christen und Nicht-Christen, vor allem aber zwischen der Kirche und den Institutionen der Gesellschaften und des Staates. Eschatologische Abweichungen konnten leicht aus einem *theologischen* Gegensatz zur kirchlichen Mehrheit auch ein *revolutionärer* Gegensatz zu überhaupt herrschenden »Ereignissen, Mächten, Gestalten und Wahrheiten« werden. Eben dagegen wollte die Kirche sich abgrenzen, indem sie die größere Vielfalt biblischer Zukunftsperspektiven auf die genannten Hauptthemen der Eschatologie beschränkte und alles andere als utopisch ausschloß: als phantastisch, irreal, innerweltlich, kollektiv, kämpferisch; diese fünf Merkmale der Verwerfung von Utopie lassen ja deutlich neben der theologischen *auch ihre politische Form* erkennen: Die Kirche behauptet das *Realitätsprinzip* im *Intellektuellen:* keine Phantasie, nichts an der Realität vorbei, – und im *Politischen:* nichts Innerweltliches, nichts Kollektives, nichts, was weltliche Aktivitäten mobilisieren könnte, will sie zulassen, gar fördern.

Nun geht es uns nicht um eine Kritik dieser beschränkenden Tradition. Aber wir haben inzwischen ein *Verhältnis zur Bibel* gewonnen, in dem uns ein *größerer* Spielraum des Verstehens und darum auch eine größere Möglichkeit eröffnet ist, sie zu rezipieren. Wir *müssen* uns nicht mehr so eklektisch zu ihren Texten verhalten – und schon gar nicht zu ihren Hoffnungen.

Denn inzwischen ist auch die *innere Lage der Kirche und ihre Stellung in der Gesellschaft verändert* gegenüber den Zeiten ihrer klassischen Lehrbildungen.

Im ökumenischen und interreligiösen Zeitalter ist der in Orthodoxie-Bildungen sich ausdrückende Geist der Selbstbehauptung einer einzelnen Kirche und ihrer Konfession jedenfalls nicht mehr eine erste Sorge; mindestens geschichtlich sind wir frei, die die Kirchengeschichte begleitende *Ketzergeschichte* anders zu beurteilen als die Generationen vor uns; und wir sind sogar dazu frei geworden, die Wahrheitsmomente, ja: *die Wahrheit der Ketzer* einzusehen und in unser kirchliches Denken ein- und heimzuholen. Jedenfalls verlernen wir mehr und mehr, unseren rechten Glauben nur auf den negativen Folien der Ketzereien und Häresien darstellen, denkbar, glaubhaft zu machen, wie das in der Vergangenheit geschah. Noch Karl Barth hatte eine Notwendigkeit dogmatischer Theologie begründet gesehen im Vorkommen von Häresien, also von verwerflichem Irrtum und von Irrlehre in der Predigt der Kirche. Der Gegensatz der Bekennenden Kirche zu den Deutschen Christen, und hinter ihnen: zum Kulturprotestantismus und der liberalen Theologie des 18./19. Jahrhunderts zeigt die Wahrheit dieser Position. Ihr ist jedenfalls *nicht* mit einer Verlängerung des Pluralismus der Gesellschaft in die Kirche und ihre Theologien zu begegnen. *Ein mögliches neues Verhältnis gerade zu den eschatologischen Ketzereien und Häresien kann nicht auf größerer Duldsamkeit gegenüber dem Irrtum, also nicht auf theologischer Toleranz, gar Gleichgültigkeit beruhen, sondern nur auf besserer biblischer und theologischer Einsicht,* als sie uns bisher zur Verfügung stand.

Dazu werden wir allerdings auch genötigt und ermächtigt durch die *gesamtgesellschaftliche Situation* und die damit unvermeidliche Veränderung des gesellschaftlichen Verhältnisses der Kirche. Die bürgerliche und kapitalistisch wirtschaftende Gesellschaft hat nicht nur an objektiver *Teleologie,* Zielrichtung verloren, von der noch vor 150 Jahren z.B. Hegel überzeugt war; kein Philosoph, kein Politiker, geschweige denn irgendein Theologe wagen noch, ein gemeinsames höheres Ziel gesellschaftlicher Entwicklung auch nur für den begrenzten Kreis der eigenen Gesellschaft zu entwickeln. Die Möglichkeit auch nur einer objektiven gesellschaftlichen *Tendenz*bestimmung wurde im Gegensatz zur angeblich rein ideologischen Utopie der Ost-Staaten mit politischem Druck gegen links erledigt. Aber auch mittelfristige Prognosen und Planungen, die man meint, unideologisch, mehr praktisch-technisch und mit Hilfe von Computern gewinnen zu können, versagen vor dem Chaos der tatsächlichen gesellschaftlichen Bewegungen ihren Dienst. Und Kurzfristigkeit ist kaum zu unterscheiden von Kurzatmigkeit. So ist der Gedanke eines gesellschaftlich zu verfolgenden Ziels aus unserem Bewußtseinshaushalt gestrichen und jedem Einzelnen für sich allein zugeschoben worden: Sieh du zu, – bilde du dir selbst deine persönlichen Ziele, versuche sie zu erreichen, aber lasse Gesellschaft und Staat damit unbehelligt, projiziere nicht Probleme und Themen, die als sachhaltig allenfalls noch einem Einzelnen zugestanden werden können, auf ein größeres Ganzes.

Doch ist die *Frage, ob die christliche Kirche und Lehre sich diesem Zielverlust von Gesellschaft und Staat angleichen sollen.*

Daß sie dies *können,* brauchen wir nicht zu bezweifeln. Kaum einmal, daß die Kirche in den kapitalistischen Gesellschaften mit Vorstellungen und Vorschlägen weitergegangen wäre als ein durchschnittliches gesellschaftliches Bewußtsein (besser noch: Unbewußtes) duldete: in Gestalt der Öffentlichen Meinung und der sog. Sachzwänge von Ökonomie und Politik. Die Kirchen zeigen sich ungehemmt gesellschaftlich assimilationsfähig. Doch werden sie jedenfalls von innen her die Frage nicht los: ob sie es mal auf mal wieder auch *sollen.* Und ob sie, was die Zukunft betrifft, nun nicht doch für die Bewahrung eines Zukunftsdenkens in der Gesellschaft einstehen sollten, das nicht nur eine Zukunft der Seelen, der Kirche, des Christentums, der Religion besorgt, sondern auch eine kollektive und tätig kämpfende von Gesellschaft, Menschheit, Erdball und Weltall.

Solange die Kirche die Bibel liest und auslegt und ihr nicht durch Perikopenauswahl ihre Einheit zerschlägt, wird sie nicht aufhören können, die Botschaft von einem kommenden *Reich* Gottes auszurufen und damit von einer bevorstehenden neuen Welt, die die bestehende alte bedroht und überwinden will. *Die Kirche kann nicht predigen ohne Zielangabe für Alle.*

Dazu muß sie freilich ihr *eigenes Ziel-Denken überprüfen* und revidieren. Denn sie hat – wahrscheinlich auch in einem gesellschaftlichen Assimilationsakt – »Ziel« bisher nur von der Vergangenheit her bestimmt: Christus als τέλος, »Ziel« alles vorhergehenden Gotteshandelns bei Juden und Heiden verkündigt, – in ihrer Christusgemeinschaft sogar *sich selbst* als Ziel alles Geistes, aller Geschichte gesehen. Viel weniger war sie aber fähig und bereit, von ihrer Gegenwart aus denkend, der »*Welt*« noch ein ganz anderes Ziel gesetzt zu sehen und zu setzen, dem auch sie mitsamt allen Menschen, Völkern, Mächten und Gewalten selbst erst noch entgegeneilen muß: dem einer neuen Stadt Gottes, – eines ewigen Friedens, – einer fraglosen Gerechtigkeit, – einer Wahrheit, an der *nicht* mehr gerüttelt werden kann. *Einer Zielsetzung über sich hinaus standen die Kirchen und die christliche Lehre immer eher zurückhaltend gegenüber.* Aber das eben ist die Frage, die sich einerseits biblisch, andererseits gesellschaftlich stellt, ob die Kirche in dieser Selbstbeschränkung der Gesellschaft weiterhin nur eine sachlich beschränkte Bibelauswahl anbieten soll und darf.

Unter solchen Überlegungen wollen wir nun versuchen, die uns von der Tradition vorgegebenen *Grenzen der Eschatologie zu überschreiten in Richtung auf eine christliche Utopie* – ein Vorhaben, das es so noch nicht gab.

Warum wählen wir dazu nun aber gerade den Begriff und die problemreiche Tradition des Utopischen?

Einmal, weil wir unter diesem Begriff den *ganzen* Umfang der Zukunftsverheißungen ins Auge fassen können, der in der Auswahl der klassischen Eschatologie verworfen worden war. Kornelis Heiko Miskotte hatte dafür einen eher formalen Begriff geprägt und sprach von einem »*Überschuß*« (tegoed) biblischer Verheißungen, die in Jesus Christus offenbar *noch nicht erfüllt* worden sind.[1] Auch wir denken an dies Überschüssige, möchten jedoch statt eines formalen lieber einen eher inhaltlichen Begriff dafür wählen, um dadurch eine grundsätzliche, systematische *Herausforderung* an das theologische Denken zu signalisieren.

Dafür sind wir zweitens aber auch bereit, die klassische Benennung dieser biblischen Stoffe als »Utopien« anzunehmen; nur daß wir dies, wenn möglich, nicht mehr im Sinne einer Abqualifizierung begreifen möchten, sondern als Namen für eine u. E. unabweisbare theologische Aufgabe. Mit der Wahl des Begriffs Utopie schließen wir also einerseits an eine kritische *Problem*stellung der kirchlichen Theologie an, wollen sie aber andererseits in der Art, wie sie sich bisher darstellte, aufzubrechen versuchen und der allgemeinen Ablehnung von Utopie in der Theologie widersprechen.

Wie stellt sich uns dann aber das *Verhältnis von Eschatologie und Utopie* dar? Hier wollen wir uns mit wenigen ersten, gröbsten Anmerkungen begnügen.

1. K. H. Miskotte, Wenn die Götter schweigen. Vom Sinn des Alten Testaments. 1963, 176ff.

Wir sagten, daß wir die Eschatologie um ein Kapitel Utopie »*ergänzen*« wollen. Das heißt: Wir sind *nicht* bereit, einen fundamentalen Gegensatz zwischen beiden anzuerkennen. Traditionell wird ein solcher z.B. an einem Unterschied zwischen der Botschaft der *Propheten* und den Visionen der biblischen *Apokalyptiker* festgemacht. Die Zukunftshoffnungen der Propheten gelten als theologisch diskutabel, die Visionen von Apokalyptikern dagegen als eher zweifelhaft. Aber wir können und wollen auch biblisch keinen solchen fundamentalen Unterschied mehr erkennen, jedenfalls wollen wir *historischen* Verschiedenheiten kein besonderes *systematisches* Gewicht mehr zugestehen; genug Propheten haben schon apokalyptisch geredet und gedacht, umgekehrt war Apokalyptik auch Prophetie, wenngleich nicht von Propheten unter Einsatz des eigenen Lebens verantwortet. Und *in Bildern* mußten *beide* von der Zukunft sprechen; in welchen auch immer: Beide senden uns einer Zukunft *Gottes* entgegen, von der wir in der Tat nur in Bildern reden können.

Einen *Unterschied, aber darin auch eine Beziehung,* möchten wir in folgendem sehen: Gottes Wort, wie die Kirche es in ihrem eschatologischen Bekenntnis zur Gotteszukunft gehört und behalten hat, lehrt uns *hoffen.* Wir haben unsere Eschatologie darum auch wesentlich als Hoffnungslehre dargestellt. Hoffen ist zwar menschlich. Aber letzte tragfähige Gründe zum Hoffen finden wir nicht in uns selbst. *Gott* gibt sie uns darin, daß er auch in Zukunft unsere Geschichte und Geschicke in seine Hände nehmen will. So will er, daß Glaube (wie persönliches Vertrauen) auch ein Hoffen ist, das von keiner menschlichen Traurigkeit, keinem Zweifel, keiner Schwermut überwältigt werden kann.

Wen Gott nun so anhaltend hoffen lehrt, dem setzt und benennt er ja unaussprechlich herrliche *Ziele,* und der streckt sich unablässig danach aus, daß solche Verheißungen sich erfüllen, Gehofftes zur Wirklichkeit wird.

Wer hofft, dem wird die Zeit lang, – der bekommt, wie der Apostel Paulus, irgendwann auch einmal geradezu eine »Lust, abzuscheiden und bei Christus zu sein« (Phil 1,23), kurz: den überkommt *Sehnsucht.* »Meine Augen sehnen sich nach deinem Wort« (Ps 119,82). Und »wir seufzen und sehnen uns danach, mit unserer Behausung aus dem Himmel überkleidet zu werden« (2 Kor 5,2). Diese *Sehnsucht im Hoffen* wollen wir das Utopie fördernde Moment am eschatologischen Hoffen nennen.

Dabei unterscheiden wir weiter so: Gott lehrt uns hoffen, indem er Sich-Selbst zum Ziel unseres Lebens und dem der ganzen Kreatur gibt. In der Sehnsucht sind wir aber ganz menschlich, suchen, finden, ergreifen weltliche Vorstellungen, Bilder, wo sie sich finden lassen und mit deren Hilfe wir uns auch selbst versprechen, was Gott uns versprochen hat. *Sehnsucht möchten wir den menschlichen Anteil am Hoffen nennen,* – sie damit aber nicht etwa nur als ein rein psychologisch abzuleitendes Gefühl beschreiben, sondern als unsere *Antwort* auf das Gebot und die Verheißung des Hoffens. Wir antworten dabei *nicht mit willkürlichen* Bildern, Ein-Bildungen unseres Gemüts, *aber* wir sehnen uns *in Bildern* von etwas, was Gott uns – in eigenem Sinn und eigentlicher Wirklichkeitsweise – verheißt und verspricht.

Sehnsucht kann also sehr wohl auch etwas von *Sucht* an sich haben, wir brauchen nicht zurückzuschrecken davor, Utopien auch als Suchtmittel der Hoffnung zu beschreiben. Heute wissen wir vielleicht besser (und schmerzlicher) als früher, daß und in welchem Sinne auch Süchte und Sucht zum Menschen gehören – gefährlich, aber auch menschlich. Aber die Sehnsucht, von der wir im Blick auf Utopien sprechen, ist nicht Triebbefriedigung, sondern *Heimweh.* »Ich wollt, daß ich daheime wär / und aller Welten Trost entbehr. / Ich mein daheim im Himmelreich, / da ich Gott schaue ewiglich. / Denn alle Welt ist dir zu klein, / du kommest denn erst wieder heim. / Daheim ist Leben ohne Tod / und ganze Freude ohne Not« (EKG 308/EG 517, Heinrich von Laufenberg, etwa 1390 – 1458).

Heimweh – *nicht Todessehnsucht, gar Todessucht.* Damit bilden wir ein vorerst letztes Unterscheidungsmerkmal zwischen Eschatologie und Utopie. *Eschatologie lehrt uns Zukunft im Angesicht des Todes. Utopie macht uns Sehnsucht nach einem Leben ohne Tod.*

Es gibt Todes*sehnsucht.* »Mach End, o Herr, mach Ende mit aller unsrer Not; / stärk unsre Füß und Hände und laß bis in den Tod /uns allzeit deiner Pflege und Treu empfohlen sein, / so gehen unsre Wege gewiß zum Himmel ein.« (EKG 294,12/EG 361,12, Paul Gerhardt). So kann eine christliche Gemeinde singen.

Es gibt auch Todes*sucht,* eine Grunderfahrung, die keine weiteren schlechten Erfahrungen zu ihrer Stütze braucht: daß ich wohl ins Leben geboren worden bin, aber von Hause aus doch dem Nicht-Sein tiefer und lieber gehöre als dem Sein.

Aber Utopie, die Sehnsucht ist, ist nicht Todessucht, sondern Heimweh, also das Ja dazu, im Letzten gerade dem Sein und nicht dem Nichtsein zu gehören. Und der Schmerz des Utopischen ist nur, daß wir noch nicht daheime *sind,* obgleich wir doch innig daheimsein *wollen* und auch nach Hause *gehören.*

So also unterscheiden wir fürs erste Eschatologie und Utopie voneinander. Eschatologie lehrt hoffen, Utopie weckt Sehnsucht. Aber beides gehört zusammen: Gott, der uns Grund zum Hoffen gibt, und der Mensch, der sich sehnt.

§ 8 Eia, wärn wir da!
(EKG 26,4/EG 35,4)

VOR-SÄTZE *Unter ganz verschiedenen gesellschaftlichen, philosophischen und religiösen Bedingungen ist die abendländische Geistesgeschichte begleitet von Utopien – Zielbildern menschheitsgeschichtlicher Entwicklungen auf ein befriedetes, glückliches, in voller Gerechtigkeit geordnetes Zusammenleben und -wirken Aller mit Allen hin, – hin auch auf eine Heilung der metaphysischen Schmerzen des Menschseins, eine letzte Beantwortung der kleinen und großen Sinnfragen.*
Solche utopischen Zielbilder standen immer unter theologischer, philosophischer und politisch-pragmatischer Kritik. Theologisch: weil sie letzte Ziele nicht in Gott, sondern in der Welt suchten. Philosophisch: weil solche Endziele »abstrakt«, d.h. mit der »Realität« unvermittelt gesetzt wurden. Politisch-pragmatisch: weil sie Ziele ohne Rücksicht auf die Mühen des Weges skizzierten und darum nur allzu leicht Gewalt als einziges Mittel der Verwirklichung provozierten.

Wollen wir verstehen, was Utopie ist, müssen wir ihre wesenhafte Geschichtlichkeit erfassen.
Sie ist ein Phänomen der Sprache, die mehr be-sagen kann, als sie sagt – z.B. in der Wirkungsgeschichte eines konkret-begrenzt Gesagten einen sensus plenior (weiteren Sinn) gewinnen und darin weiter sprechen kann. Aber schon im Augenblick ihres Gesprochenwerdens kann Sprache – absichtlich oder unwillentlich – mehr meinen, als sie sagt.
Utopie kann sprechen: in Gedankenbildern, reinweg auch nur in der Schau von Bildern von Reisen, Visionen von Katastrophen, beglückendem Geschehen und glücklichen Zuständen. Solche Bilder laufen aber an den Schauenden nicht nur vorüber, beteiligen sie vielmehr.
Speziell biblische Utopien lassen Alltägliches, nur in geheiltem Zustand, sehen und vermitteln sich nicht etwa nur durch prophetische Visionen und Auditionen, sondern in den Weisungen des Rechts: der Tora Israels und Jesu und der Paränesen der Jesus-Zeugen. Ihr Wesen besteht also darin, daß sie von vornherein und unlöslich mit Ansprüchen an menschliches Handeln verbunden sind.

Gebietet der Gott vom Sinai nicht radikale Bildlosigkeit und wäre Utopie als Bild-Denken nicht darum generell theologisch zu verwerfen? Wäre mithin nicht der Begriff einer »absoluten Zukunft« der Transzendenz

Gottes und alles Utopischen viel angemessener? Aber abstrahierendes, begriffliches Denken ist nicht weniger menschliche Projektion, als es uns von der biblischen Verkündigung zum Schauen gegebene Bilder sind.

Utopie ist Raumdenken und hat als solches einen schweren Stand in dem von den Zeit-Fragen geprägten wissenschaftlichen und gesellschaftlichen Bewußtsein der Moderne.
Paul Tillich hat es – nicht recht einsehbar – mit etwas »Ursprungsmythischem« in eins gesetzt und in einer politischen Typologie dem Konservativen zugeordnet im Gegensatz zum prophetischen Zeitdenken, das er mehr sozialistisch-progressiven gesellschaftlichen Bewegungen zugesellt. Er kritisiert mit ursprungsmythischem Raumdenken zugleich das ontologische Denken.
Das biblische Raumdenken ist (entgegen der Typologiebildung Tillichs) durch und durch geschichtlich. Die Schöpfungserzählung ist Landgabe-Erzählung, zu deuten von den Landgabe- und Landentzugserzählungen der biblischen Geschichte Israels her. In der bleibenden Beziehung zwischen Gottes Schöpfung und ihrer Negation durch das Tohuwabohu spiegelt sich die geschichtliche, nie endgültig gesicherte Landbeziehung des jüdischen Volkes wider. Sie strukturiert die Geschichtlichkeit des biblischen Raumdenkens von vornherein als Ambivalenz. Der Garten Eden und die Vertreibung des Menschen aus ihm repräsentieren Grundbedeutungen von Raum im Zusammenhang der biblischen Geschichte.
In diesem Zusammenhang sind die Zeugnisse von der Herbergssuche der Eltern Jesu und davon, daß Jesus, in sein Eigentum kommend, von den Seinen doch nicht aufgenommen wird, Grundzüge von geschichtlicher biblischer Utopie.

Maler schaffen dem, was ihnen gegenständlich begegnet, oder dem, was sie geistig-seelisch schauen, Raum: im kleinen oder großen Rahmen des uns Möglichen und mit den Mitteln, die wir haben. Sie setzen Sichtbares, aber auch Unsichtbares ins Bild. Nie aber bilden sie nur ab, geben vielmehr dem Sichtbaren Farbe, Form, Perspektive, Raum, den Goldenen Schnitt, Licht, Schatten und lassen so am Sichtbaren Unsichtbares erscheinen. Der sozialistische Realist tut dies ebenso wie der abstrakte Maler, der Symbolist ebenso wie der Expressionist, der Art Deco Betreibende so wie der Impressionist, der Romantiker so wie der mittelalterliche Maler von Heiligenbildern, der Ikonenmaler wie der griechische Vasenmaler des 5. vorchristlichen Jahrhunderts oder der ägyptische Maler von Grabtüchern, der chinesische Buch- und Zeichenmaler usw. Bil-

dermachen ist eine Praxis des U-topischen: Raum finden für Unsichtbares am Sichtbaren.

Gegen solche Kraft der Vergegenwärtigung von Jenseitigem im Diesseitigen wurde immer wieder das Recht von Bildern in Gottesdiensträumen theologisch bestritten, wurden (sei es gesellschaftlich »von oben«, sei es »von unten«) Bilderstürme entfesselt: mit guten biblischen Gründen. Allein in der Sprache wurde Bildhaftes geduldet. Daß Luther dem Zweiten Gebot nicht folgen wollte, hat mit seinem Antijudaismus zu tun. Doch halten wir es für richtig, theologischen Bemühungen um das Verständnis von Zeit einen neuen Versuch um das Verständnis von Raum folgen zu lassen.

Die Paradoxie, sich neu um ein theologisches Raumverständnis zu bemühen im Zusammenhang ausgerechnet mit einer Besinnung auf das, was per definitionem keinen Raum hat und U-topie ist, gibt unserem Bemühen hoffentlich einen genügend kritischen Ansatz.

Die von Juden und Christen bewahrten Raumhoffnungen auf das Paradies und das kommende Jerusalem sind es schon in sich wert, in einer Dogmatik bedacht zu werden. Überdies dient aber ihre biblische Bezeugung unserer hermeneutischen Besinnung auf die Wirklichkeit von Raum, die wir also nicht vom Schöpfungsgedanken zu gewinnen suchen, sondern an der biblisch genährten christlichen Hoffnung.

1. Kein Raum in der Herberge

a. Utopien in der Kritik

Es gibt Menschheitsvisionen, die sind nicht kleinzukriegen, lassen keine Generation aus, und doch wollen und wollen sie sich nicht erfüllen.

Plato sah und suchte eine von den Ideen des Empyreum regierte Wirklichkeit, Licht von oben her in den Gestaltungen nicht nur des menschlichen Geistes, sondern auch in den Ordnungen der Stadt und ihrer Gesellschaft.

Die *Popularphilosophen* der hellenistischen Antike setzten den von Rom unterworfenen und je länger je mehr ihrer bürgerlichen Freiheiten und ihrer Selbstbestimmung beraubten Städten des Imperiums das Gegenbild einer »Stadt der Tugenden« entgegen, in der Vollbürger die sein sollten, die in φρόνησις (Vernunftbegabung), σωφροσύνη (Weisheit), ἀνδρεία (Mannhaftigkeit) und δικαιοσύνη (Rechtlichkeit und Rechtschaffenheit) geübt wären; jeder darin Erfahrene sei wahrhaft frei und bilde in dieser ethischen Freiheit eine heimliche *Gegenstadt* gegen die, deren Bürger Rom politisch entmündigt hatte. Womöglich wollten die *christlichen Gemeinden* der Antike eine ähnliche Gegenwelt gegen die römisch beherrschte formen, sahen sich wie eine Stadt, die auf dem Berge liegt, nicht in den Niederungen der zeitgenössischen Realität (Mt 5,14), boten den politisch Entfremdeten ein πολίτευμα (ein Gemeinwesen) in den Himmeln an (Phil 3,20), in dem niemand mehr bloß Gast und Fremdling, sondern voller Mitbürger unter den Heiligen und Hausgenosse Gottes werden konnte (Eph 2,19), – denen, die hier keine bleibende Stadt mehr fanden zu voller Selbstentfaltung, versprachen sie eine zukünftige (Hebr 13,14).[2]

Publius *Vergilius* Maro sah – etwa 41 vor Christus – in seinem vierten Hirtengedicht ein Ziel der Zeit vor Augen, in dem ein neuer Äonenkreis wiedergeboren werden sollte: im Symbol der Geburt eines Knaben, der der jetzt noch laufenden »eisernen Zeit« ein Ende bereiten, einer goldenen Menschheit die Erde erschließen werde. Nach einer Übergangszeit, in der der Knabe noch unter alten Lebensumständen heranwachsen muß, wird aber dann, wenn er in der Kraft seiner Jahre zum Manne gereift sein wird, Schluß sein mit den jetzigen Lebensbedingungen, – z.B. Schluß mit der so überaus gefährlichen Seefahrt auf dem Meer, und damit: Schluß mit dem Warentausch, »denn alles trägt jegliches Land nun«, d.h. jedes Land wird wirtschaftlich autark werden und seine Bevölkerungen selbst ernähren können, ohne dafür internationalen Welthandel zu brauchen. Erdböden brauchen nicht mehr die Qual der Hacken und Pflüge zu erleiden, die sie durch ihre Furchen verletzen, – Weinstöcke brauchen nicht mehr Sichel und Schere zu erdulden: alles Nötige wächst von selbst: ökologische Utopie; und genaues Gegenbild – Erlösungs- und Befreiungsbild – zum Chorlied von der Ungeheuerlichkeit des Menschen in der »Antigone« des Sophokles: »Ungeheuer ist viel, und nichts / ungeheurer als der Mensch. / Der nämlich, über das graue Meer / im stürmenden Süd fährt er dahin, / andringend unter rings / umrauschenden Wogen. Die Erde auch, / der Göttlichen höchste, die nimmer vergeht / und nimmer ermüdet, schöpfet er aus / und wühlt, die Pflugschar pressend, Jahr / um Jahr mit Rössern …« Vergil sieht: Bauern, die Ochsen von den Jochen *befreien.* Es braucht z.B. auch keine schwere und giftige Wollfärberei mehr für schöne Stoffe, denn »es wechselt von selbst auf der Wiese die Wolle der Widder / sanft zu rötlichem Purpur, goldgelb zu Safran erglühend, / scharlachrot färbt sich von selbst das Vlies der weidenden Lämmer«. Auch Jesus hatte für das kommende Reich Gottes (freilich mit einem anderen Skopus) ein Gleichnis erzählt von einer »von selbst« wachsenden Saat (Mk 4,26-29). Schon jetzt hört Vergil das Weltall – die Erde, die Weiten der See, die Höhen des Himmels – dem neuen Zeitalter entgegenjauchzen.

2. Vgl. E. Plümacher, Identitätsverlust und Identitätsgewinn. Studien zum Verhältnis von kaiserzeitlicher Stadt und frühem Christentum, 1987.

Dies Hirtengedicht hat im Abendland eine ungeheure Wirkung entfaltet, seinetwegen nannte man Vergil in christlichen Kreisen eine anima naturaliter christiana, denn es sei ja klar: In Wahrheit habe der Noch-nicht-Christ Vergil im neugeborenen Knaben schon das Krippenkind von Bethlehem vorausgeschaut und die Erfüllung der Zeit, die mit ihm kommen sollte (nachher kommen wir noch einmal darauf zurück).[3]

Springen wir über die großen Staatsutopien der Renaissance – die Utopia des Thomas *Morus,* die Civitas Solis des Thomas *Campanella,* die Christianopolis des Johann Valentin *Andreae,* die Nova Atlantis des Francis *Bacon* u. a. – hinweg: I. *Kant* hielt »ewigen Frieden« nicht nur für nötig, sondern für möglich, ja von der Vernunft für geboten und erarbeitete die Bedingungen seiner Möglichkeit. K. *Marx* im Geiste Hegels suchte und dachte einen Weg vom »Reich der Notwendigkeit« in ein »Reich der Freiheit«.[4] Und *Utopischer Sozialismus* stritt für das Ziel gesellschaftlicher Gerechtigkeit; wie Kant der militärische und politische Völkerfrieden, so war den Sozialisten der gesellschaftliche Frieden in einer überwundenen Klassenordnung ein geradezu absolut gesetztes Endziel.

Zu hoch gedacht? Zu weit gesteckt? Zu radikal gewollt? Treffen diese Menschheitshoffnungen nicht ein, weil sie zu *phantastisch,* – oder weil sie zu *absolut* gedacht sind?

Beides sagen die *Kritiker des Utopischen.* Solche Ziele seien zu *phantastisch,* mit keiner je denkbaren Realität vermittelt. Hier lasse schweifender Geist sich allzu freien Lauf, – mache Märchen zum Ziel, – löse Hoffnungen aus, ohne nach irgendeiner Verantwortbarkeit zu fragen, – ersetze jedes Realitäts- durch ein Lustprinzip, – zersetze damit überhaupt jeden Sinn fürs Wirkliche, – löse Grenzen auf zwischen Traum und Möglichem, – verweise das Sein in den Schein, – verspiele Vernunft, – mache Zukunft zu nichts als Poesie.

Vor allem aber seien solche Endziele zu *absolut* gesetzt, – so formuliert, daß nirgendwo *Wege* zu solchen Zielen genannt und beschritten werden könnten, nicht einmal Pfade seien zu finden zu solchen Zielen hin. Keine Praxis ließe sich denken, die am Ende ins Ideal führe, – Fall von Enttäuschung zu Enttäuschung werde dabei vorprogrammiert, – Menschen, die sich darauf einließen, in sichere Resignation, Sinnlosigkeitserfahrungen und Lebensüberdruß gestoßen, da sich nichts und nichts von den Zielen erreichen läßt.

Wir hätten den neuen Menschen nicht, der wie willens so auch fähig wäre, so Großes zu vollbringen. Einen solchen neuen Menschen zu fordern, gar: zu er-

3. Vgl. R. Faber, Die Verkündigung Vergils. Reich – Kirche – Staat. Zur Kritik der »Politischen Theologie«, 1975.
4. Vgl. Karl Marx Friedrich Engels Werke, Bd. 25, 1970: K. Marx, Das Kapital, Dritter Band, 828.

ziehen, sei ohne Terror und Tyrannis einer Erziehungsdiktatur gar nicht zu leisten; die aber bringe schon rein dem Gedanken nach, erst recht faktisch-praktisch das Gegenteil vom erhofften Ziel. »Wir spinnen Luftgespinste und suchen viele Künste und kommen weiter von dem Ziel« (M. Claudius);.

Solche Kritik des Utopischen kommt in gleicher Weise von rechts wie links. Niemand hat seine eigenen religiösen, geistigen und politischen Vorläufer in der Sozialistischen Bewegung so als lächerliche Utopisten bekämpft wie Karl Marx und Friedrich Engels, weil sie nur Ideen- und »Katheder-Sozialisten« gewesen seien, besessen vom großen Ziel, aber unfähig, konsequente und praktische *Wege* zum Ziel zu weisen. In ihrer Abneigung gegen Utopie *unterließen* sie selbst jede Zeichnung eines Endziels, dies lag für sie weit jenseits der Grenzen einer erst noch zu betreibenden und dann auch erst noch auf Dauer und universal durchzusetzenden Revolution: in der »eigentlichen« Geschichte, die dann begonnen haben wird; was uns jetzt angehe, sei Sache allererst in der *Vor*geschichte der Menschheit: die scharfe Analyse der Bedingungen der alten Welt, wie sie nun einmal ist; und einer Praxis, die mit Notwendigkeit aus der ökonomisch-gesellschaftlichen Analyse der Bewegungsgesetze des Kapitals folge. Lenin setzte noch eins drauf, nannte das ideal-Anarchische am vormarxistischen Sozialismus eine »linke Kinderkrankheit« und schärfte der bolschewistischen Bewegung seiner Zeit ein, daß die Revolution gemacht werden müsse mit den Menschen, wie sie nun einmal sind.

Eben *dieses Menschenbild* teilten (und teilen bis heute) die meisten Sozialdemokraten, erst recht kommt das konservative Bürgertum gerade im Menschenbild ausgerechnet mit Lenin völlig überein; und ein konservatives Christentum nicht weniger, das diesem Pessimismus beständig religiösen Zunder liefert mit so schrecklichen Sätzen wie »Kriege müssen immer sein« und »Der Mensch ist böse von Jugend auf«, also: zu nichts durchgreifend Gutem und Neuem fähig. In der Geschichte ihrer Evolution habe die Gattung Mensch gezeigt, wozu sie fähig, vor allem aber: durchaus auch nicht fähig sei, *nicht:* zu ewigem Frieden, – *nicht:* zu gesellschaftlicher Gerechtigkeit, – *nicht:* zu alle einschließender Freiheit; wohl zu immer fortschreitender Naturunterwerfung, aber gar *nicht:* zur Naturbefreiung.

Utopien wollten den Menschen nur die »harten Realitäten« ersparen und machten sie dadurch lebensuntüchtig. Gar Bemühungen, so hoch gesteckte Ziele durch eigene Anstrengungen zu verwirklichen, führten unweigerlich zu Überanstrengungen und Hybris, die den Tod in sich hat; die *Utopisten sterben an ihren Zielen.* Nur *kleine* Schritte seien möglich und menschlich. Also auch nur kurzgesteckte Ziele, Denkbares, Absehbares, Planbares, – vor allem Ziele, die schnell verändert, ausgewechselt, den nächsten Schritten des Weges immer neu angepaßt werden können. Flexibilität sei nicht nur verhaltensnotwendig, müsse auch für Zielbestimmungen gelten; Fernziele festhalten mache unbeweglich. Oft wird solche Kritik – ihrerseits unflexibel – verbunden mit der Forderung: Verzichtet auf hohe Ziele, zu mehr als einem Krisenmanagement von Fall zu Fall reichen weder geistige Kräfte noch ein Grundkonsens in der pluralen Demokratie noch die ökonomischen und politischen Machtmittel. *Einzig Utopie-Verzicht sei vernunftgemäß,* alles andere eher wahnhaft. Bedeutendster Sprecher gegen ein »Prinzip Hoffnung« war in seinen letzten Lebensjahren *Hans Jonas* mit seinem »Versuch einer Ethik für die technologische Zivilisation«; gegen *Ernst Blochs* »Prinzip Hoffnung« bildete er ein »Prinzip Verantwortung«.[5]

Allerdings wäre er ganz mißverstanden, wenn man ihn etwa nur im Sinne des vom politischen Pragmatiker H. Schmidt immer wieder vertretenen angeblichen Vernunftprinzips eines reinen Pragmatismus deuten würde. Gerade das, was alle Kanzler der Bundesrepublik Deutschland gegen die Öffentliche Meinung und vor allem gegen Linke auf die Palme brachte – die Mentalität ihrer Kassandra-Rufe und die Negativität ihrer Kritik –, bildet ein Grundmoment auch im Denken von Hans Jonas. Denn zu seinem »Prinzip Verantwortung« kommt auch er nur durch ein radikales Voraus-Denken, er sagt: durch »die vorausgedachte Gefahr«[6] der ungehemmten, grenzenlosen technologischen Entwicklung; auch er arbeitet mit einem »Wetterleuchten aus der Zukunft«[7] und entwickelt seine Arbeit aus einer »Heuristik der Furcht«[8]: also doch wohl als Werk einer *negativen Utopie,* aus *schlechten* Menschheitsträumen, die aber unvermeidlich sind, wenn wir an die in der Geschichte unserer Gattung »beispiellose kausale Reichweite in die Zukunft«, an »die schiere Größenordnung der Fernwirkungen« und deren »Unumkehrbarkeit« denken, die heutige technologische Entwicklungen nicht nur denkbar, sondern wirklich machen.[9] Lehrt uns Blochs »Prinzip Hoffnung« Zukunft *erhoffen,* in der noch Unabgegoltenes, aber heimlich schon Werdendes, zu glücklicher Entfaltung kommen wird, lehrt uns das »Prinzip Verantwortung« von Hans Jonas die Zukunft *fürchten,* bedenken, was uns bevorsteht, wenn wir wissenschaftlich, ökonomisch, politisch so weitermachen wie bisher und nicht bedenken, daß die Verheißungen der modernen Technik längst in Drohung umgeschlagen sind[10]; und wenn wir nicht lernen, unserer Macht »freiwillige Zügel« anzulegen. Bloch hofft: Entfaltung, Jonas: Zügelung. Beide aber bedenken: Zukunft.

5. H. Jonas, Das Prinzip Verantwortung. Versuch einer Ethik für die technologische Zivilisation, 1979.
6. A.a.O. 7.
7. Ebd.
8. A.a.O. 8.
9. A.a.O. 9.
10. A.a.O. 7.

Jonas macht eine *Differenz im Menschenbild* fest. Bloch rechnet mit dem Kommen eines homo novus. Jonas sagt dagegen: Was wir Menschen wesentlich sind, sollen wir ablesen an dem, was wir geworden *sind,* nicht – wie Bloch will – an dem, was wir werden *könnten.* Wir sollen uns des Wahns entschlagen, als könnten wir Menschen alle je besser werden, als wir geworden sind und heute sind. Wir können und werden nie eindeutig werden, immer zweideutig bleiben, uns nie im letzten »haben«[11]. Bleibend (und hoffnungsvoll!) gehören zu uns Unzufriedenheit, Unruhe, Begehren, Versuchung unserer Freiheit, Unglück.[12] Unsere bleibende Fragwürdigkeit ist unsere Ehre, – daß wir uns gerade nicht übersteigen können, macht uns menschlich.[13]

In diesen zwei Einstellungen zu Zukunft und Mensch treffen wir auf *zwei Traditionsströme* biblisch-jüdischer Verkündigung: der *Heils*prophetie der Propheten Israels in Bloch, ihrer *Unheils*prophetie in Jonas. Dem *Messianismus* in Bloch – der Erdenhaftung (und mancher messianischen Skepsis und Ablehnung) einer *Tora*-gebundenen Treue bei Jonas. Dem »Bestürmen des Endes« bei Bloch – der am Realitätsprinzip des »Gesetzes« geschulten »Verantwortung« bei Jonas. Aber keiner von beiden denkt als Pragmatiker. Freilich steht der Ethiker Jonas dem Pragmatischen näher als Bloch, der groß Philosophierende. Aber beide teilen Blick und Sinn für ein Apokalyptisches an Geschichte – der eine mehr an den olam ha-säh gebunden, der andere süchtig nach dem olam ha-ba. Doch keiner von beiden notiert nur, was »ist«, beide *wollen;* und beide wollen, bedenken und sorgen sich um *Zukunft.* Jonas will uns auf Zukunft »bewahren«[14] – Bloch uns in sie treiben.

Zwischen beiden läßt ein Dritter sich sehen, aus gleicher Tradition kommend und schöpfend: *Martin Buber,* als er »Pfade in Utopia« suchte.[15] Er nennt die Utopien, »die in die Geistesgeschichte des Menschengeschlechts eingegangen sind«, »Phantasiebilder«, »Wunschbilder«, »Anwandlungen«, die unsere ungerüstete, also schwache, verletzbare Seele überfallen. Hier walte »Sehnsucht nach dem Rechten«, erschließe sich »Schau des Seinsollenden« aus »Leiden an einer sinnwidrigen Ordnung«, aus Einsicht »in die Verkehrtheit des Verkehrten«[16]. Freilich, sagt Buber, schwebe Utopie so wenig wie die davon zu unterscheidende Eschatologie der Propheten Israels in den Wolken, *beide* besäßen »realistischen Charakter«[17]. Mit

11. Vgl. E. Bloch, Tübinger Einleitung in die Philosophie 1, 1963, 11.
12. H. Jonas, Das Prinzip Verantwortung, 382.
13. A.a.O. 383.
14. Ebd.
15. M. Buber, Pfade in Utopia, in: Werke. Erster Band. Schriften zur Philosophie, 1962, 833ff.
16. A.a.O. 843.
17. A.a.O. 844.

zunehmendem öffentlichen Verlust an Einfluß der Religion, dem Einfluß einer »pantechnischen Geistesrichtung« werde Utopie selbst zu »einer ganz und gar technischen«[18], solle, wie die Natur, so auch die Gesellschaft »durch technische Berechnung und technische Konstruktion bewältigt werden«[19], politische und kulturelle Gestaltung trete darum in der heutigen Entwicklung von Utopie »notwendigerweise« hinter der technischen zurück. Martin Buber hat hier schon 1945 den Problemhorizont benannt, den Hans Jonas 1979 zum Gegenstand seines Nachdenkens machen wird. Der technische Zukunftsroman werde Medium der Utopie, umgekehrt aber werde der Messianismus älterer Utopien aus Bild zum System: im Sozialismus und Kommunismus.[20] Im System verstärke sich aber ein »Charakter der Verkündigung und des Aufrufs«, utopische Lehre verwebe sich mit Aktion. Hat früher Utopie gerade nur einen Willen zum Anderen, Neuen erweckt, so gerate sie im System jetzt in das Zwingende und Zwanghafte von gesetzlich Notwendigem: bei Marx und Engels. Hinter die Vermischung des Utopischen mit dem Praktischen gebe es freilich kein Zurück mehr, Entwürfe verlangten nach Experimenten.[21] Buber folgt besonders den Pfaden der frühen Sozialisten, der Franzosen Fourier und Saint-Simon, des Engländers Owen, des russischen anarchistischen Grafen Kropotkin, dann Proudhons, schließlich seines eigenen Freundes Gustav Landauer, der 1919 die Münchener Räterepublik mitausgerufen hatte und an ihr mitzugrundegegangen war, – dann folgt er den Beispielen der Verwirklichung in Konsumgenossenschaften, Produktionsgenossenschaften, »Vollgenossenschaften auf dem Grunde der Vereinigung von Produktion und Konsum«[22]. Von da aus wirft er Blicke auf Marx, Lenin, Stalin.

Dann aber – darauf zielt alles hin – spricht er vom *Kibbuz in Israel,* in dem »Moskau und Jerusalem« einander praktisch entgegentreten; schon früh – noch in Deutschland – besaß die Kwuza (die Kibbuzbewegung) in Buber einen großen Freund und pädagogischen und geistigen Förderer. Er wollte nichts an Feuer der Utopie austreten, aber sie durch Feuer der Verwirklichung immer wieder überprüfen und stärken. Utopie bleibt in dem Maße gerechtfertigt, in dem wir gangbare Pfade nach Utopia finden und erschließen; kein lohnendes Ziel ohne Weg dorthin, aber freilich auch umgekehrt: sinnlose Wege wären es, die wir ohne große, anziehende, leitende Ziele anträten.

In diesem Sinne sucht Buber nach Spuren in Utopien, die eine Wandlung vom gegenwärtigen Elendszustand der Gesellschaften zu einer besseren Wirklichkeit anbahnen können: »von einer unbefangenen, undogmatischen Erkennt-

18. A.a.O. 845.
19. Ebd.
20. Ebd.
21. Ebd.
22. A.a.O. 901ff.

nis des gegenwärtigen Menschen und der gegenwärtigen Verhältnisse aus«[23]. Auf alle Fälle müsse eine praktikable Utopie von der »Tatsächlichkeit der gegenwärtigen Gesellschaftssituation« ausgehen[24], freilich dabei nicht eine »Klarheit des Blicks« verlieren »auf die in der Tiefe der Wirklichkeit noch verborgenen, von den offenkundigen und mächtigen noch verdunkelten Tendenzen, die auf eben jene Wandlung hinwirken«[25].

Hier treffen sich zunächst Buber und Jonas, – Jonas (und mit ihm alle rechten und linken Kritiker der Utopien) im Pochen auf »undogmatische« Erkenntnis des gegenwärtigen (statt eines erst noch zu schaffenden neuen) Menschen und auf Vermittlung aller Zukunftsbilder mit der »Tatsächlichkeit der gegenwärtigen Gesellschaftsituation«, – Buber aber auch mit Bloch im »Blick auf die in der Tiefe der Wirklichkeit noch verborgenen … Tendenzen, die auf eben jene Wandlung hinwirken«; Blochs »Prinzip Hoffnung« ist – von seinen beiden Büchern »Geist der Utopie« (1919 und 1923) an bis zum magistralen Werk »Das Prinzip Hoffnung« (1959) – eine einzige Analyse der im noch verborgenen Menschen (im homo absconditus: in dessen Wirken, Werken und Welten) schon erkennbaren Tendenzen auf neues, gelungenes Leben, und Buber verwirft dies nicht. Ihm liegt nur daran, daß kein »Abgrund« klaffe »zwischen der künftigen, irgendwann, niemand weiß wie lange Zeit nach dem endgültigen Sieg der Revolution sich vollziehenden Wandlung einerseits und dem Weg zur Revolution und durch sie andererseits«[26]. Buber glaubt den Marxisten nicht den *nach*revolutionären Sprung, stellt sich dagegen auf die Seite der »utopischen Sozialisten«, die immer nach einem mit dem Ziel »artgleichen Weg« suchten[27], plädiert gegen einen »nachrevolutionären Sprung« für »die revolutionäre Kontinuität«, also für *permanente* Revolution, damit aber auch dafür, daß man schon »im Jetzt den im Jetzt möglichen Raum schaffen muß, damit es im Dann sich erfülle«[28]; dem Utopischen, d.h. dem, was jetzt noch keinen Ort in der Wirklichkeit hat, sollen wir jetzt schon den Weg bereiten, »Raum schaffen«; Buber geht hierbei mit den Utopien um wie etwa Deuterojesaja mit der großen Heimkehrhoffnung Israels aus der Babylonischen Gefangenschaft nach Hause, ins Erez Jißrael: »Bereitet die Wege, bereitet die Bahn!« (vgl. Jes 57,14).

Von da aus ergibt sich *eine der Utopie entsprechende Praxis:* Rekonstruieren der Gesellschaft schon jetzt. Der Kapitalismus hat mit seiner Vereinheitlichungsgewalt die Gesellschaften immer »strukturärmer« gemacht, gemeinschaftshalti-

23. A.a.O. 848.
24. Ebd.
25. Ebd.
26. A.a.O. 850.
27. Ebd.
28. Ebd.

ge Lebensformen immer mehr zerstört[29]. So gebietet das utopische Ziel eines gesamtgesellschaftlich gelingenden Lebens »eine Restrukturierung der Gesellschaft« von unten[30], – Bildung von »Orts- und Werkgemeinschaften« und deren »stufenweise Zusammenschlüsse«, – dadurch aber Geflecht eines »Zellengewebe(s) ›Gesellschaft‹«, d.h. eines lebensmäßigen Zusammengetanseins, eines weitgehend autonomen, sich von innen her ausformenden und umformenden Miteinanders von Menschen. »Gesellschaft besteht eben ihrem Wesen nach nicht aus losen Individuen, sondern aus Gesellungseinheiten und ihren Gesellungen«[31].

Auch über solche Pfade in Utopia ergießt sich heute der Spott der groß-Regierenden und groß-Denkenden. Daß Buber immer noch Gesellschaft nur mit Gemeinschaft zusammen denken will, gilt als geistig rückständig, wandervogelhaft-idealistisch, von selbstgesetzlich wirkenden Zwängen der Großorganisationen aussichtslos disqualifiziert, vor allem: vom Zeitzwang, *jetzt* organisieren, regieren, disponieren, Lebensfristung Aller sichern zu müssen.

Zudem: Nicht einmal im vergleichsweise kleinen Israel hat die Kibbuz-Bewegung die Gesamtgesellschaft »rekonstruieren« können, sie war gut in vorstaatlicher Zeit, war da sogar Pflanzzelle eines kommenden Staates, brachte die selbstlos dem Ganzen Dienenden hervor, schuf ökonomischen, politischen, gesellschaftlichen Grund, – tradierte und bewahrte Judentum in säkularer Prophetie; aber die Bedürfnisse und Notwendigkeiten eines Staates – und noch dazu: eines Staates im permanenten Krieg – drängten eine gesamtgesellschaftliche Bedeutung und den Einfluß des im besten Sinne utopischen Sozialismus der Kibbuzbewegung spürbar zurück, verhinderten jedenfalls nicht die volle kapitalistische Entfaltung des Judenstaates. Bubers Hoffnungen von 1945 mußten Federn lassen.

Erst recht triumphierten *nach dem Zusammenbruch* der Gesellschaften *des real-existierenden Sozialismus* Häme und Armut anti-utopischer Gesinnungen; die Möglichkeiten des Utopischen scheinen mitzusammengebrochen. Dabei setzen sich antikommunistische Stereotypen des Kalten Krieges vielfach hemmungslos und bewußtseinslos durch.

Es gehörte schon immer zum Arsenal antikommunistischer Propaganda, ausgerechnet den Marxismus und Leninismus als Utopien, mithin als lächerlich, vernunftwidrig, irreal und widermenschlich zu zeichnen. Daß der Marxismus-Leninismus umgekehrt an seiner *Abwehr* des Utopischen gescheitert sein könnte (besonders an seiner Verfolgung des Utopischen Sozialismus), wird nicht einmal analytisch mehr diskutiert, geschweige denn in die öffentliche Bewußtseins-

29. Ebd.
30. A.a.O. 851.
31. A.a.O. 850.

bildung aufgenommen – etwa beim Rückblick auf die Geschichte der DDR. Dabei ist bekannt, daß die Institutionen des real-existierenden Sozialismus keinen bürgerlichen Reaktionär so wütend angriffen wie immer wieder aufs neue »linke Abweichler«, die einen von Utopie geleiteten Sozialismus einforderten. Ja, die Selbstbezeichnung des »real-Existierenden« war explicite verbis und in sich das propagandistische Nein gegen einen als bloß utopisch abqualifizierten »Sozialismus mit menschlichem Antlitz«, war Staatsraison *gegen* jede Verlokkung und (wie man meinte) Verführung durch sozialistische Utopien. Eine neue wissenschaftliche Diskussion über Marxismus-Leninismus als (wie der Antikommunismus behauptete) Utopie oder als Anti-Utopie steht noch aus, damit auch eine Diskussion über die Physiognomie des »menschlichen Antlitzes« im Sozialismus. Das wird sich nicht mit einfachen und primitiv-eindeutigen Begriffen bedenken lassen. An dem, was in den sozialistischen Staaten durch die kapitalistische Revolution jetzt an Menschen-Möglichkeit zusammengeschlagen worden ist, läßt sich ermessen, was auch dort an Menschen-Möglichkeiten geschaffen worden war. Die These von der totalen *Unmenschlichkeit* des Lebenssystems DDR war immer eine *Lebenslüge* der dagegen sich aufbringenden westdeutschen Bundesrepublik; vermutlich werden wir West- und Ost-Deutschen solange einander nicht näher kommen, solange wir im Westen nicht in aller Härte mit unserer Lebenslüge, nämlich unserer Selbstrechtfertigung durch das Bild von der Unmenschlichkeit des realen Sozialismus, aufräumen. Dazu gehörte vor allem auch, daß die Evangelische Kirche in Deutschland, die in seelsorgerlichem Rat und theologisch wohlbegründeter Lehre von einer Lebens*möglichkeit* der Christen und der Menschen in der DDR (trotz allem!) gesprochen hatte, jetzt nicht ihre in der Zeit des Kalten Krieges gewonnenen Erkenntnisse schlicht verleugnet und in einem phantastischen Akt von Assimilation an die siegende Bourgeoisie preisgibt. Der Trotz des Glaubens, der in der DDR zu »bleiben« ermöglichte und gebot, fand doch auch Lebensformen, und zwar nicht nur in den berühmten »Nischen« des Lebens in der DDR-Gesellschaft, sondern sehr wohl und zunehmend auch in einem Ja zu dem, was Bewegung hin zu wirklich, d.h. auch in utopischem Sinne sozialistischen Lebensformen war, im Sinne Bubers: zu Gemeinschaftshaltigem, vermittelt in gesellschaftlich Wachsendem und sogar: Organisiertem.

Daß z.B. der *Arbeitsort auch Lebensort* war – Kinderhort, Gesprächsgelegenheit, Teilgabe- und Teilnahmechance auch fürs Private, Medium zwischenmenschlicher Verantwortung, kultureller Bildungsimpuls, Ferienvermittler, Aufbauhilfe für persönliches und kollektives Selbstbewußtsein, Gesundheits- und Krankheitsfürsorge, Konsumangebot -: das alles *konnte* als Inbegriff totalitärer Beanspruchung erfahren werden, aber ebenso als Bedingung von menschlicher Geborgenheit: in vielen Einzelmomenten als Gegenmittel gegen entfremdete industrielle Arbeit und darin von ferne leiser Vorschein eines sozialistischen Ziels. In der Praxis läßt sich dem real-existierenden Sozialismus zwar für seine Anfangsjahre nachsagen: er *opfere* für eine unfaßbare Zukunft die jetzt Lebenden, ihn kennzeichne eben der absolute *Bruch* zwischen Ziel und Weg. Aber in der vierzigjährigen Entwicklung haben die Menschen *Humanität fördernde* Wege mindestens angetreten, blieben freilich in der Doppeldeutigkeit, die allem (marxistisch gedacht) »Vor«-Geschichtlichen eignet – also in jener Ambivalenz, von der Hans Jonas sagt, gerade sie sei das Menschliche; aber diese Wege entsprachen doch insofern dem Ziel, als sie *a.* gesamtgesellschaftlich gebahnt waren, also (mit Buber) gesellschaftliche Struktur bereicherten (und wenigstens prinzipiell dem kalten Zentralismus auch dieser Industrie- und Kalte-Kriegs-Gesellschaft entgegenwirken konnten), – *b.* Lasten des Widerspruchs von (Staats-)Kapital und Arbeit linderten, – schließlich *c.* den Gegensatz von Einzelnem und Kollektiv gewiß nicht aufhoben, aber in ein sinnvolles, erträgliches und zukunftsversprechendes, wandlungsfähiges Verhältnis brachten – ganz im Gegensatz zum westlich-bürgerlichen Willen, den Einzelnen und nur ihn in Recht und Sozialgerechtigkeit zum Maß zu machen, »Gesellung« aber seine Privatsache sein zu lassen, – was Mensch ist, nur am unendlichen Wert der Menschenseele zu messen, nicht jedoch an Strukturen und Bedingungen der Mitmenschlichkeit.

Es gehört nun aber auch noch zu utopischem Vorschein: die *Langsamkeit,* ja *Zurückgebliebenheit* der ökonomischen, politischen und gesellschaftlichen Gesamtentwicklung im real-existierenden Sozialismus. Es ist etwas – auch christlich! – Großes, wenn die Gesamtentwicklung am Zustand des *letzten* Gliedes einer Gesellschaft orientiert wird: was seine ökonomischen Bedürfnisse, seinen Bildungsstand (und damit z.B. auch seine Sprachfähigkeit), seine sozialen Möglichkeiten betrifft, und wenn dafür auch wirtschaftliche Ineffektivität in Kauf genommen wird. Nie gut war die Apologie des eher zurückgebliebenen Entwicklungszustandes mit dem Argument, alle verfügbaren Ressourcen würden durch den Kalten Krieg gebunden; noch schlechter die Entschuldigung: Uns muß fehlen, was wir – im Geist eines guten sozialistischen Internationalismus – denen geben, denen es in der »dritten Welt« noch weit schlechter geht als uns. Sozialistisch bedeutender war (und wäre geblieben, wenn es nicht durch Ulbrichts Parole: »Den Kapitalismus überholen« konterkariert worden wäre) die wachsende Überzeugung: Wir brauchen zur Förderung und Entfaltung der Humanität nicht das Wahnhafte (und doch zugleich knallharte *Gesetz)* eines kapitalistisch erzeugten individuellen Wohlstandes, – keine gelackten Stadtbilder, – keine Kulissen, hinter denen wir Wirkliches verbergen müßten. Freilich zeigt z.B. die Datschenkultur des kleinen privaten Glücks, das Sich-Krummlegen für den Trabbi und den Wartburg, daß hier am wenigsten menschlichen Bedürfnissen entsprochen wurde, der neue Mensch war noch nicht gefunden, schon gar nicht geschaffen worden. Und die noch größeren ökologischen Verheerungen im Osten als die, die wir im Westen schon überreichlich angerichtet haben, zeigen, was hier auch sonst ideologisch und praktisch schlicht falsch war. Aber ein Ja zu einem *prinzipiell geringeren materiellen Lebensniveau* war und bleibt menschlicher – es wäre denn, der individuelle Kapitalist würde zum vere homo, zum wahren Menschen ernannt – was unter der bürgerlichen Rechnung mit dem Menschen, dem unheilbaren Sünder, tatsächlich vielfach so gesehen wird.

Wie nun auch immer: Die Köpfe der so gefeierten *Bürgerbewegung* in der DDR hatten viel mehr einen utopischen Sozialismus als das Bild des kapitalistischen Egozentrikers im Kopf. Und fanden sich mit den *Grünen,* deren Mentalität und gesellschaftliches Denken, oft geradezu idealtypisch, dem von Buber gezeichneten Modell eines reichstrukturierten Zellengewebes »Gesellschaft« entspricht: von »weitgehend autonomen«, sich von innen her ausformenden und umformenden »Orts- und Werkgemeinschaften«, Bürgerinitiativen und anderen selbstbestimmten Lebens- und Zusammenlebensformen. Gerade in Autonomen- und Anarchistenversuchen bleibt Utopie mit ihrem *Weg* verbunden, gewinnt und behält Utopie einen »realistischen Charakter« (Buber). Doch freilich besagt das nicht, daß ihre *Tendenz* auf gesamtgesellschaftliche Bedeutung sich tatsächlich erfüllt, überhaupt erreichbar ist.

Nur – das zeigt Buber – sinnlos, unverantwortlich, vernunftwidrig, bloß poetisch, bloß phantastisch, bloß Lustprinzip, bloß wegen ihrer Erfolglosigkeit Depressionen fördernd ist Utopie *nicht.* Sie hat gesamtgesellschaftlichen Sinn als tätige Anwaltschaft für Lebensformen, die immer mehr zerstört werden sollen und werden, und als praktischer Widerspruch gegen die kapitalistische Revolution. Ihre totale Kritik wäre die totale Verwerfung desjenigen Humanen, das nur noch im Lichte der Utopie gerettet werden kann vor seiner Vernichtung.

b. Utopien sind Sprache und Bild

Aber sind denn Utopien wirklich dazu da, *erfüllt* zu werden?

Wir sahen: Keineswegs immer waren sie schon mit Aktion verwoben, dies geschah erst im neuzeitlichen, »pantechnisch« denkenden Zeitalter. Das zeigt, daß auch Utopien eine Geschichte haben, und was sie sind, werden wir erst sehen, wenn wir überhaupt mit einer *Geschichtlichkeit der Utopien* rechnen.

Es ist ja doch nicht richtig, sie ihrem Wesen nach bloß als »Phantasiebilder«, etwa wie wollüstige Wagnersche »Wunschmädchen«-Projektionen, anzusehen (nach Art der Rheintöchter im »Rheingold« und der Brünhilde in der »Walküre« und der »Götterdämmerung«). Und womöglich ist es doch zu schematisch-allgemein, sie wesentlich als Gebilde einer *zu jeder Zeit an jedem Ort gleichen* oder doch vergleichbaren *Menschennot* aufzufassen. Buber sagte, die »Schau des

Seinsollenden« sei »doch von einem kritischen Grundverhältnis zu der gegenwärtigen Beschaffenheit der Menschenwelt« mindestens »nicht zu trennen«[32]. Und ähnlich sagt auch Hans Jonas, die »Utopiesehnsucht als solche, die jedem besonderen Zielbild vorangeht, nährt sich aus der Problematik dessen, was war und ist: und wenn dieses als wirklich ganz und gar ungenügend befunden wird, dann muß die Suche nach dem ›ganz anderen‹ Eigentlichen weitergehen …«[33]; Wir haben keinen Grund, dies als *ein* Moment bei der Utopiebildung zu bezweifeln, zweifeln jedoch daran, ob in dieser *Allgemeinheit* schon erfaßt wird, was Utopie *ist:* nur »Ausdruck des Elends«?

Utopie kann sehr *besondere* Anlässe haben.

Vergils 4. Ekloge z.B. will als Hirtengedicht Erhabeneres besingen als nur, wie in dieser Gattung üblich, »Tamarisken und niedrige Sträucher«: die Welt sizilianischer Hirten. Er will von »Wäldern« singen, Höhergewachsenem also, und er entschlüsselt dies ausdrücklich als ein politisches Symbol; sein Lied will »eines Konsuln … würdig« sein, und zwar eines bestimmten, dessen Namen wir nennen können: des Asinius Pollio nämlich, der zur Zeit der Abfassung des Gedichts wohl noch in Spanien wirkte, aber, als er von dort nach Italien zurückgekehrt war – um 43 oder 42 v. Chr. herum –, Statthalter von Gallia Transpadana wurde: der heutigen Lombardei und des Piemont. Dort wird der Konsul einen Kreis von Literaten um sich sammeln, und Vergil wird dazugehören. Die 4. Ekloge ist wohl in Erwartung des Dienstantritts des Pollio entstanden, was freilich noch nichts besagt über die die Exegeten beschäftigende Frage, wer mit dem Knaben gemeint sein mochte, dessen heilsame Geburt in diesem Gedicht erwartet wird; da gibt es wohl historisch manche Möglichkeiten, Pollios Frau z.B. erwartete damals ein Kind, aber auch die Größeren, Marc Anton und Octavian, hatten gerade geheiratet und konnten mit Kindern rechnen. Wie auch immer: An mehr als nur ein Symbol »Kind« könnte Vergil wohl gedacht haben, und wenn es nicht Pollios Kind gewesen sein sollte, dann läßt doch Vergil keinen Zweifel daran, sagt es vielmehr ausdrücklich: »Herrlich hebt dieses (neue) Zeitalter an, da du uns als Konsul, / Pollio, führst. Es beginnt der erhabenen Monate Reigen.« Wir können und müssen zunächst sagen: Glatter provinzieller Byzantinismus spricht also aus der 4. Ekloge. Aber was nicht alles ist aus ihr herausgehört und in sie hineingelesen worden! Und wie war das möglich? Wie konnte aus einer höchst begrenzten politischen Erwartung in der römischen Provinz eine abendländische Universal-Utopie werden von einem ganzen neuen Zeitalter, einem ewigen Frieden und einer goldenen Menschheit?

32. A.a.O. 843.
33. H. Jonas, Das Prinzip Verantwortung, 374.

Nicht viel anders verhält es sich in der doch so anderen biblischen Welt des Propheten *Jesaja.* Vergils 4. Ekloge hat jahrhundertelang ihre Deuter an Kindgeburtsverheißungen bei Jesaja erinnert, die von ähnlichem messianischen Glanz umgeben waren; man meinte sogar, in der Sibylle von Cumae ein Bindeglied zwischen Vergil und Jesaja ausmachen zu können, denn auch sie hatte, aus jüdisch-christlicher Tradition, die baldige Geburt eines Heilskindes geweissagt; aber das sind nicht zu beweisende Konstruktionen. Vergleichbar sind Vergil und Jesaja darin, daß auch der Prophet die Geburt eines als göttliches Geschichtszeichen wirkenden Sohnes namens Immanuel angekündigt hatte und daß er ein zweites Mal von einer Kindsgeburt sprach, die großes Heil bewirken werde: »Euch wird der Herr selbst ein Zeichen geben: Siehe, die junge Frau ist schwanger und gebiert einen Sohn, und sie gibt ihm den Namen Immanuel« (Jes 7,14); und: »Ein Kind ist uns geboren, ein Sohn ist uns gegeben, und die Herrschaft kommt auf seine Schulter, und er wird genannt: Wunderrat, starker Gott, Ewigvater, Friedefürst. Groß wird die Herrschaft sein und des Friedens kein Ende ...« (Jes 9,6-7). Für die Exegeten ist keine Frage, daß sie auch in diesen beiden Fällen versuchen müssen, nicht nur die Textzusammenhänge, sondern auch die Ereignisse, von denen dort erzählt wird, ***historisch*** zu identifizieren. Über Jesaja 7,14 sind sie dabei ungewöhnlich zerstritten und am Ende ratlos[34]. Umgekehrt haben wir für den großen Zusammenhang Jes 9,2-7 seit Albrecht Alt[35] eine breite gemeinsame Überzeugung über einen genauen historischen Zusammenhang dieses Textes: Das Volk, das im Finstern wandelt und plötzlich ein großes Licht sieht, ist das der westlichen, östlichen und nördlichen Gebiete Israels, die der assyrische Großkönig Tiglatpileser 734 und 732 v. Chr. vom übrigen Israel abgetrennt und zu Provinzen seines Reiches gemacht hatte. Zu diesem Volk kommt ein Bote aus Jerusalem und meldet: »Ein Kind ist uns geboren, ein Sohn ist uns gegeben«, und das meint (nach der von Israel übernommenen Sprache des ägyptischen Königszeremoniells): Ein neuer, hoffnungsvoller David-Nachkomme hat soeben den Thron bestiegen, auch ihr verlorenen Israeliten in der Irredenta könnt jetzt auf eine Wiedervereinigung mit dem ganzen Volk hoffen. Natürlich läßt sich auch dies Ereignis nicht auf Stunde und Jahr genau fixieren, jedenfalls muß es in der Lebenszeit Jesajas liegen, A. Alt wagt sogar, das Jahrzehnt zwischen 732 und 722 v. Chr. anzugeben[36]. Genaueres braucht uns hier nicht zu interessieren, grundsätzlich wichtig und richtig scheint uns nur der methodische Wille und die sachliche Mög-

34. Vgl. O. Kaiser, Der Prophet Jesaja 1-12, [2]1963, z. St. in: Das Alte Testament Deutsch, Bd. 17.
35. A. Alt, Jes. 8,23-9,6. Befreiungsnacht und Königstag, in: Kleine Schriften zur Geschichte des Volkes Israel II, 1953, 206ff.
36. A.a.O. 223.

lichkeit, diese Texte konkret begrenzten historischen Ereignissen zuzuordnen, wie es auch bei Vergil möglich und nötig ist.

Alle diese drei nichtbiblischen und biblischen Texte sind zu großen messianischen Menschheitsutopien geworden. Wie war das möglich? Was passierte, daß sie ihren begrenzten »Sitz im Leben« verließen und zu überzeitlich wirkenden allgemeinen Verheißungen und Hoffnungen wurden?

Selbstverständlich muß man hier auf ihre *Wirkungs*geschichte blicken. In späterer Rezeption wurden sie größer und umfassender, als sie zuerst waren. Sie gewannen einen *sensus plenior,* einen über den sensus historicus weit hinauswirkenden volleren Sinn, nahmen an Bedeutung zu; zudem gaben ihnen Ereignisse, die als Erfüllungen solcher Erwartungen gedeutet werden konnten, rückwirkend größeres Gewicht. Schon in *jüdischer* Geschichte wurden die Jesaja-Texte zu expliziten Messiastexten, – aus ihrem allenfalls implizit-Messianischen, das ihnen im sensus historicus eignen mochte, werden explizite Worte vom Messias. Und die *christliche* Auffassung, die diese Texte sofort auf den Messias Jesus deutete, stärkte und vereinigte implizit-Messianisches und explizite Messiasverheißung erst recht.

Ähnliches läßt sich von der *Vergil-Rezeption* sagen. Zunächst hat Vergil selbst einen Weg von der 4. Ekloge zu seiner Äneis genommen, dem großen Lobgesang des Augustäischen Friedensreiches. Die Christen sind aber je länger je mehr bewußt in die Tradition dieses Augustäischen Reichsmythos eingetreten, christliche Reichsgründungen, vor allem aber »Das Heilige Römische Reich Deutscher Nation« sahen sich als Fortsetzungen und universale Erfüllungen des Vergilisch gedeuteten Imperium Romanum. Vergil selbst bekam deswegen immer größere Bedeutung, – in Dantes Göttlicher Komödie wurde er gar der Seelenführer durch das abendländische Universum von Hölle (Inferno), Fegefeuer (Purgatorio) und Paradies (Paradiso); »Du bist mein Meister, meine Leucht' im Leben«, ruft Dante ihm zu (I,1.85), und so christianisiert ist dem Dante der Vergil, daß er ihn bitten kann: »Führ mich, wohin du schon den Blick mir wandtest: / Laß mich der Tür Petri ansichtig sein ...« (I,1.133f) – als hätte je ein »historischer« Vergil etwas von einem Petrus und seiner römischen Pforte wissen können!

Aber nun dürften doch die Rezeptionsgeschichte und das Phänomen, daß ein sensus plenior, ein vollerer Schriftsinn, sich entwickeln konnte, nicht alles erklären. Die altkirchlich-mittelalterliche Theorie von einem sensus plenior selbst beruht ja auf der Voraussetzung, daß vollerer Schriftsinn nur Entfaltung eines Sinns ist, der, wenn auch verborgen, schon im sensus historicus enthalten war, nur später schärfen sich Gehör und Auge und nehmen am Text wahr, was zuvor überhört und überlesen worden war. Ein Talmud-Wort (b Berachot 40a) vertritt diese Überzeugung in unvergleichlicher Genauigkeit: »Wollest auf das Alte hören, so wirst du (eben damit!) auf das Neue hören«. Es läßt sich denken: In allem alten Wort wartet Verheißung weit über Generationen und Zeiten hinweg. Das heißt aber: Weiterer Schriftsinn ist nicht nur das Werk der Rezeption, eines *Hineinlesens,* vielmehr Werk eines völlig legitimen *Heraushörens* von weiterem Sinn aus dem zuerst nur historisch-begrenzten.

Wollen wir versuchen, den Vorgang genauer zu verstehen, können wir zunächst sagen: *Es geschieht in der Sprache, daß aus einer konkret-begrenzten historischen Erwartung ein universales Versprechen und eine Menschheitshoffnung wird.*

Beide Momente sind zu berücksichtigen: *a.* Die alte Sprache, auf die Menschheitsutopien sich berufen, aus der heraus sie selbst sprechen, spricht von Anfang an »paradigmatisch transparent« (Sch. Ben-Chorin): mehrschichtig, mehrdimensional – nicht vielleicht mehr*deutig* im abwertenden Sinne, aber mehr*sinnig.* Im Beispielsfalle Vergils handelt es sich ja ausdrücklich um *Dichtung,* stilisierte Hirtenpoesie, in der doch nur politisch-umstandsbestimmt geredet wird. Eigentlich nur begrenzt Politisches wird durch Sprache erhöht, in »gehobener Sprache« gesprochen, und das *will* ja höchst-Besonderes in den Glanz eines umfassend-Allgemeinen erheben; so tut niemand Unrecht, der – aus Zeitabstand am konkreten Anlaß nicht mehr interessiert – nur noch Allgemeines hört; *b.* umgekehrt sollten wir aber auch festhalten, (erstens) daß Utopie ein Phänomen der Sprache ist, (zweitens) daß ihr Utopisches in sich meist einen *historisch-konkreten Anlaß* hat und dessen sensus plenior ist. Das ist es, was wir die *Geschichtlichkeit des Utopischen* nennen und zu seiner Wesensbestimmung geltend machen möchten. Utopie ist keineswegs immer nur Phantasie, die aus allgemeiner psychologischer oder Daseins-Analyse genügend erklärbar, gar ableitbar wäre. Jedenfalls ließen sich Phantasie und Utopie in genauer Bestimmung ihrer verschiedenen Art von Geschichtlichkeit unterscheiden (denn natürlich sind auch der Seelengrund des Phantasierens und die immer und überall anzutreffende Menschennot geschichtliche Wirklichkeit – aber eben nicht immer historische, wie es womöglich für die Gesamtzahl der der Bibel entspringenden Menschheitsutopien wahrscheinlichgemacht werden könnte).

Doch auch das läßt sich grundsätzlich noch etwas vertiefen, gleichsam von der anderen Seite her.

Oft nimmt *Sprache* mehr auf, als wir ihr geben an Inhalten, Gedanken, Begriffen, Bildern, Metaphern, Tönen und Untertönen. Oft bewahrt sie Unausgesprochenes, vielleicht Mit-Gemeintes, auch wenn es nicht gesagt wurde, vielleicht aber auch: *gar nicht* Gemeintes. Und zwar dies auch dann, wenn jemand, der spricht, gar nicht mit der Sprache spielen, nicht absichtlich ihre Mehrdeutigkeit nutzen wollte. Sprache bildet oft einen Mehrwert aus – über Gesagtes und Gemeintes hinaus. Daran können wir erkennen, daß sie wie ein Hort von Ungewolltem und in diesem Sinne: Nicht-Seiendem dienen kann.

Sprache kann *Bergungsort* von etwas sein, was – als Ungemeintes, Ungesagtes, Ungewolltes – noch keinen Platz hier gefunden hat; am lapsus linguae kommt es manchmal heraus, aber auch an dem, was ein anderer hören kann, obwohl ich es weder gesagt habe noch sagen wollte. Es ist schwer, weiter eindringen zu wollen in dies Geheimnis der Sprache. Uns genügt es, es am Faktum zu erkennen, daß in Sprache zuweilen mehr gehört werden kann, als gesagt wurde.

Für ein Verständnis des Utopischen scheint mir dies aber von Bedeutung. Utopie hat das Wesen von Sprache. Nicht nur, weil sie wesentlich sprachlich überliefert wird, sondern auch, weil sie das Geheimnis bleibenden Vermögens von Sprache teilt, mehr be-sagen zu können als ge-sagt wurde. Wie Sprache erinnern kann an mehr, als Worte hergeben wollen, so können wir *Utopie als eine Erinnerung* daran begreifen, daß, was einmal im Kleinen, Begrenzten begründet wurde und als konkrete Erwartung zur Sprache kam, auch dank der Kräfte der Sprache im Großen zu entschränkter, weiterer Hoffnung werden kann. Und wir können sagen: Nicht etwa nur, wo Utopie mit Handeln und Aktion verwoben wurde, bekam sie »realistischen Charakter« (M. Buber), sie hatte ihn auch schon immer zuvor darin, daß sie Sprache war, in der begrenzt-Konkretes gesagt werden sollte, das aber, in gehobene Sprache geformt, dadurch in ein Allgemeines kam, das mehr besagte, als zuerst gesagt werden wollte.

Daß nun freilich Utopie Sprache ist, sollte unser Verhältnis zu ihr bestimmen. Weder läßt sich Sprache verbieten noch vermeiden. Nicht nur können in alles Sprechen, vielleicht auch in das technischste und berechnendste, Unbekannte sich einnisten, also auch Utopie. Daß Sprache dafür empfänglich ist, macht sie erst zu dem Humanum, das sie ist. Sie gibt uns mehr, als wir ihr geben können. Sie bleibt Sinnträger, auch wenn wir sie zur nackten Information erniedrigen wollen. Sprache verrät immer. In Sprache ist uns, ob wir wollen oder nicht, das Medium des Utopischen zu eigen, solange wir Menschen bleiben wollen. Und: In Sprache läßt sich das Utopische durchaus nicht, wie es heutige Utopiekritik will, zurückdrängen in ein privates Glück im Winkel. Sofern Utopie immer Sprache ist, ist sie *immer Sozial-Utopie* und wäre es auch dann, wenn sie inhaltlich nicht eigens an sozialen Hoffnungen gebildet wäre; in Sprache sind wir in jenem »lebensmäßigen Zusammengetansein«, in dem nach Bubers Sicht das Zellengewebe »Gesellschaft« restrukturiert werden und so eine »Wahrheit von morgen« wirken kann (Victor Hugo)[37].

Wir wenden uns einem anderen Aspekt von Utopie zu: Wir bekommen sie eher in *Bildern* als in *Gedanken.*

37. M. Buber, a.a.O. 851.

Es gibt auch *Gedanken-Utopie.* Platons Politeia würde ich dazu rechnen: die vom Grunde her gedanklich aufgebaute Stadt, der philosophisch durchdachte, am Ende sogar von Philosophen regierte Staat. Gedanken-Utopien ließen sich auch solche nennen, in denen eine glückliche Zukunft aus dem rein formal scheinenden Gegensatz zu gegenwärtigem Elend er-funden wird; es genügt für die Utopie, sagen zu können, was »nicht mehr sein wird«: Der »Tod wird nicht mehr sein, und kein Leid noch Geschrei noch Schmerz wird mehr sein«, – was war, wird vergangen sein, »das Erste ist vergangen« (Offb 21,4), und dies wird Glücks genug sein; »Negation des Negativen« hat *Paul* Tillich als ontologisch zum Menschsein gehörig bezeichnet. Erwartungen gegenüber heute einfach umgekehrter Verhältnisse besitzen aber nicht etwa – weil sie nur »formale« gedankliche Umkehrungen zu sein scheinen – geringere utopische Hoffnungskraft. Die »einfache« Umkehrung von Verhältnissen – exemplarisch in der lukanischen Bergpredigt: »Heil euch Armen … Wehe euch Reichen« (Lk 6,20.24) – ist ja nicht deswegen denkbarer als »phantastischere« Utopien, weil wir sie logisch durchschauen und begreifen können: eben als *formale* Umkehrungen. Eine einfach verkehrte Welt ist genauso »phantastisch« wie eine total neu erfundene. Was logisch umgedreht wird, besitzt dank dieser Logik keine größere Nähe zu einem Realitätsprinzip; Dasein ganz ohne Tod, Leid, Geschrei, Schmerz ist auch nur als ein *Bild* einzubilden. Und Gedanken-Utopien sind also in nichts weniger utopisch als andere, die für uns logisch weniger durchschaubar zustandekommen.

Dennoch lassen sich vielleicht von Gedanken- reine *Bilder-Utopien* unterscheiden, in denen ein Visionäres stärker arbeiten mag als gedanklich-Konstruiertes. Es dürfte kein Zufall sein, wenn die großen *Renaissance-Utopien* – im Zeitalter großer Weltreisen und geographischer Entdeckungen – vielfach *Reise-Utopien* waren. In ferner, unbekannter Weltgegend taucht unversehens eine nie gesehene Insel, ein bis dahin unbekannter Erdteil, auch nur eine fremde Stadt auf; auf keinem unserer Atlanten, keiner Seekarte, keinem Globus ließ sie sich bisher orten. Und dort finden die utopisch Reisenden, was sie womöglich noch nie gesucht haben, wovon sie sich aber, wenn sie so etwas doch schon heimlich gesucht haben sollten, in ihren kühnsten Gedanken noch nie etwas haben träumen lassen: ein ideal lebendes Volk, – eine unvermutet und beneidenswert gerecht und großartig geregelte Gesellschaftsform, – auch vielleicht allzu rationalistisch konstruierte Bauformen der Stadtentwicklung und Architektur – wenn nicht allerbeste Welten prästabilisierter Harmonie, dann doch friedlich und gerecht geregelte Beziehungen. Der volle Titel der Schrift des Engländers Thomas Morus, die dieser utopischen Literaturgattung den Namen gegeben hat, sagt im Jahre 1516 schon das Ganze: De optimo rei publicae statu, deque nova insula Utopia (»Über den besten Staatszustand und über eine neue Insel Nirgendheim«). Uns interessiert nur, daß wir es hier mit einer geschauten und aus der Ferne unserer alten Welt neuerfahrenen Wirklichkeit zu tun bekommen – einem Wirklichkeits-*Bild,* dessen Eigenart aus unserer bisherigen Unerfahrenheit mit der dort sich auftuenden und zu entdeckenden Wirklichkeit als etwas exotisch-Wunderbares gesehen wird: freilich nicht als ein Mitbringsel fürs Kuriositäten-Kabinett, sondern in voller erzieherischer Absicht als Beispiel für die Menschen der alten Welt übermittelt. Ein Erziehungs-*Ideal?* Jedenfalls ein Aufmerksamkeit heischendes, Blicke für die schlechten heimischen Verhältnisse schärfendes Bild.

Und »Bild« heißt: Ein neues *Gesamt*-Bild von Lebensmöglichkeiten wird vorgestellt. Der Bild-Charakter dient nicht nur dem Schauenkönnen und der Anschaulichkeit einer gesellschaftlichen Vorstellung, einer Idee, eines Entwurfs, sondern vor allem auch der Überschaubarkeit eines anders organisierten und gelebten Lebens*ganzen.* Utopie geht immer aufs Ganze. Das ist für uns heute, die wir Ganzheiten weder begrifflich noch methodisch noch seelisch mehr erschwingen können, das Fragwürdige, ja Unmögliche an Utopien. Aber dieses Unmöglichen ist sich ja die Utopie – als »Nirgendheim« – spätestens seit der Renaissance bewußt, und eben deswegen bildet sie Bilder, von denen man nicht von vornherein erwartet, daß sie Widerspiegelungen überprüfbarer Realität sind, nicht einfach Ab-Bilder von Vor-Gegebenem, sondern womöglich gerade Abbilder von vorerst Nicht-Gegebenem. In Bildern finden Utopien ihren Inhalten angemessene Ausdrucksformen. Zwar können sie »nur« in Bildern reden, aber gerade in Bildern können sie überhaupt reden, wovon sie reden wollen. Will man die Gattung der biblischen und nichtbiblischen Apokalyptik einmal insgesamt dem Genus Utopie zuschlagen, dann ist sowohl das Visionäre wie das Moment des *Enthülltbekommens* von etwas als Ganzem und Neuem, das kein Auge je gesehen, kein Ohr je gehört hat, charakteristisch für das Wesen des Utopischen.

Dabei lassen sich *Zustands*bilder und *Geschehens*bilder voneinander unterscheiden, Bilder von dem, *wie* etwas noch nie Gesehenes *aussieht,* und solche von Verhaltensweisen und Geschehen, die unsereiner noch nie selbst *geübt* oder erfahren hat.

In der Offenbarung des Johannes, dem letzten Buch der christlichen Bibel, werden *Zustands*bilder dem Seher von einem Engel »gezeigt« – in vielfachem Sinne des Wortes: Der Engel macht den Seher aufmerksam auf etwas, was er sonst übersehen könnte, – der Engel läßt ihn etwas sehen, was ohne sein Zeigen gar nicht zu sehen wäre, – der Engel läßt den Seher vorzeitig etwas sehen, was erst viel später Alle werden sehen können. Aber *was* der Engel »zeigt«, ist z.B. in Kapitel 21,10ff die heilige Stadt Jerusalem und wie sie in ihrem himmlischen Glanze mit ihren Mauern und Toren, in ihren geometrischen Abmessungen sowohl nach Menschenmaß wie nach Engelmaß *aussieht.* Ebenso »zeigt« der Engel in 22,1ff dem Seher den Wasserlauf und die Uferbewachsung des Stromes, der vom Throne Gottes ausgeht in alle Himmelsrichtungen der Erde. Apokalyptische Texte sind wesentlich Zeige-Texte, die vor allem jenseitige, himmlische Zustände und Verhältnisses schildern.

Freilich sind sie das nicht allein. Sie geben auch *Geschehens*bilder, und zwar keineswegs nur theatralische, in denen wir als Zuschauer Geschehnisse vor unseren äußeren und inneren Augen abrollen sehen. Echte Utopie *beteiligt* ihre Übermittler und damit auch ihre Empfänger. Der Visionär ist immer eine dramatis persona im Spiel. Freilich ist er vor allem Seher und »schaut«, was geschieht; »schauen« und »sehen« sind die Haupttätigkeiten der apokalyptischen Erfahrungen – freilich zugleich mit »hören«, denn kaum eine Vision ohne Audition: und Audition ist immer Inbegriff von etwas Geschehendem! Also handelt es sich um höchst beteiligtes, kein teilnahmsloses, etwa nur registrierendes »Schauen« und »Sehen« und »Hören«. Johannes selbst »trat auf den Sand des Meeres«, aus dem heraus er dann ein Tier mit gotteslästerlichen Namen aufsteigen sah (Offb 13,1ff). Oder: Er gerät in Verwunderung über das, was ihm gezeigt wird, und der Engel stellt ihn deswegen zur Rede (Offb 17,6-7ff). Mehrfach bekommt er Schreibaufträge (z.B. 21,5), – einmal bekommt er einen Meßstab überreicht und soll als Geometer die Maße des Tempels ausmessen (Offb 11,1-2) – noch ganz abgesehen von der Zumutung, wie einst der Prophet Ezechiel ein Büchlein essen zu sollen, das ein Engel ihm gab, und er aß es (Offb 10,8-10). Überhaupt schaut, sieht, hört er, schmeckt, bekommt er gezeigt in der Absicht, daß er dann seine Erfahrungen nicht für sich behält, sondern anderen preisgibt, die Utopie also *bezeugt*.

Aber wichtiger nun das vielfältige *Geschehen*, das *innerhalb* utopischer Geschehensbilder abgebildet wird. Wir bekommen *Entsetzen erregende* Bilder von Endkriegen und triumphalen, nicht weniger schrecklich wirkenden Endsiegen zu sehen, wo die kriegführenden Parteien wohl unter geschichtlichen Namen und doch in einer ins Mythische hochgesteigerten Größe zu einem letzten Gefecht antreten, wie in Ez 38 – 39 der Fürst Gog aus dem Lande Magog; wir sehen hochgerüstete Mannschaften von Soldaten, hören das Gedröhn der Roßhufe, sehen sie wie eine Wolke das Land bedecken, – werden Schlachtenbeobachter, – sehen die Feinde fallen, – Raubvögel und wilde Tiere über das Feld voller Leichen herfallen, – ihr Fleisch fressen, ihr Blut literweise saufen, – sehen aus den Reihen der Sieger dann massenhaft neugierige Zuschauer das Tal der Toten besichtigen, die Gefallenen ausplündern, nie mehr werden sie Holz für den Winter brauchen, denn mit den erbeuteten Schilden und Tartschen, Bogen und Pfeilen, Handstöcken und Speeren haben sie für lange genug zu feuern, – das Volk der Sieger sehen wir dann als Beerdigungshelfer tätig werden und schließlich den Taleingang dieses Schlachtfeldes zumauern: für immer unzugänglich gemachte Verbrannte Erde. Es war dies die Schlacht eines letzten Guten, des

Gottes Israels, gegen ein letztes Böses, die Völkerfeinde Israels insgesamt Repräsentierendes, – im letzten Buch der christlichen Bibel dann des geschichtlichen Kolorits fast beraubt: ein Krieg Satans ist es dann gegen die Heiligen schlechthin und die geliebte Stadt (Offb 20,7-9), und ein endgültiger Endkrieg ist es dann, an dessen Ende Satan in einen See von Feuer und Schwefel geworfen und gepeinigt wird mit seinen Anhängern »Tag und Nacht in alle Ewigkeit« (20,10). Die Feuerhölle wird dann nicht mehr Ort sein, an dem Satan herrscht und seine Opfer peinigt, er wird dort dann nur noch selbst ein Gepeinigter sein.

Oder wir sehen umgekehrt, wie der Geist, die Hand des Herrn, den Menschensohn Ezechiel hinausreißt in eine Ebene voller Gebeine. Die Toten Israels liegen da, »ihrer sehr viele«, »und sie waren ganz dürr«: nur noch Knochenberge, wie wir sie aus Auschwitz und Birkenau kennen. Und nun heißt Gott den Menschensohn, den Skeletten ein neues Leben zu weissagen. Und nun ruft er die Gebeinsberge an. Und nun schaut er hin. Und nun sieht er. Und nun sieht er ganz genau: Sie bekommen Sehnen, es wächst Fleisch an ihnen, mit Haut werden sie überzogen. Er sieht hin und sieht: Odem war noch nicht in ihnen. Abermals heißt Gott ihn »weissagen«, nämlich den Geist rufen. Und er ruft den Geist von den vier Winden. Und der Geist läßt sich rufen. Er kommt. Und er fährt in sie, die Knochen. Und der Menschensohn sieht: Lebendig werden sie, auf ihre Füße stellen sie sich, »ein überaus großes Heer« (Ez 37,1-11). Aber noch sind sie nicht wieder, was sie waren, können sich jedenfalls selbst noch nicht wieder in ihrer alten Identität begreifen. Gott heißt den Menschensohn sie anzusehen als »Haus Israel«. Aber als diese können die Wiederbelebten sich noch nicht ansprechen lassen. »Siehe, sie sprechen: ›Verdorrt sind unsere Gebeine, und dahin ist unsere Hoffnung, wir sind verloren‹« (Ez 37,11). Vielleicht können sie sich schon als wiederbelebte Tote annehmen – als »Haus Israels« noch nicht, da fühlen sie sich immer noch tot. Denn was sie als »Haus Israel« identisch macht, fehlt ihnen noch: ha-tikva, die Hoffnung! (Wissen müssen wir: Ha Tikva ist der Name der Nationalhymne des heutigen Staates Israel, wir müssen mithören, mithören!) Theologisch heißt das: Noch keineswegs ist Auferweckung der Toten schon das Ganze, das neue Leben hat andere Qualitäten; erst das neue Leben *nach* dem Tode ist rundherum *hoffnungs*volles Leben; im 1. Band unserer Eschatologie hatten wir uns das grundsätzlich klarzumachen versucht: Hoffenkönnen sei keineswegs nur Weg zum Ziel, wir nannten es das Ziel selbst[38]. Und dementsprechend werden die erweckten Toten sich selbst wirklich erst wiederfinden, wenn Gott ihnen aufs neue seine Verheißungen bestätigen wird, vor allem die eine, ganz große: »Sie-

38. F.-W. Marquardt, Was dürfen wir hoffen, wenn wir hoffen dürften? Eine Eschatologie, Bd. I, 1993, § 1. 4. d., 73ff.

he, nun öffne ich eure Gräber und lasse euch aus euren Gräbern steigen und bringe euch heim ins Land Israels« (Ez 37,12). Dann und dort erst wird Israel ganz identisch, wird es wirklich aufleben.

Sind das Bilder, Bilder *nur?* Wie verhalten sich gerade an diesem Beispiel Bild und Realität? Natürlich gibt Ezechiel 37 Bilder. Aber sie können zu Metaphern werden: zu mehr als bloß Bildern – also: zu *nur bildhaft zu denkender* Wirklichkeit, weil als Wirklichkeit selbst es anders nicht denkbar ist. Das Wort ha-tikva in Ezechiel 37,11 macht für uns heute das ganze Kapitel aus einem Bild zur Metaphora, in welcher die Sprache der sog. empirischen Wirklichkeit enger angenähert ist, als »bloßes« Bild es vermag. Denn in der um ha-tikva (d.h. der in Gottes Landverheißung gesicherten Hoffnung Israels) gruppierten Auferweckungserzählung von Ez 37 hat Israel seine wirkliche Welterfahrung in und nach Auschwitz ausgesprochen gefunden; und wieviel daran »Bild« bleiben mag – die erfahrene Wirklichkeit hat sich diesem Bild übertragen (μεταφορέω), es zur Metapher gemacht und ihm damit einen weiteren Sprachzusammenhang gegeben, als das Bild zuvor hatte. Allerdings zeigt uns, daß so etwas möglich ist, auch grundsätzlich, daß Bilder (gerade wenn sie nicht bloß »realistische« Abbilder eines uns schon bekannten Vor-Gegebenen sind) unserer Welterfahrung näherrücken können und umgekehrt auch neue Welterfahrung in sich aufnehmen, mithin: an phantasma verlieren können, also: an bloßem Schein von Wirklichkeit.

Und dann die *Glücks-Bilder* von Utopien.

Das unserer Generation so wichtig gewordene *Friedensbild* voraus: Schwerter werden zu Pflugscharen umgeschmiedet (Jes 2,4; Micha 4,3). Friedrich Schorlemmer hatte 1983 diese Geschehens-Vision sinnlich nachvollzogen und nach Art der »symbolischen Handlungen« eines Propheten im öffentlichen Happening auf einem Amboß ein Schwert umgeschmiedet zu einer Sichel; das westdeutsche Fernsehen war bei diesem DDR-Ereignis damals dabei und dokumentierte es als *Geschehen* einer Utopie.

Allerdings gehört zum vollen Ermessen dessen, was eine biblische Utopie ist, auch ihre genaue *Umkehrung.* Wörtlich gleich mit Jesaja und Micha hatte nach Jahrhunderten der zeitlich letzte der biblischen Propheten, Joel, den Ruf vernommen: »Rüstet zum Kriege, erweckt die Helden! Laßt herzukommen und hinaufziehen alle Kriegsleute! Schmiedet eure Pflugscharen zu Schwertern und eure Rebmesser zu Spießen!« (Joel 3,9f., vgl. 4,9f. nach der Hebräischen Bibel und Zählung der Lutherbibel). Das ist ein Beispiel dafür, wie biblische Utopien im Feuer der Realität festgehalten werden können. Es ist ja keine Rücknahme: der Bild- und Wortbestand der Utopie, ihre Sprache bleiben vollkommen erhalten, sie bleibt also lebendig; aber zu ihrer *Geschichtlichkeit* gehört, daß sie auch innerlich gegen ihren ersten Sinn umgekehrt werden kann; der Gleichlaut zeigt:

sie kann pazifistisch, aber auch kriegerisch sprechen. Wobei wohl zu beachten ist, daß wir beim Verstehenwollen dieses Vorgangs nicht so einfach zynisch »realistisch« davonkommen: andere politische Situation – andere politische Notwendigkeiten; mag pazifistische Utopie allenfalls taugen für befriedete Zeiten, in sog. Ernstfällen des Lebens ließe sie sich nicht halten.

Joel 3,10 hebt nämlich den utopischen Gehalt des Jesaja- und Micha-Wortes nicht auf, entfaltet ihn vielmehr weiter in dem sofort anschließenden Satz: »Der *Schwache* sage: Ich bin ein Held.« Nicht also ist das ein Wort zur Aufrüstung der Pazifisten und zum Wechsel ihrer Gesinnung; keinem wird zugemutet, sich zu erstarken und seine schwache Konstitution umzutrainieren; nicht ein Wort der psychologischen Wehr*ertüchtigung* hört Joel – sondern ein Wort der *Wehr.* Menschen haben das Wort der Abrüstung, des Umschmiedens der Waffen gehört. Sie haben die Gnade der Schwäche angeboten bekommen und angenommen, haben sich, können wir sagen, »eschatologisch« bejaht. Eben das sollen sie nicht etwa zurücknehmen; als die Schwachen, die sie *sind* und *bleiben* sollen, sollen sie sagen: »Ich bin ein Held« und so sich ins Kriegshandwerk schicken. Die Schwäche des pazifistisch-Utopischen soll eben nicht nur in Friedenszeiten, auch in letzter Kriegszeit erhalten bleiben. Da erst zeigt sie, daß und wie sie wirklich ist. Paulus hat Jesus aus dem Geist des Joel reden hören, als er das Wort des Auferweckten vernahm: »Meine Kraft ist in den Schwachen mächtig« (2 Kor 12,9).

Aber noch etwas müssen wir zum Begreifen dieser utopischen Umkehrung hinzufügen. Sie bleibt Utopie und eignet sich nicht zu einer verzweifelten protestantischen »Zähnezusammengebissen und hindurch«-Ethik, nicht zu jener doppelten Gerechtigkeitshaltung: im Herzen Christ und (selbstverständlich!?) Pazifist – im Handeln freilich, wenns drauf ankommt, Weltkind und Realist; da wird Utopie ruhiggestellt. Aber Joels Krieg ist nicht irgendein Krieg, er ist das »letzte Gefecht« im Tal Josaphat, im »Tal der Entscheidung« (Joel 3,12.14), Krieg des letzten Völkergerichts[39], Krieg: wirklich zu letztem Frieden hin. In ihm muß der Kämpfer dem Kriegsziel »artgleich« bleiben (Martin Buber), also: »Held« in der Schwäche dessen, der schon das Gegenteil des jetzigen martialischen Gebarens in sich hat, der weiß, daß sein Schwert schon Pflugschar, sein Spieße schon Rebmesser *waren;* und weil sie es schon waren, umgehend wieder *werden* sollen. Keine dauernde Mehrdeutigkeit von Schwert und Pflug mehr, keine Mehrwertigkeit von Eisen und einer ganzen nach ihm benannten menschheitlichen Eisenzeit. Die gegenseitige heidnische ständige Metamorphose von Krieg und Frieden hört auf. Die innere Umkehrung der Sprache der Utopie begegnet

39. Vgl. F.-W. Marquardt, Was dürfen wir hoffen, wenn wir hoffen dürften? Eine Eschatologie, Bd. III, 1996, § 7. A.3., 257ff.

der heidnischen Metamorphose als Grundstruktur des angeblich Wirklichen: dem ewigen Hin und Her als Gesetz. Sie führt in ihrer Sprache Metamorphose sinnenfällig vor, aber Joel ortet sie im »letzten Gefecht« und bekundet damit gerade ihr Ende. Das besagt gar nichts zu der von Hans Jonas eingeforderten Zweideutigkeit des Menschen, aber alles zur Eindeutigkeit von dessen Sprache der Hoffnung.

Und nun daneben vielfältiges anderes Glück, *Alltagsglück,* selbst bürgerliche Idylle: Genug zu essen haben (Lev 25,19), »ein jeder unter seinem Weinstock und unter seinem Feigenbaum« (1 Kön 5,5; 2 Kön 18,31), ein jeder mit Wasser aus eigenem Brunnen (2 Kön 18,31); das »Land voll Korn und Wein, ... voll Brot und Weinbergen, ... voll Ölbäumen und Honig« (2 Kön 18,32). Sicheres Wohnen (Lev 25,18.19; 1 Kön 5,5), »Frieden auf allen Seiten ringsum« (1 Kön 5,4), Leidfreiheit, Schmerzfreiheit (Offb 21,4), Freiheit von Hunger und Durst (Offb 7,16), Tränen abgewischt von jedem Antlitz (Jes 25,8), Trauernde getröstet (Mt 5,4), Arme selig, Gehaßte entfeindet (Lk 6,20.22), Nackte gekleidet (Jes 58,7), Völkerentfremdung aufgehoben (Jes 25,7), Tierfriede (Joel 2,22; Jes 11,6-8), befreite Erde (Lev 25,2-7), die Fremden im Recht der Einheimischen (Lev 24,22), Menscheneinheit ohne Rassen-, Klassen-, Religionstrennungen (Gal 3,27f); wir brauchen nicht *alles* Glück zu nennen, zu dem die biblischen Zeugen uns führen. Uns interessiert die *Art* dieses Glücks. Es ist alles Alltags-Glück, gar keine Utopie eines im höheren Sinne »gelungenen« Lebens, nirgends Bilder von Menschen-Idealen, etwa des berühmten marxistischen von einer »allseits entfalteten Persönlichkeit«. Es ist *bescheidenes* Glück, in diesem Sinne ähnlich dem des Oster-Spaziergangs »vor dem Tor« (Goethe, Faust, Der Tragödie erster Teil): »Hier ist des Volkes wahrer Himmel, / zufrieden jauchzet groß und klein: / ›Hier bin ich Mensch, hier darf ichs sein!‹«, – nichts Überforderndes und Überbordendes. Das muß zur Verteidigung und Unterscheidung der *biblischen* Utopie jedenfalls gesagt werden, denn es charakterisiert sie in dem ihr *eigenen* Zusammenhang.

Biblische Utopie spricht nämlich nicht so sehr von heilem als vielmehr von zu heilendem Leben. Ihre Erwartung wird gar nicht so sehr dem Unglück eines als reine Qual empfundenen Lebens abgepreßt, ist nicht einfach nur positive Kehrseite einer reinen Negation: deren extremer Gegensatz. Gerade die utopischen Alltags-Bilder sind eigentlich nur Hoffnungen auf ein »normales« und durchschnittliches Leben, mit Nahrung und Kleidung, an denen wir uns »genügen« lassen können (1 Tim 6,8), mit gesicherter Wohnung, leidlicher Gesundheit, ein paar Gründen mehr zum Lachen als zum Traurigsein und Weinen (Lk 6,21), mit Frieden, ohne Fremdenhaß und in allgemeiner Menschenfreundlichkeit. Wir können uns das »Normale« an solchen Utopien nicht eindringlich genug klar machen.

Denn bei alledem handelt es sich um ein Leben, das von Gottes Schöpferwort als tov meod, sehr gut, qualifiziert worden ist (Gen 1,31). Freilich erzählt uns die Bibel, daß wir diese Lebensqualität immer wieder aufs Spiel setzen; aber sie erzählt uns *nicht,* daß Gott sie dem Leben aberkannt und genommen hätte; vielmehr erhält er es auch nach dem Sündenfall aufrecht, und zwar als das gute, in Glücksverheißungen gehüllte Leben: »Ihr sollt am Leben bleiben und nicht sterben« (2 Kön 18,32). Im Sinne solcher »geschöpflicher« »Normalität« sind uns die utopischen Alltags-Bilder längst zum Maß dessen geworden, was wir mit Recht vom Leben erwarten dürfen – in unserem Inneren sogar zu einem Anspruch ans Leben, ja selbst an die Ordnungen der Gesellschaft, von der wir gewohnt sind, solche Lebensqualität einzufordern.

Und das nicht einmal in Hybris. Denn in doppelter Weise sind solche *biblischen Utopien mit Recht verknüpft.* Werden sie doch keineswegs nur von Propheten und Apokalyptikern geschürt, sondern – sogar mehr noch – von der *Tora* Israels. Wer Tora lernt und tut und so im Recht lebt, lebt eben damit auch in jenem Lebens-Recht, das die Tora repräsentiert, vermittelt, schafft. Reicht dies Lebensrecht auch bis in den olam ha-ba, die kommende neue Weltzeit, hinein, so ist es doch das gleiche, das im olam ha-säh uns geöffnet und gegeben ist: als Recht am Boden, Recht an Festzeiten, Recht für Frauen, Recht gegen Beschädigungen, des kleinen Besitzes, Recht des Gottesdienstes, und Recht eines reinen, zu Unreinheiten nicht gezwungenen Lebens. Ja, wir können sagen: Das talmud tora, Tora-Lernen der Lehrer und Weisen Israels ist in gewissem Sinne nichts anderes als das tägliche Bemühen, der Gottgemäßheit des Lebens schlechthin in tausend (oder wenigstens 613) Alltagsfällen zu entsprechen, sie das Normierende und darin auch Normale sein zu lassen. *Gerade im Recht und unserer Rechtschaffenheit erschließt sich das Utopische.*

Ganz ähnlich steht es in den Jesus-Schriften. Grundsätzlich läßt sich nämlich sagen, daß die neutestamentlichen *Paränesen* der Hort des Utopischen sind. Nicht etwa, weil es utopisch wäre, das Gesetz zu *erfüllen.* Vielmehr, weil das Eigene am christlichen Ethos die Nachfolge und Gleichgesinntheit der Christen mit Jesus, dem Zukunftsmenschen[40], ist, damit erst recht die Entsprechung zur nahe herbeigekommenen Gottesherrschaft. Daß Eschatologie und Ethik im Neuen Testament eine enge Einheit bilden, heißt, daß wir, was wir von der Zukunft erhoffen, jetzt schon zu leben ermutigt werden. Daß aber auch hier das Utopische kaum über die »Normalität« des Lebens gehen will, zeigt sich daran, daß in christliche Lebensweisung so problemlos oft einfach stoisch-bürgerliche Ethik eingehen konnte, – aber mehr noch: Tora Israels festgehalten worden ist.

40. Vgl. F.-W. Marquardt, Was dürfen wir hoffen, wenn wir hoffen dürften? Bd. I, § 3. 3., 395ff.

Wenn wir in den europäischen Gesellschaften viel von biblischer Alltags-Utopie in einklagbare Rechte und Gesetze gefaßt haben (z.B. in Sozialgesetzgebungen), geht das auf biblischem Hintergrund mit rechten Dingen zu. *Doch hört das Utopische dann nicht auf, wenn es längst zu Anspruch und Recht geworden ist?* Warum sprechen wir denn hier überhaupt noch von Utopischem? Verliert es damit nicht seinen Begriff?

Jedenfalls *schließt Utopie ihre Verwirklichung nicht grundsätzlich aus.* Dies freilich ist ein anderer Gedanke als der, sie könne heutzutage *nur* noch mit Verwirklichung verbunden einen Sinn machen. Es ist wahr, alle solche Rechte sind lange erkämpft worden, aber als Utopien waren sie lange schon wirksam, als noch niemand um sie kämpfte. Und es ist wohl auch wahr: Pragmatismus und politischer Opportunismus sind beim Zustandekommen von Rechten und Gesetzen immer im Spiel, aber was lange utopisch schon da war, war der Stoff. Utopie kann unendlich lange – zu lange – ohne Anspruch auf Verwirklichung wirken, als wäre sie nur phantastisch, und wird dann doch eines Tages reale Möglichkeit und schließlich sogar verwirklicht, und wäre es nach »tausend tausend Jahren« (Lessing). Sie nährt Träume, die doch geschichtlich und politisch heranreifen.

Doch sollten wir dafür sorgen, daß wir ihre utopische Herkunft nie vergessen. Denn gefährdeter, als die Utopien sind, ist das Recht und sind die Gesetze. Was gesellschaftlich errungen wurde, kann auch wieder verloren werden. Denn »Recht« hat als allen Menschen angeborenes, ihnen rein als Menschen zustehendes Naturrecht sich noch nie durchsetzen können – wie zuletzt die Geschichte der sog. Menschenrechte im nie gelösten Streit zwischen Ost und West während des Kalten Krieges zeigte; nicht nur ihr Umfang, nicht nur ihre innere Hierarchie, auch *was* überhaupt als Menschenrecht gelten soll war schwer umstritten: auch Recht auf Arbeit, auf Wohnung, auf Natur- und Tierschutz, auf Frieden? Und was wären denn »angeborene« Freiheiten des Menschen? Sind sie nicht alle gesellschaftlich vermittelt, geschichtlich erworben und darin wieder verlierbar? Vor allem Sozialgesetze sind *ökonomisch* abhängig, je nach wirtschaftlicher Konjunktur durchzusetzen, aber auch wieder zu verändern und zurückzunehmen. Für einen Augenblick kann eine soziale Sicherung schlechthin »normal« wirken, die im nächsten schon nicht mehr gehalten werden kann. Und dies gilt ja für alles, auch für Nahrung und Kleidung und Wohnung. Das christliche Bewußtsein vergißt darum nie den am Kreuze dürstenden (Joh 19,28), so auch uns zu Hungern und Dürsten nach Gerechtigkeit unterweisenden (Mt 5,6) Menschensohn, der – anders als Tiere – nicht hat, wo er sein Haupt hinlege (Mt 8,20). Nacktes Leben und Überleben sind – wie ein Grenzbegriff – das biblische Maß des Menschlichen, von dem aus Nahrung und Kleidung und Wohnung schon ein Mehr an guter Gabe Gottes sind, also dem Utopischen angehören, auf das wir keinen Grund-Anspruch geltend machen können, weil es uns ursprünglich und natürlich zu eigen wäre. Die Verhandlungsgegenstände der mündlichen Tora – also von Mischna und Talmud – gehören alle bereits einem »höheren« Leben zu, gerade in ihrer »Bürgerlichkeit«; sie setzen alle Formen eines gesicherten und darum zu sichernden Gemeinschaftslebens voraus, und gerade darum kann sich in der Tora und ihrer Auslegung immer wieder einerseits das Maß Überhaupt-da-und-am-Leben-zu-sein durchsetzen, andererseits Glanz des Utopischen vermitteln – etwa in der Auslegung des Schabbat; der schon allein vereinigt in sich Utopie: Was sonst in den Tagen keinen Platz hat: menucha, Ruhe – hier sucht und bekommt es ihn. So daß also gerade das Gesetz Israels Utopie *fest*hält und nicht ihren schmerzlichen Gegensatz bedeutet.

Unser durchschnittliches, abendländisch-verbürgerlichtes Bewußtsein vermag Utopisches nur als glatten Gegensatz zu Gegebenem, Herrschendem – und gar: zu Recht und Gesetz – zu begreifen. Aber das ist ein Verlust an utopischem Vermögen, und, biblisch belehrt, braucht utopisches Denken und Hoffen beständige Erinnerung an das, was im gegenwärtigen Gesellschaftszustand zwar schon wirksame, doch keineswegs gesicherte Utopie ist. Freiheit z.B. verliert ihren Sinn und ihr Vermögen ohne ihre bleibend utopische Kraft; und so soziale Gerechtigkeit; und so wohl auch: politisches Handeln. Im Genuß ihrer Rechte sterben die Demokraten am Verlust, ja am oft staatlich, philosophisch, kirchlich geförderten Widerwillen gegen ihre utopische Kraft. Und je mehr Utopie aus *Recht und Gesetz* abgezogen wird, desto ängstigender wirken Rufe: (dann eben die) »*Phantasie* an die Macht!« Hier bleiben Ernst Blochs Bemühungen, »Spuren« von Utopischem im je uns schon Gegebenen zu suchen, berechtigt – ich möchte sagen: als Versuche, uns bewußt zu machen, was wir, da wir es schon gewonnen haben, doch auch wieder verspielen und verlieren können, wie sehr wir aus schon errungener Zukunft zurückfallen können an Vergangenheit und ihre *Schrecken* des Anfangs (der deutschen »Stunde Null« z.B.); christlich ließe sich von einer Aufgabe, *dankbar* zu machen, reden: fürs nackte Überleben und das, was uns (wohl erarbeitet, aber unverdient) an Freiheiten, sozialen Sicherungen, Nahrung, Kleidung und Wohnung zugefallen ist.

Doch weit über das Gesagte hinaus bleibt für die hungernde, dürstende, ohne Menschen- und Lebensrechte sterbende Menschheitsmehrheit unseres Globus Utopie, was wir für uns schon in Recht und Gesetz umformen konnten. Hier zeigt sich, daß und warum Utopie tatsächlich aufs Ganze gehen *muß. Unter* dem Anspruch, daß alle Menschen Geschwister *werden* müssen – jedes in eigenem Recht, gesättigt, gekleidet, frei existierend –, kann schlicht der Anspruch der Humanität nicht bleiben. Humanität in diesem Sinne ist noch das Utopischste, und es *kann* uns nicht genügen, Unglück zum Menschsein gehörig zu zählen (und in unserer leidensunfähigen Gesellschaft bewußt zu machen, also:

Ja zu Hans Jonas!). Aber am Kampf für das Lebensrecht und Überlebensrecht *Aller* entscheidet sich unser *eigenes,* das ist ein rein pragmatischer Gedanke; seinen utopischen Gehalt hat er aber darin, daß wir als Menschen nie aus der Aufgabe entlassen werden, um die Menschwerdung der Menschen – also den *wahren* Menschen – zu streiten: die eigene, aber das können wir nur im Streit um das Menschenrecht *Aller.* Utopie steht eben nicht nur für heiles und glückliches Leben, sondern fürs Überleben und menschliches Leben, d.h. ein Leben mit der Aura, δόξα, der kavod, dem Gewicht der Humanität. Das Utopische des Rechts und der Gesetze als Menschenrecht und Sozialgesetz und das Utopische der Humanität der Gattung Mensch sind ein Ganzes, und nur als Utopisches, das immer neu zum Werden ruft, ist es ein Ganzes.

Den soeben dargetanen utopischen Sinn der biblischen Glücks-Bilder werden wir erst vollkommen erkennen, wenn wir zuletzt einen Blick nun auch noch auf biblische *Heils-Bilder* werfen. Das sind Bilder davon, daß der *Name* Gottes nicht für immer nur ein Nenn-Name bleiben soll, bei dem wir ihn »anrufen, beten, loben und danken« können (M. Luther, Kl. Katechismus, 2. Gebot). Uns wird verheißen, daß er sich in seinem Inhalt *an uns allen verwirklichen* wird, als der Name Immanuel, Gott mit uns (Jes 7,14; Mt 1,23) und als der Name JHWH, Eheje ascher eheje, Ich werde mit euch sein, wann immer ich mit euch sein werde.

»Siehe da, die Hütte Gottes bei den Menschen; und er wird bei ihnen wohnen, und sie werden sein Volk sein, und Gott selbst wird bei ihnen sein« (Offb 21,3) – am Ende der Jesus-Schriften des Neuen Testaments eine Wiederholung und Zusammenfassung der zentralen Heilsverheißung der Hebräischen Bibel: Gott endlich und für immer in unlösbarem Bund und unzertrennbarer Menschengemeinschaft und umgekehrt die Menschengemeinschaft ebenso unlöslich mit Gott verbunden. Die Bedingung dieser Gott-menschheitlichen Lebenseinheit ist immer wieder versprochen worden: »Deiner Sünde will ich nimmermehr gedenken« (Jes 43,25b; Jer 31,34), der garstige breite Graben, der bis dahin Gott und Menschen voneinander trennt, wird zugeschüttet sein. Vor allem in den Worten vom emphatischen Ich Gottes haben wir Bilder des letzten Heils: »Ich, ich tilge deine Missetaten um meinetwillen, anochi, anochi hu mochäh peschaächa lemaani« (Jes 43,25a) Und dann: »Siehe, hier bin ich!« (Jes 58,9) – das ist *Erfüllung* der Verheißungsform des Gottesnamens: »Ich werde dasein als der ich dasein werde« (Ex 3,12-14), emphatisch wiederholt in Jes 65,1: »Hinneni, hinneni, da bin ich, da bin ich!« Gott da in seinem Ich, als Er-selbst – da strahlt er auf in seiner kavod »über dir« (Jes 60,1), und nicht mehr die Sonne – Er-selbst »wird dein ewiges Licht sein und dein Gott deine Herrlichkeit« (Jes 60,19). Und Er-selbst – jubeln wird er über Jerusalem und »frohlocken über mein Volk« (Jes 65,19).

Das ist biblische Eschatologie: Gott-in-Person ist unsere Hoffnung; aber nur in utopischen Bildern bekommt sie Farbe: Gottes Hütte in unserer Mitte, – sein stürmisches Reden: Hier bin ich, hier bin ich, – Er-selbst: aber als Lichtglanz über *uns,* in dem er zugleich sich und uns verherrlicht. Das wirft die Frage nach bildhafter oder bilderloser Zukunft auf, über die wir im nächsten Abschnitt nachdenken wollen. Zunächst aber wäre zusammenzufassen, was wir über Utopie als Sprache und Bild uns bis hierher überlegt haben.

1. Wir wollen Utopie weniger als ein Phänomen in der Welt darbender Seelen als eines der Sprache verstehen. Dabei können und wollen wir nicht seelische Bedingungen als Mutterboden des Utopischen ausschließen. Uns erreichen aber Utopien als Erbteile unserer menschlichen Geschichte in Sprache und Bildern, – und besonders in der Welt der Bibel sind menschliche Erfahrungen sprachlich tiefer ausgeformt als psychologisch, daran halten wir uns.

2. Martin Buber hat Utopien einen durchaus »realistischen Charakter« zugeschrieben, den wir aber nicht nur, wie Buber, einem Zusammenhang von Utopie und Verwirklichung zuschreiben, sondern zuvor schon dem von Utopie und Sprache.

3. Für nichtbiblische wie biblische Utopien läßt sich nämlich ein Weg von einer einzelnen konkreten und begrenzten Erwartung zu großer allgemeiner Menschheitshoffnung zeigen, der wesentlich in der Art utopischen Sprechens begründet liegt. Gehobene Sprache der Bilder kann eine einzelne politische oder gesellschaftliche Erwartung paradigmatisch-transparent für andere vergleichbare Erwartungen, schließlich auch für große Hoffnungen machen.

4. Nicht erst durch ihre Rezeption, sondern schon in ihrem ersten Gesprochenwerden kann Sprache einen sensus plenior enthalten, der mit dem Laufe der Zeit sich erst langsam erschließt. Die talmudische Weisheitsregel: »Wollest auf das Alte hören, so wirst du auf das Neue hören« gilt vermutlich für alle religiöse Sprache, die in ältesten Texten stets bereits das Wort für heute und morgen *voraussetzt.*

5. Dies hängt wohl auch mit dem Wesen von Sprache überhaupt zusammen, die in sich mehr bewahrt, als wir ihr in Worten, Begriffen, Gedanken, Vorstellungen usw. geben, und oft mehr hören lassen kann, als gesagt worden ist.

6. Utopisches Sprechen kann sich in Gedanken- und Bilder-Sprache vollziehen und beidemale in Zustands- und Geschehensbildern.

7. Utopisches kann gedacht werden und geschaut und gehört, jedoch nicht in teilnahmsloser, sondern beteiligter und beteiligender Schau. Utopien vermitteln nicht Comics, sondern machen Hoffnung.

8. Utopien antworten auf etwas, was kein Auge je gesehen, kein Ohr je gehört hat.

9. Im utopischen Bild kann ein Ganzes von Zuständen und Geschehen geschaut und überschaut werden: in den vier Rahmenleisten eines Bildes.

10. Bild kann Metapher werden für »reales« Geschehen, das anders sich in seinem Sinn und Gehalt nicht fassen und ausdrücken läßt – wie z.B. die Bild-Erzählung vom Totenfeld Israels (Ez 37) in der Erfahrung des jüdischen Volkes nach Auschwitz.

11. Die Sprache der Utopie kann in sich wandlungsfähig bis hin zur gedanklichen Umkehrung ins Gegenteil ihres ersten Sinns sein – und doch dabei das Utopische nicht aufheben (Schwerter zu Pflugscharen – Pflugscharen zu Schwertern).

12. Biblische Utopien stellen Glück weniger im Bild einer heilen als einer heilbaren und zu heilenden Welt vor. Viele ihrer Bilder sind nur auf ein dem Schöpfungsurteil Gottes entsprechendes »normales« Leben aus.

13. Dem entspricht die biblische Verknüpfung von Utopie mit Recht in Tora und neutestamentlicher Paränese. Ein »Sitz im Leben« biblischer Utopie ist Fragen nach Recht und Tun des Gerechten. Beides erreicht den kommenden Äon und entspricht ihm schon im alten.

14. So schließt Utopie ihre Verwirklichung nicht grundsätzlich aus, auch wenn sie nicht von vornherein auf Verwirklichung zielt.

15. Utopie kann im Laufe der Zeit heranreifen zum Recht und so »reale« Utopie werden.

16. Zu Recht und Gesetz gewordene Utopie schließt aber das Utopische nicht aus, denn Recht und Gesetz sind geschichtlich schwächer als Utopien, die Versuche ihrer Verwirklichung und deren Scheitern immer überleben können.

17. Die Frage nach dem, was utopisch schon einmal wirklich war und im heute Gegebenen geblieben ist – also die Frage Ernst Blochs –, bleibt zu fragen und ist nicht unverantwortlich.

18. Viele Menschheitsträume sind schon gereift, aber wir kennen auch ihr Ende mit Schrecken. Es kommt um der Humanität willen darauf an, am Utopischen im Gegebenen festzuhalten. Denn nichts Gegebenes kann uns freisprechen von der Aufgabe, um die Menschwerdung aller Menschen immer neu zu streiten.

19. Biblische Utopien der eschatologischen und apokalyptischen Überlieferungen sprechen zuletzt von der Verwirklichung des Namens Gottes an uns Menschen. Eben dies macht sie utopisch und zugleich: real-utopisch.

20: Wir fügen über diese Zusammenfassung hinaus noch einen bisher nicht eigens erörterten Aspekt zum Wesen der Utopie als Bild hinzu. Als Bilder-Sprache sind utopische *ästhetische* Phänomene. Sie lehren uns aus Bildern eine Wahrnehmungsweise des Wirklichen, die anders als die wissenschaftliche, nicht Bestand, Wesen, Erscheinung und Bewegung der Dinge beobachtet, sondern ihre *Chancen in Gott.* Ästhetik des Utopischen, die zu ihrem Wesen gehört, ist in einem ausgezeichneten Sinne Glaubenslehre als *Hoffnungslehre.*

c. Bilderlose Zukunft?

Wenn Utopie Sprache der Bilder ist – fällt sie dann nicht unter das Bilderverbot vom Sinai: »Du sollst dir kein Gottesbild machen, keinerlei Abbild, weder dessen, was oben im Himmel, noch dessen, was unten auf Erden, noch dessen, was in den Wassern unter der Erde ist« (Ex 20,4): also von Gott-selbst nicht, aber auch von keiner Kreatur?

Dies ist vielfach auch auf Zukunftsbilder angewandt worden; eine allgemeine theologische Ablehnung der Apokalyptik hat nicht zuletzt in ihrem Bilderreichtum einen Grund. Lange Zeit spielte man auch in der Theologie für »primitiv« erachtete Bilder, Vorstellungen und Anschauungen von Gott und seinem Heil aus gegen eine vermeintlich strengere Denkweise und Sprache der Begriffe und ihres abstrahierenden Vermögens; sie seien »geistiger« und weniger »sinnlich«, – vermöchten deutlicher Innerweltlichkeit zu transzendieren und damit der Jenseitigkeit Gottes und seiner Zukunft eher zu entsprechen, denn begrifflich denkend verlasse man schon das Verhaftetsein des Geistes an das Vordergründige der Erscheinungen und damit an die Erdenschwere selbst, – löse sich vom bloß Gegebenen und strebe nach dem hinter allem Gegebenen zu suchenden Gründenden, befinde sich damit aber auf gewisserem Wege zu Gott, dem Grund von Allem, als im bildlichen und vorstellenden Denken möglich sei. Statt bildhafter sei darum das Denken einer *absoluten* Zukunft sowohl gedanklich angemessener als auch theologisch. Denn Gott, das letzte Ziel, sei wesenhaft transzendente, also auch von allem Diesseitigen, Gegebenen, von dem wir uns Bilder machen, losgelöste Wirklichkeit. Bestenfalls könnten bildhafte Vorstellungen allererste Schritte für geistig Arme sein, einem seiner selbst bewußten Denken könnte dies jedoch nicht genügen; von einer Bilderbibel müsse es zur Textbibel, von der Textbibel aber dann auch weiter zu einer Einführung in textfreien Geist und Wahrheit selbst kommen.

Dem absoluten Gott entspreche darum theologisch notwendig auch das Denken einer absoluten Zukunft. Das Christentum sei, lehrte z.B. *Karl Rahner* [41], eine Religion der Zukunft, letztlich nicht aus Vergangenheit und Tradition, auch nicht aus Gegenwart und Bestand (also aus sich selbst) zu verstehen, sondern »nur von der Zukunft her, die es als absolute auf den einzelnen Menschen und

41. K. Rahner, Christentum als Religion der absoluten Zukunft, in : Christentum und Marxismus – heute. Gespräche der Paulus-Gesellschaft, hrsg. von E. Kellner, 1966, 202-213.

die Menschheit zukommend weiß«[42]. Und zwar gelte es, »absolute Zukunft« nicht nur mit Kant «grenzbegrifflich«-kategorial zu begreifen, also als eine *gedachte* Grenze, an der sich die Welt, wie wir sie kennen, scheide von einer Zukunftswirklichkeit, wie wir sie noch nicht kennen. Vielmehr rechne das Christentum mit einer Zukunft, die mehr als nur eine Grenzbestimmung unseres Denkens sei, nämlich eine, die »als solche auf den Menschen zukommt«[43]. In diesem Sinne »absolute Zukunft« sei aber wie von Kants Entwurf so auch von dem der Blochschen Ontologie des Noch-Nicht-Seins-von-einem-doch-Möglichen zu unterscheiden; »absolute« Zukunft sei, weil sie die Zukunft Gottes ist, nicht nur Möglichkeit, sondern *mitgeteilte,* erreichte Zukunft des Menschen.[44] Vor allem aber vermöge »absolut« gedachte Zukunft »das Ganze« zu umfassen, während nicht-absolut, also bildhaft vorgestellte Zukunftsbilder uns an Innerweltlichem und damit notwendigerweise an Vielfältigem, Einzelnem, Begrenztem, Partikularem festhalte, damit auch in der Unübersichtlichkeit und dem Verwirrenden, Zerstiebenden der Einzelheiten. Weil aber Gott der tragende Grund des Ganzen sei, müsse auch seine Zukunft als alles Einzelne umfassende, also absolute Zukunft gedacht werden.

Karl Rahner hat diese, nicht nur für *sein* Denken charakteristische Überlegung bei einem Salzburger Dialog zwischen Marxisten und Christen im Jahre 1965 entwickelt. Der Gesprächssituation entsprechend, hat er seinen Ansatz zugespitzt auf den radikalen Gegensatz einer »Religion der absoluten Zukunft« gegen »innerweltliche Zukunftsutopie«[45]; freilich ist dies nicht nur ein aktueller, sondern – wie wir z.B. aus Luthers Gegensatz gegen die »Schwärmer« wissen – auch ein traditioneller und grundsätzlicher Gegensatz. Innerweltliche Utopie nannte Rahner in Salzburg auch »Ideologie« und wandte sich damit gegen Tendenzen, die er im Marxismus meinte sehen zu können: »eine bestimmte einzelne Wirklichkeit der pluralistischen Welt der Erfahrung als absoluten Fixpunkt zu setzen«[46] (also etwa nur das Ziel einer *sozialen* Gerechtigkeit, nicht ebenso etwa das geistiger individueller Freiheit usw.); vor allem auch gegen eine utopische Tendenz, Ziele einer endlichen Zukunft zu behandeln, als wären sie in sich das umfassend Absolute[47]. Lassen wir dahingestellt, ob diese beiden Klassifizierungen den Marxismus wirklich trafen (ich bezweifle dies): Die Sorge als solche gründet mit Recht im zweiten Gebot vom Sinai, das uns verwehrt, irgendetwas innerweltlich Einzelnes – und wäre es ein Bild

42. A.a.O. 204.
43. A.a.O. 205.
44. Vgl. a.a.O. 205.
45. A.a.O. 208.
46. Ebd.
47. Ebd.

von Gott selbst – als »andere Gottheit« IHM, Gott, ins Angesicht zu setzen (Ex 20,3 Buber).

Dennoch können wir fragen, ob die Prägung von einer »absoluten Zukunft« nicht allzu eng mit dem Gedanken von einer Absolutheit Gottes verknüpft wurde, und ob beides biblisch wirklich gestützt wird.

Sie hat zunächst darin ihr Problem, daß Rahner die Bilderfreiheit seines Zukunftsdenkens aktualisiert mit der *ethischen* Konsequenz, absolut zu denkende Zukunft mache die Christen »neutral« gegenüber jeder innerweltlichen Zukunftsplanung und jeder ihrer Möglichkeiten gegenüber grundsätzlich »positiv eingestellt«[48]. Die Erfahrungen eines Deutschen Christentums im Rucksack, könnte ein Protestant *diese* Aktualisierungen unmöglich mehr teilen; theologische »Neutralität« geht in keiner Beziehung mehr, damit sind wir gebrannte Kinder – schon seit 1914, erst recht nach 1933 –, theologische Ziel-Unbestimmtheit, Ziel-losigkeit, erst recht Ziel-Leere wäre (und war) gleichbedeutend mit Gott-Unbestimmtheit, Gott-losigkeit, Gott-Leere. Geschichtliche Erfahrung kann mit dem Begriff der Neutralität aber das ganze Konzept von absoluter Zukunft mit Berufung auf den absoluten Gott fraglich machen.

Zunächst: Als wäre »das Absolute«, in welcher Gestalt auch immer, nicht seinerseits ein rein innerweltliches Gedankenkonstrukt, und als könnte es unserem Denken im Ernst gelingen, je das Innerweltliche zu verlassen! Nicht nur der *Standpunkt* des Gedankens eines Absoluten bleibt im innerweltlich-Relativen, auch das Konstrukt, der *Inhalt* des Gedankens ist die verzweifelte Projektion von Denkenden, sich selbst und alles Bedingte loswerden, denkend ans Alles Bedingende heranreichen zu können. Freilich können wir danach zu greifen versuchen, doch wird es immer ein Griff ins Leere bleiben. Und nun kommen wir nicht so aus der Verlegenheit, daß wir dann gerade die Leere, in die wir greifen, zu einem positiven Merkmal – etwa dem eines unendlich-Offenen – stilisieren und dies dann wenigstens als ein Symbol für Gott setzen. Es ist nicht gesagt, daß unsere Griffe ins Leere immer Gelegenheiten für Gottes Offenbarung sind. Gott könnte noch »absoluter«, nämlich uns *ferner* sein, als daß wir so rechnen und denken dürften.

Doch bedenklicher scheint uns solch Denken eines absoluten Gottes und einer ihm entsprechend absoluten Zukunft vom *biblischen Zeugnis* her, und zwar her von der dort verkündigten Selbstbestimmung Gottes zum Bundesgenossen Israels, – ihrer Bestätigung in seiner Lebens- und Werkgemeinschaft mit Jesus von Nazareth und von deren Auswirkung und Frucht in der Menschheitsgenossenschaft Gottes: in der Annahme alles Fleisches zur Einheit mit sich selbst (assumptio carnis). Rahner hat seine Überlegungen ebenfalls christolo-

48. Ebd.

gisch besonnen entwickelt, aber die Inkarnation des ewigen Logos wesentlich nur als das geschichtliche In-Erscheinung-Treten, darin freilich auch als die »Selbstmitteilung Gottes als der absoluten Zukunft der Welt« gedacht[49]; weder Gott noch die Zukunft verlieren in der Christus-Offenbarung ihr Absolutes: ihre Erhabenheit, Überlegenheit, Jenseitigkeit. Doch scheint uns diese Form christologischer Gedankenbildung fraglich – so sehr sie der Tradition kirchlicher Lehre entspricht. Genauer: Fraglich scheint die Denkform, die hier angewendet wird. Lernt man (wie wir es in dieser Dogmatik versuchen) zu der Beziehung zwischen Gott und Jesus von Nazareth diejenige, die Gott im Bunde mit dem jüdischen Volke bis heute lebt, unlöslich hinzuzudenken, bemüht man sich also um eine Erweiterung des christologischen Sachverhalts über die Beziehung Gottes zu Jesus hinaus auf seinen Israelbund hin[50], dann eignen sich Begriffe der Selbstmitteilung eines »Absoluten« an die Menschen nicht mehr, – muß die Wahrheit, die mit diesem Begriff gemeint ist, eher als *geschichtliche*, weniger als begriffliche gedacht werden. Auch von Gottes Absolutheit läßt sich dann nur *erzählen.* Es *geschieht,* daß der mit Israel nicht nur verbundene, sondern an sein Volk auch in unverbrüchlicher Treue *ge*bundene Gott sich hier und da »erhebt« aus seiner Gebundenheit, um in seiner überlegenen Macht und Gottheit Israel helfen, es richten und darin: sein *Gott* sein zu können. Und es *geschieht,* daß Gott »absolut« als Gott sich beweist, wenn er seinen sterbenden »Sohn« am Kreuz »verläßt«. Gottes »Absolutheit« fassen wir dann in biblischem Sinne als immer neues *Geschehen,* in dem er – Adonai, Gott mit uns, der er ist – sich doch auch als Elohim, überlegener Herr *bewährt,* wenn er also nicht nur an Israel und Jesus angeschmiegt, Wesen der Nähe, des Austauschs, sein »Zwilling« (Psikta rabbati 70b), ist, sondern, sich lösend, Israel und Jesus und mit ihnen alle Menschen *regiert.* Er »ist« das »Absolute«, kann als solches auch nur »gedacht« werden, wenn es *geschieht,* daß er sich löst aus reiner Gebunden*heit* im Bund, und erst recht aus jeder Gestalt »gottloser Bindung dieser Welt«, in die Religionen und fremde »Ereignisse, Mächte, Gestalten und Wahrheiten« gerade ihn, den Gott Israels und Vater Jesu, binden wollen.

Eben dieser Geschichtlichkeit des absoluten Gottes entspricht nun aber die Innerweltlichkeit und Bildhaftigkeit der Hoffnungen, die Er-selbst uns macht, in denen er, der »Absolute«, sich uns verspricht auch, wenn er sich in Akten seiner Erhabenheit von uns löst. Als *letzter* Gedanke ist ja ein letztes Sich-Lösen Gottes von uns Menschen nicht zu denken – jedenfalls nicht nach biblischem Zeugnis. Selbst wenn er uns für immer verdammen sollte in ewigen

49. Ebd.
50. Israel als »formale Christologie«, vgl. F.-W. Marquardt, Das christliche Bekenntnis zu Jesus dem Juden, Bd. II, 1991, § 7, 52ff.

Tod, wäre dies noch Ereignis seines *gnädigen* Verdammens, Geschehen einer *Zuwendung* seines Urteils an gerade uns. Aber vor allem erlaubt die Bibel nicht, uns je einen Untergang von Adonai in Elohim, des Gott-mit-uns in eine wie immer als absolut gedachte Gott-heit zu erwarten. Sie legt eher umgekehrt nahe, daß seine Adonai-Barmherzigkeit seine Elohim-Gerechtigkeit zuletzt überwinden wird. Und gerade als Adonai will er selbst ganz der unsere, bei uns, mit uns, in uns sein.

Weil aber unser, darum auch nicht welt- und gestaltloses, rein geistiges Wesen, sondern Gott eines olam ha-ba, einer neuen Welt – gewiß von eigener, uns noch nicht bekannter Weltlichkeit: aber von Weltlichkeit! Als Adonai ist er kein »absoluter« Elohim, gerade im Gegenteil nur *Gott-mit-Umwelt-Gottes.* Wenn wir das Wesen Gottes nur aus seinem Namen begreifen dürfen, wie die Bibel uns lehrt, dann gründet die Bedingung der Möglichkeit von »innerweltlicher Utopie« gerade im Wesen Gottes und widerspricht ihm nicht. Der nicht *abstrakt*-absolute, sondern *geschichtlich*-absolute Gott verlangt nach »innerweltlicher Utopie«.

Denn »innerweltliche« Utopie bildet sich im ursprünglichen, anfangenden Reden des schöpferischen Gottes. Wir haben Utopie als Wirklichkeit von Sprache und Bild nicht zuletzt im Blick auf die Schöpfungserzählungen der Hebräischen Bibel bestimmt. Gott *ruft* dem, was nicht ist, daß es sei (Röm 4,17). Was er »schafft«, ruft er aus Tohuwabohu heraus, *»sprechend«:* Es werde Licht (Gen 1,3) usw. Alle Wirklichkeit Gottes *erschließt sich* in seinen Devarim und hat das *Wesen* des Davar, insofern sie vor ihrem ständig drohenden Rückfall ins Nichts und Nirgend nur dadurch bewahrt wird, daß Gott immer wieder nach ihr ruft, indem er nach uns ruft. Das heißt nicht, daß wir spekulativ die Erschaffung des Himmels und der Erde und alles ihres Heers auf einen in Gott schon zuvor anzunehmenden Schöpfungsplan zurückführen und diesen als eine Ur-Utopie Gottes ausgeben wollten: als in ihm *vor* allem Seienden lebendiges Bild von etwas, was noch nicht ist, aber nach seinem Willen werden soll. Kirchliche Lehre hat die Spekulation über einen vorzeitlichen Schöpfungsplan Gottes nicht gescheut, es freilich auch nicht gewagt, sie als Ur-Utopie zu denken, hätte das doch von vornherein ein positives Verhältnis zu Utopie begründet. Aber am *eschatologischen Charakter der biblischen Schöpfungsverkündigung* läßt sich heute nicht mehr zweifeln. Alles, was Gott – schaffend – »spricht«, zielt auf die Menschwerdung der Menschen im Ebenbild Gottes ab und auf die Selbsterfüllung Gottes in seinem Eingehen in seine Ruhe: in jenen Schabbat, den er mit uns teilen will; auf einen siebten Tag also in der wachsenden Zahl der Tage seines Schaffens, mithin auf Weltvollendung. Und so verkündet das Schöpfungskerygma nicht, wie alles *geworden* ist, sondern wie alles *wird* und *worauf* in den Tagen des Werdens *alles hinzielt:* in der Abfolge der Kapitel Genesis 1 und 2 zunächst in die Menschheits- und Israel-Geschichte hinein, ins Innerweltliche schlechthin; und so ist »Innerweltlichkeit« Ziel aller Wege, aller Worte Gottes: mithin: seiner selbst. Darum sollte sich u. E. ein Vorwurf gegen »Innerweltlichkeit« von Utopie verbieten; sie ist, was Gott nicht nur für uns will und schafft, sondern auch für sich selbst wählt. Wir können sagen: Seine »Absolutheit« bleibt problematisierender Pol seiner »Innnerweltlichkeit«, aber »Innerweltlichkeit« kann seine Absolutheit nicht problematisieren.

Wir nennen dafür zwei stützende Indizien. *Erstens.* Eschatologische Hoffnungen der Juden und Christen richteten sich immer wieder auf eine restitutio ad integrum, eine Zurückführung des Elends der Menschen- und Weltwirklichkeit in den glücklichen und gesegneten Urstand der ersten Tage, heidnisch: eines Goldenen Zeitalters. Eschatologie kam ohne Protologie nicht aus; was zuerst war, gilt als ursprünglich, und Ursprüngliches als gut – historisch gesehen ein romantischer Gedanke, und auch biblisch deswegen nicht wohl begründet, weil, wie wir sagten, der Gedanke eines integren Urstandes wie eine fremde Eintragung in das Gefälle des biblischen Erzählens von der Ur-Geschichte wirkt; der »Urstand« ist vom ersten Augenblick an ein *Aufbruch* in die Prozesse der Geschichte Gottes mit den Menschen, der Menschen mit ihm, und alles steht mit dem Werk des ersten Schöpfungstages in einem Licht, das weder ein Naturlicht, noch ein Urlicht ist, sondern das Vorausleuchten Gottes selbst in alles kommende Geschehen und Werden. Eschatologie kann also nur in dem Sinne an Protologie anknüpfen, daß sie bis ins Letzte, in die Verherrlichung Gottes durch alle Menschen und Kreaturen und deren Verherrlichung durch Gott hinein vom unerloschenen Leuchten dieses vorausleuchtenden Gotteslichts spricht.

Sodann. Die »innerweltlichen Utopien« der Bibel sind nicht weniger Verheißungen *Gottes,* wenn sie in apokalyptischen als wenn sie in eschatologischen Bildern der Propheten gezeichnet werden. Es läßt sich auch überhaupt keine Typologie bilden, nach der apokalyptische Bilder etwa unverfrorener eine Selbsttätigkeit der Menschen zu ihrer Verwirklichung provozierten als eschatologische. Was die Kritik der Utopie als politische, also in unsere Hand gegebene Programmatik betrifft, könnte man eher (wenn man schon an Typologisierungen hängt) umgekehrt sagen: Apokalyptik heißt Warten – Eschatologie der Propheten: Handeln und Eilen. Aber politische Programmatik bieten in Wirklichkeit beide nicht. Beide geben Verheißungen Gottes und wollen die Menschen unterweisen, ihre Welt mit anderen Augen (Zukunftsaugen) zu sehen und von ihr andere Worte zu vernehmen als die Eigenworte, die die Welt von sich aus spricht. Und beide, die prophetischen und die apokalyptischen Bilder, sprechen aus Gott, der sich in der Welt – und also selbstverständlich: in einer neuen, zu erneuernden – selbst entsprechen will. Gerade insofern er sich (jetzt noch) *abhebt* von der Welt (als »absoluter« Gott), sucht er in der Sprache utopischer, »innerweltlicher« Bilder den Raum und den Tag, an dem er sich in uns, seinen Ebenbildern, und in der von uns zu verantwortenden Welt selbst entsprechen kann. Ein »Prinzip Verantwortung« kann – theologisch gedacht – ein »Prinzip Hoffnung« nicht überwinden, weil wir – theologisch gedacht – in Verantwortung genommen werden für eine Hoffnung, die im Tiefsten Hoffnung für Gott ist.

d. Utopie und die Gabe Lebensraum

Das Wort »Utopie« ließ sich übersetzen als »Nirgendheim«, bezeichnet also etwas, was noch nirgend einen Ort hatte: Gedanke, der sich noch nicht be-gründen ließ, – Bild, das noch nicht Ab-Bild von etwas sein konnte, was wir kennen, – Volk und Staat ohne Land und doch »im Werden« (die Juden zuerst und auch die Palästinenser, z.B.), – Pflanzen mit Luftwurzeln ohne Wurzelboden. Es gab jüdische Selbsterfahrung eines »Luftmenschen«tums, noch ehe Nelly Sachs von »den sinnreich erdachten Wohnungen des Todes« in Auschwitz dichten mußte: »Und Israels Leib im Rauch durch die Luft!« Was ist bei dem Ausdruck »Luftmenschen«tum Bild, was Metapher, was Realität?

»Utopisch« kann eben nicht nur heißen, was *noch nicht* ist, sondern muß in unserer Generation auch einschließen, was *nicht mehr* Ort in der Welt hat, weil er ihm (nicht etwa nur: zerstört, sondern) genommen, abgesprochen worden ist, weil es aus seinem Ort herausgerissen und dadurch heimatlos, ja selbst zum Utopischen gemacht worden ist: »Leib im Rauch durch die Luft«.

Utopie ist *Raumdenken* und unterliegt als solches der Kritik, der alles Raumdenken im Zeitalter des Historismus und seiner Folgen unterzogen wurde. Da meinte man eine Erhebung der Zeit über den Raum zu erfahren und sah etwa die Propheten Israels darin einen geistigen Fortschritt machen, daß sie angeblich die Raumbindung und die Ableitung menschlichen Selbst- und Wirklichkeitsverstehens aus der Raumerfahrung (des Geburtsortes, des heimatlichen Landes, des kosmischen Daseins auf dem Erdball) bekämpft hätten. Man sah in der Raumgebundenheit – also z.B. in der Familien-, Stammes-, Volksgebundenheit – eine Hemmung des Menschlichen, zu dem doch wesenhaft die Möglichkeit gehört, die Grenzen solcher Gebundenheiten zu überschreiten, geschichtliche Beweglichkeit anstelle familialer, nationaler, ererbter Beständigkeit zu setzen. Paul Tillich z.B. bildete (in seiner bedeutenden Schrift »Die sozialistische Entscheidung«, 1933. 1948[2]) die Typologie eines am Raum haftenden »ursprungsmythischen« Denkens im Gegensatz zu einem eschatologischen, zielgerichtet-geschichtlichen und ordnete das Ursprungsmythische politisch dem Konservativen, das eschatologisch-geschichtliche dagegen einem sozialistischen Prinzip zu. Auch dies ist nicht mehr als nur eine Typologie, in der zu viele Einzelheiten alter Überlieferungen (wie der biblischen), auch erlernter Verhaltensweisen, Oberbegriffen untergeordnet und ihrer Eigenart beraubt werden. Die Propheten Israels z.B. haben nicht weniger von der Raumgabe des Landes Israel gesprochen, als es die Lehrer der Tora getan haben, die sich in Mischna und Talmud allerdings vom ersten Traktat – »Saaten« (Seraim) – an landgebunden zeigten – und zwar *gerade* zu einer Zeit, in der für das jüdische Volk der Besitz des Landes schon verloren war. Umgekehrt dürfte eine Existenz in reiner Zeitlichkeit eine Selbsttäuschung von Intellektuellen sein. Zwar spiegeln sich in ihr übergenug Erfahrungen von Landenteignung, Bauernlegen, Landflucht und Verdrängung in die industriellen Städte wider: im 16. und 19. Jahrhundert, und im 20. Jahrhundert von ökonomisch, zunehmend auch politisch bedingter Heimatvertreibung, von Exils- und Asylantenerfahrungen; und was Paul Tillich »Erhebung der Zeit über den Raum« nannte[51], dürfte viel mehr als ein *geistes*geschichtliches Ereignis bezeichnen; zu fragen wäre, wieviel Anteil an einer Verzeitlichung des neuzeitlichen Denkens und einer Vergeschichtlichung und Vergesellschaftung des modernen Selbstverständnisses doch auch »materielle« Prozesse von ökonomischen Landenteignungen und politischen Landvertreibungen haben; dann wäre weniger eine Kritik des Raumdenkens als der Landvertreibungen vonnöten. Damit zugleich ließe sich freilich auch lernen und zeigen, woraus Utopien schöpfen können: nämlich aus Sehnsucht nach Land, aus dem Menschen konkret (und nicht nur gleichnisweise) *vertrieben* wurden.

Aber nun kritisiert Tillich doch nicht ein Raum-Denken als solches, sondern nur eines, das »ursprungsmythisch« benutzt, in dem also Ursprung als leitendes und bleibendes, klammerndes Geschick betrachtet und alte Mythen und Mären (auch Schöpfungserzählungen) vom Ursprung und der Ursprünglichkeit der Welt und der Menschen als ihre ewige Vernunft (in welcher Formverwandlung auch immer) festgehalten werden. Für Tillich ist »Ontologie«, das Denken auf einen tiefsten Grund alles Seienden in einem alles gründenden Sein hin, ein in diesem Sinne ursprungsmythisches Bemühen und philosophisch-theologischer Gegensatz zum biblisch-eschatologischen Denken, in dem nicht so sehr das Woher als das Wohin interessiert. Freilich hat diese Kritik den späteren Tillich selbst nicht davon abgehalten, auch in seiner Theologie ontologisch zu denken; die Frage nach dem Grund des Seienden im Sein *muß* nicht politisch-konservativ herauskommen, im Ursprung und Grunde kann auch ein Widerstand gegen alles Gegründete rumoren, und Versuche, alles zu be-gründen, können auch alles fraglich machen.

51. P. Tillich, Die sozialistische Entscheidung, 1933, ²1948, 29.

Aber besonders fraglich scheint uns doch die Zuweisung des Ursprungsmythischen an die Kategorie des Raumes. Alle Erfahrungen eines materiellen, geistigen, seelischen Raum*entzugs* zeigen ja, wie wenig Raum Bestand verleihen kann – ebensowenig wie die Zeiten in ihrem wegreißenden Fluß, – daß also auch Raum, wie Zeit, eine durch und durch geschichtliche Wirklichkeit genannt werden muß. Und die *Geschichtlichkeit des Raums* wird uns bereits auf den ersten Blattseiten der Bibel bezeugt, wo wir vom Lebensraum als erster *Gabe* erfahren.

Die biblischen Zeugnisse beginnen mit den *Schöpfungserzählungen.* Diese aber haben nicht den Sinn, Naturentstehung mythisch oder kerygmatisch oder sonstwie theologisch zu erklären. Vielmehr sind sie *Raumgabeerzählungen.* Gott baut die kosmische Welt den Menschen zu und gibt sie ihnen als ihren Lebensraum. Denn Raum zu haben ist uns Menschen so wenig natürlich wie : zu leben. Haben wir aber Raum, ist er immer etwas von Gott uns *Ein-Geräumtes.* Das gilt für den Raum unseres physischen wie unseres seelischen Daseins, – und nicht zuletzt für unser Sein vor Gott: »Siehe, da ist Raum neben mir ...« (Ex 33,21).

Das bekommt einen besonderen Akzent dadurch, daß die Raumgabeerzählungen genauer *Landgabeerzählungen* sind und darin transparent für den speziellen Lebensraum Israels in seinem Land. Denn es ist zuerst die »Feste« des Himmels, die Gott aus den Wassern herausruft und von den Wassern räumt (Gen 1,6-8); und es ist sodann sein Ruf: »Und das Trockne lasse sich sehn!« (Gen 1,9), wodurch wiederum Wasser zum Stau an einen »Ort« gebracht wird, so daß Trocknes einen anderen Ort (makom) bilden kann; »dem Trocknen rief Gott: Erez, Land« (Gen 1,10). So erhält der Mensch zwischen der Feste des Himmels und dem Trocknen der Arez (Land) Lebensraum für alle, und dort darf insbesondere Israel sein Land, Erez Jißrael, erwarten.

Daß dies der Sinn der Schöpfungserzählung ist, zeigt sich darin, daß sie im Fluß des Erzählens sofort auf den *Gan Eden* hinzielt. Er ist die erste *geschicht*liche Raumerfahrung des Menschen nach seinem Erschaffensein. Gott »pflanzte« den ersten Lebensraum als *Kulturraum,* nämlich als Park und Garten mit seinen »allerlei Bäumen«, »lieblich anzusehen« (Gen 2,9); und darein »setzte« er dann den Menschen, den er gemacht hatte (Gen 2,8). Auch hier: Raum um den Menschen her, Raum für den Menschen gepflanzt. Und zwar zugleich *Lust*raum: »lieblich anzusehn«, – *Ernährungs*raum: »gut zu essen«, – *Lebens*raum um einen »Baum des Lebens« herum (Gen 2,9), – *Arbeits*raum, dem Menschen übergeben, »daß er ihn bebaue und bewahre« (Gen 2,15), – und dann – ja auch! – *Erkenntnis*raum, um einen »Baum der Erkenntnis von Gut und Böse« herum (Gen 2,9), mithin: vielgestaltiger Raum, in dem Menschen sich ästhetisch, ökonomisch, vital, arbeitend und intellektuell entfalten können; und bei dem allen noch dazu Raum, in dem er, Gott-selbst, unter den Menschen wandelt (Gen 3,8). Daraus, daß er ein *Gott und Menschen gemeinsamer Raum* ist, kann er der so offen auf eine volle Entfaltung des Wesens Mensch angelegte Raum sein.

Sowohl als Raum der Schöpfungserzählung als auch als Raum der Garten-Eden-Erzählung (Buber umschreibt die Bedeutung des Wortes »Eden« mit »Üppigland«!) ist er *geschichtlicher Raum.* Gott *gibt* ihn den Menschen, nachdem er ihn zuallererst *schaffend* aus Nichtsein ins Sein *gerufen* und dann ihnen zum Kulturraum *gepflanzt* hat. Seine im Schaffen und Rufen und Pflanzen und Setzen Gottes angedeutete Geschichtlichkeit hat dieser Raum darin, daß er schlechthin *Beziehungsraum* von Gott und Menschen aufeinander ist, *angstfreier* Raum ihrer ungezwungenen Begegnungen und Gespräche, in dem sie einander im Blick und füreinander ein Ohr haben können, und als Beziehungsraum eben auch Raum ihrer *gemeinsamen Geschichte.*

Zu ihr gehört nun freilich auch des Menschen *Vertreibung aus diesem Raum,* nachdem er die Nähe Gottes dort nicht bewähren kann und will. Als Raum, aus dem Gott den Menschen ausgewiesen hat, bekommt er zu seinem *ur*-geschichtlichen auch ein *welt*geschichtliches Merkmal. Der Raum, den Gott uns einräumt, kann auch verlorener Raum werden, zu Nicht-mehr-der-Raum, der-er-für-uns-war, und als verspielter Raum ein: U-topos, Nirgendheim. Das zeugt noch einmal von der Geschichtlichkeit des Raumes: seiner *Ambivalenz,* in der Üppigraum auch zum Nicht-Ort verkommen kann; und Raumgabe kann gerade auch als *Raumverlust* und *Raumentzug* erfahren werden, woran wir oft erst spüren, wie sehr er *Gabe* ist. Und es kann dazu kommen, daß *nicht Eden die Utopie* ist, *sondern* der Ort *»jenseits von Eden«* (vgl. Gen 3,24), der Nicht-*mehr*-Ort. Biblisch ist Utopie eben ein ambivalenter Begriff; vom Standpunkt des vertriebenen, »historisch« gewordenen Menschen aus gesehen, ist Eden zum Un-Ort, dem uns nicht mehr erreichbaren geworden, zu dem wir uns wohl eine Rückkehr wünschen können, doch nur in utopischer Weise. Umgekehrt ist, von Eden aus gedacht, wohin Gott uns gepflanzt hatte, das Jenseits von Eden zum Un-Ort, οὐ τόπος, geworden, an dem der Mensch nicht in dem Sinne leben kann, in dem Gott ihn ins Sein gerufen hat. In dieser Ambivalenz aber ist Utopie ein durch und durch geschichtlicher Begriff von einer durch und durch geschichtlichen Wirklichkeit.

Im Blick auf diesen biblischen Erzähl- und Wirklichkeitszusammenhang *rechtfertigen* wir unseren Versuch, im Gegensatz zur kirchlichen und akademischen Lehrtradition *Utopie* theologisch ernstzunehmen. Zu lange waren wir daran gehindert, weil wir die Schöpfungsgeschichte lieber als theologische Naturentstehungsgeschichte und die Eden-Erzählung lieber als Urgeschichte des menschlichen Sündenschicksals lasen. Zwar ließen wir Gemeinden viel von einer Heimkehr ins »himmlische Paradeis« singen, entschlugen uns aber der Utopiefrage dabei, bewahrten ein »Bild« und *mieden ein Bedenken des »Raums«* im Bild. Ein Raumdenken aber wurde einem sehr undialektischen, einlinigen Zeitdenken geopfert: Eden war nur noch terminus a quo des Sündenfalls, also des Beginns einer Schicksalsgeschichte, die uns immer weiter von unserem gottgegebenen Lebensraum vertrieb und entfremdete, so daß er nur noch im Traum versinken konnte und an Realgehalt immer mehr verlor.

Aber nun drängt sich uns die Wirklichkeit des Raums wieder unabweisbar auf: durch Weltraum-Erfahrung der *kosmologische,* – durch ökologisches Wissen der Erdraum als *Lebens*raum der Kreaturen, – durch nukleare Bedrohung der *Über*lebensraum Erde, – durch politische Erfahrung das Exil und die Vertreibung als *gesellschaftliche* Entwurzelung bis hin zur *Daseinsbestreitung* in ethnischen »Säuberungen« und Ausrottungen, und: in der Shoah; Bestreitung von Daseinsraum ist Bestreitung von Lebensrecht, und praktisch Mord. Die wachsende Gewalt *negativer* Utopie – der des Raum-Wegnehmens – ruft nach Wandlung des Nicht-Raum-Denkens zu einem positiven Denken des Raums als erster Gabe von Lebensraum an die Menschen. Wo Israel nach 2000 Jahren Vertreibung aus seinem Land zurückkehrt und sich aufs neue zu sichern versucht in dem ihm zugeschworenen Lande, sehen wir positive Zeichen für eine Verwandlung des Utopischen ins Topische, Erfahrung neuer Raumgabe. Und dem sollte wenigstens das Denken der Theologie sich stellen.

Allerletzter Grund für eine Erneuerung des Raum-Denkens ist aber, daß *Gott selbst Sich* zum Lebensraum der Menschen, ihrem »Existenzort« (W. Schmauch) gegeben hat. Wir können hier nur auf das in § 7. B.4 zur Dort-Sein-Struktur des ewigen Lebens schon Gesagte zurückverweisen[52]; Gott, der keinen Raum in der Welt hat, hat sich nach rabbinischem und kabbalistischem Denken selbst zum »Ort« der Welt gemacht. In diesem Sinne wurde er bei einem der Gottesnamen – makom – angerufen, – wurde er als uns bei sich Raum einräumendes Wesen verstanden, – und in diesem Sinn verließ auch Jesus seine Jüngerinnen und Jünger, um ihnen im wohnungsreichen Hause seines Vaters »eine Stätte«, griechisch: einen τόπος, Ort zu bereiten (Joh 14,2-3). Das heißt: Die biblische Geschichte, wie sie zwischen Gott und Menschen spielt, kann als Geschichte eines gegenseitigen Raumsuchens und Raumgewährens erzählt werden, also als Geschichte von beider ungesichertem, aber zu sicherndem Raum. Wir halten es darum erst recht nicht für möglich, das Problem der Utopie theologisch auszulassen.

Gerade mit Blick auf *Gott* stellt es sich, und darum haben wir bewußt ein zusammenhängendes Nachdenken über Gott in die Perspektive des Utopischen

52. F.-W. Marquardt, Was dürfen wir hoffen, wenn wir hoffen dürften? Bd. III, § 7. B.4., 424ff.

gestellt. Mag eine Kritik des Utopischen philosophisch, ethisch, politisch und auch: religiös bis zu seiner Verwerfung geführt werden müssen – *theologisch* scheint uns dies unmöglich.

Darum benennen wir das Thema noch einmal mottohaft, indem wir an die Geschichte von der Herbergssuche der Eltern Jesu und seiner Geburt erinnern. Geradezu eine »Herbergssuche« hat erst die fromme Legende aus dem neutestamentlichen Text herausgesponnen; in ihr drückt sich Erfahrung eines heimatfernen, wandernden Volkes aus; dies sucht wenigstens für eine Nacht eine Bleibe und wird vor jeder Tür zurückgewiesen, bei der es anklopft: Obdachlosenerfahrung bis heute. Im Bericht des Lukas selbst heißt es nur: Sie (Maria) gebar ihren ersten Sohn, wickelte ihn in Windeln, legte ihn in eine Krippe, »denn sie fanden sonst keinen Raum in der Herberge« (Lk 2,7), διότι οὐκ ἦ αὐτοῖς τόπος ἐν τῷ καταλύματι , ki lo-haja lahäm makom ba-malon. Das besagt: Verkleidete sich in dies Kind »das ewig Gut« (EKG 15,2/EG 23,2: »In unser armes Fleisch und Blut / verkleidet sich das ewig Gut«: M. Luther), dann gab es gerade fürs ewig Gut keinen Raum in der Herberge, wurde es ortlos, utopisch; dann kam er in sein Eigentum, aber die Seinen nahmen ihn nicht auf (Joh 1,11), und ihm blieben nichts als die Krippe und das Kreuz: Geschick des Ausgeschlossenen: von Menschen nicht Eingelassenen, aber überhaupt weltlich völlig Unmöglichen und auch in diesem Sinne: Ausgeschlossenen. *Damit wird Gott-in-Christus als Utopie erzählt.* Wie sollten wir es unterlassen, Utopie zu bedenken?

2. Bilderwelt und Bildersturm

Wir hatten Utopie als Sprache und Bild beschrieben, genauer: als Sprache der Bilder, Bildersprache.

Nun besinnen wir uns darauf, daß Utopien in der Bildersprache *eine eigene Welt* bilden. Selbst dort, wo Bilder abbilden sollen, was wir schon kennen, unsere Augen sehen, unsere Ohren hören, setzen sie einen *Abstand* zu unserer unmittelbaren Wahrnehmung. Sie *verkleinern* oder *vergrößern,* was wir vor uns zu sehen meinen, – *verrücken* Maße: Länge, Breite, Höhe, Tiefe, – *verschärfen* Umrisse oder bringen sie zum *Verschwimmen,* – *belichten* kürzer oder länger, – *besänftigen* so Gesichter und Gegenstände oder *verhärten oder verzerren* sie, – treffen unsere Farbwahrnehmung nur annähernd oder geben ganz anders scheinende Farben dazu, – lassen *Farben* an Bildinhalten »auferstehen« (J. v. Eichendorff[53]) aus den Gräbern des Ungesehenen; oft geben Bilder nur ferne *Erinne-*

53. J. v. Eichendorff, Jugendandacht 3, in: Geistliche Gedichte: »Mir ist in solchen linden, blauen Tagen, / als müßten alle Farben auferstehen, / aus blauer Fern' sie endlich zu mir gehen.«

rungen von Gesehenem, *abstrahieren* (aus Unvermögen oder willentlich) von uns gegenständlich Scheinendem, – geben *nur Fläche statt Perspektive* und vermitteln damit dennoch Raumerfahrung: dabei nicht immer bloß die von Oberfläche, denn *es gibt Tiefe auch ohne Perspektive,* rein durch Farbe können wir hineingezogen werden aus Betrachtung in Hinter-Grund. Dennoch geben Bilder *nicht die Erfahrung eines Grenzenlosen,* denn wie klein oder überlebensgroß sie auch gemalt sein mögen, sie fassen, was sie zeigen, in die *Grenzen des Bildes;* selbst da, wo der Bilderrahmen noch künstlerisch mitgestaltet und ins Bild gezogen wird, bleibt alles Bild dennoch »im Rahmen«, und das gilt auch für die Wandmalerei, sie bleibt im umgrenzten Raum, wie auch die Graffiti entlang der unendlich sich hinziehenden Mauern an der S-Bahn-Strecke. *Grenze aber faßt ein Ganzes.*

Wir wissen, daß die Maßveränderungen im Bild der Maler Analogien sind zu den *Maßveränderungen* des wirklich Scheinenden *in unseren Augen,* und wiederum in den komplizierten Rück-Bildungen aus unseren kleinen Pupillen in die Wahrnehmungsorte unseres *Gehirns.* Wir wissen von der Beteiligung unserer *Gefühle und Stimmungen,* auch unserer geistigen und intellektuellen Wahrnehmungs*fähigkeiten* an den Abenteuern unseres Sehens – ähnlich denen unseres Hörvermögens. Zu einfache realistische Abbild-Theorien versagen vor den komplexen Vorgängen des Sehens und Abbildens, Zeigens und Wahrnehmens des Wirklichen. Wir idealisieren oder perhorreszieren immer, was uns begegnet; will aber sagen: wir *verändern* immer; Sehen und Hören selbst sind Weisen des Veränderns, nur schon, weil sie Weisen unserer Beteiligung an Menschen und Dingen, Verhältnissen und Maßen, Affektionen dessen sind, was uns im Raum und in der Zeit begegnet. So scheinen *wir selbst,* wenn man so sagen darf, *»utopisch« organisiert, weil wir gar nicht fähig scheinen, nur den Abklatsch von Wirklichem aufzunehmen.*

Wohl in Gegenwehr dagegen haben Menschen *Wissenschaft* geschaffen, gerade Naturwissenschaft, um das Wirkliche zu befreien von unserer »einfachen« Wahrnehmung – die freilich, wie wir sagten, selbst schon etwas höchst Komplexes und Kompliziertes ist. Aber auch die wissenschaftlichen Mittel, Maße, Begriffe, Experimente sind ja unser Werk, bewegliche Versuchsanordnungen, mit denen wir wenigstens ein paar wenige, vielleicht vermeidbare schiefe oder scheele Blicke aufs Wirkliche vermeiden könnten. Aber auch hier bleibt es doch letztlich bei Kants Einsicht, daß das *»Ding an sich« sich uns entziehe.*

So sehen wir im Verhältnis zwischen uns und dem Wirklichen einen *Spielraum,* in dem weder wir noch die Dinge eine solche fixe Stellung mehr einnehmen, wie sie früher vorausgesetzt und beschrieben wurde: als wären wir »Subjekte«, uns begegnende Ereignisse, Mächte, Gestalten und Wahrheiten aber »Objekte« einer klaren und festen Konstellation der Wirklichkeitserfahrung und

-beschreibung – oder auch umgekehrt: als wären jene Mächte, Ereignisse, Gestalten und Wahrheiten handelnde »Subjekte«, die uns sich wie »Objekte« zu unterwerfen oder wenigstens aufzudrängen und anzugleichen vermöchten. *Wir sind in der Wirklichkeit viel mehr im Spiele,* als wir unser Alltagsbewußtsein begreifen lassen.

Dies aber macht die *Grenze zwischen Bild und Wirklichkeit* in einer Weise *durchlässig,* daß in der Folge davon auch Utopie aus dem bloß Bildlichen (eines Nicht-Seiendes Vor-Abbildenden) heraus- und eintreten kann ins Spiel des Wirklichen selbst.

Auch in diesem Sinne sprechen wir von der »Bilderwelt« als einer Ganzheit: der des Spiels zwischen Bild und dem, wovon das Bild ein Bild sein will, also zwischen Bild und »Wirklichkeit«.

Um von der Bilderwelt nun auch mit Blick auf Malerei zu sprechen, wenden wir uns einem einzelnen Bild-Motiv zu, das uns in der Malerei von christlichen Gegenständen überliefert worden ist, um uns daran das *Verhältnis von Bild und Utopie* ein wenig zu verdeutlichen.

a. Erlöste Welt und Weihnachtsbild

Die Weihnachtsgeschichten der Jesus-Schriften erzählen: »Das ewig Licht geht da herein, / gibt der Welt ein' neuen Schein, / es leucht' wohl mitten in der Nacht / und uns des Lichtes Kinder macht« (EKG 15,4/EG 23,4). Die Geburt Jesu sei Hülle für den Einbruch eines »Jenseits« ins »Diesseits«, ja: nicht nur Hülle,sondern Zeichen für dies außerordentliche und einzigartige Ereignis selbst. *Die Weihnachtsgeschichte erzählt damit, wie* bis dahin *Utopisches Raum findet in der Herberge.* Mehr als wir in Sprache und Sprachbildern vermögen, haben *Maler* den Einbruch des Utopischen ins Topische auszudrücken versucht. Wir versuchen, uns das an einzelnen Bildmotiven alter Weihnachtsmalerei zu verdeutlichen.

Zuerst malen sie alle Jesus-Geschichten auf *Goldgrund,* nicht nur die von der Geburt Jesu. Der goldene Untergrund kann flächig, er kann auch gemustert sein, aber auch da immer in Goldschattierungen. Der *gemusterte* Goldgrund kennt Pflanzen-, Blumensymbole oder kosmische Zeichen: Sternräder, Wellen und dgl., das »Kosmische« steht hier noch im Ursinn des Wortes κόσμος : das Geschmückte, Schmuckvolle, – kann aber auch kosmologische Repräsentanz sinnenfällig machen: Weltall-Zeichen und -Symbole als Sinnbilder des Universalen, von dem das einzelne Geschehen der Geburtsszene umfaßt wird und auf das es bezogen ist, – freilich auch als Sinnbilder prädestinatianischer Sternenbestimmung des Geschehens im Vordergrund; christliche Maler hatten noch keine Scheu, Gottes Erwählungshandeln im Sinne einer Sternenlenkung aufzufassen und darzustellen. Was geschieht, geschieht von weit her, der ganze Seinsbestand spielt mit bei der Geburt des Kindes.

Wichtiger jedoch ist die *Farbe* des Goldgrundes. Gold ist das Kostbarste, und eine vor Goldgrund gemalte Geschichte drückt ein Wert-Urteil aus: Sie gehört selbst zum Kostbarsten, das sich erfahren, zeigen, denken läßt.

Aber noch mehr zeigen sie uns mit dem Goldgrund. Salomo hatte in seinem Tempel jene Zelle inmitten des Hauses, in dem der Schrein des Gottesbundes stehen sollte, mit geplattetem Gold überschalt; aber auch das Haupthaus überschalte Sch'lomo »innen mit geplattetem Gold, querte goldnes Kettenwerk vor die Zelle und überschalte sie auch hier mit Gold. So hatte er das Haus allsamt mit Gold überschalt, bis zur Gänze das Haus allsamt, und auch die Statt, die Zelle, hatte er mit Gold allsamt überschalt« (1 Kön 6,20-22; Übers. Buber); »mit Gold überschalen« ist Leitwort, das sollen wir uns merken und ins Bewußtsein aufnehmen; und ferner einprägen: »zur Gänze das Haus allsamt« und »mit Gold allsamt«: Gold ein Wort des Ganzen und der Ganzheit, wie auch der Tempel Salomos mit dem Wort der Gänze und Ganzheit benannt wird; antike Tempel galten immer – nicht nur in Israel – als Abbilder des Kosmos und repräsentierten im Einzelnen das Ganze. Und das Ganze vergoldet zeigt die Ganzheit als Wert: Ort inmitten der Welt, an dem Gott sich vergegenwärtigen will, wo Zerrissenheit von »hier« und »dort«, »Diesseits« und »Jenseits« aufhört: höchster Wert, und darum: Gold.

Ferner: *Gold glänzt.* Darin symbolisiert es die Erscheinungsweise Gottes, der, wenn er erscheint, »aufstrahlt« in seiner kavod, δόξα, Herrlichkeit, mit seinem Strahlenglanz erfüllt er die ihm gebaute Wohnstatt (Ex 40,34). Soll jenes Strahlen sinnenhaft wenigstens angedeutet werden, legt sich die glänzende Goldfarbe nahe, aber wirklich nur zeichenhaft, denn das Licht Gottes selbst ist eins, da niemand zukommen kann (1 Tim 6,16). Goldfarbe vertritt den Gottesglanz, ist dafür vielleicht auch optisch unter allen Farben am ehesten geeignet. Die Weihnachtsgeschichte auf Goldgrund läßt sie uns als Erzählung vom Aufstrahlen des Gottesglanzes sehen.

Aber nun brauchen wir in der frühmittelalterlichen Bildnerei des 11., 12., 13. Jahrhunderts das Gold der *heidnischen* Tradition nicht aus unserem Sehen abzublenden: also nicht das Gold des Goldenen Zeitalters, das Gold Vergils, das des stoischen Philosophierens, z.B. den Mythos, das Ur-Erzählen, von einem einstigen Goldenen saeculum. Der ist christlich ja aufgenommen und mit dem Gedanken eines paradiesischen Urstandes verknüpft worden; im Garten Eden fanden die Christen ihr »Goldenes Zeitalter«. Doch anders als z.B. die Stoiker erwarteten die Christen eine restitutio ad integrum: daß Gott sie einst zurückführen werde aus ihrem derzeitigen Leben »jenseits von Eden« in den status integritatis, den Ausgangspunkt von unser aller geschichtlichem Leben im Urstand. Anders als den antiken Heiden blieb den Juden und Christen der Garten Eden ein »Orplid, mein Land, das ferne leuchtet« (E. Mörike), nicht verspielter und verlorener terminus a quo allein, sondern trotz allem auch terminus ad quem unseres individuellen und gesamtmenschheitlichen Lebens: Und nun also vor diesem Urgrund die Weihnachtsgeschichte. Sie spielt auf der Ebene des Goldenen, das uns verloren ging und doch noch verheißen bleibt und anzieht mit seinem Glänzen. Das Weihnachtsgeschehen soll urgeschichtlichen Sinn zeigen.

Dabei hat das Malen der evangelischen Geschichte auf Goldgrund neben sinnenhaftem Bedeuten auch noch *begrifflichen* Sinn. Der Grund, in dem diese Geschichte gründet, sind nicht bestimmte, einzeln zu zeigende und zu benennende Erscheinungen der uns bekannten Welt. Diese Geschichte hat keinen Hintergrund in uns erkennbaren Gestalten, Mächten und Wahrheiten, nicht in irgendeiner Perspektive des uns Sichtbaren. Der einfarbene, flächige Hintergrund verwehrt uns den perspektivischen Blick, der ja immer einer von unserem Standort aus ist: *unser* Blick auf die Dinge. Ich bin nicht sicher, ob die malerische Entdeckung der Perspektive wirklich nur eine kunstgeschichtliche Zäsur markiert und wir wirklich meinen müssen, vorher hätten sie technisch nicht anders malen *können,* ihr Sehvermögen sei malerisch noch nicht zureichend entwickelt gewesen. Vielmehr: Sie sahen *anders.* Sie *mochten* womöglich die Welt und die Dinge noch nicht gerade nur aus ihrem je eigenen Blickwinkel sehen, mochten womöglich dermaßen nicht sich selbst ins Zentrum des Bildes setzen. Und womöglich hatte das auch damit zu tun, daß es ihnen von innen heraus unmöglich schien, gerade die evangelische Geschichte nur aus ihrem jeweiligen Blickwinkel zu betrachten. Womöglich schien ihnen solch perspektivische Darstellungmöglichkeit ja gar nicht angemessen für die besonderen Inhalte und die besondere Wirklichkeitsweise gerade der evangelischen Erzählungen. Und womöglich *wollten* sie die Welt überhaupt nur nach Anleitung der Erscheinungs- und Wirklichkeitsweise dieser Geschichte sehen, den Goldgrund also nicht nur für die Darstellung der besonderen Heilsgeschichte, sondern aller Wirklichkeit als allein angemessen wählen. Im Goldgrund faßten sie das weltlich-Grundlose der evangelischen Geschichte und vielleicht auch das weltlich-Grundlose der uns bekannten Welt; vielleicht zeigt der Goldgrund creatio ex nihilo, Schöpfung aus dem Nichts (mit weltlichen Augen gesehen), und Schöpfung und Evangelium aus einem ganz anderen Grund als dem der Welt, aus οὐ τόπος, etwas, was aus unserer Perspektive schlechthin nicht zu orten ist.

Auch ist die *Ereignisform,* auf Goldgrund gemalt, eine andere als die, die Perspektive zeigt. In Perspektive kommt, was kommt, *auf uns zu,* – von Goldgrund her hebt sich ab, tritt in Erscheinung, was erscheint. Goldgrund malt die Erscheinungsweise von Offenbarung aus dem unfaßbar Bedeutenden, Utopischen; Perspektive dagegen gibt die Malweise des menschlich-Geschichtlichen,

– man sieht im einzelnen, *von woher* Maria und Josef kommen, *wohin* sie sich lagern, *von woher* die Hirten hergelaufen, die Engel hergeflogen, die großen Drei angeritten kommen. Man sieht sie kommen, erkennt ihre Wege; und sehr bald werden wir sehen (und dann auch denken) lernen: Die großen Drei kommen aus Mecheln oder Brügge, aus Altdorf oder Florenz. Dieses Erblickenlernen, von woher sie alle kommen, lehrt uns das genau orten, was, wenn es aus dem Goldgrund kommt, aus dem Ortlosen kommt, dem Ungeheuren, aus: Utopia; vor dem Goldgrund ist die Jesus-Geschichte für uns *unableitbar.* In der Perspektive dagegen verfolgen wir sie *Schritt für Schritt.*

Doch eines Tages fällt der Goldgrund (oder die einfarbig blaue Fläche des himmlischen Hintergrunds, die statt des Goldgrundes gemalt werden konnte). Die Erzählung tritt in unsere Welt und Geschichte, läßt sich verfolgen, macht sich ableitbar – so scheint es. Hintergrunds-Licht des Goldes verlagert sich in Vordergrund-Licht. Das neugeborene Kindelein liegt auf goldenem Gewebe. Es strahlt goldfarbenen Glanz – sei es als Heiligenschein der Mandorla, sei es (wie bei Rembrandt) als das Leuchten von sich selbst, d.h. von unten her: »Das ewig Licht geht da herein«[54], – das Gold: konzentriert aufs Kind, nicht mehr umfassendes Ganzes, – Farbe des Besonderen, nicht mehr des Universalen.

Landschaft wird sichtbar, Täler, Berge, Felder mit Herden und Hirten, mittelalterliche Dörfer, Städte mit Mauern, Toren, Kirchen, Marktplätzen, Wirtshausschildern, Bürgerhäusern, ärmeren Hütten. Stadtleben läßt sich sehen, – Wolken, Schnee, Regen, Tageslicht, Abenddämmern, Nacht von Mond und Sternen, Flüsse, Bäche, Brücken; und immer wieder schlängeln sich Wege her in den Vordergrund, zum Goldenen Flecken. Auch werden aus den *einzelnen* Menschen der Goldgrundbilder Menschen*mengen,* – wird Bevölkerung, nach Ständen verschieden gekleidet, werden Volk und Herren. Das Goldene findet Raum in der Herberge, »geht da herein«.

Die Herberge, τὸ κατάλυμα (Lk 2,7): früh eine *Felsenhöhle.* Noch in der Zeit der Goldgrundmalerei wölbt sich zuweilen über Maria und dem Kind graufarbener Fels, ein Naturgebilde auf dem Untergrund des transzendenten Goldes. Auch nicht selten bildet da der umwölbende Fels eine Gestalteinheit mit dem wie eine Blase die liegend hingelagerte Wöchnerin einschließenden, fast einwickelnden Bett; auf Ikonen war das vorgemalt worden. Die Assoziation mit einer Fruchtwasserblase ist oft kaum abzuweisen, nur daß sie jetzt nicht das Kind, sondern die Mutter nach der Geburt des Kindes zu bergen scheint.

Doch bald wird dann die Herberge zum *Stall.* Das läßt sich schon nicht mehr der Bibel entnehmen, hier *predigen* die Maler. Der Akzent liegt jedoch in der Bildersprache weniger darauf, daß es Haus der Tiere wäre – obgleich Ochs

54. EKG 15,4/EG 23,4.

und Esel, die fast immer dazugehören, dies nahezulegen scheinen. Die in ihrer Bedeutung ja nicht zu unterschlagende Notiz des Markusevangelisten »Und er war bei den Tieren, und die Engel dienten ihm« (Mk 1,13) ist aus der *Versuchungs*geschichte Jesu *in der Wüste* in die Bildgeschichte der Jesus-*Geburt* verlagert worden: *Menschheitsheil und Tierfrieden* gehören biblisch aufs engste zusammen. Aber entscheidend bei der Malerei der Herberge ist weniger der Stall als die *Ruine.* Meist fehlen ganze Teile der Wände, Dachbalken stürzen zusammen, Dachziegel schützen nicht mehr vor Wind und Wetter, das Gemäuer ist auch sinnbildhaft »nach oben offen«. Doch deutlicher soll der Gegensatz der Ruine herausgemalt werden gegen die im Hintergrund ragenden heilen und wohlgefügten Bürgerhäuser der Städte. Draußen vor deren Tür hebt eine neue Geschichte an (wie sie beim Tode Jesu draußen vor dem Tor auch zunächst enden wird: Hebr 13,13). Mehr noch: Die Ruine, die Jesus umgibt, sollen wir als Wehe-Zeichen sehen für das, was jetzt, in dem Augenblick seiner Geburt, noch hoch und wohlgefügt ragt. Im ruinierenden Gericht über die noch gefestigte Stadt beginnt ein Neues. Das ist leider auch ein *antijüdisches* Symbol und will sagen: Das Alte ist in diesem Augenblick schon vergangen, Neues wird. Anstatt der festen Städte und Paläste können auch die Säulen eines schon wankenden Heiligtums sichtbar werden, kann die Herberge geradezu in einen schon ruinierten Teil des großen Tempels hineingemalt werden. Das ist heilsgeschichtliche Malerei, die ohne Antithese des Unheils vom neuen Heil nicht sprechen mag. Also be-deutet uns die Antithese der Ruine ein Doppeltes: heilsgeschichtlich-unheilsgeschichtlichen Gegensatz gegen das alte Judentum, zugleich aber auch gesellschaftlichen Gegensatz derer, die »keinen Raum in der Herberge fanden«, gegen die behauste und wohlgeborgene Gesellschaft ringsum. Die Ruine drückt aus: »Friede den Hütten, Krieg den Palästen« (G. Büchner) – zugleich religiösen und gesellschaftlichen Gegensatz. Die Ruine wird zum Topos für ein umfassend – noch einmal: religiös und gesellschaftlich – Utopisches.

Wir besehen ein anderes Motiv.

Die großen Drei kommen geritten. Bei Matthäus heißen sie die μάγοι ἀπὸ ἀνατολῶν (Mt 2,1), die Magier aus einem Anatolischen, aus dem Morgenland, dem Osten. Sie kommen sternengeführt (Mt 2,2-9), und das macht es nicht abwegig, in ihnen astrologisch Sternenkundige zu sehen, Repräsentanten östlichen Sternenwissens, wirksamer Sternenmächte. Mithin also Inbegriff dessen, was Israel einst in Babylonien kennengelernt, dort aus der Tiefe fremd empfunden und für sich entmythisiert hat: Sterne sind Geschöpfe, nicht Gottheiten. So bedeutet das Kommen der Magier (von ihrer Dreizahl wissen die Jesus-Schriften nichts) die Zuwendung des Heidentums zum neugeborenen Kindelein, und der erst später voll ausgereifte Gedanke, daß in Jesus sich wie Gottes Verheißungen an das jüdische Volk so auch die göttlichen Führungen der Heidenwelt

»erfüllen«, blitzt hier schon auf. Darum erinnert der christliche Epiphaniastag an die Völkermission, und wir singen da: »Werde licht, du Stadt der Heiden« (EKG 51,1)[55]; sie wird licht, indem ihre magischen Repräsentanten ins Licht des Krippenkindes treten.

Aber nun sind schnell aus den Magiern *Könige* geworden, die zum Kinde reiten; das Paradigma wechselte, nicht mehr die *religiöse* Beziehung des Heidentums zum Christentum, sondern die *gesellschaftliche* der politischen Macht zum Kind, zum Heilandskind, tritt ins Bild; Staat und Kirche im Bild von Bethlehem – ein Motiv »real«-werdender Utopie.

Nicht immer sehen wir sie erst heranreiten, oft sind sie einfach schon da. Aber wenn sie reiten, werden sie genötigt, abzusteigen vom Rücken der Pferde, herunterzukommen von ihrem hohen Roß. Genau auf diese Bewegung kommt es den malenden Erzählern an. Und mehr noch darauf, daß diese Bewegung von der Höhe des Pferderückens herab sich fortsetzt in der Beugung der Knie vor dem Kind. Es fällt auf, daß selten einmal alle Drei gleichzeitig kniend gezeigt werden; Zwei stehen in der Regel; ihr aufrechter Stand wahrt ihre Hoheit, und um so auffallender wird, was es heißt, daß einer von ihnen in die Knie geht – einer von ihnen *vor* den zwei anderen, aber die anderen werden sich auch beugen; der Kontrast der Stehenden zum Knienden zeigt das unerhörte Ereignis.

Sich beugen ist der Gestus der Ehrerweisung vor der Majestät. Für gewöhnlich beugen sich die Untertanen vor den Dreien, und nun beugen sie sich vor dem Kind. Umkehrung der Verhältnisse – jeder versteht das.

Der Gestus der Huldigung sieht nördlich der Alpen anders aus als südlich. Auf niederländischen und deutschen Bildern knien die großen Drei vor dem Kind nur auf einem Knie, ihr Oberkörper bleibt, nur leicht vorgeneigt, aufrecht. In Italien beugen sie sich auf beide Knie nieder, ihren Oberkörper weit – manchmal bis in die Waagrechte – ausgestreckt auf das Kind zu, und manch ein König huldigt nicht nur betend, sondern berührt es körperlich und küßt es, am Arm, am Fuß. Doch keiner von ihnen liegt der Länge nach ausgestreckt vor dem Kind, wie wohl Moslems vor Gott liegen und bei der kollektiven Priesterweihe die zu Weihenden lang vor dem Papst und dem Bischof liegen auf dem Fußboden.

Nun können sie sich freilich gar nicht immer gemein machen mit Maria, Josef und dem Kind; nicht wenigen Malern liegt daran, die Heilige Familie auf Abstand zu halten mit malerischen Mitteln, einem abhebenden Hintergrund, der die Heiligen bildnerisch apart nimmt, oder in der Art, wie die Personen gruppiert werden. Das Heilige soll staatlich nicht vereinnahmt werden. Vielmehr umgekehrt: Auf manchen Bildern nehmen Könige die Kronen von ihren Häuptern – als dankten sie ab; noch eindrucksvoller wirkt auf mich die Erinne-

55. Das Lied »Werde licht, du Stadt der Heiden« (1655) ist im EG nicht mehr enthalten.

rung an die tiefe und wohl hastige Bewegung, in der einer der Könige sogar den Erdboden vor dem Kinde küssen will, und dabei fällt ihm seine Krone vom Kopf (im Stundenbuch des Meisters des Herzogs von Bedford, 1425, in der Wiener Nationalbibliothek zu finden).

Vom »Staat« spreche ich bewußt, wenn ich von den drei Königen spreche. Denn meist rücken sie mit großem Hofstaat an, nicht nur der *Militärequipe,* die sie begleitet auf ihrer Reise, sondern auch mit Edlen ihrer Umgebung, der ganzen *Herrenschicht* des Landes. Nichts von alledem in der Bibel – es ist alles in die Weihnachtsgeschichte hineingemalte gesellschaftliche Utopie.

Noch mehr davon können wir sehen. Motive des ersten Magier-Paradigmas erhalten sich vielleicht, wenn einer der Drei deutlich ein Schwarzer ist, Repräsentant der Völker Afrikas in der Begegnung mit Jesus, ein christliches Missionsmotiv vielleicht. Aber auch wenn sie schon zu Königen geworden sind, bleibt lange einer ein Afrikaner. Da wechselt die Bedeutung. Als Könige sind sie die Macht, als drei Könige unterschiedlicher Hautfarbe und Herkunft repräsentieren sie die *Welt*macht: die Mächte der Welt schlechthin, aller Welt. »Alles legt ihm Gott zu Fuß« (EKG 96,1/EG 123,1: »Jesus Christus herrscht als König, / *alles* wird ihm untertänig …«).

Und nun bringen die drei heidnisch-Mächtigen oder politisch-Mächtigen dem Kinde *Gaben:* Gold, Weihrauch, Myrrhe (Mt 2,11); aus der Dreizahl der Gaben hat man auf eine Dreizahl der magischen oder königlichen Geber geschlossen. Sie bringen Gold in Goldbeuteln oder Schatullen oder reichverzierten langstieligen Kelchen – ein durchaus ambivalentes Motiv; einerseits zeigt es: Sie bringen von ihrem Reichtum, ihrem Eigenen, geben ab und teilen; andererseits wollen die, die sich beugen, ihrerseits das Kind damit erheben auf ihre Höhe. Dem bleibt das Kind in den Augen so manchen Malers keineswegs abgewandt; auf einem Wirkteppich aus Nürnberg (um 1420, im Berliner Kunstgewerbemuseum) sehen wir das Kind wenigstens mit einer vollen Hand in die Schatulle greifen, als wüßte es Geld zu würdigen; im Dom zu Brixen in Südtirol gar hat die Mutter Maria (auf einem Fresko um 1400) alle Hände voll damit zu tun, das Kind am Wiegenband zurückzuziehen an ihren Leib, das sich stürmisch dem Geldgeber zuneigt, um ihn zu segnen. Überhaupt wird oft eine Zuneigung des Kindes zu den großen Dreien gezeigt, also Zuneigung auf Gegenseitigkeit, freilich auch mit Gabentausch: Das Kind erwidert die materielle Gabe mit geistlicher: Segenszeichen, Handauflegung auf den gerade knienden König. Solch *Gabentausch* ist deutlich christliche Reichsideologie, Gewaltenteilung zwischen weltlicher und geistlicher Macht, da wird das Kind schon gleich nach seiner Geburt gestisch eingefügt in ein Herrschaftssystem; aber auch das zeigt noch genug Utopisches: vom Friedensreich des Vergil der Aeneis und der 4. Ekloge her war der christliche Reichsgedanke ein Versuch, im Verhältnis von

Thron und Altar Utopie zu verwirklichen: geistlich und messianisch gebändigte Macht, aber auch Gottesgeist, der sich verwirklichen kann wie im Himmel also auch auf Erden. Auch die protestantische Zwei-Reiche-Lehre hätte noch ein utopisches Modell dieses Sinnes bieten können: Freihalten sollst du das utopisch-radikale Wesen des in der Kirche zu verkündigenden und zu lebenden Evangeliums vom Verhandlungs- und Kompromißwesen des Politischen, und christlich-radikal sollt ihr den Geist Jesu leben im Angesicht des Staates und in erkennbarer und wirksam werdender Beziehung zu ihm. Darauf weist der Gabentausch zwischen den großen Drei und dem Kinde hin. Die Selbstentmachtung der Könige gehört freilich dennoch dahin: noch vor dem Gabentausch beugen sie sich und verlieren – im Extremfall – ihre Kronen.

Freilich auch *das übrige Personal* ist wichtig. Die Maler setzen ins Bild der Weihnacht: Kaiser, König, Edelmann, Bürger, Bauer, Bettelmann. Es geht eben nicht nur um Erneuerung des Einzelnen, sondern um eine neue Gesellschaft. Sie ist in ihrer Hierarchie und Ständegliederung insgesamt mit in *dieser* Geschichte. Die Hirten exponieren gegenüber den großen Dreien die andere Seite der Gesellschaft, immer in Arbeitskleidung, mit ihren Arbeitsgeräten bei sich, auch sie durchaus als Geber anwesend, keineswegs nur als Nehmer, bringen Schafsfell zum Wärmen des Kindes, Milch, Brot, Käse: zu seiner Ernährung. Wären wir nur erst so weit, alle Menschen als Geber, nicht alle nur als Nehmer zu taxieren – wir hätten ein anderes Gesellschaftsbild, vor allem: eine andere gesellschaftliche Praxis; und spüren bei diesem Gedanken, wieviel am Bild der gabefähigen und darum auch gabebereiten Hirten in der Industriegesellschaft längst wieder zu Utopie geworden ist!

Durchschienen von Utopischem ist vor allem auch, daß sie alle, die die Gesellschaft beim Kind repräsentieren, je eigene, ausgeprägte, unverkennbare *Gesichter* tragen – keine gesichtslose Masse darstellen sollen; die Malerei der gebrochenen Gesichter und dann die von gesichtsloser Menschenfigur überhaupt (z.B. im modernen Surrealismus) gehört erst unserer Zeit an und lehrt uns uns wiedererkennen im Gesichtsverlust; deutlicher als Soziologie zeigt Malerei, wie aus Gesellschaft Masse wurde. Die Menschengesichter der mittelalterlichen Weihnachtsbilder zeigen aber neben dem das Individuelle noch nicht zerstörenden Humanum der feudalen Ständegesellschaft das uns utopisch Scheinende, daß gesellschaftliche und individuelle Wirklichkeit im Lichte der Jesus-Geschichte jedenfalls sich nicht ausschließen müssen, einander vielmehr durchdringen können.

Freilich gehört zum »Gesellschafts«-Bild dieser Zeiten auch die Durchdringung des irdischen Geschehens mit der *Anwesenheit der Engel.* Sie sind uns heute zu weihnachtlichem Zierrat verkommen, weil wir kaum noch etwas verstehen von einer Jenseitsdurchdrungenheit des Diesseits. Wir spüren nichts von den »wunderbaren Mächten«, von denen noch in unserem Jahrhundert Bonhoeffer dichtete, – von heimlichen Bewegungen, die beleben können, etwas spüren lassen vom Gehaltensein, unsichtbarer Begleitung, – von Tröstendem, zum Weinen Lösenden, – zu grundloser Freude Hinreißendem, – vernehmen nichts von einem Lied in allen Dingen, die da träumen fort und fort, – halten uns verschlossen für verschwiegene Botschaften aus Erlebnissen, Begegnungen mit Menschen und Dingen. Da wir uns selbst bewältigen lernen, ahnen wir nichts Überwältigendes. Wir bemühen uns, uns selbst in die Hand zu bekommen, gerade auch unsere feineren Sensorien. Was Gefühle betrifft, trauen wir eher dem Psychiater, als sie Engeln zu danken, und für Bedeutungen schaffen und erlernen wir lieber Systeme eines symbolischen, semiotischen, semantischen, hermeneutischen Deutens. Selbstdeutungen verschließen uns Bedeutende und Bedeutendes. Wir unterwerfen Wirkendes unserer Erkenntnis und drängen damit jeden Sinn zurück für etwas, was von sich selbst her noch wirken könnte – durch andere Vermittlung als eine durch uns selbst. Die problemlose Anwesenheit von Engeln in der Weihnachtsgeschichte, in der Gethsemane-, der Kreuzigungs-, der Auferstehungsgeschichte zeigt auf die Utopie der *Selbstvermittlung* dieses Geschehens vom Himmel her, und zwar eine, die tatsächlich alle erreicht, mobilisiert und auf die Wege bringt in dieser Nacht zu diesem Kind: Volk und Knecht und Überwinder …[56]

Gerade hier sollten wir auch vom *Engelskonzert* auf dem Isenheimer Altar sprechen. Es bleibt nicht nur – wie der ganze Altar – künstlerisch überwältigend, sondern kunstgeschichtlich wohl für immer rätselhaft.

Dieser Bildteil gehört zu einer Einheit zusammen mit dem Weihnachtsbild, das die in einer Tallandschaft vor dem Hintergrunde eines Bergdorfs und eines steil aufragenden Bergmassivs sitzende Maria zeigt, die mit ihrer Rechten den Hinterkopf ihres Kindes stützt, das sie in ihrer linken Armbeuge wiegt; über die schroffen Bergspitzen hinauf wirkt Strahlenglanz, in ihm verborgen eine unübersehbare Menge der himmlischen Heerscharen, für unser Auge fast unerkennbar verwoben mit dem Doxaschein, der weit in die Höhe hinaufstrebt in die Herrlichkeit Gottes hinein, der dort thronend mit Szepter und Weltkugel in beiden Händen zu sehen ist, ebenfalls fast nicht mehr erkennbar, weil lichtüberstrahlt.

Das Engelskonzert ist auf der linken Seite, dem Marienbilde gegenüber, zu sehen, von der Landschaft des Weihnachtsbildes getrennt durch einen die ganze Bildfläche von oben nach unten herabfahrenden dunklen Vorhang, der gegen den Außenraum des Weihnachtsbildes den einfarbenen Hintergrund eines Innenraums schafft.

Das *Motiv des Vorhangs* gibt in alter Malerei stets den Vorhang des Tempels wider, der – nach Mt 27,51 – in der Todesstunde Jesu zerriß in zwei Stücke »von

56. J. W. v. Goethe, West-Östlicher Divan. Buch Suleika.

oben an bis unten aus«. In Salomos Tempel trennte der Vorhang das Allerheiligste, das nur der Hohepriester betreten durfte, von den übrigen Tempelräumen; Mt 27,51 will mithin ein Doppeltes bedeuten: Erstens, das Allerheiligste, Ort der Gegenwart Gottes, ist dadurch, daß der Vorhang im Tempel zerriß, zu einem offenen, allen zugänglichen Ort geworden, Jesu Tod bedeutet ein Ende der Verborgenheit, Unerreichbarkeit des »Ortes« schlechthin; damit zugleich besagt der zerrissene Vorhang das Ende eines Gottesdienstes, der um einen verborgenen Ort herum geordnet war. Es gehört in meinen Augen zu den großen Ereignissen abendländischer Maler-Tradition, daß dennoch seltener ein zerrissener als ein zurückgeschlagener, den Blick nach draußen öffnender Vorhang gemalt worden ist; *nicht die Zerstörung* des Tempels und damit ein »Ende Israels« haben sie malen wollen, *sondern die Öffnung* des Tempels für einen Blick auf neues Gottesgeschehen im Vorhof des Tempels. Das Motiv ist umfassend verwendet worden, – in den Bildern von der Verkündigung des Engels an Maria, daß sie einen Sohn gebären werde, finden wir es – soweit ich sehen kann – am häufigsten; häufig trennt da ein Vorhang den Bettraum und einen Studierraum der Maria voneinander, es ist aber der Einbruch des Verkündigungsengels, durch dessen Hereinwehen der Vorhang beiseitegerafft wird, – das Innere der Marienwohnung wird dadurch von außen geöffnet für das überwältigende Geschehen, das da »von draußen« andringt und hereindringt; auch bei der Isenheimer Verkündigung an Maria sehen wir den zurückgerafften Vorhang; aber in Isenheim nun eben ein zweites Mal denjenigen Vorhang, der in seiner ganzen Länge »von oben an bis unten aus« den landschaftlichen Außenraum des Weihnachtsbildes vom Innenraum des Engelskonzertes trennt. Schon das ist bedenkenswert. Denn üblich ist, die Weihnachtsszene in einem Innenraum zu orten, in Höhle oder Stall – gewiß in einem ruinösen, nach vielen Seiten in die Landschaft offenen Raum, aber eben doch: Raum einer Herberge. In Colmar dagegen sitzt Maria mit dem Kinde in freier Landschaft, das neue Geschehen ist aus jeder Art von Innenraum ins Freie versetzt – ohne daß freilich der Innenraum dadurch aufgehoben wäre; vielmehr bleibt er: als Ort eines großen *Zuspiels* auf das Geschehen im Freien hin.

Was hat es damit auf sich?

Vor dem Vorhang ist ein überaus kunstvoller, in spätgotischem Raffinement gebauter Kapellenraum zu sehen, ein Gebäude: von vier zierlichen, mit zartestem Blattwerk umrandeten Säulen getragen, die vor Marmorpilastern angebracht sind und auf deren Kapitellen (und zwischen denen) fünf miteinander, z. T. aus aufgeschlagenen Büchern disputierende schlanke Figuren zu sehen sind, in oberster Reihe vielleicht die vier Evangelisten darstellend (weil einer von ihnen, der rechts außen, einen jüngeren bartlosen Mann darstellt, – nach der Tradition: Johannes), die fünfte Figur (zwischen den zwei Säulen im Vordergrund) ist wieder ein bärtiger Alter: mit verschränkten Armen; ein Prophet? In der Höhe des Säulenraums wölbt sich ein Stoffbaldachin, mit Bommeln besetzt, und gibt dem kleinen Raum von oben her rotbraune Wärme. Manche bezeichnen den Raum als »Goldtempel«, und in der Tat strahlen nicht nur die Säulen in Gold, sondern das ganze Gehäuse hat etwas Glänzendes, manche sprechen davon wie von einem kostbaren Reliquien-Schrein.

Entscheidend ist, daß dieser Raum nach zwei Seiten hin offen ist, zwei Stufen führen vom Inneren nach beiden Seiten ins Freie – in die Marienlandschaft des Weihnachtsbildes hinaus. Von außen können wir in das Innere des Tempelschreins sehen und erblicken dort nicht heilige Dinge, sondern Lebewesen; nach rechts hinaus, der Landschafts-Maria zu, die Figur einer offensichtlich schwangeren jungen Frau, deren Gesicht in einen fast ihren ganzen Oberkörper umrahmenden Strahlenglanz gehört, der von scharfem Gelb über Rosafarben in glühendes Rot sich ausweitet; langes goldenes Haar fällt ihr vom Haupt, auf dem sie – ähnlich der sternflammenden Königin in Schikaneder-Mozarts »Zauberflöte« – eine rotzüngelnde Flammenkrone trägt. Ihre Hände wie zum Gebet zueinandergelegt, nach außen hin zum Marienbild weisend, wohin auch ihr Blick sich richtet. Ihre Gesichtszüge gleichen denen der Maria. Über ihr, in Dampf, der aus ihrem Lichtglanz in die Höhe wallt, zwei Engelgestalten mit Szepter und Krone in den Händen, ätherisch, fast wie Luftgebilde. Zu ihren Füßen auf ebener Erde eine durchsichtige, halb mit Flüssigkeit gefüllte Glaskanne – altes Sinnbild jungfräulicher Reinheit.

Um sie wird viel gerätselt, wer ist sie? Manche vermuten: eine Katharina von Alexandria, die sich Jesus nähert, um mit ihm eine mystische Hochzeit zu feiern; andere denken an die getreue Seele aus dem mystisch gelesenen Hohen Lied Salomos, – wieder andere erinnern sich an alte Überlieferungen von einer praeexistenten Jungfrau Maria, die schon von urher zur Himmelskönigin bestimmt gewesen sei und über der darum die zwei luftigen Engelwesen bereits jetzt schon Szepter und Krone tragen; richtig daran ist auf jeden Fall, daß sie in die alte Welt des Tempels hinter dem Vorhang gehört, und sie ist es, die die Treppenstufen hinab hinausschreitet aus der alten in die offene neue Welt. Die Deutung dieser Frau auf Maria scheint sich doch am ehesten nahezulegen: sie geht dort gleichsam sich selbst entgegen, vielleicht als eine von ihrer eigenen Zukunft dort draußen ganz durchglühte Frau. Denken ließe sich aber auch – und das legt dies Bild nahe –, daß sie hinausgeht durchglüht von den Kräften der alten Innenwelt, die sie nun verläßt, entflammt also von Geistes- und Hoffnungskräften der Welt Israels und seines Tempels.

Allerdings ist diese Welt auf dem Isenheimer Bild gleichbedeutend mit der Welt der himmlischen Heerscharen, die in ihrer Existenz durch und durch Gotteslob sind. Die flammenglühende junge Frau auf ihrem Weg nach draußen hat jedenfalls keinen Altar, keine Priester- und Levitenschaft hinter sich, sie tritt aus einem Tempel, der wie ein zünftiger Musiktempel wirkt und nur von singenden und mit Gamben musizierenden Engeln bevölkert ist; sie tritt aus Musik ins Freie ihrer Zukunft.

Die musizierenden und singenden Engel sind nun ihrerseits so gemalt, daß wir sie in einem offenen Kapellenraum erblicken können. Einer von ihnen, der im Vordergrund, im Blickfang, Gambe Spielende hat seinerseits bereits den Innenraum verlassen und spielt zu Füßen der Tempelstufen im Freien; sein Gesicht auf die Maria im Freien gerichtet, bildet, farblich wechselnd von blassem Blau übers Violett ins Rote, seine Figur ein großes Dreieck dadurch, daß sein Engelsgewand sich breit nach unten auf den Erdboden entfaltet. Er sitzt nicht, er kniet im Gambenspiel – in einer technisch schwer vorstellbaren Haltung, vielleicht will aber Mathis der Maler gerade das technisch unmöglich Scheinende zeigen: Lobmusik aus kniender Haltung. Hinter diesem, innerhalb des offenen Kapellenraums, zwei weitere Engels-Instrumentalisten, ebenfalls Gamben spielend; einer in großem roten Faltenwurf, – hinter ihm, mit dem Rücken zur linken Seitenwand, ein vollgefiederter, grünblauer Cherub, ekstatisches Gesicht in die Höhe erhoben, grauhaariger Strubbelkopf, mit einer höchst eigentümlichen Kopfbedeckung: Federkiele, die ihm wie aus dem Haar oder gar der Kopfhaut emporsteigen. Die drei Gambisten beherrschen den Vordergrund des Bildes. Hinter ihnen die Singenden, sie entweder nur mit ihren Oberkörpern oder überhaupt nur mit ihren Gesichtern sichtbar, sie alle aber von gelb-grünen, blaugrünen, rot-braunen Strahlenkränzen umgeben, in denen Funken sprühen. Im tiefsten Hintergrund über den Spielenden und Singenden allen noch einmal ein tief blau-grün-farbener Kranz von Engelgesichtern, statt Körpern nur flatternde Federn, die geradezu den Eindruck eines Sturmes erwecken, der ihnen vom Freien her entgegenbläst. In der Mitte dieses hohen Engelkranzes aber ein zentrales Wesen, das ähnlich wie die hinaustretende junge Frau eine Flammenkrone trägt, die, offenbar von starkem Wind, zu wildem Funkenflug entfacht wird.

Diese Bildsprache ist außerordentlich, und wir kennen kaum irgendwo eine Traditon für sie, – sie gibt eine Schau von ganz eigener Art und Bedeutung. Wie sie sich gegen Traditionen sperrt, ist offensichtlich beabsichtigt und äußert sich wie im Ganzen, so auch in vielen Einzelheiten.

Allem voran sind natürlich die einzigartigen *Farben* zu nennen. Ich verstehe nichts von den technischen und intellektuellen Künsten der Farbenlehre und kann nur nachreden, was ich davon lese. Für meinen Laienblick nicht abwegig scheint mir jedoch ein Versuch, die Farben gerade dieses Bildes aus Bergwerks-Erfahrungen mit Mineralfarben deuten zu können. Schmilzt man nämlich auf einer Schaufel über Feuer Gesteine, die mit Schwerspat, Azurit und Malachit durchsetzt sind und von ockerfarbenem Eisenoxyd durchzogen, dann kann der

Rauch purpur und blau, rot und grün und grünweißlich in einer Farbskala aufleuchten, die der im Engelskonzert verblüffend entsprechen soll[57]. Das Flammende, Funkensprühende, Rauch Entwickelnde und sogar das windige Gebläse ließe manches zum Glühenden dieses Bildes (wie vieler anderer Grünewalds) verständlich machen. Dann wäre die alte Welt wie ein Bergwerk und Glühofen von Zukunft gedacht.

Sehr auffallend ist aber auch die *Haltung der Gambenbögen* in den Händen des vorderen Engels und des ekstatischen grünen Cherub mit der Federkrone, – in anatomisch unmöglicher Art streichen sie die Saiten statt von rechts nach links gerade umgekehrt von links nach rechts. Man könnte sagen: Ungeschick eines musikalischen Laien. Aber denken ließe sich auch: Hier wird willentlich gegen den Strich gegeigt – willentlich: denn der dritte rote Engelsinstrumentalist zeigt durchaus exakte Bogenführung.

Wie wir nun aber auch im einzelnen weiter *sehen* und erklärend *weiter*sehen mögen – das Bild zeigt eine Innenwelt, die im Begriffe ist, sich nach außen zu öffnen. Es zeigt den Ausgang der Maria ins Freie ihrer Bestimmung und Zukunft, zeigt die Öffnung des Tempels in die Landschaft. Es kennt als Tempelpersonal nicht Priester und Leviten, sondern nur himmlische Heerscharen, – die Himmelswelt im Tempelbau. Die Himmelswelt singt und musiziert im Tempel – ihre Musik ist das Innere zum Geschehen draußen. Selbstverständlich ist es Lob-Gottes-Musik – musiziert bei Anlaß dessen, was draußen geschieht. Ein scharfer Luftzug von draußen entflammt das Drinnen zu unsäglichem Glühen, entflammt – apokalyptisch – die Hoffnung und zugleich die inneren Möglichkeiten Israels. Gewiß, das bewirkt, daß »Drinnen« jetzt gegen den Strich musiziert wird, musikalisch ausgedrückt: der Krebs in der Fuge. Ob und wieviel Chemie, gar Alchemie in dem Bild ist, ist nur zu vermuten; wäre es das, dann sähen wir hier das Alte im Elementaren eines Prozesses seiner Verwandlung, einer Umschmelzung ins Neue. Das Neue klänge schon auf als Zukunftsmusik in den alten, aber dort ja schon himmlischen Chören. Und um nun das Bild hinzudenken auf unser Nachdenken übers Utopische, ließe sich hier sehen: Utopisches verwirklicht sich im Öffnen von etwas, was bis dahin nur Innenraum-Wirklichkeit war, ins Freie der Welt. Es verwirklicht sich als Umschmelzungsprozeß von Altem, das nicht etwa vergeht, sondern in seiner Glut entfacht wird und als Zukunftsmusik sich jetzt hören läßt. Und es sind die *wirkenden* Kräfte darin Engelskräfte, Kräfte von Gott Dienenden. Die Wirklichkeit des Utopischen ist eine von Gott dienenden Wesen, die zwischen Nicht-Ort und Ort, U-topos und Topos auf-und-nieder-steigen, selbst zum uns Unfaßbaren gehörend und doch für uns wirkend unter uns. Und die

57. Bernhard Saran, Matthias Grünewald. Mensch und Weltbild, 1972, 58f.

ihnen eigene Sprache ist Musik, wie gerade das Bild des Matthias Grünewald sehen läßt: Musik, die sichtbar wird. *Utopie,* von hier aus gelesen, *wäre alte Wirklichkeit im Umbruch und Aufbruch.*

Zur Weihnachtsutopie der Maler gehört, daß sie nicht selige Zustände malen, sondern *Bewegungen.* Selbst dort, wo es uns scheint, als wollten sie einen Augenblick festhalten – z.B. das andächtige Gebet der Drei Großen, der Hirten, aber auch der Mutter und des Vaters vor dem Kinde –, geben sie doch Verweise auf die Zukunftsgeschichte des Kindes. In einem Stall hängt bereits ein Kruzifix, dies Kind lebt seinem Kreuzestod entgegen. Johannes der Täufer spielt, seinerseits noch ein kleiner Junge, mit dem Jesus-Kinde wie mit einem Spielgefährten; jeder weiß: er wird Jesus erkennen als das »Lamm Gottes, das der Welt Sünden trägt« (Joh 1,29), und er selbst wird Buße predigen, zur Umkehr taufen, selbst umgebracht werden; schon als Kinder spielen ihre Geschichten ineinander und spielen sie sie einander zu. In Dürers Dahlemer Bild von 1506, der Madonna mit dem Zeisig, ist der Zeisig ein Sinnbild der kommenden Passion ihres Kindes. Rote Blüten auf Bildern von Maria mit dem Kinde symbolisieren oft das Blut Jesu, – rote Perlen, mit denen er spielt, die Bluttropfen, die er künftig verlieren wird zu unserem Heil. Umgekehrt kann man Jesus zuweilen mit einem Apfel in der Hand sehen, da hält er das Symbol des Paradieses, das er kommt, heut wieder aufzuschließen.

Solche Symbole geben weniger Bedeutungen als Hinweise auf kommende Ereignisse. Gewiß, sie deuten auch auf Wesenhaftes; es gibt unendlich viele Zeichen, die die Reinheit der Jungfrau Maria andeuten wollen: weiße Lilien und Margeriten, durchsichtige Kannen mit glasklarem Wasser. Dies Reinheitsmotiv gerade in Anwendung auf die Jungfrau Maria spiegelt das hohe Ansehen wider, das schon in altkirchlicher Zeit der Stand der Jungfrauen genoß, die nicht heirateten, um sich ganz in den Dienst der Liebe an allen stellen zu können. In der Welt des antiken Heidentums war dies natürlich auch Protest gegen die Höchstwertung der sexuellen Potenz und ihre Vergottung – eine Verweigerung der Assimilation, die wir nicht nur von jungen Frauen, sondern ebenso von »verschnittenen« Männern kennen, die einem sexuellen Widerwillen einen religiösen Sinn gaben. Diese aufs Sexuelle bezogene Reinheit ist freilich in der Welt Israels ein allen geltendes Gebot kultischer Reinheit, d.h. der allgemeinen Gottesdienstbereitschaft und Teilnahmefähigkeit; Männer und Frauen unterliegen ihr gleichermaßen. Wird Reinheit von Christen aufs Sexuelle beschränkt, verliert sie den Gottesdienstzusammenhang, wird zu einer Sonderstellung, speziell der Frau, und wird der Gegensatz zum Heidentum gleichzeitig zu einer Assimilation daran: Der Höchstschätzung des Sexuellen entspricht die Höchstschätzung männlicher und weiblicher Sex-Enthaltung. Inwiefern freilich das, was uns *moralisch* zu sein scheint, als *utopisch* begriffen werden konnte, läßt sich an der Utopie einer jungfräulichen Gebärfähigkeit aller Frauen ablesen, die der radikale taboritische Flügel der Hußschen Reformation um 1420 herum formuliert hatte, daß nämlich »die Frauen im wiederhergestellten Reich der streitenden Kirche ohne fleischlichen Samen gebären würden«[58]. Das ist Anwendung des Marienbildes auf alle Frauen, gut katholisch; wir sollten aber bemerken, daß das keine Jenseitsutopie ist, sondern für das »wiederhergestellte Reich der streitenden Kirche« gelten soll, also für den Vollzug der alten Radikalität der Nachfolge, – da werden die Frauen befreit werden von der Zeugungsgewalt der Männer und zum Kind ohne Mann kommen. Auch hieran können wir sehen, daß Bild-*Symbole* mehr als nur Wesen ausdrücken wollen: geschichtliche Verheißungen und Verweise auf etwas, was begonnen hat und im Kommen ist. Symbolsprache der Bilder ist weniger Deutesprache als Ankündigung von Zukunft, die des Symbols und Zeichens bedarf, weil sie unsymbolisch bisher kein Auge je gesehen, kein Ohr je gehört hat.

Wir schließen unsere Weihnachtsbilder-Betrachtung mit zwei Einzel-Motiven des Marienbildes.

Oft bekommen wir eine *thronende* Maria zu sehen, regelrecht auf einem Thron sitzend oder auf einer Gartenmauer oder einer Bank. Das erhöht die Mutter Jesu schon zur Königin. Daneben gibt es den anderen Bilder-Typus der *Madonna dell'umilta,* der Madonna der Demut. Statt zu thronen, sitzt oder kniet sie auf der Erde – meist eines blumigen Gartens, aber auch auf dem Erdboden oder den Holzplanken des Stalls von Bethlehem. Ikonographisch können wir den Sinn dieses Bild-Typs nur lesen, wenn wir die thronende Maria schon kennen; die Madonna dell'umilta hat den ihr eigentlich gebührenden Thron verlassen und sich in einem Akt von Demut auf die Erde hinuntergesetzt. Damit zeigt sie im Sinne der mittelalterlichen Theologie die verdienstliche Tugend der humilitas. Denken ließe sich die Bedeutung dieses Motivs auch im Sinne der Demut von Phil 2 und Luthers, für die beide Demut nicht als ein gutes verdienstliches *Werk* galt, sondern als die Richtung und Linie der Gottesgeschichte im ganzen, in der weder Gott noch sein Sohn noch deren Geliebte nach hohen Dingen trachten, sondern sich herunterhalten zu den Niedrigen (Röm 12,16). Die Madonna dell'umilta hält sich herunter zur Niedrigkeit ihres Kindes, nimmt auf diese Weise an der Gottesart seiner Geschichte teil, und sucht so – utopisch – das Heil nicht in der Höhe, sondern »den Frieden auf Erden«.

Das zweite uns interessierende Motiv des Marienbildes ist der *hortus conclusus.* »Maria sitzt im Rosenhag und wiegt das göttlich Kind«. Hier ist sie wie außer der Welt: aus dem Bruchstall versetzt in freie, blühend-idyllische Natur,

58. Vgl. E. Staehelin, Die Verkündigung des Reiches Gottes in der Kirche Jesu Christi. Zeugnisse aus allen Jahrhunderten und allen Konfessionen. 3. Bd., 1955, 487, Art. 56.

reich im Blumensegen, mit fruchtbaren Bäumen; bunte Vögel flattern hier. Mutter und Kind leben hier allein, nur aufeinander bezogen. Oder es gibt Engel und hilfreiche Frauen, die schöpfen frisches Wasser aus Brunnen, waschen, bereiten Speisen, spielen mit dem Kinde und schaffen der Maria Zeit, sich von den Mutterpflichten zu dispensieren und ein Buch zu lesen. Das Entscheidende: Hier ist eine Welt für sich, fruchtbar, schön, geschäftig, musisch und zugleich Muße ermöglichend. Daß es eine Welt für sich sein soll, zeigt, daß es ein hortus conclusus ist, ein abgeschlossener, eingezäunter Garten, hinter Zinnen und Mauern, manchmal auch nur hinter Staketenzäunen. Zuweilen erlauben uns die Maler einen Blick über die Mauer hinaus, meist in freie Landschaft hinein, aber oft halten sie unsere Blicke auch fest, wir sollen uns konzentrieren auf die Welt innerhalb der Mauern.

Das biblische Sinnbild entstammt dem Hohen Lied Salomos; da ist der Garten hinter Zäunen schlicht ein gutes Versteck fürs Liebesspiel, auch dort: Ort für die Freundin, Braut, Frau, »die in den Gärten sitzt« oder wohnt: ha joschevet ba ganim (Hld 8,13); dorthin eilt der liebesdurstige Junge – Salomo selbst, selbst Salomo – der Erfüllung der Liebeslust entgegen. Der Garten ist die Liebeslaube. Zugleich aber ist, in der hoch-erotisierten Sprache dieses biblischen Buches, der Garten der Leib der Frau, an dem, auf dem, in dem sie ihren Geliebten spielen läßt. Und als guter Orientale weiß der Junge jede Hebung, jede Senkung des Leibes, jede Falte der Haut, jeden Duft des Haares und des Körpers seiner Geliebten in stürmischen Bildworten zu beflüstern, zu besprechen, zu besingen, als wäre sie eine einzige Berg- und Talfahrt, – Blumenwiese, – wie ein Granatapfel, eine Morgenröte, ein Mond, ein Nußbaum, ein Weinstock, eine Palme – wer weiß nicht, was sonst alles noch! Der Garten ist als Ort der Liebe auch Welt des hemmungslosen, freien, erotischen Sprachspiels. Und der mit Toren und Riegeln verschlossene Garten ist dann die Erfahrung und das Sprachbild für die vom Manne noch nicht berührte Frau. Das Motiv des hortus conclusus ist somit im ganzen ein Sinnbild für Jesu jungfräuliche Mutter.

Zugleich aber *ist* dieser Garten: das Paradies, der Gan Eden, die neue Welt der Zukunft. Eine eigene Welt, eine nach außen abgeschlossene Welt, das Jenseits von Eden ist nur noch über die Mauern von ferne zu erblicken oder ganz hinter ihnen verborgen und unseren Blicken entschwunden. Die Weihnachtsgeschichte wird zur Paradiesgeschichte!

Merke: Diese neue Welt ist die Marias und des Kindes, ist *ihre* Welt, – Josef ist *dort* nicht zu sehen. Es ist vor allem: Frauenwelt! Freilich: Zuweilen sind auch Männer im hortus conclusus zu sehen, aber auffallend in der Minderzahl, und: auffallend gezähmt, nicht mehr, wie auf Krippenbildern, mit Rossen und Reitern, Kronen und Besitztümern, nicht mehr als Herren mit Knechten, sondern ent-mächtigt und zuweilen mit Besserem beschäftigt; von dieser paradiesischen Umwelt gezähmt, sitzen sie dann im Gespräch und lassen sich von Engeln belehren – während Maria derweil im Buch liest (Oberrheinischer Meister um 1410, Das Paradiesgärtlein. Städel-Museum in Frankfurt/Main), eine Umkehrung des Intellektuellen: Die Frau studiert, der Mann hört zu. Das Utopische einer in Gänze neuen Welt können wir hier mit Händen greifen.

b. Bilderverbot und Bildersturm

Bilder bilden immer eine ganze, eigene Welt. In der christlichen Bildmalerei, besser: in der Malerei mit christlichen Motiven, erscheint immer die »neue Welt«, insofern gehört Malerei – wie wohl alle Kunst – dem genus des Utopischen zu. Dies gilt insbesondere für das Weihnachtsbild, an dem wir Linien des Utopischen besonders deutlich wahrnehmen können. Keineswegs immer erscheint da die »neue Welt« bereits in ihrer Vollendung; zum Motiv der gemalten Erzählung gehört ja das Moment des *Einbruchs* von Jenseitigem ins Diesseitige, von goldfarbenem Hintergrund in den farbig-weltlichen Vordergrund, von Neuem ins Alte; das bisher Ortlose und Unfaßbare sucht und findet Platz im Faßlichen, Erkennbaren, uns schon Bekannten. Es ist große Kunst, wenn uns gerade *noch nicht selige Zustände* vor Augen gemalt werden, sondern Ahnungen, Andeutungen, vielleicht auch Richtung und Ziel von Beginnendem, jedenfalls von Geschehendem und Bewegung. Das gilt auch noch für den hortus conclusus, das Motiv des Marienlebens im abgeschlossenen Paradiesgarten; so schön uns dort alles scheint, so schön uns vor allem die Bilder der Marien selbst scheinen in ihren oft vollendet wirkenden Gesichtern und Gestalten, auch Gesten und Gewändern – die vollendete Schönheit der Mutter zeigt uns ja aber überall nur die schöne Mutter des *Kindes* in ihren Armen oder auf ihrem Schoß. Allein um dieses Kindes willen ist die Mutter die Schöne – sie ist keinem Mann zu Gefallen so schön; dies Kind aber hat seinen Weg erst noch vor sich, »den Weg« schlechthin (vgl. Joh 14,6): den der Befreiung aller Menschen. Und so zeigt uns auch ihre vollendete Schönheit gerade nur erst das Anfangen eines ganz großen Schönen, das in Maria gerade nur eine Vorausabschattung hat. In ihrer Schönheit beginnt der Lebens- und Todesweg ihres Kindes, in ihrer Schönheit sein Leiden, und die große Schönheit verheißt sich erst da, wo aus dem Kind jener geworden sein wird, an dem wir »keine Gestalt noch Schöne« mehr wahrnehmen können (Jes 53,2); das Schöne ist immer ein Triumph über das Unschöne und immer erst schön, sofern die Wunden nicht retuschiert werden, die die Unbill jedes irdischen Lebens unseren Leibern und Gesichtern einzeichnen. Nicht selten zeigen die Maler das darin, daß sie dem schönen Antlitz der Mutter ein höchst durchschnittliches, manchmal gar grobes Kindergesicht dagegen malen, daß nicht alles schon *ganz* schön, *gar* zu schön scheine!

Denken ließe sich, daß wir nur die Ikonologie des Weihnachtsbildes dem Utopischen zuordnen können, eben als dem Bild vom Anfangen neuer Wirklichkeit. Aber (mit anderer Motivik) gilt Ähnliches ja auch von dem, was uns wie ein Gegenteil dazu vorkommen will: vom *Passionsbild.* Es ist wahr, hier ist nichts vom Schönen des Anfangens und keine Erinnerung mehr ans Paradies. Hier wirken auch keine Symbole von Zukünftigem mehr; wo Weihnachten auf Kommendes verweist, zeigen Passionsbilder die Erschöpfung aller menschlichen und göttlichen Kräfte, eine unendliche Ermüdung im Motiv des Schmerzensmannes nach der Folter, – nur noch die Handlungen von Tätern und das Dulden des Opfers ereignen sich. Wir sind hier weit jenseits von Eden, tief in unserer Brudermörder-Wirklichkeit, wie wir sie kennen und verantworten. So will uns scheinen, daß wir hier – weit entfernt von allem Utopischen – ganz im Gegenteil dorthin geholt werden, wo einem Opfer sein Raum im Leben durch religiöses und weltliches Gericht zunächst bestritten und dann genommen, geraubt wird. Als wir oben über Utopie als die »Gabe Lebensraum« sprachen, hatten wir auch schon von der Wirklichkeit des Raumentzugs und damit der Wegnahme von Leben sprechen müssen. Im Verhältnis von Weihnachtsbild und Passionsbild haben wir dazu die Analogie aus dem Leben Jesu; in der Passionsgeschichte wird uns erzählt, wie dem der Lebensraum genommen wird, der schon am Anfang keinen Raum in der Herberge fand und bildhaft nur in Höhle und Ruine der alten Welt – als Nischen-Existenz – zur Welt kommen konnte. Jetzt bleibt ihm am Ende wieder nur die Höhle: des Felsengrabes.

Doch so sehr Passionsbilder anti-utopisch Raum-Raub zeigen statt Raumgabe, halten sie dennoch *Spuren des Utopischen* fest, das ja nicht nur mit dem Leben Jesu, sondern auch mit seinem Leiden und Tode verbunden worden ist.

Einmal darin, daß die frühen Maler auch Jesu Leiden auf Goldgrund malen konnten. Damit zeigten sie: Auch hinter Durst und Schrei des Gekreuzigten strahlt die Welt Gottes auf, und die Karfreitagsgeschichte kommt aus diesem Hintergrund, will dies Leiden und diesen Tod den Betrachtern kostbar machen. Vielleicht aber allzu kostbar. Eines Tages in der Mal-Geschichte bricht auch hier der Goldgrund zusammen; Leiden und Tod können nicht mehr wie göttlich-kostbar hingenommen und angesehen werden. Und die Maler finden zweierlei Ersatz.

Einmal wird dann wie die Krippe so auch das Kreuz mitten in unseren Landschaften und vor den Türen unserer bürgerlichen und städtischen Lebenswelten stehen; waren in den Weihnachtsbildern Mecheln oder Altdorf oder Florenz Stellvertreter für Bethlehem, so stehen jetzt unsere mittelalterlichen Städte doch nicht mehr für Jerusalem, – die Maler holen die Passion Jesu nicht mehr nur symbolisierend, sondern in direkter Übertragung identifizierend herauf in unseren Norden. Damit interpretieren sie: Jesus stirbt bei uns, mitten unter uns, auch an uns. Sein Tod ist auch nicht Vergangenheit, sondern unsere Gegenwart. Der Schweizer Willy Fries hat die Kriegsknechte unter dem Kreuz als Soldateska der Nazi-Armee gemalt. Und noch viel herausfordernder hatte George Grosz den Gekreuzigten mit der Gasmaske gezeichet – was damals einen unerhörten Skandal hervorrief und als Gotteslästerung nicht etwa nur empfunden, sondern direkt vor Gericht gezogen wurde. Der Gott kann nicht vergast werden, meinte man trotz des Gaskriegs in der zweiten Hälfte des 1. Weltkriegs. In Auschwitz konnte dann freilich auch keine Gasmaske den Gott mehr schützen und schon gar nicht die Töchter und Söhne Gottes in den Gaskammern. Da war durch Skandalisierung von Maler-Bildern auch nichts mehr zu klären. Wir nähern uns aber mit den Bildern der in unsere Gegenwart hineingemalten Passion schon den großen Bilderstreitigkeiten in den Ostkirchen des 8. Jahrhunderts; an den Bildern brach noch einmal die christologische Frage auf: Jesus – wahrer Mensch und/oder wahrer Gott.

Aber nun wurde der Goldgrund hinter den Passionsbildern nicht nur durch die Topoi unserer Welt- und Lebenserfahrung abgelöst. *Eine andere Malerei* setzte an die Stelle des göttlichen Glanzes die totale Finsternis – entsprechend der biblischen Erzählung: »Und von der sechsten Stunde an ward eine Finsternis über das ganze Land bis zu der neunten Stunde« (Mt 27,45). Da, wo Gott früher leuchtete, wurde jetzt Gott dunkel, entstand »Gottesfinsternis«. Das Kreuzesgeschehen, vor unsere Städte gemalt, konnte dies uns noch gegenwärtig halten, wollte es aktualisieren und interpretieren. Das Kreuzesgeschehen in der Finsternis jedoch zeigt uns ein Geschehen schrecklichster Negativität, – ja nicht nur einer Gott-Verlassenheit, sondern einer Gott-Verneinung. An solchem Passionsbild kann schon im Mittelalter Atheismus wenn nicht seinen Ausdruck, so doch einen Anlaß finden. Es ist die Finsternis des Tohuwabohu vor allem Anfang, das Nichtige des Chaos, in das der leidende und sterbende Jesus hineingemalt wird. Und wo das neugeborene Kindelein von seinem Lichtschein her finstere Krippenumgebung erhellen konnte – der Gekreuzigte vermag dies nicht mehr. Von ihm strahlt nichts aus, er spiegelt in seiner Haltung und seinen Zügen nur wider, was ihm von unsereinem angetan wird. Wir können sagen: Hier wird alles Utopische verworfen, es gibt keinen Hintergrund mehr, der in den Vordergrund drängen könnte; wenn in der Finsternis dieses Bild-Typus Gott nicht tot ist, dann aber übermäßig fern, – und sollte im Weihnachtsbild etwas angefangen haben, erlischt es hier.

Freilich: Dennoch finden sich auch hier Spuren des Anderen.

Einmal gibt es die berühmten *zwei Versionen der Fußstellung* in Bildern vom Gekreuzigten: die ins Leere herabfallende der angenagelten Füße, – häufig aber sieht man die Füße stehend auf einem kleinen Holzblock am Kreuzesstamm; in Isenheim sieht man beides: den Block für die Füße des Gekreuzigten, aber hier kommen Jesu Füße nicht zum Stand, sondern nur der Nagel, den sie ihm durch beide übereinanderliegende Füße getrieben haben, sticht ins Holz des Fußblocks, über dem aber die Füße hängen bleiben. Der Fußblock ist seit alters Bildzeichen für einen Gekreuzigten, der auch am Kreuz noch Stand behält, nicht total durchhängt; aber nicht ist gemeint, daß er auf diese Weise noch mit beiden Füßen auf der Erde bliebe, sondern im Gegenteil: Ihm eignet eine Standfestigkeit seiner selbst auch in diesem gottverlassenen Moment. Es ist die Standfestigkeit des *Gottes*sohnes, der sich als solcher nicht verlieren kann und aus deren Kraft heraus ihm doch eine Auf*erstehung* aus seinem Tode möglich bleibt. Der Fußblock am Kreuz symbolisiert so etwas wie eine Sprungkraft des Gottessohnes in die Auferstehung hinein, man malt ihn stehend am Kreuz mit Blick auf seine Auf-Er-Stehung. Während der andere Kreuztypus ohne diesen Block ihn zeigt, wie er da wirklich jeden Boden unter den Füßen verloren hat. Matthias Grünewald aber will beides zugleich sehen lassen: Ostern bleibt denkbar, der Fußblock ist zu sehen, aber *diesem* Jesus unerreichbar, er bleibt hängen über dieser Möglichkeit. Für ihn kommt seine Auferstehung nicht in Frage, und wenn es für ihn außer der Kreuzabnahme und der Grablegung überhaupt noch Zukunft geben sollte, kann es nur Auf*erweckung* aus dem Grabe sein, nicht Auferstehung.

Eine zweite andere Spur von Neuem findet sich nicht in Andeutungen eines Gegenbildes zu dem Kreuzesbild, wie es der Standblock für die Füße immerhin anspielt – wir finden sie vielmehr in der *Tiefe* des Grauens, das sich im »Haupt voll Blut und Wunden, voll Schmerz und voller Hohn«[59], in der ausgemergelten, geschundenen Leibgestalt des Hängenden zeigt. Die Maler versuchen ein übermäßiges Grauen, eine übermenschliche und unmenschliche Not zu malen, ein Gezeichnetwerden dieses Menschen von Leiden und Tod *schlechthin.*

Das Übermäßige drückt sich aus in der Einsamkeit und Verlassenheit des Gekreuzigten. Zwar gehören zur biblischen Erzählung und zum Bild-Typus fest die Frauen und Jesu Jünger Johannes unter dem Kreuz dazu, als sollte gezeigt werden: von Gott verlassen, doch nicht von Menschen. Und gewiß wird auch das – theologisch, glaube ich, hoch bedeutsam – gezeigt: Am Kreuz passiert nicht eigentlich ein Menschheitsdrama, sondern ein Gottesdrama! Nicht die Humanität zerbricht, sondern die Divinität, d.h. die Gott-Mensch-Einheit und -Gemeinsamkeit. Aber das Dabeibleiben einiger Menschen steigert doch nur den Kontrast zwischen diesem Einen und ihnen, den Anderen. Daß sie da sind, verstärkt doch nur die Schmerzen, die er erleidet, und zeigt: wie allein er ist. Das aber be-deutet uns: Er erleidet sein Elend als das Elend Aller. Die übermäßige Schmerzlichkeit im Ausdruck des Passionsbildes – gleich, ob es sich um Jesus

59. EKG 63/EG 85.

vor Gericht oder um den Ecce homo, den Schmerzensmann nach seiner Folterung, – ob um den Gekreuzigten oder den vom Kreuz Genommenen oder den im Grabe Liegenden handelt – zeigt, daß er mit seinen unser Aller Schmerzen und Wunden an sich trägt. Weil Alle auf ihm liegen, ist er so allein. Die Menschen, die dabeibleiben unter dem Kreuz, zeigen nur: In seiner Einsamkeit und in der Entsetzlichkeit seines Leidens leidet er stellvertretend für alle Anderen.

Das aber, das stellvertretende Leiden, ist dann doch ein Utopisches schlechthin gerade auch im Passionsbild. Nicht nur das Paradies oder die Beugung der Mächtigen oder eine im Bild der Hirten sich zeigende gebebereite und gebefähige Menschheit im ganzen und nicht nur die Öffnung der alten Welt hinaus ins Freie einer neuen, auch nicht nur der offene Himmel bilden Struktur des biblisch-Utopischen. Auch eine Entlastung der Menschen schon hier und jetzt, – Schmerzübertragung von mir auf einen Anderen, – Erfahrung eines qualitativen Abstandes der Vielen gegenüber einem Einzelnen, – Sich-selbst in seiner Feindschaft und Last abgenommenwerden, – und ja auch bei alledem: »Ich will (trotz allem) hier bei dir stehen, verachte mich doch nicht« (EKG 63,6/EG 85,6), das sind Spuren eines Utopischen. Wie sehr, zeigt sich daran, daß gerade wir Heutigen einen tiefen Widerwillen gegen Stellvertretungen in uns hegen; wir finden uns davon entmündigt, unserer Selbständigkeit und freien Selbstverantwortung beraubt, – rebellieren ebenso gegen ein bloß repräsentatives Wahlrecht (das wir statt als Stimmabgabe wie eine Weggabe unserer eigenen Stimme an einen »Repräsentanten« empfinden) wie (am anderen Ende einer Skala von Widerwillen gegen Repräsentationen und Ersatzhandlungen) dagegen, daß unter dem Andringen des Evangeliums »ich leben«, »aber doch nun nicht ich« leben soll, sondern Christus für mich (Gal 2,20). Nichts so utopisch wie das »für euch« in der christlichen Verkündigung von Jesus – utopisch darin, daß wir kaum fähig und gar nicht willig sind, es uns gefallen zu lassen. Utopisch scheint, Freiheit bejahen zu können als Befreiung nicht nur von (uns einsehbaren und spürbaren) Lasten des Menschseins, sondern gerade auch von unserem Stolz, für uns selbst ganz allein stehen zu können, und dem Wahn der Bedürfnislosigkeit: auf einen Anderen angewiesen zu sein. Daß ein anderer unter unserem Autonomiebegehren zugrundegehen könnte, weisen wir zurück, und meinen auch, es schon durchstehen zu können, wenn ein anderer uns nicht braucht. Aber wer könnte die Verlassenheit Jesu wirklich tragen *ohne* – wie er – an ihr und in ihr zu sterben?! Jedenfalls malen die Maler das Leiden Jesu im Geist der Utopie, daß er damit uns unseren Leidenszwang abgenommen habe.

Aber nun hören wir gegen dieses ganze Bild- und Malwesen den *Protest* des auf den Sinai herabfahrenden Gottes: »Nicht sei dir / andere Gottheit / mir ins Angesicht. / Nicht mache dir Schnitzgebild, – / und alle Gestalt, / die im Himmel oben, die auf Erden unten, die im Wasser unter der Erde ist, / neige dich ihnen nicht, / diene ihnen nicht, / denn ICH dein Gott / bin ein eifernder Gottherr, / zuordnend Fehl von Vätern ihnen an Söhnen, am dritten und vierten Glied , / denen die mich hassen, / aber Huld tuend ins tausendste / denen die mich lieben, / denen die meine Gebote wahren« (Ex 20,3-6).

Ehe Gott hier gegen das Schnitzgebild redet, redet er gegen »andere Gottheit«, elohim acherim, die wir ihm »ins Angesicht«, ihm entgegensetzen könnten. Das ist der Grundsatz des 1. Gebots: »*Ich* bin der Herr, dein Gott, du sollst nicht andere Götter haben neben mir«[60]. Es geht dem Bilderverbot voran, dies ist nur eine Ausführungsbestimmung von jenem.

Natürlich ist zu fragen: Gefährdet denn von vornherein jedes Schnitzgebild Gottes Gottheit? Soweit wir es der Bibel entnehmen können, läßt sich darauf doppelt antworten. Zunächst historisch-pragmatisch: In Israels Umwelt sind nun einmal Plastik und Bild von Gottheiten massenhaft verbreitet: steinerne heilige Masseben und Kultpfähle, die Göttin und Gott darstellen, – Fruchtbarkeitsamulette als Geburtshelfer, Baal- und Aschera-Bilder und was für »Scheusale« (1 Kön 15,13) und »Eiferbilder« (Ez 8,3ff) mehr, – sie sind vorhanden und werden kultisch verehrt. So etwas tut man nicht in Israel; im Bilderverbot unterscheidet Gott sich von den Göttern und sein Volk von den Völkern. Weil die Völker Bilder wie Gottheiten behandeln, stehen Bilder von vornherein unter dem Verdacht der Gottwidrigkeit, kann Israel sie nicht für harmlos erachten, etwa nur als Kunstwerke.

Aber ein Zweites ist sofort hinzuzufügen. Obgleich, wie Gerhard von Rad mit Recht sagt, das alte Israel nie behauptet hat zu wissen, aus welchen theologischen oder pädagogischen Gründen ihm dies Verbot auferlegt sei[61], erschließen sich doch unserer Text-Beobachtung mindestens zwei Motive. Ein im engsten Sinne theo-logisches: Wo der biblische Gott als Gott sich meldet, will er *allein* als Gott verehrt werden, weil allein er Gott ist. Vor »seinem Angesicht« findet sich einfach, soweit man blicken mag, nichts Verehrungswürdiges neben ihm, mithin keine andere wahre Gottheit. Der Blickkreis seines Angesichts aber reicht weit, erschließt das Ganze des außer ihm Wirklichen; blickt Gott aber dorthin, erblickt er außer sich nur, was nicht Gott ist: sein Geschöpf, sein Mach-Werk, – eine Wirklichkeit, die, wäre sie Gott (oder auch nur ein Stück von ihm), selbsterfüllt, sich selbst genug sein könnte. Aber nach biblischer Sicht ist sie das nicht. »Aller Augen warten auf *dich,* Herre ...« (Ps 145,15), aller Menschen, aller Tiere, aller Geschöpfe Augen sind auf Gott gerichtet, weil sie nicht aus sich

60. M. Luther, Der kleine Katechismus, Das erste Hauptstück. Die zehn Gebote, Das erste Gebot. – Vgl. Ex 20,2-3.
61. G. von Rad, Theologie des Alten Testaments I, 1957, 216.

selbst, nur aus ihm ihre Lebenskraft und einen Daseinsfrieden erhoffen können. Nichts ist Gott, außer Gott.

Daraus folgt aber sodann: Außer Gott läßt sich kein »Stoff für die Religion« finden (Fr. Schleiermacher), weder einer, der uns dazu animieren könnte, ihn quasi Deo, wie Gott, zu feiern, zu loben, zu ehren, – noch gar einer, aus dem wir ein Bild bilden könnten, das »IHM gleich« sei – sei es ihm identisch, sei es ihm auch nur von ferne ähnlich und an ihn erinnernd, ihn sinnlich oder seelisch oder ästhetisch-geistig vermittelnd, – darstellend, gar als Medium repräsentierend. Es gibt keinen materiellen, aber auch keinen Vorstellungs-Stoff, aus dessen Bearbeitung und Formung wir Gott etwas beiseitestellen könnten. Wir *sollen* dies nicht, Gott will es nicht, es wäre schittuf[62]: Gesellung und Vergesellschaftung Gottes mit etwas, was nicht Gott ist. Aber wir *können* es auch nicht, weil Geschöpf Geschöpf ist und bleibt und nicht zu Gott werden kann.

Mit zwei Worten wird das Abbilden Gottes getroffen: mit »Schnitzgebild« (pässäl) und mit »Gestalt« (temunah); beides ist nicht dasselbe. »Schnitzgebild« ist Plastik (auch wenn sie aus Metall gegossen und nicht aus Holz geschnitzt oder Stein gehauen wird); »Gestalt« dagegen meint jede Art von repräsentierender Darstellung, auch das gemalte Bild, selbst ein abkürzendes und verfremdendes Symbol. Mit »gegenständlichem« zusammen wäre auch »symbolisierendes« und vielleicht sogar »abstraktes« Malen verwehrt – sofern auch das Abstrakte etwas andeuten, gar anderes be-deuten wollte als nur sich selbst. Alles, was Gott *vergegenwärtigen* will, taugt nichts. Vor allem aber: Jeder Versuch unseres Willens, ihn vergegenwärtigen zu *wollen,* steht ihm entgegen. Im Bilderverbot ist also zweierlei enthalten: die Leugnung, daß irgendetwas Geschöpfliches Stoff hergeben könnte für irgendeine Darstellung von Göttlichem, gar: von Gott, – und ferner der Angriff auf einen Menschen, der seinem ästhetischen oder religiösen Trieb nachgeben wollte, Gott zu vergegenwärtigen. Die Geschöpflichkeit des Welt-Wirklichen und die Freiheit Gottes, da zu sein, wann immer *er* dasein will, motivieren das Bilderverbot der Bibel.

Dabei trifft es unser religiöses Bedürfnis nicht weniger als der Hinweis auf die Untauglichkeit des Stoffes.

Die Bibel denkt ja nicht primitiv vom künstlerischen Gestalten. Sie setzt sich nicht gegen eine einfache Abbild-Ästhetik. Sie erkennt, daß gerade der schöpferische Mensch tief eindringen will in die Sphären des Wirklichen; er begnügt sich nicht mit dem, was er im Auge hat und ihm in die Augen fällt. Er sucht zu sehen und einzubringen in sein bildendes Gestalten, was »im Himmel oben« an Wesenheiten hinter den umittelbar sichtbaren Dingen le-

62. Vgl F.-W. Marquardt, Was dürfen wir hoffen, wenn wir hoffen dürften? Bd. I, § 2. B. 3. c., 271f.

bendig ist, – sucht ebenso zu sehen und in sein Arbeiten einzubringen, was auf der Erde »unten«, ja »im Wasser unter der Erde ist«, also: im Untergrund und Abgrund der Dinge. Die Bibel weiß, daß der künstlerische und religiöse Mensch das will und: daß er's *kann.* Auch im Judentum hat sich schon früh, bereits in der Zeit der Mischna, eine esoterische Gotteserfahrung herausgebildet, die sich nicht mehr aus dem Umgang mit der Tora bildet, sondern aus Himmelsreisen der Seele oder des Bewußtseins in die hechalot, die Säle der himmlischen Welten Gottes und zur Anschauung des Thronwagens Gottes, der merkava. Doch Israels Weise reagierten äußerst zurückhaltend, ja ablehnend gegenüber solchen Erfahrungen (vgl. z.B. m Chagiga II,1). Im 2. Gebot vom Sinai haben wir es noch nicht mit solchen Himmelsreisen jüdischer »Mystik« zu tun, aber immerhin doch schon mit dem Wissen darum, daß ein bilderwütiger Mensch sich hineinsehen möchte in die Hinter- und Untergründe des weltlich-Wirklichen, in der Hoffnung, dort auf Gottes-Wesenheit stoßen und das Verborgene ans Licht von Form und Farbe holen zu können. In Bildern wollen *wir* das Jenseitige diesseitig setzen. Das aber gerade will Gott uns verwehren.

Somit reagiert das Bilderverbot keineswegs nur auf Versuche, sich von Gottselbst ein Bildnis oder Gleichnis zu entwerfen, es verwehrt uns auch, göttliche Dimensionen einer hinter, über, unter unserer Weltwirklichkeit anzunehmenden und womöglich zu erfahrenden *Welt* Gottes aufdecken zu wollen. Gottselbst ist ja nicht ohne eine ihm eigene Raum-Wirklichkeit, ohne eigene »Welt«: dem »Himmel« oder auch »aller Himmel Himmel« (Dtn 10,14) und ihrer uns jenseitigen Sphären. Wie die Bibel es sieht, warnt sie uns vor theologischer oder ästhetischer, aber vor allem religiöser *Sphärenkunde,* damit vor Versuchen, Gott seiner eigenen Welt und Wirklichkeit zu entreißen und ihn in unsere Weltwirklichkeit zu übertragen. Was das fürs Utopische bedeutet, mag im Augenblick noch auf sich beruhen.

Wir wollen nämlich zunächst noch die zwei verbotenen *Verhaltensweisen* bedenken, die an Bilder geknüpft werden: Bildern »neigt« man sich, und ihnen »dient« man, und beides sollen wir nicht tun. Was Buber mit »Sich neigen« übersetzt, ist das hebräische hischtachaväh, sich der Länge nach mit dem ganzen Körper vor dem Bilde niederwerfen, als wäre es wirklich eine anbetungswürdige Majestät (oder jedenfalls deren wirksame Repräsentanz: nach Art des Geßler-Huts in Schillers Wilhelm Tell). Was Buber mit »Dienen« übersetzt, ist das hebräische avoda, das tätige Dienstverhältnis. Schön hat Samson Raphael Hirsch unterschieden: »hischtachaväh ist die Anerkennung und Huldigung des anderen als des alleinigen Gebieters über unser *Geschick,* avoda, buchstäblich das Aufgehen in den Dienst eines anderen, ist die Anerkennung und Huldigung des anderen als Gebieters über unsere *That.* Jenes ist die Anerkennung des Lenkers unseres Geschicks, dieses die Anerkennung des Leiters unserer Thaten«[63]. Dies vor Augen, erschließt sich uns vielleicht der innere Zusammenhang, in dem das Bilderverbot von Ex 20,4-5a mit den Worten von der Ahndung der Schuld der Väter an späteren Generationen in Ex 20,5b-6 steht. Gott setzt hier gegen jede bildhafte Bestimmung seines Wesens, gebildet aus Stoffen unserer oder seiner Welt, seine *Geschichtlichkeit,* sein heimsuchendes und sein Gnade übendes »verborgenes Geschichtshandeln«[64]. Was er der bildnerischen *Anschauung* (und auch dem gestaltenden Begriff: denn auch der ist temunah) *entzieht,* das *gibt* er der *Erfahrung* der Generationen des jüdischen Volkes im Schlimmen wie im Guten. Sofern (wenn Kant Recht hat) kein Begriff ohne Anschauung sich bilden läßt, entzöge Gott sich im Bilderverbot auch jedem unserer Versuche, ihn – wie dialektisch oder negativ gefaßt auch immer – auf den Begriff zu bringen: eben weil er uns die Anschauung verwehrt. Statt bildhafter Anschauung reißt er uns aber in die Teilnahme an seiner in unserer Geschichte verborgenen Geschichte, und das mag für jede Erfahrung von Gott genug sein. Gott ist – mit einem Lieblingsbild des frühen Karl Barth – wie der »Vogel im Flug«[65], den wir nicht fangen, in kein Bild bannen und uns zur Anschauung vorsetzen können; nur im Windsog seiner großen Flügel reißt er uns mit, und so: aus jeder betrachtenden und begreifenden Haltung ihm gegenüber heraus.

Wo blieben denn da Utopien, von denen wir sagten, sie seien Sprache und Bild? Trösten wir uns vorerst nur damit, daß das 2. Gebot nicht gegen die Sprache spricht, sondern gegen das Bild, und verfolgen wir nun erst, was das biblische Bilderverbot in der Kirchen- und in der Theologiegeschichte *bewirkt* hat.

Es gehörte zu den großen Assimilationsprozessen der christlichen Kirche an das Heidnische, daß mit dem 3., 4. Jahrhundert bildliche Darstellungen heilsgeschichtlicher Ereignisse in ihr Fuß faßten. Weil das offenbar zuerst bei Häretikern, wie den sog. Karpokratianern geschah – einer von Frauen dominierten Gruppe, in der Christusbilder neben Philosophenbildern verehrt wurden –, lehnten Kirchenlehrer dieser Zeit Bilder in Kirchen zunächst ab. Irenäus berichtet von der Gnostikerin Marcellina, die in Rom führend zu dieser Gruppe gehörte, sie habe nach seiner Sicht ihre Anhänger ins Verderben gelockt, denn dort hätten sie »teils gemalte, teils auch von sonstigen Stoffen gefertigte Bilder, wobei sie sagen, das Bildnis Christi sei von Pilatus gemacht worden zu der Zeit, wo Jesus unter den Menschen lebte«, sei also lebensecht. »Und sie bekränzen sie und

63. S. R. Hirsch, Der Pentateuch, übersetzt und erläutert. Zweiter Teil: Exodus (1869), o. J., 203. – Ebenso auch in 3. Neuaufl. 1996.
64. G. von Rad, a.a.O. 217.
65. Vgl. etwa: K. Barth, Der Christ in der Gesellschaft (1919), in: Das Wort Gottes und die Theologie. Gesammelte Vorträge, 1925, 40 u. ö.

stellen sie auf nebst den Bildern von Welt-Weisen, nämlich dem Bild des Pythagoras, des Plato, des Aristoteles und Anderer, und treiben den sonstigen Kult mit ihnen, ebenso wie die Heiden«[66]

Zum antiken Bildwesen gehörte *immer* eine religiöse Dimension, nämlich eine Verehrung dessen, was im Bild erscheint. Von da aus läßt sich gut verstehen, daß sich das frühe Christentum dieser ganzen Bilderwelt *verschloß;* das 2. Gebot vom Sinai gab dafür den biblischen Grund.

Aber außer mit Gottes Verbot argumentierten sie gegen Bilder auch noch auf einer anderen Ebene: *christologisch;* es sei Leugnung der Gottheit Christi, wenn man ihn menschlich und unter Menschen bildhaft darstelle. Gott an ihm sei schlechthin undarstellbar, – rein als Mensch gezeichnet, werde ihm aber sein Gotteswesen bestritten und geraubt. Mit diesem christologischen Vorwurf steht mehr zur Diskussion als nur die Rechtgläubigkeit – nämlich die umfassende Frage: *ob wir überhaupt Jenseitiges im Diesseits zur Erscheinung bringen können.* Diese Frage zielt auf den Nerv dessen, was in der Antike überhaupt Bild ist. Aus den frühgeschichtlichen Idolen, die mit dem, was sie abbildeten, identisch waren (das Bild der fruchtbaren Mutter zum Beispiel, die als Gebärhelferin diente), sind bei den klassischen Griechen längst Skulpturen geworden, in denen Bild und das, was es abbildet, nicht mehr glatt eins und dasselbe waren; an den Bildern ereignete sich vielmehr ein Erscheinendes. Der Apoll von Belvedere *war* nicht Apoll, Apoll *erschien* an ihm: strahlte an ihm auf. Das Bild war (platonisch) »Abbild« – aber nicht von etwas, was uns vor Augen liegt, sondern im Gegenteil: von uns schlechthin verborgenem Urbild. Und an den *Formen* nahmen die alten Griechen das Erscheinende wahr, nicht an den Inhalten; daß die Skulptur eines jungen Mannes Apoll *darstellen* sollte, war nicht das Entscheidende, sondern in der Art, wie einmal dieser Apoll und daneben ein anderer *geformt* waren, *erschien* das Apollinische, strahlte Apolls Gegenwart und Wesen auf; gerade darin wirkte etwas Religiöses im Ästhetischen, daß im *Wechsel* der verschieden geformten Bilder immer neue Seiten des lebendigen Apoll gesehen und erfahren werden konnten. Mag es uns Heutigen fremd erscheinen: Was wir ästhetische Erfahrung nennen, war den Alten als solche wohl noch nicht bewußt, jedenfalls nicht als eine, die von der wirklichen Begegnung des Gottes im Bild losgelöst bestimmt werden konnte.[67] Doch nicht war das Bild der Gott, es war vielmehr des Gottes *Gelegenheit,* unter uns zu erscheinen – des Gottes: oder eines anderen tieferen oder höheren Wesens, des Menschen z.B., an dem das Menschliche aufstrahlt, – des Tierbildes z.B., an dem das Wesen von Tierheit aufstrahlt. Die Bild-Erfahrung des antiken Menschen war eben Erfahrung des-

66. Irenäus, Ad haeretices, I, 25.
67. Vgl. K. Schefold, Griechische Kunst als religiöses Phänomen, [1]1959.

sen, was aufstrahlt am Bild, also »religiöse« Erfahrung, und das rief religiöse Bedürfnisse im Schauenden hervor: das Bild zu küssen, es zu bekränzen, ihm Weihegaben zu Füßen zu legen, schlicht: mit ihm nicht nur geistig zu leben, sondern auch seelisch und gestisch.

Genau im Sinne solcher antiker Bild-Erfahrungen haben auch die christlichen Bild-Befürworter in alter Zeit argumentiert. Sie sagten, daß sie in der Tat nicht Gott *im* Christus-Bild dingfest haben wollten. Schauten sie das gemalte Bild an und verehrten es, so *meinten* sie dabei gar nicht das Bild im Vordergrund, sondern dessen unsichtbaren Prototyp in der Sphäre des Verborgenen, aus der heraus das Bild doch immer erst zum Ereignis werden müsse; daß dies aber geschehe, habe niemand in der Hand. Geschehe es jedoch, dann freilich erscheine in »wahrhaftigem« Widerfahrnis am Bild das Unsichtbare im Sichtbaren; so etwa lehrte der klassische Bildertheologe Dionysios Areopagita (ein großer Unbekannter, der vielleicht um 500 n. Chr. herum lehrte und schrieb). Käme es dann angesichts des Geschehenden zu menschlicher Erwiderung durch religiöse Gesten, sei deutlich zu unterscheiden zwischen Ehrerweisen gegenüber dem Bild-Geschehen und der ganz anderen Ehrung Gottes im Gottesdienst (man unterschied eine προσκύνησις τῆς τιμῆς, ein »Sich neigen« vor dem, was da aus dem Hintergrund des Bildes herkommend geschieht, von einer προσκύνησις τῆς λατρείας, einem »Sich neigen« vor dem unsichtbaren, erhabenen Gott im Gottesdienst der Gemeinde).

Natürlich lagen in der Fluchtlinie solcher Bilder-Schätzung alle möglichen vergröbernden Mißverständnisse und Übertreibungen nahe, wenn das Wissen um die Geschehensdimension der Bild-Begegnung nicht mehr festgehalten und das Bild doch wieder platt materialisiert und zum Idol gemacht wurde. Wir hören, daß man Bilder als Taufpaten eingeladen habe, – daß man von ihnen Farbe abgekratzt habe, um sie unter Brot und Wein des Abendmahls zu mischen, – daß man aus den Händen der Bilder die Kommunion entgegengenommen, – daß man sie als Altäre – also Orte kompakter Anwesenheit statt nur des Erscheinens Gottes – behandelt habe. Klar, daß das Opposition gegen das ganze Bilderwesen als glatte Abgötterei hervorrufen konnte, ja mußte und die Bilder immer wieder bei den Christen in Verruf brachte.

Bewegungen gegen die Bilder haben die Geschichte der christlichen Kirche vielfach begleitet, nicht bloß im sog. Bilder-Streit des 8. Jahrhunderts und nicht bloß bei den Bilderstürmern der Reformationszeit in Zürich und Wittenberg z.B. Sehr oft hatten große kirchenkritische Forderungen es auch auf die *Abschaffung* der Bilder abgesehen, sei es auf ihre Entfernung aus Kirchenräumen und Häusern, sei es auch auf ihre Vernichtung. Die Katharer z.B. verwarfen Bilder, – ebenso John Wyclif und in seinem Gefolge dann auch die radikalen Hussiten, – und immer wieder hören wir von Einzelnen, die Bilder in den Kirchen auch *zerstörten* (wobei wir hier das uns bis heute bekannte *psychische* Phänomen von Messer- und Säure-Angriffen auf Bilder in Museen unberücksichtigt lassen; es bezeugt eine seelische Provokation durch Bilder, die zum religiösen Phänomen der Bilderfeindschaft wohl dazuzurechnen ist).

Kirchengeschichtlich haben wir es mit *zwei* Möglichkeiten der Bilderkritik und des Bildersturms zu tun – *einer »von oben«, einer »von unten«.*

Zwar sind die inneren Zusammenhänge der byzantinischen Bilderstreitigkeiten im 8. Jahrhundert historisch immer noch nicht wirklich aufgeklärt. Aber sie bekommen in den Darstellungen der Kirchen- und Theologiegeschichte trotzdem immer wieder einen Platz als letzter großer innerkirchlicher Kampf in Byzanz.

Die Bilderverehrung in den Kirchen ließ vor allem das *Mönchtum* sich angelegen sein; es wirkte darin volksnah und schlug eine Brücke von den Theologen der Kirchen zu den Massen. Theologisch wurden die Bilder bejaht als praktische Konsequenz der Lehre von der Fleisch- und Menschwerdung des ewigen Wortes. Der ewig lebendige himmlische Christus durchdringt irdisches Brot und Wein im Abendmahl, tritt damit aber überhaupt in die Sphäre irdischer Stofflichkeit und Sinnlichkeit ein. Von daher spürte die Kirche in sich Kräfte, überhaupt alles Profane mit dem himmlisch-Göttlichen zu berühren und so eine völlig eigene, neue, geheiligte Welt zu schaffen; das Sakrament vermittelte eschatologische, weltverwandelnde Kräfte – und das erweckte ein utopisches Wirklichkeitsempfinden, das bis heute das östliche Christentum gegenüber dem westlich-abendländischen charakterisiert. Aristotelische Denkmöglichkeiten lagen für dies Verständnis bereit: Die himmlische Form verbindet sich mit dem irdischen Stoff – utopische neue Welt! Dagegen kämpfte eine Anzahl byzantinischer Kaiser: Leo, der Isaurier (717 – 741), und vor allem nach ihm sein Sohn Konstantin V. (741 – 775). Sie verboten jede Bilderverehrung in den Kirchen und suchten das Verbot in ihrem Herrschaftsbereich rücksichtslos durchzusetzen. Natürlich möchten wir wissen, was sie dazu bewog.

Es werden rein *politische* Motive angenommen. Diese Kaiser versuchten, die immer stärker sich durchsetzende Mönchs- und Kirchenmacht zurückzudämmen oder gar zu brechen; die war gerade durch die populäre Bilderverehrung stark, dagegen versuchten diese Kaiser mit Hilfe des Militärs einen staatlichen Absolutismus zu erringen. So brachten sie natürlich Mönche, Bischöfe und Theologen gegen sich auf. Die Bilder wurden zu einem Vehikel eines politischen Machtkampfes.

Doch gibt es auch Vermutungen über *innere* Motive. Die Bilder bildeten in der Bevölkerung eine als real erfahrene utopische Gegenwelt gegen die politische und gesellschaftliche, weltliche Realität, die sich im Kaisertum exponierte. Ganz äußerlich konnte eine in jeder Kirche an jedem Ort des Reiches sich vollziehende Bilderverehrung der Kaiser-Verehrung immer Kräfte streitig machen, damit aber auch einen Widerspruch des öffentlichen Bewußtseins aufreißen zwischen dem in Bildern beförderten utopischen Wunschprinzip und dem politischen Realitätsprinzip. Zu allen Zeiten müssen Herrschende nicht nur um Stimmen, sondern auch um Seelen der Bevölkerung kämpfen, über die sie herrschen wollen. Es ist nicht undenkbar, daß dieser *Bildersturm »von oben«* sich gegen utopische, Weltstoff verwandelnde Kräfte der antiken christlichen Bilderauffassung richtete. Bilder können Mächte, und zwar Gegenmächte gegen das Herrschende sein und provozieren es. Die Kirche des Ostens hat sich mit ihrer sakramental-utopischen Bildertheologie allerdings in einem immerhin hundert Jahre währenden Kampf gegen die politische Macht durchgesetzt; die Auseinandersetzungen fanden im Jahre 843 auf einer Synode in Konstantinopel einen Abschluß, dessen Erinnerung bis heute jährlich am 19. Februar als »Tag der Orthodoxie« gefeiert wird. Die Durchsetzung der Bilder-Theologie und -Praxis besiegelte demnach das Wesen des christlich-Orthodoxen: Der Himmel hat die Kraft der Weltverwandlung, und die Bedeutung der Bilder als Orte, an denen Jenseitiges im Diesseitigen erfahren werden kann, ist Exponent dieser östlichen Struktur des Christlichen. In gewissem Sinne läßt sich somit sagen, daß östliche Orthodoxie Utopie repräsentiert.

Anders gelagert sind nun die viel häufiger vorkommenden *Bilderstürme »von unten«*. Der Protest gegen die Bilder hat auch hier eine zugleich politische und theologische Dimension, nur in gerade umgekehrtem Sinn zu dem der byzantinischen Kaiser. Auch den Bilderstürmern von unten ist in den Bildern zu viel Utopie, aber: zu viel *Herrschafts*-Utopie von oben.

Hier kreuzen sich wohl vielfältige Motive, die wir nicht leicht auf einen gemeinsamen Nenner bringen können. Die Altäre, Säulen und Wände – der Schmuck der Kirchen – sind eine einzige Kostbarkeit. So sehr Skulpturen und Bilder der Heilsgeschichte und Heiligen, das Schnitzwerk der Altäre und Sakramentshäuser, der Remter und Gitter Handwerksarbeit sind, so sehr sind sie doch große und *teure* Kunst. Und obgleich die Kirchen ihrem Selbstverständnis nach damit gerade dem Volk einen Fest- und Feierraum und darin einen Vorgeschmack einer besseren Welt, gar himmlischer Herrlichkeit und Seligkeit zur Verfügung stellen wollten, so prunkte da doch auch das ökonomisch Teuere und konnte in wirtschaftlich schlechten Zeiten und bei materiell schlecht Gestellten quälende Gefühle des Gegensatzes wecken zwischen solchem Reichtum und der Realität der Menschen. Man erfuhr sinnenfällig eine Kluft. Und die konnte ganz schnell nicht nur als Widerspruch zwischen Armut und Reichtum empfunden werden; ein Blick in die Jesus-Schriften genügte, um auch einen inneren Widerspruch zwischen dem evangelischen Jesus, der die Armen seligpries und selbst arm wurde um unseretwillen, und einer Kirche zu empfinden, die Pracht entfaltete.

Dazu kam dann der *pädagogische* Sinn, mit dem die Kirche schon seit alter Zeit gerade die Bilder rechtfertigte und einsetzte. Mußten in der ganzen frühen Kirche ζωγράφοι, d.h. Maler, die Lebendiges abbildeten, genauso wie Götzenbildner und Schauspieler ihre Berufe aufgeben, wenn sie Christen werden wollten, so kennen wir umgekehrt schon von Papst Gregor dem Großen (590 – 604) den Satz: quod legentibus scriptura, hoc idiotis praestat pictura cernentibus (ep. XI,13), was denen, die lesen können, die Schrift ist, das sind für die Ungebildeten (d.h. hier: die Analphabeten) die zum Anschauen aufgestellten Bilder. Damit dokumentieren Bilder sinnenfällig einen Bildungs-, ja damit auch (in moderner Sprache gesagt) einen Klassenunterschied; die Freude fürs Auge hat die Kehrseite, damit für dumm verkauft zu werden. Freilich wurde damals noch nicht überall ein Bildungsmangel als Klassenunterschied aufgefaßt – obgleich für die klassische Antike längst bekannt und selbstverständlich war, daß geistige Tätigkeit und damit auch geistiges Vermögen der arbeitslosen Aristokratie vorbehalten war. Umgekehrt war im Mittelalter keineswegs Herrenstellung mit Bildung verbunden; von Karl dem Großen z.B. heißt es, er habe erst als Erwachsener Lesen und Schreiben lernen müssen; eine allgemeine Schulpflicht haben ja auch wir erst seit dem 19. Jahrhundert. Dennoch konnte die spätmittelalterliche Bilderbibel, gefeiert und eingesetzt als biblia pauperum, Bibel für die Armen, die Betroffenen eben rundherum auch ihrer Armut innewerden lassen, so daß auch hier Bilder leicht in klassenkämpferische Spannungen geraten und Ziel von Aktionen werden konnten, in denen sich zugleich eine Erinnerung an den evangelischen Jesus der Armen und eine Selbstbewußtwerdung des ökonomisch armen Volkes symbolisch und demonstrativ Luft verschaffte. In solchen Augenblicken lag nahe, Weisungen des Gottes Israels, die Bilder fremder Gottheiten zu zerstören, auch auf Bilder in den Kirchen anzuwenden, z.B. Dtn 7,25: »Die Bilder … sollt ihr verbrennen: du sollst nicht nach dem Silber und Gold, das daran ist, verlangen und an dich nehmen, auf daß es nicht zum Fallstrick für dich werde; denn solches ist dem Herrn, deinem Gott, ein Greuel …« Bilderstürme hatten durchaus biblischen Grund und waren nicht bloß Wutausbrüche unbeherrschter Massen – zumal umgekehrt nirgendwo in der Bibel eine Weisung zu finden ist, Bilder zu machen.

Doch richten sich die Bilderstürme der Kirchengeschichte nicht nur gegen den äußeren pädagogischen Sinn und materiellen Wert der Bilder. Die christlichen Bilder provozierten tiefer. Einerseits konnte das Utopische der Bilder von Welterlösung, Sündenbefreiung und strahlender Heiligkeit die Wut von Menschen aufreizen, die mit Haut und Haaren in einer noch nicht erlösten Welt darben und harren mußten; die *Bilder zeigten zu viel des Guten.* Andererseits verstärkten gerade die heilsgeschichtlichen und Heiligen-Bilder die Ohnmacht der Betrachter, die sich in den Bildern selbst doch nur als Adressaten und Empfänger eines überirdischen Geschehens identifizieren konnten. Zu weit klafften das Versprechen einer neuen Welt und die in den Bildern selbst zu sehende Ohnmachtserklärung der Menschen in der alten Welt auseinander. Jedenfalls verbanden sich meistens die Bilderstürme mit einem umfassenden Tat- und Veränderungswillen der Stürmer, die zuerst den Gottesdienst anders haben, dann aber auch ihre gesellschaftliche Umwelt umgestalten wollten im Sinne des biblischen Evangeliums. Gaben die Bilder *Versprechen* einer Welterlösung und Utopie, so wollten sich die Bilderstürmer immer von solchen Versprechen befreien und zur *Verwirklichung* schreiten. Im Bildersturm haben wir also die Bruchstelle zwischen einer *Utopie, die Bild ist,* und einer *Utopie gesellschaftlicher Verwirklichung,* von der Martin Buber sagte, hinter sie könnten wir Heutigen nicht mehr zurück. Abendländische Menschen können es nicht ewig vor dem Goldgrund aushalten, wollen Eigner ihrer eignen, ihnen durchschaubaren und gestaltbaren farbigen Welt werden. Stadt und Land verdrängen den Goldgrund, Menschen werden aus hintergründig geborgenen Wesen zu Gestalten der Welt. Bilder sollen Taten werden, aus Schaulust wird Tatendrang.

Luther hat es leidenschaftlich mit den Bilderstürmern seiner Zeit aufgenommen. Er gab zu, was tatsächlich gegen die Bilder spricht: daß man sich auf *sie* verlassen könnte, statt alleine auf Christus. Aber er schrieb diesen Schaden nicht den Bildern zu, sondern der Art, wie Menschen mit ihnen umgehen. In seiner Schrift »Wider die himmlischen Propheten, von den Bildern und Sakrament«[68] sagte er, es käme darauf an, die Bilder den Menschen aus den Herzen zu reißen, sie also immun zu machen gegen den religiösen Reiz von Bildern. Zu lernen wäre, sie als Gedenkbilder, Zeugenbilder, als Zeichen zu nutzen, nicht an sie das Heil geheftet zu sehen, sie vielmehr über sich selbst hinausweisen zu lassen auf die biblischen Geschichten, die sie erzählen und bezeugen. Wir können sagen, daß er wie bei der Bibellektüre auch bei den Bildern darauf drängte, sie bei ihrem sensus historicus zu nehmen, also bei dem, was sie darstellen, nicht bei Hintergründigem, das in ihnen sich zeigt. Aber die Bibel an sich sei ja voll von Bildern, die Gott, Engel, Menschen und Tiere zeigen, das gelte besonders von den Büchern Mose und Josua und von der Offenbarung des Johannes. Was aber im Buch gemalt sei, könne auch an die Wände der Kirche gemalt werden, besonders Historienbilder – etwa von der Weltschöpfung, der Arche Noah usw. Ja, es wäre geradezu ein christlich gutes Werk, wenn die Reichen alle Häuser (gerade auch die der Armen) inwendig und auswendig vor jedermanns Augen malen ließen; da hält er an der Pädagogik einer biblia pauperum fest.

68. M. Luther, Wider die himmlischen Propheten, von den Bildern und Sakrament. 1525. WA 18,62ff. Von dem Bildsturmen, 67ff. – MA (Münchner Ausgabe) 4,71ff. Von dem Bildstürmen, 75ff.

Aber selbst, wenn er sich, wie die Reformierten, auf einen bild-abstinenten Standpunkt im Sinne einer radikalen Bibeltreue stellen würde: Bilder*sturm* konnte er nicht billigen. Er sah Bildersturm und Mord nahe beieinanderliegen – wo Bilder verbrannt werden, werden bald auch Menschen brennen: Wir kennen das aus der Vision Heinrich Heines von der Bücherverbrennung und aus der Erfahrung der Nazi-Zeit. Bilder sind eben wirklich nie etwas Harmloses, sind Wesenheiten der Realität. Darum wollte Luther, daß, wenn es schon gegen Bilder gehen müsse, dies ordentlich geschehe, nicht durch den Pöbel, sondern durch die Obrigkeit – so wie es in Zwinglis Zürich geschehen ist.

Und dann hatte er noch seinen besonderen Dollpunkt in dieser Sache. Die Berufung auf das alttestamentliche Bilderverbot verwarf er als theologische Gesetzlichkeit, die mit dem Evangelium sich nicht reimt. So witterte er auch hier eine Gefahr des Judaismus und versuchte, eine Berufung auf das 2. Gebot vom Sinai ad absurdum zu führen, indem er sagte: Nach dem zweiten Gebot folgt das dritte Gebot, das den Schabbat zu heiligen gebietet. Wer Bilder verbiete, müsse dann konsequenterweise auch den Schabbat heiligen: und also gleich Jude werden. So spricht er vom Bilderverbot, wie er vom Zehnwort überhaupt gesprochen hat: Was nicht mit dem natürlichen Vernunftgesetz zusammenstimmt, geht uns nichts an. Auszug aus Ägypten im 1. Gebot, Bilderverbot im 2. Gebot, das Schabbatgebot im 3. Gebot geht nur die Juden an, nicht uns. Und so exponiert *Luthers Ja zu den Bildern noch einmal sein Nein gegen unsere Zusammengehörigkeit mit Israel* auf der Ebene der Tatweisungen: Wie immer wir auch sonst miteinander dran sein mögen (etwa darin, daß unser Herr Jesus Christus ein geborener Jude sei) – wir haben jedenfalls nichts miteinander zu *tun.* Wir sind anders ge-bildet als die Juden.

Das sieht im Heidelberger Katechismus der reformierten Protestanten ganz anders aus. »Frage 96: Was fordert Gott im zweiten Gebot? Wir sollen ihn durch keine Bilder darstellen und ihn auf keine andere Weise verehren, als er in seinem Wort befohlen hat. – Frage 97: Darf man keine Bilder verfertigen? – Gott selbst kann und darf auf keine Weise abgebildet werden; und von den Geschöpfen ein Bild zu machen oder zu besitzen, damit wir sie oder durch sie Gott verehren, das verbietet Gott. – Frage 98: Können Bilder als Anschauungsmittel für das Volk in den Gotteshäusern geduldet werden? – Nein; wir sollen uns nicht für weiser halten als Gott, welcher seine Christenheit nicht durch stumme Götzen, sondern durch die lebendige Predigt seines Wortes unterweisen lassen will.«

Das ist zweifellos biblisch, in Luthers Augen wahrscheinlich biblizistisch. Aber es weist auf ein Problem hin, das für unser Interesse am Utopischen doch wichtig scheint. Luther hat Bilder und Sprache in eins gesetzt, hat für gemalte Bilder mit dem Vorkommen biblischer Sprachbilder votiert, vielleicht mit Gal 3,1 im Hinterkopf, wo Paulus sagt, daß den Galatern doch »Jesus Christus als Gekreuzigter vor Augen gemalt worden ist«, nämlich durch seine Predigt; Paulus kannte also eine *malende Sprache.* Luther hat Sprache nicht gegen Bilder ins Feld geführt (wie es aber z.B. im Heidelberger Katechismus geschah), und ihm schließen wir uns an. Uns ist nicht fraglich, daß Utopie in Bildern und überhaupt in Künsten, vor allem: in der Musik (dazu später), erscheinen kann. Aber ihr biblisch näherer Ort ist die bildreiche Sprache der christlichen Verkündigung der kommenden neuen Welt. Sie spricht nicht gegen Bilder, sie spricht auch nicht gegen menschlichen Tat- und Weltveränderungswillen. Aber in ihr ist uns das Medium des kommenden Gottes und seines olam ha-ba, der ihm entsprechenden Welt gegeben. So hat in der Bild-Sprache der christlichen Predigt das Utopische einen unzerstörbaren Ort, bis es sich verwirklicht und unser Herr kommt.

Damit haben wir nun eine Besinnung auf *Fraglichkeit* und *Möglichkeit* des Utopischen in der Theologie hinter uns und können uns jetzt zwei biblischen Utopien zuwenden, an denen wir das Problematische und zugleich Verheißungsvolle von Utopien – nun aber von *Inhalten* her – noch einmal näher bedenken können. Wir wählen dafür zwei der drei großen biblischen Raum-Utopien: die vom *Paradies* und die von der neuen *Stadt Jerusalem,* während wir uns eine Besinnung auf die dritte, alles umfassende des *Reiches Gottes* auf den abschließenden nächsten Paragraphen aufsparen möchten, in dem wir, damit unsere Dogmatik abschließend, von Gott und seiner Wirklichkeit sprechen wollen.

Der Ausdruck »Raum-Utopie« könnte wie ein Widerspruch in sich selbst klingen – Raum und Nicht-Raum miteinander vereint –, ist es jedoch in unserer Sicht nicht, weil wir da von solchen Räumen sprechen, die (dialektisch) in dem, was wir οὐ τόπος, Utopie nennen, als nicht-Raum-habend anwesend sind. Paradies und neue Stadt sind – mit dem Reich Gottes – das Utopische schlechthin.

Indem wir nun aber biblische Raum-Utopien zu entwickeln versuchen, wissen wir, daß wir damit nach Bubers (oben genannten) Maßstäben *hinter gesellschaftliche und politische* Utopienbildungen zunächst *zurück*fallen. Wir beabsichtigen damit, uns eine *Sicht des biblischen Raumdenkens zurückzugewinnen,* mit deren Hilfe wir der modernen politisch-gesellschaftlichen (oder auch existentiellen) Geschichtlichkeit einen weiteren Raum zu erschließen versuchen. Der neuzeitliche *Gegensatz* von Raum- und Zeit-Denken und die Ansicht von einer Überlegenheit der Zeit über den Raum scheint uns eine Typologie, deren begrenzter Erkenntniswert inzwischen durchgesetzt ist. In unserer Generation wird uns nun wieder umgekehrt bewußt, daß die Verdrängung des Raums durch die Universalgewalt des Denkprojekts Sein »und Zeit« (M. Heidegger), – der Verweis des Raumdenkens an die konservative Figur des »Ursprungsmythischen« zugunsten der progressiven prophetischen Figur des Zeitdenkens (P. Tillich) eine Einseitigkeit bedeutet mit höchst problematischen Konsequenzen gerade für unser

Leben in der geschichtlich-gesellschaftlichen Wirklichkeit. Raumfahrt, – ökologische Raumzerstörung, – Heimatvertreibungen, – damit zusammenhängend auch die Zwänge zu permanenter seelischer und geistiger Mobilität in immer neuen »Paradigmen«, »Ansätzen«, Realitätsentwürfen, die keinem Projekt mehr Zeit lassen zu ruhigem Wachsen und keinen Raum zu seiner bedächtigen Entfaltung, sind Indizien für Katastrophen und Verluste, die aus wissenschaftlichen, politischen und geistig-seelischen Raum-Verdrängungen folgen. Wir lernen neu begreifen, daß Leben wie Zeitraum mindestens ebenso Ortsraum braucht, nicht nur Willen und Möglichkeit zu geschichtlichem *Wählen* und *Entscheiden* in der *Zeit,* sondern auch *Anschauung,* Perspektivität einer *Wahrnehmung* von Welt und Wirklichkeit von einem *Stand-Ort* aus. Uns ist wohl bewußt, daß wir Erkenntnis des Wirklichen nicht mehr standort-*gebunden,* nicht »positionell« gewinnen können, weil ein unbeweglicher und unbewegter »Ort« eine Illusion ist; selbst wenn es einen unbewegten Ort gäbe, von dem aus wir eine Anschauung des Wirklichen gewinnen könnten – an diesem Ort stehend, wären wir selbst doch Wesen einer Komplexität, die uns in ständiger Bewegung hält und nicht mehr stillzustellen ist. Aber einen festen Stand-Ort für geistige Wahrnehmung gibt es schon lange nicht mehr.

Doch für Christen ist dies kein Grund, einem Konzept völliger Relativität zu folgen. Es sind gerade die biblischen Raum-Utopien, die – auch intellektuell – verwehren, feste Stand-Punkte in lauter zeitliche Punktualität aufzulösen. Freilich: Auch Christen kennen, wie alle Menschen, einen Haftpunkt ihrer Wirklichkeitserfahrung nur in utopischer Gestalt. Aber in utopischer Gestalt kennen sie doch einen solchen, und zwar nicht nur als einen Zukunftsentwurf, sondern als das alte Gebet: δὸς μοι ποῦ στῶ, gib mir, *wo* und wie *ich stehe.* Das ist einer der wichtigsten sekundären Gründe, sich über biblische Raum-Utopien nicht zu erheben. Sie halten ein Wissen von Gott wach, in dem er als stets lebendig wirkender Geber von Lebens-Raum für Menschen und alles, was nicht-Gott ist, erkannt und benannt wird. Das Paradies heißt und ist »*Gottes*garten«, Jerusalem ist *»seine«* Stadt, und das Reich ist das Reich *Gottes:* uns von Gott verheißene Lebensräume, in die er uns einlädt und denen wir entgegengehen und entgegensehen. Das Vertrauen in diese Lebensraum-Verheißungen wirkt sich aber schon jetzt aus, wo wir dies alles nur als Utopien denken können. Sie lehren uns schon jetzt *beten:* Gib uns, wo und wie wir stehen, – zu unanfechtbarem Stand und Wesen kommen können. Stand-Orte und Stand-Punkte können auch wir noch nicht finden und einnehmen. Aber wir können uns auch nicht ausreden lassen, daß sie zu finden wären, wenn Gott uns zu ihnen auf die Fährte setzt. Auch wir sind noch nicht im Ziel. Aber wir fanden einen Pfad. Und unsere Zeitlichkeit ist nicht bestimmt von einer Auflösung des Raums in die Zeit, sondern die Bewegung auf dem Pfad zum Ziel uns verheißener freier Lebensräume.

3. Im Garten

Und nun also gehen wir in den Garten.

a. Denken und Singen vom Garten

Meines Wissens hat es in älterer und jüngerer Dogmatik nirgendwo einen eschatologischen Lehrsatz de paradiso gegeben – obgleich wir sehr wohl loci über andere »Orte«, die auf uns warten, kennen: die *Unheils*orte Fegefeuer und Hölle nämlich mit entsprechenden Lehrstücken de purgatorio und de inferno; es ist, als gälten Unheilsorte dogmatisch mehr als Heilsorte – und das mit diesen Orten verbundene Geschehen mehr als ein mit dem Paradies verbundenes Heilsgeschehen.

Allerdings erscheint in *reformierter* Tradition das Paradies sehr wohl, aber in einem anderen als eschatologischen Zusammenhang, nämlich in der *bundestheologischen* Lehre vom (alttestamentlichen) Werkbund, foedus operum, oder in der spätreformierten Lehre von einem foedus naturae, einem Bund, den Gott mit der Natur geschlossen hat, ehe er mit Israel den alttestamentlichen Werkbund und dann in Jesus Christus mit der ganzen Menschheit einen Gnadenbund, foedus gratiae, folgen ließ. Die ganze Natur- und Menschheitsgeschichte in ihrem Ablauf über die Jahrtausende hinweg gilt in reformierter Foederaltheologie als Geschichte aufeinander folgender und einander ergänzender oder überbietender Gottesbünde; bei alledem ist Gott mit konkretestem Gnadenwillen dabei. Und jedem seiner Bünde hat er spezifische, von einander verschiedene signa, Kennzeichen mitgegeben, so daß wir uns nicht nur innerlich, sondern auch äußerlich-sichtbar an solchen signa orientieren können. Nach reformiertem Sakramentsverständnis sind Sakramente nicht Wirklichkeiten, die an uns Menschen Heil Gottes *vermitteln,* sondern Zeichen, die auf das allein durch Gott selbst sich vermittelnde Heil *hinweisen.* In diesem Sinne können die Kennzeichen, signa, der jeweiligen Gottesbünde auch deren sacramenta genannt werden.

Hier nun hat reformierte Theologie einerseits das Paradies, andererseits den in der Mitte des Paradieses befindlichen Baum des Lebens als sacramenta oder signa des foedus operum beschrieben. Sie haben die Aufgabe, Adam ewiges und himmlisches Leben bereits im voraus zu be-deuten. Sacramenta foederis operum duo fuerunt primo paradisus et secundo arbor vitae, quae significabat Adamo vitam aeternam et coelestem[69]. Johannes Coccejus hatte dabei den Deutewert

69. Johannes Braunius, 1688, zit. in: Dogmatik der evangelisch-reformierten Kirche. Dargest. u. aus d. Quellen belegt von H. Heppe. Neu durchges. u. hrsg. von E. Bizer. ^{2}1958, 236.

von Paradies und Lebensbaum noch unterschieden und erkenntnistheoretisch zueinander in Beziehung gesetzt. Arbor vitae significat eum, qui est vita hominum, der Baum des Lebens deutet auf *ihn* hin, der das Leben der Menschen ist, also: auf Jesus Christus. Daß aber auch das Paradies ein Sakrament und pignus, Unterpfand jener patria, jener Heimat ist, in welcher iustitia, Gerechtigkeit und gloria, Ehre wohnen, das ist zu erkennen vom Baum des Lebens, also von Christus her, der in die Mitte des Paradieses gesetzt ist. Wenn nämlich (heißt es weiter) der Baum in der Mitte des Paradieses nicht so sehr zur Ernährung dient als vielmehr Sakrament ist, dann ist auch das Paradies selbst, der hortus Dei, der Gottesgarten, ohne Zweifel Sakrament.[70]

Ich weiß nicht, ob man hier von allegorischer Deutung der biblischen Paradieserzählung sprechen soll. Im Sinne der reformierten Bundestheologen des 17. Jahrhunderts ist das von der Bibel bezeugte *Zeitgeschehen* immer ein *Verweisgeschehen,* Früheres weist voraus auf Späteres, Späteres zurück auf Vorangegangenes, in der Frühgeschichte leuchtet schon Spätgeschichte auf, Altes läßt schon auf Neues hören. Für unsere Überlegungen interessanter ist, daß hier Garten und Baum, also Raumwirklichkeiten, geschichtliche Signifikanz besitzen. Beide sprechen bis in fernste Zeiten hinein. Beide versprechen für die Zukunft den Himmel auf Erden, sind sacramenta coelestis civitatis et aeternae vitae, Sakramente: Kennzeichen, Merkzeichen, Vorzeichen der himmlischen civitas, des Himmelreiches und eines ewigen Lebens darin. Der Ort Paradies, als Sakrament gedacht, hat also sehr wohl eschatologische Bedeutung, dieser Anfang beleuchtet bereits das künftige Ende, und *durch*leuchtet unaufhörlich alle, gerade auch die jenseits von Eden zu lebende Menschengeschichte.

Wir können sagen: Das in reformiertem Sinne als Sakrament gedachte Paradies gibt uns eine Struktur von Gedanken vor, die wir auf unseren Begriff der Utopie anwenden können. Das Paradies ist eine Gottesgabe, die über die Zeiten hin aller Zukunft sinnhaft und sinn*bildlich* vorausleuchtet. Dabei hat Coccejus aber ein platonisches Urbild-Abbild-Schema dadurch vermieden, daß er im Bild des Lebensbaums Jesus Christus in die Mitte des Gartens gepflanzt sah, und nur von ihm her bekomme auch der hortus die Kraft des Sakramentes. (So werden auch wir uns später auf *Jesus* und das Paradies zu besinnen haben, diese Beziehung bricht ein nur platonisierendes und allegorisierendes Denkschema).

Jedenfalls haben wir in diesem Stück reformierter Lehre nun zwar keinen eigenen locus de paradiso, aber doch eine theologische Denkbemühung um das Paradies.

Dies ist auch deswegen vonnöten, weil ja in der Tradition des christlichen Glaubensdenkens das Paradies einen angestammten Platz hat – wie nur schon

70. Zit. bei Heppe/Bizer, a.a.O. 237.

der Aufbau von Dantes Göttlicher Komödie zeigt, in der uns der Seelenführer Vergil von der Hölle durchs Fegefeuer eben ins Paradies führt. Und die christliche Gemeinde lassen wir bis heute davon *singen.*

»Wie bin ich doch so herzlich froh, / daß mein Schatz ist das A und O, / der Anfang und das Ende. / Er wird mich doch zu seinem Preis / aufnehmen in das Paradeis; / des klopf ich in die Hände. / Amen, Amen, komm du schöne Freudenkrone, bleib nicht lange; / deiner wart ich mit Verlangen« (EKG 48,7/EG 70,7). Auch hier geht es vom Anfang zum Ende. Im Ende winkt die Aufnahme ins Paradies. Dieser Wink bewirkt jetzt schon Händeklatschen und Applaus, und das Gebet: Komm, mich verlangt nach dem Garten.

Mitten im Dreißigjährigen Krieg, 1632, erwartete Johann Heermann, daß seine Sterbestunde zugleich die werde, in der er das Paradies betreten könne: »Gott Lob, die Stund ist kommen, / da werd ich aufgenommen ins schöne Paradeis. / Ihr Eltern dürft nicht klagen; / mit Freuden sollt ihr sagen: / Dem Höchsten sei Lob, Ehr und Preis« (EKG 175,1)[71].

Luthers Musikgenosse Johann Walter dichtete 1552 das Ewigkeitslied »Herzlich tut mich erfreuen die liebe Sommerzeit« (die er hier als Zeit der Reife und Fülle sinnbildlich für die Zeit der Lebensvollendung ansprach). Es ist die Zeit, »da Gott wird schön verneuen alles zur Ewigkeit. / Den Himmel und die Erden wird Gott neu schaffen gar, / all Kreatur soll werden / ganz herrlich, schön und klar.« Aus dieser Zuversicht gewinnt er die Gewißheit: Er, Gott, »wird uns fröhlich leiten ins ewig Paradeis ...« – Bild der erneuerten Welt Gottes (EKG 311,1.5/ EG 148,1.5).

Wieder in einem Sterbelied (EKG 317,2)[72] singt ein Christ: »Ich hab vor mir ein schwere Reis' / zu dir ins himmlisch Paradeis; / da ist mein rechtes Vaterland ...«

Und der treffliche Johann Matthäus Meyfart aus Coburg dichtete 1626 in seinem großen Jerusalemlied (EKG 320/EG 150) in der sechsten Strophe: »Wenn dann zuletzt / ich angelanget bin / im schönen Paradeis, / von höchster Freud / erfüllet wird der Sinn, / der Mund von Lob und Preis. / Das Halleluja reine / man spielt in Heiligkeit, / das Hosianna feine / ohn End in Ewigkeit.« Der große Garten und die neue Stadt sind da ineinanderverschmolzen, aber beides ist Freudenort.

Dies sind nur Beispiele aus der singenden Gemeinde. *Singend* hält sie die Erinnerung ans Paradies wach, die ihr Verheißung ist. Paradies ist ihr Inbegriff ihres Zieles, ein anderes Wort für den »Himmel«, in den Christen einst zu kommen hoffen. Wahrscheinlich ist tatsächlich *Singen* vom Paradies dem angemes-

71. Das Lied »Gott Lob, die Stund ist kommen« (1632) ist im EG nicht mehr enthalten.
72. Das Lied »O Jesu Christ, meins Lebens Licht« (1610) ist im EG nicht mehr enthalten.

sener, als dogmatische Sätze sein können, was und wie es *derzeit* uns wirklich ist: als Bild, als Utopie, Ortloses: und doch lebendig erinnert und erhofft. Im Singen entsprechen wir dem Wirklichkeitscharakter des Paradieses (und der Stadt und des Reiches), das uns wirklich ist *in der Schwebe zwischen dem Anfang und dem Ende.* Das Schwingen des Tones, der anklingt und doch sogleich – nach kurzen Schwingungen – wieder abklingt und – gar! – ausklingt für diesmal, *ver*klingt – bis (vielleicht) zu einer nächsten Strophe. Das Paradies kann sich nicht mehr und nicht schon wieder festsetzen, wie es in einem gesetzten Satz geschähe, wenn wir ihn bildeten. Wir haben es nur im Anspiel. Aber: *als* ein Anspiel doch!

Vorerst vergewissert uns die Utopie des Paradieses und die kindliche Hoffnung, eines guten Tages dorthin zu gelangen, *Gottes,* daß er nicht nur unsere Zeit und Fristen in seine Hände nimmt (Ps 31,16), sondern uns auch neben sich und bei sich Raum gönnt und gibt: »Siehe, da ist Raum neben mir; tritt auf den Felsen« (Ex 33,21).

b. Was hören wir vom Paradies?

Felsen ist nun freilich das Paradies nicht, es ist *kultivierter* Boden.

Die biblische Paradieserzählung gehört ja nicht schon in den Zusammenhang der Schöpfungserzählung, in dem erzählt wird, daß Gott durch sein Wort den Himmel und die Erde, erez, geschaffen habe (Gen 1,1 – 2,4a); sie gehört vielmehr in die *Weiter*erzählung der Schöpfungsverkündigung, in der es darum geht, wie Gott die durch sein Wort ins Sein gerufene *Erde* umschafft zum *Acker,* zur adama (Gen 2,4b-6). In der historisch-kritischen Auffassungsweise der biblischen Urgeschichte konzentriert sich das Interesse allzu stark darauf, die erez-Erderzählung und die anschließende Acker-adama-Erzählung voneinander zu trennen und zwei ursprünglich selbständigen Quellen und damit zwei ursprünglich verschiedenen Schöpfungserzählungen zuzuweisen. Mag es nun mit der *Geschichte* dieser Texte bestellt sein wie auch immer – für unser Verstehen *inhaltlich* wichtiger scheint mir, in welchem Gefälle der uns heute vorliegende Bibeltext zu uns spricht. Da eben geht es vom Erschaffen des Himmels und der Erde durch Gottes *Sprechen weiter* zu ihrer Kultivierung und Fruchtbarmachung durch Gottes *Handeln,* in dem er erez zur adama, Erde zum Acker umschafft.

»Nicht hatte regnen lassen ER, Gott, über die Erde«, da gab es noch keinen Busch des Feldes auf der erez, und noch war auch kein Kraut des Feldes aufgeschossen (Gen 2,5), Erde war noch nicht Acker. Doch da fügte Gott die Wandlung: »Aus der Erde, erez, stieg da ein Dunst und netzte all das Antlitz des Akkers, adama«; Gen 2,6 ist das *Verwandlungs*wort von Erde in Acker; die Wandlung geschieht durch Dunst und Nebel, die aus der Erde, erez aufsteigen und sie zum Acker, adama kultivieren. Zürich spricht hier statt von Dunst geradezu von einem »Wasserschwall«, der aus der Erde hervorbrach und alles Land »tränkte«; Luthers Übersetzung liegt dazwischen: »Aber ein Nebel ging auf von der Erde, erez, und feuchtete alles Land, adama«. Jedenfalls: Wasser ist das Element der Wandlung, und zwar das, das aus der Erde als Quell aufbricht, als Nebel den Boden netzt und feuchtet und ihn dann ja auch als Regen aus den Wolken geradezu tränkt. Wir betonen das, weil Wasser ein sehr wesentliches Element des Paradieses bleibt. Wie es hier Bedingung der Möglichkeit ist, daß ein Paradies auf »Erden«, erez, entstehen kann (eben dadurch, daß Erde zu Acker verwandelt wird), so ist der Eden-Garten seinerseits Quellort eines großen Stromes, der sich in vier Flußarme teilt, die alle damals bekannten Erdländer umkreisen (Gen 2,10-14); durch diesen Paradiesstrom sind alle Erdländer der Landkarte mit dem Paradies verbunden, vom Paradieswasser »umflossen« (Gen 2,11), – will sagen: Daß es auf Erden ein Paradies gibt, befruchtet alles Erdland und macht auch es zum Acker; dieser Paradiesstrom dürfte sachlich das Urwort der Rede vom »lebendigen Wasser« sein, das auch für Jesus eine so große Rolle spielte (vgl. Joh 4,10.11; 7,38).

Auf diesen nun von Erde zum Acker umgeschaffenen Boden »pflanzte Gott einen Garten in Eden« (Gen 2,8), Buber fügt in seine Übersetzung sofort das erklärende Wort »Üppigland« hinzu, wohl belehrt von der griechischen Übersetzung von Gan Eden mit παράδεισος τῆς τρυφῆς (Gen 3,23 LXX), Garten üppiger Speise. Wir sehen hier Gott als Pflanzer und Gärtner (wie wir später, in der Ostererzählung, den vom Tode erweckten Jesus als Gärtner wiedersehen werden: Joh 20,15). Gott pflanzte den Garten »ostwärts«, »gegen Osten«, heißt es; er wird also geographisch geortet, damit soll zugleich ausgeschlossen werden, ihn als reinen Phantasieort abzutun; der Erzähler will, daß wir den Garten Eden auf der Landkarte suchen können, Eden soll nicht von vornherein Utopie sein, Ort jenseits von Raum und Zeit, soll vielmehr Platz in der uns bekannten, erforschbaren und erfahrbaren Wirklichkeit haben. Tatsächlich wurde durch die Jahrtausende immer wieder, z.B. auch archäologisch und geographisch, versucht, Eden irgendwo auf der Landkarte Mittelasiens zu finden. Daran ist richtig, daß die geographische Angabe »ostwärts« hindern will, das Paradies nur als mythischen Ort anzusehen; das »ostwärts« *entmythisiert* das Paradies. Dennoch geht ein Versuch, es in unserer alltäglichen Wirklichkeit aufzustöbern, deswegen am Text vorbei, weil dabei übersehen wird, daß die Pflanzung des Gartens Eden ein *Ur*handeln Gottes ist. Die Bodenbereitung und Pflanzung dieses Gartens ist die erste seiner geschichtlichen Handlungen, vor der Kette aller danach erst folgenden. Das besagt methodisch, daß Eden sich nicht aus den uns überschaubaren Kontexten der Weltwirklichkeit erschließen läßt, weil diese ja ihrerseits erst *nach*

Eden und jenseits von Eden geschaffen worden sind und unter der Vorgabe, der Voraussetzung von Eden stehen. Eden bedingt die übrige Raumwirklichkeit, die erst durch den Fluß, der von Eden ausgeht, lebbar, für uns bewohnbar und so erst erfahrbar wird, nicht aber bedingt die übrige Raumwirklichkeit Eden; kürzer: Eden ist Vorzeichen alles von Menschen belebten Raumes, nicht ist eine allgemein-erschlossene oder zu erschließende Raumerfahrung Vorzeichen *auch* für ein Suchen und Finden Edens. Nur wo Eden als alle Raum-Wirklichkeit begründender Ort vorausgesetzt wird, ist Eden als Ort *in* der Wirklichkeit zu suchen und – womöglich – zu finden.

Darum ist es wichtig, die Abfolge der Erzählung gut zu beachten. Gott pflanzte einen Garten in Eden gegen Osten, und dann, danach – nachdem er, der Herr, alleine ohne irgendeine Mithilfe den Garten gepflanzt hatte – »setzte er den Menschen darein« (Gen 2,8). Eden ist für uns ein gemachtes Nest, kultiviert ohne unser Zutun. Wachen wir Menschen zu einer Welterkenntnis auf, haben wir Eden zu unserer Umwelt; sie ist das erste, was wir erblicken. Was wir aber zuerst erblicken und erleben als Kinder, prägt bekanntlich unser Unbewußtes und dann auch unser Bewußtsein auf Dauer, und vielleicht für immer. Der adama-Erzähler sieht uns, wie Gott uns gebildet hat, nicht etwa als *Erd*geschöpfe, sondern als *Acker*geschöpfe, als Adama-Geschöpfe, denen Er – eben damit – auch »Hauch des Lebens« in die Nasenlöcher geblasen hat, wodurch wir zu »lebenden Wesen« wurden (Gen 2,7). Wir sind – von »Erde« genommen – von dem Stoff genommen, auf dem das Paradies gepflanzt worden ist. Und daß Gott uns zu »lebenden Wesen« gemacht hat durch den »Hauch des Lebens« besagt mehr, als daß er uns physisch lebendig gemacht hat; er hat uns paradiesisch lebendig gemacht. Und so etwas vergißt sich nicht. Daß wir, von »Erde« genommen, wieder zur »Erde« werden sollen, heißt, daß wir »zum Acker (zurück)kehren« sollen, also zur adama (Gen 3,19), also zum Stoff, aus dem Eden erblüht; allerdings geht es dann in jenem Verwerfungswort (Gen 3,19) weiter: »Denn Staub bist du und zum Staub wirst du kehren« – »Staub«: jener noch nicht benetzte, befeuchtete, getränkte, bewässerte, lebenspendende Erdboden. Wollen wir die beiden Bestimmungen von Gen 3,19 nicht als Widerspruch (gar: als zwei verschiedenen literarischen Quellen zugehörig) auffassen, können wir darin einen Rückweg von adama zu erez, von Acker zu staubiger Erde vorgezeichnet sehen, mithin einen Rückgang ins Vorparadiesische. Doch halten wir lieber die Doppelbestimmung fest: Zuerst wird uns gesagt, daß wir zur adama kehren sollen, aus der wir genommen sind, und danach wird uns gesagt, daß wir Staub sind und zum Staub kehren werden. *Menschen sind wir: zwischen Staub und Paradies.*

Auch außerhalb zusammenhängender Paradies-Erzählungen finden wir verstreut über die ganze Bibel eine Menge von Paradies-*Motiven.*

Häufig scheinen sie auf, wenn Israel in Not ist und doch nicht verzweifeln will. Dann hört es Gottes Befreiungsverheißung wie ein geradezu paradiesisches Versprechen.

Wasserfülle spielt dabei eine herausragende Rolle. »Freuen sollen sich die Wüste und das dürre Land, frohlocken die Steppe und blühen. Gleich der Narzisse soll sie blühen und frohlocken, ja frohlocken ... Denn in der Wüste brechen Wasser hervor und Bäche in der Steppe, und der glühende Sand wird zum Teiche und das durstige Land zu Wasserquellen« (Jes 35,1-2.6b-7). Das beschreibt eine im Lande Israel jährlich neu zu machende Erfahrung: Vertrocknete Wadis, Flußbetten und von Sonne ausgebrannter Wüstenboden können nach einem Regenguß über Nacht zu blühenden Blumen-Auen werden. Mag also die adama-Erzählung von Gen 2 nach solcher immer wieder meteorologisch zu erfahrenden Wirklichkeit gebildet sein, *sprachlich* bekommt solche Alltagserfahrung umgekehrt einen Glanz paradiesischer Erinnerung, und beides – die Naturerfahrung und die Paradieserinnerung – können in Israel politische Befreiungshoffnungen widerspiegeln. – Das ist mehr als ein poetischer Zusammenhang. Weil für Israel die Gottesgabe Lebensraum immer die Gabe Erez Jißrael, Land Israel, war und blieb, ist alles Hoffen gruppiert um die Hoffnung einer Rückkehr des Volkes in sein Land, ist darum *Raum-Erfahrung die wesentliche Erfahrungsform von biblisch-jüdischem Hoffen* überhaupt. Und daß gerade *dies* Stück Land Trockendürre und Wasserfülle *zugleich* kennt, läßt ein Leben dort immer wieder »paradiesisch« erscheinen, – dies jedoch nicht in ideal-mythischem Sinn als wie eines Schlaraffenlandes, sondern im Sinne jenes Urgeschehens, daß Gott immer neu aus Dürrland, auf das er noch nicht hatte regnen lassen (Gen 2,5), Acker macht, von Wasserschwall getränkt. Das Paradies ist in diesem Landstrich als *Geschehen* erfahrbar und kann darum überhaupt als *geschichtliches* Ziel gedacht werden. In *diesen* Raum zu gelangen, sehnt sich Israel alle *Zeit.*

Verständlich ist von daher auch, daß diese geschichtliche Raum-Hoffnung auch *die Seelen durchdringen* und geradezu zum Bild der Seelengeschichte werden kann. Innere Hoffnung kann z.B. lauten: »Der Herr wird dich immerdar leiten und in der Dürre deine Seele sättigen ... Du wirst sein wie ein wohlbewässerter Garten und wie ein Wasserquell, der nie versiegt« (Jes 58,11). Ähnlich hören wir von Jeremia: »... und ihre Seele wird sein wie ein wohlbewässerter Garten, und sie werden nicht mehr schmachten« (Jer 31,12). Die Feststellung nützte nicht viel, hier werde vom Paradies metaphorisch gesprochen; das ist wahr. Doch wie kommt es dazu und was besagt es? In der Bibel werden Menschen eben nicht nur in ihrer Zeitlichkeit, sondern auch raumbestimmt gesehen. Existenz ist Raum-abhängig, und so kann Raum als ein existentiell *nötiger* Tatbestand auch selbst zu einem existentiellen werden. Der Boden, von dem wir genommen sind, färbt ab auf unsere Seelen. Auch seelisch sind wir erdverhaftet, der biblische Mensch kann nicht, wie der griechische und der romantische, die Flügel seiner Seele weit ausspannen, um mit ihr sich weit über Berg und Tale, weit über blaches Feld aufzuschwingen und in ein jenseitiges Zuhause zu fliegen. Er lebt die Erdgezeiten, zumal die Paradiesstruktur des Landes Israel, in sich mit, dörrt seelisch aus und lebt seelisch wieder auf, wie ein wohlbewässertes Land. Das ist die schmerzende Kehrseite seiner im Paradies empfangenen »Natur«; wir sind zwar nicht »Paradiesvögel«, aber doch seelisch Paradies*menschen.*

Ein anderes Paradiesmotiv ist die *Fruchtbarkeit,* die natürlich eng mit der Wasserfülle zusammenhängt.

Der Zeichen-Sohn Immanuel, den nach Jesajas Sicht eine junge schwangere Frau demnächst gebären soll, wird eine paradiesische Kindheit vor sich haben, »er wird Sahne und Honig essen, bis er versteht, das Böse zu verwerfen und das Gute zu wählen« (Jes 7,14-15). Als fruchtbares Land wird das Land Israel paradiesisch geschildert, es heißt mehr als einmal erez ssavat chalav u dewasch, Land, wo Milch und Honig fließt (Ex 3,8; Dtn 8,8 u. ö.). Das neugeborene Kindelein wird, indem es in dieses Land hineingeboren wird, in paradiesische Umwelt geboren und wird darin aufwachsen bis zu jenem kritischen Zeitpunkt der im Paradies spielenden Geschichte, die um das Unterscheidenkönnen von Gut und Böse kreist. Über den Zusammenhang des paradiesischen Ortes und der Paradies-Geschichte werden wir unten ausführlicher nachdenken; hier genügt uns vorerst der Hinweis auf das kritische Datum dieser Geschichte, um als Paradies-Motiv ausmachen zu können, daß das Kind Sahne und Honig essen wird: eben bis zu einem bestimmten terminus ad quem.

Der Prophet Hosea hat Gott vom künftigen Befreiungstag folgende Worte reden hören: »An jenem Tage, spricht der Herr, will ich dem Himmel willfahren, und er wird der Erde willfahren; und die Erde wird dem Korn und dem Wein und dem Öl willfahren, und sie werden dem Jesreel willfahren ...« – »Jesreel« heißt: »Gott pflanzt« – »und ich will ihn mir im Lande einpflanzen« (Hos 2,21-23 Zürich). Das Stichwort vom pflanzenden Gott und seinem geliebten Israel, das er ins Land einpflanzen will, drückt die Erwartung einer Festigung Israels im Erez Israel mit der paradiesischen Erinnerung aus an den Menschen, den Gott in den Garten setzte, den er zuvor für ihn gepflanzt und den er noch davor zu einer bepflanzbaren Erde gemacht hatte, indem er dem wasserreichen Himmel so willfahrte, daß der der Erde willfährig werden und sie fruchtbar machen konnte für Korn und Wein und Öl. Mit dem Namen Jesreel – »Gott pflanzt« – werden sowohl die Erinnerungen an das Paradies als auch die Hoffnungen auf ein einst in sein Land fest eingepflanztes Israel in den *Namen Gottes* hineinverpflanzt, und damit wird gesagt: Es ist Gott-selbst wesentlich, uns Menschen und insbesondere seinem Volk einen fruchtbaren Lebensraum zu schaffen.

So hat schließlich auch der Prophet Amos einen kommenden Glückstag für das arg geschundene Israel vorausgesehen mit den Worten (Amos 9,13-15): »Siehe, es kommen Tage, spricht der Herr, da rückt der Pflüger an den Schnitter ...«, d.h. da wird zwischen Pflügen des Ackers und Ernte vom Acker kaum eine lange Wachstums- und Reifezeit mehr liegen, wird heute geackert, morgen geerntet, »...und der Traubenkelterer an den Säemann; da triefen die Berge von Wein, und alle Hügel fließen. Da wende ich das Geschick meines Volkes Israel, daß sie verwüstete Städte wieder aufbauen und darin wohnen, daß sie Weinberge pflanzen und ihren Wein trinken, daß sie Gärten anlegen und ihre Früchte genießen. Und ich pflanze sie ein in ihr Land, und nie wieder werden sie ausgerissen aus ihrem Lande, das ich ihnen gegeben habe, spricht der Herr, dein Gott.« Auch hier wieder begegnen wir Gott als Pflanzer, auch hier wieder der Erinnerung paradiesischer Fülle, und beides auch hier wieder verbunden mit der Pflanzung Israels in sein Land und der Verheißung seiner Unausrottbarkeit von dort, es wird keine Vertreibung mehr aus diesem Paradiese geben.

Ein Gegenland zu diesem wohlbewässerten, paradiesischen Land lernen wir auch kennen; das war Ägypten. In einer der Landverheißungen, die Mose an sein Volk in der Knechtschaft hat weitergeben dürfen, hören wir: »Das Land, dahin du kommen wirst, es zu besetzen, ist nicht wie das Land Ägypten, aus dem ihr ausgezogen seid, das du, sooft du deinen Samen sätest, mit deinem Fuß bewässern mußtest wie einen gan ha-jarak, einen Gemüsegarten. Das Land, dahin ihr ziehen werdet, es zu besetzen, ist ein Land mit Bergen und Tälern, das vom Regen des Himmels Wasser trinkt, ein Land, auf das der Herr, dein Gott, achthat, auf dem die Augen des Herrn, deines Gottes, allezeit ruhen, vom Anfang des Jahres bis zum Ende des Jahres« (Dtn 11,10-12). Das heißt: Dies Land muß Israel nicht erst in mühsamer Körperarbeit bewässern, Gott selbst »willfahrt« ihm, hat durch alle Jahreszeiten hindurch ein Auge darauf und sorgt dafür, daß es »vom Regen des Himmels Wasser trinkt«. Gerhard von Rad kommentiert das mit Recht dahin, daß diese Beschreibung sich ergehe »in einem überschwenglichen Lobpreis des Wasserreichtums des mühelos zu bestellenden Landes, das den Hörern geradezu als ein Paradies vor Augen gemalt wird; der Prediger redet mehr von einem die Wirklichkeit transzendierenden Idealbild des Verheißungslandes, denn hinsichtlich des Wasserreichtums kann man das judäische oder ephraimitische Bergland ... nicht wohl über das Niltal stellen«[73]. Allerdings übersieht von Rad dabei, daß das Paradiesische nicht Wasserreichtum als solcher ist – darin übertrifft Ägypten Kanaan in der Tat bei weitem; paradiesisch ist vielmehr das Geschehen, in dem vertrockneter Boden

73. Das Alte Testament Deutsch, Bd. 8, Das fünfte Buch Mose. Deuteronomium. Übers. u. erkl. von G. von Rad, 2. durchges. Aufl 1968, 60.

immer wieder neu fruchtbar wird; und das ist im Lande Kanaan eher zu erleben als im Lande Ägypten.

Dieser Garten Eden wird mit einem persischen Lehnwort pardess oder griechisch παράδεισος, eben Paradies, genannt. Als »Paradies« hat er sein Besonderes darin, daß er *Baum*garten ist; darum spielen die Bäume in der biblischen Erzählung vom Paradies nicht nur eine mythisch-geschichtliche Rolle, sie charakterisieren das Paradies nach seinem ursprünglich persischen Sinn als Baumpflanzung.

In der Bibel kann er Gottesgarten heißen: gan-adonai, παράδεισος τοῦ θεοῦ, (Gen 13,10) oder: gan-elohim (Ez 28,13; 31,8) oder (in der LXX-Übersetzung von gan-adonai in Jes 51,3) παράδεισος κυρίου, Garten des Herrn; oder eben: »Üppigland«, παράδεισος τῆς τρυφῆς (LXX Gen 3,23f.; Ez 31,9), oder κῆπος τρυφῆς (LXX Ez 36,35). Als Gottesgarten kann er Urbild einer großen, vor allem von großen Königen gepflogenen Gartenkultur werden; über diese Vorbildmöglichkeit reden wir gleich; seine Abbild- und Analogiefähigkeit ist ein wesentliches Moment seiner geschichtlichen Bedeutung. Ihr verdanken wir aber eine Gartenschilderung, in der der Pharao von Ägypten mit dem denkbar schönsten Baum verglichen wird und so den Gottesgarten an Schönheit weit in den Schatten stellen soll. Dieser Vergleich zeigt uns viel deutlicher als die Erzählung von Gen 2, was Eden ausmacht.

»Siehe, ein Buchsbaum auf dem Libanon mit schönem Geäste und schattigem Gezweig und von hohem Wuchs, dessen Wipfel bis in die Wolken reichte. Die Wasser hatten ihn groß gemacht, die Fluten ihn hochwachsen lassen; die ließen ihre Ströme fließen rings um seinen Standort und sandten ihre Kanäle über das ganze Feld. Darum ragte er höher als alle Bäume des Feldes; viel wurden seiner Zweige und lang seine Äste von dem vielen Wasser. In seinen Zweigen nisteten allerlei Vögel des Himmels, und unter seinen Ästen warfen allerlei Tiere des Feldes; unter seinem Schatten wohnten große Völker. So ward er schön in seiner Größe durch die Länge seiner Zweige; denn seine Wurzel streckte sich an viele Wasser. Die Zedern des Gottesgartens reichten nicht an ihn heran, die Zypressen kamen ihm mit ihren Zweigen nicht gleich; die Platanen hatten kein Geäste wie er, kein Baum im Gottesgarten war ihm zu vergleichen in seiner Schönheit. Ich hatte ihn schön gemacht durch die Fülle seiner Zweige, und es beneideten ihn alle Bäume Edens im Gottesgarten« (Ez 31,3-9). So sieht ein Paradies aus.

Eden ist wie geistiges Urbild für künftig vollendete eschatologische Wirklichkeit so auch *hortensisches* Vorbild gewesen. Vor allem Könige ließen um ihre Wohnsitze Lustgärten pflanzen, und noch späteste Parkkultur in Europa will bewußt – ebenso wie die Gärten des Islam – an Eden erinnern. Der Prediger Salomo z.B. sagt: »Ich legte mir Gärten und Lusthaine an; darein pflanzte ich allerlei Fruchtbäume. Ich machte mir Wasserteiche, den sprossenden Baumwald daraus zu tränken« (Pred 2,5-6); Salomo als Pflanzer – ein kleiner Gott. – Ahab, der König von Samaria, möchte sehr gerne mit seinem Grundstücksnachbarn Naboth handelseinig werden und dessen Weinberg gegen einen etwas entfernter gelegenen eintauschen: »Ich will mir einen Gemüsegarten daraus machen, weil er so nahe bei meinem Palaste liegt« (1 Kön 21,1-2). – Der König Manasse von Juda ward nach seinem Tode »begraben im Garten seines Palastes, im Garten Ussas« (2 Kön 21,18; eben dort war später auch die Begräbnisstätte seines Sohnes und Nachfolgers Amon: 21,26). – Der judäische König Zedekia floh, als die Babylonier Jerusalem belagerten, bei Nacht »durch das Tor zwischen den beiden Mauern, das am Garten des Königs lag«, am gan-ha-melech (2 Kön 25,4; Jer 39,4 bestätigt den Vorgang mit gleicher Ortsangabe – gan-ha-melech, – ebenso 52,7). – Und in Nehemia 2,8 lernen wir den Namen von Asaph kennen, dem »Aufseher des königlichen Parks«, was in diesem Fall gleichbedeutend mit allen Forsten des persischen Königs in Palästina gewesen sein dürfte . – Wie auch immer: Königsgärten pflanzt man als Abbilder jenes einen großen Gottesgartens, darin betätigen Könige sich als »Söhne Gottes«.

Wir haben schon gesagt, daß das Land Israel nicht nur metaphorisch *wie* das Paradies geschildert wird. Womöglich gibt der klimatische Wechsel von Dürre und Fruchtbarkeit, der permanente Wandel von erez zu adama, das Vorbild für das Paradies – sozusagen als dessen »materialistischer« Grund. Diese Erfahrung von Naturwechsel und -wandel ist eine Erfahrung in der Zeit und von der Zeit. Darum ist leicht verständlich, daß analog dazu auch seelische Erfahrungen Paradieserinnerungen werden können (wie wir zeigten), und so auch: *politisch-geschichtliche.*

»An jenem Tage«, hören wir eine Verheißung Gottes in Ez 36,33-35, »soll das verwüstete Land neu bestellt werden, nachdem es so wüste gelegen vor den Augen aller, die vorübergingen. Und man wird sagen: ›Dieses Land, das verwüstet war, ist wie der Garten Eden geworden‹ …«; Eden ist Stoff für eine Heilsverheißung, eine Wende von geschichtlicher Zerstörung zum Wiederaufbau. Es kann aber umgekehrt auch in einer Gerichtsankündigung verwendet werden, wie bei Joel. Ein Feindesvolk von urzeitlicher Gewalt sieht der Prophet gegen Israel heraufziehen; wo es hinkommt, hinterläßt es verbrannte Erde. »Wie der Garten Eden ist *vor* ihm das Land, und *hinter* ihm (wenn es darüber hergefallen ist) Öde und Wüste; nicht einmal einen Rest hat es übriggelassen« (Joel 2,3): Rückverwandlung von Paradies in Wüste, adama in erez.

Und dann ist Eden doch auch wieder Inhalt von *Erbarmens*erweisen Gottes. »Der Herr hat Erbarmen mit Zion, hat Erbarmen mit all ihren Trümmern, ihre Wüste macht er zum Paradies und ihre Steppe gleicht dem Garten des Herrn. Freude und Wonne findet man dort, Lobpreis und Liederklang« (Jes 51,3).

Wir hatten schon auf den Gottesnamen Jesreel hingewiesen: »Gott sät« – und in diesem Namen eine Bestimmung gesehen, daß es *Gott selbst wesentlich* ist, als Pflanzer des Gartens, Schaffer des beglückenden Lebensraums angesprochen zu werden. Von da lassen sich andere *Personalisierungen* des Eden-Motivs begreifen. Daß und wie intensiv das Wirken und die Person eines Pharao von Ägypten als ein Eden ausgesagt und sogar in eine Schönheits-Konkurrenz mit dem Gottesgarten gestellt worden ist, haben wir schon aus Ez 31,3-9 gehört. Kein Wunder, daß dann erst recht das *jüdische Volk* als Gottes unausrottbare Pflanzung mit dem Gottesgarten in eins gesehen werden kann. »Das Paradies des Herrn, / die Lebensbäume drin / sind seine Heiligen. / Und ihre Pflanzung ist für ewig festgewurzelt; / sie werden nimmer ausgerodet, / solang der Himmel steht« (Ps Sal 14,2-3). In der geistigen Welt des Weisheitsdenkens Israels versteht sich, daß das Volk als solches nur deswegen ein Eden heißen kann, weil es in seiner Mitte die Weisheit Gottes aufgenommen hat – eine personifiziert gedachte Wirklichkeits- und Einwohnungsweise Gottes. Im Buch Jesus Sirach 24 wird die Weisheit ermuntert, sich selbst kräftig zu loben »und in der Mitte des Volkes Gottes möge sie sich rühmen« (Jes Sir 24,1). Im Gesang ihres Selbstlobes erzählt sie sich dann als eine paradiesische Wirklichkeit: »Und ich wurzelte ein in dem gepriesenen Volk, / im Anteile des Herrn, seinem Eigentum. / Wie eine Zeder auf dem Libanon wuchs ich empor / und wie eine Zypresse auf dem Hermongebirge. / Wie eine Palme zu Engeddi wuchs ich empor / und wie Rosenstöcke zu Jericho. / Wie ein prangender Ölbaum in der Ebene / und wie eine Platane wuchs ich empor. / Wie Zimt und aromatischer Salbenstrauch hauchte ich Duft aus / und wie auserlesene Myrrhe verbreitete ich Wohlgeruch, / wie Galbanum und Onyx und Stakte / und wie Weihrauchdampf in der Stiftshütte. / Ich breitete wie eine Terebinthe meine Zweige aus, / und meine Zweige waren prächtige und liebliche Zweige. / Ich ließ wie ein Weinstock Liebliches hervorsprossen, / und meine Blumen entwickelten sich zu prächtiger und reicher Frucht.« (Jes Sir 24,12-17) – wie einen Botanischen Garten zeigt sich die Weisheit hier.

Uns wird es nicht verwundern, das Paradies auch in den erotischen Liedern der Bibel wiederzufinden: zugleich als Liebes- und Lustgarten und als Leib- und Schönheitsbilder für den baumgleich schlankgewachsenen jungen Mann und die Blumenschöne und Kräutersüße der jungen Frau. Im schir-ha-schirim, dem Hohenliede Salomos, heißt die Geliebte ha joschevet ba ganim: »Die du in den Gärten wohnst« (Hld 8,13). Von dort ruft sie nach ihrem Freund: »Komm, mein Geliebter, / hinaus auf die Flur, / laß unter Cyperblüten / uns nächtigen, / am Morgen früh / nach den Weingärten sehen, / ob der Weinstock gesproßt, / ob die Blüten sich aufgeschlossen, / ob die Granaten im Bluste stehen. / Dort will ich dir meine Liebe schenken.« (Hld 7,12). Und singt ein andermal: »Mein Geliebter ist in seinen Garten gegangen, / hinab zu den Balsambeeten / in den

Gärten zu weiden / und Lilien zu pflücken. / Ich bin meines Geliebten / und mein Geliebter ist mein, / er, der auf Lilienauen weidet« (Hld 6,2-3). Doch ist gar nicht sicher, ob diese Worte wirklich noch Beschreibungen des Lustgartens sind oder nicht schon vielmehr Beschreibung des Liebesaktes. In dieser erotischen Poesie verschwimmen die Schilderungen des Gartens und der Leiber im sexuellen Spiel ineinander. »In den Garten kommen« kann auch metaphorisch das Eindringen des Jungen in das Mädchen bedeuten, und ihr Leib kann der Ort sein, an dem sich alle Lustverheißungen des Gartens erfüllen. Er singt: »Ein verriegelter Garten / ist meine Schwester und Braut, / ein verriegelter Garten (hortus conclusus!) mit versiegeltem Quell«; noch ist sie von keinem Manne berührt. »Dein Schoß ist ein Park (pardess steht da) / von Granatbäumen / mit allerlei köstlichen Früchten, / Cypertrauben samt Narden, / Narde und Safran, / Gewürzrohr und Zimt, / samt allerlei Weihrauchhölzern, /Myrrhen und Aloe / mit den allerbesten Balsamen«. Sie singt: »Mein Gartenquell (mein Geschlechtsteil) ist ein Brunnen / lebendigen Wassers, / das vom Libanon strömt. / ›Erwache, Nordwind, / und komm, Süd, / durchwehe meinen Garten, / daß seine Balsamdüfte strömen!‹« Sie feuert ihn an zum Orgasmus: »Mein Geliebter komme / in seinen Garten und esse / von seinen köstlichen Früchten«. Geschehen ist's, er singt: »Ich kam in den Garten meiner Schwester und Braut, / pflückte meine Myrrhe / und meinen Balsam, / ich aß meine Wabe / und meinen Honig, / trank meinen Wein und meine Milch.« Und so entspannt ruft er nach seinen Freunden: »Eßt, ihr Freunde, und trinkt / und berauscht euch in Liebeslust!« (Hld 4,12 – 5,1).

Alle diese paradiesischen Analogiebildungen fürs Seelenleben, für gute und schlechte geschichtliche Erfahrungen des Volkes, für die Anlage königlicher Gärten, für das Wirken und Sein eines Königs, für das verheißene Land, sogar für Gottes Namen und Gottes Weisheit und nicht zuletzt fürs gar nicht bloß platonisch-poetische, sondern fürs erotisch-sexuelle Liebesspiel junger Frauen und Männer bezeugen eine Lebenslust als äußere und innere Heimat des biblischen Menschseins. Nichts von Verachtung der Sinnlichkeit und der Sexualität, des Schönheitsdurstes und des ästhetischen Sinnes. Wenn jüdische, vor allem aber christliche Religion den Anschein von Leibfeindlichkeit und Schönheitsaskese gegeben haben, dann nicht zuletzt deswegen, weil die Theologen das Paradies so wenig eines ernsthaften Gedankens für wert hielten. Nicht im gesungenen Glauben der Christen, aber in ihrer Theologie gab und gibt es eine konsequente Paradiesverdrängung. Um ihr zu begegnen, haben wir die vielfältigen Sinnzusammenhänge aufgesucht, die im biblischen Reden vom Paradies enthalten sind. Sie reichen von unserem Erwachen im Gottesgarten über die unendlich vielen und mannigfaltigen Wechselerfahrungen von Dürre und Fruchtbarkeit unseres persönlichen und gesellschaftlichen Lebens (z.B. in Sexualerfahrungen) bis hin zum Namen Gottes. Gerade dieses Beziehungsgeflecht zeigt, daß das Paradies einen Aspekt einer im engsten Sinne theologisch – vom Gott Jesreel – begründeten Lebensganzheit meint, die wir nicht nur zum Schaden christlicher Humanität übersehen, sondern auch zum Schaden eines umfassenden Gottesverständnisses. *Wo denn riefen wir Gott als »Jesreel« an?*

c. *Paradise Lost (John Milton)*

Mit Bedacht hatten wir unsere vorigen Überlegungen unter die Überschrift gestellt: »Was *hören* wir vom Paradies?« So wenig wie Gott selbst können wir uns eine Gottesgabe Lebensraum von selbst ausdenken und erfinden. Selbst wenn jeder Mensch bereits mit einer religiösen Anlage geboren würde und in seiner Seele von Hause aus eine Ahnung von so etwas wie *Gott* mitbekommen hätte: einem uns und der Welt gegenüber höheren Wesen, von dem wir abhängig sind, dem wir uns aber auch gut und gerne und auf Leben und Verderb anvertrauen können – ein Wissen um *den* Gott, der sich in der Bibel bezeugt, wäre das noch lange nicht. Denn in niemandes Herzen sind die *Namen* der konkreten weltlichen Geschichte eingeboren, an die der biblische Gott sich gebunden hat und aus der er seine eigenen Namen bezieht; niemand wird mit den Namen Abraham, Isaak und Jakob, niemand mit dem Namen Jesus von Nazareth im Herzen geboren, und niemand mit einem natürlichen Wissen, daß dieser allein Gott ist, allein diesem das Wesen von Gottheit – elohim – eignet, und daß er exklusiv verehrt werden will gerade auch gegenüber jedem uns angeborenen religiösen Ahnen und Wähnen; niemandem gegenüber beansprucht der biblische Gott so sehr Alleingeltung wie gegenüber den religiösen Bedürfnissen und Gebilden unserer Seelen. So steht es aber auch mit dem *Lebensraum.* Selbst wenn es wahr wäre, daß jedem neugeborenen Menschen mit seiner Geburt zugleich Menschen- und Lebensrechte zufielen, und daß zu den fundamentalen angeborenen Menschenrechten das gehörte, mit allen anderen Menschen zusammen ein Stück Lebensraum beanspruchen zu können, das jeder braucht, um sich im Leben entfalten zu können; und selbst wenn wir auf dem Grunde unserer Seelen Träume hätten von Lebensrecht und Lebensraum für alle, also: Paradiesesträume – was angesichts der Menschheitsgeschichte, in der einer dem anderen mit seinem Lebensrecht auch den dazugehörenden Lebensraum bestreitet, nur Träume sein können -: Niemand träumte doch das *konkrete* Paradies mit Namen Gan-Eden, – niemand, daß Gott es gepflanzt habe und daß er es »ostwärts«, also in weltlicher Himmelsrichtung gelegen, gepflanzt habe. Wie der biblische Gott nur eine Wirklichkeit ist, von der uns jemand etwas *sagen* muß und zu der wir nur dadurch in Beziehung treten können, daß wir auf das *hören,* was jemand uns sagt, so ist auch der Gan-Eden eine Wirklichkeit, von der uns jemand etwas *sagen* muß und zu der wir nur dadurch in Beziehung treten können, daß wir auf das *hören,* was dafür kompetente Zeugen uns hören lassen. *Hören ist der einzige Erfahrungszugang, den wir zu Gott haben, und der einzige, den wir zum Gan-Eden haben. Das biblische Paradies ist auch in dieser Hinsicht keine Traumwirklichkeit unserer Seelen, sondern eine uns nur geschichtlich vermittelte und sich immerdar vermittelnde.*

Wir hörten schon: *Darum* will der Erzähler von Gen 2 den Garten Eden auf alle Fälle geographisch lokalisieren – auch wenn ihm dies nach unserer Erkenntnis nicht gelingt; aber nicht das ist das Entscheidende, sondern der Realitätswille, der sich in dem Versuch ausdrückt, überhaupt das Paradies geographisch zu orten. Im apokalyptischen Denken Israels hat sich dieser Wille noch verstärkt. Dort gab es immer wieder Versuche, die Rede vom Paradies wie geographisch, so auch geometrisch zu ermessen und die Frage zu beantworten: Wie *groß* ist das Paradies?

Nach dem syrischen Baruch 59,8 hat Gott dem Mose neben allem möglichen anderen Geschichts-, Welt- und Naturwissen auch »des Paradieses Größe« gezeigt. Diese Frage hat auch die talmudischen Lehrer Israels beschäftigt. Im Traktat Taanit, vom Fasttage, wird z.B. gelehrt, daß die ganze Welt nur ein Sechzigstel des Gartens habe, der Garten also sechzigmal so groß wie die übrige Welt sei (b Taanit 10a) – eine erstaunliche Aussage, die besagt, daß das Paradies unendlich viel größer ist als die übrige Erde, die übrige Erde also an Raumumfang (und damit Lebensmöglichkeit) verschwinde hinter dem Garten. Damit lehrten sie eigentlich: Die Größe des Lebensraums Eden sei »ohne Maß« (ebd.), im Grunde: unermeßlich. Wie nun auch immer: Sowohl geographische als auch geometrische Bestimmungsversuche wollen verhüten, das Paradies nur als Traum- oder mythische Wirklichkeit anzusehen, es soll zu unserer Realität gehören und ihr kommensurabel sein.

Auf ganz andere Weise wird aber nun das Reale des Paradieses erst recht festgestellt: Es ist ja das uns *verlorengegangene Paradies,* der Garten, aus dem wir vertrieben worden sind und dessen Portale die Cherubim, als Wächter des Gartens, hinter uns verschlossen haben. So sehr die biblischen Zeugen und nach ihnen die Lehrer Israels abwehren wollen, daß der Garten nur ein Traum sei, so wenig sehen sie doch davon ab, daß er uns derzeit verloren sei und wir ihm verlorengegangen seien. Eden ist für uns paradise lost, eine uns verschlossene Wirklichkeit, von der wir keinerlei unmittelbare Erfahrung mehr haben. Niemand von uns war schon in Eden, und erst recht kam noch nie jemand aus Eden zu uns, um uns aus eigener Anschauung davon zu berichten – so wenig kam jemand aus Eden zu uns wie aus dem Tode zurück .Unsere Erfahrung von Eden ist gleich der des Todes: Erfahrungslosigkeit. Auch dies ein Grund dafür, daß wir dazu nur in der Weise des Hörens auf *Gottes* Wort in Beziehung stehen können.

Wir stehen also auch nicht etwa so in Beziehung zum Paradies, daß wir als gefallene und von dort vertriebene Eva- und Adamskinder doch einen heimlichen Erinnerungsrest mit uns trügen. Das wäre ja denkbar, das Paradies zwar nicht als ein *Produkt* unserer Phantasie, aber doch wohl als heimliche *Erinnerung* früherer Menschheitserfahrung in uns zu haben, es – angeleitet etwa von einer Psychologie seelischer Archetypen – aus dem Unbewußten *heraufbefördern* zu können, und wenn nicht das – dann doch von einem paradiesischen Archetypus unseres Unbewußten *zehren* und uns heimlich geleitet spüren zu können; was wir biblisch vom uns *verlorenen* Paradies hören, spricht auch gegen C. G. Jung. Denn die Bibel erzählt uns, daß wir das Paradies *gründlich* verloren haben, das meint auch: restlos, ohne Erinnerungsrückstand; Eden kann auch nicht nostalgisch wiederbelebt werden – mithin auch nicht Neurosen verursachen. So lebendig die Bibel uns das Paradies malt – sie kann dabei an keine Erinnerung anknüpfen, auch keine Ahnungen davon in uns wiedererwecken. Die Bibel gibt uns nur Zeugnisse von der unerhörten Geschichte, daß Gott uns einen Garten gepflanzt, uns dahinein versetzt habe als unsere Umwelt, – daß wir diesen Lebensraum aber verspielt und verloren haben und daß es *dennoch* Gott wichtig ist, uns von dieser unserer Geschichte etwas wissen zu lassen; denn es ist ihm wichtig für das, was er mit uns in Zukunft noch vorhat. Zur Wort-Gottes-Struktur des Paradieses gehört also auch, daß die Nachricht vom *verlorenen* Paradies uns allemal erst gebracht werden muß. So wenig wir eine unmittelbare Paradieserfahrung und -erinnerung besitzen, so wenig eine unmittelbare Verlust- und Entzugserfahrung davon. Auch die Wunden des verlorenen Paradieses gehören zu jener Gottesgeschichte mit uns, die nur Inhalt einer Verkündigung sein kann, weil sie nicht Inhalt einer Erfahrung ist.

Freilich könnte es geschehen, daß wir, wenn wir unser äußeres und inneres Leben ganz in Gottes Wort fassen und *aus* ihm erfassen, wir dann in der Tat eine Erinnerung des Paradieses und auch seines Verlustes mit empfangen. Was als *seelische* Erfahrung nie zu realisieren sein dürfte, kann uns als *geistliche,* als Worterfahrung, sehr wohl *wider*fahren. Wir können uns in der biblischen Erzählung identifiziert finden, ihre Geschichte kann zur Geschichte unseres Selbstverständnisses und unseres Bewußtseins werden. Was umgekehrt nie möglich sein wird: daß Erfahrungen unseres Unbewußten und Bewußten als solche biblische Wirklichkeit identifizieren, weil Bewußtsein und Unbewußtes in sich vielleicht ein Paradies, aber niemals den konkreten Garten Eden enthalten, dafür hat die biblische Erzählung Raum und gibt ihn uns. Die biblische Erzählung, die wir in *uns* nicht identifizieren können – in *ihr* können wir uns sehr wohl identifizieren. Und so wenig wir biblische Geschichte erinnern können, so sehr kann biblische Geschichte uns eine Erinnerung unserer selbst *schaffen* und *erwecken.* Sie sagt uns, daß Gott uns ins Paradies gesetzt hatte, und wir *hören* es und nehmen in uns auf, was wir hören. Und so sagt sie uns auch, daß wir den Garten Eden verspielt und verloren haben, und auch das hören wir und nehmen es in uns auf; ja, das ist nun unsere Geschichte, aus ihr kommen wir, in sie gehören wir, – sie bestimmt und prägt uns nun.

Es bestimmt und prägt uns, daß wir das Paradies *verloren* haben. Damit bestimmt und prägt uns *eine schmerzende Wunde unseres Seins.* Wir spüren sie für gewöhnlich nicht und wissen nichts von ihr; nur wenn uns Gottes Wort wirklich wird, bekommen wir sie zu spüren: Das Paradies ist etwas, was uns *verwundet;* im Schmerz um seinen Verlust existieren wir, und das ist ein Grundschmerz unseres Menschseins. In Gottes Wort gefaßt, wissen wir uns anders zugehörig, einem anderen Lebensraum – wir können sagen: einer anderen Welt als dem Lebensraum und der Welt, in denen wir uns derzeit bewegen und befinden und die wir mitgestalten. Zum Menschsein, können wir sagen, gehört *ein Schmerz der Transzendenz.* Denn wenn Eden eine Vorstellung von einem anderen Lebens- und also Wirklichkeitsort ist, dann ist es die Wirklichkeit, die wir viel zu abstrakt (*schmerzend*-abstrakt) »Transzendenz« nennen. Da aber Eden kein *positives* Ideal ist, sondern uns verlorenes Paradies, ist uns dann auch Transzendenz eine Schmerzenswirklichkeit (so wäre, beiseite, auch ein positiv gemeinter Begriff von Transzendenz ausgeschlossen; Transzendenz ist Krisis und Negation: Eden, das wir verloren haben).

Dieser Schmerz unterscheidet den biblischen Gan-Eden von der Suchtprojektion des *koranischen* Paradieses.

Im Koran wird viel und ernst vom Paradies gesprochen. Wie sehr Muhammad dabei aus biblischer Tradition schöpft, zeigt sich daran, daß er wohl auch von »Gärten der Wonne«, vom »Paradies« sprechen kann – aber auch der biblisch-konkrete Name »Garten Eden« taucht immer wieder auf. Auch hier ist sein Grundkennzeichen, daß er »von Wasserbächen durcheilt« wird; das ist fast eine feststehende Formel. Auch da ist »grüner Schimmer« der Grundeindruck (Sure 55,64), da gibt es »zwei reichlich sprudelnde Quellen« (55,66), – auch dort gibt es »Früchte und Palmen und Granatapfelbäume« (55,68). »Das Bild des Paradieses, das den Gottesfürchtigen verheißen ward: In ihm sind Bäche von Wasser, das nicht verdirbt«, aber auch »Bäche von Milch, deren Geschmack sich nicht ändert, und Bäche von Wein, köstlich den Trinkenden; und Bäche von geklärtem Honig; und sie haben in ihnen allerlei Früchte …« (47,16-17 [47,15])[74] – dies »Bild« ist freilich schon das eines Schlaraffenlandes, das wir so ausgemalt in der Bibel doch nicht finden. Kommen wir von der Bibel her, fällt auf, daß überhaupt das koranische Paradies weniger durch seine Natur schön ist, in ihm kom-

74. Die sog. kufische Verszählung der offiziellen ägyptischen Koranausgabe wird bei Abweichung hier und im folgenden in [eckigen] Klammern beigefügt.

men Bäume zwar vor, aber sie sind hier längst nicht so wesentlich wie für die Schilderung des biblischen Paradieses – obgleich die große Bedeutung des Regens für das trockene Land im Koran nicht weniger betont wird als in der Bibel: Auch im Koran ist Regen ein Auferstehungssymbol; aber Land und Regen sind hier nicht so fundamental mit dem Garten Eden verknüpft, wie wir es am biblischen Verhältnis von erez und adama erkannt zu haben meinen. Auch die Erzählung vom Paradiesstrom findet sich hier nicht, der alles andere Erdland umspült und so mit dem Paradies verbindet. Auch der Wille zur Lokalisierung des Gartens »ostwärts« fehlt, damit überhaupt ein Realismus des Raumdenkens, der die Bibel kennzeichnet.

Viel stärker schildert der Koran das Paradies als *Lustgarten für glückselige Menschen.*

»Sie sind die (Allah) Nahegebrachten, / in Gärten der Wonne. / Eine Schar der Früheren / und wenige der Späteren / auf durchwobenen Polstern, / sich lehnend auf ihnen einander gegenüber. / Die Runde machen bei ihnen unsterbliche Knaben / mit Humpen und Eimern und einem Becher von einem Born. / Nicht sollen sie Kopfweh von ihm haben und nicht das Bewußtsein verlieren. / Und Früchte, wie sie sich erlesen, / und Fleisch von Geflügel, wie sie's begehren. / Und großäugige Huris gleich verborgenen Perlen / als Lohn für ihr Tun. / Sie hören kein Geschwätz darinnen und keine Anklage der Sünde; / nur das Wort: »Frieden! Frieden!« / Und die Gefährten der Rechten – was sind die Gefährten der Rechten? / Unter dornenlosem Lotos / und Bananen mit Blütenschichten / und weitem Schatten / und bei strömendem Wasser / und Früchten in Menge, / unaufhörlichen und unverwehrten, / und auf erhöhten Polstern. / Siehe, wir erschufen sie in (besonderer) Schöpfung / und machten sie zu Jungfrauen, / zu liebevollen Altersgenossinnen / für die Gefährten der Rechten, / eine Schar der Früheren / und eine Schar der Späteren (Anhänger Muhammads)« (Sure 56,11-39 [11-40]). – Ähnliche Schilderungen kehren immer wieder: »Die anderen Gesichter werden an jenem Tage fröhlich sein, / zufrieden mit ihrer Mühe (auf Erden), / in hohem Garten, / in dem sie kein Geschwätz hören. / In ihm ist eine strömende Quelle, / in ihm sind erhöhte Polster / und hingestellte Becher / und aufgereihte Kissen / und ausgebreitete Teppiche« (88,8-16); nach dieser Schilderung ist jedes Beduinenzelt ein kleines Abbild des Paradieses. Obgleich die Schilderungen des Paradieses mit häufiger Vorstellung der Huris doch mehr Männerfreuden in Aussicht zu stellen scheinen, läßt der Koran keinen Zweifel daran, daß es Ziel für Männer *und* Frauen ist: »Verheißen hat Allah den Gläubigen, Männern und Frauen, Gärten durcheilt von Bächen, ewig darinnen zu verweilen, und gute Wohnungen in Edens Gärten« (Sure 9,73 [72] vgl. 4,123 [124]). – Alle, Frauen und Männer, werden dort kostbar gekleidet sein. »Geschmückt werden sie darinnen (in Edens Gärten, durcheilt von Bächen) mit

Armspangen von Gold und gekleidet in grüne Kleider von Seide und Brokat, sich lehnend darinnen auf Diwanen. Ein herrliches Leben und eine schöne Ruhestätte« (18,30 [31]).

Bei aller paradiesischen Sinnenfreude wäre es doch falsch, mit Immanuel Kellerhals[75] zu behaupten, »daß der Islam sich geistige Freuden ... kaum vorstellen kann oder daß sie ihm nichts zu sagen haben«. Auch für den Moslem, sofern er sich über den Koran versteht, ist Eden kein bloßes Genußparadies, vielmehr immer wieder *Ort dankbaren Gotteslobes.* Des Paradieses Gefährten: »eilen sollen unter ihnen Bäche, und sie sprechen ›Das Lob sei Allah, der uns hierhergeleitet hat. Nicht wären wir geleitet gewesen, hätte uns nicht Allah geleitet! Wahrlich, es kamen die Gesandten unseres Herrn mit der Wahrheit‹. Und es soll ihnen zugerufen werden: ›Dies ist das Paradies; ihr seid zu seinen Erben gemacht für euere Werke‹« (7,40-41 [42-43]). – Vom Glück, dort *vom Geschwätz befreit* zu sein und nur die Worte »Friede, Friede« hören zu können, haben wir schon vernommen (56,24-25 [25-26]). »Siehe, für die Gottesfürchtigen ist ein seliger Ort, / Gartengehege und Weinberg, / Jungfrauen mit schwellenden Brüsten, Altersgenossinnen. / Und volle Becher ...« – und daneben sofort: »Sie hören darinnen weder Geschwätz noch Lüge – / ein Lohn von deinem Herrn, hinreichende Gabe.« (78,31-36). - Eine dritte, »geistige« Erwartung ans Paradies ist die Möglichkeit zu einem ruhigen Symposion dort. »In den Gärten der Wonne / auf Polstern einander gegenüber. / Kreisen soll unter ihnen ein Becher aus einem Born, / weiß, süß den Trinkenden; / kein Schwindel soll in ihm sein, und nicht sollen sie von ihm berauscht werden. / Und bei ihnen sollen sein züchtig blickende, großäugige (Mädchen), gleich einem versteckten Ei. / Und wenden werden sie sich zueinander, einer den anderen befragend« (37,42 [43] - 48 [50]); und nun hebt ein Erzählen und Besprechen an vom Geschick der Glaubenden und der Nicht-Glaubenden, vom Tod der einen und der Glückseligkeit der anderen und über die Väter Noah und Abraham, über die Akedat Jizchak, über Mose und Aaron, Elias, Lot, Jona und vieles mehr. Lägen in dieser Szene von Sure 37 nur Männer, nicht auch Frauen zu Tische, dann könnte sie an Platons Gastmahl erinnern; aber im Koran gehören nun einmal die Frauen mit ins Paradies, und der Vergleich mit Platon beschränkt sich darauf, daß im koranischen Paradies zwar kein Platz für Geschwätz, sehr wohl aber Raum und Zeit ist für ein Hin- und Her-Gespräch über Allahs Güte und große Werke.

Nun kennt der Koran auch die biblische Geschichte von Adam und Eva im Paradies, ihrem Sündenfall und ihrer Vertreibung von dort (7,18-24 [19-25]; 20,114 [115]-124): »hinab« (das Paradies wird hochgelegen auf einem Gottesberg gesehen) auf eine Stätte auf der Erde: »Auf ihr sollt ihr leben, und auf ihr

75. I. Kellerhals, Der Islam. Geschichte. Lehre. Wesen, 1969, 92.

sollt ihr sterben, und aus ihr sollt ihr hervorgeholt werden« (7,24 [25]). Eine Aussicht auf die Auferweckung in diesem Zusammenhang scheint uns bemerkenswert, sie findet sich so in der Bibel nicht. Auch in Sure 20,121-122 [20,123] wird sie übermittelt. Gott sprach da: »Hinfort von hier allzumal, einer des anderen Feind!« – das ist das Kennzeichen des Lebens jenseits von Eden, auf der Erde, an die wir nach der Vertreibung aus dem Paradies gefesselt sind. Doch sofort geht es weiter: »Und wenn von mir Leitung zu euch kommt, / wer *dann* meiner Leitung folgt, der soll nicht irregehen und nicht elend werden« (20,122 [123[b]]). Der vertriebene Mensch hat nicht alle Chancen verspielt, durch Adams Fall ist hier keineswegs ganz verderbt menschlich Natur und Wesen (vgl. EKG 243,1)[76]; eine Erbsünde kennt der Islam so wenig wie das Judentum und findet sie in der Paradieserzählung durchaus nicht bezeugt. So ist es auch kein Seinsgeschick der Menschen, aus dem Paradies vertrieben worden zu sein, wie christliches Lesen dieser Erzählung entnommen hat, es ist viel eher nur ein Geschick »auf Zeit« (7,23 [24]). Darum spielen in der koranischen Nacherzählung der Geschichte auch die Cherubim gar keine Rolle, die das Tor zum Paradies jetzt mit Feuer versperren und jeden Zugang verwehren. Insofern müssen wir sagen: Der Koran weiß nichts vom paradise lost. Er weiß von uns, daß wir vertrieben sind, aber nicht, daß Gott es uns jetzt verschlossen hat. Es ist ihm gar kein Problem, ob irgendjemand dort je wieder wird hingelangen können. Für die Gottesfürchtigen ist es ihm vielmehr problemlos klar: Sie *werden* dorthin gelangen. Unser einziges Paradiesproblem ist, ob wir von Gott für würdig befunden werden, dort aufgenommen zu werden; das hängt allein von uns selbst ab, unserer Bewährung unter Gottes Leiten hier draußen auf Erden, wo wir derzeit »eine Stätte und einen Nießbrauch auf Zeit« haben (7,23 [24]). Geht es nach Gott, so ist zwar unvermeidlich, daß wir hier draußen leben und hier draußen auch werden sterben müssen, aber ebenso klar, daß wir aus ihr, der Erde, hervorgeholt werden sollen (7,24 [25]). Es braucht da niemanden, der erst kommen und die verschlossene Tür zum schönen Paradies aufschließen müßte; wir haben in unserer religiösen Rechtschaffenheit gleichsam selber ein »Sesam, tu dich auf« in der Hand – aber in Wahrheit braucht's auch dies gar nicht, weil nach koranischer Sicht Gott das Paradies nie hinter den vertriebenen Menschen zugeschlossen hat. Es *steht offen.*

Und das ist es, was vom biblischen Paradies *nicht* zu sagen ist. Es ist gründlich verschlossen, und wir sind gründlich, seinsgeschickhaft, vertrieben daraus. Darum spielt für die Bibel beider Testamente eine so große Rolle, ob es einen gäbe, der »die Schlüssel in der Hand« hat (Mt 16,19; Lk 11,52; Offb 3,7; vgl. Jes 22,22) und allenfalls wieder aufschließen könnte. Aber ehe der sich findet

76. Das Lied »Durch Adams Fall ist ganz verderbt« (1524) ist im EG nicht mehr enthalten.

und kommt, müssen wir es erleiden, daß wir vertrieben wurden und Gott uns nun das Paradies verschlossen hat, – muß der Schmerz der Transzendenz uns quälen, den der Koran so nicht zu kennen scheint, weil für ihn Eden doch eher ein positives Ideal ist, seit eh und je *offenstehender* Garten.

Ganz anders im rabbinischen *Judentum.* Es schlägt sich herum mit der Frage: Wo ist nun – nach der Vertreibung – der Freudenort? So wie der vertriebene Mensch dem Paradies abhanden gekommen ist, so das Paradies dem vertriebenen Menschen. Den Schmerz der Transzendenz erleidet er als einen Ortsverlust, und der wird um so schmerzlicher empfunden, als ihn die Frage: »Wo ist der Freudenort« jetzt? nicht loslassen kann. *Geht ihm Raumorientierung verloren, so ist er selbst verloren,* Edenverlust schmerzt wie (und als) ein Selbstverlust. Darum kann diese Frage nicht verstummen. Wir dürfen diesem Menschen nicht vorwerfen, daß er von einer schönen Gabe, einem schönen Traum nicht lassen, nicht vom Wunschprinzip endlich zu einem Realitätsprinzip finden könne. Die Lage des Vertriebenen ist ernster. Die Frage kommt nicht zur Ruhe, weil in Gestalt des verlorenen Paradieses *der Raum ein Existential, eine Seinsbedingung des Menschseins ist,* ohne die der biblische Mensch sich in Irrnis und Wirrnis verliert. Eben deswegen so dringend die Frage: »Wo ist der Freuden Ort?« (EKG 26,4 / EG 35,4).

Die Lehrer des Judentums sehen ihn von der biblischen Bestimmung »ostwärts« immer weiter fortgerückt – weit über jeden von uns zu findenden Horizont hinaus; nur noch bei Sonnenaufgang in aller Frühe können wir aus weitester Ferne etwas ahnen, denn morgens leuchtet die Sonne rot, weil sie da »an den Rosen des Edengartens vorübergeht« und deren Farbe widerspiegelt (b Bava batra 84a). Aber es kann auch geschehen, daß das Paradies jetzt in eine ganz andere Himmelsrichtung verrückt ist: nach Norden (aeth Hen 61,1-4), nach Nordwesten (aeth Hen 70,3), sogar in den äußersten Westen, von Palästina aus gesehen weit jenseits des Mittelmeeres. Die Veränderung der Himmelsrichtungen redet von einer nicht mehr zu behebenden Mißweisung des Kompaß und einer erschütternden *Orientierungskrise.* Immerhin: Auch jetzt noch wird das Paradies auf der Landkarte der Erde gesucht.

Es gibt andere Zeichen der fundamentalen Erschütterung. Eden ist überhaupt nicht mehr auf Erden zu suchen, sondern in Regionen des Himmels (4 Esra 4,8; b Chagiga 15b), speziell im dritten von den sieben Himmeln dieses Weltbildes (Apk des Mose 37,8); der Visionär des slawischen Henoch-Buches erzählt: »Da nahmen mich die beiden (Engel), / trugen mich in den dritten Himmel / und setzten mich hier mitten im Paradiese ab, / an einem wunderschönen Ort« (sl Hen 8,1). Eben dies kann auch so gesagt werden, daß Gott das Paradies nach dem Sündenfall entrückt habe hin zu sich selbst. In der Apokalypse des syrischen Baruch sagt Gott von der künftigen Stadt, die hier mit dem

Paradies in eins gesehen wird: »Ich zeigte sie dem Adam vor dem Sündenfall; / sie ward ihm mit dem Paradies entzogen, / nachdem er gegen das Gebot gefrevelt. / … / So wird sie jetzt *bei mir* bereitgehalten / mitsamt dem Paradies« (syr Bar 4,3.6). Jetzt ist nicht mehr das Paradies der Ort Gottes, sondern umgekehrt: Gott der Ort, makom, des uns verlorenen Paradieses.[77] Es ist bei Gott und in Gott *verborgen.*

Und ist in dieser Verborgenheitsgestalt Ziel apokalyptischer Schaufahrten und mystischer Seelenreisen geworden: vgl. sl Hen 8,1 und b Chagiga 14b ff. In der Welt der Bibel haben Apokalyptik und Mystik *sachlich* viel zu tun mit dem *verlorenen* Paradies, sind mithin als Sündenfallsphänomene, Entzugsphänomene ursprünglicher Diesseits-Jenseits-Einheit zu begreifen.

Doch fragen wir lieber: Was mag die Funktion einer beständigen Verkündigung und Erinnerung an das uns *verloren*gegangene Paradies sein? Warum schweigen die Zeugen davon nicht? Warum beunruhigen sie die Hörer ihrer Predigt anhaltend mit dieser Geschichte? Brauchen wir für unsere Orientierung in der Welt und Geschichte einen negativen terminus a quo, – eine negative Folie eines pessimistischen Weltgefühls, von weltgeschichtlichen Betrachtungen im Zeichen des Unheils? Ist es nötig, die Menschheitsgeschichte als eine eines immer tieferen Verderbens und Falls aus ursprünglicher Unschuld, anfänglich uns und unser Wesen prägenden Glücks zu verstehen? Sollen wir belehrt werden, daß wir so, wie wir uns heute kennen, Geschöpfe eines selbstverschuldeten Schicksals sind?

Gerade in christlicher Theologie wurde das Paradies immer wieder zur Sprache gebracht, um uns klar zu machen, warum es uns in der Welt nur selten einmal gut geht und warum wir so anhaltend mit der Welt und uns unzufriedene Menschen sind, warum wir umgekehrt immer gerne besser von uns denken möchten, als wir sind, – und: warum wir es nicht lassen können, auf eine bessere Welt zu pochen und – sogar – immer wieder einmal Anläufe zu unserer Selbstbesserung zu unternehmen. Wir können nicht bezweifeln, daß die fortgesetzte Paradies-Verkündigung alledem faktisch gedient hat: einem eher *pessimistischen* Bild von der Menschheits- und Weltgeschichte und *zugleich einer obstinaten,* unschlagbaren und unausrottbaren *Sehnsucht* nach einer anderen Wirklichkeit und eigenem Anderssein. Wir wollen ausdrücklich diese Doppelwirkung biblischer Paradies-Verkündigung festhalten: Pessimistische Wirkungen gehören ihr ebenso zu wie optimistisches Wunschdenken. Beides gehört ja auch zur Struktur von Utopie: das Wachhalten eines Wissens um einen Freudenort *und* das Anzünden eines Willen, den nicht zu vergessen, ihm zuzustreben und dafür die eigene Lebensrichtung und, wenn's geht, den Lauf der Welt umzudrehen.

77. Vgl. oben Bd. III der Eschatologie, § 7. B.4., 428-436.441.

Doch sind dies nur *sekundäre* Auswirkungen der in und mit der Bibel kanonisierten, also auch zum Maßstab biblischen Glaubens, Liebens, Hoffens gemachten Paradiesverkündigung. Bleiben wir in der Logik und im Zusammenhang der biblischen Erzählung selbst, so wird die Erinnerung wachgehalten, weil zwar uns die Cherubim mit dem Flammenschwert den Zugang zum Paradies versperren. Aber nirgendwo erzählt die Bibel von einem *zerstörten* Paradies, einer Paradies*katastrophe,* wie sie wohl in der großen Flutgeschichte von einer Weltuntergangskatastrophe erzählt. Das Paradies liegt nicht in Schutt und Asche – wie leider mehr als einmal erzählt wird: daß sein kleines Abbild und großes Urbild, das Erez Jißrael, als verbrannte Erde feindlicher Heere und Gewalten verwüstet dalag. Das Feuer der Engel mit dem Flammenschwert hat nicht den Garten verbrannt. Zwar steht er uns nicht mehr offen – das sieht die Bibel, wie gesagt, anders als der Koran: Aber es ist der Welt und uns doch auch nicht total verloren. Uns *verborgen* – aber doch *nicht* auf ewig *verloren!* Und so unzugänglich es *uns* ist, so doch nicht für alle.

Lehrer Israels meinen zu wissen, daß es einigen Menschen doch auch derzeit seinen Dienst als Gottes Lebensraum tut: den Seelen der Erzmütter und -väter und denen erwählter Gerechter. Der Seher des äthiopischen Henoch-Buches setzte sich irgendwo weit im Nordwesten nieder und: »Dort sah ich die Erzväter / und die Gerechten, die seit Urzeiten dort wohnen« (aeth Hen 70,3-4). In der Apokalypse des Mose wird erzählt, Gott habe sich Adams, des Gebildes seiner Hände, »jetzt« erbarmt; der sechsflügelige Seraph sei geflogen gekommen, habe ihn aufgehoben und ihn zum acherontischen See geführt. Dort habe er ihn dreimal gewaschen zur Reinigung und ihn vor Gottes Angesicht gebracht. Da habe er drei Stunden lang vor Gott gelegen (in der Haltung des hischtachaveh, der Anbetung). Und da habe der Allvater die Hände ausgestreckt, Adam aufgehoben, ihn dem Erzengel Michael übergeben und dem befohlen: »Erheb ihn bis zum dritten Himmel in das Paradies / und laß ihn dort / bis zu dem großen, fürchterlichen Tag, / den ich der Welt noch geben werde« (Apk des Mose 37,5ff).

Überhaupt kann der Garten jetzt heißen »der Garten, wo die Auserwählten und Gerechten wohnen« (aeth Hen 60,8), »und wohin mein Großvater aufgenommen wurde, / der siebte von Adam her, dem ersten Menschen« (ebd.); das ist der vom Erdboden direkt von Gott entrückte Henoch (Gen 5,21ff). Anders als im Koran nimmt hier das Paradies keineswegs jeden Gerechten auf, nur besonders Erwählte. Aber wie auch immer: Das uns verlorene Paradies ist, so wenig es verbrannt wurde, derzeit auch nicht funktionslos. Es *ist* noch das Paradies in der Bestimmung, in der Gott es gepflanzt hat. Und das ist uns ebenso wichtig zu wissen, wie überhaupt seiner erinnert zu werden. Es gibt auch derzeit welche, die läßt Gott auf besondere Weise hineinführen als an ihren Lebensort. So bleibt es *wirklich.*

Dies aber, scheint uns, ist nach biblischer Logik und biblischem Zusammenhang der Grund, weswegen auch nach unserer Vertreibung weiter und weiter vom Paradies zu künden bleibt: *Es gehört zur von Gott geschaffenen Wirklichkeit,* Gott hat es zum Lebensraum der von Eva und Adam repräsentierten Menschheit bestimmt, und er hat auch nach unserer Ausweisung diese Bestimmung nicht etwa zurückgenommen. Gott hält sie aufrecht, und darum gehört sie als Element der von ihm gewollten Wirklichkeit abstrichslos ins Zeugnis vom Worte Gottes hinein. Es gibt keinen Grund, das Paradies aus dem Gedächtnis der Menschen zu streichen. Es gehört nicht *nur* der Vergangenheit an, auch der Gegenwart – erst recht der Zukunft. Denn Gott verheißt, daß er dafür Sorge tragen will, es uns wieder aufzuschließen und so auch unserem Leben als gottgegebenen Lebensraum zu erschließen.

d. »Heut' schleußt er wieder auf die Tür zum schönen Paradeis«

(EKG 21,6 /vgl. EG 27,6)

Aus dem Jesus und seinen Aposteln vorausgehenden Judentum haben wir eine apokalyptische Schrift, die sog. Testamente der zwölf Patriarchen. Im Testament des Patriarchen Levi wird von einem kommenden »neuen Priester« gesprochen, einer Heilszeitgestalt, die wird gleich einem König wie ein Stern am Himmel strahlen, besser: das Licht der Weisheit in ihm (Test L 18,1-3). Von vielen eschatologischen Heilandswerken wird erzählt, auch von Folgendem: »Er selber macht des Paradieses Tor auf, / entfernt das Schwert, das gegen Adam drohte ...« (also: das Flammenschwert) »... und gibt den Heiligen vom Lebensbaum zu essen; / dann ruht der Geist der Heiligkeit auf ihnen« (Test L 18,10-11). Ähnliches hören wir im 4. Esra-Buch, einer Apokalypse, die aus vielen älteren Texten zusammengestellt worden ist (welche z. T. aus vorchristlichen, z. T. aus dem Jesus und seinen Aposteln gleichzeitigen Judentum stammen) und ihre letzte Form gegen 120 n. Chr. erhalten hat. Dort erklingt folgende frohe Botschaft: »Für euch ist ja das Paradies geöffnet, / der Lebensbaum gepflanzt, / die künftige Welt bereitet, / die Seligkeit bereitgestellt, / die Stadt erbaut, / die Heimat auserwählt, / die guten Werke vollendet, / die Weisheit vorbereitet ...« usw. (4 Esra 6 (8),52).

Ein Hauptereignis der Zukunft soll danach eine Wiedereröffnung des Paradieses, der Rückzug der Engel mit dem Flammenschwert, – der freie Weg nach Haus, in die Lebenswelt hinein sein, die Gott in der Frühe der Zeiten, vor allen anderen Werken seiner Hände, als Anfang der Menschheitsgeschichte gepflanzt hat.

Freilich bedarf es, damit das geschehen kann, eines *neuen* Handelns Gottes, eines Heilsgeschehens, das die bisherige Lage der Menschheit von Grund auf verändern muß; eines ebenso einschneidenden Geschehens in der Seinsgeschichte, wie es der Verlust des Paradieses vor unausdenklichen Zeiten war. Die Öffnung der Paradiestore wird ein eschatologisches Ereignis werden, nicht einfach in der Logik und Fluchtlinie von einer angenommenen Urzeit zu einer angenommenen Endzeit liegen und schon gar nicht in der Konsequenz eines uns einsehbaren vernünftigen Wesens Gottes: daß er, was er begonnen hat, doch auch vollenden müsse und daß dies zum inneren Gesetz eines höheren Wesens notwendig müsse hinzugedacht und erwartet werden. Die Tatsache, daß Zeugnisse von einer Toröffnung zum Paradies gerade in apokalyptischen Büchern erhalten sind, entspricht der inneren Sache, von der da die Rede ist. Die Türöffnung gehört zu dem, was uns erst eröffnet werden muß, wir uns nicht aus irgendeiner Logik oder Theologik von selbst errechnen können. Daß es uns im voraus, wenn auch unter dem Siegel apokalyptischer Verschwiegenheit, mitgeteilt wird, hat den Sinn, uns auf ein so unerhörtes, unberechenbares Geschehnis vorzubereiten, aus der Gleichgültigkeit gegenüber dem Lauf der Welt und der Wege Gottes in ihr aufzuwecken und womöglich jetzt schon uns selbst, alle Menschen und die Welt im Schein jener Morgenröte zu erfassen, die fern im Osten die Sonne widerstrahlt, wenn sie dort jeden Morgen am Paradies vorüberzieht.

Es versteht sich, daß die Zeugen im Neuen Testament, wenn sie Jesus geradezu wie einen Lordschlüsselbewahrer schildern, dies im Zusammenhang mit dieser jüdischen Tradition tun.

e. Jesus im Garten

Nicht jeder Garten ist ein Paradies. Aber in unseren Gärten können wir uns die Lippen lecken nach einem Vorgeschmack von Seligkeit. Von Jesus melden die Evangelisten mehr als einmal Gartenaufenthalte, und wir haben Hinweise darauf, daß sie in ihm Paradieserinnerungen erweckt haben.

Er setzt das *Reich Gottes* in Vergleich – und macht es durch sein Vergleichen auch wirklich gleich einem Senfkorn, »das ein Mensch nahm und in seinen Garten legte. Und es wuchs und wurde zum Baum, und die Vögel des Himmels nisteten in seinen Zweigen« (Lk 13,18). Garten – Baum – Zweige – Vögel sind, wie wir hörten (z.B. Ez 31,3-9), wesentliche Paradiesbestimmungen, und so setzt Jesus im Senfkorngleichnis Paradies und Reich in Vergleich.

Gegen das Sorgen erweckt er in der Bergpredigt Paradieserinnerung: »Seht die Vögel des Himmels an! Sie säen nicht und ernten nicht und sammeln nicht in die Scheunen, und euer himmlischer Vater ernährt sie doch« (Mt 6,26), will sagen: Sie haben eine einst allen Geschöpfen Gottes zugeeignete sorgen- und arbeitsfreie Existenzweise bewahrt, und so können sie uns noch heute – wenn wir Augen haben zu sehen – ans uns einst gemeinsame paradiesische Leben erinnern; Jesus will auf ein paradiesgeschichtliches Zeugnis des uns umgebenden Kreaturlebens aufmerksam machen. Auch die Lilien dienen ihm dazu: »Seht die Lilien des Feldes, wie sie wachsen! Sie arbeiten nicht und spinnen nicht; ich sage euch aber, daß auch Salomo in all seiner Pracht nicht gekleidet war wie eine von diesen« (Mt 6,28-29); mehr als Königspracht ist Paradieses-Schönheit (im Gegensatz und doch analog zu Ez 31,8.9), die Natur bewahrt Gedächtnisspuren daran, und Jesus will, daß wir dessen innewerden.

Seine *Einstellung zur Ehescheidung* gewinnt er daraus, daß er das Mann-Frau-Verhältnis zurückdenkt ins Paradies, wie es da angelegt und angefangen war. Die Tora der Ehescheidung nimmt uns, wie wir *jenseits* von Eden innerlich aussehen: herzenshart (Mk 10,5). Aber Jesus möchte uns nicht für immer auf ein Herzensinneres festlegen, das nur noch vom Sein draußen vor den Toren des Paradieses bestimmt ist. Er möchte gerade auch uns heutige Menschen in unseren komplizierten Mann-Frau-Beziehungen ins Rosenlicht des Paradieses zurückholen, will uns hindern, zu resignieren und uns einfach an die Lebensbedingungen auszuliefern, wie sie jetzt sind und unser Inneres prägen. Er wirkt dafür, daß sich gerade in den hoffnungslosesten Alltagsbeziehungen – dennoch! – das Paradies auswirken kann, ihm liegt an dessen lebendiger Wirkung auch jetzt. Wohl sind wir gerade als Männer und Frauen aus Eden vertrieben, aber Jesus will die Glut der Erinnerung in uns aufs neue – und gerade in *dieser* Beziehung – anfachen. Wir müssen dies sehen, wenn wir sein Plädoyer für die unauflösliche Ehe recht begreifen wollen. Sie hat mit Tora-Verschärfung und einer rigideren Moral überhaupt nichts zu tun. Jesu Rat zur unauflöslichen Ehe ist in sich selbst Lebenshauch vom Paradies, einer Einheit und einem Zusammengefügtsein von Frau und Mann, die ein ursprüngliches Glück für beide ist; Jesus nimmt nicht hin, daß wir diese paradiesische Mann-Frau-Einheit vergessen und verlorengeben wollen durch wieviele Risse von Entfremdungen auch immer: etwa der zwischen Eva und Adam gerade in der besonderen Paradiesgeschichte entstandenen, der zum Verlust des Paradieses geführt hat (und über die wir noch sprechen müssen). Jesus nimmt nicht hin, daß die *im Paradies* geschehene Entzweiung von Mann und Frau ihres paradiesischen Zusammenhangs entkleidet und zur Grundlage eines Bildes von einem *nach* der ἀρχὴ κτίσεως »anderen« Mann und einer »anderen« Frau gemacht wird. Was zum Verlust des Paradieses geführt hat, ist doch innerhalb des Paradieses geschehen, und Jesus will nicht, daß, wenn Mann und Frau das Paradies verlassen müssen, sie zugleich damit ihre paradiesische Grundmöglichkeit preisgeben und vergessen. Es ist eins: das Paradies verlieren – ein ganz anderes: dem Paradies abschwören. *Jesus stellt sich dem entgegen, daß wir dem Paradies abschwören.* In ihm ist es lebendig, und es uns lebendig und gegenwärtig zu halten, betrachtet er als ihm gewordenen Auftrag Gottes. Damit zeigt sich seine Einstellung zur Ehescheidung als ein u. E. entscheidender Beitrag zur Utopie-Frage. Was keinen Ort hat, dem ist deswegen noch lange nicht abzuschwören. Jesus stellt sich dem entgegen, mehr noch: lehrt uns, in der noch nicht erlösten Welt dennoch aus der Kraft dessen zu leben, was wir verloren haben und das uns doch von Gott her nicht für immer verloren bleiben soll.

Auf eigentümliche Weise hat nun der Johannesevangelist die *Passionsgeschichte Jesu* als eine erzählt, die *im Garten* spielt: »Und Jesus ging mit seinen Jüngern auf die andere Seite des Baches Kidron, wo ein Garten war, und in diesen trat er mit seinen Jüngern ein«, so beginnt die Erzählung (Joh 18,1). Und endet in 19,41-42: »Es war aber an dem Ort, wo man ihn gekreuzigt hatte, ein Garten und in dem Garten eine neue Gruft, in die noch nie jemand gelegt worden war. Dahin legten sie nun Jesus ...« Diese *Ortsbeziehung der Leidens- und Todesgeschichte Jesu auf zwei Gärten* kommt nicht von ungefähr, nur Johannes hat sie. Die drei synoptischen Evangelisten beschrieben den letzten Wirkungsraum Jesu vor seiner Gefangennahme in beständigem Wechsel zwischen der Stadt Jerusalem, in der er sich tagsüber im Tempel aufhielt, abends aber »verließ er die Stadt« (Mk 11,19), ging hinaus »nach Bethanien und blieb dort über Nacht« (Mt 21,17); Lukas erzählt: »Er lehrte aber die Tage über im Tempel, des Nachts dagegen ging er hinaus und übernachtete an dem Berge, der der Ölberg heißt« (Lk 21,37). Von drei vorstädtischen Aufenthaltsorten Jesu hören wir also aus seiner letzten Zeit: von der Großregion des Ölbergs, – vom Dorf Bethanien, das in dieser Region gelegen ist, – und dann von Gethsamene, einem kleineren Ölberggrundstück, einem χωρίον, einem »Gut« (Mk 14,32) – vielleicht einem Gelände mit einer kleinen Höhle für eine Ölkelter, und womöglich auch geeignet zum Übernachten. Alle diese Orte liegen östlich der Stadt und jenseits des Kidrontals, also dort, wo auch für Johannes die Passionsgeschichte beginnt. Doch keiner der Synoptiker spricht hier von einem »Garten«. Johannes hingegen spricht davon, nennt hier – offenbar willentlich – jedoch nicht die Namen Ölberg oder Bethanien, obgleich er sie kannte (Ölberg: 8,1; Bethanien: 11,1.18; 12,1). Eine gleiche Beobachtung hinsichtlich des Begräbnisortes für Jesus: Die Synoptiker sprachen lediglich von einer Felsengruft des Josef von Arimathia (Mt 27,57-61; Mk 15,42-47; Lk 23,50-56), allein Johannes spricht von einem Ort, τόπος, wo man Jesus gekreuzigt hatte, und da war ein Garten, κῆπος, und in dem Garten, κῆπος, war eine neue Gruft, ein μνημεῖον καινόν (Joh 19,41); Ort – Garten – Garten – Gruft: deutlich ist Garten durch Wiederholung das Leitwort dieser Bestimmung, darauf soll unsere Aufmerksamkeit sich sammeln. Das Leiden Jesu *beginnt* im Garten, es *endet* im Garten. Und zwischendrein wird Petrus ertappt, der »mit Jesus war« – so drücken es die synoptischen Zeugen aus (Mt 26,69-75; Mk 14,66-72; Lk 22,54-62); bei Johannes aber wird er ertappt mit den Worten: »Habe ich dich nicht im Garten mit ihm gesehen?« (Joh 18,26). Das zeigt noch einmal die Wichtigkeit der Gartenbestimmung für Jesus – und ihren Sinn: *Mit Jesus sein heißt: Mit Jesus im Garten sein;* das ist jedenfalls für die Jesus-Verfolger eine wichtige Bestimmung, so sieht man das von außen: Jesus-Gemeinschaft ist Gartengemeinschaft. Und nicht nur von außen sieht es sich so an – Johannes selbst will, daß seine Zuhörer es so sehen, – es ist für ihn ein Kerygma, eine frohe Botschaft, und darum beginnt er seine Erzählung mit den Worten: Und Jesus ging zusammen mit seinen Jüngern hinaus aus der ihm feindlich gesonnenen Stadt, auf die andere Seite des Bachs Kidron, wo ein Garten war, und in diesen trat er ein mit seinen Jüngern: Joh 18,1. Zwei Bestimmungsmomente daran sollten wir wohl beachten: *Erstens:* Der Garten liegt auf der »anderen Seite« des Bachs Kidron; das ist zugleich mit einer Ortsbestimmung auch eine Bestimmung unterschiedlicher Qualitäten; hier die Stadt, aus der man ausziehen muß, dort, am »anderen Ufer« ein Garten, in den man eintreten kann. Der Kidron markiert die Grenze zwischen einem ἐξελθεῖν und einem εἰσηλθεῖν, Auszug und Einzug – eine Bestimmung von starker Symbolkraft, in der kritischen Terminologie von Exodus/Auszug und Landgabe/Einzug. Der Garten ist das Land, in das Jesus einziehen kann, wenn er aus der ihm feindlich gesonnenen Stadt ausziehen muß. *Zweitens.* Johannes betont offensichtlich mit Fleiß, daß der Garten der Ort ist, in den er einzieht σὺν τοῖς μαθηταῖς, zusammen mit seinen Schülern, – nicht nur er allein, sondern: αὐτὸς καὶ οἱ μαθηταὶ αὐτοῦ, heißt es sofort ein zweites Mal. So ist der Garten ein Ort, an dem sich Lehrer-Schüler-Beziehung verwirklichen kann – im Unterschied zur Stadt, in der die Seinen ihn nicht aufnehmen und die Lehre sich nur als Streitlehre entfalten kann. Mithin ist Garten also auch Ort gelingender Lehr-, Lern- und Lebensgemeinschaft.

Nur dies vorausgesetzt, begreifen wir die Tragödie, die im Garten geschieht. Die Synoptiker sehen dort Gott und Jesus miteinander kämpfen um die Abwendbarkeit oder Unabwendbarkeit des Todesweges – währenddessen die Jünger schlafen und schlafen und schlafen, nichts sehen, nichts hören, nichts lernen, geschweige denn: die Gemeinschaft halten. Johannes hat diese Begebenheiten nicht, weder im Garten noch irgendwo anders. Bei ihm konzentriert sich die Szene im Garten auf die Gefangennahme: Jesu Herausgerissenwerden aus dem Garten, seine Vertreibung aus seinem Paradies. Dies dürfte für Johannes der Verkündigungssinn der Gartenortung des ganzen Passionsgeschehens sein. Jesu Weg in den Tod ist eine besondere Gestalt seiner Vertreibung aus dem Paradies, nicht zwar durch irgendeine eigene Schuld, aber doch auch durch einen Riß zwischen Mensch und Menschen. Unheilvoll heißt es ja von Anfang an: »Aber auch Judas, der ihn verraten wollte, wußte den Ort; denn Jesus war dort oft mit seinen Jüngern zusammen« (Joh 18,2). Der Garten, der zum Zusammensein bestimmt war, wird zum Ort des Verrats gerade am Zusammensein – wie er denn ja auch alsbald zum Garten der Verleugnung wird: »Habe ich dich nicht im Garten bei ihm gesehen? Da leugnete Petrus wiederum« (Joh 18,26f.).

Und doch geht über alledem der Garten selbst nicht verloren. Jesu *Kreuzigungsort* ist nach Johannes noch einmal ein Garten: ἦν δὲ ἐν τῷ τόπῳ ὅπου ἐσταυρώθη κῆπος. Und in eben diesem Garten bestatten sie ihn auch (Joh 19,41). Es ist nicht der gleiche Garten – aber Garten immer wieder und immer noch. Im Grunde aber rücken die diversen Gärten des Leidens Jesu dem vierten Evangelisten zu einem einzigen Garten zusammen, zu einem Paradies eben als dem Ort der Heilsgeschichte, die Jesus zu aller Menschen Gunsten leidet und lebt. Zum Paradies gehört auch hier die Doppelwertigkeit, die es überall in der Bibel hat: Lebensraum Gottes für Menschen und zugleich Ort des zerrissenen und zerreißenden Lebens.

Daß wir mit dieser Lesart dem Johannesevangelisten nicht zu nahe treten, ergibt sich aus den gerade bei ihm sich sammelnden übrigen Paradies-Motiven. Jesus gibt »lebendiges Wassser« (Joh 4,10), wer es trinkt, wird nie wieder dürsten (Joh 4,14); mehr noch: Sein Lebenswasser wird in denen, die es trinken, selbst zu einer Quelle von Wasser, das sprudelt, um ewiges Leben zu spenden (Joh 4,14). Im gleichen Sinne heißt es 7,38: »Wer an mich glaubt, aus dessen Leibe werden ... Ströme lebendigen Wassers fließen«. Hier ist Jesus selbst zum Paradies geworden und macht die Seinen zu Quellorten des Paradiesstromes, von dessen Fließen alle Bereiche der Wirklichkeit belebt werden. Das ist in der Denkform der Personalisierung des Paradieses gedacht, die wir schon aus Ez 31 kennen, wo der Pharao von Ägypten ein Paradies in Person war. Jedenfalls können wir bei Johannes von einer *Paradies-Christologie* sprechen, in der Jesus als ein Paradiesmensch verkündigt wird, in dem das Paradies nicht erlischt, sondern sich in belebende Erinnerung bringt. Dabei werden die Schmerzen des verlorenen Paradieses nicht überspielt, im Gegenteil: Daß nach dieser Schilderung ausgerechnet die *Passions*geschichte Jesu im Paradies sich ereignet, verhindert irgend eine ideologische Paradies-Utopie von Jesus. In seinem Leiden und Sterben geht das Paradies gerade nicht verloren, uns erreicht das Wort von diesem Jesus bis heute aus dem Paradies.

Uns – wie jenen ihm zur Linken mitgekreuzigten Zeloten, dem er verhieß (Lk 23,43): »Wahrlich, ich sage dir: Heute wirst du mit mir im Paradiese sein« – gerade am Kreuz tut Jesus es dem mit ihm Leidenden auf.

Und so ist auch das wohl nicht einfach ein Mißverständnis, wenn Maria Magadalena den ihr vor der Gruft begegnenden auferweckten Jesus für – den Gärtner hielt (Joh 20,15). Wie sollte an *diesem* Ort, wie Johannes ihn gesehen hat – am Ort »Garten« – Jesus anders erscheinen als im Bild eines an diesen Ort gehörenden und in seinem Aussehen und Wesen dem Ort entsprechenden Menschen, also eines Gärtners – ein orts-üblicher Hoheitsname Jesu in einer Paradies-Christologie.

f. Menschen im Garten

Ein biblischer Ort ist immer *Ort eines Geschehens.* Hatten wir es bei dem Versuch, eine Utopie in die Eschatologie einzuführen, bisher nötig, dafür eine relative Selbständigkeit der Kategorie des Raumes zurückzugewinnen und sie von der Übermacht der alles verschlingenden Zeit-Kategorie zu befreien, müssen wir nun doch auch wieder eine umgekehrte Bewegung vollziehen. Gerade in der Bibel ist Raum immer nur *Geschichts-Raum.* Dort kennt man z.B. überhaupt nicht das Raum-Erlebnis unserer Romantiker: die Versenkung in Landschaftsbetrachtung und eine Daseinsreflexion aus Raum-Gefühlen: sei es des Universum, – sei es des gestirnten Himmels über mir, – sei es der Täler weit und Höhen und des schönen grünen Waldes. Das Sein des biblischen Menschen läßt sich in keinem Sinn als ein Sein in der Betrachtung, nur als ein Sein in der Tat beschreiben, und so kennt er Raum auch nur als Handlungsraum.

Dies gilt erst recht für den Ur-Raum des Paradieses. Wohl ist es auch ein für die Anschauung schöner, in-die-Augen-fallender Ort. Aber *das* macht ihn nicht unvergeßlich. In Erinnerung bleibt das Paradies wegen der in ihm spielenden *Geschichte,* und eine Zukunftsaussicht bewahrt er ebenfalls wegen der Urgeschichte, für die es den Raum gibt.

Die eine urgeschichtliche Menschheitserzählung der Zeugen des ersten Buches unserer Bibel bietet drei fundamentale Aspekte. Was Menschsein heißt, wird in drei menschlichen Beziehungsgeschichten erzählt. Wesentliches Menschsein ereignet sich in den Beziehungsgeschichten zwischen Adam und Eva: Männern und Frauen. Es ereignet sich in den Beziehungsgeschichten zwischen Kain und Abel: Brüdern, Geschwistern. Es ereignet sich schließlich in den Beziehungsgeschichten zwischen dem Menschen und seinem Arbeitsgenossen (Gen 11,3), wenn und indem sie gemeinsam darangehen, eine Stadt zu bauen und einen Turm zu errichten. Urgeschichten sind dies, weil sie für die Menschen aller Zeiten und Kulturen ur*typische* Geschichten sind. Wir läsen die Erzählungen von Gen 1 – 11 nicht biblisch sinngemäß, wenn wir sie (etwa im Sinne eines »heilsgeschichtlichen« Zeitschemas) als erste, früheste Epoche der Menschheitsgeschichte läsen, die danach von anderen Epochen abgelöst worden wäre. In diesem Sinne zielgerichtete Geschichte wird erst von Gen 12 und der Berufung Abrahams an erzählt. Die Urgeschichte erzählt dagegen von einer Menschheitsgeschichte, deren Grundfiguren sich in *aller* Geschichte, von der danach erzählt wird, wiedererkennen lassen. Wir können sagen: Die *Urgeschichte* zwischen Mann und Frau, Bruder und Bruder, Arbeiter und Genossen ist *Ecce-homo-Geschichte:* Seht, das ist der Mensch, besser: die Menschheit; was wir in diesen Erzählungen erfahren, ist die *Grundverfassung des Menschenwesens* und also auch irgendwie die Unruhe in aller anderen, sonst noch zu erzählenden

Geschichte. *Alle* Geschichte ist von Haus aus und immer Beziehungsgeschichte und zu erzählen und zu begreifen immer nur als *Geschichte von zueinander gehörenden Paaren:* Männern und Frauen, Brüdern und Geschwistern, Arbeitern und Arbeitern, Juden und Griechen, Sklaven und Freien, Hohen und Niedrigen, dem Gott Israels und den Gottheiten anderer Völker, dem Vater und dem Sohne. *Kein Einzelner hat Geschichte. Geschichte ist immer nur eine von aufeinander und gegeneinander bezogenen Paaren und Gruppen und Leben.*

Aber nun gehört als weiteres Bestimmungsmoment auch dazu, daß *jede Beziehungsgeschichte ihren je eigenen Ort und Raum* hat: die von Frauen und Männern im *Paradies,* – die der Brüder Kain und Abel auf dem *Acker,* – die des Arbeiters und seines Genossen auf den *Baugerüsten* des Städte- und Turmbaus, – die der Juden und Griechen im *Land* und auf den *Inseln,* – die der Sklaven und Freien im *Haus* und auf den *Marktplätzen,* – die der Hohen und Niedrigen auf den *Thronen* und im *Staub* unter den Fußschemeln der Throne, – die des Gottes Israels und der Gottheiten der Völker in der *Geschichte* der Fürstentümer, Mächte und Gewalten, – die des Vaters und des Sohnes: *wie im Himmel also auch auf Erden.* Fragen wir nach einem Sinn dieser (uns fremd scheinenden) *lokalen Dimension aller Beziehungsgeschichten,* also aller biblisch verstandener Geschichte, so gelten zwei Beobachtungen. *Erstens:* Die Räume bestimmen ein Geschehen mit. Ohne die Bäume im Garten Eden keine Zuspitzung der Mann-Frau-Beziehungen dortselbst. Ohne den Acker, der *einem* Bruder Raum für den Schäferberuf, dem *anderen* für den Bauernberuf gibt, keine Krise und Zerstörung ihrer Bruderschaft. Ohne Fundstelle von zu Ziegeln brennbarem Erdboden und als Bindemittel brauchbarem Ton in der Ebene des Landes Schinear (Gen 11,2-3) keine kulturellen Menschheitseinungsversuche, also: keine katastrophal ausgehenden Städte- und Turmbau-Versuche dortselbst. Ohne Erez Jißrael keine Geschichte zwischen dem Volk und den Völkern. Ohne Gott als Ort der Welt keine Welt (sondern bestenfalls Einzelne) im Streit um Gott.

Zweitens. Immer wird der spezifische Lebensraum in Mitleidenschaft von der jeweiligen Menschheitsgeschichte gezogen. Der Garten Eden – plötzlich menschenleer, – der Acker: plötzlich statt von Regen von Blut getränkt, – der Stadtbauversuch im Lande Schinear: »Sie ließen ab, die Stadt zu bauen« (Gen 11,8) – eine Gründungsruine bleibt zurück, – Erez Jißrael – ohne Volk Jißrael, – die Welt – nicht mehr geortet in Gott. Es läßt sich sagen, daß die lokalen Verhältnisse Verhalten mitbedingen, – aber auch Verhalten lokale Verhältnisse gestalten oder zerstören kann. Wie auch immer: *Biblische Geschichte ist immer auch Lokalgeschichte* und der Ort eines Geschehens mehr als ein Schau-Platz, mehr als nur theatrum, Szene für das Geschehen: *Der Ort spielt mit.*

Dies vorausgesetzt, sprechen wir nun von der Paradies-Geschichte, – der *an* diesem spezifischen Ort sich ereignenden und *von* den spezifischen Bedingungen dieses Ortes mitbestimmten Geschichte, die am Ende diesen Ort in ihre Unvergeßlichkeit hineinzieht.

Es ist dies die Geschichte der Menschen im Garten. Und sie ist zuerst die Geschichte im Eden der Verheißung, die dann die Geschichte wird, in der die beiden Menschheitsrepräsentanten Adam und Eva *aus der Verheißung eine Utopie* machen.

Die Grenze zwischen Verheißung und Utopie läuft in der Garten-Eden-Erzählung zwischen dem zweiten und dritten Kapitel unseres ersten Bibelbuchs.

Im *Eden der Verheißung* geschieht es, daß Gott den Menschen, den er gebildet hatte aus der zur fruchtbaren adama verwandelten erez (Gen 2,7), nahm »und setzte ihn in den Garten Eden« (2,15). Das ist Bericht von einem ersten geschichtlichen *Widerfahrnis* im Leben des von Gott geschaffenen Menschen. Eden ist mithin nicht etwa der Urort des zum Leben gekommenen Menschen. Unser Urort war vielmehr der aus Erde zum Acker verwandelte Boden. Dort hatten wir unseren Platz, noch ehe Gott auf eben dem Acker, aus dem er uns gemacht hatte, das Paradies pflanzte. Erst nachdem er es gepflanzt hatte, nahm er uns fort von unserem Ursprungsort und setzte uns in den Garten.

Ein erster Raumwechsel in der Menschheitserfahrung! Nicht von Hause aus gehören wir ins Paradies, sind nicht ursprüngliche Paradiesmenschen. Dazu werden wir erst durch ein besonderes Handeln Gottes, und es ist erstes *Gnaden*handeln.

Der Gnadenerweis zeigt sich besonders darin, daß er uns ins Paradies versetzt, damit wir »den Garten Eden bebauen und bewahren«: le ovdach u le schomrach (2,15). Als seine *Mitarbeiter* holt Gott uns nach Eden: cooperatores Dei. Eden soll uns Menschen kein Ort der Muße und Genüsse sein, sondern Ort unseres Seins in der Tat. Wir erhalten dort eine Doppelaufgabe, sollen Eden »bedienen und hüten« (Buber). Das hebräische Wort für »bedienen« klingt mehrschichtig, bezeichnet richtige Gärtner- und Landarbeitertätigkeit, im Gärtner dürfen wir den menschheitlichen Urberuf sehen – jedenfalls der Bestimmung Gottes nach. Mit dem gleichen Wort – avoda – spricht das jüdische Volk aber auch vom Gottesdienst, vom Liebeswerk, mit dem wir Gott antworten, zu ihm beten, ihn loben und ihm danken. Beide Momente bilden in Gen 2,15 eine Einheit: Den Garten »bedienen« als Gärtner und Gott »dienen« als ihrem Schöpfer dankbare Menschen, ist ein Ganzes, wir bewähren es nicht nacheinander in zwei Arbeitsschritten: erst arbeiten, dann beten; wir tun das eine im anderen. So eng sind Gott und dieser Lebensraum, in den er uns versetzt, miteinander verflochten. Gott ist Raum gebende Wirklichkeit und zugleich beansprucht er uns für sich in diesem Raum. Jedenfalls: ora et labora sind Weisungen, die in dem Wort »bedienen« enthalten sind.

Das andere Wort sagt, daß wir den Garten »hüten« sollen. Das meint eine Wachdienstaufgabe, die eines Flur- oder Waldhüters vielleicht, der das Areal schützen soll vor Wilderern, Brandstiftern, Einbruch von Baum- und Pflanzungs-zerstörenden Kräften. Das Wort »hüten« bezeichnet am Ende der Paradieserzählung, Gen 3,24, die Aufgabe der Cherubim, die östlich vom Garten Eden sich lagern und mit dem Flammenschwert den Weg zum Baum des Lebens »hüten«, d.h. Unbefugten den Zutritt verwehren; zu einer vergleichbaren Bewachungsaufgabe hat Gott Adam berufen, als er ihn nahm und in den Garten Eden setzte. Der Mensch wird ins Paradies versetzt, und Gott übergibt ihm eine Verantwortung für Pflege und Schutz dieses Stücks neuen Lebensraums. Das ist etwas ungemein Verheißungsvolles. Der Mensch im Paradies ist nicht als behütetes, gar verhätscheltes Kind gesehen, sondern als erwachsener, tätiger Mensch, gewürdigt, als Gottes Mitarbeiter dort handeln zu können.

Diese Mitarbeiter- und Verantwortungsstruktur wird nun im nächsten Vers gut biblisch als eine *Tora-Beziehung* zwischen Gott und Adam vertieft und dargetan. »ER, Gott, gebot über den Menschen und sprach ...«, va jizav adonai elohim al-ha-adam lemor (2,16). Gott bindet den Menschen im Paradies an sich durch eine mizva, eine Weisung. Die Tora und ihre mizvot sind, wie wir wissen, die tiefsten Bindungen, in denen Gott und Menschen sich aneinander festmachen und aneinander festhalten, sind in der Welt der Bibel das Ferment der Religion schlechthin. Daß Gott über den Menschen gebot, ist die Stiftung ihrer Gemeinschaft. In mizva-Bindung sind Gott und Mensch im Paradies beieinander, beiderseits von innen her: Gott sich als Gebieter den Menschen zuwendend, der Mensch sich als Empfänger des Gebots an Gott bewährend.

Das *erste Paradiesgebot ist rein positiv,* Gebot einer freien Gewährung: »Von allen Bäumen des Gartens magst essen du, essen«: mikol ez-ha-gan achol tochel (2,16). Das emphatische »magst essen du, essen« gibt den Ton an. Alle Bäume des Gartens – also das, was den pardess ausmacht – stehen uns Menschen frei zum vollen Genuß, dies erste Gebot ist also ein Gebot uneingeschränkter *Freiheit.* Der Mensch im Garten steht unter der Gewährung der Freiheit Gottes, und sie ist Weisung: Gott *will* uns im Garten frei. Die Fortsetzung dieser allerersten mizva lautet dann (2,17): »... aber vom Baum der Erkenntnis von Gut und Böse, / von dem sollst du nicht essen ...«. Wir würden dies nicht zutreffend deuten, wenn wir es als Einschränkung des ersten Gebots der Freiheit verstünden. Es schränkt nicht ein, sondern *konkretisiert,* was es heißt: »Von allen Bäumen des Gartens magst essen du, essen ...« – von allen, nur von dem einen nicht. Dieser eine ist die Grenze, von der her alle anderen Bäume, ausnahmslos wirklich *alle,* uns zum freien Gebrauch zur Verfügung stehen. Das Tabu um den Baum der Erkenntnis des Guten und Bösen bildet *nicht* die Ausnahme von der Regel, sondern ist die Regel des freien Gebrauchs ausnahmslos aller anderen Bäume des Paradieses – das, was die Freiheit zur Freiheit macht und vor Willkür und Beliebigkeit schützt. Daß wir wirklich »alles« dürfen ist eine *konkrete* Bestimmung nur von daher, daß wir *eines nicht* dürfen.

Was ist das Regulierende des einen Baumes, von dem wir nicht essen sollen, im Verhältnis zu allen Bäumen, von denen wir essen dürfen? Wohl zu beachten ist, daß wir es hier mit einer *inhaltlichen* Bestimmung zu tun bekommen, nicht mit einer nur formalen: daß Gott es halt nicht will. Der eine uns verwehrte Baum markiert die *Grenze zwischen Leben und Sterben:* »Am Tag, da du von ihm issest, mußt sterben du, sterben« (Gen 2,17). Der Emphase der Gewährung: »magst essen du, essen« entspricht hier eine Emphase der Verweigerung: »mußt sterben du, sterben«. Gott gibt den Menschen im Paradies damit die *Lebensregel* als Regel für all ihr Verhalten. Aber Leben statt Sterben ist keineswegs nur Regel dieses Ortes, als wäre Unsterblichkeit ein besonderes Kennzeichen paradiesischer Existenz; vielmehr ist sie die Grundregel der Gott und Menschen miteinander von innen her verbindenden und verbündenden Tora. Immer gibt Gott uns die Gebote der Tora, daß wir, sie tuend, das Leben wählen und so am Leben bleiben (Dtn 30,19). Sachlich dasselbe kann auch prohibitiv ausgedrückt werden: Gott bindet uns an sein Gebot, daß wir es mit seiner Hilfe vermeiden, sterben zu müssen, was uns unvermeidlich drohte, wenn wir seine Weisung mißachteten. An der Differenz zwischen den vielen Bäumen, von denen wir essen dürfen, und dem einen, von dem nicht, läuft also die Grenze zwischen Leben und Sterben entlang. Gott will, daß alle die Bäume des Gartens für uns Lebensbäume seien.

Nachdem er den Menschen so an sich, sein Gebot und damit ans Leben und ins Leben gebunden hat, kümmert er sich nun um eine zweite Seite des Beziehungswesens Mensch. Dessen Beziehung zu Gott hatte er begründet durch das Gebot, nun sucht er nach einer anderen Beziehungsmöglichkeit des Wesens Mensch und spricht: lo-tov heejot ha-adam levado, »Nicht gut ist, daß der Mensch allein sei« (2,18a). Das ist *Gottes Grundsatz für eine Wesensbestimmung von Mensch;* Mensch nur an-und-für-sich ist nicht gut. Und gut ist in Gottes Augen auch noch nicht ein Mensch, wenn er allein mit Gott in Beziehung lebt. Er bedarf nach Gottes Bild vom Menschen eines »Gegenparts«, eines Gegenübers, eines Wesens, mit dem er beständig von Angesicht zu Angesicht leben und kommunizieren kann. Eine zweite Bestimmung sagt dasselbe noch einmal anders: Der Mensch braucht eine »Hilfe«, eser. »Hilfe« und »Gegenpart« legen einander aus. Dem Menschen hilft nicht sein eigener Abklatsch; mag sein, daß er sich mit seinem eigenen Abklatsch besonders gut fühlen könnte – narzistisch. Aber das wäre nicht »gut« in den Augen Gottes. In der Sicht Gottes ist dem Menschen gut, wenn er einen Gegenspieler hat, erst an einem Anderen werde ich lebendig und menschlich, nicht an meinesgleichen. Die Zürcher Übersetzung verdrängt diesen wesentlichen Sinn der Gottesbestimmung des Menschen, indem sie sagt,

Gott wolle dem Menschen eine Hilfe machen, »die zu ihm paßt« (Gen 2,18 Zürich). Das könnte uns so passen! Doch gerade das hat Gott nicht gemeint, er denkt an ein »Gegenüber« des Menschen, an ein Wesen »Gegenpart« (Gen 2,18 Buber) – dem Menschen in seinen Beziehungen zur Mit-Kreatur so »Gegenpart«, wie er in seinen Beziehungen zu Gott den ganz Anderen und Gegenpart seiner selbst hat. Beziehungswesen ist der Mensch als doppelte Gegenpartie: zu Gott und anderer Kreatur.

Luther hat unseren Vers gegenüber seinem hebräischen Urlaut ganz besonders schlimm entstellt; er hat hier Gott nämlich sagen hören: »Ich will ihm eine Gehilfin machen, die um ihn sei«. Das ist gleich doppelt falsch, denn von der Frau des Mannes ist weder im Wortlaut des Verses noch in seinem Kontext schon die Rede; das erste, was Gott macht, nachdem er gesagt hatte: »Ich will dem Menschen eine Hilfe machen«, ist gar nicht die Menschenfrau, sind vielmehr die Tiere des Feldes und alle Vögel des Himmels. Und die Hilfe, »die um ihn sei«, ist ein allzu gemütliches und bürgerliches Bild von der Frau, die ständig um den Mann besorgt, bemüht, aufmerksam ist und der in *dieser* Übersetzung die Rolle eines freien Gegenparts zum Mann gar nicht in den Sinn kommen könnte. Gelobt sei darum das Hebräische! Gott hat das Beziehungswesen Mensch nach seiner kreatürlichen Seite hin gar nicht sofort, also auch nicht primär als Mann-Frau-, sondern als Mensch-Tier-Verhältnis bestimmt und hat dem Menschen Tiere als Gegenpart, aber nicht Frauen als Männerhelfer gegeben.

»ER, Gott, bildete aus dem Acker (aus der Adama) alles Lebendige des Feldes (wozu – das sei hier schon bemerkt – auch die Schlange gehört) und allen Vogel des Himmels« (2,19). Und nachdem wir dies erzählt bekommen haben, hören wir nun, was im Verhältnis von Mensch und Tieren »Gegenpart« heißt: nicht etwa jene »Feindschaft« zwischen Mensch und Tier, die Gott erst später im Verhältnis von Schlange und Mensch fügen wird (3,15), vielmehr: »und brachte sie zum Menschen, zu sehn wie er ihnen rufe, / und wie alles der Mensch einem rufe, als einem lebenden Wesen, das sei sein Name« (2,19). »Gegenpart« sind die von Gott geschaffenen Tiere dem Menschen darin, daß er den Kreaturen ihre Namenlosigkeit, ihre Anonymität nehmen darf und soll. Unser Text sagt uns genau, welche Aufgabe Gott den Menschen damit zugewiesen hat: Sie sollen den Gotteskreaturen laut einen Namen zurufen, und im Zurufen der Namen durch die Menschen sollen die Kreaturen werden zur nephesch chajjah, zur lebenden Seele, zu lebendem Wesen. Eine ganz außerordentliche Aufgabe der menschlichen Mitarbeiterschaft Gottes! Wir sollen an den nichtmenschlichen Kreaturen tun, was der Schöpfergott getan hatte, als er zuerst den Menschen bildete, Staub vom Acker, und als er danach Hauch des Lebens in die Nasenlöcher dieses adama-Gebildes blies, »und der Mensch wurde le nephesch chajjah, zum lebenden Wesen« (2,7). Will sagen: Wie Gott den Menschen aus Adamastoff zu lebendem Wesen durch den Lebenshauch seines Mundes machte, so soll jetzt der Mensch die von Gott aus Adamastoff geformten Tiere zu lebenden Wesen machen, zwar nicht durch Lebenshauch seines Mundes, aber durch lautes Rufen eines Namens – was ja auch eine Tätigkeit des Mundes ist. Lebende Wesen sind Kreaturen erst, wenn sie *sozial* der Menschenwelt zugesellt sind und in der Sprache menschlich kommunizierbarer Namen einen Platz zugerufen bekommen haben. Namen- und also sprachlose Wirklichkeiten sind keine lebendigen Wesen, sind unbeseelt und noch unwirklich. Auch die Geburt neugeborener Menschenkinder ist nach der Bibel erst abgeschlossen darin, daß der Vater den Namen des Kindes laut ausruft und den neuen Menschen damit in die öffentliche, soziale, also sprachliche Kommunikation einführt. Und nun hat Gott den Menschen in den Schöpfungsprozeß der nichtmenschlichen Kreatur dadurch einbezogen, daß er ihm das Recht der Namengebung zugestanden, damit aber auch das Recht zuerkannt hat, aus seinen Adamakreaturen lebende Wesen zu schaffen. Der Mensch als Mitarbeiter Gottes im Garten wird dadurch zum *Mitschöpfer* berufen. Und Gott brachte »alles Lebendige des Feldes und allen Vogel des Himmels« »zum Menschen, zu sehn wie er ihnen rufe«. Er ist neugierig, wie der Mensch den Tieren rufe – Ausdruck für die Freiheit, die er darin den Menschen gibt. Daß der Mensch sich in dieser Schöpferaufgabe aber ernstgenommen wissen dürfe, zeigt Gott in seiner Entscheidung: »und wie alles der Mensch einem rufe, als einem lebenden Wesen, das sei sein Name«. Name ist nicht Schall und Rauch, Namengebung kein Sprachspiel. Gott wird die Namen, die der Mensch finden wird, als *Wesen* der so benannten Kreaturen bestätigen. »Gegenpart« sind die Tiere dem Menschen also darin, daß Gott sie den Menschen zuführt und ihr Wesen abhängen läßt von den Namen, die die Menschen für die Kreaturen finden.

Die Erzählung führt uns weiter. »Gegenpart« fand Gott dem Menschen *unter den Tieren.* Nicht aber fand Gott »Gegenpart« dem Menschen *unter den Menschen.* »Aber für einen Menschen erfand sich keine Hilfe, ihm Gegenpart« (2,20: Buber). Das heißt: Gott hatte dem Menschen noch keinen Menschen als Gegenpart zugeführt, nur erst Tiere. Die folgende Erzählung erzählt, daß und wie Gott das nun tun wird, abgekürzt und abstrahierend gesagt: Wie er den Menschen nach einer dritten Seite hin zu einem Beziehungswesen macht; zuerst hatte er das Beziehungswesen Mensch auf Gott hin bezogen durch sein Gebieten, – dann auf die Tiere durch die Aufgabe, ihre Namen zu rufen. Und nun soll eine dritte Beziehungsweise des Wesens Mensch begründet werden.

Zwei Entscheidungen sind durch die Sprache der Erzählung schon im voraus gefallen. Im Bezug auf einen Menschen fehlt, was in bezug auf die Tiere schon gewonnen war: »Hilfe« und »Gegenpart«. Wenn jetzt dem Menschen noch eine menschliche Beziehung erschlossen werden soll, dann grundsätzlich in keinem anderen, sondern im gleichen Sinn, in dem das im Bezug Gottes auf den Menschen und im Bezug des Menschen auf die Tiere zuvor schon gefunden war: »Hilfe« auch hier also als Mithilfe beim gemeinsamen menschlichen Wirken im Garten, – beim Bedienen und Behüten, – dann beim Rufen der Namen und der menschlichen Sozialisation aller Kreatur; und »Gegenpart« im Sinne jener schöpferischen Rufkraft, die es vermag, Kreatur zu lebenden Wesen zu machen, sie zu beseelen. Um das wird es in dem gehen, was folgt – nicht hingegen um jene Bemutterung des Mannes durch den neuen, kommenden Menschen.

Was sich für einen Menschen bisher nicht fand, geht Gott nun finden. »Er senkte auf den Menschen Betäubung, daß er entschlief« (2,21). Mit dem notorischen Abschlaffen nach dem männlichen Orgasmus hat das nichts zu tun. Gott läßt den Menschen nicht in einen sexuellen Erschöpfungsschlaf, sondern in einen Betäubungsschlaf versinken, einen, in dem Adam ganz bewegungslos, wie gefesselt daliegt, jeder Kraft beraubt; was jetzt geschieht, kann unmöglich mehr »aus Blut noch aus Fleischeswillen noch aus Manneswillen« geschehn (Joh 1,13), sondern nur »aus Gott«. Es wird erzählt: Gott »nahm«, Gott »baute«, Gott »brachte«. Wie er den Menschen »nahm« und setzte ihn in den Garten von Eden (2,15), so »nahm« er jetzt von des Menschen Rippen (2,21); wie er den Menschen »bildete«, Staub vom Acker (2,7), so »baute« er jetzt die Rippe, die er vom Menschen nahm, zu einem Weibe (2,22). Und wie Gott alles Lebendige des Feldes und allen Vogel des Himmels zum Menschen »brachte«, so »brachte« er auch jetzt seine neueste Kreation zum Menschen – ganz offensichtlich in gleicher Neugier, »zu sehn wie er sie rufe« (2,19). Die Gleichheit der Tätigkeitsworte – Gott »nahm«, »bildete«, »brachte« – hält uns gewollt im Zusammenhang der bisherigen Erzählung fest, in der es um das Entstehen des Beziehungswesens Mensch geht, dem Wesen von »Hilfe« und »Gegenpart«.

In diesem Sinne spricht jetzt der Mensch: »Diesmal ist sie's!« (2,23a). Samson Raphael Hirsch beschreibt den Sinn dieses Freudenrufes m. E. zutreffend: »Gesucht habe ich unter allen Wesen, habe aber keines gefunden, das mir einen Teil meiner Aufgabe abnehme und ihn mir parallel trage; jetzt habe ichs gefunden« (z. St.)[78]. Will sagen: Die neu entstehende Beziehung ist gemeinsame Beziehung nun beider Menschen auf den Willen, die mizva, Gottes und damit ihrer beider Bestimmung zur Mitarbeiterschaft und zum Mitschöpfertum mit ihm. Nicht soll die Frau dem *Mann* helfen, sie beide sollen *Gott* helfen. Sie beide: Mensch und Mensch, Bein und Gebein, Fleisch und Fleisch.

An der *Rezeptions*geschichte dieser Worte hängt die Last patriarchalischer Ableitung der Frau vom Manne, damit ihrer Inferiorität gegenüber dem Mann.

78. S. R. Hirsch, Der Pentateuch, übers. u. erläutert, Erster Teil: Die Genesis (1867), ^{2}1883, 59. Ebenso auch in ^{6}1920, 3. Neuaufl. 1996.

Aber das ist Rezeption, nicht Text. Die Frau wird im Text dem Mann gleich ursprünglich als ein Geschöpf Gottes gezeigt. Wie er ihn »gebildet«, so hat er sie »gebaut«. Freilich in der Differenz: Ihn hat er gebildet aus »Staub vom Acker«, sie gebaut aus anderem Stoff: *Mensch vom Menschen,* – den Mann aus Ungleichem, die Frau: Gleiche aus Gleichem. Keine Differenz zwischen Wert und Unwert oder Wert und Mehrwert; wer wollte im Staub höheren Wert erblicken als im Menschen-vom-Menschen? Stoff-Spekulationen liegen nicht im Sinne dieser Erzählung.

Wie Gott alle bisherige Kreatur zum Menschen brachte, damit er schöpferisch und schaffend für sie einen Namen finde, so auch hier. Gott baut – und der Mensch belebt durch Rufen. »Die sei gerufen / Ischa, Weib, / denn vom Isch, vom Manne, ist die genommen« (2,23b). Der Mensch findet keinen anderen, besseren Namen für den neuen Menschen als seinen eigenen, nur mit dem kleinen Unterschied, daß er den Namen jetzt nicht im grammatischen Maskulinum, Isch, sondern im grammatischen Femininum, Ischa, ruft. Und beides zählt: die grammatische Differenz und die Unerfindlichkeit eines besseren als des Menschennamen für den neuen Menschen. Es ist nicht so, daß der Mann der Mensch ist und die Frau Mensch nur abgeleitet vom Manne; so haben es die Jahrtausende entstellt. Vielmehr der Mensch ist er, der Mann, ist sie, die Frau, und in Wirklichkeit sind sie beide zusammen der Mensch; »Mensch« ist ein Dual.

Und wie läuft nun diese dritte Beziehung, in der der Mensch ein Beziehungswesen wird? Patriarchalisch ging es so, daß die Frau zum Manne lief, ihm zur Hilfe bestimmt wurde. Hier gehts gerade umgekehrt: Er läuft zu ihr. Nicht sie bricht mit ihrer Familie – er mit der seinen. »Darum läßt ein Mann seinen Vater und seine Mutter und haftet seinem Weibe an, / und sie werden ein Fleisch« (2,24). Das taugt zu keiner männlichen Gründertypologie. Das Zuhause zu verlassen ist dem Mann nicht weniger schmerzlich, als es einer Frau wäre, vielleicht sogar mehr – bei der psychologisch offenbar erwiesenen geringeren Selbständigkeit der Männer im Vergleich mit Frauen. Doch geht es nicht um Psychologie, sondern ums Geschehen. Gott bringt die Frau zum Mann, der Mann läuft von zu Hause weg zur Frau, und in diesen zwei Bewegungen werden sie zu einem Menschen.

Und sie waren beide nackt und schämten sich nicht (2,25). Scham-Losigkeit ist das Ur-Menschliche. Der nackte Mensch ist der unbekleidete Mensch, nur in seiner Haut. Alles, was ihn umgibt, kommt hautnah an ihn heran, erlebt er durch alle Poren. Er erfährt alles sinnlich, also nicht abgeschottet durch Kleid und Hemd und Hose. Er ist ungemein erlebnisfähig, nicht bloß geistig, nicht bloß seelisch, auch leiblich-sinnlich. Und schämt sich nicht, will sagen: Er findet keinerlei Anlaß und Grund zu irgendeinem Vorbehalt gegen diese Grunderfahrung der Sinnlichkeit. Was immer ihn an seiner Haut berührt, er braucht davor nicht zurückzuschrecken, er kennt überhaupt keine Berührungsängste – mit nichts: Mann und Frau, Mensch und Mensch, Mensch und Tier, Mensch und Natur – alles ohne Berührungsängste, im Gegenteil – alles hautnah willkommen. Das ist der Mensch im Paradies: rückhaltlos *sensibel, berührbar* von allem, und gerade auch körperlich. Der Mensch im Paradies vor aller Entfremdung, von Gott so geschaffen und gewollt. Geistig sensibel für Gott, – seelisch sensibel für Tiere, – sinnlich sensibel für alles, vor allem für den Mit-Menschen. Das ist das Eden der Verheißung.

Und nun schlägt's um: Aus verheißungsvollem Leben im Garten wird Utopie, und das verheißungsvolle Leben geht verloren.

Die Schlange ist im Garten. Auch sie ist selbstverständlich da, gehört sie doch zu allem »Lebendigen des Feldes, das ER, Gott, gemacht hatte« (3,1). Daß sie sprechen kann, ist kein Märchenmotiv. Sie kann es, weil auch sie zu den vom Menschen angesprochenen, bei ihren Namen gerufenen Wesen gehört. Indem sie zum Menschen spricht, bewährt sie ihre ihr zugesprochene nephesch chajjah, Lebendigkeit, und betätigt, daß Gott sie zum Menschen gebracht hat als dessen Gegenpart.

Der Erzähler sagt, sie war »listiger« als alles andere Lebendige des Feldes. Aber hier müssen wir stärker in die Sprache einzudringen versuchen.[79] Daß die Schlange »listiger« war, wird mit ganz dem gleichen hebräischen Wort ausgesagt, das wir soeben (in 2,25) vom Menschen hörten: daß sie »nackt« waren; beidemal steht das eine Wort arum. So ließe sich denken: Die Schlange war »nackt«, wie die ersten Menschen, und ihre nackte Oberfläche kennzeichnet sie ja auch physiologisch. Werden Mensch und Schlange beide als arum, nackt, benannt, dann gelten sie beide als einander nahe, für einander durch die nackte Haut empfänglich, berührbar, sensibel für einander, und wir können umschreiben: Die Schlange war für die Menschen sensibler als alles Lebendige des Feldes sonst (und natürlich auch umgekehrt: Die Menschen waren für die Schlange sensibler als für andere Tiere, reagierten empfindlicher auf sie).

Aber nun kann arum auch »klug« oder »listig« heißen. Wie sich beides verhielte, wäre nicht leicht zu deuten; rein philologisch wäre es dann von einer anderen Wortwurzel abgeleitet. Doch bleiben wir bei dem inneren Zusammenhang unserer Erzählung, der direkten Versabfolge vom »nackten« Menschen zur »klugen« Schlange, und begnügen uns mit der Beobachtung: Dies Tier und diese Menschen sind durch die Haut für einander ungewöhnlich empfänglich; irgendein Ekel vor der glitschigen Schlange soll hier also durchaus nicht geweckt werden, im Gegenteil: Vertrautheit.

79. Vgl. S. R. Hirsch z. St., Bd. 1, 60f.

»Sie sprach zum Weib« (3,1b). Die patriarchalische Deutung hat hier die Frau als von vornherein williges Schlangenopfer und leicht verführbares Menschenwesen gezeichnet gefunden. Doch nichts davon wäre im Sinne des Textes; erstens zeigt sich der Mann alsbald ja nicht weniger verführbar als die Frau (3,6); zweitens geht es aber zunächst überhaupt nicht um eine Verführung der Menschen durch die Schlange, sondern um ein *Gespräch* zwischen dem Tier und der Menschin – und zwar eines auf höchstem rabbinischen Niveau, noch dazu eines, in dem die Frau sich als eine hochgebildete und unbestechliche Rabbinerin bewährt.

Die Schlange sprach Folgendes; ja: was sprach sie? Luther hat sie sprechen hören: »Sollte Gott gesagt haben …?« und hat ihr damit von vornherein einen *verführerisch-skeptischen* Klang in die Stimme gelegt. In Wahrheit aber redet die Schlange nicht verführerisch, sondern rabbinisch-argumentativ: aph ki – amar elohim, wir können umschreiben: Gesetzt den Fall, Gott hätte gesagt: »Eßt nicht von allen Bäumen des Gartens« (3,1) … Die Schlange weiß genau: So hat Gott das nicht gesagt, und die Frau wird ihr bei diesem Fallbeispiel sofort ins Wort fallen und richtigstellen, was Gott wirklich gesagt hat. Die Schlange konstruiert das Fallbeispiel einer Weisung Gottes, die freilich nur Ergebnis ihrer Konstruktion, nicht eines wirklichen Wortes Gottes ist. Die Frau widerspricht sofort, läßt die Schlange gar nicht erst ihr logisches Konstrukt zu Ende führen, fällt ihr ins Wort, stellt die Weisung richtig und entzieht der Schlange damit von vornherein den Boden ihres Argumentationsansatzes. Die Frau: Wahrheitszeugin für die Weisung Gottes gegen die Schlangenkonstruktion! »Das Weib sprach zur Schlange: / Von der Frucht der Bäume im Garten mögen wir essen« (3,2); sie hat genau die Logik der Weisung Gottes begriffen. Die Schlange suggeriert ein *Verbot* Gottes, die Frau stellt richtig: Kein Verbot, eine *Erlaubnis* ist die erste mizva Gottes: »Von der Frucht der Bäume im Garten mögen wir essen«, das ist das erste Wort, der Inhalt der Weisung. Erst ein zweites Wort danach enthält jenes Verbot, von der Frucht des Baumes, der mitten im Garten ist, zu essen, und die Frau hat sehr gut den nur regulativen und die Freiheit begründenden Sinn dieses Verbots verstanden: Wir müßten sterben, wenn wir davon äßen, und könnten dann die umfassende Freiheit nicht genießen, die Gott uns im ersten Gebot gewährt. Die Frau besteht auf dem nur regulativen Sinn des Verbots, das in Wahrheit umfassender Erlaubnis und Freiheit dient. Damit bezeugt sie gegen die Schlange das wahre Wesen der Gottesbeziehung: Sie ist Freiheits-, nicht Verbotsbeziehung; das wollte die Schlange aus ihrem Fallbeispiel verdrängen. Aber ein abstrakter Verbotsfall läßt sich als Gebot des Gottes Israels nicht konstruieren. Für diese Einsicht steht die Frau gegen die Schlange und bewährt sich so als Mutter in Israel.

Sofort schaltet die Schlange um, schlängelt sich eine geistige Windung höher, geht von ihrem ersten Versuch, ein Fallbeispiel zu konstruieren, über: zuerst in einen inhaltlichen Widerspruch gegen Gott (die Emphase seines Sprechens nachäffend): »Sterben, sterben werdet ihr *nicht«,* und von da aus noch eine Windung weiter, jetzt aus Gott heraus redend: »Gott ists bekannt, / daß am Tag, da ihr davon esset, eure Augen sich klären / und ihr werdet wie Gott, erkennend Gut und Böse« (3,4-5). Die Schlange will Gott das Regulativ der Todesgrenze entwinden und – im Gegenteil – als Mitwisserin Gottes den Menschen ihre Gott-Ebenbildlichkeit andemonstrieren und ihnen ihrerseits ein Selbstverständnis der Mitwisserschaft mit Gott empfehlen, – auf ihr Niveau der Mitwisserschaft mit Gott will sie die für sie sensiblen Menschen erheben: die Nackte die Nackten, die Sensible die Sensiblen. Statt von der Todesgrenze regulierte Freiheit, doziert sie ein ins Gottwesen gesteigertes Leben der Menschen. Reine Aufklärungstheologie – die des unbegrenzten Menschen, und natürlich: ohne irgendeine Spur von Dialektik der Aufklärung.

Darauf nun die Reaktion der Frau, jetzt kein weiterer Gesprächsgang mehr, sondern eine Empfindung und eine Handlung.

Nicht heißt es: Und die Frau gab den Argumenten der Schlange recht. Vielmehr heißt es: »Das Weib sah, / daß der Baum gut war zum Essen / und daß er eine Wollust den Augen war / und anreizend der Baum, zu begreifen« (3,6). Sie reagiert jetzt nicht mehr halachisch, wie zuvor, als sie die Schlange zurechtwies über die wahre Weisung Gottes. Jetzt reagiert sie sinnlich: aus der Anschauung, statt aus Reflexion. Sie »spricht« jetzt nicht, jetzt »sah« sie, ki tov ha-ez le maachal, daß gut der Baum zum Essen, – mehr noch: nicht nur zum Essen, auch geistig fand sie nun den Baum gut, freilich auf eine vertrackte Weise. Luther meinte, der Reiz des Baumes sei ästhetischer Natur gewesen, »daß er lieblich anzusehen und ein lustiger Baum wäre«; Zürich fand ihn auch einen Baum, »lieblich anzusehn«, aber dann nicht »lustig«, sondern »begehrenswert«. Buber spricht – abgründiger – von einer Augen-«Wollust« des Baumes und einem von ihm ausgehenden Reiz, ihn zu »begreifen« – im *doppelbödigen* Sinne von Betasten und durch Betasten auch Verstehen und Begreifen. Wie auch immer: Die Frau reagiert jetzt aus Augen-Kontakt, »Anschauung«, und die Augenrichtung, die sie dabei einnimmt, ist nicht eine gerade Blickrichtung, sondern eine krumme. Dies meint eigentlich der Ausdruck ki taavah-hu la-enaim »eine Wollust den Augen«, in dem problematischen Sinne: Diesen Baum fasse ich nicht in geradem Blick ins Auge, sondern indem ich meine Augen um ihn herumschweifen lasse und mich an seinem Anblick weide. Damit öffnet er mir eine für mich höchst schätzenswerte Seite, eine nechamad-Seite und reizt mich, ihn mir anzueignen, le haskil, im Sinne von: ihn ganz in mich aufzunehmen.

Eben *diese Art zu sehen ist die Disposition zum Sündenfall,* die innere Bedingung seiner Möglichkeit. Der Sündenfall selbst ist die aus diesem Sehen folgende Tat: »Sie nahm von seiner Frucht und aß / und gab auch ihrem Mann bei ihr, und er aß« (3,6b). Aber das, was zu diesem Tun den Anlaß gab und dessen innere Disposition war, das zeigt uns das, was der Sündenfall »eigentlich«, als innerer Vorgang war. Der Mensch faßte den Baum, von dem Gott gerade nur als von einem Grenzwert gesprochen hatte, an und für sich ins Auge. Er löste ihn aus dem einzigen Zusammenhang, in dem er eine Bedeutung hatte: dem der Weisung Gottes, beobachtete ihn nicht mehr als »in Gottes Wort gefaßt«, sondern als in sich gute und dem Menschen nützliche Wirklichkeit. Er konzentrierte damit sein ganzes Interesse und Verlangen statt auf alle die Bäume des Gartens, von denen »magst essen du, essen« (2,16), ausgerechnet auf nur diesen einen Baum. Und formte dies Interesse auch nicht einfach auf die *Anschauung* eines lustigen Baumes, sondern auf dessen völlige *Aneignung* durchs Essen seiner Früchte und durchs Begreifenwollen des Tabu, das dieser Baum markierte. Dem Menschen genügte nicht, diesen Baum sich als Regulativ seiner großen Freiheit *gesetzt* sein zu lassen durch Gottes Gebot, er wollte diese Setzung auch selbst und von innen her begreifen und durchschauen, den *Sinn* dieser Setzung verstehen, Gottes Logik von innen her durchschauen können. Das ist der geistige Vorgang des Sündenfalls: Lust, die Grenze zu durchschauen und sozusagen eine *Theologie der Grenze* erkennen und entwickeln zu können. Aus dem Praxis-Wort »Iß nicht davon« wollte der Mensch sich ein Erkenntniswort gewinnen. *Die Theologie wird sein Sündenfall.*

Und so geschieht ihr Wille: »Die Augen klärten sich ihnen beiden, / und sie erkannten, -« (3,7a). Die Schlange bekommt recht, Gott setzt sie nicht ins Unrecht, läßt die Menschen keineswegs sterben, läßt der Schlange ihre Wahrheit an den Menschen. Solche Nachgiebigkeit Gottes kommt immer wieder einmal vor, er läßt den Willen der Menschenkinder geschehen, auch wenn er seinem erklärten Willen widerspricht. Wie eine Regel dafür klingt am Ende des Anfangsbuchs der Bibel Josephs Wort an seine verräterischen Brüder: »Habt ihr, ihr Böses wider mich geplant, / Gott hats umgeplant zum Guten« (Gen 50,20), und er tuts, indem er manchen gegen sich gerichteten Willen, manches Abirren integriert in sein zielgerichtetes Handeln. Er neidet den Menschen ihr Bedürfnis nicht, mit geöffneten Augen seinen Willen von selbst zu verstehen, Gott verhält sich nicht eifersüchtig zur rabies theologorum des ersten Menschen, Repräsentanten aller Menschen. Er läßt nun Theologie zu. Aber doch nur in der krummen Form, in der die Menschen sie begonnen haben: also im krummen Blick an Gottes Gebot vorbei, – im Sich-Weiden an den mysteria divinitatis, freilich mit dem Ende, schließlich so doch nicht zu einer Gotteserkenntnis zu kommen, sondern gerade nur zu einer Selbsterkenntnis. »Die Augen klärten sich ihnen beiden, / und sie erkannten, – / *daß sie nackt waren.*« (3,7) Statt cognitio Dei kommen sie gerade nur zu einer cognitio sui und müssen – entgegen dem, was die Schlange prognostiziert hatte – erkennen, daß sie doch nicht

Gott gleich sind. Was vorher ihre gottgewollte Wirklichkeit war – daß sie nackt, hautempfindlich, berührbar, sensibel waren –, das wird nun zum einzigen Inhalt ihrer so sehr begehrten theologischen Erkenntnis; seither wird mehr aus Theologie nie herauskommen, als: »Und sie erkannten, daß sie nackt waren«, cognitio Dei ist am Ende nie mehr als cognitio hominis. Die Folge dieser theologischen Emanzipationsgeschichte? Die großen Selbstschutzanstrengungen: »Sie flochten Feigenlaub und machten sich Schurze« (3,7b), d.h. sie knüpften aus Fäden und Fäden und Fäden ein sie vermeintlich schützendes Gewebe.

Das ist der Sündenfall: Die rabbinische Diskussion zwischen der Frau und der Schlange zeigt, daß es auch hätte anders gehen können, ein theologisches Bedürfnis hätte sich stillen lassen können in ordentlicher Halacha, d.h. in der Richtigstellung dessen, was Gott gesagt hat, gegenüber Verfälschungen seiner mizvot. Aber der Mensch gab einem spekulativen Drang zu »den Sachen selbst« nach, wollte den Baum selbst ergründen, nicht Gottes Wort vom Baum, er *verselbständigte Themen der Theologie gegenüber dem Wort Gottes,* aber das brachte nur Einsicht des Menschen vom Menschen, nicht von Gott.

Daß hier die *Frau* die alles entscheidende Reflexionsfigur ist, wurde gegenüber dem Text sexistisch, d.h. sie abwertend, weit überzogen. Der Mann ist voll dabei. »Und er aß. / Die Augen klärten sich ihnen beiden«, das »ihnen beiden« wird 3,7 ausdrücklich gesagt: va tipakachnah ene *schenehem,* und sie beide erkannten, und erkannten, daß sie beide nackt waren. Doch will man anerkennen, daß die Frau in dieser Erzählung eine Leitfigur ist, dann ist sie im Sinne unserer Auslegung die Intelligenzführerin, Rabbinerin zuerst und Theologin dann, und der tumbe Adam – rabbinisch schweigt er, theologisch-spekulativ sagt er auch nichts, handelt aber nach Ja und Amen; so »haftet er seinem Weibe an« (2,24).

Und nun der Paradieserzählung dritter Teil: die ertrotzte *Aufklärung im Vollzug.*

Dem Wort Gottes hatten sie ihre Aufmerksamkeit entzogen und ihr Interesse auf den Baum an sich konzentriert und ihre unmittelbare Erfahrung damit. Nur um so mehr dröhnt ihnen jetzt der Hall und Schall der Gottesstimme im Ohr: va jischmu ät-kol adonai elohim, »Sie hörten SEINEN Schall, Gottes« (3,8). *Wer nicht gehorchen will, muß hören,* kriegt etwas zu hören: nicht Gottes Gebot jetzt – vielmehr: Ihn-Selbst. Das große Schrecken, das große Verstecken folgen. Und dann die Urgestalt des Jüngsten Gerichts, das große Hin und Her von Fragen und Antworten zwischen Gott und den Menschen.[80]

Es sind eben nicht nur Tiere und Menschen im Garten Eden, auch Gott-in-Person. Mensch und Tier täuschten sich, wenn sie zuerst meinten, einen Disput *über* Gott anstellen und dann gar selbst *an die Stelle* Gottes treten zu können.

80. Vgl. F.-W. Marquardt, Was dürfen wir hoffen, wenn wir hoffen dürften? Bd III, § 7. A.4.a., 315.

Eine Theologie unter dem Vorzeichen etsi Deus non daretur, als wäre mit einer Gegenwart und Anwesenheit Gottes nicht zu rechnen, läßt sich nicht denken, scheitert jedenfalls an der tatsächlichen praesentia Dei. »Sie hörten SEINEN Schall, Gottes« heißt, so gesehen: Gott ist keine rabbinische oder theologisch-spekulative Hypothese. Was immer wir tun und denken, geschieht coram Deo, »vor SEINEM, Gottes, Antlitz«, mipne adonai (3,8) – wobei Sein »Antlitz« nicht eine Wirklichkeit der Ferne, eines transzendenten Horizonts ist, sondern es ist »Antlitz mitten unter den Bäumen des Gartens«, betoch ez ha-gan (3,8). Es ist die Nähe, aus der Gott nun den Menschen »anrief und sprach zu ihm: ajjekkah: Wo bist du?« (3,9). Nicht nur physisch – wesenhaft hat der Mensch sich Gott unerkennbar gemacht. Was macht ihn wesenhaft unerkennbar für Gott? Die Erkenntnis seiner Nacktheit und daß sie ihm Furcht macht. Ein in seiner Nacktheit furchtsamer Mensch ist einer, den Gott nicht mehr als sein Geschöpf wiedererkennen kann. Darum Gottes sofortige Rückfrage: Woher weißt du, »wer hat dir gemeldet, daß du nackt bist?« (3,11). Darauf die Kette gegenseitiger Bezichtigungen: Er, der Mensch, bezichtigt sie, – sie, die Menschin, bezichtigt sie, die Schlange (3,12-13); niemand besteht in der Freiheit, zu der er sich hat befreien wollen. Darauf ergeht Gottes Urteil in rückwärts gerichteter Reihenfolge, – zuerst seine Verfluchung der Schlange, – er nimmt ihr ihre Erhabenheit über die anderen Tiere; und macht aus der Nähe gemeinsamer Nacktheit und Sensibilität zwischen Schlange und Menschin nun eine Feindschaft. Gott sagt: »Feindschaft stelle ich zwischen dich und das Weib« (3,15), bencha u ben ha-ischa. Nicht heißt das: Die Frau wird der Schlange, die Schlange der Frau Feind, vielmehr heißt es: Gott setzt Feindschaft *zwischen* sie beide, eine Mauer, die sie trennen wird für immer, die Nähe eines rabbinischen Disputs und einer theologischen Beziehung zwischen ihnen wird ihnen beiden genommen werden, zwischen ihnen wird es über Gottes Gebot und das Gott-Mensch-Verhältnis nichts mehr zu diskutieren geben, – Ende des Lernprozesses: aus der Sensibilität und Hautnähe zwischen Mensch und Tier heraus. Dann Gottes Urteil, an die Frau gerichtet: Sie wird mehr Beschwernis haben mit Schwangerschaft und Geburt, als zuvor von Gott gewollt und geschaffen war; statt Freiheit und Leichtigkeit von Erkenntnis nun gesteigerte körperliche Beschwernis (3,16). Und dann sogleich die Verfluchung des Mannes, auch ihm wird gesteigerte Beschwernis in der physischen Lebensbewältigung angedroht, genau wie der Frau, bei ihm bezieht es sich auf die Lebenslänglichkeit einer schmerzenden, schweißtreibenden Ackerarbeit (3,17-19).

Allen drei Wesen im Garten kehrt Gott die Intention um. Sie wollten hinauf in Gotteserkenntnis und -wesen, nun wird ihre Daseinsintention hinuntergebeugt zu den Niedrigen: die hochfahrende Schlange auf den Bauch und in den Staub, – die nach Gott von innen strebende Frau hinunter in die Gravidität ihres leiblichen Lebens und in eine Entfremdung von der Sensibilität des Sinnlichen, – und der Mann hinunter aus seiner (bequemen) Haftung an die Frau zu immer neu wuchernden, nie auszurottenden »Dorn und Stechstrauch« und seiner ihn bis in den Tod nicht loslassenden Arbeit. Alle drei Paradieswesen werden unparadiesisch-irdisch.

Vergißt sich Gott hier nicht an seinen Geschöpfen?

Insofern nicht, als er sie der Konsequenz ihres freien Willens überläßt. Daß sie anders erfolgt, als Tiere und Menschen sich gedacht und gewünscht hatten, ist nicht Gott anzulasten. Er hatte ihnen die Grenze als tragenden Grund ihrer Freiheit gewiesen. *Am tragenden Grund der Grenze haben sie selbst sich vergriffen; so stürzen sie nun.*

Und doch schützt und begleitet sie Gott auch noch in ihren Stürzen.

»Der Mensch rief den Namen seines Weibes: Chawwa, Leben! / Denn sie wurde Mutter alles Lebendigen« (3,20). Wieder dürfen wir nicht psychisch-biologistisch deuten: Die Frau als Mutter. Wir müssen es vielmehr als Zurücknahme jenes »mußt sterben du, sterben« hören, mit dem Gott anfangs hat die Grenze der Freiheit ziehen wollen. Er wird es dazu doch jetzt nicht kommen lassen, hat nicht lieb den Tod des Gottlosen.[81] Auch ihre neue Existenz jenseits von Eden wird Leben heißen, nicht unter dem Vorzeichen des gottwidrigen Todes stehen. Sodann: Gott greift zu Schere und Faden, betätigt sich als Schneider und »machte Adam und seinem Weibe Röcke aus Fell und kleidete sie« (3,21). Er läßt sie nicht schutzlos hinaus in die Kälte jenseits von Eden. Und drittens: Gott vertreibt sie nun aus dem Garten: und dies zu ihrem Schutz vor sich selbst. »Der Mensch ist geworden wie unser einer im Erkennen von Gut und Böse. / Und nun / könnte er gar seine Hand ausschicken / und auch vom Baum des Lebens nehmen und essen / und in Weltzeit leben! / So schickte ER, Gott, ihn aus dem Garten von Eden …« (3,22-23). *Die Vertreibung ist also nicht etwa Strafe, vielmehr Schutz des Menschen davor, daß er sich wie an der Erkenntnis, so jetzt sogar am Leben vergreifen* und sich verewigen könnte. Er gäbe damit die Grenzen seiner Humanität preis, nachdem er schon die von der Divinität gezogene Grenze überrannt hatte; ihn davor zu bewahren, vertreibt Gott ihn aus dem Garten. Er will, daß der Mensch Mensch bleibe, will ihm verwehren, sich zu seiner eigenen Utopie zu machen: werden zu wollen, was er nicht ist und auch nie werden wird.

Das also ist die Geschichte der Menschen im Garten.

Der Garten Eden ist der Ort, an dem Gott das Wesen Mensch entwickelt: als ein dreifaches Beziehungswesen. Er bezieht ihn *auf Gott:* durch die Aufgaben, die er ihm für Bedienung und Bewachung des Paradieses stellt, also durch die

81. Zur Sprachgestalt vgl. EKG 169,1/EG 234,1.

Bestimmung des Menschen zum Mitarbeiter Gottes. Auf Gott bezieht er ihn dann aber vor allem auch durch das Gebot der Gewährung und der Freiheit, das er konkret-regulativ wirksam macht, indem er den einen Baum in der Mitte des Gartens unter Tabu stellt. Schließlich beruft Gott den Menschen im Paradies sogar zu einem Mitschöpfertum, nämlich gegenüber den Tieren, für die er Namen finden und rufen soll, so daß sie zu »lebenden Wesen« innerhalb des Lebensraums des Menschen werden können. Damit entfaltet Gott im Garten Eden das Beziehungswesen Mensch auch nach einer zweiten Seite, *in Bezug auf die Tiere,* die Gott aus dem gleichen Adama-Stoff bildet, aus dem er zuvor schon den Menschen gebildet hatte. Dadurch, daß er den Menschen das große Recht der Namenfindung für die Tiere zuspricht, läßt er die Tiere in den sozialen Kosmos des Menschen einfügen – einen auch geistig-seelischen Beziehungszusammenhang von Nähe und Sensibilität für einander und Kommunikation der nackten Haut. Erst zuletzt öffnet Gott dem Menschen seine dritte Grundbeziehung: *die Mensch-Menschliche,* als die von Mann und Frau. Diese dritte teilt mit den beiden vorangehenden Beziehungsweisen das Wesen von »Hilfe« und »Gegenpart«. Das Beziehungswesen Mensch ist nicht »gut« dran, wenn es nur auf sich selbst und seinesgleichen bezogen leben muß. Menschlich »gut« ist der Mensch erst mit einem ihm-Anderen dran: Gott, Tier, Mensch. Dies macht ihn, nach Gottes Absichten, zum geschichtlichen, d.h. zu einem in allen diesen Beziehungen verpflichteten und tätigen Wesen. Und dies Wesen ist lebensraumbezogen: in Bezug auf Gott durch die Grenzmarkierung des einen Baumes unter vielen Bäumen, – in Bezug auf die Tiere dadurch, daß der Mensch sie in *diesem* Lebensraum sich sozial zuordnen kann, – in Bezug auf den Mitmenschen dadurch, daß sie in diesem Raum alles Tun »parallel tragen« können und noch nicht durch Arbeitsteilung auseinandergerissen werden. Das ist *verheißungsvolles* Menschenwesen, nach Gottes Willen geschaffen, im Antlitz Gottes gelebt, an Gottes Wort gebunden.

Zu der Geschichte der Menschen im Garten gehört nun, daß dies *nicht etwa nur ein ideales Bild* eines *möglichen* Menschseins bietet. Die Erzählung vom halachischen Disput zwischen der Schlange und der Frau gibt uns eine Anschauung von einer *Wirklichkeit* solchen verheißungsvollen Lebens: Die Frau belehrt die Schlange über das, was Gott *wirklich* und nicht nur vermeintlich gesagt hat, und streitet für das Gebot der Freiheit.

Ein Bruch entsteht, als dann eine μετάβασις εἰς ἄλλο γένος geschieht – ein theologischer »Paradigmenwechsel«: von der halachischen Besinnung auf das *Wort* Gottes zum Willen einer Einsicht »in die Sachen selbst«, als die Menschen Einsicht in die Logik Gottes begehren und den Grenzfall zum Zentralinteresse machen, – als sie aus der Diskussion zur Anschauung kommen, die ins Wort gefaßte Wirklichkeit zur Augenwirklichkeit machen wollen, als sie also –

durch Erkenntnis – werden wollen »wie Gott, erkennend Gut und Böse« (3,5). Der Übergang von der Reflexion aufs Wort zur Reflexion aufs Auge ist in sich *Übergang von Verheißung zu Utopie;* wir sprachen ja von der Utopie als Bilderwelt (vgl. oben § 8.2). Der Versuch, vom Wort zu den Sachen selbst vordringen zu wollen, mißlingt, weil er dem Versuch gleich ist, als Mensch mehr zu wollen, als nach Gottes Verheißung menschlich wäre, also auch menschenmöglich. Gott läßt diesen Versuch zurückfallen an das in diesem Augenblick einzig Menschenmögliche: in die Grenzen ernüchternder menschlicher Selbsterkenntnis und so in die Grenzen der Humanität. Wer die von Gott gezogene Grenze nicht als Ausgangspunkt vollkommener Freiheit respektiert, muß anders dann eine Grenze hinnehmen, die ihn *be*grenzt und ihm den freien Lebensraum einengt, verändert und nimmt. Wir dürfen Gott darüber preisen, daß der Verlust des Lebensraumes Eden nicht Verlust von Leben und Raum überhaupt geworden ist. Beides hat Gott uns erhalten, aber er läßt uns die *Enge* spüren. Als wir mehr suchten als das verheißungsvolle Leben im Garten Gottes, verfiel uns alles zur Utopie. Aber Gott hat uns den Frauen-Namen Chawwa gelassen, »Eva«, Leben. Hat uns mit Schutzkleidung versehen. Schützt uns vor uns selbst. Und so leuchten uns von der vertrackten Grenze her die Rosen des Paradieses – all Morgen, frisch und neu und unvergeßlich und vergewissern uns des Tages »Heute«, da Er »wieder aufschleußt die Tür zum schönen Paradeis« (EKG 21,6) und wir zurückkehren werden aus der Utopie in die Verheißung.

g. Garten in Zukunft

Es gehört zur außerordentlichen Kraft des Utopischen in der Bibel, daß das einst verlorene Paradies an immer neuen Orten gesucht werden kann. Wir hatten schon gehört, wie es den jüdischen Lehrern an die fernsten Orte und in die unterschiedlichsten Himmelsrichtungen entrückt erschien. Auch in die Himmel war es entwichen, wo sogar noch der Apostel Paulus es gefunden hatte: Ihm war vergönnt, im dritten Himmel das Paradies zu betreten und dort unaussprechliche Worte zu vernehmen (2 Kor 12,1-6); allerdings hat er theologisch nicht viel daraus gemacht, war sich der Art dieser Erfahrung auch ganz unsicher und wollte davon nicht groß reden.

Innerhalb der Hebräischen Bibel hatte sich nun jedoch mit der Zeit ein Ort ergeben, an den sich immer fester alle paradiesischen Erinnerungen hefteten: die Stadt Jerusalem und in ihr der Tempel Gottes. Die einzigartige religiöse Hochspannung, die bis heute über dieser Stadt vibriert, hat nicht zuletzt damit zu tun. In ihr steht Gottes Haus, und so ist sie Ort einer unvergleichlichen Gegenwart Gottes, wo er so nahe erfahren wird über Jahrtausende hin wie zuvor nur erst im Garten Eden, wo er ja mitten unter den Menschen und seinen anderen Geschöpfen gegenwärtig war und in der Abendkühle im Garten wandelte (Gen 3,8), – wo auch der Schall seiner eigenen Stimme die Menschen erreichte (3,9) – keineswegs, wie Paulus es später vernahm, mit unaussprechlichen Worten, sondern mit solchen, die Adam und Chawwa nur allzu deutlich verstehen konnten und mußten. Durch den Tempelbau in Jerusalem und die praesentia Dei dortselbst bekam diese Stadt geradezu paradiesische Züge im Singen und Sagen, aber auch im Hoffen Israels.

Nicht wenige werden z.B. Luthers Übersetzung von Ps 46,5 im Ohr haben (und vielleicht sogar im Herzen): »Dennoch soll die Stadt Gottes fein lustig bleiben mit ihren Brünnlein, da die heiligen Wohnungen des Höchsten sind«. Solche »Brünnlein« gibt es in der Stadt Jerusalem in Wirklichkeit gar nicht; aber es geht schon mit rechten Dingen zu, daß Luther das schöne deutsche Wort »lustig« einfällt, wenn er vom Paradiesischen sprechen will; »lustig« fand, wie wir uns erinnern, seine Eva den Baum in der Mitte des Gartens Eden, vor dessen Antastung Gott uns gewarnt hatte, – sie schaute ihn an und es war in ihren Augen ein »lustiger Baum« (Gen 3,6). Und »lustig« ist nun eben auch die Stadt Gottes mit ihren Brünnlein und soll es, wie Luther übersetzt, auch für immer »bleiben«. Ganz gegen sein erklärtes Vorhaben, in der deutschen Übersetzung die immer gleichen biblischen Worte wechseln zu lassen, weil das in deutschen Ohren angeblich gefälliger klingt, hat er hier doch von »lustig« im Paradies zu »lustig« in der Stadt Gottes eine Erinnerungsbrücke gebaut; auch uns Deutschen soll bei Jerusalem das Paradies einfallen, auch wir sollen uns ein wenig utopisch begabt machen.

Denn das will uns ja die Sprache der Bibel auch lehren. Sogar angesichts des gerade mit seiner Wasserversorgung eher prekär dranseienden Jerusalem soll uns ein großer Wasserreichtum einfallen, weil reichlich Wasser eben ein paradiesisches Geschenk und eine paradiesische Erinnerung ist. Ein drittes Mal gebrauchte Luther das Wort »lustig«, als er den Psalm 65 mit seiner großen eschatologischen Fruchtbarkeitshoffnung übersetzte. Den Vers 13 ließ er da lauten: »Die Weiden in der Wüste sind auch fett, daß sie triefen …« (d.h. sie werden in Gottes großer Zukunft so fett geworden sein), »… und die Hügel umher sind lustig«. Drei Verse vor dieser dritten zukunfts-paradiesischen Lustigkeit übersetzt Luther die Utopie, die in der Tat hierher gehört: »Gottes Brünnlein hat Wassers die Fülle«, – Buber übersetzt hier richtiger und biblisch-paradiesischer: »Mit dem Gottesbach voller Wasser / zurichtest den Kornstand du ihnen« (Ps 65,10); da ist das Wasser nicht Brunnenwasser, sondern Wasser eines fließenden Bachs.

Und damit kommen wir nun zu dem großen Zukunftsstück des Propheten Ezechiel. Der nämlich wurde aus der Ferne des Babylonischen Exils seines Volkes durch Zugriff der Hand des Herrn, die über ihn kam, in Gottesgesichten in das Land Israels geführt, und von einem sehr hohen Berge aus ließ Gott ihn das

Land der Zukunft und im Land vor allem die Jerusalem-Stadt der Zukunft und innerhalb der Stadt dann noch einmal: vor allem den neuen Tempel der Zukunft erschauen (Ez 40 – 46). Und da, was schaute er da? »Da sah ich Wasser unter der Schwelle des Hauses (d.h. des Tempels) hervorquellen nach Osten hin; die vordere Seite des Tempels war ja nach Osten gerichtet« (Ez 47,1) – weil nämlich klar war, daß »die Herrlichkeit des Gottes Israels vom Osten her« kommen und es dann rauschen werde »wie das Rauschen großer Wasser, und das Land leuchtete von seiner Herrlichkeit« (Ez 43,2): (Das ist das wahre ex oriente lux, nicht wegen des Sonnenaufgangs im Osten, sondern wegen des Herrlichkeitsglanzes des Gottes Israels: den erwartet man in Jerusalem von Osten her kommend). Ezechiel sieht weiter: Das Wasser, das unter der Tempelschwelle hervorsickert, fließt unterhalb der südlichen Seitenwand des Tempels hinab, südlich vom Altar (Ez 47,1). Und nun gehts so weiter: Die Hand Gottes führt den Ezechiel die kleine Wasserrinne entlang, über viermal tausend Ellen hin. Ab und zu läßt er ihn mit den Füßen ins Wasser steigen, und er merkt, wie alle paar Ellen der Wasserstand immer höher steigt, zuerst nur bis zu den Knöcheln des Propheten, dann bis zu seinen Knien, dann bis zu den Lenden, und dann, beim letzten Versuch, kann Ezechiel in diesem Wasser überhaupt nicht mehr stehen und gehen, nur noch schwimmen läßt sich da; aus dem Rinnsal unter der Tempelschwelle ist derweil zuerst ein Bach und dann geradezu ein tiefer Strom geworden. Ezechiel kann den Flußlauf weiter verfolgen, irgendwann biegt er aus südlicher Richtung nach Osten ab und ergießt sich dann ins Tote Meer, in die salzige Flut, und lakonisch heißt es: »Und die Flut wird gesund«: nämlich die Meeresflut des total versalzenen, darum keine Fische führenden und darum »tot« heißenden Meeres; vom Tempelstrom her wird es »gesund«. In diesem Sinne »gesund«, entsalzt, ist es bis heute noch nicht, immer noch messen wir da unten einen Salzgehalt von 26 %; Ezechiel sieht das nur visionär, auf Künftiges gerichtet, das ist alles Hoffnung und bis jetzt nichts als reine Utopie. Von einer Tempelquelle wissen wir historisch und geographisch nichts. Wir kennen die Gichonquelle, aber die liegt tief unten am Fuße des Tempelberges von Jerusalem, im Kidrontal – dort, wo Jesus über den Bach gegangen war. Und wir kennnen den Hiskia-Tunnel, in dessen Schacht Wasser hochgestaut werden konnte in die höher gelegenen Stadtteile hinauf; aber auch das reichte nicht bis zum Tempelberg empor, und so müssen wir gerade das als ein wichtiges Moment einer Utopie ansehen: vom Altar des Tempels, dem Ort, über dem Gott wohnt, geht ein gesundmachendes Wasser aus in die ungesunde Umwelt hinab, und von einem kleinen unscheinbaren Rinnsal wird es zu immer höher anschwellendem Bach, Fluß und Strom. Es ist klar, woher und wie dies Wasser fließt: nicht aus einer nachweisbaren Tempelquelle, sondern aus Jerusalem, dem Paradies. Ezechiel sieht in seinem Gesicht den Paradiesstrom vom Tempel ausgehen; derzeit und künftig steht Jerusalem fürs Paradies, und wenn wir vom Garten weiterreden wollen, müssen wir über kurz oder lang auch von Jerusalem sprechen, der Stadt Gottes, der Stadt der Zukunft, der neuen Stadt.

Ezechiel hat in Jerusalem wirklich das künftige Paradies zu sehen bekommen, nicht nur am vielen und Gesundheit bringenden Wasser, auch an Bäumen. Er sah nämlich: »Und am Bach steigt empor, / an seinem Ufer diesseits und jenseits, / allerhand eßbar Gehölz, / dessen Laub welkt nicht, / dessen Frucht hört nicht auf, / monatsweise trägts Erstlinge, / denn sein Wasser, vom Heiligtum geht das aus, / drum taugt seine Frucht zum Essen / und sein Laub zur Arzenei« (Ez 47,12). Da haben wir das Paradies beisammen: das Heiligtum des gegenwärtigen Gottes, – das Wasser, – und die Bäume alle, von deren Früchten essen wir dürfen, essen, und kein Baum wird uns mehr schaden können, von ihnen allen kommt nur Arznei. Später hat ein anderer Prophet, Sacharja, diese Vision aufgenommen und dabei *noch* etwas gesehen: »An jenem Tage wird ein lebendiges Wasser von Jerusalem ausgehen …«, das hat er gesehen wie Ezechiel; aber er hat außerdem gesehen: »Und man wird darin wohnen, und es wird kein Bann mehr verhängt werden, und Jerusalem wird sicher bleiben« (Sach 14,11); das ist doppelbödig gesehen: geschichtlich und utopisch zugleich. *Geschichtlich:* Keinem feindlichen Herrn wird es in Zukunft noch einmal gelingen, wie so oft bisher, sich Jerusalem zu unterwerfen und über es den Bann zu verhängen, seine Bewohner zu verschleppen, seine Güter zu plündern, Juden den Zutritt zur Stadt zu verweigern. *Utopisch* damit zugleich aber auch: kein cherem, griechisch: kein κατάθεμα wird es dort je mehr geben, d.h. weder Verfluchung (wie Gott die Schlange verflucht hatte im Garten Eden) noch Verbannung und Vertreibung wird es von dort mehr geben (wie Gott die Menschen verbannt und vertrieben hatte aus dem Garten). Jerusalem wird Eden sein, voll lebenspendenden Wassers, das aus der Stadt heraus überall hinfließt, – voll Bäumen, von denen auch nicht einer mehr den Menschen gefährlich werden wird, – und Verfluchung, Vertreibung, Verbannung wird es aus Jerusalem, dem Zukunftsparadies nicht mehr geben. Die Doppelbödigkeit der Sprache, die historische Hoffnung und utopische miteinander verbindet, soll zeigen: Was hier Utopie ist, ist zurückgebunden an realistische politische Hoffnung. Sie fällt nicht mit ihr zusammen und in eins, aber diese Utopie schwebt auch nicht bodenlos über weltlicher Hoffnung, beide verweisen aufeinander. Das Utopische hält die weltliche Hoffnung wach, auch wenn sie sowenig weltlichen Grund hat wie der Tempelberg in Jerusalem eine Quelle. Aber umgekehrt begnügt weltliche politische Hoffnung auf ein befreites und lustiges Jerusalem sich nicht mit bloß pragmatisch-Machbarem. Was Jerusalems Zukunft betrifft, bedarf es der Utopie, des mehr-als-historischen Triebs und Bewußtseins: eines Wissens von der Gesamterde und Gesamtmenschheit, die in Jerusalem ihren »Ort« haben, weil der Gott Israels dort den seinen hat.

Bleiben wir damit »alt«testamentlich befangen?

Doch nicht. Wir hatten ja schon gehört: Auch Jesus war im Garten. Auch Paulus. Und uns steht Ähnliches auch bevor.

Im letzten Buch der christlichen Bibel hatte der Seher von Patmos ein »neues Jerusalem von Gott her aus dem Himmel herabkommen« sehen und es als Inbegriff einer neuen Lebenswelt erkannt (Offb 21,2). Nachdem er die Stadt nach allen Seiten durchmessen, ihre Schönheit, aber auch ihr religiös und menschheitlich Utopisches in sich aufgenommen hatte, da zeigte ihm der ihn in seinem Gesicht leitende Engel noch ein weiteres. »Und er zeigte mir einen Strom des Wassers des Lebens, klar wie Kristall, der vom Throne Gottes und des Lammes ausging. Inmitten ihrer Straße (der Hauptstraße des Neuen Jerusalem nämlich) und auf beiden Seiten des Stromes standen Bäume des Lebens, die zwölf Früchte tragen, indem sie jeden Monat ihre Frucht bringen; und die Blätter der Bäume dienen zur Heilung der Völker. Und nichts dem Fluche Verfallenes wird es mehr geben« (Offb 22,1-3). Da hat der Engel die alten Zukunftsvisionen des Ezechiel und des Sacharja den Johannes zusammenschauen und einiges noch genauer erkennen lassen. Das Wasser des Stroms mit lebendigem Wasser, das bei Ezechiel unter dem Altar des Tempels hervorsickerte – Johannes sieht es jetzt vom Throne Gottes ausgehen und des Lämmleins: Er erkennt jetzt Jesus als Wasserquelle bei Gott. Zwölf Früchte sah er an den Lebensbäumen hängen: in jedem Monat eine, aber gewiß erinnerte ihn das auch an die zwölf Stämme Israels, die die eigentliche Frucht des Lebens in der Welt der Geschichte sind. Und wenn Ezechiel erfahren hatte, daß die Baumblätter der Zukunft Arzneien seien, dann erfährt Johannes das jetzt genauer: Die Blätter der Bäume dienen zur Heilung der Völker.

Das alles heißt ja: Wie die Gottesboten Israels ihre Zukunftshoffnung mehr und mehr auf einen neuen Tempel, ein neues Jerusalem und den starken Wasserstrom, der vom Paradies in die Welt ausströmt, konzentrierten – auf eine ganz analoge Stadt- und Paradieshoffnung konzentriert endet die christliche Bibel. Sie entläßt uns in die Zukunft, indem auch sie alle künftige Heilsgeschichte als Jerusalem- und Paradiesgeschichte in den Blick nimmt und uns in Aussicht stellt. Nach ihrer Sicht strömt alles auf eine Heilung der Völker hin, alle Menschheit wird vom Paradiesstrom umflossen und von seinem lebendigen Wasser getränkt, entsalzen und entgiftet, zum Blühen gebracht werden. Die Menschheitsgeschichte begann im Paradies, von dessen Kräften her wird sie Zukunft bekommen. Und sie wird Zukunft vom Baume des Lebens – und einer Vielzahl von Bäumen des Lebens – sein: dank dessen, daß Gott verhütet hat, daß wir uns am Baum des Lebens vergreifen konnten. Vertrieben aus dem Paradies, blüht uns von dort Zukunft, und die wird Leben sein.

»O Lebensbrünnlein tief und groß, / entsprungen aus des Vaters Schoß, / ein wahrer Gott ohn Ende, / der du dich uns hast offenbart / in unsrer Menschheit, rein und zart, / dein lieb' Herz zu uns wende. / Denn wie ein Hirsch nach frischer Quell, / so schreit zu dir mein arme Seel / aus dieser Welt Elende.

O Lebensbrünnlein, durch dein Wort /hast du dich uns an allem Ort / ergossn mit reichen Gaben, / voll Wahrheit und göttlicher Gnad, / die uns erschienen früh und spat, / das matte Herz zu laben. / O frischer Quell, o Brünnelein, / erquick und laß die Seele mein / in dir das Leben haben.

Wie ein Blümlein in dürrem Land, / durch Sommerhitz sehr ausgebrannt, / vom Tau sich tut erquicken, / also, wenn mein Herz in der Not / verschmacht', hält sich's an seinen Gott / und läßt sich nicht ersticken; / ja, wie ein grüner Palmenbaum / unter der Last sich machet Raum, / lässet sich's nicht erdrücken.

O Lebensbrünnlein, Jesu Christ, / dein Güte unerschöpflich ist, / niemand kann sie ermessen; /darum mir auch nichts mangeln wird, / wenn mich versorgt der treue Hirt, / der mir mein Herz besessen. / Mit seinem Evangelio / macht er mein Herz im Leib so froh, / daß ich sein nicht vergesse.

Hüpf auf, mein Herz, spring, tanz und sing, / in deinem Gott sei guter Ding, / der Himmel steht dir offen. / Laß Schwermut dich nicht nehmen ein, / denn auch die liebsten Kinderlein / hat stets das Kreuz betroffen. / Drum sei getrost und glaube fest, / daß du noch hast das Allerbest / in jener Welt zu hoffen.«

(Johannes Mühlmann.1618. EKG 290,1-4.7/EG 399,1-4.7)

h. Erinnerungen im Park

Nun war also das Paradies aus verheißungsvollem Lebensraum zur menschlichen Utopie geworden. Gott hatte erlaubt und geboten, es in Hoffnung festzuhalten und nicht preiszugeben.

Die Menschheit hat sich dran gehalten, und zwar nicht nur in ihren inneren Bildern, ihrer Sprache und Malerei von einem glücklichen Lebensort. Sie hat gerade das Paradies als eine *konkrete Utopie* gepflegt: in großen *Garten- und Parkanlagen* sich zugleich eine Erinnerung und einen Vorgeschmack der Seligkeit geschaffen. Die großen Menschheitskulturen waren nie nur damit beschäftigt, die Erde fruchtbar zu machen, uns ihr Weideland und einen Acker abzugewinnen: durch Entwässerung und Entsumpfung, – umgekehrt durch Bau von wassertragenden Kanälen, – in unseren Gegenden vor allem durch Rodung von Wäldern. Zu allem Überfluß haben sie auch Gärten und Parks angelegt, die nicht dem Ernährungsbedürfnis, sondern dem geistigen und seelischen Sinnbedürfnis dienten. Große Garten- und Parkkulturen Chinas, Japans, Indiens umgeben die Lebensmitte von Tempelbauten. Ein religiöser Zusammenhang solcher Anlagen ist hier mit Händen zu greifen. Nehmen wir an, daß die biblischen Paradieserzählungen und -hoffnungen eine ferne mythische Vorgeschichte oder Hintergrundsgeschichte besitzen (die uns in Gen 2 – 3 freilich nur in längst entmythisierter

Form vorliegt), werden wir nach Mesopotamien verwiesen – ins »Land inmitten der Flüsse«: des Euphrat, des Tigris, also in die Welt, die Israel während seiner Babylonischen Gefangenschaft kennengelernt hatte. Dort ist Ischtar, die Große Muttergöttin, zu Hause, und von ihr kennen wir den Göttinnen-Spruch ihrer Offenbarung: »Ich bin der Garten«: So sagt sie dort, wie die Bibel vom ägyptischen Pharao sagte, er wachse als Buchsbaum auf wie in einem Gottesgarten (Ez 31,3-9). Beide – Mesopotamien und Ägypten – sind Steppen- und Wüstenländer, die aber groß und reich leben von der Gnade des Wassers der Flüsse, an deren Ufern sich – oasenartig – Streifen fruchtbaren Erdbodens und üppigen Pflanzen- und Baumwuchses finden, von deren Ertrag die viel größeren Wüsten- und Steppengebiete mit leben. Die Grüngürtel der Flußufer sind Lebensgürtel fürs Ganze, und dort liegen die Quellen der Kraft – dort der Großen Göttin, hier des großen Pharao. Ihr Wort »Ich bin der Garten« ist ein Angebot: Wer im Garten wandelt, wandelt »in ihr«, atmet, sieht, hört, riecht, schmeckt dort in Wahrheit sie. Dort feiert sie heilige Hochzeit: Ihre Priesterin ergibt sich dem König zu sexueller Vereinigung, so vollzieht sich symbolisch immer neue Befruchtung, denn es ist schlechthin lebensnotwendig für alle Menschen und alles Land, daß dies Stück Fruchtbarkeit und Lebensüppigkeit erhalten bleibt. So wird dies Grünland auch zum Lustgarten. Und jeder von Menschen angelegte Gartenraum ist kleines Abbild des groß Lebensnotwendigen. Darum gehören überall zum Garten die Bäche, Kanäle, Wasserbecken, Seen, Teiche, Wasserfälle, Wasserspiele, Uferwege und Brückchen-Übergänge, üppige Bepflanzung, vor allem: Bäume.

Wie auch immer: Die Zuordnung von Parks und Gärten zu Tempeln macht einen religiösen Ur-Grund oder Untergrund der Gartenkulturen der Menschheit sinnenfällig. Und selbst da, wo wir literarische oder andere Traditionszusammenhänge der *biblischen* Paradies-Erzählungen im Osten und Fernen Osten nicht nachweisen können, taucht dennoch ein religiöser Sinn der Gärten überall auf.

Später werden die Tempel von Schlössern ersetzt in der Mitte der Gärten, wird Gottheit abgelöst von weltlichen Herrschern. Aber auch sie lassen Parks und Gärten um sich herum anlegen und residieren in deren Innerem. Könige sind ja Gottessöhne, gehörten ja bei der heiligen Hochzeit schon in die mythischen Gärten der Göttin hinein. So ist es ihnen nicht fremd, ihrerseits in Gärten zu leben. Berühmt: Kaiser Hadrians Garten in Tivoli, lange vor dem großen Park der Villa d' Este dort. Allerdings zeigen Herrscher-Gärten starke Spuren einer Rationalisierung gegenüber dem religiös-Anarchischen ursprünglicher Gottesgärten. Der Park zeigt die beherrschte, zurechtgestutzte, unterworfene Natur. Große Wegeachsen werden gebildet, die kreuz und quer, aber doch auch sternartig zentriert auf den Herrschersitz hinführen. Gerade Wegeachsen dienen einer Durchschaubarkeit des Ganzen, alles Dschungelhafte wird durchlichtet, die Pflanzungen erlauben einen zentralen Blick, man kann sehen, wer sich wo bewegt, und die Pflanzungen werden so angelegt, daß sie Blicke freigeben, aber nichts verbergen. Das ist im Renaissance-Garten so und im Barock-Garten des absolutistischen Zeitalters erst recht. Freilich ist der Blick als Gestaltungsprinzip des Parks nicht *nur* Ausdruck der Herrschaftsgesinnung, Durch-Blick bekommen ist auch ein Motiv von Aufklärung: Das Bedrohliche und Undurchsichtige von Natur wird gelichtet, insofern ist der Park des freien Blicks auch ein Raum gestalteter Freiheit.

Doch zeigt der Englische Park im Unterschied zum barocken-geometrischen, wie sehr dort doch Herrschaft (und wäre es die der Vernunft) eben als Herrschaft empfunden wurde. Der Englische Garten ist wohl auch einer von freien Ausblicken, aber er wird so gepflanzt, daß er nicht alles freilegt, er lädt zum Wandern ein, wo die Spazierenden einander entschwinden, aber unversehens auch wiederbegegnen können, und im Wiedersehen schafft er menschliche und gesellschaftliche Ereignisse: »Ach, da seid ihr ja!«

In den Städten des 19. Jahrhunderts wird der Lebensraum enger. Stadtgärten der Bürger werden zugleich Grüngürtel im Häusermeer und gebraucht als »Lungen der Stadt«, durchaus im physischen Sinn: Luft reinigen zu können. In solchen Anlagen mischen sich rationale Wegeführungen der absolutistischen Zeit mit dem Landschaftssinn Englischer Gärten. Aber wenigstens ein Springbrunnen paradiesischer Erinnerung gehört auch da dazu.

Die Schrebergärten dürfen nicht übersehen werden, die Kleingarten-Kolonien des kleinen Bürgertums und der Arbeiterschaft. Der Park ist hier von der »Kolonie« abgelöst, nicht das Paradies – die Assoziation des Kolonialismus des imperialistischen Zeitalters gibt den Namen. Das Gefühl, in der Stadt noch etwas kolonisieren, Neuland gewinnen zu können, dabei nach Feierabend Landerschließer und so sinnvoll tätig sein zu können, ist dabei mindestens so im Spiel wie der hygienische Sinn: »Aus grauer Städte Mauern ziehn wir ins freie Feld«, oder der politische: »Brüder, zur Sonne, zur Freiheit …«, und hieße sie: Kuhle Wampe.

Wie nun auch immer die Geschichte der Künste und großen Meisterschaften des Gartenbaus und der Park-Architektur zu erzählen und zu deuten wäre: In ihren Parks haben Menschen sich künstliche Lebensräume ihrer gesamten Welterfahrung geschaffen.

Existentiell sind sie Räume, in denen wir entspannt spazieren gehen, wir ergehen uns dort, »wandeln« dort, und die Sinne schließen sich uns auf. Und sie sind Räume des freieren, bewußteren, empfänglichen Blicks. Ausblicke, Durchblicke, Fernblicke auch (wie z.B. auf der Pfaueninsel plötzlich überall das Wasser des Sees wieder auftaucht, über das wir eine winzig kleine utopische Überfahrt nach Cythera [Watteau] machen müssen, weil es da zum Glück keine Brücke hinüber gibt); diese Blicke tun den im Stadtverkehr angespannten und ermüdeten Augen gut und können sogar heimlich festgefahrenen Gedanken und erstarrtem Denken auf die Sprünge helfen. Sinnliche, seelische und geistige Erfahrungen lassen sich hier nicht mehr trennen, im Park verliert sich die entfremdende Arbeitsteilung der Sinne.

Aber *was* wir da alles auch zu sehen bekommen! – ganze Landschaften: künstliche Hügel über künstlichen Tälern, Felsenpartien und Seen; wir sammeln die »Tierwelt« ein in Volieren exotischer Vögel, Gehegen aller möglicher heimischer und auswärtiger Tiere (die später auch in eigenen Zoologischen »Gärten« versammelt werden); wir begegnen Palmenhäusern, Orchideenhäusern, Pflanzungen von Libanonzedern und anderer fremder Baumarten (die dann auch in eigenen Botanischen »Gärten« versammelt werden); wir sehen künstlich errichtete Ruinen mit korinthischen Säulen, ägyptische Pyramiden, chinesische Teehäuser, »Tahitianisches« im Dekor kleiner Lustschlösser: die große weite Welt im Garten, und wir können sie erfahren; Figuren und Skulpturen die Fülle: die Götter und Helden Griechenlands und Roms, Pan im Busch, – in Veitshöchheim geigt, paukt, tönts hinter jeder Hecke hervor, die Putten flattern, das Einhorn blickt – viele Parks wollen uns die Entmythologisierung madig machen und remythisieren uns – wenn wir dafür noch empfänglich wären. Parks bestehen auf Einheit des Wirklichen und trotzen auf unsere verlorene Ganzheit. Heckentheater gehören dahin, und der irre bayerische Ludwig hat sich sogar künstliche Höhlen mit unterirdischem See und Wasserfahrt geschaffen auf Lohengrins Schwan: *Spiel* im Garten. Und dort drüben im Gegenbild: Zwischen Friedrichs unvergleichlichem und anrührendem Freundschaftstempel und dem Antikentempel hat ein Potsdamer Lehrerstudent sich ein Rokokokleid aus dem Theaterfundus geliehen und spielt Quantz auf der Querflöte vor sich hin: vielleicht allzu plump bezüglich, aber er braucht die Pfennige im Hut zu seinen Füßen, und das relaxte Publikum läßts ihm gut sein. Längst sind die Gärten *Volks*gärten (wie in Wien): enthierarchisiert von Göttern und Fürstinnen und Erzbischöfen, aber dennoch kann niemand als die Obrigkeit so etwas noch bezahlen.

Die kleinen oder großen »Neugierden« nicht zu vergessen, die Belvederes und Bellevues: zum Blick über den Gartenzaun!

Aber vor allem immer wieder die Wasser: das plätschernde und strömende, sich kräuselnde oder auch stillstehend-spiegelnde Gedenken des Paradieses: in den islamischen Gärten, z.B. Südspaniens, genauso wie in denen der Shinto-Schreine, des Konfutse, indischer Gottheiten, der römischen Antike, der europäischen Renaissance, des Barock, der englisch-bürgerlichen Landschaft, des »Volks«, der Proletarier auch nördlich der Alpen.

Konkrete Utopie. Diese Erinnerung kann *erlebt* werden.

Utopie freilich! Auch darin, daß *Gott* zu jedem Ort einen *Gegenort* geschaffen hat. Unter den Lehrern Israels war es die Aufgabe des aus der rabbinischen

Art geschlagenen Rabbi Elischa ben Abuja;, den man »Acher« nannte (den so arg »Anderen«), das einzuschärfen. Rabbi Meir hatte erklärt: »Zu allem, was der Heilige, gelobt sei Er, erschaffen hat, machte er auch ein Gegenstück: Er schuf Berge und schuf Hügel, er schuf Seen und schuf Flüsse.« Da sprach Acher: »Dein Lehrer Rabbi Akiva erklärte es anders: Er schuf Fromme und schuf Gottlose, er schuf das Paradies und schuf das Fegefeuer. Jeder hat zwei Anteile: einen im Paradies und einen im Fegefeuer ...« (b Chagiga 15a). Kein Paradies ohne Gehenna. Und jeder Mensch hat an beidem seinen Anteil, keiner nur an der Hölle, doch auch niemand nur am Paradies.

Ich fahre vom Süden in den Norden herauf. Kein Linz ohne Mauthausen, – kein München ohne Dachau, – kein Weimar ohne Buchenwald, – kein Berlin ohne Sachsenhausen und Ravensbrück. Ich könnte die Lande auch von West nach Ost durchqueren: kein Elsaß ohne Struthof/Natzweiler, – kein Tilburg ohne Vught, – kein Assen ohne Westerbork, – kein Hamburg ohne Neuengamme, – kein Celle ohne Bergen-Belsen, – Danzig nicht ohne Stutthof, – kein oberpfälzisches Weiden ohne Flossenbürg, und dann weiter so, weiter: nicht in den Osten des Paradieses, sondern der Hölle: Kein Krakau ohne Auschwitz, – kein Lublin ohne Majdanek, – kein Warschau ohne Treblinka, – und – ach, ach: keine Fahrt von Dresden ins geliebte Prag ohne Theresienstadt, ohne Lidice. So reich Mitteleuropa von Süd nach Nord und West nach Ost überzogen ist mit Glücksorten der Kultur und des Stolzes der Menschheit – so sehr mit Gegenorten des deutschen Mordens und Tötens. Und seither fallen immer mehr Namen guter Menschheitsorte mit solchen von Verbrechen gegen die Menschheit zusammen: Santiago de Chile mit seinem Stadion, Hiroshima und Nagasaki mit Hiroshima und Nagasaki, und immer wieder: Auschwitz mit Auschwitz. Nicht, daß Gott dies so geschaffen hätte; ja, er pflanzte das Paradies, aber unsere Gegen- und Mordorte schufen wir selbst. Doch gilt seitdem sehr wohl: »Jeder (auch von uns) hat zwei Anteile:« einen am Paradies, aber den anderen an den Unorten, die doch Orte sind, nicht Lebensorte, sondern Orte des Todes in unserer Mitte und in uns.

Angesichts dieser Gegenorte ließe sich wohl an einer Utopie, gar einer Hoffnung des Lebensortes zweifeln und verzweifeln. Uns aber ist aufgetragen, *beide* Anteile in uns auszutragen. Wir wissen nicht, ob wir es vermögen, kennen dafür keine Kräfte, und Rabbi Akiva erschwert es uns. Nachdem er nämlich gelehrt hatte, jede, jeder von uns habe einen Anteil am Paradies und einen am Gegenort, fuhr er fort: »Der Fromme, der sich verdient gemacht hat, erhält seinen Anteil und (dazu) den Anteil seines Genossen im Paradiese; der Gottlose, der sich schuldig gemacht hat, erhält seinen Anteil und (dazu) den Anteil seines Genossen ...« am Gegenort (b Chagiga 15a). So fahren wir zweimal zwei durchs Leben: einmal zu zweit im Glück, einmal zu zweit in der Schuld, – einmal zu zweit gehören wir den Gegenorten, ich: Täter und Kind der Täter mit meinem Opfer und Kind meiner Opfer, – und doch und doch auch: noch einmal zu zweit dürfen wir uns des Paradieses wissen, und nun sage ich nicht: Sie beide – Adam und Chawwa, – auch nicht: mein Bruder, meine Schwester und ich, auch nicht: ich und mein Genosse, sondern im Geiste des gekreuzigten Jesus, der zu einem sagte: »Wahrlich, ich sage dir, heute noch wirst du mit mir im Paradiese sein« (Lk 23,43), wage ich zu hofffen: *Es wird sich auftun meinem Opfer das Paradies* und vielleicht – vielleicht – ruft es mich hinter sich her, so daß Linz Linz, Weimar Weimar, Berlin Berlin werden können und München München und Prag Prag. Utopie – und verzweifelte Hoffnung!

4. Die Reise nach Jerusalem

Als Kinder spielten wir manchmal »Die Reise nach Jerusalem«. In die Mitte des Zimmers rückten wir eine Reihe von Stühlen, einen für jedes Kind – minus einen: so daß im Spiel immer ein Stuhl weniger aufgebaut war, als es Mitspieler gab; die Stuhlreihe bedeutete ein Eisenbahnabteil. Dann bildeten wir einen Kreis um die Stühle und begannen um sie herum einen Ringelreihen. Dabei sangen wir den Vers: »Wir reisen nach Jerusalem. Und wer will mit?« Zuerst hieß es dann: »Die Katze mit dem langen Schwanz, und die kommt mit«: Vielleicht spielte da der Zug nach Jerusalem die Rolle der Arche Noah, so daß ein Tier das Anrecht auf einen ersten Reiseplatz bekam. Vom zweiten Vers an jedoch mußten wir mit eigenen Worten einen von uns zum Mitreisenden erwählen, z.B.: »Die Rieke mit dem blonden Schopf, und die muß mit«, oder: »Der Heiner ist ein Sauertopf, und der muß mit«, usw. Einen von uns hatten wir zuvor zum Schaffner bestimmt, er trug eine Eisenbahnermütze auf dem Kopf, eine Trillerpfeife um den Hals und hatte die Aufgabe, mit einem Pfiff den Tanz um die Stühle herum zu unterbrechen. Jeder aus dem Kreis mußte dann eilen, einen Sitzplatz zu finden. Aber freilich: Einer fand keinen und blieb zurück hinter den Glücklichen, die Platz im Zug gefunden hatten. Zum Trost durfte er dafür der nächsten Runde einen Stuhl abketteln, so daß beim nächsten Schaffner-Pfiff wieder ein Platz zu wenig da war und dann ein zweites Kind aus der Reise ausscheiden mußte.

Die Reise ging nicht nach Ahlbeck an die Ostsee, nicht nach Oberschreiberhau ins Riesengebirge, nicht an sonst einen ersehnten Ferienort – sie ging ins fremde, exotische Jerusalem, von dem wir keine Vorstellung hatten und das nur als etwas ganz Geheimnisvolles von Ferne wirkte. In diesem sicher alten Spiel hatten wir, volkskundlich gesehen, eine eschatologische Erwartung der christlichen Menschheit ins Kindliche umgesetzt: Jerusalem – ein schönstes Ziel der Lebensfahrt: und doch nicht von jedem Menschen zu erreichen, irgendeiner verliert immer einen Platz im Zug dorthin und verfehlt dies Ziel. Aber jeder begehrt, es zu erreichen. Jerusalem: Lebensutopie – Lebensort, – nie erreicht, aber immer sind Menschen unterwegs dorthin. Jerusalem: nicht namenloses Wolkenkuckucksheim, vielmehr Stadt dieses Namens – *konkrete* Utopie!

Während der Wanderungen Jesu kam ein Augenblick, da nahm er »die Zwölf beiseite« und sprach zu ihnen: »Siehe, wir ziehen hinauf nach Jerusalem« (Mt 20,17f). Diese Entscheidung traf er nicht für sich allein; schlug er diesen Weg ein, wollte er seinen Anhängerkreis bei sich haben; die synoptischen Evangelisten deuten dies Moment ausdrücklich an: Matthäus wußte, daß Jerusalem in der Hauptsache *Jesu* Wanderziel war, und erzählt darum, daß »*Jesus* im Begriff war, nach Jerusalem hinaufzuziehen« (Mt 20,17); es ist *sein* Weg, aber auf ihn will er seine Freunde mitnehmen: »Siehe: *Wir* gehen hinauf« (20,18). Markus erinnert sich, daß Jesus ihnen in diesem Augenblick »voranging« und sie nur zögernd hinterherkamen, denn es machte sie staunen, und sie fürchteten sich sogar vor dieser Reise (Mk 10,32); Nachfolge ausgerechnet nach Jerusalem war ihnen unheimlich und keineswegs selbstverständlich; für sie war Jerusalem noch kein christliches Zentrum und keine »heilige Stadt« – im Gegenteil: Stadt, die die Propheten tötet (Mt 23,37). Doch wie nun auch immer: Wir dürfen nicht Jesus allein auf dem Wege nach Jerusalem sehen, diese Stadt ist auch das Ziel seiner Jünger, vorerst das Ende aller Wege Gottes auch für sie.

Dabei ist Jerusalem keineswegs – wie in unserem Kinderspiel – Chiffre oder Symbol einer *seligen* Utopie. Die Furcht der Jesus-Jünger vor *dieser* Zielbestimmung ihrer Wege mit ihm zeigt, daß sie die theo-politische *Härte* dieser Stadt richtig einschätzten, und davor schraken sie zurück. Mindestens das Doppeldeutige an Jerusalem war ihnen bewußt. Gewiß – es geht »aufwärts«, wenn es nach Jerusalem geht. Aus welcher Himmelsrichtung man auch kommen mag: vom Jordan oder von der Küstenebene her, von Bethlehem oder vom Norden her – von überall muß man *geographisch* »hinauf«, wenn man nach Jerusalem will. Aber zugleich ist es natürlich ein *symbolisches, religiöses,* wertbestimmtes Hinauf: zur »Stadt Gottes« hin, und dann in ihr noch eimal »hinauf« zum »Berg Gottes«, dem Zion oder dem Tempelberg.

Ein solches religiös-symbolisches Hinauf kennen viele Religionen, das ist längst vor-israelitisch, – auf den Bergen suchen sich die Menschen Hilfe »von oben« (vgl. Ps 121,1); das sursum corda (»Erhebet eure Herzen«) wird oft im Aufstieg zu Heiligtümern auf Hügeln, zu Kapellen auf Bergstöcken sinnlich dargestellt und erfahren. Aber Jerusalem durchbricht mit seiner Höhe solchen nur religiös-symbolischen Sinn, es liegt eben auch geographisch und politisch weit und breit als ein »Höhepunkt« in der Landschaft und muß – wie alles Hohe – zeit seiner

Geschichte darum kämpfen, daß es nicht falle. Darum ist es wie eine »fein lustige« Stadt *Gottes* (Luther: Ps 46,5) so doch eben auch eine politisch-harte, streitende und umstrittene Stadt *Israels.* Und gerade *in dieser Doppelwertigkeit:* Menschheitsziel, und so auch Ziel der Wege Jesu und seiner Anhänger. Es hat seine *religiöse* Bedeutung durchaus in seiner *weltlichen* Geschichtlichkeit, und zu der gehört, daß es im Laufe der Geschichte wenigstens 48mal von Feinden kriegerisch belagert und erobert wurde. Der »Friede«, der im Namen dieser Stadt enthalten sein soll (Jeru-*schalem)*, muß immer aufs neue aufkommen dagegen, daß gerade sie, häufiger als andere, von Kriegen, Belagerungen, Eroberungen, Vertreibungen seiner Bevölkerung, Zerstörungen heimgesucht war. Und doch blieb sie in der Menschheitsgeschichte ein Zeichen, daß am Frieden *nicht* zu verzweifeln sei.

Im Geist solcher Hoffnung singt die christliche Gemeinde seit Jahrhunderten Lieder einer *Sehnsucht nach Jerusalem.* Auch geborene Heiden singen sie, nicht nur Judenchristen, auch sie suchen dort ihr Ziel.

Freilich: Christliche Sehnsucht nach Jerusalem findet sich fast nur in *Sterbe- und Todesliedern,* Christen hoffen angesichts ihres Sterbens auf Einkehr in diese Stadt. Auch sie kennen also, wie das jüdische Volk, einen innigen Wunsch: »Morgen in Jerusalem«. Doch sie kennen den *schweren* Weg dorthin; für sie, die Gojim, führt er nur durch den Tod und eine Loslösung von angeborenem Vaterhaus und Freundschaft.

Dies Wissen hat *nichts mit einer Vergeistigung Jerusalems* zu tun, als könne doch nicht diese Stadt, sondern nur ihr himmlisches und jenseitiges *Symbol* zu einem Ziel für Christen werden. Es ist keine Frage, daß Christen dies oft so gedacht haben. Um so mehr ist aber heute die Frage, ob nicht *jetzt* das Ziel Jerusalem wieder so *irdisch-realistisch* gemeint sein kann, wie es etwa die Kreuzfahrer des frühen Mittelalters und jüdische wie christliche und moslemische Wallfahrer anderer Zeiten immer aufgefaßt haben, ob nicht zumindest heute eine Ambivalenz, eine Doppelwertigkeit hergestellt ist zwischen einem himmlischen und dem wahren irdischen Jerusalem und ob eine Reise dorthin wirklich nur wie eine Himmel- oder Seelenfahrt zu denken wäre, nicht vielmehr als eine Bindung äußerster innerer, aber auch äußerer Zugehörigkeit auch von Christen zu dieser Stadt. In welcher *Form* diese zu leben wäre, kann und muß eine stets offene, immer wieder neu zu stellende Frage ethischer und geistlicher Verantwortung sein. Wir wären schon reich an *Erkenntnis,* wenn wir auch im Bezug auf das Menschheitsziel Jerusalem Gottes Willen wie im Himmel »also auch auf Erden«[82] (vgl. Mt 6,10) überhaupt wahrnehmen könnten. Wäre dies klar, dann

82. M. Luther, Der Kleine Katechismus, Das dritte Hauptstück. Das Vaterunser. Vgl. WA 30/1, 252.301.

wäre das großartige Lied des Coburgers Matthäus Meyfart nicht *nur* ein Sterbe-, sondern auch ein irdisches Reiselied:

»Jerusalem, du hochgebaute Stadt, / wollt Gott, ich wär in dir! / Mein sehnlich Herz / so groß Verlangen hat / und ist nicht mehr bei mir. / Weit über Berg und Tale, / weit über blaches Feld / schwingt es sich über alle / und eilt aus dieser Welt« (EKG 320,1/vgl. EG 150,1).

In unserem Zusammenhang geht es nun darum, daß in beiden Testamenten der christlichen Bibel eine *große Stadt* zum eschatologischen Sehnsuchtsort und Zielpunkt der Menschheitswege gemacht worden ist. Das Eschatologische ist hier – genau wie beim Ziel des Paradiesgartens – untrennbar vom örtlich-Utopischen. Daß sich der Friedens-Name gerade Jerusalems tatsächlich an Israel und der Menschheit erfülle, davon haben wir bisher keine Erfahrung, und die Ziel-Idee gerade *dieser Stadt* hat darum im Wirklichkeitssystem unserer Erfahrungen »keinen *Ort«,* ist also Utopie.

Doch nach dem, was wir nun schon als das Wesen des Utopischen in der Bibel bedacht haben, überrascht es uns nicht, auch die Ziel-Idee Jerusalem *in Gott* geborgen zu sehen – in doppeltem Sinn: daß sie uns in Gott *verborgen,* aber zugleich in ihm bleibend *aktuell* ist, was heißt: Aus dem makom, dem Existenzort Gott, kann sie – so Gott will und er lebt – jeder Zeit (jeder Zeit *Gottes)* hervor- und auch in unsere Erscheinung und Erfahrung treten, und dies in einer gegenüber der Tor-Öffnung zum Paradies noch gesteigerten Gewißheitsweise; denn das Paradies haben wir *jetzt* nur in der uns *verlorenen* Form, – hinter uns verschlossenen Türen, in die Stadt Jerusalem hingegen können wir *bereits jetzt* reisen, sie ist uns erfahrbar »gegeben« und dies keineswegs in verlorener, doch freilich in historisch umstrittener, geschichtlich-gefährlicher Kampfform. Sie ist in eben dem Sinne die historische Kampfform für die Suche Gottes nach einem Ort in der Welt, wie die Existenz des immer noch und immer wieder überlebenden jüdischen Volkes die historische Kampfform ist, in der Gott um den Gewinn der Menschheit streitet, daß sie – das Leben Israels in ihrer Mitte bejahend – zur Menschheit Gottes *werde.* Wirklich an-wesend kann der biblische Gott nur gedacht werden, wenn er, wie in der *Zeit* der menschheitlichen *Geschichte,* so auch im *Raum* eines menschheitlichen *Ortes* gedacht wird. Dafür steht Jerusalem.

Dieser Ort aber ist kein Berg, kein Tal, kein Meer, kein gestirnter Himmel und kein unermeßliches und leeres All, – auch kein privates Kämmerlein – und wäre dies ein Herzenskämmerlein – es ist die menschlich-allzu-menschliche »*Lebensform Stadt*«.

Darüber wollen wir nun in einer zu christlicher Eschatologie gehörenden Utopie ausdrücklich nachdenken.

a. »Wo soll ich fliehen hin?«
(EKG 427,1)[83]

Folgen wir der Bibel in ihrem eigenen Gang, begegnet uns, was die Stadt betrifft, zuerst *Kain, der Brudermörder, als Städtebauer.* »Kajin erkannte sein Weib, / sie wurde schwanger und gebar den Chanoch (= Henoch). / Er aber wurde Erbauer einer Stadt /und rief den Namen der Stadt nach seines Sohnes Namen Chanoch« (Gen 4,17). S. R. Hirsch (z. St.) schlägt vor, das nicht so zu verstehen: »Er (Kain) erbaute eine Stadt«, sondern so: »Er ward ein Stadterbauer. Mit ihm beginnt eine *neue* Bestrebung: die *Stadt«* [84].

Was Inhalt dieser Bestrebung ist, hören wir, wenn wir von den Zeugungen des Henoch-Nachkommen Lamech hören: »Lamech nahm sich zwei Weiber, / der Name der einen war Ada, der Name der zweiten Zilla. / Ada gebar den Jabal, / der wurde der Vater der Besitzer von Zelt und Herde. / Der Name seines Bruders war Jubal, / der wurde der Vater aller Spieler auf Harfe und Flöte. / Und auch Zilla gebar, den Tubal-Kajin, / Schärfer allerlei Schneide aus Erz und Eisen. / Tubal-Kajins Schwester war Naama« (Gen 4,19-22).

Hirsch sieht in den Berufen der Kain-Henoch-Lamech-Nachkommen »das *Städtewesen in seinen Hauptrichtungen* hervortreten«[85]. »Deutlich ist in Jubal und Thubal-Kain *Kunst* und *Industrie* bezeichnet.« Hirsch wagt es, aus den Namen dieser Menschen über ihre Berufe Näheres abzuleiten. Zunächst heißt es ausdrücklich: »Was die beiden letzteren Söhne für die städtische Entwickelung geleistet, ist klar. Aller Industrie liegt Thubal-Kain's Erfindung der *metallschneidenden* Instrumente zu Grunde. Die *Gemüter veredelnde* Kunst begrüßt in Jubal ihren Vater.«[86]

Aber auch *Jabal,* den Vater der »Besitzer von Zelt und Herde« (Gen 4,20), möchte Hirsch als den ersten »der seßhaften Viehzucht« begreifen, der also mit seinen Herden nicht mehr als Nomade *wandert,* vielmehr an festem Ort Viehhandel betreibt, der »erste Mann des Erwerbs«[87], Repräsentant des »*wertschaffende(n),* wertbringende(n) Stand(es) der Gewerbs- und Kaufleute«, der »verdienende(n) Klasse«[88]; vielleicht übertreibt diese Deutung das Motiv der Verstädterung, vielleicht wirkt in ihr die Analogie des jüdischen Viehhändlers in deutschen und östlichen Ackerbürgerstädten zu stark. Allerdings sieht Hirsch philologisch, daß die Namen der drei Lamech-Söhne alle von derselben Sprachwur-

83. Das Lied »Wo soll ich fliehen hin?« (1630) ist im EG nicht mehr enthalten.
84. S. R. Hirsch, a.a.O. Bd. 1, 91.
85. Ebd.
86. A.a.O. 92.
87. Ebd.
88. A.a.O. 93.

zel jbl gebildet sind, und die hat etwas zu tun mit »bringen, heimbringen, einbringen« (lat. offere) von jabul: Ertrag, Gewinn – also durchaus mit Kaufmännischem. Eben vom Sprachlichen aus kommt Hirsch darum auf die Deutung *Jabals,* des »Besitzers von Zelt und Herde« als eines Kaufmanns und Händlers, also als eines in die Stadt, nicht aufs Land gehörenden Menschen.

Jubal freilich bringt ganz etwas anderes heim, nichts, was materielle Werte schafft, sondern Gemütswerte. Er ist der, der die Kunst einführt neben der Kaufmannschaft, und zwar: die Musik (mit Zither und Flöte). Sie ist in der von Gott abgelösten kainitischen Welt ebenso notwendig wie das Gewerbe. In der Sprache und Vorstellungsweise des bürgerlichen 19. Jahrhunderts sagt Hirsch: Die Kunst suche der von Gott abgefallenen Welt »die mit Gott aus dem Innern entflohene Harmonie durch äußere Anregung wieder zu bringen. Insbesondere die Musik, die nicht Gestalten und Begriffe, sondern nur Stimmungen und Gefühle ausdrückt, wirkt eben dadurch veredelnd auf das Gemüt, indem sie ihm seine Gefühle entgegenträgt und weckt, und steht wie alle Kunst des Schönen, als Vorstufe, in dem Dienst der Wiedererziehung des Menschen zum Guten und Wahren.«[89]

Wie gesagt: Das ist Interpretation des Namens und Berufs Jubals fürs (deutsche) Bürgertum des 19. Jahrhunderts. *Wir* bedürfen nicht dieser Ästhetik. Menschliches Musizieren kann auch noch in anderen *sozialen* Zusammenhängen verstanden werden, z.B. als *Form* und Gestalt geschichtlicher Erinnerung einer Menschengruppe oder als Arbeitslied, Tanzlied, Festlied, Liebeslied, Wanderlied, darin auch als Gestaltgebung für die Utopie eines anderen Lebensgesetzes usw. Unabweisbar ist aber, daß Jubal in der Tat die *Kunst* neben dem Handel als »neue Bestrebung: die Stadt« darstellt und ihr »Vater« ist, ihre geschichtliche Wurzel, ihr historischer Ursprung, ihre bleibende Repräsentanz.

Und nun *Tubal-Kajin,* der Dritte. Im Blick auf die »neue Bestrebung: Stadt« sagt Hirsch richtig, daß das, was dieser Dritte als Beruf erfindet und einrichtet, »die Bedingung« sowohl für das Gewerbe als auch für die Kunst sei – eine materialistisch zutreffend gegebene Bestimmung. Ich gebe Hirschs Auslegung ganz: »Tubal. Er schafft nichts, was man unmittelbar genießen und gebrauchen kann; er schafft die Mittel zu jeglichem Fortschritt in Gewerbe und Kunst. … Er ist der eigentliche Thubal-Kain, die eigentliche *Produktion Kains,* der Stolz des kainitischen Geschlechtes. Gott hatte dem Kain die Erde genommen. Sie gibt ihm kein Jabul (Gewinn) mehr. Er bedarf ihrer aber nun nicht mehr. Sein Geist ist sein Acker. Und indem dieser die mechanische Kunst produzierte, diesen mächtigen Hebel der Industrie, gewinnt der bodenlose Kain den Acker wieder und es bringt nun das Land den Reichtum seiner Äcker der Stadt, um dagegen

89. Ebd.

des Segens ihrer Industrie teilhaftig zu werden«[90]. Natürlich ist auch dies, durch die Sprache der Analogie, kühnste Vergegenwärtigung Tubal-Kajins für bürgerliche Menschen des Industriezeitalters im 19. Jahrhundert. Man könnte es auch ganz anders, nämlich vor- und frühgeschichtlich lesen als eine Erinnerung an die großen Veränderungen von der Bronze- zur Eisenzeit etwa seit dem 10. vorchristlichen Jahrhundert. Doch richtig bleibt auch hier die Zuordnung zur »neuen Bestrebung: Stadt« und die Einsicht in materielle Voraussetzungen für Handel und Kunst in der Industrie.

Die Schwester der drei Brüder und Lamechs-Kinder ist nun ja nicht zu vergessen! Zwar hören wir nichts von einem Beruf dieser Frau. Aber auch sie trägt einen sprechenden Namen; Naama hat von der Sprachwurzel her mit dem sinnlich Schönen zu tun, wie Hirsch z. St. feststellt. Von daher deutet er die Bedeutung dieser jungen Frau, indem er sie dem Stadt- und Berufswesen ihrer Brüder zuordnet. »Der erste Zweck der Industrie ist ihre Nützlichkeit. Forschritt ist's aber, wenn mit den Zwecken des Nützlichen die Zwecke des Schönen, mit der Industrie der ›*Geschmack*‹ sich verbindet, diese Verbindung selber ist ein Schritt zur Zurückerziehung des Menschen zum Höheren. Ob für diese Zwecke der sinnlichen Anmuth Naama, wie ihr Name sagt, dem Bruder hülfreich zur Seite gestanden? Vielleicht«[91]. Moderner ausgedrückt, erschlösse Hirsch somit die Naama als Industrie-Designerin; und wir müssen bei aller bürgerlichen Verpakkung auch hier Hirschs eigene Fortschrittlichkeit würdigen: Er übersetzt den sprechenden Namen der Frau in die Sphäre des Berufs und der gesellschaftlichen Arbeit und durchbricht wenn nicht das Bürgerliche, so doch das Großbürgerliche: Diese »sinnlich-schöne« Frau dient nicht, wie bürgerlich so oft, als »Schmuck des Hauses«, sondern als Mitarbeiterin an der »neuen Bestrebung: Stadt«, ihrer Arbeits- und Industriewelt.

Freilich ließe sich Naamas Bedeutung vom Sprachlichen her auch noch anders bestimmen. Es fällt ja auf, daß ihre drei Brüder Namem aus *gleicher* Sprachwurzel tragen, die mit Einkünften und Gewinn zu tun hat. Naama dagegen blüht aus *anderer* Sprachwurzel auf, gehört jedenfalls nicht der *Gewinn*sphäre von jabul zu, auch nicht, wie Jubal, der Musikant, zum ästhetischen Gewinn. So könnte ihr Name wurzelhaft etwas anderes hören lassen. Wohl gehört sie mit ihren Brüdern zusammen, jedoch nicht als Designerin, die dem eisenharten Material (und somit dieser ganzen jabul-Welt des Gewinns) den schönen Schein gibt, sondern als *Gegenspielerin* gegen das Gewinngesetz der »neuen Bestrebung: Stadt«, – nicht als das Schöne *im* Sinnlichen, sondern *gegen* es – wie ein Aufschein einer ganz anders als durch Gewerbe, Kunst und Industrie struktu-

90. Ebd.
91. Ebd.

rierten Stadt, so daß wir schon im Entstehen der »neuen Bestrebung: Stadt« die Ahnung von einer »neuen Stadt« in Naama vor uns hätten. Freilich müssen auch wir hier, wie Hirsch, sagen: »*Vielleicht*« können wir die Lamech-und-Zilla-Tochter so verstehen. *Gewiß* ist nur das Recht (und die exegetische Pflicht), die biblischen als *sprechende* Namen zu hören und sie nicht als Schall und Rauch zu überhören.

Haben wir (in diesem Text der für alle weitere Geschichte urbildlichen Frühgeschichte) eine Erinnerung an das Entstehen einer »Lebensform Stadt« und an deren archetypische *Strukturen* in Handel, Künsten, Industrie und – vielleicht – Utopie, so dürfen wir doch nicht übersehen, daß die »neue Bestrebung: Stadt« in biblischer Sicht eine Bestrebung der *kainitischen* Menschheit ist, entstehend in der Abkunft von Kain, dem Brudermörder. In der Sicht des biblischen Wirklichkeitsverständnisses entsteht die Stadt unter dem Kainszeichen – und zwar im *doppelten* Sinn eben dieses Zeichens. Die Stadt entsteht »jenseits von Eden«, dort, wo Kain seßhaft wurde »im Lande Nod, Schweife, östlich von Eden« (Gen 4,16); Bubers Verdeutschung dieses Verses drängt uns, auch hier auf den sprechenden Namen zu achten. Seßhaft wird der Brudermörder im Lande, das auf deutsch »Schweife« heißt; die Seßhaftigkeit, zu der er kommt und in der die »neue Bestrebung: Stadt« entsteht, ist eine auf dem bleibenden Untergrund des »Schweifenden«, Unsteten, Flüchtigen; der Grund der Stadt ist nicht fest gegründet. Zwar: Der Flüchtige strebt nach einer Stadt, in der er seßhaft werden, sich bergen, auch sich verbergen kann unter ihren vielen Einwohnern. Aber von ihrem Untergrund, dem Lande »Schweife« her, bleibt der Stadtmensch immer gefährdet; immer ist er schon ein potentiell Vertriebener, Exulant, der Brudermord brodelt unter den Pflastersteinen, auf die er tritt, und kann es, weil die »neue Bestrebung: Stadt« von Kain stammt, nachdem er »von SEINEM«, Gottes »Antlitz« – d.h. vom Acker, auf dem man nach alter Vorstellung von Gott gesehen wird – »hinweg« gezogen war (Gen 4,16). Was auch bedeutet: Die »neue Bestrebung: Stadt« hängt mit dem Verlust des Antlitzes Gottes zusammen und soll dies ersetzen – wie ja die bald folgende Erzählung vom Turm- und Stadtbau zu Babel zur Genüge deutlich macht (Gen 11,1-9). Die Stadt hat zugleich etwas Rettendes und etwas Unheimliches, etwas Bergendes und etwas »Schweifendes«, Zerstreuendes, ist Schutz und gottloser Gottesersatz in einem.

Die *Turmbau-Erzählung* sieht sie geradezu als Inbegriff einer *gegen Gott* sich erhebenden Wirklichkeit. Der Wille, »uns eine Stadt und einen Turm« zu bauen, »sein Haupt bis an den Himmel«, wird als eine Herausforderung Gottes verstanden (Gen 11,4): der Turm durch sein Höherstreben, die Stadt durch den Willen zu menschlicher Massenhaftigkeit und einem kulturellen Einheitszwang der städtischen Gesellschaft, die in einer Sprach-, Begriffs-, Gedanken- und Geisteseinheit sich ausdrückt, resp. in dem Willen, eine Einerleiheit des Stadtvolkes und seiner Mundart (Gen 11,6) zu bewahren und immer neu zu schaffen, und dies als Massenmedium zu benutzen für die Entfaltung eines menschlichen Allvermögens: wozu All*gewalt* und All*macht* auch gehören (Gen 11,6b). Die Stadt wird hier nicht als Ort multikultureller Freiheiten gefeiert, sondern als Instrument einer anonymen, gleichsprachigen Massengesellschaft gefürchtet – mithin in einem ganz negativen und abschreckenden Bilde.

Das hängt nicht zuletzt damit zusammen, daß bereits mit dieser Erzählung die Stadt aus dem Archetypischen ins Historische tritt. Diese Stadt heißt und ist »Babel«, die Hauptstadt jenes Imperiums, in das 586 v. Chr. die Führungsschicht des judäischen Königreiches und Volkes verschleppt worden ist und in der das jüdische Volk zugleich das *traumatische* Erlebnis seiner »Babylonischen Gefangenschaft« und jenen *geistigen* Gestaltwandel erfahren hat, der äußerlich in der Gründung der großen jüdischen Lehranstalten im Zweistromlande sich ausdrückt, innerlich und inhaltlich aber in der Umformung der alten Gottespraxis und des früheren Gottesdenkens, die es diesem Volk ermöglichte, für kommende Jahrtausende sich in einem Traditionswandel zu bergen und in der Diaspora zu überleben. Damit bekommt auch Babel eine Ambivalenz, ist abstoßendes Beispiel von Gott- und Israel-Widrigkeit, Symbol der »Hure Babylon« (Offb 17,5), und gleichzeitig urtümliche Chiffre für das Wesen, die »neue Bestrebung: Stadt«, die gigantische Kulturleistungen hervorbringt. Sind die Kainsnachkommen Jabal, Jubal, Tubal-Kajin und Naama noch »Väter« und »Mütter«, erste Menschen einer menschlichen »Bestrebung« Stadt, so ist Babel eben dasselbe, aber nun schon im *Vollzug* und im Licht der geschichtlichen Erfahrungen Israels, nicht mehr Möglichkeit, sondern Wirklichkeit, für uns heute z.B. auch archäologisch greifbar – was m. W. für eine Kains-Stadt namens Chanoch bisher nicht gilt.

Natürlich hat Babel auch noch Archetypisches – genau wie das Ninive der Jona-Novelle: jene »große Stadt«, gegen deren »Bosheit« zu predigen Jona vom Gott Israels berufen worden war (Jona 1,2); ungeachtet ihrer Historizität als Stadt des neubabylonischen Reiches steht auch Ninive archetypisch für eine Großstadt und ihre Gottwidrigkeit. Und so haben die biblischen Juden ja auch am Namen der Stadt »Babel« etwas Sprechendes gehört: balal = gemischt, nach Bubers Übersetzung von Gen 11,9: Man ruft den Namen dieser Stadt »Babel, Gemenge, denn vermengt hat ER dort die Mundart aller Erde …« – womit jedoch zugleich die Hoffnung geboren wird, daß eines späteren Tages Gott den Völkern dann doch auch wieder eine »geläuterte Lippe« an-wandeln werde, so daß sie alle SEINEN Namen ausrufen und »mit geeinter Schulter ihm dienen« werden (Zeph 3,9); Hirsch ist überzeugt davon, daß das Sprachbewußtsein der biblischen Zeugen über weite Text- und Zeiträume hinweg das Sprach-«Gemisch« im Namen »Babels« mit der Sprach-«Läuterung« der eschatologischen

Zukunft, von der der Prophet Zephanja sprach, antithetisch zu verbinden verstand; auf das *balal* von Babel und der »neuen Bestrebung: Stadt« wird ein *barar* der Zukunft einer *neuen* Stadt antworten, auf das »Gemenge« der Sprache deren »Läuterung«.[92] Die großen Städte stehen von vornherein im Licht des Verderbens und doch auch einer großen Zukunft.

Gehen wir nun aber mit der Bibel vom Archetypischen noch weiter ins Historische, dann nähern wir uns deutlicher der »Lebensform Stadt«, in der *praktischen* Bedeutung, die sie für das biblische und talmudische Israel hatte. Sie kommt nicht nur in der Haggada, dem erzählenden Denken Israels vor, sondern auch in der Halacha, der Diskussion jüdischer Lebenspraxis, und zwar auf eine eigenartige und nachdenkenswerte Weise. Ihren »Sitz im Leben« bekommt sie dort nämlich zuerst bei der *Diskussion des Menschenmordes und seiner Ahndung.* »Wer jemanden schlägt, daß er stirbt, / sterben muß er, sterben. / Hat er ihm aber nicht nachgestellt, sondern Gott hats seiner Hand widerfahren lassen, / will ich dir einen Ort festsetzen, wohin er fliehen soll« (Ex 21,12-13). So steht es im Bundesbuch, dem Gesetzeswerk, das wir zwischen Ex 20,22 und 23,19 finden, das womöglich aus der Zeit nach der Eroberung des Nordreichs Israel durch die Assyrer 722 v. Chr. stammt und uns zum ersten Mal die Struktur dessen zeigt, was dann für die ganze Tora kennzeichnend wird: Rechtliche und gottesdienstliche Weisungen werden unlöslich miteinander verknüpft, so daß »Religion« und »gesellschaftlich-Soziales, Juristisches und Politisches« nicht selbständige Daseinsspären, zwei »Bereiche« bilden können, sondern den Menschen lehren, in einer Ganzheit und Einheit des Wirklichen zu leben. Auf Mord steht entschieden die Todesstrafe des mot-jumat: Sterben muß er, sterben. Aber ein Fall läßt sich denken, wo jemand jemanden tötet, ohne dies im geringsten gewollt zu haben. Es gehört in alter Zeit zu dem unterscheidend-Biblischen und menschheitlich-Großen, daß dort bei Tötungsdelikten zwischen einem vorsätzlichen und einem absichtslosen Töten unterschieden wurde. In Num 35,16ff finden wir das ausführlich dargetan. Klare Fälle von Mord, die nur mit dem Tode bestraft werden können, haben wir z.B., wenn jemand jemanden mit einem eisernen Gerät erschlagen hat, so daß er starb (35,16), – oder jemanden mit einem handgerechten Stein, durch den einer sterben kann, geschlagen hat, daß er starb (35,17), – oder mit einem handgerechten Holzgerät (35,18). Ein durch lebensgefährliche Werkzeuge verursachter Tod ist eindeutig Mord. Aber Mord ist auch ein Tod, der – mit welchen gefährlichen oder weniger gefährlichen Instrumenten auch immer – emotional-absichtsvoll herbeigeführt wurde. »Und hat im Haß er ihn hingestürzt oder in Nachstellung etwas auf ihn geworfen, daß er starb, / oder hat in Feindschaft er ihn mit seiner Hand geschlagen,

92. S. R. Hirsch, a.a.O. zu Gen 11,7-9: 174-181.

daß er starb, / sterben muß, sterben der Schläger: ein Mörder ist er« (35,20-21). Das ist in der Struktur ganz die Logik, mit der Jesus in den sog. Antithesen der Bergpredigt gearbeitet hat; sowohl in der Tora als auch in der Bergpredigt wird Mord nicht nur am äußeren, sondern auch an einem inneren Tathergang bestimmt: Wer tötet, soll dem Gericht verfallen sein, dazu gehört aber auch: schon wer seinem Bruder zürnt (Mt 5,21-22); die »Antithesen« der Bergpredigt sind keine, sie sind vielmehr genaue, im Gesetz Israels längst vorgegebene Näherbestimmungen von Tatbeständen, die für ein Urteil relevant sind.

Aber nun differenziert die Tora den Tatbestand Mord noch weiter; es gibt ja auch ganz absichtsloses Töten. Hat aber ein Täter jemanden »von ungefähr, ohne Feindschaft, ihn hingestürzt / oder auf ihn ein Gerät ohne Nachstellung geworfen / oder mit irgendeinem Stein, wodurch einer sterben kann, unversehens: etwa, er ließ ihn auf ihn fallen, daß er starb, / und war ihm nicht Feind, nicht ein ihm zum Übel Trachtender ...« (Num 35,22-23) – dies ist noch einmal ein ganz anderer Fall und anders zu behandeln. Hier, auf einer dritten Differenzierungsstufe des Tatbestandes Mord, setzt überhaupt erst die talmudische Diskussion an: Was für Fälle eines völlig absichtslosen Tötens sind praktisch vorstellbar? Z. B. »Wenn jemand, ohne es gemerkt zu haben, einen Stein im Schoße liegen hatte, und als er aufgestanden, dieser herabgefallen«, losgerollt und dabei jemand zu Tode gekommen ist (b Bava Qamma 26b), – oder: wenn jemand einen Stein zwei Ellen werfen wollte, aber er flog vier Ellen und traf dabei jemanden ganz unglücklich, – oder (im Alltag wahrscheinlicher und schon in Dtn 19,5 ins Auge gefaßt): »Wenn das Eisen (einer Axt) vom Stiele abgleitet und jemanden tötet« (m Makkot II.1,2). Das sind solche Fälle, von denen die Tora des Bundesbuches gesagt hätte: »*Gott* hats seiner Hand widerfahren lassen« (Ex 21,13).

Uns scheint – beiseite gesagt – an dieser Diskussion über einen Rechtstatbestand Mord folgendes bemerkens- und buchenswert:

1. Die schon in der Tora vollzogene Differenzierung von äußerem und innerem Tathergang Mord, also unsere heutige Unterscheidung von Mord und Totschlag.

2. Die Parallelität der Antithesen der Bergpredigt Jesu mit dieser Differenzierung.

3. Der hohe Differenzierungsgrad, in bezug auf den die talmudische Diskussion überhaupt erst *beginnt.*

Und nun fügen wir hinzu: Der Satz, daß *Gott* es der unglücklichen Hand eines Menschen hat widerfahren lassen, hebt dessen Täterschaft nicht auf. Gott wird nicht eine erste oder zweite Kausalität von Mord, kein »Schicksal«, auch keine Vorsehung, gar ein Kismet, das einen Menschen aus der Kausalitätskette eines mörderischen Geschehens herausnähme und so verantwortungslos machte. Auch wem solches widerfahren ist wird zur Verantwortung gezogen. Das geschieht *zunächst* so, daß er allerdings der Verfügungsgewalt eines »Bluträchers« entzogen wird, der einen eindeutigen Mörder, »sobald er ihn antrifft« (Num 35,19), umbringen kann und soll. Ein Täter, dem *Gott* es hat widerfahren lassen, soll dagegen vor das Forum der Gemeinschaft gestellt werden, und *sie* richte »zwischen dem Schläger und dem Bluteinlöser nach diesen Rechtsgeheißen« (35,24). Praktisch heißt das: »Die Gemeinschaft *rette* den Mörder aus der Hand des Bluträchers« (35,25).

Und nun erst, wo es um die Rettung eines Mörders geht, dessen Hand »Gott es hat widerfahren lassen«, kommt langsam die Stadt ins Spiel, für die wir uns hier interessieren.

Im Bundesbuch – Ex 21,13 – hörten wir: Dem, der nicht absichtlich auf einen andern Menschen gezielt hatte, aber Gott hat ihn seiner Hand zugeschickt, »für den werde ich dir einen Ort bestimmen, wohin er fliehen soll« – einen makom. Im Bundesbuch ist dies eindeutig der *Altar* eines Heiligtums (vgl. Ex 21,14), bei dem es ein Asylrecht gibt – im alten Israel ebenso wie anderswo. Aber in späteren Gesetzestexten wird jener von Gott bestimmte makom fürs Asyl nicht mehr der Altar sein, sondern eine geographisch wohlbedachte Kette von *miklat-Städten: Aufnahme-, Flucht-, Unterschlupf-, Asyl-, Frei-Städten.*

Das ist eine m. W. beispiellose Einrichtung gewesen. Und zwar haben wir uns darunter nicht etwa so etwas wie eine Sträflingskolonie oder -Insel vorzustellen – nur jetzt für Untersuchungsgefangene und vorerst unschuldig verdächtigte Täter. Vielmehr handelt es sich um normale Städte, nur daß die Stämme Israels ihnen eine besondere Asyl-Aufgabe zugewiesen haben, zu der nicht alle Städte im Lande verpflichtet werden können und müssen. Dabei ist der Vorgang etwa folgender. Einer hat jemanden getötet, ist aber der festen Überzeugung, ihm sei dies absichtslos widerfahren, er habe dies nie gewollt, habe auch innerlich gar keinen Grund dafür gehabt. Freilich muß er dennoch damit rechnen, dafür von einem Bluträcher verfolgt und auf der Stelle selbst umgebracht zu werden – was ja in alter Zeit nur rechtens gewesen wäre. Um solcher Gefahr entkommen zu können, hat das Recht in Israel die Fluchtstädte geschaffen. Dorthin kann ein solcher eilen und Schutz begehren vor den Nachstellungen eines Bluträchers. Allerdings kann er nicht damit rechnen, ungeprüft Asyl gewährt zu bekommen. Zwar sind die Behörden dieser Städte verpflichtet, einen flüchtigen Täter nicht sofort auszuliefern, wenn das »von außen« verlangt würde. Aber der Asyl-Suchende muß sich mindestens eine doppelte Prüfung gefallen lassen. Erreicht er auf seiner Flucht die Stadt, »bleibe er in der Öffnung des Stadttors stehn / und rede in die Ohren der Ältesten jener Stadt seine Rede«: Josua 20,4. Hier sind es die Ältesten, die schon vor Eintritt des Täters in die Stadt den Fall überprüfen und über eine Asylgewährung entscheiden. Hat er ihnen ins Ohr seine Rede geredet, dann sollen sie »ihn einholen in die Stadt zu sich / und sollen ihm einen Ort geben, daß er bei ihnen ansässig sei / – und wenn der Bluteinlöser ihn verfolgt, / sollen sie den Mörder nicht in seine Hand überliefern, / denn ohne Wissen hat er seinen Genossen erschlagen / und nicht war er ihm Hasser von vortags und ehgestern, / er sei ansässig in jener Stadt, bis er vor der Gemeinschaft stand zum Gericht ...« (Jos 20,4-6) – also bis er vor einer zweiten Instanz, nach der Überprüfung durch die Ältesten im Tore, gestanden hat: vor der Rechts-Gemeinde. Fällt deren Prüfung zu seinen Gunsten aus, wird ihm ein Bleiberecht, ja geradezu eine Bleibepflicht eingeräumt, denn verließe er die Stadt, verlöre er ihren Schutz, und der Bluträcher bekäme wieder sein Recht an ihm. Auf eine eigentümliche Weise handelt es sich allerdings um ein begrenztes Bleiberecht, nämlich »bis der Großpriester starb, der in jenen Tagen sein wird« (Jos 20,6).

Das hat mit dem Recht des Lösegeldes zu tun. Denkbar wäre, daß ein Bluträcher – ein goel-ha-dam – in Verhandlungen mit der Asylstadt träte, um den Täter durch Geldzahlungen für seine Verfügung loszukaufen aus dem Schutz der Stadt. Aber auch irgendein Verwandter könnte versuchen, als ein goel, Freikäufer des Täters, aufzutreten und den an die Stadt Gefesselten, in ihren Schutz Gebannten, zu befreien. Unterhändler dafür kann freilich allein der Hohepriester sein, der zu dieser Zeit amtiert. Solange der aber lebt, der zur Zeit des Tathergangs im Amte war, soll ein solcher Loskauf – sei es im Bösen durch einen goel-ha-dam, sei es im Guten durch einen goel aus der Verwandtschaft des Täters – unmöglich sein – aus einem Grund, über den wir sogleich sprechen wollen, der auch die ganze Institution der Asyl-Stadt begründet. Zunächst geht die Rechtsweisung so weiter: *Nach* dem Tod des Hohenpriesters dieser Zeit soll es allerdings möglich werden: »Alsdann darf der Mörder zurückkehren, / er darf in seine Stadt und in sein Haus kommen, in die Stadt, woher er geflohen war«: Jos 20,6b.

Doch was hat es mit dieser Asyl-*Frist* auf sich, die durch die Lebenszeit eines Hohenpriesters bestimmt wird? Die Gründung von Asyl- und Unterschlupfstädten hat kaum etwas mit im modernen Sinne humanistischen Tendenzen zu tun. Sie hat eine Voraussetzung im Gebot von der Heiligung des Landes Kanaan, das dazu bestimmt ist, zum Erez Israel zu werden. Gott hat dies Land dem Volke Israel zuerwählt, daß es dort als königliches Priestertum und heiliges Volk leben könne. Dazu gehört, daß der Acker dieses Landes kein unschuldig vergossenes Blut trinken soll; die Erzählung von Kain und Abel hat dies archetypisch ins Bewußtsein hineinerzählt. Könnte der Bluträcher aber einen unschuldigen Täter erreichen und an ihm auf der Stelle das Blutrecht vollstrecken – »Sterben muß er, sterben« –, dann wäre leicht denkbar, daß dabei das unschuldige Blut eines Täters auf dem Acker und in »dem Lande« vergossen würde. Dies unter allen Umständen zu vermeiden, hat Israel zuerst die Sitte des Asyls am Altar übernommen und dann die Institution der Asylstädte geschaffen. Sie sind Institutionen eines *heiligen* Rechts, und diese *Städte* dienen dem Schutz des *Landes,* daß von dort nicht unschuldiges Blut zum Himmel schreien muß. Von hier aus versteht sich vielleicht die besondere Bedeutung, die der Hohepriester bei dieser Rechtsinstitution hat; seine Amts- und Lebenszeit repräsentiert eine zeitlich-epochale, eben darin aber eine Seins-Ganzheit, hinter deren Ende und Grenze eine neue erst anheben, damit auch alles Recht sich erst neu bewähren und hier und da vielleicht sogar materiell erneuern muß. *Alles,* was in seiner Amtszeit geschah und geschieht, konstituiert diese Ganzheit mit, jede Tat, jede Untat. So gehört auch jeder Mord, aber auch jedes Unglück eines unbeabsichtigten Totschlags zu der Zeit- und Wirklichkeits-Einheit, die der Hohepriester darzustellen, auch: zu ertragen hat. Und Neues kann beginnen, wenn er stirbt. Mit dem Tod des Hohenpriesters, in dessen Amtszeit einer zum Täter wurde, die ihn an die Überlebensmöglichkeit des Asyls bannte, kann dann auch der Täter frei werden.

Diese Beziehung der Unterschlupf-Städte auf das Land zeigt sich nun auch an ihrer *geopraphischen Auswahl.* Bestimmt werden dazu drei transjordanische und drei diesseits des Jordan gelegene Städte (Num 35,14), und zwar so, daß sie in bestimmt bemessener Entfernung voneinander doch einigermaßen einander gegenüberliegen, diesseits und jenseits des Flusses (b Makkot 9b). Nach Jos 20,7-8 waren dies im Norden Kadesch-Naftali diesseits und Golan, etwa auf gleicher geographischer Höhe jenseits des Jordan gelegen; dann in der Mitte des Landes Sichem diesseits und – wohl etwas nach Norden verschoben – Ramat in Gilead jenseits; schließlich im Süden Hebron, auch Kirjat-arba geheißen, hier und ihm gegenüber – wieder leicht nach Norden verschoben – Beser »in der Wüste«. Das sind die sechs Asylstädte. Die geographischen Beziehungen lassen sich noch weiter bestimmen: Die Städte liegen annähernd gleich weit voneinander, und dazu die südlichen gleich weit von der Südgrenze wie die nördlichen von der Nordgrenze des Landes entfernt (b Makkot 9b). Dadurch entstehen etwa gleich große Raum-Einheiten, die das Land überziehen, so daß von überall her die Fluchtstädte ohne allzu lange Fluchtwege erreicht werden können. Im Talmud – b Makkot 10b – hören wir überdies, daß an Scheidewegen des Straßennetzes im Lande Wegweiser aufgestellt werden sollen mit der Aufschrift »Zufluchtsstadt«, »damit der Totschläger wisse, wohin er sich zu wenden hat« – dies entsprechend einer Weisung in Dtn 19,3: »›Du sollst dir den Weg bereiten‹, mache eine Zubereitung für den Weg«. Die Stelle Dtn 19,3 versteht allerdings weit mehr darunter: »Richte dir das Wegnetz ein«, d.h.: Schaffe eine Wegeverbindung zwischen den Fluchtstädten und halte sie so instand, daß sie verkehrssicher und vor allem: schnell erreichbar bleiben, denn der Flüchtige hat es eilig, und die Öffentliche Hand ist verpflichtet, ihm die Wege schnell begehbar und offen zu halten.

Wir hörten schon: Diese Städte sollen keine Sondergebiete, verbotene Zonen sein, sondern ganz normale Ortschaften. Freilich: Sie sollen weder Groß- noch Kleinstädte sein; in der talmudischen Diskussion wird die Norm einer Mittelstadt für richtig gehalten (b Makkot 10a). Als notwendig zu erfüllendes Kennzeichen solches Ortes gilt seine *Lebensqualität.* Nur eine Stadt kommt in Frage, »wo Gewässer sind«; fehlen sie, müssen erst Wassergräben in sie hineingezogen werden, ehe sie als Asylstadt in Frage kommt. Marktplätze müssen in solchen Städten vorhanden sein, d.h. Asylstädte müssen in Austauschbeziehungen mit dem ländlichen Umland stehen, ausdrücklich wird als Grund für diese Bestimmung gesagt: Große Volksmengen müssen auf solch einem Markt verkehren können, damit ein Totschläger in der Masse untertauchen oder auch von ihr beschützt werden kann vor Nachstellungen von außen; nimmt die Bevölkerungsdichte ab, ist für neues Bevölkerungswachstum Sorge zu tragen durch zusätzliche Ansiedlung von Priestern, Leviten und Israeliten! (b Makkot 10a). Allerdings: *einer* Beschränkung unterliegt solche Stadt: in ihr darf weder mit Waffen noch mit Fanggeräten gehandelt werden, und wenn schon gehandelt – wie einige Weise zulassen möchten –, dann besteht doch darin Übereinstimmung, daß in dieser Stadt davon kein Gebrauch gemacht werden darf. Es muß eine *gewaltfreie* Stadt sein, eine, die ausschließlich Leben fördert und Tod und Tötungen verhindert.

Diese Lebens-Bestimmung der Asylstädte ist umfassend gemeint, sie schließt die Förderung *geistiger* Lebensqualität für die Asyl-Suchenden ein. Darum wird im Talmud gelehrt: »Wenn ein Schüler in die Verbannung muß, so muß sein Lehrer mit ihm in die Verbannung.« Warum? Das Fundamentalziel der Asylinstitution heißt ja: Der Täter »bleibe am Leben« (Dtn 4,42), und bedeutet praktisch: »Man *sorge* für ihn, daß er leben bleibe« – dazu gehört aber unabdingbar, daß durch den Mordverdacht keinesfalls das talmud tora, das Tora-Lernen eines Schülers bei seinem Lehrer, unterbrochen werden darf. Wobei das Umgekehrte genauso gilt: »Wenn ein Lehrer in die Verbannung muß, so muß seine Schule mit ihm in die Verbannung« – denn das, was *eigentlich* Zuflucht begründen und gewähren kann, sind ja nicht die gesellschaftlichen Institutionen als solche, sondern »die Worte der Tora« (b Makkot 10a), denen sie entstammen. Darin äußert sich ein *vertieftes* Verständnis vom Asyl. Denn was eigentlich einen Täter bedroht, ist nicht die Nachstellung eines goel-ha-dam, eines Bluträchers; Zuflucht bedarf man im Grunde »vor dem Todesengel« und seinem Kuß, durch den man stirbt. Vor ihm schützt allein das Lehrhaus, denn solange einer dort sitzt und lernt, vermag der Todesengel erfahrungsgemäß sich dem Studierenden nicht zu nähern, »weil sein Mund vom Studium nicht abließ«, er also anhaltend die Lehre murmelt, so daß der Engel zum Todeskuß an den Mund nicht herankommen kann (b Makkot 10a). Zum Lehrhaus gehört aber auch, wenn es erfolgreich sein soll, eine *Menge* von Lernenden, ein Lernnetz: »Viel Tora habe ich von meinen Lehrern gelernt, mehr als von diesen lernte ich von meinen Kollegen, und am allermeisten von meinen Schülern« – dies berühmte Wort[93] Rabbis (des Rabbi Jehuda ha-Nasi, des »Fürsten« des Exils) hat seinen talmudischen Sitz im Leben in *diesem* Zusammenhang: In der Menge lehren verspricht Lernerfolg: im Netz von Lehrern, Kollegen, Schülern. Darum muß notfalls ein ganzes Lehrhaus die Möglichkeit erhalten, mit einem als Täter Verdächtigten ins Asyl aufgenommen zu werden. Und die beiden Mengen gehören zusammen: Die Volksmenge auf dem Marktplatz, die schützen und in der man untertauchen kann, und die Menge, in der man am ehesten erfolgreich Tora lernen und sich so vor dem Kuß des Todesengels schützen kann.

Ganz am Rande der talmudischen Gespräche über Asylstädte taucht noch ein Aspekt auf, den wir hier nennen, weil offenbar auch Jesus von Nazareth ihn gekannt und angewandt haben könnte. In Dtn 4,41f wird uns von der Aussonderung von drei ersten Asylstädten durch Mose erzählt. »Damals schied Mosche drei Städte aus, jenseit des Jordans, sonnaufgangwärts, / daß dorthin fliehe ein Mörder, der seinen Genossen morden würde ohne Wissen – er war ihm nicht Hasser von vortags und ehgestern –, / der fliehe nach einer dieser Städte und lebe.« Rabbi Schimlaj deutete die Bestimmung »sonnaufgangwärts« dahin: »Der Heilige, gelobt sei er, sprach zu Mosche: Laß die Sonne für die (unvorsätzlichen) Totschläger scheinen.« Doch gab es andere Lehrer, die wollten diese Einschränkung nur auf unvorsätzliche Täter nicht gelten lassen und hörten an dieser Textstelle: »Du hast die Sonne für die Totschläger (überhaupt) scheinen lassen« (b Makkot 10a). Das gibt insofern auch einen halachischen Tatbestand wieder, als die Halacha immer davon ausgeht: »Zunächst eilen *sowohl* der unvorsätzliche *als auch* der vorsätzliche (Totschläger) in die Zufluchtstadt« (m Makkot II.6), Gute wie Böse – auch diese in der Hoffnung auf Schutz. In seiner Bergpredigt hat Jesus ihnen *beiden* die Sonne aufgehen lassen: »über Böse und Gute«, wie er es hat regnen sehen über »Gerechte und Ungerechte« (Mt 5,45). Einige Strahlen dieser Sonne sind mit Sicherheit der Schutz der Asylstädte des Mose gewesen. Vorbehaltlos »hast Du die Sonne über Totschläger scheinen lassen«.

Bedenken wir nun den *theologischen* Sinn dieser Institution in Israel.

Das *Ethisch-Praktische* ist ja klar: Ein Mordverdächtiger soll vor ungeprüftem Todesurteil geschützt werden; fiat justitia! Die Begründung dafür geht freilich über Juristisches hinaus und gibt *heilsgeschichtlichen* Sinn zu erkennen: »Das Land« soll vor unschuldigem Blutvergießen bewahrt werden, weil es aus Kanaan zum Land Israel sich wandeln soll. Dies Ziel bestimmt alles Recht in Israel mit.

93. b Makkot 10a.

Asyl-Städte können »das Land« entlasten von fortgesetzter heidnischer Unempfindlichkeit gegenüber Unrecht und Blutvergießen.

Aber in all diesem Praktischen wirkt sich der von der Bibel gesehene *archetypische Zusammenhang von Mord und Stadt* aus: von Kain, dem Mörder, und Kain, der eine »neue Bestrebung: Stadt« in die Geschichte brachte. Gerade in der Institution der Unterschlupf-Städte ist das mehr als eine vage Assoziation von Ängsten, denen immer und überall gegen Städte als gefährlichen Mord- und Gewalt-Nestern freier Lauf gelassen wurde. Die miklat-Städte stehen insofern exakt im Kains-Zeichen, als sie ja dem Rechts-*Schutz* eines *Täters* dienen sollen. Einerseits setzen sie das Wort Kains voraus, den Gott nach seiner Bluttat vom Acker vertrieb: »Siehe, du vertreibst mich heute vom Ackerland, und ich muß mich vor deinem Angesicht verbergen; unstet und flüchtig muß ich sein auf Erden. So wird mich denn totschlagen, wer mich antrifft« (Gen 4,14); das ist – ins Rechtliche übertragen – die mot-jumat-Ordnung – »sterben muß er, sterben« –, von einem goel-ha-dam, Bluträcher, auf der Stelle auszuführen, wo immer er einen Täter auch antreffe. »Der Herr aber sprach zu ihm: Nicht also! Wer immer Kain totschlägt, an dem wird es siebenfältig gerächt. Und der Herr versah Kain mit einem Zeichen, daß keiner ihn erschlüge, der ihn anträfe« (Gen 4,15). Gottes »Nicht also«, ins Rechtliche übertragen, ist die Einrichtung der Unterschlupf-Städte in Israel; sie sind, institutionell dargestellt, das Zeichen, das Kain schützt. Von einer menschheitlichen »Grunderfahrung Kain« her hat Israel das Recht Gottes empfangen, in dessen Verfolgung die Asyl-Städte einzurichten waren. Sie spiegeln die Ambivalenz wider, die in Gottes Verhalten gegenüber dem Brudermörder Kain sich zeigt: Vertreibung ins Unstete und Flüchtige von Nod, Schweife – und doch Schutz davor, daß ein Täter zum Freiwild womöglich rechtloser Verfolger und brutal ermordet werden könnte. Dies Kainitische aber wurde zum Wesen von Städten überhaupt: *Fluchtziel und Schutz für Menschen, die auch Täter wurden* – entsprechend dem, daß es eben Kain war, der die »neue Bestrebung: Stadt« schuf und verfolgte.

Eine *theologische* Bedeutung, die die Einrichtung von miklat-Städten haben soll, erkennen wir nun daran, daß die Bibel ihre Begründung und Auswahl als eine *erste* institutionelle Entscheidung des Mose darstellt, noch ehe das Volk über den Jordan kam und den Einzug ins verheißene Land beginnen konnte. Historisch war das vielleicht nicht so. Unsere historischen Wissenschaftler neigen eher der Vorstellung zu, daß die Einrichtung von Asyl-*Städten* erst in dem Augenblick nötig und möglich wurde, als im 7. Jahrhundert durch die sog. Kultreform des judäischen Königs Josia die sog. Höhenheiligtümer aufgehoben wurden, die meist noch aus kanaanäischer Zeit über das ganze Land verbreitet, aber von Israel bedient waren und also reichlich Altäre als Asyl-Möglichkeiten anboten. Josia wollte den Gottesdienst allein auf Jerusalem konzentrieren, dadurch wurden natürlich auch die vielfältigen Asyl-Angebote aufgehoben. In dieser Lage, heißt es, habe man jene sechs Städte als Asyl-Plätze ausgewählt, um nicht durch zu lange Wege nach dem fernen Jerusalem das Asylrecht faktisch unmöglich zu machen und schneller erreichbare Schutzorte zu bieten. Mag das historisch so gewesen sein oder nicht – dann wiegt um so mehr die biblische Erzählung, die die Schaffung von Asyl-Städten ganz in den Anfang der Landnahme zurückdatiert und auf diese Weise zeigt, *welches Gewicht* sie für Israels Verständnis des Landes und seines Verhältnisses zu ihm haben. Im Bundesbuch gehört diese Institution sogar zu den ersten Rechtsgeheißen, mizvot, die Mose schon am Sinai von Gott erhält, ziemlich gleich nach den Weisungen des Zehnworts (Ex 21,12-14). Nach Num 35,9ff hat der Herr über diese Sache mit Mose »in den Gefilden Moabs, am Jordan gegenüber Jericho« geredet (35,1): »Rede mit den Israeliten und sprich zu ihnen: Wenn ihr über den Jordan in das Land Kanaan hinüberkommt, sollt ihr euch einige Städte auswählen, die euch als Freistädte dienen, damit ein Totschläger, der jemand aus Versehen erschlägt, dorthin fliehen kann.« Wir sollten zu würdigen wissen, daß damit die erste Sorge für Israels Bewährung im verheißenen Land versehentlichen Totschlägern gilt. Das hat ja offenbar mehr als nur individuellen Sinn, – betrifft Israel in seiner Ganzheit, wenn es über den Jordan geht. Niemand kann ausschließen, daß es gerade dabei zu Totschlägen kommt und Blut vergossen werden könnte. Das ist eine Voraussicht ante rem, ehe so etwas auch nur geschehen *konnte,* und zeigt, daß Israel, was die Frage einer Gewalttätigkeit dabei betrifft, nicht naiv ins Land hinübergehen will. Aber wenn Israel und Welche aus Israel dabei schon zu Tätern werden können, so soll das von vornherein nur mit *rechten* Dingen zugehen. Auf Mord steht Tod. Aber Recht und Unrecht sind gerade dabei geschieden und zu scheiden, und es ist dafür zu sorgen, daß niemand in Israel *zu Unrecht* einer Bluttat beschuldigt werden kann bei der Besetzung des Landes. Gerade drüben im Land wird es auf nichts so ankommen wie auf das Recht des Gottes Israels, durch dessen Geltung allein Kanaan zu Erez Jißrael werden kann. Uns scheint beides ethisch und geistig unerhört: daß eine Nation offen damit rechnet, zu einem Volk von Tätern werden zu können, daß es dabei einen Sinn für einen Täter wider Willen entwickelt, darum ein Recht Gottes hochhält, das *an der Spitze* dem unschuldigen Täter gilt, und daß es darum auch eine erste Vorsorge für den *Schutz* von Tätern wider Willen und an erster Stelle Freistädte für *sie* schafft.

Auch in Dtn 4,41f wird der vorsorgliche, *primäre Sinn* der Freistadt-Institution betont: »Damals sonderte Mose *jenseits des Jordan* gegen Sonnenaufgang (also mit Blick »nach drüben«, in den Westen des vor ihm liegenden Landes) drei Städte aus, daß dahin fliehen könne ein Totschläger, der seinen Nächsten unvorsätzlich totschlägt ...«

Der theologische Ernst dieser Institution wird aber weiter dadurch unterstrichen, daß diesem Werk des mit *Mose* sprechenden Gottes *Kontinuität* in die folgenden Generationen hinein nachgesagt wird. Denn es wird dann auch erzählt: »Und der Herr redete mit *Josua* » (also dem Mose-Nachfolger und Repräsentanten der nächsten Generation): »Sage den Israeliten: Bestimmet euch die Freistädte, von denen ich euch durch Mose gesagt habe, daß dahin fliehen möge ein Totschläger, der jemand aus Versehen, unvorsätzlich, erschlägt, damit sie euch als Zuflucht vor dem Bluträcher diene« (Jos 20,1-3). Was Gott zuerst zu Mose gesagt hat, sagt er jetzt auch zu Josua – und Israel wiederholte sich das durch alle Generationen hin: wofür z.B. die talmudische Diskussion dieser Institution Zeugnis ablegt; und auch Jesus mit seinem Wort von der Sonne, die über Gute und Böse scheint, gibt auf seine Weise diese Rechtstradition ebenfalls weiter: an uns.

Grundsätzlich scheint uns nun folgendes bleibend wichtig an dem bisher Ausgeführten.

Die Bibel sieht die Stadt im Schatten Kains; sie ist das Werk der kainitischen Menschheit – eine »Bestrebung«, die in einer fundamentalen Entfremdung von Gott und den Mitmenschen ihren Ursprung hat, ja – wie die Erzählung vom Turmbau zu Babel sagen will – insofern ein Werk der Sünde ist, als die Menschen es als Werk ihrer Konkurrenz zu Gott anlegen: als einen Machtfaktor und als eine Demonstration menschlicher Selbstherrschaft. Damit soll sicher nicht gesagt sein, daß eine Lebensform Dorf und die dort siedelnde Menschheit »besser«, Gott gemäßer oder näher wäre; gerade vom Acker des Landes schreit ja das unschuldig vergossene Bruderblut zum Himmel, und der goel-ha-dam, der Bluträcher, wird rechtlich ausdrücklich auf die Straßen und Wege des *Landes* verwiesen. Aber in der Stadt konzentriert sich und symbolisiert sich, stellt sich allen Augen sichtbar dar der Mensch, der auch nach seiner Errettung aus der Flut »böse ist von Jugend auf« (Gen 8,21). Wir können sagen: Nach biblischer Sicht organisiert sich diese nachsintflutliche Bosheit in immer neuen markanten Formen und Gestalten, wie – nur z.B. – in Turmbauten und Sprach- und Geisteszwängen, die ja auch Seelenzwänge bewirken.

Aber: Gott gibt eben dieser Stadt einen anderen Sinn und versucht ihren Übeln zu wehren. Mitten in den Kranz der Städte läßt er jene gewaltfreien Frei-Städte legen, die auch noch von anderem Zeugnis geben können als nur der menschlichen Bosheit. Sie *bezeugen Gottes Willen zu einer andern Stadt,* und diesen nicht nur als unerfüllbar bleibendes utopisches Ideal, sondern als praktizierbare menschliche Institution, also als Möglichkeit *und* Wirklichkeit. Damit steuert er der menschlichen Stadtgeschichte entgegen, indem er ihr eine – wenn auch kleine – Anzahl von Gegenbildern entgegensetzt. Dabei ist doppelt wichtig, daß für die praktische Verbindung dieser Städte untereinander, aber auch mit anderen Städten durch Wegenetze gesorgt werden soll. Die Frei-Städte sollen nicht aparte Ausnahme-Orte sein. Sie sollen vielmehr beispielhaft eine andere »Bestrebung« einer »Lebensform Stadt« sichtbar machen. Freilich: Gerade die Frei-Städte setzen die bleibende Wirklichkeit Kains, des Brudermörders voraus; mehr noch: Sie artikulieren diese Wirklichkeit wie kaum etwas anderes, bleiben wirklichkeitsgerecht, ja sind Ausdruck der bösen menschlichen Realität schlechthin, sie lassen sich nicht als Hirngespinste phantastischer Schwärmer abtun. Aber in ihnen versuchen die Menschen, statt das menschlich-Böse höher und höher zu treiben, es einzudämmen *a.* durch die Herrschaft des Rechts als eines Schutzes und *b.* durch Verbannung aller Instrumente von Gewalt. Städte im Dienste einer die äußere und innere Organisation umfassenden und vereinenden Lebensqualität, sogar ausdrücklich mit dem Verfassungsziel ausgestattet: »daß er lebe« (Dtn 4,42). Damit wird die andere Seite der Kains-Wirklichkeit dargestellt: daß Gott nicht liebhat den Tod des Gottlosen (Ez 18,23), und es ist wiederum die Stadt, die eine solche *Gottesbestimmung* darstellen kann. Eine für »uns heute« nur schwer vorstellbare Zumutung an eine Stadt! Allerdings wird auch in unseren heutigen Städten der Ruf der Bürger immer lauter nach einer »neuen Stadt«, für die andere Normen geschaffen werden sollen, als sie unsere Städte bisher kennzeichnen. Doch selbst, wenn wir solche Rufe nicht kennten: Der biblische Gott kennt auch Stadt-Geschichte und die Geschichte der Städter, und wir sollten uns dem praktisch und theologisch zu stellen versuchen, so ungewöhnlich es uns auch erscheinen mag. Um uns und in uns Gewalt – aber *vor* uns eine gewaltfreie Stadt, die als Täter Beschuldigte schützt durch ihre Gewaltfreiheit. Die »Bestrebung Stadt« kann Zukunft haben.

b. Von Glanz und Elend Jerusalems – oder: Vom Mythos zur Utopie

Es gibt einen Jerusalem-*Mythos.* Und es gibt Jerusalems *theopolitische Wirklichkeit.* Eine theologische Utopie sollte nicht an den Mythos anknüpfen, sondern an die Wirklichkeit.

Der *Mythos* von Jerusalem ist eine Mutmaßung und ein Konstrukt der historisch-kritischen Bibelwissenschaft: die Entdeckung einer vorisraelitischen Theologie, in der die Gottheiten erkennbar werden, die in der Stadt etwas galten, und in der auch von einer höheren religiösen Bedeutung der Stadt selbst *die Rede* ist. Spuren dieser kanaanäischen Jebusiter-Religion *aus der Zeit, ehe der judäische König David sich die Stadt als sein persönliches Kronerbe erobern ließ,* was rund 1000 v. Chr. geschah, lassen sich noch in der Hebräischen Bibel finden.

Von der *vorisraelitischen Geschichte* Jerusalems wissen wir nicht wenig aus außerbiblischen Quellen: archäologischen Grabungen, die die Gründung der Stadt im frühen 3. Jahrtausend wahrscheinlich machen, vor allem aus den in

Oberägypten, zwischen Kairo und Luxor gefundenen Amarna-Tafeln, die eine in Keilschrift abgefaßte Korrespondenz zwischen vorderasiatischen Königen, kleinen syrisch-palästinischen Stadtfürsten und dem Pharao aus dem 14. vorchristlichen Jahrhundert enthalten – erhalten in den Ruinen der Residenz des berühmten Pharao Echnaton. Dort hieß die Stadt u-ru-sa-lim, und zu ihr gehörten nördlich und südlich andere Ortschaften hinzu (z.B. Bet Horon, nordwestlich, Kegila, im Süden gelegen), mit denen zusammen sie einen typisch kanaanäischen Stadtstaat bildete, mit einem Könige an der Spitze. Aus den Amarna-Tafeln kennen wir z.B. den Namen eines Königs Abdi-Hepa (= »Knecht der Hepa«, einer hurritischen Göttin und Partnerin des Wettergotts Teschub) und wissen von ihm, daß er sein Königtum bereits ererbt hatte, also nicht in erster Generation König, andererseits aber ein Vasall des ägyptischen Königs war, der damals – und noch lange danach – die Oberhoheit über den Stadtstaat Jerusalem (und andere Königsstädte in Kanaan) besaß. Allerdings konnte schon zur Zeit Abdi-Hepas Jerusalem sein Staatsgebiet nicht mehr recht zusammenhalten, auch Ägypten war – nicht zuletzt durch Echnatons religiöse Revolution – geschwächt, und die Stadt hat sich bis ins 11. Jahrhundert v. Chr. davon nicht erholen können, so daß sogar noch bei der Einwanderung israelitischer Gruppen einige Sippen der Stämme Juda und Benjamin auf Jerusalemer Staatsgebiet Fuß fassen konnten: Juda südlich, Benjamin nördlich der Stadt.

Die Stadt selbst freilich konnten die Israeliten nicht erobern. In der Liste der nicht einzunehmenden Städte und Gegenden »des Landes« am Anfang des Richterbuches heißt es (Ri 1,21): »Den Jebussiter aber, der in Jerusalem saß, enterbten die Söhne Binjamins nicht, / der Jebussiter blieb ansässig mit den Söhnen Binjamins in Jerusalem, bis auf diesen Tag«; Jerusalem war zu einer kanaanäischen Enklave auf benjaminitischem Siedlungsgebiet geworden, noch genauer: im Grenzgebiet zwischen Benjamin- und Juda-Sippen, von ihnen eingekreist.

Von der *Religion in dieser Stadt* wissen wir bisher zwar nichts durch Textfunde, offenbar eine Menge aber durch das, was davon in die Hebräische Bibel hineinverschmolzen wurde.

Bereits in den Abrahamserzählungen begegnet uns ein zusammenhängendes Stück solcher Erinnerung. »Malki-Zedek aber, der König von Salem, führte heran Brot und Wein, / Priester war er dem Hohen Gott (dem El-Eljon), / und segnete ihn und sprach: / Gesegnet, Abram, dem Hohen Gott, / Stifter von Himmel und Erde! / Und gesegnet der Hohe Gott, / der deine Dränger in deine Hand geliefert hat!« (Gen 14,18-20).

Malki-Zedek ist ein sprechender Name und heißt: »Mein König ist Gerechtigkeit«. Es gibt wohl Gründe, »Zedek« hier als Eigennamen eines Gottes zu verstehen – genauso wie im Namen der Stadt das (Jeru-)«Salem«; so hätte sich Melchisedek in seinem Eigennamen als Diener eines Jerusalemer Stadtgotts namens Zedek bekannt, der waltet in einer Stadt, die einer anderen Stadtgottheit – »Friede«, Salem – geweiht ist. In unserem Textabschnitt freilich hören wir gleich zweimal noch den Namen einer weiteren, dritten Gottheit: El-Eljon, dessen Name nicht gut übersetzbar ist, Buber versucht es mit »Hoher Gott«, die Zürcher Bibel mit »Höchster Gott«, so auch die Luther-Bibel. Und in der Tat läßt sich denken, daß im vorisraelitischen Jerusalem ein Götter-Pantheon verehrt wurde mit El-Eljon als einem höchsten Gott an der Spitze. In unserem Genesis-Abschnitt würde dann Melchisedek, der mit Zedek einen der unteren Götter im *Namen* trägt, als *Handelnder* des »Höchsten« Gottes geschildert.

Melchisedek selbst wird zugleich »König« und »Priester« genannt, das kennzeichnet ihn als einen Priesterkönig, ein Amt, das wir aus Ägypten und überhaupt dem antiken Orient kennen, wo eine Personalunion der politischen und religiösen Herrschafts- und Leitungs-Funktionen geläufig war.

In unserer Erzählung geht Melchisedek dem Abram entgegen, der als Sieger aus einem Krieg zwischen verschiedenen kanaanäischen Städtekoalitionen untereinander (Gen 14,1-16) auf dem Heimweg nach Hebron offenbar in Jerusalem vorbeikommt. Historisch können wir von diesen Kriegen kaum etwas fassen, klar ist nur, daß die Erzählung von einer Begegnung zwischen Melchisedek und Abraham alles Geschehen in die ferne Zeit der Vorväter Israels datieren möchte, also ins vorisraelitische Jerusalem.

Melchisedek *begrüßt* Abram und trägt ihm Brot und Wein entgegen: Brot vor Wein; später haben deswegen die Christen diesen befremdlichen Heiden-König als eine Vorausdarstellung Christi angesehen, der die Abendmahlselemente in christlich richtiger Reihenfolge dem Abraham entgegentrug: vgl. Hebr 7! Daß gerade Jerusalem dem Stammvater des späteren Israel freundlich begegnet, werden Spätere mit besonderer Genugtuung gehört und erzählt haben.

Den El Eljon haben sie im damaligen Jerusalem als den »Stifter von Himmel und Erde«, also als den kosmischen Weltenschöpfer verehrt. Als solchen hatten ihn die in Wüsten wandernden Israel-Familien vermutlich noch nicht gekannt; ihre Gottheiten waren ihren Familien und Sippen und deren Wanderungen eng verbunden, sie verbanden den »Gott Abrahams«, den »Schrecken Isaaks«, den »Starken Jakobs« noch nicht mit der großen weiten Welt. Erst als sie durch Davids Eroberung Jerusalem kennenlernten, trafen sie dort auf eine so universale Gottheit, die in ursprünglicher Beziehung zum Kosmos stand, und dort erst begegneten sie dem Wissen um Gott als Schöpfer. Je mehr sie sich dann in dieser kanaanäischen Stadt einlebten, um so tiefer assimilierten sie sich das dort beheimatete Wissen von El Eljon und sprachen ihrem Jhwh zu, was sie vom El Eljon in Jerusalem hörten.

Zu diesem Schöpfungswissen von El Eljon gehörte, eng damit verbunden, auch das Wissen, daß der höchste Gott Kräfte hat, »Feinde zu vernichten«: seine

Feinde und die der Stadt. *Seine* sind vor allem große mythologische Ungeheuer, die er überwinden muß, wenn er Himmel und Erde »stiften«, also als Schöpfergott sein Werk beginnen will: vor allem den Chaos-Drachen. Er lebt im Urmeer, und El-Eljon scheucht ihn auf, wenn er anfängt, das Trockene von den Wassern, den Himmel von der Erde zu »trennen«. Dies schöpferische »Trennen« bringt die ganze vorherige chaotische Daseinsordnung durcheinander, alles wird von dem ungeheuren Kampf in Mitleidenschaft gezogen, der anhebt, wenn Gott mit seiner Ordnung die Unordnung des Chaos bedroht und ihr ungestaltes Einerlei aufhebt. Vor allem die Berge beginnen da zu wanken, das Urmeer fängt an zu tosen, und die Kräfte der Finsternis der alten Welt streben auseinander. So jagt der El Eljon seine Feinde auseinander. Mag sein, daß schon die Jebusiter – wie später z.B. der Prophet Jesaja – die Erzählungen von der urtümlichen Vertreibung der kosmischen Feinde Gottes als »Modell« gesehen haben, besser: als Verheißung für die Vertreibung auch aller *ihrer* Feinde, der Feinde der Stadt, so daß sie von einem tiefen Vertrauen in die *Uneinnehmbarkeit* und einen ewigen Bestand von u-ru-sa-lim überzeugt waren. Vielleicht haben schon alte Jebusiter vom El Eljon so ähnlich sprechen können wie Jesaja (17,12-14): »Weh, / Getös vieler Völker, / wie das Tosen der Meereswellen tosen sie dahin. / Lärm der Nationen, / wie das Lärmen mächtiger Wasser lärmen sie! / Die Nationen lärmen wie das Lärmen vieler Wassser, / er aber dräut darein, / schon fliehts in die Ferne, / gejagt, / wie Spreu auf den Bergen vorm Windbraus, / wie Stengelgewirbel vom Sturm. / Zur Abendzeit, da, ein Ergrausen, / eh Morgen wird, sind sie dahin, – »: die chaotischen Gegner El-Eljons – und die der Jebusiter. Vielleicht haben tatsächlich alte vorisraelitische Überlieferungen den Jerusalemer Jesaja auf die Idee gebracht, so zu reden, und vielleicht wollte und mußte er seine Botschaft gerade in solche altertümlichen Vorstellungen einpacken, weil man sogar zu seiner Zeit in der Stadtbevölkerung die alte heidnische Mythen-Sprache noch ganz gut verstand.

Wie auch immer: Der jebusitische El-Eljon als höchster Gott eines Pantheon von Göttern *ist* nicht nur ein Universal-Gott – er vermag auch universal (an seinen und Jerusalems Feinden) zu *handeln* und an ihnen seine Überlegenheit (später »Allmacht« geheißen) zu betätigen. Nun gibt es Bibel-Exegeten, die das Motiv kosmischer Feinde Gottes und politischer und militärischer Feinde der Stadt zusammenbringen mit einem weiteren, auch in der Hebräischen Bibel festgehaltenen mythologischen Gedanken: vom Völkersturm gegen den Gottesberg.

Die Vorstellung vom *Gottesberg,* auf oder über dem die Gottheit thront, ist eine alte kanaanäische Geschichte; Baal, der Regengott und Herr, thronte über dem Karmel oder geographisch noch höher hinauf auf Bergen des Libanon und Syriens, von Israel aus gesehen jedenfalls meist im Norden. Und Israel selbst hat z.B. den Berg Garizim bei Sichem – älteres Orts-Wissen aufnehmend – für einen Gottesberg gehalten (Ri 9,37), aber auch das Heiligtum von Bethel (Gen 28,11ff). Und erst recht natürlich den Berg Zion in Jerusalem. Der galt schon als Gottesberg, lange ehe Israel dorthin kam.

Wie überhaupt »Berge sich hoben« aus der Urflut, als die Wasser flohen vor dem schöpferischen »Schelten« des Gottes (Ps 104,6ff), so entstand auch der Gottesberg aus dem Urmeer; Gott zimmerte ihn sich als seinen Söller »über den Wassern«, »ER, der im Wasser sein Hochgebälk bälkt« (Ps 104,3). Und bis zum Himmel pflegt ein Gottesberg zu reichen, das ist ja überall sein Wesen, wie z.B. beim König von Babel, als der in seinem Herzen sprach: »Himmelhoch steige ich auf, /höher als die göttlichen Sterne / erhebe ich meinen Stuhl, / sitze hin auf den Berg der Begegnung / am Lendenbuge des Nordens« (Jes 14,13); Buber übersetzt har-moed zutreffend mit »Berg der Begegnung«, wo die Zürcher Bibel direkt »Götterberg« setzt, Luther aber vom »Berg der Versammlung« spricht – wo also Menschen dem Gott »begegnen«, mit ihm sich »versammeln« können. Dies Kennzeichen trägt in der biblischen Geschichte vor allem der Sinai. Auf dem Gottesberg begegnen sich Himmel und Erde, treffen sich Gott und Mensch. Als »Nabel des Erdlandes« gilt darum so ein Berg (Ez 38,12), wie ja auch das Bergheiligtum von Sichem als »Nabel des Landes« benannt wurde (Ri 9,37); die ganze Welt dreht sich um so einen Berg, der als Erdachse gilt.

Für die Jebusiter war u-ru-sa-lim diese Erdachse, genauer: der spätere Tempelberg, und womöglich noch genauer: auf dem Tempelberg jener Felsen, über den später die moslemischen Araber den bis heute unvergleichlich schönen Felsendom gebaut haben. Israel hat diese kosmisch-universale Zentralbedeutung Jerusalems in seine Zuneigung zu dieser Stadt übernommen. Noch in fernen talmudischen Zeiten nannten die Lehrer Israels den Berg Zion »Grundstein« und unterhielten sich über den Gedanken, »die Welt sei von Zion aus erschaffen worden«, nämlich: »von ihrer Mitte aus«. Und noch Rabbi Jizchak, der Schmied, holte den jebusitischen Mythos von Meer und Berg herauf und erzählte ihn auf seine Weise: »Der Heilige, gelobt sei er, warf einen Stein ins Meer, und aus diesem entstand die Welt.« Um aber das Universale des Gedankens ganz deutlich zu machen, lehrte die Mehrheit der Lehrer Israels gegen eine Behauptung Rabbi Eliezers, des Großen, der meinte: der Himmel sei vom Himmel aus, die Erde jedoch von der Erde aus erschaffen worden (der Kosmos habe also *zwei* Herkunftsorte und sei womöglich ein dualistisches Gebilde): Nein, diese, die Erde, und jener, der Himmel, beide wurden von Zion aus erschaffen (b Joma 54b). Diese Mythologie vom Gottesberg als Omphalos, Nabel der Welt und Erdachse, ist religionsgeschichtlich fast unendlich weit verbreitet; Mircea Eliade zeigt dies gleich am Anfang seiner Schrift »Das Heilige und das Profane. Vom

Wesen des Religiösen«[94]. Das vorisraelitische Jerusalem teilt den Gedanken sozusagen mit der ganzen Welt; er ist nicht nur dem Inhalt, auch seiner Verbreitung nach universal, und wir wollen wiederholen: *Erst* in Jerusalem wird Israel mit einem solchen theologisch-mythologischen Universalismus bekannt (wenn nicht überhaupt erst in der Babylonischen Gefangenschaft, wo das womöglich noch ausgeprägter als im alten Jerusalem die Geister beherrschte). Für Israel ist er jedenfalls im Ursprung ein Assimilationsphänomen, solch Universalismus gehört ihm nicht von Haus aus an, es lernte Jhwh auch ohne solche Weite seiner Herrschaft kennen, er war ihm nicht Herr und Schöpfer aller Dinge. Jedenfalls hat Israel ihn so *zuvor nicht* gekannt. Ob die Beziehung von Jhwh auf den Kosmos und die Natur ihm deswegen eigentlich wesensfremd genannt werden muß, ist damit noch nicht gesagt, nur, daß es ihm jedenfalls nicht ursprünglich eigen ist und man seine großen Taten auch ohne das preisen konnte. Allzu selbstverständlich dürfte auch uns darum eine Sicht Gottes als Schöpfergott und kosmologisches Wesen nicht sein. Es geschah, daß er dies für Israel eines Tages *wurde.* Aber das war ein *geschichtlicher* Vorgang – eben als Israel nach Jerusalem (oder gar erst: Babylon) kam, und *von daher kann Schöpfungstheologie jedenfalls keine Natürliche Theologie sein.*

Gegen solchen Gottesberg nun *stürmen Scharen von Fremdvölkern und Feinden der Stadt* an, sie zu erobern und sich selbst dort – im Mittelpunkt der Welt – niederzulassen. Jedenfalls ist der Gedanke vom Völkersturm auf den Gottesberg womöglich ebenfalls schon jebusitisches, vorisraelitisches Erbe, und Israel hat es sich zu eigen gemacht. Aber El-Eljon behauptet sich, schlägt die Feinde zurück und befreit von den Bedrängern. In eben diesem Sinn segnete Melchisedek den Hohen Gott, der sich als Befreier von Feinden sogar an dem Fremdling Ahraham bewährt hat, »der deine Dränger in deine Hand gegeben hat« (Gen 14,20). Daß aber u-ru-sa-lim (was auf deutsch vielleicht »Gründung des [Gottes] Schalem« heißt) Ziel von so vielen Völkerstürmen ist, zeigt den frühen Sinn für eine universale Bedeutung dieser Stadt. Und sie bewährt sich durch Melchisedek eben auch am Fremdling Abraham; das spätere Israel ist bereits in Abraham gesegnet von Jerusalem und dem Zion her, wie umgekehrt der El-Eljon bereits gesegnet ist durch das, was er gerade an Abraham bewährt hat, als er dessen Dränger in Abrahams Hand lieferte.

Womöglich gehört noch ein drittes Motiv – neben dem Pantheon mit dem Weltenschöpfer El-Eljon an der Spitze und neben der Sicht Jerusalems als Gottesberg, an dem alle Feinde der Stadt scheitern müssen, wenn sie dort im Weltenzentrum der Schöpfung Fuß fassen wollen – ebenfalls zum Jerusalem-Mythos: die *Natur-Fruchtbarkeit,* die in der Melchisedek-Erzählung in den Gaben von Brot

94. M. Eliade, Das Heilige und das Profane. Vom Wesen des Religiösen.1957, 22ff.

und Wein sich ausdrücken könnte, die der Regent der Stadt Abraham, dem Fremdling, entgegenbrachte. Im Midrasch Bereschit Rabba (43, zu Gen 14,18) werden diese Gaben bereits als die Schaubrote und Trankopfer, also als die Mehl- und Gußopfer (Raschi z. St.) dargestellt, die ja erst viel später in Salomos Tempel zu den gottesdienstlichen Darbringungen Israels gehören. Doch könnten Brot und Wein noch urtümlicher Zeichen großer Naturfruchtbarkeit sein, die sich gerade mit den Stadt-Gottheiten von u-ru-sa-lim verbinden ließen. So jedenfalls lesen es nicht wenige Ausleger z.B. aus den beiden letzten Versen des 85. Psalms heraus (Ps 85,13f): »Dann spendet der Herr den Segen, / und unser Land gibt seinen Ertrag. / ›Gerechtigkeit‹ (= zedek) geht vor ihm her, / und ›Heil‹ folgt der Spur seiner Schritte«[95]; Fach-Exegeten meinen, statt »Heil« hier besser schalom = Frieden lesen zu können, dann ginge dem Jhwh ein »zedek« voran und ein »schalom« folgte ihm, und er schritte zwischen beiden. Und dann läse man noch statt »Jhwh«, dem Gottesnamen Israels, das kanaanäische Allgemeinwort für »Gott« = El, und hätte dann hier das jebusitische Pantheon beisammen: die Gottheiten El, Zedek und Schalem, und zwar: als Segenspender für reichen Ertrag des Landes um Jerusalem herum. Es könnte sein, daß das übertriebene Mutmaßungen sind, es ist immer mißlich, auf Text-Veränderungen zu bauen. Doch völlig undenkbar wäre vom Sachlichen her auch dies Motiv nicht, denn immer gehört, z.B. im biblischen und talmudischen Recht, zur Stadt ein für ihre Ernährung notwendiges gehörig großes Stück Ackerland, und der Segen der Erdfruchtbarkeit ließe auch von ausgesprochenen Stadt-Gottheiten sich denken.

Wie auch immer. Das alles gilt als vorisraelitische Jerusalem-Tradition, und Israel hätte sie sich – wie vieles andere heidnisch-Kanaanäische (z.B. den Gott als »Herrn« – = Baal! – anzurufen) – später angeeignet und mit alledem verschmolzen, was es aus seinen früheren Zeiten in der Wüste schon mit ins Gelobte Land gebracht hatte. Kenntnis haben wir allerdings von dieser Tradition nur in der gebrochenen Form, in der sie in das biblische Denken Israels eingeholt worden ist. Gerade diese gebrochene Form erlaubt uns, diese vorisraelitische Tradition als Jerusalem-*Mythos* zu bezeichnen, denn so, wie wir sie bisher dargestellt haben, finden wir sie in in der Bibel doch nicht. Ihre Aneignung durch Israel hat sie in einen ganz anderen Zusammenhang gestellt und dadurch ihren Sinn verwandelt. Nämlich: vergeschichtlicht, israelitisiert und damit – modern gesprochen – entmythologisiert. (Entmythologisierung ist ein eminent *alttestamentlicher,* also *innerbiblischer* Vorgang!).

Als mit ihrer Eroberung durch David Israel in die Stadt hineinkommt und sich dort einlebt, wird – wie überall im »Land« – zunächst einmal El, auch der

95. Vgl. Biblischer Kommentar Altes Testament, hrsg. von M. Noth, Bd. XV/2: H.-J. Kraus, Psalmen, 2. Teilbd., 1960, 589ff.

Jerusalemer El-Eljon, Hohe Gott, mit Jhwh verbunden und in Einklang gebracht. Das Pantheon muß dann weichen, – aus dem höchsten Gott neben und über anderen muß dann Er, der Eine und Alleinige werden; das wird lange dauern (ist bis heute nicht abgeschlossen), aber daß die Gott*heit* = El einen konkreten *Namen* annehmen, tragen und *er*tragen muß – Jhwh – ist der Anfang dazu. An die Stelle quantifizierender Kennzeichnung des Gottes als eines »Höchsten« über weniger Hohen tritt der qualifizierende und auch inhaltlich identifizierende Name, u. zw. der *Verheißungs*name »Ich werde mit euch sein, wann immer ich mit euch sein werde«, und dieser Name verheißt sich nicht von vornherein allem und allen gleich, sondern richtet sich vor allen anderen an Israel. Was immer El-Eljon an Universalität seines Weltenwirkens und seiner Bedeutung an sich hatte – wenn er sich mit Jhwh verbindet, muß er zunächst in die Israel-Beschränkung dieses Gottes sich fügen und kann dann *von daher* erst seine Weltstifter-Kraft neu entfalten. Bereits dies ist eine enorme Vergeschichtlichung: die Rückbindung des Universalen an diesen einen Gott in seiner Einzelheit und Konkretheit.

Und daraus folgt dann das andere. Aus dem mythischen Gottesberg wird der Berg, den Gott diesem Volk zuerwählt, und aus dem kosmischen Mittelpunkt der Welt wird zunächst Jerusalem, der Mittelpunkt der Geschichte *Israels* und seines Gottesdienstes. Auch das ist Vergeschichtlichung, und bis heute nicht abgeschlossen, wo doch der Kampf um Jerusalem weiterhin *die* Friedensfrage, *das* Friedensproblem im Nahen Osten, damit aber auch im UNO-Horizont der ganzen Völkerwelt ist. Zum Kosmisch-Mythischen der Gottesstadt gehörte, was Jerusalem betrifft, bereits in früher Zeit die politische Dimension der Feindesstürme gegen diese Stadt. Seit sie *Israels* Stadt geworden ist unter David – und dann wieder seit 1967 –, hat ihre politische, militärische, weltlich-allzu-weltliche Bedeutung die religiöse Dimension des Mythischen zwar nicht in den Schatten gestellt, aber beide Dimensionen versuchen immer wieder, gegeneinander die Oberhand zu gewinnen: das Mythisch-Religiöse über das Politische, das Politische über das Mythisch-Religiöse (so daß leider auch das Politische immer noch und immer wieder in den Bann des Religiös-Mythischen geraten kann und gerät). Nach biblischer Sicht wird der mythische Bann erst gelöst, wenn sie als Stadt Davids und Israels aus einer kosmischen in eine weltgeschichtliche Bedeutung überwechselt und das *Religiös-Mythische abgelöst wird vom Theopolitischen.*

Wir wollen diese Unterscheidung kurz verdeutlichen; wir sehen darin *den* Prozeß alttestamentlicher *Entmythologisierung* sich vollziehen.

Das jüdische Volk als solches ist gegenüber orientalischen Mythologien in eben dem Sinne *die* Instanz, *das* Motiv und *die* Kraft der Entmythologisierung, wie dies nach Rudolf Bultmanns Sicht von der Entmythologisierung *Jesus von Nazareth* war. Indem mythologische »Vorstellungen« auf den historischen

Menschen Jesus und – analog – auf das real existierende jüdische Volk »übertragen« werden, werden sie aus wirkenden Mächten zu Sprachformen und in den Dienst der Aussage des *Historischen* gestellt, werden mithin als Zeichen eines Absoluten entmachtet und für etwas in Anspruch genommen, was als Historisches notgedrungen nur ein Relatives ist. Freilich: Durch ihre Indienststellung soll das Historisch-Relative eine Verweisungsfunktion bekommen und aus seiner historischen Relativität hinausführen auf einen »höheren«, sagen wir *lieber:* ihm noch bevorstehenden, künftigen Zusammenhang, auf seine Zugehörigkeit zur Geschichte Gottes mit der Menschheit, und sagen wir *vorsichtiger:* auf ein diesen Zusammenhang begleitendes Geheimnis hin. Eben so wird Mythologie vergeschichtlicht.

Machen wir es uns an unserem Zusammenhang klar. Der Jerusalem-*Mythos feiert das Geheimnis des Ortes* als Göttersitz (Jesaja: »Gottesherd«: Jes 29,1) auf dem Gottesberg, dem Nabel der Welt, der Erdachse, dem unüberwindbaren Schöpfungszentrum, dem Grund, der gegründet wurde und nie wanken wird. Alles, was an diesem Ort geschieht und grundsätzlich geschehen kann, zehrt vom Geheimnis des Ortes, dies wirkt sich aus in allem geschichtlichen Geschehen. Im Mythos der Stadt spricht und handelt der *genius loci* und durchherrscht alle Geschichte, die dort passiert. Kommt aber mit David *das jüdische Volk* in die Stadt, wird nun dieses *mit seiner Geschichte* zum »genius loci«, nimmt dem Ort seinen kosmischen Genius und macht *seinen* Geist, sein geschichtliches und theologisches Vermögen und Versagen zu dem, was den Ort beherrscht, ihn groß und klein, glänzend und elend, heilsam und katastrophal erscheinen läßt. Nicht mehr wird – wie im Mythos – die Geschichte vom Ort – jetzt wird der Ort von der Geschichte dieses Volkes bestimmt. Jerusalem noch heute die »heilige Stadt« zu nennen und dabei an alles mögliche »Heilige« zu denken, aber nicht daran, daß es der Ort der Selbstfindung und Selbstverwirklichung »dieses Volkes«[96] ist, ist ein Rückfall ins Mythologische und hat mit Ihm, dem Einen, nichts zu tun.

Denn die tiefste *Kraft der Entmythologisierung Jerusalems* ist ja *nicht seine Eroberung durch David* und Israel, *sondern seine Erwählung durch IHN,* Jhwh, den Gott Abrahams, Isaaks und Jakobs, ohne die Jerusalem, nur als David- und Israel-Stadt gedacht, doch auch nur ein Mythos wäre: kein kanaanäischer mehr, aber ein jüdischer. Die Kraft, die gegen den Jerusalem-Mythos alter und heutiger Zeit allein aufkommt, ist nur die theopolitische Wirklichkeit der Gemeinschaft Israels mit seinem Gott, des Gottes Israels mit seinem Volk und diejenige

96. Wir benutzen im folgenden die in Anführungszeichen gesetzte Form »dieses Volk« im Sinne des prägnanten Titels des gleichlautenden, im Konzentrationslager von Theresienstadt entstandenenen Buches von Leo Baeck: Dieses Volk. Jüdische Existenz, 1955.

gottesdienstliche und weltliche Geschichte, in der diese Gemeinschaft in Jerusalem lebt und lebendig ist. Nicht hat das nackt- und banal-Profane, *nur* Weltgeschichtliche die Kraft wahrer Entmythologisierung – die hat allein das Theopolitische, in dem das Religiöse nicht nur religiös und das Politische nicht nur politisch ist, in dem vielmehr Gott geheiligt wird im Dasein und Tun eines Volkes inmitten der Völker, und in dem »dies Volk« geheiligt, d.h. gebunden und nie preisgegeben wird von IHM, dem Gott dieses Volkes. Es hätte unserer Diskussion über die Entmythologisierung in den Vierziger und Fünfziger Jahren gut getan, wenn wir *nicht* das Profan-Moderne, sondern das Theopolitische als Kriterium schon erarbeitet gehabt hätten; dann hätten wir Jesus in der theopolitischen *Intention* der Zwei-Naturenlehre und nicht einen bloß »historischen« Jesus als kritisches Maß zur Abwehr der Macht des Mythos anrufen und uns viele theologische und psychische Krämpfe ersparen können.

Uns scheint, als habe die Bibel die Geschichte von der *Eroberung Jerusalems* durch Leute Davids mit Absicht als die einer gewaltsamen *Entmythisierung der Stadt* erzählen wollen.

Zunächst: Sie wird nicht in offener Feldschlacht von Davids Söldnerheer erobert, sondern subversiv, aus dem Untergrund ihres Bodens, im höchst schwierigen Aufstieg durch den Zinnor hindurch (2 Sam 5,8 nach der Luther-Bibel seit 1964): einen in den Berg gehauenen Tunnel, der die Stadt mit ihrer außerhalb der damaligen Mauern gelegenen Wasserversorgung aus dem Kidrontal verband. Gerade um im Falle einer feindlichen Belagerung vom Wasser nicht abgeschnitten zu werden, war dieser Tunnel in den Fels gehauen worden. Heute kennen wir ihn durch Ausgrabungen als einen 13 m hohen und fast senkrecht aus der Stadt zur Gichon-Quelle ins Tal geführten Schacht.[97] Es muß größte körperliche Anstrengung gebraucht haben, durch ihn hinaufzusteigen. Aber es geschah. »Dawid sprach: / Allwer zuerst einen Jebussiter schlägt, / soll zum Haupt und zum Obersten werden. / Joab Sohn Zrujas stieg zuerst auf und wurde zum Haupt« (1 Chr 11,6). So wurde die Stadt durch List und von unten, modern gesagt: von den Anlagen ihrer Wasserzufuhr her erobert, und Israel hat den Namen von Zrujas Sohn Joab seinem Gedächtnis für immer bewahrt, der als erster von anderen hinaufstieg und einen Jebusiter erschlug. *Was vom Himmel für ewig geschützt schien – von unten her geriet es ins Wanken.*

Noch deutlicher wird der die Stadt ihres Mythos beraubende Sinn ihrer Eroberung durch David durch ein Diktum der Jebusiter, das von beiden biblischen Eroberungserzählungen – im 2. Samuel- und im 1. Chronikbuch – auf-

97. Vgl. E. Otto, Jerusalem – die Geschichte der Heiligen Stadt. Von den Anfängen bis zur Kreuzfahrerzeit, 1980, 44.

bewahrt worden ist. »Die Insassen von Jebuss ließen zu Dawid sprechen: / Du kommst nicht herein«, lo tavo hemmah (1 Chr 11,5); als festgeprägter Spruch ist dieser Satz überliefert worden, der – im Sinne des Mythos der Stadt – von ihrer Uneinnehmbarkeit und ewigen Widerstandsfähigkeit gegen feindliche Dränger spricht, wie David hier einer wurde. Der mythische Sinn des Spruchs wurde aber in der Version von 2 Sam 5,6 noch deutlicher ausgedrückt; denn er heißt dort: »Dort kommst du nicht hinein, sondern die Blinden und Lahmen werden dich vertreiben«, oder (in Bubers Verdeutschung): »Du kommst nicht herein, / es sei denn, du beseitigst / auch die Blinden und Hinkenden noch! / – um auszusprechen: Dawid kommt nicht herein!«, – oder mit Luther: »Du wirst nicht hier hereinkommen, sondern Blinde und Lahme werden dich abtreiben.« So sicher meinte man sich in der Stadt geborgen; schon Blinde und Lahme könnten genügen, die Angreifer zu verjagen, – ohne auch nur einen Blick auf sie und schon ganz und gar ohne die Männer mit starken Schenkeln sei die Stadt sicher – wie ihr Mythos es behauptet. Doch Davids Leute, Zerujas Sohn Joab voran, brechen dies blinde Vertrauen und damit die Kraft des Jerusalem-Mythos. Blinde werden in diesem Augenblick sehend, Lahme müssen gehen, *mit David zieht eine andere, neue Wirklichkeit ein* – und wir erinnern mit Absicht an die Worte, die Jesus später dem gefangenen Täufer Johannes sagen ließ (Mt 11,5). *Mythisches Vertrauen muß einer anderen Realität weichen.* Seitdem weiß man in Israel: *Jerusalem ist angreifbar, es besteht nicht in seinem Mythos.*

Und nun hebt die *entmythisierte* Weltgeschichte Jerusalems an. Nach den biblischen Zeugnissen zuerst als *Baugeschichte.* Sofort nach der Erzählung von der Eroberung heißt es (2 Sam 5,9-11): »Dawid nahm Sitz in der Felsenburg, er nannte sie Dawidstadt, / Dawid baute sie ringsum, von der Bastei einwärts, aus« (V. 9); Buber hat das noch »sprechender« aus 1 Chr 11,8 recht wienerisch übersetzt: »Von der Bastei bis zum Ring«. Das hebräische Wort für »Bastei« ist Millo, heißt »Auffüllung« und meint womöglich eine Eigentümlichkeit der vorisraelitischen Baugeschichte Jerusalems, nämlich eine Aufschüttung am Südost-Hügel der Stadt, die schon in der späten Bronzezeit vorgenommen wurde und dem Bau einer großen Terrassenanlage diente, die mehr Raum für mehr und geräumigere Bürgerhäuser bot als vorher, wo dort Hausbau auf nacktem, schmalerem Fels üblich war, der nur die Errichtung schmalerer, kleiner Höhlenhäuser erlaubte. Grabungen zeigen heute, daß diese alten Aufschüttungen zu Zeiten Davids und seines Sohnes Salomo wiederholt wurden, und es ist denkbar, daß auf ihnen sich auch David »sein Haus«, also seinen Königspalast errichten ließ. Zuständig für den übrigen Stadtbau machte er (nach 1 Chr 11,8) Joab, er »sollte die übrige Stadt wiederbeleben«. Von den David eigenen Bauten heißt es: »Dawid vergrößerte sich fortgehend, fortgehend« (2 Sam 5,10), dieser sprachliche

Ausdruck spiegelt eine Dynamik wider, die sicher *zugleich* ein politisches *und* ein städtebaulich-architektonisches Wachstum meint – ein klassischer Zusammenhang bis heute! Das *Politische* daran wird in theopolitischer Sprechweise ausgedrückt: »Bei ihm (Dawid) war ER, der Umscharte Gott« (2 Sam 5,10[b]), der Gott der Heerscharen, der Herr Zebaoth, während das *Städtebauliche* näher erläutert wird: »Chiram König von Tyrus sandte Boten zu Dawid / und Zedernhölzer, Holzbehauer und Mauersteinbehauer, / sie bauten Dawid ein Haus« (2 Sam 5,11) – Gastarbeiter aus dem Norden. Daß der König von Tyrus sie dem David zusammen mit »Boten« gesendet haben soll, zeigt, daß diese Baugeschichte zugleich eine diplomatisch-außenpolitische Seite besaß und, modern ausgedrückt, einen Akt diplomatischer Anerkennung der nun in einer Hauptstadt zentrierten Davidherrschaft über das südlich von Jerusalem gelegene Juda und die nördlich der Stadt gelegenen Israel-Stämme einschloß. Darum heißt es sofort im Anschluß: »Dawid erkannte, / daß ER ihn als König gründete über Jißrael / und daß er sein Königsamt emportrug um seines Volkes Jißrael willen« (2 Sam 5,12 nach Bubers Übersetzung).

Besinnen wir uns gleich auf diese letzte Notiz: Das Königtum Davids und damit auch die Eroberung und das Wachstum Jerusalems zur Hauptstadt sind ein von Gott gesegneter Vorgang »um seines Volkes Jißrael willen«. Zuletzt ist »Dieses Volk« (L. Baeck) das Ziel und Kriterium alles Geschehens; auch die Königsgeschichte ist Volks-, keine um ihrer selbst willen sich ereignende Dynastiegeschichte lediglich des »Hauses David«. Und das gilt auch und gerade für die Geschichte Jerusalems. Diese Stadt wird durch ihre Eroberung nicht nur zu einem politischen, wirtschaftlichen, kulturellen Machtzentrum, in ihrer Geschichte sammelt und spiegelt sich die Geschichte dieses Volkes, das sich mit der Stadt Davids eines Tages bis dahin identifizieren wird, daß die Namen der Stadt und ihres Zentrums geradewegs zu Namen für das ganze Volk werden. Wie ein amerikanischer Präsident in einem bestimmten Augenblick rufen konnte: »Ich bin ein Berliner«, so hat »dieses Volk« als ganzes, wo immer es wohnte, sich anreden lassen können als die »Kinder Zions« oder eben einfach als »Jerusalem«, – die beiden Orts- und Städtenamen wurden zu Kollektivnamen des Volkes, »um dessentwillen« David sein Königsamt »emportrug« ins Ansehen und die Anerkennung nicht nur des eigenen Volkes, sondern auch benachbarter fremder Völker, – um dessentwillen er aber auch »fortgehend, fortgehend« die Stadt sich entwikkeln ließ von ihrer Altstadt auf dem Südost-Hügel immer weiter hinauf, »empor« zum späteren Tempelplatz, »von der Bastei bis zum Ring«.

Jedenfalls: Politische Geschichte, Volksgeschichte und Städtebaugeschichte treten bereits im Anfang der Jerusalem-Geschichte in einen engen Zusammenhang und lenken den Blick keineswegs nur auf ihre politische und ihre Religionsgeschichte, sondern auch auf ihre *Bau*geschichte, damit exemplarisch auf die

»Lebensform Stadt«, die einen Grundaspekt der biblischen Erzählung von Historie und Religion der Geschichte Israels ausmacht, durchaus mit theologischem Gehalt – freilich unter diesem Gesichtspunkt bisher kaum beachtet und bedacht.

Im Fortgang ihres Erzählens weichen nun die Schriften des Chronisten und der Samuelbücher voneinander ab. Während der Chronist die große Namensliste der »Helden« Davids folgen läßt, die ihm auf je verschiedene Weise beim Aufbau seines Königtums geholfen hatten (1 Chr 11,10ff), läßt der Samuel-Erzähler eine Liste neuer Zeugungen Davids folgen mit den Namen von Kindern, die ihm – wie es ausdrücklich heißt – »in Jerusalem geboren« wurden, wo er sich »noch Kebsen und Frauen genommen« hatte, die »aus Jerusalem« stammten (2 Sam 5,13-14 nach dem hebräischen Text). So »privat« die Nachkommenliste neben der Heldengedenkliste auf den ersten Blick erscheinen mag, ist sie es doch nicht. *Beide* haben einen politischen Sinn und bezeugen die Befestigung des Königtums Davids: die Helden von rückwärts her gesehen, die Neugeborenen voraus in die Zukunft blickend; sie bezeugen die Begründung einer speziellen Jerusalemer Erbfolge Davids. Im übrigen aber kann uns die Geburtenliste einen Hinweis darauf geben, wie David nach seiner Machtergreifung in der Stadt mit den Jebusitern umgegangen ist: Er hat sie nicht »vertrieben« und schon gar nicht »ausgerottet«, sondern seinen Leuten darin ein Beispiel gegeben, daß er Kinder ausdrücklich mit Frauen »aus Jerusalem«, also mit Jebusiterinnen zeugte – Zeichen, daß er die Alt-Jerusalemer einer neu einwandernden Bevölkerung integrieren wollte – wofür übrigens auf der Religionsebene auch die Einsetzung eines Mannes namens Zadok zum Oberpriester spricht; in dessen Namen klingt ja der jebusitische Stadtgott Zedek an, es könnte also sein, daß er zuvor ein El-Priester war, und David hätte ihn zusammen mit einem Israeliten Achimelech als Priester im Dienste Jhwhs übernommen: 2 Sam 8,17.

Wir erfahren dies im Zusammenhang einer *Ämterliste,* in der überhaupt die Namen von Personen aufgeführt werden, die die *Verwaltung* des Reiches Davids leiten. »*Kanzler«* (Buber: »Erinnerer«) war Josaphat, Sohn eines Achilud geworden. *Priester,* wie schon gesagt, Zadok und Achimelech. *Schreiber:* Seraja. Über die Kretiter und Pletiter, d.h. die *Leibwache,* hatte Bnajahu die Oberaufsicht. *Chef des Heeres* war Joab, der Sohn der Zruja geworden. Nicht umsonst steht diese Liste im Zusammenhang mit den Berichten über Jerusalem (2 Sam 8,16-18), dessen Hauptstadtcharakter auch dadurch charakterisiert wird, daß es als *Sitz der Staatsverwaltung,* des »Kanzleramtes« und des »Generalstabs«, aber auch der Schreiberämter erscheint. Die Stadt tritt in die *Welt*geschichte ein, und das wird eben sichtbar in ihrer *Bau*geschichte, *Religions*geschichte, *Verwaltungs*geschichte, in den *außen*politischen und *militär*politischen Beziehungen, die von ihr aus gepflegt werden. In alledem wird aus dem zuvor weltgeschichtlich kaum bedeutenden u-ru-sa-lim nun die »Stadt Davids«, in historischen Maßen gemessen: ein glänzender Aufstieg.

Doch alles Ding hat zwei Seiten, zumal alles weltgeschichtlich Große kann sich – anders als standfest und unwandelbar Mythisches – nur im schmerzenden Widerspruch behaupten. Was steht, mag wohl zusehen, daß es nicht falle! Zum Glanz Jerusalems gehört sein *Elend.*

Schon die Krönung Davids zum König sowohl von Juda als auch Israel löste heftige Gegenreaktionen bei den Philistern aus, deren Vasall David gewesen war. Sie ließen seine Krönung zum judäischen König noch hingehen, rechneten sich davon sogar den eigenen Vorteil aus, durch ihren Vasallen die Oberhoheit über das judäische Königtum zu gewinnen. Als aber auch die nordisraelitischen Stämme dem David ihr Königtum antrugen und er es annahm, fühlten die Philister ihre Oberhoheit durch diesen Machtzuwachs Davids bedroht, und »alle Philister« »zogen hinauf«, »Dawid herauszufordern« (2 Sam 5,17 Buber). Es kann sein, daß dies geschah, bevor David Jerusalem erobert und zu seiner Reichshauptstadt gemacht hatte; nicht von Jerusalem, sondern von einer Höhle Adullam aus erwehrte er sich dieser Herausforderung und schlug seine Gegner in der nördlich von Jerusalem gelegenen Ebene Rephaim (2 Sam 5,18ff; 1 Chr 14,8ff). Das hielt die Philister jedoch nicht von einem zweiten Angriff zurück, den sie im Tal Dehaim südlich von Gibeon vortrugen; doch wieder konnten sie von Davids Truppen abgewehrt werden.

Beide Philister-Angriffe, vor allem wohl der zweite, zielten auf die Stadt Jerusalem: ins Herz der neuen politischen Konstellation und Mächtekonzentration im alten Lande Kanaan. Und damit begann sogleich jene bis heute nicht unterbrochene Kette von *Unruhe und Leiden* der Stadt, die seitdem kaum einmal eine längere Periode sah von Frieden und innerer Sicherheit.

Die Zeit *Salomos,* des von seinem Vater als dessen Nachfolger durchgesetzten Davidssohnes, bildete da eine glänzende Ausnahme, die auch sprichwörtlich geworden ist als Friedenszeit von 50 Jahren. Er war ein großer Bauherr in der Stadt, zu seiner Zeit wurden der Tempel und ein neuer Königspalast errichtet und reich ausgestattet mit Schätzen, oben auf dem Tempelberg über der Stadt. Aber nach ihm brachen die beiden Königtümer von Juda und Israel, die David vereint hatte, wieder auseinander. Und schon der erste Salomo-Nachfolger im Reiche Juda, Rehabeam, mußte den Anmarsch eines großen ägyptischen Heeres unter Pharao Sisak erleben – möglicherweise geschah das sogar schon gegen Ende der Salomo-Herrschaft, wodurch dann die Friedenszeit jäh abgebrochen worden wäre. »Und es geschah, / im fünften Jahr (oder wann immer) des Königs Rechabam zog Schischak König von Ägypten auf, wider Jerusalem herauf / … / mit tausendundzweihundert Fahrzeugen, sechzigtausend Reisigen und Kriegsvolk ohne Zahl, die ihm gesellt von Ägypten kamen, Libyer, Sukkiten und Kuschiten, / er eroberte alle befestigten Städte, die Jehudas waren, / und kam bis Jerusalem … » (2 Chr 12,2-4). (Dann zog er) »herüber, über Jerusalem her, / er nahm die Schätze aus SEINEM Haus und die Schätze aus dem Haus des Königs, / das alles nahm er, / und die goldnen Schilde alle nahm er, die Schlomo hatte machen lassen« (1 Kön 14,25-26) – die erste von vielen Plünderungen, die Jerusalem durch die Jahrhunderte hat über sich ergehen lassen müssen.

Den nächsten Bericht mindestens von einer Belagerung Jerusalems haben wir aus dem 8. Jahrhundert, der Zeit des von Luther so genannten *Syrisch-Ephraimitischen Krieges.* Da handelte es sich um den Versuch einer Koalition, die das Nordreich Israel mit dem König Rezin von Damaskus geschlossen hatte, auch das Reich Juda zum Anschluß zu zwingen – gegen das Vordringen der neuassyrischen Großmacht ins Land. Doch König Ahas von Juda verschloß sich dem Ansinnen. »Damals zogen Rezin, der König von Syrien, und Pekach, der Sohn Remaljas, der König von Israel, zum Kampfe wider Jerusalem heran; und sie belagerten Ahas, vermochten aber nicht zu stürmen« (2 Kön 16,5). Insofern war Jerusalem da noch einmal davongekommen. Aber Ahas konnte die Stadt, seine Herrschaft und das Königtum Juda nur dadurch behaupten, daß er den Assyrer-Großkönig Tiglat-Pileser III. - der, gegen den Damaskus und Israel sich gerade verbündet hatten – zu Hilfe rief, sich ihm als Vasall freiwillig unterwarf und dafür »das Silber und das Gold« aus dem Tempelschatz und dem königlichen Palast als Tributzahlung an Assyrien gab (2 Kön 16,8). Was aber noch mehr war: Bei seinem Unterwerfungsakt in Damaskus (seinem »Canossa«) sah er einen Altar, dessen Maße, Modell und Bauart er sich aufzeichnen ließ, nach Jerusalem schickte und den er dort als Kopie nachbauen, im Tempel aufstellen und in Dienst nehmen ließ. Den alten salomonischen ließ er zwar nicht abschaffen und zerstören, aber der rückte nun in seiner Bedeutung an zweite Stelle, wurde also synkretistisch relativiert, und das alles, wie es heißt, »um des Königs von Assyrien willen«: aus außenpolitischen Gründen also ein Eingriff in den Gottesdienst von Jerusalem (2 Kön 16,10-18). Das war 734 v. Chr.

Nicht wenig später kündigte Hiskia, der Sohn und Nachfolger des Ahas, das Vasallen- und Tribut-Verhältnis, das sein Vater eingegangen war, »wurde abtrünnig vom König von Assyrien und blieb ihm nicht untertan« (2 Kön 18,7), – reinigte auch wieder den Gottesdienst in Jerusalem (2 Kön 18,4-6), – ja wurde sogar Antreiber einer gegen Assyrien gerichteten Koalition kanaanäischer Stadtstaaten. Selbstverständlich konnte die Großmacht solche Aufmüpfigkeit nicht dulden. Kaum daß er die Hand dafür frei hatte, warf der neue Großkönig Sargon die mit Juda verbündeten Nachbarstaaten nieder, und das veranlaßte Hiskia, sich schleunigst wieder dem assyrischen Tributverhältnis zu unterwerfen. »Und Hiskia gab alles Silber her, das sich im Tempel des Herrn und in den Schatzkammern des königlichen Palastes vorfand. Zu jener Zeit ließ Hiskia von den Türen am Tempel des Herrn und von den Pfeilern, die er selbst hatte überziehen lassen, (das Gold) losmachen und gab es dem König von Assyrien« (2 Kön 18,15-16).

Doch schloß das nicht aus, daß die Kleinstaaten eine neue Phase des Thronwechsels in Assyrien – von Sargon zu Sanherib – ausnutzten, sich abermals gegen Assyrien zu verbünden, auch Juda war wieder dabei. Ermutigt wurden sie dadurch, daß die zweite Großmacht, Ägypten, hinter ihnen stand und sie gegen Assyrien unterstützte. Im Jahre 701 zog nun Sanherib heran, wieder wurden die Stadtstaaten mit Krieg überzogen, es kam sogar zu einer assyrisch-ägyptischen Schlacht, in der Sanherib siegte, so daß er die ganze Küstenebene des Mittelmeers einnehmen konnte. Und nun sollte es auch Jerusalem an den Kragen gehen. Sanherib sandte drei Militärs »mit großer Heeresmacht nach Jerusalem« (2 Kön 18,17), und sie umzingelten die Stadt. Aus den Annalen Sanheribs selbst wissen wir davon mehr als aus der Bibel. »Hiskia von Juda hat sich meinem Joch nicht unterworfen. ... Ihn schloß ich gleich einem Käfigvogel in seiner Residenz Jerusalem ein. Schanzen warf ich gegen ihn auf, das Hinausgehen aus seinem Stadttor machte ich ihm unmöglich ... Ihn ... warf die Furcht vor dem Glanz meiner Herrschaft nieder. Die irregulären Truppen und seine Elitetruppen, die er zur Stärkung seiner Residenz Jerusalem hineingebracht hatte, suchten das Weite. Zusammen mit 30 Talenten Gold, 800 Talern Silber ließ er erlesenes Antimon, große Karneolsteine, elfenbeinerne Betten, elfenbeinerne Sessel, Elefantenhaut, Elfenbein, Ebenholz, Walnußbaumholz (?), alles mögliche, einen schweren Schatz, sowie seine Töchter, Palastdamen, Sänger und Sängerinnen nach meiner Residenzstadt Ninive hinter mir her bringen. Um eine Abgabe zu übergeben und mir zu huldigen, schickte er seinen Gesandten«[98]. Davon freilich erzählt die Bibel gar nichts. Im Gegenteil: Sie spricht von einem Wunder Gottes, das Sanherib zu einem plötzlichen Abzug von Jerusalem veranlaßt haben soll, noch ehe er in die Stadt einzudringen vermochte (Jes 36 – 37; 2 Chr 32,9-21; 2 Kön 19,35-36); jedenfalls: Das belagerte Jerusalem wurde auch da nicht zerstört, und selbst Sanherib konnte das in seinen Annalen nicht behaupten.

Mindestens beiläufig haben Jerusalem für seine Rettung auch die Baumaßnahmen geholfen, die König Hiskia (in weiser Voraussicht der assyrischen Reaktion gegen den Aufstand, dem er sich angeschlossen hatte) begonnen hatte. Er ließ noch vor dem Anmarsch des assyrischen Heeres die alte Stadtmauer ausbessern und Türme in sie einfügen (2 Chr 32,5), auch die »Bastei« (Millo) unten in der alten Davidstadt ließ er aufs neue befestigen. Vor allem aber sorgte er für eine noch bessere Wasserversorgung, indem er einen neuen Tunnel aus dem

98. Zitiert bei G. Fohrer, Geschichte Israels. Von den Anfängen bis zur Gegenwart, [4]1985, 162f.

Stadtinneren zur Gichonquelle unten im Kidrontal hauen ließ – den Siloa-Tunnel –, so daß das Wasser unterirdisch zum oben gelegenen Siloa-Teich fließen konnte: einem innerstädtischen Wasserreservoir, das ebenfalls Hiskia vorsorglich anlegen ließ. Dies Wassersystem war eine außerordentliche technische Leistung. Schon 1880 war am südlichen Tunnelausgang eine Inschrift gefunden worden, die besagt, daß an dem 512 m langen Tunnel Bautrupps von zwei Seiten aufeinander zu gearbeitet haben, »Picke für Picke«, und sich richtig beim gemeinsamen Durchbruch der Tunnelhälfte getroffen haben. Heute ist der Tunnel wieder ausgegraben, und wir können ihn begehen.

Überdies hat nun Hiskia in Voraussicht eines assyrischen Angriffs »Wurfgeschosse und Schilde in Menge anfertigen« lassen (2 Chr 32,5b), betrieb also eine konsequente Aufrüstung und bereitete die militärischen Führer psychologisch auf den Kampf um die Stadt vor (2 Chr 32,6-8).

Für die Stadtbaugeschichte bedeutsam war aber neben dem Bau des Wasserkanals die Erweiterung des Stadtgebiets, die wegen des großen Flüchtlingsstroms dringend nötig war, der nach der assyrischen Eroberung des Nordreichs Israel und dem Fall seiner Hauptstadt Samaria im Jahre 722 sich nach Jerusalem ergossen hatte. Das Gebiet des heutigen Jüdischen Viertels in der Altstadt wurde da städtebaulich erschlossen, und nach den Ereignissen von 701, also nach der Jahrhundertwende gab es einen weiteren Zustrom von Flüchtlingen, diesmal aus den von Assyrien eroberten Stadtstaaten im Küstengebiet und im Gebirgsvorland von Jerusalem, so daß jetzt der Stadtbau auch auf den heutigen Amerikanischen Garten und den heute so genannten Zionsberg hinübergriff. Dadurch gewann Jerusalem als *Flüchtlings-Sammelstadt* einen außerordentlichen Bedeutungszuwachs, nachdem es Hauptstadt des Davidisch-Salomonischen Großreichs schon lange nicht mehr war. Daß es durch Sanherib nicht eingenommen werden konnte, – daß der Tempel – trotz der reichen Tributzahlungen aus seinem Bestand – erhalten blieb, gab der Stadt in diesem Augenblick etwas von ihrer alten mythischen Unantastbarkeit zurück, nur daß diese jetzt die politisch-soziale Gestalt eines Schutzortes für eine Unzahl von Flüchtlingen vor der assyrischen Großmacht bekam. Daß sich 90 unangefochtene Jahre anschlossen, hob den theologischen Ruf der Stadt und trug zu einer *praktischen* Identifizierung der judäischen, in die Stadt geflohenen Bevölkerung mit der Stadt bei; jetzt wurden das Volk und die Stadt eins: »Jerusalem«, »Zion«: beide.

Aber danach die Katastrophe! Inzwischen war die assyrische Macht von der eines aufstrebenden *Babylonien* gebrochen und ersetzt worden. Natürlich hatten die von Assyrien unterworfenen Könige und Staaten versucht, die Übergangsphase zu nutzen, um ihre alte Selbständigkeit zurückzugewinnen, vor allem suchte auch Ägypten seine Herrschaftsspäre nach Norden hin auszuweiten; dem stellte sich der judäische König Josia entgegen, wurde aber 609 v. Chr. in der Jesreel-Ebene, in einer Schlacht bei Megiddo, geschlagen und fiel dort. Sein Nachfolger Jojakim schwankte dann zwischen der Oberhoheit Ägyptens und Babyloniens hin und her, bis dem der Baylonierkönig Nebukadnezar ein Ende machte. 598 machte er sich nach Juda auf, schon nach wenigen Wochen ihrer Belagerung fiel die Stadt Jerusalem in seine Hand. In seiner Chronik ließ er das Ereignis folgendermaßen festhalten: »Die Stadt von Juda (= Jerusalem) griff er an. Am 2. Adar (= 6. März 597 v. Chr.) eroberte er die Stadt. Den König nahm er gefangen. Einen König nach seinem Herzen setzte er über sie. Schweren Tribut nahm er mit und brachte ihn nach Babel«[99]; das bestätigt die Berichte in 2 Kön 24,10-14 und 2 Chr 36,6-8. Der König von Babels Gnaden war Matthanja, dessen Namen Nebukadnezar in Zedekia umwandelte; der fiel freilich auch alsbald von seinem Wohltäter ab mit der Folge, daß die Babylonier nun ein zweites Mal auf Jerusalem vorrückten. Das war 589 oder 588 v. Chr. »Da begab es sich ..., daß Nebukadnezar, der König von Babel, mit all seiner Heeresmacht wider Jerusalem heranzog und es belagerte, und man baute ein Belagerungswerk rings um die Stadt. So wurde die Stadt belagert ...« (2 Kön 25,1-2; »belagern« ist das Leitwort in diesen anderthalb Versen, darauf liegt der Ton der Erzählung). Für kurze Zeit mußten die Babylonier allerdings wieder abziehen, als zum Entsatz von Jerusalem ein ägyptisches Heer heranzog; »Das Heer des Pharao war nämlich von Ägypten aufgebrochen, und die Chaldäer (= Babylonier), die Jerusalem belagerten, waren auf diese Kunde hin von Jerusalem abgezogen« (Jer 37,5). Doch schlugen die Babylonier die Ägypter und waren nach kurzer Zeit wieder vor Jerusalem.

Die Belagerung der Stadt dauerte 18 Monate und war so effektiv, daß die Bevölkerung eine schwere Hungersnot erleiden mußte (2 Kön 25,3). Dann konnten die Belagerer eine Bresche in die nördliche Stadtmauer schlagen und nach acht Tagen die Stadt erobern. Sie wurde den Soldaten für Wochen zur Plünderung freigegeben, der judäische Königspalast und der Salomonische Tempel wurden in Brand gesteckt, die Stadtmauer niedergerissen. Der Rest der kostbaren Tempelgeräte wurde geraubt, – ein guter Teil der Oberschicht des judäischen Landes und der Stadt wurde nach Babylonien deportiert, – die durch ein südliches Tor der Stadt entflohene Königsfamilie wurde auf der Flucht bei Jericho aufgegriffen, – mit eigenen Augen mußte Zedekia die Hinrichtung seiner Söhne mit ansehen, danach wurde er geblendet, in Ketten gelegt und ebenfalls nach Babylonien deportiert. Man schätzt, daß etwa 20 % der Bevölkerung in die »Babylonische Gefangenschaft« gezwungen wurden.

Den Deportierten erschien dies wie der totale Untergang des Landes und der Stadt. Die biblische Schrift der Klagelieder des Jeremia ist ein Beispiel für eine

99. Zit. bei E. Otto, a.a.O. 85.

herzzerreißende Klage über das Geschick der Stadt und das Elend ihrer Bevölkerung. »Wehe wie weilt die Stadt einsam, / die einst viel bevölkerte, / einer Witwe gleich ist sie worden, / die unter den Weltstämmen so viel war, / die Fürstin unter den Gauen, / zur Frönerin ist sie geworden. / Sie weint und weint die Nacht durch, / über ihre Wange hin ihre Träne, / für sie ist kein Tröster da / von ihren Liebenden allen, / es verrrieten sie all ihre Freunde, / zu Feinden warden sie ihr. / Entwandert ist Jehuda / vor Elend und der vielen Knechtschaft, / unter den Weltstämmen weilt es, / eine Ruhe findet es nicht, / all seine Verfolger erreichens / mitten in der Bedrängnis. » (Klgl 1,1-3).

Das weltgeschichtliche Elend Jerusalems! Israel gedenkt dessen bis heute am 9. Av, aus dessen Tradition unseliger Weise bei den Protestanten der 10. Sonntag n. Trinitatis *der* »Israel-Sonntag« geworden ist: bei uns ein tief mißverständliches Gedenken dieser ersten Zerstörung Jerusalems, als wäre wirklich Gott es gewesen, der seinem Volk schon damals und dort den Garaus gemacht und dadurch Raum für die Christen geschaffen hätte! Eine solche antijüdische Konstruktion war jedoch nur möglich, weil man, blind im christlichen Antijudaismus, um den Un-Gedanken halten zu können, einige biblische Mitteilungen überlas, die uns doch ein anderes Bild hätten lehren können. Die Babylonier haben nämlich keineswegs, wie später die Römer, aus Juda ein judenfreies Land gemacht. »Von den Geringen im Lande ließ der Oberste der (babylonischen) Leibwache etliche als Weingärtner und Ackerbauern zurück« (2 Kön 25,12), Nebukadnezar ließ »den Rest des Volkes« »im Lande Juda zurück« und setzte über sie einen der ihren, Gedalja, als Statthalter ein, gab ihm allerdings nicht in Jerusalem, sondern in Mizpa seinen Amtssitz (2 Kön 25,22-23). Doch können es nicht gar zu wenig Gebliebene gewesen sein; Ezechiel überliefert einen Spruch ihres Selbstverständnisses: »Wir sind viele, uns ist das Land zum Besitz gegeben« (Ez 33,24) – damit verteidigten sie ihren jetzigen Besitz gegenüber den Besitzansprüchen der Alteigentümer in Babylonien. Vor allem aber hören wir in Jer 41,5 von einem achtzigköpfigen Pilgerzug von Männern aus Sichem, Silo und Samaria, die »mit geschorenem Bart und zerrissenen Kleidern und selbstgemachten Schnittwunden«, also in einem Trauerritus, nach Jerusalem zogen. »Die hatten Weihrauch und Opfergaben bei sich, um sie zum Hause des Herrn zu bringen.« Ein Altar muß demnach im zerstörten Tempel doch noch stehen geblieben sein, und offenbar fanden in den Ruinen des Tempels auch noch Buß- und Trauer-Gottesdienste statt. Dafür gibt es übrigens auch Hinweise in dem Buch »Wehe«, den Klageliedern Jeremiae. *Total* aus war es also wohl mit Jerusalem nicht. Wir heute können uns ein Leben in den Trümmern der Stadt ohne Übertreibung ähnlich elend vorstellen wie das Leben in den Bombentrümmern von Dresden oder Hamburg oder Elberfeld oder Berlin 1944/1945ff. Für Israel war das Geschehen von 586 v. Chr. ein traumatisches Erlebnis und ist es durch die Jahrtausende in der Kraft der Erinnerung dieses Volkes bis heute geblieben, als *ein* Archetypus seiner geschichtlichen Erfahrung.

Aber nur als *ein* Typus der Erinnerung. Denn daneben entstanden nun sowohl bei den Verschleppten in der Babylonischen Gefangenschaft als auch bei dem Teil der im Lande Verbliebenen, der dem alten Gottesglauben treu geblieben und dem – von der babylonischen Macht bedingten – Synkretismus widerstanden hatte, *zwei neue Sichtweisen auf Jerusalem.* Die Deportierten verschworen sich auf eine *Kultur des Gedenkens,* besonders darauf, niemals Jerusalem zu vergesssen, sondern gerade in dauernder Erinnerung an diese Stadt eine eigene historische Identität zu bewahren und dadurch sich selbst nicht zu verlieren. Eines der klassischen Zeugnisse dafür ist der 137. Psalm: »An den Stromarmen Babylons, / dort saßen wir und wir weinten, / da wir Zions gedachten. / An die Pappeln mitten darin / hingen wir unsre Leiern. / Denn dort forderten unsere Fänger /Sangesworte von uns, / unsre Foltrer ein Freudenlied: / ›Singt uns was vom Zionsgesang!‹ / Wie sängen wir SEINEN Gesang / auf dem Boden der Fremde! / Vergesse ich, Jerusalem, dein, / meine Rechte vergesse den Griff! / meine Zunge hafte am Gaum, / gedenke ich dein nicht mehr, / erhebe ich Jerusalem nicht / übers Haupt meiner Freude.« Das ist Israel im Zeitalter seiner tiefsten Erniedrigung, verspottet von seinen babylonischen Herren, – aber um so mehr entschlossen, niemals die Stadt zu vergessen. Und in der dritten Strophe beschwören sie gar ihren Gott, ihnen Genugtuung widerfahren zu lassen, Rache zu üben an »Edom« (dem Decknamen für *alle* Feinde Israels) und ihr Geschick zu wenden. »Den Edomssöhnen gedenke, DU, / den Tag von Jerusalem, / die gesprochen haben: ›Legt bloß, / legt bloß bis auf den Grund in ihr!‹ / Tochter Babel, Vergewaltigerin! / Glückauf ihm, der dir zahlt / dein Gefertigtes, das du fertigtest uns: / Glückauf ihm, der packt und zerschmeißt / deine Kinder an dem Gestein« – ein grausamer Wunsch, in dem das Gesetz der Weltgeschichte *nicht* durchbrochen wird!

Richtig würdigen können wir den Rachegeist dieser dritten Strophe erst, wenn wir daneben die tiefe, auch selbstquälerische *Diskussion der Schuldfrage* stellen, der gerade die Deportierten sich selbst ausgesetzt haben. Bei sich, nicht bei ihren Vergewaltigern suchten sie die Schuld an ihrem Unglück. Wieder überliefert das biblische Buch »Wehe« (Klagelieder Jeremiae) uns nur eines von vielen Beispielen dafür, die wir vor allem bei den großen Propheten dieser Zeit finden: Jeremia und Ezechiel. »Jerusalem hat gesündigt, hat sich versündigt, / drum ist sie zum Unflat geworden, / alle, die sie ehrten, dünkt sie gemein, / denn sie haben ihre Blöße gesehn. / Selber gar stöhnt sie auf / und kehrt rückwärts sich ab. / Ihr Makel ist bis auf ihrer Schleppe. / Sie dachte nicht an ihre Späte, / so sank sie wunderlich ab / – für sie ist kein Tröster da – » (Klgl 1,8-9a). »Worüber soll klagen der Mensch, der da lebt? / Ein jeder über seine Sünde! / Lasset uns prüfen und erforschen unsre Wege / und umkehren zum Herrn! / Lasset uns unsre Herzen als Opfer darbringen / vor Gott im Himmel! / Wir sind abtrünnig und widerspenstig gewesen, / darum hast du nicht vergeben, / hast dich in Zorn gehüllt und uns verfolgt, / hast getötet und nicht geschont ...« (Klgl 3,39-43).

Aber neben diese beiden Versuche, die Katastrophe geistig und seelisch zu verarbeiten, statt sie zu verdrängen – also neben die Kultur des Gedenkens und neben das Ja zur eigenen Schuld daran – tritt nun ein Drittes: *Hoffnung auf ein neues Jerusalem,* prophetische Eschatologie. Unter den Verschleppten steht dafür besonders Deuterojesaja mit seiner Losung: nachamu, nachamu, ami, »Tröstet tröstet mein Volk, / spricht euer Gott, / redet zum Herzen Jerusalems / und rufet ihr zu, / daß vollendet ist ihr Scharwerk, / daß abgegnadet ist ihre Schuld« (Jes 40,1-2a). Und hier denn – noch mitten im Elend – entstehen die Gedanken und Bilder von einer künftigen, neuen Stadt in der Pracht Gottes. »Du Gebeugte, / über die alle Wetter gehen, / du Ungetröstete! / Siehe, / ich will deine Grundfesten aus Malachit bilden / und deine Fundamente aus Saphiren. / Ich will deine Zinnen von Rubinen machen / und deine Tore aus Karfunkeln / und deinen ganzen Wall aus köstlichem Gestein, / und all deine Söhne werden Jünger des Herrn, / groß ist der Friede deiner Söhne, / durch Bewährung wirst du aufgerichtet. / Wisse dich fern dem Druck, / denn du hast ihn nicht zu fürchten« (Jes 54,11-14) – da wurde die Stadt der Zukunft geboren: noch nicht das himmlische Jerusalem, aber das künftige; es entsteht neu als Utopie im Zeitalter von Israels tiefster Erniedrigung und in den unbeirrten Herzen der Geschlagenen, Gedenkenden, zu Gott sich aufs neue Kehrenden – als Bild von einer *festgegründeten* Stadt (Jes 2,2), zwar *keiner mythisch unangreifbaren mehr, aber einer unvergeßlichen.*

Malachit, Saphire, Rubine und Karfunkeln der neuen Stadt sind keine Rückkehr zum Mythos, vielmehr Utopie, sie bleiben im schmerzend-Geschichtlichen; die so neu gesehene Stadt hat ja einen ganz schweren, mühsamen Wiederaufbau erst noch vor sich – und in der Ferne der Zeiten droht ihr eine Wiederholung ihrer Katastrophe, die noch viel verheerender sein wird als die, die die Babylonier über sie gebracht hatten.

Auch die babylonische Macht mußte nun, wie vor ihr die assyrische, ihres Dings ein Ende sehen. 539 v. Chr. schon, nach knapp hundert Jahren ihrer Herrlichkeit, fiel sie in die *Hand der Perser,* die dadurch auch über die Staaten im Lande Kanaan die Oberhoheit bekamen, damit auch über Juda. Es mag sein, daß bereits unter dem persischen König Kyros erste jüdische Rückwanderer wieder nach Hause kamen – womöglich auf Grund einer gegenüber der von Assyrern und Babyloniern geübten völlig veränderten Religionspolitik: Die Perser hofften, daß die ihnen unterworfenen Völker ihre politische Unfreiheit leichter hinnahmen, wenn sie religiöse Freiheit genießen konnten. Vielleicht haben wir in

Esra 6,3-5 noch das Fragment eines Edikts, das die Rückführung der von den Babyloniern geraubten Tempelgeräte nach Jerusalem anordnete und den Neubau eines Tempels an altem Ort befiehlt: »Im ersten Jahr des Königs Kyros befahl König Kyros: Das Gotteshaus zu Jerusalem betreffend: Das Haus soll gebaut werden an der Stätte, wo man Schlachtopfer opfert und Feueropfer hinbringt; seine Höhe betrage sechzig Ellen und sein Breite sechzig Ellen. Es sollen drei Schichten von großen Quadern sein und eine Schicht von Holz, und die Kosten sollen aus der königlichen Kasse bezahlt werden. Auch sollen die goldenen und silbernen Geräte des Gotteshauses, die Nebukadnezar aus dem Tempel von Jerusalem weggenommen und nach Babel gebracht hat, zurückgegeben werden, und alles soll wieder in den Tempel zu Jerusalem an seinen Ort kommen; du sollst es im Gotteshause niederlegen«; es läge im Sinne der persischen Politik, den Wiederaufbau der ruinierten Stadt nun gerade mit dem Tempel beginnen zu lassen. Freilich wurde dies dann keineswegs schon »im ersten Jahr« des Kyros verwirklicht, unseres Wissens erst zur Zeit seines Nachfolgers Darius I. (521-486 v. Chr.) kam es dazu. Vorher hatten die Leute in Jerusalem und Juda dafür weder Sinn noch Zeit noch die materiellen Mittel, – jeder hatte genug mit dem Wiederaufbau seines eigenen Hauses zu tun (Hag 1,9); mit Mißfallen griff damals der Prophet Haggai den Ausdruck einer allgemeinen schlechten Stimmung im Land und in der Stadt auf: »Dieses Volk da sagt: ›Jetzt ist die Zeit noch nicht gekommen, das Haus des Herrn wieder aufzubauen‹« (Hag 1,2) – anderes, das Private, geht vor. Doch durchaus im Sinne persischer Politik, wenngleich aus eigener tiefster Überzeugung, daß ohne Tempel Gott zu ihren kleinen Häusern nicht gibt sein Gunst (EKG 194,1: »Wo Gott zum Haus nicht gibt sein Gunst, / so arbeit' jedermann umsonst; / wo Gott die Stadt nicht selbst bewacht, / so ist umsonst der Wächter Macht«[100]), hielt Haggai dagegen: »Ist für euch etwa die Zeit gekommen, in getäfelten Häusern zu wohnen, während dies Haus (noch) in Trümmern liegt? Und nun, so spricht der Herr der Heerscharen, seht doch, wie es euch ergeht! Ihr säet viel aus, doch ihr heimst wenig ein; ihr habt wohl zu essen, doch es reicht nicht zum Sattwerden; ihr habt wohl zu trinken, doch nicht genug; ihr habt wohl Kleider, doch es reicht nicht zum Warmwerden; und wer um Lohn arbeitet, der arbeitet in einen durchlöcherten Beutel« (Hag 1,4-6) – ohne neuen Gottesdienst, bevor nicht am Tempel des Herrn Stein auf Stein neu gefügt wird (Hag 2,15), kein Ende des alltäglichen Mangels.

Endlich, im Jahre 520, begann eine von den Persern eingesetzte Kommission unter Leitung des Jochajin-Enkels Serubbabel, eines David-Nachkommen also, mit Mitteln aus der persischen Staatskasse mit dem Neubau des Tempels, und

100. Das Lied »Wo Gott zum Haus nicht gibt sein Gunst« (1525) ist im EG nicht mehr enthalten.

nach fünf Jahren Bauzeit konnte er im Frühling 515 eingeweiht werden. Damit begann die geistig so wichtige Epoche der jüdischen Geschichte, die man die des »Zweiten Tempels« nennt. Die Frage ist: Was wurde aus der Stadt, ihren Mauern, Türmen, Straßen?

Wir wissen darüber allzu wenig. Erst aus dem Sommer 444 v. Chr. hören wir wieder Näheres. Da traf, aus der persischen Residenz Susa kommend, Nehemia in Jerusalem ein. Ob er in Susa tatsächlich dem König Artaxerxes nahegestanden und ihm als Mundschenk gedient hatte und ob er seine Jerusalem-Reise tatsächlich im Auftrag seines Königs angetreten hat (wie das biblische Nehemia-Buch 1,1 – 2,8 erzählt), wird heute von Historikern heiß diskutiert. Jedenfalls hat er sofort nach seiner Ankunft in der Stadt eine nächtliche Inspektion der baulichen Zustände in und um die Stadt unternommen, »betrachtete die Mauern Jerusalems, wie sie so zerrissen, und seine Tore, wie sie vom Feuer verzehrt waren« (Neh 2,13). Doch kam er bei seinem Ritt durch die Schuttmassen der Ruinen nicht weit und mußte vorzeitig umkehren, weil nicht einmal sein Reittier mehr im Geröll der Ruinen sicheren Tritt fassen konnte (2,14). Da beschloß er, zunächst einmal alles für einen Wiederaufbau der Mauern und der Stadttore zu tun. Er gewann dafür die Mitarbeit einer großen Anzahl von Familien und aus der Priesterschaft und erreichte innerhalb von 52 Tagen – gegen nicht geringe innere, aber auch äußere Widerstände – sein Ziel.

Allerdings sind die Historiker nicht sicher, ob tatsächlich da erst – mehr als ein halbes Jahrhundert nach dem Bau des Zweiten Tempels – die Reparatur der Stadt begonnen wurde. Das hat manches eher Unwahrscheinliche, und so gibt es Gelehrte, die zwischen 515, dem Einweihungstermin des neuen Tempels, und 444, dem Jahr des Mauerbaus, das Ereignis einer neuen Katastrophe annehmen, die über Jerusalem gekommen sein muß. Allerdings wissen wir davon gar nichts, weder aus der Bibel noch aus anderen schriftlichen oder archäologischen Zeugnissen. Wie auch immer – Nehemia unternahm einen Wiederaufbau der Stadt aus einer ihrer politischen Katastrophen und verband das mit einer Reihe politischer und bevölkerungspolitischer Reformen, für die er mit Sicherheit einen persischen Auftrag gehabt haben muß. Jerusalem wurde nach der assyrischen und babylonischen Zeit zum ersten Male wieder als selbständige Verwaltungseinheit wiederhergestellt, also zur Hauptstadt einer persischen Provinz Jehud gemacht, die ungefähr den geographischen Raum des alten jebusitischen Stadtstaates aus dem 14. Jahrhundert umschloß. Vielleicht fungierte Nehemia als persischer Statthalter. Jedenfalls holte er neue Bevölkerungsteile – Beamte, Wachmannschaften, Dienstleistungsleute – in die Stadt, die dadurch schätzungsweise wieder auf eine Bevölkerungszahl von 5000 Menschen anwuchs.

Zur gleichen Zeit kam es zu der unter dem Namen »Esra« aus der Bibel bekannten großen geistigen Reform: die Verpflichtung jedes einzelnen Bürgers und der ganzen Stadt auf die gerade entstandene Tora, vor allem aber den Zwang zur Scheidung von religiösen Mischehen im Dienst einer Religionsreform, die viel böses Blut in der Bevölkerung machte, besonders bei den Betroffenen. Nicht zu vergessen ist aber auch jene Sozialreform des Schuldenerlasses, durch den wahrscheinlich die Ansprüche der aus Babylonien zurückkehrenden Judäer auf ihre alten Grundstücke niedergeschlagen und so ein Stück sozialer Frieden geschaffen wurde; die christlichen Parteien des Deutschen Bundestages hätten nach 1989, als sie den Einigungsvertrag zwischen den beiden deutschen Staaten beschlossen, die Bibel lesen sollen, und die Kirchen hätten die Politiker mit Nehemia bekannt machen sollen: Neh 5,1-13, bes. die Verse 10-13!!

Wieder nach hundert Jahren erobert sodann *Alexander von Mazedonien* das persische Reich, zu dem auch Juda und Jerusalem gehörten, sogar Ägypten konnte er seiner Herrschaft unterwerfen. Er betrieb wieder eine andere Kulturpolitik als die Perser, Babylonier und Assyrer zuvor. Er wollte eine pluralistische Einheitskultur, in der alle Gebiete seines Reiches miteinander geeint wären. Und er schuf sie in dem großen, imponierenden und synkretistischen Gebilde, das wir heute geistesgeschichtlich als »Hellenismus« bezeichnen – Gebilde größter Internationalität und bis heute im ganzen Abendland wirksam durch die Verschmelzung des griechischen und orientalischen Geistes miteinander. Sein Ziel wurde erst langsam durch viele Jahrhunderte hindurch (bis zur arabisch-islamischen Eroberung Jerusalems im 7. Jahrhundert n. Chr.) erreicht, mußte sich anfangs auch gegen manche Widerstände durchsetzen.

Bibel und jüdische Literatur geben historisch über die Lebenszeit Alexanders nicht viel her. Josephus berichtet – was historisch wahrscheinlich ist –, Alexander habe Jerusalem und seinem Hohenpriester und damit der ganzen persischen Provinz Jehud erlaubt, »nach den väterlichen Gesetzen zu leben« und in jedem siebten (Schabbat-)Jahr von Abgaben befreit zu werden.[101] Allgemein nehmen die Historiker an, daß Alexanders Machtergreifung für Jerusalem und Juda nur eine ansonsten weniger spürbare Veränderung bei den herrschenden Personen, aber kaum strukturelle Verschlechterungen oder Verbesserungen gebracht habe.

Das wurde allerdings unter den *Diadochen* (Nachfolgern) Alexanders anders. Juda und Jerusalem gerieten – wie in früheren Jahrhunderten zwischen die Mühlsteine der stets rivalisierenden Großmächte einerseits am Nil, andererseits im Zweistromland – jetzt in den Gegensatz der Interessensphären zwischen den Diadochen Alexanders: der »Ptolemäer«, die von Ägypten aus nach Juda griffen, und der »Seleukiden«, die von Babylonien aus dasselbe taten. (Die »Ptolemäer« und »Seleukiden« wurden erst seit dem 17. Jahrhundert in der abendländischen Wissenschaft so genannt, jeweils nach den ersten

101. Josephus, Antiquitates Judaicae, XI,8.5.

Diadochen: eben Ptolemäus I., zuvor ein General Alexanders, und Seleukos I., zuvor ebenfalls Feldherr Alexanders).

Dabei fiel Juda mit der Stadt zunächst – und immerhin für 100 Jahre – an die ägyptischen Ptolemäer. Ptolemäus I. selbst war schon von Alexander als Gouverneur in der von ihm gegründeten und nach ihm genannten Stadt Alexandria im Nildelta eingesetzt worden. Sofort nach dessen Tod entriß er den Seleukiden Babylons, zu denen es von den Persern her gehörte, Palästina und Phönizien und besetzte im Jahre 312 Jerusalem. Von dort ließ er viele Bewohner nach Ägypten und Alexandrien deportieren und legte damit den Grundstein für das zahlenmäßig große und durch seine geistige Assimilation an den Hellenismus später enorm bedeutende alexandrinische Judentum: das, in dem die Tora der Hebräischen Bibel ins Griechische umgedacht und über-setzt wurde (mit großen späteren Folgen für die Christen und ihr Verhältnis zur jüdischen Tradition), – das auch, aus dem eines Tages Philo von Alexandrien, der Zeitgenosse Jesu, hervorgehen sollte, der das Judentum »für die Gebildeten unter seinen Verächtern« auf seine Weise öffnen half.[102]

Das *Ptolemäerreich* war staatlich straff durchorganisiert, vor allem um wirtschaftlich viel aus den Provinzen herauszuholen, was zwar auch für Jerusalem und Juda – oder, wie die Provinz jetzt genannt wurde: »Syrien und Phönikien« – eine erhebliche Steuerbelastung bedeutete, andererseits jüdische Familien am Handel und Wohlstandsgewinn beteiligte: wie z.B. die bald sehr einflußreich werdende Familie der sog. Tobiaden aus dem Ostjordanland, die schnell auch eine politische Rolle übernahm und in einen Gegensatz gegen die priesterliche Onias-Familie trat. Für längere Zeit wird dieser Familiengegensatz die inneren Geschicke der Stadt beherrschen und ihre Geschichte zu einer inneren Parteiengeschichte machen – sichtbar als Gegensatz zwischen ökonomisch starker Oberschicht und ökonomisch-Schwachen (der auch in den Wohnquartieren erkennbar wurde: In der Unterstadt, der alten Davidstadt auf dem Süd-Ost-Hügel Jerusalems, wohnten die eher Armen, denen später die Pharisäer zu geistigen Anwälten und Mitbewohnern wurden, während die Oberschicht auch baulich »oben« sich niederlassen wird, in der Höhe des Südwest-Hügels und westlich des Tempel-Platzes, wo bewegtere Luft bessere klimatische Verhältnisse ergab), – sichtbar auch als Gegensatz zwischen Stadt- und Landbevölkerung – vor allem aber doch als eine Art Zwei-Reiche-Gegensatz zwischen der ökonomisch-politisch starken Tobias-Familie und den nicht weniger politischen Ansprüchen der Priesterfamilie der Oniaden; und beide Familien stehen ja je für eine größere Klientel. Wir werden nachher noch sehen, daß und wie dieser *innere* Gegensatz zu Parteibildungen auch in der Frage der Beziehungen der Stadt zu den verschiedenen Großmächten führte – ein Problem, das

102. Josephus, a.a.O. XII,1.

freilich schon früher charakteristisch für Jerusalem war; es gab immer Parteigänger für eine Orientierung entweder nach Ägypten oder zu den östlichen Mächten hin.

Der politischen Verfassung nach gaben die Ptolemäer Jerusalem den Status eines »Tempelstaates«, einer »Hierapolis« – ein Typus, den es auch in Syrien und Kleinasien gab; dadurch kam für Jerusalem auch der Name »Hierosolyma« auf. Der Hohepriester stand an der Spitze des Gemeinwesens, in der Amtsführung unterstützt von einem Rat der Ältesten, einer Gerusia; sie regierten das zu Jerusalem gehörende Land-Territorium mit, so daß die Stadt auch zu dieser Zeit ein Landeszentrum war. Wer immer von den Besitzenden im Staatsgebiet bereit war, einen griechischen way of life anzunehmen, dem wurde von den Ptolemäern volle Gleichberechtigung mit geborenen Griechen eingeräumt, was die Jerusalemer Behörden zu einem guten Verhältnis mit diesen Schichten nötigte, aber auch dazu, sich selbst gegen die Hellenisierung nicht allzu heftig zu sperren. Nicht nur die »weltlichen« Kreise, auch die priesterlichen, aus denen später die Partei der Sadduzäer sich bildete, zu denen dann die Pharisäer in Gegensatz traten, lernten griechisch sprechen und leben. Der Rufname Alexander war auch für jüdische Jungens schnell verbreitet.

Allerdings bewirkte nun gerade diese Hellenisierung, daß innerhalb der Stadt und ihres Landes die soziale Differenz zwischen Reichen und Armen zu einer sich im Laufe der Zeit immer schärfer ausbildenden Kultur-Differenz wurde. Die ökonomisch schwachen Bevölkerungsteile nahmen an dem Bildungs-Fortschritt nicht teil und hielten unverwandelt und unverwandt an den Väter-Überlieferungen fest, gerade auch im Religiösen. Unterschwellig entstand auch damit eine Unruhe in der Stadt, und nicht wenige blickten in Hoffnung auf eine Veränderung der Verhältnisse zu der anderen, seleukidischen Alexander-Seite hinüber. Nicht zuletzt im Zusammenhang damit bekamen apokalyptische Weltwende-Gedanken, die aus der babylonischen Welt des Zweistromlandes herüberwehten, eine starke Anziehungskraft für die Unzufriedenen. Und wenngleich, wie sich dann zeigen sollte, die Seleukiden nicht weniger, sondern sogar noch mehr den Hellenismus als Macht- und Herrschaftsmittel gebrauchten als die Ptolemäer, konnten sie doch von Jerusalem und Juda aus geradezu mit apokalyptischem Feuer erwartet werden.

Dem kam die außenpolitische Entwicklung bald entgegen. Die latente Konkurrenz der Alexander-Erben im Bezug auf eine Vorherrschaft im Gebiet des Mazedonischen Weltreichs war ziemlich schnell zu offener Rivalität geworden und hat vielfach zu Kriegen zwischen ihnen geführt; Peter Schäfer stellt die Entwicklung entlang von fünf »Syrischen Kriegen« dar.[103] Fast immer wurden Juda

103. P. Schäfer, Geschichte der Juden in der Antike. Die Juden Palästinas von Alexander dem Großen bis zur arabischen Eroberung, 1983, 29ff.

und Jerusalem davon in Mitleidenschaft gezogen und mußten gegen Ende des dritten Jahrhunderts mehrfache Herrschaftswechsel zwischen Ptolemäern und Seleukiden über sich ergehen lassen. Und immer war dies, wie sich denken läßt, von Spannungen zwischen den verschiedenen Parteigängern der Großmächte *innerhalb* der Stadt begleitet, die sich jeweils auch als Handlanger ihrer Favoriten aktiv betätigten und damit faktisch Bürgerkrieg in die Stadt brachten.

Allerdings bekam im Jahre 198 v. Chr. der seleukidische König Antiochus III. den Tempelstaat von Jerusalem sicher in seine Hand. Die ihm zuneigende innerstädtische Partei erhoffte sich vor allem eine Lockerung des schweren ptolemäischen Wirtschafts- und Finanzdrucks und wurde zunächst in dieser Erwartung auch nicht enttäuscht. Josephus gibt in seinen Antiquitates XII,3 einen Brief von Antiochus III. wider, in dem er von einem glänzenden Empfang berichtet, der ihm im Lande der Juden zuteil geworden sei, sie hätten ihm sofort ihre Ergebenheit bewiesen und seine Soldaten und Elefanten mit Lebensmitteln versorgt, ja ihm sogar bei der Eroberung der »Burg« und der Vertreibung ihrer ptolemäischen Besatzung geholfen.

Die Akra war eine bei früherer Gelegenheit von den Seleukiden gebaute militärische Zwingburg auf Stadt-Jerusalemer Boden. Über ihren genauen Standort gibt es noch keine einhellige Meinung, es könnte sein, daß sie auf dem Süd-Ost-Hügel, also in der alten Davidstadt gelegen war, von dort soll sie mit einem oder mehreren Türmen sogar den Tempel überragt, also auch baulich herausfordernd und bedrohend gewirkt haben. Das Hin und Her der Herrschaftsverhältnisse über die Stadt hat natürlich auch ein Hin und Her der militärischen Besatzung der Akra ergeben, und je nach dem sehen die verschiedenen Parteien der Stadtbevölkerung in dieser Besatzung ihre Schutzmacht. Unter seleukidischer Herrschaft fühlten sich die hellenisierenden Juden von dorther besonders gestärkt und geschützt, und sie wohl waren es auch, die Antiochus III. bei seinem Einmarsch halfen, die Akra von den Ptolemäern zu erobern. Antiochus bedankte sich dafür, indem er zunächst einmal Vieh, Wein, Öl, Weihrauch, Weizenmehl und Salz in großen Mengen zur Verfügung stellte, die für die Tempelopfer gebraucht wurden. Dann befahl er, kriegsbedingte Zerstörungen an den Säulenhallen des Tempels und an anderen Stellen zu reparieren, schrieb vor, von woher das Material dafür zu beschaffen sei. Und dann befahl er, dem Volk Religionsfreiheit zu gewähren, das Tempelpersonal von allen Steuern zu befreien; und um die vor dem Krieg geflohenen Menschen in die Stadt zurückzulocken, ordnete er für alle eine dreijährige Steuerfreiheit an. Damit kam er – politisch klug – tiefsten Erwartungen der Jerusalemer entgegen. Außerdem verbot er den Import kultisch unreiner Tiere und den Zutritt von Nichtjuden zum Tempelbezirk. Das alles bewirkte eine sympathische Einstellung der Bevölkerung zu der neuen syrischen Macht.

Allerdings kam die Gesamtbevölkerung doch nur sehr ungleich in den Genuß der neuen Vorzüge: die kaufmännischen und priesterlichen Stände entschieden spürbarer als die Volksmasse. Zwei Vorgänge veränderten jedoch die gute Ausgangslage für die Seleukiden recht bald. Einmal außenpolitisch die Entwicklung Roms zu einer kolonialen Großmacht, sodann deren langsames Vordringen über den Balkan und Griechenland nach Kleinasien und von dort immer näher an das seleukidische Kernland im Zweistromgebiet heran. Das setzte den Seleukiden-Herrschern zunächst ökonomisch sehr zu, immer mehr Mittel brauchten sie einerseits für die Kriegführung, andererseits für Tributleistungen an Rom, und die konnten sie sich natürlich nur aus den von ihnen noch beherrschten Gebieten holen. Schon nach drei Jahren mußten sie die Steuerfreiheit für Jerusalem wieder aufkündigen und dann sogar Steueranforderungen verschärfen, das bestärkte verständlicher Weise bald auch wieder pro-ptolemäische Stimmungen in der Stadt und trieb vor allem den Gegensatz zwischen der kaufmännischen Tobiaden-Familie und der priesterlichen Oniaden-Familie abermals hoch. Auf beiden Seiten ging es um Rechte der Steuererhebung, so daß, vom niederen Volk aus gesehen, beide – ihrer Rivalität zum Trotz – als Ausbeuter dastanden. Die Historiker sprechen übereinstimmend von bürgerkriegsähnlichen Zuständen, zu denen es in der Stadt gekommen sein muß. Die Tobiaden setzten sich offenbar durch, setzten einen ihnen genehmen Hohenpriester, Jason, ein und begannen mit einer konsequenten Umwandlung Jerusalems in eine hellenistische Stadt, der sie sogar einen neuen Namen zulegten: »Antiochia in Jerusalem« – in Devotion gegenüber den Seleukiden, die in der von Seleukos I. gegründeten Stadt Antiochia ihr Zentrum besaßen.[104]

Aus dem Tempelstaat sollte eine normale hellenistische Polis werden und Jerusalem in den Verbund aller dieser Städte eintreten, die dem König besonders verbunden waren. Der frühere Ältestenrat wurde in einen normalen Stadtrat umgewandelt, die Stadtbürger in Namenslisten eingetragen – ein Vorgang, bei dem womöglich dem oder jenem die Vollbürgerschaft streitig gemacht werden konnte: sie konnten dann nicht wählen und nicht gewählt werden. Das für jüdische Identität Entscheidende an dieser Verfassungsänderung bestand aber darin, daß nun nicht mehr die Tora Staatsgesetz sein durfte, wie das ja zunächst gerade durch die seleukidische Eroberung (im Unterschied zur ptolemäischen Herrschaftszeit) gewährleistet war. Ausgerechnet der Hohepriester Jason (Helle-

104. E. Otto, a.a.O. 114.115. – Die von E. Bickermann erörterte Frage: »Antiochia« oder »Antiochener in Jerusalem« lasse ich hier beiseite. Die »Antiochener« wären nicht nur nicht-jüdische, sondern auch jüdische liberale, für die Hellenisierung eintretende Bewohner Jerusalems (vgl. Der Gott der Makkabäer. Untersuchungen über Sinn und Ursprung der makkabäischen Erhebung, 1937, 59ff, bes. 59 Anm. 1).

nisierung des Namens Jesus!) erklärte vor dem König Antiochus IV. Epiphanes, daß er und das Volk »sich von ihren heimischen Sitten und Gebräuchen lossagen« wollten.[105] Außerdem erbat er die Erlaubnis für den Bau eines Gymnasiums und eines Ephebaions in Jerusalem. Symbolisch herausfordernd ließ er es unter dem Tempel errichten: als dessen Konkurrenz. Denn die antiken Sportstätten standen im Zeichen der Götter, deren Statuen in ihnen aufgestellt waren, waren also für Juden keine neutralen, weltlichen Orte, sondern gottesdienstlich relevant. Dazu gehört auch, daß der antike Sport nackt betrieben und so jüdische Jungs dazu verführt wurden, sich das Bundeszeichen der Beschneidung wieder wegoperieren zu lassen (»Epispasmos«). »So stark aber steigerte sich die Vorliebe für das Griechentum und der Übertritt zu ausländischem Wesen ..., daß (selbst) die Priester sich nicht mehr um den Altardienst bekümmerten, sondern mit Verachtung des Tempels und Vernachlässigung der Opfer auf den Ringplatz liefen, um der torawidrigen Aufführung von Kampfspielen nach der Aufforderung zum Scheibenwerfen (Diskus) beizuwohnen, indem sie die vaterländischen Ehren für nichts achteten, die griechischen Auszeichnungen aber für sehr schön hielten« (2 Makk 4,13-15). Das ist natürlich parteiisch geschildert, vom Standpunkt der Gegner solcher Kulturrevolution, trifft aber um so mehr den Ernst des Gegensatzes, um den es dabei ging: Tempel oder Gymnasium, Gott oder Abgott. Der Vorgang zeigt einmal mehr, wie sehr den Interessen der großen nichtjüdischen Herrscher assimilationsbereite Strömungen innerhalb des Judentums entgegenkamen.

Und dies galt sogar dem schrecklichen Antiochus IV. Epiphanes gegenüber und dessen radikal judenfeindlichen Handlungen.

Die assimilationswilligen Kreise fanden den von ihnen gekürten Hohenpriester Jason noch nicht konsequent genug und sorgten dafür, daß sich ein noch schärferer Hellenist beim König mit großem Geld lieb Kind machen, von ihm die Ablösung Jasons und die eigene Berufung ins Hohepriesteramt einkaufen konnte: ein Mensch namens Onias, der sich lieber griechisch Menelaos nannte (Vgl. 2 Makk 4,23ff). Er war nun allerdings der erste, der kein Zadokide war, also nichts mehr mit der hohepriesterlichen Traditionslinie zu tun hatte, ein – jüdisch gesehen – vollkommener outsider, wie später ähnlich Herodes der Große einer sein wird; für die Traditionalisten in der Stadt war dies von vornherein unerträglich. Der damit angelegte Gegensatz kam aber zum Ausbruch, als Menelaos sich am Tempelschatz vergriff, um den hohen Tribut tatsächlich aufbringen zu können, den er für seine Installation Antiochus IV. versprochen hatte.

105. Josephus, a.a.O. XII, 5.1 § 240f.; dazu 2 Makk 4,9. – Vgl. P. Schäfer, a.a.O. 53f, insbes.Anm. 81 u. 86 zu Josephus' Einordnung des Menelaos. – Vgl. auch E. Otto, a.a.O. 113f.

Damit lief das Faß über, und es kam zum Aufstand. »Als aber viele Tempelberaubungen, die von Lysimachus unter Zustimmung des Menelaos ausgingen, in der Stadt vorgekommen waren ..., rottete sich das Volk ... zusammen, nachdem schon viele goldene Geräte verschleppt waren. Und bei der Erbitterung der von Wut erfüllten Haufen bewaffnete Lysimachus gegen 3000 Mann und machte mit Gewaltgebrauch den Anfang ... Sowie sie (die ›Haufen‹) aber nun merkten, daß Lysimachus angreifen ließ, griffen sie nach Steinen, andere nach Knüppeln, einige rafften etwas von daliegender Asche zusammen und warfen alles durcheinander auf die Leute des Lysimachus. Dadurch brachten sie vielen unter ihnen Wunden bei, einige schlugen sie zu Boden, alle aber trieben sie zur Flucht, und den Tempelräuber selbst erschlugen sie bei der Schatzkammer« (2 Makk 4,39-42) – ein typischer Großstadt-Aufruhr, wie wir ihn noch heute kennen.

Geschichtlich müssen wir uns zweierlei dazu bewußtmachen: In der Antike fungierten überall die Tempel wie Zentral-Bankinstitute, *1.* weil sie unter gesellschaftlichem Tabu standen und so rein örtlich ein vor Diebstahl und Einbruch sicheres Anlage-Depot abgaben; *2.* weil sich an diesem Ort gute Geschäfte im Devotionalienhandel machen ließen, nicht zuletzt durch den Verkauf von Opfertieren für die kultischen Schlachtungen an Besucher der Gottesdienste.

Wiederum durch Bestechung konnte sich Menelaos jedoch der Verantwortung für diese Stadt-Unruhen entziehen, als Sprecher der Stadt sich bei Antiochus IV. über ihn beschwerten.

Im Verfolg weiterer Entwicklungen rückte nun auch Jason wieder mit 1000 Mann auf Jerusalem vor und trieb seinen Widersacher Menelaos dazu, sich vor ihm in der Akra zu verschanzen. Diesmal fand Jason Unterstützung bei den toratreuen Kreisen und war dadurch immerhin so stark, daß er die Seleukiden aus der Stadt vertreiben konnte.

Dies konnte der König sich nun nicht mehr bieten lassen. Im Herbst 169 v. Chr. eroberte er Jerusalem und plünderte nun seinerseits den Tempel; hieran war sein Schützling Menelaos sogar persönlich beteiligt.

Schon nach anderthalb Jahren, Anfang 167 v. Chr., ließ er die Stadt abermals besetzen, schamlos die Schabbat-Ruhe der Bevölkerung für seinen Überfall ausnutzend. Er ließ die Mauern schleifen und nutzte die Akra als Stapelplatz für großes Beutegut aus der Stadt und dem Tempel. Mit der nichtjüdischen Militärbesatzung der Burg ließ er die Stadt jetzt beherrschen und regieren, so daß Jerusalem jetzt wieder einmal eine Stadt unter Fremdherrschaft wurde.

Dies nutzend, leitete er eine letzte Phase radikaler Hellenisierung, sprich Profanierung ein. Sein durchaus rational anmutendes, »uns heute« gut verständliches Ziel dabei war, »daß alle zu *einem* Volke werden und ein jeder seine Gebräuche aufgeben solle« (1 Makk 1,41f). Die multikulturelle Gesellschaft seines Herrschaftsbereiches schien ihm nur entwicklungsfähig und beherrschbar, wenn sie völlig säkularisiert wurde und die stets gegeneinander sich richtenden religiösen Identitäten in ihrem politischen Einfluß »aufgehoben« würden; in den Dreißiger Jahren des 20. Jahrhunderts hätte man hier von »Entklerikalisierung« der Öffentlichkeit gesprochen. Freilich war in der Antike an eine radikale Aufhebung von Religion noch nicht zu denken – so wenig wie heute, wo dies weder dem kapitalistischen Säkularismus noch dem sozialistischen Atheismus gelungen ist. Einer civil religion bedarf es offenbar immer und überall: eines ideologischen Ferments der Komposition einer Gesellschaft. Für die Seleukiden war dies zweifellos die – ja keineswegs götterfreie – hellenistische Einheits- und Weltkultur, die durchaus kein Gebilde reiner untheologischer Vernunft, nur das einer um Aufklärung und Mencheneinheit bemühten Religion war. In diesem Sinne konnte der Verfasser des 1. Makkabäerbuchs auch berichten: »Auch aus Israel fanden viele Gefallen an seiner (des Antiochus) ›Religion‹« (1 Makk 1,43).

Die Religionsedikte, die Antiochus IV. für Jerusalem und sein Gebiet erließ, dienten infolgedessen auch *zugleich* dem Kampf *gegen* alles, was partikular scheinende jüdische Identität ausdrückte, und *für* die Einführung einer neuen, nicht-mehr-jüdischen civil religion. Alles, was Judentum öffentlich sichtbar machen konnte, wurde bei Todesstrafe verboten: das Bundeszeichen der Beschneidung, – der Schabbat, – Fasten und Feste, – Brandopfer und Trankopfer im Tempel. Umgekehrt wurde der Tempel schändlich entweiht. Auf seinem Altar wurde ein zweiter Altar errichtet, dem Baal-Schamem unter dem griechischen Namen des Zeus Olympios geweiht, das geschah am 6. Dezember 167 v. Chr. und hat sich dem Gedächtnis des Judentums tief eingegraben. »Am 15. Kislew des Jahres 145 errichtete er ein verwüstendes Scheusal auf dem Altar und erbaute ringsum in den Städten Opferhöhen. Und sie opferten an den Türen der Häuser und auf den Straßen. Die Tora-Rollen, die sie fanden, zerrissen und verbrannten sie. Und wenn bei jemandem ein Buch des Bundes gefunden wurde, und wenn sich jemand nach der Tora richtete, so überlieferte ihn der Erlaß des Königs dem Tode« (1 Makk 1,54-57). Die Erinnerung an diesen »Greuel der Verwüstung« finden wir auch im Buche Daniel (9,27), und sie hat sich bis hinüber in die Jesus-Schriften erhalten: Mt 24,15. Doch nicht genug damit. Man zwang die der Zeichen und Praxis ihres Judentums beraubten Juden umgekehrt mit Gewalt zur Teilnahme am heidnischen Staatskult, der zum Geburtstag des Königs als eine Opferzeremonie angeordnet war (2 Makk 6,7). Und selbst dazu wurden Juden genötigt: das Fest des Bacchus/Dionysos efeugeschmückt mitzufeiern (2 Makk 6,7). Wir hören von Verweigerungen: Müttern, die ihre Kinder dennoch beschneiden ließen, – Familien, die in versteckten Höhlen dennoch den Schabbat feierten – aber auch von deren Tötung und Verbrennung, wenn sie aufgestöbert wurden (2 Makk 6,10-11).

Mag sein, daß dieser Religionspolitik des Antiochus Epiphanes im Judentum selbst säkular-liberale Strömungen entgegenkamen von Gruppen, die sich vom Joch der Gebote befreien und weltlich-mitmenschlich mit den Heiden und ähnlich wie die Heiden leben wollten – eine Art groben Reformjudentums. Für die traditionell gesonnene Mehrheit des Volkes von Jerusalem und Juda überschritt diese Politik alles Erträgliche; ihre Durchsetzung wurde als Pogrom bewertet und Antiochus Epiphanes ist in das Gedächtnis der uns erhaltenen Schriften als der Böse des Bösen eingegangen.

Kein Wunder, wenn es darauf zur Gegenbewegung und also zur Erhebung kam, die von der *Makkabäerfamilie* entfesselt und geleitet wurde.

Ein Mann Mattathias hatte fünf Söhne, sie lebten in dem Dorfe Modein, auf der Höhe von Ramla gelegen. Er entstammte einer Priesterfamilie, war deren Ältester und hatte seines Alters wegen Jerusalem und den Tempeldienst verlassen. Nach der Schilderung litt diese Familie besonders sensibel unter dem Elend, das die seleukidische Entheiligung über den Tempel, die Stadt und das Volk gebracht hatte. Als Aufseher, die für die Einhaltung der staatlichen Opfervorschriften in der ganzen Gegend zu sorgen hatten, nun auch nach Modein und auch zu Mattathias kamen, erschlug er zuerst einen opferbereiten Landsmann, dann aber auch einen der königlichen Vollzugs-Beamten und zerstörte den für Staatsopfer vorgesehenen Altar. Natürlich mußte er danach unter Zurücklassung alles Besitzes mit seinen Söhnen ins Gebirge fliehen (1 Makk 2,23-28). Alsbald sammelten sie um sich eine nicht geringe Anzahl Gleichgesinnter, die sich Asidäer nannten: »die Frommen« oder »die Treuen«, die Chassidim; diese wurden zum Kern einer antiseleukidischen Widerstandsbewegung.

Etwa 166 v. Chr. begannen sie einen offenen Aufstand. Dreimal gelang es ihnen, syrischen Heeren empfindliche Niederlagen beizubringen, bei Bet Horon z.B. und bei Emmaus. Davon wurde Antiochus IV. zur Rücknahme einiger seiner gegen das Judentum gerichteten Edikte bewogen. Doch das nützte ihm nicht mehr viel. Unter der Führung von Judas, der den Beinamen Makkabäus (= der Hammer – vgl. »Stalin«) bekam, gelang es, Jerusalem zu erobern und den Tempelgottesdienst sofort wieder beginnen zu lassen. Das Tempelweihfest – nach all dem heidnischen Greuel der Verwüstung – fand am 14. Dezember 164 v. Chr. statt; das jüdische Volk gedenkt dieses Tages bis heute in Gestalt des Chanukka-Festes. Allerdings: Die Jerusalemer Zwingburg Akra konnte nicht erobert werden, dort hielten sich syrisches Militär und jüdische Gesinnungsgenossen. Dennoch konnte Judas den Tempelberg – im Angesicht seiner Feinde – befestigen lassen und so Jerusalem halten. Von dort aus unternahm er eine Reihe von Feldzügen bis ins Galil und ins Ostjordanland hinüber, auch nach Hebron. Ziel: einerseits die Umsiedlung Gott-treuer Glaubensgenossen nach Jerusalem, um sie heidnischem Druck zu entziehn. Andererseits immer auch Zerstörung heidnischer Kulteinrichtungen auf dem Boden des alten Israel-Landes. Das ging bis gegen Ende 164 v. Chr. alles gut, ehe die Makkabäer und Hasmonäer von den Syrern eine erste schwere Niederlage bezogen. Da war allerdings Antiochus IV. Epiphanes schon gestorben, und sein Nachfolger Eupator kostete den Sieg nicht aus, sondern ordnete an, daß den Juden ihre religiöse Selbstbestimmung zurückgegeben werde (2 Makk 11,22-26). Doch brach das den Widerstand nicht. Es kam zu neuen makkabäischen Siegen über Syrer, vor allem zu einem Bund der Judäer mit Rom, der faktisch auch wie ein Beistandspakt gegen die Seleukiden wirkte. Dieser Stärkung des jüdischen Volkes vorzubeugen, suchten die Syrer noch einmal eine militärische Konfrontation, bei der sie erfolgreich waren und Judas Makkabäus fiel. Doch Jonathan Makkabäus konnte seine Stelle einnehmen und seine hasmonäischen Anhänger neu sammeln – währenddes allerdings in Jerusalem die Syrienanhänger und das syrische Militär im Mai 160 die Tempelmauern des Inneren Vorhofs zum Heiligtum niederreißen und so symbolisch auch Nichtjuden den Zugang eröffnen konnten. Kurz darauf traf den verantwortlichen syrisch gesonnenen Hohenpriester der Schlag, und sieben Jahre später gelang es Jonathan Makkabäus, dieses Amt selbst einzunehmen. Das war am Laubhüttenfest 153 v. Chr. und geschah unter Zustimmung der seleukidischen Herrschaft.

In diesem Vorgang lag freilich schon der Keim zu weiterer innerjüdischer Entzweiung. Immer wirkt in revolutionären Bewegungen ein Sprung vom Widerstand zur Herrschaft spaltend, auf viele Genossen wie Verrat. Es ist nicht ausgeschlossen, daß wir hier den Grund für den Auszug der »Frommen« von Qumram aus Jerusalem in die Wüste und für ihren fanatischen Gegensatz gegen ein ungerechtes Hohepriestertum in Jerusalem zu suchen haben. Die makkabäische Assimilation an Herrschaft trennte – und das wurde womöglich durch die Tatsache noch verschärft, daß eine hierarchische Legitimität der Makkabäerfamilie für die Übernahme des Hohepriester-Amtes nicht über jeden Zweifel erhaben war. Die Essener von Qumran jedenfalls bekämpften nun Jonathan Makkabäus als »Frevelpriester« – und das wohl nicht von »rechts« her aus Motiven eines konservativen Traditionalismus der alten Geschlechter, sondern von »links« her: aus dem gegen alle Assimilation gerichteten Widerstandsgeist von Chassidim, »Frommen«; der Name der »Essener« leitet sich ja genau wie der Name der »Asidäer« von dem hebräischen Wort Chassidim ab. In den Augen der Qumran-Leute jedenfalls gebärdete sich Jonathan bereits wie ein geldgieriger und raubwütiger Potentat.

Wie auch immer. Jonathan festigte seine Macht und begann sogar damit, die Akra zu belagern und so die Stadt seleukidenfrei zu bekommen. Überdies gelangen ihm auswärtige Feldzüge, und er konnte Askalon und Gaza erobern. In der Stadt erhöhte er deren Mauern, vor allem aber ließ er die Akra von außen her regelrecht einmauern, um deren Besatzung auf diese Weise auszuhungern (1 Makk 12,35-37). Ehe er jedoch damit Erfolg hatte, wurde er im Auftrag des Seleukidenherrschers nach Akko gelockt, dort gefangengenommen und ermordet.

Aber es gab noch Simon, seinen Bruder. Der war sofort bereit, den makkabäischen Kampf weiterzuführen. Eine Volksversammlung ermächtigte ihn dazu und wählte ihn zu ihrem Anführer. Im Juni 141 gelang ihm, was Jonathan nicht gelungen war: die Eroberung der Akra. Dies wurde in der Stadt gebührend gefeiert als endliche Befreiung von jahrzehntelanger Fremdherrschaft, und die liturgische Erinnerung bewahrt die Amtszeit des Simon Makkabäus als eine, in der Juda endlich Ruhe hatte. Im Genuß dieses Glücks übertrug im Jahre 140 v. Chr. die Jerusalemer Volksversammlung dem Simon die vererbbaren Würden der drei Ämter des Fürsten, des Hohenpriesters und des Heerführers (1 Makk 14,25ff). Dies stellte Judäa mit eigener Verfassung auf eigene Füße, schuf aber gleichzeitig neuen inneren Zündstoff, denn ein Wahlpriestertum anstelle der zadokidischen Herkunft eines Priesters war etwas völlig Neues und mußte konservativ Gesonnene abstoßen. Eine (theologisch sehr wichtig scheinende) Einschränkung wurde allerdings gemacht: Diese Drei-Ämter-Legitimation sollte nur solange währen, bis ein *Prophet* im Lande erscheinen würde, der eine *Gottes*-Erwählung des Herrschers anstelle seiner nicht ganz unproblematischen *Volks*-Erwählung bestätigen oder aber auch verwerfen könnte (1 Makk 14,41f).

Aber faktisch war nun aus der Makkabäerfamilie eine erbliche Dynastie: die der Hasmonäer geworden, aus Widerstand – Establishment!

Freilich heißt das nicht, daß jetzt Jerusalem und sein Land außen-, gar innenpolitisch befriedet gewesen wären.

Zum Beispiel meinten die Seleukiden, noch manche Rechnung mit den gegen sie oft siegreichen Makkabäern offen zu haben; in der Machtpolitik vergißt sich so etwas über Generationen nicht. So zog z.B. der Seleukide Antiochus VII. gegen den Sohn und Nachfolger des Simon Makkabäus, Johannes Hyrkanos, zu Felde, belagerte Jerusalem und hätte die Stadtbevölkerung völlig ausgehungert, wenn Johannes Hyrkan nicht kapituliert und sich aufs neue syrischer Oberherrschaft unterworfen hätte. Erst als es nach dem Tode des siebten Antiochus zu seleukidischen Thronstreitigkeiten kam, konnte Hyrkan die Gunst der Stunde nutzen, Judäa praktisch souverän machen und seinerseits mit Erfolg eine Reihe von Eroberungsfeldzügen unternehmen und sich Samaria und die Jesreel-Ebene unterwerfen. Um gleich bei dieser Seite der hasmonäischen Geschichte zu bleiben: Der Sohn Hyrkans, Aristobul I., setzte in dem einen Jahr seiner Amtszeit diese Politik fort und eroberte Ituräa im nördlichen Galil, und sein Bruder Alexander Janai fuhr mit solchen Eroberungen fort, als er nach dem schnellen Tode Aristobuls dessen Nachfolger wurde. Er holte sich moabitisches und gileaditisches Gebiet im Ostjordanland und führte Krieg gegen die Nabatäer.

Für die Stadt belastender waren allerdings die innenpolitischen Auseinandersetzungen um die Hasmonäer-Herrschaft. Ihre schärfsten inneren Kontrahenten fanden die Herrscher in der Gruppe der *Pharisäer,* die sich zu dieser Zeit wohl aus den Chassidim herausbildete, die anfangs um die Makkabäer sich geschart hatten. Sie standen für das Tora-treue Volk und seine unteren Schichten. Wahrscheinlich war Johannes Hyrkanos in ihre Schule gegangen. Als sie aber von ihrem Schüler den Verzicht auf das Hohepriesteramt verlangten, weil er es nicht in gesetzlich-reiner Familientradition überkommen hatte, brach er mit dieser Gruppe.[106] Diesen Gegensatz behielt sein Sohn und zweiter Nachfolger Alexander Jannai bei, ja er hat einen regelrechten Pogrom gegen die Pharisäer zu verantworten. An einem Laubhüttenfest wurde er aus dem Volk der Stadt heraus, mitten im Gottesdienst, mit Zitronen beworfen: jenem Etrog, das zum Lulav, dem Feststrauß dieses Tages, gehört (nach Lev 23,40). Erbost über diese Gottesdienststörung, die auch mit Äußerungen des Zweifels an seiner hohepriesterlichen Legitimität verbunden war, ließ er 6000 Juden (wie Josephus sie nennt) töten, – dann Tempel und Altar verbarrikadieren, so daß das Volk keinen Zutritt dazu mehr bekam. Das schürte verständlicher Weise eine Haßstimmung gegen ihn und führte am Ende zu einem sechs Jahre lang währenden Bürgerkrieg, der sage und schreibe fünfzigtausend Opfer unter der Bevölkerung von Stadt und Land kostete. Auch das genügte noch nicht. Bei anderer Gelegenheit rächte er sich an den Angesehensten des Volks mit einer ganz unmenschlichen Freveltat: Er ließ 800 von ihm gefangene Juden »kreuzigen und, während sie noch lebten, ihre Frauen und Kinder vor ihren Augen niedermetzeln«. Dem soll er mit eigenen Augen im Kreise seiner Buhldirnen zugesehen haben, mit denen er an einem eigens dafür hergerichteten und planierten Platz »schmauste«.[107] Erst seine Witwe Salome Alexandra, die seine Nachfolge antrat, vollzog im Verhältnis zu den Pharisäern eine Wende um 180 Grad, – im Inneren gewannen jetzt sie die Oberhand, konnten aber leider Rachegelüste gegenüber den Freunden ihres Peinigers Alexander Jannai nicht unterdrücken. Zwar kam es zu keiner gewaltsamen Auseinandersetzung. Doch fand der innere Konflikt zwischen Pharisäern und Sadduzäern (der zur gleichen Zeit entstandenen Gruppe der wohlhabenden Priesterfamilien) jetzt neuen Zündstoff, und zwar auf dynastischer Ebene.

Noch ein Aristobul, noch ein Hyrkan – beide ihres Namens die Zweiten, ein Brüderpaar, beide Söhne Salome Alexandras und beide im Streit um das Erbe des Königsthrons. Zugunsten Hyrkans griff von außen Antipater ein, der Vater des späteren Königs Herodes, ein Idumäer aus der südlich Judäas gelegenen

106. Josephus, a.a.O. XIII,10.5f.
107. Josephus, a.a.O. XIII,14.2.

Provinz. Der führte Hyrkan und den Nabatäerkönig Aretas zusammen gegen Aristobul, und sie besiegten den Bruder; der floh nach Jerusalem – bis dem Bruderzwist im Hause der Hasmonäer schließlich die *Römer* ein Ende machten, die unter Führung des Pompejus im Jahre 64 v. Chr. endgültig die Seleukiden entmachtet hatten und nun im Begriff waren, ihre Macht zunächst nach Damaskus und dadurch auch näher an Judäa heranzutragen. Dies bewog die Parteien der zerstrittenen Brüder, ihre Rechte bei Pompejus in Damaskus zu suchen, wo zudem eine Vertretung des jüdischen Volkes ihre überhaupt gegen jedes jüdische Königtum gerichtete Meinung vortrug.[108] Pompejus war klug genug, hier nicht zu entscheiden, vermahnte aber den Aristobul, sich sowohl seinem älteren und darum mit größeren Rechten ausgestatteten Bruder Hyrkan als auch dem jüdischen Volk gegenüber ruhig zu verhalten.

Doch Aristobul hielt sich daran nicht, und dies bewog Pompejus zum Kriegszug gegen Judaea. Er ließ Jerusalem belagern – zum wievielten Male hatte die Stadt das nun schon zu erleiden? Im Spätherbst 63 v. Chr. gelang es Pompejus, zuerst die Wohnquartiere, dann den Tempelberg in seine Gewalt zu bekommen. Und damit beginnt die *jüdisch-römische Geschichte.*

Die Römer setzten Hyrkan II. als Hohenpriester ein, und dadurch, daß sie die Stadt nicht sofort ihrem syrischen Statthalter unterstellten, behielt sie noch einen Rest innerer Autonomie, wurde allerdings tributpflichtig gemacht, und im weiteren Gang der Entwicklung kam dann auch rechtlich und mit römischer Unterstützung der Idumäer Antipater ins Spiel als weltlicher Prokurator von Judaea. Wir verfolgen jetzt die nächste Geschichte nicht im einzelnen weiter, sie ist immer auch Jerusalemer Stadtgeschichte, vor allem hatte die Bevölkerung immer die Tribut- und Steuerlasten zu tragen, wovon immer auch der Tempel berührt war.

Durch seinen Vater Antipater bekam dessen Sohn Herodes eine Rolle zugespielt, die ihn am Ende – im Jahre 40 v. Chr. – zum jüdischen König von Roms Gnaden werden ließ – ein politisch geschickter, zugleich ungewöhnlich grausamer Herrscher. Die Römer hatten ihre Zustimmung zu seinem Königtum davon abhängig gemacht, daß er sich sein Herrschaftsgebiet selber erobere und mit den inneren Gegensätzen von allein fertig werde. Als Idumäer haftete ihm immer der Geruch des Ausländischen und nicht-richtig-Jüdischen an, denn erst der Hasmonäer Johannes Hyrkanos hatte Idumaea erobert und dessen Bevölkerung zwangsjudaisiert, so daß auch Herodes nur als Halb-ein-Jude galt. Rücksichtslos hat er die Erben der Hasmonäer-Dynastie als seine Konkurrenten umbringen lassen, auch seine eigene Frau Mariamne, die er aus rein politischen Gründen geheiratet hatte, um sich durch diese Tochter aus hasmonäischer Fa-

108. Josephus, a.a.O. XIV, 3.2.

milie einen Schein jüdischer Legitimität zu erwerben, später sogar drei seiner Söhne, als die sich in Nachfolgestreitigkeiten entzweiten.

Was Jerusalem betrifft, war Herodes allerdings ein unerhört verschwenderischer Baumeister der Stadt. Von 20 auf 19 v. Chr. begann er mit einer fundamentalen Umgestaltung des Tempelbezirks, dessen Größe er, nachdem er den alten Tempel bis auf die Grundmauern hatte abreißen lassen, auf über das Doppelte seines bisherigen Umfangs erweitern ließ. Gebäude und Höfe wurden architektonisch schlechthin großartig neu gestaltet: ein Ensemble von aufsteigenden Treppen, mit kunstvollen Mosaiken ausgelegten Plätzen und Terrassen auf verschiedener Höhe, von Säulengängen und Säulenhallen, z. T. mit doppelter Säulenformation, von Häusern zur Bewahrung von gottesdienstlich zu verwendenden Materialien, vor allem von Öl und Holz fürs Opferfeuer, – von Vorhalle, zweistöckiger Haupthalle und der leeren Halle des Allerheiligsten, das überhaupt nur einmal im Jahr von einem Menschen betreten (ansonsten nicht einmal mit Händen berührt) werden durfte: dem Hohenpriester am Jom kippur, dem Tag der Versöhnung und Bedeckung der Sünden. Im Hofe der Priester sah man vor der eigentlichen Tempelhalle unter freiem Himmel den Brandopferaltar. In der Haupthalle vor dem Raum des Allerheiligsten standen der Tisch der Schaubrote, der Räucheraltar und ein riesengroßer siebenarmiger Leuchter, durch den die Planeten symbolisiert werden sollten – wie überhaupt ein kosmischer Bezug wie zu jedem antiken Tempel so auch zu dem von Jerusalem gehörte: Der Makrokosmos soll sich in einem Mikrokosmos spiegeln. Toranlagen und große Portale ließ Herodes schaffen; wo sie schon vorhanden waren als Übergänge von der Stadt zum Tempelberg, wurden sie vergrößert, vertieft, kostbar mit Schmuck versehen. Das erste Tor zur eigentlichen Tempelhalle besaß keine Flügeltüren, stand also immer offen – wie Josephus es deutete: zum Zeichen dafür, daß der Himmel zwar verborgen, doch den Menschen nicht verschlossen war. Im Inneren freilich besaß die Tempelhalle goldene Türflügel, vor sie war ein aus wertvoller babylonischer Webarbeit gefertigter Teppich gehängt, von der Höhe der Halle bis zum Fußboden, er war aus blauem, aus scharlachfarbenem und aus purpurgefärbtem Woll- und weißem Leinenzeug: »ein wahres Wunderwerk«, erinnert sich Josephus; diese Farben sollten wiederum kosmische Symbole darstellen und »das All symbolisieren« und dessen Elemente: die Scharlachfarbe das Feuer, – das Blau die Luft, – der Purpur das Meer und das weiße Linnen die Erde. »In das Gewebe war die Gesamtansicht des Firmaments eingewirkt mit Ausnahme des Tierkreises«.[109]

Weder an Gold noch an Marmor noch an Zedernholz hatte Herodes sparen lassen. Überall demonstrierte er seinen Reichtum, so suchte er mit dieser Pracht beim Volk den Makel seiner idumäischen Herkunft wettzumachen und ein »rich-

109. Josephus, De bello judaico, V, 5.4.

tiges« Judentum zu demonstrieren. Vielleicht gehört dazu auch das *theologische* »Programm« der ganzen Anlage. Einerseits könnte es den Geist jener »Tempeleschatologie« ausdrücken, die wir spätestens schon vom Propheten Ezechiel noch aus der Zeit der Babylonischen Gefangenschaft her kennen (Ez 40 – 47), – die wir seit den Funden von Qumran auch aus der sog. »Tempelrolle« kennen, jener Beschreibung, die Maß für Maß den »wahren« Tempel, wie ihn die Ordensfreunde vom Toten Meer meinten richtigstellen zu können, dem derzeitigen falsch bemessenen Jerusalemer Tempel und womöglich auch gerade dem Herodianischen gegenüberstellte. Mag sein, daß auf seine protzige Weise Herodes gerade der latenten eschatologischen Erwartung, die sich im Judentum nach 586 auf den Tempel richtete, Ausdruck verleihen wollte. Doch läßt sich neben der Projektion eschatologischen Glanzes auf diesen dritten Tempelbau (nach dem des Salomo und des Nehemia) an der Bauanlage als solcher noch ein *anderes Architektur gewordenes Sinnelement* ablesen: der Weg, der den, der die Anlage durchwandert, bis ins Verborgene führt, die Leere im Allerheiligsten, zu der hin man, aus dem Profanen kommend, von Stufe zu Stufe gestaffelter Heiligkeit der Räume vordringt. Heiliger als die Stadt Jerusalem ist der Tempelberg, – heiliger als der Berg der Charam, der Tempelbezirk auf diesem Berg; heiliger als der Gesamtbezirk ist der Frauenhof innerhalb der Tempelmauern, – heiliger als dieser ist der Hof der Israeliten, – wiederum heiliger als dieser ist der Vorhof der Priester, – wieder heiliger der Raum zwischen Vorhalle und Altar, – gesteigert heilig ist das Schiff der Tempelhalle; »heiliger als alle ist das Allerheiligste«. Wir finden diese Heiligkeitsstufen im Mischna-Traktat Kelim notiert, und das Maß der Heiligkeit der Orte bemißt sich nach dem Maß der kultischen Unreinheiten, die am Zugang dazu hindern (m Kelim I, 8-9). So ist der Weg in den Tempel und in ihm ein Weg der Heiligkeit und der Hierarchien der Sündhaftigkeit: größerer Ferne, größerer Nähe zu Gott selbst. Das ist ein anderes »ikonographisches« Programm der Tempelarchitektur, als es das antik-kosmologische war, das womöglich im Gegensatz des geschaffenen Kosmos zum ungestalten Chaos auch zu Salomos Tempel gehört hatte: z.B. mit dem Symbol des »Ehernen Meeres« (1 Kön 7,23-26). Das Kosmische trug jedenfalls jetzt nicht mehr den Sinn der Gesamtanlage, die vielmehr »eschatologisch« und »soteriologisch« ausgerichtet schien.

Wobei das »Eschatologische« als »Glanz-Punkt« nicht nur das Augenfälligste, sondern wohl auch von Herodes als das »Eigentliche« gemeint war. Jedenfalls verstanden es hellenisierte Geister, wie auch Josephus einer war, so – und zwar das eschatologisch vielleicht Gemeinte bereits in einem in rein profane Lust übertragenen Sinn. Denn so erinnert sich Josephus: »Das Äußere des Tempels wies alles auf, was Herz und Augen staunen läßt. Denn über und über war der Tempel mit dicken Goldplatten umhüllt, und wenn die Sonne aufging, dann gab er einen Glanz wie Feuer von sich, so daß der Beschauer, auch wenn er absichtlich hinsah, sein Auge wie vor den Strahlen der Sonne abwandte. Tatsächlich hatten die Fremden, die sich Jerusalem näherten, den Eindruck eines Schneegipfels; denn wo er des Goldes entbehrte, da war er leuchtend weiß.«[110] Der Glanz Jerusalems!

Auf das Konto des Baumeisters Herodes gingen in der Stadt nun ferner: sein Palast, eine prunkvolle, große Anlage im heutigen Armenischen Garten und bis zur Zitadelle am Jaffator sich erstreckend; seine Zitadelle im Gebiet des fälschlich noch so genannten »Davidsturm«, – die Burg Antonia, nordwestlich an den Tempel anschließend, eine Stadt in der Stadt; das Villenviertel der Wohlhabenden in der Oberstadt auf dem Süd-West-Hügel; das Theater, dessen Lage man noch nicht genau feststellen konnte; ein Amphitheater.

Jerusalem in seinem Glanz!

Und von da nun ihr Absturz ins Elend.

Wir hörten schon: Herodes war nicht beliebt beim Volk – trotz der Schau-Spiele, die er allen Augen bot. Nicht in den Pharisäern, doch in den militanten Zeloten wuchsen ihm seine Widersacher heran, sie rebellierten gegen seine Anhänger, und das rief die Römer, zu denen er immer ein gutes Verhältnis unterhalten hatte, zum Eingreifen. Als er im Jahre 4 v. Chr. starb, mußten sie mit Hilfe des (in Germanien berühmten) Varus, also militärisch, seine Nachfolge durchsetzen. Sein Herrschaftsgebiet wurde unter dreien seiner Söhne aufgeteilt – das Galilaea der Lebenszeit Jesu fiel an seinen gleichnamigen Sohn Herodes Antipas, Judaea hingegen wurde für kurze Zeit von seinem Sohn Archelaos regiert, den der Kaiser Augustus jedoch schon im Jahre 6 n. Chr. absetzte und durch eine Kette römischer Prokuratoren ersetzen ließ – einer von ihnen der aus den Jesus-Schriften und dem christlichen Glaubensbekenntnis bekannte Pontius Pilatus (der keine so eindrucksvoll humane und Wahrheit liebende Gestalt war, wie die Evangelien ihn schönfärben; er gilt den Historikern heute im Gegenteil als einer der grausamsten und raubgierigsten, so daß das »gelitten unter Pontius Pilatus« ihn offenbar zutreffender in Erinnerung bewahrt als das Bild eines seine Hände in Unschuld waschenden Richters Jesu – und es kennzeichnet ihn *nicht nur in seiner Beziehung zu Jesus, sondern mit Jesus zum ganzen jüdischen Volk,* dessen religiöse Gefühle er unablässig provozierte, z.B. dadurch, daß er Soldaten mit militärischen = religiös-heidnischen Standarten in der Stadt aufmarschieren ließ, oder durch den Bau einer Wasserleitung mit Mitteln, die er aus dem Tempelschatz nahm).

Aber nun war überhaupt die Zeit nach Herodes eine Periode ständig schwelender innerer *Unruhen und Aufstände.* Unter von verschiedenen Seiten verschieden artikulierten Benennungen – die »Räuber« (lestai), »Dolchmänner« (sikarioi),

110. Josephus, De bello judaico, V, 5.6.

»Eiferer« (zelotai) – bildete sich um einen Mann namens Judas aus Gamala herum eine neue Gruppierung von Freiheits- und Widerstandskämpfern, die für die »Freiheit« und »Erlösung Zions« Gewalt einzusetzen bereit waren: im Namen einer alleinigen Königsherrschaft Gottes, die jede weltliche Herrschaft ausschloß. Wahrscheinlich sind diese Zeloten aus der Gruppe der Pharisäer hervorgegangen, womöglich nur durch ihre Gewaltbereitschaft von deren Mehrheit geschieden. Ihre theologischen Ziele wirkten sich unmittelbar politisch aus, denn sie verwarfen vor allem das römische Steuersystem von census und Tribut und bekämpften konsequent die dazu gehörende Schuldsklaverei. Selbst in den Jesus-Schriften spielen sie eine nicht unerhebliche Rolle; *daß die Weihnachtsgeschichte in Lk 2 mit einem Census-Gebot des Kaisers* Augustus *anhebt, gibt der Erzählung des Lukas nicht nur zeitgeschichtliches Kolorit, sondern stellt das Leben Jesu von der Stunde seiner Geburt, ja eigentlich schon pränatal in den Zusammenhang einer von zelotischen Motiven mitgeprägten Befreiungsgeschichte hinein.*

Bis auf kurze sieben Jahre eines Herodes-Nachfolgers Agrippa I., der sich mit den Pharisäern ähnlich gut stellte wie einst die Königin Salome Alexandra in der Seleukiden-Zeit, waren alle diese Jahrzehnte geprägt einerseits von der Herrschaft wenig geschickter römischer Prokuratoren, andererseits von einer Kette von gegenseitigen Provokationen von römischer Besatzung und jüdischer Bevölkerung und Zeloten. Eine in den Jahren 46 – 48 n. Chr. herrschende Hungersnot verschärfte solche Gegensätze nur. Jedenfalls hören wir immer wieder von militanten Zusammenstößen, die freilich noch örtlich beschränkt blieben. Doch schuf die Kette solcher Ereignisse unterschwellig eine Aufstandsstimmung im Volk, die schließlich im Frühling 66 n. Chr. zum Ausbruch des *1. Jüdischen Kriegs* führte und im August 70 mit der Einnahme des Tempels durch die Truppen des Titus zur *völligen Zerstörung Jerusalems.*

Die Geschichte dieses Krieges ist hier nicht zu erzählen. Das *Ereignis* der Belagerung, Eroberung, Zerstörung Jerusalems, der Ermordung großer Teile seiner Bevölkerung durch die Römer hat sich dem Gedächtnis wie eine *Wiederholung* der Ereignisse des Jahres 586 v. Chr. eingeprägt, zur gleichen Zeit – am 9. Av – sollen beide – zeichenhaft eindringlich – geschehen sein. Die für Symbole immer nur allzu empfängliche Sprache der Religion hat beide Katastrophen – als wäre es ein einziger Tatbestand – zusammengezogen und gedeutet: mit verhängnisvollen Folgen für seine christliche Rezeption. Denn die symbolisch wahrgenommene Duplizität der Fälle bestärkte sehr bald die heidenchristliche Überzeugung, daß mit der Katastrophe der Stadt Jerusalem überhaupt das »Ende Israels« besiegelt sei, und allzu früh vermochte man dabei zwischen einem »Ende« des heilsgeschichtlichen Menschheits-Dienstes des jüdischen Volkes und einer Bestimmung zum physischen Untergang nicht zu unterscheiden; die religiöse Deutung dominierte die historische Faktizität und – was schlimmer war – dirigierte das Verhältnis der Christen zu diesem Geschehen und ihr Verhalten zu den jüdischen Überlebenden der Katastrophe.

Dabei waren die ungedeuteten, rein historisch-faktischen Folgen dieses Zusammenbruchs für das jüdische Volk verheerend genug. Dieses Volk wurde zwar nun durchaus nicht ein »Volk ohne Geschichte« (K. Kupisch), aber doch ein Volk ohne Staat, – ohne das religiöse Zentrum des Tempels und seines Gottesdienstes, – damit ohne Hohenpriester und wiederum damit ohne den Sanhedrin: das von einem Hohenpriester geleitete Organ seiner theopolitischen Selbstbestimmung. Damit verlor es eigentlich alles, was es als eine Gemeinschaft verfaßte – und wer nur im Vorhandensein politischer und gesellschaftlicher *Institutionen* das Kennzeichen für geschichtliche Kraft und Wirksamkeit – und überhaupt für einen Begriff von »Geschichte« – sucht, konnte allerdings auf die Formel von einem »Volk ohne Geschichte« kommen.

Doch gerade *dieses* Volk belehrte damals und für annähernd 2000 Jahre danach die Menschheit eines anderen. Einerseits durch seine vom römischen Historiker Tacitus so genannte *fides obstinata.* Dies Volk nahm seinen geschichtlichen Zusammenhang und damit seine Identität als Volk nicht nur in den ungemein lebendigen Prozeß seines gottesdienstlichen »Gedenkens« auf und gab nichts davon dem Vergessen preis. Zugleich damit schuf es die Geschichte (und gerade die die Geschichte verfassenden *Institutionenen)* in eine unsterbliche Hoffnung auf Wiederkehr und Wiederholung um. Und fügte beide – *das Gedenken und das Hoffen* – zu einer *untrennbaren Einheit* zusammen.

Das bewirkte ein ganz *eigenartiges Verständnis von der Geschichte und der Zeit.* Was war, ist nicht nur gewesen, es wird wieder werden. Daß es einmal schon war, gibt sicherste Gewißheit dafür, daß die Hoffnung keine Täuschung ist, keine vergebliche, törichte und leere Hoffnung. Und umgekehrt: Sollten sich die Bilder der Hoffnung je ins Phantastisch-Bodenlose verlieren – was jedem, der sein' Sach' aufs Hoffen stellt, nur allzu leicht geschehen kann -: das Gedenken speist sich aus Wissen und Bewahren erlittener *Realität* und wirkt so als die Raison von allzu-Phantastischem. Es ist das Geheimnis gerade *jüdischer* Utopie, daß sie zum Inhalt schlechthin *ortsgebundene* Geschichte hat und daß die Orte der Geschichte Israels nie an nur geistige Formen, höhere Prinzipien irgendwelcher »Theologumena« preisgegeben, die »Erinnerungen« nur an »Gedanken« gebunden wurden; nein: Israels »Gedenken« gab und gibt *erreichbare* Ziele vor. David war und wird in einem Davidsohn wiederkommen. Es ist das *irdische* Jerusalem, das vom himmlischen her zurückerwartet wird, – der Tempel auf dem Charam dieser Stadt hat »oben«, in der Höhe bei Gott, nur eine vorübergehende, keine ewige Weilstatt – derweil »unten« das jüdische Volk seinen Lebensstil und sein Denken dahin umformt, daß es auch ohne Tempel die Ordnungen des Tempels und seines Gottesdienstes im Alltagsvollzug des Lebens bewahren kann; das ist der *Kerngehalt im Wesen des Talmudischen: Durchdringung des Alltags mit den Ordnungen und Tag- und Nacht-Zeiten des Tempels, solange es den nicht mehr gibt.* Und es ist die Tora, die, als wäre sie kosmischer Natur, Himmel und Erde umspannt: den himmlischen u-topos, Nicht-Ort, der auf die zerstörten und verlorenen Erdenorte zielt und gerade ihnen in ihrer Zerstörung als Zukunft leuchtet.

Es gehört zu den außerordentlichen und in der Weltgeschichte kaum sonst vorkommenden Tatbeständen der jüdischen Geschichte, daß dieses Volk sich in seinen sich immer wiederholenden Katastrophen nicht fallen ließ, stattdessen in immer neuem *Gestaltwandel* seiner Traditionen Mittel seines Überlebens schuf und fand. Es durchlitt Zusammenbrüche, aber erlaubte sich nicht sein »Ende«.

Zu solchem Gestaltwandel gehörte schon nach 586 v. Chr. die *Stärke des Klagens* über Gott – aber auch sich selbst. Wir Deutschen erleben gerade zum zweiten Mal in einem Jahrhundert, was fehlt, wenn *solches* Klagen fehlt, die »Unfähigkeit zu trauern«. Zwar haben wir für die Zeit nach der zweiten jüdischen Katastrophe, die nach 70 n. Chr., nicht annähernd solche Zeugnisse des Klagens erhalten, wie wir sie nach der ersten Zerstörung Jerusalems z.B. in den Klageliedern Jeremiae kennenlernten. Doch selbst der griechisch durchgebildete Josephus flicht in seine Erzählungen vom zweiten Untergang Jerusalems, den er als Zeitzeuge selbst miterlebt hat, ein »Wehe« ein: »Du Unseligste aller Städte, haben dir denn die Römer solches Leid angetan, die bei dir einzogen, um dich durch Feuer von den Entsetzlichkeiten zu säubern, mit denen die Einheimischen dich verunreinigt hatten? Du warst ja nicht mehr die Stadt Gottes und konntest es auch nicht länger mehr sein, da du zum Totenacker deiner eigenen Leute geworden warst und den Tempel zum Grab der vielen Toten des Bürgerkrieges werden ließest! Es könnte dir wohl besser ergehen, wolltest du dich mit Gott versöhnen, der es zuließ, daß du so verheert wurdest.«[111] Das ist – als Schuldbekenntnis – wie im Geist der biblischen Väter und Mütter Israels gesprochen.

Aber zur Kraft des Gestaltwandels gehört ein Weiteres: die *Vielgestalt des Judentums,* sein Mut, sich nie eine monolithische Einheit seines Selbstverständnisses aufzwingen zu lassen – von fremden Herren nicht, – eigenen nicht, – schon gar nicht von Priestern und Lehrern. Daß sie als ein Volk gar nicht immer auch ein Reich zu bilden begehrten und gar nur einem König sich zu beugen bereit waren, war ihre Stärke, nicht ihre Schwäche. Und von weit her durch die Zeiten waren sie an inneren Zwist gewöhnt, an »legitime« und »illegitime« Fürsten, »wahre« und »falsche« Propheten, »reine« Priester und »Frevelpriester« und wie immer und von welchem Standpunkt auch immer das Unterscheidende und Scheidende bestimmt war. Häufig klangen die Gegensätze so, als wären sie

111. Josephus, De bello judaico, V, 1.3.

unvermittelbar exklusiv gegeneinander, und man ging auch wirklich nicht zimperlich miteinander um. Und doch sorgte die List der Geschichte dafür, daß im Krisenfall das eine für das andere stand. Die Zeloten provozierten die »Befreiung Zions«, die gemäßigten Pharisäer aber, zu denen z.B. Jochanan ben Zakkai gehörte, retteten das Judentum, indem sie zu den Römern überliefen und den Geruch der Verräter am Volk an sich haften ließen. *Jüdischer Pluralismus förderte nie Gleichgültigkeit, er ermöglichte eine Vielgleisigkeit der Überlebensversuche in geretteter Identität.*

So waren *Klage und Vielgestalt* die Kräfte, im Abgrund weiterzuleben – *Klage:* ein Mittel immer neuer Selbstsensibilisierung, – *Vielgestalt:* die Ungeduld, so und doch auch anders als Jude leben zu können, um nicht abzustürzen. Und vor allem: in beidem Charakter zu bewahren.

Die Geschichte des jüdischen Volkes zwischen dem Ende des ersten und dem zweiten Jüdischen Krieg (132 – 135 n. Chr.) ist die *Geschichte dieses Gestaltwandels,* der sein bewegendes Zentrum nun nicht mehr in Jerusalem haben konnte und in Javne am Mittelmeer (südlich des heutigen Tel-Aviv) bekam.

Jerusalem und sein Gebiet waren am Ende des Krieges um etwa ein Drittel der Gesamtbevölkerung dezimiert. Es wurde kaiserliche Provinz. Die bisher für den Tempel erhobene Steuer wurde vom Rest der Bevölkerung weiter erhoben und nach Rom als Steuer für den Juppiter Capitolinus umgeleitet – eine unerhörte Demütigung jedes seiner selbst bewußten Juden. Aber draußen in Javne begannen Rabbinen und Schriftgelehrte aus der Gruppe der Pharisäer ihre Arbeit in einem *Lehrhaus,* dessen Existenz und theologische Arbeit die Römer mit Wohlgefallen duldeten. Dort machte das Judentum sich in Arbeit an der Auslegung und Aktualisierung der Tora *überlebensfähig* für eine unabsehbare Zeit der Entfernung von der Stadt und dem Land, bildeten sich die Elemente weiter, die dann im 2. Jahrhundert zur Mischna gesammelt werden konnten. Das war Arbeit in der Stille, jedenfalls ohne große politische Umstände.

Um so merkwürdiger, daß es 132 n. Chr. zu einem *zweiten großen Aufstand* gegen die Römer kam. Zwar war es zuvor in der Diaspora bereits zu erheblichen Unruhen der dort lebenden Juden gegen ihre nichtjüdische Umwelt gekommen: in Ägypten, der Cyrenaika, auf Zypern und auch in Mesopotamien. Doch war unseres Wissens das Judentum im Lande daran nicht beteiligt, und für die Forscher ist es nicht ganz leicht, überzeugende Gründe für den Ausbruch des 2. Jüdischen Kriegs, des sog. Bar-Kochba-Aufstandes, zu finden. Ein Beschneidungsverbot des Kaisers Hadrian? Ein nicht eingelöstes Versprechen Hadrians an die Juden, ihnen ihren Tempel wieder (und das wäre dann zum dritten Mal geschehen) aufzubauen? Oder im Gegenteil: Das Bekanntwerden von Plänen Hadrians, Jerusalem als rein heidnische Stadt namens Aelia Capitolina wiederaufzubauen – so daß die Verwandlung Jerusalems in Aelia Capitolina nicht etwa nur eine *Folge,* sondern schon die *Ursache* dieses 2. Krieges gewesen wäre? Diese dritte Möglichkeit hat manches für sich, weil Hadrian auch sonst als ein Restaurator zerstörter Städte in seinem Herrschaftsgebiet bekannt war.

Wie auch immer. Bar Kochba, der Anführer dieses Krieges, von dessen Familie und Vorgeschichte wir kaum etwas wissen, leitet einen mit messianischen Befreiungsmotiven stark besetzten Aufstand und hat die Kräfte, ihn an die drei Jahre lang gegen immer neue römische Militärverstärkungen durchzuhalten – bis er (zum dritten Male an einem 9. Av!) in Betar, 10 km südwestlich von Jerusalem, niedergeschlagen wird. Ob die Stadt selbst auch Schauplatz dieses Krieges, gar einer Eroberung durch die Aufständischen war, die dort sofort wieder mit dem Gottesdienst auf dem Tempelberg begonnen haben sollen, wissen wir nicht.

Wie auch immer. Nach dem Krieg wurde die Stadt als *Colonia Aelia Capitolina* römisch wieder aufgebaut, freilich nicht wieder befestigt. Juden war unter Androhung der Todesstrafe auch nur das Betreten der Stadt verboten. Die neue Bevölkerung waren römische Kriegsveteranen, syrisch-phönizische Siedler, Armee-Angehörige mit ihren Familien. Die Bauweise folgte dem Vorbild römischer Lager: Cardo maximus, eine lange Lagerstraße und rechtwinklig dazu angelegte Querstraßen, in der Mitte ein Forum, alles quadratisch-ordentlich. Im Falle Jerusalem können wir heute sehen, daß der Cardo von Aelia Capitolina an beiden Seiten von Säulengängen gerahmt war. Ein Tripelheiligtum für Jupiter, Juno und Minerva wurde gegründet – etwa dort, wo heute die Grabeskirche steht, und bewußt sollte es ein lokales Gegengewicht gegen die Erinnerung an den Tempelberg sinnenfällig machen. Dort selbst freilich wurde neben dem Heiligen Felsen ein Tempel für den Juppiter Capitolinus errichtet, vor dem zwei Standbilder des Kaisers Hadrian aufgerichtet waren.

Talmudische Überlieferung spricht von einem regelrechten Verbot auch der jüdischen Religion, nämlich von Beschneidung, – Schabbat, – Torastudium und Herstellung neuer Schriftrollen, – von jüdischen Festen durch Juden-Edikte des Kaisers Hadrian und seiner »ruchlosen Regierung« (z.B. b Taanit 18a). Mit den Mitteln heutiger historischer Arbeit läßt sich das nicht genügend deutlich erkennen. Aber Tendenzen in diese Richtung lassen sich nicht bestreiten. Schärfer als mit der *Löschung des Namensgedächtnisses* kann man gegen das Judentum gar nicht vorgehen. Wie »Jerusalem« verdrängt werden sollte durch »Aelia Capitolina«, so auch »Judaea« (in dem ja auch der Name dieses Volkes lebt) durch den neuen Namen für die ganze Provinz: »Syria-Palaestina«, Philisterland; dieser Name ist ein *antijüdischer Kampfname* und soll das Gedächtnis dieses Volkes auslöschen. So läßt er sich nicht unbefangen und harmlos gebrauchen – als wäre er lediglich eine geographische Bezeichnung, das war er nicht und ist er bis heute nicht; und es gehört zur Schande der Christen, diesen Namen verharmlost und in der Sprache der Wissenschaft befestigt zu haben – als wäre sein Gebrauch nicht ein imperialer Antijudaismus!

So wurde das neue Jerusalem eine durch und durch *heidnische Stadt.* Sie verlor ihre jüdische Identität – und damit ihre theopolitische Geschichtlichkeit. Natürlich ging die Geschichte der Stadt nach 135 n. Chr. weiter, wurde nacheinander eine römische, – christliche, – persische, – moslemische, – mameluckische Geschichte, – eine europäische Geschichte von Kreuzfahrern und englischem Kolonialismus, aber sie war bis zur Staatsgründung eines neuen Israel 1948 nicht mehr die Geschichte, in der das jüdische Volk als solches handelte und litt. Gewiß ist nicht zu vergessen, daß es immer Juden in diesem Land und auch in dieser Stadt gab. Das totale Aufenthaltsverbot für Juden (und übrigens auch Judenchristen) konnte nicht allzu lange durchgehalten werden, genauer: Wir müssen unterscheiden zwischen dem römischen Verbot, das jahrhundertelang bestehen blieb, und einer jüdischen Praxis, die zwar noch keine neue Ansiedlung in der Stadt wagte, aber zu Pilgerreisen in die Stadt kam es doch im dritten Jahrhundert schon wieder; zu sehr war Jerusalem Hoffnungszentrum des Judentums aller Länder geblieben, als daß es je hätte vergessen und preisgegeben werden können. In der Gestalt unsterblicher Hoffnung blieb Jerusalem immer eine jüdische Stadt, gerade auch in Zeiten, in denen dieses Herzenszentrum ein politisches nicht mehr sein konnte.

Wie bedenken wir die beiden Jahrtausende der nicht-mehr- und noch-nicht-wieder-jüdischen Stadt Jerusalem?

Da hat sich die *Tradition der Vergeistigung* herausgebildet. Jerusalem wurde aus einer real-existierenden Stadt zu einer *Idee* von Gottesgegenwart unter den Menschen. Solch *Spiritualisierungsprozeß* war ein Kind des hellenistischen Judentums, bedeutete aber für Juden ganz anderes als *für Christen,* die eine nur noch *allegorische Bedeutung der Stadt* in ihr Glauben und Denken aufnahmen. Für Christen waren zweitausend Jahre lang »Jerusalem« und »Zion« einerseits Jenseitssymbole, andererseits Namen für das wahre Gottesvolk, als das die Christen sich selbst verstanden. So oft der Name der Stadt in unseren Gesangbüchern vorkommt, meint er doch nicht die Stadt, sondern den »Himmel« oder die Kirche. Während das vergeistigte Bild Jerusalems *für Juden* immer die Form einer inneren Aktualität der irdischen Stadt an sich hatte, Statthalter der Stadt in Bewußtsein und Hoffnung, aber auch im ungebrochenen messianischen Zielwillen des Judentums war: Motor des Antriebs zur Wiedergewinnung und Wiederherstellung der irdischen Stadt und zur Wiederaufrichtung des Tempels in ihr, wir können sagen: Antrieb weltlichen Heimwehs. Die Frage läßt sich stellen, ob Jerusalem, wie es in den Jesus-Schriften erscheint, nicht doch eher diese jüdische Bedeutung als die spätere christliche hat, ob also nicht die neutestamentlichen Christen viel eher noch Mitträger des irdischen Zielwillens nach Jerusalem waren als solche Spiritualisten, denen der Name der Stadt nur als historisch entleerte Worthülle diente, die sich mit beliebigem Inhalt füllen ließ. Die berühmte Kollekte, die Paulus in den von ihm betreuten heidenchristlichen Gemeinden für die »Heiligen in Jerusalem« erhob (1 Kor 16,1-3), zeigt eindeutig einen Willen zu einer *materiellen* Beziehung zu dem *irdischen* Jerusalem.

Natürlich wäre es für Christen »heute« ein tiefes Problem, wenn die neutestamentlichen Christen zu Jerusalem noch jüdisch-beschränkt statt spirituell-universal gestanden hätten. Nur mit Sachkritik könnte man sich dann vom Neuen Testament befreien und müßte ein spiritualisiertes Jerusalem als einen neuen christlichen Tatbestand gegen das biblische Zeugnis setzen; Protestanten dürfte das vielleicht noch schwerer fallen als Katholiken.

Doch spricht gegen diese Möglichkeit, daß Jerusalem auch nach 135 n. Chr. ein Weltort in der Weltgeschichte blieb und insofern immer eine Konkurrenz zu einem nur geistigen Tatbestand »Jerusalem«. Außerdem haben, wie *Pilgerreisen und Kreuzzüge* zeigen, gerade Christen immer auch ans irdische Jerusalem gedacht – mochten sie ansonsten eine noch so vergeistigte Idee der Stadt gepflogen haben. Gerade in den Kreuzzügen wurde Jerusalem ein nur allzu handfestes Politikum der machtbewußten Christen, aber diese Seite der Wirklichkeit blieb unausgeglichen neben der eschatologisch und ekklesiologisch spiritualisierten Bedeutung der Stadt. Und noch in der mit der Reformation anhebenden theologischen Neuzeit mußte das irdische, den Juden entrissene Jerusalem als handfester »Beweis« für einen bleibenden Zorn Gottes gegen das jüdische Volk herhalten; man brauchte das weltgeschichtliche Elend der Stadt und ihrer Ruinen zu theologischen Zwecken des Antijudaismus.

Bleibt man freilich näher an der Historizität der Stadt, ließe sich noch ein anderes »Modell« theologischer Erkenntnis und Einsicht entwickeln.

Erst nach seiner Zerstörung wurde Jerusalem zur *»Heiligen Stadt«,* erst nach der Verbannung der Juden und Judenchristen aus ihren Mauern wurde sie Menschheitsstadt. Beides zusammen hieß aber: Da wurde sie *paganisiert. Sie fiel zurück an einen Jerusalem-Mythos,* aus dem sie befreit worden war, als David sie den Jebusitern abgewonnen und zum Ort der theopolitischen Geschichte Israels gemacht hatte.

Am wenigsten manifest begegnet uns dieser Prozeß des *Rückfalls an den Mythos* noch da, wo das nackt Heidnische mit Händen zu greifen war: im römischen Jerusalem. Als Gott schwieg, redeten dort unverhohlen die Götter. Wirklich manifest wurde die Remythisierung da, wo die Stadt nicht mehr politisches Zentrum war und aufs neue *der genius loci als solcher* beschworen wurde. Da suchte und fand man die Grabeshöhle Jesu und errichtete über dem Fund eine Basilika und eine die Höhle überkuppelnde Rotunde. Da überwölbte man mit christlichen Gotteshäusern Orte eines längst vergangenen Geschehens: wo Jesus geweint, der Hahn gekräht, die Martersäule gestanden, Jesus seinen Weg genommen hatte, wo er betete, seufzte, litt und (auf dem Ölberg bei seiner Himmelfahrt) triumphierte. Die Stadt war bedeutend in den Gedenkstätten, die sie barg, und in den numinosen Gefühlen, die die Stätten vor allem in ihren Besuchern und Pilgern erregten. »Hier war's!« Und auch für die *Muslime* begannen die Steine zu schreien, genauer: jener eine Fels, an dem sie meinten noch jenen Hufabdruck des Pferdes entdecken zu können, auf dem der Prophet auf in den nächtlichen Himmel geritten war und über dem sie den unvergleichlich schönen Felsendom aufrichteten: Der Dom, der den Felsen barg – der übrigens auch jener Fels Moria gewesen sein soll, auf dem Abraham seinen Sohn zu opfern bereit gewesen war.

Das alles ist Rückkehr in den Mythos: Die Stätten bannen, – die Steine schreien, – das religiöse Erlebnis heißt: Es war einmal – und nun stehen auch meine Füße vor dem Ort, aus dem Vergangenheit wie magisch strahlt.

Ich gestehe, auch ich bin empfänglich für solch Mythisches, ich glaube an die Existenz von Genien des Ortes. Ich glaube nicht, daß ich es als einen Akt der Nachfolge Jesu erleben könnte, durch die Via Dolorosa zu ziehen. Aber dem Licht Jerusalems kann ich mich so wenig entziehen wie dem Griechenlands und Roms und übrigens irgendwo auch der Winkligkeit Wittenbergs, der Lage des Großmünsters in Zürich, der Eleganz Genfs, der Bedeutung des Hörnli zu Basel, der Dorfkirche in Dahlem. Aber Gedenkorte sind nur in einem sehr abgeleiteten Sinne Offenbarungsorte. Und so sehr religiöse Projektion Jerusalem mit Offenbarungserwartungen umgibt – und soviel einem in dieser Stadt auch wirklich »aufgehen« mag – diese Propaganda für ihre »Heiligkeit« ist eine für ihren Mythos, nicht für ihre Realität. Ihre wirkliche Heiligkeit hat sie, wenns denn schon eine sein müßte, allein davon, daß sie die Stadt des jüdischen Volkes ist. Und zwar nicht darum, daß es auch Juden in ihr gibt, sondern daß sie Glanz und Elend der Geschichte dieses Volkes widerspiegelt. *Nur als jüdische Stadt hat Jerusalem theologischen Wert und Sinn. Nur als jüdische ist sie entmythisiert.* Alle andere Heiligkeit ist Heidentum und hat gerade soviel Sinn, wie das Heidentum bestenfalls haben kann: die nicht-jüdische Menschheit um die jüdische herum zu sein.

Die Geschichte der Stadt, die wir nur andeutungs- und sehr auswahlweise nacherzählt haben, ist *reine Profangeschichte, nur Weltlichkeit ihr Wesen.* Daß der Tempel in dieser Stadtgeschichte manchmal eine zentrale Rolle spielt, hebt ihre wesenhafte Profanität nicht auf; Religion ist nicht Gegensatz zur Profanität, sondern ein sehr wesentliches Moment gerade an ihr, besonders Tempel- und Kirchenreligion sind dies: als Instrumente öffentlicher Religion und häufig als Medien von civil religion.

Der wirkliche Gegensatz zur öffentlichen Religion an Heiligen Stätten und Städten ist dagegen das *Theopolitische:* das Fragen nach Gott, – Erfahrungen des Dabeiseins Gottes, – die Leitung durch ihn, seine Gebote und Tröstungen, vor allem: seine Gerichte gerade in den profanen Triumphen und Niederlagen, in Glanz und Elend des jüdischen Volkes in seiner profanen weltlichen Weltgeschichte.

Freilich manifestiert sich auch das Theopolitische in religiösen Institutionen, damit auch unvermeidlich in ideologischen Formen einer Legitimation des um die Heiligtümer herum Bestehenden schlechthin: dessen, was räumlich, vor allem geschichtlich besteht. Aber die Geschichte Israels und die Deutungen, die das jüdische Volk ihren Dokumenten gibt, zeigen eine fundamentale Gebrochenheit gerade solcher Institutionen.

König, Priester und Prophet z.B. mögen der Idee nach eine harmonische Einheit des politisch-Weltlichen mit dem Religiösen und Geistigen repräsentieren. Nach Ausweis der Geschichtsschreibung Israels war dies faktisch nie der Fall. Die *drei Ämter* konkurrierten miteinander, bekämpften sich, booteten sich gegenseitig aus, – jedes war die Kritik des anderen und dies keineswegs nur im Sinne harmonisierender Korrekturen der drei Bereiche mit dem Ziel ihrer Ausgewogenheit, sondern eines bis auf die Wurzeln, ins Radikale geführten Widerspruchs zwischen ihnen: eines jeden mit einem jeden. Was heute Gottes Wille sei, haben Könige, Priester und Propheten häufig nicht nur unterschiedlich, sondern scharf gegensätzlich beantwortet, und dahinter steckten jeweils auch verschiedene Verständnisse von dem, was Gott und ihm angemessen sei. Der Gott Israels selbst hat sich ja enorm viele Assimilationen an die Gottheiten Kanaans gefallen lassen, z.B. an den Zedek und den Salem von Jerusalem, und so war das 1. Gebot vom Sinai keineswegs nur gerichtet auf die Abwehr fremden Gottesdienstes, sondern auf die nie beendete, in seiner Geschichtlichkeit begründete Aufgabe, *Gott und Abgott im Gott Israels selbst zu unterscheiden.* Das war nie ein für allemal getan, es gab auch kein Begriffsraster für die Unterscheidung dessen, was den »wahren« Gott vom Abgott trennen mochte. Daß Gott vergötzt werden kann, ist eine immer wieder aktuelle Möglichkeit[112], und nicht nur eine des frommen Irrtums der Gottesverehrer, sondern auch dessen, was dem Gott Israels im Gang seiner eigenen Geschichte an Bild- und Wesenszügen zugewachsen ist.

Eben das spiegelt sich in den *Institutionen* wider. Altar und Priesterdienst findet Gott erst, wenn er aus der Wüste nach Kanaan kommt. Sich in einem jüdischen König darstellen zu lassen war ihm aufs äußerste zuwider, und er hat es dann gerade nur hingenommen, daß er ein Gotteskönigstum, wie in den

112. Vgl. F.-W. Marquardt, Was dürfen wir hoffen, wenn wir hoffen dürften? Bd. I, § 2. B.3.b., 255ff.

Nachbarvölkern, auch in Israel als Instrument seiner Verehrung akzeptierte. Und welche religionsgeschichtlichen Wurzeln des Prophetentums nun auch in die Umwelt Israels weisen mögen – daß die Propheten in Israel in sich selbst faktisch eine radikale Kritik an Königtum und Priestertum bedeuteten, das sieht dem tiefsten Wesen des Gottes Israels am ehesten ähnlich. Aber zu welchem Unterscheidungsvermögen würde ein Volk herangebildet, wenn es lernen müßte, der Gottheit, die im Königtum, im Priestertum, in der Prophetie gleicherweise ihre Ansprüche stellt, dennoch von Krisenfall zu Krisenfall hier zu folgen, dort aber gerade auch sich zu verweigern! Die theologische Figur eines Widerspruchs Gottes mit sich selbst, die Martin Luther im Verhältnis zwischen den Ansprüchen von Gottes Gesetz auf der einen und dem Evangelium Jesu auf der anderen Seite durchlitten hat, ist ein höchst angemessener Ausdruck dafür, daß der biblische Gott seine Getreuen in oft unlösbare Gegensätze Gottes wider Gott führt, nur daß, was für Luther Erfahrung des »inneren Menschen« war, in der Bibel Erfahrung des Volkes im Verhältnis zu seinen religiösen Institutionen war. Das »Theopolitische« daran war jene Zerreißprobe, in die man durch die Institutionen der Religion gestürzt wurde, die Boden- und Haltlosigkeit, die das bewirkte, und die Erfahrung, daß nichts zu orientieren vermochte, auf nichts Verlaß war als Gott-selbst, Gott-allein. *Das Theopolitische ist die religiös unvermittelbare Königsherrschaft Gottes selbst, für die es keine weltlich-religiöse Anschauung gibt.* In unserer kurzen Erzählung von der Geschichte Jerusalems sind wir mehrmals gerade darauf gestoßen. Die Leute von Qumran haßten das hasmonäische Königtum, weil es das alleinige Königtum Gottes verletzte. Die Pharisäer bekämpften Hyrkan im Hohenpriesteramt nicht nur, weil ihm die zadokidische, d.h.: die ur-jerusalemitische Tradition fehlte, sondern weil auch sie das Königtum Gottes meinten recht nur in diesem Widerspruch darstellen zu können. Und erst recht trat Judas aus Gamala und mit ihm die ganze Zelotengruppe gegen die Prokuratoren-Herrschaft der Römer an im Namen des Königtums Gottes. Dies Motiv begleitet die Geschichte Israels von Anfang an bis heute, wo Neturei Katar und ähnliche jüdische Gruppen den neuen Staat Israel ablehnen, weil er – profan wie er ist – nicht das Königtum Gottes darstellen kann und will.

Wir können darin ein kritisches *Motiv aller Parteiungen und Spaltungen in Israel und im Judentum* sehen. Überall geht es darin mindestens auch um die theopolitische Askese gegenüber aller zu direkten, handfesten, positiven Darstellung der Gottesherrschaft in Israel. Die Parteien weisen gerade in ihrer Unnachgiebigkeit gegeneinander auf die Transzendenz, Unvermitteltheit Gottes hin. Der sich in Institutionen der Religion nicht manifestieren läßt, wird erfahren in den ungreifbaren Erfolgen und Niederlagen der Geschichte dieses Volkes, die er begleitet, im unbegreifbaren und unbegriffenen Wirbel solcher Erfahrungen. Und nur daß sie gerade als *solche* Erfahrungen von Gott-mit- und Gott-gegenuns erzählt und dem Gedächtnis der Generationen bewahrt werden – das ist der theopolitische Tatbestand: Gott – erfahren, aber nicht zu greifen in den Widersprüchen der Profanität, in Glück und Leiden der Volksgeschichte. Gott also *nicht* etwa in der *Religionsgeschichte* der Stadt Jerusalem, sondern im Stolz und Leiden seiner jüdischen *Bevölkerung* und ihrer Herrscher, Peiniger, Eroberer, Besatzer, Plünderer, Mörder und – Verdränger von überall her und: *im unablässigen Streit mit und gegen sich selbst,* in jenen Bürgerkriegen, die in der Klage des Josephus über den Untergang Jerusalems den Tempel zum Grab der vielen Toten werden ließen.

Doch bekam die Stadt Jerusalem noch anderswoher ihre nicht-mythische, theopolitische Bedeutung: daraus nämlich, daß Gott sie *erwählt* hatte *zur »Stadt Gottes«.*

Und damit müssen wir nun zunächst *noch einmal zurück zu David.*

Er hatte sich die Stadt erringen lassen: nicht vom Volksheer des Stammes Juda, nicht vom Volksheer der nördlichen Israel-Stämme, sondern nur von seinen, an ihn persönlich gebundenen Söldnern. So war und hieß sie auch »Davidsstadt«, nicht: Hauptstadt Juda/Israels. Damit sie nun aber mehr als sein persönlicher Besitz werden und überpersönliche Bedeutung erhalten könne, sah er sich nach dem Verbleib der alten *Bundeslade* um, jenes Gottesschreins, über dem der Name gerufen ist: »Name SEIN des Umscharten, der Sitz hat auf den Cheruben« (2 Sam 6,2) und den die Vorfahren des jüdischen Volkes durch die Wüste mit sich getragen hatten als Ort der Gegenwart Gottes, nach ihrer Befreiung aus dem Sklavenhause Ägypten. Dies tragbare Heiligtum war lang vergessen worden, nun beschloß David, es aufzustöbern und hinauf in seine Stadt Jerusalem zu holen, um ihr dadurch das Ansehen und Gewicht der Gegenwart des Gottes Israels zu verleihen.

Historisch kann dies als ein kluger religionspolitischer Schachzug Davids gewertet werden, mit der Lade besorgte er sich ein unwiderstehliches Symbol der Einheit seines Staatsvolks. Die biblischen Erzähler freilich berichten dies Politikum nicht als ein kluges Werk der Staatskunst Davids, sondern als ein Geschehnis der *Wahl Gottes.* Können wir die Eroberung Jerusalems also sehr wohl als *das* Werk *Davids, des Politikers,* ansehen, so müssen wir – jedenfalls wenn wir der biblischen Vorlage folgen wollen – die Einholung der Lade als Werk *Davids, des Zeugen und Handlangers Gottes* würdigen.

Die biblischen Erzähler von 1 Sam 4 – 6 und 2 Sam 6 leiten uns zu solcher Unterscheidung dadurch an, daß sie nicht müde werden, Geschichten von einer geradezu magischen Eigenkraft der Lade zu berichten, deren Bedeutung sicher weit mehr als religionsgeschichtlich-antiquarisches Interesse wecken will. Eine magische von-selbst-wirkende Wirklichkeit wird sie nämlich erst in dem Augenblick, in dem die Israel-Gruppen, die sie in der Zeit der Wüstenwanderung mit sich getragen und vor jedem ihrer Zeltlager mit einem eigenen Zelt umspannt hatten, seßhaft geworden waren, sie also nicht mehr das spezifische Wesen des Gottes Israels darstellen konnte: »Dawar ich, miteinhergehend in Zelt und Wohnstatt. / Allwo ich einherging unter allen Söhnen Jißraels, / habe je ich Rede geredet« (2 Sam 7,6-7): »Dawar ich« = va eheje = der Gottesname von Ex 3,12 ›Eheje ascher eheje‹: ›Ich werde mit euch sein, wann immer ich mit euch sein werde‹! Das »Dawar ich« ist ausgelegt in dem nächsten Wort: »miteinhergehend« = mithalech be ohel u be mischkan, in Zelt und Wohnstatt. Gott ist seinem Namen, also: seinem Wesen gemäß der über der Lade mit Israel mitgehende, mit Israel zeltende Gott. Wenn Israel nun nicht mehr geht und nicht mehr zeltet, seßhaft wird und Häuser baut, betrifft dies auch die Daseinsweise, ja geradezu das in seinem Namen ausgesprochene »Wesen« seines Gottes. Und das äußert sich darin, daß die fehlende Bewegung des Volkes, das dieser Gott begleitet, in eine magische Eigenbewegung der Lade zurückgetrieben, Geschichte in Magie verdrängt wird. Gott bleibt sich über der Lade immer noch treu, wenn Israel sie schon hundertmal abgestellt hat, z.B. im Heiligtum von Silo (1 Sam 3,3). 1 Sam 4 – 6 erzählen die Bewegungsgeschichte der Lade zu der Zeit, in der Israel immer mehr seine Seßhaftigkeit ausbaute. In einer Schlacht mit den Philistern bei Eben Eser und Aphek unterlag Israel seinen Gegnern und beschloß in diesem Augenblick, »die Lade unseres Gottes von Silo zu uns herzuholen, daß er in unsere Mitte komme und uns aus der Hand unserer Feinde errette« (1 Sam 4,3). Als die Philister aus ihrem Feldlager bei Aphek das ungeheure Jubelgeschrei der Hebräer hörten, das sie anstimmten, als die Lade kam, erfaßte sie ein gewaltiger Gottesschrecken. Doch der stärkte nur ihren Widerstandswillen, und sie schlugen Israel ein zweites Mal und bekamen dabei auch die Bundeslade zur Beute (1 Sam 4,4-11). Ein doppelter Verlust hatte Israel getroffen: die verlorene Schlacht und: »Dahin ist die Herrlichkeit aus Israel, denn die Lade Gottes ist genommen« (1 Sam 4,22).

Die Philister brachten sie nach Asdod in ihren Dagon-Tempel, fügten sie damit in das bei ihnen herrschende synkretistische System ein. Doch ihre magische Kraft warf das Bild des Dagon mehrmals nacheinander um und unterwarf ihn sich so (1 Sam 5,1-4.5). Darum: Fort mit ihr nach Gath! Dort schlug die Lade aber »die Leute der Stadt vom Kleinsten bis zum Größten« (1 Sam 5,9). Darum: Fort mit ihr nach Ekron! Entsetzen der Leute dort, sie tötet uns und unser Volk (1 Sam 5,10). Darum: Fort mit ihr aus dem Philisterland, schickt die Lade des Gottes Israels wieder fort, daß sie heimkehre und nicht uns und unser Volk töte! (1 Sam 5,11).

Aber *wie* wäre sie heimzuschaffen? Ein neuer Wagen ist zu bauen, auf den sie gesetzt werden kann. Zwei säugende Kühe sind ihm vorzuspannen, solche, die nach jüdischer Reinheits-Vorstellung in Ordnung sind. Treibt die Kälber vor den

Kühen her, dann folgen sie ihren Jungen willig. Wohin werden die Kühe den Wagen ziehen? Sie kennen ihren Weg, geradeaus auf Beth-Schemesch zu, laut brüllend und nicht nach rechts, nicht nach links abweichend, direkt auf die Grenzen zwischen Philisterland und Israel zu und über sie hinweg. Aufschrei der Bauern im Weizenfeld von Beth-Schemesch, als sie ihre Augen hoben und die Lade heranfahren sahen. Am Felde eines Josua, dort auf einem Felsblock macht die Fuhre halt. Herausgehoben wird die Lade auf den Fels. Der Fels wird des ewig Zeuge sein. Ein Opferfest beginnt. Alles freut sich, nur die Söhne eines Jechonja nicht, die sehen nicht ihre Lust an der Lade des Herrn. Siebzig von dieser Familie kommen um dafür. Großes Leid in Beth-Schemesch. Wer kann bestehen vor dem Herrn, diesem heiligen Gott? Fort mit der Lade: Leute von Kirjath Jearim, nehmt ihr die Lade! Die holen sie hinauf und räumen ihr Platz ein im Hause Avidanabs, ihr kennt es doch, jenes Haus, das auf dem Hügel liegt.

Weiter geht's in der Erzählung von 2 Sam 6. Jetzt versammelt David sage und schreibe 30 000 seiner besten Soldaten, sie folgen seiner Einladung, »und David zog mit allem Volk, das bei ihm war, nach Baala in Juda, um von dort die Lade Gottes heraufzuholen« (2 Sam 6,1f). Wo genau war es, in Baala oder in Kirjath Jearim? Jedenfalls in jenem bewußten Hause Avidanabs, das auf dem Hügel stand (2 Sam 6,3). Zwei Söhne des Hauses helfen der Lade auf einen eigens abermals neu für sie gebauten Wagen und begleiten nun den Zug, einer neben, einer vor der Lade gehend. Ein großer Festzug wars. Große Musik dabei von Gesängen mit Lauten und Harfen, Handpauken und Schellen und Zimbeln. Und das »ganze Haus Israel«, er selbst, der König David voran, tanzten während des Zuges »mit aller Macht vor dem Herrn«: wild also bis zur Ekstase. So gelangten sie zur Tenne Nachons. Da passierte es, die Kühe, die den Wagen zogen, scheuten und wurden wild vor diesem ekstatischen Getöse. Die Lade drohte umzukippen. Das darf man doch nicht zulassen! Einer der Avidanab-Söhne, Ussa mit Namen, springt bei, greift zu, daß der Kasten nicht kippe. Da! Da entbrannte der Zorn des Herrn wider Ussa, die Berührung der Lade versetzte ihm einen magischen Schlag. Welcher Mensch dürfte es wagen, Gott beispringen zu wollen? Ussa stirbt. David – empört über Gott. Der, den der König gerade als Kraft der Einheit seines Volkes heraufholen will nach Jerusalem, reißt ja einen Riß ins Volk! David verflucht den Ort, an dem das geschieht, nennt ihn Perez Ussa, »Niederbruch«, »Riß« Ussas – so heißt er bis zum heutigen Tag. So erfährt David die Unbrauchbarkeit der Lade für seine politischen Zwecke, Gott läßt sich nicht politisch funktionalisieren, auch nicht von ihm. Ein sehr wichtiger Augenblick ist das, in dem wir das Wesen des Theopolitischen begreifen lernen: Gott bleibt Herr seiner selbst, auch, nein: gerade, wenn ein König – und wäre er David! – ihn brauchen und gebrauchen könnte. Gott läßt sich politisch nicht manipulieren. David lernt, gibt seinen Plan mit der Lade in Jerusalem auf, läßt sie von Ort und Stelle, jener Unglücksstelle an der Tenne Nachons, »beiseite führen«, oder – mit Buber – »so ließ David ihn abbiegen« – als wäre er doch noch Herr über den manifesten Gott, als könnte er wirklich Gott »beiseite führen« und »abbiegen lassen«, als wäre er ein Lenker Gottes. Politiker versuchen's freilich immer wieder so. Im Haus Obeds, des Gatiters, findet die Lade jetzt Aufenthalt. Drei Monate lang, und zwar: segensreich für Obed und all sein Haus (2 Sam 6,3-11).

»Gemeldet wurde es dem König David« (2 Sam 6,12a). Der über der Lade zürnt nicht mehr, jetzt segnet er. Da griff David aufs neue zu, ging und holte die Lade Gottes »mit Freuden« aus dem Hause Obeds zur Höhe nach der Davidstadt (2 Sam 6,12). Seinen flammenden Zorn gegen die Lade hatte er jetzt »in Freuden« gekehrt. Jetzt, beim zweiten Mal, will er nicht als triumphierender Herrscher die Lade einholen. Schon nach sechs Schritten der Vorwärtsbewegung des Zuges begann David ein Opfern, schlachtete einen Stier und ein Mastkalb. Erst danach begann er auch wieder zu tanzen, wieder »mit aller Kraft« drehte er sich vor IHM, der über der Lade dawar. Nur mit einem Linnenschurz war er umgürtet, im übrigen nackt. Ein Linnenschurz oder ein Ephod, ein Stück Priestergewand? Ein profaner Linnenschurz also. Die wilden Drehungen wirbeln ihn hoch, Davids Nacktheit wird sichtbar, seine Frau Michal sieht das sofort, als sie den Zug von ihrem Fenster aus endlich in Jerusalem einziehen sieht. »Da spottete sie sein in ihrem Herzen« (2 Sam 6,16: Buber) und wird ihn sich vorknöpfen, wenn er nachher nach Hause kommt. Er jedoch führt das Werk der Einholung der Lade erst zu Ende. In einem Zelt findet sie ihren Platz, wie es IHM wesensgemäß ist, der über der Lade thront. Abermals nun ein Opfern von Brandopfern und Friedmahlen. Dann eine Volksspeisung. »Er verteilte an das Volk, an all die Menge Jißraels, an sie von Mann bis Weib, / an jedermann einen Brotlaib, einen Dattelstock und einen Rosinenkuchen« (2 Sam 6,19). Dann ging alles Volk nach Hause. Auch David ging nach Hause zu seiner aufgeregten Michal. Sie: »Wie würdig hat sich heute der König Israels benommen, da er sich heute vor den Mägden seiner Knechte entblößt hat, wie nur gemeine Leute sich entblößen!« (2 Sam 6,20). David spricht dagegen: von seiner Erwählung durch Gott; vor dem will und wird er sich immer wieder so nackt und bloß machen, sich erniedrigen, »will mich noch geringer als diesmal machen, / will niedrig werden in meinen eignen Augen« (2 Sam 6,22) – nicht bloß vor deinen, liebe Frau. Und dann wirft er noch eine Obszönität nach: »Bei den Mädchen, von denen du redest, bei ihnen will ich mich zu Ehren bringen!« – frag bloß nicht: wie! Michal jedenfalls blieb kinderlos bis an den Tag ihres Todes (6,23).

Eine ungemein wichtige theopolitische Erzählung. Politische Indienstnahme Gottes wird verhindert. Doch Gott bleibt dabei, wenn der weltlich Herrschende sich erniedrigt, sich bürgerlich in den Augen seiner Frau lächerlich macht, bis aufs Hemd entblößt und den Abstand des Herrschenden zum Volk aufgibt, mit ihm tanzt, schmaust und hurt.

Danach irgendwann ein Gespräch des Königs mit Nathan, dem Propheten. Mein Palast steht jetzt gut, fest. Ist es dann richtig, die Lade unter Wind und Wetter im Zelt draußen stehen zu lassen? Soll nicht auch ER ein Haus bekommen? Nathan: Tu's. Baue! Doch in der Nacht erfährt der Prophet ein Wort Gottes: Noch nie seit dem Auszug aus Ägypten habe ich ein Haus gehabt, nie eines verlangt, immer hat mir das wendige Zelt genügt. Sag David: Laß das, kein Haus für mich. Ich will wendig bleiben.

Sehr wohl aber: Ich will *dir* ein Haus bauen für Ewigkeit, das über deinen Tod hinaus Bestand halten wird. Hier wird der Wille Davids, Gott einen Tempel zu bauen, erzählerisch verbunden mit der berühmten »Nathan-Verheißung«, dem ewigen Grund für alle messianischen Sohn-Davids- und Haus-Davids-Hoffnungen Israels. Was soll Gott ein Gotteshaus, wenn es IHM doch nicht um Sich, sondern um Davids Haus geht? Wohl: David sorgt sich um Gott, aber Gott will erst für David sorgen.

Und das war, blieb und ist der Messias-Segen, mit dem Gott das Haus Davids segnen wollte statt eines Gotteshauses: »Wenn einst deine Zeit um ist und du dich zu deinen Vätern legst, dann will ich deinen Nachwuchs aufrichten, der von deinem Leibe kommen wird, und will sein Königtum befestigen. Der soll meinem Namen ein Haus bauen, und ich will seinen Königsthron auf ewig befestigen. Ich will ihm Vater sein, und er soll mir Sohn sein. Wenn er sich vergeht, will ich ihn mit menschlicher Rute und mit menschlichen Schlägen züchtigen; aber meine Gnade will ich ihm nicht entziehen, wie ich sie Saul entzogen habe, der vor dir gewesen ist, sondern dein Haus und dein Königtum sollen immerdar vor mir Bestand haben; dein Thron soll in Ewigkeit feststehen« (2 Sam 7,12-16).

Die Verknüpfung von Lade-Einholung nach Jerusalem mit der Haus-Gottes/Haus-David-Verheißung und die Bindung eines Hauses Gottes an den ewigen Bestand des Hauses Davids – *dies* theopolitische *Geschehen ist die Kraft der endgültigen Entmythisierung Jerusalems.* Martin Noth urteilte schon allein über die Lade-Einholung: »Und in der Tat beruht die weltgeschichtliche Stellung von Jerusalem seither gerade auf diesem Akt.«[113] Um wieviel mehr gilt das für das Ereignis, in dem Gott selbst die David-Verheißung dem Tempel vorordnete, die Zukunfts- und Ewigkeitsgeschichte des Hauses Davids der sehr vergänglichen Geschichte des Gotteshauses von Jerusalem! Ehe Gott sich im Tempel durch Davids Sohn Salomo dann doch domestizieren läßt, sorgt er dafür, daß er in seiner Verheißung ans Haus David einen ganz anderen, unverbrüchlichen und

113. M. Noth, Geschichte Israels. ^{3}1956, 176.

nicht ruinierbaren Schutz seiner Lebendigkeit findet. Nicht im Jerusalemer Tempel, im Haus Davids ver-ewigt er sich unter uns. Daher können seine biblischen Zeugen so stockrealistisch und ungeschminkt vom dreifachen Untergang des Tempels und der Stadt berichten und überhaupt alle Geschichte, die sie von Gott wissen und mitteilen können (auch mit allen Niederlagen, Verbrechen, Zerstörungen), dem Gedächtnis bewahren und darauf verzichten, sie nur als götterhafte Triumphgeschichte glänzen zu lassen. Daß insgesamt die biblische Geschichte keine Heldengeschichte erzählt und Licht und Glanz eigentlich immer nur überschattet darstellen kann von menschlich-allzu-menschlichem Unheil, ist einzigartig in der Geschichtserzählung der Völker von ihren Anfängen. Israel kennt eben Gottes Geschichte wesenhaft-ursprünglich nur als weltliche Weltgeschichte, und das ist das Theopolitische, das alle Versuche, zu mythologisieren, immer wieder angreift und zum Scheitern bringt. Das gilt eben auch für die geschichtliche Bedeutung Jerusalems. *Die Stadt hat sie nicht in ihren heiligen Stätten, sondern in Gott.* Und Gottes Verhältnis zu Jerusalem ist nicht überhöhende Mythologie, sondern sein Verhältnis zu dem Volk der Stadt, und zwar: zum *jüdischen* Volk von Jerusalem. Nicht auf dem Fels, nicht im Tempel über dem Fels, nicht mehr über der Lade, sondern im Leeren, nicht mehr auf dem Tempelbezirk, dem charam, ist Gott gegenwärtig; gegenwärtig macht er sich: dem Volk von Jerusalem – stellvertretend für alles Volk und alle Völker:

Daß Josia im Jahre 604 v. Chr. allen Gottesdienst im Lande auf den in Jerusalem konzentrieren will und wird, macht sichtbar, daß die Gegenwart Gottes dort allem Volke gilt. Daß der *jüdische* Festkalender gleich drei jährliche *Wallfahrten* nach Jerusalem vorsieht, dient demselben Zweck. Daß aus Umwandlung jebusitischer Mythologie Israels Hoffnung einer *Völkerwallfahrt zum Zion* entspringt, macht sichtbar, daß Jerusalem wie stellvertretend für alles jüdische Volk, so auch für alle Völker stehen soll. Wir wissen, wie die Zeugen der Jesus-Schriften gerade diesen Aspekt in ihren Erzählungen von Jesus mittragen und versuchen, ihn aus einer Hoffnung Israels auch zu einer Hoffnung der Völker werden zu lassen. So gewinnt Jerusalem – nun nicht nur historisch, sondern auch theopolitisch gedacht – seine »weltgeschichtliche Stellung«.

Und *das* ist Jerusalems Erwählung durch Gott. Die Stadt wird, solange sie jüdisch ist, Brennpunkt seines Weltwirkens. Schon der sehr alte Psalm 68,29f sang: »Gott, der du für uns gewirkt hast / von deinem Tempel über Jerusalem aus ...« Und eines der schönsten von den vielen Jerusalem-Liedern im Psalter singt: »Der Herr hat lieb seine Gründung auf den heiligen Bergen; / er liebt die Tore Zions mehr / als alle Wohnstätten Jakobs. / Herrliches redet er von dir, / du Stadt Gottes: / ›Ich preise Rahab (= Ägypten) und Babel / um meiner Bekenner willen (= den dort ansässigen Juden der Gola); / ja auch von Philisterland gilt es, / von Tyrus und Äthiopien: / Der und der ist daselbst geboren. / Aber Zion nenne ich Mutter; / Mann für Mann ist in ihr geboren.‹ / Und er selbst, der Höchste, erhält sie. … Alle meine Quellen sind in dir« (Ps 87).

Welches Glück der *Wallfahrten* dorthin! »Ich freute mich, da sie zu mir sprachen: / ›Laßt uns wallen zum Haus des Herrn!‹ / Und nun stehen unsre Füße / in deinen Toren, Jerusalem! / Jerusalem, die du gebaut bist / wie eine wohlgefügte Stadt, / wohin die Stämme wallfahren, / die Stämme des Herrn. / Gesetz ist es für Israel, / den Herrn *dort* zu preisen … / Wünschet Jerusalem Heil: / Sicher seien deine Gezelte! / Friede herrsche in deinen Mauern, / Sicherheit in deinen Palästen! / Um meiner Brüder und Freunde willen / will ich dir Frieden wünschen. / Um des Hauses des Herrn willen, unseres Gottes, / will ich um Glück flehen für dich.« (Ps 122).

Oder: »Wie lieblich sind deine Wohnungen … / Meine Seele sehnte sich, ja schmachtete nach den Vorhöfen des Herrn … / Deine Altäre, o Herr … / Wohl denen, die in deinem Hause wohnen … / Sie wandern mit wachsender Kraft / bis sie Gott schauen auf Zion …«(aus Ps 84).

Jerusalem ist hier Ziel tiefster *Sehnsucht* von Juden.

Welche *Erwartung auf eine Ankunft der Völker* in der Stadt!

»Wie ich ihn (David) für Völker zum Zeugen gemacht, / zum Fürsten und Gebieter von Nationen, / so wirst du (Israel) Völker rufen, die du nicht kennst, / und Heiden, die dich nicht kannten, / werden zu dir hereilen / um des Herrn, deines Gottes, / um des Heiligen Israels willen …« (Jes 55,4-5).

»Alsdann wird man Jerusalem nennen ›Thron des Herrn‹, / und es werden zusammenströmen dorthin alle Völker / zu dem Namen des Herrn, nach Jerusalem …« (Jer 3,17).

Welche *Fürsorge* Gottes für die Stadt in Stunden ihrer Gefährdung!

Der König von Assyrien: »Er wird nicht in diese Stadt hineinkommen / und keinen Pfeil darein schießen, … / In diese Stadt aber wird er nicht hineinkommen, … / Und ich will diese Stadt beschirmen, daß ich ihr helfe, / um meinetwillen und um meines Knechtes Davids willen« (2 Kön 19,32ff).

Welche *herzzerreißenden Klagen* im Unglück dieser Stadt!

»O Gott, Heiden sind in dein Erbe eingefallen, / haben deinen heiligen Tempel befleckt / und Jerusalem zu Steinhaufen gemacht« (Ps 79,1ff).

»Warum hast du seine Mauern zerbrochen, / daß alle, die vorübergehen, von ihm [dem Weinstock Israel] pflücken?« (Ps 80,13).

»Warum, o Gott, verstößt du uns auf immer … Deine Widersacher brüllten / inmitten deiner heiligen Stätte, / stellten ihre Paniere als Zeichen auf. / Es war anzusehen, wie man die Axt / hoch schwingt im Dickicht des Waldes; / und dann zerschlugen sie das Schnitzwerk / allzumal mit Beilen und Hämmern. / Sie haben dein Heiligtum in Brand gesteckt, / bis auf den Grund entweiht / die Wohnstatt deines Namens. / Sie dachten bei sich: / Wir vertilgen sie allzumal, / sie verbrannten alle Gottesstätten im Lande. / Unsere Zeichen sehen wir nimmer, / kein Prophet ist mehr da; / niemand unter uns weiß, / bis wielange …« (Ps 74).

Wir hörten schon: *Im tiefsten Elend* der Stadt Jerusalem wird die *Erwartung ihres Wiederaufbaus* erweckt, einer *neuen Stadt Jerusalem.*

Ist das nur einer Hartnäckigkeit des jüdischen Volkes zu verdanken, seinem *obstinaten Glauben?* Nicht auch und viel mehr der *Treue Gottes?* Es macht keinen Sinn, beides gegeneinander auszuspielen, eines ereignet sich im anderen: in ihrer Obstinatheit, an Jerusalem auf Biegen und Brechen festzuhalten, die Treue Gottes, und sie: in dieser Hartnäckigkeit. Aber dies Ineinander von Treue und Treue ist keine Setzung eines abstrakten und gnadenfeindlichen Korrelationsprinzips, vielmehr die Folge davon, daß Gott nach biblischer Verkündigung den ewigen Bestand des Hauses Davids dem Bestand seines Hauses in Jerusalem vorgezogen und vorgegeben hat. Israel *brauchte* auf Jerusalem nicht zu verzichten, weil Gott ihm ewige messianische, davidische Treue geschworen hatte. Israel durfte *und darf* auf Jerusalem nicht verzichten, weil Gott seine Gegenwart zwar nicht an Jerusalem, aber zuerst an sein Volk und dann: dies Volk freilich an Jerusalem gebunden hatte und so sich selbst an dies Volk: in Jerusalem.

In dieser gegenseitigen Bindung kann Jerusalem für ewig nicht verlorengegeben werden, wird immer wieder mit einer *Neustadt-Jerusalem* zu rechnen sein.

»An jenem Tag wird man zu Jerusalem sagen: ›Fürchte dich nicht, Zion! / Laß deine Hände nicht sinken! / Der Herr, dein Gott, ist in deiner Mitte, / ein Held, der Sieg schafft. / Er jubelt über dich in Freude, / erneuert dich in seiner Liebe, / jauchzt über dich mit Frohlocken, / wie am festlichen Tage‹« (Zeph 3,16ff).

»Ich bin voll glühenden Eifers für Zion / und voll gewaltigen Grimms für sie. / So spricht ER: Ich kehre zurück nach Zion / und will inmitten Jerusalems wohnen, / und Jerusalem soll heißen ›Die treue Stadt‹ und der Berg des Herrn der Heerscharen ›Der heilige Berg‹« (Sach 8,2f).

»Ich schaffe der Stadt Genesung und Heilung; / ich mache sie gesund und eröffne ihren Bürgern den Reichtum bleibender Wohlfahrt … Und sie wird ein Gegenstand der Freude, des Lobpreises und des Rühmens werden für alle Völker der Erde, die von all dem Guten hören, das ich schaffe, / und sie werden beben und zittern ob all dem Guten und all dem Heil, das ich ihr schaffe« (Jer 33,6.9).

Ist dies noch eine Restaurations- und Wiederaufbau-Ankündigung für eine Neustadt-Jerusalem, so sehen wir bald aber auch Bilder für *eine der Art nach neue Stadt,* für ein *neues Jerusalem.*

Dies Zukunfts-Jerusalem ist *die biblische Utopie von einer neuen Stadt.*

Jes 60,19f: »Die Sonne wird nicht mehr dein Licht sein am Tage, / und der Glanz des Mondes dir nicht mehr leuchten; / sondern der Herr wird dein ewiges

Licht sein / und dein Gott deine Herrlichkeit. / Deine Sonne wird nicht mehr untergehen und dein Mond nicht schwinden; / denn der Herr wird dein ewiges Licht sein, / und die Tage der Trauer haben ein Ende«. – Der Seher von Patmos hat in seiner Sicht eines vom Himmel auf die Erde herabkommenden neuen Jerusalem diese Verheißung Gottes als einen direkten Beitrag zur Stadtbeleuchtung gewertet. In der neuen Stadt wird es keine finsteren Ecken mehr geben, wo nachts irgendjemandem die Angst Schauer über den Rücken jagen könnte (vgl. Offb 21,23).

Jes 60,11: »Deine Tore werden allezeit offenstehen, / werden Tag und Nacht nicht geschlossen werden, / damit die Schätze der Völker zu dir eingehen / unter der Führung ihrer Könige.« – Auch das hat der Seher von Patmos in seinem Bild von der neuen Stadt wiedergesehen: Sie wird eine in alle Himmelsrichtungen weltoffene Stadt sein, ohne Behinderung des Fremdenverkehrs und der Zuwanderung von Fremden, keine geschlossene, geschweige denn eine in irgendeinem Sinne »verbotene« Stadt, wie die von Beijing eine war (Offb 21,24-26).

Doch ehe wir nun die Utopie Jerusalem als die Utopie der neuen Stadt näher skizzieren, besinnen wir uns noch einmal kurz auf jenen Weg, der uns *vom Mythos Jerusalem über die schmerzhafte und stolze Geschichte seiner Entmythisierung nun am Ende zur Utopie der neuen Stadt Jerusalem geführt hat.* Nach unseren gewöhnlichen Begriffen ist ja eine Bewegung »vom Mythos zur Utopie« nicht eben ein gerader und einsichtiger Weg. Der schnelle, oberflächliche Gedanke, der uns heute überall hetzt, kann zwischen Mythos und Utopie keinen Unterschied von Gewicht sehen, beides zählt ihm eins: Ideologische Überhöhung sei beides und damit einerseits geschichtliche Entstellung, andererseits geistig-seelische Verführung zu Irrsal und Wirrsal bei der Wahrnehmung des Wirklichen. Ein zutreffender Umgang mit der Menschheitstradition Jerusalem könne nur radikale Historisierung und Säkularisierung heißen, ein utopisches Verhältnis zu der Stadt dagegen würde nur ihr Elend verlängern und uns dumm machen. Gelobt sei jede Entmythisierung gerade auch dieses Mythos, verworfen jede Rückkehr zu theologischer Überhöhung der Stadt – wenn nicht mehr einer mythischen, dann einer utopischen.

Doch *Mythos und Utopie sind nicht dasselbe.* Das Mythische schaut rückwärts, das Utopische voran. Mythisches vergewissert des Grundes, aus dem wurde, was ist, und zieht Bedeutung aus dem Gewordenen. Utopisches tastet nach vorne, vielleicht nicht zu einem endgültigen und letzten, höchsten Ziel, aber zu einer Wahrnehmung des jetzt Wirklichen im Lichte von etwas, was für dies Wirkliche noch an *Möglichkeiten* bereitstehen könnte, so daß es nicht seinerseits bereits mit dem Schwergewicht des Erreichten beschwert und bewegungsunfähig gemacht wird. Christlich und biblisch ist *die konservative Utopie nicht* möglich, die im Wirklichen schon das Wahre, im Gegebenen das Beste alles Erreichbaren verherrlicht, – in der Welt, wie sie ist, bereits die beste aller Welten anerkennt. *Das ist biblisch ausgeschlossen.* Die biblische Botschaft lehrt uns warten auf einen neuen Himmel und eine neue Erde, und zwar dies nicht in der Abstraktheit eines bleibend Unendlichen, *nicht* also nur kritisch-grenzbegrifflich im Kantschen Sinne. Die Bibel wagt Bilder des Kommenden und drängt damit auf *bestimmteste Konkretheit bei der Orientierung an Zukunft.* Mehr noch: Sie projiziert ihre Zukunftsbilder bereits auf Vergangenheit und Gegenwart. Die Wunder Jesu sind die Bilder der Zukunft, die in seinem Handeln schon wirkt. Seine Auferweckung von den Toten erst recht. Seine Passion konnte er erleiden nur in dieser Kraft der Zukunft, die in ihm wirkte – wie auch Israel sich längst hätte fallen lassen (wie die alten Griechen, Ägypter, Assyrer, Babylonier, Römer und Teutonen taten), wenn sie ihren Gott nicht unter dem Namen der Zukunft kennengelernt hätten: »Ich werde mit euch sein, wann immer ich mit euch sein werde«; will sagen: Sofern der Name wesenshaltig ist, ist *Gott* selbst – nach biblischem Verständnis – *reines Zukunftswesen.* Aber gerade auch hier gilt: Er ist dies nicht in abstrakter ewiger Zukünftigkeit, sondern in der Zukunftsgerichtetheit und Zukunftshaltigkeit alles dessen, was je von ihm zu erzählen und wieder zu erzählen war und ihn – horribile dictu – ins »Bild« brachte. Es sind unter allen seinen irdischen Werken gerade auch die, die einen Keim von Verheißung in sich tragen, und unter allen Worten Gottes gerade seine ἐπαγγελίαι, Ankündigungen, Versprechungen, Vorwärtsverweise, in denen er selbst sich am nächsten ist und am gemäßesten ausdrückt: Wenn er hören läßt: »Ich bin bei euch alle Tage bis in die Weltvollendung hinein« (Mt 28,20), dann bezeugt und setzt er sich als Werde-Wesen gerade in bezug auf eine Vollendung der Äonen.

So müßten Juden und Christen auf *Gott* verzichten, wollte man sie nötigen – im Namen welcher morbiden Vernunft auch immer –, auf jene gestalthaften, gegenständlichen, in Bildern sprechenden *und* lockenden Utopien zu verzichten. Sie sind für biblische Religion unverzichtbar, weil sie für den biblischen Gott wesenhaft sind. Denn der ist in sich selbst: Verheißung. Darum wollen wir von dem, der Gott ist, zusammenhängend eben gerade in einer Utopie reden: von ihm in seiner *Selbstbestimmung durch sein kommendes Reich,* das uns als nahe herbeigekommen verkündigt wird (Mk 1,15) und doch noch nicht »da« ist, – das uns wohl sehr drängt und doch unter uns noch keinen anderen Raum gefunden hat als allenfalls Herzensraum. Aber Gott will mehr als Herzen, er liebt die Welt; und daran gemessen, gehört er derzeit noch der Wirklichkeitsform der Utopie an: der, die uns *hoffen* heißt.

5. Die neue Stadt

Wir hatten schon gesagt, wie sinnvoll wir den Abschluß der christlichen Bibel mit dem Buch der Offenbarung des Johannes finden. Nachdem in den vorangegangenen Schriften das Nennenswerte zu Worte gebracht war, das Israel, Jesus und die Seinen und die Menschheit von den großen Werken Gottes hören und zu Herzen nehmen sollten, endet alles mit einem Ausblick in die Zukunft – gemäß der Zukunftshaltigkeit jener Geschehnisse, von denen in den Schriften als von Gottes Devarim schon gesprochen worden war, und vor allem: gemäß dem Gehalt des zukunftsträchtigen Namens Gottes, der sich in allen jenen Geschehnissen schon entfaltet hatte. »Ich werde mit euch sein, wann immer ich mit euch sein werde« ist der *ewige* Name Gottes und nennt ihn, solange er Gott ist.

Am Ende des letzten Buches der christlichen Bibel bekommt dieser Name nun noch einmal *eine letzte Entfaltung:* in der Vision des Sehers von Patmos: »Und ich sah die heilige Stadt, das neue Jerusalem, von Gott her aus dem Himmel herabkommen, gerüstet wie eine Braut, die für ihren Mann geschmückt ist. Und ich hörte eine laute Stimme vom Throne her sagen: ›Siehe da, die Hütte Gottes bei den Menschen‹ ...« (Offb 21,2-3).

Für unseren Zusammenhang beachten wir, daß hier »die neue Stadt« auf ihre Weise wie eine Entfaltung des Gottesnamens ausgerufen wird: Er – mit den Menschen; »und er wird bei ihnen *wohnen,* und sie werden sein Volk sein, und Gott selbst wird bei ihnen sein« (Offb 21,3). Manche Stimmen, die einst schon erklungen waren – vor allem bei Ezechiel und im Buch Va jikra (Leviticus) –, hört der Seher von Patmos (der eben auch ein großer Hörer war) zusammenklingen. Die Rückkehr des Gottes Israels in seine Stadt, – in sein Haus: den Tempel, – in die Mitte seines Volkes war Israel verheißen, seit ihm alles dies während der Exilien verloren gegangen war. Aber nun stellt Gott zuguterletzt auch den Johannes von Patmos in die Hoffnungen, die diese Verheißungen im jüdischen Volk erweckt hatten, und die Vision vom neuen Jerusalem vergewissert ihn dessen, daß sie auch am Ende der Bibel längst nicht gegenstandslos geworden sind. In voller bildlicher Gegenständlichkeit erscheint sie abermals und entläßt uns alle damit auf unseren Gang in die Zukunft.

Es wird dies eine »Reise nach Jerusalem« werden: also ein *Gang in die Stadt.* Mag solches Menschen, die nicht gerne in Städten wohnen, keine schöne Aussicht erscheinen – es ist doch die biblische; *sie hat nun einmal bestimmte soziologische Gestalt:* den Garten, die Stadt und das Reich. Es kann aber sein, daß der spezifische Name Gottes sich an der *Stadt* noch umfassender und deutlicher entfaltet als am Park (und wäre er ein Central Park in Manhattan). Die Ezechiel-Sicht der neuen Stadt schließt und gipfelt mit der Ankündigung eines neuen

Namens der neuen Stadt: »Und der Name der Stadt ist von heute an: / ER-ist-Hier«: adonai schamah, JHWH: schamah (Ez 48,35). *So geht der Name Gottes in die Stadt ein.*

Jerusalem ist in *einzigartiger* Weise Stadt, mit ihr ist keine andere zu vergleichen: nicht Rom, nicht Florenz, nicht Paris, nicht Athen, Amsterdam, New York City, Mexico City, Tokio, St. Petersburg, nicht das leuchtende München, nicht das verwegene Berlin. Einzigartig ist Jerusalem in der Dimension seiner Gottesgeschichte.

Aber darin hat es auch etwas *Exemplarisches.* Weil es »Stadt Gottes« heißen kann und – mijom, »von heute an« – heißt, zeigt es auch, was überhaupt eine Stadt in den Augen des biblischen Gottes ist. Weil er sich in diese Stadt investiert, haben Städte schlechthin eine theologische Dimension – was nur heißen soll: Über sie muß man auch als Theologe sprechen. Jerusalem eröffnet auch Theologen einen Sinn für das Wesen und die Welt von Stadt, insbesondere: für Stadt-Erneuerungen und Neustädte.

Dabei braucht man sich nicht in Plattitüden zu ergehen und etwa nur über ein abgehobenes »Wesen« der Stadt zu spekulieren. Merkwürdigerweise werden biblische Zeugen *besonders konkret,* wenn sie vom neuen Jerusalem sprechen. Da wissen sie etwas von Bauplänen, Grundrissen, Baumaterialien, besonders viel von Abmessungen, Stadtplänen, Himmelsrichtungen, Torlagen, Plätzen, Wasserzuführungen, Brandschutz, Ober- und Unterstädten, Straßen und Mauern; wir werden darauf noch zu sprechen kommen.

Aber richtig ist doch, daß in der Bibel die Stadt zu allererst als ein *Sozialwesen* in Betracht gezogen wird und darum Hoffnungen auf die neue Stadt soziale Hoffnungen sind. Daß Gott selbst Bürger und Mitbewohner der Zukunftsstadt sein will ist Kern einer Sozialverheißung, darum Stadt-Utopie ein wesentliches Stück radikaler Sozial- und Gesellschafts-Utopie. Für die Einwohner der neuen Stadt wirkt Gottes Bürgerrecht in ihr sich dahin aus, daß er »alle Tränen abwischen wird von ihren Augen«, – daß »der Tod nicht mehr sein wird«, – daß »kein Leid noch Geschrei noch Schmerz mehr sein wird« (Offb 21,4). Eine schmerzfreie Stadt, keine tödliche und keine allzu laute mehr!

Nicht im gleichen, aber vergleichbaren Sinn hatte z.B. auch Bert Brecht eine Utopie von einer neuen Stadt als Sozial-Utopie gedichtet. »Die Städte sind für dich gebaut. Sie erwarten dich freudig. / Die Türen der Häuser sind weit geöffnet. Das Essen / steht schon auf dem Tisch. – / Da die Städte sehr groß sind / Gibt es für die, welche nicht wissen, was gespielt wird, Pläne / Angefertigt von denen, die sich auskennen / Aus denen leicht zu ersehen ist, wie man auf dem schnellsten Wege / Zum Ziel kommt. – / Da man eure Wünsche nicht genauer kannte / Erwartet man natürlich noch eure Verbesserungsvorschläge. / Hier und dort / Ist etwas vielleicht noch nicht ganz nach eurem Geschmack / Aber das wird schleunigst geändert/ Ohne daß ihr euch einen Fuß ausreißen müßt. – / Kurz: ihr kommt / In die besten Hände. Alles ist seit langem vorbereitet. Ihr / Braucht nur zu kommen«[114].

Unüberhörbar in diesen Zeilen: biblische Freundlichkeit. Die neue Stadt drückt »wesenhaft« ein pro vobis, pro te aus; daß Brecht hier die Stadt dem Einzelnen zudenkt – Dir – und nicht einer anonymen Masse von Städtern, klingt geradezu wie das christliche Sakrament im Augenblick, in dem der Einzelne die Oblate auf der Zunge hat. Und das »Kommt« am Ende des Stadt-Gedichts mit seinem »Alles ist seit langem vorbereitet« – welcher protestantische Christ hörte da nicht den Abendmahlsruf: »Kommt, denn es ist alles bereit. Schmecket und sehet, wie freundlich der Herr ist«? Daß »das Essen« »schon auf dem Tisch steht« – natürlich hat das seinen nächsten Kontext in dem »Fressen« der Dreigroschenoper, das vor »der Moral« kommt. Aber die Sprache Brechts assoziiert auch hier, jedenfalls für unsere Ohren, »mehr«: nicht quantitativ, nicht qualitativ, mehr an Bedeutung. Wenn aber in der Vision der biblischen Seher die neue Stadt eine Tag und Nacht offene, für jeden zugängliche Stadt ist (Jes 60,11; Offb 21,25), machen bei Brecht gleich alle Gebäude dieser Stadt offenes Haus: »Die Türen der Häuser sind weit geöffnet«.

Zusammen mit biblischen bauen selbstverständlich auch politische Motive Brechts neue Stadt. Sie wird der Stadt-*Dschungel* nicht mehr sein, als den konservative Angst-Macher die Großstadt vom Beginn des 20. Jahrhunderts an zeichneten: die die Wandervögel und Jugendbewegten aus den Städten trieben, aber auch Psychosen schürten, die schließlich das deutsche Volk in seiner Mehrheit den Nazis in die Arme trieben; »sozialistisch« setzt Brecht gegen die Dschungel-Psychose den *Stadtplan:* Übersicht über »schnellste Wege«; und noch einmal gegen das Dschungel-Syndrom sieht er die Stadt wie ein Geflecht von schnell erreichbaren »Zielen«, als zielbewußte und -gerichtete Wirklichkeit also: *rationales* Gebilde – »Plan« aber meint nichts Bürokratisches, vielmehr etwas Demokratisches, durch Bürgerbeteiligung durchschaubarer und verbesserungsfähig. Die neue Stadt beharrt nicht auf ihrer Altstadt, sie ist immer im Tempo und schleuniger Änderung begriffen.

Doch »ohne daß *ihr* euch einen Fuß ausreißen müßt« dafür. Schon gar nicht ihr, denen die neue Stadt *zugute* kommen soll – euch soll sie nicht mehr Sklavenarbeiterstadt (wie im Film Metropolis) sein, wie in Israels ewiger Erinnerung Pythom und Ramses waren (Ex 1,11-14) oder – woran Brecht anderswo (in den berühmten »Fragen eines lesenden Arbeiters«) erinnert hat: »Wer baute das siebentorige Theben? / In den Büchern stehen die Namen von Königen. / Haben die Könige die Felsbrocken herbeigeschleppt? / Und das mehrmals zerstörte Babylon

114. B. Brecht, Gedichte, 1960ff. Bd. 1. Gedichte 1918-1929, 175.

– / Wer baute es so viele Male auf? In welchen Häusern / Des goldstrahlenden Lima wohnten die Bauleute? / Wohin gingen an dem Abend, wo die chinesische Mauer fertig war, / Die Maurer? Das große Rom / Ist voll von Triumphbögen. Wer errichtete sie? Über wen / Triumphieren die Caesaren? Hatte das vielbesungene Byzanz / Nur Paläste für seine Bewohner? …« Stellen wir die Fragen eines lesenden Arbeiters neben das Gedicht von der neuen Stadt, wird uns das Motiv der Freundlichkeit der neuen Stadt mit ihrer (»sakramentalen«) Für-dich-Struktur noch besonders eindrücklich: Nicht mehr *durch* Sklaven wird sie gebaut sein, sondern *für* Befreite. Auch das hat ja biblischen Sinn. Historiker belehren uns, daß das Bild von der neuen Stadt, die »gerüstet wie eine Braut, die für ihren Mann geschmückt ist« (Offb 21,2), in der Vision des Johannes von Patmos einzigartig sei, wir kennen für sie keine Analogie in anderen apokalyptischen Schriften . Die neue Stadt ist schön *für* jemanden, saugt Menschen nicht mehr wie ein Moloch in sich auf, ist wohlgefügtes Gebilde: ihnen *zugute,* Lebens-Gabe.

Ihren utopischen, Hoffnungen erregenden Charakter läßt Brecht auch noch in einer anderen Beziehung sehen. Im »Lesebuch für Städtebewohner« gibt es einen ersten guten Ratschlag für einen Neuzuwanderer aus der Provinz in die Stadt: »Trenne dich von deinen Kameraden auf dem Bahnhof / Gehe am Morgen in die Stadt mit zugeknöpfter Jacke / Suche dir Quartier, und wenn dein Kamerad anklopft: / Öffne, o öffne die Tür nicht / Sondern / Verwisch die Spuren!«[115] Das ist ein Ratschlag zur Assimilation an *städtische Entfremdung und Anonymität:* »Verwisch die Spuren!« Nur wer unter dem Ratschlag gelebt hat: »Öffne, o öffne die Tür nicht!« vermag das *Glück* zu ermessen in der Utopie: »Die Türen der Häuser sind weit geöffnet« (Brecht) und in der Johannes-Vision: »Und ihre (der neuen Stadt) Tore werden nicht geschlossen werden am Tage – denn dort wird es keine Nacht mehr geben« (Offb 21,25).

a. Die Diversität des Menschlichen in der Stadt: Das Phänomen der Alt-Stadt

Ehe wir nun unsererseits von der neuen Stadt sprechen, wollen wir uns das *»Phänomen« Stadt* vor Augen stellen. Dabei denken wir auch an das, was das *Sozialwesen Stadt* sowohl bedingt wie ausdrückt: Ehe sie – sozial – Stadt ist, »da man zusammenkommt« (Ps 122,3 Luther), ist sie eine so oder so, wohl oder übel »gefügte« Stadt (Ps 122,3 Zürich): *Stadt als Bauwesen* und *von Institutionen.*

Nur stichwortartig und ohne Deutungen wollen wir Bewußtseinssplitter zusammenraffen von dem, was den Bewohner einer Stadt umgibt und die Art seines Lebens, ja dies Leben selbst prägt.

115. B. Brecht, Gedichte a.a.O., 161.

Das *Lebens-System Stadt* ist unüberschaubar vielfältig. Nicht einmal ein Kommunalpolitiker kann es bis in seine einzelnen Verzweigungen überblicken, geschweige denn, daß Stadtbürger dies vermöchten. Aber am ehesten weiß ein Kommunalpolitiker um das »Wesen« Stadt: aus wieviel disparaten und doch ineinanderspielenden Einzelheiten, aus welchem Gefüge welcher Institutionen der »Lebenswert« Stadt sich bildet – oder, mit Samson Raphael Hirsch: die »Bestrebung«, der dynamische Zivilisationsprozeß »Stadt«. Da aber jeder Stadtbewohner, auch jeder ihrer Besucher, an ihrem Lebensprozeß teilnimmt, sind, wenn schon kein zusammenhängendes Bild, dann doch wenigstens Blitze eines wahrnehmenden Bewußtseins vonnöten, wollte jemand – und wäre es nur fragmentarisch – zu solchen zählen, die in dieser Stadt »zu Hause« sind und sich dort »auskennen« (Hildegard Knef in ihrem Song von Nielsen) – Bewußtseinssplitter des Konkreten, das das Wesen »fügt«.

So gehe ich *Straßen* entlang, Trottoirs oder wie wir früher sagten: »Bürgersteige«, aus Natur- oder Kunststeinpflaster gefügt oder aus Zement- oder Betonplatten oder asphaltiert, am Stadtrand selten noch mit dem Unterbau von Schottersteinen, – zum Fahrdamm hin von *Rinnsteinen* begrenzt, an denen entlang Regenwasser ablaufen kann, – hier pflegen Auto an Auto wenigstens mit halbem Fahrgestell zu parken. Ab und an die durchbrochenen Eisenplatten von *Regengullys* (Buderus), den Einlaufkästen der *Kanalisation:* dem unterirdischen Abwasser-System, das in großen Städten oft Wasserströme, -bäche, -kanäle bildet: wie eine katakombenartige Unterwelt der Stadt (Wien: »Dritter Mann«!); dort werden die Abwässer zu *Kläranlagen* geleitet, und strikt werden sie getrennt von den Wasserrohr-Systemen, die die Stadt mit (wie auch immer) geklärtem oder frischem Wasser aus den städtischen Bohr-Brunnen und *Wasserwerken* versorgen – wie unterirdisch ja auch die *Kabelrohre für die elektrische , die Telefon-, Radio-, Fernseh- und Computer-Versorgung* der Städte da sind und wie ja auch *U-Bahn-Systeme* mit ihren Luftschächten nach oben zum Stadtverkehr gehören. *In* der *sichtbaren* Stadt bewegen wir uns immer auch über einer *verborgenen,* ohne die wir gar nicht leben könnten. – Gibt es vom Straßensteige aus kleine Vorgarten-Stücke zu den aufragenden Häuserwänden, gepflegte, ungepflegte, vom Straßenabfall verdreckte?

Zur anderen Seite der Gehwege die *Fahrwege,* »Dämme« – geht es gut: mit einem Fahrradweg zuerst, für den Autoverkehr sodann. In breiten Straßen, meist in der Mitte, ein *Schienensystem* für die Trambahnen. Oft Verkehrsinseln für das gefahrlose Aus- und Einsteigen der Fahrgäste – während Passagiere der Omnibusse Haltezeichen oder Wartehäuschen am Rande des Bürgersteigs finden, auf der Höhe der Rinnsteine. Oft ein Telefonhäuschen daneben, Postkästen, Briefmarkenautomaten, meist überfüllte, zu selten von der Stadtreinigung geleerte Papier-Körbe, noch aus Metall gegossen oder gehämmert oder schon als Steinkästen hingestellt – wie sich ja auch »Blumenkästen« oder betonierte Umfriedungen für Straßenbäume oder -sträucher finden, auch sie meistens Wegwerfstellen für Bier- und Coladosen, Pappen und Papiere von Würstchenbuden, ganze Zeitungsteile, glitschige Bananenschalen, für Hundekot und verbrauchte Kondome. – *Straßenlampen,* noch in althergebrachten Formen – »Gaslaternen« – oder modern – postmoderne Kugeln mit grellem weißen Licht oder gedämpftem, gelben, alle paar Meter die Straßensteige unter Lichtkegel oder in Schatten versetzend, – Straßennamen-Schilder.

In alten Städten zweigen *Gassen* ab, – haben wir Glück, finden sich größere oder kleinere *Plätze,* oft in Großstädten als solche kaum noch wahrnehmbar, von Stadtautobahnen überbrückt und dadurch in der Platzform gar nicht mehr wiederzuerkennen; aber ab und an doch einmal ein Grünstück, selten gepflegt, häufig verwahrlost wirkend, – »Sand«kästen für Kinder, ein Klettergerüst, rot oder grün, eine Schaukel, eine Rutschbahn – ein paar Sitzbänke für die Muttis, die Omas: graffitiverschmiert von Jugendlichen; einige spärlich wachsende Bäume und Büsche, ein verdrecktes Pissoir: manchmal schon denkmalgeschützte Eisenkonstruktionen mit Ornamentik der Gründerzeit oder obszön beschriftete Kachel-Moderne, – die Litfaßsäule – vor allem aber Benzin-Ausstoß ringsum. Gewiß: auch einmal ein großstädtischer Platz mit *Brunnen* und dazugehörigen Skulpturen: Zwergen, Neptunen oder – neueren Datums – gesichtslosen Typen von Menschen verschiedener Lebensalter, sexuellen Lust-Posen oder auch stadteigenen Originalen, die die Leute besser erkennen können, – weniger noch gute, alte Springbrunnen, mehr Rinnsale über Stufen hinab in Becken, sogar einmal die Illusion eines innerstädtischen Wasserfalls, nicht selten aber einfach künstlich geschichtete Steinhaufen, bizarre Schieferplattenensembles für die Wasserrinnsel; aus den Fünziger Jahren: Rundbecken mit wechselnden elektrischen Licht-Farben aus dem Wasser heraus, Magisches vortäuschend: vielen Städten längst viel zu teuer im Unterhalt.

Hauptverkehrsstraßen, im Osten einst »Magistralen« genannt, Durchgangsverkehr durch die Stadt, wo Umgehungsstraßen von Bürgerinitiativen noch verhindert wurden oder »das Land« oder »die Stadt« sie noch nicht oder nicht mehr finanzieren konnten: »Anbindungen« der Städte an ihre Außenwelt, – viel zu oft und unkoordiniert von Baustellen unterbrochen, die nervenaufreibende Verkehrsstaus erzeugen. Ampelanlagen bei Abbiegerstraßen, vor Brücken, »autofreundliche« Stadtplanungen – »freie Fahrt für freie Bürger«: Proganda des Wahn-Sinns, – bedrängte Fußgänger-Überwege. – Abstiege zur Untergrundbahn.

Die *Straßen der Innenstadt:* durch Häusermeere geführt, – die »*Geschäfts-Welt*« in den Läden zu ebener Erde, – grelle Leuchtreklame, bunte Werbeschilder, – »Schau-Fenster« (und wären es solche wie in Amsterdams Hafenviertel, wo Prostituierte in den Fenstern sitzen), – zwischen Ladeneingängen klein, fast verborgen wirkende, aber einstmals womöglich herrschaftlich-großzügig geplante Hauseingänge in obere Stockwerke: Büros, Arztpraxen, Bildergalerien und doch auch: zu Wohnungen hin. Gründerzeit-Treppenhäuser, – Lifte in die höheren Stockwerke, – teppichbelegte Treppenaufgänge, – Fensterblicke in Hinterhöfe, – wie von Gold schimmernde Klingelzüge. Oder Häuser neueren Datums – einfach dadurch, daß man in den Fünfzigern den alten Kästen ihren lädierten Fassadenschmuck: Putten, Wappen, Karyatiden, statt zu erneuern abgeschlagen und so alles zur Langeweile egalisiert hat. Oder *Neubauten:* Beton, Beton, mit falschen Steinblenden zur Täuschung des Geschmacks davor, oder Glasfronten, in denen sich das Gegenüber spiegelt (etwas lebendig wenigstens Scheinendes, in Beziehungen Setzendes); neuerdings: Stahlträger-Konstruktionen von außen, industriell-materielles »Stil«-Empfinden ausdrücken sollend: Schlachtschiffe von Häusern, – ganze Straßen-Karrees beanspruchend und vereinheitlichend, wo früher – wie in Hansestädten – schmaler Hausleib neben schmalem Hausleib stand. Vorgeschriebene Traufhöhen, die Himmel und Licht wirken lassen und Straßen-«Schluchten« verhindern wollen (wie sie Manhattan ausmachen). Atriumbauten um Innenhöfe herum. Regenrinnen. Mit Blumen bepflanzte, meist aber nicht bepflanzte Balkone. In Hauptverkehrsstraßen: Reklame auch noch auf Dächern, an den Fassaden. – Fensterformen: vorgefertigt, Ware, nicht Stil. – Tür-Leiber. – Hausnummern. – Straßenuhren = »Normal«-Uhren, Treffpunkte (geradezu mythisch: die Uhr am Bahnhof Zoo). – Garagenhäuser. – Verkaufsbuden.

Händler mit Bauchläden, Straßenmusikanten, Jongleure, Pantomimen, Puppenspieler (die ihre Marionette Mozarts G-Dur Geigenkonzert aus dem Lautsprecher spielen lassen). Handzettelverteiler, Pflastermaler in Aktion: Raffael zum Drauftreten, – politische Informations- und Provokationsstände, – Lotto- Buden, Zeitungs- und Zigaretten-Kioske, hetzende oder flanierende Masse. Cafés, Restaurants niederen oder höheren Anspruchs. Kastanienbrater. Brezeln, aus Körben angeboten. Eisdielen. Menschengedränge: Komm, wir gehen Leute gucken!

Und nun die *Stadtviertel:* Unterstadt/Oberstadt, Innenstadt/Vororte.

Wir fangen im *Bahnhofsviertel* an. Informationsstand und Hoteltafeln mit Besetzt- und Frei-Zeichen, paraten Telefonen. Stricher und junge Mädchen. Taxistände und Omnibusstationen, Straßenbahnvorfahrten. Billige Kaufhäuser, Souvenirangebote. Sexshops und -kinos, Rotlicht-Milieu.

Bald die großen und ganz großen *Kaufhäuser* mit Abteilungen des Luxus, Rolltreppen, Fahrstühlen, Dachterrassen, Musikberieselung. – Häuser der sog. Lebensmittel-«Ketten«.

Der *Boulevard* mit den Autosalons, den teuren Boutiquen für die Damen- und Herrenmode, den Juwelieren, den großen Schuhmarken, den berühmten Porzellanen. Bitte, wo finde ich eine Buchhandlung? Die Läden der Medienzivilisation: Schallplattengeschäfte, Fotohändler. – Verlagshäuser und Druckereien.

Alle paar Meter eine glitzernde Apotheke: Es muß sich lohnen! Parfümerien. Lampen-Fachgeschäfte. Teureres Kunstgewerbe. Galerie-Läden. Orientalische-Teppich-Geschäfte. Hotels. Die großen Cinemas. Überall davor die Stände von Ketten- und Ringeschmieden aus irgendeiner Szene, Lederkleinigkeiten, Ballonmützen, Glasanhängern: manchmal Feines, meistens eher Kitschiges, – junge Maler mit Mitgebrachtem in krausem Stil-Gemisch oder in direkter Aktion mit irgendeinem Modell auf einem Klappstuhl vor sich beschäftigt, – Scherenschneider, – die Leierkastenfrau in Plüsch, – der Geldsammler für das Dromedar an seinem Seil, – auch hier: Gitarristen, Flötisten, Geiger, Trommler, ganze Combos in Indianerlook aus Südamerika, vorzügliches Bläser-Ensemble aus St. Petersburg, – Rap-Tänzer. In den Seitenstraßen: die Nachtbars mit dem baumstarken Rausschmeißer im Eingang, – die Antiquitätenhändler: Möbel, Silber, Geschirr, Bilderrahmen, Rara. Überall: Sprachengemisch. Völkergemisch der Kleidungen, der Hautfarben. – Discos.

Und bald *die Wahrzeichen* der Stadt: Der Dom, das Münster, die Kathedrale, die Synagoge, die Moschee, das Palais, das Schloß, das Rathaus, das Stadttor, der alte Turm, die Burg. Wir sind mittendrin.

Anderswo: Die Museen, die Philharmonie, das berühmte Theater und die Boulevard-Komödien- und Musicalhäuser, – die Oper, – das Funkhaus. Noch anderswo: die Universität, – die bedeutende Bibliothek, – das weltberühmte Institut, – die Akademien der Wissenschaften, der Künste, – die Kunsthalle, – überall Denkmale von Kaiser, König, Edelmann, Künstlern, Feldherrn, Kanzlern, Präsidenten und Ministern, Bischöfen oder Rebellen.

Fußgängerzonen.

Verwaltungsgebäude: Versicherungen, staatliche, städtische Behörden. Börsen. Banken. Post- und Telegrafenämter. Feuerwehr-Zentralen. Parlamentsgebäude.

Schulen. Krankenhäuser. Senioren-Sitze. Kindergärten.

Messe-Gelände mit unzähligen Ausstellungshallen. Brauereien.

Arbeiterquartiere. Breite Hausdurchgänge zu den engen Hinterhöfen und -häusern. Ein einzelner Baum. Brandmauern. Schmale Fenster vor Toiletten. Küchen zum Hof. Steilabfallende Häuserwände, alles verdüsternd. Schlecht riechende Treppenhäuser. Eckkneipen die Menge, Lokale mit Tischen, Stühlen auf Pflastersteinen der Straße vor dem Eingang. Theken. Mühsam ertrotzter Spielplatz.

Oder die *Hochhäuser-Satelliten* – zuerst wie ein Schock, nach Jahren gar nicht ungern angenommen von Mietern der Wohnungsbaugesellschaften. Nie genügende »Infra-Strukturen«: Das Volkshaus. Jugendclubs? *Wie oft* haben wir Innenstadtverbindungen?

Industriegürtel am Rande der Stadt. Hohe Schornsteine. Werkstore mit Eingangsaufsicht, Stechuhren. Parkplätze, Auto neben Auto. Sirenengeheul.

Dampf. Qualm. Lärm. Schienenanschlüsse, nicht selten Kanalhäfen. Koksberge. Stapelware.

Noch weiter hinaus zerfetzt und verläuft sich die Stadt, plötzlich fahren wir schon auf einer Landstraße. Die Augen müssen sich umgewöhnen aufs Grün, auf Himmel und Wolken, sie entspannen sich.

Aber noch sind wir nicht an den *Sportstätten* gewesen: Stadien, Tennisplätzen, städtischen Badeanstalten, Schießplatz des Schützenvereins, Trabrennbahn, Turnhallen von Schulen.

Waren wir schon im *Zoo?*

Bei den *Kasernen?*

Sind wir schon den Fluß entlanggebummelt mit seinen schönen Anlagen? Waren wir unter den Brücken?

Sind die *Slums* uns entgangen? Die *Villenviertel* an Alleen, Chausseen, »Kiebitzsteigen«, »Ahornstraßen« mit ihren eingezäunten Grundstücken, verschlossenen Zufahrten, Garagen und Gärten der Beamten und Ministerialen, Diplomaten und jeder Art des Geldadels, der Politiker, Verleger, Gelehrten, Künstler, die etwas geworden sind?

Waren wir im *Türkenquartier* oder dort, wo die Polen, die Russen, die Vietnamesen wohnen?

Haben wir italienisch *gegessen,* thailändisch, griechisch, französich, japanisch, chinesisch, indonesisch, in der dänischen »Käsekiste«, vegetarisch? Waren wir in den *Weinstuben:* fränkisch, badisch, elsässisch, württembergisch?

Auf welchem der *Friedhöfe* haben wir doch wessen Grab, das welchen »Sohnes der Stadt« gesucht?

Sahen wir eine der *Müll-Deponien,* ein Rieselfeld, eine Kläranlage?

Waren wir am *Flugplatz* draußen: mit der S-Bahn, der U-Bahn, mit Bus- oder Hotel-Shuttle? Waren wir am *Hafen* zur Rundfahrt?

Nur Wege, Bauten, Institutionen sind uns in die Augen gefallen. Aber da überall nun wirken *die Stadt-Menschen:* werden geboren und sterben, pflanzen und reißen aus, töten und heilen, reißen ein und bauen, weinen und lachen, klagen und tanzen sie, werfen Steine und sammeln Steine, umarmen und meiden sie sich, suchen und verlieren sich, behalten und werfen weg, zerreißen und nähen, schweigen und reden, lieben und hassen sie, schäumen in den Kriegen ihres Lebens und machen Frieden damit (vgl. Pred 3,2-8). Da arbeiten sie, wohnen weit auseinander, telefonieren stundenlang, kommen doch über ein, zwei gesellschaftliche und gesellige »Szenen« nicht hinaus: in Vereinen, Clubs, »Initiativen«, Volkshochschulen, Theater-Ringen, Stammtischen, Fitness-Centern, Sportvereinen, Selbsthilfegruppen, Ortsgruppen von Parteien, bei Vernissagen. Fühlen sich aber auch wohl in Massen: beim Fußball, Stadt-Marathon: sei es zu

Tausenden als Mitläufer, sei es zu Abertausenden am Straßenrand mit Lärminstrumenten zum Anfeuern der Aktiven. Auf Rummeln, bei Weihnachtsmärkten, Oktoberfesten, bei Filmfestspielen, Kirchweihfesten, Zirkus-, Eis-Show-Ereignissen in großen Zelten, Hallen, in Discos, – bei Umzügen, – auf Demonstrationen für wen oder was auch immer. Da bilden sie Wohngemeinschaften: solange es gutgeht. Aber verläßliche Nachbarschaften gibt es nur selten. Über allem liegt die große Anonymität, die für Viele den Charme der Städte ausmacht. Wenig Verbindlichkeiten. Single-Existenzen. Von Nachbarn, Angehörigen unbemerkter Tod hinter verschlossenen Türen, aber in Aids-Gruppen achtet man aufeinander bis zum letzten Atemzug, trägt sich – oft in verkitschten Formen – gegenseitig zu Grabe, längst ohne Pfarrer.

Es gibt Stadtviertel, da schätzt man das *Multi-Kulti* der Großstadt – warum soll ich nach Afrika reisen, nach Malaysia, Korea, Südamerika, Rußland: wir haben sie doch alle, alle hier?

In anderen Quartieren der Stadt, den ärmeren, brodelt Fremdenhaß – einerseits. Andererseits gibt es gerade dort ein wohlgelingendes Straßen- und Marktleben mit Türken, Persern, Arabern, Sinti und Roma, Rumänen und Bosniern, auch mit Polen, Ukrainern; um Mitternacht im Hochsommer brauche ich als Großstädter mich nicht in exotische Städte zu träumen: Unsere Exoten verzaubern uns sogar noch unsere eigene Stadt, und wäre es nur durch die auf volle Lautstärke hochgedrehten Radio-Apparate aus den offenen Fenstern. Wir spüren hier erotische Heiterkeit und Anzüglichkeit – ohne die Symbole der ausbeuterischen Zwangs-Sexualität in den Bordell-Gegenden unserer Stadt.

Aber übersieh ja nicht die *Obdachlosen,* unrasiert, in abgerissenen Kleidern, von Rum und Wein ernährt, in Bahnhöfen, Park-Anlagen auf den Bänken, in der S-Bahn: Obdachlosen-Zeitungen anbietend. Übersieh nicht die balkanischen, russischen, orientalischen Frauen in Hockstellung auf der Straße, mit dem Baby an der Brust, auf beschrifteten Pappschildern ihre Herkunft und ihre Not erzählend, um Geld bittend. Lerne unterscheiden, was bittere Not ist, was Gewohnheit einer anderen Kultur, in der der Bettel gesellschaftlich-religiöse Institution ist: Angebot an Passanten zum Tun von guten Werken. Ganz anders wieder jene jugendliche Unverschämtheit: »Alter, haste ma ne Mark?«

Schließlich alles das, was dieses Bild von Ludwig Meidner zeigt und tituliert: *»Ich und die Stadt«,* ein Stück, in dem er sein Selbstportrait mit dem Bild der Stadt verknüpft (1913); neben ihm alles das, was im Genre der »Straßenbilder« die expressionistischen Maler erkennen lassen: Ernst Ludwig Kirchner vor allem, Lyonel Feininger, Emil Nolde. Später: Max Beckmann, Georges Grosz, Hans Balluschek, Otto Dix, Conrad Felixmüller. Zur »Neuen Sachlichkeit« gehörend: Gustav Wunderwald. Heute: Rainer Fetting, Salomé, K. H. Hödicke, – ganz anders: Kurt Mühlenhaupt – um nur Wenige zu nennen. –

Die Städte erzwingen ihre eigenen *Blickwinkel.* Die Zeit der Veduten ist lange vorbei, in der die Städte eingebettet in die Landschaften gesehen wurden, von außen also: in ihren Umrissen, Profilansichten oder – wie beim Venedig- und Dresden- und Warschau-Maler Canaletto z.B. – in den Straßen-, Häuser-, Palastansichten, die aufs bauliche Detail gehen. Wir ersehen uns die Stadt als Flaneure, hastend, im Vorübergehen. Im Nebel- und Regenlicht verschwimmend (Lesser Ury), verqualmt von Schornsteinrauch. Eher sehen wir Figuren als Gesichter. Mensch wird Typus: Kokotte, Straßenmädchen, Bürohengste, Herren mit Pelzkragen am Mantel, Zigarre im Mundwinkel. Schmale, backenknochige, blasse Gesichter der Arbeiter (Edvard Munch!), eckig, Nachtgesichter der Gigolos, zerrissen; alles tendiert auf die gesichtslose Figur. Stattdessen: Diagonalen von Bewegung und Gegenbewegungen in den Bildern, Rotationsfiguren, nie ein einzelner Mensch: Menschen*gruppen,* später bis zu ineinanderverschlungenen Nullen zusammengedrängte, schreiende Masse (Werner Heldt, Aufmarsch der Nullen, 1933/34). Die Rockergruppenbilder der »Neuen Wilden« lösen gegenständliche Erscheinungen überhaupt auf in ungeheuer vitale Pinselstriche und Farbenbewegungen: vom Rock elektrisierte Körperumrisse in der Dynamik und Ekstase des Lärms, der Drummer, in der Grelle oder Dumpfheit des Lichts.

Das *Vorübergehen* scheint die Grundweise für das, was man von der Stadt sehen kann. Sie als Ganze fällt nicht ins Gesicht, nur Einzelnes »taucht auf« und ist schon wieder »verschwunden« ins Unbewußte. Und im Hasten durch die Stadt kann alles schief geraten: Häuser fallen nach rechts, nach links, fallen über den Seher her oder er sieht sie unter sich. Blick aus Fenstern in die Häuserschluchten, als könnte einer so alles unter sich bringen. Conrad Felixmüller sah den Dichter Walter Rheiner über die Blumentöpfe seines Fensters hinweg hinunter in die magisch-leuchtende Nachtwelt Berlins springen, unter Morphium- oder Kokain-Einfluß geradezu schweben wie in das Glück seines Todes (1925). Die Stadt kann narkotisieren. Man bewegt sich in ihr wie in einem orientalischen Suk, zuweilen Leib an Leib gedrängt: in S-Bahnen, überfüllten Omnibussen; die Stadt als Innen- und Sinnenerfahrung sensibilisiert und erregt das Körperliche der Städter anders als das Dorf seine Bewohner: schnellste Reaktionen im Spiel der Blicke, Hauch der Atemströme, Berührungen noch durch Wintermäntel hindurch, Knie in Kniekehlen. – Nächte werden zu Tagen. Tage lange im Bett verbracht; auch das bedingt einen umgestellten Körper-Rhythmus und macht die Seelen süchtig, geil.

Es hat keinen Zweck, über Anonymität zu klagen: kultur-, gesellschaftskritisch. Der einzelne Städter lebt von ihr. In der Innenstadt befriedigt sich sein Inneres. Denn die *Realität* Stadt schafft immer neue *Phantasien* ihrer Bewohner, und das können auch sehr persönliche sein, oft in Suchtformen. Es gibt ein seelisch- und künstlerisch-Schöpferisches der Stadt: die Produktivität der bizarren Einfälle. Sie schlagen sich nicht in »konstruktive« Politik, nicht in »große« Kultur um, äußern sich im Off und Off-Off, in Kulturfabriken, Kellern, auf Dachböden von Hinterhof-Häusern, wirken nur zu oft albern, haben ihren Sinn oft auch im Auslauf sonst unterdrückter Selbstdarstellungszwänge und von Sprachlosigkeit. In den Graffiti-Schmierereien lesen wir die Lebenszeichen derer »im Dunklen«; Abenteuer des Verbotenen, Unanständigen an die Mauern gesprayt sagen: Hier-ich, oder Ich-bins, für euch (die im Licht) in nicht zu entschlüsselnden Zeichen; auch in und an S-Bahnen müßt ihr sie mit euch fahren lassen, setzt euch auf Bänken auf unsere Zeichen mit dicken Hintern. Die Anonymität der Stadt preßt unablässig und phantastisch aus sich heraus die Gruppen und Einzelnen, die sich zeigen wollen – während gleichzeitig Neulinge und andere gerade abtauchen, ihre Spuren verwischen wollen.

In allem aber wirken *Städte wie Konzentration und Spiegel der chaotischen Lebenswirklichkeit selbst.* Geben sie nicht den Ton an, so fangen sie doch alle Töne der Prozesse des Menschseins in einer bestimmten Zeit und Gegend auf und modulieren sie, sei es, daß sie sie »gestalten«, sei es auch, daß sie an ihnen erstikken. Im Grunde ist »Schönheit« keine städtische Kategorie – oder nur die, die im Dreck und der Beschissenheit des Lebens zu finden ist. In der Stadt und für Seele und Geist eines Städters gibts die freilich: Und er spürt sie je länger je mehr *in* sich selbst: »keine Gestalt noch Schöne«. *Es ist die ökumenische Schönheit der Diversität, Uneinheitlickeit, des Chaos des Menschlichen, das sich mit Mythen hilft.*

In *Städte-Mythen* beutet die Tourismus-Branche kollektives Unbewußtes aus: was der Fluß für die Stadt bedeutet, – der See, an dem sie liegt, – ihr besonderes Licht, – die »Berliner Luft, Luft, Luft«, – das »Tor zur Welt«, – die Stadt »mit Herz«, – das »Schaufenster des Westens«, – die »Hauptstadt der DDR«, – »Wien, Wien, nur du allein ...«, – die »Lutherstadt Wittenberg«, – einst gab es eine »Hauptstadt der Bewegung«, – das »hillige Köllen«, – »romantisches« Heidelberg, – »klassisches« Weimar, – der »melting pot« New York, – die Stadt der »weißen Nächte« an der Ostsee. In diesen »Mauern« war dies und dies Genie geboren, – Goethe was here, – hier gedenkt man des und des »Sohns der Stadt«. Der Mythos lebt in den Jubiläen und Gedenkjahren, in denen die Städte sich ununterbrochen feiern: Verfallen an den Augenblick, suchen sie sich immer neue Geschichte zusammen, um sich selbst nicht zu vergessen und zu verlieren. Ach: ja: zu alledem. Solch Prospekt der Stadt und solche Historismen geben eine Aura von Kitsch (aber nichts ist wirklich mehr »da«!), bewirken systematische Selbsttäuschung; real daran ist, daß gerade dies alles *nicht ist;* die Mythen bedeuten die Negation ihrer Inhalte in der Wirklichkeit. Und taugen gar nicht zum Stoff von Utopien. Wo sollte im heutigen Wien Johann Strauß noch *Zu-*

kunft haben? Wo in Köln: das Heilige? In Hamburg: die Welt? In München: das Herz? In Berlin: die Schnauze?

Das alles ist die *alte* Stadt – im Schatten Kains und des Turmbaus zu Babel. Hier haben wir keine bleibende Stadt, *wir* bleiben da nicht, *sie* bleibt nicht: Die Angst-Bilder zeigen schon seit Beginn unseres Jahrhunderts die *Explosion der Stadt:* ihre Brände, ihre Zerbombungen, ihre Schrecken, die Städte als Ruinen-Landschaften und Totenfelder (Ludwig Meidner, Apokalyptische Landschaft. 1912/13. – 1913. – 1916. – Der jüngste Tag. 1916. – Brennende Fabrikgebäude. 1912), – die Stadt im Bilde der Klagelieder Jeremiae.

Aber die zukünftige suchen wir.

b. Gebetshilfe für die Stadt

Schon die alte Stadt war nicht einfach ein Ensemble der Gottlosigkeit, vielmehr – wie wir skizzierten – Sammelort des Menschlichen im Menschheitlichen. Steht sie im Zeichen Kains, des Brudermörders, dann im Zeichen dessen, den Gott dennoch leben läßt. Steht sie im Zeichen des babylonischen Turmbaus, dann im Zeichen der Sprachenverwirrung, die aber nicht Sprachlosigkeit ist, – der Einsamkeit, aber nicht eines totalen Alleinseins.

Im ersten Traktat des Babylonischen Talmuds überliefern die Lehrer Israels eigens *Gebete für den, der in eine Großstadt reist.* »Die Rabbanan lehrten: Was spreche er bei seinem Einzuge? – Möge es dein Wille sein, o Herr, mein Gott, daß du mich in diese Großstadt in Frieden hineinführst. – Ist er eingezogen, so spreche er: Ich danke dir, o Herr, mein Gott, daß du mich in diese Großstadt in Frieden hereingeführt hast. – Will er hinausgehen, so spreche er: Möge es dein Wille sein, o Herr, mein Gott, daß du mich aus dieser Großstadt in Frieden hinausführst. – Ist er hinausgegangen, so spreche er: Ich danke dir, o Herr, mein Gott, daß du mich aus dieser Großstadt in Frieden herausgeführt hast; und wie du mich in Frieden herausgeführt hast, so leite mich in Frieden, stütze mich in Frieden und lasse mich in Frieden schreiten …« (b Berachot 60a).

So formelhaft dies klingt – es beschreibt doch einen *Gott gemäßen Umgang mit der Stadt.* Sie muß und darf über Menschen nicht die Macht einer Gottverlorenheit und Gottverlassenheit ausüben. Sie läßt sich segnen, wenn man in ihr gottgesegnete Schritte tun und Tritte wagen kann. Nicht nur dem Menschen aus der Provinz – dem Menschen schlechthin ist sie ein gefährliches Abenteuer. Schon die Schwellenüberschreitung, der Eintritt in die Stadt – auf ihrem Flugplatz, ihrem Bahnhof, ihrer Einfallstraße – bedarf der Anrufung Gottes. Wie der Eintritt in eine fremde Welt wird er erfahren, und es ist nötig, sich gerade dabei Gottes zu vergewissern. Ist die Schwelle überschritten, müssen erst recht die Wege im Stadt-Inneren unter Gottes Schutz gestellt werden, und es ist nicht von vornherein gewiß, daß man heilen Fußes auch wieder aus ihr herausfindet. Die Stadt *kann* einem Menschen zum gottwidrigen Geschick werden, er könnte sich in ihr verfangen und verlieren. Darum ist der Stadtausgang genauso wichtig unter Gottes Segen zu rufen wie der Stadteingang und der Rundgang durch die Stadt. Noch einmal bedarf es der Anrufung Gottes, wenn man die Stadt dann hinter sich hat: daß ihre Irrnis und Wirrnis uns nicht als Verwirrung, Beunruhigung, Desorientierung seelisch und geistig verfolgen und Narben hinterlassen. Die Berachot für eine Begegnung mit der Großstadt sehen diese wie einen *Irrgarten des Menschlichen,* die *Institution einer Versuchung,* vor der ein Mensch sich nur schützen kann mit dem Gebet »Und führe uns nicht in Versuchung« – als wäre die Stadt der Bau der Versuchung selbst: Versuchung der Augen, – der Hände mit ihren Händeln in der Stadt, – der Seele und ihrer Gelüste, – des Geistes, der Einfalt und Unschuld verlieren, sich selbst zerstreuen könnte in der Diversität: Vielseitigkeit, unübersehbaren Vielstrebigkeit, zerreißenden, desorientierenden Widersprüchlichkeit, Richtungslosigkeit der Stadt. So kann die Stadt bis heute erfahren werden.

Die talmudischen Gebetslehrer haben das, was die Stadt nicht hat und nicht geben kann, genau benannt mit dem achtmal berufenen Leitwort: *Frieden.* Der fehlt in der Stadt, ja sie ist im Gegenteil institutionalisierte Friedlosigkeit. Kaum eine Nacht ohne Vergewaltigung, Raub, Totschlag, Mord, Brand, Verkehrsunfall, Überfall, Einbruch – was alles zum Alltag der Stadt gehört. Keine Stadt ohne Zusammenprall ökonomischer Interessen, ohne Betrug und private und öffentliche Gemeinheiten. Kein Tag ohne politische Beschimpfungen, Pressefehden, ruhelose Kunst- und Wissenschaftskritik, ohne Haß-Manifestationen: an Häusermauern geschmiert, Alarm- und Kriegsrufe irgendeiner Propaganda, – Hausbesetzungen, – anarchistische Explosionen, – Vandalismen. In der Stadt (läßt sich sagen) ist der Krieg tatsächlich der Vater aller Dinge – und leider nicht nur der Gedankenkrieg, sondern auch der, in dem dem Nächsten an seiner Seele und seinem Leib Schaden und Leid angetan wird. Die Stadt als solche scheint ohne Gott. »Denn ich sehe Gewalttat und Hader in der Stadt. / Sie umkreisen sie Tag und Nacht auf ihren Mauern, / und Frevel und Ungemach ist in ihrem Innern. / Verderben wohnt in ihrer Mitte, / Bedrückung und Trug weicht nicht von ihrem Markt« (Ps 55,10-12). Eben darum lehren jüdische Gebetslehrer, Gott und den Frieden in die Stadt *mitzubringen.*

Das freilich halten sie für *möglich und nötig.* Überall wo Gott gesegnet wird – laut oder leise, von wie Vielen, wie Wenigen auch immer – hat auch er einen Ort, – ist er gegenwärtig, – ist solch Ort für Gott nicht verloren, – kann eine solche Stadt – dennoch! (Ps 46,5 Luther) – »Stadt Gottes« heißen und sein. Denn die Segnung Gottes stellt nicht (nur) den Einzelnen unter Gottes persönliches Geleit. Gesegnet wird ja der Friede Gottes, und der kehrt »objektiv«, gegenständlich mit jedem in die Stadt ein, der Gott darüber segnet. An ihm brechen sich die widergöttlichen und menschenwidrigen Gewalten der Stadt. Wer Gott auch in der Stadt segnet, bereitet ihm dort die Wege, die Bahn. Er bereitet *Gott* die Wege in eben dem, was nur mit ihm in die Stadt kommen kann, weil es dies dort nicht gibt: im *Frieden.* Das Wort »Friede« ist in diesem Fall ein besonderes Stadt-Wort.

Das Entstehen einer *Stadtmission* im 19. Jahrhundert hat nur in sehr weiter Entfernung etwas mit solcher talmudischen Friedens-Beracha für die Großstadt zu tun. Aber sie teilt doch einen objektiven, über bloß individuelles Schutz-Denken hinausgehenden Sinn im Verhältnis von Gott und Stadt. Denkt die Stadt-Beracha *Gott* als wirkend und wirksam in der Stadt, so sucht die Stadtmission die *Stadt* für Gott zurückzugewinnen, sie ihrer Säkularisation und Gottverlorenheit zu entreißen. Doch mehr noch: Sie sucht die Stadtmenschen, die immer rigider Gott aus ihrer Lebensmitte verdrängt und in die Baumitte ihrer meist verschlossenen musealen Kirchen eingesperrt haben, vor ihrer eigenen sozialen Kälte und Härte zu schützen: vor allem die gott- und herzlos der Armut und sozialen Bindungslosigkeit Überlassenen. Im Tiefsten braucht die Stadtbevölkerung eine andere Lebensform, die Stadt selbst wohl auch eine andere Verkehrs- und Bauform, auf die die Impulse der Stadtmission im Grunde immer hindrängen müßten. Allerdings ist die Stadtmission im kaiserlichen Berlin des 19. Jahrhunderts, wo sie entstand, sicher mit in die falsche Richtung gezogen worden, als hier die soziale Verelendung des Stadt-Proletariats mit dem Bau einer immer größeren Zahl von gotisierenden oder romanisierenden Backsteinkirchen nebst der kaiserlichen Stiftung einer Altar-Bibel beantwortet wurde, als gesellschaftliche »Re-Christianisierung« Konzept für eine Erneuerung des Verhältnisses von Gott und Stadt wurde. Wir werden sehen: ein geradezu eschatologischer Irrtum, und ja auch ganz ohne Erfolg geblieben! Der Stadt-Friede dürfte höher hängen.

Schnell noch der Blick nach Rom, hinauf zum Balkon des Papstes. Wir erlauschen den Segen urbi et orbi: den für die Stadt zuerst: *diese* Stadt natürlich, Roma aeterna; aber was wäre sie neben Jerusalem und der Stadt *Gottes* und all den Städten der Welt, die »von Jerusalem aus« bis an die Enden der Erde gesegnet und ernährt werden (Lk 24,47; Apg 1,8)? Und wir sehen dann auch all die Flughäfen der Erdstädte, deren Boden (freilich durch einen Teppich hindurch) der »Stellvertreter Christi« mit dem Bruderkuß begrüßen, ehren, heiligen will: Wer oder was zieht damit ein? Der Friede?

c. *Die säkularisierte Stadt*

Die Neu-Stadt ist weniger ein abstrakt zu entwerfender, formal bleibender Gegensatz zur Alt-Stadt, noch jene Verbesserung, zu der Bert Brecht die Stadtbewohner ermutigte und aufrief. Die Bibel vermittelt uns über die neue Stadt zunächst ihre eigenen Gedanken, die bisher in keinem bekannten Stadt-Konzept Platz haben. Es ist *die Bürgerschaft Gottes, die eine Qualität der Neu-Stadt geben soll,* ihre anders als bisher vermittelte »Lebensqualität« und »Bestrebung«.

So wenig dies ein Stadtordnungskonzept ist, so wenig ein ethisches. Gemeint ist die Stadt aus einem anderen Guß und Geist: eine Herausforderung an die *Welt* der Stadt.

So beginnen wir mit der Aussicht, die am meisten verblüffen kann: »Und einen Tempel sah ich nicht in ihr; denn der Herr, der allmächtige Gott, ist ihr Tempel, und das Lamm« (Offb 21,22). Der neuen Stadt fehlen mithin Institutionen und Denkmale, die an Gott und seine Heilsgeschichte, an Kirchen und Kirchengeschichte, an religöse Sammlung und Versammlung erinnern könnten – sie ist Stadt ohne Kirchtürme, goldene Synagogenkuppeln, Glockengeläut, Luther-Denkmal, Kruzifix, Mariensäule, Heiligen-Nische am oder Herrgottswinkel im Haus. In der neuen Stadt Gottes kennt man das alles nicht mehr. Man erlebt sie, wie wir den arabischen Orient erlebten, als wir ihn zum erstenmal durchfuhren: Dörfer, Städte ohne Kirchen – das fiel uns Naiven gleichsam »in die Augen«, daran zuerst spürten wir, von Griechenland kommend, daß wir nun außerhalb des Abendlandes reisten. Die Minaretts gaben uns damals kaum etwas zu denken.

Die neue Stadt: Kritik der gebauten und sinnenfälligen Religion – und *da*rin: *neu.* Ihr fehlen die gesellschaftlichen Funktionen des Religiösen. Und dessen architektonische: Die Menschheit dort braucht keine besonderen religiösen Sammel- und Versammlungsplätze mehr, denn dort *ist* sie gesammelt und im ganzen Umfang ihrer Lebensäußerungen konzentriert auf Gott und um ihn herum; kein Bauwerk, mit Händen gemacht, könnte ihr den Platz bieten, der sie hier selbst ist: ihr »Ort« aber ist Gott: in ihrer Mitte, – die Gebetsrichtung darum von allen Seiten gleich.

Die gesellschaftliche Funktion des Religiösen war aber in der alten Stadt: die *Vermittlung.* Sie fällt in der neuen aus. Wo Gott in der Mitte wohnt, bedarf es keiner menschlichen Vermittlung zwischen Gott und den Menschen mehr, keines Altars, Priesters, vor allem: keines Opfers. Darum braucht es dort auch keine Wechselgeschäfte mehr zwischen Geld und Opfertieren, – Geld des ökonomischen Handels und der besonderen Tempel-«Silberlinge«. So fällt auch der Tabu-Schutz, unter dem ein antiker Tempel stand, aus, der ihn als Deponie für sichere Geldanlage brauchbar machte, es entfällt also die klassische Bankenfunktion der Tempel, überhaupt das »Gotteshaus« als Ort von Handel und Wandel, Verkaufsstelle von Devotionalien für den Hausgebrauch, – Heilmittel und Heilsmedien.

Dieser Verlust an institutionellen religiösen Vermittlungsinstanzen zeitigt aber weitreichende *Folgen für jede Art Vermittlungs-Handlungen und Vermittlungs-Strukturen:* selbst im Denken. Es bedarf die Menschheit in der neuen Stadt keiner Überbrückungshilfen mehr. Die Pfingsterzählung des Lukas z.B. zeigt schon im voraus, daß und inwiefern wir auf Übersetzungs- und Dolmetscherberufe werden verzichten können: In der Sprachenvielfalt verstehen sich die Menschen – ohne daß erst ein einheitliches Esperanto geschaffen werden müßte – von selbst. Nichts muß mehr »moderiert« werden zwischen den Menschen, – ihnen und den Dingen, – den Ideen; wir werden auf die spezifische Helligkeit und Evidenz, die die neue Stadt ermöglicht, noch eigens zu sprechen kommen. – Dazu gehört auch, daß keine Parteien mehr zu einer öffentlichen Willensbildung gebraucht werden. – Makler und Zwischenhändler werden grundsätzlich nicht mehr vonnöten sein. – Musiker brauchen kein Wohltemperiertes Klavier mehr, weil sie – noch über eine Zwölfton-Skala hinaus – Zwischentöne, Obertöne so hören lassen können, daß sie von Regeltönen gar nicht mehr zu unterscheiden sind. – Und im Rechnungswesen dürfte es weder Plus- noch Minuszeichen mehr geben, jedenfalls nicht als Bestimmungen einer irgendwie wesentlichen Differenz; allenfalls dürften sie – wie Hebung und Senkung im Atem des Sprechens – der Artikulation dienen, jedoch keiner Festlegung von Wertgewinn auf der einen und Wertdefizit auf der anderen Seite. – Paulus hatte es gewagt, sogar die heilsgeschichtlichen und gesellschaftlichen Differenzierungen von Juden und Griechen, Sklaven und Freien, Männern und Frauen eschatologisch in Frage zu stellen (Gal 3,28); um wieviel mehr wäre das eine Tendenz, die wir für eine Ahnung von der neuen Stadt mit bedenken müßten!

Allerdings geht es bei dem mit dem Fehlen des Tempels in der neuen Stadt angesagten Ausfall des Vermittlungswesens nicht um eine Aufhebung aller Unterschiede, also nicht das Ideal der Egalité, wie es die Französische Revolution proklamiert hatte und das neben den beiden anderen Revolutionszielen der Freiheit und Brüderlichkeit sich am folgenlosesten erwiesen hat. Denn da, wo versucht wurde, es zu verwirklichen, zeigte es sich in seiner zwanghaften Abstraktheit schnell als ein Prinzip von Menschenfeindlichkeit, unterdrückte die Qualitäten des Besonderen, Eigenen, Individuellen und stellte sich z.B. als maoistisches Uniformierungsprinzip heraus, oder als nationalsozialistisches Rasseprinzip, das ohne Verdrängung und Vernichtung des Privaten und Ungleichen nicht auskam.

Allerdings bleibt wenig bewußt, daß gesellschaftliche und politische Durchsetzungsversuche eines Prinzips großer égalité nur die Spitze einer längst durchgesetzten *verborgenen* Herrschaft von Egalität fast in allen Gesellschafts-, Handels- und Wertbestimmungsformen der Menschheit war. Es war dies die verborgene Herrschaft eines Mittelmaßes als eines *vermittelnden* Maßes zwischen allen nur denkbaren Werten. Woran bemißt sich das Verhältnis einer Arbeit zu ihrem Produkt, wie lassen beide Werte sich ver-gleichen, in eine bestimmbare Beziehung bringen, und wer bemißt mit welchem Maß das Verhältnis beider Werte zueinander? Wieso sind Zwei und Drei = *gleich* Fünf: Ist denn nicht Zwei eine Qualität, Drei eine ganz andere und noch einmal eine ganz andere die

Fünf? Mit welchem Recht sind Zwei und Drei *gleich* zu behandeln? Sind nicht Zweie *besser* dran als z.B. nur Einer (Koh 4,9.11), und gar »eine dreifältige Schnur reißt nicht leicht entzwei« (Koh 4,12)? Und ist Gott nicht, wo auch nur Zwei oder Drei die Tora studieren, in ihrer Mitte, d.h. hat nicht jede Zahl (sofern sie für Etwas oder Jemanden steht) ihren eigenen Gotteswert? Das einfache Zusammenzählen kann keine Gleichheit erzeugen – es wäre denn eine Zwangsgleichheit, derzufolge aus dem Untergang jedes einzelnen Wertes in einem sog. »höheren Wert« eben eine »Gleichheit« erzeugt wird: die der Zerstörung des Einzelnen. Dies gilt für die Bildung *aller* Hierarchien und »höheren Werte«: gesellschaftlicher genauso wie von Wertehierarchien, Begriffshierarchien, grammatischen Hierarchien im Sprachbau, logischen Hierarchien (auch von Hierarchien im Bau einer Dogmatik!). Hierarchien vergleichgültigen durch *Unter*-Ordnungen die Werte des Einzelnen, lassen dem Einzelnen einen Wert gerade nur noch in der Beschränkung.

An solche *systematische* Aufhebung der Differenz mit der Folge einer Vergleichgültigung der Existenz von Juden und Griechen, Sklaven und Freien, Männern und Frauen wird Paulus doch nicht gedacht haben, – zu genau beachtete er in seinem Verständnis des Christusgeschehens und in dessen Verkündigung Gottes Besonderheit im Verhältnis zu jedem Einzelnen (den Juden »zuerst« – »und auch« den Griechen). So meinen wir aus Gal 3,28 nicht derart eine Linie in die neue Stadt ausziehen zu können, daß dort revolutionäre égalité die Zukunft sein werde – im Gegenteil. Wie dort ein Jedes zu gerade seinem Recht kommen wird, so wird dort keine abstrakte Rechtsgleichheit mehr zu denken sein; vielmehr wird dort jeder Mensch seines ihm in der Lebenskrise des Gerichts zugesprochenen Eigenrechts leben, und sie werden Recht nicht mehr aus einem Rechts-Vergleich mit dem Recht des Anderen beziehen, sondern aus der Rechtsbeziehung, in die hinein Gott sie im Gespräch des Jüngsten Gerichts gezogen hat. In der »persönlichen« Beziehung Gottes zu einem Jeden, einer Jeden wird die Rechtsgemeinschaft der neuen Stadt gründen, nicht in abstrakter justitia distributiva, also auch nicht in einem allgemeinen Medium Recht.

Das Ende der Vermittlung und – zu ihr gehörend – des konkurrenzierenden *Vergleichs* wird zugleich das *Ende der versteckten Gottheiten* sein, die – unbeachtet, unkontrolliert, unbeherrscht – in den jeweiligen Vergleichs*maßen* herrschen. Denn wer oder was *herrscht* bei der Bestimmung dessen, worin Werte – wie z.B. Arbeit und Ware, Regel-Ton und Zwischenton, eine Rechtsgleichheit Aller – sich vergleichen, sich vermitteln lassen? Wovon ist das unsichtbare Mediale, sind die Medien, das »Zwischen« des Raums, der Zeit, der zwischenmenschlichen und der gott-menschlichen Beziehungen beherrscht? Wer schließt darüber welche Übereinkünfte? Politiker, Wissenschaftler, Literatur- und Kunstkritiker (bestimmt nicht: die Künstler untereinander), Religions-Repräsentanten oder Philosophen welcher Couleur auch immer, – Eigner, Manager des Kapitals und – was zu alledem dazugehört: die unfaßbare Wechselhaftigkeit der faßbaren und ungreifbaren Öffentlichen Meinung? Nirgendwo scheint die biblische Rede von den »Mächten und Gewalten« und den »Herrschern in den Lüften« (Eph 2,2; 6,12) so aktuell wie dort, wo die Tauschwerte schlechthin aller Handlungs- und Denkbereiche: die *Medien und Werte jeder Vergleichbarkeit* festgelegt, moderiert, umgestürzt werden. Wer verantwortet die Verwandlung Hamlets zur »Hamlet-Maschine«? Doch nicht Heiner Müller allein!?

Hinfallen wird in der neuen Stadt die herrschende *Gleichgültigkeit,* aus der die unsichtbaren Vergleichsmedien ihre Mächtigkeit beziehen. Es ist die Gleichgültigkeit der *Neutralität* gegenüber allen Qualitäten: Folge und Bedingung der Säkularisation, vermutlich Substanz gerade auch der großstädtischen »*Toleranz«*, des Gewährenlassens nach eigener Fasson, – der Gewohnheit, nebeneinanderher zu leben, – schließlich: der Anonymität, die ja Gleichgültigkeit gegenüber den Namen ist und sie gegeneinander austauschbar macht – während doch Namen ihre Träger unverwechselbar machen (so beliebig sie einem Menschen »gegeben« worden sein mögen). Folge und Bedingung aber auch eines Wissens- und Wissenschaftsprinzips, das Wertenscheidungen hinter sog. Selbstgesetzlichkeiten der Dinge zurückdrängen will, in Wirklichkeit aber jene Wertentscheidungen versteckt, die in den unsichtbaren Mittel- und Vermittlungsmedien, im Ansatz von Gleichungen zwischen dem, was verglichen wird, doch enthalten sind. Die Gleichheitszeichen werden in Sprache und Schrift der Zukunft ihre Funktion verlieren: mit allen Rückwirkungen, die das für die Wahrnehmung und Aussprechbarkeit der Wirklichkeit in den Wirklichkeiten haben wird.

Einwenden ließe sich, ob das nicht überzogene Analogie-Spiele seien, und fragen ließe sich: Was haben die neue Stadt und die Probleme aller möglicher Vermittlungen miteinander zu tun? Worauf ich antworten möchte: So viel wie Existenz und Nicht-Existenz eines Tempels und einer religiösen Institution mit der Stadt – weil sie die Orte allerhöchster oder allererster, vielleicht sogar: ursprünglicher Vermittlung sind: der zwischen Menschen und Gott, und weil gerade dort *Vermittlung und Opfer* eine Einheit bilden, von der *alles* Leben bestimmt ist – das gesellschaftliche, intellektuelle, seelische, ästhetische, ökonomische.

Doch gibt uns der Blick auf den *Ausfall* des Tempels in der neuen Stadt nur erst einen halben Aspekt für das, was uns als Säkularisation dort bevorsteht. Denn der Fortfall des Tempels und damit des Quells aller Vermittlungs*systeme* (nicht jeder Vermittlungs*problematik!)* ist nur die Rückseite der neuen Wirklichkeit, deren Vorderseite darin besteht, daß *Gott Mitbürger* der neuen Stadt sein wird und in einer anderen Wirklichkeitsweise »da« sein will als nur der des sprachlichen, gestischen, ästhetischen, architektonischen, psychischen Symbols. »Er wird bei ihnen wohnen, und sie werden sein Volk sein, und Gott selbst –

αὐτὸς ὁ θεός – wird bei ihnen sein« (Offb 21,3), was ja (21,22b) heißt: »Der Herr, der allmächtige Gott, ist ihr Tempel, und das Lamm«; will sagen: Gott ist Tempel »in Person« – so wie es vom Leib Christi (dem des »Lammes«) nach Joh 2,21 hieß (bei der Ankündigung Jesu, er vermöchte den Tempel abzubrechen und innerhalb dreier Tage wiedererstehen zu lassen: Joh 2,19): »Er aber sprach von dem Tempel seines Leibes«. Mag man das eine vergeistigte Tempel-«Vorstellung«, einen spiritualisierten Tempel-«Begriff« nennen – es handelt sich auch hier um die eschatologische Gegenständlichkeit und Wirklichkeit, von der auch in der Patmos-Vision der neuen Stadt die Rede ist: »Der Herr ist ihr Tempel – und das Lamm«: Offb 21,22 weist auf Joh 2,21, und dies auf jenes.

Uns interessiert weniger die Vorstellung als die Sache, von der da die Rede ist. »Der Herr ist der Tempel« meint nicht etwa: Er *ersetzt* ihn; dort, wo es keinen Tempel mehr gibt, müssen wir Gott halt »im Geist und in der Wahrheit« anbeten (Joh 4,23), rein spirituell – worunter dann allzu oft verstanden wird: in einem ungegenständlichen, nicht mehr äußerlichen, sondern nur noch in einem inneren Verhältnis. (Freilich bin ich religiös, aber nicht mehr kirchlich, – auf eigenem Wege, in eigener Form, aber nicht mehr historisch-*vermittelt,* nicht mehr so-direkt-«oberflächlich«, wie kirchliche Glaubenslehre dies »verlangt«, sondern tief-seelisch-symbolisch, wo es allenfalls auf Zeichen, jedoch nicht mehr auf weltliche Vorstellungen, weltanschauliche Vorgaben, fixierte und fixierende Sätze und bestimmte, diskutierbare Aussagen ankommt). Aber Spiritualisierung und Symbolisierungen sind nicht etwa Kennzeichen der Wirklichkeit in der neuen Stadt, sie sind alt-städtisch: *immanenter* Gegensatz, in Wahrheit: Ergänzung der dort real-existierenden Kirchlichkeit und Religiosität; das regt sich durchaus im Schatten des Doms und Bischofssitzes und der winkligen Fachwerkhäuser am Kirchplatz.

Es bedarf aber dort deswegen keines Hauses Gottes mehr, weil in der Stadt Gott jeder Frau und jedermann *von Angesicht zu Angesicht* begegnen kann, wie einer einem Freunde begegnet – gleichsam mitten auf dem Kurfürstendamm. Ich wage nicht zu denken, daß wir es in der Stadt Gottes mit seinem Offenbarsein so zu tun haben werden, daß das ganz ohne eine Näherbestimmung seiner Verborgenheit wird auskommen können. An einem Anderen bleibt immer etwas Verborgenes, ihm eigenes, das Geheimnis seines Selbst, seines Unterschieden-, seines Ich-Seins. Ich rechne nicht mit einer Ich-auflösenden unio mystica. Daß Gott und wir uns in der neuen Stadt treffen werden, wird immer ein *Überraschungserlebnis* bleiben – wie ja auch das tatsächliche Zusammentreffen an einem lange verabredeten Treffpunkt überraschend bleibt. Was sich aber doch sagen läßt: Gott wird *unverschlüsselt* unter seinen Mitbewohnern gegenwärtig sein, nicht mehr angewiesen darauf, durch Verstehenshelfer/Hermeneuten und andere Deuter er-schlossen zu werden; er wird auf Anhieb erkennbar sein: *un-*

verkennbar Gott. Deswegen unverkennbar, weil *nicht mehr verwechselbar* mit anderen Ereignissen, Mächten, Gestalten und Wahrheiten, die die Alt-Städter – wie z.B. die alten Athener (Apg 17,21) – so neuigkeits- und sensationslüstern, presseabhängig: und so verführbar machten, – weil auch die medialen Gottheiten ausgespielt haben werden und die Neu-Städter sprachempfindlicher sein werden: Wort Gottes wird ihrer Sprache nicht von vornherein mehr so fremd klingen wie einst. Vor allem werden wir, wenn er uns begegnet, Gott sofort daran erkennen, daß er mit uns *sehr direkt sein* wird; auch wir werden ihm kein Rätsel mehr sein, er geht unmittelbar auf jeden von uns zu, vielleicht schonungslos direkt, vielleicht um uns wissend direkt, jedenfalls: *umstandslos,* ohne Zeremoniell zwischen sich und uns: *angriffig und eingreifend.* Er wird »alle Tränen abwischen von ihren Augen, und der Tod wird nicht mehr sein, und kein Leid noch Geschrei noch Schmerz wird mehr sein; denn das Erste ist vergangen« (Offb 21,4). Es wird *keine Unbetroffenheit von Gott mehr* in der neuen Stadt möglich sein. Herr Keuner wird in der neuen Stadt nicht mehr erbleichen müssen, weil ihn dort niemand mehr in den Schein setzen könnte, er habe sich ja überhaupt nicht verändert.[116] Dort nämlich wird die Selbstveränderung und das Ändern der Dinge die Tagesordnung sein: Ordnung jener unvergleichlichen Helligkeit, von der wir sogleich werden sprechen müssen. Brecht hat das Problem auf den Punkt gebracht in der Geschichte »Die Frage, ob es einen Gott gibt«. »Einer fragte Herrn K., ob es einen Gott gäbe. Herr K. sagte: ›Ich rate dir, nachzudenken, ob dein Verhalten je nach der Antwort auf diese Frage sich ändern würde. Würde es sich nicht ändern, dann können wir die Frage fallen lassen. Würde es sich ändern, dann kann ich dir wenigstens noch so weit behilflich sein, daß ich dir sage, du hast dich schon entschieden: Du brauchst einen Gott.‹«[117] So erzählt, ist dies noch eine Geschichte aus der Alt-Stadt – aber der Herr Keuner kennt schon die neue Wirklichkeit. Nicht nur wer Gott *braucht,* ist von ihm betroffen (und weiß somit die Antwort auf die »Frage, ob es einen Gott gibt«). Vielmehr: Wer sich ändert, dem ist Gott begegnet, – besser aber umgekehrt: Wem Gott begegnet, der *ist* verändert; er weint, leidet, schreit nicht mehr, lebt jetzt schmerzfrei. Begegnung mit Gott ohne Folgen kann es in der neuen Stadt nicht mehr geben, denn dort ist Gott nicht mehr Möglichkeit, sondern Wirklichkeit, nämlich: die, die wirkt.

Denn die neue Stadt ist – weit entfernt von der alten in ihrer Dschungelhaftigkeit – *helle und erhellende Stadt.*

Wir beachten, daß der Seher von Patmos, kaum daß er das neue Jerusalem *ohne Tempel* gesehen hatte, die *erleuchtete* Stadt gezeigt bekam. »Und die Stadt

116. B. Brecht, Das Wiedersehen, in: Geschichten vom Herrn Keuner.
117. B. Brecht, Die Frage, ob es einen Gott gibt, in: Geschichten vom Herrn Keuner.

bedarf nicht der Sonne noch des Mondes, daß sie ihr scheinen; denn der Lichtglanz Gottes erleuchtet sie, und ihre Leuchte ist das Lamm« (Offb 21,23), d.h. er, der Joh 8,12 von sich gesagt hatte: »Ich bin das Licht der Welt«. »Und die Völker werden in ihrem Lichte wandeln ... Und ihre Tore werden nicht geschlossen werden am Tage – denn dort wird es keine Nacht mehr geben ...« (Offb 21,24-25). Will sagen: Die neue Stadt bedarf keines lumen naturae, Naturlichts mehr. Vor allem nicht des beständigen Licht- und Beleuchtungswechsels, der uns im Tag- und Nacht-Tausch natürlich scheint. Die Ambivalenz zwischen Tag und Nacht fällt fort: die zwischen Hell und Dunkel, – die Schattenwürfe fehlen, die damit verbunden sind. In der Alt-Stadt ist die Grundorientierung der Menschen davon geformt, ihr Anheimelndes hat sie oft gerade von ihren dunklen Winkeln, den von sehr enger Häuserstellung beschatteten Gassen; oder in den Schluchten zwischen den Hochhäusern von Manhattan; beide Male ohne Ausblick »nach oben«.

Die menschliche Grunderfahrung von Licht aber bestimmt die Möglichkeiten der Seele. Den in den Winter hineingeborenen Kindern scheint sich ihr seelisches Sensorium anders zu entwickeln als den in die helle Jahreszeit Geborenen. Was aber die Seele bestimmt, bestimmt auch den Intellekt. Licht ist Symbol für Aufklärung. Die Überlieferung von Goethes letzten Worten im Lehnstuhl am Frauenplan: »Mehr Licht« ist immer doppelsinnig aufgefaßt worden. In erster Dimension: Zieht den Vorhang noch weiter zurück, laßt mehr Tageshelle ein. In zweiter Dimension: Mehr an Helle der Erkenntnis, des geistigen Sehen- und Sagenkönnens! Gut und Böse sind Geburten des *wechselnden* Lichts und im Unterscheidenkönnen *Licht*geburten! Daß die Strahlen der Sonne die Nacht vertreiben, geht in Schikaneders Zauberflöten-Libretto der Regieanweisung voran: »Sogleich verwandelt sich das ganze Theater in eine Sonne«; Ernst Bloch las dies als das Ereignis ausbrechender Aufklärung schlechthin.[118]

Doch sind das nur ferne Hinweise auf jenen Lichtglanz der kavod, der δόξα des biblischen Gottes, die in der neuen Stadt aufstrahlen soll. Für dies Licht wählen wir den Begriff der *Evidenz:* des Augenscheinlichen, Einleuchtenden, Offenbaren. In der neuen Stadt wird Gott selbst endlich *unmißverständlich* geworden sein, durch keine Interpretation mehr zu entstellen oder auch nur zu verstellen. Er wird ja nicht mehr in einem Licht stehen, mit dem wir ihn beleuchten, uns und anderen einleuchtend zu machen versuchen. Dort wird er von-sich-selbst-her, aus sich heraus scheinen: e-videre, sich sehen lassen. Gott ist genug interpretiert, es kömmt aber darauf an, ihn sich selbst in Erscheinung bringen zu lassen. Geschieht dies aber, dann tritt in seinem Umkreis schlechthin alles andere ins Licht seiner Evidenz, verliert so alles Rätselhafte und gewinnt

118. E. Bloch, Das Prinzip Hoffnung, Bd. 2, 1959, 969ff.

selbst an eigener Evidenz. »Der Glaub bleibt immer im Schein« – der Evidenz, des Lichts, das aus Gott strahlt.[119]

Zu unserem Verständis von Evidenz gehört nun aber nicht nur das (phänomenologische) Moment des Von-sich-selbst-her-Leuchtenden Gottes, auch nicht nur das der Mit-Erhellung der Umgebung Gottes – dazu gehört auch seine Erkennbarkeit *für* Alle und sein tatsächliches Erkanntwerden *durch* Alle. Von Evidenz sprechen wir im Blick auf die grundsätzliche, generelle Einsehbarkeit Gottes, die vorbehaltlos allen Menschen erschwinglich sein und zugutekommen soll. *Da*rum ist von der kavod Gottes gerade in der Stadt zu reden, ist sie doch der Ort der Menschensammlung schlechthin: »Und *die Völker* werden in ihrem Lichte wandeln«: dem der Stadt, d.h. dem der Stadt selbst leuchtenden und sie erleuchtenden Licht (Offb 21,24). Die Stadt ist hier der Raum, Horizont der Evidenz Gottes: die Vielzahl und Diversität der *Bevölkerung* der Stadt, aber auch die Stadt als solche und ganze, in allen ihren verborgenen Winkeln und Ecken, Bestrebungen und Gefährdungen wird durchsichtig werden, aufklarende Stadt, in der niemand mehr wird stolpern können, weil die Wege erleuchtet sind, die wir dort gehen, und die Häuser hell, in denen wir planen, wohnen, schlafen und wirken. Evidenz und Stadt gehören zusammen wie der, *der* evident wird, mit dem, *dem* jemand evident wird. »Leicht zu ersehen« wird dann dort sein, »wie man auf dem schnellsten Wege / Zum Ziel kommt« (B. Brecht).

Es wird aber diese Evidenz jene Vermittlungssysteme ablösen, die wir als Kennzeichen des Lebens in der Alt-Stadt skizzierten. Jede Art Tempel kann deswegen in der Neu-Stadt fehlen, weil dort Gott evident werden will: frei von Menschenvermittlungen durch Symbol oder Deutung.

Das aber nennen wir die *Säkularisation* der Stadt. Sie wird das Gegenteil eines jeden Abfalls von Gott, jeder Gleichgültigkeit und Neutralität ihm gegenüber sein. Mag gesellschaftliche Säkularisation das einst gewesen sein: Die *eschatologische* Säkularität der Stadt wird nicht mehr negativ abzustempeln sein. Sie gründet in der Menschlichkeit und Weltlichkeit Gottes als eines Bürgers und Zuzugsberechtigten in der Stadt, besser: in seinem originären Bürgerrecht in dieser Stadt. Deren Säkularität werden wir darin erfahren, daß dort die Grenze zwischen Heilig und Profan aufgehoben sein wird, d.h. nach M. Eliade die Urmarkierung von Religion[120], und daß dort die Menschen »unmittelbar zu Gott« leben werden.

119. Gegen die Verneuerung dieser Luther-Zeile in EG 4,4: »Der Glaub blei*b* immer im Schein« halten wir an der Version EKG 1,4 fest: »Der Glaub bleib*t* immer im Schein« – wie in WA 35,500, – MA 3,343, – wie im sog. Bapst'schen Gesangbuch 1545 : Geystliche Lieder. Mit einer newen vorrhede / D. Mart. Luth. … Leipzig. I: »der glaub bleibt imer im schein«.

120. M. Eliade, Das Heilige und das Profane. Vom Wesen des Religiösen, 1957, 13ff.

d. Die »wohlgefügte« ist die »Stadt, da man zusammenkommt«

Die neue Stadt wird nun aber eine auch *architektonisch und stadtplanerisch* neu gefügte Stadt sein.

Wer sich der utopischen Seite der biblischen Botschaften öffnet, wird überrascht von der Bedeutung, die Fragen des Städtebaus und der Architektur dort haben.

Dies gilt besonders für ein architektonisches Interesse am *Tempel* von Jerusalem, aber in dessen Umkreis auch an dieser *Stadt* im ganzen; es gilt jedoch nicht weniger auch für die Anlagen der *Fluchtstädte:* ihres Weichbildes, ihrer Beziehung zur umgebenden Landschaft (vgl. z.B. Num 35,3-6a; Lev 25,34). Und die urgeschichtlichen biblischen Erzählungen von Kain als Städtegründer und dem Turmbau zu Babel zeigen, wie sehr gerade die Großstadt in ur-geschichtlicher Bedeutung gesehen wird – nicht anders als z.B. das Ninive des Jona-Buches in prophetischer: diese »über alle Maßen große Stadt, drei Tagereisen zu durchwandern« (Jona 3,3).

Wir hören z.B. von einer symbolischen Handlung des Propheten Ezechiel, wie er einen *Stadt-Grundriß* einritzt auf einen Ziegelstein; zerbrechlich wie dieser Stein ist die ganze Stadt von ihrem Grunde her (Ez 4,1) – wie ja auch Jesus beim Anblick der Herrlichkeit des Jerusalemer Tempels von dem Schreckensgesicht überfallen wurde, daß davon kein Stein auf dem anderen mehr stehen bleiben werde; damit hebt überhaupt seine große Zukunftsrede an (Mk 13,1-2). Der Stadtriß des Ezechiel aber zeigt die Bedeutung eines Blicks für stadtplanerische Gesamtheit, für die Stadt als ein Gefüge, in dem sie ihre Eigenart hat, in dem sie aber auch bedroht ist.

Ezechiel war es auch, der die *Architektur- und Einrichtungs-Details des Tempels* nach dessen erster Zerstörung 586 v. Chr. möglichst genau und *zugleich:* utopisch-idealtypisch festgehalten hat (Ez 40 – 42) – so *genau,* daß seit den viel späteren Zeiten der europäischen Renaissance nicht nur sinnenfreudige Theologen, sondern auch Architekten danach Baumodelle hergestellt und Maler anschauliche Bilder davon entworfen haben – zugleich so *ungenau*-utopisch, daß solche Modelle und Bilder im einzelnen erheblich voneinander abweichen konnten: Einfach *nach*bauen ließ sich der Tempel doch nicht, es mußte genügen, daß sein geographischer Ort sich festhalten ließ – wenngleich bis zum heutigen Tage auch hier etwas für Juden Entscheidendes offenbleiben mußte: die Kenntnis der genauen Lage des Altars im Allerheiligsten auf dem Tempelberg. Fromme Juden betreten den Ort darum bis heute nicht, aus Scheu, mit ihren Füßen womöglich den Platz des Altars verletzen zu können. Daß dieser zentrale Topos so ganz genau doch nicht in Erinnerung gehalten werden konnte, hebt das gesamte Tempelgebiet ins derzeit U-topische und bewahrt die Betretbarkeit des Ortes als ein messianisches Ereignis; erst, wenn der Messias kommt, wird der ganze Ort wieder unterscheidbar werden, was umgekehrt aber auch bedeutet: *Das Kommen des Messias wird auch als Orts-Offenbarung und Ereignis neuer Betretbarkeit eines Raumes erwartet.*

Für uns wichtig ist, daß das architektonische Interesse an den Tempelbauten immer verbunden war mit einem entsprechenden Interesse an der *ganzen Stadt.* Die Tempelvision Ezechiel 40ff *beginnt* überhaupt mit der Sicht vom »Bau einer Stadt« (Ez 40,2: Zürich; Luther: »wie eine gebaute Stadt«). Und eine erste visionäre Begegnung ist die mit einem Mann mit einer Meßschnur aus Leinen in der Hand: einem Stadt- oder Landvermesser also (Ez 40,3).

In dessen Begleitung wird die ganze Tempel- und Jerusalem-Vision zu einem *architektonischen Messungsgeschehen,* in dem nach Ellen und Ruten Torbauten und Nischen, Schranken und Hallen, Wände und Fenster, Zellen und Platz- und Wegepflasterungen, Pfeiler und Säulen, Vorhöfe, Vorhallen, Eingänge und Innenräume, Stockwerke, Hauptbauten, Seitengebäude, Galerien, Türrahmen, Türflügel und deren Scharniere, Mauern und deren verschiedene Dicke regelrecht vermessen werden. Daß so Architektur zum Inhalt einer *Gottes*-Vision wird, zeigt, daß ihr (als historischer *und* utopischer Erinnerung) theologische Bedeutung beigemessen wird.

Und das ist ja nicht nur eine Marotte des Propheten Ezechiel. Im Buch Schemoth (Ex) finden wir eine minutiöse Bauanweisung für den (dort noch altertümlich »Zelt« genannten) Tempel: Ex 25; 27; 31; 35 – 39, für seinen Außenbau, seine Innenausstattung. Auch hier heftet sich das architektonische Interesse besonders an den Tempelbau, – verständlich, weil gerade er *rituelle* Bedeutung hat. Und darum dann auch kein Wunder, daß die Absetzbewegung der Gruppe von *Qumran* ihren *Gegensatz zu Jerusalem auch als Gegensatz in bezug auf die Tempelarchitektur* fixiert hat. Die längste der uns erhaltenen Schriften aus Qumran ist die sog. Tempelrolle, auch sie (wie Ez 40ff) voll von architektonischen und baulichen Details, die dem Nachweis dienen, daß der damals noch stehende Tempel in Jerusalem völlig *falsch gebaut und darum ungültig* sei. Die Qumran-Leute setzen dem einen in ihren Augen »richtigen« Bauplan entgegen, – erklären aber außerdem, daß der Tempel der (eschatologischen) Zukunft überhaupt noch »ganz anders« aussehen werde, weil nicht Menschenhände ihn errichten werden. Zwischen Qumran und dem von Jerusalem repräsentierten Judentum bilden also Architekturfragen geradezu heilsgeschichtliche Differenzen heraus, – solche von »richtig« und »falsch«, – solche von Gruppenbildungen; in Architekturfragen kann mithin Orthodoxie sich ausdrücken.

Doch was für den Tempel gilt, *schließt die Stadt mit ein.* Das Buch Nechemja bewahrt zwar keine Tempel- und Stadtbau-*Vision,* dafür eine durch und durch ins historisch-Faßliche reichende *Stadtbau-Erzählung:* die vom Wiederaufbau

Jerusalems durch (viel zu wenig) aus Babylonischer Gefangenschaft heimkehrende jüdische Familien. Gerade eben erst aus Babylonien zurückgekehrt, unternahm Nechemja selbst einen Nachtritt rings um die ruinierte Stadt herum, um sich ein eigenes Bild zu verschaffen von Restaurierungsmöglichkeiten. Weil jedoch sein Reittier im Bauschutt festen Tritt verlor, gelang ihm dies Vorhaben nur zum Teil (Neh 2,11-15).

Vom *Wiederaufbau* der Stadtmauer wird berichtet, ihren einzelnen Abschnitten, wenigstens bis zur halben Mauerhöhe von einst hinauf (Neh 4,6 Zürcher Zählung). Vom Gebälk der Tore und ihrer verschiedenen Türme. Von deren Türflügeln, Schlössern und Riegeln. Von vielen Ausbesserungsarbeiten, soweit das an ruinierten Gebäuden noch ging. Von der Straßenpflasterung. Von Überdachungen. Dies alles mit genauen Ortsangaben (Neh 3). Von der Wiederverwendung verbrannter Steine aus Schutthaufen der Ruinen (Neh 4,2). Von der militärischen Absicherung der einzelnen Bauvorhaben gegen arabische, ammonitische, asdoditische Verhinderungsversuche der Restaurationsarbeiten (Neh 4,7ff). Von dem nur sehr langsamen Vorankommen der Lückenschlüsse an den Breschen der Mauer (Neh 6,1), vom endlichen Abschluß dieser Arbeiten (Neh 7,1ff).

Erzählt wird aber auch von den an diesen Arbeiten beteiligten repatriierten Familien (Neh 7,6ff), von der Zunft der Goldschmiede, die mit den Verschönerungsarbeiten einer »Kunst am und im Bau« beauftragt waren, auch von der Zunft der Salbenbereiter, die nun freilich in diesen Anfangsstadien des Wiederaufbaus noch ganz unzünftig als Straßenarbeiter eingesetzt wurden (Neh 3,8). Von den im Verhältnis zur noch geringen Bevölkerungszahl viel zu groß angelegten Dimensionen der Stadt (Neh 7,4). Schließlich von der Einweihung der Stadtmauer und einem fröhlichen Stadtfest bei dieser Gelegenheit (Neh 12,27ff).

Wir kennen dies alles aus der Wiederaufbau-Phase der zerstörten europäischen Städte nach der Nazi-Zeit. Wir kennen die Welt der Trümmerfrauen, der Aufräumungsarbeiten in den zerstörten Städten. Wir kennen die Mentalitäten: »Bau auf, bau auf, / bau auf, bau auf, / freie deutsche Jugend, bau auf!« Wir kennen Brechts: »Fort mit den Trümmern / Und was Neues hingebaut! / Um uns selber müssen wir uns selber kümmern / Und heraus gegen uns, wer sich traut!«[121] Wir kennen Erik Neutschs »Spur der Steine«, Heiner Müllers »Der Bau«. Die unzählbar vielen Trümmerfilme aus Westdeutschland, die allzu optimistischen Baustellenfilme aus der einstigen DDR.

Was wir aus biblischen *Wieder*aufbau-Erzählungen kennen, kennen wir ähnlich auch schon aus den *Ausbau*-Erzählungen: etwa aus der Zeit Davids (1 Chr 14.15): »Und David baute sich Häuser in der Davidstadt« (1 Chr 15,1), nachdem es schon unmittelbar nach der Eroberung der Stadt hieß: David ließ

121. B. Brecht, Gedichte. Bd. 7, Gedichte 1948-1956, 1964, 30f.

sich »auf der Burg nieder und nannte sie Stadt Davids; und er baute die Stadt ringsum, vom Millo an einwärts« (2 Sam 5,9). Wir hören von den daran beteiligten Bauarbeitern und den dazu verwendeten Baumaterialien: »Und Hiram, der König von Tyrus, sandte Boten an David mit Zedernstämmen, auch Zimmerleute und Steinmetzen, und sie bauten David einen Palast« (2 Sam 5,11) – Gastarbeiter am Werk. Auch von Salomos enormer Bautätgkeit wird berichtet. Er rekrutierte, wie es heißt, 70 000 Lastträger, 80 000 Steinmetzen und 3 600 Aufseher für sie alle; Berlin-Potsdamer Platz im Jahre 1996 n. Chr. ist nichts dagegen. Wieder bittet er, wie schon sein Vater, in Tyrus um Baumaterialien: Zedern-, Zypressen- und Sandelholz vom Libanon, das von dortigen Waldarbeitern erst gefällt werden muß und dann übers Mittelmeer nach Japho geflößt wird. Außerdem verhandelt er mit Tyrus über das Engagement eines Fachmannes, der sich aufs Kunsthandwerk für Arbeiten in Gold, Silber, Erz und Eisen, aber auch in Stoffen von Karmesin, rotem und blauem Purpur, ferner auf Schnitzarbeiten versteht und der gemeinsam mit einheimischen Künstlern angestellt werden soll. Allein die Waldarbeiter auf dem Libanon-Gebirge sollen den Salomo 20 000 Kor Weizen, 20 000 Kor Gerste, 20 000 Bath Wein und 20 000 Bath Öl kosten (2 Chr 2 vgl. 1 Kön 5,15-30). 2 Chr 3 – 4 entwickeln dann die Vermessungs-Einheiten für die Anlagen des Tempels, sowohl Außen- wie Innenabmessungen und die Maße der Inneneinrichtung, berichten nicht zuletzt auch über die künstlerischen Designs. Die *Stadt* ließ Salomo um die Hälfte des Umfangs erweitern, die sie zur Zeit seines Vaters David besaß, – ließ das Gefälle von der Davidstadt zum Tempelberg hinauf terrassieren und bebauen. Später (im 8. Jahrhundert v. Chr.) ließ man dann die Wohngebiete vom Südosthügel der Davidstadt auch auf den Südwesthügel übergreifen (das heutige Armenierquartier der Altstadt und den heute »Zion« genannten Berg hinauf). Besondere Verdienste hat Salomo sich um die *Wasserversorgung* der Stadt erworben. Während der vorisraelitischen Zeit und auch noch zur Zeit Davids hatte man sich damit begnügt, direkt aus der Gichon-Quelle im Kidron-Tal zu schöpfen. Für Salomos Pläne genügte das nicht mehr. Heute kann man archäologisch einen zunächst offen von der Gichon-Quelle abfließenden, dann aber unterirdisch weitergeführten Kanal nachweisen, der das nur sehr spärlich fließende Wasser in den unteren Siloah-Teich führte, wo es gestaut und reichlicher genutzt werden konnte. Doch ist dies Wassersystem der Salomo-Zeit nichts im Vergleich mit dem – heute ebenfalls archäologisch erschlossenen – sog. *Hiskia-Tunnel,* einem 512 m langen, von zwei Seiten aus in den Fels geschlagenen Verbindungsstück zwischen der Gichon-Quelle (die außerhalb des Stadtgebietes lag) und dem oberen Siloah-Teich, einem Wasserreservoir innerhalb der Stadtmauern – ein technisches Meisterwerk der Wasserversorgung ersten Ranges, das Wasser in die Stadt brachte und vor allem im Falle feindlicher Belagerung der Stadt die Bevölkerung vor dem Verdursten schützte, ja mehr noch: Der frei fließende Teil des Salomo-Kanals konnte jetzt zugeschüttet und dadurch potentiellen Belagerern der Zugang zum Wasser erschwert werden (vgl. 2 Chr 32,2ff).

Die biblischen Erzähler sind an solchen architektonischen und stadtplanerischen Details vor allem im Blick auf Jerusalem interessiert. Dies ist ja die Hauptstadt. Die Konzentration auf die Tempelarchitektur dabei hat aber nicht nur mit dem theologischen Sinn und Geheimnis gerade dieses Ortes – als des »Hauses Gottes« – zu tun. Sondern der Tempel ist es, der die gesamte Stadt Jerusalem zu einer *Stadt* macht, »*da man zusammenkommen soll*« (Ps 122,3 Luther). Der Tempelplatz macht nämlich Jerusalem zum *Wallfahrtsort* für die Stämme Israels: mitsamt ihren »Fremdlingen und Beisassen«. Dreimal im Jahr ist die Stadt Gottesdienst- und Festzentrum für ganz Israel – besonders, nachdem der König Josia die über das Land verstreuten Heiligtümer hatte schließen lassen und allen Gottesdienst auf Jerusalem konzentriert hatte (2 Chr 34). Übrigens hat auch der König Josia bei dieser Gelegenheit umfangreiche Restaurierungsarbeiten am Tempel vornehmen lassen, »die Schäden und Risse am Gebäude auszubessern«; Zimmerleute und Maurer wurden angestellt, – behauene Steine gekauft, – Holz für die Bindebalken besorgt, um die Gebäude mit neuem Gebälk zu versehen: 2 Chr 34,10-11. Für diesen Zweck des »Zusammenkommens« ist – nach Luthers Übersetzung – Jerusalem ausdrücklich »gebaut«; die Architektur der Stadt und des Tempels stehen im Dienst dieses Zwecks.

Buber allerdings hat aus Ps 122,3 nicht so deutlich wie Luther den Zusammenhang von Architektur/Stadtplanung und ihrem sozialen, gottesdienstlichen Zweck herausgehört. Er hört in dem Psalmen-Vers deutlicher vom *Baugefüge der Stadt als solchem* gesprochen: »Jerusalem du, auferbaut / als eine Stadt, die in sich verfugt ist zusamt …«; das Ineinandergreifende, die *Stadteinheit,* scheint der Psalmist nach dieser Übersetzung besonders gefeiert zu haben – vielleicht z.B. die von Tempelbezirk und Stadt, – vielleicht auch die zwischen der alten David-Stadt und ihren erheblichen Erweiterungen. (Freilich kannte er noch nicht die schrecklichen Verbauungen z.B. des heutigen Ölbergs, – des Hochhäuser-Rings um die Stadt: jener so sehr politisch motivierten jüdischen Einkreisung der Stadt; doch wer weiß, ob nicht auch unser Psalmist die in dieser Einkreisung sich ausdrückende *jüdische* Bewahrung der Stadt zum Wohlgefügten gezählt hätte, dem »in sich verfugt … zusamt«? »Wünschet Jerusalem Glück! / *Sicher* seien deine Gezelte! / *Friede* herrsche in deinen Mauern, / *Sicherheit* in deinen Palästen« [Ps 122,6-7: Luther plus Zürich]. – Außerdem: Wo in aller Welt hätte *heute* das Jerusalem der Zeichnungen des Edward Lear und vor allem des David Roberts [1839] bewahrt werden können?)

Solch biblisches Architektur- und Stadtplanungsinteresse an der Alt-Stadt galt nun auch der – utopischen – *Neu-Stadt.* Auch sie liegt innerhalb einer »großen und hohen *Mauer«,* – sie hat zwölf *Tore,* – auf ihnen zwölf Engel, – an ihnen lesbare *Torinschriften* mit den Namen der zwölf Stämme Israels. Die Mauern ruhen auf zwölf *Grundsteinen:* ihnen eingeschliffen die Namen der zwölf Apostel Jesu. Wie dem Ezechiel in seiner Stadt- und Tempelvision ein Landvermesser entgegentrat, so auch dem Seher von Patmos einer mit einem goldenen Rohr als *Meßstab,* »um die Stadt und ihre Tore und ihre Mauer zu messen.« Der Grundriß der neuen Stadt bildet ein *Viereck* (wie ein römisch angelegtes Kastell) mit gleicher Länge und gleicher Breite, jeweils 12 000 Stadien: ungeheuer in ihren Dimensionen! Die Mauer: 144 Ellen »nach Menschenmaß«, das aber gleich einem Maß der Engel ist. Und nun die *Baumaterialien.* Nicht mehr Holz, – nicht mehr aus dem Brandschutt ruinierter Städte zurechtgehauene alte Steine – nun: Edelsteine, Jaspis, Saphir, Chalzedon, Smaragd, Sardonyx, Karneol, Chrysolith, Beryll, Topas, Chrysopas, Hyazinth, Amethyst: für die die Jesus-Apostel bedeutenden Grundsteine. Für die Tore: Perlen. Für die Straßen: Reines Gold gleichwie reines Glas (Offb 21,12-21). Hatten wir in den Stadt- und Tempelvisionen des Ezechiel noch eine Mischung von Erinnerung und idealtypischer Zukunftsprojektion der neuen Bauten feststellen können – beim Seher von Patmos ist alles zur reinen *Utopie von Größe und künftiger Kostbarkeit* geworden, außerdem zu einer Symbol-Konfiguration der Repräsentanz des Volkes Israel und mit ihm zugleich der Apostel Jesu, in einer neuen, so noch nie dagewesenen sozialen »Gefügtheit«. Wichtig scheint mir: Die »gebaute« Stadt ist als Symbol des sie bewohnenden und in ihr bisher einzigartig »zusammenkommenden« *Volks* gesehen. Vielleicht hat Luthers Übersetzung von Ps 122,3 ihre Vorstellungskraft (Bauart *zum Zwecke* eines ganz großen sozialen Zusammenkommens) aus der Erinnerung an den Bau der »heiligen Stadt Jerusalem« bezogen, wie sie Johannes von Patmos sah.

Wie nun auch immer: Die Bauvision der neuen Stadt, die noch ganz Utopie ist, dürfen wir als exemplarisch für Visionen *jeder Art von Neu-Stadt* ansehen. Das Historische gibt uns nicht mehr ein Modell vor, das Utopische lehrt auch unsere Gedanken spielen und schweifen.

Wir werden wohl an eine *Großstadt* denken müssen. Nicht, daß es nicht auch kleinere Siedlungen noch geben werde: Mittelstädte, Kleinstädte, vielleicht auch noch Dörfer. Aber die Bibel spricht nun einmal vom Zukunftsmodell der großen Stadt, mithin der bis heute problematischsten und gefährdetsten Siedlungsform menschlichen Gemeinwesens. Es soll nicht phantastische, sondern reale Utopie gelten. Kain, der Städtegründer, und Babel, Ninive, Rom als Gegenbilder sollen auch in der neuen Welt nicht vergessen werden. Gerade im Gedächtnis an sie entscheiden sich Gelingen oder Mißlingen der neuen Stadt: ein neues »Wesen«, eine neue »Welt«, neue »Bestrebung« Stadt.

Der Zug in die Großstadt ist *heutzutage* weniger ein Drang ins Labor der Moderne – viel eher Folge bitterster ökonomischer, kultureller, menschlicher Not auf dem Lande. Sao Paulo zählt heute schon 14 Millionen Einwohner. Shanghai auch. Mexico City birgt bereits 18 Millionen Menschen. Die Städte der *armen* Welt überflügeln die Bevölkerungszahlen der europäischen und nordamerikanischer Großstädte schon bei weitem. Das heute wieder zusammenkommende Berlin ist ein Dorf dagegen. Stadtmonstren entstehen, ihre Slums überbieten das zerfallende Brooklyn an Schrecklichkeit. Wasser, Kanalisation, Elektrizität, Gesundheitsfürsorge, Ernährung gelangen dort längst nicht mehr hin – unbezahlbar für die Stadtverwaltungen. An solchem *Elend* müßte die neue Stadt sich zu allererst bewähren – und wir spüren das Utopische an dieser Vorstellung: freilich doch nicht ein phantastisch-, sondern ein *real*-Utopisches. Das *Elend*, das da »zusammenkommt«, schreit nach Heilung. War die Unterbringung von drei Familien in zwei Zimmern einer größeren Moskauer Wohnung zur Zeit des real-existierenden Sozialismus unmenschlicher als das Verdrängtwerden einer vielköpfigen Familie unter Pappkartons in den Favelas von Rio de Janeiro, in denen mehr als ein Viertel der 10-Millionen-Bevölkerung des Großstadtgebiets vegetieren?

Soll die neue Stadt die *Heilung* der alten sein, müssen wir sie als zu heilende Großstadt denken.

*Groß*stadt aber nun auch noch aus dem anderen, *positiven* utopischen Grunde, daß die Stadt der Zukunft tatsächlich an dem einen, alle anderen Funktionen der gebauten Alt-Stadt überragenden Zweck ausgerichtet sein soll, »Stadt, da man zusammenkommt« zu werden.

Bisher sind Architektur, aber auch Stadtraum-Ordnungen und Bebauungspläne an der Vielzahl vielfältiger, vor allem ökonomisch bestimmter *Funktionen* ausgerichtet, zumal an solchen privater ökonomischer Bedürfnisse. Das sozialistische Ostberlin hatte freilich begonnen, Architektur und Stadtplanung von kapitalistischer Privatwirtschaft auf sozialistische Planwirtschaft umzuorganisieren. Viele sahen es mit Schrecken und ästhetischem Abscheu – während merkwürdigerweise heute, nach der Wende von1989, auch von westlicher Architektur-Kritik plötzlich auch ganz andere Töne und Wertungen zu hören sind: über die Plattenbau-Architektur, – Graffunders »Palast der Republik« am alten Schloßplatz, – über die einstige Stalinallee, – über »Marzahn«. Wie im Nachkriegswesten für die Sozialwohnungs-Konzepte, hatte man im Osten – sozialistisch-utopisch – für einen Vorrang eines Daches über dem Kopf für alle *vor* Normen größerer städtebaulicher Gefälligkeit entschieden – und *dennoch* die sonnenlose wilhelminische Mietskaserne verabschiedet – freilich nun mit viel zu viel leerem Raum zwischen den frei hingestellten Bau-Blöcken, die merkwürdigerweise nicht so sehr ein Gefühl des Sonnig-Luftigen-Grünen erweckten, als vielmehr das eines sozialistisch-Imperialen: einer Trotz- und Erdrückungsgebärde, allzu demonstrativ ein qualitativ Neues behaupten wollend.

Aber die Norm »Wohnung für alle« ist noch *Not*norm. »Die Stadt, da man zusammenkommen soll« setzt ein höheres *Ziel:* sowohl für die Stadtgestaltung als auch die Haus- und Wohnungsarchitektur.

Gewiß war auch bisher schon das Zusammenkommen von Menschen – und zwar: möglichst vielen – in der Stadtkonzeption enthalten. Markt- und Kirchplatz waren bereits in der mittelalterlichen Stadt wichtigste Orte wie ökonomischen, so gesellschaftlichen und zwischenmenschlichen Austauschs. Aber in den Großstädten der kapitalistischen und sozialistischen Gesellschaft vergrößerten sich die *Stadtplätze* derart, daß sie keine Begegnungs-, stattdessen entweder Verkehrsverteilungs- oder politische Demonstrationsorte wurden. Was sind der Place de la Concorde, auch z.B. der im Vergleich damit harmlose Ernst-Reuter-Platz oder der Große Stern um die Siegessäule in Charlottenburg herum anderes als Verteilungs-Rondelle für einen Tag und Nacht strömenden Autoverkehr? In der Mitte ein Denkmal, – eine Säule, – ein Obelisk, – ein Arc de Triomphe, – ein Ensemble von Springbrunnen sind im Auspuff der Autogas-Wolken, im nicht abebbenden Lärm der Autos und in der weiten Entfernung vom Fußgängerverkehr an den Straßenrändern menschlich nicht erreichbare Orte, geschweige denn solche einer zwischenmenschlichen Kommunikation. Noch abgesehen von dem für Aufmärsche zementierten Königsplatz in München, vom von Hitler entgrünten und zementierten Lustgarten vor Schinkels Altem Museum, von Ulbrichts Schloßplatz-Zementierung in Berlin. Da kam man zwar zusammen, aber: im Aufmarsch als formierte Masse, nicht als sich treffendes und einander begegnendes Menschenvolk. Und so baute man auch architektonisch »massenhaft« für die wachsende Vielzahl von Menschen, die auch geistig, seelisch, soziologisch und schließlich politisch als »Masse« begriffen wurde.

Das soziologische Phänomen der *Menschheit als »Masse«* ist nicht etwa nur neuzeitlicher Herkunft. Die römische Menschenbehandlungart durch panem et circenses (Brot und Spiele) war schon in der Antike ein Mittel zur Regierung von Masse. In der Tradition der Bibel aber besprechen apokalyptische und talmudische Schriften den Gedanken einer *ständigen räumlichen Erweiterung* der Zukunftsstadt Jerusalem als Folge eines rasant sich steigernden *Bevölkerungszuzugs.* Die eschatologische Erwartung geht ja dahin, daß aus Israels Mittelpunkt ein Völker- und Weltmittelpunkt werde. In einem der Nachtgesichte des Propheten Sacharja war dies schon thematisiert worden – wieder in Gestalt einer Stadtvermessungsvision. »Ich hob meine Augen und sah, / da war ein Mann, / eine Meßschnur in seiner Hand. / Ich sprach: / Wohin gehst du? /Und er sprach zu mir: / Jerusalem zu messen, / zu sehn, / wieviel seine Breite, / wieviel seine Länge sei. / Da trat der Bote, der an mich redet, vor, / und ein anderer Bote trat ihm entgegen, / er aber sprach zu ihm: / Lauf, / rede zu dem Burschen dort (gemeint ist Sacharja), sprich: / Dorfoffen soll Jerusalem siedeln, / ob der Menge von Menschen und Vieh ihm inmitten ...« (Sach 2,5-8). Was Buber mit »dorfoffen« übersetzt, versteht die Zürcher Bibelübersetzung (uns verständlicher) als: »Offenes Gelände soll Jerusalem bleiben ob der Menge der Menschen und Tiere darin« (Sach 2,4: nach Zürcher Zählung), und Luther las eben denselben Vers ausdrücklich in der Zeitform des Futurum »Jerusalem wird bewohnt werden ohne Mauern vor großer Menge Menschen und Viehs, die darin sein wird«[122] will sagen: Die Menschenmenge wird in Zukunft das (ummauerte) Stadtgebiet von Jerusalem sprengen, die Stadt die Massen nicht mehr fassen.

Schon Deuterojesaja hatte das als ein Problem der Heilszeit thematisiert: »Es werden dereinst noch die Kinder zu dir sprechen, die dir, der Kinderlosen, geboren werden: Der Platz ist mir zu eng; schaffe mir Raum, daß ich wohnen kann« (Jes 49,20) – eschatologische Raum- und Wohnungsnot! Eine eschatologische Antwort wird lauten: »Mache weit den Raum deines Zeltes (= deiner Wohnung) und spanne aus die Tücher deiner Wohnungen, ohne zu sparen; mache lang deine Stricke und fest deine Pflöcke; denn zur Rechten und zur Linken wirst du dich ausbreiten, und dein Geschlecht wird Nationen beerben und verödete Städte bevölkern ...« (Jes 54,2-3) – ein durchaus problematisches »Volk-ohne-Raum«-Konzept, zionistisch in der Täuschung über Palästina als ein Land-ohne-Volk mindestens propagandistisch nachgeahmt. Die Prophetie aber redet davon, daß man in Zukunft mehr und mehr Stadt- und Wohnungsraum schaffen soll: »ohne zu sparen« – das ist eine utopische Prioritätensetzung im Stadthaushalt.

Talmudische Weise haben den Gedanken aus dem Prophetisch-Politischen des Deuterojesaja ins Apokalyptisch-Utopische verwandelt: *Gott* wird einst Raum schaffen, und das heißt: »Die Stadt wird sich von ihrem Platz aus nach allen Seiten immer breiter *und höher* ausdehnen, wie ein Feigenbaum, der unten eng ist und oben immer breiter wird« (Psikta de Rav Kahana 20 = 143a) – *Wolkenkratzer-Bauten* als Abhilfe (vgl. auch Sifre zu Dtn 1,1). Aber auch hier wird die Ausdehnung der Stadt noch geographisch gedacht: bis nach Jope hin wird die Stadtmauer ausgeweitet, denkt sich die jüdische Sibylle (V,251f)[123], – bis nach Damaskus hin werden die Tore Jerusalems reichen, lehrte R. Jose, der Sohn der Damaszenerin (Sifre zu Dtn 1,1). Aber Elieser b. Jakob sieht die eschatologischen Raummöglichkeiten doch, über Wolkenkratzer-Maße hinaus, eher in die

122. Vgl: WA, Die Deutsche Bibel, 11/2, 334 (1532) und 335 (1545).
123. Vgl. E. Kautzsch (Hg), Die Apokryphen und Pseudepigraphen des Alten Testaments. In Verb. mit ... übers. u. hrsg. von E. Kautzsch. 2. Bd.: Die Pseudepigraphen des Alten Testaments, 1962, 211.

Höhe gehen: bis zum Thron der Herrlichkeit hin (Psikta de Rav Kahana 20 = 143b); das *himmlische* Jerusalem gibt der Stadt Zukunftsraum genug.

Die Neu-Stadt wird also mit der Masse fertigwerden müssen, aber so, daß der Großstadt-Aspekt der Massenhaftigkeit der Bevölkerung, der zum utopischen Ziel des »Zusammenkommens« zweifellos gehört, den *sozial-positiven* Aspekt des »Zusammenkommens« im menschlichen Austausch *nicht* verdrängt. Das geopraphische Zusammenwachsen einst selbständiger Orte (Jerusalem/Jope, – Jerusalem/Damaskus) zu landfressenden städtischen Ballungsgebieten mag unvermeidlich sein. Utopisch ist mehr verlangt und zu entwickeln: Die Dimension der Aus-«Breitung« darf nicht die Dimension der »Höhe« erschlagen: die nicht nur eine der Bau- und Traufhöhe und der Wolkenkratzer ist, sondern auch eine der *geistigen* Höhe einer primär humanen und sozialen *Zweck*bestimmung des Stadtbaus gegenüber einem Alleinanspruch seiner ökonomischen *Funktionen.*

Dann aber gehören viele *kleinere Plätze* im Rang *vor* die großen, Verkehrsströme verteilenden oder für Aufmärsche und Massendemonstrationen dienenden. Der Leidse-Plein erfüllt schon jetzt mehr utopischen Anspruch als der Rembrandtsplein, – der Viktualienmarkt (und allenfalls noch der Marienplatz) entschieden mehr als der Stachus, – der Savignyplatz mehr als Ernst-Reuter- oder Alexanderplatz, – der Breitscheidplatz mehr als der frühere Marx-Engels-Platz, – die Piazza Navona mehr als die Piazza Venezia – und jeder der Plätzle in Trastevere auch noch mehr als gar der Petersplatz der frommen Massen – und natürlich die Piazza di Spagna mehr als die heutige Piazza del Populo.

Was Massen teilt, führt Massen zusammen. Plätze mit *Rathaus- und Kirchenstufen* sind als Lebensorte unübertrefflich – auch in modernen Städten: wie die Gedächtniskirche zusammen mit dem oft phantasiegeladenen Leben des Breitscheidplatzes zeigt. Und eine Treppe – eine Höhe hinauf – allein tut's auch: Sie ist in sich selbst Platz für Menschen an der Sonne, – zum Ruhen, – zum Menschengucken, – zum Liebesspiel, – als Treffpunkt: Piazza di Espagna, oder die von Montepulciano.

Ganz anders, doch ähnlich bewähren sich Häuser-*Kolonnaden* und begehbare Loggien und Lauben an Straßen entlang. Sie brechen Durchblicke, verkleinern zwischen Säulen und Pfeilern die Ansichten, geben Ausschnitte – im Gegensatz zu den Pracht- und Prunk-Avenuen und -Dämmen, die uns nicht verweilen lassen und dem Treiben unterordnen in ihrem langen Zug. Welches Liebespaar, welche Eltern und Kinder könnten dort Verstecken spielen, – das Erlebnis von Haschen nach dem anderen, – von Sich-Verlieren und Sich-Wiederfinden, wie es zwischen Kolonnaden und Loggien möglich ist? Wie ganz anders intim blickt man unter Rundbogen in Schaufenster kleinerer Läden als in die Ausstellungsfronten der großen Kaufhäuser an den Boulevards! Kolonnaden und Loggiengänge an der verkehrsreichen Straße können, was dies betrifft, sogar mehr geben als die von Walter Benjamin bedachten *Passagen* der kapitalistischen Gesellschaft. Loggien schützen vor Sonne und Regen, Passagen schirmen von außen ab, formen ein städtisches Leben ohne Himmel, ohne die »Höhe« der talmudischen Stadt-Utopie, ersetzen diese durch das Bestaunen hochgezogener Glas-Dächer; und meist sind es gerade nicht »Passagen« = *Durch*gänge, viel eher: Irrgärten wie die Budikenanordnungen in den neuorganisierten Kaufhäusern, die uns einen Kleinhandel nur vorspiegeln und uns doch nicht der Masse entziehen.

Gibt es nicht Säulen, Pfeiler, Loggien, dann können auch *Straßenbäume* ähnlich massenlockernd wirken, besonders, wenn sie eng, nicht allzuweit voneinander gepflanzt sind. Auch zwischen ihnen läßt sich »schlängeln«, muß man sich nicht vom Menschenstrom einlinig und unfreiwillig drängen und treiben lassen. Platanen halten lange im Jahr, vor allem in der Innenstadt, – schattieren grelles Licht, – binden Abgase, – differenzieren die Eindrücke, Aufnahmefähigkeiten: Sie geben dem Kurfürstendamm seinen Rest von Charme – sie mehr als die Linden Unter den Linden, die schon lange das bergende und aufnehmende »Unter« nicht mehr gewähren können. Reiche Straßenbaumbepflanzungen bringen das Utopische des Paradieses ins Utopische der Neu-Stadt. Berlins Stadtväter waren gut beraten, jedes Fällen von Bäumen von einem bestimmten Stämmeumfang an – auch das in privaten Gärten! – zu verbieten und von besonderen Genehmigungen der Stadtgartenbauämter abhängig zu machen. Das zeigte, daß ökologische Zielsetzungen private und ökonomische Interessen eindämmen konnten; für das eingeschlossene Westberlin war das zwischen dem Mauerbau 1961 und dem Mauerfall 1989 lebenwichtig.

Für die *Straßenführung und Verkehrsleitung* der Zukunftsstadt mag uns Brechts Utopie genügen: daß aus ihr »leicht zu ersehen ist, wie man auf dem schnellsten Wege / zum Ziel kommt« – die Maßeinheit des Zusammenkommens!

Wir unterlassen hier aber bewußt eine Utopie neuer *Verkehrsmittel;* dieses Details sind wir nicht mächtig; unter heutigen deutschen und europäischen Wirtschaftsbedingungen versagt hier jede Vorstellungskraft; die märchenhaft-utopische des Fliegenden Teppichs zählt hier noch allein: wenn er nicht zu irgendeiner Magnetbahn verdinglicht wird!

Die schnelle Zielerreichbarkeit in der Neu-Stadt sollen wir nun aber ja *nicht* verwechseln mit einer *schnell überschaubaren Rationalität des Stadtrisses.* Daß Johannes von Patmos das neue Jerusalem als Quadrat (Offb 21,16), also rechtwinklig nach Analogie der römischen Kastelle sah, macht eine solche Stadt in unseren Augen weder vorbildlich noch wünschenswert. Volle Rationalität ihrer Erscheinung gibt keine Garantie für ein menschliches Zusammenfinden – eher im Gegenteil. Im Gegensatz zur mittelalterlichen war die geometrisch überschaubare Figur das Ideal der barocken Neustadt: Karlsruhe, wo alle Wohnquartiere aufs zentrale Schloß ausgerichtet wurden; das ist der Stadtplan der absolutistischen Herrschaft (wie im römischen Kastell der militärischen) – nicht des freien bürgerlichen Zusammenkommens. Aber auch die geometrischen Straßenführungen Manhattans, wo selbst die Namen der Straßen unterm Diktat der rationalen Zahl stehen, drücken Geist des (holländischen) Kapitalismus, Neu-Amsterdams, aus, nicht der aufs leichte Zusammenkommen denkenden Demokratie.

Leider hing auch Le Corbusier mit seiner Idee von der *Ville Radieuse* an der Stadt als einem nach starrem geometrischen Schema gegliederten Objekt. Er hatte etwas gegen das »pittoreske« mittelalterliche Modell und postulierte: »Das Unklare, Gewundene war nicht schön«; »Ordnung und Harmonie sind es aber wohl«. Das war in den frühen Zwanziger Jahren, als Le Corbusier das dachte, noch nicht präfaschistisch, konnte aber dahin führen: auf die Speersche »Klarheit« im Berlin-Modell der großen »Achsen« und der antikisierenden Imponiergebäude der Reichskanzlei, des Hauses der Kunst, der Häuser am Königsplatz. Nicht dieselbe, aber ähnliche stadtplanerische Rationalität setzt sich durch, wenn man sich (wie heute in der Neuplanung des Alexanderplatzes) eine City der Wolkenkratzer oder (anderswo) in der Stadtmitte den Flughafen vorstellt, drumherum Parks mit Wohnblocks, weiter drumherum Parkgürtel und draußen, da herum dann die Industriezonen und Satellitenstädte. Doch solche Rationalität humanisiert nicht die große menschliche Zahl, macht sie allenfalls gefügig. Schon Berlins »Dämme«, die einst hinaus in unseren lieben märkischen »Sumpf und Sand«, nach Charlottenburg, nach Potsdam führen sollten – Kaiserdamm, Hohenzollerndamm, Kurfürstendamm, Hitlers »Ost-West-Achse« – waren militärische Marschachsen, nichts Menschenfreundliches (außer heute von vielen nicht-Berliner Autofahrern als »autofreundlich« bewundert).

Aber utopisch zählen, sagten wir schon einmal, weniger das Geradlinige als die Ecken und Winkel, – alles mehr, was Verkehr teilt als bündelt; denn zu einer gebündelten *Ab*leitung des Verkehrs aus den Bezirken, wo die Menschen *gehen und leben,* kommt es doch wohl nicht, auch nicht durch noch so viele listig geplante Umgehungsstraßen. Alles, was die Leute (nicht: die Autos!) bummeln läßt, steht *vor* dem, was »den Verkehr« flüssig macht. Und zum »Bummeln« gehören sowohl das gemächliche Aneinandervorübergehen, wie der »Ständerling« alter Studentenzeiten: die schwatzende kleine Gruppe, die dafür stehen bleiben kann, ohne irgendeinen Stau zu verursachen: In der Neu-Stadt sollten die Bürgersteige breiter werden als die Fahrdämme.

Das biblisch-utopische Fehlen des Tempels in der Neu-Stadt signalisiert nun, was die Häuser-Architektur betrifft, einen *Verzicht auf Repräsentationsbauten,* die vor allem einer Selbstdarstellung sich aufspielender gesellschaftlicher und staatlicher Institutionen dienen und durchaus auch die Nebenabsicht einer Einschüchterung des p.p. Publikum verfolgen können. Unter den Bedingungen der neuen Welt werden weder Gerichte noch Regierungen noch Firmen noch Versicherungen noch Theater noch Museen noch Universitäten architektonisches Imponiergehabe mehr benötigen. Wer bedürfte auch noch einer Siegessäule, – eines Arc de Triomphe, – eines Heldenplatzes vor einer Burg? So bedarf es erst recht keiner privaten Repräsentation mehr, und an Stelle eines Beeindruckenden kann ein *Heiteres* zur allgemeinen Bau-Norm werden.

Das muß nicht »postmodern«-Verspieltes meinen, auch nicht Kitsch, – es kann Stil sein.

Dazu gehört ein neues Ja zum *Parzellen*-Bau, der in der heutigen Alt-Stadt von großen Blockmassen immer mehr verdrängt und nachträglich erst durch Fassaden-Täuschungen wieder eingeholt wird. Daß – nach Jesus – »in meines Vaters Hause viele Wohnungen« sind (Joh 14,2), ist nun zwar wirklich kein Baukonzept, aber prinzipiell doch ein Maß christlich-utopischer Qualität: Kleineinheiten für die Masse der Menschen und je ihre Eigenheiten. Natürlich kann die Parzellenbauweise – die z.B. Unter den Linden im 18. Jahrhundert zu einer heiteren, im massenhaften 19. Jahrhundert nach dem deutsch-französischen Kriege immerhin noch zu einer aufgegliederten Flaniermeile gemacht hat (wie es die Champs Elysées noch heute sind) – in der Großstadt der Zukunft nicht mehr einziges Baumaß sein, darf aber auch nicht von der Massenbauweise einfach zum Verschwinden gebracht werden: wie das in heutigen Kaufhaus-Quartieren der Bahnhofsgegenden in Deutschland längst der Fall ist.

Viel hängt an der *Blick- und Vorderseite der Häuser.* Der Trend, nach innen zu bauen (z.B. im Atrium-Stil), dient dem Privaten als einem nötigen Gegengewicht gerade der Massengesellschaft. Doch muß das nach außen nicht Abweisung nach sich ziehen. Auch ein Privathaus, erst recht ein Öffentlicher Bau, steht unter der Sozialpflicht der Stadtgestaltung. Darum sind Fassaden zwar das nach außen Gerichtete eines jeden Hauses, aber darum doch nichts äußerlich-Oberflächliches. Natürlich sind wir immer noch geschockt von der Fassadenbauweise der Gründerzeit, die mit Karyatiden und allen möglichen baulichen pomp and circumstances nichts als ödeste, gleichförmigste Mietskasernenwohnungen, Hängeboden-Betten über der verquasten Küche, Treppenhäuser, Halbtreppen-Klos verdeckte; das war die Veräußerlichung der Fassade, ihre Entleerung und Verlogenheit durch die innere Öde dahinter: Schein. Aber das Umgekehrte zählt auch nicht: das glatt-Ungefällige der Fassade – diese moderne Rücksichtslosigkeit gegen die Stadt.

Ich wüßte nicht, was gegen *Fassaden-Farbe* eingewandt werden könnte, auch nicht gegen Farben-Vielfalt in einem Straßenzug. Gerne bekenne ich sogar einen kleinen Faible für die Lüftl-Malerei im Alpenland. In ihr äußert sich mehr als folkloristischer Eigensinn. Die Häuser werden da eingeholt in Landschaft, Ortsgeschichte, Berufe-Traditionen, freilich auch in historische Nostalgie der Postillione, gewiß auch in den Nazi-Rassismus übergroßer Bauern-, Bäuerinnen-, Soldatengestalten nach dem Geschmack des Hauses der Deutschen Kunst in der Prinzregentenstraße. Aber warum soll nicht grundsätzlich eine Fassade auch Bildelemente haben dürfen, wie es für Innenräume (»Pompejanische Wände«) jahrhundertelang geläufig war? Gegen Kunst »am« Bau spricht kaum jemand.

Außer natürlich eine Utopie, die den Bau *als* Kunst bejaht. Die Utopie des Deuterojesaja erlaubt, verlangt ja, wie wir hörten, Stadtgestaltung »ohne zu sparen« (Jes 54,2). Das Ideal muß sich nicht unbedingt nach dem Maß des geradlinig-Vorgefertigten richten. Verschiedene Stockwerke dürfen durchaus *verschiedene Fenstergestalt* bekommen, diverse Laibungen, diverse Verglasungsmuster; schon dies kann eine Fassade zu einem heiteren Anblick machen. Für *Hauseingänge* sind der gestaltenden Phantasie keine Grenzen gesetzt. Ihr heiterer Zweck: »Warum stehen sie davor? / Ist nicht Türe da und Tor? / Kämen sie getrost herein, / Würden wohl empfangen sein«[124] – Goethes Gastfreundschaft, die ihm an antiken Heiden und vor allem an Moslems so gefiel, ist utopische Norm – wie nicht nur abendländische Kirchenportale, sondern überhaupt Hauseingänge (als Schwellen-Überschreitungen) »Himmelsport«-Symbole waren: Willkommen heißende Eingänge in eine andere, innere Welt. Da dürfen schon kleinere Treppenanstiege hinführen, – schon Pfeiler, gar Säulen, auch kleine Überdachungen her: ohne sofort als Mächtigkeitsdemonstrationen kritisiert zu werden. Säulen sind nicht nur imperiale und virile Symbole, im Christentum wurden sie humanisiert: *Menschen* konnten »Säulen« der Gemeinde heißen (Gal 2,9); von ihrer möglichen dienenden Funktion der Blickbegrenzung in Kolonnaden sprachen wir schon.

Balkons, Veranden, Terrassen sind nicht nur von innen her gut und schön, können auch Fassaden gliedern, ihrer glatten Eintönigkeit ebenso widersprechen, wie Gesimse, Risalite dies tun. Eckrundungen von Häusern, warum nicht auch Türme, Kuppeln, Dachgärten, zurückgenommene Maisonetten? Grundsätzlich möchte ich einen Stuck, der plaudert, besser nennen als eine Fassade, die sich deswegen nicht nach außen mit-teilt, weil sie meint, »etwas zu sagen« zu haben.

Wo bleiben die Walmdächer? »Übermütig siehts nicht aus, / Hohes Dach und niedres Haus; / Allen, die daselbst verkehrt, / Ward ein guter Mut beschert ...«[125] Eines Tages wurden *Dachböden* unwirtschaftlich und unnötig – wiewohl für Kinder Höhlen von Abenteuern und Phantasie, genau wie Kellerräume. Aber die heute daraus gemachten Dachwohnungen sind begehrt und – retten am Haus sich herunterziehende Dächer vor der nur noch platten Form.

124. J. W. v. Goethe, Goethes Wohnhaus in Weimar (1827).
125. J. W. v. Goethe, Goethes Gartenhaus am Untern Park bei Weimar. 1. Mai 1827.

Und nun die *Wohnungen.* Der Vorrang des Zusammenkommens, den wir dem biblischen Stadtbild der Zukunft entnehmen, verlangt keineswegs nur größere Wohnungen. Was die Größe betrifft, sagen wir: einen Raum mehr, als unbedingt gebraucht wird. Denn wenn die utopische Norm des Stadt- und Häuserbaus menschliche Heiterkeit und Augenweide sein mögen, so ist die des Wohnungsbaus die *Gastfreundschaft.* »Gastfrei zu sein vergesset nicht« (Hebr 13,2). Das ergänzt durchaus noch einmal Deuterojesaja 54,2: »Mache weit den Raum deines Zeltes und spanne aus die Tücher deiner Wohnung, ohne zu sparen. Mache lang deine Stricke und fest deine Pflöcke« – am Modell der Zeltbehausung wird das utopische Maß für die Wohnung der Zukunft genommen (weil »Wüste« und »Zelt« für das biblische und auch noch das talmudische Israel die Erinnerung an die Zeit der ersten Liebe zwischen Gott und seinem wandernden Volk bewahrten). Das *Gästezimmer* ist für künftiges Menschsein – im Zeichen des »Zusammenkommens« – so unabdingbar, wie es das für die feudale Gesellschaft der größeren und kleineren Schloßbesitzer und das ältere Bürgertum und seine Wohnungen schon einmal war. Die Weisung: »Seid gastfrei untereinander« (1 Petr 4,9) drückt ein Ethos aus, das Zukunft beansprucht und Geistiges andeutet. Vergeßt Gastfreundschaft nicht, »denn durch diese haben etliche ohne ihr Wissen Engel beherbergt« (Hebr 13,2b). Ich habe Menschen kennengelernt, die das wörtlich nahmen; jeden, ihnen auch noch ganz fremden Gast begrüßten, ernährten, beherbergten sie als Engel und wie Boten, von denen sie sich gute neue Mär erwarteten, ohne davon je betrogen oder enttäuscht zu werden.

Zur utopischen Wohnung gehören schließlich vielleicht auch noch verschiebbare Wände, die Wandelbarkeit des Etablissements, nicht nur die Möglichkeit des Möbelrückens, sondern einer wechselnden Raumorientierung – wenn nicht gar eines rotierenden Hausbaus, der die Ausblicke aus der Wohnung in immer neue Himmelsrichtungen und Lichtkonstellationen lenkt: dem Gang der Sonne zu, ihrem Gang ausweichend, je nach dem, wie es Seele und Sonnensensoren brauchen: Erinnerung ans utopisch gedachte Nomadenzelt: Raumerweiterung, Umspannen der raumtrennenden Tücher, Verlängerung der alles haltenden Strikke und Veränderung der festigenden Pflöcke.

Aber lassen wir nun das alles. Uns genügte, für einen Augenblick auch den biblischen Bau- und Wohnutopien nachhängen zu können. Sie dienen keinen Konzeptionen, welcher Art auch immer. Aber sie erlauben eine Beweglichkeit menschlicher Hoffnungen auch in Bereichen, die kirchliche Verkündigung und Theologie lange ausgeschlossen haben: wie die Gärten des Paradieses, – die neue Stadt, die dem utopischen Vermögen der welterobernden Renaissancemenschen überlassen worden war und den Alten der Antike. In *christlichen Siedlungswerken* und christlich-sozialen, gar christlich-sozialistischen Siedlungs- und Höfebewegungen des frühen 20. Jahrhunderts tauchte wenigstens etwas davon – dem Zeitgeist entsprechend – wieder auf. Rudolf Steiners Denken und Weltsicht hat durchaus Architektur geschaffen (»Goetheanum« in Dornach mit dem grundsätzlichen Protest gegen jedes Rechteck) .

An Städtebau und Architektur äußert sich soviel Menschheit *Betreffendes* und zugleich soviel *Geistiges,* Lebensformen Prägendes, daß sie nicht nur im Problemzusammenhang von Kirche und Kunst, auch nicht beschränkt auf Kirchenbau-Diskussionen auftauchen sollten. Die Stadt ist ein Theologumenon ersten Ranges. Sie ist biblisch: Medium der Hoffnung, wie das Paradies und wie das Reich Gottes: die dritte Sozialgestalt biblischer Utopie und Verheißung, der wir uns nun zuwenden.

§ 9 »Lobet Gott in seinen Reichen«

VOR-SÄTZE *Wir entscheiden uns dafür, von Gott in einem eigenen Zusammenhang erst am Ende unserer Dogmatik zu sprechen. Damit wollen wir bekräftigen, daß wir von ihm theologisch nicht mehr anders als nur im Sinne einer von uns selbst zu verantwortenden Voraussetzung sprechen, ihn aber nicht begründen können.*

Die Zuordnung unseres Fragens nach Gott zur Hoffnung auf das Kommen seines Reiches dient dazu, ihn selbst als eschatologische Wirklichkeit zu bestimmen und für unsere Gotteserkenntnis keinen anderen »Kontext« zu suchen, zu bilden oder zu denken als den, den er in Seinem Erscheinen zur Erschaffung eines neuen Himmels, einer neuen Erde und eines neuen Menschen selbst bilden wird!

Im kommenden Reich Gottes wird Gott allein maßgeblich für Gott sein und für alles, was Menschen von ihm haben, in bezug auf ihn tun, über ihn denken. Das Reich Gottes ist der Raum, den Gott selbst zu seiner Erkenntnis schaffen will und wird. Auf das Reich Gottes hoffen heißt darum: auf die künftige Bedingung der Möglichkeit einer Gotteserkenntnis warten.

Die Erkenntnis Gottes im erhofften Reich Gottes wird sein Lobpreis sein.

In theologischen Traditionen wurde das eine kommende Reich, in dem Gott zu uns kommen wird, bezogen auf ein schon gegenwärtiges Herrschen Gottes in der »Natur« (regnum naturae), in den Großwerken seiner »Gnade« (regnum gratiae), in der Helligkeit seines kommenden, Alle und Alles erleuchtenden Lichts (regnum gloriae), – also: auf der Erde unter dem Himmel, – in Geschichte und Dienst Israels und des Juden Jesus inmitten der Völker, – in der künftigen Selbstbejahung Gottes, die in seiner Einung mit sich selbst, der Überwindung seiner Gerechtigkeit durch seine Barmherzigkeit, zu erhoffen steht.

Mit dieser Drei-Reiche-Lehre wurde gelehrt: 1. Menschliche Gotteserkenntnis ist ortsbestimmt: von »Natur«, »Geschichte« und menschlicher Zukunftshoffnung. Diese Ortsbestimmtheit dient einer von Gott selbst angewiesenen, uns aber beteiligenden Realitätsbestimmung. – 2. Gotteserkenntnis ist nicht einfach, sondern vielfach ortsbestimmte Erkenntnis. Fragen ließe sich, ob sich Gott uns nicht in mehr als nur diesen drei Bereichen des Wirklichen an sich engagiert und so zu erkennen gibt – etwa in den Denkabenteuern des Philosophierens, – den Gestaltungen der Künste und Wissenschaften, – nicht zuletzt: im Gehäuse der Sprache. – Die traditionelle Beschränkung auf nur drei Bezirke des Reiches Gottes klärt aber, daß eine Raumbestimmung menschlicher Gotteserkenntnis nicht jeder möglichen, sondern nur einer von Gott selbst uns erschlossenen wirklichen Erkenntnis Gottes dient.

Ein Problem wurde in der Lehrtradition der Kirche das oft übergroße Gewicht, das ein regnum naturae für die Begründung eines Gottesverständnisses und für die Bildung einer theologia naturalis als allgemeiner Vor-Erkenntnis vor der geschichtlich-beteiligten und Zukunft abwartenden und bereitenden Erkenntnis Gottes bekam.

Das darin sich ausdrückende Schöpfungsverständnis der Kirche ist fundamental zu revidieren und der Bedeutung nachzuordnen, die die Geschichte Israels und seines Dienstes der Hoffnung auf Gott hat. Nach den Zeugnissen der Bibel steht Eschatologie vor Protologie, ist »Natur« nicht »Schöpfung«!

Traditionell wurde Gotteserkenntnis auch an individuelle menschliche Selbsterkenntnis geknüpft: eine Linie, die sich von Augustin über die großen Reformatoren und Schleiermacher bis zur Existential-Theologie des 20. Jahrhunderts verfolgen läßt. Seele, Ich und Selbst des einzelnen waren Kampfplätze eines Wissens um Gott. Was »Gott« heißen könnte, sollte Grund haben im Verhältnis von Menschen zu sich selbst, bald auch: zur »Welt«, »Gesellschaft«, zu der sie – wie distanziert auch immer – gehörten; schließlich in der Unruhe und den Verpflichtungen gelebten Lebens überhaupt.

Das Eigene des biblischen Gottes ließ sich jedoch so nicht er-gründen. Im Vergleich damit erscheint er immer wieder als ein Wesen ohne Grund und Begründung, fehlt ihm so auch das (ontologische) Kennzeichen des Seins. Um so mehr heißt die Frage: Wem ent-spricht Gott? Gibt es in unseren Erfahrungen analogiegebende Wirklichkeiten für so etwas wie Gott, Lebenszusammenhänge, im Zusammenhang mit denen wir erwarten können, daß uns in ihnen so etwas wie Gott anspreche, gar in ihnen »erscheine«? Ist Gott ein Wort unserer Sprache, weil Sprache uns birgt als »Haus des Seins« (M. Heidegger)?

Die Bibel bezeugt die noch völlig offene unabgeschlossene und ihrem Sinn nach nicht zur Evidenz erschlossene Geschichte des Jüdischen Volkes und Jesu als Erweckungs-Zentrum für eine Erkennbarkeit Gottes. Beteiligung an ihr beteiligt uns am Weg auf die eschatologische = wirkliche Erkenntnis Gottes hin.

Dies versetzt Gott in größte Ferne (Transzendenz), uns aber in die Nähe dieser Ferne. Wir lassen uns hier belehren von Jeschajahu Leibowitz.

Die Ferne Gottes macht ihn uns unerkennbar und unbegreifbar und läßt uns nur übrig, uns zu seinen Weisungen tätig-praktisch zu verhalten. Dies muß nicht eine agnostische Beziehung zu Gott sein. Aber nach diesem Modell wird Gott nicht durch Gott erkannt, sondern durch das, was Menschen von ihm »erfahren« oder »lernen«, wenn sie die Weisungen Gottes tun und bedenken.

Dies Verständnis entmythisiert das Judentum als Religion radikal. Hier gibt es kein theologisch verantwortbares Wissen von Gott, – keine theologisch zu denkende göttliche Vorsehung und Führung, – keinen »Glauben« als Gottesgabe, – kein irgendwie rational zu begründendes, nur ein faktisch-irrationales Beten, das gleichgültig gegen seine Inhalte sein kann usw. Das in diesem Sinne irreligiöse Leben ist Folge der Transzendenz Gottes – bezeugt sie aber auch.

Dies Transzendenzverständnis seinerseits ist Folge geschichtlicher Brüche in der Geschichte und Selbsterfahrung des Jüdischen Volkes. Der Verlust des Tempels, des Landes und aller Gestalten politischer Selbstbehauptung bewirkte einen Gestaltwandel Israels, das Gott nun nicht mehr in seinen von der Bibel bezeugten Führungen und Beanspruchungen erkennen konnte, also nicht mehr als erkennbares geschichtliches Subjekt. Stattdessen erfuhren Juden Gott, indem sie selbst die volle und alleinige Verantwortung für das Geschehen seines Willens und seine Bezeugung unter den Menschen übernahmen.

Ihre mündliche Tora-Auslegung gewann den Vorrang vor der schriftlichen biblischen Tora, – das Handeln jedes einzelnen Juden vor der Möglichkeit, die biblische Heilsgeschichte als Geschichte des Handelns Gottes und seiner Führungen Israels und der Völker fortzuschreiben. Insbesondere verlor jüdisches Denken die Möglichkeit, Hoffnungen teleologisch als Sinn- und Zielbestimmungen der Wege des Volkes und der Sinnfragen der Einzelnen zu objektivieren. Nicht um irgendwelcher Geschichtsziele oder individueller Sinnerfülllungen, nur »um seiner selbst willen« praktizierte man noch sein Judentum. Fast kantisch hat Leibowitz jüdische Sinnerfassung auf ein unbegründbares, weil unableitbares Verpflichtetsein zum Gottesdienst konzentriert.

So wurde die Ferne (Transzendenz) Gottes paradox bezeugt durch die Nähe, in der man es wagte, letzte Verantwortung für Gott zu übernehmen. Widerfahrnis blieb Gottes Transzendenz aber in der Ferne, die zwischen mündlicher und schriftlicher Tora, überhaupt zwischen aktueller Mündlichkeit und gebannter und bannender Schriftlichkeit festgehalten wurde. »Das Wort, das gesprochen wird,« bestätigt dem Wort, das geschrieben steht, seine Ferne.

In der Wahrung der Differenzen der Transzendenz bezeugt man Gottes A-seität und Freiheit und darin: seine Existenz und Nicht-Projizierbarkeit.

Gottes Transzendenz (und so Gott selbst – nach jüdischem Verständnis) ist demnach weder eine weltanschauliche, noch eine philosophische oder ontologische Wesensbestimmung Gottes, sondern eine geschichtlich wandelbare. So ist heute offen, was die Rückkehr eines ansehnliches Teils des Jüdischen Volkes in das Land, die Rückgewinnung einer politischen Handlungsfähigkeit und Identität für den Fortgang eines jüdischen Transzendenz-Denkens und einer Gottes-Erfahrung Israels bedeuten werden. Ebenso religiöser Fundamentalismus wie areligiöser Säkularismus können zu neuen Erfahrungs-Orten der Ferne Gottes und der Nähe jüdischer Bewährung werden. Diese Spannungen könnten heute »Orte« sein, denen Gott ent-spricht.

Zur gleichen Zeit, in der das Jüdische Volk einen Gestaltwandel des biblischen Gottes zu radikaler Transzendenz und selbstverantwortlicher Nähe denken lernte, lernten die ersten Christen Gottes Transzendenz in ihren eigenen geschichtlichen Brüchen erkennen und respektieren: im Bruch geborener Heiden mit Vaterhaus und Freundschaft und deren religiöser »Nähe«, geborene Juden in ihrer praktischen und geistig-seelischen Öffnung für die christlichen Nichtjuden als Repräsentanten der vielen Völker, aus denen sie stammten. Sie verarbeiteten ihr Christwerden einerseits im Versuch, die biblische Geschichtserzählung von den Führungen Israels und der Völker durch den Gott Israels heilsgeschichtlich fortzuschreiben und in den Evangelien Jesus- und Kirchengeschichte als »biblische« Geschichte weiterzuerzählen. Andererseits haben auch sie sehr schnell das geschichtlich Bannende des Geschriebenen erfahren und darum gekämpft, daß Gottes Wort nicht nur schriftlich gebunden, sondern in der Diskussion und Zuwendung zur weiteren Geschichte lebendig gehalten werde. Gottes Wort mußte sowohl gegenüber seiner Identifizierung mit der Schrift als auch der mit der kirchlichen Tradition freigehalten werden, eine dritte, eigene Gestalt seiner Selbstwirksamkeit in der Freiheit des Heiligen Geistes zugedacht bekommen, es mußte immer wieder neu der Kirche gegenüber transzendent gedacht werden.

Das Ende ursprünglicher unvermittelter Geistesgegenwart und Nähe Gottes in der zweiten Christengeneration entrückte den wahren Gott in eine ihn allen kirchlichen Annäherungsweisen (in Predigt, Sakrament) überhebende Ferne. Jetzt ent-spricht Gott dem Spannungsverhältnis

zwischen Geist und Buchstaben, – zwischen Juden, Heiden und Christen, – den diversen Identitätsproblemen, in die sie sich gegenseitig um Gottes willen gestürzt sehen und die sie nicht nur durchleben, sondern nun auch theologisch durchdenken müssen.
Christliche Trinitätstheologie wurde ein notwendiges Reflexionsmittel zur Wahrung der Identität des Gottes Israels und so zum Schutz seiner Transzendenz gegenüber Identitätsbeanspruchungen durch Christen und Heiden. Gottes Transzendenz wurde gewahrt, als die christlichen Identifikationsmomente des »Sohnes« und die gesamtmenschheitlichen Identifikationsmomente des »Geistes« ihm zugeordnet wurden. Damit wurde verhindert, daß ER, der Gott Abrahams, Isaaks und Jakobs, umgekehrt heruntergezogen wurde auf die Ebene christlicher und heidnischer Identifikationen.
Zu erwägen wäre, ob den drei biblischen Väternamen Gottes – Abraham, Isaak, Jakob – die drei trinitarischen Namen – des Vaters, Sohnes und Geistes – nachgebildet und zugeordnet worden sein möchten, um so die besondere Geschichtlichkeit des transzendenten Gottes in Gestalt der biblischen toledot nicht zu zerstören.

Gottes Transzendenz – und also: seine Freiheit und (darin) seine Existenz – sind zu wahren auch in der Differenz von Gott und Gottesbild, – der Einheit, aber auch Wandelbarkeit gerade auch des biblisch bezeugten Gottes, – wir können sagen: in einer grundsätzlichen geschichtlichen Offenheit Gottes, die uns hindert, ihn auf irgendein Interesse, eine Erfahrung, eine Vorstellung, einen Begriff festzulegen, ihn von uns aus zu »bestimmen«. Biblisch spiegelt sich dies in Erzählungen von Gott, der an uns »vorübergeht« und uns hinter sich läßt.
Belehrt von Emmanuel Lévinas, sollten wir aber nicht nur von der Ferne Gottes sprechen, der uns seine Nähe hinterläßt, sondern auch von jener Annäherung, die er uns gewährt, indem er uns immer wieder neu in seine Ferne zieht.
Transzendenz ist nach Auschwitz radikaler zu fassen als bisher in der gesamten Philosophie- und Theologiegeschichte des Abendlandes. Bisher war sie immer von dem Rückbezug der Ferne auf das uns-Nahe gekennzeichnet, – Transzendenz wurde nur als die der Immanenz gedacht, – als dialektischer Begriff gefaßt, – waren wir es, die sie thematisierten, gedanklich im Subjekt-Objekt-Zusammenhang entwarfen. Nie war sie uns wirklich fern, höchstens so fern, wie ein Du einem Ich sich gegenübersetzen, ja: ein Ich sich von einem Du allererst gesetzt sehen konnte. Lévinas setzt nun an die Stelle des trotz aller Eigenart mir immer noch

vertrauten Du nicht etwa den mir Nächsten, sondern den widerständigen »Anderen« zum Wirklichkeit Bestimmenden und gibt ihm Kennzeichen des mich-Bedrohenden: nicht von etwas, was mich dialektisch doch nur »aufheben« würde. Für Lévinas ist »der Andere« Wort der Transzendenz, die mich in meiner Seinsverfassung permanent erschüttert: mich einem Krieg aussetzt, – die Kontinuität meines Personseins unterbricht, – ja ontologisch »jenseits« jeder Totalität zu denken ist: als Negation zugleich von Sein und Nichtsein. Transzendenz ist am Unendlichen zu gewinnen, kann nicht unter das Gesetz irgendeiner conservatio sui gestellt werden, – keinerlei Allgemeinheit beanspruchen; der Andere ist schlechthin der Besondere, Abgesonderte, Nicht-Identische.

Die Transzendenz des Anderen ist eine nicht zu denkende, ist eine ethische Wirklichkeit: Ich lasse Mich los im Aufbruch, zu dem der Andere Mich ruft, – in dem er Mich als Geisel nimmt für sich, – in der ich (gleichgültig gegen meinen Tod, aber auch gegen jede Erwartung, den Anderen, als wäre er mein Ziel, je erreichen, gar berühren zu können) immer schon ihm gehöre; es geht in der Transzendenz um seine, des Anderen, nicht um meine Zukunft.

Der Andere widerfährt mir aber als mich erblickendes Antlitz, – sucht mich heim, – tritt ein aus mir absolut fremder Sphäre.

Er geht an mir vorüber, hinterläßt nur seine verwehende Spur: sein Flehen, – das Ergriffenwerden von seiner Nacktheit, – das, was mich fordert in beidem als seine Not, die mich schlaflos macht, – mich in Frage stellt, – auffordert zur Antwort, – mich überfällt, – meine Stellvertretung verlangt, – als reine Abwesenheit.

Nie wird er zu einem mir Gesagten, er ist schlechthin Mir-Sagendes: ›Du wirst mich nicht töten‹. Auch hier also: Transzendenz, in der Gott der fundamentalen Differenz entspricht zwischen (Schrift gewordenem) Gesagtem und einem immer neuen (mündlichen) Sagen – wie bei Leibowitz.

Tiefster Gegensatz zwischen Juden und Christen besteht u. E. weder in der Messias-Frage noch im Verhältnis von Glauben und Werken, sondern im Verständnis Gottes, genauer im christlichen Bekenntnis zur Drei-Einheit Gottes. Dabei scheint die Benennung des Gegensatzes mit dem Begriff des »Monotheismus«, so geläufig er ist, doch allzu vordergründig. Das im Pochen auf die radikale Transzendenz Gottes sich sammelnde jüdische Nein ist in Wahrheit kein Widerspruch im Begriff, der sich theologisch diskutieren, gar beheben ließe. Denn das jüdische Verständnis von der Transzendenz Gottes ist ein Begriff des zwischen Gott und Israel gelebten Erwählungslebens. Der Eine Gott ist der Gott, der sich mit Israel geeint hat und immer wieder eint. Die Umrisse seiner jüdisch erkannten Transzendenz sind Momente der immer offenen Beziehungen zwischen Gott und Diesem Volk und der Verantwortung, die Dies Volk für Gedeih und Verderb seines Gottes übernommen hat. Gottes Transzendenz benennt den Raum der unendlichen Verantwortung, in der Israel für Gott einsteht.

Christliche Trinitätslehre muß sich ihrerseits diesem kritischen Kriterium der Transzendenz Gottes unterwerfen, wenn sie – was sie soll und immer gewollt hat – mit Israel den gleichen Gott loben will.

Im Dienst der Geschichtlichkeit/Offenheit der Transzendenz Gottes muß christliche Trinitätslehre sich zu allererst dazu verstehen, nicht einen allgemeinen Gottesbegriff bilden zu wollen, sondern im trinitarischen Bekenntnis speziell den Trost der Heiden zu loben. Sie muß es wagen, den »Geist«, der sie ihrem Heidentum entrissen hat, und den »Sohn«, der sie in den Herrschaftsbereich der Tora des Gottes Israels geführt hat, als Werke zu bekennen, in denen Gott sich selbst ebenso bejaht wie in seinem Bund mit Israel.

Sie wird aber die Transzendenz Gottes in dem Maße wahren, in dem sie die Werke des inneren und nach außen sich wendenden Lebens Gottes lobt: das immer neue Hauchen und Hervorgehenlassen des »Sohnes« aus Gott im Wirken des »Geistes«, der Jesus von Nazareth Juden und Heiden immer neu lebendig werden läßt, und das immer neue »Zeugen« des ewigen »Sohnes« durch den ewigen »Vater«, in dem Jesus Heiden und Juden den Gott Israels bezeugt und der Gott Israels sich zu Jesus, dem Juden, vor den Völkern bekennt.

Eine nicht nur wirkende, sondern wirkliche Einheit von Gott und Jesus wird im Neuen Testament jedoch erst als eschatologisches Geschehnis bezeugt und ist uns darin und darum bis heute »nur« in der Wirklichkeitsweise der Utopie faßbar.

Es ist Utopie, wenn wir – nach Auschwitz – von Gott reden unter dem Vorbehalt, daß ER will und lebt.

Der Titel dieses Paragraphen entstammt dem Eingangschor zu *Johann Sebastian Bachs* Himmelfahrts-Oratorium, das er für das Jahr 1725 komponiert hatte (BWV 11). Der Dichter des Werkes ist uns bis heute unbekannt. Der Text heißt im ganzen: »Lobet Gott in seinen Reichen, / preiset ihn in seinen Ehren, / rühmet ihn in seiner Pracht. / Sucht sein Lob recht zu vergleichen, / wenn ihr mit gesamten Chören / ihm ein Lied zu Ehren macht«.

Da wird die christliche *Gemeinde als Liedermacherin* angesprochen. Ich glaube, daß dies eine umfassende Vorstellung vom Wesen der *Kirche* gibt. Dazu ist sie da, das ist ihre raison d'être: in allem, was sie tut, mit Worten und mit Werken eine Liedermacherin zu sein, die Gott besingt. Alle ihre Lebensfunktionen gehören dazu, – durchaus auch die wissenschaftliche der kirchlichen und akademischen Theologie, dabei auch z.B. die desillusionierende Arbeit der historischen Analysen, die in der Neuzeit den Großteil theologischer Forschung und Lehre ausmachen, – nicht zuletzt auch die so vielen Menschen schon lange fremd gewordene dogmatische Arbeit der Kirche, d.h. ihre Bemühung, ihre Lehre jeder Generation in deren Fragehorizont neu zu öffnen und verbindlich zu machen, so weit dies geht: auch diese Bemühung wurde jahrhundertelang als *Doxologie* aufgefaßt: Gotteslob und Liedermacherei.

Das schloß ja eine *kritische* Bemühung nie aus. Es gibt nicht nur affimative, verklärende Lieder, die ausdrücken, wie gut, schön, richtig, wahr und stimmig das Leben mit Gott ist; genauso gibt es kritische Lieder, und unser moderner Ausdruck »Liedermacher« ist ja gerade für das gesellschaftskritische Lied aufgekommen in den sechziger Jahren der Studentenbewegung. Schon Bachs Textdichter hat ein solches kritisches Moment ausgedrückt in der Zeile: »Sucht sein Lob recht zu vergleichen«; die Aufgabe wäre danach nicht, einfach zu bestätigen und zu wiederholen, was schon eh und je vorgebracht wurde, um Gott zu loben und ihm Anerkennung zu verschaffen in der Gesellschaft. Bachs Textdichter lud die Leipziger Kirchenbürger keineswegs ein, ihr Lob Gottes als ästhetischen Sonntags-Schnörkel auf ihre Wohlhabenheit zu setzen oder sich von ihrem eh nicht sehr geschätzten Thomaskantor setzen zu lassen, es vielmehr durch kritischen Vergleich sich selbst und anderen glaubwürdig zu machen.

Womit sie Gottes Lob »recht zu vergleichen« suchen sollten, wird weder im Eingangschor noch sonst in einem der weiteren Stücke des Oratoriums ausdrücklich gesagt. Die Aufforderung steht einfach so da: Lobt Gott im Vergleich.

Sollen wir versuchen, uns ein Fehlendes zu ergänzen? Etwa: Vergleicht diesen Gott mit einem anderen, von dem ihr vielleicht etwas mitbekommen habt, wenn ihr zu euren Geschäften in das Land segeltet, wo der Pfeffer wächst, also z.B. ins hinduistische oder buddhistische Indien oder Indonesien? Nur, wenn ihr eine Ahnung von einem Besonderen eures Gottes im Vergleich mit anderer Gottheit habt, wißt ihr, was ihr an ihm allenfalls hervorheben und so loben könntet.

Oder: Vergleicht den Gott, der laut biblischer Predigt Gott nur im Zusammenhang seines Reiches ist, d.h. eines ihm eigenen, autonomen Herrschaftswillens, mit euren Projektionen von Gott, mit dem, was nach eurem Gutdünken und Meinen, Interessen und Bedürfnissen, auch nach eurem Machtwillen überhaupt ein Gott sein müßte. Sollte – wider Erwarten – auch dieser Vergleich zugunsten des biblischen Gottes ausfallen, dann wißt ihr, warum ihr ihn lobt, und erst dann könnt ihr ihn wirklich loben und ihn nicht bloß so herkömmlich dumpf vor euch her besingen.

Oder: Sucht eure Art und Weise, Gott zu loben, recht in Vergleich zu bringen mit euren anderen Lobgesängen: dem Selbstlob z.B. und der Begierde nach Selbstbestätigung. Wie steht Selbstlob-Bedürfnis, Anerkennungsbedürfnis im Vergleich zum Lob Gottes: quantitativ und qualitativ? Aber auch: Wie steht Gotteslob in eurem Leben im Vergleich zur gesellschaftlichen Lobhudelei, mit der ihr z.B. Sport- oder Kino- oder akademische oder Pop-Gruppen-Stars überschüttet, um mit eigener erbärmlicher Geltungslosigkeit fertig zu werden, – oder mit der Lobhudelei von Markenprodukten, die ihr euch anpreisen laßt, um euer Geld dafür locker zu machen, gar: sie als Status-Symbole zu bewerten und in das Pantheon einzuführen, in den Vielgötter-Tempel dessen, was man unbedingt haben »muß«, um etwas zu sein. Wäre das Gottes Lob, wenn er – unverglichen – ein Markenartikel unter tausend anderen im Wertehaushalt des Kapitals wäre? Einer unter tausend anderen wäre er ja auch dann, wenn ihr ihn als »Spitze« und höchstes Gut einer Werte-Pyramide ansehen würdet.

»Sucht sein Lob recht zu vergleichen« – auch mit dem Lob und der Bestätigungt dieser oder jener Politiker, die sich gerade dann schicksalsmächtig gebärden, wenn sie in Gesten christlicher Demut den bewaffneten Armeen beim Großen Zapfenstreich vor dem Brandenburger Tor den Helm ab zum Gebet befehlen und sie demonstrieren lassen: »Ich bete an die Macht der Liebe, die sich in Jesus offenbart«; die Anbetung Gottes in Jesus als Geste einer fackelerleuchteten Militär-Demonstration ist eine Perversion.

Wollten wir nun allerdings versuchen, die kritische Textzeile aus dem inneren Zusammenhang des Oratoriums zu verstehen, dann vielleicht so: In der Erzählung von der Himmelfahrt Jesu betont der Textdichter stark das Abschiedsmoment: Jesus verläßt uns und steigt in den Himmel hinauf, das stürzt seine Anhänger in eine *Krise der Trennung.* Großer Schmerz des Abschieds wird in einem Baß-Rezitativ (Nr. 3) ausgedrückt: »Ach, Jesu, ist dein Abschied schon so nah, ach, ist die Stunde denn schon da, da wir dich von uns lassen sollen … Ach, weiche doch nicht.« Mit dem Weggehen Jesu verliert das Christentum die Erfahrung der Gegenwart ihres Lebens und wird empfindlich gekränkt in der Kategorie des religiösen Habens. Darum heißt auch die erste (Alt-)Arie (Nr. 4): »Ach, bleibe doch, mein liebstes Leben, / ach, fliehe nicht so bald von mir. / Dein Abschied und dein frühes Scheiden / bringt mir das allergrößte Leiden, / ach ja, so bleibe doch noch hier, / sonst werd ich ganz von Schmerz umgeben«.

Das ist eine realistische Situationsbeschreibung des Christentums. Was es begründete und prägte, hat es jetzt nicht mehr in sich, nicht einmal bei sich, ihm ist mit seinem Gründer auch seine Substanz verloren, der Bachdichter sagte: sein Leben. Es ist leblose Vergangenheit geworden. Wie kann es seine Wahrheit noch behaupten und verteidigen, wenn er, der gesagt hatte: »Ich bin der Weg, die Wahrheit und das Leben«, seinen Anhängern nun entzogen wurde und abhanden gekommen ist? Sie bleiben nur als ein trauriger Haufen zurück, ihrer Vergangenheit nachtrauernd. Und statt von sprühender Lebendigkeit und Evidenz des Geistes des Lebens Jesu sehen sie sich »ganz von Schmerz umgeben«.

Ich möchte dies nicht gering schätzen. Wer verloren hat, was den Christen verloren gegangen ist, und wer das in Trauer erfährt und nicht verdrängt, ist sensibilisiert von Schmerz und hat ein Gespür auch für allen anderen Schmerz der Welt. Weltschmerz ist ihm nicht romantische Melancholie, auch nicht Nostalgie, sondern Wissen und Leiden unter dem, was verloren ging: das »liebste Leben«, eben Gott; denn nach gesamtchristlicher Anschauung verliert die Christenheit an Gott, wenn Jesus von ihr geht. Insofern ist Bachs Himmelfahrtsoratorium alles andere als ein Triumphgesang der Erhöhung Christi zum Herrscher vom Himmel her – nach der Melodie: »Jesus Christus herrscht als König, / alles wird ihm untertänig, / alles legt ihm Gott zu Fuß. / Aller Zunge soll bekennen, /Jesus sei der Herr zu nennen, / dem man Ehre geben muß«[1]; das ist *nicht* der Ton dieses Bachwerks, – vielmehr gibt es den Schmerz der Negation. Die Zeit der Christen ist nicht mehr erfüllte Zeit, sondern leer und hohl geworden. Ein Alt-Rezitativ (Nr 7b) singt dem Verlorenen hinterher: »Ach ja, so komme bald zurück, / tilg einst mein trauriges Gebärden, / sonst wird mir jeder Augenblick / verhaßt und Jahren ähnlich werden« – »Jahre« stehen hier für gleichgültige, leere, unerfüllte, sich hinschleppende Zeit, die mir jeden einzelnen Augenblick verhaßt machen kann.

Zaghaft geschieht dann jedoch: Im Schmerz der Negation keimt die Bitte: »Ach ja, so komme bald zurück«. Christ wäre danach, wer auf Wiederkehr von Verlorenem zu hoffen wagte. Darum lautet der Schlußchor (Nr. 9), der bei Bach immer die beteiligte Gemeinde repräsentiert: »Wenn soll es doch geschehen, / wenn kömmt die liebe Zeit, / daß ich ihn werde sehen / in seiner Herrlichkeit, / du Tag, wenn wirst du sein, / daß wir den Heiland grüßen, / daß wir den Heiland küssen, / komm , stelle dich doch ein.« Es ist der Schmerz der langen leeren Jahre, in den Christi Himmelfahrt die Leipziger Gemeinde entläßt, ist das Seufzen: Wann denn ?, – ist aber in der seufzenden ergebenen oder ungeduldigen Gestalt doch die Hoffnung auf »seine Herrlichkeit« – wir können uns das in die theologiscbe Problematik übersetzen: auf ein Evidentwerden des Guten, von dem die Christen jetzt gerade verlassen worden sind: von Gott.

Ich möchte das Gesagte mit noch zwei weiteren Beobachtungen ergänzen, ehe ich noch einmal auf die erste Zeile des Eingangschors und damit auf das Motto für alles Folgende zu sprechen komme.

1. EKG 96,1/EG 123,1.

Zuerst etwas *Musikalisches.* Bach hat trotz der außerordentlich schmerzhaften Deutung der Himmelfahrt Jesu als Zurückbleiben seiner Gemeinde in der bitteren Negation sowohl drei Trompeten als auch Pauken eingesetzt – neben den üblichen Streichern, (zwei) Traversflöten und (zwei) Oboen. Und dies nicht nur im Lobe-Satz des Eingangschors, wo wir es allenfalls erwarten, sondern besonders prunkvoll auch im Sehnsuchtssatz des Schlußchors mit einer höchst konzertant angelegten Stimmenführung der Instrumente und einem schwung- und rhythmusgebenden Synkopentakt.

Wollte er damit die Sehnsucht übertönen, überspielen? Oder wollte er mit der Musik dem Text eine dialektische Gewißheit geben, die er in sich gerade nicht hat?

Eine ähnliche Frage kam mir, als ich dann im Text der Kantate sieben Achs und Weheseufzer zählte, von denen allerdings zwei mit einem Ja verbunden sind: »Ach ja, so bleibe doch noch hier« (Arie Nr. 4) und »Ach ja, so komme bald zurück« (Rezitativ Nr. 7b). Der Seufzer Ach und das ihm zugefügte Ja bilden in sich selbst eine spannungsgeladene Beziehung; das Ach artikuliert den Schmerz der Negation in der Erfahrung des verlorenen Christus – Gottes, – das Ja bejaht eben diesen Schmerz als etwas wesenhaft Christliches. Es ist das Ja dazu, daß ein Christ mit Gott nicht auftrumpfen kann und daß er es bejahen, aushalten, durchstehen muß, »vor Gott ohne Gott« zu leben: um hier eine berühmte Formel Dietrich Bonhoeffers anzuwenden. Freilich könnte in dem Ja beim Ach doch auch mitten im Seufzen die Gewißheit sich melden, daß der Schmerz nicht umsonst gelitten wird. Im Verlorenen könnte Kraft warten! Im Ach – ein Ja. Zweifellos ist solche Spannung auch Stil des Barock. Ist aber auch christliche dialektische Erkenntnis: Im Verlust, in der Negation wartet Position, eine, die es allerdings nicht gäbe ohne den Schmerz der Trennung. Und das drücken musikalisch auch die Pauken und die drei Trompeten aus; sie sind das Ja aufs Ach.

Wir haben in diesem Kantaten-Text eine Meditation auf eine tiefe *Fraglichkeit Gottes* im christlichen Glauben, und zwar nicht eine, die von außen, aus Einflüssen eines antiken oder modernen Atheismus oder Nihilismus an die Christen herangetragen würde, sondern eine, die im Inneren der von der Bibel erzählten Geschichte selbst aufkommt, an der die Christen sich beteiligen und die sie überhaupt zu Christen macht. Es gibt verhaßte Augenblicke, die Jahren ähnlich werden, in den Erzählungen von Jesus, solche, die Gottes- und religiösen Substanzverlust bewirken. Es scheint uns kein Wunder und Unverstand gewesen zu sein, wenn in der Antike ihre heidnische Umwelt die Christen geradezu als Atheisten qualifiziert und darum bekämpft und abgelehnt hat; die haben etwas gerochen! Aber nun versuchen wir, uns auf den *merkwürdigen Plural* in der ersten Zeile des Oratoriums zu besinnen: »Lobet Gott in seinen Reich*en*«.

Den Singular kennen wir. Die Ankündigung des Reiches Gottes steht zentral in der Botschaft Jesu, z.B. in ihrer knappen Zusammenfassung Mk 1,15: »Die Zeit ist erfüllt, und das Reich Gottes ist genaht.« Die malkut ha schamajim kennzeichnet Gott in breiten Schichten der Hebräischen Bibel genauso, wie ein apokalyptisch gedachtes Reich Gottes zu dem schlechthinnigen Hoffnungsziel der Christen geworden ist und zu einem Hauptthema christlicher Eschatologie. Ein wesentliches Merkmal dieses Reiches ist, daß da Gott sein werde »alles in allem« (1 Kor 15,28), weil ihm da – nach der Erwartung des Paulus – »alles unterworfen sein wird«, ja sogar »auch der Sohn selbst sich dem unterwerfen« will, »der ihm (zuvor) alles unterworfen hatte« (ebd.). Gerade solch Ende, wie Paulus es bestimmt, zielt auf eine letzte Konzentration und die Einheit einer Alleinregierung Gottes hin, in der alle anderen Ereignisse, Mächte, Gestalten und Wahrheiten, sich erfüllend, versinken sollen, – in der mithin »alle eins« werden (Joh 17,21) und in der sogar »der Sohn« Gottes alle seine Funktionen zurückgibt an Gott, damit aber auch: sich selbst zurücknimmt aus Geltung und Bedeutung.

Hieran konnte in den nachbiblischen Zeiten der Antike Einheitswahn sich anknüpfen: die philosophische Behauptung und Setzung, daß wirklich und wahr nur eines, also nur das schlechthin Eine sein könne, das ἓν καὶ πάν, d.h. das Eine als das Ganze, – das unum, der Ursprung, der Grund, das Sein vor allem Seienden – oder dann eben: Gott, der Grund und Ursprung aller Dinge, das schlechthin Seiende. Auch der sog. Monotheismus kommt dorther, d.h. die theoretische Behauptung: Es gibt nur einen Gott, nicht viele, und: der eine Gott muß gedacht werden als eine in sich selbst ungeteilte Einheit, dürfe nicht in sich selbst differenziert, nicht sich selbst gegenständlich gedacht werden, wie dies etwa im trinitarischen Denken versucht wurde, wo die Theologen Gott als Vater, Sohn und Geist sich selbst gegenständlich gesehen hatten, als ein Wesen nicht nur in Beziehung zur Welt und den Menschen außer ihm, sondern in lebendiger Beziehung vor allem zu sich selbst – dieser hier nur kurz skizzierte Monotheismus ist ebenfalls eine antik-heidnische Spätfolge jener Botschaft von dem einen Reich, das in seiner Einheit allein dem Wesen des einen Gottes angemessen erschien.

1. Die Lobe-Räume Gottes. Zur Frage der Gotteserkenntnis

Ich weiß nun nicht, ob der Plural von den mehreren Reichen Gottes als ein Protest gegen antik-heidnischen Einheitszwang belegt werden kann. Bachs Textdichter ist ja nicht der Erfinder dieses Plural. Er greift da eine schon ältere theologische *Drei-Reiche-Lehre* auf. Gott herrscht in einem *regnum naturae,* im Naturbereich, – in einem *regnum gratiae,* im Gnadenbereich seines geschichtlichen Beistandes für sein Volk Israel und in seinem Wesensbeistand für Jesus von Nazareth, – schließlich dürfen wir erwarten, daß er künftig auch herrschen werde in einem *regnum gloriae,* einem Glanz- und Freudenbereich, einem neuen, für unsere endgültige Befriedung und ein großes Menschen- und Kreatur-Glück geschaffenen und weiter zu schaffenden Bereich.

Für die Theologen des 17. Jahrhunderts, die das so gedacht haben, verstand sich von selbst, daß es ein und derselbe Gott sei, der in diesen drei Bereichen »herrsche«, dort für uns engagiert, treu mit uns zu leben willig sei. Nicht dürfe also angesichts dieser drei Bereiche etwa von drei Gottheiten die Rede sein: im regnum naturae etwa von einem Natur- oder Schöpfergott, – im regnum gratiae von einem davon verschiedenen Wesen, das nur und allein *lieber* Gott wäre (so hatte Marcion es gelehrt), – im regnum gloriae von einem Glanz- und Strahlewesen von eitel Licht und Strahlen der Sonne, die die Nacht und ihre Angstgewalten vertrieben habe (so hätte vielleicht Ernst Bloch gedacht, wenn er Gott gedacht hätte). Wenn wir Gott in seinen Reichen loben sollen, dann Ihn, den einen, und nicht drei Wesenheiten und Walter: hier einen der Natur, hier einen der Israel- und Jesus-Geschichte und hier einen eines utopischen Glücks.

Doch was sollte dann solch eine Aufgliederung der einen Herrschaft Gottes in drei Reiche ihrer Wirkung? Haben wir es hier mit einem Spiel des *Reichtums Gottes,* – einer Überschwänglichkeit seines Liebens, – gar einem etwas barocken *Pathos seines Lobens* zu tun?: Wes das Herz voll ist, des geht der Mund über, dreimal sei also »dasselbe noch einmal anders« gesagt aus reiner Freude an schöner Vielfalt: Gott bloß in der Natur? Nein, viel mehr: doch auch in der Geschichte! Bloß in der Geschichte? Nein, viel mehr: doch auch in der Ewigkeit, in der Zukunft und in der Utopie!

Mag Überschwang des Lobens mitspielen, wie es ja unüberbietbar im Beten und Loben des jüdischen Gottesdienstes geschieht, wo ein Lobname Gottes, in überstürzender Schnelle, fast atemlos, dem anderen folgt; so wie es ja auch in Bachs Eingangschor zu hören ist: Lobt ihn: in seinen Reichen. / Preist ihn: in seinen Ehren. / Rühmt ihn: in seiner Pracht. Das ist doxologischer Reichtum. Aber es ist doch nicht Überschwang, der aus einem Reich Gottes deren drei *erzeugen* könnte. Die Drei-Reiche haben Eigen-Sinn.

Doch welchen? Denken ließe sich, es handele sich um *drei Aspekte, Wahrnehmungsweisen* des einen Gottes. Etwa eine Sichtweise auf Gott aus dem Zusammenhang unserer *Naturerfahrung* – was ja vieles beinhalten kann, z.B. die Frage nach dem kosmischen Ursprung, – oder die Frage nach der romantischen Schönheit der Landschaften des Erdballs, – oder das Unendlichkeitsgefühl unserer menschlichen Kleinheit unter dem gestirnten Himmel über uns, – aber auch die Frage aus der Erfahrung der Bodenlosigkeit alles Lebens beim Erdbeben von

Lissabon 1749, das das Kind Goethe so erschüttert hatte, – bei Sturmfluten und ihren Katastrophen, – allen Gestalten heutiger Naturzerstörung, – beim Ozonloch, aber auch bei den unbeherrschbaren Krankheiten unserer Leiber, wie bei Aids oder anderen Seuchen: jetzt wieder der längst überwunden geglaubten Pest in Indien. Sowohl Freuden- als auch Erhabenheits- und Kleinheits- als auch Leid-Erfahrungen mit der kosmischen und unserer eigenen menschlichen Natur könnten eine Aussicht auf so etwas wie Gott eröffnen, mindestens in der *Form eines Fragens oder Schreiens nach ihm;* und beides sind ja auch wirkliche Beziehungen auf Gott.

Ähnliches ließe sich von *Geschichtserfahrungen* denken, wie sie nach Auskunft der biblischen Zeugnisse Israel und nach Auskunft der Jesus-Schriften des Neuen Testaments auch die Christen gemacht haben. Denn was immer in der Bibel enthalten sein mag an Ethos und ethischer Weisung, – an Geboten religiöser Gottesdienstpraxis, – an Liedern und Bekenntnissen jüdisch-christlichen Gotteslobs, – auch an Zeugnissen diffiziler theologischer Reflexion und Auseinandersetzung über Gott und mit ihm – zusammengehalten werden diese verschiedenen Lebensäußerungen überall durch den Bericht über die Geschichte Israels, – Jesu, – seiner Freundinnen und Freunde und im weiten Umkreis drumherum vieler anderer kleiner und großer Völker und der Menschheit insgesamt. Ungeheure Zeit-Umwälzungen, Gesellschaftswandlungen, Brüche in kollektiven und individuellen Selbstverständnissen, – ein permanentes Entstehen und Vergehen von antiken Groß-Imperien und der Unterwerfung und Befreiung kleinerer Völker, Staaten und Königtümer unter die Systematik des Imperialismus und »Kolonialismus« ökonomischer Ausbeutung sind der Inhalt der biblischen Geschichtserzählung, der alles andere, gerade auch alles Religiöse, mitbestimmt und umrahmt; selbst im offiziellen christlichen Glaubensbekenntnis hat einer der römischen Prokuratoren im unterworfenen Palästina seinen unverwechselbaren Platz behalten, und zwar sehr mit Recht in der *Leidens*form: »Gelitten unter Pontius Pilatus«. Nach biblischer Sicht vermag nirgendwo die Religion, des Menschen Verhältnis zu Gott, Menschen zu befreien von der Allgewalt der politischen Weltgeschichte; auch der Gläubige bleibt ein Mitgefangener und Mitgehangener der Geschichte und ist selbst bis ins tiefste Innere von ihr geprägt; wir müssen von einer wesenhaften politischen Geschichtlichkeit gerade des biblisch gesehenen Menschen sprechen. Und das ist nun einmal eine Geschichte vor allem der Leiden, Unterdrückungen, Schädigungen, Selbstentfremdungen der Menschen. Denn selbst, wo die Geschichte Menschen einmal zu großer Entfaltung geistiger, seelischer, gesellschaftlicher Humanität bringt (was ja ab und an auch geschieht) – nicht nur lauert gerade da überall Überheblichkeit, Selbstüberforderung und Hybris des Menschen, der nur zu schnell sein will wie Gott, sich vergottend: In allem Großen und Gelungenen ist nach einem schwer faßbaren Gesetz der Geschichte der *Keim des Verfalls* enthalten, und es ist kaum möglich, in der Geschichte etwas Gutes lange fortzusetzen und drauf weiterzubauen, geschichtlich sind wir Menschen ewige Neu-Anfänger; deswegen können wir uns ja – schöpferfroh – auch so leicht einbilden, wir wären »wie Gott«. Andererseits demütigt es uns, wenn schon Schöpfer, dann nie Vollender sein zu können, – nicht nur Fragmente von gut-Gemeintem zu hinterlassen, sondern selbst nur Fragment eines Entwurfs zu bleiben, den wir uns in unseren leisesten Träumen einmal haben schöner, gelungener vorstellen können.

Wie auch immer: Wie Naturerfahrung konnte auch menschliche *Geschichtserfahrung eine Frage nach so etwas wie Gott* erwecken. Schiller z.B. sah (realistisch und pessimistisch zugleich) die Weltgeschichte als Weltgericht Gottes, – Hegel sie (allzu optimistisch) als Prozeß eines zu seiner eigenen Absolutheit sich emporarbeitenden Geistes, – Marx sie (nach meiner Erkenntnis nach wie vor mit Recht) als Geschichte von Klassenkämpfen. Wenn darum, gerade nach biblischem Verständnis, Gott in der Geschichte wirkt, besser: gerade an den Geschichte machenden Menschen, die gesellschaftlich und politisch handeln und leiden (und das sind alle, nicht bloß die, die Politik als Beruf ergriffen haben), können politisches Gelingen und gesellschaftliches Leiden einen Schrei und ein Fragen nach so etwas wie Gott hervorpressen. Dies gilt nicht für alle Religion, es gibt Religionen, die den Ehrgeiz haben, Menschen aus den Fesseln des Politischen zu entbinden. Aber dazu gehört die biblische nicht.

Und nun leben wir alle ja auch ein ominöses Verhältnis zur *Zukunft*, – kämpfen, um ein nächstes Ziel zu erreichen, das wir uns gesetzt haben, – wenn wir älter geworden sind, darum, einigermaßen mit Anstand unser Leben zu Ende zu bringen, – streiten um kollektive Vorstellungen von in Zukunft hoffentlich besseren Lebensbedingungen, gerechterer Verteilung der Lebensressourcen zwischen Klassen und Erdteilen, – hoffen irreligiös oder religiös auf Sinnfindung inmitten so vieler Sinnlosigkeits- und Unsinnserfahrungen der jeweiligen Gegenwart, – verzweifeln aber auch an Zukunft, – lassen uns bedrücken und leider viel zu oft auch unterdrücken von no-future-Stimmungen, – finden für so viel schwere persönliche und überpersönliche Widersprüche immer noch keine Lösung, – sehen keinen Ausweg in nur zu viel verfahren scheinenden Situationen. Auch hier läuft manchmal *ein Seufzer nach Gott* mit: ad-matai, wie lange noch? »Hüter, ist die Nacht bald hin?«[2] – oder mit dem um Aufklärung ringenden Tamino im 1. Akt-Finale von Schikaneder-Mozarts Zauberflöte: »O ew'ge Nacht! Wann wirst du schwinden? wann wird das Licht mein Auge finden?«; der Chor antwortet darauf, wie es in der Szenenanweisung heißt, »von innen« der drei ver-

2. Vgl. EKG 266,1/ Das Lied »Hüter, wird die Nacht« (1698) ist im EG nicht mehr enthalten.

schlossenen Tore, rätselhaft und wenig ermutigend: »Bald, bald, Jüngling, oder nie!« *Zwischen Bald und Nie spannt so etwas wie Gott sich hin:* die ersehnte Weisheit nämlich der Aufgeklärten.

Damit haben wir angedeutet, daß es wohl Sinn machen könnte, die theologische Überlieferung von den Drei-Reichen, an die auch der Dichter von Bachs Himmelfahrts-Oratorium gedacht haben könnte, als drei Aspekte, Wahrnehmungsweisen, Hinsichten von Menschen auf so etwas wie Gott zu deuten.

Freilich ließe sich fragen: *Wieso nur drei, und: wieso ausgerechnet diese drei:* Natur, Geschichte und Zukunft? *Wenn es Lebenserfahrung gelten soll, läßt ja viel mehr sich denken,* ein viel *breiterer Aspekte-Reichtum auf so etwas wie Gott hin* sich entwickeln.

Abenteuer menschlichen Philosophierens z.B. kreisen – auch wenn sie dies vermeiden wollen – über kurz oder lang wieder um »Gott, den uralten Turm«[3]. Selbst wo Philosophen längst das Ende der Metaphysik eingeläutet haben, verläßt sie die Frage nicht: »Warum ist überhaupt Seiendes und nicht vielmehr nichts?«[4] Und da, wo sie sie stark und konsequent von sich weisen, sind sie in der Vernunftkritik damit beschäftigt – wen anders ein- und auszugrenzen als Gott, um die Vernunft rein zu halten: wie Immanuel Kant es versucht hat? Und noch einmal: Wo man, wie etwa Ludwig Wittgenstein, auf letzte Erkenntnis kommt, die in dem Satz gipfelt: »Wovon man nicht sprechen kann, darüber muß man schweigen«, ist dies doch erklärtermaßen ein Schweigen: von Gott[5]. Und so öffnete sich in den vielfachen Abenteuern nicht nur der Metaphysik, auch der philosophischen Erkenntnistheorie, der Logik, der Naturphilosophie, der Ästhetik, ja: im Philosophieren als solchem *ein ferner Blick auf Gott.* So daß sich fragen ließe: Warum wäre nicht auch die Rede von einem regnum cognoscentiae oder einem regnum rationis, in dem heimlich oder offen doch wieder auf Gott die Blicke gelenkt werden und in denen eben darin Gott auch regiert?

Oder Hinsichten auf Gott in den *Gestaltungen der Künste;* ich meine *nicht: in* den künstlerischen *Themen,* – in der Ikonographie, – in der sog. geistlichen Musik, – in christlichen Romanen oder dergleichen. Der *Blick auf Gott kann sich öffnen* im *Problem der Perspektive und der Flächigkeit,* wo Stift und Pinsel Raum und Tiefe suchen und geben wollen. Er kann sich auch öffnen in der *Mischung der Farben.* Gerade bei Bild- und plastischer Gestaltung sind Künstler

3. Vgl. R. M. Rilke: »Ich kreise um Gott, um den uralten Turm, / und ich kreise jahrtausendelang; / und ich weiß noch nicht: / bin ich ein Falke, ein Sturm / oder ein großer Gesang«ff., in: Das Buch vom mönchischen Leben, 1899. Erschienen in: Das Stundenbuch, 1905.
4. M. Heidegger, Einführung in die Metaphysik, ^{1}1953, 1.
5. L. Wittgenstein, Tractatus logico-philosophicus. Logisch-philosophische Abhandlung, (1918), ^{1}1921, 1963, 83.

ja *angewiesen* auf jenes Licht, das sie nicht geben, auf das sie nur reagieren können, das jeden Augenblick wechselt und in der Stunde des Beginnens anders fällt als in der Stunde des Vollendens; *angewiesen* auch aufs Auge, was es zu sehen *vermag* und was doch auch wieder nicht. Matthias Claudius hat das Problem der Wahrnehmung, glaube ich, allgemeingültig ausgedrückt in seinem Mondlied: »Seht ihr den Mond dort stehen? / Er ist nur halb zu sehen / und ist doch rund und schön. / So sind gar manche Sachen, / die wir getrost belachen, / weil unsre Augen sie nicht sehn«[6]. Das hat, wie es scheint, nichts mit Gott zu tun. Und doch dichtet Claudius ihn gerade zur Erkenntnisproblematik des Sehens von Wirklichkeit hinzu, in der Bitte: »Gott, laß dein Heil uns *schauen,* / auf nichts Vergänglichs trauen, / nicht Eitelkeit uns freun …«[7]. Das ist kein oberflächlicher Stichwortanschluß apropos Sehen-Schauen, viel eher ein Eindringen in die *Prozeßhaftigkeit und Problematik des Sehens:* Welches Licht beleuchtet im Wechsel des Lichts die sichtbaren Gestalten und Farben und das, was der Künstler gestalten will, recht? Wo aber Licht wesentlich wird im physikalischen und im geistig-seelischen Sinn – das berühmte »mehr Licht« in Goethes Todesaugenblick –, wäre jedenfalls nicht ohne Willkür vom Gotteslicht abzusehen. Jede Farbe lebt aus Licht und jede Form auch. »Die Farben sind Taten des Lichts, Taten und Leiden«[8].

Ich denke auch an *Musik.* Sie wird ja wirklich nicht erst durch Texte und den Gebrauch der Orgel »geistlich« – übrigens auch nicht durch die Tradition des musikalischen Kirchenstils, in dem freilich eigene Gesetze des Komponierens ausgebildet worden sind – wozu übrigens die Fuge *nicht* gehört, obgleich gerade sie im Kirchenstil einen unverzichtbaren Platz bekam – auch so manche Großen – Mozart, Beethoven – mußten Fugenschreiben eigens dafür erst mühsam lernen; die Fuge war in ihren musikalischen Köpfen nicht von Hause aus da. Ich denke aber auch nicht nur an die *Ton- und Satzgefüge,* die die Musik zu einem schlechthinnigen Ereignis von *Ordnung* machen: den Basso continuo, den Krebs, den Spiegel in den Fugen, – den Kontrapunkt; vielen galt Musik lange als *Spiegelbild ewiger Harmonie,* und der Musik hing darum oft das Epitheton »heilig« an.

Es ist ja auch etwas Großes, z.B. in der *klassischen Symphonie* mehr als den Zusammenklang gut gestimmter Instrumente zu erleben, auch den wohlgefügter Sätze: der Intelligenz jener thematischen Reden erster Sätze, mit zwei Themen im Dialog: dem »männlichen«, dem »weiblichen«, – mit ihrer Durchführung durch je ihre eigenen und dann auch ihre gemeinsamen Möglichkeiten, –

6. EKG 368,3/EG 482,3.
7. Ebd., V.5.
8. Vgl. J. W. v. Goethe, Die Farbenlehre. Didaktischer Teil. Vorwort, IX, in: Goethes Werke, … »Weimarer Ausg.«, II. Abt., 1. Bd., 1890; zuerst erschienen 1810.

mit ihrer Wiederkehr und Wiederholung auf anderer, fünfter Tonstufe gegenüber dem zuerst angelegten Grundton, – ihrer Rückkehr in den Grundton, – ihrer Reprise und endlichen Verbindung und Verschmelzung im Schluß des ersten Satzes in seiner Coda. Das ist wie der Lebensprozeß selbst, er hat Allegro, Zug, Zielstrebigkeit, ist gearbeitet, nicht bloß gespielt, – wir sollen gerade in den ersten Sätzen die Arbeit spüren, damit uns dann die Ruhe des folgenden langsamen Satzes guttun kann. Sollen wir dem ersten Satz mit gespannter Aufmerksamkeit zuhören: die Musikanten im Handwerk hören, dann wollen sie uns dafür im zweiten Satz das Gemüt streicheln.

Das Gemüt gehört zur Intelligenz, das gebietet die Tradition der Form der Symphonie und der Sonate. Da darf die Träne rinnen, die Seele baumeln – was ja nicht heißt, daß die hörende Intelligenz nun schlafen dürfte. Sie darf es nicht, kann es gar nicht, denn der große Symphoniker führt uns in zweiten Sätzen mit seinen Themen durch *Welten von Modulation, Tonarten-Verwandlungen;* und fast möchte ich das Verhältnis der ersten beiden Sätze zueinander benennen als das Durcheilen des bürgerlichen Lebens, mit Mann-Weiblichkeit, Arbeit, höherer und niederer Stufe im ersten Satz, dem dann im zweiten Satz ein Geführtwerden durch Gründe und Abgründe des kosmischen und seelischen Lebens in der ungeheuren Vielfalt der Tonarten und ihres Verwandeltwerdens folgt.

Danach, im dritten Satz, läßt die Ordnung uns tanzen, in der Haydn- und Mozartzeit: das Menuett. Das ist der Satz gesellschaftlich geformter Eleganz. Der feudale Glanz und Zauber nimmt uns gefangen und läßt uns hinschmelzen im Glück *scheinbarer Leichtigkeit des Seins,* das leicht ist, weil Menschen die gehörigen Schritte und Gesten noch kennen und Gesellschaft noch Übung und Stil pflegt. Freilich: Stampfen und Dudelsack der Bauern von nebenan, von der Tenne, sind im Trio des Menuetts schon zu hören, dringen dazu und ein. In Mozarts vorvorletzter, der Es-Dur-Symphonie (KV 543) pfeift sogar schon jenes Mäusele, tanzt sogar schon jenes Läusele, schlägt sogar schon jenes Igele Trommel, das eigentlich anderswo hingehört: zum »Widele, wedele, hinterm Städele hält der *Bettelmann* Hochzeit«; ich weiß nicht, ob Mozart wußte, welches Lied er da im Trio seines Menuetts hat aufmüpfen lassen, aber ich denke schon, daß er's wußte. Und schnell hat er's dann ja auch wieder eingeholt in die Wiederholung des Menuetts, sprich: in den Tanz der Großen und Ordentlichen.

Doch nicht mehr lang wird's währen, dann hat das Menuett ausgespielt, und das Scherzo tritt in den dritten Satz der Symphonie: »Scherz, Satire, Ironie und tiefere Bedeutung«[9]. Es ist sicher kein Zufall, daß der Wechsel vom Menuett zum Scherzo nicht ganz, aber doch annähernd in die Vorzeit und die Zeit nahe

9. Vgl. C. D. Grabbe , »Scherz, Satire, Ironie und tiefere Bedeutung«. Ein Lustspiel in drei Aufzügen, 1822, gedr. 1827.

der Französischen Revolution fällt; man tanzt nicht mehr Menuett, den Tanz der Guten Gesellschaft. Man scherzt noch, aber schon ist da etwas auch verscherzt. Wir hören es in den dritten Sätzen. Sie werden lange die Gelegenheit für eine Ironie des Verlorenen bleiben, bei Gustav Mahler ziehen da trauernde Juden umher unter den Klezmer-Klarinetten. Aus Tanzschritten wird ein Hüpfen und Springen und eine Pfiffigkeit – und oft weiß man nicht: gestochen wovon, und ahnt es doch.

Der vierte, letzte Satz ist dann entweder Kehraus oder Synthesis. In der frühen klassischen Symphonie und Sonate eher noch ein schneller Kehraus und Rausschmeißer, nicht selten ist Presto vorgeschrieben: schnelles Aus und Vorbei der vorangegangenen Führung durchs bürgerliche Leben, durchs Gemütsleben, durchs feudale Leben. Gewiß haben sie da nicht schon den Tod aufspielen lassen wollen, dazu sind letzte Sätze, z.B. bei den böhmischen Mannheimern der Frühklassik, doch manchmal zu neckisch, ein Feuerwerk zuweilen mit sog. Mannheimer Raketen und anderem Auf und Ab. Vierte Sätze lassen da eher noch ein kleines Nachwort hören zum größeren Getue vorher, ein bißchen wie in Shakespeare's As you like it, wenn da der Narr das Regenlied der turbulenten Liebesgeschichte hinterdrein singt: »Die Welt steht schon ein hübsche Weil, / Hop heisa, bei Regen und Wind! / Doch das Stück ist nun aus, und ich wünsch euch viel Heil! / Und daß es euch künftig so gefallen mag!« Dies »auf künftig« läßt schon an eine nächste Symphonie denken, in anderer Tonart vielleicht, aber gleicher Anlage, doch vor allem: bald wieder. Darum haben wir von Joseph Haydn über hundert Symphonien, von Amadé Mozart über vierzig. Doch dann von Beethoven nur noch neun, von Schubert neun oder zehn, von Brahms nur vier, von Bruckner neun, von Gustav Mahler neun und den einen Satz einer Zehnten, der freilich länger ist, als früher eine ganze Symphonie war.

Dies Längerwerden der Symphonien macht sich zuerst an der Verlängerung ihrer letzten Sätze bemerkbar; *nicht mehr Kehraus, sondern Synthesis.* Jetzt holen die Komponisten Themen aus dem Leben früherer Sätze zusammen, lassen Erinnerungen hören an schon Vernommenes und versuchen, alles zusammenzufügen zu einem Ganzen. Und wenn sie nicht direkt *Themen* einsammeln, dann musikalische Charaktere, die sie zuvor gezeichnet hatten, um alles noch einmal durchzuspielen und hegelisch »aufzuheben« aus ihrer vorigen Vereinzelung in ein höheres Mitsammen. *Nicht selten werden vor allem Spätromantiker da religiös-pathetisch.* Bruckner setzt in den letzten Sätzen alles Blech ein, das er hat, und überhöht alles in einem weltlichen *Choral,* freilich einem *ohne Worte,* – das gewaltig Fromme dabei klingt *heidnisch*-fromm, und man spürt, wie der musikalische Einsatz das Christliche längst abgesetzt hat – trotz der Orgelbank von S. Florian bei Linz. Bruckner hatte da für Gustav Mahler schon Tür und Tor geöffnet, so daß auch er zuguterletzt gewaltige Choräle von der Tiefe des Lebens blasen lassen konnte. *Synthesis, – der Versuch, die Vielgestalt des Lebens zusammenzufassen,* entweder es auf einen tiefsten letzten *Grund* zu bringen *oder* es religiös zu *überhöhen:* Beethoven noch pathetisch-heroisch, – Bruckner und Mahler, wie gesagt, heidnisch-religiös, nicht mehr Mendelssohns *Lied* ohne Worte, sondern – jetzt Choral ohne Worte. In letzten Sätzen verstummt Gott, weil die *Lebenseinheit selbst religiös gefaßt* wird.

Ähnlich und doch ganz anders Köchel-Verzeichnis 551, Mozarts große C-Dur-Symphonie, seine letzte. Man hat versucht, sie als Werk des Heidnischen unvergeßlich zu machen und ihr den Namen Jupiters angehängt, des Allgewaltigen. Um den Preis welchen Mißverständnisses aber! Natürlich ist das große Musik, mit jedem Bachwerk zusammen in meinen Ohren die größte überhaupt. Und sie ist ein Werk gewaltiger Arbeit, auch eines Willens zur Synthesis, der sich nun gar nicht bloß auf den letzten Satz beschränkt, vielmehr vom ersten Takt an das gesamte Werk durchdringt. Denn in dieser Symphonie hat Mozart jedes einzelne Thema und alle Teile aller Themen aller vier Sätze einen einzigen Cantus firmus von zehn Tönen durchspielen lassen: C-D-F-E / A-G-F-E-D-C: vom C aufwärts zurück zum C abwärts. Das ist ungeheure musikalische Technik, auch Besessenheit von einem einzigen Thema, in dem Mozart sein ganzes Universum gehört hat. Aber in alledem ist es *Synthesis* wie nie zuvor – und doch *ohne Pathos, Zwang und Krampf, Einheit ohne Gewalt.* Auch Mozart schon gibt dem letzten Satz einen »höheren Ton«, nicht was Tonart oder Tonstufe betrifft, die hält treulich den Grund des C-Dur fest, aber was die Form betrifft. Es scheint, als führe er zuguterletzt alles in eine Fuge und füge so auch formal alles Vorige noch einmal zusammen. Aber was da Fuge ist, ist zugleich Sonatensatz, nach allen Regeln von erstem und zweitem Thema, von Durchführung und Reprise und Coda, stilistisch von Barock und Klassik, sprich alter und neuer Welt, und Mozart synthetisiert da zuguterletzt den Bach mit sich selbst: in aller Bescheidenheit: Alles bleibt Handwerk, nichts höheres Wunder. An den Himmel will er nur dadurch heranreichen, daß er immer wieder für seine Themen einen *Gang oder Sprung nach oben* statt nach unten findet. Wenn ich ihm zuhöre, gibt es eigentlich immer den Augenblick, bei dem ich einen Herzsprung bekomme von Glück, wenn von Takt 56 des letzten Satzes an der zweite Teil des Themas sich umkehrt und (wie von Fanfaren gerufen) nach oben schnellt; das ist für mich hundertmal mehr Aufruf, als Ernst Bloch es im Fidelio gehört hat, wenn Beethoven da von Ferne die Trompete der Freiheit der Gefangenen hören läßt. Beethoven *ruft* uns in die Freiheit, Mozart *führt* mich nach oben, ins Glück, in die Ehre und den Stolz, ein Mensch zu sein. Trotz der Fuge: kein Choral, aber Menschen-Glück!

Die Form der klassischen Symphonie ist Konvention. Sie ist auch die der *Sonate* am Klavier oder in kleiner Besetzung. Was im Saal des Schlosses gilt, gilt auch am Hammerklavier in der Bürgerstube. Was wäre daran denn Theologie?

Verborgene, indirekte Theologie ist doch der *Wille zur Ganzheit,* den wir beschrieben haben. Der bürgerliche Tag, – Ruhe und Genuß, – der Anlaß, sich in Gesellschaft zu begeben und zu tanzen, – der Kehraus oder aber der höhere Sinn für Synthesis: *alles zusammenzuhalten und vom Schluß her dies Leben in seiner Humanität zu erheben oder geradezu religiös-artifiziell zu überhöhen* – das alles wollen Sonate und Symponie. Lebenserfahrungen sollen zusammentönen – was nicht unbedingt heißen muß, daß sie affirmativ harmonisiert werden sollen. Aber es ist noch eine *Widerspiegelung* von Ganzheit in Symphonie und Sonate – je später je mehr dann ein nachrevolutionärer, meist vergeblicher *Kampf* um sie. Darin ähnelt die Symphonie dem Abenteuer des Philosophierens und unterscheidet sich doch ganz von ihm. Dem klassischen Philosophieren ging es um *Einheit,* wo es Sonate und Symphonie um *Ganzheit* ging, und zwar eine in Vielgestalt. Was das Philosophieren in einem Satz fassen, womöglich gar auf einen Begriff bringen will, will der Sonaten- und Symphonie-Schreiber in vielen Sätzen sagen. Gewiß: Im letzten Satz würde auch er am liebsten zum Philosophen. Aber die Konvention verwehrt es ihm, er *muß* statt nur eines Themas in zwei Themen reden, muß also im Dialog bleiben und darf nicht auf ein Roma locuta, causa finita drängen: Rom hat gesprochen, der Philosoph hat gedacht und gesetzt und den Begriff gefunden – darum Schluß jetzt mit weiterem Ergründen. Gerade der Gegensatz zwischen dem Philosophen und dem klassischen Symphoniker ist theologisch gut zu verstehen. *Was* gibt es zu suchen und zu finden: Gott in Identitätssätzen: Gott *ist* definitiv Liebe, Gott *ist* definitiv Geist – *oder* Gott in der vielfältigen Bewegung auf Ganzheit des Wirklichen zu, wo es mit dem Leben – nach dem Kehraus – immer wieder von vorne beginnen, ein neues Lied gefunden und neu angestimmt werden muß? Nur Richard Wagner war auf die »unendliche Melodie« aus, die nie zum Grundton zurückfinden wird. Das ist atemlos, 20stündiger Ring, incurvatus in se. Die ewige Melodie besingt nichts, muß sich darum auch mit den Schlagzeilen und Fragmenten von Leitmotiven begnügen, die doch keine Melodie geben, die in den Meistersingern sowohl am Musik-Scholastiker Sixtus Beckmesser als auch am laienhaften Walter von Stolzing zerbricht. Dem Lied geht die Luft aus, wer kann da noch atmen? Und was könnte Theologie noch, der Gott ausginge? Und er ginge ihr aus, wenn er weiter nur als philosophisch-Gedachtes, abstrakte Einheit bliebe und nicht Wahrheit, deren Kennzeichen offener Weg und nie abgeschlossenes Leben wäre.

Warum also, wenn es um Erfahrungsperspektiven für Gott gehen sollte, nicht mindestens auch ein *regnum artis?* Hatte nicht Luther gewußt: »Wer die Musik sich erkiest, / hat ein himmlisch Gut gewonnen, / denn ihr erster Ursprung ist / von dem Himmel selbst gekommen, / weil die Engel insgemein / selbsten Musikanten sein!«?

Natürlich gäbe es noch viel mehr ernsthaft zu erschließende Hinsichten auf so etwas wie Gott. Mindestens in ihren ethischen Aporien treten auch *Naturwissenschaftler* ins leere Offene. Aber ein offenes Ringen um Gott kennen wir auch von Naturwissenschaftlern des 20. Jahrhunderts: von Pascual Jordan, Werner Heisenberg, Carl Friedrich von Weizsäcker, in den Arbeiten des Physikers A. M. Müller. Warum also nicht auch *regnum scientiae?* Und was suchen die *Religionswissenschaftler* in den Trümmern des Menschheitsphänomens Religion; also warum nicht auch Gott suchen im *regnum religionis?*

Ich möchte noch *ein* denkbares regnum kurz nennen, das womöglich mehr mit Gott zu tun haben könnte als Natur, Geschichte, Utopie, Farbenlehre, Musik, Naturwissenschaft und Religionsgeschichte zusammen: *die Sprache* der Menschen und unser Sprechen und Stottern, Brillieren und Verstummen, wenn wir ums Verbum uns bemühen in Sprache der Lippen, Gesten und Zeichen.

M. Heidegger hatte von der Sprache als dem »Haus des Seins« gesprochen. In ihr können wir uns bergen vor unserer eigenen Barbarei, – »wo gesprochen wird, wird nicht geschossen«. Und, meinte Heidegger mit seinem berühmten Diktum außerdem: Nur Sprache reicht an den *Grund* der Dinge, ans Sein des Seienden, allein Sprache sei Medium der Tiefe, und zwar nicht nur, daß wir sprechen, sondern in der Sprache selbst hat das ansonsten unfaßbare Sein sein einziges Medium, in ihr vermag Sein sich zu melden, ja: zu erscheinen. Das ist gewaltig gedacht, hat auch die protestantische Theologengeneration nach Bultmann in den späten fünfziger Jahren gewaltig affiziert: Gerhard Ebeling, Ernst Fuchs, Eberhard Jüngel auch noch; Theologie war möglich als Reflexion auf »Wort und Wirklichkeit«, allein wirklich war, was im Wort wirklich war – nicht in der Tat, nicht in der Geschichte, nicht (liberal) in der Person oder sonstwo. *Theologie des Wortes* – darauf kam es an. Wir spüren: Mag Heidegger da mitgesprochen haben – aber was der lernte und lehrte, hatten zuvor protestantische Theologen schon lange gelernt. Barth und Bultmann, die Generation zuvor, wollten schon in den frühesten zwanziger Jahren Theologen des Wortes werden. Aber mindestens Barth war darauf nicht durch Heidegger gekommen, sondern *in der Theorie* durch die Reformatoren des 16. Jahrhunderts und durch eine neue Wendung zur Bibel, was aber noch wichtiger war: durch seine *Praxis des Predigens.* Theologische Gedanken haben den Prüfstein, ja den Kern von dem, was unter Wahrheit zu verstehen wäre, im Predigen der Kirche, wozu consubstantialiter auch ihr Hören gehört, also im praktischen »*Wortgeschehen*«.

Gerade an diesem Praxismoment eines theologischen Wahrheitsverständnisses scheiden sich bis heute die Geister. Längst kehren theologische Reaktionäre sich wieder von Predigt und Wort ab und suchen im objektiven Geist oder im Walten der Weltgeschichte oder in der unschlagbaren Religiosität der Menschen, ihrem nie gestillten Sinnbedürfnis, Instanzen für eine Verifizierung theologischer Gedanken und Aussagen und: Gott selbst; wir werden im zweiten Abschnitt unseres Paragraphen darauf zu sprechen kommen. Von Bibel und Reformation her aber steht »das Wort« »im Anfang«, im Ursprung aller Dinge, und zwar nicht das Wort als »geistige Realität«, wie 1919 Ferdinand Ebner die Wortphilosophie eingeläutet hatte, sondern »das Wort, das gesprochen wird«, wie Martin Buber es durchformuliert hatte und wie es dem biblischen Davar und dem biblischen Logos entspricht; denn Logos ist im Neuen Testament nicht, wie bei den Philosophen Griechenlands, ein anderes Wort für Vernunft (und ihre Logik), sondern fürs praktische Sprechen.

Biblisch gesehen, sind alle Dinge so hervorgekommen aus dem Nichts, daß Gott sprach. Und vor allem wir Menschen sind geboren daraus, daß Gott uns sprach. Als er uns sprach, geschah das in einer einzigartigen Nähe, denn um uns zu sprechen, sprach er zuerst zu sich selbst: »Lasset uns Menschen machen, ein Bild, das uns gleich sei« (Gen 1,26a: Luther). Das hat im 18. Jahrhundert Johann Georg Hamann zum christlichen Sprachdenker gemacht und *Gott und Menschen als Verwandte in der Sprache* verstehen lassen. In der Sprache selbst, im Sprechen! Sowenig eine theologische Bedeutung von Malerei, Skulptur an ihren religiösen Themen hängt, sondern sie im Licht hat und dem, was sich in verschiedenem Licht an Form und Farbe zeigt, – sowenig auch Musik etwa erst im Kirchenstil theologisch interessant wird, sowenig wird Sprache erst ein Medium theologisch zu beachtender Wirklichkeit, wenn in ihr inhaltlich von Gott und Glauben geredet wird: *im Sprechen selbst* und in dem, was *Sprache als solche* zeigt, sind Gott und Mensch einander ähnlich, nahe, verwandt. Das Gegenwesen zur Sprache wäre das gnostische Schweigen oder jede Art gesellschaftlich, psychisch, durch Katastrophen verhängter Sprachlosigkeit. Und so ließe sich ein Regiment Gottes über unsere Lippen und Gesten denken, ein *regnum labii oder labiorum* (oder wie man es nennen wollte), das sich den anderen regna zugesellen ließe, von denen wir sprachen.

Doch das alles sind Spielereien und beruhen auf einem fundamentalen *Mißverständnis,* das in gewissem Sinne in der Tradition der Drei-Reiche-Lehre selbst angelegt war: jedenfalls in der Art und Weise, in der Theologie und Kirche davon Gebrauch gemacht haben.

Mißverständnis ist nämlich, wenn wir das, was unter dem Namen eines Herrschaftsbereiches Gottes, eines regnum, zur Sprache gebracht wird, als eine *von uns auf Gott gerichtete* Perspektive ansehen: als *unsere* Hinsicht auf Gott. Sieht man es so, dann in der Tat kann man nicht nur, muß man vielmehr auf einer viel größeren Zahl von Gottes-Perspektiven bestehen, viel mehreren auch als die, die wir jetzt ergänzend beigetragen haben. Es gibt schlechterdings nichts – keine Erfahrung, kein Widerfahrnis, keine Kreatur am Himmel und auf Erden und unter der Erde –, von dem aus ein Mensch nicht auf Gott geführt werden könnte. Das *stimmt* an dem berühmt-berüchtigten Satz des Apostels Paulus Röm 1,20: Gottes »unsichtbares Wesen, d.h. seine ewige Kraft und Gottheit« könne »seit Erschaffung der Welt« »ersehen werden« »an seinen Werken«, wenn man sie betrachtet. Auf Gott könnte man von überall her kommen. Doch wie alles Universale ist auch dies eine *leere* Behauptung, auch Paulus wußte und sagte: daß diese Möglichkeit *faktisch* bedeutungslos geblieben ist. Menschen kommen doch nicht auf Gott, sie bleiben bei einer Besinnung auf ihre Daseinserfahrungen entweder an den Gegenständen des Vordergrundes hängen oder sie »vertauschen« die Gegenstände mit Gott selbst, indem sie sie direkt religiös identifizieren. Dann wird Natur gleichbedeutend mit Gott selbst: Deus sive natura (Baruch Spinoza). Sie dringen nicht mehr in die Kunst ein, um in der Mühe der Prozesse des Sehens, des Hörens, des Denkens, Forschens, Fragens, in den Nöten des Sprechen nun auf die *Frage* nach Gott zu stoßen, sie setzen die Kunst an sich als »holde Kunst« (F. von Schober/F. Schubert), »heilige Kunst« (R. Wagner), machen Sprache als solche zum »Haus des Seins«. In solchem *Vertauschen und Identifizieren* aber verfehlen sie Gott und »machen Gott«, produzieren in Wahrheit Abgott gerade dort, wo sie die Chance hätten, Gott zu erfragen: *hinter,* nicht *in* den Dingen und Erfahrungen.

Dem wollte gerade die Drei-Reiche-Lehre *entgegen*stehen. Denn sie will uns in ganz anderem Sinne Perspektiv-Bereiche für Gott angeben: nicht solche *unserer* Perspektiven für so etwas wie Gott, sondern solche *Seiner Sicht auf uns,* von Bereichen, in denen nicht etwa wir ihn uns zur Erkenntnis zurechtrücken, sondern solche, in denen er uns sich so zurechtrückt, uns so regiert und dirigiert, daß wir ihn unter seiner eigenen Direktion in den Blick bekommen können. Die Drei-Reiche-Lehre gibt keinen Beitrag zu der Frage, wie wir so etwas wie Gott erkennen können, sondern zu der Frage: wo und wie Gott sich von uns am besten erkennen lassen will, wo und wie er sich uns darum zu erkennen gibt. In der Drei-Reiche-Lehre soll uns eine Gottes-Perspektive zurechtgerückt werden, oder: sollen wir in die Gottesperspektive gerückt werden.

Goethe hat uns dafür eine Parallele gegeben in dem Motto, das er über seine »Noten und Abhandlungen zum besseren Verständnis des West-östlichen Divans« gesetzt hat.

»Wer das Dichten will verstehen,
Muß ins Land der Dichtung gehen;
Wer den Dichter will verstehen,
Muß in Dichters Lande gehen.«

Will sagen: Man kann Dinge nicht von außen und aus unbetroffenem Abstand verstehen. Man muß sich auf sie einlassen, auf sie eingehen. Alles, was wichtig ist, bildet eine eigene Welt, ein »Land«, einen Bezirk, ein regnum. Wer nicht einzieht ins »Land« des Dichters wird ihn nicht verstehen, wird auch das Dichten nicht verstehen. Und eben analog ist auch der Sinn der regna Gottes: Wer sich nicht dorthin stellt, dort lebt, wo Er regiert, wird Gott nicht erkennen, erfahren, – dem bleibt »Gott« ein leeres Wort, eine Begriffshülse, mit der sich beliebig spielen läßt. – Wir erkennen daraufhin, daß wir erkannt werden (vgl. 1 Kor 13,12).

Wir sollten darüber noch etwas genauer nachdenken.

Folgen wir dem Bach-Texter, dann ist eine *erste Perspektiv-Bestimmung* diejenige, die uns möglich macht, *Gott zu loben.*

Will sagen: Auf Gott gibt es *keine Perspektive neutraler Beobachtung* und unberührter Teilnahmslosigkeit. Von Gott gibt es keine objektiven Feststellungen. Wo überhaupt so etwas wie Gott in den Blick kommen soll – und wäre es wirklich nur rein theoretisch –, geht es immer um engagierte, und zwar um von Gott und an ihn *engagierte Erkenntnis.* Die Art des Engagements ist aber genau bestimmbar: *Gotteserkenntnis ist nur im Loben Gottes erreicht,* abstrakt gesagt: nur als affirmative Erkenntnis möglich.

Dagegen sträubt sich das theologische Fleisch. Wir erleben gerade derzeit wieder einen der vielen Emanzipationsversuche von Theologen, affirmative Theologie hinter sich zu lassen und nur noch eine allein »wissenschaftlich« vermittelte Theologie gelten zu lassen.

»Affirmare« heißt: bekräftigen, bestätigen. Affirmative Theologie heißt: eine, die den Ehrgeiz hat, zu bekräftigen und zu bestätigen, zu befolgen und immer neu zu begründen, was eine bestimmte Tradition – in unserem Falle: die biblische – von Gott weiß und weitergibt. Noch eine Drehung aktueller und existentieller ließe sich sagen: Affirmative Theologie möchte mithelfen dabei, *Gott selbst Kräfte zuzuführen, Ihn zu stärken, für Ihn einzutreten* in einer Kirche und Gesellschaft, die ihn schwach gemacht und ermüdet haben und an denen (deren Geistes- und Handlungszuständen) er erkennbar viel an Kraft und Gottheit verloren hat.

Dies wirkt freilich wie eine zugespitzte, in gewisser Hinsicht auch angemaßte Aufgabenstellung: Wer könnte Gott helfen? Die *Differenz zu einer vermittelnden Theologie* verdeutlicht das Wagnis.

Vermittelnde ist apologetische, verteidigende Theologie. Sie meint, entweder Gott vermittelnde Gedanken, Medien, Systeme oder Methoden, Zugänge entwickeln (und eine Stellung *zwischen* Gott hier und dem Gott-Fremden dort einnehmen zu können, um sie gedanklich oder gar praktisch einander zuzuführen) oder *herausbekommen* zu können, wie Gott und Menschen sich einander vermitteln. Uns jedoch scheint dies ein größeres Wagnis als das der Affimation. Der Vermittler weiß mehr von Gott, als irgendjemand wissen kann, und ist weniger angefochten von der Gottesfremdheit, als es Gott tatsächlich entspräche. Es ist dieser Theologe, der hiernach noch viel tausend (oder ein paar weniger) Weisen weiß[10], um sich und die Leute zu retten aus der zwischen Gott und den Menschen heute bestehenden Not. Er glaubt noch ziemlich ungebrochen an ein theologisches Priestertum und meint, Gott zur Wandlung bringen zu können.

Wohingegen der *Affirmative,* womöglich selbst mit letzten Kräften und eigentlich gar keinen mehr, Gott zu stärken wünscht einfach dadurch, daß er in der Art und Weise, wie er Theologie treibt, an Gott hängen bleibt, mit ihm zu stehen und zu fallen bereit ist und hofft, daß es Gott hilft, wenn einer ihm (vielleicht etwas dumm, vielleicht allzu unintelligent) einfach treu bleibt, indem er weiter nur den Zeugnissen traut, die ihm von den Generationen der Mütter und Väter anvertraut worden sind. Er hat seinerseits weder Mut noch Kraft noch genug Phantasie, auf diejenigen Texte und Worte zu verzichten, die sich bisher als »Wort Gottes« Gehör verschafft haben; er bringt es nicht über sich, von Gott etwas zu denken und zu behaupten am Wort Gottes vorbei. Zugegeben: Das ist Schwäche, und eine, die sich nicht in Heroentum umlügen läßt, will sagen: Aus ihr läßt kein theologisches Prinzip sich bilden. Es ist tiefstes Anlehnungsbedürfnis, Gott letztlich nur im Lobe Gottes begegnen zu können. Wer mehr kann, könne mehr! Gott loben, das ist *unser* Amt.[11]

Aber nun wäre freilich Zustimmung nichts, wenn sie nicht ein von Herzen kommendes *Singen* und solennes *Feiern Gottes* wäre; das beides meint *Loben* auch. Wir haben von Bach und seinem Textdichter gelernt, daß und inwiefern dies ein *kritisches* Geschäft ist, kein konservatives Kopfnicken, kein Ja ohne Nein. Aber das Ja soll strahlen, eines aus Überzeugung sein, für Gott werben – jedoch nicht irgendeine Tradition verlängern, nur damit *sie* dauert. Dabei kommt es nicht darauf an, daß *wir* glaubensfroh strahlen, so wie Friedrich Nietzsche das von uns wollte, als er gesagt haben soll, die Christen müßten ihm erlöster aussehen, wenn an ihrer Sache etwas dransein sollte. Bei christlicher Glaubwürdigkeit geht es nicht darum, daß die Christen glaubwürdig sind, sondern daß Gott es ist. Und ihn glaubwürdig zu loben, könnte durchaus auch einmal die Gestalt annehmen, daß Christen sich selbst ihren Glauben *nicht* glauben können; es könnte gut sein, daß Gott am ehesten dann aufstrahlt, wenn auch die Christen ihn nicht mehr bekennen und loben können, weil auch ihnen Geistes-, Seelen- und Leibeskräfte zu solchem Können fehlen. Im Loben Gottes jedenfalls geht es nicht um ein Selbstlob der Kirchen und der in ihnen Glaubenden, sondern darum, daß er selbst der Inhalt solches Lobens wird. Schon allein um dieser Unterscheidung willen kann Gott loben eigentlich nur ein kritisches

10. Vgl. dazu EKG 197,5/EG 302,5.
11. EKG 187,5/EG 288,5 (nach Ps 100).

Unterfangen sein, *jedenfalls: ein selbstkritisches* derer, die ihn loben. Es hat nichts mit Überzeugung, nichts mit Ergriffenheit zu tun, nicht einmal mit ganzer Hingabe allein an ihn – nur damit, daß wir uns immer neu hüten, *uns* zum Thema zu machen, wo *er* das Thema sein soll. Doch darauf kommen wir nachher noch einmal deutlicher zurück.

Vorerst genügt die Bestimmung: Gott zu loben, brauchen wir nicht Gott in unserer, sondern uns in Gottes Perspektive. Ihn aber in unsere Perspektiven rükken zu wollen nannten wir das Mißverständnis, das durch die Tradition von den drei Reichen mindestens mit verursacht worden ist.

Vor allem die Gottesperspektive aus jenem ersten *regnum naturae* hat zu diesem Mißverständnis beigetragen – als wäre uns Gott an erster Stelle in der Natur ins rechte Licht gerückt.

Mit Begierde haben christliche Theologen durch Jahrhunderte hindurch diese Perspektive gepflegt. Sie haben die Behauptung von einer Gottesperspektive, die sich uns aus Erfahrung der Natur *und* als unvermittelt *natür*liche Erfahrung angeblich auftut, derjenigen vorgezogen und vorangestellt, die die biblische Verkündigung uns vermittelt. Sie haben somit eine zweifache Möglichkeit eingerichtet, so etwas wie Gott zu erkennen: einmal vermittels einer *theologia naturalis,* und danach dann vermittels einer *theologia revelationis.* Sie haben diese Doppelmöglichkeit entwickelt, um die Gotteserkenntnis als eine *allgemein-menschliche* Möglichkeit auszugeben und *nicht bloß als exklusive Möglichkeit* für bibelhörige und bibelgebundene Menschen. Sie haben aber diese allgemeine Menschenmöglichkeit der besonderen Erwählungswirklichkeit einer Gotteserkenntnis aus der Bibel *vorgezogen* und der zweiten Erkenntnis *vorgeordnet,* weil sie sich einem logischen Gefälle von jeder Art Erkenntnis fügen wollten: Danach muß man immer mit etwas Allgemeinverständlichem anfangen und sich erst von da aus zu dem immer etwas komplizierteren Besonderen vortasten; man muß bei jeder Erkenntnis »die Leute dort abholen«, wo sie mit ihren Erfahrungen immer schon sind, um ihnen von da aus leichter den Weg zum Schwierigeren zu bahnen. Selbsterfahrung, z.B. in der Natur, ist leichter zugänglich als durch Wort, Geschichte, Predigt, Lektüre und Exegese von Texten früherer Jahrtausende vermittelte Erfahrung.

Außerdem schien dies Gefälle vom Allgemeinen zum Besonderen auch dem Selbstbewußtsein von Christen entgegenzukommen: Auch wir sind *zuerst Menschen, ehe wir Christen* sind. Das ist ja auch biographisch so: Als nackte und »natürliche« Menschen werden wir geboren, ehe wir uns durch die Taufe oder irgendeine spätere Lebensentscheidung der Gemeinde Gottes anschließen und ihre Vermittlungsdienste in bezug auf Gott in Anspruch nehmen.

Das hohe *Ansehen von Natürlicher Theologie* in den christlichen Kirchen entwickelt sich also aus einem Konglomerat verschiedener Motive: *1.* einem Verständnis vom Christen als Menschen, daß er Mensch ist, bevor er Christ wird, – *2.* einem pädagogischen Interesse: Hole die Menschen bei ihren gemeinsamen Erfahrungen ab und mute ihnen nicht gleich das Besondere zu, das schwerer zu verstehen ist, – *3.* einer erkenntnistheoretisch-logischen Entscheidung: das Allgemeine geht dem Besonderen voraus.

Eine *missionarische* Absicht ist bei dieser Systematisierung mit Händen zu greifen. Es ist *ein Führungssystem,* das nützlich scheint, Menschen hineinzuführen von Außen nach Innen, – vom Rand zur Mitte, – von der Welt in die Kirche, – von der Natur zur Gnade. Und es ist ein *apologetisches* System, darauf angelegt, die christliche Lehre allgemeinverständlich zu machen, auch für das interdisziplinäre Gespräch und den wissenschaftlichen Austausch.

Dabei kam es den Theologen darauf an, beide Perspektiven (aus allgemeinmenschlicher und aus biblisch vermittelter Erfahrung) nicht einfach nebeneinander zu stellen als zwei je für sich vollgenügsame Wege zu so etwas wie Gott hin. Es war ihnen daran gelegen, beide Erkenntnisweisen, so eng es nur ginge, miteinander zu vermitteln. *Der Christ solle doppelt gefestigt werden:* auf dem Naturweg und dem Bibel- und Gnadenweg. Das bedeutete natürlich, daß es zwischen beiden Wegen nicht zu Differenzen kommen dürfe: auf dem Bibel- und Gnadenweg dürfe darum nichts vorkommen, was dem Naturweg in die Quere kommen müßte, wie umgekehrt auf dem Naturwege nichts, was die Perspektive des Gnadenweges verstellen oder gar brechen könnte. Allenfalls dürfe das Verhältnis zu bestimmen sein wie zwischen einem Anfang und einer Vertiefung, einer Ahnung und einer Gewißheit. Was der Mensch in der Perspektiv-Erfahrung mit der *Natur* von Gott allenfalls anfangs- und ahnungsweise zu *fragen,* denken, sehen bekomme, erhalte seine Fundierung und Vertiefung zu einer *Gewißheit erst* auf dem *Bibel-* und *Gnaden*wege. Wir können auch sagen: In der ersten Perspektive gewinnen wir einen allgemeinen *Begriff* von Gott, in der zweiten biblischen einen spezifischen *Inhalt* für diesen Begriff – weswegen (wohl zu beachten!) sehr wohl ein *Unterschied* zu machen ist *zwischen einem Gottesbegriff und Gott-Selbst.* Ein *Gottesbegriff* ist Menschenwerk, Spiegel oder Projektion von natürlicher Erfahrung, – *Gott-Selbst* ein uns sich von sich selbst her öffnendes Geheimnis. Diese Beziehungsfigur zwischen dem Gottesbegriff einer natürlichen Gotteserkenntnis und dem Gotteswesen einer biblisch, gar als existentielles Ereignis von Gott-Selbst vermittelten Gotteserkenntnis muß immer neu überprüft und vollzogen werden. Die katholische Theologie hat dafür sogar eine eigene theologische Disziplin entwickelt, die wir Protestanten nicht kennen: Fundamentaltheologie vor und neben Dogmatik. *Fundamentaltheologie* reflektiert auf die *allgemeinen* Erkenntnisbedingungen für einen *Begriff* Gottes – *Dogmatik* lehrt und entfaltet die *kirchlich* vermittelte Erkenntnis Gottes selbst.

Evangelische Theologie macht diese Zweiteilung nicht mit. Sie kennt keine Fundamentaltheologie als eigene Disziplin. Leider heißt das nicht, daß nicht auch sie nur allzusehr von Natürlicher Theologie beeinflußt war und ist. Aber sie schafft sich mindestens dadurch ein angefochtenes Gewissen, daß sie diese Doppelperspektive auf Gott im Lichte der *Bibel*erkenntnis betrachten will, sich also hüten möchte, eine allgemein-menschliche Gotteserkenntnis zum *Maßstab* zu machen für das, was man in der biblisch vermittelten sagen kann. Eher würde sie die Maßstäbe umkehren und auch in der Gottesfrage die Bibel zum Maßstab setzen für die Wahrheit oder Unwahrheit einer natürlichen Perspektive auf Gott. Darum ist Evangelische Theologie auch immer zurückhaltend bei dem Versuch, zwischen beiden ein harmonisierendes Ergänzungsverhältnis zu entwickeln. Wenn auch protestantische Theologen von einer natürlichen Gotteserkenntnis sprechen und sogar von ihr ausgehen wollen, dann bestimmen sie das, was passiert, wenn man von einer natürlichen zu einer biblischen Erkenntnisweise übergeht, doch eher als einen *Bruch.* Die *Gnade ergänzt nicht* die Natur, sondern *ruft zum Bruch* mit ihr, und das *Verhältnis von Gott-Selbst zu irgendeinem Gottesbegriff* ist ein tief *kritisches;* es kann, wenn überhaupt, logisch nur als ein *dialektisches* beschrieben werden, und zwar als das einer *negativen,* nicht einer positiven Dialektik, d.h. einer, die den Prozeß eines beständigen Brechens beschreibt, den Zorn eines unbezähmbaren Mißtrauens gegen jeden Allgemeinbegriff von so etwas wie Gott. Die Leidenschaft solcher Dialektischen Theologie besteht darin: *Gott-Selbst freizuhalten von jeder Festsetzung in einen ihn fassenden Begriff* und *ihn zu befreien, wenn er wieder einmal in einen Begriff gefaßt und so domestiziert,* zu unserem Gebrauch gezähmt, seiner überlegenen Freiheit beraubt *worden ist.*

Solche *Domestizierung* würde ihm z.B. *auch dann* angetan, *wenn* als Prinzip und Begriff für Gott seine *prinzipielle Unbegreiflichkeit* behauptet würde. Das protestantische *Mißtrauen gegen allgemeine Gottesbegriffe* ist *nicht antiintellektuell, Begriffsfeindlichkeit,* ist *gerade nur Leidenschaft für die Freiheit Gottes* auch dem menschlichen Intellekt, auch der Theologie gegenüber; denn jeder *Begriff* ist ein menschlicher *Bemächtigungsversuch,* in dem wir versuchen, Gott festzumachen wenigstens in unserem Kopf, unserer Sprache, um dann mit ihm zu schalten und zu walten, wie *wir* wollen. Natürlich werden wir nie aufhören können, Gott begreifen zu wollen, und wir dürfen das auch nicht wollen, denn Gott gibt sich nach biblischem Verständnis den Menschen, und indem er es worthaft tut, gibt er sich auch menschlicher Erkenntnis. Darum wäre ein *Prinzip* »Unbegreiflichkeit« Gottes gleich seiner Verleugnung und Beherrschung: *Götze* der Unbegreiflichkeit, mit der wir uns vor seiner Verständlichkeit abschotten wollen. *Seine Begreiflichkeit gehört mit zum Größten, was der biblische Gott uns gibt.* Aber es ist eine Begriffe immer neu sprengende Begreiflichkeit, die nie Begrifflichkeit bilden soll, und der größte Bruch ist, wenn *Gott dergestalt uns begreiflich wird, daß er gerade unseren Mythos von seiner Unbegreiflichkeit sprengt.*

An diesen kurzen Überlegungen geht uns vielleicht auf, warum Evangelische Theologie das *Verhältnis von Gott und Gottesbegriff* nicht einer eigenen Disziplin Fundamentaltheologie zuordnen möchte, die *vor* aller Dogmatik stünde. Das Verhältnis von Gott und Gottesbegriff ist *inhaltlich* hoch geladen, ist *kein Formalproblem* theologischen Denkens, sondern *eine entscheidende Gestalt des Kampfes ums 1. Gebot,* sprich zwischen Gott und Abgott, – sprich: unserer Verwechslung von Abgott mit Gott, – sprich: zwischen jedem *unserer* Begriffe von Gott und IHM selbst: dem konkreten Gott Abrahams, Isaaks, Jakobs und dem Vater Jesu.

Wir müssen aber nun noch genauer etwas zu der alten dogmatischen Annahme eines regnum naturae und einer uns darin gegebenen Gottes-Perspektive sagen. Eine der Voraussetzungen für eine *Voranstellung Natürlicher Theologie vor eine biblische* ist auch die *Voranstellung eines Bekenntnisses zu Gott dem Schöpfer* vor Gott dem Versöhner (im regnum gratiae) und Gott dem Erlöser (im regnum gloriae) im christlichen Credo. Auch mein Lehrer Karl Barth ist in seiner Kirchlichen Dogmatik dieser alten Reihenfolge und Gedankenordnung noch gefolgt. Das scheint ja auch nur logisch: Als Schöpfer des Himmels und der Erden und aller Dinge in ihnen wirkt Gott universal und allgemein; nichts, was er nicht geschaffen hätte – manchmal haben Theologen sogar erörtert, ob er nicht auch für das Böse verantwortlich sei und auch dies geschaffen habe. Und vor allem scheint dies auch biblisch in Ordnung zu gehen, denn dort wird *zuerst* von Gottes Schaffen und Erschaffen des Himmels und der Erde erzählt, ehe *danach* erst von der Geschichte der Mütter und Väter Israels erzählt wird, mit denen die Gnaden- und Heilsgeschichte beginnt; auch im Gang des biblischen Erzählens scheint also ein Gefälle selbstverständlich zu sein vom Allgemeinen der Schöpfung zum Besonderen der Heils- und Erwählungsgeschichte Israels und Jesu hin. In allen christlichen Glaubensbekenntnissen, vom Credo Apostolicum an, geht es darum los mit einem 1. Artikel: »Ich glaube an Gott, den Vater, den Allmächtigen, den Schöpfer des Himmels und der Erde.«

Eigentlich erst in den theologischen Kämpfen der Nazi-Zeit sind *Zweifel* aufgekommen, *ob es bei einer Spitzenstellung des Bekenntnisses zu Gott dem Schöpfer und zu seiner Schöpfung mit rechten Dingen zugehe.* Sie entstanden, weil die sog. Deutschen Christen, d.h. die Nazi-Christen, den ersten Glaubensartikel zum Schibbolet und zur Begründung ihrer Nazi-Theologie gemacht hatten. Folgendermaßen: Der *zweite* Artikel »Ich glaube an Jesus Christus, Gottes eingeborenen Sohn« ist ein richtiger *Juden-Artikel,* handelnd von Jesus, von dem man nicht wissen wollte, aber doch wußte, daß er ein Jude war und ist – vor allem aber handelnd vom *Tode* dieses Jesus, der nach christlicher Auffassung ein Zentralereignis im Verhältnis zwischen Gott und allen Menschen sein soll; das Zentralereignis Tod Jesu qualifiziert aber alle Menschen als Sünder, also als Gott gegenüber und untereinander bedürftige Wesen, und das widersprach dem *Menschenbild der Nazis* auf der ganzen Linie. Der Sünder ist nicht flink wie ein Windhund, nicht zäh wie Leder, nicht hart wie Krupp-Stahl – also nicht so, wie Hitler die deutschen Jungs und überhaupt die Deutschen haben wollte. Auch Nazi-Christen ließen sich von Hitlers gesundem Menschenbild gerne beeinflussen und übersetzten dessen Eigenart darum in die christliche Tradition hinein: Der zweite Glaubensartikel und der dritte vom Geist und der Kirche und der Vergebung der Sünde sind entschlossen in ihrer Bedeutung herabzumindern, der erste ist gegen sie aufzuwerten, und unter dem Begriff der Schöpfung sind die Natur und alles Natürliche zu feiern: vor allem auch das Volk als eine natürliche Ordnung des von Gott gewollten und bejahten Lebens.

Um den Nazi-Christen kein Unrecht zu tun, müssen wir sagen, daß ein so oder ähnlich begründeter *Vorrang des 1. Artikels im Christentum bereits uralte Tradition* ist und immer schon Tendenzen in die Richtung dessen wiesen, was in der Nazi-Theologie dann nackt zum Vorschein kam. Um es uns nicht zu leicht zu machen: Auch wir sind noch weit entfernt davon, die während der Nazi-Zeit aufgekommenen leisen Zweifel an dieser Ordnung aufzugreifen und zur Diskussion zu stellen

Im Gegenteil: Die ganze *ökumenische* Bewegung heute stürzt sich angesichts der verheerenden ökologischen Zerstörungen und Gefahren erst recht wieder auf den 1. Glaubensartikel und versucht, die heutige Christenheit auf Erden zu sammeln unter der Fahne: Gerechtigkeit, Frieden und »Bewahrung der Schöpfung«; dies formiert auch bei uns christliches Bewußtsein derzeit mehr als irgendetwas anderes, jedenfalls: in den Kirchen; in den Sekten sieht das anders aus, die fasziniert und engagiert eher der allgemeine Weltuntergang als die Bewahrung der Schöpfung.

Aber ich möchte auch nicht verhehlen, daß es z.B. *auch im sog. christlich-jüdischen Dialog* heute eine starke Tendenz auf *Gemeinsamkeit im 1. Artikel* des christlichen Glaubens hin gibt. Juden und Christen sollen aus einer gemeinsamen inneren Zielrichtung ihrer Glaubensweisen heraus sich im *universalen Gott* finden, was auch heißt: dem *Gott des Universums,* in dem alles Partikulare, Differenzierende, Besondere, Abspaltende in den Hintergrund tritt. Der Gott, der vor uns liegt, dessen Gottheit der Menschheit bevorsteht, sei der Schöpfergott, er brauche, heißt es, heute wieder größeres Gewicht, als er in der Reaktion auf die Nazi-Zeit hatte, – *Messianismus sei eher unaktuell,* das christliche Bekenntnis zu Jesus als Messias kompliziere unser Verhältnis eher und trenne uns, wo doch alles darauf ankäme zusammenzufinden. Und vor allem: Im Bezug auf die Schöpfung seien wir *ethisch-praktisch* unmittelbar engagierbar, weniger belastet von theologischen Schwierigkeiten und der immer anstrengenden und meist überanstrengenden Theologie und Christologie. Gelte es, ein neues christliches Verhältns zur Tora zu finden, dann vor allem zu der dort waltenden allgemeinen Menschenvernunft, weniger zum Kultisch-Gottesdienstlichen. So tönt's auch heute und sogar von hier, aus dem christlich-jüdischen Zusammenhang: *Vorwärts zum 1. Artikel!*

Ich teile weder dies ökumenische noch dies christlich-jüdische Motiv. Mein Gedächtnis und auch mein theologisches Wissen können nicht so bald auf die Zweifel verzichten, die in der Nazi-Zeit gegen dies ganze Traditionssystem des 1. Artikels vor und über dem 2. und 3. entstanden sind. Da diese *Zweifel* noch nie in Ruhe aufgenommen worden sind, halte ich es *eher für richtig,* sie aufs neue anzumelden und an den Selbstverständlichkeiten einer annähernd 2000 Jahre alten Gewöhnung nagen zu lassen.

Welche Zweifel sind fällig? Ich nenne nur die gröbsten.

1. Es gibt eine notorische *Unklarheit über den Inhalt des 1. Glaubensartikels.* Wovon spricht er? Entschieden nicht von der Schöpfung, sondern von IHM, dem Schöpfer. »Ich glaube an *Gott,* den Vater, den Allmächtigen, den Schöpfer des Himmels und der Erden.« Es heißt nicht: Ich glaube an den von Gott geschaffenen Kosmos, an das von Gott durchherrschte Universum, an die unendliche, göttliche Natur und dgl. Der erste Glaubensartikel hat mit Kosmos und Natur zunächst nichts zu tun, oder wenn, dann nur in der abgeleiteten Form, in der die Kirche sich zu *Gott* als Schöpfer bekennt. Ein *unmittelbarer* Gebrauch des 1. Artikels etwa für eine Theologie der Natur oder für Fragen ökologischer Ethik ist in meinen Augen ein Mißverständnis. Christliches Bekenntnis ist immer ein *Bekenntnis zu Gott,* und zwar zu Gott in Person, zu ihm als Täter seiner Werke, – es ist *kein Bekenntnis zu den Werken Gottes als solchen,* abgesehen von ihm als dem Täter seiner Werke.

2. Was aber Bekenntnis zu Gott als Schöpfer heißt, ist genauer zu bestimmen, wenn wir ein *zweites* Mißverständnis benennen. *»Schöpfung« ist nicht das, was wir »Natur« nennen.* Ich halte es für abwegig und verwirrend, wie wir die beiden Worte ständig in eins setzen.

Die biblische Schöpfungserzählung ist – freilich jahrhundertelang – als Erzählung von der Naturentstehung, also als eine kosmologische Erzählung gedeutet worden, als wäre sie eine theologische Weltentstehungstheorie. Doch das läßt sich von einem heutigen Lesen der entsprechenden Texte nicht mehr halten. Wir wissen mit einiger Sicherheit, *wann und wo* die biblischen Schöpfungserzählungen entstanden sind: in jüdischen Kreisen zur Zeit der Babylonischen Gefangenschaft, und dort: in Babylonien. Zahlreiche Hinweise darauf finden sich heute in den Auslegungen jedes wissenschaftlichen Kommentars vermerkt, wir stellen sie hier nicht zusammen, und fragen stattdessen nach der *Perspektive,* die da und dort mit der Schöpfungserzählung verbunden wurde: *Die Gefangenschaftssituation spielt dabei eine wesentliche Rolle.*

Israels Intelligentsia war 586 v. Chr. von Erez Israel nach Babylonien deportiert worden. Dem alten Gottesverständnis war damit ein schweres Problem aufgelastet: *Wird und kann überhaupt Israels Gott noch beim Volk sein, wenn dies nicht mehr zu Hause ist in dem ihm von Gott zugeschworenen Land Israel,* an das Gott selbst sich mit seinem Gesetz und seiner Treue gebunden hatte? Ist Landferne nicht gleich Gott-Fremde? Sind sie nicht fern der Gottesheimat Israel von Gott verlassen?

Auf diese für sie höchst existentielle, auf sie in ihrer Situation aber auch begrenzte Frage gaben sie sich Antwort mit der Schöpfungserzählung Gen 1,1 – 2,4a. Sie erzählten sich darin vor allem von der *Unterwerfung der mythischen Fremdmächte,* denen auch sie in Babylonien ausgesetzt waren, durch ihren Gott: der des *Chaos*-Drachens Tiamat, jenem Tohuwabohu, jener Irrnis und Wirrnis, über dem der Geist ihres Gottes schwebte und aus dem er Stück für Stück erst festes, dann fruchtbares, dann belebtes und dann für Menschen lebbares Land herausrief. So gab er seinem Volk Boden unter die Füße, den sie in Israel verloren hatten. Vor allem entmachtete er ihnen die großen *babylonischen Stern- und Staatsgottheiten,* indem er sie einfach zu Ampeln degradierte, die er ans Firmament zu ihrer Orientierung hängte; sie sind nicht anzubeten, sie sagen Israel in seiner Nacht gerade nur, *wo* es sich befindet: dort, wo Sterne als Götter gelten, und sind doch keine. So trägt die Schöpfungserzählung spürbar geschichtliches Kolorit und hat *begrenzt geschichtliche Funktion für Israel.*

Allerdings hat Israel am babylonischen Beispiel seine Lebensfrage gleich für alle denkbaren und bevorstehenden Exilsfälle seiner Geschichte mitzubeantworten versucht und darum zwar mit babylonischem Material, aber nicht nur für den babylonischen Fall gesprochen: *Überall, in jedem Land läßt sich jüdisch leben,* – alle Lande, ja alles Land ist seiner Ehre voll (vgl. Jes 6,3: Luther), – in keinem Weltwinkel, wohin es auch verschlagen werde, muß Israel sich von Gott getrennt und verlassen fühlen. *Gott ist nicht nur in Erez Jißrael Israels Gott, er ist es auf aller Arez und jedem Acker, jeder adama, unter dem Himmel.*

So geht es also in der biblischen Schöpfungserzählung um die Erschaffung der Welt *für Israel,* in dieser besonderen geschichtlichen Zuspitzung, die zunächst freilich auch *eine Beschränkung an Universalität* bedeutet. »*Schöpfung« heißt: Gott spricht Israel die Erde unter dem Himmel als seinen Lebensraum zu,* besonders: als *angstfreien* Lebensraum und einen, in dem Israel *nicht der Gefahr kosmischer Entfremdung,* zumal seiner Selbstentfremdung fern der Heimat ausgesetzt ist. Gott »brachte die Welt zum Vorschein und bereitete seiner *Gemeinde* das Weltall« (b Rosch ha-schana 31a).

Dieses tröstende und der Entfremdung begegnende Zusprechen der Weltwirklichkeit drückt sich darin aus, daß uns die Bibel die Schöpfung als *Schöpfung durch das Wort* überliefert. Die Formel »Und Gott sprach«, »und Gott sprach«, va jomer elohim, macht das Wort, den davar, den logos zum Medium des Schaffens Gottes. Es ist das gleiche Sprechen, das Israel schon seit Urzeiten als das einzige Medium kennt, in dem Gott sich auf dies Volk bezieht: es erwählt und herausruft aus dem Sklavenhause Ägypten (»aus Ägypten habe ich meinen Sohn *gerufen«:* Mt 2,15), – es am Fuße des Sinai anspricht mit der *Tora,* die Mose herabbringt vom Berg und die für alle Zeit das entscheidende Medium des Verkehrs zwischen Gott und seinem Volk, diesem Volk und seinem Gott bleiben wird. Mit eben diesem altbekannten Wort spricht Gott seinem Israel nun in neuer Gefangenschaft, der babylonischen nach der ägyptischen, die Welt als Lebensraum zu, – »erschafft« sie für Israel und tut dies durch das Wort in eben der Art und Weise, in der er immer schon »für Israel« sich engagiert hatte: Er spricht zu ihm.

Zum Gedanken einer Schöpfung durch das Wort hätte freilich immer schon eine Besinnung auf einen *Adressaten* dieses Wortes gehört. Zu *wem* spricht eigentlich Gott, wenn er spricht: »Es werde ...«? Sollen wir uns wirklich denken: Er spricht da vor sich hin in noch leeres All hinein, und so sprechend produziert er Licht und Himmel, Erdboden und Pflanzen, Tiere und Menschen? Sollen wir in diesem Sinne wirklich an eine *Dinge* produzierende Allmacht des Wortes denken? Sind denn Wort und Sprache nicht viel eher Medien einer inter*personalen* Kommunikation als einer Ding-Produktion?

Oder, was schlimmer wäre: Sollen wir denken, Gott spreche schon irgendwie vorhandene dingliche Materie an, etwa irgendwelche Partikel und Materialteilchen des Chaos, des Tohuwabohu, um sie zu benennen und ihnen so sprachliche Gestalt zu geben: ähnlich wie er Adam im Garten Eden aufgefordert hatte, den Tieren Namen und so menschlich vermittelbares Wesen zu geben? Aber Wort ist nirgendwo in der Bibel ein Formelement, sondern hat sein Wesen nur von einem je bestimmten Inhalt (Form und Inhalt sind im biblischen Wort untrennbar voneinander), – Wort ist vielmehr in der Bibel »das Wort das gesprochen wird« (M. Buber), Wort eines je konkreten und aktuellen *Kommunikationsverhältnisses,* zu dem konstitutiv die *Antwort* eines Gesprächspartners dazugehört. Und so bedarf wohl der Versuch, die biblische Wirklichkeit des Wortes zu verstehen, immer sofort der Frage: An wen richtet sich ein Wort und welche Antwort ruft es hervor? Nur zusammen mit der Antwort, dem Gegen-Wort, läßt sich begreifen, was ein Wort ist.

Es ist nur schwer einzusehen, warum wir beim Schöpfungswort davon eine Ausnahme machen sollten. Es ist jedenfalls mir schwer vorstellbar, dem Schöpfungswort des biblischen Gottes irgenwelche dingproduzierenden magischen, von selbst wirkenden Qualitäten zuschreiben zu müssen, während es sonst nur Wort eines interpersonalen Geschehens, Wort von Rede und Antwort ist. Darum versuche ich, was Schöpfung heißt, als *geschichtliches,* nicht magisches Ereignis zu verstehen, und nenne es: *dasjenige Ereignis, in dem Gott,* sich an Israel in seiner Not wendend, *seinem Volk die Erde unter dem Himmel und alles, was in ihr ist, als seinen Lebensraum zuspricht.* Das Schöpfungswort ist damit als Antwort Gottes zu begreifen auf eine peinvolle Frage, die sein Volk ihm stellt: Können wir denn in der Fremde überhaupt leben und können wir es mit dir, unserem Gott zusammen und nicht gottverlassen? Mit seinem Schöpfungswort beantwortet Gott diese Not und läßt es Israel sofort darin spüren, daß er überhaupt spricht; darin macht er sich für Israel erkennbar: Gott sei Dank: Er spricht.

Und er spricht ins Dunkle: »*Es werde Licht*«. Die Tatsache, daß Gott in seinem ersten Schöpfungswerk *nicht etwa* das *Naturlicht* schafft, dessen Quellen mit Sonne, Mond und Sternen ja erst eines späteren Tages »erschaffen«, angesprochen werden, zeigt im übrigen, daß das, was wir *Natur* nennen, *entschieden sekundär* ist gegenüber einem Primären, – also Licht, das *kein* Naturlicht ist. Das erste Schöpfungswerk heißt *nicht* Sonne, sondern *Gott* schafft *Erleuchtung vor* allem Naturlicht, und die babylonischen Gefangenen werden doppelt aufgeatmet haben: Erstens: Er spricht noch, und: Er spricht auch hier, – und Zweitens: Er schafft uns Erleuchtung in der Dunkelheit unserer Irrnis und Wirrnis. Das erste Werk der Schöpfung bewirkt mithin nicht dinghaftes, naturhaftes Sein, sondern erleuchtendes Licht und Befreiung aus einem *geschichtlichen* Nachtdunkel. Diese Befreiung ist Verdrängung des Chaos, und ihr muß alles weitere dienen: die Welt schlechthin.

Daß es sich in der Schöpfungserzählung der Bibel nicht um theologische Naturentstehungstheorie, sondern um *Geschichte Israels* handelt, zeigt sich nun auch daran, daß vom Werk der Schöpfung Gottes als einem *Tage-Werk* erzählt wird, und zwar einem Sieben-Tage-Werk, also dem einer *jüdisch* gezählten Woche: noch dazu mit dem Spezifikum des siebten Tages als des *Schabbat,* nämlich des Tages, da Gott ruhte von allen seinen Werken. Schöpfung ist also nicht das Werk in einem Nu einer zeitlosen Allmachtshandlung Gottes. Es ist *ein Werk von Tag zu Tag.* Das scheint so, als solle hier, modern ausgedrückt, von einem Schöpfungs-Prozeß die Rede sein. Doch dem ist nicht so; was hier erzählt wird, läßt sich nicht umdeuten in einen Naturprozeß, was ja auch heißt: nicht in einen immanenten Entwicklungsprozeß. Jeder neue Tag wird uns gezeigt als Tag eines jeweils *neuen* Sprechens Gottes; *nichts läuft da von selbst,* und nichts entwickelt sich weiter aus sich selbst. Es ist ein immer neues Ereignis, wenn ein Wort Gottes dem nächsten folgt und so auch ein Tag dem anderen. Es ist nicht im voraus absehbar, wie es mit der Schöpfung weitergeht und ob und daß es überhaupt weitergehen wird. *Der Bestand der Wirklichkeit als Wirklichkeit für*

Israel ist überhaupt nicht im Voraus absehbar. Darin zeigt sich notvolle Geschichtserfahrung, die sich eines nächsten Tages und damit der Welt nicht sicher sein kann und es darum begrüßen muß, wenn Gott spricht an einem zweiten Tag nach dem ersten, einem dritten nach dem zweiten, einem vierten nach dem dritten usw. Es ist eine *Grunderfahrung einer geschichtlichen Endlichkeit,* daß die Erfahrung der Schöpfung als eine auf sieben Tage *begrenzte* Erfahrung geschildert wird; *von einer kosmischen Unendlichkeit könnte da gar nicht die Rede sein.*

Wie der geschichtliche Sinn dessen, was biblisch Schöpfung genannt werden könnte, am Aufruf eines Erleuchtungslichts anhebt, das kein Naturlicht ist, so *endet,* was *»Schöpfung«* heißen könnte, am siebten und letzten Tag *mit dem Schabbat,* der ebenfalls nichts mit Naturentstehung zu tun hat, sondern mit Gott-selbst, Gott-allein: Seinem Ruhen von allen seinen Werken. Damit werden wir darauf gestoßen, daß in der Schöpfungserzählung nicht eigentlich von Art und Wesen dessen die Rede sein soll, was uns als »die Schöpfung« interessiert, sondern von ihm, dem Schöpfer selbst, seinem Wirken, das ein immer neues Sprechen, nämlich Ansprechen Israels ist, und seinem Ausruhen von solchem Wirken.

Damit wird *ein Atmen im Leben Gottes* geschildert, der nicht konstant und ununterbrochen beanspruchbar ist als Immer-Derselbe, als immer identisch in seinem Tun und Sein. Er ist dies nicht. Es gibt auch in Gott eine Bewegung, – ein Auf und Ab, – ein Sprechen, aber auch ein Schweigen, – eine Wirksamkeit, aber auch ein Abschalten von allem Wirken: eine dezidierte Wirkungslosigkeit. Er lädt sein Israel ein, das anzuerkennen und sich selbst in den *Bewegungs- und Ruhe-Rhythmus* Gottes zu fügen, ihn darin zu begleiten, selbst zu ruhen und Gott so wenig wie sich selbst mit dem *Zwang* zur Selbigkeit und Identität beständig zu überfordern.

Wir sehen, daß wir uns plötzlich, am Ende der Schöpfungserzählung, mitten in einem Nachdenken über Gott, also mitten in Theologie im eigentlichen Sinne dieses Wortes, befinden. Und auch dies macht uns mehr als zurückhaltend gegenüber der Vorstellung, »Schöpfung« sei etwas wie theologische Naturerklärung.

Auf diesen geschichtlichen und ausdrücklich *nicht* kosmologischen Sinn der biblischen Schöpfungserzählung läßt sich leicht ein Test machen – anhand eines Kriteriums, das in unseren Augen Glaubwürdigkeit beanspruchen darf: ihrer *jüdischen Diskussion* und einer spezifischen *Zuordnung dieses ersten Tora-Textes zu seiner prophetischen Haphtara.*

Für *jüdische Schriftausleger* ist es keineswegs ebenso selbstverständlich, wie es christlicher Tradition und Logik erscheint, daß der Tenach mit einer Erzählung von der Schöpfung der Welt beginnt. Rabbi Sch'lomo ben Jizchak, der sog. Raschi, beginnt seinen Tora-Kommentar mit einer Frage, die schon Jahrhunderte vor ihm der R. Jizchak gestellt und folgendermaßen beantwortet hatte.[12] Zum ersten Wort der Bibel – bereschit, »Im Anfang« – sagte R. Jizchak: »Die Tora hätte erst bei dem Abschnitt (Ex 12): ›Dieser Monat sei euch‹ (der erste Monat, und von ihm sollt ihr die Monate des Jahres anheben zu zählen: Ex 12,2) zu beginnen brauchen, weil dieser das erste Gebot enthält, das Israel aufgetragen wurde.« Ex 12 ist das Kapitel von der Einsetzung des Pessachmahles zur Erinnerung an die Nacht des Auszugs der Kinder Israels aus dem Sklavenhause Ägypten. D. h. R. Jizchak setzt den eigentlichen *Beginn der Tora statt in die Schöpfung in die Erzählung von der Befreiung Israels* aus ägyptischer (als der urtypischen) Sklaverei. Befreiung ist seiner Meinung nach wichtiger als Schöpfung, sollte unter allen Umständen das erste Wort sein. Und zwar auch deswegen, weil es sich bei aller Befreiung um eine Befreiung zum Gottesdienst handelt und die Freiheitsbotschaft zugleich einen Imperativ, eine Weisung an die Befreiten enthält. Nach Meinung des R. Jizchak ist darum der Pessach-Text mit seinem ersten Gebot: »Dieser Monat der Befreiung sei euch der erste« Monat, von dem an ihr alle andere Zeit zählt – sei euch Grund und Gründungsereignis eures Selbstverständnisses und alles eures Handelns, sei euch »Anfang« von allem, reschit schlechthin – deutlicher als die Schöpfungserzählung, die (jedenfalls in direkter Form) keine Weisung enthält. *Nicht aus der Schöpfung, aus geschichtlicher Befreiung, Gottes regnum gratiae, soll Israel sich verstehn und handeln.*

Raschi berichtet weiter vom R. Jizchak. Der fragte nämlich: »Warum fängt sie (die Tora) aber mit der Schöpfung an?« Antwort: »Weil Er seine Allmacht Seinem Volke verkündete, ihm das Erbe der Nationen zu geben«. »Erbe der Nationen« – das sind die Länder der nicht-jüdischen Völker, die Israel eingenommen und in seine Erbschaft gebracht hat – und in späterer Zeit stehen diese Länder repräsentativ für alle Länder der Erde, in denen Juden wohnen können (also auch die, die Israel nicht als sein eigen beansprucht). R. Jizchak fuhr fort: »Wenn die Völker der Welt zu Jißrael sprechen sollten, ihr seid Räuber, denn ihr habt die Länder der sieben Nationen eingenommen, so antworten sie ihnen, die ganze Erde gehört dem Heiligen, gelobt sei Er. Er hat sie erschaffen und dem gegeben, der gerecht (ist) in Seinen Augen; nach Seinem Willen hat Er sie jenen gegeben und nach Seinem Willen sie ihnen genommen und uns gegeben«. Wir bemerken hier zweierlei: *1.* Von *Schöpfung* ist hier nicht kosmologisch als Naturentstehung die Rede, sondern geschichtlich *als Landgabe an Israel. 2.* Das Wort *»geschaffen«* wird ausgelegt mit dem Wort *»gegeben«:* »Er hat sie *geschaffen* und dem *gegeben,* der gerecht (ist) in Seinen Augen«, so daß bei Erschaffen genau wie bei Sprechen immer die Frage zu

12. Raschis Pentateuchkommentar. Vollst. ins Deutsche übertr. und mit e. Einleit. versehen von S. Bamberger, 1921/22. 3. Aufl. Reprint 1962, 1.

stellen ist: Zu wem hat Er dies und das geredet, – *wem* hat Er den Himmel und die Erde geschaffen, nämlich: wem hat Er sie »gegeben«?

Und schließlich: *Wozu* hat er den Himmel und die Erde geschaffen und gegeben, *zu welcher Verpflichtung,* auf welches Gebot hin?

Dies Motiv: Zu welcher *Verpflichtung* hat Gott Himmel und Erde geschaffen und gegeben, spielt in der jüdischen Auslegung der Schöpfungserzählung *eine entscheidende Rolle.* Zu dem Vers »bereschit bara = Im Anfang schuf« erklärt Raschi: »Dieser Vers sagt: erkläre mich so, wie ihn unsere Lehrer erklärt haben: ›um der Tora willen‹ (schuf Gott im Anfang), die das Erste Seines Weges genannt wird (Spr 8,22), und um Jißraels willen, das das Erste Seines Ertrages (= Erbes) genannt wird (Jer 2,3).« Will sagen: *»Schöpfung« ist zielgerichtet zu verstehen auf die Gabe der Tora,* der Handlungsanweisungen Gottes an Israel hin; das läßt sich von modern begriffener Natur nicht sagen. Und daß Schöpfung um Jißraels, eines einzelnen Volkes auf Erden willen, geschehe, ist ebenfalls kein Satz, der von Natur sich sagen ließe. Israel liegt so wenig wie die Tora in einer Teleologie von Natur und Naturentstehung, ist aber die Teleologie von »Schöpfung«.

Den jüdischen Auslegern war der rein geschichtliche Sinn von Schöpfung so klar, daß sie dem Schöpfungsgeschehen selbst, von dem die Bibel erzählt, gleichsam eine Vor-Wirklichkeit gaben, einen *Raum und eine Wirklichkeit von Praeexistenz vor allem Schöpfungsbeginn.* So lehrten sie: »Sechs Dinge waren schon vor der Weltschöpfung: einige von ihnen wurden wirklich geschaffen (d.h. traten später in die raum-zeitliche Wirklichkeit ein), einige dagegen stiegen nur in der ›Idee‹ (besser: in den Gedanken Gottes) auf, um künftig ins Dasein zu treten. Die Tora, der Thron der Herrlichkeit (= die merkava) wurden wirklich geschaffen, dagegen die Väter, Israel, das Heiligtum und der Name des Messias verharrten ›in der Schöpfungsidee‹ (besser: sie behielt Gott vorerst im Kopf). R. Ahava im Namen des R. Sera fügte zu den letzten noch die Buße hinzu« (Bereschit R 1 zu 1,1). Diese praeexistenten Wirklichkeiten galten oft als Hilfsmittel, die Gott bei seinem Schöpfungswerk gebrauchte. Sie waren – in der idealisierenden, platonisierenden Sprache der Übersetzung von August Wünsche (1881)[13], die den Anthropomorphismus, die Menschengestaltigkeit Gottes scheut – »Schöpfungsideen«, sagen wir lieber: *Zielangaben oder das »Woraufhin« des Schaffens* Gottes. Die Schöpfung *zielt* auf die Väter Israels, auf das Volk Israel, auf den Tempel von Jerusalem, auf den Namen des Messias, auf die Umkehr. Und diese »Ziele« haben ihre Voraussetzung in dem, was »wirklich geschaffen« worden ist; und das sind hier nicht der Himmel und die Erde und die Erscheinungen

13. Der Midrasch Bereschit Rabba, das ist d. haggadische Auslegung der Genesis, zum ersten Male ins Deutsche übertr. von A. Wünsche. Mit e. Einl. von (Rabbiner Dr.) J. Fürst. 1881.

der Natur, vielmehr: die *Tora* als der wirkliche Anfang aller Wege des Wirklichen und die *merkava,* der Thronwagen des regnum Gottes, seiner Herrschaft, genauer seiner kavod, seiner Herrlichkeit. Wir werden gleich darauf zu sprechen kommen, daß damit das *regnum gloriae,* der Glanzbereich der Zukunft, schon vor aller Schöpfung ins Auge gefaßt und Schöpfung auf Vollendung hin angelegt wird.

Im Judentum sind solche Überlegungen Stoff für ein unendliches, nie abgeschlossenes Gespräch. Es gibt eine *nur schwer übersehbare Vielzahl von Deutungen dessen, was laut der Schöpfungserzählung »Schöpfung« eigentlich meine,* welche Bedeutung und welchen Stellenwert sie habe. Allen *gemeinsam* ist *ein durch und durch geschichtliches Verständnis,* auch da noch, wo später in der Kabbala auch kosmologische Deutungsversuche hinzutreten werden. Wie immer im Judentum bleiben Midraschim und Haggadot zu biblischen Texten für eine weitere Diskussion offen, nirgends erlangen sie dogmatische Verbindlichkeit.

Dennoch können wir eine verbindliche Richtung und Linie eines geschichtlichen und nicht kosmologischen Grundverständnisses von »Schöpfung« benennen: in der *Prophetenlesung,* die für den jüdischen Gottesdienst seit alter Zeit verbindlich zur Tora-Lesung des biblischen Schöpfungsabschnitts gefügt worden ist. Zu Genesis 1,1 – 6,8 aus der Tora ist aus den Propheten dazuzulesen: Jes 42,5 – 43,11, so bei den Aschkenasim; die sphardischen Juden lesen von Jes 42 Vers 5 an nur bis zu Vers 21.

Die *Bedeutung der Propheten im Judentum* unterscheidet sich von ihrem traditionell christlichen Verständnis; sie gelten als Tora-Ausleger, nicht als Künder großer neuer Worte und Weisungen Gottes, sind also der Tora zu- und untergeordnet. In eben diesem Sinne können die Prophetenabschnitte ein Fundamentalverständnis desjenigen Tora-Abschnittes aufschlüsseln, dem sie agendarisch zugeordnet sind. Und so ist der Jesaja-Abschnitt als erster Kommentar des Tora-Abschnittes von des Schöpfung zu lesen. Was ergibt sich dann für dessen Verständnis?

1. Mit der Wahl von Deuterojesaja als Interpreten des Bibelanfangs wird ein Prophet, der in der Babylonischen Gefangenschaft wirkte, dem Erzähler der Schöpfungsgeschichte zugeordnet. Ob sich darin historisches Wissen von den Entstehungsumständen des biblischen Zeugnisses von der Schöpfung ausspricht, können wir nicht wissen, aber als wahrscheinlich annehmen. *Ein babylonischer Jude deutet einen babylonischen Juden.*

Ihre gegenseitige Beziehung können wir noch etwas genauer benennen: Deuterojesaja war in der Babylonischen Gefangenschaft der Prophet, der Israel das Glück der Heimkehr ankündigen und es darauf vorbereiten durfte. So gesehen, fügt die jüdische Lesung den *Propheten der Befreiung mit dem Künder der Schöpfung zusammen* und stellt damit von vornherein *Schöpfung in das geschichtliche*

Licht der Befreiung Israels aus Babylonischer Gefangenschaft, mithin in das Licht der Freiheit Israels auch schon in Babylonien. Wir haben auf elementare Freiheitsmomente innerhalb der Schöpfungserzählung schon hingewiesen (die Gabe vor allem eines angstfreien Lebensraums); die jüdische Leseordnung bestätigt diesen Zusammenhang.

2. Der Anschluß beider Lesestücke aneinander ist offenbar in gut jüdischer Weise eine *Assoziation durch Stich- oder Leitworte.* Der Jesaja-Abschnitt beginnt mit den Worten: »So spricht Gott, der Herr, / der die Himmel geschaffen und ausgespannt, / die Erde befestigt samt ihrem Gesproß, / der Odem gibt dem Menschengeschlecht auf ihr / und Lebenshauch denen, die über sie hinwandeln« (Jes 42,5). Von Himmelserschaffung und Erdbefestigung ist da die Rede, wie in derSchöpfungserzählung; beide verweisen so aufeinander: Genesis 1,1 – 2,4a auf Jesaja 42,5 und umgekehrt. Solche Verweise von Bibelabschnitten aufeinander selbst über weite Entfernungen hin gehören zu den festen Regeln talmudischer Hermeneutik und sollten endlich auch Eingang in christliches Bibellesen bekommen.

Wichtig scheint das Woraufhin der Himmels-Erschaffung und der Erdbefestigung bei Deuterojesaja: Es geht auf Atem und Lebenshauch, sprich: auf Aufatmen und Lebenkönnen der Menschen. Deuterojesaja drückt dies bereits allgemein menschlich aus, und wir zweifeln nicht, daß er bei Atem und Lebenshauch an die Erzählung von der Erschaffung der Menschen in Gen 2,7 gedacht hat. Doch sollten wir nicht eine besondere Bedeutung damit ausschließen wollen: das Atmen und Lebenkönnen speziell der ersten Adressaten dieses Jesaja-Wortes, und das waren die in Babylonien gefangenen Juden. Ihnen zugute hat Gott auch dort, wo sie jetzt sind, die Himmel geschaffen, die Erde befestigt, so daß sie auch dort nicht zu wanken brauchen und atmen können.

3. Von der Erinnerung an den Gott, der den Himmel ausgespannt und die Erde gefestigt hat, geht es in Jes 42,6f sofort über zu einer Erinnerung an die *Berufung Israels:* »Ich, der Herr, / habe dich in Treuen berufen / und bei der Hand gefaßt, / ich habe dich gebildet / und zum Bundesmittler für das Menschengeschlecht, / zum Lichte der Völker gemacht, / blinde Augen aufzutun, / Gebundene herauszuführen aus dem Gefängnis, / und die in der Finsternis sitzen / aus dem Kerker.« Auch dies Wort müssen wir geschichtlich deuten und mit der Lage Israels in der Babylonischen Gefangenschaft verknüpfen. In späterer Zeit gab es Lehrer in Israel, die auf die Frage: Warum hat Gott zugelassen, daß wir unser Land verloren und unter die Völker zerstreut wurden? antworteten: Das war nicht eine Strafe für eure Sünden, sondern das war der *Missionsauftrag Gottes* an euch. Er sandte euch unter die Völker, damit ihr ihnen das Wissen von Gott, – von seinem Willen, Bundespartner aller Menschen zu werden, vermittelt und auf diese Weise Licht in die Welt bringt. Und zwar hat er euch über alle Länder verstreut, weil er euch nicht bloß für eine Wort- und Weltanschauungsmission brauchen wollte, sondern für eine »existentielle Mission« (R. R. Geis) des guten Beispiels; ja, daß und wie ihr als Juden und Landesfremde überhaupt unter den Völkern existiert ist ein Mittel, durch das Gott selbst bei ihnen anwesend sein will. Denn er ist ja der Eheje ascher eheje, Ich werde mit euch sein, wann immer ich mit euch sein werde, und diese Verheißung seines Namens bezieht sich ja auf jeden einzelnen Juden. Darum ist Gott selbst, wenn Er will, inmitten der Völker überall da, wo Juden leben.

Diese missionarische Deutung des Exils kann sich m. E. mit Recht auf unser Deuterojesaja-Wort berufen. Was besagt das für das Verständnis von Schöpfung? Alles Land ist wie Lebensraum, so auch *Bewährungsraum* für Israels Dienst an der Welt, die ganze Welt ist »um der Tora und um Israels willen« geschaffen – das heißt *praktisch:* ist für seinen Zeugnisdienst bestimmt, und darin gehört Israel zur Welt, wie umgekehrt wesenhaft auch die Welt zu Israel. So heißt »Schöpfung«: Erschließung aller Weltwirklichkeit für den Dienst Israels, und zwar *gerade* in der Gola, in der Zerstreuung, denn die Zerstreuung ist reale und sinnenfällige Welterschließung. Das verdeutlicht noch einmal, warum der Schöpfungsgedanke und die Babylonische Gefangenschaft so tief etwas miteinander zu tun haben, daß »Schöpfung« von der Gefangenschaft und ihrem Sinn her zu deuten ist.

4. In 42,14 hat Deuterojesaja Gott rufen hören: »Ich habe lange geschwiegen, / bin stille gewesen, / habe an mich gehalten – / jetzt will ich schreien wie die Gebärende, / will schnauben und schnappen zumal.« Das deutet die Schöpfung durch das Wort. Gott sei Dank: Gott redet, auch hier, und endlich wieder! Ja, er war stumm, still, nur an und für sich, für Israel nicht hörbar und erfahrbar. Um so gellender jetzt seine Stimme: Er schreit, er schnaubt und schnappt, und *der Schrei bricht aus ihm hervor* wie das Kind bei der Geburt aus dem Mutterleib. Geburt, Anfang, Lebensbeginn und ein Schrei aus der Stille: hier, bei Deuterojesaja – und dort das va jomer, va jomer, va jomer in seiner ungeheuren Intensität: Und Gott sprach, sprach, sprach wieder: dort, in der Schöpfungserzählung; und *im Schreien dort und im Sprechen hier beginnt ein Neues,* entsteht neue Wirklichkeit. *»Schöpfung« hat die eschatologische Qualität eines noch nie Dagewesenen,* eines völlig Neuen, ist wie die Geburt eines neuen Menschen.

5. In 42,16 hört Deuterojesaja dann Gott rufen: »Blinden will ich Führer sein auf dem Weg, / auf Pfaden sie leiten, die sie nicht kannten, / will die Finsternis vor ihnen her zum Licht machen …«. Also: *»Es werde Licht«.* Bei Deuterojesaja soll Licht *auf die Wege Israels* nach Hause in die Freiheit fallen, und dies Licht wird die Nacht der Gefangenschaft um sie herum vertreiben, wie ja Gott am ersten Schöpfungstag – nachdem Er gerufen hatte: »Es werde Licht« und nachdem tatsächlich Licht ward, und nachdem Er das Licht gesehen und nachdem er es für tov, gut befunden hatte – das Licht von der Finsternis schied (Gen 1,3).

Deuterojesaja spricht die Sprache der Schöpfung, wenn er von Israels Befreiung aus der Gefangenschaft sprechen will. Und *nach jüdischer Deutung deutet die Sprache der Befreiung aus der Gefangenschaft den Sinn der Sprache der Schöpfung.*

6. Auch in der Sprache der Befreiung taucht *das Tohuvabohu,* die Irrnis und Wirnis aus der Spache der Schöpfung auf. Nämlich: »Ihr Tauben, höret, / und ihr Blinden, schauet her und sehet! Wer ist blind, wenn nicht mein Knecht, / und taub wie mein Bote, den ich sende? / Wer ist blind wie der Gottgeweihte / und taub wie der Knecht des Herrn? / Viel hast du gesehen, doch nicht beachtet, / hast mit geöffneten Ohren nicht gehört« (Jes 42,18-20). Das ist ungestaltes Chaos im erwählten Gottesknecht Israel und erinnert unvermeidlich an die Wirklichkeit, ehe in seinem Schaffen Gott anhebt zu reden: »Dem Herrn gefiel es, … große und herrliche Tora zu geben« (Jes 42,21).

7. Wir hatten von der Raumgabe der Schöpfung gesprochen: Sie sei Gabe vor allem eines angstfreien Raumes an Israel, das sich vor mythischer Fremdgewalt des herrschenden Chaos-Drachens und der Sternenmächte in Babylonien nicht zu fürchten brauche. Entsprechend hört Deuterojesaja Gott (im Deute- und Begleittext dazu) zweimal rufen: »Nun aber spricht der Herr, / der dich geschaffen hat, Jakob, / der dich gebildet hat, Israel: / *Fürchte dich nicht,* / denn ich befreie dich; / ich rufe dich bei deinem Namen, / mein bist du« (Jes 43,1); und schließt sofort das Schöpfungswerk der Trennung von Wasser und Trockenem an (Gen 1,9-10): »Wenn du durch Wasser gehst – ich bin mit dir (itcha ani); / wenn durch Ströme – sie werden dich nicht überfluten« (Jes 43,2).

Und zum zweiten Mal hört er Ihn rufen: »Dieweil du teuer bist in meinen Augen, / wertgeachtet, / und ich dich liebhabe, / gebe ich Länder für dich hin / und Völker für dein Leben. / *Fürchte dich nicht,* al-tirah, ki-itcha, denn ich bin mit dir« (Jes 43,4-5). – Da haben wir jenes Motiv, über das die Rabbinen schon soviel diskutiert hatten: Die Schöpfungserzählung dient dazu, den heidnischen Vorwurf gegen Israel zurückzuweisen: Es sei ein Land- und Länderräuber. Israel ist dies nicht, weil Gott selbst es ist, der »Länder für Israel« hingibt und »Völker für dein Leben«; mag es extrem ungerecht erscheinen – es ist unableitbarer Gotteswille, alles Land »für Israel« zu schaffen, zu »geben«, und zwar so, daß es darum nicht in beständiger Furcht und Angst leben muß, sondern eben angstfrei.

Es ließen sich noch weitere Gründe aus den Texten erheben, die es auch uns sinnvoll erscheinen lassen könnten, die babylonische Schöpfungserzählung durch die babylonische Befreiungsverkündigung Deuterojesajas deuten zu lassen, wie die jüdische Leseordnung dies tut. Uns genügt jetzt aber der Nachweis dieser grundsätzlichen Möglichkeit, um zu zeigen, daß und wie tief und exklusiv nur geschichtlich und nicht kosmologisch das Judentum die Schöpfungsgeschichte verstehen konnte und oft verstanden hat. Befreiungsgeschichte Israels und Schöpfungsgeschichte legen sich gegenseitig aus. Theologisch abstrakt ausgedrückt:

»Schöpfung« ist eher eine soteriologische als eine kosmologische Wirklichkeit, Schöpfungstheologie müßte darum Befreiungstheologie sein. Will man von einem *regnum naturae* sprechen, dann nicht im Sinne einer Herrschaft Gottes in der Natur und einer entsprechenden Erkenntnis Gottes aus ihr und schon gar nicht im Sinne einer natürlichen, geschichtlich unvermittelten Erkenntnis Gottes, – wenn, dann nur (in einer Zuordnung zum regnum gratiae) so: Gott erschließt Israel alle Welt zum Leben und zur Bewährung seiner Berufung.

Allerdings ist nun ein weiterer Gesichtspunkt noch hinzuzufügen: Wie einen soteriologischen, so hat, was biblisch *»Schöpfung«* heißt, auch noch einen *eschatologischen* Sinn des regnum gloriae.

Spätere jüdische Apokalyptik hat die eine Sieben-Tage-Woche der biblischen Schöpfungserzählung umgeformt in den geschichtsspekulativen Gedanken einer großen Kette aneinanderschließender *Weltwochen,* die alle auf eine Endkatastrophe des Weltuntergangs und des Gottesgerichts zutreiben. Eine »Weltwoche« kann eine oft Jahrtausende zählende Geschichtsepoche sein, und eine löst die andere ab, jede steht im Zeichen einer besonders inhumanen Herrschaftsmacht, von »Woche« zu »Woche« steigern sich Gottwidrigkeit und Unmenschlichkeit, aber alles zielt auf ein »Ende der Geschichte«, den *Abschluß dieses Äons* und danach den *Anbruch eines kommenden,* seiner Art nach völlig neuen. Damit bekommt die Wocheneinheit eine eschatologische Funktion und Bedeutung.

Dies ist natürlich eine Verwandlung des Sinns der einen *biblischen* Schöpfungswoche, und doch drückt die apokalyptische Vorstellung ein wichtiges Moment an der biblischen Sieben-Tage-Woche aus. Denn diese *zielt auf den Schabbat* als den großen Ruhetag Gottes inmitten aller Kreatur und aller Kreatur mit ihm. Das Judentum hat den *Schabbat* seit alten Zeiten *nie nur als ein soziales* Angebot Gottes aufgefaßt, sondern immer *auch als ein eschatologisches Symbol.* Die *menucha,* eine letzte Ruhe, ist Gottesziel und Ziel der Schöpfung in einem. Gerade die Gemeinsamkeit eines Ruhens Gottes und eines Ausruhens der Menschen aller Stände und aller Tiere zur gleichen Zeit ist eine überbordende Verheißung und Hoffnung. Sie läßt sich eben nicht nur pragmatisch deuten: als Erholung von physischer Last und als Erlaubnis zur Arbeitsruhe wenigstens einmal in der Woche. Dem Judentum geht es am Schabbat auch darum, aber doch fast mehr noch um ein seelisches und geistiges Zur-Ruhe-Kommen und darum um einen *Vorausgeschmack ewiger Seligkeit.*

Ein Gebetsstück eines jeden Schabbat-Abendgebets heißt: »Führe uns zur Ruhe, Ewiger, unser Gott, in Frieden und laß uns aufstehen, unser König, zum Leben ...«. Psalmen, die nach ihrer Überschrift für den Schabbattag bestimmt sind, wie z.B. Ps 92 (vgl. V.1: »Ein Psalm, ein Lied für den Schabbattag«), werden nach R. Jehuda, der das im Namen R. Akivas lehrte, »für den dereinstigen Tag« gesungen, denn der wird »ganz Ruhetag«, also ganz Schabbat sein (b Rosch ha-schana 31a). R. Chanina lehrte: »Die Analogie, das Gegenbild des künftigen Lebens des olam ha-ba, ist der Schabbat« (Bereschit R 17 zu 2,19 und 44 zu 15,12). Oder man sagte: »Der Schabbat hat etwas von der künftigen Welt, vom olam ha-ba« (b Berachot 57b). In der apokryphen Schrift vom »Leben Adams und Evas« heißt es ganz am Schluß: »Die Ruhe an dem siebten Tag ist's Zeichen für die Auferstehung im olam ha-ba« (vit. Adae 51).

Eine innerste Verbindung von Schabbat und künftigem »ewigen« Leben drückt sich in alledem aus, und es ist mehr gemeint als nur eine symbolische Beziehung. Denn »Analogie«, »Gegenbild« sind Begriffe, die zwei Wirklichkeiten – das Jetzt und das Dann, das Hier und das Dort – zu einer einzigen zusammenfügen und sie nur als zwei verschiedene Erfahrungsweisen des einen Wirklichen beschreiben. Der Schabbat, den Israel hier und jetzt feiert, ist nichts als eine andere Erfahrungsweise jenes Großen Schabbat, der in den jetzigen immer schon aufleuchtet.

Ganz als Wort eschatologischen Sinns – des regnum gloriae – spricht in den Jesus-Schriften das 4. Kapitel des Hebräerbriefs vom Schabbat. Gottes Verheißung, daß wir in Seine Ruhe eingehen werden, bleibt bestehen und ist auch für Jesus-Anhänger gültig, und es ist der ewige Schabbat, der aufstrahlt dort, wo Christus verkündigt und ihm Gehör verschafft wird: Die Verkündigung des Christus gilt als eschatologisches Schabbat- und Ruhe-Ereignis.

Auf den Sinn von »Schöpfung« zurückgedacht, heißt dies: Sie ist als Ereignis eschatologischer Offenheit und Transparenz zu verstehen, *Weltschöpfung tendiert auf Weltvollendung* – ein Gedanke, der für »Natur« sich nicht fassen läßt; denn mag naturwissenschaftliche Bestimmung von Natur auch ohne den Begriff einer Evolution nicht auskommen, so ist doch *Evolution* auch dann *kein eschatologischer Gedanke,* wenn er mit irgendeinem Forschrittsbegriff verbunden würde – was Naturwissenschaft heute aber kaum noch tut, denn der ist ein wertender und insofern kein wissenschaftlich-feststellender Begriff. Und so etwas wie Natur-Vollendung ließ bisher nie sich denken, während zum biblischen »Schöpfungs«-Verständnis jene eschatologisch vollendende »Ruhe« von Gott, Menschen und aller Kreatur konstitutiv dazugehört.

Hat aber dann biblisch gedachte »Schöpfung« wirklich gar nichts mit einem regnum *naturae* zu tun?

Zu »Natur« wurde Schöpfung in einer Umwelt, in der »Natur« zuerst als Medium gotthafter Offenbarung erfahren und dann – wie z.B. in der stoischen Philosophie – auch gedacht wurde.

In *antiken Religionen* zeigen *Phänomene des Naturlebens das Hervortreten von Gottheiten.* Die griechische Ceres und der syrisch-orientalische Dagan z.B. offenbaren eine Gotteskraft des lebensnotwendigen und schönen Weizens. Apollon strahlt im Licht der Sonne auf, und zugleich strahlt damit die Helligkeit von

Wissenschaft und Vernunft. Der syrisch-palästinensische Baal ist im Widerfahrnis des Regens auf ausgedörrtes Land, – läßt Trockenes wieder sprießen und grünen, ehe er selbst – aufhörend – wieder in die Erfahrung des unter dem Sonnenbrand verdorrenden Landes zurücktritt; regnend ist Baal der samenspendende Herr, der die Mutter Erde befruchtet. Neptun ist im Meer, – Dionysos im Wein, der taumeln macht und vor allem die Frauen zu anarchischer Rebellion gegen die Männerherrschaft anstiftet. Zeus ist ein Donnerer und blitzt: Macht der Gewitter. In Göttern Griechenlands und des Orients werden Naturerfahrungen sichtbar, deren unbedingte Notwendigkeit für Menschen im helfenden, ernährenden und Leben fördernden Sinn, aber auch in schreckend Bedrohlichem. Nicht in jedem Fall läßt sich sagen: sie seien nur Naturgottheiten – einfach deswegen nicht, weil so wenig wie in der Welt der Bibel, so wenig auch in der antiken Umwelt der Bibel »Natur« und »Geschichte« so voneinander getrennt sind und als je eigene, in sich geschlossene Wirklichkeits- und Wirkbereiche einander gegenüber-, gar: entgegengestellt werden können; das ist erst *moderne* Wirklichkeitsspaltung.

Wohl aber läßt sich eine Differenz im Naturverhältnis zwischen biblischen und nicht-biblischen Menschen feststellen. Israel und die neutestamentlichen Menschen haben ein *handelndes Verhältnis zur Natur.* Die biblische Tora und Mischna und Talmud fassen Natur unter dem einen Gesichtspunkt ihrer Bearbeitung ins Auge, und wenn sie – geschichtlich – von einem Schabbat auch des Landes sprechen und das Siebtjahr einer Nichtbestellung des Landes als Gottesweisung beachten, dann ist auch dies ein handelndes, kein mythisches Verhältnis zum Erdboden; der Acker gehört zur Geschichte, wird in sie einbezogen, und die Ruhe des Erdbodens betrifft mehr die Vorsorge und Beschränkung des totalen Ausbeutungswillens der Menschen, als daß es ökologisch motiviert wäre. Die Erde ist Natur, ist das Land der Bauern, so wie es sich ja auch noch in der Gleichnissprache Jesu verhält. *Im Tun* des Bauern *kann Erdboden zum Gleichnisstoff für das Reich Gottes werden,* das er verkündigt – die Erde *als solche,* als Natur, ist *nicht* gleichnisfähig; auch dort, wo es am ehesten so scheinen mag, in Worten der Bergpredigt, wie: »Sehet die Vögel unter dem Himmel an! Sie säen nicht, sie ernten nicht und sammeln nicht in die Scheuern, und euer himmlischer Vater ernährt sie doch« ist die Sorglosigkeit der Vögel und die Fürsorge Gottes der Vergleichspunkt, Vertrauen auf arbeitslosen Unterhalt – ein *Text aus der Erfahrung und dem Sinn des Schabbatjahres, in dem nicht gesät, nicht geerntet wird, nicht einmal Ähren gesammelt werden* (Mt 6,26). Und auch im Gleichnis von der von selbst wachsenden Saat (Mk 4,26-29) ist der Vergleichspunkt das Tun des Menschen, – er wirft Samen in die Erde, dann schläft er, dann steht er auf, und tut so Nacht und Tag, d.h. Tag für Tag, und dann sproßt die Saat, er weiß nicht wie, und dann plötzlich ist die Zeit zur Ernte da, und voller Weizen in der Ähre. »Mit dem Reiche Gottes ist es« *nicht* so wie mit den Wachstumskräften des Erdbodens, sondern: »wie wenn ein Mensch den Samen in die Erde wirft«: und dann kann er abwarten, was geschieht. Das Tun und Lassen des Menschen ist der Stoff fürs Gottesreich, nicht der Erdboden.

Dagegen lebt die nicht-jüdische und nicht-christliche Welt in einem *religiösen Verhältnis* zur Natur, hat religiöse Erfahrungen mit ihr. *Natur ist ihnen Medium des Gottheitlichen:* »Himmlische« Natur – Sonne, Mond, Sterne, Wind, Regen. Donner, Blitze sind geradezu identische Gottheiten, – »irdische« Natur nicht immer identische Gottheit, aber Medium von Widerfahrnis von Göttern. (Um Mißverständnisse zu vermeiden: In der heidnischen Antike ist keineswegs *nur* Natur religiöses Medium – geschichtliche Widerfahrnisse oder starke oder schöne menschliche Personalität sind es auch. Aber im Unterschied zur Welt der Bibel sind auch Naturerfahrungen eben *religiöse* Erfahrungen und nicht exklusiv solche pragmatischen Handelns.).

Damit ist natürlich auch gesagt, daß auch die alte heidnische Naturbeziehung noch lange nicht jene ästhetisch-symbolische ist, die wir aus unserer *Romantik* kennen, und natürlich schon gar nicht ein Naturverhältnis, wie wir es spätestens seit dem 17. Jahrhundert naturwissenschaftlich entwickelt haben. Die antike »Natur« ist so wenig Natur im uns heute geläufigen Sinn, wie es die biblische »Schöpfung« ist. Aber im Unterschied zur biblischen »Schöpfung« ist die antik-heidnische eben doch »Natur« und nicht *geschicht*liche Welterschließung, wie »Schöpfung« für Israel ist.

Freilich legte nun gerade die religiöse Naturerfahrung der Völker dem Volk des biblischen Gottes es nahe, sich auf sie einzulassen und um des ersten Gebotes, d.h. um der Unterscheidung von Gott und den Göttern willen die biblische *Schöpfungs*verkündigung mit der heidnischen *Natur* in eine *Beziehung* zu stellen. Das wurde schon zur Sache des hellenistischen, d.h. kulturell sich assimilierenden Judentums. Es wurde erst recht Sache der den Weltkreis immer mehr für sich einnehmenden Christen spätestens vom 2. Jahrhundert an. Gerade sie *beginnen* damit, die *christliche Lehre in die Kategorien der naturbeherrschten religiösen Erfahrung ihrer heidnischen Umwelt zu übersetzen* – nicht nur um sie so sprachlich und gedanklich verständlicher zu machen, auch um gezielter polemisieren zu können. Schon Paulus konnte hier und da Sprache und Gedanken stoischen Naturphilosophierens in seine Predigt aufnehmen, gebrauchte z.B. den Begriff der φύσις – wenngleich noch lange nicht so fundamental, wie das im 2., 3., 4. Jahrhundert die christlichen Lehrer mit dem lateinischen Naturbegriff tun: bis dahin, daß Jesus als Christus ausgelegt wird nicht mehr mit Blick auf die »Werke des Messias«, sondern hinsichtlich zweier ihn konstituierender »Naturen«, einer »göttlichen« und einer »menschlichen«; da wird er ganz hineingestellt in den heidnischen Erfahrungshorizont religiös bestimmter und von

Gott-Menschlichen Begegnungen beherrschter Natur. Und wie »Natur« schon im stoischen Philosophieren als kosmologischer Begriff ethischen Sinn zugeordnet bekommt (»in Übereinstimmung mit Natur leben« ist ethisches Ziel), so kann sehr wohl auch sein, daß in der Allgewalt, die auch die christliche Lehre zu einer Selbstklärung unter dem Naturbegriff zwingt, auch ethisch-gesellschaftliche *Not* mit der Natur sich ausdrückt: unserer Ernährung. Dann sagt Jesus: »Ich bin das Brot des Lebens« (Joh 6,35), – vom Himmel gekommen; dann wird Abendmahl aus einem Mahl des Gedächtnisses an Jesus zu einem naturhaft wirkenden Sakrament. Von da aus geschieht es fast von selbst, daß biblische »Schöpfung« dann auch als Naturgabe-Erzählung aufgefaßt wird. Was uns fehlt, was uns quält an physischer und gesellschaftlich beherrschter Natur soll – an Genesis 1 – 2 gedeutet – uns alles wiedergebracht werden aus dem Wirken des Gottes Israels. *Das religiöse Naturverhältnis der Heiden und das ethische der Philosophen konnte da als Mittelglied für eine Verwandlung von »Schöpfung« in »Natur« aufgefaßt werden.*

Auch das ist freilich ein geschichtlicher Vorgang und besagt: »Schöpfung«, die für Israel das Zugesprochenbekommen der ganzen geschöpflichen Wirklichkeit als angstfreier Lebens- und Bewährungsraum für sein Zeugnis unter den Völkern war, wird jetzt zur »Natur« als dem Raum zur physischen Selbsterhaltung und Selbstverwirklichung des Menschengeschlechts und Völkergewimmels, den Gott ihnen »schafft«. Auch hier ist das »Schaffen« noch ein Zuweisen und Geben eines Raums, aber es ist nicht mehr die Welt aller Länder und Wirklichkeiten dort herrschender Mächte, sondern ist »Natur«: *in einem* kosmologische *und* Menschennatur jetzt, will sagen: der Mensch in schlechthinniger Abhängigkeit seiner selbst von Natur als der primären Umgebung, in der er ist und aus der er ist.

Eines Tages wird dann aus der Erfahrung der geschichtlichen Ge-*geben*-heit von »Schöpfung« für Israel einerseits und »Natur« für das Menschengeschlecht andererseits sich die Frage nach dem »Ursprung« entwickeln als die Frage menschlicher *Vergewisserung* von »Schöpfung« und »Natur« in Gott, und dann sind wir an jene Konstellation gelangt, in der geschichtliche »Schöpfung« und kosmologische »Natur« sich vereinigen zu einer »theologischen«, in Gott sich treffenden Figur. Da kommen dann Judentum und Heidentum im Christentum zusammen, und eines Tages werden die Fragen nach »Weltraum – Erde – Mensch« zu den beherrschenden Themen von Religion.

Wir haben diese längere Besinnung auf den biblischen Schöpfungs- und den theologisch gewordenen Naturgedanken unternommen, um auf die *Geschichtlichkeit auch des Naturgedankens* in der Theologie hinzuweisen. Er ist so etwas wie »Schöpfung« *für die Gojim* und kann von daher eine Universalität gewinnen, die »Schöpfung« so nie hatte und der sie sich im Laufe des heidenchristlichen Umgangs mit den biblischen Schöpfungszeugnissen zu- und dann auch unterordnen mußte, wie das Besondere Israels dem Allgemeinen der Menschheit.

Diese Geschichte eines Weges von der Schöpfung zur Natur muß nun auch ein Verständnis des Lehrgedankens von einem *regnum naturae* mitbestimmen. Darunter kann nun kein Gedanke klassischer, etwa von der Stoa oder allgemeinen religiösen Erfahrung bestimmter Natürlicher Theologie verstanden werden, und schon gar nicht der einer allgemeinen, jedermann zu jeder Zeit an jedem Ort erschwinglichen Gotteserkenntnis – wie man allzu lange meinte, z.B. Röm 1,19 deuten zu können. Das regnum naturae muß eine Aussage über das Regieren des biblischen Gottes sein, und die *natura* muß bestimmt werden als ein *Bereich Seines Regierens,* nicht als ein davon unabhängiger Erkenntnisbereich für so etwas wie Gott.

Die theologischen Lehrer haben dies gewußt und darum statt vom regnum naturae auch – theologisch enger – von einem *regnum potentiae* gesprochen: einem Bereich Seines Regierens, der theologisch zur Debatte steht als Bereich, der in uns ein Loben Gottes erweckt, so wie es auch für die beiden anderen »Reiche« gilt: das regnum gratiae und das regnum gloriae. *Gott bereitet uns Orte, an die er uns hinstellt, oder: in die er uns »setzt«,* wie er Adam in den Gan Eden »setzte« (Gen 2,8), *und das Leben an diesen besonderen Orten drängt uns das Loben Gottes auf.* In eben diesem Sinne ist das regnum naturae dasjenige Handeln, in dem Gott Israel die *theologisch nicht weiter abzuleitende Welt* und den Menschen der Völker *die ebenfalls theologisch nicht abzuleitende Natur zuspricht* als den Raum ihres Lebens und damit auch ihres von Herzen kommenden Lobens Gottes.

Entscheidend an der Lehre von den drei Reichen ist nun, daß Gott nicht nur *einen* Lebens- und Lobe-Raum öffnet, auch *nicht beliebig viele,* wie dies unter dem starken Einfluß Natürlicher Theologie allgemein angenommen wird (und wie auch ich es oben – um dies als Mißverständnis bewußt zu machen – diskutiert habe), sondern eine *bestimmt-begrenzte Anzahl* seiner Wahl.

Daran ist *nicht die Dreizahl* so wichtig; sie wurde von unseren theologischen Lehrern als vestigium trinitatis, zeichenhafter Hinweis auf den trinitarisch gedachten Gott, gewählt; im regnum naturae ließ sich Gott, der »Vater«, als der Regierende denken; im regnum gratiae Gott, der »Sohn«, – im regnum gloriae dann Gott, der »Heilige Geist« – wir werden darauf später zurückkommen.

Im Augenblick wichtiger ist überhaupt die *Eingrenzung* von Lobe- und Erkenntnisbereichen für so etwas wie Gott, die sich *gegen beliebigen Pluralismus bei der Anlage einer Gotteserkenntnis* richtet; daß alle *Lande* seiner Ehre voll sind (Jes 6,3) heißt nicht, daß unterschiedslos *alles* Wirkliche dies wäre. Im Sinne unserer theologischen Lehrer sind es vielmehr *Wahlhandlungen* Gottes, die uns bestimmt begrenzte Orte und Lebenszusammenhänge anweisen, auf die eintretend, in die uns fügend wir am ehesten erwarten dürfen, Gott so zu begegnen, daß wir von ihm eine Erkenntnis gewinnen, die ihm entspricht und uns dazu gewinnt, ihn zu loben.

Abstrakter gesagt: Nach dieser Lehre schafft Gott uns Menschen von sich aus die Gelegenheiten, unter denen wir ihn erkennen können. Karl Barth formulierte das früh mit der Formel: »Gott wird nur durch Gott erkannt« – nämlich nur dadurch, daß er uns an Orte ruft, an denen er sich erkennen lassen will und an denen wir die Chance eingeräumt bekommen, wirklich ihn in seiner Eigenart und Identität – also: Ihn-Selbst – erkennen zu können.

Als Mose Gott bat: »Laß mich doch deine Herrlichkeit schauen!« (Ex 33,18), erklärte Gott ihm zuerst die grundsätzliche Unmöglichkeit einer menschlichen Gottesschau: »Du kannst mein Angesicht nicht schauen, denn kein Mensch bleibt am Leben, der mich schaut« (Ex 33,20), niemand hält einer direkten Begegnung mit Gott von Angesicht zu Angesicht stand, – Menschen brauchen gerade, wenn sie Gott begegnen wollen , einen Schutz vor ihm. Darum sagt Gott zu Mose: »Siehe, da ist Raum neben mir, hinneh makom itti; tritt auf den Felsen. Wenn nun meine Herrlichkeit vorübergeht, will ich dich in eine Kluft des Felsens stellen und meine Hand schützend über dich breiten, bis ich vorüber bin« (Ex 33,21-22).

Hier zeigt sich, daß *Gotteserkenntnis unter Raumbedingungen* steht. Sie läßt sich nicht vollgenügsam unter der mehr geschichtlichen Bestimmung der »Begegnung« fassen, mit der ja wesentlich ein Ereignis »von Angesicht zu Angesicht« beschrieben wird, – ein direktes Gegenüber ist in unserem Wort Be-Gegnung enthalten. Das ist für die Beziehung von Menschen zum biblischen Gott gerade nicht charakteristisch, im Gegenteil: eher unmöglich. Stattdessen wird die Kommunikation dadurch ermöglicht, daß Gott dem Menschen einen makom, Ort *neben* sich anweist, nicht sich gegen-über, wie er kraft seines Namens ja auch *mit* Israel sein will, aber Israel doch nicht als seinen *Gegen*part haben will. Einer *neben* dem anderen ist aber eine Raumbestimmung, und gerade, wenn es – wie Mose ja will – um eine *Erkenntnisbeziehung* des Menschen zu Gott geht, stellt sich biblisch die Frage: *Wo kann sich Gott vom Menschen sehen lassen, ohne ihn zu gefährden,* und *wo* kann ein Mensch gefahrlos *neben* Gott leben, ohne an ihm verblendet zu werden? Wo ist ein *Ort von Gott-Menschlicher Nähe, der zugleich einer für den Menschen überlebenswichtigen Distanz zu Gott Raum läßt? Wo* findet sich ein *Begegnungs*raum zwischen Gott und Mensch, der *zugleich Schutz*raum für den Menschen vor der Gefährlichkeit Gottes ist?

Wenn man so fragt, scheint es klar, daß dies kein Raum ist, den Menschen schaffen könnten oder der irgendwo immer schon gegeben wäre; einen Ort, an dem Menschen zugleich Gott nahe und doch von ihm nicht gefährdet sind, kann nur Gott dem Menschen schaffen und finden, um ihn uns dann einzuräumen und anzuweisen, damit wir dort »seine Herrlichkeit« – Ihn – zu schauen und in seiner Herrlichkeit zu loben vermögen.

Vielleicht kann hieran schon ein wenig deutlicher werden, *warum wir die Frage einer Erkennbarkeit Gottes und damit die nach Gott-Selbst einer Utopie zuordnen,* in der es ja um die Wirklichkeit des Raumes geht, den Gott bei uns hat oder noch nicht hat und erst sucht.

Unter diesem Gesichtspunkt haben wir die Drei-Reiche-Lehre hier ins Spiel gebracht: als *Raumbestimmung einer von Gott selbst geschaffenen Erkenntnislage für ein Verständnis von so etwas wie Gott.*

Allerdings müssen wir theologiegeschichtlich zugeben: So ist die Lehre von den drei regna zuvor *nicht* genutzt worden. Sie steht in der *Tradition im christologischen* Zusammenhang, nicht in dem einer Erkennbarkeit Gottes, in dem wir sie hier gebrauchen. Sie gibt *drei Bereiche des Regiments Christi* wider, das er *über seine Kirche* und damit sekundär über die Menschheit ausübt; sie meint Amts- oder Regierungsbezirke der »*Werke*« Christi. Indem wir diese Tradition auf Orte des *göttlichen* Regierens extrapolieren, entfernen wir uns noch nicht allzuweit von dieser alten Lehre. Indem wir sie jedoch auf die *Frage der Erkennbarkeit Gottes* anwenden, schaffen wir ihr einen neuen Bedeutungszusammenhang. Tun dies aber im Sinne des biblischen Zeugnisses, wie wir am Beispiel der Gott-Mose-Begegnung versucht haben zu zeigen.

Nun fällt freilich an der alten Lehre die eher abstrakte Sprache auf: regna »naturae«, »gratiae«, »gloriae«. Auch eher abstrakt wurden die Inhalte bestimmt. Johann Gerhard z.B. sah im ersten Regierungsbezirk ein generale dominium super omnia, eine Christusregierung schlicht über alles, was es gibt: Sichtbares und Unsichtbares. David Hollaz bezog die Gnadenleitung, das regnum gratiae, auf die kämpfende Kirche, die Christus gegen die Destruktionskräfte Satans verteidigt; und die Zukunftsregierung des regnum gloriae erwartete er darin, daß Christus auch eine in der Zukunft triumphierende Kirche mit ewigem Glück erfüllt und vor allem ins Lob des göttlichen Namens führt.

Diese Bestimmung von drei Bereichen müßte *biblisch* überprüft werden. Die Frage ist, ob die Begriffe etwa nur durch einzelne Bibelstellen, sog. dicta probantia begründet werden können oder ob sie wirklich eine biblische *Struktur* widergeben.

In dem anderen Zusammenhang, in dem wir von dieser Lehre Gebrauch machen wollen, werden wir uns darum bemühen, sie größeren biblischen Strukturen zuzuordnen: das alte *regnum naturae* der biblischen Verkündigung vom Paradies und durch sie hindurch zur Wirksamkeit Gottes in Natur und Kultur; das alte *regnum gratiae* der biblischen Verkündigung des geschichtlichen und immer noch erwarteten Jerusalem und durch sie hindurch zur Wirksamkeit

Gottes im großen sozialen Gebiet, besonders der Städte; das alte *regnum gloriae* der biblischen Verkündigung des Reiches Gottes und durch sie hindurch der Wirksamkeit Gottes im großen Bereich des Politischen. Sie alle drei befragen wir: ob sie »Orte«, »Räume« sind, an und in denen uns der Gott Israels und Vater Jesu lebendig werden kann, und ob diese drei Bereiche uns den einen Gott dreifaltig oder gar dreieinig bezeugen wollen – oder Gott als alles in allem und dann gar: einig mit sich selbst.

Das ist das Projekt für dies letzte Stück unseres dogmatischen Versuchs.

2. »Gott und die Seele, die Seele und ihr Gott« (A. v. Harnack). Hat Gott Grund und läßt sich von uns begründen?

Die Überschrift dieses Abschnitts folgt einem berühmten Zitat aus Adolf v. Harnacks Berliner Vorlesungen über das Wesen des Christentums aus dem Winter 1899/1900[1]. Mit diesem Satz faßte er das Eigentümliche, Unverwechselbare der Botschaft Jesu vom Reich Gottes und seinem Kommen zusammen, also Jesu eschatologische Hoffnung und Verkündigung, die uns ja im größeren Zusammenhang unserer Arbeit interessiert.

Harnack schildert als Historiker die große Spannbreite dessen, was Reich Gottes in Jesu Predigt alles hieß. Sehr viel habe Jesus mit seinen jüdischen Zeitgenossen geteilt, vor allem »das Kommen des Reichs als ein rein zukünftiges, und das Reich selbst als eine äußere Herrschaft Gottes«; dazu gehören »alle Aussagen und Formen« der »alttestamentlich gefärbten, prophetischen Ankündigung des Gerichtstages und der zukünftigen sichtbar eintretenden Gottesherrschaft« (32), also alles, was sich zusammenfassen ließe als »die irdischen, politisch-eudämonistischen Hoffnungen« (ebd.) – »eudämonistisch« meint einfach: die irdischen Glückserwartungen, die sich auf ein Walten guter Geister richten, die in der Tat zur biblischen Hoffnung gehören. Harnack sagt nun, auch Jesus habe davon gewußt und dies alles genauso verkündigt, wie es im Judentum geläufig war. Das Interesse eines Historikers sei jedoch, nicht hängenzubleiben an dem, was eine Figur der Zeitgeschichte mit ihren Zeitgenossen teilt und gemein hat, sondern ihr Eigenes, Besonderes, sie Unterscheidendes zu finden. Da aber werde in Jesu Verkündigung vom Reich Gottes ein anderer, geradezu entgegensetzter »Pol« von Hoffnung sichtbar. Ihm eigen sei nämlich die Erwartung gewesen, daß das Reich Gottes *nicht* »mit äußerlichen Gebärden« komme (Lk 17,20), ja daß es auch gar nicht mehr im Kommen sei, vielmehr: »daß es schon da ist« (33). Darum müsse man als das spezifisch Jesuanische annehmen: »Das

14. Neuauflage zum fünfzigsten Jahrestag des ersten Erscheinens mit einem Geleitwort von Rudolf Bultmann. 1950.

Reich Gottes kommt, indem es zu den *einzelnen* kommt, Einzug in ihre *Seele* hält, und sie es ergreifen. Das Reich Gottes ist Gottes*herrschaft,* gewiß – aber es ist die Herrschaft des heiligen Gottes in den einzelnen Herzen, *es ist Gott selbst mit seiner Kraft.* Alles Dramatische im äußeren, weltgeschichtlichen Sinn ist hier verschwunden, versunken ist auch die ganze äußerliche Zukunftshoffnung. … Er selbst (Gott) ist das Reich, und nicht um Engel und Teufel, nicht um Throne und Fürstentümer handelt es sich, sondern um Gott und die Seele, um die Seele und ihren Gott« (34).

Dabei ging es, nach v. Harnacks Sicht, Jesus nicht nur um eine Innerlichkeit des Reiches Gottes – entsprechend einer heute nicht mehr haltbaren Übersetzung des ἐντὸς ὑμῶν (von Lk 17,21), das Reich Gottes ist »in euch«, wo wir besser lesen müßten: das Reich Gottes ist »mitten unter euch«, in eurer Mitte, zwischen euch; Jesus habe das Reich Gottes deswegen ins Innere des Menschen gelegt, weil er von einem »unendlichen Wert der Menschenseele« überzeugt war (38). Diesen Gedanken nannte v. Harnack das »ruhende« Element in Jesu Verkündigung und stellte es neben die »impulsiven und zündenden Elemente« der Reich-Gottes-Hoffnungen in der Tradition (ebd.). Jesus gibt der Seele Halt, indem er ihr »Ruhe gibt«, sie inmitten des Alltagstrubels und der Lebenskämpfe beruhigt, und Harnack nennt die Beruhigung der Seele »die Religion selbst«. Er verdeutlicht dies und sagt, »daß das Evangelium überhaupt keine positive Religion ist wie die anderen, daß es nichts Statutarisches und Partikularistisches hat, *daß es also die Religion selbst* ist« (38), nicht Religion von äußeren Gebärden, Riten, Lehren, Dogmen, Moralen, Priester- und Pfarrer-Vermittlungen, sondern Religion ist beruhigte Seele, befriedete Innerlichkeit, und »Seele« hat »unendlichen Wert«, will sagen: ist die Substanz, das unterscheidend Wesentliche am Menschsein schlechthin; in meiner Seele bin ich wirklich Mensch, da darf ich's sein, fern aller Entfremdung durch Äußerliches.

Darin hat v. Harnack die tiefste Summe, das Herzstück der Lehre Jesu gesehen. Das wollte Jesus: Gott zu den Seelen führen und die Seelen zu ihrem Gott.

Harnack hat mit dieser Sicht einen großen Publikumserfolg gehabt, sprach er doch damit – wie R. Bultmann formulierte (a.a.O. VIII) – »das vulgäre Verständnis des christlichen Glaubens« aus, wie es im bürgerlichen Protestantismus und im Protestantismus des Bürgertums an der Wende vom 19. zum 20. Jahrhundert überall verbreitet war.

Rein bibelwissenschaftlich und exegetisch ließ sich v. Harnacks Sicht schon damals nicht mehr halten. Schon 1892 war von dem Neutestamentler Johannes Weiß ein Buch erschienen: »Die Predigt Jesu vom Reiche Gottes«, im Jahr der Harnackschen Vorlesungen (1900) gab es davon schon die zweite Auflage; dort wurde »ein konsequentes und umfassendes Verständnis des eschatologischen Charakters der Person und der Verkündigung Jesu gewonnen und in einer die weitere Forschung bestimmenden Weise dargestellt ...« Bultmann, der wie Harnacks Buch so auch das von Johannes Weiß 1964 neu vorgestellt hat, urteilte: »Die Tragweite seiner Ergebnisse konnte Johannes Weiß damals selbst noch nicht abschätzen. Heute ist uns der eschatologische Sinn der Predigt Jesu, ja der urchristlichen Predigt überhaupt, selbstverständlich geworden, und die systematische Theologie zieht daraus die Konsequenzen.« Bultmann zeigt, daß und wie tief die Bestimmtheit Jesu durch die apokalyptische und prophetische Tradition, die Weiß nachgewiesen hat (während Harnack sie noch als für Jesus untypisch beiseiteschob), die Gedanken des Neuen Testaments der damaligen Generation »in die Ferne rückte«, und Bultmann hat diesen Verfremdungseffekt mit einer soziologischen Kategorie bestimmt: Die Arbeit von Johannes Weiß habe die Gedanken des Neuen Testaments in die Ferne gerückt: »indem sie gegenüber einem verbürgerlichten Verständnis des Christentums die Fremdheit der neutestamentlichen Verkündigung erschreckend zum Bewußtsein brachte ...« (V)[15]. Was Bultmann im Vorwort zu Harnack »vulgäres Verständnis des christlichen Glaubens« nannte, dem Harnack *Ausdruck gegeben* habe, nannte er im Vorwort zu Weiß »verbürgerlichtes Verständnis des Christentums«, das sich an den Forschungen von Johannes Weiß über einen durch und durch eschatologischen Jesus *stieß.*

Was nun Harnacks Formel betrifft, ist es auffällig, daß er sie wörtlich gleich auch für seine Darstellung des Kerns der Theologie des Kirchenvaters Augustin verwendet hat. Wie er von Jesus sagte, dieser habe in seiner Konzentration auf die Seele »die Religion selbst« zur Sprache gebracht (entgegen jeder positiven Ausgestaltung in den Religion*en),* so sagte er: »Augustin hat in der Religion die Religion entdeckt; er hat sein Herz als das schlimmste, den lebendigen Gott als das höchste Gut erkannt; er besaß eine hinreißende Fähigkeit, innere Beobachtungen auszusprechen ...«[16] »Vor allem aber: er hielt jeder Seele ihre Herrlichkeit und ihre Verantwortlichkeit vor, Gott und die Seele, die Seele und ihr Gott. Er führte die Religion aus der Gemeinde- und Kultusform ...« *(positiver* Religion) »... in die Herzen als Gabe und Aufgabe hinein« (284). Damit schildert v. Harnack nach Struktur und bis in den Wortlaut hinein Augustin wie Jesus oder Jesus wie Augustin. Die fast glatte Identität bei der Schilderung der Substanz, des »Wesens« beider Erscheinungen läßt Zweifel an historischer Genauigkeit beider Darstellungen zu. Aber eher ließe sich sagen, Harnack habe Charakteristisches an Augustin gesehen, als daß man ihm seine Sicht Jesu bestätigen könnte; er hat Jesus durch Augustin hindurch gesehen, nicht Augustin durch Jesus;

15. J. Weiß, Die Predigt Jesu vom Reiche Gottes. Dritte Aufl. Hrsg. von Ferdinand Hahn. Mit e. Geleitwort von Rudolf Bultmann. 1964. ; ;
16. A. Harnack, Dogmengeschichte. ^{1}1889/1891; ^{5}1914, 283.

aber vor allem hat er beide mit seinen eigenen Augen gesehen, und die waren – nach Bultmanns Aussagen – von einem »vulgären«, besser: einem »verbürgerlichten« Verständnis des Christentums geprägt.

Tatsächlich hatte Harnack seine Formel auch direkt aus dem Augustin: dessen Erstem Buch seiner Selbstgespräche, der Soliloquia, die er womöglich in der Ferienzeit des Herbstes 386 geschrieben hatte – biographisch zwischen seiner Bekehrung und seiner Taufe. In einem nach Art der Formensprache Ciceros entwickelten inneren Gespräch zwischen Augustin und der personifizierten Vernunft sagt er zu seiner Gesprächspartnerin: Nachdem ich jetzt gebetet habe, können wir beide ein Gespräch beginnen. Die Ratio fragt: Was willst du also wissen, quid ergo scire vis? Augustin antwortet: Alles, was ich im Gebet gesagt habe, haec ipsa omnia quae oravi – d.h. er will jetzt die Vernunft dessen kennenlernen, was er gebetet hat. Die Vernunft erwidert: Breviter ea collige, faß es kurz zusammen, was du gebetet hast (und nun auch noch rational verstehen lernen willst). Da antwortet Augustin seiner Vernunft mit den berühmten Worten: Deum et animam scire cupio, Gott und die Seele will ich erkennen. Darauf die erstaunte Vernunft: Nihilne plus, weiter nichts? Und Augustin: Nihil omnino, gar nichts weiter – das genügt, denn das ist für mich das Wichtigste, das Ganze, das will ich vernünftig begreifen.

Da haben wir den Harnack: Deum et animam scire cupio: Gott und die Seele will ich erkennen. Für Augustin wie für Harnack ist das *ein untrennbares Paar.* Will ich von Gott reden und vernünftig so etwas wie Gott begreifen können, muß ich zugleich und in einem Atemzug meine Seele kennenlernen. Ohne Seelen- und Selbsterkenntnis keine Gotteserkenntnis und freilich auch umgekehrt: Ohne Gotteserkenntnis keine Selbsterkenntnis, ohne Gott werde ich mich selbst nie verstehen können.

Die Selbsterkenntnis hat ihren tiefsten Grund in der anima, der Seele, oder im Herzen. Von dort erhebt sich das Gebet zu Gott, es »kommt von Herzen«. Darum ist auch Gotteserkenntnis Herzenssache. Aber nicht etwa so, daß eine Herzenserkenntnis Gottes gegen eine Vernunfterkenntnis stünde. Gleich am Anfang seiner berühmten Selbstbiographie, im ersten Buch der Confessiones, bittet Augustin Gott: »Gib mir, Herr, zu wissen und zu verstehen, was denn früher sei, utrum sit prius: invocare te an laudare te, dich anrufen, dich loben (also: zu dir im Herzen beten) et scire te prius sit an invocare te, oder ob Wissen um dich früher sei als Rufen zu dir.« Augustin weiß selbst, daß dies letztlich kein Gegensatz sein kann: »Wer riefe dich, ohne von dir zu wissen? Ihm könnte ja passieren, daß er ganz etwas anderes als dich, Gott, anriefe, wenn er nicht von dir wüßte. Oder sollen wir es uns so denken: Man ruft dich an, um dadurch zu einem Wissen von dir zu kommen?« Augustin sieht: Es ist ein Kreislauf zwischen einem betenden Wissen von Gott und einem rationalen; wo man in den

Kreis einsteigt, ist im Grunde gleichgültig. In den Confessiones jedoch sprengt er diesen Kreislauf und sagt, mit Gott anfangen könne und wolle er weder durch betendes Schreien nach Gott noch durch Vernunftwissen von Gott, sondern nur mit fides, mit Glauben, und zwar einem Glauben, der Antwort auf den Gott ist, der uns von der Kirche gepredigt wird: credens in te: praedicatus enim es nobis: glaubend verhalte ich mich zu dir, denn gepredigt wurdest du uns. Das ist der Augustin, den dann Luther liebte.

Zur Zeit der Selbstgespräche war Augustin sich freilich nur erst darüber im klaren, daß Denken mit der Vernunft und Beten mit dem Herzen einander nicht ausschließen, keine ganz verschiedenen Annäherungsweisen zu Gott sind, die womöglich quer gegeneinander stehen. Da war ihm nur klar: Zuerst bete ich, und dann befrage ich die Vernunft, ob und wie sie mir helfen könne, auch zu verstehen, was ich gebetet habe – vielleicht ähnlich der Frage, die der Jesus-Freund Philippus dem reisenden Hofbeamten der äthiopischen Königin Kandake stellte, der auf der Fahrt von Jerusalem nach Gaza hinunter im Propheten Jesaja las, und Philippus fragte ihn: »Verstehst du auch, was du liesest?« (Apg 8,30). Ähnlich bittet Augustin die ratio: Hilf mir verstehn, was ich eben gebetet habe. Und die Vernunft läßt sich darauf ein, begnügt sich also damit, den *Inhalt des Gebets als Stoff für ihre Reflexion* zu akzeptieren.

Das kann sie wohl deswegen, weil für Augustin Herzenserkenntnis nicht nur ein erkennendes Verhältnis zu Gott in sich trägt, das vernünftig reflektiert werden kann. Für Augustin ist das Herzensverhältnis zu Gott ein schlechthin *umfassendes, eine Ganzheit.* »Herz« erfährt er nicht nur als einen Teilaspekt seines Lebens, etwa als Innerlichkeit, neben der es auch noch ein äußeres Leben gibt, das wir leben müssen, oder als religiösen Aspekt des Daseins, neben dem es auch noch einen profanen gibt. So hatte v. Harnack es gesehen, wenn er Augustins Formel übernahm: als das Ruhe-Prinzip des Lebens *neben* den impulsiven und zündenden Elementen der Alltagserfahrung, die durch apokalyptische und prophetische Hoffnungen angeheizt werden; diese Zweiteilung der Lebenserfahrung war das »Bürgerliche« an seinen Gedanken.

Dagegen sah Augustin *in der Seele den Schöpfungsgrund Gottes in jedem Menschen.* In seinem Eingangsgebet zu den Confessiones betet er: Du selbst reizt uns auf zu dem Gedanken, daß Loben dich erfreut, delektiert. Denn geschaffen hast du uns zu dir, auf dich hin: quia fecisti nos ad te. Der Mensch ist ein vom Ursprung her auf Gott hin angelegtes Wesen, hat von Hause aus eine Teleologie, eine Zielrichtung seines gesamten geschöpflichen Daseins auf Gott – ein Gefälle nicht nur seines seelischen, religiösen Leben, – nicht nur seines geistigen, – auch seines körperlichen, physischen Daseins, also: seines Lebens schlechthin; alles Menschenleben zielt auf Gott. Woher wissen wir das, wie erfahren wir das? In seinem Beten zu Gott fährt Augustin fort: Du hast uns geschaffen zu dir hin –

und »unruhig ist unser Herz, bis es zur Ruhe kommt in dir«: inquietum est cor nostrum, donec requiescat in te.

Da haben wir wieder den Harnack: sein Ruhe-Motiv, das er die »Religion in der Religion« nannte. Aber was für Harnack eine gespaltene Selbsterfahrung ist – hier das Leben in äußeren Gebärden, dort die Ruhe des Religiösen –, ist für Augustin ein einziges Ganzes. Er erfährt sein Herz im Grunde nur in beständiger, quälender Unruhe – *Ruhe* des Herzens dagegen ist ihm fernes Ziel. Und die Unruhe des Herzens ist ihm nicht Umtriebigkeit des äußerlichen, bürgerlich geführten Lebens, sondern eine unaufhörliche *Gottes-Unruhe,* die ihm Gott selbst ins Herz gelegt hatte, als er ihn schuf. Geschöpflichkeit ist die Einstiftung eines Prinzips beständiger Sehnsucht, Frage nach Gott, einer Unruhe um Gott. Augustin erzählt sein ganzes Leben als Geschichte dieser Unruhe, und eine Gottesruhe liegt in weiter Ferne. Wir erfahren Gott täglich als reine Fraglichkeit, und zwar keine, die wir in ein philosophisches oder religiöses Prinzip verwandeln könnten; Gott und die Frage nach ihm, die er in uns eingestiftet hat, *quälen* uns, er »ist« in unseren antwortlosen Fragen, er ist noch lange nicht in unseren Antworten. Darum *muß* Augustin in den Soliloquia zuerst beten, rufen, schreien nach Erkenntnis, und dann muß danach die arme Vernunft dem hinterherfragen, was ihm fehlt, was ihn quält. Augustin hat die Qual, die Gott ist, reichlich durchgelebt und durchgelitten, ehe er sich demütigte und begnügte mit der armen, so begrenzten Kirchenpredigt von Gott, die ihm keineswegs Antwort auf alle Fragen gab, und mit Glauben versuchte er Antwort zu *geben* auf eine Frage, die er nirgendwo beantwortet *bekam:* nicht im religiösen Schrei nach Gott, nicht in den Reflexionen der Vernunft über Gott. Der biblische Gott *beschränkt,* – ist gerade *nur* Deus praedicatus. Der an uns selbst, unserer Kreatürlichkeit erfahrene Gott stürzt uns gerade nur in ein Gottesweh, das nach Gott schreit und darum nach der Vernunft greift. Eine schreckliche Lage, eine schreckliche Geschichte, wenn die uns eingestiftete Gottesfrage mehr fragt, als die ratio antworten kann, wenn aber zugleich die Antworten des Kirchengotts notorisch weniger geben als das, was mir existentiell, im Tiefsten meines Wesens Not macht, und an jenen Grund nicht heranreichen, der mir Gottesweh und Gottes-Unruhe verursacht. Nichts anderes weiß Augustin über das Verhältnis von Gott und der Seele, der Seele und ihrem Gott einzubringen als die Hoffnung auf einen terminus ad quem dieser Gottes-Not, jenen Zielpunkt, auf den hin Gott uns geschaffen hat: donec requiescat in te, – also hin auf jenes Requiem für unsere anima oder unser cor, Herz, in Gott selbst. Eine andere als eine eschatologische Antwort auf menschliche Gottesnot weiß Augustin nicht zu geben. Dort erst, in der Zukunft, werden Gott und die Seele gemeinsam zu ihrer Ruhe kommen.

Schade, daß der große v. Harnack davon nicht viel gewußt zu haben scheint. Sein Ruf: Nicht erst im Kommen sei das Reich Gottes, vielmehr: »Es ist schon da« läßt sich jedenfalls nicht mit der Herzens-Theologie des Augustin begründen (und mit Jesus von Nazareth, wie wir meinen, schon gar nicht).

Von Augustin-Forschern hören wir, daß die Bekehrung des Kirchenvaters im Grunde zugleich eine christlich-religiöse *und* eine philosophische gewesen sei: einerseits zur Beugung unter die kirchliche Verkündigung der Bibel, andererseits (und kaum davon zu unterscheiden) zum Neuplatonismus und seiner *Mystik,* wie wir sie etwa von Plotin kennen. So wundert es nicht, daß Augustin in den späteren Jahrhunderten eine doppelte Wirkungsgeschichte bekommen hat: mit seiner Bekehrung zum demütigen Kirchenglauben auch bei Luther und Calvin und deren Schülern, – mit seiner neuplatonischen Mystik auch bei großen mittelalterlichen Mystikern wie Hugo von St. Viktor, Bernhard von Clairvaux, bei Meister Eckehart, Johannes Tauler, dessen (oder wessen Schrift auch immer) »Theologia deutsch« Luther gleich dreimal hintereinander herausgegeben hat[17], Heinrich Seuse, Thomas a Kempis u. a. So bekam gerade auch die unauflösliche Verbindung von Gott und der Seele, der Seele und ihrem Gott eine *mystische* Deutung mit auf ihren Weg.

Ständig ist die menschliche Seele bestrebt, Gott erleben, Gotteserfahrung machen zu können, – ständig experimentiert sie mit einer alle rationale Bemühung übersteigenden Möglichkeit, Gott zu erkennen, mehr noch: Gott ähnlich, ja sogar mit Gott in einer unio mystica eins zu werden. Dabei haben die Mystiker nach einer größtmöglichen Entsprechung der Seele mit Gottes Wesen und Eigenschaften gesucht, in radikaler Form aber auch nach einer Wesensverschmelzung zwischen der Seele und Gott, Gott und der Seele, also nach einer Erkenntnis Gottes nicht aus dem Abstand des Menschen von Gott, sondern einer Erkenntnis Gottes aus Gott. Karl Barths berühmte frühe Formel: »Gott wird nur durch Gott erkannt« läßt sich, so gesehen, mindestens sprachlich auch als eine mystische Formel begreifen. Gerade für den liberalen bürgerlichen Protestantismus des 19. Jahrhunders war Mystik ein ständiges religiöses Ideal, Albert Schweitzer hatte sogar den Apostel Paulus als einen Mystiker interpretiert[18], und eigentlich erst die Dialektische Theologie der Zwanziger Jahre hat neu den Gegensatz zwischen der Mystik und dem Wort herausgearbeitet.[19] Die dialektische »Theo-

17. Der Frankfurter. Eine deutsche Theologie. Übertr. u. eingeleitet von J. Bernhart (1920), o.J. (Neudr. 1946), 118ff.
18. A. Schweitzer, Die Mystik des Apostels Paulus, 1930.
19. Vgl. den Titel eines berühmten und unter den Dialektikern schwer umstrittenen Schleiermacher-Buches des Schweizers Emil Brunner: Die Mystik und das Wort. Der Gegensatz zwischen moderner Religionsauffassung und christlichem Glauben dargestellt an der Theologie Schleiermachers, 1924.

logie des Wortes«, in der Barth und Bultmann einig waren und die dann die Bekennende Kirche in der Zeit des Nationalsozialismus und danach leitete, war eine beständige Gegenbewegung gegen alle Verführungen zu mystischer Innerlichkeit, nicht zuletzt auch gegen die Religion einer mystischen Blut- und Boden-Ideologie der Vor-Nazi-Zeit und der Nazis. Die Aversion der Dialektiker gegen »Religion« schlechthin beruhte nicht zuletzt auf einer Gleichsetzung von Religion mit Mystik, wie z.B. v. Harnack sie vertreten hatte; sie tendiert immer auf eine Aufhebung des Gott-Mensch-Unterschiedes hin – und wäre es nur für die Augenblicke einer mystischen Intuition und Seelen-Ruhe.

Mit Bedacht haben wir jedoch nur von einer mystischen *Wirkungs*geschichte Augustins gesprochen und lassen es offen, ob er selbst jenes Deum et animam scire cupio tatsächlich mystisch verstanden hat. Der starke Gebrauch, den er vom Neuplatonismus zeit seines weiteren Lebens machte, legt dies, geistesgeschichtlich gesehen, wohl nahe. Ob es aber seine tiefste Absicht und Meinung trifft?

Jedenfalls gibt es eine weitere Auswirkung seiner Bemühungen im Spannungsfeld von Gott und der Seele, der Seele und »ihrem« Gott. Wir finden sie z.B. im ersten Satz der letzten Ausgabe von *Johannes Calvins* Institutio religionis christianae: »All unsere Weisheit, sofern sie wirklich den Namen Weisheit verdient und wahr und zuverlässig ist, umfaßt im Grunde eigentlich zweierlei: Die Erkenntnis Gottes und unsere Selbsterkenntnis.«

»Weisheit«, sapientia, ist hier in der dritten Ausgabe seines Hauptwerkes von 1559 das Wort für Theologie; in der ersten Auflage von 1536 hatte Calvin stattdessen sacra doctrina gesagt: »heilige Lehre«. Aber gleichbleibend sagt er in allen Ausgaben: Theologie, Weisheit, heilige Lehre habe eine doppelte Aufgabe, nämlich zu entwickeln *1.* cognitio Dei, Erkenntnis Gottes, *2.* cognitio nostri, Selbsterkenntnis der Menschen, u. zw.: Selbsterkenntnis in der Tiefe und also: unseres Seins vor Gott.

In der letzten Ausgabe fügt Calvin hinzu: »Diese beiden aber hängen vielfältig zusammen, und darum ist es nun doch nicht so einfach zu sagen, welche denn an erster Stelle steht und die andere aus sich heraus bewirkt.«[20]

Selbstverständlich – möchte man sagen – stellt Calvin die cognitio Dei der cognitio nostri voran; wir werden sehen, wie es später, z.B. bei Rudolf Bultmann, auch andersherum gehen wird: kein Verstehen der Bibel ohne zuvor entfaltetes Selbstverständnis. Wie auch immer: In dem Doppel »Gotteserkenntnis und Selbsterkenntnis« wiederholt sich Augustins Verhältnis von Gott und der Seele, der Seele und ihrem Gott, zeigt sich also Calvin als Lehrling und Liebhaber Augustins: der er tatsächlich auch war.

20. Johannes Calvin, Unterricht in der christlichen Religion. Institutio Christianae Religionis. Nach d. letzt. Ausg. übers. und bearb. von Otto Weber, 1955, 1.

Und auch *Martin Luther* gab der Glaubenserkenntnis diese Doppelaufgabe. Ihr Thema, sagte er, sei der homo reus et perditus et deus justificans vel salvator[21]: der Mensch als Sünder und Verlorener und der rechtfertigende Gott oder Retter. Luther stellt in dieser Formel den Menschen voran, qualifiziert ihn aber von vornherein so, wie christliche Predigt ihn sieht und aufdeckt: als Sünder und in seiner Sünde verlorenes Wesen; das weiß er nicht aus Selbsterfahrung und Eigenanalyse der Seele, sondern so kann er sich nur vor Gott sehen, so daß der Sache nach eine Erkenntnis Gottes dieser Selbsterkenntnis des Menschen doch vorausgeht. Und Gott benennt Luther hier von vornherein nicht als das uns unbekannte oder auch natürlicher Weise bekannte Wesen, sondern als den Täter seines uns helfenden und heilenden Werkes: Er rechtfertigt, Er rettet uns. Trotz dieser von vornherein inhaltlichen Füllung von Selbsterkenntnis und Gotteserkenntnis läßt sich doch auch in dieser Figur unschwer Augustins Deum et animam scire cupio wiederfinden, – die unruhige Seele Augustins: in Luthers sündigem und verlorenen Menschen, – den Ruhe stiftenden Gott: in Luthers rechtfertigendem und rettenden Gott. Auch Luther hatte eine gutes Verhältnis zu Augustin.

Und da nun auch die beiden großen Reformatoren so mit Augustins Doppelfrage gegangen waren – mit der Erkenntnisbegier von dessen betendem und suchendem Herzen –, war es für spätere protestantische Theologie, war es dann auch für Adolf v. Harnack nicht abwegig, ebenfalls die Bestimmung der Religion und religiöser Erkenntnis augustinisch zu artikulieren: Gott und die Seele, die Seele und ihr Gott.

Und so eben hat auch einer der Schüler Adolf v. Harnacks, *Rudolf Bultmann,* das Verhältnis bestimmt: Was »Gott« heißen soll, erschließe sich nur einem entfalteten menschlichen Selbstverständnis; wer nicht sein Verhältnis zu sich selbst geklärt habe, könne auch so etwas wie Gott nicht verstehen; denn allein in dem Wort »Gott« sei immer ein Wissen des Menschen von sich selbst enthalten, das man jedoch nicht entdecken könne, wenn man nicht sich selbst verstehe. Gehöre allein nur zum *Begriff* Gottes der Gedanke seiner Allmacht, dann verberge sich darin ein Wissen des Menschen von seiner Ohnmacht. Gehöre allein nur schon zum Begriff von so etwas wie Gott etwas Forderndes, der Gedanke an eine richterliche Instanz, sei eben darin ein verborgenes Wissen des Menschen enthalten, daß er selbst eine geforderte, herausgeforderte Existenz ist. Gehöre ganz allgemein zu einem Gottesbegriff das Kennzeichen einer Ewigkeit und Jenseitigkeit von so etwas wie Gott, enthalte dies ein Wissen jedes Menschen von seiner eigenen Vorläufigkeit.[22]

21. M. Luther, Vorlesung über Ps 51 (V.2), 1532 [gedr. 1538], WA 40/II, 328,I-2.
22. R. Bultmann, Die Frage der natürlichen Offenbarung (1941), in: Glauben und Verstehen. Ges. Aufsätze, 2. Bd., 1952, bes. 82ff.

Wir diskutieren jetzt nicht die Angemessenheit dieser Analyse Bultmanns, sie scheint allzu direkt und vordergründig der Projektionstheorie Ludwig Feuerbachs zu entsprechen. Uns interessiert nur die methodische Entscheidung, so etwas wie Gott in menschlicher Selbsterfahrung auf den Grund kommen zu wollen. Das ist bei ihm nicht inhaltlich dasselbe wie in v. Harnacks »Gott und die Seele, die Seele und ihr Gott«, denn Bultmann spricht nicht von der Innerlichkeit der Seele, sondern vom umfassenden Selbstverständnis des Menschen als Bezugspunkt für so etwas wie Gott; aber der Struktur nach liegt doch auch Bultmann auf der Linie von Augustin über Luther und Calvin hin zu Harnack: *Theologie hat eine Doppelaufgabe,* und von so etwas wie Gott läßt sich nur sprechen, wenn zugleich das wesentliche Menschsein in menschlicher Selbsterkenntnis als Sünder oder überhaupt in einem Selbstverständnis erfaßt wird, in dem der Mensch sich in einem ursprünglichen Verhältnis zu sich selbst versteht – sich nicht von der Welt her begreift, – nicht bereit ist, sich z.B. als Naturwesen zu definieren (als nur ein Stück Natur), – auch nicht bereit, sich nur geschichtlich-gesellschaftlich determiniert zu verstehen, vielmehr weiß, daß es um ihn selbst geht: rücksichtslos gegen alles, was ihn weltlich, äußerlich mitbestimmt. Nur wem es in diesem Sinne um sich selbst geht, kann es überhaupt um so etwas wie Gott gehen. Und da denn können wir Harnack in Bultmann doch wiedererkennen, wenn wir statt »Gott und die Seele« »Gott und der Mensch im Verhältnis zu sich selbst« sagen.

Zu diesem Theologie-Modell, in dem Gott von vornherein auf den Menschen bezogen wird – sei es existentiell-inhaltlich auf unsere Seele (wie bei Augustin), auf unser Sündersein vor Gott (bei den Reformatoren), auf unsere Innerlichkeit (bei v. Harnack), – sei es existential-formal auf die Struktur unseres Selbstverständnisses als eines Verhältnisses zu uns selbst (bei Bultmann) –, gibt es das begriffsanalytische *Gegenmodell der mittelalterlichen Scholastik,* das auch von der protestantischen *Orthodoxie* im 17. Jahrhundert bevorzugt wurde. Da bemühte man sich, alles, was *Stoff der Theologie* sein könnte, *begrifflich* zu bestimmen, *statt existentiell,* und begrifflich zueinander in Beziehung zu setzen. Da ging es um den Gottesbegriff mehr als um Gott-Selbst, – um einen Begriff vom Menschen schlechthin mehr als um die wirklichen Menschen. Alles, was mit Erfahrung von Gott und Selbsterfahrung des Menschen oder auch mit menschlicher Gotteserfahrung und einer Menschenerfahrung Gottes zu tun haben könnte, wurde aus theologischer Arbeit und Bemühung ausgeschlossen oder jedenfalls nur soweit berücksichtigt, wie es sich auf abstrahierende, allgemeine Begriffe bringen ließ. Der Ehrgeiz dabei bestand darin, so deutlich es nur ging, das Allgemeine *als* ein Allgemeines rein darzustellen und das Besondere *als* ein Besonderes. Darum hat sich eine Frage- und Bestimmungsordnung klassisch durchgesetzt, nach der man immer zuerst fragt, was *eine Sache in genere* (im Allgemeinen) sei, danach dann, was sie *in specie* (im Besonderen) sei. In diesem Sinne kann z.B. die Natürliche Offenbarung auch revelatio generalis heißen, die biblische dagegen revelatio specialis; kann und muß zuerst de Deo in genere gesprochen werden, danach de Deo in specie. Eine Geschichte Gottes mit der Welt und den Menschen spielt dabei nicht die mindeste Rolle, sie trägt zur Begriffsklärung nichts bei. Der *unabhängig von jeder Erfahrung definierte* Gott wird nach der Ordnung dann später weiterdefiniert werden: als Schöpfer der Welt, als Versöhner der Sünder, als Erlöser des Kosmos – aber auch die Weiterdefinitionen werden immer *zuerst in genere, d.h. begriffsanalytisch* vorgenommen, – erst wenn die Begriffe klar sind, wird die so vorgeklärte Wirklichkeit auf das Besondere *angewandt,* – der in genere formulierte Begriff in specie weiterbestimmt. Dabei geht es keineswegs in einem moderneren Sinne um philologische Arbeit, nicht um Sprachanalyse (was *meinen* wir, wenn wir »Gott« sagen?); die Arbeit ist *formal*-begrifflich und setzt darein auch ihren Stolz, – man meint, denkend allgemein*verständlich* und allgemein*gültig* sprechen zu können: und am Allgemein*gültigen* lag den Scholastikern oft noch mehr als am Allgemeinverständlichen; Scholastik bildet sich ja genau in der Zeit abendländischer *Macht* der Kirche, und Begriffsdenken ist sicher eine Gestalt von Machtdenken mit dem Schein größter Objektivität.

Dagegen war die Rezeption Augustins sicher eine Gegenbewegung. Nicht daß der Augustinismus philosophische Allgemeinheitsansprüche beiseitegeschoben hätte; dies durchaus nicht, wir hörten schon, daß sich bei Augustin schwerlich Kirchenglaube und Neuplatonismus voneinander trennen lassen. Aber mit seiner Grundkonstellation, Theologie zugleich im Verhältnis der Frage nach Gott und der Frage nach der eigenen Seele zu entwickeln, hat Augustin *ein bewegtes, geschichtliches Bestimmungsverhältnis* für Gott entwickelt, daß dem rein begrifflichen Definitionen-Denken paroli bieten konnte. Und so sehr sich auch in der Protestantischen Orthodoxie der Generationen *nach* Luther und Calvin die Definitionsmethode geistiger Macht durchsetzte – das augustinische Deum et animam scire cupio schien doch der Bibel angemessener; wir können und wollen *von Gott nicht so abstrahierend-neutral reden,* wollen nicht absehen von uns und unseren Lebenerfahrungen, wenn wir uns verständigen wollen über so etwas wie Gott; Scholastik scheint der Bibelverkündigung nicht mehr gemäß.

Allerdings müssen wir nun auch einige Fragen aufwerfen zu jener augustinischen Tradition in der Theologie.

So sehr Augustins Figur Deum et animam scire cupio ein lebendiges, bewegtes, »geschichtliches« (Unruhe-)Verhältnis beschreibt und der Bibel damit viel näher steht als das definierende Denken von Scholastik und Orthodoxie – *ein abstrahierendes Schema ist sie doch auch.* Erfahrbarkeit und Erkennbarkeit von so etwas wie Gott *beschränkt* doch auch er auf die *Seele* des Menschen. Wohl haben wir gesehen: »Seele« ist für den Kirchenvater der Antike der Unruheherd einer menschlichen Lebensganzheit, ist noch nicht jener Teilaspekt von Innerlichkeit neben Äußerlichkeit, des Religiösen neben der Welt des Profanen, wie später im bürgerlichen Christentum. *Die Seele ist der Kampfplatz Gottes,* da liegen wir mit Gott im Streit, da drängt er auf uns ein, wird uns spürbar und erkennbar.

Aber dies wirklich *nur:* in der Seele?

Augustin selbst hat später, als er Kirchenmann geworden und ins Amt einer Kirchenregierung berufen worden war, *noch ein ganz anderes* Kampf- und Begegnungsfeld Gottes erfahren und beschrieben: den *Kampf zwischen der civitas Dei und der civitas terrena,* – dem »Gottesstaat« des in der katholischen Kirche durchaus »äußere Gebärden« annehmenden Reiches Gottes mit dem ja auch in »äußeren Gebärden« einherschreitenden und das Gottesreich bestreitenden Weltreich; Augustin war tief in die Bewegungen der Völkerwanderungszeit hineingekommen, die sich auf italienischem Boden abspielten; 410 hatten die Goten Alarichs Rom zum dritten Mal erreicht und diesmal die Stadt wüst ausgeplündert, drei Tage und drei Nächte lang, und spätestens dies veranlaßte Augustin, statt weiter über Gott und die Seele nun über Gott in seinem Reich und die Weltgeschichte als die Gegenbewegung gegen das Reich Gottes nachzudenken. Er tat das keineswegs oberflächlich, und er wurde dadurch nicht etwa zum Historiker oder einem Geschichtstheologen. Vielmehr sprach er von diesen beiden Reichen immer im Lichte der Bibel und versuchte, sie nach ihren *inneren* Voraussetzungen und Folgen zu erfassen; insofern verriet er das Thema seiner Wißbegier »Gott und die Seele« nicht. Aber jetzt sah er die Seelen mitten im politischen Getümmel und entfernte sich damit noch weiter von der späteren bürgerlichen Teilung des Seelenlebens in »Ruhe« und *äußerliche* »Unruhe« des bürgerlichen Daseins. Er lernte gleichsam die *Politizität des Seelischen,* die *gesellschaftliche Mitbestimmtheit des Seelenlebens* kennen und umgekehrt: die seelischen Bedingungen für den *Widerstreit der Weltreiche gegen das Gottesreich;* ausdrücklich setzte er sich – im Gespräch mit Varro – mit dem antiken Phänomen »Politischer Theologie« oder »Staatstheologie« auseinander (De Civitate Dei VI,3-8ff).

Jedenfalls erweist sich darin sein antik-weites, die Seele nicht apart nehmendes Seelenverständnis in seinem ganzen Unterschied zu unserem neuzeitlich-bürgerlichen. Bezug auf Gott hat nicht nur die Seele in ihrer Innerlichkeit und in ihrem rückbezüglichen Verhältnis zu sich selbst – *Gott bezieht sich auch auf die politische Seele und wird so in den Kämpfen der Weltgeschichte wahrgenommen,* in denen er um sein Reich inmitten der Weltreiche streitet.

Was ja voraussetzt, daß *Gott und sein Reich eine untrennbare Wirklichkeitseinheit* sind, kein Reich Gottes losgelöst von Gott selbst, aber auch Gott nicht losgelöst von dem Kommen seines Reiches gedacht werden kann – womit wir wieder bei dem Ausgangspunkt unserer Überlegungen wären, wo wir über das Loben und Erkennen Gottes »in seinen Reichen« gesprochen hatten. Diese innere und unlösliche Einheit von Gott-Selbst und seinem Reich in den Kämpfen der Weltreiche ist späterer, vor allem protestantischer Gotteserkenntnis verlorengegangen und erst von Pietisten im 18. Jahrhundert wiedergefunden worden – doch ohne nennenswerte Folgen in der akademischen Theologie (dies ein Grund dafür, daß wir den ganzen zweiten Band unseres eschatologischen Versuchs gerade dem weltgeschichtlichen Zusammenhang unserer Zukunftshoffnung gewidmet hatten. Doch das ist jetzt hier nicht zu wiederholen.).

Augustin selbst zeigt also, daß jedenfalls noch andere Beziehungsfelder für eine Erkenntnis Gottes denkbar sind als nur das Verhältnis der lediglich sich selbst erfragenden Seele zu Gott und Gottes zu ihr, also: als die Seele in ihrer Innerlichkeit.

D. F. E. Schleiermacher z.B. ortete Gottes Beziehung zu uns in dem »*Gefühl schlechthiniger Abhängigkeit*« [23]. Er sprach von »Gefühl«, weil er – nach Kant – weder dem Wissen noch dem Tun, weder dem Gebiet der reinen noch dem der praktischen Vernunft Offenheit für so etwas wie Gott zusprechen konnte (§ 3), und »Gefühl« verstand er als eine »Bestimmtheit« »des unmittelbaren Selbstbewußtseins« (ebd.), also nicht eines Bewußtseins, das wir von uns selbst entwikkeln könnten, sondern eines, das in uns »unmittelbar« erzeugt wird durch keinerlei uns erkennbare oder von uns machbare Vermittlung, etwas, das uns plötzlich überkommt, Schleiermacher beschreibt es als ein »Irgendwiegewordensein« (§ 4.1) oder als »ein Irgenwohergetroffensein« (§ 4.2). Das kann einen in jedem Augenblick ankommen, womit auch immer man gerade beschäftigt sei, – ist von nichts abhängig, was wir gerade tun, – wird uns unerkennbar verursacht: wovon auch immer.

Dies »Gefühl« ist aber kein stolzes, es stärkt uns nicht, baut uns nicht auf, läßt uns vielmehr einer fundamentalen Bedingtheit unserer selbst innewerden, ist ein Gefühl »schlechthiniger Abhängigkeit«. In nichts sind wir Herren unserer selbst, nichts vermögen wir in bezug auf uns selbst, wir können uns nicht zur Welt bringen und können unserem Leben auch keine Elle zusetzen, – nichts Beständiges können wir bewirken, – wir sind bewirkt. Im Blick darauf formuliert Schleiermacher: dies sei »das sich selbst gleiche Wesen der Frömmigkeit«, »daß wir uns unserer selbst als schlechthin abhängig, oder, was dasselbe sagen will, als in Beziehung mit Gott bewußt sind« (§ 4).

Dem gehen wir hier nicht weiter nach, beobachten nur, daß damit eine andere Bezugswirklichkeit auf Gott benannt wird als die, die wir bisher beschrieben

23. F. Schleiermacher, Der christliche Glaube nach den Grundsätzen der evangelischen Kirche im Zusammenhange dargestellt, 1830. § 4. § 5.2.

haben. Hier ist es nicht die Seele als Unruheherd unseres ganzen und ganzheitlich, auch politisch geführten Lebens, – auch nicht die Seele als Innerlichkeitsbezirk, in den wir uns aufs uns Wesentliche zurückziehen können von den unwesentlichen äußeren Gebärden, – auch nicht jenes Selbstverständnis, in dem es uns in unserem Leben um uns selbst gehen muß, wenn wir Gott und die Welt verstehen wollen. Hier, bei Schleiermacher, geht es wohl auch um Seelisches, aber nun eben nicht um etwas, was wir wissen könnten, tun sollten, sondern was uns als plötzliches Gefühl schlechthinniger Abhängigkeit überfällt, das wir weder verursachen noch verschulden, von dem wir aber auch nicht wie aus selbstverschuldeter Unmündigkeit ausgehen können.

Zuvor freilich, als junger Romantiker, hatte Schleiermacher die Erfahrbarkeit und Erkennbarkeit von so etwas wie Gott noch ganz anders »geortet«. Zwar war ihm auch da schon deutlich, daß nach Kant Gott weder mit Wissen noch mit Tun in eine Grundbeziehung gebracht werden könne; *Kants* kritische Reflexion auf das, was die Vernunft vermag und was nicht, hatte den Theologen diese Möglichkeit verstellt; auf den Gebieten des Wissens und Tuns, der Wissenschaft und der Ethik läßt so etwas wie Gott sich nicht mehr vermitteln, lediglich als ein »Postulat« praktischer Vernunft ließe er sich noch denken: als Antreiber und Lohner ethischen Wollens; wir Menschen sind ein so dumpfes Gemächte, daß wir ohne winkenden Lohn nicht auf Trab zu bringen sind; darum sollte man einen Gott wenigstens postulieren, der mit Lohn winkt und die Menschen dazu bewegt, das Gute zu tun. Aber mehr als ein »Postulat« kann Gott auch im Ethischen nicht sein. Doch was denn dann?

Der junge Schleiermacher suchte nach einem neuen Gebiet, das von der Kantschen Vernunfteingrenzung für Gott nicht schon geschlossen war und nach Möglichkeit auch nie zu schließen sein werde. Da kam er noch nicht, wie später, auf das unableitbare und unvermittelbare Gefühl schlechthinniger Abhängigkeit, sondern zunächst meinte er Kant entkommen zu können, indem er ausrief: »Zur Menschheit also laßt uns hintreten, da finden wir Stoff für die Religion«[24].

Unter *»Menschheit«* verstand er da weder Juden noch Griechen, weder Frauen noch Männer, weder Arme noch Reiche, schon gar nicht Erwählte und Nicht-Erwählte, Gefäße der Ehre und Gefäße der Unehre (51) – also nicht die konkreten Menschen; aber auch nicht den Fetisch des humanistischen Bürgertums und Selbstbewußtseins seiner Zeit: die einzelne »Persönlichkeit« als Repräsentanz des Humanen. Er dachte vielmehr an *die ganze Menschheit,* die Masse

24. D. F. E. Schleiermacher, Über die Religion. Reden an die Gebildeten unter ihren Verächtern, 1799. Hrsg. von H.-J. Rothert, 1958, II. Rede: Über das Wesen der Religion, 50. – Auch in: F. E. D. Schleiermacher, Werke, mit e. Geleitw. von A. Dorner, hrsg. u. eingel. von O. Braun u. J. Bauer, 4. Bd., 2. Neudr. d. 2. Aufl. 1928, 1981. Über die Religion, 1799 [Urtext], 264.

Mensch, das Gewimmel aller Generationen von Menschen auf der Erde unter dem Himmel, an das Kollektiv Mensch oder, wie Marx nach Schleiermacher es bald nennen wird: *die Gattung Mensch.* »Hier seid auch Ihr in Eurer eigentlichsten und liebsten Heimat ...«, rief er den Berlinerinnen und Berlinern in dieser Vorlesung im Winter 1799 auf 1800 zu, »... Euer innerstes Leben geht Euch auf. Ihr seht das Ziel alles Eures Strebens und Tuns vor Euch, und fühlet zugleich das innere Treiben Eurer Kräfte, welches Euch immerfort nach diesem Ziel hinführt. Die Menschheit selbst ist Euch eigentlich das Universum ...« (ebd.). »Die ewige Menschheit ist unermüdet geschäftig sich selbst zu erschaffen und sich in der vorübergehenden Erscheinung des endlichen Lebens aufs mannigfaltigste darzustellen.« (51). Dabei bewirkt »jedes Individuum seinem innern Wesen nach ein notwendiges Ergänzungsstück zur vollkommenen Anschauung der Menschheit« (53), – jede, jeder ist selbst ein »Stück« Menschheit: auf seine Weise an ihr beteiligt, auch in der Art, in der er die Welt *sieht.* Aber kein einzelner Mensch, keine einsame Seele kann sich selbst »Stoff für die Religion« werden. Gewiß: »im inneren Leben *bildet* sich das Universum *ab«* (49), aber (noch einmal): »Die Menschheit selbst ist euch eigentlich das Universum« (50).

Zum *Universum als ursprünglichem Bezug für »Religion«* greift Schleiermacher nun nicht im Blick auf den berühmten gestirnten Himmel über uns und im Gefühl unserer Kleinheit angesichts des kosmisch Unendlichen, – auch nicht mit Blick auf die »ewigen, ehernen, großen Gesetze« der Naturerkenntnisse oder auch der anderen, nach denen »wir alle unseres Daseins Kreise vollenden« müssen (Goethe[25]). Nicht das »gleichförmig Wiederkehrende« (47) weckt Religion, nichts, was sich in Kreisläufen abbilden ließe, vielmehr: »die Abweichungen, die man nicht begriff, die Revolutionen, für die es keine Gesetze gab, diese eben waren das Werk des Vaters der Götter. Die Perturbationen im Laufe der Gestirne deuten auf eine höhere Einheit, auf eine kühnere Verbindung als die, welche wir schon aus der Regelmäßigkeit ihrer Bahnen gewahr werden, und die Anomalien, die müßigen Spiele der plastischen Natur zwingen uns zu sehen, daß sie ihre bestimmtesten Formen mit einer Willkür, mit einer Phantasie gleichsam, behandelt, deren Regel wir nur aus einem höheren Standpunkte entdecken könnten« (47). *Das Reglement des Unordentlichen, Anarchischen,* nicht zu Regelnden, der Revolution ist es, das Religion erweckt, *nicht die gesetzliche Einheit* des Universum mit seinem Spiegelbild in der Menschheit macht religiös, sondern *die unübersehbare Mannigfaltigkeit des Wirklichen.* Sie nämlich weckt in uns die »Ahndung von etwas außer und über der Menschheit« (59), und Religion ist ein aus solcher »Ahndung« entstehendes Streben, eine »Sehnsucht« des

25. J. W. v. Goethe, Das Göttliche, 1783; zuerst gedr. in: Fr. H. Jacobi, »Über die Lehre des Spinoza«, Breslau 1785, Bl.2f..

Gemüts, von einem noch Höheren als dem Schönen des Mannigfaltigen berührt, gar ergriffen zu werden. Weder Menschheit noch Universum also sind letztes Telos von Religion, sondern *das Glück des Chaos* macht uns süchtig, uns immer weiter von einzelnen Gegenständen und Erfahrungshorizonten zu entfernen – freilich *nicht,* um dann mystisch in einer farblosen und erlebnislosen Einheit zu versinken, sondern um gleichsam aus fernster Ferne in Menschheit und Universum wieder zurückgeworfen zu werden, so daß wir »am farbigen Abglanz das Leben« haben.[26] In diesem Sinne konnte der junge Schleiermacher Religion »Sinn und Geschmack fürs Unendliche« nennen (30).

So wenig also Schleiermacher eine einzelne Seele als Bezug für Religion »orten« konnte, so wenig auch so etwas wie »Gott«. Er empfand einen *einzeln gedachten Gott als etwas allzu Beschränktes.* Mag man ihn so universal sich vorstellen wie man will – bis ins Pantheistische hinein: er bleibt doch nur »eine einzelne Anschauung« (70) – während das in Wahrheit Religion stiftende Universum in keiner einzelnen Bestimmung, wie sie ein Gott wäre, auf uns einwirkt, auch übrigens selbst nicht als prinzipielle Einheit oder prinzipiell gedachte Vielheit und Mannigfaltigkeit; das Universum, das uns fromm macht, wirkt unabsehbar und im einzelnen unberechenbar auf uns ein. So kommt Schleiermacher auf den provokanten Satz: »In der Religion also steht die Idee von Gott nicht so hoch als Ihr meint, auch gab es unter wahrhaft religiösen Menschen nie Eiferer, Enthusiasten oder Schwärmer für das Dasein Gottes; mit großer Gelassenheit haben sie das, was man Atheismus nennt, neben sich gesehen, und es hat immer etwas gegeben, was ihnen irreligiöser schien als dieses« (72).

Mindestens insofern hat dieser Satz später – bei Karl Barth – Schule gemacht, als die alte scholastische Frage An Deus sit, ob Gott sei – also: die Frage nach der »Existenz« Gottes – nicht nur keine erste, sondern überhaupt keine Frage der Theologie mehr war. Was der frühe Schleiermacher vom Universum gesagt hatte: »In der Religion wird das Universum *angeschaut,* es wird *gesetzt* als ursprünglich handelnd auf den Menschen« (71), eben das bestimmte z.B. Barths Umgang mit der alten Frage An Deus sit; er *setzte Gott voraus,* er kam, wie er es nannte, *immer schon »von Gott her«* und verwehrte der Theologie, von anderswoher erst Wege »auf Gott hin« bahnen zu wollen. Rein logisch behandelte er Gott – wie Schleiermacher das Universum – als »Setzung«, wir könnten es auch kantisch sagen: als ein Postulat praktischer Vernunft. Theologie dieser Art setzt den Fall, es gäbe Gott, und entwickelt alles, was sie sagen kann, unter dieser Voraus-Setzung; aber sie behauptet nicht Gottes Existenz in irgendeinem theoretischen Satz, begründet sie auch nicht, sondern (schlecht-modern geredet): sie »geht davon aus«.

26. J. W. v. Goethe, Faust II. Erster Akt. Anmutige Gegend.

Das mag logisch sehr unbefriedigend sein, ist aber *nicht nur* der Kantschen Vernunftkritik geschuldet, der sowohl Schleiermacher Respekt zollte (der als Schüler in Niesky nur heimlich die »Kritik der reinen Vernunft« lesen konnte und sie mit vollen Zügen in sich aufgesogen hatte) als auch Karl Barth, der in Marburg gegen den Willen seines Vaters bei den Neukantianern Hermann Cohen und Paul Natorp studierte und 1916 seinen berühmten Römerbrief-Kommentar erst nach neuerlicher Kant-Lektüre begann. Auch die Bibel konstituiert eine ganze geistige Welt dadurch, daß sie Gott als den einfach voraussetzt, der alles das bewirkt, was dort ist und geschieht.

Mir selbst aber stellt sich der Postulatcharakter auch meines Redens von Gott in doppelter Weise her: *1. Nach Auschwitz* vermag ich von Gott *nur* zu reden unter dem *Vorbehalt, daß Gott will und er lebt* – was ich weder diskutieren noch entscheiden kann, weil es mir entzogen ist; woraus dann für meine Erkenntnis *2.* folgt: daß *alle theologischen Aussagen,* die ich allenfalls zustande bringe, lediglich *Hoffnungssätze* sind, *daß* Gott will und er lebt und die Wirklichkeit und Wahrheit solcher Sätze erfüllt, indem er sie durch sich selbst gegenständlich macht. Logisch ist auch das nur ein Postulat, eine »Setzung«, die ich mache; gegenüber Kant ist sie *weniger* als ein Postulat, sofern sie nach Auschwitz nicht einmal eine Praxis mehr provozieren kann (wie Kant das mit seinem Gottespostulat konnte und wollte), sondern gerade nur ein Motiv ist, dennoch von dem nicht zu schweigen, wovon man nicht reden kann; denn hier schweigen gäbe – wie Emil Fackenheim mit Recht lehrt – Hitler noch nachträglich recht, der, indem er Israel ausrottete, den Gott Israels zum Schweigen bringen wollte. Jedoch eines ist, daß Gott schweigt, ein anderes, daß wir es darum Hitler nachtäten und Gott ver-schwiegen; dies geht nicht, darf nicht, soll nicht gehen!

Setzen wir noch einmal Schleiermacher *ins Verhältnis zu Augustin,* so könnte er eher dem Augustin von De civitate Dei hinzugedacht werden als dem der Soliloquia und der Confessiones. Denn was der späte Augustin im Verhältnis der Seele zu den Kämpfen der beiden Reiche anvisierte, das fand der frühe Schleiermacher im Verhältnis der Seele zu dem in der ganzen mannigfaltigen Menschheit angeschauten Universum. Keiner von beiden wollte nur die Seele, die Seele allein, die isolierte, abgespaltene, nur auf sich selbst bezogene Seele als Bezugswirklichkeit zur Verstehbarkeit Gottes ausgeben; beide nahmen die Seele in Blick, wie sie im Getriebe der großen Reichsfragen und des chaotischen Menschheitsdurcheinanders litt und blühte. Sie dachten beide nicht an eine weltlose Innerlichkeit, wie das christliche Bürgertum tat und tut. Aber freilich waren beide einig in der Voraussetzung: kein Gottesverständnis ohne menschliches Selbstverständnis in Konnex mit einem Verständnis der Seele von ihrem Dasein in der Welt.

Noch eine Vielzahl von Beispielen ließe sich nennen, *Grundbedingungen für eine Erfahrung Gottes oder ein Verständnis für so etwas wie Gott zu entwickeln,* die ihn zu »orten« erlauben in uns geläufigen Lebenszusammenhängen, Zusammenhängen menschlicher Selbstverwirklichung, Geschöpflichkeit.

Albrecht Ritschl z.B. hat *Gott in den Zusammenhang des Reiches Gottes* gebracht, das er allerdings nicht der eschatologischen Predigt Jesu entnahm, sondern als eine *Idee* auffaßte, die eine *sittlich orientierte Menschheit* zu verwirklichen angetreten und von innen her berufen sei. Jeder gebildete Mensch mache die innere Erfahrung eines unbedingten sittlichen Gefordertseins, nicht primär zu seiner Selbstverwirklichung, sondern in der Liebe zur Menschheitsförderung. Hier hören wir noch den Schleiermacher der Reden, nun nur nicht mit einem romantischen Begriff der menschheitlichen Mannigfaltigkeit, sondern mit einer im biblischen Begriff »Reich Gottes« sittlich angestrebten Zielbestimmung. Ritschl rückt mit seiner Theologie wieder vor in das Gebiet des ethischen Handelns und der von Kant uns Theologen eigentlich verschlossenen Praktischen Vernunft; »Menschheit« ist ihm nicht mehr, wie Schleiermacher, ein Wort religiöser Anschauung, sondern ethischer Gestaltung. Doch eigentlich noch deutlicher, als wir es bei Augustin und Schleiermacher fanden, sieht er *Gott nur in apriorischer und unlöslicher Konnexion mit dem Reich Gottes,* wie er es versteht. In diesem Sinne heißt es ausdrücklich: Die das Reich Gottes erarbeitende Menschheit sei »überweltlich bestimmt« (eben durch ihr Ziel); er fügt hinzu: »also in Gleichartigkeit mit Gott gedacht«[27], sie braucht also nur ihres geistig-sittlichen Ziels sich zu vergewissern, um dadurch »in Gleichartigkeit« – und wäre dies nur: per analogiam – Gottes inne zu werden.

Wieder anders *Ernst Troeltsch.* Er suchte und fand in jedem Menschen ein »religiöses Apriori«, ein ihm von Hause mitgegebenes Sensorium für so etwas wie Gott. Denn zu jeder Zeit, in jedem Augenblick können Menschen überfallen werden von irgendeinem Gefühl, das eines von *Tiefe* ist, *in der die gegenständliche Welt um uns her* ihre Konturen verliert oder uns sogar *für Augenblicke ganz versinkt,* – wo wir für Momente enthoben werden der Schwere des Daseins und eine Erfahrung der Leere durchmachen, – die aber auch Erfahrung eines Ganz-Anderen sein kann, einer uns unbekannten anderen Wirklichkeit, für die sich dann auch – wenn man will – ein Wort wie »Gott« einsetzen ließe. Troeltsch kam es nicht darauf an, solche seelischen Erfahrungen im einzelnen zu schildern – wie Rudolf Otto es dann versuchte in seinem Buch »Das Heilige« von 1917. Troeltsch wollte nur sagen: So etwas von Erfahrungen *gibt* es, – wir können sie nicht einfach als Spinnereien abtun; selbst als reine Phantasien qualifiziert müßten wir sie doch in ihrer eigenartigen Wirklichkeit anerkennen und auch bestimmen können. Die *Vernunft muß* an solche Gefühlsüberfälle herankommen, wir dürfen sie nicht ans Vernunftlose, gar Widervernünftige preisge-

27. A. Ritschl, Unterricht in der christlichen Religion, [1]1875, § 13.

ben, dazu sind sie zu wirklich und kommen zu verbreitet überall vor. Aber Vernunft *kann* auch an solche Erfahrungen herankomen, und dafür fand Troeltsch eben den Begriff eines »religiösen Apriori«, das zu jeder Konstitution von Vernunft gehöre. Das meint nicht: Alle Vernunft hat auch etwas Religiöses in sich, vielmehr: Vernunft vergibt sich nichts, gefährdet nicht sich selbst, wenn sie eine Möglichkeit religiöser, die Welt überwindender Erfahrung a priori setzt, ohne dies im einzelnen zu begründen, gar: mit irgendwelchen Inhalten zu füllen. Wo religiöse Erfahrungen geschehen, ist dies nicht außer- oder gar widervernünftig, – Vernunft anerkennt von vornherein: So etwas kann es geben, und spricht diese Anerkennung nicht ins Leere hinein, auch nicht in feiger Rücksicht auf gesellschaftliche Machtinstanzen der Religion, sondern schlicht daraufhin, daß es das de facto überall und immer wieder gibt. Mit dieser Setzung eines religiösen Apriori betätigt Vernunft ihre *Vernünftigkeit* darin, *daß sie nicht* ein ganzes Gebiet, das es in Wirklichkeit gibt, aus ihrer Besinnung und Richterfunktion einfach ausschließt und *verdrängt.* Vernunft ist Vernunft in Anerkennung dessen, was wirklich ist. *Was* daran wirklich und mit Vernunft im einzelnen zu begreifen wäre, steht nicht von vornherein fest. Das Zugeständnis eines religiösen Apriori akzeptiert keinerlei theologische Inhalte. Nur das Daß – jawohl: das *kann* geschehen, weil es tatsächlich immer wieder geschieht: Es gibt Erfahrungen, in denen wir der Welt, wie sie da ist, abhanden kommen – wohin auch immer wir dabei geraten mögen. Dem kann vernünftig nicht widersprochen werden.[28]

Troeltsch selbst war freilich nicht im mindesten daran interessiert, aus der Konstruktion seines religiösen Apriori Kapital für eine Bewahrheitung Gottes oder auch nur für irgendeinen Begriff von Gott zu schlagen. Aber das taten nach ihm andere; nicht »die Seele« – nicht das menschliche Selbstverständnis, – die »Religion« konnte es nun sein, woran so etwas wie »Gott« irgendwie »geortet« werden sollte. Und sie gab ja unbegrenzt viele Erfahrungsmöglichkeiten dafür vor.

Doch nun Schluß mit solchen Einzelversuchen. *Herbert Braun* nannte Gott direkt und ohne Umschweife: das »Woher meines Umgetriebenseins«[29]; das klang ganz augustinisch und unterschied sich dennoch von der Herzensunruhe des antiken Kirchenvaters. Denn der war *durch Gott und um Gott* beunruhigt, Herbert Brauns Unruhe war *menschliche* Unruhe und Umgetriebenheit schlechthin, ein anthropologisches Phänomen, keine Herzensgeschichte mit Gott, weil es nicht mehr Gottes Herzensgeschichte mit uns sein wollte.

Paul Tillich formalisierte bis zum äußersten. »Was uns unbedingt angeht«[30], in dem begegnet uns Gott. Das kann *alles* sein, was uns einigermaßen ernsthaft

28. E. Troeltsch, Psychologie und Erkenntnistheorie in der Religionswissenschaft. 1905. 1922.
29. H. Braun, Die Problematik einer Theologie des Neuen Testaments (1960), in: Gesammelte Studien zum Neuen Testament und seiner Umwelt. 1962, 341.
30. Vgl. P. Tillich, Systematische Theologie, Bd.1 (1951, deutsch1958), ^{6}1979,19f.

beschäftigt oder widerfährt. Dieser Formalismus eines Erfahrungsgrundes für so etwas wie Gott kommt im Protestantismus schon von weit her, aus Luthers Großem Katechismus mit seiner berühmten Erklärung: »daß alleine das Trauen und Gläuben des Herzens machet beide, Gott und Abegott«, so daß »ein Gott heißet das, dazu man sich versehen soll alles Guten und Zuflucht haben in allen Nöten« – was immer das auch sei.[31]

Und bei Eugen Drewermann heißt es nun plump und heidnisch direkt: Das Unbewußte sei geradezu die Quelle der Gottesoffenbarung. Da bleibt nun gar nichts mehr offen, es ist dies eine Figur glatter Identifizierung: Wende dich dir selbst zu: In deiner Seelenqual und Seelenlust rumort Gott.

Worum geht es bei alledem? *Warum soll* Theologie seit Augustin *solche enorme Doppelarbeit leisten:* nicht nur so etwas wie Gott aufklären, sondern sofort auch die Menschen, – warum soll sie als Theologie – wie wir in den Fünfziger Jahren sagten – zugleich Anthropologie betreiben, – Gottes- und Seelenkunde in einem Atemzug entwickeln, – Gott verstehen, zugleich aber auch existentiale Konstellationen entwickeln, die es möglich machen, uns selbst zu verstehen? *Warum sollte Gott nicht nur aus Gott und der Mensch nur aus dem Menschen erkannt und verstanden werden können?* Wir hatten kurz das scholastische Beispiel erwähnt, wo so etwas wie Gott aus seinem Begriff gedacht wurde und der Mensch aus dem seinen – ohne Komplikationen der Gegenseitigkeit. Und wir waren schon einige Male von Ferne auf Barths Formel gestoßen, Gott werde nur durch Gott erkannt – was in der Dialektischen Theologie dahin verdeutlicht und entmystifiziert wurde, daß Gott nur durch das *Wort* Gottes verständlich und erkennbar gemacht werden könnte. Barth liebte Calvins Satz[32]: Omnis recta Dei cognitio ab oboedientia nascitur, alle rechte Gotteserkenntnis wird aus Gehorsam geboren, also aus dem Hören auf Gottes Wort[33]; dies war der einzige Grund, den die Dialektischen Theologen für so etwas wie Gott angeben konnten. Da wirkte der Geist der Reformatoren – aber z.B. auch der des Kirchenmannes Augustin: nur fides, Glaube, der dem Deus praedicatus antwortet, dem in der Kirche gepredigten Gott, erschließt uns letztlich, was das überhaupt heißen soll: ein Gott. Sowohl bei der Begriffserkenntnis der Scholastiker als erst recht bei dem dialektischen Wort-Gottes-Theologen unseres Jahrhunderts war es denkbar, so etwas wie Gott *sprachlich* zu begreifen, sei es (weniger glücklich) aus seinem Begriff, sei es (besser) aus seinem Wort.

31. Vgl. M. Luther, Großer Katechismus. Das erste Gepot. WA 30/1, 132.34 – 133.4.
32. J. Calvin, Institutio Christianae Religionis, 1559. I 6, 2.
33. Vgl. K. Barth, Die Kirchliche Dogmatik, Bd.I,1, 17.

Darum noch einmal die Frage: Warum dann die Doppelarbeit: Gott und die Seele, die Seele und ihr Gott?

Manches läßt sich darauf antworten, aber noch mehr fragen.

Denken ließe sich ja, im Aufbau eines solchen Doppelmodells folge die Theologie seit Augustin der Verkündigung jenes Logos, der Fleisch geworden ist, als Jesus von Nazareth auftrat (Joh 1,14). Damit *zeigte* sich Gottes Wort ja nicht nur in der Welt – damit hatte es sich ja der Menschenwelt auf ewig und untrennbar *verbunden,* und in dieser Einung von Gott und Menschheit hätten wir dann jenen von Gott selbst geschaffenen Grund, auf dem der Mensch sich aus Gott, aber Gott auch aus den Menschen verstehen ließen. »Gott und die Seele, die Seele und ihr Gott«, – cognitio Dei und cognitio nostri, – Gottesverständnis und menschliches Selbstverständnis, – das Gefühl schlechthinniger Abhängigkeit, – die Menschheit als Stoff für die Religion usw. wären dann *christologisch* zu begreifende Erkenntnismodelle, begründet in der christlichen Verkündigung des Heils.

Doch weisen die meisten der zitierten Theologen nirgendwo darauf hin, daß sie ihre Entwürfe direkt oder wenigstens indirekt von dorther hätten, – sie als Konsequenzen der Jesus-Geschichte für die Gotteserkenntnis betrachteten.

Freilich wollen wir – sie interpretierend – nicht ausschließen, daß sie es nicht doch so gemeint haben könnten. Die Selbstverständlichkeit, mit der sie lehrten und lehren, nicht nur uns Menschen aus Gott, sondern gerade umgekehrt Gott auch aus uns Menschen verstehen zu können und aus unserer Welt, – und die Kontinuität und Konsequenz, mit der sich dies Doppelmodell bis heute halten konnte, wären kaum zu begreifen, wenn nicht eine tiefe *Heils*überzeugung in solchem Erkenntnisoptimismus mitwirkte. Ins christologische, heilsgeschichtliche *Argument* gebracht haben freilich die wenigsten dieser Theologen ihre Überzeugung.

Im Gegenteil, sie legten – wenn auch auf ganz verschiedene Weise – Wert auf den Gedanken, *Gott und Menschen* und die Menschheit und die Welt des Universums *bildeten eine ursprüngliche Gemeinsamkeit,* wenn nicht sogar eine unverbrüchliche geschichtliche Einheit; und zwar logisch gedacht: eine *Einheit a priori,* also nicht nur eine geschichtlich erst gewordene, sondern eine von Gott ursprünglich *so* gesetzte, daß Er-selbst sich in ihr a priori mitgesetzt habe. Auf Gott den Schöpfer, nicht Gott den Heiland wurde dies Erkenntnismodell zurückgeführt, und dies mit dem Willen, es als jedermann nachvollziehbar darzustellen. Sie wollten zeigen, daß Gott bei uns *zu Hause* sei, – *in* uns: den Seelen aller einzelnen, – *unter* uns: den Generationen der Menschheit, – *über* uns: dem Universum, – *bei* uns: in den großen Kämpfen zwischen der neuen Zeit und der Jetzt-Zeit, – *mit* uns: uns überraschend und begleitend bei welcher unserer Tätigkeiten auch immer, – mit uns *vereint:* im Genuß von Ruhe. Gott sollte nichts Menschliches fremd, uns Menschen aber auch Gott nichts Fremdes sein. Sie sollten einander *verwandt* wissen, und es sollte nicht einmal ein Apostel Jesu Christi, wie Paulus, etwas anderes zu sagen gehabt haben als ein x-beliebiger heidnischer Dichter (wie Aratus von Cilicien, der im 3. vorchristlichen Jahrhundert eine ursprüngliche Abstammungsgemeinschaft aller Menschen aus den physischen Zeugungen des Zeus erdichtete); Paulus also soll geradezu pantheistisch geredet haben: »In ihm leben, weben und sind wir, wie auch einige eurer Dichter gesagt haben: Seines Geschlechts sind wir ja auch« (Apg 17,28); war eigentlich Albrecht Ritschl sehr weit davon entfernt, als er lehrte, die Menschheit sei, wenn sie in sittlichem Streben das Reich Gottes erarbeite, »in Gleichartigkeit mit Gott gedacht«[34]? Eher müssen wir im Gegenteil vermuten, daß die Theologen es als Vorzug empfanden und empfinden, einen christlichen Apostel und einen heidnischen Dichter miteinander eins zu sehen in der Überzeugung von einer Gleichartigkeit von Gott und der Seele, – Gott und der Menschheit, – Gott und den Kämpfen der Reiche um das Reich Gottes, – Gotteserkenntnis und menschlichem Selbstverständnis, – Gott und unserer Umtriebigkeit.

Freilich mögen *auch erkenntnistheoretische und logische Überlegungen* beim Bau dieses Doppelmodells mitgespielt haben. Wie sollte so fremdes Leben wie das Gottes verstanden werden können, wenn man nicht einmal gelernt hätte, sich selbst zu verstehen? Wie sollte so Ungreifbares wie ein Gott begriffen werden können ohne wenigstens ein kleines Zipfelchen Greifbarkeit? Wie sollte so überlegen-Analogieloses, wie Gott, nicht wenigstens einer kleinen Analogie bedürftig, aber auch fähig sein, im Blick auf die wir uns dann irgendein wenigstens anfängliches, wenngleich gewiß undeutliches Bild machen könnten von so etwas wie Gott? Wie sollte man etwas ansonsten Undenkbares ohne irgendeinen Anknüpfungspunkt überhaupt denken können?

Solche erkenntnistheoretischen Schwierigkeiten haben ab und an – und sogar auf zeitlich lange Strecken – in der Geschichte der christlichen Theologiebildungen ihre Rolle gespielt. Aber das Doppelmodell verdankt sich doch nicht nur theoretischen Fragen, sondern es ist auch ein *religiös-praktisches* Modell: Gott hat Grund bei uns, und darum ist es unsere Pflicht, auch in den Gedanken der Theologie Gott-zu-Grunde-gehen zu lassen. Die religiöse Überzeugung, daß Gott Grund habe in uns, bei uns, unter uns, über uns, mit uns (oder wie auch immer), ermöglicht und nötigt uns, ihn in seinem Grund aufzusuchen und zu finden und ihn so auch zu begründen. – Mehr noch: Eben weil Gott Grund hat in den Seelen, in der Menschheit usw., *will* er von uns begründet werden. Es ist also nicht nur menschliches Bedürfnis: Gott müßte doch eigentlich begründet werden, wenn er bei uns etwas gelten sollte, »man« mit so etwas wie ihm etwas

34. A. Ritschl, a.a.O., § 13.

sollte »anfangen« können. Das ursprüngliche Dasein in Gemeinsamkeit von Gott und Mensch verlangt um einer angemessenen Erfassung dessen willen, was überhaupt wirklich ist, auch nach einer nachträglichen Begründung von so etwas wie Gott durch den Menschen.

Dabei ist gar nicht an so etwas Vordergründiges zu denken wie eine Begründung einer »Existenz Gottes« in dem »vulgären« Sinne: ob es so etwas wie Gott überhaupt »gäbe«, – und wenn: was das denn sei? Gerade solche losgelösten Fragen sollten ja dadurch abgewehrt werden, daß man von vornherein sagte: Losgelöst von unseren Seelen und der Wirklichkeit von Welt und Menschheit läßt sich auch von so etwas wie Gott überhaupt nicht reden. *Gott-Welt-Mensch bilden eine Konstellation, innerhalb derer jede einzelne Position nur zusammen mit je der anderen gedacht werden kann;* ich kann »Welt« nicht verstehen, ohne mich um ein Verständnis von Menschheit und Gott zu bemühen, – »Menschheit« nicht ohne eines von »Gott« und »Welt«, – und so wiederum auch »Gott« nicht losgelöst von einem Bemühen um die »Welt« und die »Menschheit«. Der alltagssprachliche Ausruf: »Da verstehe einer noch die Welt!« ist gleich dem Ausruf: »Da verstehe einer noch die Menschheit und Gott!«

Ob es sich bei dieser Dreierkonstellation Gott-Welt-Mensch aber »nur« um eine handelt, die uns helfen soll, die Wirklichkeit im ganzen zu *verstehen* – oder ob man meint: erst diese Dreiheit *ist* das Wirkliche im ganzen, darüber ist vielfach hin und her gestritten worden, daran schieden und scheiden sich große Strömungen und Schulen von Theologie und Philosophie. Doch wie immer beantwortet – solch ein Streit ist, wie viele andere (z.B. über »natürliche« Theologie und »Offenbarungstheologie«), allemal nur die Folge der Grundkonstellation: Deum et animam scire cupio, – »Theologie« muß sich als »Anthropologie«: Reflexion des Menschen auf sich selbst und die Menschheit entwickeln, – Gott *hat* bei uns Grund, so *müssen* wir ihn begründen.

Wir sprechen davon distanziert und haben dabei immer die andere Möglichkeit der theologischen Tradition im Hinterkopf, die wir jetzt, in polemischem Zuschnitt auf das von Augustin initiierte Modell, benennen: Allenfalls hat Gott Grund *in sich selbst.* Bei uns hingegen *sucht* er wohl Grund, hat ihn aber noch nicht gefunden. Kam er wohl in sein Eigentum, so nahmen ihn die Seinen doch nicht auf (Joh 1,11). Mögen einige von ihnen allenfalls in ihm ihren Grund gefunden haben (»Ich habe nun den Grund gefunden, / der meinen Anker ewig hält«: EKG 269,1/EG 354,1), so fand er doch noch keinen Raum in der Herberge von Welt und Menschheit und in den Seelen.

Wir sprachen von einer Heilsüberzeugung in dem Erkenntnisoptimismus des Doppelmodells. In der *Erfahrung* unserer Seelen, – der menschheitlichen Entwicklungen, – des Streits um ein Reich der Sittlichkeit und des Guten, – in unserem Ruhebedürfnis *haben* wir ja doch Gott *nicht. Allenfalls* wecken uns unsere Erfahrungen *Sehnsucht und Fragen nach so etwas wie Gott,* – aber auch das ist ja nur Ausnahme, schon lange nicht mehr Regel. Gerade auch in Herz und Seele hat Gott nicht Grund; sie sind trotzige und verzagte Dinger (vgl. Jer 17,9: Luther); dies zu wissen genügt heute schon ein bißchen Psychologie, bedarf es der großen biblischen Verkündigung von des Menschen Sünde und aktivem Widerspruch gegen Gott noch gar nicht. *Der Erkenntnisoptimismus des Doppelmodells wird von dem Unheil gestört und grundsätzlich durchkreuzt, das der Mensch ist* und in die Menschheit und das Universum beständig hineinbringt. Darum *müßte* dies Modell *wirklich* von einer Heilsüberzeugung getragen werden, müßte ein christologisches, wenigstens aber soteriologisches Erkenntnismodell sein; als schöpfungstheologisches eines einfach *verdrängten* Tohuwabohu und eines, das die urtypische Erzählung von der Menschen Vertreibung aus dem Gan Eden nicht mit bedenkt, kann es u. E. Verstehen von so etwas wie Gott nicht tragen. Das hat Luther gemeint, als er diese Konstellation mit biblischem Inhalt füllte und lehrte, erkennbar sei Gott, *wirklich* genommen, nur im *Streit* zwischen dem homo reus et perditus und dem Deus justificans vel salvator.

So könnte richtiger scheinen, von Gott *Grundlosigkeit und Unbegründbarkeit auszusagen* und zu lernen, mit so etwas wie Gott umzugehen, ohne dies begründen zu können, vielmehr anerkennen zu müssen: Es habe keinen Grund.

Der Holländer *Kornelis Heiko Miskotte* hat gewagt, diesen Gedanken zu formulieren, und sagte: »daß die Offenbarung, die Präsenz, der Bund, die Erwählung – grundlos sind.«[35] Er bestätigt einen Satz Karl Barths, daß Offenbarung »im Verhältnis zum Seienden, im Verhältnis zum Menschen und zum Kosmos« *Nicht-Seiendes* genannt werden müsse, und erläutert: »Gott ›ist‹ nicht ›da‹, wie der Kosmos und der Mensch ›da sind‹, wir können ihn nicht in einem allgemeinen Weltbild unterbringen«; und zitiert noch einmal Barth: »Wenn dieses allgemeine Weltbild das Maß aller Dinge ist, dann gibt es weder eine Offenbarung noch einen Gott im christlichen Verständnis. Wir würden dann in der Tat von ›Nichts‹ geredet haben« (188)[36].

Miskotte begründet diese Rede von einer *Grundlosigkeit Gottes* damit, daß »das Neue Testament … nicht vom Ursprung oder von der Ewigkeit aus« verkündige, also nicht von letzter Tiefe des Seienden aus oder aus letzten Hintergründen des Wirklichen, sondern aus der »Mitte« des geschichtlichen Geschehens, von dem die Bibel beider Testamente erzählt. Will sagen: *Die Bibel kennt*

35. K. H. Miskotte, Wenn die Götter schweigen. Vom Sinn des Alten Testaments. 1963, 186.
36. K. Barth, Das christliche Verständnis der Offenbarung, Theol. Ex. h. N. F. 12, 1948, 6.9.

die Frage nach dem Grund überhaupt nicht, die heidnische Religion und heidnisches Philosophieren erst in das nachbiblische Christentum hineingebracht haben. Freilich, wendet Miskotte gegen seine These von der Grundlosigkeit Gottes ein, es könnte ja nur so *scheinen,* als habe Gott keinen Grund – vielleicht hat er ja aber doch einen. Gegen diesen Einwand macht er jedoch methodisch geltend, daß wir mit dem Wort von einer nur scheinbaren Grundlosigkeit Gottes »schon wieder einen eigenmächtigen Sprung in eine Wirklichkeit« machen müßten, » die *hinter* dem Namen« (Gottes) liegen würde, – nur in einem Gedankensprung hinter Gott zurück könnten wir über Schein oder Sein Gottes befinden; dies aber sei ein Denken an der Offenbarung Gottes vorbei, zu deren »Ordnung« es gehöre, »in der Mitte« des Wirklichen zu erscheinen, nicht in angenommener Tiefe und unter-stelltem Grund, Hinter-Grund oder gar: Ungrund des Wirklichen (186f.). Die *Frage nach einem Grund Gottes ziele jedenfalls am wirklichen Gott vorbei,* zu dessen Eigenheiten es gehöre, »grundlos – in der Mitte« zu sein, »grundlos«: *weil* in der Mitte (189). Daß er »in der Mitte« erscheint, dafür gibt es keinen angebbaren Grund, – wir jedenfalls können dies Geschehen nicht begründen, weil wir z.B. die Frage des Anselm von Canterbury: Cur Deus homo?, warum ist Gott Mensch geworden? bestenfalls nachträglich beantworten, eine Notwendigkeit dafür von vornherein aber nicht postulieren können.

Nun möchten wir allerdings Miskottes und Barths Argument: »grundlos« sei Gott von der Erfahrung her, daß er »in der Mitte« wirklich sei, doch noch befragen. Hier ist ja *Grundlosigkeit* nur *ein Gegensatzbegriff zur metaphysischen und ontologischen Tradition* in der Theologie; nicht im Horizont der Seinsfrage sei Gott zu bewahrheiten, sondern im Horizont zufälliger Geschichte. Und nur im Vergleich mit einem geschichtlichen Gottesverständnis könne, müsse aber auch von Gott Grundlosigkeit ausgesagt werden – als handele es sich zwischen der Frage nach dem Grund und der Erkenntnis von Geschichte *nur* um verschiedene Paradigmen für das Reden von Gott. Dagegen ließe sich jedoch *fragen, ob nicht auch »die Mitte« ein ähnlich ideologisches, sogar ontologisches, seinslogisches Konstrukt ist wie der »Grund«.*

Mag sein, daß Miskotte auf »die Mitte« nach der Lektüre jener berühmten Briefstelle Bonhoeffer*s* gekommen ist: »... nicht erst an den Grenzen unserer Möglichkeiten, sondern mitten im Leben muß Gott erkannt werden; im Leben und nicht erst im Sterben, in Gesundheit und Kraft und nicht erst im Leiden, im Handeln und nicht erst in der Sünde will Gott erkannt werden. Der Grund dafür liegt in der Offenbarung Gottes in Jesus Christus. Er ist die Mitte des Lebens und ist keineswegs ›dazu gekommen‹, uns ungelöste Fragen zu beantworten. Von der Mitte des Lebens aus fallen gewisse Fragen überhaupt aus und ebenso die Antworten auf solche Fragen (ich denke an das Urteil über Hiobs

Freunde!). In Christus gibt es keine ›christlichen Probleme‹«[37]. Aber es ist doch die Frage, ob der Name Jesus Christus, von dem Bonhoeffer die Mitte findet, zu einem *allgemeinen Konstrukt »die Mitte«* gemacht werden sollte. Gerade Miskotte hatte uns ja verwehrt, hinter den Namen zurück Gott auf einen tieferen Grund führen zu wollen. So darf auch der Name nicht von »der Mitte« verdrängt werden, »die Mitte« auch nicht den Namen ersetzen.

Denn als ein konservatives, ja reaktionäres Konstrukt hat der Kunstwissenschaftler Hans Sedlmayr »die Mitte« gebraucht: um ihren Verlust in der Malerei und überhaupt in Künsten und Gesellschaft zu beklagen.[38] Das war in den Fünfziger Jahren der christlich-abendländischen Restauration des Adenauer-Deutschland eine verhängnisvolle *politische* Parole: »Zurück zur Mitte« gegen den Kultur- und Zivilisationsverlust vor allem an den linken Rändern und Grenzen der Gesellschaft! Wir lernten da, daß Gott auch »in der Mitte« weder zu suchen noch zu retten wäre und Grundlosigkeit ohne Mitte ihm angemessener wäre: eine, die Kritik gerade der Mitte wäre.

So meinen wir, *Grundlosigkeit sei von Gott absolut auszusagen,* nicht nur in Beziehung zur Mitte oder irgendwelchen Rändern im Umkreis jeder angenommenen Mitte. Jesus tritt überall durch *verschlossene* Türen bei betrübten und glaubenslosen Jüngern ein, und es geschieht unableitbar und grundlos, daß er dann die Mitte bildet – *wenn* es dazu kommt.

Wir wollen nun diesen Abschnitt nicht abschließen, ohne auf die *Aktualität der Seele* und innerer Erfahrungen auch für heutige Menschen zu sprechen zu kommen.

Ich scheue mich, von »Wellen« oder »Moden« eines schnell wechselnden »religiösen Interesses« gerade in den kapitalistischen und pluralistisch orientierten westlichen Gesellschaften zu sprechen und damit einem kultur- oder ideologiekritischen Unterton Lauf zu lassen. Es scheint ja wahr, daß Menschen unter den Lebensbedingungen solcher Gesellschaftsform wie gehetzt nach immer neuen Sinn-Inhalten suchen. Wo eben noch die *gesellschaftlichen und politischen* Konstitutionsbedingungen fast eines jeden Einzelbewußtseins zur Debatte standen und eine ungeheure Produktion linker wissenschaftlicher und unwissenschaftlicher Untersuchungen dazu den Buchmarkt beherrschte und öffentliches Bewußtsein prägte, scheint jetzt fast nichts mehr davon in Erinnerung geblieben, nicht einmal in Gestalt eines Rest-Wissens, und an die Stelle scheint ein forcier-

37. D. Bonhoeffer, Brief vom 25.5.44, in: Widerstand und Ergebung. Briefe und Aufzeichnungen aus der Haft. Hrsg. von E. Bethge, 1951, 211.
38. H. Sedlmayr, Der Verlust der Mitte. Die bildende Kunst des 19. und 20. Jahrhunderts als Symbol der Zeit, 1948 u. ö.; tb 1955.

tes Interesse an *religiös-individuellen Erfahrungen und Angeboten ferner Kulturen* getreten zu sein und meist aufs äußerste naive Versuche, sie, rücksichtslos gegen Kulturdifferenzen, auszubeuten für die Bedürfnisse eines eigenen Kultur-, Traditions- und Sinnverlustes. Diese religiösen Beutezüge in andere Kulturen von verlorenen Menschen, die die kapitalistischen Gesellschaften erzeugen, wirken einerseits wie Luxusbedürfnisse von solchen, deren materieller Reichtum nur seelischen und geistigen Überdruß und eine Schickeria erzeugt, die in zerlumpten Kleidern und im Gestus eines Verzichts auf Flügen mit teuren Tickets sich geistliche Armut in der Fremde aneignen will.

Andererseits scheinen sie aber wirklich auch Ausdruck einer Armut zu sein, die der Reichtum zu verantworten hat, der wie eine materielle, so auch eine seelisch-geistige Wegwerf-Gesellschaft hervorbringt. Ließe man auch die Unterstellung beiseite, dies sei eine gesellschaftlich-*notwendige* Entwicklung, bestätigt das doch die marxistische Theorie von der Einwirkung der materiellen Produktionsverhältnisse auf den geistigen Überbau anscheinend bruchlos. Der Kapitalismus ist eine permanente, und zwar permanent-zerstörerische Revolution (H. Gollwitzer)[39]. Ihr Gewinn – die Freiheit und Selbstverantwortlichkeit des einzelnen – ist identisch mit der Zerstörung eines »höheren« Sinns, nämlich einer *gemeinsamen* Sinnfindung und Sinnerfahrung, die auch – liberalistisch – ausdrücklich politisch abgelehnt und philosophisch abgekanzelt wird. Sie überläßt den freien einzelnen dem Sinn-Taumel, nachdem sie (z.B. in Städtebau und Architektur, Landschaftsgestaltung, in Bildungs- und Schulsystem) vom Ideal eines Werte-Pluralismus nur noch einen Pluralismus übrigläßt, der jeden Sinn für Wert und Wertunterscheidung aufhebt und Gleichgültigkeit gegenüber Inhalten und Qualitäten befördert. Dies System *verdummt* konsequent, indem es prinzipiell *vereinzelt* und dem einzelnen nichts gibt, was ihn frei, nämlich wehrfähig und widerständig machen könnte gegen die konsequente Zerstörung der Bedingungen der Möglichkeit solcher Freiheit.

Darin wirkt sich materiell die bürgerliche *Idee der Innerlichkeit* aus, die den Wert des einzelnen ausmache und Instanz seiner Autonomie und Selbstbestimmung sei. Wir haben schon – z.B. in v. Harnacks dictum vom »unendlichen Wert der Menschenseele« – gehört, wie stark gerade protestantische Theologie diesen Wert der Innerlichkeit mit aufgebaut hat. Wir erleben heute, daß diese bürgerliche Überzeugung in lauter *Identitätskrisen* endet, die die davon Lädierten nicht mehr bewältigen können. Kaum noch ein *Christ* kann sagen, warum er Christ ist, – in seiner Vereinzelung hat er dafür weder Maßstäbe noch Sprache, die aber auch von Kirche und Gemeinde nicht so gebildet werden können, daß sie die Aufmerksamkeit von Politikern und Medien gewinnen würden. Die

39. H. Gollwitzer, Die kapitalistische Revolution, 1974.

meisten Deutschen behaupten ihre Identität nur noch darin, daß sie – mit für sie typischem Pathos – auf ihrer deutschen Nicht-Identität bestehen. *Männer* seien angeblich von der feministischen Bewegung schwer identitätsgestört und suchen nach Heilung im individuellen Austausch ihrer Wehwehchen in Männergruppen. Kleinere *Ethnien,* die schon Jahrzehnte in multikulturellen größeren Staatsverbänden gelebt hatten, fallen aus ihren breiteren Lebenszusammenhängen heraus – oder *drängen* mit bewaffneter Gewalt und Terrorismus und zugleich ungeheuren psychischen Leiden in ihre Einzelheit zurück, während zugleich wir Reichen allzu unbesonnen eine Fahne des Multikulturellen über unseren Häuptern schwingen und davon kaum mehr Erfahrungen haben als von einem Italienischen Restaurant oder einem schönen bunten Türkenmarkt in unserer grauen Städte Mauern. Überall glauben wir, wir hätten uns aus unseren Traditionen heraus selbst verloren und müßten uns aufmachen, um uns anderswo allererst wieder zu gewinnen – und wollen nicht wahrhaben, wie sehr wir damit bei uns und sogar verbohrt in uns selbst bleiben. Nichts ist uns so wichtig, wie wir uns sind, – nichts mir so wichtig, wie ich mir bin. Jene Selbst-Losigkeit und Ich-Enthaltung wird *gehaßt,* die gerade das Kennzeichen der Lebensart anderer Kulturen und im Grunde aller wahren Religionen ist, nach denen wir so gieren. Wir empfinden sie als Zumutung von Leiden – so aufgeblasen haben wir uns selbst. Und scheuen uns, uns unsere *eigene* geistige Welt und Tradition so anzueignen, daß sie dadurch verwandelt und zu der unseren wird. *Wahrscheinlich hat Auschwitz eine Feigheit vor uns selbst hervorgebracht,* die wir nur sehr zurückhaltend als *Gegen*bewegung gegen die Traditon unseres nationalen und bourgeoisen Hochmuts und als Lektion ausgeben können, die wir damit angeblich lernen wollen. Es könnte solche sich *heute* als antifaschistisch wähnende Gegenbewegung nicht nur eine Bestätigung unserer »verspäteten Nation« sein, die notorisch erst hinterher tut, was vor 50 und 100 Jahren fällig gewesen wäre, – die damit womöglich abermals Gegenwart verpaßt, weil sie nichts so gegenwärtig findet wie die verpaßte Vergangenheit – vor allem könnte es Feigheit sein, einen Prozeß der Selbstverwandlung und der Selbstveränderung eigener Traditon zu verweigern und sich stattdessen – von vornherein vergeblich – in fremde Tradition zu verdrücken. Es ist die Feigheit vor dem Ja, das zu jedem Nein gegenüber einer eigenen Traditon nun einmal dazugehört, mithin auch Feigheit vor Selbstkritik durch Differenzierung (statt durch pauschale Negation) und zugleich die Illusion, wir könnten die Bedingungen unseres Bewußtseins einfach verleugnen, die wir eben aus unserer Tradition mitbekommen haben. Mag es eine Ignoranz gegen Tradition geben – doch keine Freiheit von ihr; wer das meint, belügt wohl sich selbst.

An solcher Verweigerung sind auch die protestantischen Kirchen, jedenfalls in Deutschland, beteiligt. Immer noch schrecken sie vor dem Vorwurf konservativer Parteien zurück, sie »politisierten«, wenn sie größere Zusammenhänge als die des kleinen Augenblicks zum Maßstab ihrer Urteile nehmen und wenn sie über das Wohl des Einzelnen hinaus nach dem Wohl Aller fragen, und sie lassen sich – darin sehr unterstützt von ihrer eigenen bürgerlich-theologischen Traditon – wieder in die Pflege der Innen-Räume zurücktreiben: von denen sie freilich keine eigene Ahnung mehr bewahren.

Denn nach protestantisch-biblischer Einsicht sind *Seele, Herz und Gewissen der Menschen keineswegs Instanzen eines »besseren Ich«,* – einer größeren Humanität als die, die unter den Fremdbestimmungen der Außenwelt verwirklicht werden kann, – einer transzendentalen Eigentlichkeit, die wir uns gerne andichten, um uns als Alltagsmenschen nicht allzu schäbig vorkommen zu müssen. Auch das, was wir von unserem Inneren halten, hat seit biblischen Zeiten eine progredierende Paganisierung durchmachen müssen. Es ist Erbe der Stoa, nicht der biblischen und christlichen Verkündigung, einen ἔσω ἄνθρωπος als eine uns angeborene Freiheitsmöglichkeit anzunehmen, in der wir uns des Drucks unseres Weltlebens begeben und mitten in der Welt der Welt doch entziehen könnten. Neutestamentliches und – ihm folgend – reformatorisches Denken hat diese Annahme nicht nachvollziehen können und argumentierte mit geradezu gegenteiliger Erfahrung dagegen. Nicht als Freiheitsinstanz wirkt unser Inneres, und schon gar nicht können wir uns dort als bessere Menschen erfahren. Freilich ist nicht zu leugnen, daß wir uns im Inneren zuweilen wohler und besser *fühlen* können als unter den Zwängen unseres öffentlich geführten Lebens. Aber wir geben uns einer *Illusion* hin, *wenn wir meinen, uns wäre unser Inneres als ein Entlastungsorgan für die Leiden an Pressionen und Depressionen unseres äußeren Daseins anerschaffen worden.* Spätestens, wenn wir uns vor Gott wahrnehmen, unterliegen wir ganz anderen Innerlichkeitserfahrungen. Daß das Herz sich da als ein trotzig und verzagt Ding herausstellt (vgl. Jer 17,9: Luther), ist eher noch eine harmlose Erkenntnis. Die Reformatoren, zumal Luther, haben Herz, Seele und Gewissen nicht nur als *anfechtbar* erfahren, – als Ort, an dem die Pressionen des Alltags, seiner Zwänge und Gesetze, sich sofort umsetzen in schlimmste Depressionen, Traurigkeiten, Melancholien, Verzweiflungen – gerade unser *Inneres* bauen wir auf zu *Widerstandszentren gegen Gott* und die Freiheit, zu der er uns befreit. Luther sagte: Wir wollen nicht, daß Gott Gott sei, vielmehr wollen wir von tiefstem Herzenstrieb her selbst Gott sein[40], wir wollen es gerade von innen her, weil uns in der äußeren Wirklichkeit ja Allmacht und Liebe, Freiheit und Lindigkeit, Gnade und Barmherzigkeit verwehrt sind; daß wir uns als Gott in der Welt nicht realisieren können, treibt unsere Gottesbegierde – sein zu wollen wie Gott – gerade in

40. Vgl. M. Luther, Disputatio contra scholasticam theologiam. 1517, WA I, 225.1-2.

unser Inneres zurück und besetzt dies ganz: als unseres Herzens tiefstes Streben und »eigentliche« Meinung.

Es ist wahr: Diese Sicht des Inneren ist eine aufgeklärte, desillusionierte Position – also eine »vor Gott« gewonnene; ohne diese Perspektive kann man das Innere womöglich ganz optimistisch-stoisch-bürgerlich anschauen – so wie auch ein bürgerlicher Protestantismus dies tut. *Biblisch protestantisch ist die Konstellation »Gott und die Seele, die Seele und ihr Gott« aber eher eine Schreckens- und Terror-Konstellation:* gerade wenn sie, wie bei v. Harnack, gegen die äußere Reich-Gottes-Botschaft gesetzt wird, die, weil aufs Äußere gerichtet, doch nicht das Eigentliche Jesu meinen könne. *Wer aber aufs Herz und Innere setzt, setzt auf seine Verlorenheit* statt auf sein besseres Ich und seine Eigentlichkeit.

Soll es dagegen Gott gelten, müßte eher unsere Herzlosigkeit als das Zeugnis unseres Inneren wahrgenommen und *wahre* Innerlichkeit demütig immer wieder erst erbeten werden von Gott: »Schaffe in mir, Gott, ein reines Herz und gib mir einen neuen gewissen Geist« (Ps 51,12). Was Stoiker und andere, auch protestantische Bürger meinen, schon in ihrem Brustkorb schlagen zu hören – das Organ unseres besseren Ich, unserer befreienden Distanz zur Außenwelt –, kann biblisch-evangelisch nur als eine Schöpfung Gottes erwartet werden. Allenfalls ließe sich sagen: einer Neuschöpfung im Sinne einer Herztransplantation – altes Herz raus, neues rein!

Aber die Reformatoren haben wirklich gemeint: herzlose Wesen, die wir *sind,* sollen allererst *ein Herz geschenkt bekommen,* – bergende und freie Innerlichkeit muß Gott uns erst je neu erschließen. Bis dahin sind wir undifferenzierte Geschöpfe, *in* denen sich nichts qualitativ differenzieren kann; was wir bis dahin als unser Inneres kennen und leben, ist nicht, was es sein möchte: refugium von Äußerem und Widerstandsrest dagegen; es ist nichts als die innere Widerspiegelung äußerer Zwänge, Spannungen, Verbohrtheiten im Inneren.

»Gottes Liebe findet das, was sie lieben will, nicht vor, sie schafft es sich«[41], Amor Dei non invenit sed creat suum diligibile – will sagen: *Wir haben kein religiöses Organ, an das Gott anknüpfen könnte,* – wir haben es auch in unserem Inneren nicht, – auch die Seele taugt nicht dafür, so wenig wie Herz und Gewissen. Irgendwelche Erkundungsfahrten in unser Unbewußtes oder gar irgendwelche Machenschaften von Meditation und Tanz, Drogen und Geistesekstasen, Seelen- und Ernährungsdisziplinen, Reigen der sog. Ganzheit und angeblich verlorener und nun wieder zu erschließender körperlicher, symbolischer oder sakramentaler Sinnlichkeit sind biblisch und reformatorisch nur Irrfahrten in die Illusion über Gott und uns selbst; spätestens übermorgen werden sie uns enttäuscht haben, und wir werden spüren, daß wir derweil Gott und uns nur

41. M. Luther, WA I, 354.35f: Heidelberger Disputation 1518, These 28.

noch tiefer verlorengegangen sein werden. Darum sollten wir versuchen, uns vor unserer eingeborenen Seele zu schützen und stattdessen beharrlich auf den Geisthauch Gottes hoffen. »Selig sind, die *reines* Herzens sind, denn sie werden Gott schauen« (Mt 5,8). Dies Herz aber »haben« wir nur im Schrei – nach dem *Gott,* den wir nicht in unseren Herzen tragen. Das »reine Herz« aber – nehmen wir an, wir kennten es, Gott habe es in unser Inneres gelegt und so das trotzig und verzagt Ding gereinigt, – ihm seinen Widerstandswillen gegen Gott und seinen Ehrgeiz, selbst sein zu wollen wie Gott, ausgetrieben – dies reine Herz wäre ständig den Wirren, Angriffen, dem Erleiden der Weltwirklichkeit ausgesetzt. Es hätte mit feingeistiger Innerlichkeit, humanem Seelentum in den Zügen feiner Gesichter kaum etwas zu tun. *Das wirklich von Gott gereinigte Herz wäre ein beständiger Hort der Empörung gegen die menschenfeindlichen Gewalten,* – es wäre *ein Widerstandsnest des in ihm schon angebrochenen Reiches Gottes* gegen die Herrschaften dieser Welt. Wäre die innere Kraft einer Nicht-Assimilation an Lebensstil, Kompromißbereitschaft, Gemeinheit und alles das, was das Leben ja nur angeblich »erträglich« machen könnte. Mit dem neuen Herzen wird man *geschlagen* und selbst zum Schläger.

Aber wo finden wir Gott dann? Und wie ließe sich unter den geschilderten Umständen von so etwas wie Gott überhaupt reden, wenn wir sagen müssen: Er habe keinen Grund, ließe sich also auch von uns nicht be-gründen, – Grundlosigkeit sei eine einzig uns erschwingbare Bestimmung für »Gott«?

Dieser Frage wenden wir uns nun unter einem dritten Aspekt zu. Sie steht im *Zeichen einer gegenseitigen Fremde und Ferne:* der Gottes von uns, – und: unserer von Gott.

3. Wem ent-spricht Gott?

Wir reden und reden von Gott. Und sprechen doch nur um seine Grundlosigkeit herum.

Schon lange wissen wir nicht mehr, was wir sagen, wenn wir das Wort »Gott« in den Mund nehmen, – in Jahrtausenden ist es zerredet bis zur Bedeutungslosigkeit und zur Sinnleere. Nicht einmal in einem »neutralen« *Begriff* von so etwas wie Gott läßt sich mehr Übereinstimmung erzielen, denn zerfallen ist, was in der christlich-abendländischen Kultur allenfalls als Wesens-Kennzeichen gefunden wurde, um so etwas wie »Gott« irgendeinen kommunizierbaren Gehalt zu geben. Bultmann noch nannte Allmacht, fordernden Willen, Jenseitigkeit als solche Merkmale[42], Hans Jonas jüngst noch einmal Transtemporalität,

42. R. Bultmann, Die Frage der natürlichen Offenbarung (1941), in: Glauben und Verstehen. Ges. Aufsätze, 2. Bd., 1952. II. Das im Gottesbegriff enthaltene Wissen, 82ff.

Impassibilität, Immutabilität[43]. Aber gerade Hans Jonas hat auch dargetan, daß nach Auschwitz z.B. ein Wesensattribut der Allmacht für so etwas wie Gott nicht mehr festgehalten werden könne; sei dies schon logisch unmöglich, weil Allmacht ein Widerspruch in sich selbst sei (denn »All-Macht« brauche ja immer einen Gegensatz anderer Macht, über den sie mächtig werden könne, in diesem Gegensatz finde sie also ihre Grenze), so sei erst recht angesichts von Auschwitz einzugestehen, daß Gott in diesen Jahren schwieg, keineswegs mit Machtwirkungen eingegriffen habe, geschweige denn: mit Allmachtshandlungen, – den Weltprozeß habe er dem physischen Lauf der Dinge überlassen, auf jedwede Gestalt seiner Macht habe er verzichtet. Er hat sich dem Schicksal unterzogen, das dort gelitten wurde. Und selbst wenn wir sagen würden, er habe sich als Gott dort nicht aufgegeben, sondern nur eine Seinsweise der Selbstentäußerung, der Ohnmacht, von Leiden gewählt, so würde dies auf alle Fälle seinen Allmachtsverzicht bedeuten, und damit verlören wir eines der entscheidenden Kennzeichen für so etwas wie »Gott«, die bisher zu seinem Begriff gehörten. Überdies müßten wir uns einen Wechsel und Wandel im Wesen Gottes vorstellen – vom Allmächtigen zum Ohnmächtigen –, der zur Tradition des unwandelbaren Gottes nicht paßt, welche zum abendländischen Gottesdenken gehört.

Nach menschlichem Ermessen ist dies ein irreparabler Verlust, und Gott selbst müßte erst wieder zu dem finden, was er zuvor den Menschen einmal war, ehe sich neu auch nur ein Begriff von ihm denken ließe.

Dennoch reden wir von »Gott«.

Dies zu rechtfertigen, könnten wir uns der dialektischen Denkfigur anschließen, mit der Franz Rosenzweig einst begann, über »Gott und sein Sein« zu sprechen: »Von Gott wissen wir nichts. Aber dieses Nichtwissen ist Nichtwissen von Gott. Als solches ist es der Anfang unseres Wissens von ihm. Der Anfang, nicht das Ende«[44]. Oder wir könnten es Karl Barth nachsagen: »Wir sollen als Theologen von Gott reden. Wir sind aber Menschen und können als solche nicht von Gott reden. Wir sollen Beides, unser Sollen und unser Nicht-Können, wissen und eben damit Gott die Ehre geben«[45]. Doch haben wir uns schon in den Prolegomena zu unserer Dogmatik[46] darauf besonnen, daß solche Denkfiguren noch zum Problemstand einer Theologie *vor* Auschwitz gehören. Da konnte vielleicht eine Dialektik von Wissen und Nichtwissen (bei Rosenzweig) noch genauso tragen wie eine von Gott und Mensch oder Theologe und Mensch

43. H. Jonas, Der Gottesbegriff nach Auschwitz. Eine jüdische Stimme, 1987, 27.
44. F. Rosenzweig, Der Stern der Erlösung (1921), ^{2}1930, 33. – Auch in: F. Rosenzweig, Der Mensch und sein Werk. Gesammelte Schriften, 2. Bd., 1976, 25.
45. K. Barth, Das Wort als Aufgabe der Theologie (1922), in: Das Wort Gottes und die Theologie. Ges. Vorträge, 1925, 158.
46. F.-W. Marquardt, Von Elend und Heimsuchung der Theologie, ^{2}1988, 70ff.

oder vom Reden und Nichtreden-Können von Gott (bei Barth). *Nach Auschwitz hilft den Theologen keine Dialektik mehr* – nicht einmal eine von Sein und Nicht-Sein Gottes. Wie Gottes Allmacht vor der Gegengewalt des Verbrechens zusammengebrochen ist, so jeder Begriff von so etwas wie Gott vor seinem Schweigen – so aber, daß auch dies Schweigen gegenstandslos geworden ist und keine dialektische Kraft mehr aus einem Wort beziehen kann, dem es als Schweigen zugehörte.

Reden wir also von Gott, dann über dem *Abgrund der Grundlosigkeit:* aus einer Nötigung, die wir nicht nennen können – es wäre denn die von Emil Fackenheim beschriebene, Hitler nicht nachträglich noch zum Siege zu verhelfen und also Gott zu ver-schweigen; selbst wenn wir aus Leerem ins Leere reden müßten, müßten wir dennoch versuchen, von Gott zu reden.

So IHN und uns *versuchend,* fragen wir: Wo finden wir Worte für so etwas wie Gott? Wir fragen genauer: Im Blick auf welche uns begegnenden Menschen, – geschichtlichen Ereignisse, – Erscheinungen der kosmischen oder seelischen Natur, – im Blick auf welche Welterfahrung machte es überhaupt noch einen Sinn, sie mit so etwas wie Gott in Verbindung zu bringen, – sie auf so etwas wie Gott hin zu befragen, – sie aus so etwas wie Gott zu deuten, – oder ihre Bedeutung aus so etwas wie Gott zu erfragen? Erfahren wir noch etwas, was wir – um es zu begreifen oder zu bewältigen – am ehesten und besten mit unseren fernen Erinnerungen an Gott in einen Zusammenhang bringen *können,* – wo es sich uns *aufdrängt,* dies zu tun, – oder: wo wir es, um im Kulturzusammenhang unserer Gesellschaft zu bleiben, tun *sollten?*

Dies meint unsere Leitfrage: Wem ent-spricht Gott?

Das Wort *»entsprechen« ist ein Begriff der Analogie.* Wo finden wir irgendetwas oder irgendjemanden, von dem wir sagen könnten oder müßten: Das oder der ist wenigstens eine Entsprechung für so etwas wie Gott, aus dessen Beachtung könnten wir vielleicht stammelnd Worte finden für das, was wir allenfalls mit dem Wort »Gott« verbinden und zur Diskussion stellen könnten?

Es ist klar, daß es sich dabei nur um Analogien handeln könnte und dürfte. Ein glattes: »Siehe hier, siehe da!« hat die christliche Theologie nicht einmal im Blick auf die Person und Geschichte Jesu von Nazareth zu behaupten gewagt. Die Christen wußten immer, daß ihnen speziell an Jesus Gott aufgehen und begegnen könnte. Aber wenn sie sich auf seltene Erfahrungen besannen, in denen ihnen dies widerfuhr, dann konnten sie doch nur sagen: Was immer uns an Jesus von Gott *offenbar* geworden sein mag – wir konnten dies festhalten, davon erzählen, uns darüber vergewissern nur, indem wir zugleich zugeben mußten: im Tiefsten ist uns Gott in Jesus doch *verborgen* geblieben. Wie sollte ein Leidender, Verfolgter, einer, der am Kreuz endet, und dann auch wieder einer, den sie am Ostermorgen eben »nicht hier« finden konnten, nicht in ihrer Lebens- und Erfahrungswelt, sondern: »Er ist auferstanden« – wie sollte ihnen daran so etwas wie Gott offen sichtlich geworden sein, evident, manifest, identisch?

Mag also »Gott in Christus« gewesen sein (2 Kor 5,19) – er war es jedenfalls nicht faßbar, sondern nur versteckt. Er war es in für so etwas wie Gott nur entstellter, erniedrigter, unbegreiflicher Form, im Gegensatz und Widerspruch zu dem, was der Begriff von so etwas wie Gott hergeben würde. *Gott war an Jesus nicht identifizierbar;* und gab es dennoch irgendetwas an Jesus, was seine Freundinnen und Freunde an Gott denken lassen konnte, vielleicht sogar mußte, dann konnte dies nicht in direkter, sondern nur in analoger Sprache ausgedrückt werden. Vielleicht gab es an ihnen beiden, Jesus und Gott, etwas, worin sie einander entsprachen, einander ähnelten, das sich an Jesus wahrnehmen und dann auch auf so etwas wie Gott anwenden ließ, so daß sich in zwischenmenschlicher Begegnung mit Jesus Kennzeichen und Merkmale fanden, die nach menschlichem Ermessen auch zu so etwas wie Gott passen könnten, wo es jedenfalls nicht von vornherein absurd scheinen mußte, das auch auf Gott übertragen zu wollen. So *konnte Begegnung mit Jesus eine Sprachschule für ein Reden von Gott werden,* – vielleicht, daß sich an Jesus ein Sinngehalt ablesen ließ für so etwas wie Gott.

Das Christentum mag so etwas gemeint haben, als es Gott und Jesus so nahe wie überhaupt nur denkmöglich aneinander band – selbst bis zu dem vielleicht allzu kühnen Gedanken ihrer Wesenseinheit hin. Sinn macht dieses Zusammenbringen von Gott und Jesus jedoch nicht, wenn es am Ende nur wie eine positivistische Gegebenheit aufgefaßt wird: Gott »ist« Jesus, Jesus »ist« Gott. Sinn macht es doch nur, wenn die Begegnung mit Jesus uns von Gott sprechen lehrt und uns Analogien gibt für etwas, was wir allenfalls mit »Gott« meinen, von so etwas wie Gott begreifen könnten: inmitten unserer allgemein gewordenen Sprachlosigkeit von Gott.

»Analogie« kann nun manches heißen. *Aus* Tiefen unserer Phantasie, unseres Unbewußten, unserer *Seelen* können wir Lust- und Leidensphänomene auf das arme Wort Gott *projizieren* und so aus *Gott eine psychische Instanz* machen. In einer Psychologie, die den psychischen Apparat als einen Symbolapparat denkt und behandelt, fällt es nicht schwer, auch Gott als ein Symbol der Seele zu begreifen. Eine Sprache der Analogien gehört dann zum Erfassen der Seelen dazu, und leicht läßt sich denken, daß seelische und theologische Symbole und Sprachweisen gegeneinander durchlässig werden, man in der Sprache der Bibel vor allem auf seelische Symbole achten lehrt und lernt, in der Sprache der psychologischen Erhellung auch auf Sprache der Theologie – bis dahin, daß uns die Differenz von Gott und der Seele, der Seele und ihrem Gott gleichgültig und bald auch begrifflich unbeachtlich wird. Daß die Sprache der Theologie in der

Verkündigung der *Welt*geschichte Israels, Jesu und seiner Gemeinde ihren Ursprung hat und ihr bleibend zu entsprechen versucht, daß sie also *nicht* in der *Seelen*geschichte einzelner oder vieler Menschen geboren wird, gilt dann kaum noch. Die Sprache der Analogien kann nur zu schnell ein Wischiwaschi erzeugen, das seelisch oder ästhetisch befriedigen mag, aber leicht auch Klärungen verhindert.

Aber nicht nur Projektionen bilden Analogien. *Jedes* Sprechen und Denken von Gott scheint ja nur per analogiam möglich. Denn alle *Sprache* bilden wir aus unserer Erfahrung, und zwar dies nicht nur in benennender, sondern auch in Gedanken bildender Sprache. Vorzügliche Analogien für benennendes Sprechen von Gott sind *Anthropomorphismen,* menschengestaltiges Reden von Gott: daß er »haßt« und »liebt«, »schläft« und »wacht«, »hilft« und »verzieht«, »aufbricht« und »ruht« u. dgl.; fast unvermeidlich bilden wir uns *Gott nach unserem Bilde:* sei es einem *Ideal* unserer selbst, sei es der *Erfahrung* vom Menschlichen, wie wir es kennen und sind. Wären wir nicht Menschen, sondern Ochsen, bildeten wir uns Gott als Ochsen – so durchschauten schon alte Griechen das System eines Sprechens von Gott, das an Analogien gebunden ist; nun sind wir aber Menschen und denken uns Gott menschengestaltig.

In jüdischem Nachdenken darüber wurde die Analogie des Menschlichen für Gott immer zugleich als etwas Großes und doch höchst Eingeschränktes empfunden: Groß ist, wenn von Gott »nach Menschenweise« gesprochen werden kann; dies würdigt uns, denn so will Gott uns nahekommen und paßt dafür sich uns an; zugleich wirkt die Menschenweise im Sprechen von Gott unangemessen: so reden wir eben nur menschlich, allzu menschlich von ihm, – Er selbst sei davon aber zu unterscheiden, und was er »eigentlich« sei, sei unfaßbar; auf menschliche Weise offenbare er sich uns – was, wer und wie er in sich selbst sei, sei uns jedoch verschlossen. »Was noch verborgen ist, steht bei dem Herrn, unserm Gott; was aber offenbar ist, gilt uns und unsern Kindern ewiglich, damit wir alle Worte dieses Gesetzes erfüllen«, übersetzt die Zürcher Bibel Dtn 29,29; bei Buber lautet der Vers: »Das Geheime / ist bei IHM unserm Gott, / das Offenbare / ist bei uns und unseren Söhnen / für Weltzeit: / alle Worte dieser Weisung zu tun!« Das klingt, als gäbe es zwei Seiten, gar Seinsweisen an Gott: eine ihm eigene und uns nicht (oder: »noch nicht«) erschlossene seines »Geheimnisses« und die, die er uns in seiner Offenbarung erschlossen habe, die wir verstehen und zu der wir uns *praktisch* verhalten können, indem wir die von ihm zu uns kommenden Weisungen erfüllen, – zu denen wir uns aber auch *sprachlich* verhalten können, eben in Analogien menschengestaltigen Sprechens von Gott. Luthers Unterscheidung zwischen einem Deus absconditus, einem verborgenen Gott und einem Deus revelatus, einem uns sich offenbarenden Gott ist nur allzu oft im Sinne zweier solcher Seinsschichten in Gott gedeutet worden: Mag er sich uns noch so offen offenbaren – er behält auch in seiner Offenbarung einen Rest von Selbstheit zurück, den er uns nicht preisgibt, – vor uns verschließt, – in dem er uns unzugänglich und so auch unaussprechbar bleiben will. Ein solch dualistisches Gotteswesen dürfte Luther jedoch eher fremd gewesen sein; »verborgen« war Gott nicht durch Zurückhaltung seiner Selbst in der Offenbarung – wie sollte er uns mit ihm (Jesus) nicht *alles* schenken (vgl. Röm 8,32): vorzüglich sich selbst? –, sondern *als Gott* verborgen war er in der Stunde des Todes Jesu und in dessen Passionsgeschichte; da war er nur sub contrario dabei: im Gegensatz zu sich selbst, seiner Göttlichkeit. *Nicht also eine doppelte Seinsbestimmung* wollte Luther mit seiner Unterscheidung von absconditus und revelatus geben, *sondern ein geschichtliches Verhalten Gottes* benennen, wenn er sich im Leiden Jesu als Gott verbirgt, sich dies Leiden also an den Nerv seiner Gottheit gehen läßt: weil es offenbar die Menschlichkeit der Mitmenschen Jesu nicht berührte.

Aus diesem Modell einer Offenbarung Gottes, die uns erreicht und ermöglicht, in menschlicher Weise und menschengestaltig von ihm zu reden, und einem uns unerschlossenen Rest von Wesenseigentlichkeit Gottes entsprang die Suggestion, für die Tiefe Gottes ließe sich doch *auch* eine Sprechweise finden, zwar durchaus nicht jene unangemessen menschengestaltige, aber eine geistigere und darin dem »eigentlichen« Wesen Gottes angemessenere. Und man begann, *Gott mit* lauter *begrifflichen Abstrakta zu denken* und zu benennen: Das Unendliche, der Ewige, das Eine, der Grund, der Ursprung, die Tiefe des Seins, das schlechthin Mächtige, das Bergende und Haltende, das Unwandelbare, beständig Ruhende, das Göttliche – und wie dergleichen Begriffe mehr lauteten. Was immer daran an wahrer Erkenntnis auch enthalten sein mag – man sollte doch nicht denken, daß man mit einer Sprache abstrakter Begriffe angemessener von Gott rede. Auch unsere Abstrakta sind nichts als Menschenweise, von Gott zu reden. Nicht nur, weil *wir* es ja sind, die solche Begriffe im Abstraktionsverfahren bilden, – also auch unser Urteil darin enthalten ist, daß dies Gott angemessener sei als menschengestaltiges Reden von einem Gott, der sieht und hört, fühlt und handelt, sich erniedrigt und freut, liebt und zürnt und dgl. *Auch die Abstrakta sind ja Begriffe unserer Erfahrung;* in »Unendlichkeit« exponiert sich Erfahrung unserer Endlichkeit, – im »Ewigen« unsere Zeitlichkeit, – im »Grund« unsere Bodenlosigkeit, – im »Einen« unsere verwirrende und unbeherrschbare Mannigfaltigkeit und das Chaotisch-Phantastisch-Unwirkliche unseres Existierens. Fast ließe sich sagen: In den Abstrakta herrschen *noch deutlicher* unsere menschlich-allzu-menschlichen Erfahrungen als in den anthropomorphen, menschengestaltigen Reden von Gott; denn in Abstrakta versuchen wir Erfahrungen zu *ordnen,* während wir in anthropomorphen Vorstellungen und Redeweisen von Gott uns noch dem Dschungel, den Unüberschaubarkeiten des unbeherrschten und unbegriffenen Menschenlebens überlassen (was dem biblischen Gott doch noch eher ent-spräche als dasjenige Leben, in dem wir uns als begriffliche Ordnungshüter betätigen).

Wie dem auch sei – *Christen* haben weder Grund, auf Abstrakta auszuweichen, wenn sie von Gott sprechen wollen, noch sich der Anthropomorphismen zu schämen. Sie lernen Gott ja von vornherein nicht anders kennen als in dem, was ihnen am Menschen Jesus von Nazareth davon aufgeht. Ihnen ist so etwas wie Gott vom Ursprung her mit der Wirksamkeit und den Bildern von diesem Menschen verbunden. Das heißt nicht, daß sie Jesus »als Gott« kennengelernt hätten, noch umgekehrt, daß so etwas wie Gott ihnen etwa nur in platter Identität mit Jesus erschienen wäre. *Gerade im Wechsel von Nähe und Ferne sehen sie Jesus und Gott, Gott und Jesus aufeinander bezogen,* in einem Auf und Ab von immer neuer Annäherung und abruptem Widerspruch zwischen ihnen. Ihre gegenseitige *Einung vollzieht sich in einer immer neuen Geschichte,* in die sie einander hineinreißen und in deren ständiger Offenheit und Unabgeschlossenheit sie einander nicht loslassen. Die biblischen Erzählungen zeigen, wie Gott noch und noch einmal Jesus in seine geschichtlichen Handlungen und Absichten hineinzieht, wie umgekehrt auch Jesus Gott in sein Handeln und Leiden verstrickt. *Von ihrer Einheit läßt sich nur in Form erzählter Geschichten reden:* von Jesu Taufe bis zum harten Gottesstreit in Gethsemane, – von der sog. Verklärung Jesu im Glanze Gottes, in dem Gott Jesus in die Zeltgeschichte von Abraham, Isaak und Jakob hineinzieht, bis zur Preisgabe Jesu in die Hände der Heiden und damit an die Hölle einer Gottverlassenheit. Was so etwas wie Gott meine, läßt sich christlich nicht *vor* dem Beginn dieser Geschichte erfahren, erschließt sich vielmehr in ihrem immer wieder offenen Gang. Und wie es zwischen Gott und Jesus steht, so auch zwischen den Juden, den Christen und Gott. Zu Gott kommen sie anders in kein Verhältnis als so, daß sie *Mit-Gerissene dieser Geschichte* werden, – deren Auf und Ab sich selbst aussetzen, – deren Zumutungen nicht ausweichen dadurch, daß sie sich schon vorher ihre Begriffe von diesem Abenteuer machen, um so wenigstens gedanklich Oberwasser zu behalten in den Strudeln des Geschehens. Es gehört zu den schweren Problemen des Christentums, daß es eine *theologische* Religion ausgebildet hat, in der ein Wissen von Gott vor aller Erfahrung rangiert, in der die »Begriffe geklärt« sind, ehe auch nur ein Löwe gebrüllt und einen Juden, einen Christen in Angst und Schrecken versetzt hätte (vgl. Amos 3,8). Vertheologisierter Glaube machte Gott nur zu bald zu einer Kugel im Glasperlenspiel, und am wendigsten scheinen viele Christen, wenn sie sich, die Bibel in der Hand, mit Stellen und Sprüchen gegenseitig Gott vorrechnen, aber beleidigt reagieren, wenn ein Weltkind oder sonst ein Mensch schlicht fragt, was denn nun Sache sei – und nicht der Begriff von ihr.

Jedenfalls läßt sich christlich über die Analogie des Menschlichen nicht klagen und eine Abstraktion vom Menschlichen nicht rechtfertigen, weil Gott nichtjüdischen Christen anders nicht begegnet als am Menschen Jesus, anders auch nicht erfaßbar wird als in ihrer eigenen Beteiligung am Leben und Leiden dieses Menschen und aller der Menschen, auf die er die Christen verweist: die Juden zuerst und dann auch die Griechen. Dabei geht es weder um ein Bild vom Menschlichen, eine Humanitätsidee als Analogon zu so etwas wie Gott – natürlich auch nicht um ein Bild von Männlich-Weiblichem, – noch um jene Schleiermachersche »Menschheit«, an der wir den Stoff für die Religion finden könnten. Sprache für so etwas wie Gott gibt uns kein Humanitätsprinzip, vielmehr die teils beglückende, teils tief verwundende und schmerzende Geschichte zwischen Gott, Israel und der Menschheit, über die niemand von uns einen Überblick bekommt, so daß ihm begreiflich würde, was da eigentlich passiert. Nur in diese Geschichte hineingerissen, an ihr beteiligt, mögen wir ahnen, was darin so etwas wie Gott wirke und sei, – nur aus dem Trubel dieser Geschichte heraus ließe von Gott sich allenfalls reden. Versuchten wir jedoch, *über* sie zu sprechen in der Meinung, so auch über Gott sprechen zu können, würden wir bald mit Stummheit geschlagen, und andere, zu denen wir sprechen wollten, würden uns unvermeidlich mit dem Problem unserer Glaubwürdigkeit konfrontieren. Über Gott läßt sich in Wahrheit nicht reden, allenfalls: aus ihm – aber das kann niemand verstehen, der nicht Mitgefangener der gleichen Geschichte wäre.

Das ist das Schwierige an der Gottes-Rede des Christentums: Es kann nur in Analogie zu der von der Bibel als Tora und Wort Gottes gedeuteten Geschichte Israels, Jesu und der Seinen sprechen – und dies als einer wesentlich *unabgeschlossenen* Geschichte, *in der mit dem Reich Gottes auch so etwas wie Gott noch aussteht,* – in der auch die von Gott geliebte Menschheit ihr Glück noch nicht ergriffen hat, – in der die Juden und die Christen in immer neue Konstellationen in bezug auf so etwas wie Gott versetzt werden und alles, was sie gerne davon »abschließend« sagen würden, ihnen bei nächster Gelegenheit schon wieder zerschlagen wird. Für so etwas wie Gott können Juden und Christen keine Traditionen bilden und so auch keine Geltung beanspruchen.

Dies wissen Juden in der Regel besser als Christen und entschlagen sich des theologischen Anspruchs, von Gott einen Begriffsapparat oder eine Begriffe-Konstellation zu entwickeln. Unter unserer Fragestellung nach einem Reden von so etwas wie Gott wollen wir darum nun in ein Gespräch mit zwei Juden eintreten: Jeschajahu Leibowitz zuerst und Emmanuel Lévinas sodann.

a. *Gott in seiner Ferne nah (Im Gedenken an Jeschajahu Leibowitz)*

Nicht nur Leibowitz als Denker – sein *Denken* war von Leiden gezeichnet.

Diese Bemerkung hätte er sich gewiß nicht gefallen lassen. Was er jüdisch »lehrte«, galt ihm als umstandslos, also essentiell jüdisch, nicht etwa nur als eine vom Augenblick bedingte Ausdrucksform; er sah vor allem den Rambam, den Rabbi

Mosche ben Maimon (1135 – 1204 n. Chr.), als seinen Meister an: einen der bedeutendsten Religionsphilosophen des spanischen, ja des Judentums überhaupt. Aber es gibt eine Schroffheit im Denken von Leibowitz, die alles Gefälligen und Verbindlichen entbehrt, oft hat man das Gefühl, er wolle eher abstoßen als um Einsicht werben; gegenüber dem Christentum bekennt er unverhohlen, ja geradezu stolz seine Verachtung und einen Haß. Aber auch das wesentlich-Jüdische ballt er so in einen harten Kern zusammen, daß er vor allem auch seine Mitjuden provoziert durch den Umfang dessen, was er aus der Tradition als jüdisch-unwesentlich zurückweist – wozu so Wichtiges gehört wie die Haggada: also die Überlieferung des erzählenden Denkens Israels, – die messianische und jede andere Gestalt von Zukunftshoffnung, – der Tempel und sein Gottesdienst, – aber auch die ganze Welt der Jeschiwa: damit meint er nicht nur die Talmud-Schulen und ihren Religionsbetrieb, sondern das »Studium« des Talmud selbst: die jüdisch höchst geschätzte Glaubensverwirklichung; Leibowitz hat das talmud-Tora abqualifiziert gegenüber der alten Gegenmöglichkeit: dem täglichen und nächtlichen Tun der 613 Gebote, Weisungen, mizvot, wie sie Josef Karo aus Sfad 1546 im Schulchan Aruch (»Gedeckter Tisch«) zusammengestellt hat. In dem alten, nie abgeschlossenen Streit, was wichtiger sei: Lernen und Lehren oder Tun der Gebote, nimmt Leibowitz einseitig die Partei der Täter des Gesetzes – in einer Schroffheit, die wohl auch für Jesus von Nazareth kennzeichnend war: »Es werden nicht alle, die zu mir sagen ›Herr, Herr‹, in das Himmelreich kommen, sondern die den Willen tun meines Vaters im Himmel« (Mt 7,21) – Erkenntnis, Aussprechen und Bekennen eines »Herrengeheimnis der Wahrheit« (H. Vogel) stehen im Wert auch für Jesus eindeutig zurück hinter dem Tun dessen, was der Vater im Himmel getan sehen will; für Leibowitz jedoch stehen theologisches Erkennen und Bekennen nicht nur zurück hinter der Praxis des Gesetzeslebens – er erklärt sie grimmig für *geradezu wertlos.* Gott ist Wille, nicht Wesen – als Wille nur auf unsere Tat-Antwort gerichtet, nicht als Wesen auf unsere Reflexion und das zugleich ohnmächtige wie in Leibowitz' Augen hybride Kopfzerbrechen und theologisch-philosophische Herumfaseln von Menschen über Gott.

Diese schroffe Reduktion des essentiell-Jüdischen ist, als wäre ihm die jüdische Tradition in einem Feuer zusammengeschmolzen auf den harten Kern des Tuns-allein.

Dabei denkt er wohl auch an das Feuer von Auschwitz. Er sagt einmal sarkastisch, daß der Begriff der »Vorsehung«, in seinem eigentlichen Sinne verstanden, dann ja »auch sechs Millionen Juden« einschließen müsse, die »in den Gaskammern mit Gottes Hilfe ermordet worden« seien[47] – ein Gedanke, mit dem

47. J. Leibowitz, Gespräche über Gott und die Welt. Mit Michael Shashar. Hebr. Ausg. 1987. Deutsch 1990, 124.

er den alten Begriff der Vorsehung ad absurdum geführt sieht. Aber er macht daraus keine Shoah-Theologie; solch beiläufig scheinende Hinweise auf Auschwitz deuten gerade nur an, daß diese Zerstörung auch im Denken von Leibowitz real-präsent ist und insofern auch bei ihm theologische Bedeutung besitzt, als dies uralte Traditionen – wie die des Vorsehungsglaubens – falsifizieren und (auf Bultmanns Weise gesprochen) »erledigen« kann. Jedoch werden dergleichen Erfahrungen bei Leibowitz nicht thematisch, weil sie in seiner Sicht von vornherein in den Bereich reiner Spekulation gehören, zu dem nicht nur eine Reflexion auf Auschwitz, sondern eben schon der herkömmliche Gedanke göttlicher Vorsehung selbst, ja überhaupt jeder *Gedanke über* Gott zählen. So ist die Reduktion bei Leibowitz vor allem ein Gebot seiner philosophischen, an Maimonides, aber ausdrücklich auch an Immanuel Kant geschulten philosophischen Vernunft: also Kritik reiner Vernunft, die die Denk- und Redemöglichkeiten der Religion in enge Grenzen verweist; der Naturwissenschaftler Leibowitz hat auch ein Interesse an wissenschaftlicher Disziplin beim theologischen Reden. Und wie er die kritische Grundhaltung seines philosophischen Denkens in manchem auch gegen seinen Meister Maimonides geltend gemacht hatte, so auch gegen Restbestände von Denkmöglichkeiten, die ihn als grundlose Spekulation bei Kant offenbar schwer irritiert haben. Daß Kant neben die beiden einsehbaren Fragen: Was kann ich wissen?, – Was soll ich tun? – auch die völlig spekulative dritte Frage: Was darf ich hoffen? in sein Philosophieren aufgenommen hat, scheint Leibowitz tief beunruhigt zu haben, er verwarf sie, weil sie das Denken von vornherein in eine seiner Meinung nach denkunmögliche Richtung lenkt.

Doch gibt es ein tiefstes Motiv, in dem sich die genannten Motive bündeln; an ihm entzündet sich die geistige und politische Leidenschaft von Leibowitz immer wieder; und in meinen Augen besaß es auch eine ausgeprägte emotionale Komponente: Das jüdische Volk, wie es heute in Israel und der übrigen Welt lebt, ist schon lange nicht mehr dasjenige, welches die Tora voraussetzt, um zu ihrer Geltung und Wirkung zu kommen (111f.). Das heutige jüdische Volk ist Volk der Tora nicht mehr, weil es dies nicht mehr sein *will.* Es *könnte* dies wohl sein, aber ihm fehlt der gemeinsame Wille, es zu sein. Leibowitz spricht davon ohne Vorwurf und enthält sich jedes kulturkritischen Lamento darüber. Dennoch hört man aus seiner Stimme und Schrift bitteren Sarkasmus, wenn er darauf zu sprechen kommt. So wenig er diesen Tatbestand kritisiert, so wenig erklärt er ihn; er deutet ihn auch nicht, er benennt ihn gerade nur: nackt, ungeschminkt. Er bringt ihn einmal in Zusammenhang mit dem Substanzverlust, den das jüdische Volk speziell durch die Ermordung des der Tora einst erschlossenen Ostjudentums erlitten hat; aber er klagt umgekehrt nicht das assimilierte und säkularisierte europäische Westjudentum an. Er spricht nicht in der Geste eines Propheten, der Gericht verkündet oder das Volk über seine Verluste trösten will. Er will *nur das Datum* als solches feststellen und daraus Konsequenzen ziehen.

Doch heißt dies nicht, daß gerade diese oft unbarmherzig, mitleidlos und manchmal wie zynisch wirkende Nüchternheit nicht tief gezeichnet wäre vom Leiden daran. Leibowitz selbst gibt für diese Vermutung zwar nicht einmal die Spur einer Andeutung; aber die Kälte, in der er davon spricht, kann mir dennoch nicht das Entsetzen verbergen, das sie erzeugt.

Die nüchterne Feststellung bezweckt, so weit ich verstehe, folgendes: *1.* Weil das heutige jüdische Volk nicht mehr das Volk sein will, vielleicht nicht mehr sein kann, jedenfalls: nicht mehr ist, das von der Tora geleitet wird, folgt notwendig daraus die Aufgabe, nun auch im Judentum, wie zuvor schon im Christentum (und lange noch nicht im Islam), Staat und Religion, aber auch Religion und Wissenschaft radikal voneinander zu trennen. *2.* Die im heutigen Staat Israel geläufige Vermischung von säkularer Gesellschaft und religiöser Gesetzgebung, – auch z.B. von Machtpolitik und religiösen Ansprüchen auf den Gesamtumfang des einst von David beherrschten Landes bewirkt permanente Selbsttäuschungen über die innere und äußere Wirklichkeit des heutigen Judentums und schafft ein Gewebe von Lügen. *3.* Dies ist vor allem schlimm, weil es die Tora entmachtet und verfälscht, die kein Programm staatlicher Gestaltung oder gesellschaftlich-ideologischer Unterweisung enthält, sondern auf nichts zielt als den Tat-Gottesdienst des Einzelnen in Gemeinschaft seiner Gemeinde. *4.* Gerade das Tora-treue Judentum zeigt sich so schwach, nämlich in seiner Tradition *eingepanzert,* daß es ganz unfähig zu heute fälliger halachischer Entscheidung ist – zu der vor allem anderen neue Bestimmungen für die Stellung der Frauen in der Gesellschaft gehörten: noch vor all den Fragen, die mit moderner Kriegführung, heutiger Naturwissenschaft und neuer gesamtgesellschaftlicher Gestaltung zu tun haben. Es gibt derzeit im Volk keinen Lehrer mit Autorität mehr, und es gibt auch keinen Kollektiv-Geist, aus dessen Lebendigkeit heraus man eine neue Autorität erwarten könnte. Dabei hat das Judentum nicht die Zeit, die Lösung der Gegenwartsprobleme auf die lange Bank zu schieben und bis zur Geburt eines besseren Lehrers zu warten. *5.* Darum soll in dieser Situation geistiger Armut endlich dem säkularen Staat Handlungsspielraum gegeben werden für Lösungen der Probleme nach säkularen Normen, und derweil soll die Gottesdienstgemeinschaft Gelegenheit finden, sich zu kräftigen und sich auf meta-halachische Fragen, d.h. solche, für die es keine Tradition gibt, einzustellen, d.h. sich innerlich zu befreien von ausschließlicher Bindung an Probleme des Vergangenheitslebens, um Kräfte zu schöpfen für eine freie und weitergehende Halacha für heute. Leibowitz vertritt nicht gesetzeskritische oder gesetzesfreie Vorstellungen liberaler Juden, er will nur eine Fortschreibung der Halacha für heute – vielleicht, daß sie dadurch auch für Gesellschaft und Staat aufs neue gegenwartsfähig werden könnte: was sie aber jetzt nicht ist. *6.* Ich nehme jetzt einen Gedanken vorweg, der erst recht verständlich werden kann, wenn ich die Position von Leibowitz näher bestimmt haben werde. Es könnte sein, daß ein Rückzug der Religion aus der Weltgestaltung in den Tat-Gottesdienst des Einzelnen in seiner Gemeinde auch neu ein Verhältnis zu jener *Geistes*welt und Theologie bringen könnte, die jetzt, hier und heute, dem Verdikt der Spekulation verfallen ist. Es könnte sich nämlich zeigen, daß jene Abstoßung von Haggada, jedem Denken über Gott und jene Reduktion auf rein gottesdienstliches Tat-Judentum zwar einen unvermeidlichen Protest gegen Vermischungen mit religiösem und theologischem Spekulantentum darstellen, aber *nicht für immer Essenz* des Jüdischen bleiben müssen – wie Leibowitz dies allerdings behauptet. Für diese Überlegung übernehme ich allein die Verantwortung, Leibowitz hätte sie entschieden als spekulativ verworfen; schon der Gedanke, daß sich einst etwas zeigen »könnte«, beweist ja, daß es für heute unwesentlich ist; jedenfalls gebe ich zu, daß ich den Gedanken angefügt habe, weil ich die Verwerfung jeder Sinn-Dimension durch Leibowitz in meiner Geistesschwäche schwer erträglich finde. Nicht könnte und dürfte ich sagen: Ich glaube sie der Radikalität von Leibowitz nicht, denn nicht könnte und dürfte ich leugnen, daß man tätig leben kann ohne einen anderen Sinnhorizont als den, der im Tun selbst liegt. Aber da Leibowitz das gottesdienstliche Tun der mizvot zwar nicht als geleitet von einer Ethik, aber – kantianisch – doch vom Ethos einer Pflicht schildert, und da er diese Pflicht die des »Erkennens« Gottes nennt, ist doch wohl in dem Tun ein Sinnhorizont *be*schlossen; er kann nicht expliziert werden ohne Spekulation, aber er ist im Wahrnehmen der gottesdienstlichen Pflicht enthalten, – das pflichtgemäße Tun ist wirklich ein Wahr-Nehmen Gottes, mithin eine Verhaltensweise zur Wahrheit, das Tun mithin *implizit* etwas theologisch-Relevantes. So ließe sich mindestens das sagen: Im pflichtgemäßen Tun behält Theologie Zukunft – auch bei dem gegen alles Theologische sich grimmig sperrenden Leibowitz.

Seine religiöse Lehre nun ließe sich als eine große *Entmythisierung* des Judentums begreifen.

Zuerst muß der absolute *Vorrang der mündlichen Tora vor dem Tenach* eingeschärft werden; die Bibel steht an Bedeutung und Autorität annähernd absolut *zurück* hinter dem Gesetzeskorpus der Mischna des zweiten Jahrhunderts und seiner Diskussion in den verschiedenen folgenden Generationen der Tannaim und der Amoräer, also der Diaspora-Lehrer des jüdischen Volkes, deren Voten wir in den beiden Talmudim haben: dem Jeruschalmi und dem Bavli (Jerusalemer und Babylonischem Talmud).

Diese Rangordnung – Talmud vor Bibel – ist eine Entscheidung des jüdischen Volkes, in der es nach dem Verlust der Staatlichkeit in der Periode des 2. Tempels neu sein Selbstverständnis bestimmt und damit zugleich auch neu das Wesen des Judentums festgelegt hat. Leibowitz legt Wert auf die Feststellung, daß dies *Volks*entscheid gewesen sei, nicht einfach Ergebnis einer anonymen geschichtlichen Entwicklung und eines geistigen Geschicks; das Volk hat sich in dieser Rangordnung seine *Überlebensform* geben wollen in einer Lage, in der die wesentlichen Voraussetzungen der biblischen Zeit nicht mehr gegeben waren: die politische Freiheit, – mindestens die Handlungsmöglichkeit einer Volkseinheit in einem gemeinsamen Lebensraum. Das Volk, das sich für den Vorrang der mündlichen Tora vor der schriftlichen entscheidet, gibt sich eine neue Lebensgrundlage in einer neuen geschichtlichen Situation, die etwas anderes fordert als bisher. Es kann nicht mehr, wie in biblischen Zeiten, Volk der geschichtlichen Führungen Gottes sein, es entschließt sich, Volk der Tora zu werden, d.h. nicht mehr in weltgeschichtlich relevanten Institutionen sich zu organisieren – wie bisher im Königtum, im Priestertum und in der Einrichtung, mindestens Duldung eines kritischen Prophetentums –, sondern allein die Tora als Daseinsgesetz zu wählen, das auch über die Entfernungen der Zerstreuung, der Gola, und über die damit unvermeidlich sich einstellenden kulturellen Differenzierungen hinweg das Volk praktisch und ideell beisammenhalten kann. Nicht Staatlichkeit – Gottesdienst gibt Überlebenschancen.

Vielleicht läßt sich daraus sofort auch die Rangordnung auf einer zweiten Ebene verständlich machen: der *Vorrang der Halacha,* d.h. aller Tat-Weisungen der Tora *vor der Haggada,* also (abgekürzt): vor aller religiösen und theologischen Reflexion, – damit zugleich eine entschiedene Ordnung der Verbindlichkeiten: Was zu *tun* ist, bindet einen jeden und eine jede in den Grenzen ihrer Kräfte – was über Gott, Welt und Menschen zu *denken* ist, steht jeder, jedem frei, Gedanken sind nicht uniformierbar, auch religiöse nicht, – jede, jeder hat und habe ihren, seinen eigenen Kopf: auch in bezug auf die Erkenntnis Gottes und andere religiöse Einsichten. Es ist nicht auszuschließen, daß in dieser zweiten Rangbestimmung – Halacha geht vor Haggada – schon Rücksicht genommen wird auf den Unterschied der Lebenswelten, in die hinein das jüdische Volk nun zerstreut worden ist. Mindestens geistige Anpassung an die verschiedenen Kulturen ist unvermeidlich, schon des sprachlichen Austauschs mit der nichtjüdischen Umwelt wegen, – auf diesem Gebiet kann spezifisch Jüdisches nicht ebenso eindeutig und rein festgehalten werden wie in der Ordnung des Lebensstils einer Familie und des Gottesdienstes einer als Minorität leben müssenden Gemeinschaft – nicht zuletzt dies einer der Gründe dafür, daß Denken und Reden von Gott – also Theologie – nicht ebenso essentiell festgehalten werden können wie die Pflichten eines gottesdienstlich geführten Lebenslaufs.

Überfällig ist, daß christliche Theologen diese geschichtlichen Umstandsbestimmungen eines jüdischen Volksentscheids fürs Überleben in diesen beiden Rangordnungen begreifen, die von christlichen Auffassungen abweichen. Eine religionsphänomenologische Erklärung – »Judentum« sei eben ab ovo etwas anderes als »Christentum«, es handle sich um zwei verschiedene Erfahrungs- und Denkeinheiten, zwei »Religionen«, die von vornherein nichts miteinander zu tun haben und sich nur zwanghaft in eine innere und notwendige Beziehung setzen ließen – trifft den Tatbestand insofern nicht, als er an der Geschichtlichkeit der Selbstbestimmung des land- und staatenlos gemachten »Israel« zum »Judentum« vorbeigeht, »Judentum« also nicht als die selbstbewußte historische *Überlebensgestalt* des biblischen Israel begreift. Um es noch einmal zu verdeutlichen: Das talmudische Judentum begreifen wir als die Überlebensgestalt des biblischen, – im Talmud überlebt die Bibel; und das halachisch disziplinierte, d.h. gottesdienstlich gestaltete Leben jüdischer Gemeinden, Familien und einzelner begreifen wir als die Überlebensgestalt jenes biblischen erzählenden Geschichtsgeistes, der in der Haggada sich fortsetzt, aber auskommen muß ohne die geschichtlichen Führungen, von denen in der Bibel als Werken der Vorsehung des Bundesgotts Israels gesprochen werden konnte; *an die Stelle der Führungen sind die Weisungen* als die – auch »politisch« – entscheidenden Beziehungsweisen Gottes zu seinem Volk getreten. Beide Rangordnungen antworten auf die neue geschichtliche Situation Israels »im Zeitalter seiner tiefsten Erniedrigung« und sind alles das nicht, was Generationen von christlichen Theologen darüber behauptet haben: Verabschiedung des Judentums von der Geschichte und Gestaltwandel vom biblischen »Volk« zu einer jüdischen »Religion«. Dagegen setzen wir: *Im Überleben wahrt das jüdische Volk sein Leben, das »Gesetzesjudentum« bewahrt die Bibel unter neuen historischen Bedingungen.*

Ich hoffe, mich mit diesen Erläuterungen nicht allzu weit von Leibowitz entfernt zu haben, und verstehe sie als Ausführungen zur Erklärung Leibowitzens: Der Vorrang der mündlichen Tora vor der schriftlichen sei eine »Entscheidung« des jüdischen Volkes.

Leibowitz fügt, an Maimonides anschließend, hinzu: Der praktische Vorzug der mündlichen Tora bestehe darin, daß immer weiter gehender mündlicher Austausch über Fragen der Tora wenigstens eine ferne Aussicht auf Einigung biete, während in schriftlicher Tora Meinungsverschiedenheiten, ungelöste Probleme für immer festgeschrieben seien; *alles Schriftliche also spalte das Volk, das Mündliche dagegen halte im Gespräch und offen* und erlaube keine Resignation vor der Hoffnung, es ließe Einigung sich eines Tages erzielen. Insofern tauge auch die Bibel zur Wahrung der Einheit der Zerstreuten weniger als der rabbinische Diskurs der Generationen.[48]

Die geschilderten geschichtlichen Zusammenhänge vertieft Leibowitz nun weiter auf Grundsätzliches.

48. Vgl. J. Leibowitz, Vorträge über die Sprüche der Väter. Auf den Spuren des Maimonides. Aus dem Hebräischen übers. von Grete Leibowitz, 1984, 25f.

Die *mündliche Tora* ist keine Gabe des Himmels, sondern eigenes *Werk des jüdischen Volkes.* Zwar war es in innerer Auseinandersetzung mit der Gruppe der Sadduzäer vielleicht nötig, jedenfalls verständlich, daß man erzählte, Israel habe zugleich mit der Tora des Mose auch die mündliche Tora am Sinai *empfangen;* denn die Sadduzäer behaupteten – konservativ – die Alleingültigkeit der Heiligen Schrift und entsprechend eine geringere Autorität von Mischna und Talmud. Aber es sei den Lehrern Israels in allen Generationen dreierlei immer klar gewesen: *1.* Die mündliche Tora ist nicht etwa Auslegung der Heiligen Schrift, sie stehe als selbständige Schöpfung vielmehr auf eigenen Füßen. *2.* Erst die durch Volksentscheid zustande gekommene mündliche Tora erklärt die schriftliche zur »Heiligen« Schrift[49], mithin verdankt die Bibel ihre Autorität der mündlichen Tora, nicht umgekehrt. *3.* Die mündliche Tora aber ist durch und durch Menschenwerk und Menschenwort, ein »menschliches Produkt«[50]. »Denn wir haben sie selbst geschrieben …«[51] »Andererseits akzeptieren wir sie als die göttliche Tora; die Tora, die wir selbst geschrieben haben, ist die göttliche Tora!«[52]

Wie kann das zugehen? Wie können wir es wagen, zu tun, was in der mündlichen Tora geschieht: »Halacha festzulegen«[53], also über Gottes Willen zu entscheiden? – Leibowitz antwortet mit einem Zitat aus der Tradition (aus dem Kzot ha-Choschen): »Gott hat uns erwählt und uns die Tora gegeben, zur Entscheidung nach menschlicher Vernunft, obwohl sie (die Vernunft) nicht die Wahrheit ist. Dann aber hat die Gott die Vernunft geheiligt, damit Wahrheit in der Entscheidung der menschlichen Vernunft liegt«. »Das bedeutet«, fügt Leibowitz erklärend hinzu, »die Tora selbst sagt, daß das von der menschlichen *Vernunft* in der Tora Festgesetzte die göttliche Tora ist«[54]. Die Heiligkeit der Bibel ist also eine menschliche Vernunftentscheidung – allerdings die einer von Gott geheiligten Vernunft solcher, die Gott erwählt hat!

Von dieser Erwählungsvoraussetzung spricht das Judentum wenig, ebenso wenig von einer göttlichen Heiligung der Vernunft. Dies führt eine am Judentum interessierte nicht-jüdische Welt oft in die Irre, denn Nicht-Juden legen sich die Bedeutung der Vernunft im Judentum im Geiste einer Natürlichen Theologie zurecht und übersehen, daß für alle Juden eine Voraussetzung der Gotteserwählung und der Vernunftheiligung gilt, auch da, wo nie davon gesprochen wird. In der Tat kommt das selten einmal so deutlich zum Vorschein wie in dem Zitat aus dem zur rabbinischen Traditon gehörenden Kzot ha-Choschen.

49. J. Leibowitz, Gespräche über Gott und die Welt, a.a.O. 125.
50. A.a.O. 126.
51. A.a.O. 127.
52. A.a.O. 125.
53. A.a.O. 127.
54. Ebd.

Um zu zeigen, daß diese Sicht keine Ausnahme ist, gibt Leibowitz ein zweites Zitat, vom Rabbi Israel Salanter, dem Gründer der in Litauen im 19. Jahrhundert entstandenen Mussar-Bewegung, in der besonders eng Halacha, die Tat-Weisungen der Lehrer Israels, mit Ethik verknüpft wurde, also mit der Besinnung auf die geistigen und gesellschaftlichen *Grundlagen* eines jeden guten Tuns; eine solche Verknüpfung ist längst nicht etwas jüdisch-Gewöhnliches oder Selbstverständliches, und es gehört zu den fundamentalen Mißverständnissen von Nichtjuden, wenn sie die überragende Bedeutung des Tuns im Judentum gleichsetzen mit dem, was wir »das Ethische« zu nennen gewohnt sind; »das Ethische« ist gedankliche Reflexion aufs Tun schlechthin und beantwortet nur am Rande auch die unmittelbaren Praxis-Fragen: »Was sollen wir tun?«; die könnte man umgekehrt die Hauptfragen der halachischen Diskussion nennen; jedenfalls sind jüdische Halacha und christliche Ethik nicht dasselbe.

Rabbi Israel Salanter nun hat einmal zur Freude von Leibowitz geschrieben: »Gott hat dem Menschen die Tora gegeben, damit er sie mit menschlicher Vernunft beurteile; einst war sie bei ihm als Spielgefährtin, doch sie ist nicht im Himmel geblieben, um (von dort her) Geheimnisse zu enthüllen. Wenn der Mensch aber vordringt, um nach seiner Sichtweise zu erkennen, so ist sie die Tora Gottes, sein Name sei gelobt«[55]. Will sagen: Im Vernunftgebrauch des Menschen *wird* die Tora zur Tora Gottes. Das entspricht der Logik einer alten midraschischen Erkenntnis: »Wenn Ihr meine Zeugen seid, bin ich Gott; wenn ihr nicht meine Zeugen seid, bin ich sozusagen *nicht Gott«* [56] (Psikta de Rav Kahana 102b zu Jes 43,12). Wir sollten auch hier nicht mißverstehen, als *mache* die Vernunft das Menschenwort der Tora erst zu Gottes Wort und Gebot. Zwar tendiert Leibowitz in die Richtung dieses Gedankens. Wir aber sind gehalten, auch hier die göttliche Voraussetzung nicht zu überhören: »*Gott* hat die Tora dem Menschen gegeben«, seine himmlische Spielgefährtin war sie (nach Sprüche 8,30f.), aber in der himmlischen Ewigkeit waren Menschen die Geheimnisse ihrer Weisheit noch verschlossen; doch es geschah und kann seither immer wieder geschehen: Menschen dringen mit ihren Vernunftkräften zu ihr vor, und indem dies geschieht, öffnet die Tora sich ihnen als Weisung *Gottes*.

Leibowitz verfolgt eine *praktische* Absicht, wenn er den Menschenanteil an der Tora so exklusiv betont: Er drängt Judentum zum Mut, Halacha für heute zu entscheiden, statt sich nur allzu bequem hinter Entscheidungen früherer Generationen zu verstecken[57]; aber er zweifelt an der Bereitschaft und Fähigkeit heutiger Juden zu Entscheidungen des Glaubens: »Leider sind die An-

55. A.a.O. 126.
56. A.a.O. 133.
57. Vgl. a.a.O. 129.

sichten und Möglichkeiten der Halachawelt heute wirklich verlorengegangen. Gehen Sie in eine Jeschiwa und fragen die Schüler: Wie verhält es sich mit der Möglichkeit, Halacha zu erneuern? Dann werden die Schüler zunächst nichts davon wissen«[58]. Aber nicht nur Schüler sieht er entscheidungsunfähig. Leibowitz erinnert sich einer Frage von Rabbi Herzog, dem ersten Oberrabbiner Israels, »der auf jeden Fall zu den großen Toragelehrten seiner Generation gehörte.« »Ich werde nie vergessen, daß er mir einmal sagte: ›Wie soll ich eine Entscheidung fällen, die meine Väter und meine Lehrer nicht getroffen haben?‹«[59] Eben solche »Scheu vor der Entscheidung«[60] ist allgemein und ein Zeichen dafür, daß das jetzige jüdische Volk nicht mehr und noch nicht wieder und in absehbarer Zeit überhaupt nicht das Volk ist, das die Tora für ihre Verwirklichung voraussetzt.

Es scheint geboten, ausdrücklich daran zu denken, daß dies jüdische *Selbstkritik* ist, und davor zu warnen, Gedanken einer Selbstkritik »wissenschaftlich« zu objektivieren, sie etwa als Beweis dafür anzuführen, daß das heutige Judentum tatsächlich nicht mehr oder noch nicht wieder oder überhaupt nicht das Volk der Tora sei, sondern ein säkulares, profanes Gebilde, »wie jedes andere auch«. Sätze solcher Selbstkritik können nicht außerhalb des Judentums aufgenommen und zu Sätzen einer gegen das Judentum gerichteten Kritik verfälscht werden. In nichtjüdischem Mund müßte zur Unwahrheit werden, was unter Juden ein Kampf um Wahrheit ist. Darum habe ich vom *Leiden* gesprochen, das nach meinem Verständnis das Denken von Leibowitz prägt und Bedingung der Möglichkeit dieses Denkens ist. Leibowitz ist ein strikt orthodoxer Jude, und dies macht ihn leiden daran, daß in seinen Augen dem Volk heute Kräfte zur Glaubensentscheidung fehlen.

Überdies muß man als Nicht-Jude wissen und mit bedenken, daß dies Denken innerhalb des Judentums einsam dasteht und heftig umstritten ist. In Israel erschien ein Buch mit Stellungnahmen zu Leibowitz unter dem Titel »Verneinung um der Verneinung willen – gegen Jeshajahu Leibowitz«[61]; er gilt also vielen als der »Geist, der stets verneint«, als Inbegriff der Negation und so auch als negativ; er repräsentiert also nichts als sich selbst, nicht: »das« Judentum.

Darum ist schließlich *auch* zu berücksichtigen, daß Leibowitz' Denken ein Kampf-Denken ist, kein historisch beschreibendes und doktrinär-feststellendes. Man spürt, daß er überall *für* etwas steht, dessen heutige Wirkung und Geltung er nur mit Verneinungen beschreiben kann. Wollte also ein Nichtjude sich der Wahrheit des Leibowitzschen Denkens anschließen, müßte er mit ihm am Glei-

58. A.a.O. 128f.
59. A.a.O. 129.
60. A.a.O. 130.
61. A.a.O. 281.

chen leiden und ums Gleiche kämpfen. Antijüdisches Kapital läßt sich aus Leibowitz *nicht* schlagen!

Die im geschilderten Verhältnis von mündlicher und schriftlicher Tora und von Halacha und Haggada sich ausdrückende historische Situation – Überleben in der Zerstreuung, jenseits vom Land, eigenem Staat und Tempel – spiegelt sich nun auch im Verständnis von Gott und Gottesdienst wider: im *Verhältnis des nur als Ferne zu begreifenden Gottes zu einem lediglich um seiner selbst willen, also grundlos gelebten Gottesdienst.*

Ich beginne die Schilderung mit einem besonders provokanten Satz aus Leibowitz' Buch »Sichot al schemone perakim le-rambam«, »Gespräche über acht Kapitel des Maimonides«, die besonders über dessen More Nevuchim gehen, den »Führer der Verwirrten« von 1190 n. Chr.: »Der Glaube, der auf meinem Wissen von Gott gegründet ist, ist nichts anderes als Götzendienst«, verwerfliche avoda zara. »Der Glaube ist nicht das Wissen über Gott (denn was kann der Mensch schon von Gott wissen), sondern das Wissen um meine Pflichten Gott gegenüber«[62]. Diese Unterscheidung ist eigentlich schon der ganze Inhalt der Leibowitz'schen Theologie.

Er lehrt: »Ich mache eine typologische Unterscheidung zwischen den zwei Einstellungen zum Glauben: [a.] Kommt der Glaube dadurch zum Ausdruck, daß der Mensch darüber nachdenkt, wie Gott sich zu ihm verhält – oder [b.] dadurch, daß der Mensch darüber nachdenkt, wie er (der Mensch) sich zu Gott verhält?«[63] Es ist für Leibowitz klar, daß nur der zweite Typus jüdisch ist: die Frage nach des Menschen Pflichten gegenüber Gott. Der erste Typos repräsentiert Götzendienst: den Menschen, der darüber nachdenkt, wie Gott sich zu ihm verhält.

Es kann sein, daß Leibowitz diese Typen im scharfen Gegensatz von Christentum und Judentum gebildet hat, er sagt es nicht, aber fast unvermeidlich fühlt man sich als Christ unter dem Leibowitz-Typos »Götzendienst« ertappt. Darum lohnt es sich, dazu Stellung zu nehmen.

Erstens. Leibowitz sagt: Ich bilde zwei »Typen«. Typen sind immer *Ideal*-Typen, abstrahieren von der Differenziertheit des Wirklichen und können nicht den Anspruch erheben, historisch ganz genau zu sein. Leibowitz weiß das wohl: In Typen redet man abgekürzt, im einzelnen nicht nur ungenau, sondern ungerecht, – man will nur Klarheit schaffen: vielleicht allzu klare Klarheit.

Zweitens. Leibowitz selbst schränkt das allzu Pauschale seiner Typenbildung auch sofort ein: »Götzendienst« ist die Frage, was Gott für uns ist und tut, nur

62. Zit. in: Gespräche über Gott und die Welt, a.a.O. 290; vgl. J. Leibowitz in: Gespräche über Gott und die Welt, a.a.O. 124 .

63. A.a.O. 123.

dann, wenn sie taten- und folgenlose Spekulation bleibt und das auf diesem Wege gewonnene Wissen von Gott als einzig-entscheidend für das menschliche Verhältnis zu Gott angesehen wird. Michael Shashar fragte Leibowitz: Bedeutet das, »daß der Satz ›Ich glaube an Gott‹ eigentlich keine Bedeutung hat?« Darauf die Antwort: »Ich verstehe die Bedeutung dieser Worte nicht, *wenn sie nicht* im Zusammenhang mit der aus ihnen entstehenden Verpflichtung stehen.« Jüdisch ausgedrückt: »Es gibt keine ›Annahme des Joches der Herrschaft der Himmel‹ ohne die ›Annahme des Jochs der Tora und der Mizvot‹« (123); da nach rabbinischem Denken Israel das »Joch des Himmelreichs« auf sich nahm, als es sich von Gott aus dem Sklavenhause Ägypten befreien ließ, und das »Joch der Tora« sich aufbürden ließ, als es am Sinai stand, heißt der Satz von Leibowitz: Es gibt keine Freiheit Israels ohne den Dienst der Gebote und noch genauer: Es gibt kein befreiendes Handeln Gottes ohne die Verpflichtung der Menschen, – kein Werk Gottes ohne Menschenwerk. Mit der Folge: Nach *Gottes* Handeln fragen kann nur, wer nach seinem eigenen Gottes*dienst,* seiner Pflicht für Gott, fragt.

Drittens. Leibowitz besteht unerbittlich auf diesem Zusammenhang. Es kann keine gegen die menschliche Existenz neutrale Theologie geben, kein Interesse *an* Gott ohne Engagement *für* ihn. Um dies aber unmißverständlich klar zu machen, bildet Leibowitz ungemein radikale und einseitige Sätze.

a. »Der Glaube kommt nicht von oben, sondern von unten« (122), – ist *nicht Gottes Geschenk, sondern menschlicher Willensentschluß.*

b. Ein von oben nach unten gedachtes Wirken Gottes ist Unsinn. Die Offenbarung der Schechina – also der personifiziert gedachten Einwohnung des jenseitigen Gottes in Israel oder auch nur der Gedanke der Begleitung Israels durch den jenseitigen Gott – war, sagt Leibowitz, »ein absoluter Fehlschlag«. Ferner: »Die Prophetie war ein absoluter Fehlschlag. Allen Propheten Israels gelang es nicht, auch nur eine einzige Seele zum Guten zurückzubringen. Dagegen wissen wir über einige Dutzend Generationen von Juden, die ihr Leben für den Glauben gegeben haben« – will sagen: *Was Gott von alters her für Israel tat blieb erfolglos, nur was Israel tat für Gott bekam Wirkung.* Leibowitz fährt fort: »Das waren gerade die Generationen, die niemals eine Offenbarung gesehen und keine Wunder und Zeichen erfahren haben, denen keine Propheten gepredigt haben und denen nichts in ihrer Wirklichkeit die göttliche Vorsehung bezeugt hat. Auch in unseren Tagen – wie in der ganzen Menschheitsgeschichte – verweist nichts auf die göttliche Vorsehung« (122). Das ist sehr pauschal geredet, und fragen läßt sich: Woher weiß Leibowitz das alles so genau? Aber es gehört zum Typos und besagt, »daß gerade nach unserer [jüdischen] Glaubenstradition die Intervention Gottes nicht zum Glauben führt« (122), sondern nur das, was wir selber tun. Ein »›Drahtziehen‹ von göttlicher Hand« in der Welt ist »ganz und gar unbekannt« (123).

c. Aus dem, was er gleichsam als historische Erfolglosigkeit des allein handelnden Gottes und seiner vergeblichen Eingriffe ins Weltgeschehen und das Leben der Generationen beschreibt, zieht Leibowitz grundsätzliche theologische Folgerungen: Es ist »nicht wichtig ..., wie Gott den Menschen vorhersieht [= regiert]; entscheidend ist, wie der Mensch sich zu Gott verhält ...« (224). Das heißt: Theologie im christlichen Sinne des Wortes – als Logos, Rede von Gott – ist unwichtig.

Doch selbst wenn einer von Gottes eingreifendem Handeln fest überzeugt wäre – was ginge es ihn an? (123) Es hat ihn nicht zu interessieren, ist nicht glaubensnotwendig. Ja, mehr noch: Bei allen, »die an die Hilfe Gottes glauben«, ist »anzuzweifeln ..., ob sie überhaupt an Gott glauben« (124). – Dies setzt ein grundsätzlich a-kosmisches Verständnis von Gott voraus:

d. Grundsätzlich hat *Gott kein Amt für die Welt* (200). Er darf und kann nicht zur Verwaltung der Welt herangezogen werden (200). Er ist kein Ministerpräsident (200f). Er »hat keine Aufgabe. Der Mensch hat eine Aufgabe – Gott zu verehren, aber Gott hat keine Aufgabe gegenüber dem Menschen« – und Leibowitz fügt hier hinzu: »Das ist Glaube!« (201). »Es ist doch nicht ein Amt Gottes, die Angelegenheiten der Welt und des Menschen zu ordnen. Der Ministerpräsident hat eine Aufgabe gegenüber dem Staat. Gott aber hat keine Aufgabe gegenüber der Welt« (124). »Die meisten Glaubenden sind nicht in der Lage, an Gott von dem Aspekt seiner Gottheit her zu glauben, sondern sehen ihn nur in der Funktion, die er erfüllt ...«, z.B. als den Schöpfer unserer Welt oder als den Lenker der Weltgeschichte oder als Lohner der Guten und strafender Richter der Üblen (146). Aber Gott als Funktionär im Dienst weltlicher Zwecke oder menschlicher Bedürfnisse ist ein Abgott. Wer zu Gott nur ein Verhältnis über solche Funktionen hat, die uns einsehbar scheinen und nützlich sind, verhält sich zu ihm nicht um seiner selbst willen, damit fehlt ihm jedes Verhältnis zur Göttlichkeit Gottes, während Glaube nur ein Verhältnis zu Gott um seiner selbst willen genannt werden kann und weder an einer Nützlichkeit Gottes noch überhaupt an seinen Funktionen interessiert ist. Gott ist kein Gebrauchswert.

e. Leibowitz macht dies besonders am *Schöpfungsverständnis* klar und schließt sich hier dem Rambam besonders eng an, in dessen großem und vielfältigem Schriftwerk das Wort Schöpfung nicht ein einziges Mal vorkommt. Von ihm stammen zwar die dreizehn Ikkarim, Glaubensgrundsätze, die im Judentum so große Autorität gewannen, daß sie in den Siddur, das Gebetbuch, aufgenommen wurden. Dort heißt zwar der erste Grundsatz des jüdischen Bekenntnisses: »Ich glaube mit vollkommenem Glauben, daß der Schöpfer, gelobt sei sein Name ...« – »aber bei Maimonides steht das Wort ›Schöpfer‹ nicht« (145f), es ist zur Wahrung einer Tradition in den Siddur eingefügt worden. In seiner Erläuterung dazu gibt Leibowitz zwei eigene Gedanken. Erstens: »Der große Glaubensgrundsatz ist, daß die Welt nur ist, weil Gott ist, mit anderen Worten: Die Wirklichkeit der Welt hängt daran, daß Gott ist, ›der allein das wahre Sein ist‹« (wie Maimonides in seinem ersten Grundsatz sagt). Will sagen: Gott ist gegenüber der Welt keine sekundäre, erst nachträglich hinzukommende Wirklichkeit, und wir sollten nicht denken, daß Gott erst wirklich wird, wenn das Geschöpf Mensch und alle andere Kreatur schon da sind. Gott ist eine schöpfungsunabhängige Wirklichkeit – und das entspricht dem, was wir, als wir über die Schöpfung sprachen, so ausdrückten: Im Gedanken der Schöpfung geht es zunächst überhaupt nicht um Natur und Naturentstehung, sondern er ist ein Hilfsgedanke, mit dem Gott genauer bestimmt werden soll: der Schöpfer. Leibowitz fährt nun fort: »Das bedeutet jedoch nicht unbedingt, daß die Welt nur von dem bestimmten Augenblick an, an dem sie geschaffen wurde, existiert« (146). Zwar verstehen die meisten Glaubenden das so – aber doch nur, weil sie das Problem gar nicht begreifen, das der Gedanke der Weltschöpfung für ein Verständnis Gottes bedeuten muß. – Darum Zweitens: Ein zeitlich gedachter Weltanfang ist zwar auch naturwissenschaftlich ein Problem – aber heute längst kein so schweres mehr, wie es ein theologisches ist. Denn der Gedanke, daß Gott eines ersten Tages die Welt geschaffen – im Sinne von »produziert« – habe, muß ja sofort die Frage wecken: »Was verändert sich in einem bestimmten Augenblick in der Gottheit?« (146). Da muß ja etwas passiert sein, als Gott sich entschloß, jetzt plötzlich eine zweite Wirklichkeit, die Weltwirklichkeit, neben sich zu setzen und also nicht mehr allein wirklich zu sein, wie er es bis zu diesem Augenblick war. Karl Barth hat in der Kirchlichen Dogmatik dies als den ersten Akt einer Selbstbestimmung Gottes zur Gnade gedeutet. Er will nicht mehr allein sein und schafft in seinem Willen, ein gnädiger Gott sein zu können – also Gott in einer guten Beziehung zu anderen –, die Welt als eine zweite, ihm gegenüber selbständige und darin für ihn partnerfähige Wirklichkeit: die Welt und in ihr den Menschen als das speziell zur Bundesgenosssenschaft mit Gott bestimmte Wesen. Leibowitz und Barth teilen also das gleiche zwischen Gott und dem Schöpfungsgedanken bestehende Problem. Aber nie hätte Leibowitz das Verständnis, das Barth davon entwickelt hat, geteilt; er hätte es als reine Spekulation abgelehnt und zieht selbst eine andere Konsequenz. Der Gedanke einer Veränderung in Gott ist unmöglich, also löst sich das erkannte Problem nur so, daß der Schöpfungsgedanke – sei es verändert, sei es in seinem traditionellen kosmologischen Sinn überhaupt – fallengelassen werden muß. »Vielleicht ist aus der Tiefe des Glaubens heraus gerade der Begriff einer ›Weltewigkeit‹ angemessener«, doch Leibowitz fügt hinzu: »... aber das entspricht nicht der Glaubensnotwendigkeit der meisten Glaubenden« (146). Er wagt noch nicht, was wir versucht haben: aus dem Begriff der Schöpfung alles Kosmologische zu streichen und ihn rein geschichtlich zu fassen: als den Zuspruch der Welt an Israel in der Zerstreuung. Aber Leibowitz deutet am theologischen, Gott-selbst betreffenden Problem des traditionellen Schöpfungsgedankens sein a-kosmisches Verständnis Gottes an und beruft sich dafür auch immer wieder auf Maimonides, der lehrte: »Gott, von dem gesagt ist, daß die Welt nicht *sein* Ort ist«.[64]

f. Fällt für Leibowitz so der Gedanke der Schöpfung aus, so entsteht natürlich die Frage: Ist denn Gott ein ganz und gar beziehungsloses Wesen? Darauf muß Leibowitz antworten: Ja – soweit es die Welt betrifft, – Gott ist eine a-kosmische Wirklichkeit.

Dennoch ist von einer Beziehung Gottes zu anderer Wirklichkeit als seiner eigenen zu sprechen. Sie richtet sich erstens auf jeden einzelnen Menschen als einzelnen, und besteht zweitens in nichts anderem als der Pflicht zum Gottesdienst, in die Gott jede einzelne, jeden einzelnen durch die Tora und die mizvot nimmt. *Einzig die Tora mit ihren Weisungen ist die Beziehungswirklichkeit Gottes:* wie gesagt: nicht auf die Welt, jedoch auf die einzelnen Menschen.

Von da aus kommt Leibowitz nun auf die Tradition von einer *Vorsehung Gottes* zu sprechen. Im Anschluß an Maimonides spricht er hier von einer »individuellen Vorsehung« (123)[65] und unterscheidet – genau wie die christliche Lehrtradition – eine *»generelle«* von einer *»speziellen«* Vorsehung, eine providentia generalis von einer providentia specialis.[66] Anders als es Leibowitz lieb ist, werden üblicherweise *beide* Gestalten der Vorsehung »funktionell« aufgefaßt: Vorsehungsglaube »ist der Glaube an einen Gott, der für die Welt und für die Menschen da ist« (183). Dagegen ist Maimonides zu schätzen, denn »Maimonides' Glaube an Gott ist *auf dessen Göttlichkeit und nicht auf dessen Funktionen* für die Bedürfnisse der Schöpfung oder der Geschöpfe gerichtet«(183); dieser Unterscheidung zwischen Göttlichkeit und weltlich-menschlichem Bedürfnis dient die Unterscheidung zweier Ebenen der Vorsehungen.

Providentia generalis ist eigentlich eine Selbstbestimmung Gottes dazu, »... daß ich Gott bin, der Gnade, Recht und Gerechtigkeit auf Erden übt« (Jer 9,24 Zürich). Nach Maimonides bedeuten die drei Gottesattribute Gnade, Recht und Gerechtigkeit freilich nicht Kennzeichnungen des Wesens *Gottes,* sondern Kennzeichnungen der »Wirklichkeit der *Natur«,* wie sie nach dem Willen Gottes zu bestimmen wäre. »Gnade Gottes« meine »nichts anderes« als »die Existenz der Schöpfung«; »Recht Gottes« meine die Kausalität, die der Schöpfer der Na-

64. J. Leibowitz, Vorträge über die Sprüche der Väter, a.a.O. 159. – Vgl. Mose ben Maimon (Maimonides), Führer der Unschlüssigen. Ins Deutsche übertr. u. mit erklär. Anm. versehen von Adolf Weiß, 1923; unv. Nachdr. d. 3. Aufl., mit e. Einl. ... von Joh. Maier, 1994, 1.Buch, 52. Kap.,165f..
65. J. Leibowitz, Gespräche über Gott und die Welt, a.a.O.
66. J. Leibowitz, Vorträge über die Sprüche der Väter, a.a.O. 183ff.

tur aufgeprägt habe, somit auch den gesetzmäßigen Ablauf aller weltlichen Vorgänge; »Gerechtigkeit Gottes« sei Ausdruck für die »Fähigkeit spontanen Handelns, die die lebendigen Geschöpfe im Gegensatz zur passiven, unbelebten Welt auszeichne. Die gesamte Menschheit und jedes Individuum unterstehe dieser providentia generalis, insofern diese in den Naturablauf eingebunden sei« (183). Das ist mittelalterlich-aristotelische Moderne, glatte Identifizierung von Gottes Vorsehung mit dem Naturgesetz; Gottes Walten wird hier ein Moment der Immanenz, er verliert dabei sowohl an Transzendenz wie an Geschichtlichkeit, – mittelalterliche Moderne naturalisiert Gott. Leibowitz unterzieht das keiner ausdrücklichen Kritik, interessiert sich aber dafür nicht und gibt der Ebene der *speziellen Vorsehung* den absoluten *Vorrang.*

Dabei ist nicht an einen persönlichen Determinismus zu denken derart: »Es kann mir nichts geschehen, als was er hat ersehen und was mir selig ist. Ich nehm es, wie er's gibet; was ihm von mir beliebet, dasselbe hab auch ich erkiest« (EKG 292,3/EG 368,3). Die spezielle Vorsehung, wie Leibowitz sie (im Anschluß an Maimonides) versteht, nimmt vielmehr den Menschen aus seiner Verflechtung in die Naturgesetzlichkeit heraus und richtet sich auf den Willen und die Willensfreiheit des einzelnen, indem sie ihn in die Entscheidung des Glaubens stellt. »Die bedeutendste, einzig sinnvolle« Entscheidung ist die »des Menschen, sein Bewußtsein auf die Erkenntnis und den Dienst Gottes zu konzentrieren und nicht auf irgendein anderes Ziel. Die Entscheidung, ›sich Gott zuzuwenden und nicht den Geschäften der Welt‹ ist keine allgemein-menschliche Tatsache. Jeder einzelne Mensch entscheidet sich entweder dafür oder dagegen. Wenn ein Einzelner sie trifft, löst er sich von der Welt der allgemeinen Vorsehung ab, von dem wertmäßig indifferenten natürlichen Dasein, und stellt sich allein vor Gott. Der Stand des Menschen, der sich zur Gotteserkenntnis entschieden hat, … dieser ist es, der Teil hat an dem, was in der Sprache des religiösen Glaubens gewöhnlich als ›spezielle Vorsehung‹ bezeichnet wird. Ebenso wie der Mensch Gott erkennt, so nimmt auch Gott Kenntnis von ihm – sie ist Gottes Vorsehung für den Menschen. … Nicht kraft seiner menschlichen Natur steht der Einzelne unter der göttlichen Vorsehung; er muß sich diese erringen, da sie in der Hingabe an Gott zum Ausdruck kommt. Das ist der Zweck des Menschen und seine Vervollkommnung. Wer sich dazu durchringt ›ist mit … Gott und Gott ist mit ihm‹. Aus einer indifferenten Naturgegebenheit wird sein Dasein zu sinnvollem Sein. … Wer nicht zu dieser Vervollkommnung gelangt, der bleibt ein Teil des natürlichen Daseins, das nur der allgemeinen Vorsehung untersteht, d.h. er bleibt dem, was dem Menschen als sinnloser Zufall erscheint, unterworfen« (185f).

Wir müssen dazu einiges erklären. Es ist klar, daß eine Identifizierung von Gottes allgemeiner Vorsehung mit dem Naturgesetz ein moderner Gedanke ist, selbst wenn er schon in der antiken Stoa angelegt war. Er ist nicht biblischer, sondern philosophischer Herkunft und ist in dieser Gestalt völlig losgelöst von der biblischen Verkündigung der Gnadenwahl Gottes, d.h. der stellvertretenden Erwählung Israels für die Menschheit. Zwar sind auch in der Bibel Erwählung und Vorsehung, electio und providentia, nicht dasselbe; die *Gnadenwahl ist ein Berufungsgeschehen* zum Gottesdienst – das also, was bei Maimonides/Leibowitz die spezielle Vorsehung heißt –, die *Vorsehung Gottes dagegen* ist *in der Bibel das, was sich von der Geschichte und dem Volk der Gnadenwahl her in der Weltgeschichte der Menschheit, aber auch in der Naturgeschichte auswirkt:* z.B. wenn Israel – der Tora gemäß – alle sieben Jahre auch dem Acker ein Schabbatjahr, eine Ruhe von der Ausbeutung des Bodens durch Saat und Ernte einräumt. Ein geschichtlich, d.h. ein vom Handeln der Erwählten und zum Gottesdienst Berufenen absehendes unvermitteltes Naturverhältnis Gottes kennt die Bibel nicht. Die Lehre von einer providentia generalis in der Natur hat also die Welt der Bibel verlassen und Gott naturalisiert.

Umgekehrt unterliegt die Art, in der Maimonides/Leibowitz von der *speziellen* Vorsehung sprechen, christlichen Rückfragen. So wie Leibowitz davon spricht, fällt die geradezu Bultmannsche Denkform auf, in der das geschieht. Spezielle Vorsehung ist der Akt, in dem der einzelne Mensch »in die Entscheidung« des Glaubens oder Nicht-Glaubens gestellt wird: ein Lieblingswort Bultmanns. Entscheidet er sich zum Glauben, wird er aus dem Determinationszusammenhang der Naturwelt herausgeholt, wird Bultmannisch »entweltlicht«, er steht dann nur noch »vor Gott«, in der Sprache christlicher Theologie: coram Deo.

Leibowitz beschreibt den Vorgang als ein zweiseitiges Ereignis: Indem Menschen sich für Gott entscheiden, geschieht es, daß eben darin Gott seinerseits sich für solche Menschen entscheidet. Für Christen wichtig daran ist zu begreifen: Da wird nicht an zwei Akte gedacht, wo womöglich die Entscheidung des Menschen die Voraussetzung und Bedingung der Möglichkeit dafür wäre, daß Gott sich daraufhin für die Menschen entscheidet. Eins geschieht *im* anderen, und sachlich sind dies nur zwei Seiten eines einzigen Entscheidungsaktes, bei dem kein Zuerst und Danach voneinander unterschieden werden können. Allerdings betonen Juden doch die menschliche Seite in diesem Ganzheitsakt mit besonderem Nachdruck: Die Rede von der Vorsehung Gottes klingt dann doch eher so, als wäre sie ein Werk des Menschen. Umgekehrt einseitig betont christliche, zumal protestantische Theologie das Werk Gottes, der den Menschen führt und leitet, indem er ihn dazu ruft und sich selbst dazu hergibt, daß der Mensch Stand vor ihm fassen, sich tatsächlich auf Gott konzentrieren kann. Das ist sicher keine Differenz in der Sache, aber eine in deren Aussprache.

Für Juden ist Gott von vornherein problemlos wirklich, sie können sich immer schon in Korrelation zu ihm wissen und darum das betonen, was ihnen problematischer ist als Gott und sein Wille zur Gemeinschaft mit Israel: sie sich selbst und ihr Wille, vor Gott zu stehen. Für Nicht-Juden dagegen ist es schlechthin problematisch, sich unter der Vorsehung eines ihnen *fremden,* ihnen nicht von Haus aus eigenen, nicht sich mit einem *ihrer* Namen nennenden Gottes zu sehen. Darum ist es für sie schwerer zu begreifen, daß und was *Gott* für sie tut, wenn er auch sie in seine Vorsehung nimmt, und darum müssen *sie* stärker davon reden als von dem, was für sie daraus folgt.

Noch ein *Zweites* ist zu erläutern. »Gott erkennen« ist biblisch und jüdisch ein Akt menschlicher Ganzheit. Auf keinen Fall ist dabei zuerst an einen Vorgang intellektueller Erkenntnis und Einsicht zu denken. Im Ausdruck »Gottes-Erkenntnis« – hebräisch: daat elohim – ist an existentielle und dabei vor allem tätige Erkenntnis zu denken und solche Einsicht in Gott, die durch Taten im Dienste Gottes gewonnen wird, also Einsicht aus Gottesdienstpraxis, nicht aus abgehobener theologischer oder philosophischer Reflexion. Gott-Erkennen ist ein Widerfahrnis am ganzen Menschen, und Gottes Providenz bezieht sich auf ihn in seiner Ganzheit, – er – der Mensch – wird »ersehen«, und was er von Gott dabei zu begreifen bekommt, hat Paulus gut jüdisch beschrieben: Wir erkennen daraufhin, daß wir erkannt worden sind (vgl. 1 Kor 13,12).

Drittens: Wie aber waltet Gott in seiner Vorsehung?

Hier teilen Juden und Christen die gleiche Meinung: Gottes Providenz ist ein »Werk« und ein bestimmt begrenztes *Handeln* Gottes. Es ist keine Wirkweise einer unbegrenzten Allmacht, auch keiner unbestimmten Allgegenwärtigkeit Gottes. Nichts hat sie gemein mit dem Walten eines namenlosen Schicksals und erst recht nichts mit der von Adolf Hitler so viel beschworenen, die deutschen religiösen Gemüter vernebelnden »Vorsehung«. Der von der Bibel bezeugte Gott regiert in seiner Vorsehung mit dem begrenzt-bestimmten *Mittel der Tora.* Im Verhältnis, das Menschen zu ihr finden oder nicht finden, ereignet sich die Vorsehung Gottes. Darum ist mit der Tora zugleich das menschliche Befolgen ihrer mizvot das Ereignis, in dem Gottes Vorsehung waltet. So sieht es Leibowitz.

Christlich *scheint* dies anders zu sein. Da ist *Jesus Christus das Mittel der Vorsehung* Gottes; durch das fleischgewordene Wort und im Verhältnis zum Wort, das das fleischgewordene Wort verkündigt, waltet Gott über uns und regiert uns und die ganze Welt. Es sieht aus, als wäre dann den Christen der Christus das, was den Juden die Tora ist, und man denkt herkömmlich eher an einen Gegensatz als an ein Gemeinsames. Doch das täuscht. Nur *als Täter der Tora kann Jesus den Christen gelten, was Juden die Tora gilt.*

Dabei denken wir nicht nur an die vielfachen Erzählungen und Worte, die uns die Evangelien vom *Auslegen und Tun des Gesetzes durch Jesus* überliefern, z.B. nicht nur an die Bergpredigt als Gesetzes-Auslegung oder an Jesu Beten oder seine pflichtgemäße Teilnahme an den Gottesdiensten Israels in Synagogen und – bei Wallfahrten – im Tempel von Jerusalem. Wir denken auch an die Verkündigung des Auferweckten durch seine Gemeinde, wie er auch da als der gepredigt wird, der *»das Gesetz erfüllt«* – was das im einzelnen auch immer meinen mag: Wir sollten dies Wort nicht zu eng auf nur eine Bedeutung pressen; in *vielfacher* Hinsicht läßt Jesus sich beschreiben als einer, der sein *gesamtes* Leben, sein Leiden und auch sein Sterben lebt »unter das Gesetz getan« (Gal 4,4). Und schließlich gibt es Partien in den Jesus-Schriften, die von ihm sprechen wie von der personifizierten Tora – wir haben darüber in der Christologie nachgedacht.[67]

Natürlich ist es *nicht dasselbe,* ob Juden, wie Jesus, gerufen werden, *selbst die Tora zu erfüllen,* oder ob christliche Nichtjuden gerufen werden, *ihre Stellvertretung* durch Jesus anzuerkennen, *der »für uns« das Gesetz erfüllt.* In den Augen von Juden ist das ein Unterschied wie zwischen Tag und Nacht. Aber doch keiner, was die Verbindlichkeit und Verpflichtung betrifft, denn hinzunehmen, daß ein anderer meine Stelle einnimmt und mich vom Platz der Selbstverantwortung und Selbstbestimmung gerade vor Gott verdrängt, ist nicht etwa bequemer, sondern gerade für den heutigen, auf Autonomie bedachten Menschen kränkender, einschneidender, schwieriger als eigenes Tun – wie eben ein Platzverweis ein Verweis aus dem Spiel ist. Dennoch: *Konzentriert auf Jesus, werden auch christliche Nicht-Juden, wie jüdische Juden, auf die Tora konzentriert,* und wenn sie nicht vermögen, Jesus an ihrer Stelle handeln zu lassen, sind auch sie – wie Juden – verpflichtet, das Gesetz selbst zu erfüllen. So gibt es auch christlich *keinen* Erlaß von der Pflicht des Gesetzes, und diese verlangt auch nach christlichem Verständnis *quantitativ mehr* als der praktizierte Glaube an Jesus.

Jedenfalls gilt auch für Christen Gottes Vorsehung durch das Mittel der Tora.

Zum Schwur kommt nun dies Verständnis Gottes und seiner Vorsehung darin, wie Leibowitz das *Gebet* zu Gott beschreibt. Denn wenn Gottes Wirklichkeit akosmisch, weltlos ist, – wenn es allein auf unsere Beziehung zu seiner Göttlichkeit ankommt, nicht zu Ämtern, die ihn zur Weltregierung oder Weltleitung verpflichten, und nicht zu Funktionen, in denen er gut wirken kann, um unsere leiblichen, seelischen, geistigen oder religiösen Nöte und Bedürfnisse zu stillen – ist dann Beten zu Gott nicht sinnlos? Und wie verhielte sich Beten zu Gott zu dem Nachdruck, den Leibowitz in jeder Beziehung auf unser eigenes menschliches Tun legt, das er sogar wirksamer nennt als ein eigenes Handeln Gottes ohne menschliches Zutun und ohne unsere Beteiligung? Verdrängt nicht das labora das ora? Leibowitz muß vom Gebet reden, weil in seinen Augen *Beten die Substanz* des jüdischen Gottesdienstes ausmacht.

67. Vgl. F.-W. Marquardt, Das christliche Bekenntnis zu Jesus dem Juden, Bd. 1, 1990, 277f.

Ein Blick in den Siddur lehrt tatsächlich sofort: Alle Liturgie eines jüdischen Gottesdienstes ist Beten, ein Gebet schließt ans andere; Predigt und andere Handlungen, wie z.B. das symbolstarke Herausheben der Tora-Rolle aus dem Tora-Schrein, das Aus- und Wieder-Einkleiden ihrer kostbaren Gewänder und ihrer schön ziselierten Krone, – oder die Verneigung gegenüber der Tür, durch die die Ankunft der Prinzessin Schabbat erwartet wird u. dgl., stehen an Bedeutung zurück hinter der Abfolge langer und kurzer Gebete, die teils laut, teils im Stillen gebetet werden. Und ja nicht nur im Synagogen-Gottesdienst, sondern erst recht im Gottesdienst zu Hause, wo es wohl auch liturgische Handlungen gibt, wie das Sprechen der Segenssprüche über Wein und Brot, – das Entzünden und Wieder-Löschen der Kerzen u. dgl. Aber auch hier, zu Hause, ist der ganze Lebenslauf eingehüllt in Gebete, vom Aufstehen bis zur Nachtruhe, beim täglichen Arbeiten wie bei Begegnungen auf den Straßen. Spricht man jüdisch vom Gottesdienst, denkt man nicht nur an die Zeiten in der Synagogengemeinschaft, sondern an die Gebetsbegleitung durch den ganzen Tag und alles Tagewerk. Und immer handelt es sich dabei um vorgeschriebene, vorformulierte und auswendig gewußte Segenssprüche, Berachot und Gebete, nicht um freie Schöpfungen und Äußerungen des Augenblicks. Auch in seinen sehr persönlichen Alltagstätigkeiten betet man die Gebete der Gemeinde und ist so als Einzelner immer ein Glied der Gemeinde Israels. Was Leibowitz immer wieder »Pflicht« des Gottesdienstes nennt, ist die Gebetsdurchdringung des Alltags der Wochen und Jahre eines Lebens und aller der Tage des Schabbat, die zu leben einem vergönnt sind.

Darum konzentriert sich alles Reden von Gott auf das Gebet.

Davon lehrt nun Leibowitz:

a. »Das Gebet ist eine völlig irrationale Angelegenheit«[68]. Und zwar aus theologischen, nicht etwa aus Gründen des modernen Bewußtseins. Irrational ist Beten also z.B. nicht, weil wir kaum noch die Existenz eines Gottes annehmen können. Die nimmt man an oder nicht, darüber ist jedenfalls nicht zu streiten, die Leugnung einer »Existenz Gottes« ist nicht weniger irrational als ihre Annahme und Voraussetzung. Leibowitz spricht nicht als moderner Naturwissenschaftler von der Irrationalität des Gebets.

Irrational ist ihm auch nicht die Vorstellung einer Gebetserhörung, – gewiß könnte man sagen: Nehmen wir einmal an, es gäbe so etwas wie Gott – damit ist noch lange nicht gesagt, daß er ein auf uns hörendes und im Detail eingehendes Wesen wäre; eher widerspricht es unserem Vorstellungsvermögen von so etwas wie Gott, ihn sich als eine Wirklichkeit zu denken, die für alle kleinsten Quisquilien und Wehwehchen unseres Bedürfnishaushaltes empfänglich und reaktionsfähig wäre. Ließe sich überhaupt so etwas wie Gott denken, würden wir ihn

68. J. Leibowitz, Gespräche über Gott und die Welt, a.a.O. 151.

allenfalls mit Großstrukturen unserer Daseinserfahrung in Verbindung bringen: mit der Natur und ihren Rätseln, – mit den großen Schicksalserfahrungen der Menschengeschichte wie Kriegen und Siegen, Gefangenschaften und großen Ungerechtigkeiten, – mit »Die Hitlers kommen und gehen, aber das deutsche Volk bleibt« (Stalin): vor allem mit alledem, was uns die großen Warum-Fragen aufdrängen, – schließlich auch mit persönlichen Sinn- und Schicksalserfahrungen: Geburt und Tod, Niederlagen und Glückswiderfahrnissen, Erfolgen und Versagen und dgl.; allenfalls könnten wir das und ähnliches Großes und Allgemeines verbinden mit so etwas wie Gott. Hingegen die allerpersönlichsten Kleinigkeiten Gott vorzutragen widerspricht unseren Vorstellungen von seiner Erhabenheit und Ewigkeit oder wir schämen uns davor auch ganz einfach und kommen uns – überhaupt beim Beten – klein, abhängig und dumm vor, finden es auch erniedrigend, bitten zu müssen.

Es könnte sein, daß auch Leibowitz von solchen Gedanken angefochten wäre. Aber nicht deswegen nennt er Beten »eine völlig irrationale Angelegenheit«.

b. Vielmehr grundsätzlich, also theologisch, erscheint ihm eine *Verknüpfung von so etwas wie Gott mit unseren Bedürfnissen als gott-widrig.*

Nicht Gottes Erhabenheit, also nicht ein bestimmter einzelner Wesenszug an Gott, macht ein Bedürfnisgebet gottwidrig, sondern: »Ich weiß, daß ich Gott keine Information über meine Bedürfnisse zu geben brauche« (151). Mit Jesus ließe sich dieser Satz deuten: Ihr braucht ihm nichts vorzuplappern wie die Heiden, »denn euer Vater weiß, was ihr bedürft, ehe ihr ihn bittet« (Mt 6,8), will sagen: *Unsere Bedürfnisstruktur ist immer schon in Gott geborgen,* ehe sie uns selbst bewußt oder bei uns akut wird, – Gott weiß im voraus besser, was wir brauchen und ihm deswegen sagen wollen. Ich muß ihn nicht informieren über mich. Jesus sieht in diesem Wort der Bergpredigt Gott und alle Menschen in jener Bezugsintimität, in der Israel sich mit Gott immer schon zusammensieht. Es gibt eine gegenseitige Erkenntnis und Kennntnis von Gott und Israel, die ohne viel Worte auskommt und darin beruht, daß beide sich ineinander auskennen, einander in der Tiefe kennen. Jesus hat gewagt, diese Gott-jüdische Bezugsintimität auf alle Menschen zu übertragen – nur daß alle Menschen bedürftig sind, darüber erst und immer neu *belehrt* zu werden, während sie zwischen Israel und Gott etwas Selbstverständliches ist und so zum Selbstverständnis a priori gehört. So ließe der Satz, daß Gott von uns nicht über uns informiert zu werden brauche, sich verstehen als *Ausdruck des Wirklichkeitsgeheimnisses des Bundes und der Erwählung.*

c. Allerdings nennt Leibowitz nicht nur das Bittgebet eine in diesem Sinne irrationale Angelegenheit. Er denkt dabei *auch* an *das Lobgebet* und den Preis Gottes. »Ich weiß auch, daß ein sterblicher Mensch Gott nicht loben und preisen kann« (151).

Wir müssen hier sicher zunächst betonen: Ein *einzelner* sterblicher Mensch kann das nicht. Anders sieht es wohl aus mit dem Lob und Preis der in ihren Generationen lebenden *Gemeinde* Israels. Die Gebete des Siddur sind ja eine einzige Aneinanderreihung von Lob- und Preisgebeten für Gott. Aber ein einzelner ist sterblich, und ihn sieht Leibowitz im Gegensatz des sterblichen Menschen zum ewigen Gott. Das Sterbliche könne nicht den Ewigen, gelobt sei er, preisen, meint er.

Wieso sollte nicht auch er, wie die Gemeinde im ganzen, es können? Gehen denn nicht unendlich viele Gebete, die auch der einzelne spricht, an mit den Worten: Baruch atah, adonai elohenu, melech ha-olam… »Gelobt seist du, Ewiger, unser Gott, König der Welt«? Aber freilich: Geprägte Form ist das, und der Einzelne spricht es so nur, weil die ganze Gemeinde es ihm so vorspricht. Könnte es nicht, fragen wir, auch einem Einzelnen ins Herz kommen, so zu sprechen und Gott zu preisen? – Was heißt: »könnte«, hören wir Leibowitz zurückfragen. Tatsache ist: So Gott preisend spricht ein Einzelner nur zusammen mit der Gemeinde, auch wenn er es allein zu Hause und nicht nur in der Versammlung der Gemeinde spricht.

Dennoch meint Leibowitz wohl auch das Spezifische: Ein *Sterblicher* kann nicht den Ewigen, unseren Gott, preisen, denn was könnten wir *wissen* von ihm, dem gewiß Preiswürdigen, – wie sollte Sterbliches benennen können Unsterbliches? Wir wüßten von Gott nichts Eigenes zu sagen, – nur was uns vorgegeben und in den Mund gelegt wird, von Gott zu sagen, können wir sagen von ihm und preisen von ihm. Mögen wir vielleicht Antriebe in uns haben, Gott zu loben – uns Sterblichen fehlen die Worte dafür. Paulus: »Denn wir wissen nicht, was wir beten sollen, wie sich's gebühret« (Röm 8,26); er fährt fort: »Doch der Geist hilft uns aufs beste mit unaussprechlichem Seufzen« (ebd.). Ein Jude könnte hier für den Geist die bat-kol, die Tochter- und Hallstimme Gottes einsetzen und dabei an die Stimme der Gemeinde denken, in der zugleich Gottes Stimme sich hören läßt. Und könnte dann sagen, wie wohl Leibowitz sagt: Gott preisen lehrt uns Gott selbst in den in der Gemeinde vorformulierten und festgeschriebenen und so »vorgeschriebenen«, d.h. verbindlich gemachten Preisworten für Gott. Nur die Göttlichkeit Gottes kann Gott preisen lehren.

Leibowitz räumt ein, daß in dem alten und wichtigen 18-Bitten-Gebet, dem Sch'mone Esre, »von den Bedürfnissen der Menschen gesprochen wird …«, »… und in den Segenssprüchen vom Lobpreis Gottes« (152). Und fährt fort: »Aber wenn der Mensch denkt…, dann weiß er, daß er als sterblicher Mensch nicht in der Lage ist, Gott zu segnen, zu loben und zu preisen.« (152f). Das klingt überraschend, denn hier bekommt der theologische Gedanke eine Rolle, die Leibowitz ihm sonst nicht gönnen will und deren Wert er bestreitet. Doch auch hier gebraucht Leibowitz ihn nur in kritischer Absicht, er sagt nämlich: »*Wenn* der

Mensch denkt ...« und fügt einschränkend hinzu: »... richtig ist, daß die meisten Menschen nicht denken ...« (153) – so daß für die meisten das Wissen gar nicht erschwinglich ist, daß »ein sterblicher Mensch nicht in der Lage ist, Gott zu segnen, zu loben und zu preisen«, weil sie gedankenlos unfähig sind, den »unendlichen qualitativen Unterschied« zwischen dem ewigen, göttlichen Gott und dem sterblichen Menschen zu denken; sie loben und preisen Gott immer so drauf los.

d. Wie Leibowitz zwei Typen des Glaubens herausgearbeitet hat – den Glauben, der wesenhaft danach fragt, was *Gott* für uns tut, und die andere Glaubensweise, in der Juden nur fragen, was *sie* nach Gottes Willen tun sollen, und allenfalls, was sie für Gott tun können –, so arbeitet er nun auch *zwei Typen des Gebets* heraus: das Bittgebet, in dem der Mensch etwas für sich erbittet, also das selbstbezogene Gebet der Menschen – und das Gebet, das rein gottbezogen gebetet wird. Leibowitz benennt die beiden Typen mit einem Begriffspaar aus dem Zusammenhang der talmudischen Diskussion über den Lohn Gottes. Das eine, selbstbezogene Gebet nennt er Gebet »nicht um seiner selbst willen«, das andere, jüdisch wahre Gebet heißt Gebet »um seiner selbst willen«. Er schließt mit dieser Unterscheidung an an ein Wort des R. Saphra, der jedes seiner Gebete abschloß mit den Worten: »Möge es dein Wille sein, Herr, unser Gott, daß du Frieden stiftest in der oberen und in der unteren Familie, und unter den Schülern, die sich mit deiner Tora befassen, sei es, daß sie es um ihrer selbst willen, sei es, daß sie es nicht um ihrer selbst willen tun. Alle aber, die sich damit nicht um ihrer selbst willen befassen, mögen, so sei es dein Wille, sich damit um ihrer selbst willen befassen« (b Berachot 16b/17a). Mit dem einen Gebet wollen wir etwas erreichen, das andere ist l'art pour l'art: nur ein Beten allein um des Betens willen.

e. Das Gebet *»nicht um seiner selbst willen«* besitzt etwas Gespaltenes und darin Unglaubwürdiges. Zwar mag jemand beim Morgengebet meinen, was er da bitte, könne »einen gewissen Einfluß auf das Schicksal im weiteren Verlauf des Tages« haben (153). Aber Leibowitz macht sich anheischig zu »beweisen«, daß das »nicht richtig« ist. »Am Morgen sagt ein Mensch aufrichtig und ehrlich im Gebet ›Der Du die Kranken Deines Volkes Israel heilst‹; aber wenn er – er selbst, oder eines seiner Kinder – an demselben Tage erkrankt, wird er dennoch zum Arzt gehen, genauso wie der Atheist, der nicht betet. Es besteht in dieser Hinsicht ... keinerlei Unterschied zwischen den beiden!« (153).

Das ist die Logik von Argumenten, die Rudolf Bultmann in seinem Entmythologisierungsaufsatz von 1941 verwendet hat: »Man kann nicht elektrisches Licht und Radioapparat benutzen, in Krankheitsfällen moderne medizinische und klinische Mittel in Anspruch nehmen und gleichzeitig an die Geister- und Wunderwelt des Neuen Testaments glauben«; Bultmann merkte an: »Man denke an die Beobachtungen von Paul Schütz, wie im Orient infolge der modernen hygienischen und medizinischen Einrichtungen die mythische Religion abstirbt«[69]; Bultmann konnte 1941 noch nicht wissen, wie bald »absterbende« mythische Religion als Fundamentalismus wiederkehren kann, der sich gerade gegen die europäische Welt moderner hygienischer und medizinischer Einrichtungen und die politische Macht richtet, die hinter ihrer Rationalität steckt; nicht nur die marxistische Theorie vom »Absterben« der Religion, auch ihr modern-westliches Pendant irren! Bultmann sagte 1941 weiter: »Und wer meint … für seine Person …« doch zugleich zum Arzt gehen und an Wunder göttlicher Hilfe glauben zu können, »… muß sich klar machen, daß er, wenn er das für die Haltung des christlichen Glaubens erklärt, damit die christliche Verkündigung in der Gegenwart unverständlich und unmöglich macht« (ebd.).

Leibowitz argumentiert also gegen das Gebet, das mit eingreifenden Folgen rechnet, wie Bultmann gegen den Wunderglauben. Leibowitz weiter: »Am Morgen betet er ehrlich und aufrichtig den großartigen Satz ›Du öffnest Deine Hand und sättigest alles Lebende mit Gefallen‹; aber zu seinem Lebensunterhalt geht er arbeiten und verdient sich sein Brot auf ehrliche oder unehrliche Weise, genauso wie jeder beliebige Atheist, der den Satz ›Du öffnest Deine Hand‹ nicht kennt. Und wenn er um das Wohl und die Sicherheit des Staates Israel Sorge trägt, so sorgt er doch für Panzer und Bombenflugzeuge, obwohl er am Morgen inbrünstig vom ›Fels Israels‹ [= Gott] gesprochen hat; er sorgt genauso wie jeder beliebige Atheist, der den Begriff ›Fels Israels‹ nicht kennt. Das bedeutet, daß er nicht sagen wird, er gehe zum Gebet, weil er denke, daß er dadurch Gesundheit und Lebensunterhalt oder Sicherheit für den Staat erreichen kann. In Wirklichkeit denkt er das nämlich nicht. Selbst wenn wir uns vorstellen, daß der Chef des Generalstabes zum Glauben findet – die Wege des Glaubens sind doch keinem Juden verschlossen – und er zu der Erkenntnis gelangt, daß er und die Armee und das ganze Volk Israel vor dem Angesicht Gottes stehen, so bringt ihn das doch nicht dazu, die operativen Pläne der Armee auch nur in einer winzigen Kleinigkeit abzuändern. Es wird auch niemand von ihm verlangen, daß er – nachdem er weiß, daß es den ›Fels Israels‹ gibt – auf Panzer und Bomben verzichtet. Das ist ganz und gar unvorstellbar« (a.a.O. 153f).

Das ist eine jüdische Zwei-Reiche-Lehre im Vollzug, ein Realismus der Betrachtung und Beurteilung, der freigesetzt ist aus einer Trennung von Staat, Gesellschaft und Religion, die Leibowitz innerlich in diesem »Beweis« gegen das Bittgebet schon vollzogen hat. Freilich weiß er, daß und wie tief dies der ganzen

69. R. Bultmann, Neues Testament und Mythologie, in: Kerygma und Mythos. Ein theologisches Gespräch, 1951, 18. – Auch in: R. Bultmann, Neues Testament und Mythologie. Das Problem der Entmythologisierung der neutestamentlichen Verkündigung, 2. Aufl., Nachdr. d. 1941 erschienenen Fassung, hrsg. von E. Jüngel, 1985, 16.

jüdischen Tradition widerspricht. Schade, daß Zwei-Reiche-Lehrer offenbar immer das Argument der Unehrlichkeit und Unglaubwürdigkeit der Traditionalisten brauchen, die die Wirklichkeitsbereiche *so* noch *nicht* trennen wollen; Bultmann bekämpfte immer das (angebliche) sacrificium intellectus, das Opfer der Intelligenz, bei solchen auf die Einheit des Wirklichen pochenden Traditionalisten und verlangte von modernem Glauben intellektuelle »Redlichkeit« – so wie Leibowitz es jetzt für das Judentum fordert. Aber das Verhältnis von Bitten und Tun *muß* ja nicht an einer Inkonsequenz und einem Auseinanderbrechen zwischen beiden scheitern, man kann ja um das beten, was man zu tun vorhat und verpflichtet ist. Und Jesus hat sogar den Vorschlag unterbreitet, daß auf Erden zunächst mindestens Zwei eine Übereinkunft suchen sollen über irgendeine Sache, die sie Gott bitten wollen, dann können sie darum auch in Gewißheit beten (Mt 18,19), – d.h. der Gebets-*Inhalt* bedarf eines rationalen Diskurses und ist dessen fähig, – wir können auch sagen: Er bedarf und ist fähig einer gesellschaftlichen Übereinkunft, dann ist Beten nicht mehr einfach eine »irrationale Angelegenheit« – besonders dann nicht, wenn man in die Rationalität der Übereinkunft auch die Vernunft des Tuns, der Praxis, des gemeinsamen Handelns einschließt, wenn also unser laborare das orare, unser Arbeiten das Beten bestimmt – nicht also so sehr unsere Nöte und Bedürfnisse.

Aber diese jesuanische Werk-Vernunft des Bittgebets hat auch Leibowitz nicht vor Augen – er so wenig wie die meisten Glaubenden bisher: seien sie Christen, seien sie Juden.

Stattdessen fährt Leibowitz fort: »Daher erhebt sich nun die Frage, warum jemand jeden Morgen aufsteht und in die Synagoge zum Gebet geht, obwohl er genau weiß: Das Gebet ist kein Mittel zum Zweck – nicht zum Erwerb der Gesundheit, von Lebensunterhalt oder Sicherheit. Die einzig gültige Antwort hierauf ist meines Erachtens die folgende: Ich stehe an jedem Morgen früh auf und gehe in die Synagoge, um das Gebot des gemeinschaftlichen Gebetes zu erfüllen« (154).

f. Damit sind wir beim zweiten Typ des Gebets: dem, das »nur« *um seiner selbst willen* gebetet wird. Was heißt das?

Erstens. Es wird gebetet, weil dies zur *Pflicht* eines gottesdienstlich geführten Lebens gehört. Es geschieht nicht aus Herzensbedürfnis, etwa weil mir gerade »danach ist« zu beten, sondern weil es angeordnet ist. Es geschieht also nicht aus angebbaren persönlichen, in der Situation liegenden Gründen, auch nicht aus irgendwelchen inhaltlichen Gründen, die es sinnvoll erscheinen lassen könnten, jetzt zu beten, sondern allein aus necessitas praecepti: der einzigen Notwendigkeit: daß es vorgeschrieben und festgesetzt ist.

Zweitens. Diese necessitas bezieht sich sowohl auf die *Zeiten* des Gebets als auch auf seinen *Inhalt.* Weder das eine noch das andere steht in freiem Belieben. Gerade die Nicht-Beliebigkeit – wenn man so will: die Unfreiheit in bezug auf Zeit und Inhalt – macht den religiösen Wert des Gebets aus. Ebenso geschieht es ja allein um Gottes, seiner Göttlichkeit willen; wir beten da allein, weil er es so will. Auch Martin Luther hat dies Beten noch gekannt und dem in seinem Vater-unser-Lied Ausdruck gegeben: »Vater unser im Himmelreich, / der du uns alle heißest gleich / Brüder sein und dich rufen an / und willst das Beten von uns han…« (EKG 241,1/EG 344,1); auch hier wird gebetet auf Geheiß Gottes hin und weil Gott das Beten von uns haben will. Das Motiv zu beten liegt nur in Gott, nicht in uns. Bei Luther ist das Gebet noch nicht durch den Pietismus gegangen, der alles ins Persönlichste gedrängt hat.

Drittens. Leibowitz teilt mit Luther noch ein weiteres Motiv für das Gebet lediglich aus necessitas praecepti: weil Gott es geboten hat. Luther verknüpft das uns von Gott gebotene Beten mit dem Geheiß Gottes: »Brüder sein … und dich rufen an«. Dasselbe heißt bei Leibowitz: Die »Gebetsordnung ist – bis auf einige unwesentliche Differenzen – ein und dieselbe allen Juden gemeinsam, unter allen Umständen und Lebensbedingungen, in denen sich der Mensch befinden kann« – wir fügen hinzu: der jüdische Mensch.[70] *Beten,* allein weil es geboten ist, *hält das Volk über alle Länder und Gezeiten seiner Zerstreuung hin zusammen.* Gerade das gilt sowohl für vorgeprägten Gebetswortlaut als auch für festgesetzte Gebetszeiten. Was sollte das Volk beieinander halten können, wenn nicht dies? Doch ist dies schon ein Nützlichkeitsargument und paßt eigentlich nicht zum Typos des Gebets »um seiner selbst willen«.

Viertens. Der Typos tritt stärker, geradezu schroff und abstoßend hervor, wenn Leibowitz *Gleichgültigkeit gegenüber dem Inhalt des Gebets* lehrt, um auf diese Weise die einzig wichtige Struktur des »um seiner selbst willen« zu profilieren. Er bildet zunächst eine Tautologie: Der Inhalt des Gebets – was ist er? Antwort: sein Inhalt![71]; also: Das Gebet ist sein eigener Inhalt.

Leibowitz ist sich des Absurden daran bewußt. Aber, darauf angesprochen, sieht er auch rein formal das Gebet als Ersatz und Analogie für das tägliche Tempelopfer, das nach der Zerstörung des Tempels und der Vertreibung des jüdischen Volkes aus Judaea nicht mehr möglich ist. Insbesondere vergleicht er die Frage nach dem Inhalt der Gebete mit den Anordnungen für das Schabbat-Opfer im Tempel und sagt: »Die Formulierung (der Gebete) ist nicht mehr und nicht weniger relevant als die Bestimmung über die Schabbatopfer: ›Am Schabbat sollst du zwei einjährige, makellose Schafe darbringen‹ (Num 28,9) und nicht drei Ziegen. Es hätte ja auch in der Tora stehen können ›Nehme am Schabbat drei Ziegen‹, es heißt aber ›Nehme am Schabbat zwei Schafe‹. Die Formulie-

70. J. Leibowitz, Vorträge über die Sprüche der Väter, a.a.O. 75.
71. J. Leibowitz, Gespräche über Gott und die Welt, a.a.O. 151.152.

rung des Gebetes ist ähnlich wichtig wie die Formulierung der Opferbestimmungen. Darin besteht eine absolute Analogie, sie sind fast völlig identisch. Liegt denn die Bedeutung des Opfers am Schabbat in den zwei Schafen? Nein. Es könnten auch durchaus drei Ziegen sein. Aber es ist eben so festgesetzt worden: Die Form des Gottesdienstes am Schabbat ist die Opferung zweier Schafe im Tempel; die Gebetsform des Gottesdienstes heute besteht eben in jenen Formulierungen, die wir betend sprechen. Es könnte auch ebensogut eine andere Formulierung geben« (152). Aber nun gibt es einmal keine andere, sondern diese, und sie bindet uns als Pflicht: so – und *nicht* anders. »Der gesamte Sinn unserer Gebete ... besteht gerade in ihrem festgesetzten Wortlaut« (152). »Können Sie sich vorstellen, irgendeinem Priester hätte es in den Sinn kommen können, am Schabbat im Tempel statt zweier Schafe drei Ziegen zu opfern?« (152).

Das Gebet ist also nicht frei, ist kein Herzenserguß, es hat rituellen, agendarischen, also reinen Pflichtcharakter. Gebet ist Gottesdienst, – und der Ton liegt auf *Dienst.*

Fast hört es sich so an, als käme es auf den Inhalt eines Gebetes nicht an, sondern nur auf das Beten als solches, und Gebet ist nicht Herzenssprache, sondern Gemeinderitual. Uns durch den Pietismus gegangene Protestanten schauderts dabei, und doch müssen wir zur Kenntnis nehmen, daß Beten anderswo anders gesehen wird. Lange: schon anders im Katholizismus, wenn dort lateinisch gehandelt und gebetet wurde und nur die wenigstens verstanden, was sie beteten. Beteten sie dann oder beteten sie nicht? Kam es darauf an, was *sie* verstanden – oder: was *Gott* verstand? Und was gar sind tibetanische Gebetsmühlen? Ersetzt da nicht der Wind das Herz – der Wind, in dem die Zettel der Voten wehen? Und gab es nicht lange genug auch protestantischen Widerwillen gegen freies Gebet im Gottesdienst und Verpflichtung der Pfarrer allein auf die Formulierungen der Agenden?

g. Leibowitz kommt auf ein Wort des Rabbi Schim'on zu sprechen, das sich in den Pirke avot, den »Sprüchen der Väter« 2,18 findet. Rabbi Schim'on war Schüler des Rabbi Jochanan ben Zakkai, gehörte also zur ersten Generation nach der Tempelzerstörung im August 70 n. Chr. Damals begann man – als Ersatz für die nun nicht mehr möglichen Opfer im Tempel – Gebetswortlaute zu fixieren, aus dieser Zeit stammt z.B. das Sch'mone Esre, das berühmte 18-Bitten-Gebet, in dem wir so viele Anklänge an das Vater-unser-Gebet Jesu vernehmen können, daß wir historisch urteilen müssen: Jesu Gebet und das Sch'mone Esre entstammen gleicher Gebetsüberlieferung, zwischen jüdischem Beten und dem Beten Jesu läßt sich kein Unterschied feststellen: *Jesus betet »jüdisch«.*

Das betreffende Wort des Rabbi Schim'on lautet: »Sei aufmerksam/gewissenhaft beim Lesen des Sch'ma und beim Verrichten des Gebets.« Ein zweiter Satz schließt an: »Wenn du das Gebet verrichtest, so behandle es nicht wie etwas

Festgesetztes, sondern es sei Inbrunst und Flehen vor Gott, denn es heißt (in Joel 2,13): ›Er ist ein gnädiger und barmherziger Gott, langmütig und huldreich, und läßt sich das Böse gereuen‹« (b Pirke avot II.18). Leibowitz schließt aus dem ersten Satz – sei gewissenhaft beim Beten –, daß sich dies bereits auf festformulierte Gebete bezieht, ihren genauen Wortlaut soll man beherrschen und ohne Zusätze oder Veränderungen sprechen. Ähnliches meint wohl auch Jesus, wenn er seine Freundinnen und Freunde lehrt, nicht zu plappern wie die Heiden (Mt 6,7); auch er »lehrt« sie einen festgelegten Wortlaut des Vater-unser-Gebets, Lukas erzählt, daß seine Jünger ihn ausdrücklich um solchen *festen* Wortlaut eines Gebetes gebeten haben – mit Hinweis darauf, daß Johannes der Täufer seinen Jüngern ebenfalls ein festes Gebet beigebracht habe (Lk 11,1); das bestätigt, daß das zu jener frühen Zeit üblich wurde und das Neue Testament mitten in den Prozeß von Gebetsfixierungen hineingehört. Der Beispielfall des Rabbi Schim'on nennt das Sch'ma Jißrael; von ihm wissen wir, daß es zu jener Zeit einen schon lange fixierten Wortlaut besaß, es war schon Bestandteil der Tempelliturgie (vgl m Tamid IV,3 – V,1), bildete also eine Brücke vom Tempelgottesdienst zum Beten in der Zeit nach der Tempelzerstörung und zeigt das Recht von Leibowitz, jüdisches Beten in engsten Zusammenhang mit der Welt des Rituellen zu bringen.

Der zweite Satz des Rabbi Schim'on scheint dazu nun im Gegensatz zu stehen: Behandle das Gebet »*nicht* wie etwas Festgesetztes, sondern es sei Inbrunst und Flehen vor Gott«. Das Gebot zur Inbrunst des Betens wird abgeleitet aus Eigenschaften Gottes, die ihn als menschenfreundlichen, uns zugewendeten und nahen Gott kennzeichnen: »Er ist ein gnädiger und barmherziger Gott, langmütig und huldreich und läßt sich das Böse gereuen«. Man möge analog zu dieser Haltung Gottes beten, in der Art des Betens ihm entsprechen.

Im Judentum ist bald die Lehre von einer *Gebetsintensität* entwickelt worden, der *Kawwana* (Psikta rabbati 198b). Da von den Leuten nicht erwartet werden kann, lange Gebete mit gleicher innerer Spannung und Aufmerksamkeit zu beten, wird z.B. für das Sch'ma Jißrael festgelegt, daß man sich wenigstens auf die ersten Worte des Gebets voll konzentrieren soll, die vom Wichtigsten sprechen: »Der Herr, dein Gott, ist Einer«. Mag man danach nachlassen in seiner innersten Beteiligung. Das ist eine pragmatisch-nüchterne Anordnung, in ihr zeigt sich wirklich Gebetserfahrung: Wer könnte schon lange innerlich dabei bleiben, wem passierte es nicht schnell, daß die Worte und ihr Sinn an ihm vorbeirauschen, – er redet sie mit, aber sein Herz und Bewußtsein irren ab und bleiben nebenher. Soll Beten also nicht ganz zur Farce werden, muß man lehren: Wenigstens bei ein paar wichtigen Worten paß auf und strenge dich an!

Mir scheint wahrscheinlich, daß das Gebetsverständnis von Leibowitz wieder aus solchen praktisch-pragmatischen Erfahrungen herrührt. Gebet ist Pflicht, auch Mühsal; man muß morgens früh aus dem Bett, um die Pflicht zu erfüllen; Anstrengung und Unbequemlichkeit sind unvermeidlich, Beten macht Mühe. Gerade das ist sein Wert. Demgegenüber kommt es auf Inhalte im einzelnen gar nicht so an. Die Mühe zählt, nicht die innere Beteiligung.

Diese Auffassung widerspricht allerdings dem zweiten Satz des Rabbi Schim'on: Behandle das Gebet gerade nicht so pragmatisch als etwas Festgesetztes, suche vielmehr innere Beteiligung.

Luther hat in seinem Vater-unser-Lied Leibowitz und Rabbi Schim'on unter einen Hut gebracht. Ja, Gebet ist Pflicht: »Du willst das Beten von uns han«; Leibowitz hat Recht. Aber auch Rabbi Schim'on hat recht: »Gib, daß nicht bet allein der Mund, / hilf, daß es geh von Herzensgrund«, also in Kawwana (EKG 241,1/EG 344,1). Indem Luther hier um rechtes Beten beten lehrt: »Hilf«, »Gib« du ..., läßt er erkennen, daß auch er von der Schwere der Gebetskonzentration weiß. Aber er könnte doch nicht so radikal für die Herzlosigkeit und Irrelevanz des Inhalts eines wahren Gebetes argumentieren, wie Leibowitz es tut, wenn er herzliches Bitten und Flehen als eine bloß »menschlich-psychologische Regung« abqualifiziert, als »Ausdruck der seinen Verhältnissen und Umständen entsprechenden seelischen Bedürfnisse des Menschen: eine Handlung, die von Menschen selbst, für ihn selbst, zur Befriedigung seines seelischen Bedürfnisses ausgeht« – Gebet also: Selbstbefriedigung. »Prinzipiell sei betont, daß kein Wesensunterschied zwischen materiellen, intellektuellen und seelischen Bedürfnissen besteht, denn sie alle sind menschliche Bedürfnisse. Dieses ›Gebet‹ ist also für das Wohl des Menschen selbst, ein Dienst für ihn selbst und nicht ein Dienst an Gott und keine Unterwerfung unter den göttlichen Willen. Mit anderen Worten: es ist zweifelhaft, ob dieses ›Gebet‹ seinem Wesen nach eine Äußerung von Religiosität ist, oder ob es nicht vielmehr der Ausdruck eines menschlich-seelischen Dranges ist, ähnlich vielen anderen psychologischen Erscheinungen«[72]. Demgegenüber macht Leibowitz geltend: Gebet ist auferlegt, ist Pflicht. Gebet ist Institution. Gebet ist Übernahme eines Jochs: des »Jochs des Himmelreichs«[73]. »Die Größe und Kraft des Gebetes in unserem Siddur, das Pflichtgebet wie es die Halacha festgelegt hat, liegt in dem Zurücktreten aller menschlicher Eigeninteressen hinter der Ergriffenheit des Stehens vor Gott und dem Bewußtsein von der Pflicht, Gott zu dienen – einer Pflicht, die jedem Menschen auferlegt ist, unter allen Bedingungen und Verhältnissen, unbeeinflußt von seinen Erlebnissen und seinen Reaktionen auf diese«[74].

72. J. Leibowitz, Sprüche der Väter, a.a.O. 77.
73. J. Leibowitz, Sprüche der Väter, a.a.O. 77 – 80.
74. J. Leibowitz, Sprüche der Väter, a.a.O. 83.

h. Damit kommen wir zum *positiven* Sinn des Gebets. Es ist »Pflicht«, nicht »Herzenserguß«, sagt Leibowitz immer wieder – ungemein schroff in der Antithese. Was ist das Gehaltvolle an diesem Pflichtcharakter des Gebets?

Wer betet, »steht vor Gott«, coram Deo. Das hat mehrere Aspekte: Er steht dem *fernen* Gott hier dennoch von Angesicht zu Angesicht gegenüber; Gebet ist Gottes*beziehung* und sogar Gottes*begegnung*.

Mehr noch: Leibowitz kann sagen: *Gebet ist Gotteserkenntnis* – Erkenntnis nicht im intellektuellen, aber in einem existentiellen Sinn des »Hier bin ich« – vor Dir, Gott. Wirklich »erkenne« ich Gott darin, daß ich seinen *Willen* tue: und eben bete, wie es mir vorgeschrieben ist. Die Gotteserkenntnis des Gebets ist Willenserkenntnis, d.h. Erkenntnis vom Willen Gottes und: durchgeführt im Willensakt des Betens, der reiner Willensakt ist und darum strikt zu trennen von jedem menschlichen Bedürfnis.

Schließlich: Ich stehe vor Gott – und stehe und falle ihm allein. Der Willensakt des Gebetes ist auch ein richterliches Geschehen, daher die hohe Bedeutung des Kant-Begriffs »Pflicht« für das Gebetsverständnis von Leibowitz. Wie, in welchem Sinne ich bete, ist zugleich meine Entscheidung über mich selbst vor Gott – und: über Gott. Ob es mir im Gebet um mich geht oder einzig um ihn, um ihn allein, entscheidet darüber, ob ich einen Sinn für die *Göttlichkeit* Gottes habe, damit überhaupt für Gott – oder ob Gott mir nur eine Projektion oder Hilfskonstruktion meiner Bedürfnisse ist. Und das wiederum entscheidet auch darüber: ob Gott mir der Eine, Einzige ist – oder ob ich neben ihm noch einer anderen, mich unbedingt angehenden Macht und Gewalt Raum gebe: meiner Seele z.B., meinem Bedürfnis, meiner Religion, meinem Gefühl – und wie solche Nebenmächte alle auch heißen mögen; wir haben davon oben gesprochen. Zuletzt kämpft Leibowitz, indem er exklusiv und radikal für das um seiner selbst willen gebetete Pflichtgebet eintritt, für das erste Gebot vom Sinai: Ich (allein) bin der Herr dein Gott; du sollst keine anderen Götter, Ereignisse, Mächte, Gestalten, Wahrheiten, Bedürfnisse, Motive mir zugesellen, mit mir verknüpfen und mich zu deren Erfüllungsgehilfen degradieren. Die Exklusivität des Pflichtgebets ist die Anwendung der Exklusivität des Gottes Israels in der Praxis des Betens. So meinen wir den tiefsten Sinn in den Ausführungen von Leibowitz zu verstehen.

Nun versuchen wir, das Gehörte in den Zusammenhang unserer Überlegungen einzufügen: Wem ent-spricht Gott?

Auch dabei wollen wir uns zunächst noch eng an Leibowitz halten, um erst danach eigene Gedanken anzuknüpfen.

Erstens. Gott ent-spricht *der Ferne,* die Leibowitz in allen seinen Darlegungen durchsetzen will. Indem er Gott *befreien* will aus seiner traditionellen religiösen Bestimmung durch den Weltzusammenhang, – durch Menschenbedürfnisse, – durch seine Nützlichkeit für Werte-Setzungen oder auch seelische Bewegungen und Beweglichkeit, – durch Sinn-Stiftung, also: von allen weltlichen »Funktionen«, streitet er für die *Transzendenz* Gottes.

Sie gehört zum alten Bestand fast eines jeden Gottesbegriffs – jedenfalls in der Tradition des jüdisch-christlich und von der Geschichte des Philosophierens geprägten Abendlandes. Dennoch ist es eine sich immer neu stellende Aufgabe, Gottes Transzendenz nicht nur zu *behaupten,* ihren Begriff zu überliefern, sondern sie zu *wahren* und ihren *kritischen* Sinn immer neu zum Zuge zu bringen. Denn polypenartig umklammern die Gestalten, Formen, der Ritus, die Gemeinschaft einer zu Begriff, Wert und Macht gewordenen Religion Gott und versuchen, ihn zu »domestizieren«: in der uns disponierbaren Welt heimisch und häuslich zu machen, ihn in unsere Nähe zu ziehen. Immer geht dies auf Kosten seiner Transzendenz und also: seiner Göttlichkeit, genauer: der *Gottheit* Gottes. Er wird zu »unserem« Gott gemacht, – das besitzanzeigende Fürwort scheint Geborgenheit in ihm auszudrücken und bezeichnet doch auch Machtgewinn über ihn. Nicht daß dadurch seine Transzendenz geradezu aufgehoben würde – sein Reich muß ihm doch bleiben[75], wenn er fürsorglich für uns wirksam bleiben soll, – etwas *muß* er behalten, was ihn uns überlegen und stark macht, so daß er überhaupt Kräfte besitzt, mit denen er uns helfen, herausreißen kann aus unserer Ohnmacht. Aber wir spüren seit Generationen, wie es den Glaubenden und ihren Theologen immer schwerer fällt, einen Respekt vor der *Jenseitigkeit* Gottes zu wahren, und wie alle Mühe und viel Begehren sich darauf richten, ihn in Predigt und Theologie existentiell, »religiös« zu *vermitteln.* Das allgemeine religiöse und theologische Interesse geht spürbar in diese Richtung: Gott zu vermenschlichen, ihn uns anzuheimeln, – ihn innerweltlich zu orten, – seine Transzendenz in uns überschaubaren, begreifbaren, gar: erlebbaren und so verfügbaren Welt-, Gesellschafts-, Lebensprozessen zu vermitteln, wenn ihn nicht überhaupt dort zu identifizieren, Figuren einer *unvermittelten* und unvermittelbaren Eigenheit und Selbstheit Gottes werden als Mythologeme verworfen, – das Urteil: so »entfernt« sei er »nicht mehr« zu »verstehen«, – werde er geradezu unwirklich, wird immer allgemeiner zu einer Voraussetzung jedes Denkens von Gott, das sich aufgeschlossen-heutig geben will. Daß damit die *Widerstandskraft* empfindlich geschwächt wird, die der jenseitige Gott gegen jede Art seiner Nostrifizierung *ist,* wird in Kauf genommen, ja ist womöglich die heimliche Absicht solches auf Vermittlung bedachten Gottesdenkens. Und nicht von der Hand zu weisen ist, daß es auch auf den *politischen* Gehalt abgesehen ist, der geschichtlich immer in radikalisierter Transzendenz Gottes enthalten war; Widerstand als

75. Vgl. EKG 201,4/EG 362,4.

entscheidende Wirkung einer *Selbst*vermittlung des transzendenten Gottes, an der wir nicht mitwirken können, wird nicht mehr gemocht, jedenfalls: nicht mehr gesucht; lieber wird radikale Transzendenz, wirkliche und ihm eigen *bleibende* Göttlichkeit Gottes erdrückt durch religiöses Bedürfnis und den Wunsch der Theologie, den Menschen und ihrem Fassungsvermögen noch gefällig zu bleiben (vgl. Gal 1,10).

Dies war die Kampffront der frühen Dialektischen Theologen – Barths und Bultmanns und ihrer jeweiligen Freunde, – es ist auch die des Jeshajahu Leibowitz: nur allzu deutlich streitet er für eine Transzendenz und Freiheit Gottes gegen seine Umklammerung durch menschliche, religiöse Bedürfnisse und intellektuelle Vermittlungen. Wahrem Glauben müßte es auch nach ihm um nichts so gehen wie den Streit um die Unvermitteltheit Gottes.

Dabei läßt sich an Leibowitz lernen, daß die »Transzendenz« Gottes viel mehr ist als nur ein Moment an seinem Begriff, – auch mehr als eine notwendige ontologische Bestimmung Gottes. In der Transzendenz geht es mit der Jenseitigkeit zugleich um seine *Einheit,* und sie ist – nach allgemeiner jüdischer Überzeugung – kein Moment einer religiösen *Vorstellung* oder einer philosophischen und rationalen Notwendigkeit – vielmehr ein Gebot des »ethischen Monotheismus« (L. Baeck), besser gesagt: des *praktischen* Gehorsams gegen das 1. Gebot vom Sinai. Denn die Einzigkeit und innere Einheit des biblischen Gottes ist praktisch das Verbot, ihn zu vermitteln, – ihn zu vergesellschaften mit einem anderen (schittuf), – ihn durch Bedürfnisse oder Notwendigkeiten der Lebenspraxis in Vergleich oder Konkurrenz zu setzen zu anderer sei es äußerer, sei es innerlich wirkender Herrschaft. Das Bekenntnis zum einen Gott ist theologisch sinnvoll *nur,* insofern es in der Praxis des Lebens sich vollzieht; seinen *theoretischen* Ausdruck, den es es etwa im ersten Satz der Iqqarim des Maimonides gefunden hat – »Er *ist* einzig und nichts *ist* einzig gleich seiner Einzigkeit« –, ist sachlich *nachträglich* gegenüber der tatsächlichen Erfüllung des 1. Gebots durch Juden jeden Tag: »Nicht *sei* dir / andere Gottheit / mir ins Angesicht« (Ex 20,3); nur als Übertragung des 1. Gebots in den Bereich der Gedanken macht es jüdisch Sinn, eine Einheit Gottes zu denken.

Mit Händen zu greifen ist bei Leibowitz der *politische Widerstandssinn,* wenn er seinem Volk das 1. Gebot neu und unter den heute gegebenen Lebensbedingungen einschärfen, also für Gottes Transzendenz, Freiheit und Ferne streiten will. Leibowitz galt nicht nur als religiöser, sondern auch als politischer Querulant in Israel – und war dies auch. Niemand hat so unnachgiebig scharf die konkrete Politik der meisten Regierungen Israels gegenüber den Arabern kritisiert – *als:* Zionist! Aber noch entschiedener hat er einen politischen Sinn der Transzendenz Gottes in seiner Forderung verdeutlicht, Religion, Gesellschaft und Staat in Israel voneinander zu trennen, den Staat nicht weiter mit religiösen

Normen und Geboten zu belasten, stattdessen in der religiösen Gemeinschaft Mut zur Diskussion und dann vor allem auch: Entscheidung »meta-halachischer« Fragen zu entwickeln und nicht an der Halacha nur der Vergangenheit kleben zu bleiben. Die Wahrung der Transzendenz Gottes war für ihn ein stets zu erneuernder revolutionärer Auftrag – oder, mit Karl Barth zu reden, ein Hinweis auf eine permanente »Revolution Gottes«[76], die durch Rücksichten einer Religionsgemeinschaft auf den Staat nur verhindert werden kann.

Zweitens. Im einzelnen streitet Leibowitz nun für die Ferne, Jenseitigkeit, Transzendenz, Freiheit, Einheit Gottes, indem er *scharfe Distanzen* setzt innerhalb der Welt der religiösen jüdischen Traditionen: zwischen der Bibel und der Mischna und den Talmudim, – zwischen dem schriftlich Irreversiblen und dem mündlich-Offenen zweier Torot, – zwischen dem, was »um seiner selbst willen« wertgehalten wird, und dem, was »nicht um seiner selbst willen« geschätzt wird, – zwischen der Göttlichkeit Gottes und seiner Verwandlung in lauter Funktionen einer Nützlichkeit für uns, – also zwischen Göttlichkeit und Funktionalität Gottes.

Es könnte so scheinen, als sollte durch diese Distanzierungen innerhalb von Traditionen *eine* Position die der wahren Göttlichkeit Gottes beschreiben: Der Tradition, nicht der Bibel ent-spricht Gott, – aus der Mündlichen Tora spricht er, nicht aus der Schriftlichen. Wäre dies so, dann würden wir Leibowitz darin nicht so gerne folgen, wir hielten es – darin belehrt auch gerade durch ihn selbst – für inkonsequent, das Jenseits Gottes nun doch weltlich-*positionell* zu beschreiben. Vielmehr suchen wir die Ferne Gottes *zwischen* beiden Positionen, in jener Entfernung, die sie voneinander trennt.

In unserer Sprache gesprochen: Gott ent-spricht der Ferne, die *zwischen* der Bibel und der jüdischen Tradition waltet. Gott ent-spricht nicht einfach der Bibel, wie Christen es einseitig sagen, – auch nicht einseitig der Tradition, die die Bibel erst zur Heiligen Schrift macht, wie umgekehrt jüdisch-einseitig behauptet wird; Leibowitz selbst hat wohl nicht *gelitten* unter dieser Differenz zwischen Bibel und Tradition. Der Katholizismus hat von Anfang an eine Medizin entwickelt gegen jedes mögliche Leiden am Abstand der Kirchenlehre von der Bibel, indem er die Schrift selbst zu einem ersten, ältesten Teil der Tradition der Kirche erklärte; das ist dem Jüdischen näher als die radikale protestantische Überordung der Bibel-Autorität über die kirchliche Tradition, – Protestanten *müssen* darum an dem auch bei ihnen wirksamen Abstand zwischen einer höchst machtvollen Kirchentraditon und der Bibel *leiden.* Aber weder dem noch dem ent-spricht Gott. *Er ent-spricht der Ferne, die zwischen Bibel und Tradition klafft,*

76. Vgl. F.-W. Marquardt, Theologie und Sozialismus. Das Beispiel Karl Barths, 1972. 3., um e. Nachw. erweiterte Aufl. 1985, 142ff.; 200ff.; 231ff. ;

– aus ihr hören wir ihn selbst in seiner weder hier noch dort zu vereinnahmenden Göttlichkeit sprechen. Mögen wir in der *Bibel* noch so viel über Gott hören und noch so viel aus den *Traditionen* der Synagoge und der Kirche – ihn selbst hören wir aus der Ferne sprechen, die zwischen beiden klafft und waltet. Er ist beredt darin, daß er nicht ausschließlich aus dem biblischen Zeugnis, auch nicht ausschließlich aus der kirchlichen und synagogalen Tradition zu vernehmen ist. Beide versetzen uns in gespannte Aufmerksamkeit, in Wartehaltung, ob durch die Vielzahl von Zeugenstimmen hier und dort irgendwo auch Seine Stimme vernehmbar erklingt. Im Gewirr, Widerspruch und auch offenen Streit dieser vielen Stimmen bleibt die Seine unendlich fern. Und wir schicken uns darein, – klagen darüber nicht, – halten uns vielmehr gespannt, ob Er-Selbst nicht vielleicht dieser Ferne ent-spricht, die zwischen seinen verschiedenen Zeugen besteht. Jedenfalls ist diese Ferne eine höchst akute Gestalt einer Transzendenz, die – *wenn* denn Transzendenz zu so etwas wie Gott gehören sollte – eine wäre, der er ent-spricht: aus der heraus er spricht.

Gott ent-spricht auch der Ferne, die Leibowitz mit allen Juden zwischen der irreversiblen *Schrift* und dem offenen, nie abgeschlossenen Prozeß der *mündlichen* Tora befestigt hat. Das Schriftliche der Bibel schreibt auch Irrtümer fest und spaltet so. Das Mündliche dagegen läßt Hoffnung, daß wir uns über Irrtümer hinweg doch noch einigen könnten in einer verbindenden Erkenntnis und einem gemeinsamen Verständnis – wenn nicht jetzt: dann Dann.

Dies ist die gleiche Differenz wie zwischen der Bibel und der Tradition, aber sie wird hier nicht bloß formuliert auf eine unterschiedene *Geltung und Autorität* hin, die je die Bibel und die Tradition beanspruchen können: Zwischen Schriftlichem und Mündlichem gibt es einen tieferen Graben als den, den *Autoritäts*fragen aufreißen könnten. Was das Volk und die Gemeinde *spalten* kann schmerzt tiefer, als was zu Recht oder Unrecht größere Autorität erheischt. *Zwischen Schriftlichem und Mündlichem zerreißt es uns selbst.*

»Was ich geschrieben habe, das habe ich geschrieben« war auch im Prozeß Jesu die Bestätigung eines *Todes*urteils (Joh 19,22). Paulus entwickelte einen ähnlichen Sinn für das Problem der Unveränderbarkeit des Schriftlichen, wenn er sagt: »Der Buchstabe tötet, der Geist ist's (dagegen), der lebendig macht« (2 Kor 3,6). Leibowitz sieht im Schriftlichen der Bibel das Volk gespalten, die Christen sehen am Geschriebenen Jesus umkommen und halten – von da aus! – Buchstaben für tödllich – haben freilich daraus keine Konsequenz gegen den Vorrang der Bibelautorität gezogen, um etwa Abwege in Biblizismus und reine Buchstaben-Gläubigkeit zu versperren.

Allerdings hatte hierzu Martin Luther seine eigenen Gedanken: Die Stimme des Evangeliums suchte er nur in der *gepredigten* Schrift, nicht also in der »Schrift« des Geschriebenen, sondern im »mundlich G'schrei«. Er entwickelte gerade an seinem Verständnis von *Evangelium* den Sinn für eine Tora-al-pe, *eine mündliche Tora!* Er lehrte, daß doch allein das Alte Testament »den Namen hat, daß es heilige Schrift heißt, und Euangeli eigentlich nit Schrift, sondern mundlich Wort sein sollt ... Darumb auch Christus selbs nichts geschrieben, sondern nur geredt hat und seine Lehre nit Schrift, sondern Euangeli, das ist ein gute Botschaft odder Verkundigung genennnet hat, das nit mit der Feddern, sondern mit dem Mund soll getrieben werden«[77]. Oder: »Denn wiewohl beides dem Buchstaben nach ist auf Papier geschrieben, so soll doch das Evangelium odder das neu Testament *eigentlich nicht geschrieben,* sondern in die lebendige Stimm gefasset werden, die da erschalle und überall gehört werde in der Welt. Daß es aber auch geschrieben ist, ist aus Überfluß geschehen.«[78] Gegen Luther selbst läßt sich also nicht vorbringen, was allenfalls gegen ein späteres Luthertum gesagt werden konnte: Die Evangelischen hätten an die Stelle des Papstes in Rom doch nur den »papiernen Papst« der Bibel gesetzt. Vielmehr hat der Reformator alles getan, um eine Religion und Theologie der Schriftlichkeit und der Buchstaben in bleibende Spannung zu Mündlichkeit und dem Geist eines Wortes zu setzen, dessen Wesen ist, Wort zu sein, »das gesprochen wird« (M. Buber), nicht: gelesen und studiert, sondern herausgeschrien als gute, neue Mär.

Drittens. Gott ent-spricht der Ferne, die sich zwischen einer menschlichen Gottesdienstpraxis auftut, die Gott dient um *Gottes* willen, und einer, in der Menschen nach Gott fragen, weil sich ihnen dies nach ihrer Einschätzung lohnen könnte.

Es läßt sich ja nicht leugnen, daß Gott nach der Sicht der Bibel eine verheißungsvolle Wirklichkeit ist; sein Wort an Avram mag uns hier für eine ganze biblische Struktur göttlicher Menschenbeziehung stehen: »Ich bin dein Schild und dein sehr großer Lohn«; Buber: »Ich bin dir Schild, / deines Lohns ist sehr viel« (Gen 15,1). Aber doch lehren die Lehrer des Judentums das andere: »Seid nicht wie Knechte, die dem Herrn dienen in der Absicht, Lohn zu erhalten, sondern seid wie Knechte, die dem Herrn dienen ohne die Absicht, Lohn zu erhalten; nur die Ehrfurcht vor dem Himmel sei über euch« (Pirke avot I,3). Der Unterschied zwischen beiden ist schnell zu klären: Es ist eines, wenn Gott seinem Diener Lohn *verheißt,* ein anderes, ob Menschen Gott dienen »mit der Absicht«, Lohn zu erhalten; eins ist Gabe, ein anderes Erwartung, gar Berechnung und Anspruch. Zwischen beiden klafft eine Ferne: die zwischen Verheißung und Erwartung, genauer zwischen Gottes Lohnversprechen und dem, was Menschen daraus für Konsequenzen ziehen: Erwartung, die hofft, oder eine, die berechnet. *Eine berechnende Konsequenz ist faktisch in jeder Religion da;* jede

77. M. Luther, Kirchenpostille 1522. WA 10.I.1; 17,4ff.
78. M. Luther, Epistel S. Petri gepredigt und ausgelegt, 1523. WA 12, 275,5ff.

Religion propagiert sich unter den Leuten mit der Behauptung, für sie nützlich und lohnend zu sein. Eben darin aber tut sich eine Ferne auf, ein Zwischenraum und Abstand zwischen Gott und Gottesdienst. Und dieser Ferne ent-spricht Gott, er spricht aus ihr. In der Differenz, in der wir einerseits das Seine suchen, andererseits uns eben darin das Unsere versprechen, ist so etwas wie Gott beredt. Wir können auch sagen: *Gott ent-spricht der Ferne zwischen Gott und Gottesdienst, oder: zwischen Gott und Religion.*

Viertens. In dem Gebot, wir sollten zu Gott nur um Seinetwillen eine Beziehung suchen, nicht in irgendeinem anderen Interesse, auch nicht um unsererselbst willen, haben wir eine Bestimmung unseres *Verhaltens* zu Gott. Aber dies Gebot enthält mehr als das, – in ihm ist ein Er-Selbst, ein Gott-allein, ein solus Deus enthalten. Die Weisung: Wir sollen ihm dienen um Seiner Selbst willen, enthält ja nicht nur die Überzeugung, daß uns das z.B. psychologisch möglich wäre: etwas Wesentliches zu tun ohne Eigeninteresse, sondern enthält auch die Vorstellung, daß so etwas wie Gott als ein solches Er-Selbst, Er-Allein, Er-ohne-uns denkbar ist, – daß Gott also nicht *nur* ein Beziehungswesen ist (nur bezogen auf eine Welt außer ihm: auf Menschen, auf uns, auf mich), – daß er vielmehr vorstellbar ist als ein freies, von allem anderen unabhängiges Selbst, für das oder allein um dessentwillen man etwas tun kann. So etwas wie Gott wäre also nicht nur ein Gebild unseres Herzens, – eine Projektion unseres gesellschaftlichen Elends, – eine Illusion unseres psychischen Triebhaushalts, – ein Postulat unserer praktischen Vernunft, – eine Funktion unserer Weltanschauung oder unserer politischen Normensetzungen, – ein praktikabler Ausweg aus Ich- und Identitätskrisen, – oder Instanz eines (wie auch immer) emanzipatorischen Tiefen-, Märchen- und Mythen-Sinnes, mit dessen Hilfe wir uns der tödlichen Kälte des europäischen Rationalismus entziehen möchten; vielmehr wäre Gott denkbar als eine Wirklichkeit für sich, *noch ehe* wir ihn als eine auch für uns nützliche, auf uns bezogene Wirklichkeit bestimmen könnten.

Unsere theologischen Lehrer haben dafür den lateinischen Begriff einer *Aseität* Gottes gefunden, mit dem sie sagen wollten: Gott ist »aus sich selbst« heraus wirklich, nicht nur abgeleitet von der Welt und uns Menschen und unseren Bedürfnissen, unserer Sehnsucht nach so etwas wie Gott, auch nicht nur bezogen auf sie. Oft wurde freilich dieser Begriff Aseität auch ontologisch verstanden: Gott ist eine Wirklichkeit »an und für sich«, nicht nur »an-sich«, auch: »für sich« wirklich, – um sich zu verwirklichen, bedarf er überhaupt keiner anderen Wirklichkeit außer sich, – so etwas wie Gott ist ein Wesen, das vollkommen sich selbst genügt. Sofern eine solche ontologische Bestimmung der Aseität *kritisch-abgrenzend* gemeint war gegen Versuche, Gott als bloßes Produkt menschlicher Vorstellung und Phantasien zu schildern, hat auch sie ein Recht. Unrecht wird daraus, wenn auch der biblische Gott dadurch *festgelegt* werden sollte auf ewige, wesenhafte Unabhängigkeit von Menschen, auf eine Absolutheit, die majestätische Losgelöstheit von Welt und Menschen bedeuten würde. Zum *biblischen* Gott gehört jedenfalls die Entscheidung seiner Freiheit, Gott der Menschen zu sein, und dies weder nur beiläufig noch vorübergehend, sondern wesenhaft und für immer. Nach der Bibel ist *diese Entscheidung nämlich der Grundakt einer Selbstbestimmung Gottes,* die er über sich selbst und die Bestimmung seiner Gottheit als ein Gott fällt: *Er will nicht menschenloser Gott-an-und-für-sich bleiben,* will vielmehr Menschengott, d.h. ein sich der Menschheit verbindender und verschwörender Gott sein. Sein Bundeswille ist der fundamentale Inhalt seiner gottheitlichen Selbstbestimmung; und es ist der Wille zu einem unkündbaren Bündnis mit der Menschheit; »unkündbar« muß der mit Israel geschlossene und in Jesus bestehende Bund heißen, weil er Bund einer ewigen Selbstbindung Gottes an Israel und Jesus ist. Damit aber dieser Bund wirklich als Tat einer göttlichen Selbstbestimmung begriffen bleibt und nicht heimlich doch zu einer menschlichen Projektion verfälscht werden kann, ist der *Aseitätsgedanke zur Abgrenzung* ins theologische Nachdenken eingeführt worden: Seine Bindung an die Menschen ist eine *freie Tat* eines Gottes, der unter keiner von außen ihm auferlegten Nötigung dazu steht. Von sich-selbst-her (a se) entscheidet er sich so. Was ihn betrifft, ist es eine freie Entscheidung – was uns betrifft, ist es reine Gnade, daß er sich ausgerechnet an uns für alle Ewigkeit binden will mit seinem ganzen Herzen, seiner Seele, mit allen seinen Kräften – also: seinem göttlichen Wesen.

M. E. haben wir hier auch die Stelle, wo es Sinn machen könnte, über so etwas wie eine »*Existenz*« von so etwas wie Gott nachzudenken.

Die Frage, ob es so etwas wie Gott »überhaupt gibt«, ist ja nicht totzuschlagen. Mag man sie schon hundertmal zurückgewiesen haben, etwa wie zuletzt Dietrich Bonhoeffer getan hat – »Einen Gott, den ›es gibt‹, gibt es nicht«[79], – d.h. Gott kommt in der Welt und in unserer Erfahrung nicht vor, wie alles andere vorkommt – so schlägt das doch die Existenzfrage nicht nieder. Ihre Beantwortung macht die Glaubenden ohnmächtig, und ich halte es auch für eine wesentliche Aufgabe von Theologie, sich an der Kritik jeder nur denkbaren Antwort auf diese Frage zu beteiligen. Ein positiver Beitrag dazu ließe sich vielleicht nur in dem Zusammenhang versuchen, den wir gerade erörtern. Von einer Existenz Gottes ließe sich nur reden, wenn wir über die Denkbarkeit der *Freiheit* Gottes, seiner *Existenz »um Seiner Selbst willen«* sprechen und wenn wir (wie wir getan haben) einen Entschluß, als Gott sich an Menschen zu bin-

79. D. Bonhoeffer, Akt und Sein. Transzendentalphilosphie und Ontologie in der systematischen Theologie, 1931. Hrsg. von E. Wolff, 1956, 93. – Werke Bd. 2, hrsg. von H.-R. Reuter, 1988, 112.

den, als Grundakt seiner freien Selbstbestimmung begreifen könnten. Denn in Anwendung auf so etwas wie Gott ist ja die Existenzfrage die Frage, ob er »wirklich« existiert und nicht bloß ein Bild unserer Phantasie ist. »Wirklich« existiert er, wenn er nicht nur eine Projektion unseres Herzens ist. Läßt sich in diesem Sinne eine Unabhängigkeit Gottes von uns denken, dann existiert er auch. Die Frage, ob »es ihn gibt« hingegen (wenn sie nicht gleich der Frage ist, ob er uns gegenüber eine freie Wirklichkeit ist), nötigt uns, einen Existenz-Grund von so etwas wie Gott in uns, bei uns, jedenfalls: *außerhalb* Seiner zu suchen, zu behaupten, ihn zur Existenz von Gnaden der Menschen zu machen; dann ist es aber nicht die Existenz *Gottes,* sondern eben »nichts anderes als« ein (wie immer einsehbares, gar notwendiges) Gebild unseres Herzens: ein Ausdruck *unserer* Existenz, aber keine Existenz mit Grund in sich selbst. Das aber ist nicht nur nicht »Gott«, es ist auch nicht »Existenz«. *Existent* jedoch ist Gott, wenn wir ihn als eine Wirklichkeit begreifen und ehren können, die uns allein um ihrer selbst willen wichtig werden kann. Und Leibowitz schärft einen Gottesdienst ein, an dem wir uns allein um Gottes selbst willen beteiligen, um uns so wirklich vor Gott und vor allem vor Gott in seiner göttlichen *Wirklichkeit* zu stellen und uns von jeder Gottes-Illusion zu befreien. *Die Existenzfrage ist die Freiheitsfrage:* ob jemand ein von anderen unabhängiges Dasein kennt; jedenfalls in Anwendung auf *Gott* ist die Existenzfrage die Freiheitsfrage.

Diese noch eng an die Vorgaben von Leibowitz anschließenden Überlegungen führen wir nun in einer noch einmal neu ansetzenden Besinnung in unseren engeren Fragezusammenhang ein: *Wem ent-spricht Gott?*

Die Formel vom *Ent-sprechen* Gottes haben wir schon bisher in doppeltem Sinne gebraucht. (Erstens): Von woher spricht Gott zu uns? (Zweitens): Lassen sich irgendwo oder irgendwie Analogien finden innerhalb der uns bekannten Wirklichkeit für so etwas wie Gott? Auf die erste Frage lautete nun die Antwort schon: So etwas wie Gott spricht zu uns *aus einer Ferne;* dieses Wort gebrauchten wir als einen Begriff für das übliche Wort »Transzendenz«, das schon so oft eines der Grundmerkmale für so etwas wie Gott war. Allerdings sprachen wir in bezug auf den biblischen Gott von einer *geschichtlich-konkreten Ferne,* nicht einer allgemein weltanschaulichen oder seinslogisch gefaßten metaphysischen Transzendenz. Wir sagten, Gott spräche uns an aus dem Abstand, ja Widerspruch zwischen dem Gotteszeugnis der Bibel einerseits und den Zeugnissen der jeweiligen Gemeinschaftstraditionen andererseits, – aus dem Abstand spaltender, ja tödlicher Schriftlichkeit von offener Mündlichkeit, – dem eines Gottesdienstes um Gottes willen, in dem wir uns der Freiheit und wirklichen Existenz Gottes stellen, und einem, den wir wesentlich im Interesse an uns selbst üben. Damit sprechen wir von einer konkreten Ferne zweier in schwerer Spannung zueinander stehender Weisen einer Selbstbezeugung Gottes in den jüdischen und christlichen Gemeinschaften.

Es handelt sich dabei um eine *innere* Spannung in der Wirklichkeit, die jüdisch und christlich Gott heißt, denn Gott bezeugt sich *sowohl* in der Bibel *als auch* in den Traditionen, die die beiden Glaubensgemeinschaften daraus gebildet haben; bezeugt sich *ebenso* in der Schriftlichkeit und Gegenständlichkeit, Logik, Syntax, Irreversibilität von Buchstaben *als auch* im turbulenten Geist freier Rede, – des mündlichen Austausches in Gesprächen, – der aktuellen Demonstration für Gott in Predigten, – verinnerlichenden Liedern, – kämpferischen, nur für den Augenblick formulierten Bekenntnissen. Was Gott heißen soll, bezeugt sich *ebensowohl* in der Selbstlosigkeit *wie* in der Selbstinteressiertheit eines Gottesdienstes, also ebenso in Pflicht und Gehorsam gegen eine als gebietender Wille erfahrene Wirklichkeit als auch in gelebter Religion und einer liebenden Hingabe, die Selbsterfüllung verspricht.

Wer erfahren und mitdenken will, was jüdisch und christlich Gott heißt, wird auf diese konkreten geschichtlichen Spannungen verwiesen, die wir nicht auflösen können zugunsten einer Harmonie oder eines übergreifenden Begriffs. Das Wort »Gott« drängt sich Menschen auf, die diesen Spannungen ausgesetzt sind.

Anders gesagt: *Juden und Christen gebrauchen das Wort Gott dort, wo sie spannungsreiche Grunderfahrungen ihres Lebens in ihren konkreten Gemeinschaften benennen wollen.* »Gott« ist dabei nicht etwa ein sprachlicher Ausdruck für diese Spannungen. Er steht vielmehr für dasjenige Unfaßbare, das sie in diese Spannungen versetzt. *Hier wie dort* hören sie *von* so etwas wie Gott reden, und nun werden sie gespannt darauf, ob unter diesem Hin- und Her-Gerede von so etwas wie Gott sie etwas anrede, was sie trifft, sie wirklich an-geht, – ob da heraus sich etwas vernehmen ließe, was aus »so etwas wie Gott« nun wirklich »Gott« werden läßt. Insofern stehen Juden und Christen immer »vor Gott« in dem Sinne, daß Gott ihnen bevorsteht. Aber dies Stehen ist eine Qual des Gespanntseins in lauter konkrete Widersprüche zwischen den verschiedenen Lebens-Mitteln und Lebens-Bedingungen ihrer Gemeinschaften: der Schrift und der Traditon, – der Buchstabengebundenheit und der freien Rede, – des Dienstes allein im Sinne eines »Allein Gott in der Höh sei Ehr«[80] und des Dienstes einer Sinnfindung für die Welt und sich selbst.

»Gott« heißt also bei Juden und Christen nicht eine allgemein menschliche Erfahrungs- und Seinswirklichkeit, sondern nur die konkret-geschichtliche ihrer speziellen Gemeinschaften.

Dies freilich ist nun auch noch in einem anderen Sinne Bestimmung einer *Ferne,* aus der Gott spricht. Denn es handelt sich nun nicht nur um die Ferne

80. EKG 131,1/EG 179,1.

einer *inneren* Spannung zwischen »so etwas wie Gott« und »Gott«, zwischen Gott als Möglichkeit und Gott als Wirklichkeit – sondern auch um eine, in der diese als Gott erfahrene Wirklichkeit zwischen uns und anderen steht: *die Ferne einer konkreten Geschichtlichkeit zu einer alle Menschen betreffenden metaphysischen Transzendenz.*

Darum (Zweitens). Es gibt ja eine gewöhnliche, allgemein verbreitete und überall anerkannte Vorstellung von einem transzendenten Gott, die ihn in einem *räumlichen Jenseits* ortet: im »Himmel« oder »über« allen Himmeln, weil er »nicht hier« zu finden ist und auch wirklich »nicht hier« ist.

Diese räumliche Jenseits-Vorstellung ist sehr geläufig. Aber es wäre doch ein Mißverständnis, wenn wir sie in eins setzen wollten mit dem sehr vielschichtigen lateinischen Begriff der »Transzendenz«.

Zwar ließe sich vom lateinischen Wort her »Transzendenz« so gut als ein Raumbegriff fassen wie das deutsche »Jenseits«. Aber das Verb transcendere heißt »hinüberschreiten«, auch im Sinne von: Grenzen überschreiten und Begrenztes übersteigen, hinter sich lassen; ein körperliches, auch ein seelisches und ein geistiges Tun sind damit gemeint. Dies Tun aber bestimmt den Sinn auch des Substantivs »Transzendenz« in neuerem philosophischen Gebrauch: Weniger denkt man dabei an einen Raum jenseits der Grenze, also nicht so sehr an das Wohin einer Grenzüberschreitung, nicht an das andere Land, die neue Welt, gar »den Himmel« oder »das Unendliche«, sondern an den *Vorgang* des Überschreitens als solchen, den *Prozeß* des Transzendierens oder mindestens: an die Möglichkeit, dies zu tun.

Dabei treten andere Merkmale für Transzendenz in den Vordergrund, als es räumliche sind. Jenseits kann dann z.B. ein Wort werden für das, was die Welt im Innersten zusammenhält: etwa das *Wort* des Schöpfergotts, – die *Tora,* – der kosmische *Christus* – sie gemeinsam mit den Engeln und anderen lebendigen Wesen (der Menschheit vor allem), die dies Wort hören und bewahren.

»Jenseits« heißt dann z.B.: »Auf drei Dingen steht die Welt: al ha-din, auf ›Recht‹, – ve al ha-emet, auf ›Wahrheit‹, besser: Treue und Verläßlichkeit, – ve al ha-schalom, auf ›Frieden‹.« (Pirke avot I,18). Unser menschliches Tun von Friede, Wahrheit und Recht sind da ihr Grund und das, was die Welt im Innersten zusammenhält, – sie sind das gründende und haltende Jenseits der Welt.

Dies hat sich dann in die allgemeine religiöse Vorstellung einer ganz anders organisierten, anders, als wir bisher dachten, funktionierenden »*neuen Welt*« verwandelt. Und dorthin ist dann Gott versetzt und nach Analogie ihrer Wirklichkeit gedacht worden. Das hieß: Wollte man von so etwas wie Gott Wirklichkeit behaupten, brauchte man eine fundamental andere Sicht dessen, was bisher weltlich, seelisch und geistig »wirklich« hieß. Sie denken und aussagen zu können, dafür war den Gläubigen die allgemein-geistige, gedankliche Möglichkeit des Transzendierens hoch willkommen, und wie es möglich schien, die *Welt*wirklichkeit auch anders als üblich erfahren, denken und bestimmen zu können, so meinte man Ähnliches auch von der Wirklichkeit »Gott«. *Gott war nur noch nach Wirklichkeitsbegriffen einer neuen, einer durch Transzendieren erschlossenen Welt zu fassen,* z.B. ist für seine Wirklichkeit nur eine *Freiheit von jedem Gesetz* konstitutiv: sei es Natur-, sei es seelisches, sei es geistiges Gesetz, sei es Gesetz irgendeiner religiösen Tradition. Solche Freiheit konnte ihn zu einer gesetzlosen *anarchischen* Wirklichkeit machen, einer anfangslosen, somit keinem Ursprungsgesetz unterworfenen, weil er der *Geber* aller Gesetze oder jedenfalls *neuer* Gesetze ist. Wie nun auch immer: Ob Gott Wesen anarchischer Freiheit oder Geber neuer Gesetze sein sollte – Grenzüberschreitungen alter Welterfahrungen brauchte man, transzendieren mußte man, wollte man so etwas wie Gott als Wirklichkeit begreifen. So wurde er zu einer Wirklichkeit des Transzendierens.

Er wurde damit *nicht* notwendig auch: außer-*weltlich* – sei es außer-*irdisch,* sei es außer-*kosmisch;* auch *über*-weltlich, über-irdisch, über-kosmisch wurde er dadurch nicht notwendig. Von einer Außer- oder Überweltlichkeit von so etwas wie Gott wäre nämlich notwendig nur dann zu sprechen, wenn wir darauf festgelegt wären, die Wirklichkeit von Weltall, Erde, Mensch allein naturwissenschaftlich ermessen und bestimmen zu können, wenn also uns zur Verfügung stehende Meß-Einheiten Maß alles Wirklichen wären. Daß Gott auch »unermeßlich« genannt werden kann, heißt nicht, daß er alle Maße sprengt, sondern radikaler, daß er überhaupt das Maß des Messens und Er-Messens von Wirklichkeit sprengt, infragestellt, jedenfalls für sich und seine Wirklichkeit als unangemessen verwirft.

Auch Weltall, Erde und Mensch sind ja nicht *nur* ermeßbare Wirklichkeiten, sind unter ganz anderer Betrachtung auch etwas anderes: z.B. Erlebnisräume, also Bedingungen und Räume menschlicher Daseinserfahrungen, kreatürlicher Daseinsfristung. Sind Umgebungen geschichtlicher Selbstverwirklichung von Menschen – zu der z.B. auch solche menschlicher Selbstentfaltungen gehören, die Naturveränderungen bewirken, wie etwa das Roden von Wäldern, die Anlage von Autostraßen und Kanälen, – das Aufreißen von Bergwerken in die Erde, – bis hin zur Zerstörung der um den Erdball gelegenen Ozon-Schicht; faktisch haben solche Naturveränderungen übrigens auch die Folge, daß sie die irdische und kosmische Natur – sei es aus wirklichen, sei es aus politisch vorgeschobenen Gründen – unmeßbar machen: Über Gründe des Waldsterbens und der Klimaveränderungen z.B. läßt sich angeblich immer noch keine wissenschaftlich eindeutige Auskunft erzielen.

Doch wie dem sei: Naturwissenschaftliches Maß kann nicht allein das Maß des Wirklichen sein, es gibt auch ein menschlich-geistig-psychisches Ermessen des Wirklichen. Und man muß nicht die Welt überschreiten in Außer- oder

Überweltliches, wenn man eine Wirklichkeit von so etwas wie Gott anders als mit naturwissenschaftlich geformtem Maß ermessen will. Gott muß nicht um unserer Erfassung seiner Wirklichkeit willen aus der Welt und irgendwohin über die Welt hinaus gedacht werden, und die Einheit des universal Wirklichen muß dafür nicht dualistisch gespalten werden in ein räumliches Diesseits und ein räumliches Jenseits.

Dazu gehört allerdings auch umgekehrt, daß es keine Möglichkeit und Notwendigkeit dafür gibt, so etwas wie Gott statt in einem räumlichen Jenseits nun in einem innerweltlich gedachten »*Inseits*« zu orten, ihn z.B. nur als innere Wirklichkeit des Menschen zu bestimmen: Seelen-, Geistes-, Bewußtseinswirklichkeit, Begriffswirklichkeit oder auch als reine Sprachwirklichkeit. Wohl befähigen Seele, Geist, Bewußtsein, Begriffe, Sprache uns, zu transzendieren und könnten insofern Instanzen von Transzendenz genannt werden. Aber sie *sind* nicht »die Transzendenz« oder »das Transzendente«, das als solches dann auch noch so etwas wie Gott heißen könnte.

Freilich genügt es vielen Menschen schon lange, so etwas wie Gott als *innere* Wirklichkeit zu verstehen und seine Transzendenz statt in räumlichem Jenseits im Abstand eines inneren Selbst zur Außenwelt und ihren Gesetzen zu suchen. Spätestens seit Schleiermacher suchen bürgerliche Christen das heilige Jenseits in sich, – ihrem Bedürfnis und ihrer Fähigkeit, sich von der Welt innerlich zu distanzieren, – z.B. ihr »eigentliches« Leben nicht in Gesellschaft, Beruf und Staat, in Künsten und im Sport, also kurz: in der »Öffentlichkeit« zu führen – somit auch nicht: im Offenen, sondern im Privaten; und mit dieser von der Welt abgespaltenen Sphäre allein verbinden sie so etwas wie Gott, Gott ist ihnen Privatsache. Aber die Erschaffung eines innerweltlichen Inseits unterliegt den gleichen Bedenken, die wir gegen ein räumlich-überweltliches Jenseits geltend gemacht haben.

Mag es denn aber geschehen, daß (ob nun im »Jenseits«, ob im »Inseits«) »so etwas wie Gott« erfahren werden könnte – *Gott nach biblischem und christlichem Verständnis wäre er doch nicht,* weil der seine Wirklichkeit und Existenz überhaupt nicht erkennen läßt in den Vergewisserungsweisen des Weltwirklichen und des über die Welt hinausgehenden Transzendierens, sondern – wie wir sagten – *in geschichtlich sehr begrenzter, konkreter Ferne,* die zwischen Lebensstrukturen zweier gar nicht universalen konkret begrenzten Gemeinschaften und konkreten Verhaltensweisen der Gemeinschaftsangehörigen innerhalb dieser Strukturen klafft. Wir haben die allgemeine Transzendenz-Frage überhaupt nur aufgeworfen, um ihr *gegenüber* das Eigenartige der Vergewisserungsweisen über die Wirklichkeit des *biblischen* Gottes verdeutlichen zu können. Das ist *eine andere Ferne als die, die sich traditionell mit der Transzendenzproblematik der abendländischen Metaphysik und ihres Erbes* (etwa bei Heidegger) *verbindet.* Wirklicher

Gott ist wirklich im Widerfahrnis und der quälenden Spannung der Ferne zwischen Bibel und theologischer, kirchlicher, religiöser Tradition, – zwischen der Autorität einer alle offene Diskussion abbrechenden und zum Text, der »geschrieben steht«, gewordenen Schriftlichkeit und der freien und befreienden »guten neuen Mär«[81] einer mündlichen Tora, – zwischen einem um seiner selbst willen zu liebenden Gott und einer für mich nützlichen Religion.

Wir sagten: Bei Juden und Christen wird Gott erfahren in *konkreter* Ferne, und fügten hinzu: dies sei eine konkret-*geschichtliche* Ferne. *Was sind das für Geschichten, in denen für Juden und Christen Gott ferne, also transzendent ist?*

Für ein *jüdisches* Selbstverständnis, wie wir es von Leibowitz gezeigt bekamen, ist der Verfall der Bibel, des Tenach, an die Tradition der Lehrer Israels ein stolzes Gründungsgeschehen. Nach den Zerstörungen der Tempel 586 v. Chr. und 70 n. Chr. wird aus dem Volk Israel immer mehr das Judentum. Und es ist seine große Tat, die Schriften der Bibel gesammelt und geheiligt und so in die Geschichte des Judentums eingefügt zu haben. Wie hoch dies aber auch das Judentum ehrt: Nötig und möglich geworden ist *die Heiligung der biblischen Schriften* doch nur, *weil politische Katastrophen es dem Volk Israel nicht mehr leicht machten, sich in dem Volk wiederzuerkennen, von dem die biblischen Schriften erzählten.* Das dem biblischen Volk Israel verheißene Land war ihnen verloren gegangen, – die Tempel in Jerusalem, die der Gott Israels sich selbst zum Wohnsitz in der Mitte des Volkes erwählt hatte und die die zentralen Begegnungsstätten zwischen ihm und seinem Volk waren, waren ruiniert, – die das Volk politisch und religiös orientierenden Institutionen waren von Fremdherrschaft und Überflutung durch die hellenistische Weltkultur abgeschafft, – keine Könige, keine Propheten, keine Priester mehr, die das Volk noch einen konnten, – das Volk selbst verdrängt aus seinem Stammland Juda: zunächst nur an die Ränder des von den Römern jetzt so benannten »Palästina«, das nun nicht mehr Erez Israel heißen und sein durfte, hinauf ins »Galiläa der Heiden«, Galil ha-gojim, aber dann bald auch bis auf kleinere Siedlungsreste ganz hinausgedrängt in alle Erdteile.

Wie Leibowitz vom heutigen jüdischen Volk sagt, es sei nicht mehr das Volk der Tora, so schien es nach 70, daß das Volk jetzt nicht mehr das war, das die biblischen Schriften voraussetzten. Bis zur Unkenntlichkeit schien es in einen Gestaltwandel seiner selbst hineingerissen, und das veränderte auch die Art der Gottesbeziehungen fundamental; für die Gott-Unmittelbarkeit des Politischen z.B., die geradezu eine Struktur in der Bundesbeziehung der biblischen Zeiten war, gab es nun keinen Sitz im Leben mehr. Das Volk mußte neue Formen seiner Identität suchen, wenn es sich nicht preisgeben und an die heidnischen Völker assimilieren wollte, um in ihnen unterzugehen. Neue Lebensformen

81. EKG 16,1/EG 24,1 (M. Luther);.

wurden gesucht, die einen Zusammenhalt auch noch der über alle Weltteile Zerstreuten stiften könnten, – gefragt wurde nach neuen ethischen, aber auch gottesdienstlichen Verbindlichkeiten und Einrichtungen. Und so konnte auch das Gottesverständnis nicht einfach unverändert das gleiche bleiben, von dem die biblischen Schriften zeugten. Umgekehrt – und dies war in der Tat eine große Leistung des nun zum jüdischen Volk sich verwandelnden biblischen Volkes – sollte das geschichtliche Gedächtnis ein Grundpfeiler bei der Suche nach neuer Identität werden. Auf keinen Fall wollte man unter neue Lebensbedingungen treten in Selbstvergessenheit und historischer Amnäsie, gar unter dem Symbol eines Endes Israels, eines Endes der Geschichte. *Das Judentum wollte nie vergessen, daß und wie es einmal Israel war.* Ganz im Gegenteil: Auch im Zeitalter tiefster Erniedrigung und eines einschneidenden Verlustes aller seiner bisherigen Selbsterhaltungsmittel pflegte es die Hoffnung, das Israel der Bibel wieder werden zu können. Da waren die Schriften der Vorzeit das einzige Mittel sowohl der Erinnerung als auch der Hoffnung. Aber *natürlich konnte die Bibel nicht mehr so wie bisher zur Gegenwart sprechen* . Bei der in der Mischna beginnenden Formulierung der neuen Gegenwartsprobleme wurde freilich immer wieder aus der Bibel zitiert, um so aus einer Kontinuität zu den alten Schriften eine gewisse Legitimation für die Neubestimmung der Gegenwartsfragen zu ziehen. Aber es scheint der heutigen Forschung eher unwahrscheinlich, die Mischna und die in ihr sich niederschlagende mündliche Tradition nur als aktualisierenden Bibelkommentar zu deuten; *die mündliche Tradition ist doch ein selbständiges, aus eigenen Antrieben und Notwendigkeiten gewachsenes Geschöpf,* das wir historisch *neben* den Schriften der Bibel ansiedeln müssen, soviel dort auch aus der Bibel zitiert wird, sowohl in der Halacha als auch in der Haggada.

Dies alles zusammen ist die *Bedingung dafür, daß die Schriften der Bibel im Judentum ihren Vorrang abtreten mußten an die mündliche Tradition,* die zur eigentlichen Autorität in der neuen Situation des jüdischen Volkes wurde. Die Bibel – das Buch von der Gottes*geschichte* des Volkes Israel – geriet *unter* die Tradition von der *Gegenwarts*bewältigung des jüdischen Volkes, die in der Mischna und in den Generationen währenden Gesprächen der talmudischen Lehrer versucht wurde – und (nach Leibowitz) auch heute ja nicht beendet, geschweige denn abgeschlossen werden sollte.

Es ist also die geschichtliche Situation, die das Judentum dazu nötigte, die biblischen Schriften als Zeugnisse der Vergangenheit und für eine Hoffnung auf Zukunft doch den Anforderungen einer veränderten Gegenwart entschlossen *unter*zuordnen. Mag dann dazu auch noch ein Gegensatz zu den Christen treten, als die sich diese Bücher aneigneten, um sogar ihr *Heiden*christentum aus ihnen zu legitimieren. Eine gewisse Abwertung der Schriften konnte darauf eine polemische jüdische Antwort sein.

Wie nun auch immer: *Die Schriften rückten dem Judentum in eine gewisse Ferne,* damit auch seine zur Vergangenheit werdende eigene Geschichte und ihr Verständnis vom Gotteshandeln in dieser Geschichte. Gott wurde intimer – heiterer einerseits und leidender andererseits – als er in der Bibel war. Und *die Korrelation der Juden zu ihm wurde noch enger.* Aber aus geschichtlicher Schicksalsgemeinschaft zwischen Gott und Volk wurde nun gegenseitige Abbildlichkeit und Angewiesenheit aufeinander: »Gott und Israel sind Zwillinge« (Psikta rabbati 70b).

Man hat nicht besonders gelitten unter dem Bedeutungsverlust der Bibel; zu viele ihrer Weisungen *blieben* aktuell. Aber die neue Lebensform wurde *überhaupt* im Zeichen der Entfremdung, des Leidens als Zeugnis für Gott, verarbeitet, sei es, daß man sich an die Weisungen der Tora als einzig übriggebliebenes Mittel der Lebensrettung hielt, sei es, daß man starke messianische Kräfte ansammelte und darin ein Verhältnis zu einer fernen Zukunft ausbildete. Aber man konnte stolz und froh sein, die biblischen Schriften nicht preisgegeben, sie integriert zu haben auch in die Aufgaben der neuen, schlimmen Zeit. Und man *war* stolz und froh, denn erst in dieser armen, neuen Zeit begann man ja überhaupt, diese Schriften zu einer Einheit zu fügen und sie zu *kanonisieren.* Erst da wurde die Vergangenheit zu einer letzten theopolitischen Einheit gefügt, die dann auch noch in sich verheißungsreich für die Zukunft wirken konnte.

Gab es also eine *Spannung* zwischen der mündlichen Tradition und der Bibel, dann war es die zwischen der biblisch bezeugten *Vergangenheit und Zukunft* des Volkes und seiner mit Hilfe der mündlichen Tora zu bewältigenden *Gegenwart.* In dieser Spannung erfuhr man die Transzendenz Gottes, seine eigentümliche Ferne, jene, die die Zeiten *nicht* erfüllt, sondern ihren Abstand voneinander spüren läßt. Man war gespannt zwischen Nicht-mehr und Noch-Nicht-Wieder der eignen Geschichte und lebt diese Spannung bis heute. Was wäre z.B. das politische *Problem* der Bevölkerung des heutigen Staates Israel anderes als der waghalsige Versuch, aus vergangener Vergangenheit und utopischer Verheißung der Bibel endlich wieder eine Gegenwart für das todbedrohte Volk zu schaffen. Juden, die in Israel leben, arbeiten und leiden an diesem Versuch. Doch sind sie nicht die Mehrheit des Volkes: Die bleibt immer noch in der Diaspora und beteiligt sich weniger direkt an einer neuen Erfüllung der Zeiten. So liegt heute eine *Ferne* Gottes auch *zwischen dem Volk im Land und dem Volk, das immer noch unter den Völkern bleibt.* Zwischen den Volksteilen klafft zuletzt die Frage: Was will Gott, wo ist Gott, wer ist Gott? Und die Vielzahl aller denkbaren Antworten, für die das Judentum ja in seiner Dogmenlosigkeit steht, *macht Gott zum heute noch nichtfeststellbaren Wesen, läßt ihn heute noch in Wesens-Ferne.*

Allerdings regt sich nun auch eine umgekehrte Bewegung. Es gibt nicht wenige Juden, für die *heute die Bibel eine neu-alte Aktualität zurückgewinnt.* Die gegenwärtige Lage des Judentums im Staat Israel und unter den Völkern meinen sie besser mit Erinnerungen und Verheißungen der Bibel bewältigen zu können als mit Mischna, Talmud und Midrasch. Offensichtlich gehörte Jeshajahu Leibowitz nicht zu ihnen, wenn er die Gegenwartsfragen immer noch und immer wieder nun gerade mit den Pflichten durchdenkt, wie sie in der *mündlichen* Tradition zur Diskussion stehen. Doch gibt es Martin Buber, Abraham Jehoschua Heschel, Robert Raphael Geis, Schalom Ben-Chorin und viele andere, die einen *neuen Sinn für Geschichtstheologie* ausgebildet haben, und die zieht *größere Belehrung aus der Bibel als aus der mündlichen Tora,* und dies noch dazu aus einem neuen Zugang zu den biblischen *Propheten,* die in der jüdischen Tradition ja hauptsächlich nur als Kommentatoren des biblischen Gesetzes gelten, viel weniger als Künder des Geschichtswillens und der Gottesleitung der Geschichte Israels.

Freilich ist diese neue Wendung auch Folge einer vielleicht allzu starken Assimilation an die christliche Sicht der Propheten und der rein heilsgeschichtlichen Bedeutung des Volkes Israel, die sie dort haben, wo die Bindung an die Tora und die Lebensleitung durch das Gesetz nur eine wertmäßig geringere Rolle spielt. Diese *Neuzuwendung zur Bibel* ist derzeit immer noch *eher eine jüdische Ausnahmeerscheinung,* nicht jüdische Normalität. Und ferner läßt sich sagen, daß eher Anhänger eines liberalen als eines orthodoxen Judentums in diese Richtung gehen – obgleich wir dies freilich nicht schematisieren dürfen. So wenig orthodoxe Juden auf die Bibel etwa verzichteten, so wenig liberale auf die Lehren jüdischer Tradition – am wenigsten die der Gebete, der Feste und des Gottesdienstes. Z. B. scheint uns noch zu wenig bewußt, *wie viele Deutungstraditonen der mündlichen Tora in die Verdeutschung der Schrift durch Martin* Buber *und Franz* Rosenzweig *eingegangen sind;* das ist bisher m. W. auch noch nie eigens untersucht und nachgewiesen worden, gehörte doch aber zu einem tieferen Verständnis dieser immensen Übersetzungsarbeit; das Deutsch dieser Übersetzung folgt keineswegs nur dem »israelitischen Idiom« in den Vokabeln, der Syntax und überhaupt der Sprache, sondern vielfach auch der Deutung der Texte, wie sie in der mündlichen Tora entwickelt worden ist. Man könnte in dieser Übersetzung nicht nur hebräischem Bibel-, sondern auch jüdischem Traditons-Geist und -Verstehen begegnen, und insofern haben wir in Buber-Rosenzweigs Bibelübersetzung auch eine heimliche, in ihr verborgene Lehrschule eines von der mündlichen Tora mitgeleiteten Bibelverständnisses, – behält auch hier die talmudische Tradition heimliche Leitungsfunktion für das Verständnis der Bibel. So entfremdet war also auch Buber dem Mehrheitsjudentum nicht, wie es ihm (anders als seinem Freund Rosenzweig) oft vorgehalten worden ist!

Aber mag es damit nun stehen, wie es will – in einer Rückwendung zur Bibel (und gar zu den Propheten!) wirkt sich doch nicht nur Assimilation ans Christentum und Entscheidung für das liberale Judentum aus, sondern die neue Situation des jüdischen Volkes in der modernen Welt und *nach der Gründung eins neuen Staates* Israel – nach den 2000 Jahren seines Verlustes. *Das jüdische Volk nähert sich dadurch seiner biblischen Gestalt wieder an,* nachdem es sich 2000 Jahre lang hat von ihr abwenden und sie in die Vergangenheit und Zukunft hat bannen müssen. Da plötzlich beginnt auch die Bibel wieder eine eigene Stimme zu bekommen.

Gar nicht ausgemacht ist, ob und wie dies das Verhältnis zur mündlichen Tradition und ihr Verständnis künftig beeinflussen wird, ob die schriftliche die mündliche Tora verdrängt, ihren Sinn verändert, in welche Richtung sich alles entwickeln wird. Wir müssen ja immer auch die moderne *Säkularisation* als ein die geistige Entwicklung mitbestimmendes Element in Rechnung stellen.

Außerdem trägt die neue Aktualität der Bibel ja auch höchst verschiedene Gesichter. Zu ihr gehört der national-religiöse *Fundamentalismus,* der aus Gottes biblischer Landverheißung ein Handlungsgesetz für heute, wenn nicht gar einen Völkerrechtsanspruch mindestens auf die Gebiete von Schomron und Judäa ableitet, genauso wie die Aufnahme und Anwendung der harschen politischen und religiösen Kritik der Propheten an den Führungsschichten seiner Zeit auf heutige Regierungen. Und dazu gehören auch Phänomene eines neuen *Messianismus,* gegen den einst die talmudischen Lehrer Israels eher zurückhaltend, ja skeptisch sich äußerten, die aber heute zumal in Jerusalem, aber auch in US-amerikanischen Gemeinden oft mit Händen zu greifen sind und bis in Kreise reichen, die bereits heute auf einen Neubau des Tempels am alten Ort sinnen und praktisch bereits alles vorbereiten für die sofortige Aufnahme eines pflichtgemäßen neuen Tempelgottesdienstes nach exakten Vorschriften der Bibel und des entsprechenden Talmud-Traktats. Neue Gewänder für die künftigen Priester liegen bereits – gewebt, wie das Gesetz es befiehlt – zum Gebrauch bereit, ebenso wie der Grundstein des neuen Altars, nach alter gesetzlicher Vorschrift zurechtgeschliffen allein mit Lederriemen und ohne Zuhilfenahme eisernen Geräts.

In dem allen geht es nicht um historische Nostalgie, auch nur nebenbei um Befriedung religiöser Bedürfnisse, am wenigsten um politisch eingesetzte Legitimationsmittel bei dem Versuch, dem Volk eine neue nationale Identität zu schaffen nach 2000 und mehr Jahren seiner Zerstreuung. *In dem allem geht es doch um Gott.* Und zwar nicht um »so etwas wie« Gott, sondern um ihn: den wahren Gott Abrahams, Isaaks und Jakobs. Und es geht um die *Bewältigung seiner Nähe und seiner Ferne* – an beidem ist gelegen.

Als Israel seine biblische Daseinsgestalt und viele Momente seiner an sie gebundenen Gotteserfahrung verlor, *konnte es nicht weiter die Bibel fortschreiben,* wie es dies bis in die makkabäischen Zeiten hinein noch getan hatte. In der mündlichen Tora, d.h. im generationenlang währenden Gespräch seiner Lehrer, hatte es an die Stelle eines »nationalen« Geschichtsprozesses den offenen *Prozeß seiner Selbsterhaltung* im Tun des Gerechten, d.h. in einem von Gottesdienst und den Gottesweisungen geprägten Alltagsleben gesetzt, der das Volk von innen zusammenhalten konnte: in der Treue jedes Einzelnen, nachdem »normale« Voraussetzungen und Institutionen für ein Volksleben ihm zerschlagen worden waren. Es ging darum, Lebensformen zu finden, in denen die Gegenwart Gottes erfahren und beantwortet, festgehalten werden konnte. Zugleich jedoch ging es darum, das nicht zu verlieren, was nun in die Ferne entrückte. Auch der Ferne Gottes Ausdruck zu geben war ein *positives* Gebot.

Schon die Klagelieder Jeremiae mit ihrem herzzerreißenden Schmerz über den ersten Verlust Jerusalems im Jahre 586 v. Chr. waren Versuche einer positiven Bewältigung der in Jerusalems Zerstörung manifest gewordenen Ferne Gottes. Man *klagte* über Gott, – auch gegen ihn, – in der Gestalt der Klage fand man eine Form, sich der Ferne Gottes zu stellen, sie auszuhalten, zu »bewältigen« – ohne ihn dabei loszulassen und in seine Ferne zu entlassen. Israel weigerte sich schon damals, Gott mit gleicher Münze heimzuzahlen; wenn Er, gelobt sei Er, Israel verließ und verstieß, war das noch lange *kein Grund dafür, daß Israel Ihn nun in seine Ferne entlaufen ließ.* Im Gegenteil: Um Ihn und über Ihn klagend, trotzte Israel Ihm gegenüber auf seine eigene Bundestreue. Das vielen christlichen Kritikern befremdliche Überlegenheitsgefühl mancher Stimmen jüdischer Tradition über Gott, das sich z.B. in Worten von einer *Erlösungsbedürftigkeit Gottes* oder *gar seiner Abhängigkeit von Israel* ausdrückt, ist Folge dieser sehr ernst zu nehmenden jüdischen Grunderfahrung, in der Israel Gott seine totale Ferne und Transzendenz zu verweigern versuchte. *Es konnte die Ferne nicht hindern, aber ergab sich ihr nicht. Mochte Gott sich entfernen – Israel bestand auf seiner eigenen Nähe zum sich entfernenden Gott* und versuchte alles, sich ihm nahe zu halten – selbst, wenn das bedeuten sollte, daß es selbst Gott in seine Fremde und Ferne folgen müßte, soweit dies Menschen vermögen. Seine eigene Entfernung von den religiösen Geborgenheitsbedürfnissen anderer Menschen und Religionen z.B., – seine auf Abstand zu den anderen achtenden Lebensgewohnheiten, – ja selbst auch das, was innerjüdisch zur Ghettobildung und Bejahung des Ghettolebens beitrug, machte deutlich, in welchem Sinne das jüdische Volk ernsthaft bereit war, Gott in seine Entfernung zu folgen. Denkbar wäre ja schon 586 v. Chr. und dann wieder 70 n. Chr. und noch einmal 135 n. Chr. (nach dem zweiten verlorenen Jüdischen Krieg, dem sog. Bar-Kochba-Aufstand) gewesen, daß Israel sich selbst aufgegeben hätte und in der Masse der Weltvölker verschwunden wäre, und/oder denken ließe sich auch, daß es seinem Gott abgeschworen und den Gottheiten der Völker sich ergeben hätte: wenn es nicht gar die starke Potenz seiner Treue zu Gott umgeschmolzen hätte in einen kräftigen und sogar die Welt erobernden Atheismus, nicht einen von philosophischer Schwächlichkeit, sondern aus einer Lebenskraft der Negation des in die Ferne gehenden Gottes; die alte Kraft seiner Treue zu Gott hätte Israel auch dazu das Zeug gegeben: zur Selbstverneinung und zu radikaler Verneinung Gottes als Antwort auf seine Ferne. Kräfte der Negation hatten sich schon im Umgang mit der Nähe des biblischen Bundesgottes genug gesammelt; wurde Gott »untreu«, so konnte dies Faß leicht zum Überlaufen gebracht werden.

Doch Israel entschied anders. Es *beantwortete die Ferne Gottes nicht mit Selbstverneinung und einer Negation Gottes,* sondern mit einem *Versuch, die Transzendenz Gottes statt als Katastrophe und Mangel positiv zu bewältigen.* Ging Gott zusammen mit der bisherigen Daseinsform Israels in die unerreichbare Ferne der Vergangenheit, so folgte Israel ihm einerseits mit der Gottesdienstform der *Klage,* vor allem aber mit der Lebensform des *Gedenkens.*

So war z.B. die Einrichtung des 9. Av, des Erinnerungstages an die beiden Zerstörungen Jerusalems 586 v. Chr. und 70 n. Chr. ein Medium, in dem Israel wie seine eigene Vergangenheit so eben damit auch die Ferne seines Gottes in jedes neue Jahr seiner Existenz mitnahm, um eben so der spezifischen Ferne seines Gottes innezubleiben und sie an die Zukunft weiterzugeben, ja: auszuliefern – in der Erwartung, daß eines fernen Tages Gott seine Ferne in sich zurücknehmen und wieder spürbar auch von sich aus, nicht nur von Israel aus zum Israel nahen Gott werden würde. Ähnlich haben sich übrigens die Christen zur Katastrophe des Todes Christi verhalten, den ja wohl nicht zufällig der Johannesevangelist mit der Zerstörung des Tempels in Jerusalem in eins gedacht hat (Joh 2,20f). Zum Tode Jesu verhielten sie sich seiner im Abendmahl »gedenkend« (1 Kor 11,24f), dies Gedenken aber in die Zukunftsperspektive rückend: »... bis daß er kommt« (1 Kor 11,26). Die Erwartung der Zukunft überwiegt im christlichen Gedenken Jesu, darum stellen sie es im Freudenmahl der Zukunft dar. Die Erinnerung der Vergangenheits-Ferne überwiegt im jüdischem Gedenken der Tempelzerstörungen am 9. Av, darum stellen sie es dar im Entzugssymbol des Fastens an diesem Tag; ihr Fasten, Nahrungsentzug ist der leibhaftige Ausdruck der spezifischen Ferne als dem Inhalt des Gedenkens dieses Tages – wir können auch sagen: der spezifischen Transzendenz Gottes, um die es da geht.

Dies stößt uns nun erst recht noch einmal auf Kennzeichen der besonderen, konkret-geschichtlichen Transzendenz des biblischen Gottes. Sie muß theologisch als ein *praktischer* Begriff aufgefaßt und angewendet werden, ist ein Begriff von geschichtlichen, d.h. wechselnden, nicht einmaligen Erfahrungen. Gott entrückt immer wieder in die Ferne: dem Kranken, dem gesellschaftlich Angefeindeten, dem Gebannten und Ausgeschlossenen, dem Vertriebenen, der von Feinden eingeschlossenen Stadt, der, die kapitulieren muß vor einer Übermacht, dem geschichtlichen Katastrophen auf lange Zeit ausgelieferten Volk, dem, der am Kreuz hängt mit dem Ruf seiner Gottverlassenheit. Transzendenz bildet sich in der Welt der Bibel also nicht (nur) an einer allgemeinen menschlichen Grunderfahrung: dem Gegensatz zwischen Gott und »Mensch« schlechthin. Und schon gar nicht an weltanschaulichen, räumlichen Diesseits- und Jenseits-«Vorstellungen«, – aber auch nicht unter einem Zwang von Denknotwendigkeiten, die uns immer wieder nötigen, gedanklich die Bereiche unserer unmittelbaren Welt- und Selbsterfahrungen zu »hinter-fragen«, zu transzendieren, um so zu besserer Einsicht von Gott, Welt und (wenn sich's machen läßt) von uns selbst zu kommen, indem wir uns gleichsam von außen her zu betrachten versuchen. Auch Seelenzwänge, außer uns zu geraten, bilden nicht das biblische Transzendenzverständnis, – entsprängen sie nun aus inneren psychischen Notwendigkeiten, die »Normalität« hinter uns zu lassen, oder aus religiösen und ästhetischen Notwendigkeiten, uns eine »andere Perspektive« der Daseinssicht, vielleicht sogar für den persönlichen Lebensentwurf zu schaffen. Theologisch ist Transzendenz eine *Kennzeichnung für Vorfälle im Lebenszusammenhang von Gott und Mensch,* sie wird nicht gedacht aus allgemein erfahrbaren Grenzen des Menschseins und der Welterfahrung. Bleibt sich dennoch etwas in jüdischer Transzendenz-Erfahrung gleich über alle Einzelerfahrungen hinweg, dann innerhalb der Differenz des Gott-Israel-Verhältnisses, wie es die Bibel bezeugt, vor allem der, die Israel während der Zeit der Gola, also: in der Jetztzeit unter der Anleitung der Lehren seiner Weisen lebt. In dieser Differenz ist Gott fern, insofern er sich und die Geschichte von πᾶς 'Ισραήλ, »ganz Israel« (Röm 11,26) und von Israel in seiner Ganzheit noch nicht wieder zu jener Einheit gebracht hat, an die er sich selbst und Israel in seinem Bundesversprechen gebunden hat: »Ich will euer Gott sein, ihr sollt mein Volk sein« (Lev 26,12).

b. Die Entfernung der Christen

Nun wollen wir *christliche Entsprechungen* zu der besprochenen jüdischen Erfahrung benennen.

Zur gleichen Zeit, als die Lehrer Israels die ihnen als Wort Gottes lebenswichtig gewordenen Schriften sammelten und heiligten, unternahmen dies – in einer auffallenden zeitlichen Parallele – auch die Christen. *Inhaltlich* auffallend daran ist, daß sie für den ersten Teil ihrer Bibel genau jene Schriften bestimmten, die auch im Judentum dafür ausgewählt wurden. Zwar gaben sie ihnen aus theologischen Gründen eine andere, vom Tenach der Juden *abweichende Reihenfolge,* aber sie sammelten doch in ihren Kanon *keine anderen Schriften* aus den Überlieferungen Israels ein, also z.B. keine aus der essenischen Tradition, die ihnen ja geistig in manchem näherstehen mochte als einiges aus der Halacha der Mosebücher. Wir sehen hier, wie nahe offenbar noch im zweiten Jahrhundert, als dies alles geschah, die Christen den Juden noch standen, als sie schon mehrheitlich Heidenchristen waren und Judenchristen bereits begannen, zur Minderheit in der Kirche zu werden.

Freilich sammelten und heiligten die Christen nun zusätzlich noch einen Schriftenkorpus von 27 Schriften, die ihnen in den Lesungen ihrer Gottesdienste besonders wichtig geworden waren, und bestimmten sie als Wort Gottes zu einem zweiten Teil ihrer Bibel, als das sog. Neue Testament. Damit unterschieden sie sich vom Judentum so sehr, daß wir heute gut täten, doch lieber nicht mehr von einer Juden und Christen gemeinsamen Bibel zu sprechen. Denn schon die Sammlung von Schriften überhaupt war ja eine inhaltliche, nicht nur eine praktisch-pragmatische Entscheidung. Und erst recht gilt dies für die Begründung eines großen zweiten Teils der Bibel.

Die Christen meinten, damit für ihren Teil die Geschichte und die Gottesbegleitung Israels einfach *fortschreiben* zu können *in die Geschichte Jesu von Nazareth* und seiner Freundinnen und Freunde und die Nachfolger seines Osterlebens *hinüber.* Doch damit taten sie, was die Lehrer Israels etwa mit der Mischna nicht zu tun wagten; diese schlossen dem Tenach nicht etwa die Mischna als zweiten Bibelteil an. So entstand, was die Bibel betrifft, ein Ungleichgewicht, und dies natürlich nicht nur in einem quantitativen, sondern auch im Sinne einer inhaltlichen Differenz. Die Christen meinten tatsächlich, die Geschichte und Verkündigung Jesu und ihre eigene Geschichte und Verkündigung als *Fortschreibung des Tenach* auffassen zu können: historisch, geistig und kerygmatisch (d.h. in Sinn und Gehalt der Gottesverkündigung) auf dessen Linie zu liegen, während Juden doch lieber eine Zäsur kenntlich machen wollten zwischen Jetzt und Einst, zwischen Sich und Sich – und bei alledem wohl auch: »Wandlungen Gottes« andeuten.

Allerdings war die christliche *Kanonisierung eines zweiten Bibelteils* ein nicht unproblematisches, ja, sagen wir es schärfer: ein höchst problematisches Unterfangen. Luthers Urteil über die Schriftwerdung der Christus-Botschaft hatte ein völlig anderes Verständnis des Christentums im Sinn, als es sich, nicht zuletzt durch die *Biblifizierung der christlichen Predigt,* geschichtlich herausgebildet hat. Wenn Christus angemessen nur durch »mundlich G'schrei«, nur als »gut Neuzeitung«, nur als »gute neue Mär« unter die Leute gebracht worden wäre, könnte seine Autorität niemals jene Gesetzlichkeit und Unverrückbarkeit angenommen haben, die dem Schriftlichen nun einmal eignet. Nicht »das Buch« wäre sein Übermittler an die Völker geworden – unter die Leute wäre er nur durch mündliches Wirken von Menschen gekommen, die für Jesus brannten, für ihn einstanden und in immer neuen Kämpfen um Worte erst ringen mußten, mit denen sie von ihm und für ihn sprachen und durch die sie im Gehör der Leute glaubwürdig für ihn oder unglaubwürdig auch gegen ihn sprachen. Jesus selbst wäre unzerreißbar eins mit den Seinen geblieben, und in deren »mundlich G'schrei« hätte das

Wort Christi immer neu erst Fleisch werden müssen. Sehr unwahrscheinlich wäre es gewesen, daß ein Christus-Dogma hätte entstehen können, in dem Jesus von Nazareth so festgelegt und in seiner Bedeutung und Art so festgeschrieben worden wäre, wie es dann – schriftlicher Autorität gemäß – doch geschah. Die Theologisierung des Jesus von Nazareth ist eine geschichtliche Folge, von der her es auch uns kaum noch möglich ist, vorzustellen, wer und wie Jesus wäre, wenn er nicht nur als »das Wort« Gottes dogmatisiert worden wäre, sondern in real gesprochenen Worten *immer neu* von seiner Sendung, seiner Gott-Nähe-und-Ferne, seinen Wegen und Werken »für uns« gesprochen worden wäre, wenn er etwa – wie im Judentum der Mischna und der Talmudim die Tora – ins immer neue Gespräch gezogen worden wäre – und damit nicht nur in ein dogmatisches Für, sondern auch ein rebellisches Wider seiner Bedeutung.

Diese Überlegung verschärft sich erst recht, wenn wir nun sehen, daß – so wie die Juden mit der mündlichen Tora der schriftlichen – auch die Christen ihrer Bibel einen *Vor-Mund* bestellten. Nur war dies leider nicht das mundlich G'schrei ihrer Christus-Botschaft, sondern *a)* die Formulierung des *Glaubensbekenntnisses* als Richtschnur für eine kirchlich angemessene Bestimmung eines zentralen Bibel-*Inhalts* und *b)* die Einrichtung der *Wach-Gesellschaft* von monarchisch regierenden Bischöfen, die im Zweifelsfall Richtung und Linie der kirchlich angemessenen Bibel-*Deutung* angaben. Der Beginn der Ausbildung kirchlich verbindlicher Glaubensbekenntnisse und die Begründung von letztentscheidenden kirchlichen Lehrinstanzen lag *zeitgleich* mit der Sammlung der Schriften zur Bibel, und man wird die drei Vorgänge wohl in einem *inneren Zusammenhang* sehen müssen. Im Grunde drückt sich in den beiden die Bibel-Entstehung begleitenden Instanzen *ein Mißtrauen gegen* die Selbstdeutung der *Bibel* aus, man traute ihr – mit Recht! – nicht eine Evidenz zu, die zu jeder Zeit an jedem Ort den gleichen Inhalt und Sinn der Schriftaussagen zum Leuchten bringen könnte. Man scheute aber die Verschiedenheit und Mannigfaltigkeit des Bibelsinns und war mehr interessiert an einer inneren Einheit der weit im Römischen Reich zerstreuten Gemeinden als an einem Schriftprinzip, das doch erst im Gefolge der Reformation sich durchsetzte: scriptura sacra est sui ipsius legitimus interpres, die Heilige Schrift ist ihr eigener legitimer Interpret, – sie besitzt eine facultas, eine Befähigung, se ipsam interpretandi, sich selbst zu deuten. Darauf meinte man im Grunde doch nicht bauen zu dürfen, und so wurde die Schrift, was ihre Autorität betrifft, doch von vornherein, bereits mit ihrem Entstehen Instanzen *unterworfen,* die ihren Lesern und Predigern vorsagten, was der relevante Inhalt der Schrift ist (in der regula fidei) und wie sie im Zweifelsfall kirchlich angemessen zu deuten wäre.

Wie kam es schon mit dem Entstehen der Schrift zu ihrer gleichzeitigen inhaltlichen und formalen Unterwerfung unter die Autorität der Kirche?

Für gewöhnlich erkärt man es sich mit den Notwendigkeiten beim Aufbau einer orts- und provinzenübergreifenden Kirche, die durch das schnelle Wachstum der christlichen Gemeinden möglich und nötig geworden sei. Daß schon in der Organisation von Kirchenprovinzen entlang der Grenzen und Gewalten der Provinzen des Imperiums politische Motive mit im Spiele waren, läßt sich kaum leugnen; Kirchenorganisation assimilierte sich an Länderorganisation. Bei der Zusammenfassung noch größerer, auch noch die Provinzen übergreifender Kircheneinheiten dürften nicht weniger politische Notwendigkeiten eine Rolle gespielt haben. Eben dies aber wirkte sich – worüber weniger gesprochen wird – auch aus *a.* auf die Sammlung von für die Christen ortsübergreifend verbindlichen Schriften, *b.* aber auch auf die Verbindlichkeit ihrer Deutung.

Hinter dem, daß dies geschah, verbergen sich aber immense geschichtliche und theologische Bewegungen, von denen wir nun sprechen wollen. Die Christen dieses 2. nachchristlichen Jahrhunderts waren *drei tief einschneidenden Entfremdungserfahrungen ausgesetzt:* der sog. Parousieverzögerung – *Jesus kam und kam nicht,* – der *Geist Gottes wurde nicht mehr so ausgegossen* über Christen und Nichtchristen, wie dies in den Tagen der direkten Selbstbezeugung Jesu geschehen war, nach seiner Auferweckung von Toten, – *und die christlichen Boten gewannen schnell viel mehr Heiden und kaum noch Juden für ihre Glaubensgemeinschaft hinzu,* so daß die Bedeutung, die Jesus von Nazareth zuerst als eine *jüdische Binnenerfahrung* besaß, *sich verwandelte* zu *einer heidnischen* Erfahrung. Diese drei Erfahrungen – innerhalb von zwei bis zweieinhalb Generationen durchzumachen – veränderten mit dem Selbstverständnis der Christen auch Sinn und Sprache ihrer Gotteserfahrung und damit ihre Theologie.

Jesus war ja anfangs eher heute als morgen wiedererwartet worden. Die erste Generation von Christen rechnete noch zu ihren Lebzeiten *zugleich* mit dem Kommen des Menschensohns vom Himmel her *auch* mit Jesu Ankunft, also mit dem letzten Gericht Gottes über die Kirche, die Völker und Menschheit und jeden einzelnen Menschen und so mit dem Beginn einer neuen Welt und Wirklichkeit: dem olam ha-ba, – sehr abgekürzt gesagt: Sie erwarteten den Untergang der alten Welt und lebten nur noch die letzten Tage der Menschheit. Ihr Ethos, ihre Mission, die sie unter großen Zeitdruck stellte, und natürlich ihr Verhältnis zu Gott und Jesus und ihr Verständnis von ihnen waren durch und durch geprägt von der heißen Nähe ihrer Erwartung. Die Wirklichkeit im ganzen sahen sie einerseits im Zeichen des Endes, aber noch mehr im Zeichen eines totalen und radikalen Neubeginns; aber der Neubeginn besaß für sie nichts utopisch-Fernes, war vielmehr konkrete Utopie der Nähe. Die Zukunft hatte für sie schon begonnen. Und obgleich sie noch die Schmerzen der alten, noch-nicht-erlösten Welt erlitten, – in ihren Martyrien auch an ihren Leibern noch zu spüren bekamen, erlebten sie ihre Heilung davon doch nicht wie einen Vorausentwurf in weite Ferne – Gott und Jesus und ihrer beider Reich und neue Welt kamen ihnen so nah, daß die Nähe wie Balsam und Lebenselixier für ihre Schmerzen war. Leiden der alten, Erquickung der neuen Wirklichkeit trafen in ihrer Daseins-, Welt- und Gotteserfahrung schon so zusammen, daß sie in *einem* Bewußtsein gemeinsam Platz fanden, es nicht mehr zerrissen zwischen erfahrbarer und nur erst zu erhoffender Wirklichkeit. Sie selbst konnten in Personal-Union noch alte und schon neue Menschen sein: »als Unbekannte und doch erkannt, – als Sterbende, und siehe, wir leben, – als Gezüchtigte und doch nicht getötet, – als Betrübte, aber allezeit fröhlich, – als Arme, die aber viele reich machen, – als solche, die nichts haben und doch alles besitzen« (2 Kor 6,9-10). *Paradoxie war der ihrer Selbst- und Gotteserfahrung offenbar allein angemessene Sprach- und Gedankenausdruck.* Und in der Sprache des Paradox drückte sich das Zusammenkommen von Ferne und Nähe aus – doch nicht im Sinne eines ausgeglichenen, harmonischen Verhältnisses; die Sprach- und Denkform des *Paradox ist keine Figur geistigen Ausgleichs,* gibt vielmehr das explosive Gemisch jeder wirklich radikalen, wurzelhaften christlichen Vitalität wider, – ist Figur von Kampf und Widerspruch, in der Altes und Neues in den Erfahrungen der Christen nach Gleichzeitigkeit verlangen, – alte »Normalität« sich noch behauptet, aber Gott mit seiner neuen Wirklichkeit bereits gebieterisch danach verlangt, schon jetzt gelebt zu werden in alten Leibern, von noch alten Geistern und Seelen. Die Parousieerwartung der ersten Generationen besaß also nicht nur eine zeitliche Form, sie bestimmte die christliche Erfahrung von der Wirklichkeit im ganzen und drang bis in die äußersten Fasern christlichen Existierens, war Existenz-Vibration.

Darum kann es u. E. nicht damit getan sein, die sog. »*Parousieverzögerung*« nur als Entlarvung eines Irrtums über eine, wie man meint, falsche »Zeit-Vorstellung« darzustellen. Daß Jesus doch nicht so bald kam, wie sie hofften, war eine Existenzerschütterung der ersten christlichen Generationen, die jener Erschütterung und jenem Verstummen, wohl auch jener Angst gleichkam, die die Botschaft von der Auferweckung Jesu aus seinem Grabe und dem Tode ausgelöst hatte. Nur daß jene Oster-Erschütterung wie mit einem Schlag die Freundinnen und Freunde Jesu überkam, während sein Ausbleiben wohl eher ein langer, nervenzehrender Erfahrungsprozeß war und in jenem banalen Alltagsgemisch von Enttäuschung und Resignation seelisch und geistig verarbeitet werden mußte.

Natürlich kam bei den Christen geschichtlich und geistig-seelisch Großes, ja Großartiges dabei heraus: das zweitausend Jahre lang haltende Kirchen- und Christentum mit seinen seelenbildenden und kulturschöpferischen Leistungen aus den Quellen einer Urkraft der *Verwandlungsfähigkeit,* in die die spannungsgeladene, explosive Existenz- und Sprach-Paradoxie nun überging. Aber das ändert nichts daran, daß es ein resignativer Prozeß war. Weit in die Zukunft vorausgeworfene Fähnlein einer großen Menschheitshoffnung mußten zurückgeholt werden, und die Christen mußten lernen, auch theologisch zurückzustekken, was sie aus der urchristlichen Botschaft empfangen hatten. Auch wenn sie in der dritten und vierten Generation keine direkte Erinnerung mehr an die Anfänge besaßen, auch wenn sie es vom zweiten Jahrhundert an als immer neue große Aufgabe anpackten, ihr Christsein in die alte Zeit zu fügen – wir, rückwärts sehend, dürfen doch das Urteil nicht vermeiden, daß sie *Resignation als Aufgabe* anzupacken begannen, ein immer neues re-signare, Zurücknehmen weit nach vorne weisender Zeichen; wir selbst sind ja damit beschäftigt.

Die geistige Substanz dieses resignativen Tuns aber ist, *sich bei keiner Nähe mehr über die Ferne zu täuschen,* die jetzt zum Zeichen der christlichen Botschaft und des Glaubens geworden ist und werden *mußte.* In der Ferne späterer Christengenerationen von früheren wird der österliche Wunsch nach substanzieller Gleichzeitigkeit der Christen aller Zonen und Generationen gebrochen. Und indem wir uns über diesen Bruch nicht täuschen – also zugeben: zwischen uns und den biblischen Zeugen des ersten Christentums klafft Lessings »garstiger breiter Graben« – müssen wir zugleich die tiefe *Ferne Jesu* und zugleich die noch tieferen *Wandlungen Gottes zur Ferne* schlechthin aushalten und theologisch bejahen lernen. Gewiß haben wir in vielen Protest- und Reformbewegungen der Christentumsgeschichte, nicht zuletzt auch in so mancher Erweckungsbewegung einen Protest, der sicher auf neue Rücknäherungen Gottes hoffen läßt; aber solche Zeichen der Rücknäherungen verglühten schnell – wohl auch, weil sie viel Gezwungenes, Selbstgemachtes, Gott Zwingendes, ihn Bestürmendes hatten und der religiös menschlich-allzu-menschliche Wunsch nach neuer Nähe *Ungeduld* der Ferne stärker bewirkte als eine wirkliche Wahrnehmung Gottes, der eben immer noch verzieht. Die Ferne Gottes ist *nicht* religiös aufhebbar, Bekehrungs- und Erweckungsbemühungen ändern nichts. Das Gefühl unserer Ferne von Gott ist in Wahrheit ja nur das begleitende Zeichen seiner – derzeit noch wirksamen – geschichtlichen Transzendenz. Und die kann nur er beheben, wenn er sie beheben und sich uns wieder annähern will. *Gottesferne ist weder von uns behebbar, noch läßt sie sich bei irgendjemand anderem einklagen als bei Gott selbst. Seine Transzendenz ist die Weise seiner Geschichtlichkeit.* Und das gebietet uns, ihr *positiv* zu entsprechen und Gott darin Gott sein zu lassen, daß wir ihm seine Ferne lassen, solange er sie zu seiner Entscheidung über sich selbst macht. Auch mit Blick auf Gott in Jesus sind die Christen des Anfangs nie über den Ruf hinausgekommen, mit dem sie ihre biblische Schriftensammlung abgeschlossen haben: »Amen, ja komm, Herr Jesu!« (Offb 22,20).

So ist die sog. Parousieverzögerung ein Zeugnis für geschichtlich konkrete Transzendenz Gottes und darin einer der Gründe für einen ähnlich tief greifenden Gestaltwandel des Christentums, wie er dem Judentum – zur gleichen Zeit! – auferlegt war durch die Zerstörung des Tempels, die Zerschlagung aller alten theopolitischen Institutionen, den Verlust »staatlicher« Selbständigkeit.

Doch läßt sich den *Geschehnissen,* die den christlichen Gestaltwandel bedingten, noch tiefer nachspüren.

Die ersten Christen »lebten im Geist«, ja sie »wandelten im Geist« (Gal 5,25), und das meinte: im Geist Gottes. »Geist« war eine in seiner damaligen Wirkweise uns heute unbekannt gewordene und kaum noch vorstellbare Wirklichkeit; das Wort beschreibt ein Leben in Gott-Unmittelbarkeit. Wollen wir davon eine uns allenfalls zugängliche Vorstellung suchen, müssen wir wohl an das Leben der ersten Frau und des ersten Mannes im Gan Eden denken, wo sie unverborgen mit Gott und Gott unverborgen und völlig offen mit ihnen im gleichen Raum ihr Leben führten, sie hatten einander beständig im Auge, konnten Gott selbst sprechen hören ohne jede Vermittlungs- und Verstehensschwierigkeit, konnten ihm ohne Umstände antworten und jeden Augenblick begegnen von Angesicht zu Angesicht. Gott war ihnen nicht nur nahe, sondern gegenwärtig und sie ihm. Es muß etwas uns wirklich Unvorstellbares gewesen sein, daß und wie die ersten Christen im Geiste Gottes eine auch sie überwältigende Erfahrung seiner Gegenwart machten, die ihre Gegenwart nicht etwa nur ihrer eigenen Vergangenheit und Zukunft gegenüber, sondern ihm, Gott, gegenüber in die seine aufhob. In den Worten, daß die Zeit »erfüllet war«, drückt sich diese Geistwirklichkeit noch aus; da wird nicht die Weltgeschichte datiert, sondern die Erhebung der menschlich-geschichtlichen Gegenwart in die Gegenwart Gottes bezeugt: eine Annahme und Aufnahme aller je und jetzt gelebten Zeit in die praesentia Dei.

In dieser Geisterfahrung teilte der vom Tode erweckte Jesus seinen Freundinnen und Freunden, aber nicht nur den Christen, sondern, die Grenzen von deren Gemeinschaft überschreitend, auch anderen Menschen sein neues Leben mit. Im Geist ließ er sie seine Auferstehung mitleben, behielt er die Kräfte seiner Todesfreiheit nicht für sich allein. Im Geist ließ er sein entfesseltes Leben sich unmittelbar spiegeln in ihrer Lebenserfahrung und Lebensführung. Wie die neue Welt selbst umgab er sie von allen Seiten, versetzte sie wie in eine neue Daseinssphäre, die sie von außen umfing. Ihre geschwisterliche Gemeinschaft war wie eine soziale Vergegenständlichung des Geistes, war »Gemeinschaft des heiligen Geistes« (2 Kor 13,13) und machte sie selbst zur »Gemeinschaft der Heiligen«, deren Wirkungen und Frucht sie aber auch Nichtchristen spüren ließen. Wie Jesus sein neues Leben nicht leben konnte, ohne sie daran real und nicht nur ideal teilnehmen zu lassen, so konnten sie dies auch nicht, ohne anderen daran teilzugeben.

Indem sie im Geiste lebten, lebten sie nicht κατὰ σάρκα, nicht nach dem Fleisch. Gottes Geist kam über sie, und sie begannen in seiner Sphäre ihr neues Leben; sie erfuhren eine neue Lebensganzheit, und ihre bisherige Daseinsorientierung sahen sie wie eine alte Lebensganzheit in Gegensatz zu ihrem neuen Geistesleben treten. Der alten, aus der sie kamen, gaben sie den Namen »Fleisch«, σάρξ. Darunter verstanden sie noch keineswegs, wie das später geschah, ein besonders von Trieben und Begierden geleitetes Leben, von denen sie, in der Geistsphäre lebend, nun etwa befreit worden wären. Auch den Geist erfuhren sie als eine Triebstruktur, in der sie nach der Ehre Gottes und nach seinem Reich »trachteten«. Davon wurden sie innerlich so besetzt, daß sie daneben für andere Interessen, Wünsche, Ziele kaum noch Raum hatten. Das Triebhafte als solches galt ihnen nicht als etwas Böses und war jedenfalls nicht »Fleisch«. »Fleisch« meinte überhaupt nicht etwas einzelnes an ihnen oder in ihnen, sondern sie gebrauchten dies Wort als Namen für alles, was der Lebensganzheit des Geistes nicht entsprach. »Fleisch« war in ihren Augen ebenfalls eine Lebensganzheit, eine Daseinssphäre oder Totalität: die Gesamtwirklichkeit der alten Welt und die in ihr leitende Lebensorientierung. In der alten Welt lebte man κατὰ σάρκα, nach den Bedingungen und Maximen des »Fleisches«, vor allem also eines Seins zum Tode, in das die Botschaft des Ostermorgens noch keinen Einlaß gefunden, in dem die Auferweckung Jesu vom Tode noch nicht als das begriffen worden war, was sie doch war: ein Durchbruch im Seinsgefüge der ganzen Wirklichkeit. Mochten Einzelne noch so innig die Auferweckung Jesu bekennen – dies gehörte solange noch zur Sphäre des »Fleisches«, solange solche Bekenner Jesu Auferstehung noch nicht selbst mitlebten, – die Weltdinge noch nach ihren alten, weltimmanenten Daseinsgesetzen betrachteten und bedienten, – mit der Gewalt des Todes noch rechneten und z.B. Todesopfer noch rechtfertigten und forderten, – solange sie auch sich selbst noch dem Tode ergaben. Glaubensbekenntnisse und -überzeugungen machen noch keine neuen Menschen und bezeugen noch nicht die Lebendigkeit des Geistes Gottes. Das tut erst ein neues Leben und eine andere Sicht der Wirklichkeit im ganzen. »Fleisch« ist vorösterliche Daseinsorientierung, man kann auch Christus »nach dem Fleische« kennen (2 Kor 5,16), das meint nicht etwa den vorösterlichen, sog. historischen Jesus, vielmehr eine konsequenz- und wirkungslose, nicht-revolutionäre, nicht die Welt verändernde Art und Weise einer Christus-Erkenntnis.

Die frühen Christen meinten jedoch nicht etwa, das »Fleisch« und seine Einflußsphäre hinter sich zu haben. Vielmehr erfuhren sie den *Geist Gottes als den Mobilmachungsbefehl zum Kampf gegen die Einflußsphäre des »Fleisches«.* Dieser Krieg war für jede, jeden von ihnen auch eine beständige, nie abgeschlossene innere Auseinandersetzung, um eine andere, neue Orientierung ihres Daseins an der Osterbotschaft mußten sie immer wieder erst ringen, auch als Christinnen und Christen fühlten sie sich anfällig geblieben für eine vorösterlich gelebte Wirklichkeit und deren Macht des »Fleisches«. Aber sie sahen sich nicht nur für persönliche, innere Kämpfe mobilisiert, sie versuchten auch in der äußeren Welt das Osterzeugnis des Geistes sichtbar werden zu lassen. Vor allem die Art, in der sie zwischenmenschlich miteinander und auch mit anderen Menschen umgingen, sollte die neue Wirklichkeit des Geistes gegen die alte Welt des »Fleisches« aufleuchten lassen. Demut und Liebe, Friedensgesinnung und menschliche Freundlichkeit waren – gerade in der antiken Welt – wirklich Zeichen eines Neuen. Was in manchen philosophischen Schulen ethisch als Ideal gelehrt und pädagogisch *gefordert* wurde, lebten die ersten Christen *wirklich.* Nicht daß sie neue Zielgruppen ihrer Zuwendung erschlossen hätten. Das brauchten sie nicht, weil sie schon in der Tora vom Sinai und in der Praxis des jüdischen Volkes erschlossen waren: Witwen und Waisen, – wirtschaftlich Verarmte und Fremde, – Gefangene und Kranke und alles Lebewesen, das von gesellschaftlicher Macht erniedrigt wurde. Wirkung des Geistes in den ersten Christen war aber wohl, daß sie ohne Wenn und Aber, ohne jede Vorbehalte (und wären sie noch so »verständlich« und »erlaubt«) ihre Kräfte an diese Menschen verschenkten, und vor allem, daß sie, wie es scheint, so gut wie gar nicht mehr ihre Zuwendung ethisch und religiös begrenzen ließen, – daß sie zwar nicht das gesellschaftliche Institut der Sklaverei beseitigten, aber doch subversiv in Frage stellten durch die uneingeschränkte Gleichstellung von Sklaven innerhalb ihrer Gemeinschaft mit allen anderen Gemeindegliedern. Die Liebe Christi drängte sie also. Und so bestritten sie der Sphäre des »Fleisches«, allein als wirklich gelten zu können, indem sie ihr Tatsachen des Geistes Gottes unprätentiös, aber entschlossen entgegensetzten. Daß sie dabei wirklich auf radikale Weltveränderung aus waren und nicht bloß auf leichte Reformen und das Verbinden von Wunden läßt sich am deutlichsten an ihrer Sprache ablesen, eben am Gegensatzpaar »Fleisch« und »Geist«, also an zwei einander widerstreitenden Prinzipien der Wirklichkeitserfassung im ganzen, die nicht nur anthropologische Prinzipien, sondern zwei Mächte-Prinzipien im Widerstreit waren. Mit »Fleisch« und »Geist« brachten sie die Wirklichkeit aufs Prinzip ihres Gegensatzes. Dies aber konnten sie nur, weil mit Ostern und in der dort anhebenden Sendung des Geistes nicht nur eine neue *Deutung* der Wirklichkeit im ganzen unter dem Gesichtspunkt der Freiheit von der Allgewalt des Todes möglich, sondern neues Leben *wirklich* geworden war. Sie »*wandelten* im Geist«.

Die Differenz des Neuen zum Alten erfuhren sie weiter darin, daß sie überzeugt waren davon, daß »nun nichts Verdammliches ist an denen, die in Christo Jesu sind« (Röm 8,1). So wie die frühen Christen dies verstanden, war dies nicht nur eine Unschuldsbeteuerung, vielmehr behauptete dieser Satz des Paulus eine wirkliche Sündenfreiheit der Christen, wie sie sonst nur von der Sündlosigkeit Jesu ausgesagt wurde; sie sahen aber ihre Sündenfreiheit als Folge davon, daß sie bereits vor dem Gericht Gottes gestanden und seinen Urteilsspruch bestanden hatten. Der Johannesevangelist sah dies genauso wie der Apostel Paulus. Wer

»glaubt«, sagte er, d.h. als Vertrauter Jesu und mit Jesus vertrauter Mensch lebt, hat bereits das neue Leben, kommt nicht mehr ins Gericht, ja ist schon aus dem Tod ins Leben hinübergegangen (Joh 5,24). Das klingt enorm vollmundig und befremdet uns. Aber unsere Befremdung rührt daher, daß wir wirklich kaum noch verstehen können, was die Erfahrung des Geistes und das Geistesleben der ersten Christen war. Mit einem solchen Wort hörte Johannes den auferweckten Jesus in der frühen Zeit des Geistes reden, und er sprach so unter den Bedingungen frühchristlicher Wirklichkeitserfahrungen in der Ganzheitssphäre des Geistes. Abstrakt können und müssen wir sie als eine eschatologische Heilssphäre bezeichnen, eine Phase wirklich schon gelebten ewigen Lebens.

Sie lebten ein Jenseits von Sünde, Tod und Teufel, eines hinter der Todeslinie. So nimmt es auch nicht wunder, daß ihr Leben im Geist von ekstatischen Erlebnissen begleitet war. Lukas erzählt in der Pfingstgeschichte von Feuer- und Sprach-Ekstasen, die bei Unbetroffenen den Eindruck erweckten, die vom Geistwiderfahrnis Betroffenen wären volltrunken (Apg 2,13), während Paulus, dieser nüchterne Theologe, sogar von sich selbst ekstatische Himmelreisen berichten kann, die ihn bis in den dritten Himmel geführt haben (2 Kor 12,2) und ein andermal sogar bis ins Paradies, wo er unaussprechliche Worte hörte, die ein Mensch nicht sagen darf (2 Kor 12,3-4). Im ekstatischen Phänomen zeigt sich, daß Geist nicht eine Erscheinungsweise dessen war, was wir unseren menschlichen Geist nennen, kein Phänomen unserer Intellektualität, sondern eine den vernünftigen Menschen von außen überkommende und ihn aus der Fasson seiner Normalität heraussetzende, hinausführende Macht, die gerade darin stark ist, daß sie die Grenzen der Normalität durchbricht.

Aber nun war *eines Tages* – irgendwann in der dritten Generation von Christen muß sich dies zugetragen haben – *die Erfahrung so unmittelbarer Geistesgegenwart zu Ende.* Wahrscheinlich erschöpfte sich die urchristliche Be-Geisterung etwa zur gleichen Zeit, in der die Christen lernen mußten, daß Gott mit der neuen Sendung Jesu und dem Ende der alten Welt noch zurückhält und beide verschiebt. Da wird aus dem Geist der Begeisterung eine Durchhaltekraft in Anstand, Selbstdisziplin und Vernunft – vor allem eine Kraft der Angstfreiheit. 2 Tim 1,7: »Denn Gott hat uns nicht gegeben einen Geist der Furchtsamkeit, sondern von Dynamik, Liebe und weiser, vernünftiger Besonnenheit«. Das steht im 2. Timotheusbrief direkt im Anschluß an die Erinnerung an Mutter und Großmutter des Briefadressaten Timotheus – beide bereits vorzügliche Christinnen, Lois: die Großmutter, – Eunice: die Mutter. Die Erinnerung an sie soll auch im Enkel – also: der dritten Generation – das χάρισμα τοῦ θεοῦ aufs neue ἀναζωπυρεῖν, entfachen, aufflammen lassen (2 Tim 1,6); das Wort χάρισμα hat Tradition als eine Gnadengabe und Wirkweise des Geistes Gottes, und im Verbum »entfachen« sind die Feuerzungen des Pfingstgeistes enthalten, will sagen: Der Apostel des 2. Timotheusbriefs möchte im Mann der dritten Generation die alte Wirkkraft des Geistes aufs neue anblasen, die in der Generation der Großmutter und in der der Mutter gebrannt hatte; es muß überindividuelle Gründe für diesen Wunsch gegeben haben, – das Feuer des Geistes muß unter den Christen überall am Erlöschen gewesen sein, die Flamme allenfalls nur noch ein glimmender Docht, und der Apostel will verhindern, daß der jetzt vollends erlischt (vgl. Jes 42,3). Der Geist soll wenigstens aufkommen können gegen solche Befürchtungen in den Müttern und Gemeinden, die mit der Schwächung der alten Geisteskräfte womöglich schon ein Ende des Christentums kommen sahen. Darum beschwört der Apostel einen Geist von δύναμις: alter, dynamischer Kraft, – von alter Liebe, ἀγάπη, die ja die Gott, den Christus und die Christen gemeinsam erfüllende Kraft war, – und wenigstens das erhofft er, daß der Geist noch σωφρονισμός, verständigen, vernünftigen Umgang mit der nun nicht mehr so außerordentlichen Realität bewirken kann. Mit Dynamik und Liebe möchte er das alte Essentielle des Geistes festhalten, mit dem Ausdruck »Geist der Besonnenheit« assimiliert er ihn schon an eher bürgerlich-vernünftige Grundbedingungen der neuen, in Normalität sich fügenden Lebensgewohnheiten der Christen, – statt Paradieserfahrungen zu erwecken und den Bruch mit jeder Normalität zu provozieren, soll der Geist nun wenigstens noch der völligen Resignation widerstehen und Geist besonnener Reaktionen sein können, seine Widerstandskraft aber sammeln darauf, daß die Christen der dritten Generation nun nicht in lauter Furchtsamkeit (δειλία), Ängstlichkeit ihr Christsein versanden lassen und damit beginnen, sich jetzt etwa des μαρτύριον τοῦ κυρίου ἡμῶν, des Lebenszeugnisses unseres Herrn, zu »schämen«, ἐπαισχύνεσθαι (2 Tim 1,8a) – was da wohl schon eine nicht ganz unübliche resignierte und entkräftete Verhaltensweise von Christen gewesen sein mag

Wie auch immer: Christsein wird eine lahme Sache im Vergleich zu dem, was es anfangs war (vgl. Hebr 12,12-13). Geistesgegenwart verebbt, – Zukunftshoffnung zündet nicht mehr so, – das Reich Gottes ist so nahe nicht mehr, wie es anfangs in der Botschaft und im Wirken Jesu (Mk 1,15) und vor allem in den Ostertagen schien und dem, was aus ihnen an Predigt von Glaube, Hoffnung, Liebe entsprungen war. Und *mit seinem Geist rückt nun auch Gott selbst in die Ferne,* gerät mitsamt seinen Verheißungen und unmittelbaren Wirkungen in geschichtlich-konkrete Transzendenz. Seine Ferne entsteht in seinem Sich-Entfernen aus unmittelbarer Gegenwartswirkung seines Geistes; er war nicht mehr in früherer Geistesgegenwart da.

Denken ließe sich, daß ein zu gleicher Zeit entstehender *Sinn fürs Buch* erklärt werden könnte als *Reaktion auf die Schwächung der Geistesgegenwart.* Doch das können wir geschichtlich *nicht* bewahrheiten, es wäre eine Konstruktion, wenngleich nicht völlig auszuschließen.

Paulus hatte ja schon lange zuvor einen *Gegensatz von Geist und Buchstaben* geschaffen, den er ebenso ernst vertrat wie das Mächtewiderspiel von »Geist« und »Fleisch«. »Der Buchstabe tötet, der Geist ist's, der lebendig macht«, τὸ γὰρ γράμμα ἀποκτείνει, τὸ δὲ πνεῦμα ζῳοποιεῖ (2 Kor 3,6). Der »neue Bund«, die καινὴ διαθήκη, ist kein Bund der Buchstaben, sondern einer des Geistes. Freilich macht Paulus nun keinen formalen Gegensatz auf, nennt nicht den alten Bund einen Buchstaben-Bund, spricht stattdessen von einem »Dienst des Todes«, einer διακονία τοῦ θανάτου und sagt: diese sei mit Buchstaben in Steine gegraben (2 Kor 3,7a), d.h.: Der »Dienst des Todes« ist ein Dienst, der am steinernen Buchstaben klebt, statt von Geistesfreiheit bewegt zu sein. Nicht an den Buchstaben und der Schriftlichkeit als solchen also klebt der Tod, sondern an der Art, wie wir vom Schriftlichen Gebrauch machen. Wobei dringend zu beachten ist, daß der »Dienst des Todes, mit Buchstaben in Steine gegraben,« dennoch »zur Herrlichkeit, δόξα, gelangt ist, so daß die Söhne Israels in das Angesicht des Mose nicht schauen konnten wegen des herrlichen Glanzes seines Angesichts« (2 Kor 3,7) – des Widerscheins der Herrlichkeit Gottes; will sagen: Auch die Welt steinerner Buchstaben dient der Herrlichkeit Gottes, strahlt wider von seinem Glanz; insofern besteht zwischen dem »Dienst des Todes« und dem »Dienst des Geistes«, der διακονία τοῦ πνεύματος (2 Kor 3,8), keinerlei Unterschied.

Mit der Folge, daß wir aus der Gegenüberstellung von Buchstaben und Geist auch nicht auf einen Gegensatz von Buch und Geist schließen dürfen. Paulus unterscheidet hier einerseits zwei »Dienste« und Gebrauchsweisen voneinander: tödliche Buchstabenfuchserei und geist-reichen Umgang mit dem, was geschrieben steht, nur darin sieht er alten und neuen Bund sich voneinander unterscheiden.

Gleichzeitig rechnet er aber auch mit verschiedenen Bedingungen der Möglichkeit für die verschiedenen διακονίαι, er erkennt sie im Gegensatz von Tod und Geist, also in »objektiven« Umstandsbestimmungen, in der Differenz zweier verschiedener Herrschaftsspären: der noch vom Tode und der anderen, ganz vom Geist beherrschten. Es ist ein Unterschied, ob man die Buchstaben der Mose-Tora vor Ostern oder nach Ostern liest, zur Zeit, in der der Tod noch alle Macht hat und den letzten Horizont der Wirklichkeit bildet, oder zu der Zeit, in der zugleich mit der Auferweckung Jesu von dem Tode Gottes Geist entbunden und rundum wirklichkeitsbestimmend geworden ist. *Die hermeneutische Differenz ist keine literarische, sondern eine geschichtliche.* Solange die Macht des Todes noch nicht angefochten, gar gebrochen ist, können *gerade* die Buchstaben die Herrlichkeit Gottes widerspiegeln, also ist nicht Schrift als solche tödlich. Nachdem aber dem Tod die Macht genommen und Leben und unvergängliches Wesen ans Licht gebracht worden sind (2 Tim 1,10), soll man mit den

Buchstaben nicht mehr im Dienst des Todes (und des von ihm bestimmten Wirklichkeitshorizonts), sondern im Dienst des Geistes (und seiner neuen Wirklichkeit im ganzen) umgehen, – *soll* man dies, weil man es nun *kann.*

Es kann freilich sein, daß man diese tiefe paulinische Sicht des Verhältnisses von Buchstabe und Geist im zweiten Jahrhundert nicht mehr erschwingen konnte, daß zwar eine Erinnerung an diesen Gegensatz noch da war, er nun aber nur noch oberflächlich aufgefaßt werden konnte, – daß Buchstabe und Geist – losgelöst vom Tod-und-Leben-Horizont – wirklich nur noch als Buch und Geist aufeinander bezogen wurden. Aber wir haben, wie gesagt, dafür keine tragfähigen Hinweise.

Schon eher ließe sich denken, daß im zweiten Jahrhundert der paulinische Gegensatz in dem Verhältnis von Schrift (= Buchstabe) und *Tradition* (= Geist) aktualisiert worden wäre. Die Schrift wird gesammelt, weil auch sie – wenngleich »nur« Buchstabe – Herrlichkeit Gottes spiegelt, – die Tradition wird geschaffen, um die neue Herrlichkeit, die Gott in Jesus hat aufstrahlen lassen, als Herz von allem im festhaltenden Bekenntnis immer wieder einzuschärfen: mit der Schärfe des Geistes. Und dann hätten wir hier ein Beispiel für jene Verkirchlichung des Geistes, über die wir schon in der Einleitung zum Teil II unserer Eschatologie nachgedacht hatten[82]; der an das Wort der kirchlichen Predigt sich bindende Geist folgt der Zeit der österlichen Geistesgegenwart und ungebundenen Geistesfreiheit. Und insofern *entfernt sich* in der Tat mit der Sammlung der Schriften zur Bibel und mit der Direktion der Schriften durchs kirchliche Bekenntnis und Lehramt *die frühere Geistesgestalt der Gottesgegenwart und entrückt in Transzendenz.* Diese Transzendenz aber ist diese geschichtliche Entrückung. Paulus noch kannte das Thema Tod und Geist, Tod und Leben, Tod – Leben und Herrlichkeit. Nun kennen die Christen das Thema Schrift und Tradition. Ausdrücklich möchten wir sagen, daß wir dies *nicht* als einen Abfall von einem Höheren zu einem Geringeren betrachten. Im Gegenteil ist unsere Absicht zu zeigen, daß das *Verhältnis von Schrift und Tradition,* auf dessen unerhörte Schärfe uns Leibowitz gestoßen hat, als *eine Transformation der eschatologischen Kampf- und Transzendenz-Erfahrungen des Paulus in die Aufgabenstellung einer neuen Zeit der Kirche* theologisch hoch zu bewerten ist – wie es eben dem Thema der konkreten Ferne Gottes gebührt.

Nun haben wir aber christliche Analogien auch für das, was wir als jüdische Rückkehrbewegung zur Bibel skizzierten, die gleichzeitig zu einer Suche nach neuer jüdischer Bewertung der Botschaft der Propheten führte. Eigentlich alle *kirchlichen Protestbewegungen* – von der Antike bis zur Gegenwart – sind *Rück-*

82. F.-W. Marquardt, Was dürfen wir hoffen, wenn wir hoffen dürften? Eine Eschatologie. Band II. 1994, 22ff.

rufe der kirchlichen Traditon unter die vorgeordnete Autorität der Bibel. Die Bibel war in der Kirchengeschichte der Motor fast jeder Kirchenreform und jedenfalls der Reformation und aller ihrer – nach der Erkenntnis ecclesia semper reformanda – vorausgegangenen und folgendenden Reformationen. Wir brauchen dies hier nicht geschichtlich darzustellen. Im Christentum bewährte die Bibel sich immer wieder als Ferment der Dekomposition eines sich gegen sie verselbständigenden, sie sich sogar unterordnenden, ja unterwerfenden Kirchen- und Theologentums. Sie fand immer wieder zu ihrer eigenen Mündigkeit und brachte ihre kirchlichen Vor-Münder zum Verstummen, bewährte ihre protestantische Kraft als sui ipsius interpres: sich selbst auslegen und verständlich machen zu können. Sie bewahrte ihren eigenen Geist in ihren Kapiteln, Abschnitten, Sätzen und Buchstaben. Gerade in der Schrift blieb mehr als nur ferne Erinnerung an die Zeit der Geistesgegenwart und Gottunmittelbarkeit in früheren Christengenerationen zurück: schlummerten weiterhin Kräfte, die immer wieder einmal auflebten und Gottunmittelbarkeit und Geistesgegenwart fernen Geschlechtern übermittelten, wo sie in radikal-mönchischen oder sozialen und ethischen Lebensbewegungen, aber auch in überraschenden theologischen Erkenntnisbewegungen aufflackerten – so wie es der Apostel des 2. Timotheusbriefes für das Glied der dritten Generation erhofft hatte. Dann wurde die Kirche einer jeweiligen Gegenwart zurück zu ihren Quellen gerufen – und das waren ja mit den literarischen des Bibelbuches zugleich die wahren Quellen ihrer Kraft, – nicht einfach Ursprungsquellen, sondern die Kraftquellen des Israel und Jesus nahen ersten Zeugnisses – frei von allem Erkenntniszuwachs der Jahrhunderte, – aller Gebrauchswertabschleifungen in den Kirchentümern, – frei für die Fremde der ἀρχή, des Anfangs. Insofern konnte die Bibel der kirchlichen Tradition gegenüber als Instanz der Transzendenz Gottes, mithin: der Gottheit Gottes wirken und allen (geschichtlich und mental wohl unvermeidbaren) kirchlichen Tendenzen zur Vergötzung Gottes widerstehen.[83] Darin bestätigte sich immer wieder alte talmudische Erkenntnis und Erfahrung: »Wollest auf das Alte hören, so wirst du (eben darin) auf das Neue hören« (b Berachot 40a).

An *Luthers* Theologie aber können wir entdecken, wie der Rückruf der Tradition unter die Bibel zugleich eine neue Wendung zum Prophetischen wurde. Wir denken dabei nicht so sehr an Prophetisches im Wirken Luthers selbst, vielmehr an die Bedeutung, die *promissio,* Verheißung und Versprechen Gottes, *als Zentral- und Leitwort seiner ganzen neuen Theologie* bekam. Alle Wirksamkeit, ja die *Wirklichkeit Gottes selbst,* begriff er als in die Zukunft weisende Verheißung, und nicht etwa nur Christus, nicht etwa nur das »Alte« Testament

83. Zur Vergötzung Gottes vgl.: F.-W. Marquardt, Was dürfen wir hoffen, wenn wir hoffen dürften? Eine Eschatologie. Bd. I, 1993, 255ff.

wurden Verheißungswirklichkeiten, sondern *Gott-selbst,* der Geist, die Kirche waren darin wirklich, daß sie Menschen und Welt in die offene Zukunft mitrissen. Die ganze Welt Gottes und der Bibel galten ihm als verheißungsvolle Wirklichkeiten, und in der promissio hatte er wohl nicht nur einen Gegen*begriff* gegen die Tradition, sondern eine Gegen*wirklichkeit* gegen ihre Macht erschlossen. Promissio lockert die Fesseln, die uns ans Gegebene und Gegenwärtige und ans Gewordene und die Autorität der Vergangenheit binden, promissio ist revolutionär, wie die Kritik und die Hoffnungen der Propheten Israels waren – und so revolutionär, wie für Leibowitz die gelebte Gesetzestreue. Mit dem Unterschied, daß Gesetzestreue *festhält,* promissio dagegen *antreibt* ins Ungewisse der Geschichte. Konkrete Transzendenz Gottes bezeugen beide: dem Gesetzestreuen ist Gott transzendent in der Wirksamkeit seines gebietenden Willens, dem von Verheißung Hingerissenen in den Unwägbarkeiten noch offener Geschichte.

Doch *noch ein drittes Geschehnis* müssen wir nennen, das Gott den Christen konkret-geschichtlich transzendent werden ließ. Mission und Ausbreitung des Christentums haben innerhalb weniger Generationen dazu geführt, daß die christlichen Gemeinden, die anfangs infolge ihrer Zusammensetzung rein judenchristlich geprägt waren, schnell eine *nicht-jüdisch geborene und sozialisierte Mehrheit für sich* gewannen. Schon dieser soziale Tatbestand führte die Gemeinden aus ihrer ursprünglichen engen Lebensgemeinschaft mit den jüdischen Gemeinden heraus. Da grundsätzlich von werdenden Christen nicht eine voraufgehende Zuordnung zur jüdischen Gemeinde und ihrem Lebensstil verlangt wurde und verwandtschaftliche Beziehungen bald kaum noch nennenswert gewesen sein dürften, verselbständigte die Christengemeinde sich bald zu einem eigenen sozialen Körper. Dies schloß nicht aus, daß auch ein Heide, wenn er Christ wurde, geistig und theologisch in lebendige jüdische Traditionszusammenhänge eintrat, sich – wenn auch nur in Auswahl der mizvot – grundsätzlich der Tora und ihrer Halacha verpflichtet fühlte, vor allem aber auch dem Erzähl- und Erinnerungsstrom der Haggada und ihrer Reflexionen in den Midraschim. Auch Heidenchristen feierten ihre Gottesdienste in ererbten jüdischen Formen, beteten Gebete in dem von der Synagoge geprägten Inhalt und Stil; vor allem verstanden sie ihre Berufung zum Christsein als ihre Mitberufung zum Dienst, zu dem Gottes Erwählung Israel praktisch verpflichtete: als Licht der Völker zu existieren und darin zugleich dem Preis des Gottesvolkes Israel inmitten der Völkerwelt Anlaß zu geben und Raum zu verschaffen. Aber umgekehrt verlangte doch auch ihre heidnische Herkunft ihr Recht an ihnen.

Sie mußten ja einen völlig anderen Zugang zu Gott finden, als es Israel beschieden war. Seit Abrahams Auszug aus Vaterhaus und Freundschaft war Israel, das Kind seiner Zeugungen, im Segen und der Gemeinschaft Gottes immer schon zu Hause, – seit das Volk dem Mose aus dem Sklavenhause Ägypten heraus in die Freiheit gefolgt war, hatte es das »Joch des Himmelreiches« längst auf sich genommen, und unter dem Sinai war es in ewigem Schwur auch unter das »Joch der Gebote« getreten. Bereits mit seinem geschichtlichen Entstehen war das werdende jüdische Volk das »Israel Gottes«: *Volkwerdung und Bundesbindung waren eins.*

Wollten dagegen Gojim in Beziehung zu Gott treten, mußten sie – und zwar jeder Mann, jede Frau, jedes Kind je für sich selbst – in die Fremde gehen, wie aus Vaterhaus und Freundschaft so auch aus dem Schutz heimischer Götter, der θεῖοι ἐπήκοοι, heraustreten, um *Kinder des Gottes eines anderen Volkes,* eines ihnen von Hause *fremden, ihnen »wider die Nature«*[84] gehenden Gottes zu werden. Was ihnen da widerfuhr und sie sich dabei auferlegten, mußten sie reflektieren lernen; anders als den Juden wurde ihnen dadurch *Theologie,* ein Nachdenken *über* Gott, existentiell, ja: *religiös notwendig.* Gott überhaupt denken, sich die Differenz dieses Gottes zu den heimischen Göttern gedanklich klären, eigenen Glauben als eine Entfremdungserfahrung von natürlichen Ausgangsbedingungen erfassen und vor allem vor sich selbst verteidigen zu können, – besonders aber auch für die Fundamentaldifferenz Gedanken und Worte zu finden, die die Erwählung und der Gottesdienst zwischen Israel und den Völkern, und zwischen ihnen als Christen und hier Israel, da den Völkern aufriß, Menschen-*Un*gleichheiten im Dienste Gottes begreifen und bejahen zu können – das alles waren mit ihrem Glauben selbst gegebene Aufgaben, die sich mit zunehmender Selbst- und Welterfahrung in dem neuen Lebenszusammenhang nur erweiterten und fortdauernd differenzierten, so daß in der Tat Theologie ein Medium immer neuer praktischer Lebensbewältigung wurde, in der die akute Bedeutung Gottes für sie immer neu erst wieder zu finden und zu bestimmen war. Soviel Kirche und Theologie auch Traditionen bilden und sich auf sie auch versteifen wollten, um Menschen in einer christlichen Welt neu heimisch zu machen, so sehr trieb Erfahrung doch immer wieder in eine Stunde Null zurück. *Christen stehen immer vor ihrem Christwerden.* Die Frage, wie sie einen gnädigen Gott – oder heute: überhaupt ein Verhältnis zu Gott – bekommen könnten, ist und bleibt ihre nie endgültig beantwortete Grundfrage. Zumal protestantische Theologie führt *alle* Fragen des christlichen Lebens – die religiösen, theologischen, ethischen, politischen – immer wieder auf die eine Frage der *Rechtfertigung durch Gott* zurück, d.h. in eine für sie selbst unbeherrschbare Situation, die grundsätzlich nur Gott selbst meistern kann. Gegen alles, was den Christen und die Wirklichkeit mit Gott vermitteln könnte, wird geradezu zunft-

84. Vgl. EGK 18,1/ Das Lied »Der Tag, der ist so freudenreich« (15. Jh.) ist im EG nicht mehr enthalten.

mäßiges Mißtrauen gesät und stattdessen die Wirklichkeit Gottes in seiner radikalen und exklusiven Selbstvermittlung gesucht; nur wo er sich selbst vermittelt ohne vermittelnde Werke eines welchen Gesetzes auch immer, ist ein Christ sich dieses Gottes gewiß – und um so gewisser, je mehr er Gott als eschatologische, nicht schon in der Schöpfung mitgegebene Wirklichkeit begreift und vor jedem Zugriff auf seine überlegene und unvergleichliche Freiheit schützt. *Christen brauchen Theologie auch als Reflexionsmittel eines Mißtrauens gegen sich selbst, bei denen die alten heidnischen Gewohnheiten, Gott sich selbst anzuheimeln, nie ertötet sind.* Theologie, d.h. Denken über Gott, ist *religiös* unentbehrlich, wo in der Taufe der alte Adam doch nur symbolisch, nicht wirklich ersäuft werden kann, – der neue Mensch deswegen immer erst noch geschaffen werden muß, und weil natürlich die Christen kein drittes Volk der Christen zwischen oder neben dem Volk Israel und den Völkern begründen konnten, vielmehr in Verantwortung und Loyalität eben der Völker blieben, aus deren geistig-seelischem Ferment der Gott Israels sie doch herausgerufen hatte. Diesen Völkern und ihrem Heidentum gegenüber fühlten sie sich doch mindestens in missionarischer Pflicht, nicht selten aber legitimierten sie aus den Quellen ihres neuen Lebens heraus auch die alten Verhältnisse, denen sie doch entnommen waren. Sie wollten ja nicht geradezu jüdisches Israel werden, Israel hat sie – als Christen – auch nie bei sich aufgenommen. In ihrer Grundsituation sahen sie sich zwischen alle Stühle gesetzt, sie entwickelten eine vielfach zerrissene Identität, die doch mit einfacher Dialektik nicht zu denken, mit Paradoxien nicht gedanklich und sprachlich zu fassen war. Theologie, Denken über Gott, ist für Christen vor allem auch ein Medium ihres unlösbaren *Identitätsproblems* und Ausdruck dafür, daß sie nur in Gott selbst ihr eigenes Daseinsgeheimnis geortet und aufgehoben sehen können. Ihr gedankliches *Eindringen* in Gott, das Juden nur als befremdend und abstoßend empfinden können, ist ein Ausdruck ihrer problematischen Identität, – das trinitarische Ein*bringen* Jesu in Gott ein verzweifelter Versuch, *den* in Gott zu sichern, dessen Botschaft und Wirken sie für Gott gewonnen hat und *in* dem sie sich des Segens und der Zustimmung Gottes für ihren Weg allein sicher sind. So hat die *Trinitätslehre* vor allem einen identitätssichernden Sinn für die Christen – weit davon entfernt, nur der Fron eines spekulativen Bedürfnisses zu entspringen.

Zu diesem in vielfachen Loyalitäten gebrochenen christlichen Leben gehört nun auch der vor allem mit dem zweiten Jahrhundert virulent werdende *Wille der Christen, über den Grund ihres Glaubens Rechenschaft abzulegen gegenüber der Welt der heidnischen Kultur.* Man nennt die Theologen gegen Ende dieses Jahrhunderts »Apologeten«, d.h. Verteidiger des Christentums in der Welt des damaligen Geistes. Während die ersten Christengenerationen sich zu verantworten suchten gegenüber den Schriften des jüdischen Volkes, dessen Traditionen und vor allem: diesem selbst als dem erwählten und dienstwilligen Volk Gottes, wechselten sie seit dem zweiten Jahrhundert den Horizont ihrer geistigen Verantwortung. Das, was Gott und Jesus ihnen bedeuteten, suchten sie *nun in anderer Sprache,* in *heidnisch*-geläufigen Vorstellungen und Kategorien auszudrükken. Wie sie zuvor eine Methode entwickelt hatten, die es ihnen ermöglichte, Jesus und sich ein Vorleben schon in urältesten biblischen Zeiten zuzusprechen, sich dem alten und ältesten Israel strukturell gleichzeitig verstehen zu können, so versuchten sie es jetzt auch mit einer philosophischen Vorausexistenz Jesu in den alten griechisch-orientalischen Mythen und deren philosophischen Entmythisierern; Jesus war da z.B. in Sokrates sich selbst schon voraus – nicht nur in dessen Weisheit, auch in der freien Übernahme seines gesellschaftlich verhängten Todes; als Sokrates in Athen den Schierlingsbecher trank, leuchtete bereits von ferne her Jesus am Kreuz von Golgatha auf.

Nun erst recht wurde der Denkakt Theologie als religiöser Lebensakt verstanden. Denken und Glauben begannen einander innerlich zuzuneigen, bis sie eines Tages ineinander verschmolzen; Bultmanns Programm von »Glaube und Verstehen« ist ein neuzeitlicher Widerschein dieses frühen Beginns. Und damit war ein auch religiös-praktisch einschneidender *Paradigmenwechsel* bei der Aussprache des Glaubens und der Verantwortung der christlichen Verkündigung begonnen. *Aus praktischer* Treue zur Tora, wie wir sie von Leibowitz aufs neue behauptet finden, wurde heidnisch-geprägte *εὐσέβεια:* Pietät, individuelle Frömmigkeit, persönliche Gottesfurcht und Gottseligkeit, jedenfalls *innere* Wirklichkeit, ja sogar schon seelische Gestimmtheit, die ans 19. Jahrhundert denken läßt; wir können sagen: *Aus Tatglaube und Verwirklichung in der Welt wurde »Religion«;* aus dem Tun des Willens des Vaters ein »Herr, Herr«-Sagen. Und das hatte seine Voraussetzung wie seine Folgen in einem *Gestaltwandel Gottes.*

Denn nun wurde *dem Gott Abrahams, Isaaks und Jakobs und dem Vater Jesu der Mantel der Philosophen angezogen,* er wurde nun geradezu als Gott der Philosophen theologisch verantwortet. Man überführte ihn aus dem Horizont seiner konkreten Bundesgeschichte mit Israel, Jesus und den Seinen in den Wirklichkeits- und Wahrnehmungshorizont des Kosmologischen. Nicht, daß er erst dort eine Universalität als Schöpfergott und Herr des Alls gewonnen und etwa dadurch in der universalen Geistes- und Religionskultur des Hellenismus und des Römischen Imperiums Sitz, Stimme und Macht bekommen hätte. Sein göttliches Wesen wurde jetzt weniger aus der konkreten Bundesgeschichte (zu der ja auch das biblische Schöpferbekenntnis gehört) bestimmt, vielmehr aus dem Kosmos geortet und auch methodisch auf kosmologische Weise bedacht. Wie man ihn – statt im Verhältnis zu Israel und der Jesusbewegung – nun im Verhältnis zur Erfahrung des Welten*raums* bestimmen, – dabei von einer Unendlichkeit und Unräumlichkeit Gottes zu sprechen begann, – wie dies auch im

Verhältnis zur Erfahrung von Welt*zeit* geschah: um im Bezug darauf von seiner Allgegenwart, Allmacht, Ewigkeit und Unveränderlichkeit sprechen zu können – das interessierte jetzt, weil das die Kategorien waren, mit denen man in der Kulturwelt Wahres und Letztwirkliches bestimmte. Was die Philosophen zur Bestimmung des unvergänglichen *Seins* an Erkenntnisverfahren und Begriffen schon zur Verfügung gestellt hatten, wurde jetzt auf den biblischen Gott angewandt. Bedachten Philosophen den Grund alles Wirklichen und Wahren in der jeweiligen (platonischen) »Idee«, – im »Anfang« (ἀρχή) oder »Ziel« (τέλος) aller Dinge, – im »Sein«, das als Hintergrund und begründende, tragende Tiefe alles Seienden zu denken ist, – im verursachenden Prinzip von allem (in der prima causa), – im Strebeziel von Allem (in einem summum bonum): in alle diese und ähnliche philosophischen Denkpositionen setzten die Christen nun einfach ihren Gott ein.

Mit weitreichenden Folgen:

1. Sie behandelten nun alle *Fragen philosophischen Denkens* ohne große Umschweife *als Gottesfragen,* – behaupteten einfach: Was alles die Philosophen in ihrer Besinnung auf das Sein der Menschen in der Welt und vor allem auf Sinn und Art der Welt selbst fragen mögen – in Wahrheit fragten sie bei alledem nach Gott, und zwar nicht nur nach »so etwas wie« Gott, sondern – womöglich ohne es selbst zu wissen – nach dem wahren Gott der Juden und Christen. Es sei allen Menschen eingeboren (wie eine Mitgift der Natur), in *allen* ihren existentiellen, aber auch wissenschaftlichen Fragen – zwar heimlich, aber doch in Wahrheit – nach Gott zu fragen.

2. Sie gaben Gott damit eine *Positivität,* die er im biblisch-geschichtlichen Paradigma zuvor nie besaß, ja nicht besitzen konnte, weil Geschichte nie abgeschlossen ist: Gott fungierte nun als Wesen, das *Antwort auf alle Fragen* nicht nur geben konnte, sondern war, in seiner Existenz verkörperte: als letzte Wirklichkeit zu wirken und darin Grund alles geistig-seelischen, aber vor allem auch alles materiellen Welt-Wirklichen zu sein.

3. Gleichzeitig bejahten sie damit etwas, was ihnen zuvor nie in den Sinn gekommen, ja für sie undenkbar gewesen wäre: *durch Bedenken der Weltwirklichkeit und: durch eigenes Nachdenken auf Gott stoßen zu können.* Wo zuvor nur Gott zu den Menschen kommen konnte und (abstrakt geredet) Offenbarung die einzige Verbindung zwischen Gott und Mensch ermöglichen, Gott also nur durch Gott erkannt werden konnte, sollte er nun philosophisch, auf menschlichen Denkwegen und also durch menschliches Bemühen und menschliche Selbsttätigkeit erkannt werden. An die Stelle seiner exklusiven Selbstvermittlung traten jetzt die Vermittlungsmühen des Denkens. Wo es bisher hieß: »Nicht ihr habt mich, ich habe euch erwählt« (Joh 15,16), meinte man nun, durch eigene Vernunft und Kraft sich Wege zu Gott erschließen zu können. An die Stelle von

Theologie der Offenbarung, d.h. einer Theologie, die überall von Gott ausgeht, trat *Natürliche Theologie,* d.h. eine, die meinte, im Besitz von Mitteln und Wegen dazu Methoden entwickeln zu können, die zu Gott hinführen, durch die wir uns mindestens einen uns natürlich und also allgemein zugänglichen Zugang zu Gott selber bahnen können. So wollten die Christen ihren Gott diskussionsfähig für die heidnische Kultur machen.

4. Aber keine Assimilation ohne schmerzlichen Selbstverlust! Als der biblische Gott zum Gott der Philosophen wurde, *verloren seine Namen ihren Erkenntniswert.* Bis dahin waren *die Menschennamen Abrahams und Saras, Isaaks und Rebekkas, Jakobs und Rahels und Leas die entscheidenden Medien der Erkennbarkeit* des wahren Gottes (vgl. Ex 3,6.15). Nun wurden es metaphysische Funktionen: eben die hinter allem kosmisch Sichtbaren liegenden unsichtbar wirksamen, unpersonalen und anonymen Hinter- und Untergründe der Welt und ihrer Entstehung. Bis dahin wurde Gott aus gelebter Gemeinschaftstreue erkannt: »Ich werde mit euch sein, als der und wann immer ich mit euch sein werde« (Ex 3,14). Nun wurde er allgemeine, an keine einzelne Gemeinschaft mehr gebundene Universalität, – gedanklich größtes Allgemeines, – aus sozialem Ich und Du und bündnisbestimmtem Wir ein Etwas, aus Person: Wesen. Wenn das nicht eine von den Wandlungen Gottes ist, die ihn *ver*wandelt haben! A. v. Harnack nannte das – geistesgeschichtlich urteilend – »akute Hellenisierung des Christentums«; theologisch urteilend, müssen wir von einem radikalen Gestaltwandel Gottes selbst sprechen, und es stellt sich ernsthaft *die Frage, ob sich dort nicht im Wandel der Modi seiner menschlichen Erkennbarkeit zugleich ein Verlust seiner biblischen Identität ereignet habe,* radikal gefragt: ob er dort noch wahrhaft Gott war, noch: vere Deus – oder ob ihm die Christen damals nicht mit dem Mantel der Philosophen »andere Gottheit« »ins Angesicht« gesetzt haben (Ex 20,3).

5. In solche philosophische Erscheinung war nun Gott freilich nicht erst durch die Christen des zweiten und aller folgenden Jahrhunderte – bis heute – gebracht worden. Sie folgten damit nur Vorgängen im hellenistischen Judentum, die schon in vorchristlicher Zeit begonnen hatten und ebenfalls mit einer kulturellen Assimilation: der der Juden zusammenhingen, die in der Diaspora lebten. Philo von Alexandrien war bei der Transformation des biblischen Gottes in einen Gott der Philosophen einer der großen jüdischen Vorreiter.

Ein nicht zu übersehender *Unterschied* zwischen der jüdischen und der späteren christlichen Hellenisierung Gottes besteht freilich darin, daß Philo die Identität des Gottes Israels sicherte, indem er die Gebote des Tatgehorsams nicht vergeistigte, d.h. sie nicht der Sphäre des Tuns entrückte; er bewahrte auch in der Gola die fundamental *praktische* Gottesbeziehung und die darin sich stets erneuernde Gotteserkenntnis des Tuns als jüdisch unaufgebbar und in nichts anderes übersetzbar. Solche Torabindung des Tuns schienen die Christen preisgeben zu wollen, und im *religiösen Sinn, den die Denk- und Lehrakte von Theologie für sie bekamen,* gefährdeten sie die Identität Gottes tiefer, indem sie den Gott Abrahams, Isaaks und Jakobs eben nur noch im Mantel der Philosophen lehrten.

6. Dennoch gibt es christliche Analogien zum *Versuch,* beim Zulaß des Gottes der Philosophen *die Erkennbarkeit des biblischen Gottes zu bewahren. Zur gleichen Zeit, in der sie den Gott der Philosophen in die Kirche einließen, entfalteten sie ihr trinitarisches Bekenntnis zur kirchlichen Trinitätslehre.*

Wo sie Gott philosophisch und durch die Natürliche Theologie ins Anonyme, Namenlose, Begriffliche gebracht hatten, gaben sie ihm zu gleicher Zeit in der Trinitätslehre *doch* wieder *Namen zurück.* Denn die Erkenntnis, Gott lebe in sich lebendig als »*Vater, Sohn und Geist«,* ist der Art nach echt biblische *Namens*erkenntnis. Wie beim Gott Abrahams, Isaaks und Jakobs sehen sie ihn auch jetzt noch und wieder unter drei Namen lebendig. Freilich nennen sie nun nicht mehr die drei Personennamen des biblischen Gottes. Sie nennen, loben und rufen ihn jetzt an als »Vater, Sohn und Geist«. Aber das sind *nicht* etwa drei anonyme *Funktionen* Gottes: väterliche, versöhnende, begeisternde Lebenszeichen etwa, unter denen er sich seiner selbst und seines Lebens und zugleich: sich uns Menschen versichert; es sind *Namen, die Anrufungen erwecken,* – in denen er sich uns als Du ansprechbar macht. Das zeigt, daß unter diesem Gesichtspunkt sachgerecht scheint, wenn die alten Theologen der Trinität von drei »Personen« sprachen, in denen sie Gott leben sahen: drei ὑποστάσεις oder personae. Mit dem Begriff der trinitarischen »Personen« wollten sie die Personalität der biblischen *Namen* wahren.

Allerdings *erweiterten sie den Namensraum,* d.h. die Anrufbarkeit Gottes bei seinen Personennamen aus dem israelitisch Besonderen ins menschheitlich Allgemeine. Statt »Gott Abrahams« nannten sie ihn nun »Vater« schlechthin. Statt »Gott Isaaks« nannten sie ihn nun »Sohn« schlechthin. Statt »Gott Jakobs« nannten sie ihn nun »Heiliger Geist«.

Keine Frage, daß sie mit diesen neuen Namen solche wählten, die wie im Judentum so auch im Heidentum als Gottes- oder Göttlichkeitsbenennungen überall bekannt und geläufig waren.

Schon den alten Griechen war Zeus πατήϱ, Vater. Schon den alten Ägyptern und vielen Religionen des Orients waren Großkönige »Söhne« des Gottes, – war in der hellenistischen Entwicklung des Orients und in der orientalischen Entwicklung des Hellenismus »Sohn« eine Hypostase der höchsten Gottheit: wie Logos – ewiges Wort, wie Sophia – Weisheit, wie πνεῦμα – Geist: d.h. eine Wirkweise der Selbstvermittlung der Gottheit sowohl an die Menschen als auch an sich selbst; die ewige Kraft und Gottheit des göttlichen Wesens machte sich weltlich erkennbar, teilte sich den Menschen mit in der uns faßbareren Zuwendungsweise eines »Wortes«, das wir hören, – eines »Geistes«, der uns begeistern, – eines »Sohnes«, der uns Gotteskindern geschwisterlich näherkommen kann, näher als ein »Vater« es je vermag – eines also auch, der uns ver-söhnen kann mit der strengen Macht und Ferne eines Gott-Vaters. Die Namen »Vater, Sohn und Geist« können *mehr* Menschen anrufen als die Namen Abraham, Isaak, Jakob – so *scheint* es, – so jedenfalls könnten die Christen des zweiten Jahrhunderts es gemeint haben, als sie die Namen Gottes wechselten.

Doch sollten wir nicht übersehen, daß es möglicherweise uns nur so *scheint,* – die Christen jener Generationen jedoch keineswegs auf einen *Austausch* der Gottesnamen bedacht waren; *vielleicht wollten sie nur* – der neuen Situation angemessen – *den Namensraum, die Anrufbarkeit der drei Namen erweitern und Gottes Namen nun auch Nicht-Juden erschließen, ohne* die Namen der Väter Israels dadurch aus dem Gottesnamen zu verdrängen, also: ohne die *jüdische* Identität Gottes zerstören oder durch die Wahl neuer Menschheitsnamen verdrängen zu wollen.

Längst galt *Abraham* ja als der »Vater *aller* Glaubenden«; ja, volkstümliche Etymologie deutete seinen Namen als Av-hamon gojim, »Vater eines Getümmels von Stämmen« (Gen 17,4); allein schon im Namen Abraham war also etwas Gesamt-Menschheitliches mitgemeint und wurde mitgehört: der Urvater aller *jüdischer* Genealogie war in Kraft und Sinn seines Namens auch Vater alles *Menschheitsgewimmels* der Völkerwelt.

Erst recht bestimmte ihn Gottes *Berufung* doppelt, nämlich zuerst dazu, ihn zu einem großen Stamme zu machen, d.h. zu einem großen Volk Israel, das sich in der Mitte der übrigen Völker behaupten kann (Gen 12,2), – ferner dazu, »seinen Namen großwachsen zu lassen« (Gen 12,2b), – schließlich dazu, daß »mit dir sich segnen (werden) alle Sippen des Bodens«, der adama (Gen 12,3). Diese Berufung Abrahams verbindet also seine Vaterschaft im jüdischen Volk mit einer menschheitlichen Vaterschaft; beide aber kreisen darum, daß Gott den Namen dieses Vaters Abraham »großwachsen lassen«, das heißt: weltberühmt und überall hochangesehen machen wolle.

Aber es heißt womöglich auch noch mehr. Der groß herauskommende Name Abrahams soll ein *Segensname* werden für alle Sippen des Bodens. »Werde ein Segen«, so lauten Berufung und Dienst Abrahams (Gen 12,2c). Gott selbst aber verbindet sich diesem Dienst seines Berufenen, indem er verheißt: »Segnen will ich, die dich segnen, / die dich lästern, verfluche ich« (Gen 12,3). Abraham – bestimmt dazu, ein Segen zu werden für alle Menschen, – soll wie ein Gesegneter Gottes so auch ein Gesegneter aller Sippen des Bodens werden, ein Mensch dreifachen Segens also: Gesegneter Gottes, dazu bestimmt, ein Segen für Israel und alle Völker zu werden, und unter der Verheißung berufen, daß genau wie

Gott auch alle Menschen ihn segnen werden. In seiner Person vereinigen sich also Gott, Israel und die Menschheit, und sie vereinigen sich im gegenseitigen Segnen, in unbegreiflicher Segensfülle: sich gegenseitig bejahend, kräftigend, aneinander haltend. Dies alles aber kreisend um den Mittelpunkt: *Großwachsen lassen des Namens Abrahams.*

Wie aber könnte der über eine Weltberühmtheit hinaus noch größer wachsen als darin, daß nun sogar *Gott selbst sich mit dem Namen dieses von Gott und Menschen gesegneten Mannes benennt!* Gen 12 weist auf Ex 3 voraus, wo dies erzählt wird, und Ex 3,6 weist auf Gen 12,2-3 zurück. Gott segnet Abraham nicht nur, indem er ihm seinen Dienst gelingen und tatsächlich Israel- und Menschheitsvater in einem werden läßt. Er segnet ihn auch darin, daß Er-Selbst, Gott, sich dem Namen Abrahams unterzieht und *den Namen dieses Menschen zu seinem Eigennamen* macht: dem Eigennamen Gottes. Genauer können und müssen wir sagen: Wenn Gott sich dem Mose draußen in der Wüste, am brennenden Dornbusch, als »*Gott Abrahams*« bekannt macht, dann will er sich benennen lassen als *Gott jener Geschichte,* die in Berufung und Dienst, dreifachem Segen und im Menschennamen Abrahams begonnen hat. *Seinen Eigennamen identifiziert er mit dieser Geschichte.* Und da Name mehr ist als äußerliche Benennung, nämlich: Wesen, müssen wir schließen: Gott bestimmt sich selbst, sein *Wesen,* in *dieser* Geschichte. Anders ist er nicht Gott als in derjenigen Selbstbestimmung, die dieser Name benennt, – eine andere Erkenntnis vom Wesen dieses Gottes ist niemandem zugänglich; wollte sich dennoch jemand ein anderes Wesen für Gott denken und erschließen wollen, wollte jemand – wie Goethes Faust, der Namen für Schall und Rauch hielt – anderes als wesentlicher für Gott halten als ausgerechnet den Namen eines Menschen, so versperrt ihm der Name dafür den Weg: »Ich bin der Gott Abrahams«, anochi elohe Avraham (Ex 3,6) und bin anders nicht Gott. Andere Erschließungen Gottes, die an seiner Selbsterschließung in seinem Namen vorbeigehen, erschließen etwas anderes als *diesen* Gott – und Juden und Christen meinen behaupten zu müssen: überhaupt etwas anderes als *Gott.*

In der Selbstbenennung und Selbstbestimmung Gottes als »Gott Abrahams« hat nun der *Vater-Name eine unersetzbare und nicht aufzulösende geschichtliche Konnotation:* eben in der Geschichte des Vaters Abraham. Nennt Gott sich mit Abrahams Namen und definiert sich selbst als Gott der Abrahamsgeschichte, dann bestimmt er sich als Gott einer Geschichte, die wesentlich *Vaterschaftsgeschichte* ist.

Nach dem Zeugnis der Bibel ist Abrahamsgeschichte, wie die Mose-Geschichte, auch Exodus-Geschichte aus Vaterhaus und Freundschaft, – auch Landgabe-Geschichte in einem Land, das ich dir zeigen werde (Gen 12,1), – auch (mit der Geschichte Saras zusammen) große Geschichte des Vertrauens auf gegebene Gottesversprechen (vgl. Röm 4,16ff), – nicht zuletzt Geschichte einer bis ins Unerträgliche gehenden Opferbereitschaft (in der Akedat Jizchak: Gen 22,1-19). Aber sie ist auch Vaterschaftsgeschichte, und unter gewissem Gesichtspunkt lassen alle genannten anderen Aspekte der Geschichte Abrahams sich als Geschehnisse der Abenteuer der Vaterschaftsgeschichte erzählen. Abraham ist »Abraham, unser Vater«. Und nun soll es kein Kalauer sein, wenn ich fortfahre: Abraham ist der Vater-unser, und ich meine natürlich nicht: Er ist Gott; wohl aber: Gott, der sich dem Namen Abrahams unterzieht, sich seinen Namen aus dessen Geschichte holt, holt ihn sich wesentlich aus der Geschichte Abrahams, des *Vaters* – wie er ihn sich holt aus der Geschichte Abrahams, des Ausziehenden, – Abrahams, des seinen makom, seinen »Ort« Suchenden, – Abrahams, des Trauenden, – Abrahams, des Opferbereiten, in dem allen aber: Abrahams, des Vaters.

Benennen Christen nun Gott als »Vater«, tun sie dies sicher nicht im Sinne eines gottheitlichen Allerweltsnamens, wie die Gottesbezeichnung des »Vaters« an sich eine sein kann. Jedenfalls die Christen, die das sog. Alte Testament nicht abgestoßen, dessen Schriften vielmehr in ihre Bibel gesammelt haben, werden sich kaum andere Vaterschaftsgeschichten von Göttern erzählt haben (etwa aus griechischer oder orientalischer Mythologie), um Gott als Vater anrufen zu können. *Die Selbstbindung Gottes an die Abrahamsgeschichte wird ihnen den Vaternamen für Gott ins Herz gegeben haben.* Denn sie selbst sahen ja Jesus und sich in der Abraham-Nachkommenschaft, wenn nicht mehr »im Fleische«, dann »im Geiste«.

Sie ordneten ja ihren neuen, zweiten Bibelteil doch wohl bewußt so, daß bereits sein erster Vers – der erste also des ganzen Neuen Testaments – die ganze Jesus-Geschichte auf die Abraham-Geschichte zurückführte: »Buch der Zeugungen, toledot, Jesu Christi, Sohnes Davids, Sohnes Abrahams. Abraham zeugte den Isaak, Isaak zeugte den Jakob« usw. (Mt 1,1-2). Die Jesus-Geschichte lassen sie in der Abrahamsgeschichte beginnen, und in der Abrahams-Geschichte das ganze Neue Testament. Um ihre eigene Abrahamskindschaft, die nichtjüdischer Christen, ringen sie mit Juden (Röm 4; Gal 3; Hebr 11,8ff; Joh 8,52ff); sie wollen und können Jesus und sich selbst ohne Abraham nicht denken und Jesus und ihre Geschichte nicht verstehen, wenn sie nicht beide als zur Abrahamsgeschichte gehörend verstehen dürfen. Sie verstehen sie aber so, weil *in die Abrahamsgeschichte der Name Gottes sich verwoben hat* und damit seine Erkennbarkeit, Anrufbarkeit und sein göttliches Wesen, will sagen: das, was ihn zum Gott macht. Darum läßt sich der Satz wagen: Im Vaternamen Gottes, also: im Namen der ersten »Person« der Trinität bekennen die Christen die Selbstbenennung Gottes in der Abrahamsgeschichte – nicht zwar im Wortlaut des Menschennamens Abraham mehr, aber im Sinn der Geschichtlichkeit der Vätergeschichte und in der Bedeutung, die »Vater« in den toledot, in der Berufung und vor allem in der Segenskonzentration der mit Abraham begonnenen Israel- und Menschheitsgeschichte hat. *Indem Christen Gott als Vater anrufen, rufen sie ihn in jener Analogie an, die Gott schuf, als er seinen Namen an den Namen Abrahams des Vaters band.*

Sie konnten auch anders. Lukas führte seinen Stammbaum Jesu noch weit über Abraham hinaus zurück auf *Adam* (Lk 3,23-38), den Menschheitsmenschen, wie er vor aller Erwählung dagewesen sein mochte. Da soll die Geschichte Jesu unvermittelt durch den erwählten Abraham von vornherein Menschheitsbedeutung haben. Aber das hat auch für Lukas nicht Jesus, den *Juden* hinfällig gemacht; er sah Israel nur anders als Matthäus – nicht, wie dieser, mit Augen der Tora, eher mit den Augen der Prophetie (vgl. besonders Lk 4,17ff) und schilderte auch Jesus, den Juden, damit nicht, wie Matthäus, als den Jesus der Tora, sondern als einen Jesus der Neviim, der Propheten. Doch wie dem sei: Als die Christen des zweiten Jahrhunderts ihren zweiten Bibelteil schufen, ließen sie ihr »Neues Testament« nicht mit Jesus, Sohn Adams, sondern mit Jesus, Sohn Abrahams beginnen, ordneten die christliche Gesamtbotschaft derjenigen Menschheitsgeschichte zu, in deren Mitte Abraham nicht nur Av-hamon-gojim, Menschheitsvater, sondern zuerst Vater der jüdischen Generationen war. Das unterstreicht jenen Willen, der sich ja auch in der Sammlung und Heiligung des »Alten« Testaments zeigt: *Sie wollten gerade in dem Augenblick, in dem sie sich geistig der Welt öffneten, Israel auf keinen Fall hinter sich lassen, ihre neue geistige Weltoffenheit vielmehr als Konsequenz ihrer unaufgebbaren Israel-Bestimmtheit begreifen* – ein Wille, den m. E. heute die Lehrer von Theologien in der sog. Dritten Welt – auf Gefahr des Verlustes ökumenischer christlicher Identität – nicht preisgeben dürften. Ein Kampf um die Israelbindung des Christseins ist kein deutsches und kein europäisches Sonderfündlein, es geht die Kirchen der ganzen Welt an. Adam könnte nur mit Hilfe des Mose die christliche Identität stiften.[85] Abraham stiftet sie tatsächlich.

Gottes Vater-Name aber ist der Platzhalter der Abraham-Geschichte (in der auch die Jesus-Geschichte wurzelt) in Gott selbst. Als »Vater« angerufen, wird er angerufen als Gott dieser Geschichte.

Ähnliche geschichtliche Bestimmtheit eignet nun auch dem *zweiten Namen des trinitarischen Bekenntnisses: »Sohn«.*

Denn Gott nennt und offenbart sich *auch unter dem Namen des* Abrahamssohnes *Jizchak.* Dessen Geschichte ist, nach biblischem Strukturen-Denken, Sohnes-Geschichte – er in Person: Sohn schlechthin.

Seine Muter Sarai: versperrt fürs Gebären (Gen 16,2), – darüber uralt geworden (vgl. Lk 1,7), ohne Aussicht, je noch einmal ein Kind bekommen zu können (Gen 18,11). Dann aber doch: Engelankündigung der späten Geburt des

85. Vgl. F.-W. Marquardt, Das christliche Bekenntnis zu Jesus, dem Juden. Eine Christologie, Bd. I, 1990, 216ff.

Sohnes – lächerlich für die alte Frau (Gen 18,10b.12-15), aber Bedingung der Möglichkeit dafür, daß Gott seinen, dem Abraham gegebenen Schwur erfüllen könnte: »... daß du ein Vater vieler Völker werden sollst« (Gen 17,4-7); eben dazu gehört, daß Gott der Sarai ihre Leibessperre öffnet: »Ich will sie segnen, und sie soll zu Völkern werden« (Gen 17,16). Die wundersame Geburt des »verheißenen« Sohnes zur »angekündigten Zeit« – also: »da die Zeit erfüllet war« (Gen 21,1f vgl. Gal 4,4).

»Und das Kind wuchs« (Gen 21,8 vgl. Lk 2,40).

Dann die Akedat Jizchak, die »Bindung Isaaks« durch seinen Vater – ein schlechthin an seinen »Vater« gebundener »Sohn« (Gen 22,1-19). Er ist der Sohn des Vaters: dessen Einziger, den er liebt (Gen 22,2.12-16; vgl. Mk 1,11 par.). Der Vater aber erfährt den Sohn als zum »Opfer« bestimmt, – Buber: der Vater soll den Sohn zur Darhöhung höhen (Gen 22,2) – so wie Jesus nach dem Johannesevangelium ans Kreuz »erhöht« wird (vgl. Joh 3,14f; 8,28). Den Weg zur Darhöhung gehen »beide mitsammen«, der »Vater« mit dem »Sohn« (Gen 22,6.8): Als wären wir in Gethsemane, erleben wir auf dem Wege nach Moria den »Sohn« mit dem »Vater« allein: »Jizchak sprach zu Abraham seinem Vater, er sprach: Vater! / Er sprach / Da bin ich, mein Sohn« (Gen 22,7). »Vater, ist's möglich ...?« (vgl. Mt 26,39.42 par.).

Dies aber geschieht, während dort, in Gethsemane, Jesus seine Jünger beiseite sich niedersetzen ließ, bis er »dorthin gegangen« wäre und »gebetet« habe (Mt 26,36), während Abraham die ihn und seinen Sohn begleitenden Knechte ebenfalls »hier bleiben« heißt, bis sie beide »dorthin gehen« können, um sich »niederwerfen« zu können vor Gott, d.h. aber ebenfalls: bis sie »angebetet haben« werden (Gen 22,5).

Dann die Rettung des Sohnes aus dem Tode. Die Akedat-Jizchak-Erzählung ist eben keine Karfreitags-, sondern eine Ostergeschichte (Gen 22,11) ! Die Botschaft von der Errettung aus dem Tode beidemale vermittelt durch einen Engel Gottes, Boten »vom Himmel her« (22,11-12 vgl. Mt 28,2b par.).

Und Sinn und Summe des ganzen: Gott »prüft« (Gen 22,1) und »erkennt« (Gen 22,12): ein »Vater« hat seines einzigen »Sohnes« »nicht verschont« (Luther: 22,12b, hat ihn Gott »nicht vorenthalten«: Zürich, Buber) – so wie Er – Gott – »seines eigenen Sohnes nicht verschont« (Röm 8,32).

Jizchaks und Jesu Geschichte sind biblisch bewußt miteinander verknüpft worden. In Abraham, dem »Vater«, haben Christen sich Gott als »Vater« widerspiegeln sehen, – in Jizchak aber, der dreimal in der Akeda-Erzählung der »Sohn, der einzige« genannt wird: Jesus. Da Gott sich selbst am Dornbusch vor Mose mit dem Namen Isaaks gezeichnet hat (Ex 3,6), war solch Widerspiegeln nicht Spiel eines typologischen Strukturalismus, sondern Sprache und Wirklichkeitsverständnis des Kerygma: Gott *lebt:* in Vater-Sohn-Beziehungen.

Und nun hat er sich auch den »*Gott Jakobs*« genannt (Ex 3,6), also Gott der dritten Generation in Folge. Und Gott: der in seinen Begegnungen mit Jakob und Jakobs Begegnungen mit sich etwas Ihn schlechthin Bestimmendes, ihm selbst Wesentliches und nicht nur Beiläufiges erfahren hat.

Bei einer der dramatischen Begegnungen mit dem Gott seiner Väter Abraham und Isaak ist *Jakob zu Israel* geworden (Gen 32,28 nach Zählung der Zürcher Bibel), – so der Gott der Väter auch zum *Gott Israels:* für alle kommenden Generationen der Kinder Israels und all der fremden Völker, mit denen sie in Beziehung kommen.

Aber als der Gott Jakobs/Israels hat er sich besonders (wie schon in der urtypischen Geschichte von Kain und Abel und der der Abrahamssöhne Ismael und Isaak) als *erwählender* Gott offenbart: »den Jakob habe ich geliebt, den Esau (Jakobs älteren Bruder) gehaßt« (Mal 1,2-3; Röm 9,13): als Gott von paarweise lebenden Menschen, zu denen er aber je ein eigenes Verhältnis begründet: sie in ihrer Zusammengehörigkeit verpflichtend und sie doch nicht in Gleichheit beanspruchend: die Juden sowohl als auch die Griechen (Röm 1,16).

Über Engel-Begegnungen (Gen 32,1-2 nach Zürcher Zählung) schuf Gott dem Jakob eine Nähe zu Gott. Er sah Engel über seinem Haupte »auf- und niedersteigen« (Gen 28,12), wie der johanneische Jesus dem Nathanael gegenüber voraussah: »Wahrlich, wahrlich, ich sage euch: Ihr werdet den Himmel offen und ›die Engel Gottes auf- und niedersteigen‹ sehen auf den Sohn des Menschen« (Joh 1,51).

Vor allem aber stellte zuerst Gott sich dem Jakob entgegen, als der eine Grenzüberschreitung über den Gebirgsbach des Jabbok versuchen wollte (Gen 32,24 nach Zürcher Zählung), – dann aber nahm Jakob den Gotteswiderstand an und kämpfte mit Gott in einem Kräftevergleich von Mensch und Gott, der lange gleich zu gleich stand. Jedenfalls heißt es, daß Gott den Jakob »nicht zu überwältigen vermochte«; es gelang Jakob, diesem Gott seinen Segen abzutrotzen – freilich mußte er dafür eine Verwundung durch Gott hinnehmen.

Gott gibt ihm dafür den neuen Namen Israel – wir wissen immer noch nicht recht, was er besagt; die biblischen Zeugen aber haben in diesem Namen Gott sagen hören: »Du hast mit Gott und Menschen gestritten und hast obsiegt« (Gen 32,28 Zürich). Jakob selbst resümierte dies Widerfahrnis: »Ich habe Gott von Angesicht zu Angesicht geschaut und bin am Leben geblieben« (Gen 32,30).

Dann aber: »Die Sonne strahlte ihm auf« (Gen 32,31 Zürich) – die Nacht des von Jakob/Israel durchgefochtenen Kampfes zwischen Gottheit und Menschheit war vorüber.

In Erzählungen der Jesus-Schriften vom Heiligen Geist haben die Jakob-Geschichten keine Spuren hinterlassen. Jakob hat wohl das Zeugnis vom Geist nicht ähnlich spürbar angeregt wie Abraham das vom »Vater« und Isaak das vom »Sohn«. Daß freilich Geist und Fleisch miteinander »im Streit liegen« (Gal 5,17), läßt (der Sache nach) durchaus an Israel denken, der mit Gott und Menschen gestritten hat: den »Fechter Gottes, / denn du fichtst mit Gottheit und Menschheit« (Gen 32,28 nach Zürcher Zählung).

Die Wichtigkeit aber, die die biblischen Zeugen dem neuen »Israel«-Namen Jakobs beimaßen, zeigt sich daran, daß sie – Gen 35,9-11 – diese Geschichte ein zweites Mal, nun jedoch von einem anderen Ort – nicht vom Jabbok, sondern von Bethel – erzählt haben. Dort aber wiederholt Gott, wie er dies auch schon dem Jizchak gegenüber getan hatte (Gen 26,3-24), den ganz großen Segen, mit dem er Abraham den Vater schon gesegnet hatte (Gen 12,2-3): »Ich bin der allmächtige Gott, sei fruchtbar und mehre dich; ein Volk, ja eine Gemeinde von Völkern soll von dir kommen« (Gen 35,11: Buber unterscheidet in seiner Übersetzung hier nicht zwischen dem einen Volk und der Gemeinde von Völkern, übersetzt statt dessen: »Stamm, Versammlung von Stämmen soll aus dir werden«). Und auch Jizchak segnet seinen Sohn Jakob mit dem Segen und Fluchwort, das Gott Abraham mitgegeben hatte: »Segnen will ich, die dich segnen, und wer dir flucht, den will ich verfluchen«: Gen 12,3 – Gen 27,29.

So werden die drei Namengeber Gottes: Abraham der »Vater«, Jizchak der »Sohn«, Jaakov der Sohnessohn und »Gottesstreiter« nicht nur genealogisch miteinander verknüpft, sondern – von innen her – im Zukunfts-Segen Gottes, mit dem er zuerst Abraham den »Vater«, dann Jizchak den »Sohn«, schließlich auch Jaakov den »Gottesstreiter« segnet.

Wir können nun freilich nicht behaupten, können es aber auch nicht einfach ausschließen, daß die Christen , als sie begannen, Gott dreifaltig zu denken, dazu auch von der Dreiheit der biblischen Namen Gottes angeregt waren, – daß sie unter dem Namen des »Vaters« sich auch Abrahams und seiner Geschichte, – unter dem Namen des »Sohnes« Jizchaks und seiner Geschichte, – unter dem Namen des »Geistes« aber auch – wer weiß? – des »Gottesstreiters« Jaakov erinnerten. Alle drei Namen lassen an den Segen, mit dem Gott Abraham zuerst, Jizchak und Jaakov danach, gesegnet hat, denken, dieser Segen aber verhieß mit einer Zukunft des Volkes Israel auch eine Gotteszukunft aller »Sippen des Bodens« (Gen 12,3). Dieser dreifache Segen enthielt ja in sich schon jene Weite des Namensraums, um die es den Christen ging, als sie Gott nun nicht mehr unter dem Namen der Vätergenealogie Israels, sondern unter den Namen von »Vater«, »Sohn« und »Geist« schlechthin anrufen und (in der Folge) durchdenken und theologisch »definieren« wollten.

So versetzten sie die Namen Gottes in eine große – allzu große Ferne voneinander: Gefangene ihrer Situation in neuer Zeit. Und konnten und wollten – wie ich meine – die Namensnähe doch nicht völlig zum Verschwinden bringen.

Übergang:
Von Gott läßt sich nicht immer das Gleiche sagen

Von Gott läßt sich nicht zu jeder Zeit, an jedem Ort, von jeder Frau, jedem Mann, – von jedem so oder auch ganz anders Sozialsierten das Gleiche sagen – geschweige denn: dasselbe.

Dies mag eine banale Aussage sein, doch zugleich auch eine schockierende, ja destruktive.

Banal für solche, die von vornherein der Überzeugung sind, daß Gott nie etwas anderes gewesen sei, auch nichts anderes sein könne, als ein Gebild unserer Herzen, – Projektion menschlicher Not oder auch eines übersteigerten menschlichen Lustbedürfnisses, – Begriff einer Reflexion auf tiefsten oder letzten Grund des Wirklichen oder den Ursprung aller Dinge, – oder (mit Immanuel Kant) bestenfalls ein Postulat der Praktischen Vernunft, weil der Mensch ja nicht bereit sei, gut zu handeln, wenn ihm am Ende nicht ein Lohn winke, und eben dazu bedürfe es der freilich in der Realität nicht zu begründenden Annahme eines Wesens, das Lohn verheiße. Banal, weil eine Unmöglichkeit, von Gott immer dasselbe zu sagen, eben darin gründe, daß jeder, der von Gott spräche, so nur sich selbst spiegeln könne, denn abgesehen von solcher Spiegelfunktion besitze so etwas wie Gott weder Wirklichkeit noch Wesen, und die Menschen seien nun einmal verschieden.

Altes Wissen der Menschheit sei dies. Hatte nicht schon Xenophanes aus Kolophon, der zur Zeit der 60. Olympiade blühte, also um 540 – 537 v. Chr. herum, spottend gedichtet: »Wenn aber die Rinder und Pferde und Löwen Hände hätten / und mit diesen Händen malen könten und Bildwerke schaffen wie Menschen, / so würden die Pferde Götter abbilden und malen in der Gestalt von Pferden, / die Rinder in der von Rindern, und sie würden solche Statuen meißeln, / ihrer eigenen Körpergestalt entsprechend« (Fr. 29)[86]. Oder: »Die Aethiopier behaupten, ihre Götter seien stumpfnasig und schwarz, /die Thraker, blauäugig und blond« (Fr. 27)[87]. Oder: »Aber die Menschen nehmen an, die Götter seien geboren, / sie trügen Kleider, hätten Stimme und Körper – wie sie selbst » (Fr. 28)[88]. Xenophanes hat damit noch nicht eine Wesenlosigkeit der Götter lehren wollen, nur daß unsere Vorstellungen von Göttern uns gleich seien, Gott in Wahrheit aber etwas ganz anderes als ein Abbild von Tier oder Mensch. Er selbst dachte so: »Ein einziger ist unter Göttern und Menschen der

86. Zit. nach: Die Vorsokratiker griechisch/deutsch. Auswahl der Fragmente, Übers. und Erläuterungen von Jaap Mansfeld, 1987. – Vgl. Die Fragmente der Vorsokratiker. Griech. u. deutsch von H. Diels. 1. Bd. ³1912, 60, Fragm 15.

87. H. Diels, a.a.O. 61, Fragm.16.

88. H. Diels, a.a.O. 60, Fragm. 14.

Größte, / weder dem Körper noch der Einsicht nach sterblichen Menschen gleich«: εἷς θεός, ἔν τε θεοῖσι καὶ ἀνθρώποισι μέγιστος, / οὔτι δέμας θνητοῖσι ὁμοίιος οὐδὲ νόημα (Fr. 34)[89]. Der eine Gott sei also ein nicht abzubildender Gott. Nur den Anthropomorphismus, die Menschengestaltigkeit Gottes, lehnt er ab. Warum? Weil die Vielfalt der Bilder die Einheit Gottes bestreitet.

Ein Gedanke, der auch im Zehnwort vom Sinai schon da war: Das zweite Gebot »Nicht mache dir Schnitzgebild, – / und alle Gestalt, / die im Himmel oben, die auf Erden unten, die im Wasser unter der Erde ist, / neige dich ihnen nicht, /diene ihnen nicht, / denn ICH bin dein Gott« – dies Bilderverbot also folgt in Ex 20,4-5 unmittelbar dem 1. Gebot und legt dies aus: »ICH / bin dein Gott, / der ich dich führte /aus dem Land Ägypten, aus dem Haus der Dienstbarkeit. / Nicht sei dir / andere Gottheit / mir ins Angesicht« (Ex 20,2-3). Luther und das Luthertum haben uns bekanntlich um dies 2. Gebot im Katechismustext betrogen, wollten vielleicht die Bilderstürmer nicht weiter reizen, Luther selbst hatte ja auch gar nichts gegen die Bilder in den Kirchen, nur etwas gegen eine Bilderverehrung. Wie auch immer: Indem er das 2. Gebot ausließ, hielt er wohl die von Xenophanes und anderen – und zuvor vom Gott des Sinai selbst – empfundene *Spannung und Diskrepanz zwischen Gott und unseren Bildern und Begriffen von Gott* für nicht so wichtig. Dennoch bleibt sie das wichtigste, weil unsere vielen verschiedenen Gottesbilder und Gottesbegriffe die Einheit Gottes gefährden können, wie Xenophanes, der Heide, richtig sah.

Dabei kannte und benannte anderswo auch Luther das Problem. Z. B. am berühmten Anfang seiner Auslegung des 1. Gebots im Großen Katechismus von 1529/30: »Was heißt ein Gott haben oder was ist Gott? Antwort, Responsio: Ein Gott heißet das, dazu man sich versehen soll alles Guten und Zuflucht haben in allen Nöten. Also daß ein Gott haben nichts anderes ist, ita ut Deum habere nihil aliud sit, denn ihm von Herzen trauen und gläuben, wie ich oft gesagt habe, daß alleine das Trauen und Gläuben des Herzens machet beide Gott und Abegott: et deum et idolum aeque facere et constituere.«[90]

Die Aussage ist ungemein neuzeitlich und modern. Luther definiert Gott nicht nach Wesen und Sein, nicht als eine an und für sich seiende Wirklichkeit, nicht a se, sondern als eine *Beziehungswirklichkeit* zu uns, aber nicht als Wirklichkeit einer ethischen Beziehung, vielmehr als eine Beziehung auf unser Herz, unser Inneres, als eine existentielle Beziehung zu uns. Er definiert, können wir sagen, Gott also funktional, nicht essentiell.

89. H. Diels, a.a.O. 62, Fragm. 23.
90. Vgl. WA 30/I, Deudsch Catechismus.1529, 132,34 -133,4. – Die Bekenntnisschriften der evangelisch-lutherischen Kirche, 1930, 1986[10], Der große Katechismus deutsch, Das erste Gepot, 560,9-17; Catechismus major, Praeceptum I. 560,1.4 – 2.

Aber dies in einer ungeheuren *Radikalität.* Weil Gott für ihn Beziehungswirklichkeit ist, kann er ihn von uns aus denken, von unten: als ein Wesen, das nicht nur von vornherein auf uns bezogen zu denken ist, das wir auch als *eine Beziehung von uns zu ihm bestimmen* können und sollen. Unser Glauben, unser Vertrauen »machet beide Gott und Abegott«.

Beides an dieser Aussage ist unerhört: Wir machen Gott, Menschen sind Gottesmacher. Im lateinischen Text klingt dies für uns noch viel provozierender: Deum facere et constituere, Gott »machen« und so ihn als Gott »konstituieren« – das kann »hinsetzen, hinstellen, aufstellen« heißen, es kann auch »einsetzen« heißen, es kann auch »bestehen machen« heißen, »zu Stande bringen«; jedenfalls Menschen sind es, die Gott zu Stand und Wesen bringen, als Gott einsetzen, ihn wirklich machen.

Aber noch unerhörter: Der Gottmacher Mensch hat eine freie Wahl, »in gleicher Weise« – aeque, genauso gut – et Deum et idolum facere: Gott und Abegott, ein bloßes Idol zu »machen«. Das heißt: Nicht alles, was der Mensch macht, wenn er Gott macht, muß Götze sein, Idol. Er kann Götzen, Idole »machen« – aber eben: auch Gott. Die Doppelaussage et Deum et idolum zeigt, daß Luthers Übersetzer ins Lateinische nicht bloß mit der Sprache herumspielt und eigentlich meint: Nur Götzen können bei der Gottesmacherei der Menschen herauskommen. Er weiß, daß Luther dies hier nicht meint. Der Reformator weiß auch hier Gott und Abegott voneinander zu unterscheiden, und so sieht er uns tatsächlich fähig, auch Gott zu machen. »Worauf du nun (sage ich) dein Herz setzest, das ist eigentlich dein Gott«, lateinisch heißt auch das noch schärfer: *haud dubie* Deus tuus est: *ohne jeden Zweifel,* also in völliger Gewißheit, tatsächlich ist das dein Gott. Das ist die Analyse eines modernen Gottesbegriffs. So etwas wie Gott ist ein Herzensprodukt des schöpferischen modernen Menschen. Im 19. Jahrhundert hat Ludwig Feuerbach dies dem Luther aufs Wort geglaubt. Und Karl Marx dann dem Feuerbach.

Freilich sollen wir nun diesen Begriff von Gott nicht mit Gott-selbst verwechseln. Luther hat diese Analyse eines Gottesbegriffs, das Produktionsverhältnis dieses Begriffs, als Anfang seiner Auslegung des 1. Gebots entwickelt: »Ich bin der Herr, dein Gott, du sollst mich allein für deinen Gott halten.« Wie kommen der Gottesbegriff und Gott, der als Ich uns entgegentritt, der nicht aus unserem Herzen aufsteigt, sondern uns von Mose gebracht wird, wie kommen die zusammen?

In schwerer beiderseitiger Unsicherheit! Für den Gott produzierenden modernen Menschen käme es darauf an, »den rechten einigen Gott zu *treffen«,* heißt es deutsch, lateinisch genauer: Das 1. Gebot will uns anleiten, den Gottesbegriff unseres Herzens so – exigere, exigo, exactum – so »in Schwung« zu bringen, daß er uns wenigstens nicht verjagt, abirren läßt von dem Gott, der uns da anspricht.

Aber dieser *Gott selbst kann doch nur bettelnd zu uns und unserem Herzens-Gott kommen:* »Siehe zu, und lasse mich alleine deinen Gott sein und suche je keinen andern«, befriede dich nicht mit deinem Gottesbegriff, laß dir von deinem Begriffsgott nicht die Augen verschließen vor mir, begnüge dich nicht mit der Wirklichkeit deiner von dir geschaffenen Begriffe.[91] Ich muß dich darum anbetteln, denn ich weiß: Du bist stark in deinem schöpferischen Vermögen, ich kann eine Wirklichkeit des Gottes, den du geschaffen hast und zu dem du im Glaubens- und Vertrauensverhältnis lebst, nicht anzweifeln. Um so mehr: Bitte, siehe zu und lasse mich alleine deinen Gott sein. *Der Gott vom Sinai erniedrigt sich in die Konkurrenz des Gottes meines Herzens, in die Konkurrenz des von mir geschaffenen Begriffs, also: der von mir geschaffenen Realität von Gott.*

Es wäre danach nicht so, daß der biblische Gott die Wirklichkeit unserer Gottesbegriffe je schon überwunden hätte – wie Xenophanes, der Philosoph, es dachte. Nach Luthers wie übrigens auch nach biblischer Erkenntnis bleibt wohl für immer ein *Kampf um Gott,* nämlich zwischen dem wahren Bettlergott und dem von uns zur Wirklichkeit gebrachten und uns wirklich seienden Gott. Und das ist kein leicht zu entscheidender Kampf – weil der Gott, der aus der Realität unseres Herzens geschaffen wird, kein Götze, kein idolum sein muß, sondern wirklich – haud dubie, zweifelsfrei – Gott sein kann, so daß Luther uns zwischen dem bettelnden wahren und unserem herzenswirklichen Gott in der Klemme sieht – immer mit der Frage: Werdet ihr auf mich, den rechten, einigen Gott »treffen« oder wird die Wirklichkeit eures Gottesbegriffs euch mal um mal wieder an mir vorbeitreiben lassen? Das Herz ist ja, biblisch gesehen, »ein trotzig und verzagt Ding« (Jer 17,9 Luther) und taugt nicht zu einem Pietismus für den wahren Gott; ist nie erlöschende *Produktionsstätte des Gegensatzes* von Herzenswirklichkeit gegen den bettelarmen wahren Gott.

Vom Gott des Herzens, vom Gottesbegriff und seiner Realität hat Luther Ähnliches gewußt, wie Xenophanes von Kolophon lange vor ihm schon ausgesprochen hatte. Quia qualis unus quisque est, talis est ei deus, hat er sich 1513 zu Ps 21,13 notiert.[92] Da steht: »Denn Du (Gott) setzest sie (die Feinde Israels) rücklings, / dann zielst du mit deinen Sehnen / ihnen ins Antlitz« (Buber). Luther hat die Feinde der Juden in seinen Notizen mit den Juden selbst identifiziert, nach altbekannter Art des Antijudaismus. Sie, die Judei, haben einen Rükken, sie sind es, die nun rücklings sitzen, darum haben sie nun alles auch im Rücken, nicht vor Augen: Gott, – die Schrift, – die Kreatur. Daraus ist zu lernen: »Wie einer ist, so ist ihm Gott, die Schrift, die Kreatur«. Hockt er rück-

91. Vgl. WA 30/1, 133,10-12. – Bekenntnisschriften a.a.O. 560,32-36; Praeceptum I. 560,4. 2-8.
92. WA IV, 483.7f.

wärts, hat er Gott, Schrift und Kreatur hinter sich im Rücken. Gott ist dir so beschaffen, wie du selbst es bist, talis – qualis. H. J. Iwand sagte: »Das Schema qualis – talis ist für Luthers Denken und für seine Lehrentwicklung so wichtig wie kein zweites. Immer wieder taucht es auf«.[93]

Z. B. in Luthers Römerbrief-Vorlesung von 1515/16, an einer berühmten und für unseren Zusammenhang wichtigen Stelle, wenn er nämlich Röm 3,5 auslegt. Dort schrieb Paulus in Vers 4, daß der Mensch ein Lügner sei, daß aber sein Lügen überhaupt nicht gegen die Wahrheit Gottes aufkommen könne, im Gegenteil: des Menschen Sünde und Lüge sei nur ein willkommener Anlaß für Gott, gegenüber dem Lügner durch sein Wirken seine Wahrheit durchzusetzen und sich so als wahrhaftiger Gott zu beweisen. Diesen Gedanken hat Paulus sich aus Ps 51,6 geholt, wo zu lesen steht: »So daß du (Gott) gerechtfertigt werden kannst in deinen Worten und den Sieg erringst, wenn du gerichtet wirst.« Das ist ja schon bei Paulus ein uns unglaublich kühn erscheinender Gedanke: Gott ist nicht nur ein Richter über uns, er unterliegt auch unserem Gericht, bedarf einer Rechtfertigung durch die Menschen.[94] Und noch unglaublicher: gerade durch den ungerechten Menschen, den Sünder, den Lügner! Er muß bezeugen, ob Gott wahrhaft Gott sei oder nicht, ob er nämlich mit mir Lügner und Sünder fertig werden kann oder ob ich Gott an mir scheitern lassen konnte; geschähe dies, dann wäre Gott als Gott nicht gerechtfertigt. Das formuliert Paulus in Vers 5 in Gestalt einer Frage: »Wenn aber unsere Ungerechtigkeit Gottes Gerechtigkeit dartut ...« – συνίστησιν – »... was wollen wir dann sagen?«, τί ἐϱοῦμεν? Paulus ist sich der Unerhörtheit seines Gedankens bewußt: Der Sünder als Richter Gottes, Gott bedürftig einer Rechtfertigung durch den Sünder, die Sünderin – τί ἐϱοῦμεν, was sollen wir dazu sagen?: Der Gedanke verschlägt ihm selbst die Sprache.

Und nun setzt Luther, wenn er an diese Stelle kommt, noch eins drauf: Deus est mutabilis quam maxime, folgert er, den Gedanken des Paulus weiter ins Grundsätzliche vorantreibend: »Gott ist im höchsten Grade veränderlich«. Diese Feststellung folgt notwendig aus dem Gedanken des Paulus, daß Gott gerechtfertigt und gerichtet wird: Patet, quia justificatur et judicatur.[95] Luther besinnt sich: So ungewöhnlich ist das für den biblischen Gott eigentlich gar nicht. Schlag doch einmal Ps 17,27 in der Vulgata (in Luthers eigener Bibelübersetzung Ps 18,27) auf. Dort kannst du hören: »Bei dem Auserwählten wirst du

93. H.-J. Iwand, Rechtfertigungslehre und Christusglaube. Eine Untersuchung zur Systematik der Rechtfertigungslehre Luthers in ihren Anfängen. 1930. ²1961, 43 Anm.2.

94. Vgl. F.-W. Marquardt, Was dürfen wir hoffen, wenn wir hoffen dürften? Eine Eschatologie. Bd. III, 1996, 186ff.

95. M. Luther, Vorlesung über den Römerbrief 1515/1516, hg. v. Joh. Ficker. Die Scholien, 72.4-6. Vgl. WA 56, 234.

auserwählt sein und bei dem Verkehrten wirst du verkehrt sein«; wie man in den Wald ruft, so schallt es zurück. Wie einer sich zu Gott stellt, so stellt Gott sich zu ihm. Bejahst du deine Erwählung und bewährst sie, dann wird Gott dir ein Auserwählter sein, dir heilig, du »triffst« ihn dann, er und nicht ein anderer wird dir dann Gott sein, wirklich er – und nicht ein Gottesbild, nicht dein Gottesbegriff. Umgekehrt: Stellst du dich ihm verkehrt entgegen – z.B. mit dem Rücken –, dann wird auch Gott dir nur den Rücken, die kalte Schulter zeigen.

Dabei ist Luthers Meinung nicht im Schema von Voraussetzung und Folge zu deuten: Je nachdem wie ein Mensch sich zu Gott verhält, so wird Gott sich zu ihm verhalten. Als hätte Gott im Sinne, uns Menschen mit gleicher Münze heimzuzahlen: Bin ich (Mensch) gut zu ihm, dann ist er's auch zu mir, – verweigere ich mich ihm, dann verweigert er sich mir. Nicht an ein Wenn – Dann denkt Luther hier, sondern: an jenes Qualis – Talis: So – Wie. Er fährt nämlich nun fort: »So wie ein jeder in sich selbst ist, so tritt ihm auch Gott gegenüber«: Qualis est enim unusquisque in se ipso, talis est ei Deus in objecto.[96] Ein berühmter Satz!

Aber wir müssen ihn genau deuten. Er sagt *nicht:* Wie du mir, so ich dir – im Sinne eines korrespondierenden Verhaltens, – Luther spricht hier nicht ethisch, sagt *nicht:* Wie du dich zu Gott verhältst, so wird er sich (etwa im Jüngsten Gericht) zu dir verhalten. Er sagt vielmehr: So wie du *zu dir selbst stehst,* so steht Gott im Verhältnis zu dir. Das ist schon eine gewisse Umschreibung, Luther spricht ja von Qualitäten: Wie du in dir selbst qualifiziert bist – qualis est enim unusquisque in se ipso –, so beschaffen ist dir Gott in objecto: im Gegen-Stand, im Gegenbild, in seiner Wirkung auf dich. Das Gegensatzpaar ist: in se ipso und in objecto – in mir und auf mich zu; was in mir los ist, in mir abläuft – das kommt in Gegenwirkung von außen auf mich zu, und zwar gewaltig: als Gott. Wie ich im Verhältnis zu mir selbst lebe, so wird Gott ins Verhältnis zu mir geraten: dem Erwählten als ein Erwählter (nicht: Erwählen*der!),* dem Verkehrten (perverso steht im lateinischen Bibeltext, den Luther hier gebraucht) als ein Verkehrter. *Das Selbstverhältnis des Menschen arrangiert das Gottesverhältnis,* noch genauer: Der Mensch arrangiert Gott: Qualis est enim unusquisque in se ipso, talis *est* ei Deus in obiecto.

Nun verstehen wir also, warum Luther seine Auslegung des Paulusgedankens von der Rechtfertigung Gottes durch den Lügner-Menschen auf den Begriff bringen konnte und mußte: Deus est mutabilis quam maxime: Gott ist in höchstem Maße veränderlich, ist eine relative Wirklichkeit, ist nicht nachträglich, sekundär, sondern grundsätzlich, von vornherein auf den Menschen, sein Verhalten und seine darin sich bildenden Begriffe bezogen und: ist abhängig davon.

96. Ebd.

Wir sehen: Der uns anfangs banal scheinende Satz, von Gott ließe sich nicht zu jeder Zeit, an jedem Ort, von jeder Frau, jedem Mann, – von jedem so oder auch ganz anders Sozialisierten das Gleiche sagen, geschweige denn Dasselbe, ist so banal gar nicht. Er hat starke theologische Tradition und enthält eine tiefe Einsicht in die Spannung zwischen jedem Gottesbegriff und jedenfalls dem Gott der Bibel, und zwar: eine nie ein für allemal aufzulösende, sondern immerzu neu aufzunehmende Spannung. Nicht zuletzt ihretwegen muß es Theologie geben mit der Aufgabe, immer neu Gott und unsere Gottesbegriffe in Gegensatz zueinander zu führen.

Der Eindruck des Banalen rührt freilich daher, daß Luthers Analyse des Gottesbegriffs allzu oft aus dem Spannungsverhältnis zum Gott vom Sinai d.h.: dem zwischen dem 2. und 1. Gebot herausgelöst worden ist und so eine unbiblische Tradition begründet hat: eben die Projektionstheorie Ludwig Feuerbachs, der unter Berufung auf Luther grundsätzlich und spannungslos behauptet hatte, Gott sei nie etwas anderes als … : Ausdruck eines menschlichen Bedürfnisses. Isolierung eines theologisch gebildeten Gedanken aus dem Zusammenhang der biblischen Geschichte bewirkt immer Banalisierung. Heute wirkt sogar Feuerbach noch gehaltvoll gegenüber der Langeweile eines herrschenden totalen Relativismus: Es ist eh alles gleich, weil machbar durch uns. Gott ist nichts als Unsinn, den einige im Leben Zu-kurz-Gekommene und im Kopf Nicht-mehr-richtig-Tickende immer noch ablassen. Aber laß sie – jedem das Seine!

Solch *Relativismus,* der in seiner Paulus- und Lutherform ein höchst spannendes und sachhaltiges Problem darstellt – das Problem eines relationalen oder funktionalen statt essentiellen Gotttesbegriffs –, der auf die einen banal wie ein Gemeinplatz wirkt oder banalisierend, schockiert andere und wirkt auf sie völlig destruktiv. Wie sollte sich denn mit so etwas wie Gott jene Zeit- und Raum-Verschiedenheit, jene Geschlechter-, Kultur- und Sozialdifferenz zusammenreimen lassen, die wir behauptet haben? Läßt sich denn Gott so aufs Klein-Klein denken, daß wir ihn womöglich in Korinth anders als in Ephesos, im Lande Israel anders als in Babylon, in Kreuzberg anders als nebenan in Köpenick wirklich denken können, – 1995 anders als 1996, – bei Arbeitern anders als bei Angestellten, – Frauen anders als Männern, – Atheisten anders als Frommen? *Muß das nicht notwendig die Ganzheit und Ungespaltenheit Gottes stören* – ja *auf die Dauer auch seine Einheit* zerstören? Gäbe es dann noch ein gemeinsames Bekenntnis, wie das Sch'ma Jißrael, adonai elohenu adonai echad?

Fiele dann nicht auch absehbar bald die *Einheit der Zeit-Erfahrungen* dahin, von der die neutestamentliche Verkündigung doch ruft: »Als die Zeit erfüllt war, sandte Gott seinen Sohn, geboren von einer Frau und unter das Gesetz getan« (Gal 4,4); was immer die Erfüllung der Zeiten genau besagen mag – daß die Zeit durch Sendung des Sohnes Gottes zu einer Ganzheit und Einheit der verschiedenen Gezeiten (Vergangenheit, Gegenwart, Zukunft) eschatologisch versammelt wurde, ist auf alle Fälle gemeint – und dies ewige »Jetzt ist der Tag des Heils« (2 Kor 6,2) sollte nun doch wieder in lauter kleine und kleinste Zeitmomente zertrümmert werden? Wie sollte das sich denn mit der Ewigkeit Gottes in Übereinstimmung bringen lassen?

Und Ähnliches wäre ja auch gegen eine *Raumaufsprengung* zu fragen, wenn Gott auch je nach Orten verschieden wirksam und wirklich gedacht werden müßte? Wo bliebe da die Verkündigung, daß er »die Welt«, griechisch: den Kosmos geliebt habe, als er ihr seinen eingeborenen Sohn sandte (Joh 3,16)? Auch hier müßte ja nicht eine Welteinheit geradezu vorausgesetzt werden wie ein Naturtatbestand, aber zur Heilsverkündigung der Bibel gehört doch mindestens jene Gestalt einer Welteinheit, die durch den missionarischen Wirkkreis des vom Tode erweckten Jesus umfaßt wird: »Ihr werdet meine Zeugen sein von Jerusalem und ganz Judaea und Samaria und bis ans Ende der Erde« (Apg 1,8).

Und ist denn nicht auch die Adams- und Eva-*Einheit der Menschheit* als ihre Christuseinheit bestätigt worden – zumindest in der Gestalt, daß in Christus jedenfalls nationale, religiöse, geschlechtliche Unterschiede nicht mehr *gelten* sollen: »Da ist nicht Jude noch Grieche, da ist nicht Sklave noch Freier, da ist nicht Mann und Frau – ihr alle seid *einer* in Christus« (Gal 3,28)?

Das zusammengenommen berechtigt doch wirklich zu der Gegenfrage: *Fordert nicht die biblische Heilsverkündigung der Gotteseinheit auch die Bewahrung einer Einheit von Raum und Zeit und Menschheit?* Wird dagegen nicht jene Qualistalis-Differenzierung den größten Beitrag der biblischen Heilsverkündigung zur kulturellen Bildung des Abendlandes und des in ihr geborenen Menschheitsgedankens, aber vor allem auch zu jedem intellektuellen Fortschritt revidieren, der in der Ausbildung des Gedankens einer Einheit Gottes und damit alles Wirklichen vor allem auch die Wissenschaft gefördert, ja geradezu hervorgebracht hat? Selbst wenn wir eine Einheit Gottes und eine des kosmisch und menschheitlich Wirklichen nicht als gegeben und feststehend voraussetzen dürften, – sie also prozeßhaft, geschichtlich-dynamisch denken müßten (wie es auch Naturwissenschaft heute längst tut) – es ist nicht (nur) das biblische Schöpfungsverständnis, sondern die biblische geschichtliche Heilsverkündigung – ihre Verkündigung von Israel und den Völkern, Jesus und der Menschheit –, die fordert, eine Einheit Gottes und alles Wirklichen zu denken.

Dabei haben wir nun noch gar nicht an die *philosophische* Entwicklung des Gott- und Wirklichkeitsdenkens gedacht. Die zielt noch energischer auf jene in christlicher Heilsverkündigung gemeinte Einheit: auf Geistes- und Begriffseinheit und auf Natureinheit des Wirklichen und Gottes.

Ich hatte schon *Xenophanes* von Kolophon zitiert: »Ein Einziger ist Gott unter Göttern und Menschen der Größte, / weder dem Körper noch der Einsicht nach den sterblichen Menschen gleich« – »ganz anders«, würden wir im 20. christlichen Jahrhundert sagen.

Götter-Vielfalt genügt nicht, das Wirkliche ist nicht polytheistisch, – in bezug auf das Letzte und Höchste kann es keinen Pluralismus geben. In einem anderen seiner uns erhalten gebliebenen Fragmente hatte Xenophanes gesagt: »Als Ganzer sieht er, als Ganzer versteht er, als Ganzer hört er«: οὖλος ὁρᾷ, οὖλος δὲ νοεῖ, οὖλος δέ τ' ἀκούει (Fr.35)[97]. Gott ist als seh-, denk-, hörfähige Ganzheit zu denken. Das ist mehr, als nach unserer Sprache eine Person ist, denn die ist ein Individuum, also wohl etwas in sich Ungeteiltes, aber doch nicht eine Ganzheit. Individuum lebt unter und mit Individuen. Eine Ganzheit dagegen hat nichts neben sich. Es würde ja die Ganzheit einschränken und begrenzen. Und Xenophanes hat Gott gedacht als eine hör-, denk- und sehfähige Totalität, als wahrnehmungsfähige kosmische Einheit, runde Ganzheit.

Das liegt nicht fern von *Parmenides:* wäre dieser nun Lehrer oder Schüler, Früherer oder Späterer des Xenophanes gewesen.[98] Er dachte nicht, wie Xenophanes, Gott, sondern das Sein, das ἐόν. Wie Xenophanes den Gott unter Göttern, so nannte Parmenides das Sein οὖλον, ganz. Er nannte es ungeworden (ἀγένητον), unvergänglich (ἀνώλεθρον), »einheitlich«, wir müssen besser übersetzen: eingeboren (μουνογενές), unerschütterlich (ἀτρεμές, was kein tremendum, kein Erdbeben, aber auch kein seelisches Tremolo bewirkt), – nannte es τέλειον, vollendet, vollkommen (Fragm. 8)[99]. Nannte es anfanglos – endelos (ἄναρχον, anarchisch, ἄπαυστον). Nannte es ταὐτόν τ' ἐν ταὐτῶι: Ein Selbiges, und im Selbigen verharrend, in sich ruhend, fest auf der Stelle verharrend (Fragm. 8,27.30).[100] So hatte auch Xenophanes den Gott gedichtet unter Göttern: »Immer verbleibt er am selben Ort, ohne irgendwelche Bewegung, / denn es geziemt sich für ihn nicht, bald hierhin, bald dorthin zu gehen, um seine Ziele zu erreichen« (Fragm. 36)[101]. Diese Unbeweglichkeit und Unwandelbarkeit ist das gerade Gegenteil von Luthers Deus est mutabilis quam maxime: Gott ist im höchsten Grade veränderlich. Ein von Luther sehr bewußt gesetzter Gegensatz gegen Aristoteles, der – wie Xenophanes den Gott, Parmenides das Sein – ebenfalls das Wesen und Sein, das »Erste«, benannte als ἀκίνητον κινοῦν, »unbewegten Beweger«[102]: selbst von nichts

97. Vgl. H. Diels, a.a.O. 62, Fragm. 24.
98. Vgl. W. Schadewaldt, Die Anfänge der Philosophie bei den Griechen. Die Vorsokratiker und ihre Voraussetzungen, 1978, 295ff.
99. Zit. nach: Parmenides, Vom Wesen des Seienden. Die Fragmente, griech. und deutsch, hrsg., übers. und erläutert von Uvo Hoelscher, 1986. – Vgl. Die Fragmente der Vorsokratiker. Griech. u. deutsch von H. Diels. 1. Bd. ^{3}1912, 154f.
100. H. Diels, a.a.O. 156f.
101. H. Diels, a.a.O. 63, Fragm. 26.
102. Aristoteles, TA META TA FUSIKA, Metaphysik L (Buch XII) 7, 1072a 24-26; 8, 1073a 24ff, vgl. bes. 27.

bewegt, doch der Beweger alles Wirklichen. Übrigens hat Aristoteles sich damit ausdrücklich gegen die »Theologen und Naturphilosophen« seiner Zeit gewendet, die »für jedes Prinzip immer ein weiteres Prinzip suchen« und setzen, also multikausal argumentieren; ihnen warf er vor: »Die machen das Wesen des Alls zu etwas, das aus Episoden besteht ...« – lauter Kleinigkeiten und Geschichtchen – »... und nehmen viele Prinzipien an«, sind also Polytheisten. Gegen sie sagt er: »Die Dinge aber wollen nicht schlecht beherrscht werden« und zitiert dafür aus dem 2. Gesang von Homers Ilias den Vers 204: »Vielherrschaft ist nimmer ersprießlich. Einer sei Herrscher, / Einer König allein«[103]. Mit diesen Worten hatte Odysseus die Soldaten am Strand von Troja bei den Booten angeschrien, als die kopflos fliehen und, ohne Helena befreit zu haben, nach Griechenland zurückkehren wollten. Er riß mit diesen Worten das Kommando an sich. Und eben das fand Aristoteles beispielhaft gut und seinsgemäß: Vielherrschaft ist nicht gut, es kann nicht nach dem Kopf von jedem gehen, nur einer kann das Sagen haben. Daran sehen wir *kritisch,* wie der Gedanke der Einheit des Seins ein *politischer* Gedanke ist, ein Machtpostulat, durch das der Wille von Vielen gezügelt werden soll und damit Ziellosigkeit, Feigheit und Chaos.

Dem durchaus vergleichbar hatte auch schon Parmenides nicht bloß von einer Machthaltigkeit des Seins, sondern sogar von einer Gewaltbestimmung des Seins gesprochen: Es wird von einer Gewalt der Gewißheit, einer πίστιος ἰσχύς, in nie gelockerten Fesseln festgehalten, so daß es sich nie bewegen, nie ein Werden (γενέσθαι), nie ein Vergehen (ὄλλυσθαι) erleben kann, diese πίστιος ἰσχύς hält es fest, Sein ist durch Gewalt unwandelbar und darin freilich verläßlich. Ließe die »Gewalt der Notwendigkeit« die Fesseln locker, an die das Sein gefesselt ist, dann geriete eine Ur-κρίσις ins Wanken, nämlich die Grundentscheidung: ἔστιν ἤ οὐκ ἔστιν, entweder ist es oder ist es nicht (Fragm. 8,12-16). Damit nicht Sein oder Nichtsein mehr zur Frage werden können, muß also das Sein als von höherer Notwendigkeit zur Unbeweglichkeit zwanghaft gefesselt gedacht werden. Hier haben wir die fundamentale, seinsgebundene *Quelle für die Gewalttradition des Abendlandes. Gewalt, Fesselung liegen am Grunde alles Seins.* Beweglichkeit, mutabilitas von Gott und Sein wird mit Gewalt gehindert um des Bestandes willen, um Nicht-Sein zu verhindern, wie Odysseus – übrigens dazu von der Göttin Athene angehalten – die Vielherrschaft, ein Königtum Aller verhindern wollte: Alles hört auf mein Kommando, und es gibt nur ein Kommando: das der höheren Notwendigkeit, die das Sein bindet.

Dieser gewalthaltige Fundamentalbegriff des Seins hat sich in der christlichen Theologie seit dem 2. Jahrhundert durchgesetzt, sofern auch Christen ihn auf Gott angewendet und Gott unter diesem Kennzeichen des Seins begriffen haben;

103. A.a.O. L (Buch XII) 10, 1076a 4.

erst Luther hat gegen die Herrschaft der Griechen und des Aristoteles über die Theologie grundsätzlich rebelliert – wie er meinte: im Namen der Bibel.

Doch so einfach läßt sich der Gegensatz nicht aufmachen: Bei Luther: die Bibel – im Christentum der Tradition: die Philosophie. Denn auch Luther bildet ja zunächst einmal einen, seinen *Begriff* von Gott, ehe er den in die Begegnung mit dem Gott führt, der vom Sinai kommt. So müssen wir uns zunächst klar machen: Bei dem, was wir bisher geschildert haben, steht ein Gottesbegriff gegen einen Gottesbegriff, – sagen wir vielleicht: *ein Erfahrungsbegriff von Gott,* den Luther gebildet hat, *gegen einen Seinsbegriff.*

Also gegen einen Abstraktionsbegriff; denn Sein bezeichnet ja nicht die seienden Dinge, mit denen wir täglich umgehen und so unsere Erfahrungen machen, – von denen wir »Episoden« erzählen können. Unter Sein denken sich die Philosophen den unsichtbaren, unfaßbaren *Grund* aller Dinge, – das, »was die Welt im Innersten zusammenhält«. Wer vom Sein sprechen will, muß gerade von allem einzelnen Seienden absehen, es hinterfragen, die Grenzen des Sichtbaren, Vorhandenen überschreiten, – Sein können wir nicht betasten, fühlen, schmecken, nicht sehen, hören oder sonstwie vernehmen – Sein läßt sich *nur denken,* und nur der denkt es zureichend, der immer wieder neu zu abstrahieren versteht von allem Erfahrbaren. Außer in Gedanken können wir das Sein nirgendwo fassen. Freilich läßt es sich *erfahren:* im Bestand der Dinge, darin, daß immer noch Seiendes ist und nicht viel mehr nichts, – vordergründig biblisch gesagt, daß immer noch »die Erde steht«, bisher »nicht aufgehört« haben »Saat und Ernte, Frost und Hitze, Sommer und Winter, Tag und Nacht« (Gen 8,22), – damit auch nicht: jene Verläßlichkeit unserer geistigen Orientierung in der Welt, die auf ihren Bestand zählt: der nächste Regen kommt bestimmt, – die Zuverlässigkeit unserer Benennungen – dies ist ein Tisch und nicht ein Stuhl – und die Zuverlässigkeit ihrer Brauchbarkeit: dieser Tisch trägt noch, und ich kann den Krug darauf stellen, ohne daß er zerbricht, und auch der Stuhl trägt noch, und ich kann mich auf ihn setzen, ohne daß er unter mir zusammenbricht.

Und dies wieder ermöglicht die Zuverlässigkeit der *Sprache.* Solange wir uns noch auf Seiendes verlassen können wie auf den Tisch und den Stuhl, können wir mit einiger Gewißheit auch *sagen,* daß es »ist«. Und allein, daß wir von irgendwelchen *Dingen* sagen könen: sie »sind«, macht es möglich, von ihrem *Sein* sprechen zu können. Noch einmal: Eine erfahrbare Instanz des Seins sind also nicht die Dinge selbst, ist nur die Erfahrung ihres Bestandes, daß wir uns auf sie verlassen, sie noch gebrauchen, daß wir voraussehen können: Sie werden uns morgen noch den Dienst tun, den sie uns gestern taten und auch heute noch tun. Sein ist nicht gleich dem Seienden, ist vielmehr das, was Seiendes seiend macht, – das nur an Seiendem erscheint, das aber am Grunde alles Seiende im Stande hält. Es erscheint aber nicht selbst, nur durch Abstraktion von den Dingen des Seienden können wir auf es kommen. Und seinen einzigen Ort hat es in dem armen, unscheinbaren Wörtlein »ist«.

Dies aber ist nur ein »Hilfszeitwort«, selbst ein ungeheures Abstraktum, ein Verbum, das nichts erzählt, für Episoden nicht taugt, wir wissen nicht, was in der Zeit dieses Hilfszeitworts geschieht. Geschieht da irgendetwas? Regnet es? Spricht da etwas? Bewegt sich etwas? Lacht oder weint da etwas?[104] Nichts tut sich da. Das soll es ja auch nicht. Sein ist ja gefesselt – unbeweglich. Und doch ist es nichts Leeres. Im Hilfszeitwort »Ist« oder »Sein« sprechen sich aus: die Verläßlichkeit der Dinge und ihr Bestand. Mit Blick auf des biblischen Gottes Segen über die Menschen, die nach dem Ende der Flut aus Noahs Kasten steigen konnten, müssen wir sagen: Das Denkabstraktum Sein und sein Hilfszeitwort »Ist«, mit dem wir von ihm sprechen, sind beide Denken und Sprechen in einer panischen Angst vor jenem »Solange« im Spruch des biblischen Gottes – »Solange« die Erde steht –, Angst also vor einer Begrenztheit, Endlichkeit des Wirklichen, vor seiner Vergänglichkeit, vor dem Nicht-Sein, das es ausschließen will, davor: Auch die Welt könnte nur Tage zählen, nur – mit Aristoteles geredet – Episode sein: Vorübergehendes – wie es ja in der Tat in Gen 8,22 nicht heißt: »Solange die Erde steht …«, sondern es heißt: »… *während* aller *Tage* der Erde«, – in der Bibel werden Weltall, Erde, Mensch von vornherein zeitlich gesehen , also auch begrenzt endlich – wenn Gott nicht seinem Segen vonTag zu Tag treu bleibt. Eben dies will griechisches Seinsdenken ausschließen von vornherein. »Sein« protestiert gegen eine Grenze des Wirklichen und leitet darum an, das Seiende zu überschreiten, zu transzendieren.

Mit diesem Abstraktum Sein haben nun aber nicht nur die Philosophen zuerst, sondern auch die Christen danach ihren Gott identifiziert, haben ihn in diesem Sinne »unendlich« genannt wie die unendlich gedachte Welt, – ihn »ewig« genannt, wie das zeitlose Sein, – »unveränderbar« und »selbig«, wie das von der πίστιως ἰσχύς gefesselte Sein, – »allmächtig« wie das Eine, das sich gegen »Vielherrschaft« sträubt, wie Athene bei Homer und Aristoteles: Nur das Eine darf das Kommando haben, – »absolut«: wie das »Sein« von allem in der Welt Seienden verschieden und doch es bewirkend und erhaltend.

Und so nun stehen *ein Erfahrungsbegriff von Gott und ein Abstraktionsbegriff des Seins Gottes gegeneinander.* Im Erfahrungsbegriff bin ich, ein Mensch in meinem höchst wechselnden, gar nicht stetigen Verhältnis zu mir selbst, das, was Gott zu Gott macht, ihn »rechtfertigt« – im Seinsbegriff kommt im Gegenteil alles darauf an, Gott von allem Erfahrbaren losgelöst, ihn abstrahierend zu

104. Vgl. F.-W. Marquardt, Das christliche Bekenntnis zu Jesus, dem Juden. Eine Christologie, Bd. 1, 1993², 141ff.

denken. Und so stehen Gott als Erfahrungswirklichkeit und Gott als Denkwirklichkeit einander gegenüber.

Doch nun ein nächster Schritt. Es versteht sich, daß der menschliche Geist und vor allem unsere Harmonie- und Einheitsbedürfnisse diese Begriffe nicht unaufgelöst- spannungsreich stehen lassen wollen. So beginnt eine große Kombiniererei und Vermittlungsbemühung. Theologie hat sich lange die Aufgabe gestellt, als Vermittlerin zwischen solchen (und noch einer Anzahl anderer) einander entgegengesetzten Begriffen von Gott zu wirken, eine coincidentia oppositorum zu finden.

Den letzten ganz großen Versuch dazu hat Martin *Heidegger* unternommen, dem darin so manche Theologen gefolgt sind, wie an der Spitze Rudolf Bultmann. Heidegger meinte das altgriechische Denken des Seins erneuern zu können, das allem Seienden zugrundeliegt und doch ja nicht mit ihm selbst zu verwechseln ist. Aber nicht an *jedem* Seienden, jedem Ding, jeder res, jedem Sachverhalt hielt er das Sein für wahrnehmbar. Kunde gibt es von sich nur an einem Ort: nicht in den Dingen, *nur im Verhältnis eines Menschen zu sich selbst.* Dort meldet sich das ansonsten unfaßbare und unbegreifliche Sein, wo ein Mensch sich selbst gegenüberzutreten und auf sich selbst zu reflektieren vermag, – dort ist er dann kein Objekt mehr für Feststellungen, die andere über ihn oder er selbst *über* sich treffen: wie beschaffen, qualis, er aussehe, – wirke, – wer oder was er in einem Idealbild oder unter irgendeinem anthropologischen oder moralischen Normbegriff sein wolle oder unter Stolz oder Ekel wirklich sei. Jeder weiß, daß er so nicht ist, wie er aussieht, wenn er in den Spiegel blickt, – andere ihn sehen, wenn sie ihn kurz oder lang kennen,- erst recht nicht, wie er gerne sein würde oder eigentlich sein müßte, wie er unter irgendeinem ihm äußerlichen oder auch einem von ihm verinnerlichten Gebot sein müßte. Wirklich ist er nur, wenn nichts ihn festlegt: keine gesellschaftliche Rolle, kein Selbstbild, kein Fremdbild, kein Ideal – wirklich wäre ich nur im Vollbesitz meiner Möglichkeiten, wenn ich mich frei verhalten könnte gegenüber Erwartungen anderer und meiner selbst, gegenüber Vererbungen oder gesellschaftlichen Determinationen, auch gegenüber guten oder schlechten geschichtlichen Erfahrungen mit ihren Zwängen, die als Zwangsorientierungen meine Verhaltensweisen immer schon im voraus bestimmen, damit meine Zukunft schon besetzen im voraus, und damit im Grunde jede neue Situation, in die ich komme, schon im voraus belasten: so oder so *muß* ich da reagieren.

Das alles ist nicht Freiheit und damit nicht wirklich Existenz. Existenz wäre, wenn ich aus allen solchen äußeren oder inneren Festlegungen herausgehen – exire – könnte, gerade auch aus solchen, die ich mir immer schon selbst auferlege. Wahres Menschsein wäre gerade nicht gefesselt von irgendwelchen Notwendigkeiten, wäre vielmehr freie Möglichkeit. So käme alles darauf an, daß ich nicht nur einzelne Bewegungsmöglichkeiten gewönne, durch Taktik, Raffinesse, gesellschaftliche Schläue oder durch Selbstdurchsetzungswillen, vielmehr: daß ich selbst eine einzige offene Möglichkeit *wäre* und immer wieder *würde.* Die Gelegenheit dazu *kann* sich mir öffnen. Ein Mensch ist – anders als ein Tier – dasjenige Lebewesen, das es innerlich-seelisch, vor allem aber geistig-gedanklich vermag, sich selbst gegenüber zu treten und als Ich dem Ich zu begegnen. Nur ein Mensch kann sich lösen von allem, was ihn zu dem gemacht hat, was er jetzt, in diesem Augenblick ist, also von seiner Vergangenheit; sie kann und muß ihn nicht auf immer an seine angeborene oder angenommene Art fesseln. Soviel Freiheit kann er aufbringen – kann er sich selbst schaffen oder kann ihm geschaffen werden –, daß er nicht Gefangener der Strukturen seiner Triebe bleiben muß. Natürlich kann kein Mensch ein totaler Aussteiger werden aus seiner inneren Geschichte, aus der Gesellschaft. Aber innerhalb der Vorgegebenheiten des Seienden kann er sich distanzieren von sich selbst, sich anblicken und sich selbst gegenüber entscheiden: weiter so wie bisher – oder anders? Ein Mensch – nicht gefesselt an die politische Weltgeschichte oder Geistesgeschichte oder Kunstgeschichte oder Wissenschaftsgeschichte, auch nicht an seine Seelengeschichte – ist Wesen von »Geschichtlichkeit«, d.h. er kann frei über sich entscheiden. Mit dem Wort Entscheidung sagt Heidegger: Der Mensch hat und behält Möglichkeiten, ja mehr noch: Er *ist* Möglichkeit gegenüber seiner Selbstentfremdung, – kann seine Eigentlichkeit gewinnen, seine Uneigentlichkeit überwinden, kann sich ein Ich-Selbst gewinnen oder kann es verlieren an seine Verlorenheit und Nichtigkeit. Freilich kann er dies nie ein für allemal, vermag es nur in einem Moment äußerster Entschlossenheit, einer Situation, besser einem bestimmten großen Augenblick: einem καιρός. Zur Entschlossenheit, sich als Möglichkeit zu ergreifen und zu begreifen, bedarf es einer qualifizierten Zeit, einer, in der ich mich freimachen kann von meiner Vergangenheit, so daß ich ihr nicht mehr das Recht einräume, meine Zukunft immer schon im voraus zu besetzen mit einem schrecklichen »Ich bin, der ich bin« – nämlich immer schon geworden bin. Solche Zeit haben wir nicht in den Händen, sie ist uns unverfügbar, dieser freie Augenblick ist eine Gabe, ein Widerfahrnis, eine Öffnung und Eröffnung, etwas Kostbares. Er kann sich mir öffnen im Augenblick einer großen Kunsterfahrung, – einer erschütternden Naturerfahrung, – in einer tiefen Ich-Du-Begegnung – wo auch immer. Das ist dann der Augenblick, in dem das Sein in die Zeit tritt, in je meine eigene Zeit. Und nur dieser für mich wesentliche Augenblick von Zeit ist der Ort, an dem Sein sich offenbart, aus seiner Verborgenheit und tiefen Unfaßbarkeit hervortritt und eintritt in mein Leben. So lehrt Heidegger: Sein ist nicht im Verhältnis zu allen beliebigen Dingen, vielmehr im Verhältnis zur Zeit. Und zwar nicht zu der mit der Uhr, dem Chronometer, meßbaren, die wir an der Bewegung der Dinge im Raum abzulesen pflegen; die nennt Heidegger eine uneigentliche Zeit, weil sie nicht Zeit des Seins, sondern nur Zeit der Dinge im Raum ist. Die Zeit des Seins ist vielmehr die Zeit der Existenz, die, die mich einzelnen Menschen herausgehen heißt aus meinen Festgelegtheiten, aus allem, was mir längst zum Charakter geworden ist, es mir ermöglicht, mir gegenüber zu treten, für mich über mich zu entscheiden, – die Zeit, endlich Ich zu werden, also wahrhaft zu »sein« und nicht bloß zu scheinen, mir selbst gewonnen zu sein und nicht mehr verloren.

Das ist ein großartiges Philosophieren, nur schade, daß uns auch dies – wie immer alles Philosophieren – unters Gesetz stellt. Nicht Wirklichkeit soll gelten, sondern Möglichkeit. Gelobt sei, was mich öffnet, wehe dem, was ich gerade eben bin. Und Gesetz ist auch, daß das Sein nur mir einzelnem sich verheißt und von uns gemeinsam nichts wissen will. Nicht nur *als* Eines will es herrschen – auch nur je *an* einem, für sich allein.

Aber mir geht es jetzt nicht um Kritik an Heideggers Existentialismus und Philosophieren des Seins, sondern um die Mittelstellung, die dies Denken findet zwischem dem Seinsgott der Griechen und dem Erfahrungsgott Luthers. Heidegger läßt das Sein dem widerfahren, der ins Verhältnis zu sich selbst tritt. Qualis est unusquisque in se ipso, talis est ei Deus in objecto: In Luthers Verhältnis zu mir selbst meldet sich das Sein der Griechen. So bringt Heidegger die beiden Gottesbegriffe zusammen, die wir kurz entwickelt haben.

Aber nun weiter.

Vergleichen wir die beiden skizzierten Gottesbegriffe miteinander, dann könnten wir sagen: Martin Luthers Erfahrungsbegriff – »Worauf du nun dein Herz setzt, das ist eigentlich dein Gott«, – wie du im Verhältnis zu dir selbst dran bist, so begegnet dir Gott von außen – ist ein *Begriff grundsätzlichen Wechsels,* – so wechselvoll, wie mein Herz und mein Verhältnis zu mir selbst erfahrungsgemäß sind. Das macht aber dann auch den von daher gedachten, zu rechtfertigenden *Gott* zu einem *Wesen von grundsätzlicher Offenheit.* Und nun ist das Merkwürdige, daß dieser am wechselhaften und manchmal geradezu launischen Menschenherzen gewonnene Begriff von Gott in gewissem Sinne doch dem *biblischen Gott nachbarschaftlich verwandt* ist.

Sicher hängt dies damit zusammen, daß Luther seinen Gottes*begriff* von vornherein schon im Blick auf den *biblischen* Gott gebildet hat. Mit Hilfe dieses Begriffs wollte er ja das erste Gebot vom Sinai auslegen: Ich bin dein Gott, »siehe zu und lasse mich allein deinen Gott sein und suche je keinen andern«[105]. Die alten Griechen hatten, als sie ihre Begriffe von Gott und dem Sein schufen,

105. Die Bekenntnisschriften der evangelisch-lutherischen Kirche, 1930, 1986[10], Der große Katechismus deutsch, 560,35f. - Vgl. WA 30/I, 133,11f.; vgl. MA (Münchner Ausgabe) 3,193.

solche Orientierung nicht; obgleich zu ihren Lebzeiten durchaus auch sie Kunde von dem Gott Israels hätten haben können – sie »blühten«, wirkten ja zur Zeit der späten Propheten Israels, zur Zeit der Babylonischen Gefangenschaft des jüdischen Volkes, und wir wissen, wie weit ihr geographischer und geistiger Horizont von den Küsten Kleinasiens aus in den Orient reichte und wieviel sie ansonsten geistig von dort aufgenommen haben, – es *ist* schon sonderbar, daß ihnen Israel und sein Gott dabei nicht begegnet sind: oder daß sie sich jedenfalls diesen Gott und dieses Volk nicht haben begegnen lassen wollen.

Wie dem sei: *Sie* erhoben sich im Prinzip denkend über alle ihnen aus eigenen und fremden Mythen und Gottesdiensten bekannten Götter und suchten einen Gott der Philosophen nicht mehr aus Göttererzählungen und Episoden, sondern aus dem eigenen Denken, – nicht aus irgendwelchen Einzeldingen, auch nicht einzelnen Erfahrungen und Widerfahrnissen, sondern aus reinen Gedanken, aus dem nur durch Denken zu erschwingenden Sein, und allenfalls aus einer einzigen Grunderfahrung: der Verläßlichkeit, Haltbarkeit und Unverbrüchlichkeit des Seins, dessen, was eben »ist«, – aus dem Unwandelbaren.

Wir sagten schon: Hinter diesen Bestimmungen von Sein und Gott verbirgt sich *Angst vor Veränderung.* Da drückt sich die Sorge von Konservativen in den griechischen Kolonien aus, drüben an Kleinasiens Küsten, wo eroberungslüsterne Perserheere beständig die Griechen bedrohten und als Gefahr aus dem Osten damit ganz Europa. Dagegen sind besonders die besitzenden Klassen empfindlich, zu denen, soweit wir wissen, alle alten Philosophen gehörten, denn zum Nachdenken braucht man Ruhe und Zeit, und die hat nur, wer nicht für seinen Lebenunterhalt arbeiten muß, – andere dafür arbeiten lassen kann. In der Sorge ums Sein, insbesondere für eine Festigkeit und Unwandelbarkeit des Seins, exponiert sich tatsächlich auch konservatives Interesse.

Freilich nicht nur das. Auch ein *natur*erkennendes Interesse, das darauf aus ist, z.B. in den beobachtbaren Bewegungen des Sternenhimmels ein »ewiges, ehernes, großes« Gesetz zu erkennen, nach dem die Sterne »ihre Kreise« ziehen (und wir alle unseres Daseins Kreis vollenden müssen)[106], – also etwas, was sich gleich bleibt bei all den kosmischen Bewegungen und Wandlungen. Aber es bleibt *schwer auseinanderzuhalten, ob mehr das naturwissenschaftliche das politische oder das politische das naturwissenschaftliche Interesse beeinflußt hat.* Im Interesse an etwas Unwandelbarem, an einem großen Gesetz des Bestehenden sind beide verbunden: das Politische und das Naturwissenschaftliche. Mir scheint das bis heute so – bis dahin, daß nun auch noch das Chaos durch Bildung von Chaos-Theorien gebändigt werden soll: ein zugleich politisches Interesse von Herrschaft (heute reden wir oft von »Unregierbarkeit« einer Stadt, eines Staates,

106. J. W. v. Goethe, Das Göttliche, 1783.

wenn »Chaoten« sich durchsetzen). Aber zugleich besitzt natürlich auch Wissenschaft ein Interesse daran, nichts Wirkliches unbegriffen, – keine weißen Flecken des Wissens und des Unberechenbaren zuzulassen. Politische Herrschaft und Naturwissenschaften sind gleichermaßen Phänomene einer antichaotischen Rationalität. Und eben ihr wurde auch der Seinsgott der Philosophen nachgebildet, oder besser: zugeordnet.

Während nun Luthers Gott offener, wechselhafter Erfahrung dem biblischen Gott zwar nicht gleich, aber verwandt war. Denn dieser hatte sich dem Mose an einem brennenden Dornbusch in einer Wüste offenbart unter dem Namen Eheje ascher eheje, Ich werde mit euch sein, wann immer und als wer immer ich mit euch sein werde (Ex 3,14) – abgekürzt: JHWH.

Zu diesem Namen ist in unserem Zusammenhang zu bemerken:

1. Seine Übersetzung mit der berühmten Formel: »Ich bin, der ich bin« ist bereits eine Assimilation des hebräischen Namens an die philosophische Logik der Griechen. Der Fundamentalbegriff des Seins – Ich »bin«, der ich »bin« – verdrängt die geschichtliche Sprache des Begleitens, des Mit-Euch – Israelkinder – Wanderns, Euch-nicht-im-Stich-lassen-Wollens. In dieser Septuaginta-Gräzisierung von Eheje ascher eheje in 'Εγώ εἰμι ὁ ὤν haben wir den Augenblick der Verwandlung des Gottes der Bibel in den Gott der Philosophen.

2. Die Übersetzung »Ich bin, der ich bin« spricht von der Selbigkeit, Stetigkeit, Unwandelbarkeit des Wesens. Dies schlägt nieder das ascher eheje des biblischen Gottesnamens: »Wann immer und als wer immer ich mit euch sein werde«. Philosophisches Interesse an Identität verdrängt die Modalität des biblischen Gottes, der eben nicht immer, sondern nur, wann immer er will, als Israel begleitender Gott dasein will. Wir können sagen: Hier wird die wesenhafte *Freiheit* des biblischen Gottes *ausgetauscht gegen eine Absolutheit,* Losgelöstheit einer Seinsidentität von den Wechselfällen der »Episoden«, eines Kommens und Gehens, eines: Jetzt: Ja/Da – jetzt aber auch: Nein/Nicht-Da.

3. Die Umstandsbestimmungen dieser Gotteserfahrungen scheinen mir aber zu ihrem Verständnis – mindestens unterstützend – hilfreich. Der Seinsgott: gedacht in bedrohten Städten einer großen griechischen Zivilisation und einer reichen, mit dem Orient in engen Beziehungen verknüpften Handelskultur. Dagegen JHWH eben sich *hören* lassend (kein Ergebnis einer Denkanstrengung!) von einem Schafe hütenden Gastarbeiter und Fremden, der Mose damals im Lande Midian war, wo ihm die Namens-Offenbarung widerfuhr, – und nicht in einer Stadt, sondern an einem dürren Dornbusch in einer Wüste. Das sind Kultur-Differenzen ersten Ranges. Und das ist *die* entscheidende Differenz zwischen einem Gottesbegriff der Weltbeherrschung und Selbstbehauptung einer Kultur gegen ihre reale Bedrohung von Horden aus dem Osten und dem, der Juden und Christen zum wahren, lebendigen Gott geworden ist, dessen

Wahrheit und Lebendigkeit aber Offenheit ist, Wandelbarkeit, ihm frei bleibende Möglichkeit: *ascher* ehehje, »wann immer« ich mit euch sein will, werde ich dann mit euch sein. *Beständig* ist Dieser in der *Treue* zu der Verheißung, die in seinem Namen enthalten ist, nicht in der Festgelegtheit, Unwandelbarkeit seines Seins – weswegen die Frage nach einem Sein Gottes – »ob Gott sei«, an Deus sit – die belangloseste ist, weil sie von vornherein an diesem Gott vorbeifragt und im Namen eines Gottesbegriffs erhoben wird, mit dem nie auf den Gott der Wüste sich »treffen« läßt.

Luther aber, der sich auch nur einen *Begriff, seinen* Begriff von so etwas wie Gott konstituiert hatte – Wie du im Verhältnis zu dir selbst bist, so begegnet dir Gott –, kam damit doch dem *Namen* des biblischen Gottes viel näher, als der Begriff des ewigen Seinsgottes dies vermag. Mit seinem Deus est mutabilis quam maxime trifft er nicht vorbei, sondern *auf* das offene *ascher* eheje, das »Wann immer« des Gottesnamens vom Dornbusch.

Und nun sind wir wieder bei dem Satz, mit dem wir begonnen hatten: »Von Gott läßt sich nicht zu jeder Zeit, – an jedem Ort, – von jeder Frau, jedem Mann, – von jedem so oder auch anders Sozialisierten das Gleiche sagen – geschweige denn: dasselbe.« Der in seinem Wesen *nicht* festgelegte, also der wesenhaft offene Gott (der Gott von Verheißung also, nicht der Gott des immer gleichen Seins), den wir – mit Luther – nur als mutabilis quam maxime begreifen können, ist tatsächlich ein *Gott von Episoden,* d.h. einer, der in kleinen, von ihm zu erzählenden Geschichten wirklich ist (und nicht darüber oder dahinter), ist insofern Gott ἐπὶ–εἰς–ὁδόν, dessen Art es ist, uns »über den Weg« zu laufen – das meint Episode: ἐπὶ–εἰς–ὁδόν. Was uns über den Weg läuft, kommt wie zufällig. Zufälliges, Unberechenbares ist aber das, was Aristoteles scheute – eines Gottes unwürdig (fand er zusammen eigentlich mit allen alten Griechen). – Denn was uns so episodisch über den Weg laufen kann, kann ja nur etwas Vorübergehendes sein. Und wie sollte so etwas wie Gott etwas Vorübergehendes sein können? Da schüttelt's die Griechen.

Doch nicht die Zeugen des biblischen Gottes. Hätten sie dem Aristoteles Rede und Antwort stehen sollen, hätten sie gerade *das Episodenhafte* als *das Wesentliche* des ihnen begegneten Gottes behauptet und verteidigt. Denn der biblisch bezeugte Gott ist nicht nur religionstypologisch ein beweglicher Gott des Weges, – auch nicht nur selbst ein Mitläufer der Wege, die er sein Volk gehen heißt: durch Wüsten ins verheißene Land, – auch nicht nur einer, im Blick auf den auch in einer der Jesus-Schriften Jesus den Namen trägt: Ich bin der Weg, ἐγώ εἰμι ἡ ὁδός (Joh 14,6). Der Gott der biblischen Zeugen ist auch im Sinne des Wortes »Episode« ein episodenhafter Gott, ein Gott ἐπὶ–εἰς–ὁδόν, ein Menschen über den Weg laufender und an ihnen vorübergehender Gott.

Die *Abstraktbildung »Offenbarung«* verbirgt uns mehr, als daß sie uns bedeutete, daß mit diesem Wort jenes Aufblitzen und Aufleuchten gemeint ist, das in beidem besteht: daß uns Unerwartetes über den Weg läuft und: daß es an uns vorübergeht. Die Helle von Offenbarung ist nicht die, die aus einem ewig blauen Himmel strahlt, sie ist das Aufleuchten eines Blitzes. »Ich sah den Satan wie einen Blitz vom Himmel fallen« (Lk 10,18), erzählte Jesus einmal seinen Anhängern und sprach damit von einer blitzartig ihm zuteil gewordenen Erkenntnis, daß es mit der Herrschaft Satans jetzt vorbei sein solle. Es blitzte ihm aber nicht nur vom Satan, auch vom Menschensohn. »Denn wie der Blitz aufblitzt und von einer Gegend des Himmels zur andern unter dem Himmel leuchtet, so wird der Sohn des Menschen an seinem Tage sein« (Lk 17,24); ein schnell hinzuckender Blitz wird er sein. Im Gehör des Matthäus lautete dies Wort Jesu so: »Denn wie der Blitz vom Osten ausfährt und bis zum Westen leuchtet, so wird die Ankunft des Sohnes des Menschen sein« (Mt 24,27). So heißt es auch vom Osterengel am Grabe Jesu, als Maria Magdalena und die andere Maria hinkamen, um das Grab zu besehen: Ein Engel des Herrn kam da herab, wälzte den Stein von des Grabes Tür fort, setzte sich darauf, und »sein Aussehen war wie der Blitz« (Mt 28,3), er blitzte den Frauen auf. Was Wunder, daß dann auch von dem Throne Gottes, den der Seher von Patmos zu sehen bekam, zu erkennen war: »Und von dem Throne gehen Blitze aus« (Offb 4,5). Satan fällt – und es blitzt. Der Menschensohn kommt an – und es blitzt. Der Osterengel sitzt auf dem beiseite geräumten Grabverschluß – da blitzt es. Und Gottes Thron, die merkava – blitzt.

Ein Blitz ist etwas anderes als ein ewiges Licht auf einem Altar, das die ewige Gegenwart von Leib und Blut Christi an diesem Ort bedeuten soll. Nicht einmal die vergleichsweise begrenzte Leuchtdauer einer Gebetskerze, die ein ewiges Gebet bedeuten soll, taugt zum Vergleich. Gott blitzt eben gerade nur auf: über den Himmel von Osten her, und am Westhorizont verlischt er. So ein kürzestes Aufblitzen haben die allerältesten, noch vorphilosophischen Griechen, soviel wir wissen, mit dem Wort θεός verbunden: Gott, das für sie ein Prädikatsbegriff war, kein Substantiv. Etwas Unerwartetes blitzte auf – und dies Aufblitzen, das nannten sie θεός. Wir können nicht ausschließen, daß die christliche Sprache vom Blitzen dessen, der sich offenbart, oder dessen, was sich offenbart, ältesten Sinn des griechischen Wortes »Gott« bewahrt hat.[107] Auch der Kirchenvater Augustin gab religiöse Grunderfahrung mit der Frage wieder: Quid est illud, quod *interlucet* mihi: Was ist das, das je und je mir *aufblitzt,* ›mir das Herz trifft, ohne es zu versehren?‹ (Conf. XI,9)[108].

107. Vgl. K. Kerényi, Die griechischen Götter, in: A. Schaefer (Hg.), Der Gottesgedanke im Abendland, 1964, 15ff.

108. Augustinus, Confessiones/Bekenntnisse, lat. u. dt. Eingel, übers. u. erl. von J. Bernhart, 1955. ^{4}1980, 618.

Haben wir dies im Sinn, dann sind wir vielleicht bereit, auch die *Erzählungen vom Vorübergehen Gottes* als Gott wesentlich kennzeichnende Erzählungen zu begreifen.

Es geschah: Gott hatte dem Mose den Auftrag erteilt, das Volk Israel aus dem Lande Ägypten herauszuführen und es hinaufzuführen in das Land, »das ich Abraham, Isaak und Jakob zugeschworen habe« (Ex 33,1). Mose verlangt, um diesen Auftrag übernehmen zu können, nähere Einzelheiten zu erfahren darüber, wie Gott sich das denn konkret vorstellt, »so laß mich doch deine Pläne wissen« (Ex 33,13), besser: »Gib mir doch zu erkennen / deinen Weg«, hodieni na ät-darachächa – da haben wir den »Weg«. Zweitens verlangt Mose zu wissen, »wen du mit mir senden willst, wo du doch gesagt hast: ›Ich kenne dich mit Namen, und du hast Gnade gefunden in meinen Augen‹« (Ex 33,12); Mose hatte das so verstanden, daß Gott ihm für die Alija hinauf ins Land einen Geleitschutz angeboten hatte, und er hatte daraus, daß Gott behauptet hatte, ihn – Mose – mit Namen zu kennen, gefolgert, daß sie in der denkbar engsten Beziehung, die es überhaupt gibt, miteinander verbunden seien: in gegenseitiger namentlicher Bekanntschaft und in entsprechendem Austausch, in größter Nähe, ja Intimität miteinander. Schon vorher war das auch erzählt worden, daß Gott mit Mose geredet hatte, am Eingang zum Zelt der Begegnung, »wie einer mit seinem Freunde redet« (Ex 33,11). Mose leitet daraus das Recht ab, nun endlich einmal seinen Freund auch zu Gesichte bekommen zu können, nicht bloß in einer Redebeziehung mit ihm zu existieren, nicht bloß verbal mit ihm verbunden zu sein, sondern auch sinnlich-optisch: »damit ich dich (nun auch mit meinen Augen) erkenne« (Ex 33,13), »erkennen will ich dich«: von Angesicht zu Angesicht. »Bedenke doch, daß dies Volk dein Volk«, es für mich also kein Pappenstiel ist, dies Volk hinaufzuführen: dein Bestes. Das ist eine unerhörte Vertrauensaufgabe, die du mir da zumutest. Schenke also mir auch dein *volles* Vertrauen und laß dich sehen. »Wenn nicht dein Angesicht mitgeht, so laß uns nicht von hier ›hinaufziehn‹« (Ex 33,15): im-en panecha, wenn kein Angesicht – dann auch kein Hinaufziehen. Das klingt wie ein Ultimatum an Gott. Gott gibt nach: »Auch was du jetzt erbeten hast, will ich tun« (Ex 33,17). Dazu müssen wir wissen, daß das »Angesicht« Gottes noch nicht Gott selbst ist; es ist die den Menschen zugewandte Seite, die, mit der Gott ein Auge hat für die Menschen, mit dem er sie leitet, führt, begleitet. Wenn er sich bereit erklärt: »Mein Angesicht wird vor dir hergehen, das kann dich beruhigen«, dann verspricht Gott, selbst den Geleitzug zu machen, Mose und das Volk persönlich zu begleiten auf ihrem langen Marsch durch die Wüste. Aber Mose legt noch eins drauf, verlangt noch mehr als das. Er will, ehe er den ihm angetragenen Auftrag zu übernehmen bereit ist, sich nicht nur der Hilfe Gottes versichern, sondern Gottes-selbst. So trotzt er – Ex 33,18 – hareni na ät-kevodächa, Buber übersetzt:

»Lasse mich doch deine Erscheinung sehen!«, will sagen: Komme mir jetzt endlich vor Augen; übersetzen läßt sich zugleich: »Laß mich doch deine Herrlichkeit schauen«: kavodächa, deine δόξα, deinen Strahlenglanz, also: endlich dich *selbst* in deiner Herrlichkeit. Aber da ist Schluß, da zieht Gott eine unüberschreitbare Grenze auch gegenüber seinem Freund Mose: »Du kannst mein Angesicht nicht schauen, denn kein Mensch bleibt am Leben, der mich schaut« (Ex 33,20); am strahlenden Wesen Gottes-selbst müßte ein Mensch verbrennen, Gott selbst ist eine für den Menschen lebensgefährliche Wirklichkeit – wir ahnen, daß es ein *Schutz* für uns ist, wenn Gott nur wie ein schneller Blitz über den Himmel fährt und schnellstens wieder erlischt. Was nun? Mose hatte getrotzt: Kein Angesicht – keine Alija, – kein Gott-selbst vor mir – dann auch ich nicht für Gott.

Und nun Gottes Weise. Und Er antwortete: ani a'avir kol-tovi al-panächa: »Ich selber will vorüberführen / all meine Güte / an deinem Antlitz« – so Buber und Luther, – Zürich übersetzt: »Ich will all meine Pracht vor deinem Angesicht vorübergehen lassen«. »Pracht« ist nicht gut, – tovi steht da: »mein Gutes«, aber auch der Raschi hat »das Gute« als jene »Herrlichkeit« Gottes, jenen tödlichen Strahlenglanz Gottes verstanden, den wenigstens einmal zu sehen Mose trotzig verlangt hatte. «Die Stunde ist gekommen …«, so verstand Raschi es, »daß du meine Herrlichkeit sehen darfst, soweit ich dir zu schauen erlaube« (Ex 33,19). Eine Stundensache soll es also sein, das Ereignis eines ganz begrenzten, bestimmten Moments, kein Ewigkeitsgeschehen. Und Gott muß und will Vorsorge treffen dafür, daß dem Mose dabei nichts passieren, er bei der Begegnung mit Gott selbst am Leben bleiben kann: »Siehe, da ist Raum neben mir, hinneh makom itti; tritt auf den Felsen. Wenn nun meine Herrlichkeit vorübergeht, will ich dich in eine Kluft des Felsens stellen und meine Hand schützend über dich breiten, bis ich vorüber bin«, Buber: »Es wird geschehen: / wann meine Erscheinung vorüberfährt, / setze ich dich in die Kluft des Felsens / und schirme meine Hand über dich, / bis ich vorüberfuhr« (Ex 33,21-22). Jetzt steht nicht tovi im Text: »mein Gutes« lasse ich vor deinem Angesicht vorüberziehen, jetzt steht wirklich da kavodi, mein Strahlenglanz, meine Herrlichkeit, meine glänzende Pracht, also: Ich-selbst. Und Bubers Übersetzung zeigt uns das Leitwort: zweimal »vorüberfährt«, »vorüberfuhr« oder – mit der Zürcher Übersetzung: »vorübergeht, vorübergeht«. Mit den Leitworten sagen die biblischen Zeugen: Da paßt auf, da liegt der Ton, der Sinn von dem, was ich euch »eigentlich« erzählen will. Er will erzählen vom Vorübergehen oder Vorüberfahren Gottes; »vorüberfahren« erinnert an den Blitz, der über den Himmel fährt von Osten nach Westen. Und nun der Abschluß dieser Erzählung: »Und wenn ich dann meine Hand weghebe, darfst du mir nachschauen« (Ex 33,23), – Buber übersetzt statt »nachschauen« viel drastischer: »siehst du meinen Rücken« ve raita ät achorai – tatsächlich: Mich von hinten, mein Hinteres, meinen Hintern, feiner: hast du mir gegenüber das Nachsehen.

Zweierlei halten wir fest: *1.* Gott im Vorübergehen. *2.* Gott-von hinten, a-posteriori.

Ein Drittes gehört dazu. Mose hatte Gott nach 33,19 sagen hören: »Ich will all meine Pracht vor deinem Angesicht vorübergehen lassen«, hörte aber noch folgendes außerdem: Im Vorübergehen will ich »den Namen des Herrn vor dir her ausrufen: daß ich begünstige, wen ich begünstige, / daß ich mich erbarme, wes ich mich erbarme.« Der Raschi kommentiert das «Ich werde gnädig sein, dem ich gnädig bin«, indem er sagt: »in jenen Fällen, da ich gnädig sein *will«,* und das »Ich erbarme mich, wessen ich mich erbarme« mit den Worten: »zur Zeit, da ich mich erbarmen *will«* und deutet beides dahin: »zuzeiten werde ich erhören und zuzeiten werde ich nicht erhören«.

Dies bedeutet Folgendes: (Erstens): Der vorübergehende Gott ruft zwei seiner Haupt-Namen vor sich her aus: *Gnade und Barmherzigkeit.* Das sind – griechisch gedacht – Wesens-Namen Gottes, sie bezeichnen nicht nur Eigenschaften, sondern in seinen Eigenschaften sein Wesen, also Ihn-selbst.

(Zweitens): Diese Wesensnamen bezieht Raschi zurück *a.* auf den freien Willen Gottes: Ich werde gnädig sein, dem ich gnädig sein will; Gottes *Gnade* steht unter dem Vorbehalt seines *Willens,* sie legt sein Wesen nicht ein für allemal fest, so daß ein wie ein Sein gefesseltes Wesen Gottes zu denken wäre. Und Raschi sieht auch den zweiten Wesens-Namen Gottes – Barmherzigkeit – unter Vorbehalt, *b.* dem der *Zeit:* Ich erbarme mich »zu der Zeit, da ich mich erbarmen will«. Aber nicht immer ist Zeit des Erbarmens Gottes, sie ist nur, wenn Gott es gefällt, eine Zeit seines Erbarmens (heideggerisch gesprochen) zu »zeitigen«. Auch hier dringt Raschi darauf, *Gott wie seinen Willen so auch seine ihm eigene Zeit zu lassen,* ihn also nicht als ein von einer Notwendigkeit seines Gottseins gefesseltes Wesen zu begreifen. Raschi umschreibt das mit dem Satz: »... zuzeiten werde ich erhören und zuzeiten werde ich nicht erhören.« Von Gott läßt sich also auch nach Raschi nicht zu jeder Zeit, nicht an jedem Ort, nicht von jeder Frau, jedem Mann, nicht von jedem so oder so Sozialisierten das Gleiche sagen – geschweige denn Dasselbe. »Den Jakob habe ich geliebt, den Esau gehaßt« (Mal 1,2-3; Röm 9,13), – das Opfer Abels angenommen, das des Kain verworfen (Gen 4,4-5). Im Unterschied zum Sein der Griechen ist der biblische Gott ein nicht-festgelegtes Wesen.

Allerdings steht ein Augenblick bevor, – der Raschi nennt ihn die »Stunde der Anwendung«: Da »sagte Er (Gott) zu ihm (Mose), siehe, ich schließe einen Bund, da verhieß er ihm, daß die Erwähnung der Gnade Gottes *nie* leer zurückkehren werde«.

Raschi blickte da voraus auf die Erzählung im nächsten Bibel-Kapitel – Ex 34 –, wo Mose zum zweiten Mal auf den Berg Sinai hinauf muß, um dort sozusagen die zweite Auflage der Tora in Empfang zu nehmen, nachdem er die ersten beiden Tafeln des Zehnworts zertrümmert hatte im Zorn über den Bau des Goldenen Kalbs, eines Ersatz-Gottes, durch das ungeduldig wartende Volk, das den Mose längst auf dem Berg bei Gott verloren geglaubt hatte. Auch hier begegnet er Gott-im-Vorübergehen. Als Mose (dort oben) den Namen des Herrn anrief, »ging der Herr vor seinem Angesicht vorüber«, Buber: »vorüber fuhr ER an seinem Antlitz« (Ex 34,5-6). Wie wir es schon vom Vorübergehen Gottes am Felsspalt hörten, ruft auch hier Gott im Vorübergehen seine Namen aus, nur jetzt nicht zwei, sondern die dreizehn Namen, die sich dem Judentum als eine feste Größe der Namen Gottes eingeprägt haben und dort zur theologischen Tradition wurden. Im Vorübergehen rief er da: »ER ER (adonai, adonai) / Gottheit (el), / erbarmend (rachum), gönnend (ve chanum), / langmütig (äräch apajim), / reich an Huld und Treue (ve rav-chesed ve ämät), / bewahrend Huld ins tausendste, / tragend Fehl Abtrünnigkeit Versündigung, / straffrei nur freiläßt er nicht, / zuordnend Fehl von Vätern ihnen an Söhnen und Sohnessöhnen, am dritten und vierten Glied« (Ex 34,6-7). – Vorübergehen und Namen-Rufen gehören auch hier zusammen.

Aber nicht darauf will jetzt der Raschi hinaus, sondern auf die Antwort, die Gott dem Mose gab, als er sich ehrfürchtig verneigte vor dem vorübergehenden Gott: »Siehe, ich schließe einen Bund«, hinneh, anochi koret berit (Ex 34,10), nämlich mit deinem Volk. Dies ist es, was Raschi die »Stunde der Anwendung« nennt, den Augenblick, in dem Gott sich in Freiheit bindet an Israel, – Raschi begriff dies als eine Verheißung dafür, daß von nun an die Gnade Gottes nie mehr leer zurückkehren werde. Das heißt (Erstens): Mit dem Bundesschluß nimmt Gott etwas von der freien Willkür seines Willens und seiner Zeit zurück und bindet sich in verläßlicher Treue zumindest an Israel. (Zweitens): Die Bundestreue des biblischen Gottes ist die Antwort auf das gefesselte Sein der Griechen. Aber immer noch gilt: Was bei den Griechen von Notwendigkeit zur Unbeweglichkeit gefesseltes Sein ist, ist bei Israels Gott freie Selbstfestlegung von Treue; und Treue ist ja etwas immer neu Einzulösendes, nie ein berechenbarer Besitz – wie wir aus zwischenmenschlichen Verhältnissen nur allzu gut wissen. Darum ist, was bei den Griechen πίστιος ἰσχύς, zwingend-Notwendiges ist, in Israel: offene *Verheißung.*

So bleibt es trotz der Selbstfestlegung Gottes im Israel-Bunde auch da bei jener Wesens-Offenheit, die in der Struktur des Namens Gottes enthalten ist und sein tiefstes Wesen benennt. Wenn nämlich Raschi jenes »Ich werde gnädig sein, dem ich gnädig sein werde« verdeutlicht und einschränkt: »in jenen *Fällen,* da ich gnädig sein *will«;* und wenn er jenes »Ich werde mich erbarmen, wessen ich mich erbarmen will« verdeutlicht: »*zur Zeit,* da ich mich erbarmen will« – dann folgt er damit der Satz-Struktur des Namens Gottes: Eheje – *ascher* eheje:

Ich werde mit euch sein: *als welcher und wann immer* ich mit euch sein werde. Es ist das in seinem Namen eingezeichnete Wesen Gottes: Wesen-im-Vorbehalt, Wesen immer neuen freien Wählens zu bleiben. Und so können wir sagen: Dies Gotteswesen-im-Vorbehalt und diese Erscheinungsweise-nur-im-Vorübergehen haben miteinander zu tun und bestimmen sich gegenseitig.

Gerade nur vorübergegangen ist Gott auch an Elia. Auf der Flucht vor der Königin Isebel, die ihn verfolgen ließ, nachdem er die von ihr gestützten Baalspriester auf dem Berge Karmel hingeschlachtet hatte (1 Kön 18,40), gelangt der Prophet Elia »bis an den Gottesberg Horeb« (1 Kön 19,8) und verbirgt sich dort in einer Höhle. Dort erreicht ihn die Stimme Gottes und gibt ihm die Gelegenheit, seinen Grimm auszuschütten über Israels Untreue gegen Gott; dies Volk hindert die Königin Isebel nicht an ihrer offenen Baals-Propaganda und vor allem ihrem offenen Abfall an Baal, vor allem auch nicht daran, die Altäre Gottes niederzureißen und seine Propheten zu töten; »ich allein bin übriggeblieben« in Treue zu Gott (19,10). – Da fordert ihn die Stimme auf: »Heraus, / steh hin auf den Berg vor MEIN Antlitz!« Ähnlich wie bei Mose gehts hier mit Elia. Ein Gottesberg: dort der Sinai, hier jetzt der Horeb. Dort gings um eine Begegnung mit Gottes uns Menschen zugewandtem Antlitz, hier auch – nur: dort von Mose gewünscht, hier von der Stimme frei angeboten: Dem von allen Israeliten verlassenen Elia will wenigstens Gott sich zeigen und zugesellen, so daß er sich nicht mehr ganz verlassen und allein fühlt und sich nicht kaputtmacht in dem Gefühl, seinem Volk vergeblich Gott verkündigt zu haben. Und nun geschiehts: »Da / vorüberfahrend ER« – eine Begegnung mit dem Gott-im-Vorübergehen wird jetzt geschildert. Zuerst: »Ein Sturmbraus, eine ruach gedolah, groß und heftig, / Berge spellend, Felsen malmend, / her vor SEINEM Antlitz« – aber: »lo ba ruach adonai, ER im Sturme nicht – / und nach dem Sturm ein Beben, eine ra'asch: / lo ba ra'asch adonai: ER im Beben nicht – / und nach dem Beben ein Feuer, esch: / lo ba esch adonai: ER im Feuer nicht – / aber nach dem Feuer / kol demamah dakkah: eine Stimme verschwebenden Schweigens. / Es geschah, als Elijahu hörte: / er verhüllte sein Antlitz mit seinem Mantel, / er trat hinaus, stand am Einlaß der Höhle.« Und dann ruft ihn die Stimme zum zweiten Mal an (1 Kön 19,11-13).

Das ist Gott-im-Vorübergehen: Sturm, Erdbeben, Feuer vor Gottes Antlitz her tobend – aber keine Gegenwart Gottes darin: lo ba ruach adonai, lo ba ra'asch adonai,lo ba esch adonai, ER im Sturme nicht, Er im Beben nicht, ER im Feuer nicht, dreimal Nein, Nein, Nein, »*Nicht* hier«: kein Praesens divinum – theologia negativa.

Aber wo denn dann? Im »verschwebenden Schweigen«. Das ist nicht die erbauliche fromme »Stille«. Das ist dasselbe, was bei Mose das Hinterdreinschauen war, nur hier, bei Elia, nicht optisch erfahren, sondern akustisch: Nach-Wehen, nachdem alles schon vorbei ist. Gott – zwischen Nicht-Sein und Schon-Vorübersein, – Nicht-Sein, wo man sich ihn denken könnte: im Sturm, Beben, Feuer, nicht im gewaltig-Elementaren, Mächtigen, Allmächtig-Umwerfenden. Ja wo denn dann? Ach – soeben gerade vorbei! Wenn er herauskommt aus seiner ihn bergenden Höhle, in ihren Einlaß tritt – da wars schon gewesen. Auch Elia behält, wie Mose, nur ein Nachsehen: verschwebendes Schweigen. Diesen Gott bekommt nie ein Mensch zu fassen, er ist für uns immer gerade schon weg. Gott – was wäre das: Gott? Antwort: Gerade vorbei.

Denken ließe sich, man könnte dies zu einem eigenen Topos religiöser Erfahrung stilisieren, – neben ein mysterium tremendum, ein erschreckendes Geheimnis und Widerfahrnis oder ein mysterium fascinosum, ein anziehendes Geheimnis und Widerfahrnis von Heiligem nun *ein mysterium transeundi* stellen, ein Geheimnis und Widerfahrnis vorübergehender, gar vorübergegangener Gottheit setzen und so die Typen der Religionsanalyse erweitern, die 1917 Rudolf Otto in seinem Buch über »Das Heilige« entwickelt hatte. Denken ließe sich ein mysterium transeundi, ein *Geheimnis des Vorübergehenden oder gerade Vorübergegangenen* als ein Typos speziell moderner Religion, einer *religiösen Erfahrung des Verlusts* alter Gegenwart des Heiligen; sie hätte Jahrtausende einer Kultur bis ins Innerste geprägt, von äußerlicher Sitte bis in letzte Verzweigungen des Unbewußten, aber nun seien einst brennende Aktualität und Gegenwärtigkeit des Heiligen aus dem äußeren und inneren Leben traditionsgeleiteter Gesellschaften geschwunden, sei Gottheit jedenfalls kein Widerfahrnis mehr. Zwar gäbe es von einst her noch kulturelle und womöglich auch noch seelische Restbestände einstiger Gegenwart des Göttlichen – im Seelischen vor allem immer noch in Gestalt schmerzhafter Schädigungen, »ekklesiogener Neurosen«; zwar greife man auch noch auf Bilder einstigen religiösen Ursprungs zurück, – vor allem sei frühere religiöse Erfahrung – verwandelt, säkularisiert in modernen Vorstellungen und Verhaltensweisen – noch da. Aber das alles nun ohne einen Brennpunkt Gott. »Gott« sei nur noch ein Wort ferner Erinnerung, in seiner früheren Bedeutung längst verlorengegangen, und so etwas wie Gott ließe sich allenfalls noch als eine Wirklichkeit des Vorübergegangenen verstehen, das Wirkliche des Ver-Gangenen – womit doch zugleich jede künftige religiöse Erfahrung grundsätzlich als Erfahrung von Vergänglichem, wenn nicht des Vergänglichen schlechthin, als eine *Wesens*erfahrung des Vergänglichen gezeichnet sei; und so etwas wie Gott – bis vor nicht langer Zeit Inbegriff des Bleibenden, Beständigen – müsse nun neu verbunden werden mit Vergänglichkeit als einer, ja: *der* Grunderfahrung alles Wirklichen. Womöglich könne es darin sogar noch einmal zu neuer, frischer religiöser Erfahrung kommen: vom Daseinsgeheimnis des Unbeständigen, Vergehenden. Und vor allem von einem Existential der Betroffenheit durch etwas, was doch schließlich nicht betrifft – und was wäre ja auch moderner als eine letzte Unbetroffenheit heutigen Menschseins bei gleichzeitig permanent sich jagenden politischen, ästhetischen, seelischen Betroffenheiten von allem und jedem. Unqualifizierte, schnell einander ablösende Betroffenheiten und Aufregungen ergeben dann nur allzu bald eine Qualität letztlich teilnahmsloser Unbetroffenheit, – wir nehmen, was wichtig scheint, im Vorübergehen mit und – unter dem Leitbegriff der Mobilität – »treffen« wir (mit Luther zu reden) das womöglich Wichtigste nicht. Es war Luther, der vom Worte Gottes als einem »fahrenden Platzregen« sprach und damit das Vorübergehen als eine Struktur von religiöser Erfahrung benannt hatte. Bubers Übersetzung von 1 Kön 19,11 findet den besten sprachlichen Ausdruck für die auch von Luther beschriebene Erfahrung: »Da / vorüberfahrend ER«.

Anders gesagt: *Gott-im-Vorübergehen ließe sich* wohl *als eine moderne Transzendenz-Erfahrung bestimmen.* Im transire ließe eine Gestalt von transcendere sich bewußtmachen. »Vorüber, ach vorüber« – für uns uneinholbar so etwas wie Gott, eine Wirklichkeit, der gegenüber wir nur das Nachsehen hätten, und vielleicht wäre Das-Nachsehen-Haben sogar noch eine wahre Gestalt einer wirklichen Beziehung zu Transzendentem, also: zu so etwas wie Gott. Freilich darin Religion einer etwas pathetischen Negativität, mit tragischem Unterton und – doch ein bißchen aufgeblähter Psyche, – wo wir nicht mehr trauern um das, was an uns – im Unterschied zu unseren Müttern und Vätern – vorübergegangen ist, wo wir uns womöglich dessen rühmen, was und wen wir alles an uns vorübergehen lassen und preisgeben können.

Doch käme eine Deutung des Gottes-im-Vorübergehen als einer modernen Transzendenzerfahrung sicher *zu schnell.* Aus einer Beobachtung am biblischen Zeugnis würden da zu schnell und – *zu direkt* theologisch-systematische oder gar religionswissenschaftlich-verallgemeinernde Schlüsse gezogen, würde womöglich nur eine weitere religiöse Ideologie zum schnellen Verbrauch abgeleitet. Davor könnte uns eine *talmudische* Deutung des Gottes-im-Vorübergehen schützen.

Hier wäre zunächst noch einmal an die nicht ganz leicht zu verstehende Formel zu erinnern, die der Raschi zu dem Vers Ex 33,19 gebraucht hat. Den Ruf des an Mose vorübergehenden Gottes: »Wessen ich mich erbarme, dessen erbarme ich mich« hatte er projiziert auf das, was er die »Stunde der Anwendung« nannte. Damit meinte er in einer ersten Bedeutung die Stunde, in der Gott mit Israel einen Bund schließen werde, innerhalb von dessen Lebensvollzug die Erwähnung der Gnade Gottes *nie* leer zurückkehren, – sich Gott also für Israel verläßlich machen und dafür seine große Freiheit einschränken werde.

Aber nun enthält der sonderbare Ausdruck »Stunde der Anwendung« noch eine zweite Bedeutung. Der Bund ist ja kein einseitiges Verhältnis Gottes zu Israel. *Wie Gott sich bindet im Bund, so wird natürlich auch Israel gebunden.* Keine Gnade, die nicht in sich selbst Pflicht wäre für den Begnadeten. So fragt

Israel bei allem, was ihm als Gnade und Erbarmen Gottes widerfährt, nach dem, wozu dies Widerfahrnis es verpflichtet. Und so fragt Israel nach der *praktischen* Anwendung des im Vorübergehen Gottes zu hörenden Rufes: »Wessen ich mich erbarme, dessen erbarme ich mich.« Die Stunde des Bundesschlusses ist also zugleich die Stunde, in der Israel in der Anwendung, im Gebrauch unterrichtet wird, den es von nun an von dieser Stunde machen soll.

Der Raschi konnte dafür auf alte talmudische Tradition zurückgreifen. Schon der Rabbi Jochanan nämlich hatte zu Ex 34,6f: »Vorüber fuhr ER an seinem Antlitz / und rief: / ER ER / Gottheit, / erbarmend, gönnend« usw. folgendes gelehrt: »Wäre es nicht ein geschriebener Schriftvers, so dürfte man es gar nicht sagen. Dies lehrt nämlich, daß der Heilige, gelobt sei Er, sich wie ein Vorbeter [in den Gebetsmantel] hüllte und Mose die Gebetsordnung zeigte, indem er sprach: So oft die Kinder Israels sündigen werden, mögen sie vor mir nach dieser Ordnung verfahren, und ich vergebe ihnen« (b Rosch haschana 17b).

In dieser Deutung spielen offenbar folgende Assoziationen eine Rolle.

1. In seinem Vorüberfahren ruft Gott seine dreizehn »Eigenschaften«, middot, aus, die Israel als *Gebetsnamen* in sein Beten aufgenommen hat. Unter diesen Namen ruft es Gott in seinen Gebeten an. Indem Gott sie ruft, betet er sie Israel vor und unterrichtet so Israel darin.

2. Das Vorüberfahren Gottes enthüllt ihn ja nicht, – Mose, der das begehrte, bekommt Gottes Angesicht nicht zu schauen. *Gott fährt also vorüber in Verhüllung.* Dies erfährt Israel aber als jene Verhüllung, in die jeder betende Jude sich verhüllt, indem er sich den Gebetsmantel – Tallit – über sein Haupt zieht und mit seinem Gesicht ganz darin verschwindet. Er verbirgt damit sein Antlitz vor der Gegenwart Gottes und entspricht damit spiegelbildlich dem, was Gott tut: sich im Vorüberfahren vor dem Menschen verbergend. Die biblische Erzählung erinnert also doppelt an den Ritus des Betens: im Rufen der dreizehn middot Gottes und im Verhüllen des Antlitzes vor dem Antlitz – wie umgekehrt die biblische Erzählung vom vorüberfahrenden Gott von den Juden praktisch »angewendet« wird in jenem Ritus ihres Betens.

3. Daß diese Assoziation der biblischen Erzählung mit dem Ritus des Betens Allgemeingut des talmudischen Judentums ist, geht nun auch aus einer Deutung hervor, die das Wort vom *Hinterherschauen* des Mose am vorübergegangenen Gott (Ex 33,23) erfahren hat. Das »Du wirst meine Rückseite schauen« wurde folgendermaßen von R. Chana b. Bizna im Namen R. Schim'ons des Frommen »angewandt«: »Dies lehrt, daß der Heilige, gelobt sei Er, Mosche den Knoten der Tephillin gezeigt hat« (b Berachot 7a); »gezeigt«, das meint: gelehrt, beigebracht hat, daß und wie die Tephillin, die Gebetsriemen, zu legen sind, mit denen ein Jude im Gebet sich bindet. Nachdem sie um den linken Arm gebunden sind, werden sie um den Kopf so geführt, daß die Gebetskapsel mit den vier

Toraspüchen von der Einheit Gottes, von der Befreiung aus Ägypten, von der Beugung unter die Weisungen Gottes und dem Kampf gegen die eigenen Leidenschaften vor der Stirn am Haaransatz – also direkt vor dem Denk- und Gedankenzentrum – zu liegen kommt, und dann werden die Riemen am Hinterkopf am Nacken geknotet. Und nun wird gelehrt: In seinem Vorübergehen hat Gott sich ja nur von hinten sehen lassen, und zu sehen bekam man da in seinem Nacken den Knoten der Kopfteffila – einerseits, damit man lernt, wie man weisungsgemäß den Knoten binden muß, damit vor allem aber, daß man durch die Rückensicht Gottes aufs Beten gestoßen wird. (Vgl. Ps 21,13).

So wäre dann *Einweisung ins Beten das jüdische Verständnis des Sinns vom Vorüberfahren Gottes.* Und wir könnten von hier aus noch einmal begreifen, aus welchen Quellen und Motiven Jeschajahu Leibowitz die tiefste und entscheidende Beziehung des Menschen zu Gott weder in Erfahrungen von Gott noch in Gedanken über Gott, sondern lediglich in der Pflicht des Gebets sehen konnte – und eigentlich nur in dieser Pflicht. *Allein im Gebet vermögen wir dem Gott zu entsprechen, der an uns vorübergegangen ist,* dem wir nur hinterhersehen und nicht ins Antlitz schauen können. Das Gebet ist die Weise, in der wir dem Vorübergehen Gottes an uns nach-sehen und Gott sein Vorübergehen an uns nachsehen. Im Vorüberfahren macht er sich uns immer neu transzendent. Und betend loben wir Gottes *Gottheit.*

Aber damit haben wir uns nun unserem zweiten jüdischen Gesprächspartner angenähert, der uns über die Transzendenz Gottes noch einmal ganz anders belehren will als Jeschajahu Leibowitz.

c. *Gott in seiner Nähe fern (Im Gedenken an Emmanuel Lévinas)*

Radikale Transzendenz denken zu lernen – eine radikalere, als Menschen bisher zu denken wagten – können wir das zentrale Wollen sowohl des Philosophierens als auch der Talmud-Auslegungen von Emmanuel Lévinas nennen.

In diesem Bemühen erblicken wir die Zeichen der Zeit. Lévinas will nicht den Tod Gottes beklagen, auch nicht die Shoah *thematisieren.* Für ihn gilt alles, was sich von uns thematisieren läßt – was immer es sei: ein Sachverhalt, ein Mensch, das Menschsein, die Welt – als ein Versuch, es »in den Griff« zu bekommen und so sich zu unterwerfen, um es beherrschen zu können. Etwas thematisierend, machen wir es zum Objekt unserer Verfügung, berauben es damit seines Eigenlebens und seiner Selb-Ständigkeit, seiner Widerständigkeit gegen uns, seiner Freiheit, und indem wir es unserer Untersuchung, unserem Ermessen und unserer Bewertung ausliefern, entziehen wir uns seinem Anspruch. Damit werfen wir uns als Subjekte über unsere Themen auf, statt uns selbst dem auszuliefern, was uns begegnen möchte, und dadurch – im Uns-Ausliefern –

Erfahrung von ihm zu machen und vielleicht so auch Erkenntnis von ihm zu gewinnen. Für Lévinas ist der Gedanke des Paulus, daß ein Erkennen, ἐπιγνώσκειν, nur in einem Erkanntwerden, ἐπιγνωσθῆναι, bestehen könne (1 Kor 13,12), auch ein philosophisch tragender und notwendiger Gedanke. Erkennen heißt nicht: Dinge und Menschen ergreifen (was ja sie feststellen und festhalten bedeutet), auch nicht begreifen (was ja betasten und sie angreifen bedeutet) – vielmehr: Sich angreifen und durchdringen lassen von dem, was begegnet. Es hieße auch nicht: Dinge und Menschen verstehen, sofern etwas oder jemanden verstehen immer bedeutet, es, ihn, sie in meinen Verstehenshorizont herüberzuziehen, ihn, sie, es in meine mir immer schon erschlossene Welt einzuholen, – es, sie, ihn mir und meinem Verstehenkönnen anzugleichen, – so zurechtzustutzen, daß er, sie, es schließlich ein Stück von mir wären. Wir wissen ja vom deutschen Kriegssoldatenlied, daß »ein Stück von mir« der *gefallene,* getötete Kamerad ist, der an meiner Seite *ging,* als die Trommel zum Streite schlug. Aber jemanden, etwas nur zu erkennen, wenn es »ein Stück von mir« ist, ich sie, ihn, es mir gleich gemacht habe, das macht *mich* zum Maß aller Dinge und über alle Menschen, – so gewonnenes Wissen zum Herrschaftswissen, – so erfahrenes Verstehen zu einem hierarchischen Verstehen von oben herab, womöglich zur Anmaßung, jemanden besser verstehen zu können, als dieser sich selbst (wie z.B. Immanuel Kant es von Plato behauptet hatte[109]).

Lévinas befindet sich mit solchen Gedanken in der Kette der vor allem von deutschen jüdischen Denkern nach dem ersten Weltkrieg entwickelten Widersprüche gegen die philosophische Tradition: in der Denkgenossenschaft von Edmund Husserl, Franz Rosenzweig, Eugen Rosenstock-Huessy, Martin Buber, Walter ;Benjamin vor anderen, aber auch von Ferdinand Ebner – und unter den christlichen Theologen dann vor allen anderen auch mit Karl Barth und Rudolf Bultmann. Sie alle erscheinen uns heute vereint als Kritiker eines Denkens im Subjekt-Objekt-Zusammenhang, d.h. einer Denk- und Erkenntnisproblematik, die davon bestimmt ist, daß hier ein Denkender ist und dort die Fülle des Wirklichen und daß der Denkende versuchen will, die ihm objektiv gegenüberstehende Wirklichkeit gedanklich zu ordnen, zu ermessen und zu bewerten. Er ist da der Welten-Ordner, Welten-Ermesser und Welten-Bewerter. Um nicht wirr zu werden im Kopf, muß er sich Begriffe und Kategorien, Maßstäbe und Wertnormen zurechtlegen, mit deren Hilfe er die Welt des Wirklichen nach einheitlichen Gesichtspunkten einteilen, überschauen, ordnen und so überdenken kann. Im Bewußtsein des Denkenden muß ja das vielfältig Wirkliche gemeinsam unterkommen und Platz finden können. Darum muß ich denkend Vielfalt zur Einheit erst bilden. Was die Einheit im Ordnungssystem meines

109. Vgl. Fr. Rosenzweig, Das neue Denken (1925), in: Kleinere Schriften, 1937, 397.

Bewußtseins stören könnte, behandle ich auch so: als einen Störfaktor, und ich ruhe und raste nicht, bis es – oft mehr recht als schlecht – zum Ganzen paßt. Ist es jedoch nicht willig, so brauche ich Gewalt und verdränge es entweder oder erkläre es für unwirklich und behandle es auch als unwirklich. So etwas wie Gott z.B. widerfährt das ja bis heute – wenn nicht mehr in der Philosophie, dann allemal im Alltags-Denken der Menschen, wo wir ja grundsätzlich nicht anders denken und uns nicht anders zur Welt verhalten als die gescheitesten Philosophen und Theologen.

In diesem Subjekt-Objekt-Verhältnis hat natürlich der Denkende die Oberhand. Weltall, Erde und Menschen sind ihm nur Objekte, ihm – wörtlich aus dem lateinischen objicere gedacht – entgegengeworfene Wirklichkeit, die ihn erschlagen könnte, wenn er sich nicht gegen sie wehrte. Er wehrt sich aber gegen sie, indem er sie denkt und denkend zu überschauen und zu beherrschen versucht. Solch Denken ist allemal *Selbstrettungsversuch vor dem Andrang des Wirklichen,* – in der Bestimmung und im Erfassen der Wirklichkeit geht es mir-Denkendem vor allem darum, nicht erdrückt zu werden; in Konsequenz also eigentlich nur um mich, nicht um die Dinge der Welt und des Alls und der anderen Menschen. Wir beurteilen dies nicht moralisch, sondern beschreiben damit nur eine Struktur des Denkens, das vielfach – als wissenschaftliches – selbstlos zu sein vorgibt und wahre Wissenschaft unter einen Anspruch der Interesselosigkeit stellt – so wie Leibowitz jüdisches Beten und Tun des Gebotenen unter den strengen Anspruch gestellt hat: es habe nur »um seiner selbst willen« zu geschehen, solle in keinem Sinne einem menschlichen, religiösen Eigeninteresse dienen. Aber sofern persönliche Interesselosigkeit sich unter dem Anspruch von Objektivität einer Forschung, einer Erkenntnis, eines Gedankens ausdrückt, bleibt sie ja in der Erkenntniskonstellation des Subjekt-Objekt-Verhältnisses, in dem das Subjekt alles Wirkliche sich zum Objekt macht und so auf sich-selbst als letzte, über alles entscheidende Instanz bezieht.

Das Problem ist nicht neu. Spätestens Hegel hatte versucht, Denken und Wirklichkeitserfassung aus der Zwangskonstellation des Subjekt-Objekt-Verhältnisses zu befreien. Es gelang ihm auch – doch nur um den Preis, daß er nun auch das Subjekt gemeinsam mit seinem Objekt einer dritten, höheren Wirklichkeit unterwarf: dem Geist, den er zugleich im Objekt wie im Subjekt spielen sah, so daß sie sich statt wie bisher in einem Herrschafts- und Unterwerfungsverhältnis nun in einem freien Gegenseitigkeitsverhältnis verbunden sahen. Nicht nur das erkennende Subjekt wirkte über das Objekt, auch das Objekt konnte kraft des nun auch in ihm wirksam gesehenen Geistes initiativ aufs Subjekt einwirken, bekam sozusagen eine eigene Stimme; der Denker mußte jetzt nicht allein die Wirklichkeit ansprechen, um sie zu ordnen, – die Dinge begannen auch zu ihm zu sprechen, das Subjekt wurde anfangsweise aus einem Sprecher nun auch seinerseits zu einem Angesprochenen. Doch war auch das noch lange kein *freies* Verhältnis, denn in Wirklichkeit sprachen nicht der Denker und sein Zu-Denkendes miteinander – ein Höheres, sie Beide Umgreifendes sprach aus ihnen, eben jener absolute dreisprachige Geist, – dreisprachig: aus dem alten Objekt, aus dem alten Subjekt sprechend, nun aber auch noch an und für sich selbst sprechend, und nur der Philosoph konnte ihn mit eigener Stimme sprechen hören. In Wirklichkeit war doch auch das eine Unterwerfung: nun auch des denkenden Subjekts, des Einzelnen unter ein Höheres – für Hegel verkörperte das Höhere des absoluten Geistes sich im Staat, speziell im von Berlin-Unter den Linden aus regierten Preußischen Staat; das hatten ein paar ausgeflippte Theologiestudenten im Tübinger Stift sich so ähnlich schon ausgedacht: Hölderlin, Schelling und eben Hegel mit Namen, und noch ein paar andere, aber dem möchten wir jetzt nicht weiter nachgehen – nur: daß es demnach nicht erst heutzutage eine Neigung von Schwaben speziell für Berlin gibt und ein Remmidemmi, das sich, wenn nicht um den Kreuzberg oder den Prenzelberg herum, dann jedenfalls in Stadtmitte ganz lustig anspielen läßt.

Zu Füßen Hegels saß Unter den Linden Karl Marx, fand das mit dem absoluten Geist in Ordnung, auch mit der Entmächtigung des einzelnen Denkers und – natürlich – der Befreiung der Dingwelt aus der Objektivität ihrer Unterwerfung; bloß sollte jenes Höhere der Staat nicht mehr sein, sondern die von Wirtschaft getriebene Gesellschaft, *sie* sollte mit den Widersprüchen von Subjekt und Objekt fertig werden.

Doch noch ein anderer Student suchte in Berlin nach Hegel, aus Kopenhagen angereist: *Sören Kierkegaard,* der folgerte ganz anders als Marx: Das Ich kann von seiner Gewalttätigkeit und seinem Drang, Weltwirklichkeit zu unterwerfen, nur befreit werden, wenn es einmal versucht, sich selbst zu begegnen, – sich gegenüberzutreten, – einmal Du zu sich zu sagen und sich auf diese Weise den Unsinn abzugewöhnen, die Welt nur als Es statt als Du zu erfahren. Lerne erst einmal dich als deine Welt erkennen, dann gewöhnst du dir dein philosophisches Herren-Ich ab. Im Nein zu Hegel fing da dem Ich ein Du zu erscheinen an – und zum Ich gehörten zunächst nicht mehr Objekte, sondern zum Ich gehörte das Ich, und zwar Ich zu mir als Du. Da begann – bei Kierkegaard – dem Ich statt der Welt als Objekt ein bestimmendes Du zuzuwachsen – das Ich verlernte das Verfügen und Alles-Selber-Sagen-Wollen und lernte das Zuhören und Lauschen, Sich-Einstellen und Empfangen von Wirklichem.

Natürlich mußte Kierkegaard fragen, wie kann das denn geschafft werden: das Ich von dem Andrang der Welt zu lösen, – es freizustellen von der Umklammerung durch die Dinge und es auf sich selbst zu wenden? Wie kann das geistig geschehen – angesichts dieser lange lastenden Tradition des Subjekt-Objekt-Denkens, das ja auch noch für sich hat, daß es eine Allerweltserfahrung der

Arbeiter und Handwerksmeister, der Pädagogen und aller Macher widerspiegelt, die etwas zu verfertigen gewohnt sind? Sie brauchen nicht nur die Welt von Objekten, um mit ihnen zu hantieren – sie schaffen ja auch welche und vermehren sie unendlich.

Diese Frage beantwortete Kierkegaard als evangelischer Christ. Niemand hat die Kraft, mich aus dem Weltbann zu lösen, als Gott und sein Wort. Wenn sie zur Sprache kommen, erwecken sie mein Gewissen, die ehrliche Selbstbefragung im Gericht, und so bringen sie mich dazu, in ein Verhältnis zu mir selbst zu treten – eine Erfahrung, zu der es ohne dies nicht kommt. In diesem Gerichts- und Gewissensverhältnis aber verliere ich jedes Herrentum, gerade auch das gedankliche und philosophische, denn da lerne ich mich als Sünder kennen, der sich in nichts selbst helfen und retten kann, weil er in seiner Sünde krank auf den Tod liegt. Für Kierkegaard ist Sünde wohl auch ein moralischer Begriff, aber doch ein am wenigsten moralischer: einer von philosophischer Tragweite. Sündenerkenntnis verändert mit der Selbsterfahrung zugleich die Welterfahrung: Wahrnehmung und alles Begreifen von Wirklichkeit und Wahrheit. Indem ich vor dem Gericht des Wortes Gottes meinen Halt und jede Verfügungsgewalt über mich selbst verliere, geht mir auch jede Verfügungsmacht über Wirklichkeit und Wahrheit verloren; wankt das Ich, dann wanken die Fundamente auch bisheriger Welterkenntnis. So setzt Kierkegaard das Ich gegen dessen Unterwerfung durch Hegels Geist. Aber indem er es so stärkt, kränkt er es zugleich und bringt seine Weltherrschaft ins Wanken, die bis dahin sein Stolz und seine Stärke war.

Wir können und wollen jetzt nicht die Geschichte des Philosophierens lange weiter verfolgen. Kierkegaards Rückbezug des Ich auf sich selbst und seine Lösung aus der Weltdominanz konnten nicht das letzte bleiben. Sie machten großen Eindruck besonders auf die Theologen der dialektischen Richtung und der Richtung der existentialen Theologie in den Zwanziger Jahren, für einen Augenblick auch auf *Karl Barth*. Aber auch dies Denken ließ sich nicht bewähren vor dem totalen Kulturzusammenbruch beim Ausbruch des ersten Weltkrieges. Die Kritik der verobjektivierten Welt, die Kierkegaard gemeint hatte mit dem Rückbezug des Ich auf sich selbst, kam nicht auf gegen die Objektivität der Allgewalt des Krieges, es schien, als wäre der philosophische und kritisch gemeinte Rückbezug auch nur ein ethischer Rückzug von der Welt gewesen und dadurch einer der vielen Beiträge dazu, ihr ungehindert ihren Lauf in den Krieg zu lassen. Eine ganz andere Wende als die des Rückbezugs suchte das Denken, als es vor den Trümmern der »Welt von Gestern« (Stefan Zweig) sich wiederfand. Eine ganz andere *Ab*wendung des Ich von sich selbst schien nun vonnöten – weder eine neue Objektivierung in ein Höheres noch eine Ich-Stärkung aus Selbstbesinnung und Selbsterfahrung des Gewissens und so der »Identität«.

Gerade »Identität« will ja immer nur die Rückführung alles mir Fremden auf mich-selbst, also von Allem auf das mir eigene Selbe. Aber *was wird da aus dem Anderen?*

Nun suchte zunächst einmal *Martin Buber* dem Ich sein Du. Er sprach von zwei »Grundworten« der Wirklichkeitserfassung und meinte damit: zwei voneinander zu unterscheidende Grundgegebenheiten oder Verhaltensweisen zur Welt. Fundamental anders erschien ihm die Wirklichkeitserfassung im Ich-Du-Verhältnis und die andere im Ich-Es-Verhältnis. Im Ich-Du-Verhältnis finden wir uns in einer nur personal zu bewährenden und zu beschreibenden Erfahrungs- und Erkenntnisordnung. Da sind wir Person mit Person in einer Beziehung der Gegenseitigkeit. Da kann ich mich als denkendes Subjekt einem anderen nicht verfügend, messend, definierend, nicht bestimmend gegenüberstellen, denn da stehe ich als Person selbst mit auf dem Spiel. Nach Bubers Erkenntnis werde ich überhaupt erst in der Beziehung zu einem Du, genauer: durch ein Du zum Ich, – entstehe, komme zu mir selbst durch ein Du.

Das hatten vor Buber auch schon Friedrich Heinrich *Jacobi,* Johann Georg *Hamann,* später dann Ludwig *Feuerbach* so gesehen. Der große Gewinn dieses personalen Philosophierens besteht darin, daß es den Erkennenden selbst in die Beschreibung des Wirklichkeitsprozesses mit hineindenkt. Der Erkennende ist da nicht nur maßgeblich Instanz in einer Objektwelt, ist nicht mehr nur Zuschauer, Beobachter und Bestimmer des Wirklichen, er ist hier als ein Beziehungswesen von dem selbst betroffen, was er erkennen will, und die Art seiner Betroffenheit muß mit beschrieben werden, wenn der Prozeß seines Welterkennens beschrieben wird. Ein Erkennender, eine Erkennende stehen mit im Spiel der Welt, sofern diese ihnen personal, in Du-Beziehung sich vermittelt. Du wirkt auf mich ein – und als Erkennender ein Bewirkter, nicht nur ein Wirkender zu sein, das entdeckt dieser sog. Personalismus. In den Erkenntnisprozeß kommt dadurch ein empfangendes, passives Moment, das neben jene Aktivitäten tritt, die Erkennen zuvor allein ausgemacht haben, also neben das Messen, Ordnen, Benennen und Bewerten der Weltdinge. Jetzt werde auch ich selbst ermessen, zugeordnet, bei meinem Namen genannt und in ein Wertgefüge gezogen, das ich nicht allein und frei-herrlich geschaffen habe. Wo ich zuvor alles auf alles bezog, werde ich jetzt mit hineingezogen ins Wirkliche: werde aus der unbetroffenen kalten Distanz des Erkennens herausgeholt.

Buber war klar, daß es sich so nur im Erkenntnis-Bereich der *geschichtlichen* Welt verhalten kann. Darum spricht er von einer zweiten Erkenntnis-Konstellation, die er als Ich-Es-Beziehung beschreibt. Sie betrifft im Wesentlichen die *Ding*welt und (unter bestimmten Gesichtspunkten) die *Natur*welt. Da bin ich wie eh und je Subjekt *gegenüber* Objekten, nicht in personaler Beziehung zu ihnen. Während Ich-Du-Beziehungen wesenhaft dialogische sind, also in Sprache und Sprechen das ihnen angemessene Medium finden, können wir in Ich-Es-Beziehungen Wissen durch Erfahrung gewinnen. In Ich-Du-Beziehungen gibt es kein objektivierbares Wissen, denn da bleiben wir miteinander auf dem Wege, und nie ist zwischenmenschliche Kommunikation abgeschlossen, in Ich-Du-Beziehung kann ich mit niemandem »fertig« werden und sagen: mit dem, mit der »bin ich fertig«. Natürlich gibt es das. Ich kann jemanden zum Objekt erniedrigen, ein Du zu einem Es machen, ein begegnendes, auf mich bezogenes Wesen zum lebenden Leichnam. Was ein Du sein will, kann bürokratisch verwaltet, zur Nummer abgestempelt werden. Das KZ-System zeigt das. Es war das Nein zur Humanität des Ich-Du als Grunderfahrung des Wirklichen. Es war das System, in dem die Deutschen im brutalsten Sinne des Wortes »fertig werden« wollten mit Unpassenden. Es war die Barbarei der Verdinglichung von Menschen zu Nummern und Leichnamen. Buber sagte: Ich-Es-Beziehungen seien nur möglich um den Preis der »Du-Ferne«.

Hieran, an dieser unzweifelhaften Möglichkeit der Verdinglichung des Menschlichen, kommt eine »Aporie des Du« zum Vorschein; es kann mir Du werden, ich aber kann es auch zum Es verkommen lassen – und Buber sagt: In gewissem Sinne sei dies unvermeidlich, denn nicht immer sei es möglich, *zu* jemandem zu sprechen und mit ihm, – im Leben unvermeidlich sei es, Dritten gegenüber auch *über* Jemanden zu sprechen – und das müsse nicht immer ein Akt der Unmenschlichkeit sein. Allerdings haben wir von Dietrich Bonhoeffers Finkenwalder Regel gehört, daß man dort im Predigerseminar der Bekennenden Kirche sich versagte, über einen Dritten in dessen Abwesenheit zu sprechen. Dies war ein Stück praktizierter Buberscher Philosophie, die aber Buber selbst nicht durchzuhalten vermochte.

Was *gelang* ihm? Es gelang, das Ich ins Spiel der Wirklichkeit hineinzuziehen, – es dabei nicht (wie Hegel) einem höheren Dritten zu unterwerfen, – es auch nicht (als herrschendes Subjekt) bloß im Zuschauer-Verhältnis zum Wirklichen zu orten. Ihm gelang, das erkennende Subjekt empfangend und mitbetroffen vom Wirklichen zu fassen, nicht nur als Wirkendes, sondern auch als ein Bewirktes. Ihm gelang im Verhältnis zu Sören Kierkegaard, die Welt nicht nur aus dem Verhältnis des Ich zu sich selbst zu erfahren und zu deuten, sondern – nach außen gewendet – in einem Verhältnis zu einem Du, an dem je erst Ich zum Ich werden kann, und in einem Verhältnis zur äußeren Dingwelt des Es. Es gelang ihm, *beide* Verhältnisse – auch die Dingbeziehungen – aufs Ich zu beziehen und im Ich die *zwei* »Grundworte« personaler und objekthafter Wirklichkeitsbeziehungen zusammenkommen zu lassen. Es gelang ihm dabei, das alte Erkenntnis-«Subjekt« zu entobjektivieren und es zu einem lebendigen Ich werden zu lassen, zu einer selbst endlichen und vor allem wandelbaren Wirklichkeit, hineingezogen ins Spiel des Wirklichen, wie Franz Rosenzweig es nannte:

»Ich – Asche und Staub«, sterblich, endlich, verfallend, vorübergehend, von Zeit gezeichnet – während ja früher das erkennende »Subjekt« die Konstanten der Ewigkeit, des festen Beobachtungspostens, der geeichten Maßstäbe, der Unwandelbarkeit und Unbeweglichkeit charakterisierte. Die Ersetzung des früheren Erkenntnis-«Subjekts« durch ein menschliches Ich im abhängigen Verhältnis von Du und Es war, indem es eine Relativierung der Erkenntniskonstellation war, zugleich deren Humanisierung.

Was *mißlang*? Erstens: Die »Aporie des Du«, die Möglichkeit, Du sowohl personal als auch Es-haft denken zu können, zeigt einen gewissen Mangel an *gesellschaftlicher* Aufklärung von Ich-Du- und Ich-Es-Verhältnissen. Es ist die Frage, ob nur personal gedachtes Ich-Du schon zureichend beschreiben kann, was ein Ich, was ein Du eigentlich ausmachen. Es könnte sein, daß Martin Buber es noch ein bißchen zu romantisch gesehen hat und wir durch weitere sozialphilosophische, gar soziologische und psychologische – und vielleicht auch theologische – Überlegungen dem Du aus seiner Spaltbarkeit und so seiner Aporie helfen müßten. Ich möchte nachher zu zeigen versuchen, daß Emmanuel Lévinas mit dieser Frage ein Stück weitergekommen zu sein scheint.

Zweitens: Zur Aporie des Du kommt es bei Buber doch wohl auch darum, weil er Du und Es doch gemeinsam aufs Ich *zurückbezogen* hat. Das Ich bleibt ihm noch leitend, selbst da, wo es nicht als ewig vorausgesetzt wird, sondern am Du womöglich erst entsteht, mindestens: in Erscheinung tritt, seiner selbst bewußt wird. Es ist doch sehr wohl das Ich, das sich Du-haft, aber eben auch Eshaft auf ein Du beziehen kann; und es ist wiederum das Ich, das sich zwiefältig zur Wirklichkeit verhalten muß. Die Frage wäre ja, ob nicht auch zur Es-haften Dingwelt ein Verhältnis möglich wäre nach der Ordnung personaler Ich-Du-Beziehung. Im ökologischen Verantwortungszusammenhang deutet sich dies als Notwendigkeit an und könnte uns über Buber an dieser Stelle hinausrufen.

Drittens. Von dem her gesehen, was wir bei Lévinas erst noch lernen wollen, müssen wir nun aber schon hier feststellen, daß Buber mit dem Ausdruck »Grundwort« (der eine Grunderfahrung meint, die nicht weiter abgeleitet werden kann) nicht nur zwei *Beziehungs*modelle beschreibt – ein geschichtliches, ein dinghaftes –, sondern eine *ontologische* Korrelation, zwei Paare, zwischen denen sich so und nicht anders die Wirklichkeit erschließt und die darum als ursprünglich aneinander *gebunden* zu denken sind. Ich und Du sind ein untrennbares Paar und Ich und Es ein zweites. Gut an dieser sicher biblisch-bundestheologisch zustandegekommenen Denkfigur ist, daß Wahrheit und Wirklichkeit so als Beziehungswahrheit und Beziehungswirklichkeit gedacht werden, nicht in statischer, unbeweglicher Position, – stattdessen: mutabilis quam maxime – wie Beziehungen nun einmal sind. Aber sehr problematische Folge dieses dialogischen, paarweisen Denkens ist doch, daß das Es und das Du grundsätzlich ans Ich, also: an mich gebunden bleiben. Immer noch jene Fesselung, die einst Parmenides als Kennzeichen des herrschaftlichen Seins ausgemacht hatte! Das Du – an mich gefesselt: Das muß nicht heißen, daß ich es fessele und es um seine ihm eigene, ihm ganz allein gehörende, von ihm selbst zu verwirklichende Freiheit bringe und betrüge. Aber – im Grunde doch schlimmer als dies: Noch (oder schon:) vor allem Verhalten zueinander sind Ich und Du in ein unkündbares Verhältnis miteinander gesetzt. Und was wäre schlimmer als ein Zwang der Verhältnisse? Meist wirkt er schlimmer als Zwänge eines schlimmen Verhaltens. Zwischen Ich und Du und Ich und Es gibt es bei Buber einen Bund, und das ist gut; doch ist er nicht freiwillig geschlossen, – meint ja eine ontologische, seinsgegebene Struktur, ist ein »Grundwort«. Und da eben liegt auch bei Buber noch ein Moment der Gewalt, – nicht nur Ich dem Du *ver*bunden, auch Du ans Ich *ge*bunden – und ebenso: Ich und Es: einander verbunden, aber auch aneinander gebunden. Und die Frage ist: Was besagte das für Auschwitz? Die *Ver*bundenheit löste, die *Ge*bundenheit tötete. Die Zweiseitigkeit, die Korrelation hielt nicht, entlarvte sich als Schein – wie aller Contrat social schon zuvor –, und die Gebundenheit bedeutete Tod.

Das ist der Augenblick, wo wir neu nach Transzendenz fragen müssen, da ein Bund nicht rettete, sondern tötete, Verbundenheit sich nicht bewährte. Und Transzendenz, Ferne – uns so fremd – wird zur Hoffnung auf Rettung.

α) Die Transzendenz des Unendlichen

Hier nun hören wir auf Emmanuel Lévinas. Zwei Entscheidungen hat er getroffen, die für unseren Zusammenhang der Frage nach Gott wichtig sind.

Erstens. Wohl war es ein großer Sprung nach vorne, als die menschliche Welterfahrung und das Denken der Wirklichkeit *nicht mehr* – wie Jahrtausende lang – *positionell* entwickelt wurden: im Gegenüber von einem herrschenden, selbst fixen, unantastbaren Erkenntnis-Subjekt zu einer ihm äußerlichen Welt, die ihm entgegenstand und deren Druck er sich nur so entledigen konnte, daß er sie seinem Erkennen als Objekt unterwarf, – als also aus dem gegenüberstehenden Subjekt ein selbst von der Wirklichkeit betroffenes Ich wurde, – und als die Objektwelt gleichsam gespalten erfahren wurde: als Es-Welt der Dinge, aber vor allem als Welt, die primär sich erschloß aus begegnendem Du. Doch erlag, wie wir sagten, das vertrauensvolle Du der Übermacht einer Es-haften Wirklichkeit im ersten Weltkrieg, und es war der Krieg, der eine Philosophie des Du-Vertrauens und damit alles Vertrauens ins Wirkliche erschütterte – eigentlich schon, ehe sie entstanden war. Denn Bubers »Ich und Du« erschien 1923 und wollte eigentlich eine Antwort sein auf den Krieg – und war doch von ihm schon tragisch überholt, – nachträglich gegen seine übermächtige und allzerstörerische

Wucht. Um so weniger vermochte dies Konzept das Jahr 1933 und dann erst das, was nach der Wannsee-Konferenz 1941 geschah, zu überstehen: die Shoah. Sie war kein Ereignis der Du-Fremde mehr, sondern der *Du-Vernichtung,* die zugleich auch zur Ich-Vernichtung wurde. Die Deutschen zumal fielen zurück vom mitbetreffbaren Ich ins herrschende, gewalttätige Subjekt, stempelten jedes Du in ein Objekt-Es zurück, verloren daran aber auch ihre Herrschaft – zumal die über sich selbst, so daß das Subjekt-Objekt-Verhältnis nicht einmal mehr als Auffangnetz nach der Zerstörung von Ich und Du in Frage kam. Und nicht nur den Deutschen wiederfuhr dies. Der Nachkriegs-Nihilismus nach 1945 und die Werte- und Ich-Du-Wissen auflösenden Kräfte der europäisch-amerikanischen Nachkriegsentwicklung sind Ereignisse fortwirkender Ich-Spaltung zwischen der Ideologie der demokratischen Verfassungen, die freie Entfaltung dem Einzelnen garantieren, und der Ich-Verlassenheit in dem ökonomischen Unterbutterungs-System, das keine Qualitäten mehr duldet, sondern nur noch Quantitäten: eine andere Weise der Herrschaft der Zahl, von der sehr wohl denkbar ist, daß sie – wenn auch mit anderen Mitteln und nur unterschwellig – dennoch fortsetzt, was geschah, als in den Lagern die Namen abgeschafft und statt ihrer die Zahlen blau in die Haut der Gefangenen gestempelt und geritzt wurden, – als Ich und Du zu Nummern gemacht worden waren. Nie hätte die kapitalistische und sozialistische Herrschaft der Zahl nahtlos ungebrochen an die Zeit anschließen dürfen, die eine Todesherrschaft der entmenschenden Zahl war. Beklommen erfahren DDR-Bürger derzeit eine *westliche* Tradition dieser Kontinuität.

Ich und Du trugen nicht mehr die Welterfahrung, und tragen sie nicht mehr, weil ja die Sprache – *die* Beziehungswirklichkeit in diesem Weltverständnis schlechthin – im Wörterbuch des Unmenschen[110] versunken war und seither in öffentlichen Bewußtseinsformen untergegangen ist, die fast nur noch den Denkformen von Propaganda und Reklame folgen, kaum noch einer Reflexion oder Besinnung fähig.

Es ist diese Lage nach Auschwitz, die Lévinas dazu bewegt, das »Du« zu ersetzen durch den »Anderen« und eine Philosophie zu erdenken, die lehrt *a.* die Andersheit des Anderen auszuhalten, *b.* der Andersheit des Anderen sich dergestalt zu fügen, daß wir uns *c.* selbst abhängig machen von ihr, und dies *d.* darin versuchen, daß wir sie mehr schützen als unser eigenes Leben und unsere eigene Identität.

Ich hatte das Du nicht schützen können – vor mir selbst. Ich war mir doch selbst der Nächste, als es darauf angekommen wäre, den Es-Mächten zu widerstehen, Du nicht ans Es preiszugeben. Es bedurfte nur eines Windhauchs von Propaganda, um das Gefühl zu verbreiten, ein bestimmtes Du nicht mehr aus-

110. Vgl. D. Sternberger u. a., Aus dem Wörterbuch des Unmenschen, (1945-1948)1957².

halten zu können, an ihm ersticken zu müssen: das jüdische, von dem später Gershom Scholem; die These aufstellte, es habe niemals in einem Ich-Du-Verhältnis mit uns in Deutschland leben können – wozu sich heute freilich auch andere Stimmen hören lassen. Doch daß es, wo es das gab, doch eher ein einseitiges Verhältnis war vom Du zum Ich, jedenfalls keines, das ein in Deutschland auf deutsche Weise eingewurzeltes Ich je ernsthaft verwandelt hätte, muß wohl gesagt werden. Die jüdische Assimilation war alles andere als eine Wandlung zur Gegenseitigkeit und lebte nicht im Dialog. Geschweige denn, daß auch nur eine geistige Minderheit aufnahmebereiter Kreise und Gruppen in Deutschland bereit gewesen wäre, sich der Andersheit von Juden zu fügen. Auch der freie Geist Schleiermacher z.B. war nur bereit, jüdischer Emanzipation in Preußen zuzustimmen, sofern Juden bereit wären, den Messianismus eines Königtums Davids und einer Rückkehr ins Gelobte Land preiszugeben – und damit das Beharren auf einer doppelten Loyalität: zum Preußischen Staate einerseits, zur Hoffnung »Morgen in Jerusalem« andererseits. Wir in Deutschland verweigern nichteuropäischen Ausländern bis heute eine doppelte Staatsangehörigkeit, betrachten doppelte Loyalität als Gefahr für uns, lehnen es ab, uns der Andersheit eines Anderen zu fügen, verlangen, daß er sich uns füge und bei uns einfüge, eindeutig und ungespalten. Wir wollen sein Du sowohl politisch als auch kulturell auf Dasselbe zurückführen, auf unsere Identität. Sie wollen wir von keinem Du gefährden lassen, wollen nur ein Du hinnehmen, das uns gleich sei. Daß wir abhängig werden könnten von ihm, ängstet uns – Zeichen unserer notorischen deutschen (und auch christlichen) Identitätsschwäche, die aber Du-Fremde nicht erst in ihrer Konsequenz, sondern schon in ihrer Voraussetzung hat. Wir sind unserer selbst nicht sicher und gewiß, weil wir es nicht gelernt haben, unser Glück, unseren Frieden, unsere Selbstgewißheit in einem Du zu suchen, also anderswo als in uns selbst und den Wurzeln unserer Kraft. Und so haben wir uns sehr wohl einen bis zur Selbstvernichtung bereiten Grad von Nibelungentreue erworben, – statt in ständiger Wandlungsfähigkeit haben wir in der Treue zu uns selbst einen moralisch höchsten Grad und Ehrenpunkt entwickelt, gar nicht dabei errötend – wie Berthold Brechts Herr Keuner, wenn jemand uns begrüßt: Aber Sie haben sich ja gar nicht verändert; eine ähnliche Treue zu einem Anderen-als-Ich, zu einem Du, lernen wir nicht, – wir sind zu jedem Ehebruch, – mehr noch: zu jeder Ehescheidung oder Partnerflucht bereit.

Ist vor uns ein Du noch zu retten? Nur noch durch eine gänzliche Loslösung vom Ich. Und zwar eine, die weder ein Akt der Freilassung eines Du durch ein Ich wäre noch ein Selbstbefreiungsakt der Emanzipation eines Du von einem Ich. In beiden Fällen wäre ja Du-Freiheit immer noch gebunden ans Ich: den Souverän der Freilassung des Du oder das ewige Von-woher einer Emanzipation. Diese Du-Freiheit bliebe doch am Ich noch hängen, wäre zwar kein Abhängigkeitsverhältnis mehr, aber ein *dialektisches,* auch in seiner Befreiung (womöglich: gerade in ihr) bleibend rückbezogen aufs herrschaftliche Ich, das jetzt zwar nicht mehr versklavt, aber immer noch gewährt. Diese bleibende Dialektik ist es, die Lévinas antreibt, ein »Du« in den »Anderen« zu verwandeln, und zwar nicht nur mit dem Recht des Anderen, anders zu leben, zu denken, sich zu verhalten als für gewöhnlich wir, sondern mit dem Recht: ohne die Rück-Sicht eines Du auf ein Ich ein Anderer sein zu können – was auch heißt: beziehungslos, rücksichtslos auf Mich-Ich, ohne Aneignung oder Nachweis irgendeiner Wesensverwandtschaft mit mir durch die Geburt, im Geist, in der Sprache, in der Wahl oder sonst irgendeiner Gestalt von Nähe oder einer im voraus faßbaren Form von Zwischenmenschlichkeit. Lévinas streitet gegen das Du für den *Anderen als Fremden* und sein *Lebensrecht ohne wesenhaften Bezug auf Mich.* – Über Genaueres werden wir weitersprechen.

Hier nun stoßen wir auf die *zweite* Grundentscheidung im Denken von Lévinas: Er gewinnt an dem von uns nicht freizulassenden, von uns sich nicht emanzipierenden, vielmehr *seine undialektische Beziehungslosigkeit zu uns beanspruchenden, seine Ferne uns gegenüber behauptenden, uns fremden Anderen* die Aufgabe und die Instanz, diese Aufgabe durchführen zu können, nämlich: *radikale Transzendenz und Transzendenz radikal zu denken.*

Radikale Transzendenz wäre die Denkbarkeit einer Wirklichkeit, die nicht dialektisch zu fassen wäre, also nicht mehr in den Begriffspaaren von Subjekt und Objekt, Ich und Du, Wir und Ihr, von Mensch und Welt, Gut und Böse, Gott und Mensch, nah und fern, hier und dort, heute und einst, endlich und unendlich, Materie und Geist, Raum und Zeit, Diesseits und Jenseits, Tranzendenz und Immanenz – und wie alle die Wahrnehmungs- und Denkbegriffe heißen, mit denen wir unsere Welterfahrung bearbeiten und verarbeiten. *Jenseits wäre denken zu lernen ohne heimliche oder offene Rückkopplung an ein Diesseits, – Andersheit: ohne Maß an irgendeiner Identität.* Eine philosophisch unerhörte Aufgabe, deren Konsequenzen (jedenfalls unter den Bedingungen unserer Kultur) menschlich schwer zu leben sind!

Vom *Ganz-Anderen* hatte religionsphänomenologisch im Krisenjahr des ersten Weltkriegs, 1917, Rudolf Otto gesprochen. Im Buch »Das Heilige« suchte er ein Wesen aller Religion zu finden und näher zu bestimmen. Dabei kam er auf eine Reihe von Grunderfahrungen, die man eigentlich in allen großen Religionen machen kann. Haupterfahrung war die eines irrationalen Numinosen, das wir als Kreatur – und so wie ein Schleiermachersches Grundgefühl schlechthinniger Abhängigkeit erleben. Solch Numinoses begegnet uns als Heiliges, aber auch als Erhabenes, – auch als Unwert-Erfahrung von Sünde und auch wieder als Befriedungs- und Geborgenheitserfahrung vergebener Sünde. Dies Numinose widerfährt in den Religionen als Geheimnis: eines, das fasziniert und Menschen anzieht, ein anderes (aber gleichzeitig wirkendes), das erschreckt und Schauer über den Rücken laufen läßt, uns überwältigen und energisch einengen kann, Otto spricht von einem mysterium fascinosum und einem mysterium tremendum. Die Art dieses Geheimnisses beschrieb er nun mit dem Begriff des »Ganz anderen« und meinte dies am treffendsten ausdrücken zu können mit der Erläuterung: Das »Ganz andere« sei etwas, »das aus der Sfäre des Gewohnten, Verstandenen und Vertrauten und darum ›Heimlichen‹« »schlechterdings« herausfalle und zu ihm – dem Heimeligen – sich in Gegensatz setze, etwas, das »das Gemüt mit starrem Staunen« erfülle. Lateinisch benannte er das starres Staunen erweckende Ganz-andere in aller Religion: stupor. Und unterschied es: »Stupor ist deutlich verschieden von tremor« – dem, was Schauer erweckt – »...und bedeutet das starre Staunen, das ›völlig auf den Mund geschlagen sein‹, das absolute Befremden«, das Entsetzen.[111] Das Buch erregte bei seinem Erscheinen großes Aufsehen und wurde wohl als Zeichen der Zeit – 1917 – aufgenommen: als Ausdruck der Krise der Religion mitten im Kriege. Religion wurde hier nicht mehr als bergendes, heimatlich-Umfangendes, nicht als Friede des Gemüts und der Seele, nicht als beruhigendes, die Welt legitimierendes Opium des Volkes beschrieben, sondern als Erlebnis einer Störung, Befremdung, Entfremdung, – als etwas nicht aus unserem Kulturhaushalt Abzuleitendes, aus »ganz anderer« »Sfäre« auf uns Eindringendes, sogar als Erschreckendes und Schreckliches beschrieben – und zwar *alle* Religion, nicht nur die jüdisch-christlich-biblische. Spürbar wirkte hier das Ganz-andere als eine Transzendenzbestimmung, und zwar nicht im Sinne der beruhigenden Transzendenz eines glückversprechenden, paradiesischen Jenseits, dem man die Kinder anzubefehlen pflegte mit dem Gebetlein »Lieber Gott, mach mich fromm, daß ich in den Himmel komm«; Ottos Transzendenz beunruhigte, wollte befremden, durchbrach die Welt als Orientierungsrahmen, schlug auf den Mund, war Transzendenz des Entsetzens – also: Kriegstranszendenz, Transzendenz als Kritik und so: Ausdruck des Krieges und seiner Kulturzerstörung.

Der Safenwiler Pfarrer Karl Barth hatte Ottos Buch gleich nach seinem Erscheinen gelesen und sich die Formel vom Ganz-anderen zu eigen gemacht. Freilich hat er sie nicht auf das allgemeine Menschheitsphänomen der Religion oder das Wesen des Religiösen schlechthin angewandt. »Das« Ganz-andere von Rudolf Otto wurde in Barths Römerbrief-Auslegung zu »dem« Ganz-anderen, zu einem, nein: dem Namen Gottes, zu *Gottes Transzendenznamen.* Alle Kennzeichen des *Widerständigen, Unableitbaren, Fremden, der Kritik, des Störenden, Schrecken Erregenden* übertrug Barth auf den *biblischen* Gott und stattete ihn dadurch mit dem Protest-Kolorit des Kriegs-Krisen-Jahres 1917 aus und mit

111. R. Otto, Das Heilige, o. J.[6], 29.

allen Kennzeichen der Kulturrevolution und -vernichtung, die dieser Krieg bedeutete. Gott, der bis dahin unserem Volk »Eisen wachsen« ließ (E. M. Arndt), der es ertrug, auf deutschen Koppelschlössern als »Gott mit uns« dem Krieg und der Gewalt assimiliert zu werden, der als Segner unseres Landes, unserer Kriegsregierung und unseres guten Volkes gut integriert war in unsere Staatsraison, unser öffentliches Bewußtsein, erst recht in die persönliche Frömmigkeit von Protestanten, auch von Katholiken, sogar von Juden – nun wurde er bei Barth sogar zum »*totaliter* aliter«: zu einer ganz anderen Totalität von Wirklichkeit. Seine Transzendenz war nicht nur als graduelle, politisch-abgestufte Andersheit gemeint, sondern als »radikale Transzendenz« im Sinne von Lévinas – eine völlig andere Wirklichkeits-Ganzheit, als eine andere Welt; und Barth hoffte damals noch auf eine *neue* Welt; im Zeichen jener Weltrevolution aus dem gleichen Jahr 1917 sprach er wie von der Ganz-Andersheit der Transzendenz Gottes auch von der »Revolution Gottes« – wie Lévinas, viel später, von der »rohen Wildheit der Andersheit« sprach.[112] Da wurde Gott aus allen Staats-, Kultur- und Kirchenämtern entlassen, in denen er bis dahin angestellt und domestiziert war. Hier setzt das viel später entwickelte Denken von Lévinas bereits zum Sprung an, und wir wollen nachher herauszuarbeiten versuchen, wo nach 50 Jahren – und nach Auschwitz – über Barths revolutionären Neue-Welt-Gott die Transzendenz noch einmal verschärft und radikalisiert werden mußte. Festhalten können wir aber, daß der *Transzendenzbegriff voll von gesellschaftlichem Gehalt,* kein abstrahierendes Gedankengebilde, Begriffsgebilde ist, auch nicht Ausdruck einer *puren* »religiösen Erfahrung«. Spätestens im 20. Jahrhundert wurde *Transzendenz zu einem Widerstandsbegriff der Theologie.* Daß aber heute so viele Theologie und Religion sich an der Ferne Gottes reiben, seine Nähe und Anpassung an unsere Befindlichkeiten und Bedürfnisse erzwingen wollen – wie es heißt: »um der Menschen willen« –, ist ein Zeichen für den Zusammenbruch alles gesellschaftlichen Widerstandes in der Theologie und für den Verfall an eine Heile-heile-Segen-Mentalität, in der wir uns unsere Kreise nicht mehr stören lassen wollen. Gymnastik statt Revolution und nur keinen Herrn Zebaoth mehr: keinen Herrn der Heerscharen!

Nun wenden wir uns Lévinas etwas näher zu, um genauer zu erfahren, was er von dem aus dem Du verwandelten Anderen denkt und was von der Radikalität der Transzendenz. Erst danach wollen wir dann hören, was jener Andere und diese radikale Transzendenz miteinander zu tun haben.

112. E. Lévinas, Die Spur des Anderen. Untersuchungen zur Phänomenologie und Sozialphilosophie, Übers., hrsg. u. eingeleitet von W. N. Krewani, 1983, 209. – Frz.: En découvrant l'existence avec Husserl et Heidegger, 2. erweit. Aufl. 1967, [4]1982.

1961 beginnt Lévinas die Einleitung zu seinem Buch »Totalität und Unendlichkeit. Versuch über die Exteriorität«[113] mit einer Besinnung auf das Verhältnis von Moral und Krieg und – philosophisch – von *Krieg und Sein* und konfrontiert beide Verhältnisse mit prophetischer Eschatologie.

»Der Kriegszustand setzt die Moral außer Kraft«. Er setzt sich aber auch hinweg über die Funktionstüchtigkeit gesellschaftlicher Institutionen, nicht zuletzt über alle Namen, Werte und solche ethischen Imperative, die wir für gewöhnlich als ewig gültig anzusehen und auszugeben gewohnt sind. Allein schon eine Kriegs*drohung* bringt geltende Wert- und Ordnungssysteme ins Wanken, schon Vorkriegszeit wirkt zerstörerisch. Kurz: Krieg »macht die Moral lächerlich«, mit einem Federstrich werden Ethos und Ethik außer Kraft gesetzt (19).

Wie ist das möglich, da doch ein einigermaßen durchgesetztes Ethos nur das Ergebnis von Jahrhunderten, ja Jahrtausenden zivilisatorischer Prozesse ist und nicht über Nacht erfunden und angeordnet werden kann?

Lévinas sieht die schnelle Zerstörbarkeit moralischer Zivilisation in einer philosophischen Erkenntnis begründet: Dem Denken zeigt sich »das Sein als Krieg« (19), d.h. Krieg liegt allem zugrunde, was ist: den Dingen, dem Geist, uns selbst. Krieg ist nicht nur ein einzelnes Widerfahrnis, das irgendeine Kontinuität eines an sich friedlichen oder befriedeten Seins schmerzhaft unterbricht – Krieg ist von der Tiefe her, ist »ursprüngliche« Konstitution des Seins. Lévinas sagt: Er sei »die offenkundigste Tatsache« – also: ein Phänomen von Evidenz, daß es sich so verhalte, sei nicht erst lange zu begründen, sondern vor aller Begründung leuchte jedem Denkenden ein: So ist es. An dieser Evidenz zeige sich aber *1.* Krieg hat nicht nur mit der Geschichte oder dem Zustand der Seelen zu tun, sondern mit dem Sein, und mehr noch *2.:* Krieg sei die »eigentliche Offenbarkeit des Wirklichen« (19).

Lévinas erinnert an den berühmten Spruch des vorsokratischen Philosophen Heraklit von Ephesos: πόλεμος πάντων μὲν πατήρ ἐστι πάντων δὲ βασιλεύς: Krieg ist von allem der Vater, von allem der König, denn die einen hat er zu Göttern, die andern zu Menschen, die einen zu Sklaven, die anderen zu Freien gemacht; so in dem uns erhaltenen Fragment 50[114]. In Fragment 51[115] hören wir: Es gehört sich, daß man weiß, es ist notwendig zu wissen, εἰδέναι δὲ χρή: daß der Krieg etwas Allgemeines ist (τὸν πόλεμον ἐόντα ξυνόν = κοινόν, Gemeinsames, Alle Verbindendes, kein ἴδιον, nichts Besonderes, nichts Ausnahmehaftes, bloß Partielles) und Recht Zwiespalt (καὶ δίκην ἔριν; Recht be-

113. E. Lévinas, Totalité et Infini. Essai sur l'Extériorité, 1961, 1980[7]. Deutsche Übers. 1987.
114. Zit. nach: Die Vorsokratiker griechich/deutsch. Auswahl der Fragmente, Übers. und Erläuterungen von Jaap Mansfeld, 1987. – Vgl. Die Fragmente der Vorsokratiker. Griech. u. deutsch von H. Diels. 1. Bd. [3]1912, 88, Fragm. 53.
115. H. Diels, a.a.O. 94, Fragm. 80.

friedet also nicht, es gibt keinen Rechts-Frieden, sondern Recht trennt, unterscheidet, reißt auseinander) und daß alles geschieht in Übereinstimmung mit Zwiespalt (καὶ γινόμενα πάντα κατ' ἔριν, was immer sich ereignet, ereignet sich gemäß Streit) καὶ χρεώμενα: und so wird es auch verwendet, gehandhabt, diesem εἶναι oder γίνεσθαι, diesem Sein oder Werden entsprechend wird auch gehandelt. Also: Nicht nur, lehrt Heraklit, ist Krieg eine Seinsmacht, eine, die alles Seiende vom Grunde her erschüttern kann; Krieg ist Vater, Ursprung, Grund des Seins selbst.

Aber Lévinas geht weiter. Er sagt: Für die Evidenz des Seins als Krieg bedürfen wir keiner Beweise aus der Tradition dunkler Heraklitischer Fragmente. Warum nicht? Der Krieg selbst zerreißt alle Wörter, alle Bilder, die diesen evidenten Tatbestand kaschieren wollen, zerreißt jeden Schleier der Illusion, als wäre es doch anders, als wäre alles so schlimm und bös' doch nicht. Der Krieg zwingt uns die Wirklichkeit auf in ihrer »Nacktheit und Härte« (19) und lehrt sie uns damit »als die reine Erfahrung des reinen Seins« (20).

Er ist ein »ontologisches Ereignis«, kein bloß historisches. Was geschieht? Er mobilisiert Alle und in Allen Alles. Genauer: Er reißt alles, was ist, los aus dem Ankergrund, in dem es bisher verankert schien – los aus seiner Identität. Er wirkt als »absoluter Befehl«: »Anker los!« Das heißt aber: Gewalt des Krieges besteht in noch viel Schlimmerem als »Verletzen und Vernichten« – sie *unterbricht »die Kontinuität von Personen«,* zwingt ihnen Rollen auf, »in denen sie sich nicht wiederfinden«, zu Verrätern ihrer besten Überzeugungen und Pflichten und so zu Verrätern ihrer selbst werden, ihrer eigenen »Substanz«, d.h. ihres eigenen Seinsgrundes; sie verrichten da Taten, »die jede Möglichkeit einer Tat zerstören«: der Tat des Selbst-Seins. Krieg stellt Menschen nicht nur gegen Gegner ein, auch gegen sich selbst. Krieg ist, philosophisch gesehen, immer auch Selbstvernichtung des Kriegers.

Inwiefern? Er errichtet eine Ordnung, »zu der niemand Abstand wahren kann« (20), er ist *immer* totaler Krieg. D. h.: Krieg läßt niemanden in Ruhe, nichts außen vor, erlaubt keine Exteriorität, vereinnahmt alles. Er duldet nichts anderes als Krieg, schon gar nicht, daß etwas oder jemand anders sein oder sich verhalten könne als nach der Ordnung der Totalität des Kriegs, der eben der Vater aller Dinge zu sein beansprucht. Es gibt im Krieg doch nicht jene Marmorklippen Ernst Jüngers, auf denen man aus friedlicher Höhe der Rauten-Klause hinab in die Ebenen blicken könnte, wo die widerlichsten Kriegsgreuel, Folter und Mord sich ereignen, während man selbst in wohlausgestatteter Bibliothek in Bücher sich versenken und großartige Herbarien anlegen und studieren kann – als wären die Welt des Geistes und der Natur erhaben über den Krieg und als duldete er Existenzen von Schöngeistern und Privatgelehrten: innere Emigration.

Lévinas erinnert an die *Doppelgesichtigkeit des Begriffs der Totalität.* Ohne Josef Goebbels und den Berliner Sportpalast in der Potsdamer Straße zu nennen, läßt er uns *zugleich* den totalen Krieg Nazi-Deutschlands assoziieren *und* den beherrschenden Begriff der abendländischen Philosophie: die stets das letzte begründende Eine denken wollte, von dem aus sich das Ganze der Wirklichkeit als Einheit begreifen und fassen ließe, wo aber der Wille, keine Widersprüche im Denken zuzulassen, nicht etwa Frieden stiftete, vielmehr der Wille, das Eine und Ganze, die Ein*heit* zu denken, sich als gewaltträchtig und zerstörend herausstellte. Denn »in der Totalität reduzieren sich die Individuen darauf, Träger von Kräften zu sein, die die Individuen ohne ihr Wissen steuern. Ihren Sinn … erhalten die Individuen von dieser Totalität. Unaufhörlich opfert jede Gegenwart ihre Einzigkeit der Zukunft; diese ist berufen, den objektiven Sinn der Gegenwart freizusetzen. Denn nur der letzte Sinn zählt, erst der letzte Akt verändert …« (20).

Wie läßt sich dagegen ankommen? Lévinas spielt die Antithese durch: »Friede sei ihr erst Geläute«[116] – das Ganze als Friede, statt als Krieg denken, – er läßt eine »Gewißheit des Friedens« Oberhand gewinnen gegen die Evidenz des Krieges! Doch hat er zur Entfesselung einer Friedensbewegung kein Zutrauen, mißtraut einem »bloßen Spiel von Antithesen«.

Erstens, eine geschichtliche Erfahrung spricht dagegen: »Der Friede der Imperien, die aus dem Krieg hervorgegangen sind, ist auf den Krieg begründet. Dieser Friede gibt den entfremdeten Seienden nicht ihre verlorene Identität zurück« (21) – anders gesagt: Siege können nicht die im Krieg verlorene Identität heilen, Krieger werden als Sieger nicht wieder gesund, Sieger bleiben Krieger. *Zweitens:* Auch Friedens-Politik erhebt »Anspruch auf Unbedingtheit und Universalität«, jedenfalls, wenn sie sich von einer Zielvernunft leiten läßt, die sogar den Skeptiker Kant zur Vision vom Ewigen Frieden angestiftet hat[117], vor allem aber dann, wenn eine »Eschatologie des messianischen Friedens sich über die Ontologie des Krieges legt«[118]. Auch Friede kann also totalitär wirken – offenbar zeichnet Lévinas hier die östliche Position auf dem Höhepunkt des Kalten Krieges Ende der Fünfziger Jahre, wo der Ost-West-Gegensatz totale Kriegs-Herrschaft *nach* dem Ende des Nationalsozialismus bewirkte.

Wie ist das *Verhältnis eines Vernunftgedankens von Frieden zu dem Friedensgedanken prophetischer Eschatologie einzuschätzen,* – vor allem, welche Chancen hätten sie beide gegen die »Ontologie des Kriegs« – also gegen die Seinsmacht Krieg?

116. F. v. Schiller, Das Lied von der Glocke, entst. 1799 (gedr. im »Musenalmanach für das Jahr 1800«).
117. I. Kant, Zum Ewigen Frieden. Ein philosophischer Entwurf, 1795. Werke, hrsg. von W. Weischedel, 6. Bd., 1964, 195ff.
118. E. Lévinas, Totalität und Unendlichkeit, a.a.O. 21.

»Die Philosophen mißtrauen der Eschatologie« (21). Glaube bringt nichts als »Meinung«, δόξα, kommt nicht weiter als bis zu subjektiver und willkürlicher »Divination der Zukunft«, ist »Ergebnis einer Offenbarung ohne Evidenz« – mithin ohnmächtig gegen die Evidenz des Krieges.

Aber nun rät Lévinas den Glaubenden: Um Himmels willen gleicht eure Eschatologie jetzt bloß nicht den Bedürfnissen und Evidenz-Forderungen der Philosophen an! Versucht nicht, eure Hoffnungen und Utopien vernünftig zu machen. Tätet ihr das, dann würdet ihr auch Eschatologie der »Ontologie der Totalität« unterwerfen, »die aus dem Krieg hervorgegangen ist« (22), und dadurch bliebe auch die Eschatologie vom Krieg gezeichnet. Eure Bedeutung liegt anderswo.

Nicht in Zielvorstellungen: wie z.B. einer Stadt ewigen Friedens (eines utopischen Jeruschalajim), – eines Reiches der Gerechtigkeit und Freiheit, eines konkret vorgestellten Reiches Gottes, – eines τέλος und Endes der Geschichte. Die Eschatologie »führt kein teleologisches System in die Totalität ein, sie besteht nicht darin, uns über die Orientierung der Geschichte aufzuklären« (22). Will sagen: Lévinas würde der beflissenen Versicherung vieler moderner Theologen, selbstverständlich erwarteten Christen ein Reich Gottes »auf Erden«, nichts abgewinnen können. Im Gegenteil: Er hielte gerade dies für eine Assimilationsfigur an die Totalität, die biblische Eschatologie nur verderben könnte.

Dagegen: »Die Eschatologie setzt uns in Beziehung mit dem Sein jenseits der Totalität oder der Geschichte, und nicht mit dem Sein jenseits des Vergangenen und Gegenwärtigen.«[119] Das heißt: *Eschatologie wäre nicht an Zeit zu orientieren, – Zukunfts-Eschatologie,* die wir ja erst in den letzten Theologen-Generationen mühselig einer Raum-Eschatologie mit ihren metaphysischen Voraussetzungen abgerungen haben, *wäre sofort zurückzunehmen zugunsten einer neuen Jenseits-Eschatologie.* Nicht um etwas, was auf uns zukommt, um Vergangenheit und Gegenwart zu überholen, soll es gehen: der ganze zweite Band meiner Eschatologie sollte zurückgenommen werden, den ich unter den Titel gestellt hatte: »Was kommt auf uns zu?« Lévinas kritisiert die einer zielorientierten Eschatologie zugrundeliegende Vorstellung: *Hier* rechnen wir mit einer Totalität des Seins – »draußen«, »drumherum« um die Seinstotalität mit einer »Leere« – »vielleicht« mit einer Leere, sagt Lévinas und bekundet damit den Sinn von »Leere«: eine Umgebung, von der sich überhaupt nichts Bestimmtes sagen läßt, in die hinein man infolgedessen nur wild und beliebig projizieren kann, was einem gerade einfällt: welche Glücks- oder Unglücks- und Höllenbilder auch immer. Diese Vorstellung: Hier eine Totalität des Seins – dort eine Umgebung der Leere, des Nichtseins, nur Projektionsraum reiner Beliebigkeit, hält die Wirklichkeit fest in der metaphysischen Fessel: Sein oder Nichtsein, Sein: gefesselt an Nichtsein,

119. Hervorhebungen von E. Lévinas werden hier und im folgenden gesperrt wiedergegeben.

Nichtsein: gefesselt an Sein. Das ist nicht mehr als bloß eine dialektische Beziehung innerhalb der Totalität des Seins. Da wird diese Totalität nicht gebrochen, nicht aufgesprengt, vielmehr beherrscht: *das Leere vom Seienden, das Seiende von Leere;* mögen beide in Spannung sein so scharf es geht – das bleibt innerweltliche Dialektik oder – wenn wir das Modell Sein und Leere aufs Menschsein anwenden -: nichts als Existenz-Dialektik: Ich – bedroht oder gelangweilt von meiner eigenen Leere, und dann wieder der ohnmächtige und gewaltsame Versuch, ein Ich aufzubauen, das die Leere niederkämpft oder gar ausfüllt durch eine gewaltige Anstrengung zur Ich-Expansion: was mich bald nicht nur für andere, sondern auch mich selbst zu einem ganz üblen Burschen, einer ganz sauren Schwester machen müßte.

Was aber dann? Und nun kommt eine erste Fassung radikaler gedachter Transzendenz, die nicht gefangen wäre vom Bann dialektischer Totalität. *Eschatologie, wenn sie sich nicht versteift auf Erfüllungsbilder von Glück oder Unglück, kann »Beziehung zu einem Mehr« schaffen, »das immer außerhalb der Totalität ist«,* Walter Benjamin hätte vielleicht gesagt: das nicht mit Totalität »bastardisiert« wäre.

Wie denkt Lévinas sich das: ein »Mehr«, eine Transzendenz, die nicht an die Totalität des Seins gebunden wäre? Wer das bisher Undenkbare denken wollte, müßte zunächst einmal so tun, »als ob die objektive Totalität nicht das wahre Maß des Seins erfüllte« (22) – als ob *Sein sich noch genauer bestimmen ließe als im Gegensatz und der gegenseitigen Negation von Sein und Nichtsein.* Das ist zunächst eine negative Bestimmung. Lévinas versucht, ihr eine positive beizugeben, nämlich: »als ob ein anderer Begriff – der Begriff des Unendlichen – diese Transzendenz im Verhältnis zur Totalität ausdrücken müßte, eine Transzendenz, die in der Totalität nicht aufgehen kann und ebenso ursprünglich ist wie die Totalität« (22).

Wir versuchen, die Sprache dieser Bestimmung radikaler Transzendenz abzuhören.

1. Die beiden »als ob«-Bestimmungen meinen keinen Irrealis, sondern sind Begriffe für Experimente des Denkens. Wie läßt sich ein »außerhalb der Totalität«, des Seins in allen seinen Bezügen denken? Zunächst doch nicht anders als so, daß wir einmal zu denken versuchen, das Sein wäre *nicht* das Ganze, zu denken wäre ein Mehr-als-Sein, und so gäbe es auch *mehr* als nur die *eine* Shakespeare-Frage: Sein oder Nichtsein? Und: *Laß uns doch einmal versuchen, statt einer Totalität, Ganzheit und Einheit des Wirklichen seine Unendlichkeit zu denken.*

Der Apostel Paulus hatte so etwas wie eine eschatologische Existenz von Jesus-Anhängern zu beschreiben versucht. Er überlegte, wie sich angesichts des unmittelbar bevorstehenden Endes der Zeit und angesichts der Aussicht, daß die Gestalt dieser Welt vergeht, situationsgemäß leben ließe, und kam auf eine Haltung, die Rudolf Bultmann die der »Entweltlichung« nannte, also die einer Loslösung der Christen aus Ansprüchen, Verhaltensweisen, Gewohnheiten des unerschütterbar gedachten Seins. Für den verheirateten Christen z.B. sollen die Eheprobleme und -pflichten nicht mehr zeit- und seelenbeherrschend sein, – die, welche Frauen haben, sollen so sein, als ob sie keine hätten. Oder: Wer Grund zum Weinen hat, soll dem Schmerz nicht allein Raum geben, als wäre er übermächtig, – er soll mich nicht in meiner Ganzheit beanspruchen. Ebenso soll der, der Grund zur Freude und zum Lachen hat, sich nicht in der Welt wähnen, als wäre sie ein einziges Freudenhaus: sonnyboy als Natur. Die Weinenden sollen so sein, als weinten sie nicht, die Fröhlichen als freuten sie sich nicht. Auch wer auf dem Markt handelt, also am ökonomischen Nerv der Existenz wirkt, soll die Substanz seines Seins nicht mehr abhängig sehen von seiner ökonomischen Subsistenz, seinem wirtschaftlichen Unterfutter. Die Kaufenden sollen so sein, als behielten sie nicht, was sie kauften. Und überhaupt soll der, der die Dinge der Welt benützt, also in die Totalität des Wirklichen verflochten ist, sie nicht ausnützen bis zur Neige, sie nicht als Totalität ansehen (1 Kor 7,29-31). Paulus hat hier konsequent die Lévinas-Formel »als ob« angewendet, ὡς μή – als eine Distanz-Bestimmung zur Totalität des Seins.

Allerdings ist es eins, wie Paulus eine *Verhaltensweise* zur Welt als Distanz zu beschreiben, ein anderes, wie Lévinas eine *Denkbarkeit* von etwas »außerhalb der Totalität« zu suchen. Wir werden sehen, wie Lévinas die Distanz radikaler Transzendenz schließlich dadurch erreichen wird, daß er die Ethik als das Mittel benennt, durch das Ontologie und Metaphysik des Seins ausgehebelt werden können. *Radikale Transzendenz ist eine Denkfigur, die erschwingbar ist nur im Vorrang der Ethik vor der Reflexion.* Insofern erinnert das »als ob« der Anfangs-Bestimmungen, die ich zitiert habe, vielleicht doch nicht zufällig an das Ethos der eschatologisch-entweltlichten Existenz in 1 Kor 7 – obgleich Lévinas Paulus nicht zitiert. Aber wir sehen Lévinas hier paulinisch motiviert – und wenn nicht paulinisch, dann biblisch: jedenfalls nicht stoisch. Denn wohl kennt auch die Philosophen-Schule der Stoa das Ethos der Welt-Distanz, aber sie kennt es nicht wie Paulus und Lévinas gemeinsam: als *eschatologische* Distanz zur Totalität des Sein.

2. Der *Begriff des »Unendlichen«,* mit dem Lévinas gerne den der Totalität ablösen würde, war ein Kernbegriff des frühen Schleiermacher für so etwas wie Gott, wenn er Religion »Sinn und Geschmack fürs Unendliche« nannte.[120] Lévinas beruft sich nicht auf Schleiermacher, aber zwischen beiden lassen sich Analogien im Gebrauch dieses Begriffs finden; wir führen sie hier nicht näher aus, halten jedoch einige Merkmale des Begriffs fest.

120. D. F. E. Schleiermacher, Über die Religion. Reden an die Gebildeten unter ihren Verächtern. Hrsg. von H.-J. Rothert, 1958. Zweite Rede. Über das Wesen der Religion, 30. – Vgl. u. a. in: F. E. D. Schleiermacher, Werke, mit Geleitw. von A. Dorner, hrsg. u. eingel. von O. Braun u. J. Bauer, 4. Bd., 2. Neudr. d. 2. Aufl. 1928, 1981. Über die Religion, 1799 [Urtext], 242.

a. Das *Un*endliche führt über alles *Letzt*-Endliche hinaus, ist ein *Gegenbegriff gegen letzte bestimmbare Ziele,* wie das Reich Gottes oder der Frieden der Seele oder das Ende der Geschichte. Anders gesagt: Mit dem Begriff des Unendlichen ist es unmöglich, bei einem letzten Halt haltzumachen. Schleiermacher hat das Unendliche sogar zur Relativierung Gottes benutzt. Gott ist auch nur »eine einzelne Anschauung«[121], mit der Folge: »In der Religion also steht die Idee von Gott nicht so hoch als ihr meint …«[122], kann nicht Instanz oder Repräsentanz eines Allerletzten sein.

b. Das Unendliche zieht uns über alle gegenständlich vorstellbaren Endziele und Endlösungen hinaus ins *Ungegenständliche.* Da es nicht manifeste Erfüllung irgendeiner zuvor gegebenen Verheißung bringt, hört das Hoffen sowenig auf, wie – nach Paulus – auch Glaube und Liebe für immer »bleiben« (1 Kor 13,13). Wie Paulus uns ἐκ πίστεως εἰς πίστιν geführt sieht, von Glaube zu Glaube (Röm 1,17), so wohl auch ἐκ ἐλπίδος εἰς ἐλπίδιν, von Hoffnung zu Hoffnung.

c. Das Unendliche transzendiert also alle an Immanenz gebundene Tranzendenz: Gott, wenn wir ihn als Korrelat des Menschen denken würden, – das *Reich Gottes,* wenn wir es statt mit Jesus als »nicht von dieser Welt« (Joh 18,36), etwa mit den Blumhardts als gerade doch *in* dieser Welt Ereignis werdend erwarteten.

Doch kann man so unaufhörlich ins Ferne schweifen? Gibt es kein Gutes, das uns näher läge und bei dem wir rasten, vielleicht sogar ruhen könnten? Ist der Kantsche transgressus ad infinitum lebbar, und wenn nicht: dennoch denkbar?

Wir werden sehen: Lévinas *möchte* beides: den Weg ins Grenzenlose, über alle Totalität hinaus sowohl lebbar wie denkbar machen. Aber hier, in der Einleitung zu Totalité et Infini, hält er doch erst einmal ein, um die Frage zu stellen: *Wie kommen wir überhaupt auf den Weg* des Unendlichen – über die Fesselung an die Totalität des Seins, also auch über den Krieg, den Vater aller Dinge, hinaus? Nur auf der via negationis, dem Weg immer neu anhebender Verneinung der Positionen des Seins?

Lévinas will versuchen, dies radikale Jenseits von Sein »nicht bloß negativ« zu beschreiben (22), durch immerzu wiederholte Bewegung und Forderung: Nein, »nicht hier«, οὐκ ἔστιν ὧδε (vgl. Mk 16,6!), sondern immer weiter hinaus ins »Leere«!

Er erklärt, daß das radikale »Jenseits« sich widerspiegele »innerhalb der Totalität und der Geschichte, innerhalb der Erfahrung« (22). Wie kann er das aber denken: radikale Transzendenz, die die Totalität der Immanenz mitsamt der ihr

121. A.a.O. 70.Werke, a.a.O. 285.
122. A.a.O. 72. – Werke, a.a.O. 288.

dialektisch zugehörenden Transzendenz aufspürt nun doch *innerhalb* der Totalität, – das radikale Jenseits doch *im* kosmischen, geistigen, seelischen Diesseits, und da sogar erfahrbar?

Nun, zunächst sagt Lévinas, das radikale Jenseits *spiegele* sich in der Totalität, die Diesseits ist. Sie bricht dort nicht ein – etwa durch Offenbarung oder Revolution –, sprengt die Totalität nicht auf und kann darum auch das Haus des Seins nicht mit sich selbst in Zwiespalt bringen und so seinen Bestand gefährden (Mt 12,25). Mit dem Begriff des Spiegelns wird gesagt: Das Jenseits wird jedenfalls *nicht mehr* gedacht als Gegenwirklichkeit *neben oder gegenüber* dem Haus des Seins.

Um an die Denkbarkeit dieses Gedankens näher heranzukommen, greift Lévinas nun wieder über die Sprache der Philosophie hinaus und spricht vom »*Eschatologischen*«. Die Transzendenz, das radikale Jenseits ist das »Eschatologische« – will sagen: um dies denken zu können, brauchen wir biblischen Unterricht. Lévinas führt biblische Denkstruktur in zweierlei Erkenntnissen ein.

1. Die Bibel kennt mit dem Jüngsten Gericht ein Gericht, das etwas anderes meint als Schillers Wort: »Die Weltgeschichte ist das Weltgericht«[123]. Das Schillersche Weltgericht vollzieht sich immanent: in unserem Glück oder in unseren Entbehrungen und Leiden. Die Bibel spricht dagegen vom Jüngsten Gericht am Ende aller Geschichte oder: *in* ihrem Ende. Das heißt: Die *biblische Eschatologie des Jüngsten Gerichts führt uns aus der Welt und ihrer Totalität heraus und ist Gericht über das Ganze, die Totalität, der wir bis dahin zugehörten.* Wir treten dann – jede, jeder für sich – vor Gottes Thron, – stehen weltlos, nicht mehr im Sein geborgen vor Gott ganz allein. Doch ist dies keineswegs der einzige Beitrag des biblisch-Eschatologischen zum Gewinn radikaler Transzendenz.

Biblische Eschatologie lehrt nämlich *2.,* daß das *Gericht,* welches das Jenseits der Geschichte ist, die Seienden schon jetzt »zu ihrer vollen Verantwortung« aufruft (22). Und daß wir uns *in Verantwortung genommen* wissen, das *ist Spiegelung des Jenseits innerhalb der Totalität.* »Jede Sache ist reif, vor Gericht gehört zu werden. Nicht auf das Jüngste Gericht kommt es an, sondern auf das Gericht all der Augenblicke in der Zeit, in der man über die Lebenden urteilt.« (22).

D. h. Lévinas entnimmt der Bibel Gedanken der sog. praesentischen oder axiologischen Eschatologie, wie sie vor allem von Paulus und dem Johannes-Evangelisten in den Jesus-Schriften bezeugt wird – neben den apokalyptischen Gedanken von jenseitigem Gericht in der Zukunft, besser: im Ende der Zeit. Lévinas *zitiert* auch hier nicht besonders, aber »das Eschatologische« sieht er in jener letzten Verantwortung eines Gerichts, dem wir – noch in dem

123. F. v. Schiller, Resignation, 1786.

Hause des Seins lebend – in jedem Augenblick Rede und Antwort stehen müssen. »Im Gegensatz zum Urteil der *Geschichte,* in dem Hegel zu Unrecht die Rationalisierung des eschatologischen Urteils gesehen hat …« – genau wie Schiller – , »… impliziert die eschatologische Idee des Urteils, daß die Seienden ›vor‹ der Ewigkeit, vor der Vollendung der Geschichte eine Identität haben, daß sie identisch sind, bevor die Zeiten verflossen sind, während es noch Zeit dazu ist; diese Idee impliziert, daß die Seienden zwar in Beziehung sind, aber von sich her und nicht von der Totalität her existieren. Die Idee eines Seins, das die Geschichte überschreitet, macht Seiende möglich, die dem Sein angehören und zugleich persönlich sind; Seiende, die berufen sind, in ihrem Prozeß Rede und Antwort zu stehen, die also schon erwachsen sind; aber gerade darum sind sie Seiende, die reden können, statt ihre Zunge dem anonymen Wort der Geschichte zu leihen. Der Friede ereignet sich als diese Fähigkeit zum Wort.« Denn wo geredet wird, wird nicht geschossen. »Die eschatologische Sicht zerbricht die Totalität der Kriege und Imperien, in denen nicht gesprochen wird.« Ferner: »Das eschatologische Sehen zielt nicht ab auf das Ende der Geschichte im Sein – Sein als Totalität verstanden –, sondern stellt eine Beziehung zum Unendlichen des Seins her, das die Totalität überschreitet. Die erste ›Vision‹ der Eschatologie (die sich auf diese Weise von den geoffenbarten Meinungen der positiven Religion unterscheidet) erreicht die eigentliche Möglichkeit der Eschatologie, d.h. den Bruch der Totalität, die Möglichkeit einer Bedeutung ohne Kontext« (23).

Mit diesen Ausführungen haben wir zunächst eine *formale* Bestimmung radikaler Transzendenz erreicht. Radikale Transzendenz wäre eine »Bedeutung ohne Kontext«, also z.B. Gott ohne das Reich Gottes, – Vater ohne Sohn und Geist, – Gott ohne Welt und dgl. Hier sehen wir außer philosophischer Denkbedingung zugleich jüdische Leidenschaft für einen nie zu vermittelnden reinen Monotheismus, ja: auch einen abstrakten Monotheismus wirksam. Mag es in jüdischer Tradition noch so viele Beziehungsweisen, Hypostasen Gottes auf Israel und das Gesamt der Welt geben – sie lassen sich theologisch nicht dahin systematisieren, daß Gott *ursprünglich* als Gott der Menschen gedacht werden könnte. Von einer Gott-Israel- oder Gott-Menschheit- oder Gott-Welt-*Korrelation* läßt sich doch auch jüdisch nur unter der Voraussetzung einer *radikal* gedachten Transzendenz, Unvermitteltheit und Unvermittelbarkeit Gottes reden. Die Korrelation Gottes im Bunde ist eine *Selbst*bindung des darin seine radikale Transzendenz *nicht* aufgebenden Gottes; er stellt sich den Menschen *nicht zur Verfügung,* wenn er sich an sie in Treue bindet. *Seine Korrelation ist vielmehr die Spiegelung seiner Unendlichkeit in unserer Verantwortlichkeit.*

Über deren Konkretheit denkt Lévinas nun weiter nach.

b) Die Transzendenz des Anderen

Das Stichwort »Verantwortlichkeit« könnte uns nun direkt zum Nachdenken über den Vorrang des Ethischen vor dem Ontologischen und Metaphysischen bei Lévinas führen. Doch muß im Sinne von Lévinas zunächst das Verantwortungs*verhältnis* deutlicher beschrieben werden, innerhalb dessen Verantwortung *konkret* gedacht werden kann – als Verantwortung: wofür – oder: für wen? Denn nur als konkrete läßt sie sich als das verstehen, wofür sie hier stehen soll: als Spiegelung radikaler Transzendenz.

Das dafür allein in Frage kommende Verantwortungsverhältnis ist aber Verantwortung für den *Anderen* – der unter diesem Namen *etwas anderes ist* und bedeutet als in der Sprache *christlicher Theologie für gewöhnlich der »Nächste«*.

Uns gilt der »Nächste« als eine geschichtliche Bestimmung konkreter Nähe – sei es, daß diese uns in unseren Lebenverhältnissen immer schon vorgegeben wäre, sei es, daß wir sie verwirklichen durch unsere Annäherung an jemanden, den wir uns so zum Nächsten machen, wie der barmherzige Samariter dies dem unter die Räuber Gefallenen tat (Lk 10,29ff). Lévinas denkt aber den »Anderen« zunächst nicht in seiner geschichtlich-ethischen, sondern in seiner ontologischen Bedeutung. Soll im »Anderen« radikale Transzendenz uns begegnen, soll er die Totalität dialektisch-bindender und -gebundener Seinswirklichkeit aufbrechen und zum Spiegel des Unendlichen werden können, dann muß er in einem ontologischen Sinn vor unser Auge treten können. Darum ist die Aufgabe zunächst die, des Anderen in seiner Andersheit überhaupt ansichtig zu werden, ihn also aus der Nähe eines immer schon Nahen und Nächsten zu entlassen. Der Andere werde zunächst aus dem Ethischen ins Ontologische verfremdet, damit er als fremder Anderer uns aus dem bergenden und vereinnahmenden Haus des Seins herausrufen, ja vertreiben kann.

Wie kennen wir *bisher* philosophisch das Andere oder jemand Anderen?

So, daß wir ihn vom Ich aus erfahren und bestimmen. Der »Andere« gilt für gewöhnlich nicht nur anders-*als*-Ich, sondern als der Andere-*des*-Ich; er ist der vom Ich aus gesehene und benannte »Andere«, der *mir*-Andere. Darin drückt sich ein Vorrang des Ich vor dem Anderen aus – Vorrang in mehrfachem Sinn: *a.* vom *erkennenden* Ich aus; ich bin es, der in der Welt und in der Menschheit um sich blickt, und mit meinen Gedanken, in meiner Sprache, auf Grund meiner Erfahrungen ordne, qualifiziere und benenne ich, was um mich herum geschieht, – da ist, – was *mir* da alles begegnet. Durch meine Selbst-Orientierung in der Welt kommt es zur Bestimmung des Anderen. Das Bedürfnis und die Notwendigkeit einer Selbst-Orientierung des Ich führt zum Vorrang eines Erkenntnis-Ich vor dem Anderen. Darauf kommen wir gleich noch einmal genauer zurück. *b.* Vorrang vor dem Anderen kann das erkennende Ich jedoch nur haben, weil es das auch in der Befriedung des Lebensbedürfnisses, in der *praktischen Selbstbehauptung* hat. Faktisch-praktisch liegt mir das Hemd immer näher als der Rock. Auch wenn ich mir selbst gegenüber ethische, vielleicht sogar religiöse Einwendungen erheben könnte, die meinen Drang nach Selbstbehauptung prinzipiell in Frage stellen könnten, vermöchte ich am Ende das Gute, das ich allenfalls *will,* doch nicht zu *vollbringen* (vgl. Röm 7,13ff). Jesus erhebt ja solche Einwendungen gegen ein Gesetz der Selbstbehauptung: »Wer sein Leben retten will, der wird es verlieren; wer aber sein Leben verliert um meinetwillen, der wird es retten« (Lk 9,24). Im Sinne Jesu sagt Paulus, daß, wer seine eigene Gerechtigkeit geltend zu machen sucht, eben damit die verspielt, die vor Gott gilt (Röm 10,3); Gottes Gerechtigkeit ist gerade mir fremde Gerechtigkeit, – Luther nannte sie justitia aliena und drückte damit einen geradezu Lévinas'schen *Vorrang des Fremden vor mir selbst,* meiner Selbstverwirklichung aus.

Aber nicht nur das erkennende und handelnde Ich kennen wir bisher nur im Vorrang gegenüber dem Anderen – auch beim *psychischen Ich* verhält es sich so. *c.* Zwar nicht alle Psychologie muß Ich-Psychologie sein und ein integres Ich als einzige Instanz psychologischer Identität setzen; mit dem psychologischen Phänomen der Ich-Spaltung stehen mindestens Ich-Erschütterungen, Ich-Gefährdungen, ja auch Ich-Verlust zur Diskussion. Psychologisch ist durchaus eine Fraglichkeit des Ich als Instanz von Erkenntnis und Handeln auf der Tagesordnung. Dennoch handelt es sich auch hier um eine Fraglichkeit eben des *Ich,* und Psychologie scheint bisher so wenig die Totalität des Dialektischen zu verlassen, wie Philosophie und Theologie und das Glauben dies bisher vermögen.

Ähnliches ließe sich auch an anderen Erfahrungs- und Darstellungsbereichen des Wirklichen klarmachen. *d.* In der *Malerei* z.B. ist die Perspektive, d.h. die Ergründung und Darstellung des Raumes vom Standpunkt des sehenden Ich aus entstanden und entwickelt worden. In moderner Malerei wurde dies sehr wohl als ein Problem empfunden, und sie wurde *weitgehend perspektivlose Wahrnehmungs- und Darstellungkunst:* Das sehende Ich konnte bewußt nicht mehr als perspektivgebende, den Raum des ganzen Wirklichen gliedernde, ordnende, zusammenbringende und zusammenhaltende Instanz gesetzt und festgehalten werden, es verlor gleichsam seine »Welt«-herrschaft in der Malerei, auch in der Plastik übrigens. In Picassos Bildern z.B. verselbständigten sich die einzelnen Teile und Züge eines Angesichts; die Nase wurde selbständig gegenüber dem Auge, der Mund begann ganz anderswo hin zu sprechen, als das Auge blickte, jedenfalls nicht mehr unbedingt den Betrachtenden anzusprechen. Und so ja auch in der *Plastik,* wo die Glieder sich verselbständigten, den Gesamtkörper zerrissen, aus dem organischen Schein flohen: dem Augenschein des Organischen. Dies diente aber in moderner Kunst dazu, das Begegnende von sich selbst her sprechen zu lassen. Die Erscheinung eines Bildes oder einer Plastik *besagte* nicht mehr etwas, schon gar nicht mehr etwas Einheitliches; das Besagende, der »Sinn«, die Erscheinung löste sich auf in lauter partiell Sagende, nicht luden uns Bilder mehr ein, sie von unserem festen Standort aus zu deuten, auch nicht dazu, ihre »Aussage« zu formulieren – die Teile wollten *selber* sagen, sprechen, uns anreden, das Auge anders und Anderes sagend als das Ohr, – der Mund, – die Nase anderswohin sich richtend, – nichts sollte sich auf uns und unsere einheitliche Wahrnehmung mehr ausrichten. Maler und Plastiker wollen uns Anderes sehen lassen, als wir – Perspektiv-Gewohnte – bisher sahen.

So auch *Lyrik und Roman.* Sie zerbrechen Satzgefüge, – die von Subjekt-Prädikat-Objekt-Hierarchie beherrschte Sprache, – das alte Attributen-Wesen, das Altgewohntes stehen ließ – das Tal, den Berg, den Wald, den Mond, die Jahres- und Tageszeit, das Gefühl beim Abschied, das Entzücken in der Liebe; nur immer neue Attribute wurden dem Bestehenden angehängt (das »stille« Tal, der »heilige« Berg, der »undurchdringliche« Wald, der »holde« Mond, die »brennende« Liebe etc.), – nur *wie wir es werteten* brachte also Veränderungen, – den Wald selbst berührte es nicht, er stand schwarz und schwieg[124], wenn nicht wir ihn zum Sprechen *brachten.* Daß alles nur Interpretation sei, hatte schon Nietzsche wie durchschaut, so beklagt – wie Marx, wenn er forderte, es sei die Welt genug interpretiert, es käme nun darauf an, sie zu verändern. Moderne Lyrik löst die einzelnen Worte darum aus dem Bann logischer Hierarchien, auch aus dem Attributen-Zwang, – Wort darf frei neben Wort treten, muß nicht mehr unbedingt nach links und rechts oder oben oder unten aufschließen, – nichts muß sich auch mehr reimen, und wir lernen, wie im Ungereimten nicht nur jedes einzelne Wort für sich etwas zu sagen beginnt, sondern auch etwas Anderes sagt, als wir im Voraus wissen können. Und seine Andersheit behauptet es im Abstand zu seinen Nachbarworten, – im Zwischenraum zu ihnen, in seiner Unverbundenheit mit seinen Nachbarn, und Glück stellt sich beim Lesen moderner Lyrik ein, wenn plötzlich eine Beziehung sich dennoch hören läßt – eine, die wir durch keine Deutekunst, kein »Verstehen« erzwingen konnten, für die wir auch keinen Schlüssel finden werden. Das ist ein *Ereignis,* das sich benennen ließe: Es spricht von sich selbst her, und niemand konnte es zum Sprechen »bringen«.

Und noch einmal Ähnliches geschieht, wenn *Musik* die fünf Linien des Notensystems verläßt, – die Käfige der Taktstriche, – die schließenden Schlüssel der im voraus wohltemperierten Stimmen, – die in meinem Pulsschlag vorgegebenen Geschwindigkeiten, – die gesellschaftlich geprägten Formen eines Sonatensatzes, eines Scherzo oder einer Bagatelle, eines Rigaudon oder eines Finale. Symphonie kann wieder zur Antiphon werden. Und wie wohl in der Musik eher Freiheit als Andersheit dargestellt werden kann, kann sie doch Kakophonie er-

124. Vgl. EKG 368,1/EG 482,1

zeugen, die die Leute ihrer Zeit auch schon bei Bach, auch – und vor allem – bei Mozart hörten – ein Indiz, daß da ein »Anderes« plötzlich sich hören ließ, »kontextlos«, zusammenhanglos. Vorrang des hörenden Ich, also des Ich der Konvention zerbrach in solchem Augenblick. Musik erklang unbotmäßig, war nicht mehr untertan dem Kanon des Gehörs.

Mit alledem sehen wir die Künste – eher als das Wissen – das Ich aus dem Zentrum entrücken – in einer Weise, die noch nicht geschah, als mit der Kopernikanischen Wende die Erde aus dem Zentrum trat und einer Anderen, Brennenden – der Sonne – ihre Stellung abtreten mußte. Auf das menschliche Ich hat sich das damals noch nicht übertragen – im Gegenteil: Je mehr die Erde ihre Mitte-Stellung verlor, desto mehr setzte sich der menschliche Erdenbewohner ins Zentrum, – war er es doch, der durch eigene Vernunft und Kraft das religiös-Dogmatische am Erd-Mittelpunkt-Gefühl aufklären, widerlegen und zurechtrücken konnte, gegen alle Lehrinstanz der Religion. So war gerade die Entsetzung der Erde aus der Mitte eine Leistung des erkennenden Ich und stärkte es.

Lévinas hat diese Zentralstellung und -bedeutung des Ich als Kennzeichen des gesamten abendländisch-europäischen Philosophierens gesehen – nicht nur als spezifisch modernes Merkmal des Denkens seit Descartes berühmtem cogito ergo sum, ich denke – *also bin* ich. Sofern nämlich, sagt Lévinas, alle Philosophie *Wahrheit* sucht, steht sie unter einer doppelten Bestimmung: Wahrheit impliziert *Erfahrung.* Erfahrung aber heißt: Etwas begegnet mir, kommt auf mich zu von außerhalb meiner-selbst; Erfahrung, sofern sie zu Wahrheit in Beziehung tritt, muß ja mehr als bloße Selbsterfahrung sein, kann ja nicht nur meine »persönliche« Wahrheit sein wollen und nicht nur Selbstausdruck, – muß mich ja mit Anderen und Anderem als bloß mir selbst verbinden, – »allgemeiner« gelten können. In Wahrheit muß also Anderes-als-nur-ich-selbst Eingang finden.

Und ja nicht nur quantitativ-, sondern auch qualitativ-Anderes. Lévinas sagt: Wahre Erfahrung müsse uns sogar »über die Natur im Sinne der uns umgebenden Natur hinausführen«[125], denn Natur gehöre uns an, wir Menschen fühlten uns in ihr zu Hause; insofern kann sie nicht als etwas außer uns gelten und darum auch nicht jenes Implikat von Wahrheit repräsentieren, das wirkliche Erfahrung bringen soll. Erfahrung, die für Wahrheit relevant wäre, müsse das, was unsere Natur ist, »überschreiten« (185) – wie alles, worin wir heimisch sind. »So wäre die Wahrheit Zielpunkt einer Bewegung, die *ausginge* von einer vertrauten und heimischen Welt – sei sie auch noch nicht vollständig von uns erforscht – hin zum Fremden, ›dort oben hin‹, wie Platon sagt« (185)[126]. In der

125. E. Lévinas, Die Spur des Anderen, a.a.O. 185.
126. *Kursive* Hervorhebungen von F.-W. Marquardt; dagegen werden Hervorhebungen von E. Lévinas gesperrt wiedergegeben.

Wahrheit wäre also Transzendenz enthalten (185f) – mit der Folge, daß Philosophie, die nach Wahrheit fragt, »sich um das absolut Andere« bemühen muß und dadurch »die Heteronomie selbst« wäre (186), d.h.: durch und durch fremdbestimmt arbeiten muß, dem Gesetz des Anderen unterworfen.

Aber wie macht ein Philosoph das, wie befolgt er das Gesetz der Heteronomie? Erträgt er es überhaupt, hält er es aus?

Lévinas erinnert daran, daß zum abendländischen Wahrheitsverständnis von je auch die Norm der *Freiheit* der Erkenntnis gehörte; Wahrheit kann nicht erzwungen werden. Wie Erfahrung, so gehört auch Freiheit zum Elementaren von Wahrheit.

Die Freiheit des Denkens in bezug auf Wahrheit beschreibt Lévinas nun aber kritisch. Sie ist »die Weigerung des denkenden Wesens, sich in der Teilnahme zu entfremden« (186A). Freiheit ist auch im Denken conservatio sui, Selbsterhaltung, Bewahren der eigenen Natur, eigner Identität, d.h. Freiheit ist die »Tatsache«, daß der die Wahrheit Denkende »der Selbe« »bleiben« will, »trotz der unbekannten Gebiete, in die das Denken zu führen scheint« (186).

In dieser kritischen Bestimmung der Denkfreiheit ist eine mögliche andere Bedingung, an Wahrheit zu gelangen, heimlich mitenthalten: die selbstlose Weise der »Teilnahme« am Anderen, Fremden, an der Transzendenz jenseits der eigenen und der uns umgebenden Natur. Also *participatio am Anderen statt conservatio sui ihm gegenüber.* Wir lassen jetzt geschichtliche Überlieferungen von einem solchen anderen Wahrheitsverständnis beiseite, wie z.B. Max Horkheimer und Theodor W. Adorno sie (im großartigen ersten Kapitel ihrer »Dialektik der Aufklärung«) in der vor-mythischen, magischen Welterfahrung und Weltbewältigung zu finden meinten. Im abendländisch-europäischen Lebenskreis, so wie Lévinas ihn schildert, tritt neben die Tendenz zur Heteronomie, zur Bestimmtheit durch Anderes und den Anderen, eine Tendenz zur Autonomie, zur Selbstbestimmtheit des Denkenden und ihrer Bewahrung im Prozeß der Wahrheitsfindung. Wahrheit wäre nicht Wahrheit, wenn sie mich, der ich sie erkennen und denken will, zum Verschwinden bestimmen würde.

Lévinas ist überzeugt, daß dies zweite Motiv der Selbstbewahrung bei der Suche nach Wahrheit stärker geblieben ist als der Auszug aus dem Heimischen zum Transzendenten. Durchgesetzt habe sich ein Prozeß der Wahrheitsfindung, in dem die Aufgabe der Philosophie darin gesehen worden sei, »alles, was ihr als Anderes entgegentritt, auf das Selbe zurückzuführen. Sie bewegte sich auf einen Zustand hin, in dem nichts Unzurückführbares mehr den Gedanken begrenzen würde, in dem infolgedessen das Denken, da es keine Grenzen mehr kennte, frei wäre. So käme die Philosophie der Eroberung des Seins durch den Menschen im Laufe der Geschichte gleich. / Die Eroberung des Seins durch den Menschen im Laufe der Geschichte – das ist die Formel, in der sich die Freiheit, die Autonomie, die Reduktion des Anderen auf das Selbe zusammenfassen lassen« (186). Das Selbe – das ist das uns allen Gemeinsame der Natur, der Daseinsbedingungen; das Allgemeine ist das entscheidende Merkmal philosophischer Wahrheit, – was nur besonders ist, sich als Partikulares von Universalem unterscheidet, muß philosophisch »zurückgeführt« werden, als wäre es in seiner Besonderheit ein Verlorener Sohn, der außer Hause verloren bleibt, wenn er nicht heimgeholt wird ins Heimische, ansonsten fiele er aus der Geltung der Wahrheit.

Lévinas sieht in diesem universalen Anspruch der Wahrheit, ihrem Verlangen nach Reduktion und Heimholung jedes Besonderen, »nicht irgendein abstraktes Schema« sich auswirken, »sondern das menschliche Ich« (186). Das heißt ja: Für die abendländische philosophische Methode der Wahrheit läßt sich ein anthropologisches Motiv erkennen, das zugleich eine ontologische Grundbedingung darstellt. Die *Bedürfnisbefriedung des Ich ist die Instanz, die Wahrheit als Zurückführung alles abweichend Besonderen auf ein Allgemeines bewirkt.* »Die Existenz eines Ich verläuft als Verselbigung des Verschiedenen« (186f). Will sagen: Das Wahrheitsmoment des Allgemeinen ist in Wahrheit gar nicht zu verstehen als Ver*allgemeinerung* alles Einzelnen, sondern als »Ver*selbig*ung«, d.h. als Zurückführung auf ein Selbst, eben dasjenige des erkennenden *Ich.* »Autonomie oder Heteronomie? Die europäische Philosophie hat sich meistens für die Freiheit und das Selbe entschieden« (187).

Warum denn? Philosophisch ausgedrückt, um die bloße *Meinung* zu entthronen, die δόξα, die bloß persönliche Ansicht. Den alten Griechen galt sie als Quell ständig drohender Tyrannis, – sie sorgten sich, einer könnte sich mit seiner persönlichen Ansicht aufspielen als den allein Wahren. Mehr noch: Eine abweichende Meinung, die allgemeiner Anerkennung entbehrt, könne wie ein schleichendes Gift wirken, das subtil und langsam in Viele, bald Alle eindringen, sie und ihre Seelen von sich selbst entfremden könnte. Dies aber machte sie unempfindlich, ja sogar bald seelisch empfänglich für die Gewalt einer im Allgemeinen nicht begründeten persönlichen Meinung. Insofern eignet dem Willen zum Selben der Charakter der Bewahrung von Freiheit – besonders in einer für Mythisches empfänglichen Welt, in der die Seelen – vor aller Aufklärung – noch teilhaben aneinander, also leicht verführbar sind (187).

Lévinas sieht im »Primat des Selben« einen »Narzismus«; im Motiv der Autonomie ist der Philosoph sich selbst genug. Bei allem, was er erfährt, sorgt er dafür, sich selbst spiegeln zu können (188). »Wenn im philosophischen Leben ... ein diesem Leben Fremdes auftaucht, etwas anderes ... – so ist es ein Hindernis. Man muß es überwinden und in dieses Leben integrieren. Und die Wahrheit ist eben dieser Sieg und diese Integration« (188).

Wie erreicht der Philosoph diese Spiegelung? Vorerst zwei Beobachtungen dazu. »Das Wesen der Wahrheit läge also nicht in der heteronomen Beziehung mit einem unbekannten Gott, sondern im Schon-bekannt, das es *in sich* zu *entdecken* oder frei zu *erfinden* gilt, und in das alles Unbekannte einfließt. Dieses Wesen der Wahrheit widersetzt sich zutiefst einem *offenbarenden* Gott. Die Philosophie ist Atheismus oder, besser, Unreligion, Negation eines sich offenbarenden, Wahrheiten in uns niederlegenden Gottes. Das ist die Lektion des Sokrates, der dem Lehrer nur die Ausübung der Maieutik überläßt ...« – der Hebammenkunst – »... : Alle Unterweisung der Seele war schon zuvor in ihr«(189). Will sagen: Wahrheit kann nichts Neues bringen, nichts, was nicht schon verborgen auf dem Grunde unserer Seelen geruht hätte, längst ehe wir eine Erfahrung von außen her gemacht haben. Von außen Kommendes kann wahr zu sein nur beanspruchen, wenn es das ihm längst Verwandte in uns anrührt und aufweckt.

Doch wie *vermittelt* sich das: was wir erfahren mit dem, was wir als »Schonbekannt« in uns haben, – wir können sagen: mit unserem Vorverständnis? Antwort: durch Rekurs auf ein Neutrum. »Um das Nicht-Ich zu begreifen, muß man einen Zugang vermittelst eines Seienden finden, eines *abstrakten* Wesens, das ist und nicht ist. Hier löst sich die Andersheit des Anderen auf. Statt sich in der uneinnehmbaren Festung seiner Singularität zu halten, statt die Stirn zu bieten, wird das fremde Seiende *Thema* und *Objekt.* Schon unterwirft es sich einem *Begriff* oder löst sich in *Beziehungen* auf. Es fällt unter das Netz von Ideen a priori, die ich mitbringe, um es einzufangen. Erkennen heißt, in dem entgegenstehenden Individuum, in diesem Stein, der verletzt, in dieser Kiefer, die in den Himmel ragt, in diesem Löwen, der brüllt, dasjenige überraschen, wodurch es *nicht* dieses Individuum hier, dieses Fremde hier ist, sondern ... wodurch es ... in einen Begriff eingeht. Erkenntnis besteht darin, das Individuum, das als einziges existiert, nicht in seiner Singularität, die *nicht* zählt, zu nehmen, sondern in seiner Allgemeinheit, von der es allein Wissenschaft gibt.« Lévinas fügt hinzu: »Und hier ist der Anfang jeglicher Macht« (im Sinne von Gewalt, die vergewaltigt). »Wenn die äußeren Dinge vermittelst ihrer Allgemeinheit der menschlichen Freiheit ausgeliefert sind, so bedeutet dies nicht allein, daß der Mensch sie in aller Unschuld begreift, sondern auch, daß er sie in den Griff nimmt, sie zähmt, sie besitzt. Erst im Besitz vollendet das Ich die Identifikation des Verschiedenen ... In einer Zivilisation, die ihr Bild hat an einer Philosophie des Selben, vollzieht sich die Freiheit als Reichtum. Die Vernunft, die das Andere reduziert, ist Aneignung und Macht« (= Gewalt) (190). So benennt Lévinas *auch gesellschaftliche Zusammenhänge* der Wirksamkeit des Ich, das den Anderen und Anderes, Fremdes reduziert auf das Selbe, in dem es selbst sich heimisch fühlt. Lévinas schildert den üblichen Erkenntnisprozeß als Werk des *Ich einer bestimmten Zivilisation,* in der Freiheit und Reichtum einander bedingen; wir würden sagen: der kapitalistischen – aber Lévinas würde hinzufügen: Das ist die abendländisch-europäische insgesamt, und er würde darin ähnlich denken wie Horkheimer/Adorno in der »Dialektik der Aufklärung«.

Was tut das Ich in dieser Zivilisation?

»Das Ich ist die Identifikation schlechthin« (209!) – ein Leitsatz von Lévinas in diesem Zusammenhang. Er sagt: Ich bin »*von Anfang an* der Selbe«, bin »me ipse, eine Selbstheit«. Meine Selbstheit, mein Ich beruht nicht auf diesem oder jenem einzelnen Charakterzug, den ich mir erworben hätte oder der mir angeboren wäre; sondern indem ich da bin, bin ich da als Ich, in »Selbstheit«, unverwechselbar und bestimmt, also: in Identität.

Freilich ist meine Identität nicht ein starres, ein für allemal wirksames Festgelegtsein auf ein unwandelbares Selbst. Die Ich-Identifikation ist nicht die Identität einer Gleichung: A ist gleich A, – ist also auch nicht eine ständige »Wiederholung« meiner selbst, in der ich mir immer gleich bleiben müßte, Ich: gefesselt an mich, wie das Sein des Parmenides gefesselt ans Sein. Das Ich erfährt sich als offenen Prozeß, Identität ereignet sich in Identi*fikation*. Lévinas beschreibt dies z.B. so: A ängstigt sich um A, oder: A erfährt sich im Genuß von A, oder: A zielt ab auf A. Identität benennt also nicht eine festgelegte Substanz des Ich, sondern lebendige Bewegung.

Aber freilich: Bewegung im Verhältnis des Ich zu sich selbst; die Wahrheit Kierkegaards bleibt in dieser Figur erhalten. Identität ist das offenbar nie erfüllte, nie zur Ruhe kommende Interesse an sich selbst. Was geht mich unbedingt an? Ich – Mich !

Doch wovon wird dies Interesse an mir selbst motiviert? Von einem »Bedürfnis«, sagt Lévinas, und zwar einem, zu dem das Ich nicht aus sich selbst, sondern »durch das Außen des Ich angeregt« wird. Dieses »Außen des Ich ist für mich«, schlechthin Alles – Weltall, Erde, Mensch – auch wohl Gott – ist »für mich«, pro me, – und das meint: ist mir zu Diensten, – doch keineswegs nur zu äußerem Dienst, sondern eben auch innerlich; es erweckt ein »Bedürfnis«, ein Interesse an mir selbst. Es ist also nicht gemeint: Alles Außen dient zur *Stillung* meines Bedürfnisses, vielmehr: Es *weckt* in mir allererst ein Grundbedürfnis, nämlich das nach meiner Identität: mich um mich ängstigen, mich genießen, mich auf mich »abzielen« – es also mir um mich selbst gehen lassen zu können. Lévinas: »Die Tautologie der Selbstheit ist Egoismus« (209).

Alles Fremde gerät in den Sog dieses Grundbedürfnisses der Identität. Nicht daß es gewaltsam ausgelöscht und liquidiert würde. Aber es wird auch nicht sein gelassen, es darf nicht »strahlen« in seiner Fremdheit, – darf in seinem Strahlen *ja* nicht das Ich mit seinem Reiz des Fremden derart affizieren, daß es es zu einem Auszug in die Fremde ohne Wiederkehr herausriefe. Vielmehr: Das Fremde assimiliert sich, gerät in den Machtsog, der vom Interesse eines Ich an sich selbst ausgeübt wird, es »tritt ein« in die Bedürfnis-Konstellation des an seiner Identität interessierten Ich; das heißt aber in der Sicht von Lévinas: Es wird aus dem strahlend und einladend Fremden erniedrigt zu nichts mehr als einem *Thema,* nämlich dem Thema des Interesses eines Denkenden an sich selbst.

Natürlich muß ein Denkender, wenn er das Fremde nicht aus der Welt schaffen kann oder will, es in seiner Existenz annehmen, muß es zum Thema seines Nachdenkens machen. Aber das zum Thema gemachte Fremde und Andere ist nicht mehr ein wirkliches, selbständiges Anderes, sondern der Andere in der Zwangsgestalt der Assimilation. Statt daß ich zu ihm hinaustrete, tritt er ein zu mir. *Der zum theologischen Thema gemachte Gott ist nicht mehr Gott-selbst, Gott-allein* – er ist der in mein Bedürfnissystem eintretende und sich dort domestizieren lassende Gott. Die – etwa in einer Israel-Theologie – thematisierten Juden fordern die Christen nicht mehr heraus, sich um ihretwillen (und um des *sie vor* uns erwählenden Gottes willen) zu ändern, sondern sie werden christlicher Definitionsgewalt unterworfen und werden dann – beliebig – entweder »die Erwählten« oder »die Verworfenen«, die »Wurzel, die uns trägt« oder die Exemplare des »Scheiterns« bei dem Versuch, Gottesherrschaft auf Erden weltlich zu verwirklichen, oder sie werden »Zeugen des Zornes« Gottes oder dann doch auch einmal »Zeugen seines Erbarmens« – je nachdem, wie Theologen es fügen und verfügen in den Kontexten ihres Selbstverständnisses. Nur ihre *eigenen* Stimmen verlieren die Juden, wenn sie zum Thema der Christen werden, wenn die sie z.B. zum Inhalt einer sog. »Judenfrage« machen. So muß das Denken sich nicht mehr stoßen am Fremden. Im Denken »naturalisiert« sich das Fremde, verliert seinen Eigen-Sinn (209f), sein Geheimnis.

In seinem Eigen-Sinn könnte es ja auf uns wirken, *ohne* in unsere Interessen-Konstellation eintreten zu müssen. Es könnte uns als Geheimnis umgeben, könnte »sich in einer Art Allgegenwart« »dehnen«, »um in das Innere der Menschen einzudringen. Es zeigt sich und strahlt aus«: aus seinem eigenen anderen Wesen, – müßte nicht erst zum Thema abgerichtet werden, um bei uns zu wirken und so – durch einfaches Wirken – uns wirklich zu werden. Fremdes könnte uns z.B. »in Staunen« versetzen – vor der Fülle der Verborgenheit, die nicht nur Summe vieler Einzelheiten wäre, die uns noch verborgen sind, weil wir sie noch nicht aufklären, den Schleier noch nicht lüften konnten, sondern *Verborgenheit gehörte als unaufhebbares Wesen der Fremde zu uns selbst;* und mag es uns dann um unsere Identität gehen, so dringlich es mag – wir würden anerkennen, daß dennoch Verborgenheit und Fremde das uns umgebende Wesen wären und gerade *so:* zu *uns* gehörten.

Aber freilich: Wie läßt sich eine »irreduzible Fremdheit des Nicht-Ich deuten«, wenn man dies philosophisch versuchen möchte (210)? Das Fremde, bestimmt als Nicht-Ich (wie Fichte es tat), ist per definitionem bestimmt am Maße des Selben, am alles ermessenden Ich. Man müßte nicht nur einen reinen, von mir unabhängigen Anderen, sondern einen Anderen »rein« denken können – ohne jenes alles beherrschende und Allem Maß gebende Interesse an sich selbst: den Anderen ganz als den Anderen, ohne jeden Bezug auf mich oder uns, – d.h. auch ohne ihn in ein höheres Drittes zu fügen, in dem er auf seine Weise, ich auf meine Weise teilhätten als einem Gemeinsamen: etwa der »Gattung Mensch«. Philosophisch müßte sich mindestens so etwas erschwingen lassen wie die Formel, die nach König Salomos Tod Juda und Israel auseinanderbrachte und zur Reichsteilung, ja Reichsspaltung führte: »Was haben wir für Anteil an David? Wir haben kein Erbe an dem Sohne Isais! Auf, Israel, zu deinen Zelten! Nun sieh zu deinem Hause, David!« (1 Kön 12,16). Und ginge es nach Lévinas, müßte es dennoch David-Leute geben, die mit aufbrächen zu den Zelten Israels!

Lévinas sagt aber: Eine solche Philosophie haben wir bisher nicht. »Die abendländische Philosophie fällt mit der Enthüllung des Anderen zusammen …« – das meint wohl nicht: mit seiner Respektierung, sondern mit der Aufhebung seines Geheimnisses. »… dabei verliert das Andere, das sich als Sein manifestiert, seine Andersheit. Von ihrem Beginn an ist die Philosophie vom Entsetzen vor dem Anderen, das Anderes bleibt, ergriffen, von einer unüberwindbaren Allergie« – wir denken etwa daran, wie schon die ersten Fragen vorsokratischen Philosophierens nur nach dem Einen fragen, dem ersten Element und Grund aller Dinge; nie wird anders auch nach dem Anderen gefragt als so: es auszuschließen. »Aus diesem Grunde ist sie wesentlich Philosophie des Seins, ist Seinsverständnis ihr letztes Wort *und* die fundamentale Struktur des Menschen. Aus diesem Grunde auch wird sie Philosophie der Immanenz und der Autonomie oder Atheismus. Von Aristoteles bis Leibniz über die Scholastiker ist der Gott der Philosophen ein der Vernunft entsprechender Gott, ein verstandener Gott, der die Autonomie des Bewußtseins nicht zu trüben vermöchte; durch alle Abenteuer hindurch findet sich das Bewußtsein als es selbst wieder, es kehrt zu sich zurück wie Odysseus, der bei allen seinen Fahrten nur auf seine Geburtsinsel zugeht«: Ithaka (211). »Die Philosophie, die uns übermittelt ist, reduziert nicht nur das theoretische Denken, sondern jede spontane Bewegung des Bewußtseins auf diese Rückkehr zu sich. Nicht nur die von der Vernunft begriffene *Welt* hört auf, anders zu sein, … vielmehr ist alles, was Einstellung des Bewußtseins ist, also Bewertung, Gefühl, Tätigkeit, Arbeit sowie Engagement in einem weiteren Sinne am Ende Selbstbewußtsein, d.h. Identität und Autonomie. Die Philosophie Hegels stellt den logischen Zielpunkt dieser tiefsitzenden Allergie der Philosophie dar« (212).

Geht es denn anders? Läßt sich denkend hinauskommen über die Dialektik von Transzendenz und Immanenz, wo Jenseits immer nur vom Diesseits her bestimmt, also nur an Diesseits gebunden gedacht werden kann? Darum bemüht sich Lévinas und sucht ein Jenseits des Seins, ἐπέκεινα τῆς οὐσίας, das zugleich ein Jenseits des Denkens wäre, ein ἐπέκεινα νοῦ – nämlich: ein Jenseits eines solchen Denkens, das ans Sein gebunden ist (wie bisher in allem abendländischen Philosphieren), und ein Jenseits jenes Seins, das eine dialektische Totalität von Sein und Nichtsein, Sein und Schein, Sein und Seiendem bildet, in die alles, was dieser Dialektik nicht entspricht, vom allein an seiner Identität interessierten Ich zwanghaft reduziert wird. Lévinas will wissen: »Gibt es ein Bedeuten von Bedeutung, das nicht auf die Verwandlung des Anderen in das Selbe hinausläuft? Kann es etwas so Befremdliches geben wie die Erfahrung eines *absolut* Äußeren, etwas in den Termini so Widersprüchliches wie eine heteronome Erfahrung?« (214). Er präzisiert sofort: Läßt sich das *philosophisch* denken, nicht bloß: religiös glauben? Vermag Philosophie, ohne sich in Religion aufzulösen, einen »Brückenkopf« am anderen Ufer eines *radikalen* Jenseits zu gewinnen?

Lévinas meint, im Parmenides-Dialog Platons dafür mindestens im Ansatz eine Möglichkeit zu finden. Dort hatte Platon den jungen Sokrates dem uralten Parmenides (die freilich historisch keine Zeitgenossen waren) begegnen und ein Gespräch führen lassen über das Denken des Einen, des Grundes, des Seins durch Parmenides – wobei für Platon von vornherein klar war, daß das Eine nicht gedacht werden könne ohne gleichzeitiges Mitbedenken des unvermeidlich zu ihm gehörenden Anderen. So daß wir hier *doch* eine philosophische Tradition hätten, die nicht *nur* das Eine, sondern auch das Andere bedenkt. Freilich: nur *mit*bedenkt, um der Herausstellung des Einen willen. Sokrates fragt den Parmenides ausdrücklich: Ist das nicht deine Setzung, daß es das Eine mit seinem Gesetz der Ähnlichkeit gibt und ein dem *entgegen*gesetztes Anderes mit seinem Gesetz der Unähnlichkeit?[127] D. h.: Der platonsche Sokrates erkennt, wie sehr eine Entgegensetzung von dem Einen und dem Anderen freie Verfügung des denkenden Parmenides ist, Platon läßt Sokrates sagen: ein νομίζειν, eine Gesetzgebung des Denkens, nicht also beruhend auf Erfahrung, sondern auf Willen; freilich wird das bei Platon so gedacht, daß »Du und Ich« und mit uns gemeinsam alles andere μεταλαμβάνειν = *Anteil nehmen an* beiden, dem Einen wie dem Anderen; so überbrückt der Gedanke des Anteilnehmens den Gegensatz der Begriffe, ihr ἐναντίον, – das Eine und das Andere treffen zusammen im Ich und Du, καὶ ἐμὲ καὶ σέ, – im Begriff der Anteilnahme scheint sich der Gedanke der Einheit siegreich durchzusetzen. Doch scheint dies nur so. Denn die ὑπόθεσις, die These des gesamten Dialogs, zielt auf den Nachweis des Charakters und Wesens des Einen – nämlich seine *Unfaßbarkeit.* Das Eine ist weder eine Ganzheit noch eine Summe von Teilen, hat weder Anfang noch Ende, hat keine Gestalt und ist nirgends, weder besteht es noch wechselt es, ist weder

127. Platon, Parmenides 128[e]/129[a].

ein Einerlei noch Verschiedenheit, weder gleich noch ungleich: sei es mit sich selbst, sei es mit einem anderen. Das Eins-Seiende ist nicht und ist nicht Eins, und es gibt von ihm keinen Namen und keine Erkenntnis, es bewegt sich nicht, ruht aber auch nicht, seine Zeitform ist der Augenblick des Übergangs von Ruhe in Bewegung, von Bewegung in Ruhe. Und ähnlich steht es mit dem Anderen. Eins und das Andere stehen in vollkommener gegenseitiger Abhängigkeit – Folge der gesetzhaften Setzung eines vorherrschenden Interesses an dem Einen, dem Sein, dem Grund, am Ich, an der Identität. Platon fragt allerdings, ob Eines sei oder *nicht* sei – je nachdem werde damit zugleich entschieden über Sein oder Nicht-Sein des Anderen. Das dialogische Hin und Her der Erörterungen des Parmenides-Dialogs führt aber nun zu dem Schluß[128]: »So sei demnach dieses gesagt, ... daß, wie es scheint, ob Eins nun ist oder nicht ist, es selbst und die Anderen, und zwar für sich sowohl als in Beziehung aufeinander, alles auf alle Weise ist und nicht ist«, ἐστί τε καὶ οὐκ ἔστι, »und scheint sowohl als nicht scheint«, καὶ φαίνεταί τε καὶ οὐ φαίνεται. – 'Αληθέστατα, lautet darauf das allerletzte Wort: »Vollkommen wahr« – nämlich die Unbestimmbarkeit der Existenz und des Wesens des Einen an und für sich, des Anderen an und für sich, des Einen in seiner Beziehung zum Anderen, des Anderen in seiner Beziehung zum Einen.

In den Ohren von Lévinas ist dies nun ein Ergebnis, dessen Sinn darin besteht, daß es über sich *hinausweist.* Das vom Philosophen so inständig gesuchte (und darum voraus-gesetzte) Eine »ist etwas anderes« als alles das, worum Platons Dialogpartner sich bemüht hatten, »anders in absoluter Weise und nicht relativ auf irgendeinen Bezugspunkt. Es ist das Unoffenbare; unoffenbar nicht deswegen, weil alle Erkenntnis zu begrenzt oder zu klein wäre, um sein Licht zu empfangen, sondern unoffenbar, *weil* eines und weil erkannt werden eine Zweiheit impliziert, die sich schon von der Einheit des Einen abhebt« (213)[129] – sofern Erkenntnis das Eine immer zum Thema und Gegenstand macht, und wäre es nur als Gesuchtes; gerade als Gesuchtes ist es nicht gegenwärtig, während es als Eines seine Einheit auch in der Zeit auswirken, also auch Gegenwart erfüllen müßte. »Das Eine ist jenseits des Seins nicht deswegen, weil es verborgen ist und abgründig. Es ist verborgen, weil es jenseits des Seins ist, ganz anders als das Sein« (213f) – mithin auch: Jenseits von Zeit. Darum noch einmal: Läßt sich anders als in der Berührung, mit der religiöser *Glaube* solch absolutes Jenseits berühren könnte, solch Jenseits *philosophisch* denken? Kann Philosophie eine Erfahrung des Einen benennen, »aber verschieden von der, durch die das Andere zum Selben wird« (214)? Läßt »heteronome Erfahrung« sich machen und denken (215)?

128. Platon, Parmenides 166[c].
129. E. Lévinas, Die Spur des Anderen.

Wie könnte das zugehen? Ließe solch Vorhaben sich überhaupt *benennen?*

Lévinas gibt seinem Vorhaben, absolute Transzendenz zu denken – Jenseits des Seins, Jenseits des Denkens –, den eigentümlichen Namen »Das Werk«, l'Œuvre. Darüber sollten wir uns zuerst Gedanken machen, denn Namen *meinen* ja etwas. So weit ich sehe, erläutert Lévinas selbst Wahl und Sinn dieses merkwürdigen Namens nicht; er überläßt uns damit unseren Assoziationen.

Vielleicht ist es nicht ganz abwegig, sich hier noch einmal an Platons Dialog Parmenides zu erinnern. Der alte (fingierte) Parmenides wird im Freundeskreis aufgefordert, sein Denken des Seins, des Einen, noch einmal vorzutragen und so seine Unterredner einzuüben in seine Gedankengänge. Er spürt und sagt es auch, daß dies für ihn in seinem Alter die Zumutung einer vielleicht physisch und geistig allzu großen Anstrengung bedeuten würde, weil die Gedankenentwicklung – in Sokrates' Worten[130] – ein »unendliches Geschäft«, eine ἀμήχανος πραγματεία ist: »Ein großes Werk, o Sokrates, … legst du mir auf, und in meinem Alter«, πολῦ ἔργον, φάναι, ὦ Σώκρατες, προστάττεις ὡς τηλικῷδε.[131] Darauf wendet Sokrates sich an den anwesenden Zenon: Willst du das nicht übernehmen? Worauf der nur lachen konnte: Siehst du nicht selbst, welche Arbeit du (mit deinem Wunsch, in das Denken des Parmenides eingeführt zu werden) aufträgst: ὅσον ἔργον προστάττεις? Auch hier wieder ἔργον, »Werk« als Wort für die Entwicklung eines großen, nicht leicht zu verstehenden Gedankengangs – ein »Werk«, das »unendlich Arbeit« macht: ἀμήχανον πραγματείαν[132]. – So ließe sich denken, daß Lévinas mit dem Wort l'Œuvre an eine dergleichen schwere philosophische Aufgabe gedacht haben könnte: Ein Jenseits des Seins zu denken wäre ebenso schwer, wie einst das Vorhaben des Parmenides war, überhaupt das Sein zu denken; in vergleichbarem Sinne wäre l'Œuvre ein platonisches ἔργον, und wer hätte noch die Kraft, es hinauszuführen! Ähnlich schwer, dies Werk zu tun, wäre es, weil es sich um eine ähnlich grundsätzliche, philosophisch-gründende Aufgabe handelte: die Gründung eines anderen Denkens, ja: eines »neuen«[133].

Doch noch eine andere Bedeutung von ἔργον, l'Œuvre ließe sich denken, nicht aus philosophischem, sondern theologischem Haushalt – handelt es sich doch inhaltlich nicht nur um eine Bewegung des Denkens, sondern um eine des ganzen Lebens. Lévinas benennt die *Erfahrung,* die zu dem »Werk« führt, »ganz platt« »die Güte« – und wir dürften nicht fehlgehen in der Annahme, daß er dabei nicht nur an die Tugend der Güte gedacht hat, sondern an die hebräisch-

130. Platon, Parmenides 136[c].
131. Platon, Parmenides 136[d].
132. Platon, Parmenides 136[c].
133. Vgl. Fr. Rosenzweig, Das neue Denken. Einige nachträgliche Bemerkungen zum ›Stern der Erlösung‹ (1925), in: Kleinere Schriften, 1937, 373ff).

biblische Erfahrung von Güte, also an chesed: Huld, Wohlwollen, an Menschenfreundlichkeit als die Grunderfahrung, gerne leben zu wollen und – unter wie vielen Widrigkeiten und Schmerzen auch immer – gerne leben zu können. Gut biblisch-jüdisch wüßte man dann aber auch, daß jede gute Gabe, die ein Mensch empfängt und erfährt, bewußt, verantwortlich gelebt und bewährt werden will, eine Lebens-Führung, ja eben: ein Lebens-«Werk« herausfordert; was mir zugutekommt im Leben, soll ich meinerseits Anderen zugutekommen lassen; Luther sagte: »Was nicht im Dienst steht, steht im Raub«[134]. In diesem Sinne hatte Lévinas einmal das Gebot, den Nächsten zu lieben (aus der Kraft der Menschenfreundlichkeit, aus der ich selbst existiere) , »dieses Werk« genannt.[135] Und in einer Besinnung auf den Sinn *dieses* biblischen Imperativs (Lev 19,18) hat er noch einmal darauf reflektiert, wie »Güte« und »Werk« in seinen Augen zusammenhängen. Buber/Rosenzweig hatten die übliche Übersetzung: »Liebe deinen Nächsten wie dich selbst« verworfen, damit auch die seit Augustin geläufige Deutung, Selbstliebe sei die Voraussetzung für die Liebe zu einem Anderen. Sie übersetzten stattdessen: »Liebe deinen Nächsten, er ist wie du«, ve ahavta l'reacha kamocha.

Vielleicht sind wir jetzt mit Lévinas schon so vertraut, daß wir spüren: Er kann auch mit dieser Übersetzung nicht zufrieden sein. Denn genau wie die alte Übersetzung – Liebe ihn »wie dich selbst« – den Nächsten prinzipiell zurückführt auf die Selbstliebe des Einen, geschieht dies ja auch noch in Buber-Rosenzweigs Übersetzung, denn auch sie nimmt an dem Einen, an mir selbst, das Maß und Motiv für die Liebe des Nächsten; *weil* er wie du ist, sollst, wirst, kannst du ihn lieben. Buber hatte gerade an der Übersetzung dieses Verses weiter gearbeitet; in der »Neuausgabe« von 1954 übersetzte er: »Halte lieb deinen Genossen, / dir gleich«. Da wird Menschengleichheit zum Grund für Nächstenliebe gemacht; das Eine triumphiert auch hier, und wir verstehen, daß Lévinas von seinen Überlegungeng her dem nicht gut folgen kann: der klassischen Übersetzung nicht (»wie dich selbst«), – der ersten Buber-Rosenzweigschen nicht (»er ist wie du«), – der zweiten Buberschen nicht (»dir gleich«).

So versucht er eine vierte Version, das biblische kamocha zu übersetzen, und da dann taucht der Begriff des »Werkes« auf: »›Liebe deinen Nächsten; dieses Werk ist wie du selbst‹; ›Liebe deinen Nächsten; das bist du selbst‹; ›diese Liebe des Nächsten ist es, die du selbst bist‹« (a.a.O. 115). Das heißt: Ich bin Ich *nur* in der Liebe des Nächsten, bin es *nicht vor*her, also: Nicht *weil* ich ich bin, liebe ich den Nächsten, sondern: Nur im Lieben des Nächsten bin auch ich. In die-

134. M. Luther, Sermon auf den Palmtag (1523), vgl. WA 12, 470, 40-41.
135. E. Lévinas, Wenn Gott ins Denken einfällt. Diskurse über die Betroffenheit von Transzendenz, 1985, 115.

sem »Werk« bin ich. So hat der Ausdruck »Werk« durchaus auch einen Klang der von protestantischen Theologen so verpönten Werk-«Gerechtigkeit«: In der Liebe des Nächsten bin ich als Ich voll gerechtfertigt. »Die Liebe ist des Gesetzes Erfüllung« (Röm 13,10), also: Werk.

Allerdings hätte eine theologische Abqualifizierung solcher Werkgerechtigkeit immer schon bemerken können, daß das »Werk« jüdisch niemals der Erreichung einer Selbst-Gerechtigkeit, einer ἰδία δικαιοσύνη, diente, denn immer war es die Bewegung einer Selbst-Preisgabe, einer Heteronomie, einer Unterstellung unter das Gesetz eines ganz-Anderen-als-ich. Niemals tat ein Jude ein Werk um seinet-, des Juden, willen, sondern um eines Anderen, um Gottes, willen; oder mit den Pirke avot und Jeshajahu Leibowitz andersherum gesagt: Stets taten ein Jude, eine Jüdin das »Werk« der Gebote um seinet-, des Gebotes willen, nicht um eines Lohnes willen. Dies bringt Lévinas in seiner Übersetzung des Gebotes der Nächstenliebe als eines »Werkes«, eines ἔργον, Œuvre zum Ausdruck.

Und noch ein Moment jüdischen Wissens ums »Werk« gehört wohl dazu. Der Inhalt des »Werkes« ist ja in unserem Zusammenhang das Ungeheure eines Exodus aus dem Selbstbehauptungsgesetz des Selben in die Fremde eines ganz Anderen-als-Sein. Wie philosophisch und ethisch schwer das ist, hatten wir aus Platons Wort vom »Werk« schon gehört. Das besonders Schwere liegt darin, daß der Auszug aus dem Ich-bezogenen Seinsdenken zum Anderen hin für Lévinas ein *Auszug ohne Wiederkehr,* also auch ohne Rückkehr werden soll, wir hörten: Aufbruch in eine Transzendenz ohne Halt, eine Transzendenz des Unendlichen.

Dazu lehrte der Rabbi Tryphon aber Folgendes – und ich halte nicht für ausgeschlossen, daß Lévinas bei seinem »Werk«-Projekt auch daran gedacht haben könnte (Pirke avot II,21): »Es liegt dir nicht ob, die Arbeit zu vollenden …« – mal'achah, steht da, und das heißt griechisch ἔργον und deutsch »Werk« –, »… es steht dir aber auch nicht frei …« – hebräisch: ve lo attah ben chorin, du bist kein Sohn der Freiheit –, »… dich ihrer zu entledigen«; d.h. Beginne ein Werk ohne für dich erreichbares Ziel, – beginnen kannst du es auch ohne auf eine Vollendung aussein zu können; stärker als ein je erreichbares Ziel des Werkes ist die Nötigung, unter der du stehst, es zu beginnen; stärker als ein Ziel ist, daß du verhaftet bist dazu, aufzubrechen und zu beginnen. Rabbi Tryphon dachte dabei an das Tora-Lernen: Du bist dem verhaftet, auch wenn du damit nie zur Vollendung gelangen wirst, dieses »Werkes« kannst du dich nicht entledigen. *Natürlich* steht dabei die Frage, ob sich das »lohnt«, mit zur Diskussion, Rabbi Tryphon hat sie nicht unterdrückt. »Hast du viel Tora gelernt, so wird man dir einen großen Lohn geben. Dein Arbeitsherr (dein »Werk-Meister«, dein baal mel'achatach) ist zuverlässig, dir den Lohn für deine Arbeit (poel) zu bezahlen. *Wisse aber,* daß die Belohnung der Frommen (erst) in der zukünftigen Welt erfolgt«; freilich steht da nicht: im olam ha-ba, also nicht in zukünftiger, bestimmter Weltgestalt, sondern es heißt: l'atid lebo = »im Bevorstehenden, das kommt« – gegenüber dem stets schon gegenständlich Gewußten des olam ha-ba ist *»das Bevorstehende, das kommt« etwas Unbestimmtes und könnte Repräsentanz für Transzendenz eines Unendlichen meinen.* Und so hätten wir in diesem Wort des Rabbi Tryphon (ob es nun von ihm stamme oder eine Interpolation in den Mischna-Text wäre) ein »Werk«, das aufs »Unendliche« zielt. Wäre es also ausgeschlossen, daß Lévinas, im Tora-Studium geübt, eben dies als Erfahrung für die Ausbildung eines Weges zu radikaler, absoluter Transzendenz genommen hätte? Jedenfalls möchten wir gerade in dieser Sache Lévinas in einem als Schüler der Tora und Lehrling Platons sehen und den merkwürdigen Begriff »Werk«, den er dafür prägt, aus beidem gefügt verstehen: l'Œuvre.

Aber nun zum »*Werk*« selbst: Was geschieht in ihm? »Radikal gedacht ist das Werk ... eine Bewegung des Selben zum Anderen, die niemals zum Selben zurückkehrt. Dem Mythos von Odysseus, der nach Ithaka zurückkehrt, möchten wir die Geschichte Abrahams entgegensetzen, der für immer sein Vaterland verläßt, um nach einem noch unbekannten Land aufzubrechen, und der seinem Knecht gebietet, selbst seinen Sohn nicht zu diesem Ausgangspunkt zurückzuführen« [136] – Bild für das Ziel, Transzendenz radikal zu denken: Exodus ohne Rückkehr zum heimeligen Ich: seiner Verfügungsgewalt über Alles und seiner Maßgeblichkeit für das Verstehen von Allem.

Lévinas springt vom Bild der Auswanderung Abrahams sofort zu systematischen *Kennzeichnungen* des »Werkes«.

a. Das Werk, soll es geschehen, verlangt »eine radikale Großmut des Selben« – also des alles und jedes mit sich identifizierenden Ich –, die darin besteht, »auf das Andere« zuzugehen (216). Großmut, μακροθυμία, enthält auch ein Moment des Wagnisses, eines großen Muts also, einen ersten Schritt zu tun: aus der bergenden Selbstgewißheit des Ich-denke heraus hin zur Transzendenz des Anderen, in der ich meiner selbst nicht mehr gewiß sein kann und in der mir darum nichts mehr gewiß ist.

b. Dazu gehört sofort: Das Werk, soll es getan werden, »verlangt infolgedessen die *Undankbar*keit des Anderen. Die Dankbarkeit wäre gerade die *Rück*kehr der Bewegung zu ihrem Ursprung« (216) – denn im Genuß der Dankbarkeit des Anderen für meine Zuwendung zu ihm wäre ich doch wieder nur selbst das heimliche Ziel meines Auszugs zu ihm hin gewesen, – in seinem Dank könnte dann doch wieder nur ich mich bestätigt, belohnt finden. Darum wird die Undankbarkeit des Anderen – des anderen Menschen, – der fremden Sache, – Gottes – zu einem geradezu positiven Kennzeichen radikal gedachter Transzendenz.

136. E.Lévinas, Die Spur des Anderen, a.a.O. 215f.

Das ist, in philosophischen Termini, die Logik des berühmten Spruches von Schim'on, dem Gerechten, den wir durch Antigonos von Socho empfangen haben: »Seid nicht wie Diener, die dem Herrn dienen in der Absicht, Lohn zu empfangen, sondern seid wie Diener, die dem Herrn dienen ohne die Absicht, Lohn zu erhalten«: Pirke avot I,3. Auch das meint nicht nur: »Erwartet keinen Lohn«, es meint positiv: »Tut das Werk überhaupt jenseits jeder Lohn-Perspektive« – also: in radikalem Jenseits gegenüber jedem Lohngedanken, jedem Interesse an der Frage: ob das Werk sich lohne. »Undankbarkeit« ist nicht Kennzeichen für einen Mangel, einen *Verzicht,* den man von vornherein hinnehmen soll, sondern ein positiv gemeinter *Grenz*begriff zur Bestimmung einer Struktur von absolut gedachtem Jenseits, also eines *Außerhalb jeder Gegenseitigkeit,* – *Außerhalb des Regelsystems von Aktion und Reaktion.*

c. Aber Lévinas meint *nicht* einfach die Ersetzung des dreitausendjährigen Egoismus in der Struktur abendländischen Denkens durch einen abstrakten *Altruismus,* ein *Prinzip* von ethischer oder logischer Selbstpreisgabe. »Das Werk«, sagt er, »unterscheidet sich … vom Spiel oder der bloßen Verausgabung« – vom »Spiel«: sofern Ich-Auslöschung ja doch nur gespielt, nie erreicht werden könnte.

»Es ist nicht bloßer Verlust«, was im Werk sich ereignet. Es ist auch nicht Bestätigung eines nihilistischen Daseinsgefühls, etwa der Art: Wenn ich den Exodus aus meiner Selbst-Gerechtigkeit beginne, ist dies ein Sprung ins Dunkle, ein Gang ins Nichts; denn um mich herum ist ja nur Nichts, da doch Ich Instanz der Totalität, der Erfahrbarkeit und Erkenntnis des Ganzen bin. Als »Sprung ins Dunkle« haben Theologen der Dialektischen Theologie in den Zwanziger Jahren den Glauben bezeichnet – und damit gezeigt, wie sehr protestantisches Glaubensverständnis dem philosophischen Sein auch damals noch verhaftet war. »Das Werk ist weder bloßer Erwerb von Meriten …« – also: aus auf Gegenreaktion, auf Dankbarkeit, auf Antwort – »… noch blanker Nihilimus. Denn wie der, welcher dem Verdienst nachjagt, so macht auch der Nihilist, unter dem Anschein der Absichtslosigkeit seines Tuns, sich selbst zum Ziel« (216). Inwiefern? Bräche er auf ins Nichts, fände er dort niemanden als – sich selbst, auf keinen Fall etwas Anderes, gar: Jemand Anderen als sich selbst; gerade der Nihilist bliebe bei sich, sofern er alles leugnet – außer: Sich selbst.

d. Alles bisher Gesagte läßt sich noch einmal anders hören in folgendem Satz: »Das Werk ist daher eine Beziehung zum Anderen, der erreicht wird, ohne sich als berührt zu erweisen.« (216).

In radikaler Transzendenz können wir einen Anderen *erreichen,* der Auszug führt nicht ins grenzenlose Nichts, das Jenseits-des Seins-und-des-Denkens ist nicht Nichts. Wir kommen zu Jemandem, eben zum Anderen. Seine Transzendenz bleibt dennoch bewahrt, – denn auch wenn wir ihn erreichen, werden wir ihn doch nicht *berühren* können. Er wird uns *gegenüber* bleiben – mit einem noli me tangere, rühre mich nicht an. Das Betasten des ungläubigen Thomas kommt nicht in Frage (Joh 20,27), wir werden den Anderen nie »begreifen«, nie »in den Griff« bekommen können. Radikale Transzendenz ist Beziehung ohne Berührung, Beziehung in Distanz, – »ohne Berührung« aber auch in dem Sinne, daß der Andere sich davon nicht berührt zeigen muß, daß wir in Beziehung zu ihm treten. Juden muß es wirklich nicht berühren, wenn Christen damit beginnen würden, eine herrschaftsfreie, nicht am Christentum interessierte Beziehung zu ihnen zu suchen. Es muß sie »nicht berühren«, d.h. auch: Sie können es ungerührt, reaktionslos, *antwortlos* geschehen lassen. Nach zweitausend Jahren Judenhaß haben sie dies, haben sie uns nicht nötig. Der Andere bewahrt sich in seiner Andersheit gerade darin, daß er uns nicht nötig hat. Eine bedürfnislose, notlose, un-nötige Beziehung wäre die einer radikalen Transzendenz: von Seiten dessen aus gesehen, der in dieser Beziehung gesucht wird – Lévinas beschreibt diese Beziehung mit den Worten: Das Werk »liegt außerhalb der grämlichen Genüßlichkeit von Mißerfolg und Tröstungen, durch die Nietzsche die Religion definiert« (216) – eben weil es ein Außerhalb eines jeden *Heils*bedürfnisses meint: jenes Touch me, feel me, heal me-Syndroms einer sinnlich abgestorbenen Moderne, die nicht in Beziehungen, nur in Berührungen, im Betatschenkönnen und Betatschtwerden, das Heil sieht: im sozialistischen Bruderkuß, den Honnecker und Breschnjew tauschten, – im ἅγιος φίλημα (Röm 16,16), dem heiligen Kuß religiöser Gewohnheiten, – dem Austausch treudeutscher Händedrücke, – den Umarmungsgesten eines sich von alter Leibfeindlichkeit emanzipierenden Bürgertums, – in jenem öffentlichen Hand-in-Hand-Gehen arabischer Männer. Außerhalb jenes (nach Nietzsche apostrophierten) spezifisch protestantischen Heilsbedürfnisses auch, das sich darin äußert, daß wir am Gesetz Gottes scheitern müssen, um von seinem Evangelium um so mehr getröstet werden zu können.

e. Das Werk des Aufbruchs ohne Wiederkehr, das nicht mit Antwort und Dankbarkeit rechnet, das sich begnügt, Beziehungen zu suchen in Distanz ohne Berührung, ist ein Werk ohne »Unmittelbarkeit des Sieges«, ohne »Triumph« (216).

Will sagen: Wohl können wir einen terminus a quo unseres Auszugs bestimmen, doch nicht in gleicher Bestimmtheit den Zielpunkt des Weges, einen terminus ad quem. »Nicht in gleicher Weise« heißt: nicht so, daß wir Ausgangs- und Zielpunkt auf gleicher Ebene, einander ebenbürtig denken könnten. Dann hätten wir wieder ein von vornherein dialektisch auf einander bezogenes Paar, ein Parallelogramm der Kräfte, das uns doch nicht aus seinem System entließe. »Die einseitige Bewegung würde sich in Gegenseitigkeit verkehren. Würde das Werk Ausgangs- und Endpunkt einander gegenüberstellen, so würde es sich in Gewinn- und Verlustrechnungen verzehren, es ginge in kalkulierbaren Operationen auf. Es würde sich dem Denken unterordnen« (216) – gäbe kein Jenseits von Denken; denn Denken kalkuliert. »Die einseitige Tat ist nur möglich in der Geduld; die bis ans Ende durchgehaltene Geduld bedeutet für den Handelnden: darauf zu verzichten, die Ankunft am Ziel zu erleben, zu handeln, ohne das gelobte Land zu betreten« (216) – bedeutet also *Mose*existenz. Immer wieder hatte Mose das Volk, das er durch die Wüste führen sollte, zu Aufbrüchen nach vorne, aufs verheißene Land hin geradezu treiben müssen. Längst sehnte das Volk sich zurück nach den verlorenen Fleischtöpfen Ägyptens – selbst um den Preis der alten Sklaverei. Weil das Volk sich nur so widerwillig zum Anderen-als-Ägypten in Bewegung bringen ließ, wurde ihm verwehrt, das gelobte Land zu erreichen; und so war es auch Mose – einem aus diesem Volk – bestimmt und beschieden, *nicht* ins Ziel zu kommen. Erst die Kinder der Wüstengeneration sollten das Land betreten, die Wanderer selbst sahen nichts als ihren Tod.

Offenbar in dieser biblischen Geschichte denkend, sagt Lévinas nun *f.:* »Die Zukunft, für die das Werk unternommen wird, muß von Anfang an gesetzt werden als gleichgültig gegen meinen Tod« (217). Das heißt: Ein Aufbruch zum Anderen-als-Ich-und-als-Sein ist unmöglich (mit Heidegger) als ein »Sein zum Tode« aufzufassen, als wäre der Tod das Ziel und nicht der Andere. Der philosophische Auswanderer soll diesmal nicht seinem Tod entgegenwandern, sondern: dem Anderen, also auf ein »Sein-zum-Jenseits-meines-Todes« (217) zu – ein höchst anspruchsvolles Wege-Konzept. Es enthält offenbar folgende Einzelmomente:

Erstens. »Gleichgültigkeit« gegen den Tod soll hindern, je noch einmal den Anderen im Zeichen oder Schatten des Todes zu sehen: des Todes überhaupt, d.h. der Macht und Gewalt, der Unentrinnbarkeit des Todes, aber auch nicht im Schatten meines Todes, der mich in seiner Letztendlichkeit hindert, auf den Anderen zuzugehen. In der Annäherung an den Anderen darf der Tod grundsätzlich keine Rolle mehr beanspruchen, er darf ihn nicht beschatten und mich nicht hindern, auf ihn zuzugehen. Der Andere soll »mehr« und wirklicher als der Tod gelten.

Denn zu lange sehen wir den Anderen im Zeichen des Todes. Indem seine Andersheit uns befremdete und störte, fühlten wir uns entfremdet, bedroht von ihm. Er, der Andere, setzte uns in Todesangst vor Selbstentfremdung, Selbstverlust, er bestritt uns unser Leben. Und wir wehrten uns *da*gegen, indem wir uns gegen *ihn* wehrten, ihn als »des Todes schuldig« beurteilten (Mt 26,66), verurteilten und seinerseits dem Tode übergaben oder überließen. Gerade den uns-Anderen töteten wir – vor allem ihn, Abel, der anders darin war, daß *Gott* ihn anders – wohlgefälllig – angesehen hatte als mich: den Kain (Gen 4,1ff). Kain: wir Christen, wir Deutschen – Abel: Juden in ihrer Andersheit, uns in Judaeophobie versetzend, darum erklärten wir sie für des Todes schuldig und übergaben und überließen sie dem Tod. Aber nun gilt es, endlich Schluß zu machen mit dem Gesamtsyndrom von der Tödlichkeit des Anderen.

Zweitens. Zur »Gleichgültigkeit« gegen den Tod gehört insbesondere die »gegen *meinen* Tod« (217). Der Andere, der überhaupt aus dem Schatten des Todes herausgeholt werden soll, soll dies erst recht aus dem Schatten »meines« Todes – d.h.: aus der Unzulänglichkeit und Begrenztheit meines *zeitlichen* Daseins. Die Weisung des Rabbi Tryphon – Beginnen kannst du das Werk, wenn es auch nicht vollenden – bekommt hier in bezug auf die Endlichkeit des Lebens einen eschatologischen Gehalt. »Das Werk« ist angelegt über die Grenzen meiner Lebenszeit hinaus. Es ist dies »von Anfang an« (217); das Unvollendete ist ein Unvollendbares, nie sich Erschöpfendes, ein Werk: von Generation zu Generation und insofern grundsätzlich über mich in meiner Endlichkeit hinaus konzipiert.

Insofern aber vor allem über *mich* hinaus konzipiert, d.h. hinaus über jene Hemmung, die das Ich bisher immer bedeutete für einen Weg zum Anderen. Sterbe ich, bevor ich das Ziel erreiche, ist der Andere nicht mehr in Gefahr, auf mich zurückbezogen zu werden – eine Gefahr, die ihm droht, solange ich lebe: selbst dann noch, wenn ich mich schon aufgemacht haben sollte auf den Weg zu ihm hin. *Mein Tod kann so die Hoffnung der Freiheit des Anderen sein: der Freiheit in seiner Andersheit.* Insofern hat die Formel von der »Gleichgültigkeit« gegen meinen Tod *grundsätzliche* Bedeutung, beschreibt nicht nur die *Zeit*form meines Weges zum Anderen, sondern ist ein wesentliches Moment seiner *inhaltlichen* Bestimmung – wie die Undankbarkeit, die Unberührtheit des Anderen, wie das Desinteresse am Ziel, am Sieg.

Drittens. Aber natürlich soll die Gleichgültigkeit gegen »meinen« Tod auch mich betreffen. Auf dem Weg zum Anderen hin begriffen, soll ich heimlich nicht doch auf meine persönliche Unsterblichkeit rechnen, um doch noch die Genugtuung zu bekommen, am Ende dabeisein zu können, wenn denn einmal die Beziehung zum Anderen erreicht werden und – auch ohne »Berührung« – *gelingen* sollte. Der Weg zum Anderen soll auch nicht verstellt werden durch eine ganz kleine persönliche Utopie des Dabeiseins. »Wer darauf verzichtet, den Erfolg seines Werks zu erleben, hat diesen Sieg in einer Zeit ohne das Ich; er zielt ab auf diese Welt ohne Ich, er intendiert eine Zeit jenseits des Horizontes seiner Zeit. Eschatologie ohne Hoffnung für sich oder Befreiung von meiner Zeit« (217).

Das heißt: Die Zukunft soll allein dem Anderen gehören, nicht ebenso mir. Zu *seiner* Zukunft wollen wir aufbrechen, nicht zu unserer, auch nicht: zu unserer »gemeinsamen«. Unsere »gemeinsame Zukunft« wäre allenfalls eine »bessere«, noch nicht »die« Zukunft. »Die Zukunft« kann nur die Seine werden: wo selbst das Reich des Messias vergangen ist vor dem Reich Gottes, – wo auch »der Sohn selbst sich dem unterwerfen (wird), der ihm alles unterworfen hat, damit Gott alles in allem sei« (1 Kor 15,28) – damit also der schlechthin andere »alles in allem« sei – von keinem »Ich-aber-auch« mehr unterstützt oder konkurrenziert. Lévinas denkt hier als Philosoph in der Weise von Johannes, dem Täufer:

Eum oportet crescere, me autem minui: Jener muß wachsen, ich aber abnehmen (Joh 3,30). »Sein für eine Zeit, die ohne mich wäre, sein für eine Zeit nach meiner Zeit, für eine Zukunft jenseits des berühmten ›Sein-zum-Tode‹, ein Sein-für-nach-dem-Tode« (217). Wir werden gleich noch einmal an den Täufer denken müssen, wenn wir weiter auf Lévinas hören.

Zunächst aber *g.* Merkwürdiger Satz: »Wer darauf verzichtet, den Erfolg seines Werks zu erleben, hat diesen Sieg in einer Zeit ohne das Ich« (217). Das heißt ja doch: Die Zukunft des Anderen wird eine Zeit ohne das Ich sein – ohne *mein* Ich –, gerade als Zeit »ohne das Ich« wird sie die Zukunft des Anderen sein. Aber doch kann Lévinas sagen, daß »wer darauf verzichtet, den Erfolg seines Werks zu erleben«, »hat diesen Sieg«. Was könnte das heißen: Wir erleben es nicht und haben dennoch »diesen Sieg«, nicht »in Unmittelbarkeit« (216«) – aber doch? Heißt das: Sieg, der im Verzicht auf Erfolgserlebnisse besteht, – gleichsam moralisch geurteilt: Sieg des Selbstverzichts, der Selbstüberwindung? Oder heißt es vielmehr: Sieg, den wir zwar nicht erleben, an dessen Zustandekommen wir aber doch bis zu unserem Tode beteiligt waren darin, daß wir uns auf den Weg zum Anderen gemacht haben? Wir werden den Sieg nicht feiern, aber sind beteiligt daran, ihn zu erringen. Sieges*gewißheit* gleichsam können wir »haben« – jetzt schon.

Dies »jetzt schon« ist nicht unwichtig, denn das ist jene »Spiegelung« radikaler Transzendenz, von der wir sprachen, in unserem »Werk«. »›Daß die Zukunft und die entferntesten Dinge die Regel seien für alle gegenwärtigen Tage!‹« – ein Nietzschewort –, »dies ist kein banaler Gedanke, der die eigene Dauer erschließt, sondern der Übergang zur Zeit des Anderen. Was einen solchen Übergang ermöglicht, soll man es Ewigkeit nennen? Aber vielleicht geht die Möglichkeit des Opfers bis ans Ende dieses Übergangs und entdeckt, daß diese Extrapolation keinen harmlosen Charakter hat: Sein-zum-Tode, um zu sein für-das-was-nach-mir-ist« (217).

Sein-für-das-was-nach-mir-ist. Hier hören wir abermals Johannes, den Täufer: »Nach mir kommt ein Mann, der vor mir gewesen ist; denn er war als Erster vor mir« (Joh 1,30). Die zweite Zeile des Johannes-Spruchs wird (der Sache nach) größte Bedeutung bekommen bei der Schilderung der Transzendenz des Antlitz. Die erste Zeile hören wir, indem wir vom Vorgänger-Charakter des Übergangs erfahren. Auch Johannes ging in den Tod, »um zu sein für-das-was-nach-mir-ist«. Er erlangte nicht den Sieg. Sein Sein-zum-Tode lebte er in der Fraglichkeit: »Bist du, der da kommen soll, oder sollen wir eines anderen warten?« (Mt 11,3: ἢ ἕτερον προσδοκῶμεν…) Das ist in der Tat Sein-zum-Tode im Übergang zum Anderen.

Schließlich *h.* Lévinas belegt diesen Übergang zum Anderen mit dem griechischen terminus λειτουργία, Liturgie. Er soll hier nichts zu tun haben mit der Ordnung irgendeines religiösen Gottesdienstes. Lévinas gebraucht das Wort in jenem profanen, staatlich-gesellschaftlichen Sinn, den es bei den alten Griechen hatte. Da bezeichnete Liturgie die freiwillige Übernahme von Lasten für das Volk und das Gemeinwesen durch Bürger, die drei und mehr Talente an Vermögen besaßen. Sie konnten dafür keinerlei besondere Ehrung erwarten, geschweige denn ein Entgelt – etwa in Steuernachlässen. Von dem, der dies Amt eines Liturgen ausübte, war ein verlorener Einsatz gefordert (218). So soll »Liturgie« noch einmal »das Werk« benennen: einmal als ein »Amt«, d.h. ein nicht in privater Verborgenheit und Heimlichkeit, sondern in Öffentlichkeit und für sie übernommenes Amt – der Weg zum Anderen ist ja ein Weg der *Philosophie,* also der öffentlichen Kommunikation, mithin etwas anderes als jene Diakonie der guten Werke in den Religionen, für die Jesus rät, nicht einmal die eigene Linke wissen zu lassen, was die Rechte tut (Mt 6,3). Der Weg zum Anderen kann deswegen Liturgie heißen und ein öffentliches Amt meinen, weil es ein Weg gegen den Krieg, gegen Mord und Totschlag in ihrer Evidenz ist. Diese Liturgie aber ist »die absolut geduldige Tat« (218), hat amtlichen Charakter, weil sie für Generationen konzipiert ist und weder einen von Individuen zu verrichtenden Kult, also: nichts Gottesdienstliches meint, aber auch nicht etwas »neben den Werken und der Ethik«, den öffentlichen Handlungen und ihrer öffentlichen Reflexion. Sondern: »Sie ist die Ethik selbst« – sie: die Liturgie des Weggangs zum Anderen (218).

Dies mag uns für die nähere Bestimmung des »Werkes« zunächst genügen. Die Benennung der Transzendenz des Anderen ist die unseres »Übergangs« zu ihm. Seine Transzendenz hat Lévinas zuerst und wesentlich als unser transcendere zu ihm hin beschrieben. Wir haben gelernt: Transzendenz braucht Geduld, langen Atem, einen, der über meinen letzten Atemzug hinausträgt. Es ist nicht so, daß der Andere der wäre, der meinen Tod erwartet, um darüber erleichtert endlich aufatmen zu können. Obgleich ich umgekehrt dem Pariser Kardinal Aaron Jean-Marie Lustiger zustimme, der kürzlich in Tel Aviv sagte: Eine angemessene Strafe Gottes dafür, daß wir die Shoah zugelassen haben, wäre die Vernichtung der Welt gewesen[137]; er sagte dies in seiner Person-Einheit als Jude und Christ. Aber daß wir uns auf den Anderen über unseren Tod hinaus beziehen, erst das macht unser Sein wirklich aus einem »Sein zum Tode« zu einem *absoluten* Sein-für-den-Anderen.

Doch wie kämen wir dazu, was triebe uns auf diesen Weg? In uns finden wir ja keine Kraft eines Begehrens zum Anderen in seiner Andersheit hin. Für gewöhnlich ist unser Verhältnis zum Anderen bestimmt von einer Begierde, einem

137. Ev. Arbeitskreis Kirche und Israel in Hessen und Nassau (Hg.), Materialdienst. Ausg. Nr.3/Juni 1995, S.35.

triebhaften oder auch geistigen Bedürfnis danach, daß er – wie auch immer – ein Anderer für mich ist: pro me. Was aber weckt denn ein ganz selbstloses Begehren: des Anderen zu werden, für ihn zu sein? (218ff).

γ) Die Transzendenz des Antlitzes

Lévinas entwickelt jetzt eine Gegenbewegung zu der unseres Aufbruchs zum Anderen hin. *Von ihm her kommt uns etwas entgegen.*

Nicht, daß *er* uns entgegenkäme. Wäre es das, käme es nie zu einer absoluten Transzendenz, wie Lévinas sie zu denken für nötig hält. Dann wären doch wir selbst wieder nur letzter Bezugspunkt unserer Entfernungen von uns selbst und verließen uns nicht. »Etwas« wirkt vom Anderen her auf uns ein. Was? Wieder wählt Lévinas – philosophierend – einen durch und durch biblischen Begriff, um mit ihm zu benennen, was vom Anderen her auf uns einwirkt: panim, πρόσωπον, das Angesicht, das Antlitz.

Das hebräische Wort panim – eine Pluralbildung, für die es keinen Singular gibt – kommt her vom Verbum panah, wenden, bezeichnet also ein Wendeereignis, nämlich die sich uns zuwendende oder die uns zugewandte Seite einer Sache oder eines Lebewesens. Im Antlitz ist uns etwas oder jemand zugewandt, richtet sich auf uns, – an uns, – blickt uns an. Dabei ist nicht allein an das Auge gedacht, und wenn in der Bibel vom Antlitz Gottes die Rede ist, sollen wir dies nicht in eins setzen mit dem trinitarischen Dreieck des Auges Gottes in der Symbolsprache der Kirchen: auf ihren Altären und Bildern. Eine Begegnung mit dem Auge Gottes wurde vielfach wie ein geheimpolizeiliches Beobachtetwerden erlebt und – mit Recht – abgelehnt. Für antike Menschen war weniger – wie etwa für Goethe – das »sonnenhafte« Auge das Charakteristische an einem Gesicht, oder – wie für die Nazis – etwa das blaue Auge; im Gesicht suchten die Alten zuweilen eher nach der Mundpartie, und es war ein »sprechendes« Gesicht, ein persönliches Gespräch läßt sich ein Gespräch »unter vier Augen« nennen, also panim-äl-panim, πρόσωπον πρὸς πρόσωπον, von Angesicht zu Angesicht. Jedenfalls ist »Antlitz« weniger eine ästhetische Größe: das schöne, das »edle Angesichte«[138], das man anschaut, um sich daran zu freuen, oder in das man schaut, um hinter der Physiognomie oder in ihr oder aus ihr heraus etwa Züge von Beseeltheit oder Geistigkeit oder – mit Johann Caspar Lavater – bestimmter Charaktere zu erblicken. Mit dem Wort »Antlitz« verbindet sich *Begegnung,* es beschreibt ein Sozialverhältnis, kein ästhetisches. In diesem Sinne wählt es Lévinas, mit den besonderen Bestimmungsmomenten: Das »Antlitz« soll benennen *a.* das uns Zugewendete des Anderen, *b.* das zu uns Sprechende des Anderen, *c.* den Anderen in der Weise, in der

138. Vgl. EKG 63,2/EG 85,2

er auf uns wirkt. Aber *d.* sein Antlitz ist nicht der Andere-ganz. Es wäre nicht völlig dasselbe, wenn wir sagten: »Er spricht zu uns« statt: »Sein Antlitz hat etwas Sprechendes, das uns zugewandt ist und sich an uns richtet«. Der Andere geht in seinem Antlitz nicht auf, das Antlitz ist nicht eine Metapher für den Anderen schlechthin. Das »Antlitz« benennt ihn nur in einer seiner Beziehungen: speziell der zu uns. Es soll also im Antlitz die Transzendenz des Anderen nicht aufgehoben werden, seine Ferne in der Zuwendung seines Antlitz nicht in vertraute Nähe und Faßbarkeit, Begreifbarkeit verwandelt gedacht werden. »Antlitz« bezeichnet vielmehr ein *Geschehen* der Transzendenz des Anderen und will besagen, daß Transzendenz, sowenig sie eine *Orts*bestimmung meinen soll, sowenig eine *Zustands*bestimmung. Im Antlitz wird die Transzendenz des Anderen zu einem bezüglichen Geschehen. Lévinas benennt das Geschehen, also das auf uns sich wendende panah von panim (erstens) als *Epiphanie,* (zweitens) als *Heimsuchung;* sie sind die Geschehensweisen des Antlitz.

Ehe er beides genauer bestimmt, erwägt er jedoch, wie dies Geschehen uns erreicht. Hier gibt er eine doppelte Bestimmung. Die *erste* zeichnet es als etwas ganz Alltägliches. Das Antlitz erscheint »in derselben Weise, in der alle Bedeutung hervortritt« (220), – ereignet sich innerhalb des »kulturellen Ganzen«, in dem wir alle leben und unsere Erfahrungen machen. Es ist als Alltägliches jedenfalls nichts Besonderes. Auf unseren Straßen gehen Millionen Gesichter an uns vorüber. Hunderten sitzen wir in der U-Bahn gegenüber, und wir blicken sie an, rätseln in ihnen: wer mag das sein, wie mag sie sein, – oder wir belustigen uns an der Komik oder Häßlichkeit mancher Gesichter, – geilen uns auf an der ebenmäßigen oder zarten Schönheit anderer, oder langweilen uns an ihrer Leere, Schläfrigkeit , – erschrecken über Abgezehrtheit oder expressive Wildheit. Der Menschheit ganzes Glück, ihr ganzer Jammer, ihre ganze Durchschnittlichkeit fassen uns da an. Und von da aus, aus diesem Ganzen, lassen wir uns den Anderen begegnen. Philosophisch sagt Lévinas hier, daß »das Verstehen des Anderen eine Hermeneutik und eine Exegese« seien aus dem »Licht der Welt«, und er meint damit nicht eines, das die Welt von außen her erleuchtet, sondern eines, das in der Welt leuchtet; er sagt: »Der Andere gibt sich im Rahmen der Totalität, der er immanent ist« (220). Wir können sagen: Im Gewimmel der Menschen auf der Straße ist der Andere kein Anderer als der *Passant,* – der Vorübergehende, der, den wir schnell aus den Augen verlieren und der uns schnell aus den Augen verliert – und wäre es nur hinter der Zeitung verschwindend, die er und die ich in der U-Bahn lesen, unsere Gesichter hinter ihr verbergend. In solcher durchschnittlichen Anonymität wirken wohl Gesichter auf uns – aber nicht der Andere in seinem Gesicht, – während wir doch meinen, gerade in dieser Anonymität der Gesichter dem Anderen, Fremden, Unbekannten, Unvertrauten zu begegnen.

Gegen solche in Gleichgültigkeit erfahrenen Gesichter setzt aber Lévinas nun eine *zweite* Begegnungsweise, die er – wieder mit einem religiösen Begriff – »die Epiphanie des Anderen« nennt (220). Sie »trägt ein eigenes Bedeuten bei sich, das unabhängig ist von dieser aus« (dem Licht) »der Welt empfangenen Bedeutung. Der Andere kommt uns nicht nur aus dem Kontext entgegen …« – auf der Straße, in der U-Bahn, im »Licht der Welt« –, »… sondern unmittelbar, er bedeutet durch sich selbst« (220f). Die erste »*weltliche* Bedeutung wird gestört und umgestoßen durch eine andere, abstrakte, der Welt nicht eingeordnete Gegenwart. Seine Gegenwart besteht darin, auf uns zuzukommen, einzutreten. Dies läßt sich so ausdrücken: Das Phänomen, das die Erscheinung des Anderen ist, ist auch Antlitz …«: ein »Eintreten, das in jedem Augenblick in der Immanenz und Geschichtlichkeit des Phänomens stattfindet« (221).

Denken wir wieder an die Erfahrung in der U-Bahn: Plötzlich springt eines von den vielen Gesichtern mich an, tritt hervor, beginnt, mich deutlicher zu beschäftigen, nimmt mich gefangen, macht mich befangen. Das geschieht ganz ohne Blickkontakt, also vor allem ganz ohne gegenseitiges Augenspiel. Augenspiel ist nicht Epiphanie: Weder Goethes berühmtes »Äugeln« noch das »Winken mit den Äugelein und treten auf den Fuß« unseres Volksliedes: »Wenn alle Brünnlein fließen, so muß man trinken«. Mich springt an ein Zug des Gesichts: Was mag ihn so gezeichnet, – was sich so eingezeichnet haben in diese Physiognomie? Mich springt an eine kleine Expression des Gesichts, eine Stellung des Auges, der Nase, des Mundes im Verhältnis zum Ohr; eine Stirnfalte, eine gleiche oder ungleiche Stellung der Backenknochen, die Form eines Kinns, ein Halsansatz, ein Adamsapfel (welche *Geschichten* konnte Günter Grass von Joachim Mahlkes Adamsapfel in »Katz und Maus« erzählen!). Ich bemerke einen inneren Gedanken an einem huschenden, schnell verflogenen Lächeln über sein Gesicht, – ich spüre ein quälendes Empfinden in schlagartiger Entleerung und Ermüdung eines Blicks, – oder das Aufkommen einer kurzen Aggression in der Anspannung der Gesichtshaut, oder auch Neugier im Auge, auch ein Schnüffeln der Nase – und auf einmal ist es, als brächen solche plastischen Züge und Ausdrücke der Physiognomie, die mir zu denken geben, zusammen, – auf einmal bricht etwas durch, was ich nicht mehr lesen, deuten, verstehen, übersetzen kann aus den einzelnen Zügen des Gesichts, – auf einmal bricht ein *nacktes* Antlitz hervor, physiognomisch nicht mehr aufzuschlüsseln. Das geschieht zum Beispiel in Augenblicken, in denen ein Anderer sich zurücknimmt aus einem Gespräch; sein Antlitz fällt da ein, – verliert die Spannung des Beteiligtseins, – man sieht für einen Moment das Interesse erschöpft, – Gegenwart, Anwesenheit im Kreise der Sprechenden schwindet, – Augen schließen sich – und wenn nur für den Bruchteil einer Sekunde. Gerade wo das noch zugewendete Antlitz Abwesenheit zeigt, springt es an, – gerade dann kann es mir Epiphanie des Anderen sein. Das Antlitz zeigt ihn, wie er im Augenblick nirgendwo ist als bei sich: in seiner Einsamkeit, Andersheit, in Unaufmerksamkeit gegenüber Anderen, im Nicht-Dasein-für-sie. Gerade da geht er mich an.

Gerade dort sucht er mich heim. Das ist die zweite Benennung für das Antlitz: Es ist die *Begegnungsweise des Anderen als Heimsuchung.*

Wieder wählt Lévinas zur Benennung der Transzendenz des Anderen ein biblisches Wort: das hebräische Verbum pakad, das griechische Verbum ἐπισκέπτομαι – beide bieten doppelten Sinn. Beide sind Verben des Sehens, meinen ein Hinsehen, Nachsehen, etwas oder jemanden Ansehen, gehören also in den Kreis des Gesichts. Zugleich aber können beide gebraucht werden im Sinne von besuchen, z.B. jemandem einen Krankenbesuch abstatten. Und so können beide auch den Sinn von heimsuchen haben, sowohl ein beglückendes als auch ein schmerzendes Geschehen, z.B. wenn Gott die Sünden der Väter »heimsucht« an den Kindern bis ins dritte oder vierte Glied (Ex 20,5) – oder (zum Guten gewendet) wenn er »besucht« und erlöst sein Volk (Lk 1,68 Luther: ἐπεσκέψατο) oder es »heimsucht«, indem er ihm einen großen Propheten sendet (Lk 7,16 Luther: ἐπεσκέψατο). Dieser Doppelsinn des biblischen Wortes erklärt uns seinen philosophischen Gebrauch: In der von Lévinas gedachten »Heimsuchung« durch das Antlitz sind beide Bedeutungsebenen ineinander verschmolzen: Das Nach-uns-Sehen und die Heimsuchung, beide sind eins.

»Die Epiphanie des Antlitzes ist Heimsuchung« (221) – u. zw. in beiderlei Gestalt des hebräischen und des biblisch-griechischen Sinnes des Wortes (»Heimsuchung« ist erst im Griechischen der Septuaginta ein Sinn von ἐπισκέπτεσθαι). Was geschieht in dieser Heimsuchung? Das Antlitz wird aufgerissen, wird wie »der Schrei« von Edvard Munch, – aus dem Bild des Antlitz wird plötzlich eine Fratze – wie eine antike Medusa, eine Gorgo, ein Schreckendes, alles Einladende und Einnehmende eines Gesichts verzerrt sich. Lévinas: »Während das Phänomen bereits Bild ist, Manifestation, die gefangen ist in ihrer plastischen und stummen Form …« – ihren geprägten Gesichtszügen, im »Ausdruck« des Gesichts –, »… ist die Epiphanie des Antlitzes lebendig. Sein Leben besteht darin, die Form aufzulösen, in der sich jedes Seiende, sobald es in die Immanenz eintritt …« – will sagen: uns vor Augen kommt –, »d.h. sobald es sich als Thema darstellt …« – uns irgendwie beschäftigt –, »… bereits verbirgt. / Der Andere, der sich im Antlitz manifestiert, durchstößt gewissermaßen sein eigenes plastisches Wesen wie ein Seiendes, das das Fenster öffnet … Seine Anwesenheit besteht darin, sich der Form zu entledigen, die ihn gleichwohl manifestiert. Seine Erscheinung ist ein Mehr über die unvermeidliche Erstarrung der Erscheinung hinaus« (221). Der Andere zerstört mithin jede Möglichkeit, ihn im Bilde zu halten – und zwar nicht nur in dem, das wir nach unseren Vorstellungen von ihm erschaffen, ihn uns einbilden und uns zu ihm verhalten nach unseren Einbildungen von ihm. Lévinas beschreibt das Aufgerissenwerden des Gesichts radikaler: Es zerstört auch die Möglichkeit, ihn in *seinem* Bilde uns vor Augen zu halten. Er dementiert nicht nur das Bild, das wir uns von ihm machen, sondern auch das, das er uns von sich gibt, das uns in seinem Antlitz »erscheint«. Heimsuchung nennt Lévinas dasjenige Widerfahrnis, in dem es uns nicht mehr gelingt, uns seines Antlitzes zu erinnern, – er uns gestaltlos wird, – er alles durchkreuzt, was wir als Bild von ihm im Gedächtnis unseres Herzens tragen mögen. »Heimsuchung« meint im Tiefsten die Auswirkung des Bilderverbots vom Sinai, nur nun nicht nur auf Gott, sondern auch angewendet aufs Menschenbild. Das Antlitz des Anderen ist die Zerstörung jeder Gültigkeit eines normativen Menschenbildes und seiner Anwendung auf ihn. Das Antlitz ist das Nein zum Bild, die Unwahrheit jedes Paßbildes oder eines welchen Fotos oder Gemäldes, welcher Kopfplastik oder welcher Radierung auch immer. Jeder »Charakterkopf« zerbricht.

Es ist also nicht so, daß die Heimsuchung des Anderen uns aus seinem Antlitz seine Welt enthüllte, und schon gar nicht: *seine* Welt. Brächte Antlitz eine Enthüllung, wäre es nicht Heimsuchung, sondern Teilgabe, Partizipation. Aber »Heimsuchung« meint etwas Schreckendes, Zurückstoßendes, nichts, was mich bereichern könnte wie ein Stück Kenntnis neuer Welt, die mir bisher verborgen war. »Im Konkreten der Welt …« – d.h. von so etwas wie Welt – »… ist das Antlitz abstrakt oder nackt« – »abstrakt« = weltlos, kontextlos und eben darin: »nackt«. »Es ist seines eigenen Bildes entkleidet. Durch die Nacktheit des Antlitzes ist Nacktheit überhaupt in der Welt erst möglich« (222). Adam und Chava sahen, »daß sie nackt waren« (Gen 3,7), nicht als sie aufeinander blickten, sondern als Chava »sah«, »daß von dem *Baume* gut zu essen wäre und daß *er* lieblich anzusehen sei …« (3,6): als sie also bereit war, sich der Grenzen ihrer Humanität zu entblößen, die Gott ihr gezogen hatte, als er sagte: »Eßt nicht davon« (Gen 3,3); da entkleidete sie sich ihres eigenen Bildes, in dem Gott sie und ihren Mann geschaffen hatte (Gen 1,27) und sah, daß sie nackt waren. »Die Nacktheit des Antlitzes ist Entblößung ohne irgendeinen kulturellen Schmuck« – einer Schminke, eines Kleides, selbst jener Feigenblätter-Schurze im Paradies (Gen 3,7).

Was bewirkt diese Nacktheit, Entblößung von jedem »kulturellen Schmuck« (was ja auch heißt: entblößt vom Schutz durch Formen gesellschaftlich-kultureller Angleichung, Gefälligkeit)?

»Der Eintritt des Antlitzes in unsere Welt geschieht im Ausgang von einer absolut fremden Sphäre – d.h. aber gerade im Ausgang von einem Absoluten, was übrigens der eigentliche Name der tiefen Fremdheit ist« (222). Wir haben also auch hier, wie beim Aufbruch aus dem Ich zum Anderen hin, die Figur von Exodus und Eintritt. Kein Eintreten ohne Auszug, – kein Gelobtes Land ohne Exodus. Auch der Andere ist in seiner Bewegung auf uns zu in einer Doppelbewegung begriffen. Während jedoch terminus a quo unseres Auszugs zum Anderen hin das nur allzu Bekannte ist – *unsere* Ordnung *unserer* Welt, die Beheimatung unseres Ich in unserem Ich, unsere Daseinsvertrautheit dadurch, daß wir die Welt auf uns zurückzuführen gelehrt worden sind –, ist terminus a quo des Anderen sein Ausgang aus einer »absolut fremden Sphäre«: der Sphäre des Absoluten, des tiefsten uns Fremden. Mit dieser Kennzeichnung des Absoluten als des tiefsten uns Fremden wird gesagt: Das Absolute ist *nicht* das bloß noch nicht Erforschte, bloß noch nicht Aufgeklärte und Begriffene, nur vorerst noch nicht Eingefügte in den Kosmos unseres Wissens, ist also nicht nur ein Bewußtseinsjenseits. »Fremdheit« meint hier eine Qualität: das unaufhebbar und wesenhaft Fremde, – das, was wir als Opposition nie werden domestizieren können, – was wir auch nie als Antithese an eine These werden binden können. Das Absolute ist aber natürlich auch nicht eine »andere Welt«, die sich uns jetzt öffnete, offenbarte; Lévinas spricht vom Absoluten als einer »Sphäre« wohl im Gegensatz zu einer »Welt«, einem olam, einem Äon: die immer korrelativ zu einer uns bekannten Welt gedacht werden, während »Sphäre« – eine Kugelform – eine in sich geschlossene Wirklichkeit bedeutet. Das besagt für unseren Zusammenhang: Das Antlitz tritt in unsere Welt ein im Ausgang von einer absolut fremden Sphäre, also: in einem Ausgang aus einer Wirklichkeit, die man – ausgehend – doch nicht verlassen, nicht hinter sich lassen kann, eben weil sie »Sphäre«, Kugelgestalt ist. Das Antlitz kann ausgehen aus der Fremdheit, aber wird nie die Fremdheit verlieren. Es scheint das in philosophischer Terminologie ähnlich einer christologischen Figur zu sein: Der ewige Sohn geht vom Vater aus – ohne doch je aufzuhören, zugleich beim Vater zu sein und ewig der »Sohn des Vaters, Gott von Art« zu sein: »ein *Gast* in der Welt hie ward« (EKG 15,5/ vgl. EG 23,5: Martin Luther). Wie der Sohn im Bezug zum Vater, so das Antlitz im Bezug auf die Sphäre absoluter Fremdheit. »In ihrer Abstraktheit ist die Bedeutung des Antlitzes im buchstäblichen Sinne des Wortes außergewöhnlich« (222), extraordinär, in keinem Sinne einzuordnen.

Mit der nächsten Frage spitzt Lévinas den Gedanken zu. »Wie ist es möglich, daß sich in der Heimsuchung des Antlitzes die Ankunft des Anderen im Ausgang vom Absoluten unter gar keiner Bedingung in *Offenbarung* verwandelt, sei sie symbolisch oder suggestiv? Wieso ist das Antlitz des Anderen nicht einfach eine wahre Vorstellung, in der der Andere auf seine Andersheit verzichtet?« (222) – ins Christologische umgedacht, hieße die Frage: Warum hätte der Sohn das Wesen des Vaters nicht so in sich, daß der Vater sich völlig in die Fleischesgestalt des Sohnes dahingegeben hätte, nicht nur »Gott in Christus«, sondern auch »in Christus Gott« vorbehaltlos, restlos offenbar und »da« wäre, warum keine Kenosis des absolut Anderen in das bei uns eintretende Antlitz hinein? Warum *spiegelt* sich nur im Antlitz des Sohnes der Vater, – warum ist das Antlitz des Sohnes nicht das des Vaters, oder wenigstens: gleich dem des Vaters? Oder –

das Problem auch auf die dritte trinitarische Person, den Geist hin gedacht (wozu Lévinas sprachlich anregt): Warum »Ausgang« des Geistes vom Vater und dem Sohne, seine processio (= Ausgang des Antlitzes) und doch immer noch und zugleich sein Verbleib im innergöttlichen Austausch, in der Kugelgestalt, Sphäre der Perichorese? Noch einmal die Frage, von Lévinas gestellt: »Wieso ist das Antlitz des Anderen nicht einfach eine wahre Vorstellung, in der der Andere auf seine Andersheit verzichtet?« (222!). Wieso nach der Menschwerdung des Wortes noch eine Gottheit Christi? Wieso nach dem Eintritt in die Immanenz noch Wahrung radikaler Transzendenz?

Bleibe dahingestellt, ob das christologische und das philosophische Problem, das Lévinas hier stellt, wirklich Dasselbe meinen. Doch wohl nicht. Doch ist die Parallelität der Probleme nicht einfach ein Zufall, – kein Zufall insbesondere, daß Lévinas auch in der Wahl der Termini zumindest theologische Fragestellungen assoziiert: Warum ist die Erscheinung des Antlitz bei uns keine »Offenbarung«?

Lévinas führt einen weiteren, für seine Kennzeichnung des Anderen und des Antlitzes wichtigen Begriff ein, diesmal keinen biblischen: *»Spur«.* »Um auf diese Frage zu antworten, müssen wir das außergewöhnliche Bedeuten der Spur … untersuchen« (222): die »Spur des Anderen«. Gemeint ist die Spur, die der Andere, wenn er eintritt bei uns, hinterläßt, denn er tritt nicht ein, um zu bleiben, sondern um gleich wieder zu verschwinden; seine Spur aber ist: Er bleibt uns unvergeßlich. Doch mehr noch bedeutet Spur eine, die im Antlitz des Anderen eingezeichnet ist von ihm widerfahrenem Widerfahrnis, – sie zeichnet ihn unauslöschlich; von ihr gezeichnet, tritt er bei uns ein als der Andere in seiner unüberwindbaren und von uns zu respektierenden Andersheit.

Was hier das Wort »Spur« meint, können wir jedoch erst verstehen, wenn wir zuvor eine »Ordnung des Personalen« erkennen, innerhalb derer die Rede von der »Spur des Anderen« Sinn macht. Diese Ordnung läßt uns das eintretende Antlitz sehen, genauer: es zieht uns in sie hinein, und zwar wird sie insbesondere durch jene Nacktheit und Abstraktheit des Antlitzes gebildet: seine kulturelle Schmucklosigkeit und gesellschaftliche Unvermitteltheit. Begegnet uns dies Antlitz, stürzt es als eine Heimsuchung unser Bewußtsein um, mit dem wir auf solche Nacktheit und Abstraktheit reagieren. Was verwirrt uns, wirkt so bewußtseinsverstörend am nackt begegnenden Antlitz? Antwort: »Das Antlitz ist Not. Die Nacktheit des Antlitzes ist Not, und in der Direktheit, die auf mich zielt, ist es schon inständiges Flehen. Aber dieses Flehen *fordert.* In ihm vereinigt sich die Demut mit der Erhabenheit« (222f) – d.h. vereinigt sich die Demut, in der aus dem nackten Antlitz ein hilfloses Ausgeliefertsein den anspringt, dem es sich zuwendet, mit der Erhabenheit, dem Stolz, dem Anspruch, in dem die Hilflosigkeit etwas Forderndes, Herausforderndes, Anforderndes an den richtet, auf den das Antlitz blickt. »Und dadurch kündigt sich die ethische Dimension der Heimsuchung an. Während die wahre Vorstellung ...« – etwa die: Im gekreuzigten Christus begegnet in Wirklichkeit und Wahrheit Gott – »... der Möglichkeit nach Schein ist ...« – wäre er wirklich Gottes Sohn, so stiege er vom Kreuz (Mt 27,40), aber er steigt nicht vom Kreuz, so ist er auch nicht wirklich Gottes Sohn, er scheint nur so –, »... während die Welt, die das Denken anstößt, nichts vermag gegen den freien Gedanken, der in der Lage ist, sich innerlich zu verweigern, in sich zurückzufliehen, freier Gedanke gerade angesichts des Wahren zu bleiben ..., während also das freie Denken ›das Selbe‹ bleibt ...« – den am Kreuz lästert und über ihn die Köpfe schüttelt (Mt 27,39), nachdem sie zuvor ihn schon ins Antlitz hinein gespien hatten (Mt 26,67) –, »nötigt sich das Antlitz mir auf, ohne daß ich gegen seinen Anruf taub sein oder ihn vergessen könnte, d.h. ohne daß ich aufhören könnte, für sein Elend verantwortlich zu sein. Das Bewußtsein hört auf, die erste Stelle einzunehmen« (223). Das notvolle Antlitz läßt sich nicht mehr mit meinen Kategorien organisieren, manipulieren, deuten, einordnen, zuordnen. Ihm gegenüber kann ich mich nicht mehr auf Abstand, nicht mehr in der Kühle des Abwägens und Überlegens halten, kann nicht mehr sein Zuschauer bleiben, – nicht mehr zu den am Kreuz »Vorübergehenden«, den παραπορευόμενοι gehören, die die Gekreuzigten gerade in ihrem Vorübergehen »lästern« (Mt 27,39), – auch nicht mehr zu den vielen Frauen, die »von ferne« zusehen, was mit Jesus geschieht: μακρόθεν θεωροῦσαι (Mt 27,55). Das nackte Antlitz, aus dem mich die hilflose und herausfordernde provozierende Not anschreit, verwehrt jedes solches θεωρεῖν: solche theoretische, bewußtseinsgesteuerte Distanz. Begegnende Not bricht Theorie: »Das Bewußtsein hört auf, die erste Stelle einzunehmen« (223) – es gibt in der Begegnung mit schreiender Not eine wichtigere Ordnung als die des ordnenden, einordnenden, deutenden Bewußtseins: die »Ordnung des Personalen« (222).

»So bedeutet die Anwesenheit des Antlitzes eine nicht abzulehnende Anordnung, ein Gebot, das die Verfügungsgewalt des Bewußtseins einschränkt. Das Bewußtsein wird durch das Antlitz in Frage gestellt. Diese Infragestellung läuft nicht auf das Bewußtsein dieser Infragestellung hinaus. Das absolut Andere spiegelt sich nicht im Bewußtsein. Es widersteht dem Bewußtsein so sehr, daß nicht einmal sein Widerstand sich in Bewußtseinsinhalt verwandelt. Die Heimsuchung besteht darin, sogar die Ich-Bezogenheit des Ich umzustürzen, das Antlitz entwaffnet die Intentionalität, die es anzielt«. »Es handelt sich um die Infragestellung des Bewußtseins und nicht um ein Bewußtsein der Infragestellung. Das Ich verliert die unumschränkte Koinzidenz mit sich, seine Identifikation, durch die das Bewußtsein siegreich auf sich zurückkommt, um in sich selbst zu ruhen. Angesichts der Forderung des Anderen wird das Bewußtsein aus dieser Ruhe herausgetrieben« (223f). Wir können in unserer Sprache sagen: Das Bewußtsein verliert seine Fassung, kann aber nicht Fassungslosigkeit zu einer neuen Form, einem neuen Begriff, gar einer neuen Kategorie von Bewußtsein umlügen. Lévinas kann diese Fassungslosigkeit auch als Schlaflosigkeit beschreiben.[139] Der Andere läßt mich nicht ruhen, nicht in Ruhe. Er dringt auf Antwort.

Ehe wir der Figur des Antlitzes zu Ende folgen, suchen wir die Anschauung des Satzes: »Das Antlitz ist Not. Die Nacktheit des Antlitzes ist Not, und in der Direktheit, die auf mich zielt, ist es schon inständiges Flehen« (222).

Uns schrecken schon die vielen Fernsehbilder, bei denen die Kamera kalt und mitleidlos sich auf die verhungerten Kindergesichter in Afrika richtet. Schamlos setzen sich westliche Bild-Macher darüber hinweg, daß das Menschen-Antlitz in anderen Kulturen unter Tabu steht, nicht nur Frauen-Antlitz verhüllt und geilen Männerblicken entzogen wird, sondern Menschen-Antlitz genau wie das Antlitz Gottes ohne Bildnis und Gleichnis bleiben muß. Menschen in Mea Schearim genauso wie in Afrika wenden sich ab von Kameras, die sich auf sie richten, oder stoßen aggressiv die Apparate mit Händen zurück, die die Linsen bedecken: weil sie ihr Antlitz zu verbergen haben. Das hat nichts mit einem Recht auf Privatheit zu tun, sondern weil das Gesicht, im Bilde festgehalten, das Leben erstarren läßt, ja tötet, das im Antlitz sich widerspiegelt – Gottes Leben –, und das Leben, das man in der Gemeinschaft lebt, in der man von Angesicht zu Angesicht spricht und kommuniziert. Nichts zeigt die Barbarei der westlichen Menschen so wie die Unempfindlichkeit und Tötungswut bei der Jagd nach Gesichtsporträts sog. Eingeborener, und nichts so unsere Schamlosigkeit wie das filmische Eindringen in Gesichter, die von Leiden und vom Tode gezeichnet sind. In dem Wahn, durch Objektive »Objektives« festhalten zu können, betätigen wir uns als Mörder des Lebendigen, eignen uns fremdes Leben und Leid an, bereichern uns und unser Wissen davon. Und wissen womöglich gar nicht, was die westliche Welt an Lebensempfindlichkeit preisgegeben hat, als sie das Bild entheiligte, säkularisierte. Die Großkirchen haben dafür schändliche Vorarbeit geleistet, als sie Bilderstürmer oft blutig verfolgten, während Bilderstürmer – angetrieben vom zweiten der zehn Gottes-Worte vom Sinai – der Wahrheit des Lebens näher blieben, indem sie das Leben schützten vor der Mordgesinnung in den Bildern vom menschlichen Antlitz. Aber schlimmer als die massenhaft gefertigten Foto- und Filmporträts überhaupt ist die kalte Jagd auf die Spuren des *Leidens* im Antlitz Verhungernder, Sterbender, Weinender. Dienen sie denn anderem als der Sensation – Anstachelung von Sinnesreizen –, heischen sie denn: Antwort? Blickendes *Antlitz* heischt Antwort – *Bild:* weckt Ekel oder verbreitet Horror.

139. E. Lévinas, Die Zeit und der Andere, dtsch. 1984, 23f. – Frz.: Le temps et l'autre, 1948. 1979 u. ö.

Aber es gibt *ein* Bild – das macht schlaflos bis heute: die Aufnahmen durch den Lagerzaun eines Konzentrationslagers am Tag seiner Befreiung: Menschen durch den Maschendraht hindurch gesehen, der erste Blick erster Zeugen von Außen auf Gestalten am Zaun. Kein *einzelnes* Gesicht ist porträtiert, – die auf Haut und Knochen reduzierten Gestalten im ganzen blicken dich an. Haften bleiben die Blicke, sie starren aus *erloschenen* Gesichtern. Sie sehen uns nicht an, sehen durch uns hindurch. Sie sagen nichts: flehen auch nicht, fordern nicht. Sind weder Blicke von Anwesenheit noch von Abwesenheit, nicht von hier, nicht von jetzt – aber schon gar keine wiedererkennbaren mehr von einst: da und dort. Blicke ohne Namen. Sie bemerken nichts: nicht ihre Befreier, nicht Befreites von innen her. Blicke aus erloschenem Leben: von Menschen, die – nicht selbst im Feuer vergangen – zuviel Feuer gesehen haben und daran erloschen sind.

Wenn Lévinas »Antlitz« sagt, blicken in mir noch nach fünfzig Jahren diese Blicke. Sie sind es, die die Wahl der Worte des Lévinasschen Denkens verständlich machen ohne Kommentare: Antlitz – Nacktheit – Abstraktheit – Heimsuchung – Epiphanie – Not – Flehen – Entwaffnung des Bewußtseins – Verlust der Koinzidenz des Ich. Das sind die Worte für *dieses* erloschene Gesicht aus der Sphäre der Fremdheit ihrer abgeschlossenen »Welt«. Die Lagergefangenen selbst nannten Kameraden mit diesem erloschenen Blick »Muselmanen« – und das meint wohl: Menschen, die sich schon aus der Welt haben fallen lassen, einen Kampf um Selbstbehauptung, eine Sehnsucht nach Überleben schon aufgegeben, sich dem Kismet ergeben, vor ihrem Tod schon kapituliert haben. Der erloschene Blick derer, die nichts mehr sehen wollen, weil sie nichts mehr sehen können: nichts mehr ihresgleichen; Blicke von zu »Anderen« Gewordenen.

Dies ist Nacktheit des Antlitzes, das mich schlaflos macht, mein Bewußtsein vom Wirklichen derart in Frage stellt, daß ich darauf nicht mehr zurückkommen kann. Dies Antlitz fordert mich, aber gar nicht als erstes ethisch: zu *helfen.* Als erstes und immer wieder fordert es: mich-heraus-aus-mir-selbst. »Angesichts der Forderung des Anderen wird das Bewußtsein aus dieser Ruhe …« – eines In-sich-Ruhens – »… herausgetrieben … Alle Selbstgefälligkeit würde die Direktheit der ethischen Bewegung vernichten« (223f). Darum richtet sich die erste »Forderung« des nackten Antlitzes gegen meine Selbstgefälligkeit, vgl. Röm 15,1f: Ὀφείλομεν δὲ ἡμεῖς οἱ δυνατοὶ τὰ ἀσθενήματα τῶν ἀδυνάτων βαστάζειν καὶ μὴ ἑαυτοῖς ἀρέσκειν: Wir, die dazu Fähigen, sind schuldig, die Kraftlosigkeit, Ausgezehrtheit, Erloschenheit der nicht mehr Fähigen zu tragen und nicht uns selbst zu gefallen. ἕκαστος ἡμῶν τῷ πλησίον ἀρεσκέτω εἰς τὸ ἀγαθόν πρὸς οἰκοδομήν: Jeder von uns gefalle dem Nächsten hin zum Guten, zum Aufbau. Auch Paulus sah also die Bedingung der Möglichkeit, dem entkräfteten Anderen zu helfen, in der Überwindung von Selbstgefälligkeit, der

Haltung der Zufriedenheit mit mir selbst, der Überzeugtheit von der eigenen Position, der Identität oder »Konzidenz« mit mir (oder uns) selbst.

»Die Infragestellung des Selbst ist nichts anderes als das Empfangen des absolut Anderen. Die Epiphanie des absolut Anderen ist Antlitz, in dem der Andere mich anruft und mir durch seine Nacktheit, durch seine Not, eine Anordnung zu verstehen gibt« (224) – also: sowohl einen Befehl, eine mizva, Weisung, als auch eine personale Ordnung, d.h. eine Ordnung, die nicht mehr an irgendwelchen höheren Werten und Normen interessiert ist, nicht mehr am Selbstschutz der der Ordnung zugehörenden Einzelnen oder Kollektive, auch nicht am Selbstschutz von Ordnung als solcher, τάξις. Das nackte Antlitz gibt eine neue Ordnung, nennen wir sie: eine Ordnung des Anderen, die einzig und allein darauf hin sich ordnet, daß in ihr das nackte Antlitz, dieser einzelne bestimmte Mensch in seiner Not, überhaupt sichtbar und so epiphan werden kann, so daß es unmöglich wird, ihm nicht zu helfen – eine Ordnung, die um des nackten Antlitzes willen alle Strukturen eines bisherigen Ordnungsbewußtseins außer Kraft setzt und umstürzt, vor allem jene, die mit dem Ziel der conservatio sui aus der Selbstgefälligkeit entspringen, d.h. dem Trieb und Anspruch auf die Identität und Selbstgenügsamkeit einer Gemeinschaft, eines Lebensstils, einer Tradition, eines Wertempfindens, einer individuellen Integrität.

Wer könnte wissen, ob je ein Recht des Anderen je zum Element einer Verfassung, gesellschaftlichen Ordnung, ethischen Gewohnheit werden wird, – ob es das überhaupt kann, – ob ein Recht je weiter kommen kann, als das Recht in der Bibel kam mit seinen Schutz- und Beteiligungsgeboten für Fremde, Waisen und Witwen als symbolischen Repräsentanten auch eines jeden anderen »Anderen«?

Aber eine Fraglichkeit der Bildung solcher *Ordnung* hebt einen entsprechenden Ordnungs-*Ruf*, der aus der Faktizität der Not des Anderen ertönt, nicht auf und erfordert mindestens eine philosophische und theologische Bemühung – und eine aus ihr entwickelte Lehre und Pädagogik –, die empfindlich und empfänglich macht für die Störung unserer Kreise, unserer geschlossenen Gesellschaft[140] durch den nicht integrierbaren Anderen in seiner Andersheit.

Wonach schreit das Antlitz des Anderen? »Seine Gegenwart ist eine Aufforderung zu Antwort« (224). Doch immer noch nicht ist dabei an ethisches Handeln gedacht, immer noch denkt Lévinas, ehe er an Handeln denkt, an das dem Anderen verschlossene Ich, das – als *solches* – zur »Antwort« gefordert wird . »Das Ich wird sich nicht nur der Notwendigkeit zu antworten bewußt, so als handele es sich um eine Schuldigkeit oder eine Verpflichtung, über die es zu entscheiden hätte. In seiner Stellung selbst ist es durch und durch Verantwortlichkeit oder Diakonie, wie im 53. Kapitel des Buches Jesaja« (224). Wieder eine biblische

140. J. P. Sartre: Huis Clos, ursprünglicher Titel dieses Stückes von 1945: Les Autres!

Figur! Der eved adonai, der Gottesknecht von Jes 53 steht hier nicht etwa für die Figur des bei uns einbrechenden Anderen, dem Menschen ohne Gestalt und Schöne, an dem wir »keinen Gefallen« hatten (Jes 53,2), vor dem Viele sich entsetzten, weil »so entstellt, nicht mehr menschlich ... sein Aussehen (war) und seine Gestalt nicht wie die der Menschenkinder« (Jes 52,14), – weil wir in seinem Antlitz »schauten«, »was uns nie erzählt war«, »gewahr« wurden, was wir »nie gehört« hatten (Jes 52,15). Lévinas sieht den Gottesknecht vielmehr als Repräsentanten eines jeden berührbaren, nicht um seiner selbst willen wirkenden, sondern um Anderer willen sich hingebenden Ich – also als Repräsentanten der »Antwort«, nach der die Epiphanie des Antlitzes ruft. Der Gottesknecht zeigt hier die diakonische Herausforderung an ein jedes Ich durch den Anderen.

»Von daher bedeutet Ichsein, sich der Verantwortung nicht entziehen können. Dieser Auswuchs an Sein, diese Übertreibung, die man Ichsein nennt, dieser Ausbruch der Selbstheit im Sein vollzieht sich als Anwachsen der Verantwortung. Die Infragestellung meiner Selbst durch den Anderen macht mich dem Anderen in unvergleichlicher und einziger Weise solidarisch« (224). Mit dem Wort Solidarität, einem Wort aus der Sprache der Arbeiterbewegung, taucht allerdings sofort ein Mißverständnis auf, das Lévinas abwehren möchte: Gemeint ist nicht jenes linke Mitleidend-Tragen-der-Beschwerden-der-ganzen-Zeitgenossenschaft und so auch nicht Solidarität im Klassenkampf um die gesellschaftlichen Verhältnisse. »Die Einzigkeit des Ich liegt in der Tatsache, daß niemand an meiner Stelle antworten kann« (224). Nicht um einen antiimperialistischen Kampf gegen den Egoismus eines Systems geht es, sondern um die »Verantwortung, die dem Ich *seinen* Imperialismus und *seinen* Egoismus austreibt – sei es auch Heilsegoismus ...« (224).

Dementsprechend ruft das nackte Antlitz auch nicht nach einer allgemeinen Antwort, sondern nach einer, die nur vom herausgeforderten Ich gegeben werden kann: der Instanz, für die der Andere die große Verlegenheit bedeutet.

Und wieder lehrt Lévinas uns, diese Antwort auf hebräisch zu hören. Sie heißt: hinneni – hier ich. Nein, nicht »hier – *Ich«,* sondern: »hier – ziele, triff auf *mich«.* Antwort auf die Heimsuchung des Anderen, des zu mir sich wendenden Antlitz, ist nicht ein schon konstituiertes Ich, das sich dem Anderen zur Verfügung stellte, bin ich vielmehr nur dann, wenn das Antlitz, dem die Not eingezeichnet ist, sich auf mich richtet und ich darauf reagiere mit dem: »Hier – ziele und triff auf mich«, »siehe mich«. Antwort ist nicht im Nominativ: Hier – Ich, sondern nur im Akkusativ: »Hier hast du mich«.

Ein Klang von *Auslieferung* wäre dabei unbedingt mitzuhören[141]. Denn da das Ich erst in dem »Hier hast du mich« als ein Ich entsteht – seiner selbst

141. E. Lévinas, Wenn Gott ins Denken einfällt, a.a.O. 117f.

bewußt wird, – Kontur empfangend und Struktur bildend –, ist der Augenblick, in dem das Antlitz des Anderen auf mich trifft und ich ihm antworte, noch kein Augenblick meiner Freiheit, – der Akt meines Antwortens auch noch kein Akt eines freien Willens. Das Antlitz *überkommt* mich, – es ist mir ganz unmöglich, mich ihm zu entziehen, – ihm etwa gar nicht zu antworten, oder ihm anders zu antworten als mit einem hinneni, me voici, hier hast du mich. Lévinas nennt das, was das Antlitz des Anderen bei mir hervorruft, eine Obsession, – das Passive, Unwiderstehliche einer Besessenheit, oder ein traumatisierendes Widerfahrnis. Er gebraucht hier bewußt psychologische Termini und meint sie nicht nur im Sinne eines Vergleichs: Das Antlitz des Anderen wirkt so überfallartig auf mich *wie* ein Ereignis oder Erlebnis, das mir für lange – wer weiß: für immer? – ein Trauma zufügt; Lévinas meint vielmehr das traumatisierende Grundereignis schlechthin. Das nackte, nach Hilfe schreiende Antlitz des Anderen gilt ihm als Urereignis unseres Bewußtseins überhaupt, genauer: unseres Bewußt*werdens.* Denn in diesem Ereignis werde ich mir meiner selbst überhaupt erst bewußt, entstehe ich als Ich erst wirklich: Ich werde wirklich Ich erst in der Übernahme der Verantwortung für das Leben und den Tod des Anderen. Das Trauma ist so auch das Schockierende des Ich-Werdens, die Verletzung, die mir dadurch zugefügt wird, daß ich von mir selbst, meinem Interesse an mir selbst, dem System der Selbstbefriedung, losgerissen werde und in primäre Verantwortung für ein Anderes-als-Ich gerissen werde.

Da geschieht es, daß ein Anderes-als-Ich mich besetzt, das Allererste für mich wird, sich mir vorsetzt, nicht nur zu etwas wird, was wichtiger zu sein beansprucht als ich mir selbst, – auch nicht nur wichtiger *ist,* sondern das, weil es tatsächlich wichtiger ist, als ich mir selbst, – in jeder Beziehung früher, und ich, meiner selbst bewußtwerdend in der Besessenheit vom Antlitz des Anderen, werde ein Späterer: ihm gegenüber. Daß das Antlitz »früher«, ich in meinem hinneni dagegen »später« bin, benennt einen ontologischen Sachverhalt, keinen psychologischen, biographischen oder chronologischen.

Als ich noch nicht zu ahnen begonnen hatte, wovon Lévinas sprach, als er vom Antlitz sprach, phantasierte ich mir auf psychologische Weise etwa eine mir unbewußt gebliebene Grunderfahrung mit dem Antlitz meiner Mutter über meinem Kinderbett zusammen, suchte das Prae des Antlitzes mir gegenüber mir genealogisch vorzustellen: ἦν ποτε ὅτε οὐκ ἦν, schon immer gab es vor mir Andere, und in der Tat drangen sie auf mich ein, sei es mit allen möglichen babyhaften Sprachmätzchen, sei es – ernsthafter und tatsächlich traumatisierend – in der Macht des Ausschnitts ihres großen Antlitzes, das sich über mich beugte und den Horizont meines Kindergesichts zur Gänze ausfüllte – anderes Licht, andere Weltsicht versperrend. Bis ich ahnte, daß Lévinas noch viel Katastrophaleres meinte als die Verstellung der Welt durch das Antlitz der Mutter, der Oma, der Tanten, der Geschwister, wohl auch des Vaters – jenes Entsetzt-Werden von mir selbst, der ich längst schon meinte, meiner selbst in der Welt sicher und gewiß zu sein, durch das traumatisierende Auftauchen des Antlitzes des ganz Unvertrauten, des nicht Zugehörigen (wie doch die Mutter und sie alle zu mir gehörten, gerade dadurch, daß sie mit der Nähe ihres Antlitzes mir die Welt verbargen, mich vor ihr noch abschirmten). Als aber das Antlitz des Anderen kam, war ich wie im Nu verloren, kam ich der Welt abhanden (wurde »entweltlicht«, verlor jeden bestimmenden Kontext), – kam mir selbst abhanden, – verlor mich mit meinem hinneni (hier hast du *mich)* an ihn, – trat aus mir hinüber in die Verantwortung für ihn.

Ein Ereignis, wie ein Überfall von *Liebe* auf den ersten Blick, die es so ja wohl nicht gibt – nur ohne das, was mich im Liebesereignis selbst erfüllt, wo jeder Selbstverlust gleichbedeutend mit einem bis dahin ungeahnten Gewinn an mir selbst ist. *Kein* Liebesereignis also – es wäre denn das einer Liebe, die stark ist wie der Tod (Hld 8,6), einer also, in der ich verbrenne – mithin einer »unglücklichen« Liebe, wie wir das so nennen.

Und ein Ereignis von *Stellvertretung*[142]. Stellvertretung hier freilich nicht im christlich-christologischen Sinn gemeint. Denn da ruft die Verkündigung, daß Christus sich an unserer Stelle, »für uns« dem Gerichte Gottes stellt. »Jesus Christus, Gottes Sohn, an unser Statt ist kommen / und hat die Sünd abgetan, / damit dem Tod genommen / all sein Recht und sein Gewalt; / da bleibet nichts denn Tods Gestalt, / den Stachel hat er verloren. Halleluja« (M. Luther: EKG 76,3/EG 101,3). Lévinas dagegen denkt bei Stellvertretung an *meine* Berufung zum Stellvertreter für den Anderen, der ohne mich verloren wäre, und nennt »Stellvertretung« meine *Vorladung vor Gericht;* ich bin durch das Antlitz des Anderen bezeichnet zur Verantwortung für ihn, wozu durchaus auch meine Verantwortung für ihn vor Gericht gehören kann, ja wirklich gehört. Ich stelle *mich* der Vorladung, nicht nur der, mit der der Andere mich vorlädt, gerade auch der, zu der der Andere selbst geladen wird. Nichts, was ihn betrifft, läßt mich unschuldig. Aber in der Stellvertretung meiner Antwort genügt nicht, mich als *Mit*schuldigen neben ihn zu stellen, sondern als an ihm bis ins Letzte Schuldigen – nämlich: *mich* ihm Schuldenden – trete ich im Jüngsten Gericht an seine Stelle, lasse meinem Ich keinen »Zufluchtsort« der Unschuld mehr offen und trete für den Anderen ein – selbst für das Böse, das er tut (vgl. 116f). Denn ich stehe ja nicht allein für den guten Engel des Anderen, sondern für ihn in seiner Not, in allem also, was ihn belastet, ihn also auch vor Gericht belasten könnte.

Ein unbedingt notwendiger Gedanke! Denn längst gibt es in heutiger christlicher Frömmigkeit eine *Sentimentalität* für den Anderen. Bonhoeffer hat sich

142. A.a.O. 116f.

in der Ökumene von heute durchgesetzt mit seinem Postulat, Kirche sei wesenhaft »Kirche für die Anderen«, sie verfehle ihr Wesen, wenn sie nur um ihrer selbst willen als Kirche handle. Zu den Standards der Kritik an der Bekennenden Kirche der Nazi-Zeit gehört längst: sie sei nur an ihrer Selbsterhaltung interessiert gewesen, nur darum habe sie Hitler für einen Augenblick widerstanden, – sie sei Hitler nur feind, weil sich selbst lieb, allzu lieb gewesen. Und im Gang der gesellschaftlichen Selbstkritik Deutschlands und Europas bekämpfen wir unsere Fremdenfeindlichkeit mit Idealbildern von einer multikulturellen Gesellschaft und greifen dafür – gerade in den Bewegungen der Opposition – zu uralten Abziehbildern der Kolonialzeit vom »edlen Fremden« und dem Guten im Fremden – mit Einschluß der affigen Aneignung von Versatzstücken orientalischer Kleidung, afrikanischer Trommeln, ägyptischer Bauchtänze, exotischer Speisehäuser, östlicher Spiritualität und dem Schick von Dritte-Welt-Geschmack. Hier rettet Lévinas den Fremden vor exotischen Projektionen und ausbeuterischen Selbstbereicherungsmanieren der Überfluß- und Überdruß-Gesellschaft. Der Andere ist nicht in meiner Verantwortung wegen seiner Güter und Güte, wegen seiner Kultur und dem Toleranzgebot Mao Tse Tungs: »Laßt tausend Blumen blühen«: und sie nicht aussterben wie die biologischen Naturarten. Das Antlitz des Anderen begegnet uns in seiner Not, wozu nun auch wohl seine Bosheit gehören *kann.* Und gerade dort sieht Lévinas uns in eine Verantwortung der Stellvertretung genommen. Nicht an der Güte – an der Fremde, ja Bosheit des Anderen ruft er nach unserem »Hier hast du mich«.

Haben wir so nun in groben Umrissen eine »Ordnung des Personalen« nachgezeichnet, sind wir jetzt so weit, das skizzieren zu können, was Lévinas die »Spur des Anderen« nennt.

Er meint damit das, was so in das Antlitz des Anderen eingezeichnet ist, daß seine Epiphanie, sein Aufscheinen zur Heimsuchung: zum traumatisierenden, uns aus der Bahn unseres Selbstinteresses werfenden Ereignis wird, uns bis zur Selbstvergessenheit in Verantwortung nimmt, uns zur Obsession wird. Also das, was dies Antlitz zum Widerfahrnis und zur Instanz radikaler Transzendenz macht.

Das Antlitz ist gezeichnet und nackt, entleert, ein Antlitz von Not: durch die Spur von etwas unendlich Wichtigem, das an ihm *vorübergegangen* ist; gezeichnet von der Abwesenheit, Vergangenheit eines Ereignisses, das sich ihm nie hat als Gegenwart einprägen können.

Wir erinnern uns jetzt an die biblischen Erzählungen, die wir am Anfang dieser Erörterungen über die Transzendenz Gottes bedachten: also an Mose, der Gottes Herrlichkeit schauen wollte, – Gott stellte ihn in den Felsspalt des Sinai neben sich, deckte aber mit seinen Händen die Augen des Mose ab, denn würdest du mein Antlitz schauen, müßtest du an ihm zugrundegehen, und nur von hinten, nur im Nachsehen gegenüber dem Vorübergegangenen hat Mose dann seine Bitte erfüllt bekommen. Ähnliches bei Elia, in der Höhle des Gottesberges: »Da / vorüberfahrend ER …«, aber nirgendwo plastisch erfahrbar, keine irgendwie greifbare und begreifbare Offenbarung: lo ba ruach adonai, nicht im Sturmbraus (also *nicht* in einer denkbaren und religiös erfahrbaren Gottesmanifestation in der Natur), – lo ba ra'asch adonai, nicht im Erdbeben (obgleich bis heute vulkanisches Gestein und Erdbebenzonen *die* Indikatoren für eine geologische Ortung des Gottesberges Sinai im Umland Israels sind, weil man historisch-kritisch und religionsgeschichtlich immer noch der Meinung ist, Jhwh sei »ursprünglich« ein Erdbeben- und Gewittergott gewesen) – aber: lo ba ra'asch adonai, – solche Faßbarkeiten mögen jemanden auf Vorstellungen von einem »Offenbarungspositivismus« bringen, aber dann ist Jhwh keine Offenbarungswirklichkeit; lo ba esch adonai: Er im Feuer nicht. Aber was denn dann: Kein ER, sondern kol demamah dakkah, nur eine Stimme verschwebenden Schweigens – mithin »Stimme« eines *Schweigens,* und noch dazu eines Schweigens, das sich *verzieht* (1 Kön 19,11-12). In der Mose-Erzählung: Gott-im-Nachsehen, Gott gegenüber nur das Nachsehen-haben, – in der Elia-Erzählung: Gott anders nicht als im Nachhall, und zwar im Nachhall eines *Schweigens,* nicht eines großen Natur- oder Wort-Getöses, und auch noch dies Schweigen verschwebt.

Es ist denkbar, daß Lévinas die Spur im nackten Antlitz des Anderen diesem Mose- und diesem Elia-Widerfahrnis nachgebaut hat. »Das Antlitz ist in der Spur des absolut Verflossenen, absolut vergangenen Abwesenden, zurückgezogen in etwas, das P. Valéry das ›tiefe Einst, niemals genügend Einst‹ nennt und das keinerlei Introspektion im Sich zu entdecken vermöchte. Das Antlitz ist gerade die einzige Erschließung, in der das Bedeuten des Transzendenten nicht die Transzendenz vernichtet, um sie einer immanenten Ordnung einzufügen; hier im Gegenteil erhält sich die Transzendenz als immer verflossene Transzendenz des Transzendenten. In der Spur ist die Beziehung zwischen dem Bedeuteten und der Bedeutung nicht eine Korrelation, sondern die eigentliche Unrichtigkeit«[143]. In biblisch-plastische Sprache zurückübersetzt: Das Antlitz des Mose strahlt auch keine Herrlichkeit des Vorübergegangenen wider, Mose hätte sein Antlitz nicht verhüllen müssen, um sein Volk vor dem brennenden Glanz der δόξα, der kavod zu schützen nach seiner Rückkehr vom Berg. Nicht Spuren des Glanzes – nur *Spuren der Vergangenheit Gottes* zeichnen ihn: »verflossene Transzendenz des Transzendenten«, das auch in keine Dialektik einer Offenbarung sich einfügt, nicht in einer Offenbarungs-Ordnung, der zufolge sich das Geschehen von Offenbarung immer nur in der paradoxen Korrelation von Enthüllung und Verborgenheit ereignet. Zur Unterscheidung von solcher religiösen Korrelation und begrifflichen Dialektik oder Paradoxie wählt Lévinas den Be-

143. E. Lévinas, Die Spur des Anderen, a.a.O. 228.

griff der »Unrichtigkeit«. Radikale Transzendenz, wie er sie denken möchte, fügt sich weder der Erfahrung der Religionen noch dem Begreifen der Theologien. Denn die haben längst Mittel und Wege gefunden, auch noch das Unbegreiflichste zu begreifen und zu rektifizieren. »Die vermeintlich mittelbare und indirekte Beziehung zwischen Zeichen und Bezeichnetem bestimmt sich noch als Richtigkeit; denn sie ist Enthüllung, die die Transzendenz neutralisiert« (228f): Darin sind Theologen und Philosophen die größten Meister. Offenbar gegen *sie* fährt Lévinas fort: »Das Bedeuten der Spur versetzt uns in eine seitliche Beziehung …«, will wohl auch sagen: en face ist sie im Antlitz des Anderen auch nicht wahrzunehmen, sie erschließt sich nur einem Seitenblick, einem verqueren Blicken – also nur im Profil? Wie auch immer: »… sie kann nicht in Richtigkeit umgewandelt werden (was in der Ordnung der Entbergung und des Seins unvorstellbar ist) und antwortet auf eine unumkehrbare Vergangenheit« (229). Das heißt wohl: Die Not im Antlitz des Anderen ist irreparabel, weder ist die Vergangenheit, die es zeichnet, wegzuretuschieren noch einzuholen, noch etwa auch durch neue Gegenwart – nach 50 Jahren! – zu überlagern und ein »Ende der Nacht« (A. Friedlander) zu prognostizieren. Die Vergangenheit dessen, was da vorüberging, ist unumkehrbar. »Kein Gedächtnis vermöchte dieser Vergangenheit auf der Spur zu bleiben. Es ist eine unvordenkliche Vergangenheit, und vielleicht ist dies auch die Ewigkeit, deren Bedeuten dem Vergangenen nicht fremd ist. Die Ewigkeit ist gerade die Unumkehrbarkeit der Zeit, Quelle und Zuflucht der Vergangenheit« (229).

Mit dieser merkwürdigen Aussage von der Ewigkeit als »Quelle und Zuflucht der Vergangenheit« kommen wir doch nicht weiter, ehe wir nicht wenigstens gefragt haben, *was* im Sinne von Lévinas am Antlitz des Anderen vorübergegangen und an ihm zu einem »absolut vergangenen Abwesenden« geworden ist.

Lévinas gibt da nicht viel Anhalt – wohl weil zu viele und mannigfaltige Gestalten von Not Spuren in die Gesichter von Menschen zeichnen können. Doch dürften wir nicht fehlgehen, wenn wir sagen: Die Spuren im Antlitz des Anderen sind Spuren einer Lebens-Not, also des *Lebens, das an ihm vorübergegangen* ist und an ihm zur unwiederholbaren Vergangenheit wurde. Spuren des Alterns, von Krankheit, von Einsamkeit, Hilflosigkeit, Vitalitätsverlust – sollen wir sagen: banale Spuren von Alltäglichem? Das wäre Lévinas, dem *Philosophen,* recht. Doch Lévinas, der zeitgenössische *Jude,* erinnert sich und uns in und mit den Spuren der alltäglichen Lebens-Not, des an uns allen schwindenden Lebens, an die *besondere* Gestalt des Lebensverlustes dieses Volkes in unserer Generation, an die Spur des Anderen aus Blick durch den Lagerzaun am Tag der Befreiung. Ausdrücklich aber bildet Lévinas, der *talmudische* Lehrer, eine dritte Spur und sagt: »Jenseits des Seins ist eine dritte Person, die sich nicht durch das Sich-selbst, durch die Selbstheit, definiert. Sie ist die Möglichkeit jener dritten Richtung: der radikalen

Unrichtigkeit, die sich dem bipolaren Spiel von Immanenz und Transzendenz entzieht, das das Sein kennzeichnet und in dem die Immanenz immer gegen die Transzendenz gewinnt« (229). Auch hierfür bildet er einen ganz eigentümlichen Namen. »Das Profil ...« – also: der Seitenblick – , »... das die unumkehrbare Vergangenheit durch die Spur gewinnt, ist das Profil des ›ille‹: Jener« (229), und Lévinas spricht – philosophisch-abstrahierend – von dessen »Illeität«[144].

»Dritte Person« meint eine dritte zu dem Ich und dem Anderen. Sie hat ihren Ort aber nicht – wie biblisch denkbar wäre – »zwischen« mir und dem Anderen (»Der Herr sei zwischen dir und mir«: 1 Sam 20,23.42 u. ö.); die »Dritte Person« steht *hinter* dem Anderen, als dessen ursprünglichste »Bezugs«person, und ist dies, weil er die Wirklichkeit ist, die am Anderen vorübergegangen, zur unumkehrbaren Vergangenheit, also zur Spur an ihm geworden ist. »Das Jenseits, aus dem das Antlitz kommt, ist die dritte Person. Das Pronomen Ille drückt seine nicht ausdrückbare Unumkehrbarkeit genau aus, d.h. eine Unumkehrbarkeit, die sich schon aller Entbergung wie aller Verbergung entzogen hat, die in diesem Sinne absolut uneinnehmbar ist oder absolut, Transzendenz in einer absoluten Vergangenheit. Die Illeität der dritten Person ist die Bedingung der Unumkehrbarkeit. / Diese dritte Person, die sich im Antlitz bereits aus aller Entbergung und aller Verbergung zurückgezogen hat, die vorübergegangen ist – diese Illeität ist nicht ein ›Weniger als das Sein‹ im Verhältnis zur Welt, in die das Antlitz vordringt; sie ist die ganze Ungeheuerlichkeit, die ganze Maßlosigkeit, die ganze Unendlichkeit des absolut Anderen, die der Ontologie entgeht. Die höchste Anwesenheit des Antlitzes ist untrennbar von jener höchsten und unumkehrbaren Abwesenheit, die die eigentliche Erhabenheit der Heimsuchung begründet« (229f).

So – das scheint deutlich – spricht Lévinas philosophisch von *Gott,* und zwar von Gott jenseits aller Offenbarung, also von Gott im Vorübergegangensein, Gott in Vergangenheit, die niemand mehr einholen kann, Gott in eigener Unumkehrbarkeit, – Gott wohl: der Spuren hinterläßt im Antlitz des Anderen, aber es sind nicht Spuren seiner Gegenwart, sondern Hinterlassenschaften seiner Vergangenheit. Wohl kann Lévinas einen Satz bilden: »Die Spur ist die Gegenwart dessen, was eigentlich niemals da war, dessen, was immer vergangen ist« (233); aber aussagen läßt sich das doch nur im Paradox: Die »dritte Person« zeichnet eine Spur, die sie aber doch sofort wieder löscht, so daß eigentlich nicht ein »gezeichnetes«, sondern ein »nacktes Antlitz« zurückbleibt.

Umgekehrt ist das Antlitz, ist »der Andere«, etwas, das dauernd, aber immer wieder neu zurückgezogen wird durch die dritte Person in sie. Zeigt der Andere Spuren dieser Person an sich, so doch nicht so, daß er auf dies Dritte verwiese,

144. Lévinas bildet den französischen Neologismus »illéité«.

dessen σημεῖον, oth, Zeichen wäre unter uns. Nicht seine Zeichenhaftigkeit macht den Anderen bedeutend, er ist keine *Funktion* Gottes im Verhältnis zu uns und zur Welt. Daß Gott ihn von uns zurückzieht – das macht seine Andersheit, ihn in seiner Andersheit aus: und ebenso, daß wir ihn weder einholen noch wiederholen können, er ist die Wirklichkeit, die jedem pro me, pro nobis entzogen wird.

Die »dritte Person« aber nennt Lévinas nicht bei Namen – er ist Philosoph –, sondern mit dem Anstatt-Namen, dem Pro-Nomen Ille, Jener, – wohl nicht, um ein Personal-Verhältnis in ein Sachverhältnis zu verwandeln, sondern vielleicht um zu sagen: Die Ungeheuerlichkeit, Maßlosigkeit, Unendlichkeit, die eine radikal verstandene Gottes-Transzendenz ausmacht – Transzendenz eines Jenseits-von-Sein –, eignet allem, was wirklich Transzendenz heißen will: nicht nur Gott.

Diese Transzendenzbestimmung hören wir aber auch, wenn wir sie als eine für so etwas wie Gott-in-dritter-Person hören (also nicht als »Du«), als eine Bestimmung Gottes, der in Auschwitz unumkehrbar zur Vergangenheit geworden ist. So daß *da*nach die Transzendenz Gottes als seine Vergangenheit zu bestimmen wäre, und so, daß, wer nach Auschwitz nach Gott fragen wollte, nach dem Ungeheuerlichen des Vorübergegangenseins Gottes fragen müßte, – nach Gott also nicht: dem ὁ ὢν, der da ist, – nicht nach dem: ὁ ἐρχόμενος, der da kommt, – sondern nur nach IHM, ὁ ἦν, »der da *war*«.

Diese Vergangenheit Gottes *hinter* dem Anderen, – diese Entzogenheit Gottes aus dem Antlitz des Anderen, begegnet mir als Heimsuchung, macht mich schlaflos. An ihm kann ich das Ebenbild Gottes nicht mehr sehen. An ihm bricht jede Möglichkeit einer natürlichen Theologie zusammen: jedes Erschauen Gottes aus seinen Werken (vgl. Röm 1,20), – jedes Glück des Wandsbecker Boten: »Ich danke Gott und freue mich / wies Kind zur Weihnachtsgabe, / daß ich bin, bin! und daß ich dich, / schön menschlich Antlitz, habe« (M. Claudius). Das »Haupt, sonst schön gezieret / mit höchster Ehr und Zier« sieht mich an, »jetzt aber hoch schimpfieret«, »voll Schmerz und voller Hohn« (P. Gerhardt). Ein ganzes Stück weit läßt sich das Widerfahrnis des Antlitz, wie Lévinas es beschreibt, im Passionslied Paul Gerhardts noch weiter verfolgen. »Du edles Angesichte, / davor sonst schrickt und scheut / das große Weltgewichte, / wie bist du so bespeit, / wie bist du so erbleichet! / Wer hat dein Augenlicht, / dem sonst kein Licht nicht gleichet, / so schändlich zugericht‹? / – Die Farbe deiner Wangen, / der roten Lippen Pracht / ist hin und ganz vergangen; / des blassen Todes Macht / hat alles hingenommen, / hat alles hingerafft, / und daher bist du kommen / von deines Leibes Kraft.« (EKG 63,1-3/EG 85,1-3)

Lévinas würde sagen: Dies Widerfahrnis nimmt mich *als Geisel,* wird mir zur *Obsession.* Paul Gerhardt fuhr fort: »Nun, was du, Herr, erduldet, / ist alles meine Last; / ich hab es selbst verschuldet, / was du getragen hast. / Schau her, hier steh ich Armer …« – me voici, hinneni ! –, »… der Zorn verdienet hat; / gib mir, o mein Erbarmer, den Anblick deiner Gnad« – was freilich nicht mehr zu erwarten steht, weil am Antlitz selbst ein Anblick der Gnad vorübergegangen ist. So bleibt nichts als: »Erkenne mich, mein Hüter« und »Ich will hier bei dir stehen, / verachte mich doch nicht; / von dir will ich nicht gehen, / wenn dir dein Herze bricht; / wenn dein Haupt wird erblassen / im letzten Todesstoß, / alsdann will ich dich fassen / in meinen Arm und Schoß«. Paul Gerhardt hat das Stehen beim Anderen als den ethischen Vor-Satz meiner ganzen eigenen Existenz – Stehen bei *seinem* Tod vor meinem eigenen (also *vor* dem »Wenn *ich* einmal soll scheiden«: Vers 9) – auszusagen gewußt und so das Prae des Anderen in seiner Verlorenheit vor mir in der meinen: eine Lévinas-Figur !

Doch was Paul Gerhardt noch nicht zu sagen wußte, hat Lévinas vernommen: Die *Erhabenheit* des Anderen in seiner Verlorenheit mir als Imperativ und Verheißung begegnen zu lassen: Im Antlitz spricht das fünfte Wort vom Sinai (nach biblischer Zählung das sechste) mich an , kraft des hinter ihn verzogenen Ille: *Du wirst mich nicht töten. Du kannst mich nicht töten.* Dies hört Lévinas als das Sprechende des Antlitzes! Es ist ein nacktes Antlitz, das es mir sowohl verwehrt als auch unmöglich macht, es zu morden. Dies ist aber deswegen bitter nötig zu sagen, besser: zu hören, weil ich natürlich sehr wohl den Anderen töten kann. Wir hatten ja vernommen, wie tief und umfassend, wie evident Lévinas den Krieg ansetzte als das menschlich Wirkliche schlechthin. Ich kann dem Anderen sein Gesicht rauben, ihn sein Gesicht nicht wahren lassen. Ich kann ihn einordnen, – ihn auf mich zurückführen und die Bilder, die ich mir von ihm mache oder die ich im Konterfei ihm abgenommen habe – photographieren nennen sie auf englisch präzis und dessen bewußt, was sie da tun: take a picture, sie »nehmen« ein Bild, wo wir Deutschen uns ein Bild vom Anderen »machen«; tötend ist beides. Doch wo die dritte Person den Anderen uns entzieht, Spuren seines Gesichts im Gesicht löscht, da wird es uns nicht gelingen, den Anderen zu töten, wird das Gebot des nackten Antlitz uns anblicken und uns hindern, es zu töten. Das nennt Lévinas die *Erhabenheit des Antlitzes.* Das Gebot aus dem Antlitz – und so das, das nach jüdischem Verständnis auf der zweiten Tafel vom Sinai als erstes neben dem ersten der ersten Tafel steht: das »Du wirst nicht töten« – ist die exakte Bedeutung der Dritten Person, des Ille, jenes Jener, der das erste – sich selber schützend – spricht: »Ich / bin dein Gott, / der ich dich führte / aus dem Land Ägypten, aus dem Haus der Dienstbarkeit« – in dem du als Gefangener Pharaos zugleich dienstbar warst dir selbst: die Welt nur aus der Perspektive dieser eigenen Dienstbarkeit sehend in der Perspektive des dir Dienlichen. »Nicht sei dir / andere Gottheit / mir ins Angesicht« (Ex 20,2-3). »Morde nicht«. Die erste und die sechste mizva legen sich gegenseitig aus, bilden ein Ganzes einer Weisung. Gott widersteht dem Mord. Mord will Gott töten in seinem Angesicht – und wird dies nicht vermögen. Wie *hinter* dem fünften

Gebot, dem Lebensschutz des Anderen, das erste vom Gottsein des Dritten, des Unendlichen steht, so hinter dem Antlitz des Anderen das Gottsein des Dritten, des Unendlichen. Und wie *vor* dem ersten Gebot vom Selbstschutz des Ille in seiner Unendlichkeit, in seiner absoluten Transzendenz das Gebot vom erhabenen Antlitz des Anderen steht, den wir nicht töten können, so steht der Andere uns gegenüber vor Jenem, vor dem absolut transzendenten Gott: Doch nicht bezeugt er Jenen, nicht schützt er ihn, vielmehr empfängt er von Jenem seine Entzogenheit, die ihn-den-Anderen-uns zur Heimsuchung werden läßt und zugleich zum Erhabenen vor uns, über uns, zum uns Bestimmenden macht.

Aber nun zu einer vierten Hinsicht auf radikale Transzendenz. Neben der Transzendenz des »Unendlichen«, – der des »Anderen«, – der des »Antlitzes« lehrt Lévinas eine Transzendenz der Sprache.

δ) Die Transzendenz des Sagens im Verhältnis zum Gesagten

Wir haben das Antlitz, besser: »Jenen« aus dem Antlitz des Anderen sprechen hören – flehend und gebietend zugleich: »Du kannst mich nicht töten«. Damit gehört eine Besinnung auf Sprache in den Wirkungszusammenhang des Unendlichen, des Anderen, des Antlitz direkt hinein.

Sprache ist dabei nicht ein zusätzlicher Aspekt, auch nicht nur eine Näherbestimmung zur radikalen Transzendenz; in gewisser Weise ist sie dasjenige, worin radikale Transzendenz wirkt und wirklich ist. Radikale Transzendenz ist für Lévinas nicht mehr ontologisch im Sinne der abendländischen Tradition zu bestimmen, sondern ethisch. Aber das Ethische ist, wie wir merkten, dabei weniger eine Reflexion auf ein bestimmtes diakonisches, gesellschaftliches Handeln, indem wir Verantwortung für das Leben des Anderen und seinen Tod und Stellvertretung für ihn im Gericht übernehmen. Lévinas drängt darauf, daß nicht nur von Einzelhandlungen die Rede sei, sondern von einer Bewegung der bisher nur vom Ich aus und auf das Ich hin orientierten Wirklichkeitsbewältigung im ganzen. Der Exodus aus der abendländischen Ich-Konstitution der Welt hat sicher auch erkenntnistheoretische, psychologische, soziologische, politische, ästhetische Bedeutungen – nicht zuletzt, sondern zuerst: eine alltagspraktische im kleinmenschlichen Verhalten zu Armen, Witwen und Waisen, Ausländern und auch einheimischen Fremden. Aber sowohl philosophisch als auch theologisch konzentriert sich dies alles *sprachlich:* Im *Hören*können dessen, was vom Antlitz her spricht, im *Antworten*können auf das Sprechende im hinneni, – me voici, – »hier hast du mich«.

»Sprache« ist hierbei hebräisch gedacht als Davar – jene biblische Einheit: »So er *spricht,* so *geschiehts,* so er *gebeut, steht es* da« (Ps 33,9), – also als Einheit von Wort und Wirkung, – Wort als Tat und Tat als »sprechende« Tat: als Wort.

Diese Davar-Struktur spiegelt sich in dem Zusammenhang und der Spannung, in der der Akt lebendigen aktuellen Sprechens – »Sagen« – mit dem, was soeben gesprochen worden ist, steht: dem »Gesagten«.

Es ist ja unvermeidlich, daß alles Sprechen in dem Augenblick, in dem es gesprochen wird, übergeht aus dem offenen Vollzug des Redens in den abgeschlossenen Zustand des Geredeten. Selten machen wir uns bewußt, eine wie eingreifende Veränderung zwischen beiden geschieht.

Das Sagen bedarf der Bewegung des Atmens – des Ein- und Ausatmens, – das Gesagte ist im Vergleich damit ohne Atem, ohne Bewegung, ohne Lebensbedingung, also vergleichsweise tot. Vor allem beschreiben Sagen und Gesagtes voneinander sehr verschiedene Beziehungsweisen.

Im *Sagen* bin ich hingewandt und ausgerichtet auf den/die, zu denen ich etwas sage.

Daß ich *überhaupt* etwas *sage,* ist veranlaßt davon, daß jemand da ist, zu dem ich sprechen kann, dem/der ich etwas zu sagen mich getraue, dem ich gerne etwas sagen möchte. Für das Sagen ist die konstitutiv, zu der ich spreche. *Was* ich sagen möchte und *wie* ich es sage, ausdrücke steht ganz unter dem Gebot des Anderen, – ihm bin ich zugewendet in dem Wunsch, daß er es fassen, aufnehmen kann, was ich ihm zu sagen hätte. Von ihm hängt ab, daß und was und wie ich etwas sagen kann: Also Tatsache, Inhalt und Form des Sagens werden vom Anderen bestimmt, mindestens: mitbestimmt.

Im Sagen bin ich wohl auch sachbezogen, es gibt *Etwas,* was ich jemandem gerne sagen möchte. Aber das *Sach*bezogene ist der *personalen* Bedeutung unterworfen, die das Sagen als ein Kommunikationsverhältnis ausmacht. Ohne daß da jemand wäre, hätte ich nichts zu sagen. Das Dasein des Anderen ist die Bedingung der Möglichkeit des Sagens. Natürlich kann ich – leise oder laut – vor mich hinreden und mich vielleicht vom Druck der Gedanken befreien, die mir – unerlöst – im Kopfe herumgehen, bis ich sie akustisch vor mich hin verbalisiere. Aber Vor-mich-hinreden ist eine typische Gestalt des Bei-mir-selber-Bleibens, während »das Sagen« im Sinne von Lévinas gerade Zuwendung zum Anderen, ein Sozialgeschehen meint, – nicht einfach: Selbst-Äußerung, sondern Selbst-Entäußerung an den Lebenszusammenhang des Anderen.

Ganz anders das *Gesagte.* Im Gesagten ist das Sagen soeben beendet worden. »Hug, ich *habe* gesprochen«. »Roma locuta, causa finita«. Das Gesagte ist zum geronnenen Zustand des Sagens geworden. Ihm ist der Atem des Sagens, also: das Lebendige des Sagens ausgegangen. Vor allem ist ihm der Andere entschwunden. Das Gesagte ist ohne Zuwendung. Das personale, soziale Geschehen des Sagens ist im Gesagten zu einem reinen Sachverhalt geworden. Was ich jemandem sagen möchte, – worum ich mich im Sagen noch *mühe,* ist in den Gerinnungszustand eines Faktischen übergegangen. Nicht mehr, daß ich und was ich habe sagen *wollen,* kennzeichnet das Gesagte, sondern das Urteil: haec dixi, oder: Das und das hat der und der gesagt. Nicht der sich um jemanden mühende Gedanke, nicht die ums »rechte Wort« bemühte Mühe, sondern der von aller Mühe, Zuwendung losgelöste, abstrahierte Gedanke kennzeichnet das Gesagte gegenüber dem Sagen. Das Gesagte ist wie beziehungslos so mühelos, schmerzlos, kampflos, unverwundet und unverwundbar – zum Tat*bestand* gewordenes Sagen. Aus interpersonalem Geschehen wurde ein Sachverhalt, »Person« durch »Sache« verdrängt. Theologie, die vorrangig um die »Sache« und ihre Sachlichkeit bemüht ist, sich reflektiert auf einen Weg unterwegs zur Sache, will Theologie des Gesagten sein, nicht des Sagens. Sie respektiert, daß ihr – wie uns allen – »gesagt ist, was gut ist« (Micha 6,8), – sie besinnt sich (in der »Lehre vom Worte Gottes«) auch darauf, daß alles Gesagte aus einem Sagen kommt, und versucht, ein Verhältnis von Gesagtem zum Sagen zu bestimmen; aber nur selten sieht sie umgekehrt im Sagen das Ziel des Gesagten. Karl Barths Lehre von einer dreifachen Gestalt des Wortes Gottes bildete hier lange eine Ausnahme, sofern sie den sagenden Christus über das gesagte biblische Christuszeugnis auf die *zu* sagende Predigt zielen ließ; Gegenbeispiel dazu wäre Bultmanns Theologie, die sehr wohl vom Sagen des Wortes weiß (und dies als »Kerygma« sogar zum Zentrum alles Heilsgeschehens macht) – aber nicht im Sagen, sondern im »Glauben und Verstehen« sucht sie das Ziel des kerygmatischen Wortes Gottes, – in der Rezeption durch ein hörendes Ich: statt in der Mobilisierung durch das Wort zum Predigen, »Singen und Sagen«[145], Wort im Rückbezug auf mich selbst statt im »Übergang« zum Anderen.

Dies ist aber gerade die Aufgabenstellung von Lévinas. Er denkt hin auf ein Ursprüngliches des Sagens vor allem Gesagten. »Ursprünglich« meint aber einen ewigen, nicht nur einen zeitlichen Vorrang des Sagens vor allem Gesagten. Gesagtes ist nie nur eine – freilich unvermeidbare – Folge eines Sagens – Sagen ist vielmehr grundsätzlich die ewige Bedeutung alles Gesagten. Was gesagt wurde, will wieder ins Sagen überführt werden, – Sachlichkeit soll wieder zu persönlicher Zuwendung, Beziehung, Verantwortung werden. In vergleichbarem Sinn hatte Schleiermacher vom Gefälle aller Theologie auf die Predigt gesprochen – nur daß Predigen bestenfalls ein Teilaspekt dessen genannt werden kann, was Lévinas mit Sagen meint – wenn es *nicht* »Grüßen des Nächsten«[146], nicht ganzheitlicher Übergang des Sagenden zum Anderen wäre.

Das Ursprüngliche des Sagens vor allem Gesagten erfahren wir in dem *Mut,* den es kostet, überhaupt die Stimme zu erheben, – das Schweigen zu brechen, –

145. Vgl. M. Luther, EKG 16,1/EG 24,1.
146. Vgl. F.-W. Marquardt, Predigen ist Grüßen des Nächsten, in: Verwegenheiten. Theologische Stücke aus Berlin, 1981, 15ff.

ein Wort zu »ergreifen«, – es einem Anderen zuzuwenden. Denn *sich selbst* wendet man dabei ja dem Anderen zu, – gibt jede Bedeckung eines Gedankens auf, der, solange man ihn für sich behält, geschützt ist als unveräußert Eigenes; man läßt sich aber los in dem, was man äußert, – gibt den Gedanken – nun rückhaltlos – dem Anderen preis, ent-eignet ihn und entblößt sich damit selbst, macht sich schutzlos.

Doch mehr als das. Eugen Rosenstock-Huessy hatte vom »dativen Denken« gesprochen[147], d.h. von einem, das sich ausrichtet an der Frage, *wem es sich zudenkt.* Der Adressat eines Gedankens konstituiert den Gedanken. Die Hauptfrage heißt: Cui cogitatur? Und die Hauptsorge beim Bilden eines Gedankens gilt der Anhänglichkeit an seinen lebendigen Empfänger: den Anderen. Rosenstock-Huessy lehrt die Einsamkeit durchschauen, »in die der Stolz auf die Wissenschaft die meisten Denker hineinmanövriert hat« (83). Demgegenüber sieht er den Anderen in dessen Not – und sofort den Auftrag, sich ihm zu »widmen« (61). Doch wer könnte das? Erstens: »Wer sich einer Not so widmet, daß er durch sie festgenagelt wird ...« (61) – eine Antwort: wie von Lévinas. Zweitens: Wer »die außernatürliche Eigenschaft des Sich-Umwenden-Lassens« besitzt. »Wer kann sich offen einer neuen Not widmen? Das kann nüchtern eingesehn werden. Nur der kann umgewendet werden, der aus dem Gleise geworfen werden kann. Denn wir nennen alle die um uns und alles das in uns ›typisch‹, das nicht aus dem Gleise geworfen werden kann. Homo convertibilis ist der durch eine neue Not umwandelbare Mensch« (61). Und ganz wie Lévinas, wenn er vom Exodus aus der Ich-Begrenztheit spricht, sagt Rosenstock-Huessy: »Denn nur im Weggang kann die Metanoia, das Denken einer grundlegenden Frage, Gestalt annehmen« (57). Solches vom Anderen angreifbare, konvertierbare, der Not offene Denken aber nannte auch Rosenstock-Huessy (wie Lévinas) ein »Sprechen« und erkannte darin z.B. einen Unterschied zwischen Paulus und »den Theologen«: »... Paulus spricht; aber die Theologen denken wissenschaftlich« (48). Wie ist der Unterschied? »Paulus wußte, daß nur der sprechen kann, der unter einem Anruf steht ... Aber die wissenschaftliche Theologie ruft heute weder bei Katholiken noch bei Protestanten Zukunft hervor. Sie ist dem Glauben entfremdet. ... Sie begräbt – in würdigen Formen – den Glauben der Vergangenheit« (48).

So käme es wie für Lévinas auch für Rosenstock-Huessy darauf an, »Gesagtes« in neues »Sagen« vorwärtszuführen, – »Gesagtes« in »Sagen« hinüberzuleiten. Nicht also käme es darauf an, »Gesagtes« auf das in ihm *Gemeinte* zu befragen. Das wäre nur die historisch-kritische Beschäftigung, die am Gesagten hän-

147. E. Rosenstock-Huessy, Heilkraft und Wahrheit. Konkordanz der politischen und der kosmischen Zeit, 1952, 83ff.

gen bleibt. Aber: »So leiht die Theologie dem Glauben keine Zukunft« (48). Und sarkastisch weiter: »Die bekannte Enzyklopädie über ›Die Religion in Geschichte und Gegenwart‹ hat diese unglaubliche Wirkung der Theologie in ihrem Namen verewigt: diese Religion in Geschichte und Gegenwart ist zweifellos ohne Zukunft. Aber der Geist muß den Glauben verstärken. Geist, der nicht die Zukunft hervorruft, ist kein Geist, sondern Intellekt« (48). Das heißt aber: Was gesagt worden ist, hat Bedeutung nicht in dem, was es einst gemeint haben mochte, sondern in dem, was ich daraus jetzt der Not des Anderen zuzuwenden und so: ihm zu *sagen* wage.

Freilich: Auch das wird sofort zu Gesagtem, aus himmlischem Blitz sofort irdischer Dauerbrenner (K. Barth). Sagen wird objektiviert zu Gesagtem, wird »Thema« – etwas, *über* das man diskutiert; ein Diskussionsverhältnis ist aber ein anderes als das des Sagens, das in Rede und Antwort, Widerrede und Rückantwort geschieht. In der Diskussion über zum Thema gewordenes Gesagtes *ent*fernen wir uns vom Sagen, aus dem Gesagtes wurde, Sagen dagegen ist Annäherung. Was »Thema« wurde, ist Reflexion auf erstarrte Nähe. Und Thematisiertes zielt auf Verstehen: Etwas verstehen – bestenfalls dabei auch Sich-selbstverstehen lernen, wenn es hochkommt: Jemanden verstehen lernen; doch das ist nicht jene Annäherung an den Anderen, die wir im Sagen versuchen.

Von hier aus gelangt Lévinas zu einer harschen Kritik der Logos-Christologie. Wir können sie einen Versuch von Predigern und Theologen der Alten Kirche nennen, das, was ihnen Jesus bedeutete, in der Sprache zu finden: im Logos, Wort. Aus ihm hörten sie Jenen sprechen, Gott, und dies so deutlich, daß sie Jesus selbst wie eine sprechende Wirklichkeit empfingen. Jesus durchbrach ihnen das Schweigen der Welt, – was aus ihm sprach, ließ selbst die Götter schweigen (K. H. Miskotte). Wo man aber ihn und seine »Sprachgesellen« (vgl. P. Gerhardt, EKG 62,7/EG 83,6) zum Schweigen brachte, hörten sie statt der Verstummten die Steine schreien (Lk 19,40): so stimmig war ihnen durch Jesus die Welt geworden! Jesus vernahmen sie als das reine Sagen. Doch beobachtet nun Lévinas mit Recht, wie schnell aus dem Logos eines schallenden Sagens das Logos-Prinzip eines weltlich-Gesagten wurde. Wurde Jesus Logos genannt, konnte dies nur allzu schnell objektiviert, zum »Thema« gemacht werden. Denn seinerzeit lag die Möglichkeit in der Geisteswelt der Intellektuellen und der Frommen bereit, den Logos als ein Vernunftprinzip aufzufassen, in dem Gott und Kosmos sich miteinander verbanden. Von *diesem* Logos war nichts mehr zu hören, ihm war nicht zu antworten, er näherte sich niemandem, er war in Gedanken als ein Prinzip der Wirklichkeit vorauszusetzen, und über ihn war nachzudenken und zu diskutieren. War Jesus einmal als jenes weltbewegende Sagen gehört worden, wurde er nun zum Gesagten, einem Komplex von Weltprinzipien, mit deren Hilfe man sich das Dasein erklären mochte. Lévinas stellt sich den Logos nur als gesagten vor Augen, spricht von der Erfahrung des Sagenden nicht – und hält sich damit nur an das, was aus dem sagenden Logos in der Theologie der Kirchen tatsächlich geworden ist: ein theologisches Thema, weil ein Komplex von Denkproblemen. Insofern hat Lévinas in der Logos-Christologie ein treffendes Beispiel für die Differenz von Sagen und Gesagtem gewählt. »Im Anfang war das Wort« – noch schöpferisches, sagendes Wort. Da war es πρὸς τὸν θεόν, Gott, dem Anderen zugeneigt, auf ihn hin sich wendend, widmete sich ihm, dachte sich ihm zu. »Und Gott war das Wort«: das ist die Umkehrbestimmung des Verhältnisses von Wort und Gott. Wie das Wort zu Gott hin war, so war – umgekehrt gesehen – Gott am Wort, beim Wort (Joh 1,1). Wir beachten, daß hier nicht von Gott in seiner Selbstbestimmtheit die Rede ist, – der bestimmte und ihn in seiner Eigenheit bestimmende Artikel fehlt ihm hier. Gegenüber dem bestimmt Einen – ὁ θεός – ist er hier nur ein unbestimmt Einer, ein noch Unbestimmter, insofern sich selbst gegenüber noch ein Anderer. Als Anderer aber angewiesen aufs Wort, vorerst nur am Wort sich selbst habend. Er kann nicht ohne einen sein, der ihm zuneigt. Und der Vers Joh 1,2a wiederholt darum noch einmal: Der Logos war im Anfang πρὸς τὸν θεόν: auf Gott, den Anderen hin. Das ist Wort im Sagen. Aber verstanden wurde es bald, als wäre es ein Gesagtes, als bildete das Mittelglied: καὶ θεὸς ἦν ὁ λόγος, »und Gott war das Wort«, eine Einheit von Gott und Wort im Sinne einer Identität beider. Da war dann aus der Beziehung eine Entität geworden, aus Sagen ein Gesagtes. Und Lévinas hat Recht, darauf wie auf ein Mißverständnis aufmerksam zu machen. Das Wort wurde da in Gott und Gott im Wort *fest*gemacht. Damit wurde aber zugleich auch die ἀρχή, der Anfang, als ein absoluter Anfang fixiert, Anfang dieses bestimmten, identischen und in der Einheit von Gott und Wort identifizierbaren Inhalts. Damit verlor der Anfang seine Anfänglichkeit, wir können sagen: seine Transzendenz, sein bleibend Offenes. Während das auf Gott, den Anderen, πρὸς τὸν θεόν sich hinstreckende Wort in ewiger Bewegung bleibt, ist das Wort, das gelesen wird, so, daß Gott es: ἦν, war, ihm identisch, nur noch Wort im Stand: wie Gott im Stande des Wortes, so das Wort im Stande Gottes. Daß sie beide in diesen Stand gekommen sind, ist das, was uns gesagt worden ist, – ein Dogmatisches, das wir uns auch gar nicht selbst sagen können. Aber der Evangelist des Johannes-Prologs, sollte er wirklich Wort und Gott als Gesagtes begriffen haben, will uns auf alle Fälle zuvor und hernach das offene Sagen noch mithören lassen und läßt es uns hören im zweifachen πρὸς τὸν θεόν, dem Sich-Neigen und Nähern des Wortes zu Gott hin. Und so wäre dann eine Lévinas'sche Grundfigur: Vom Sagen zum Gesagten – aber wiederum: zum Sagen in der Abfolge vernehmbar, daß das Wort »im Anfang« zu Gott hin war, dann mit Gott, Gott mit ihm ein Eines wurde, um dann aber doch wieder hinzuzielen auf ein πρὸς τὸν θεόν: eine Bewegung auf Ihn, den Anderen, ja

Jenen-selbst zu. Das doppelte πρὸς τὸν θεόν markiert ein »Jenseits des Seins«, in dem das Wort Gott und Gott das Wort »war«. Es benennt eine von Anfang in Anfang führende radikale, absolute Transzendenz: die der Zuneigung des Wortes zum noch unbestimmten Gott, der Zuneigung Jesu zur Ewigkeit des Vaters.

Mit der Differenz zwischen Sagen und Gesagtem und dem bleibenden Vorrang des Sagens vor allem Gesagten befinden wir uns nun am Schluß unseres Hörens auf Emmanuel Lévinas in spürbarer und erkennbarer Nähe zu dem, was wir im Gedenken an Jeschajahu Leibowitz als dessen Transzendenzerfahrung schon kennengelernt hatten. Beide sehen wir wie Nachbarn, denn beiden stellt sich das Problem radikaler Transzendenz im Bereich der Sprache, insbesondere dessen, was wir in christlicher Theologie verhandeln als das Sprechen von Gott. Strikt jüdischer Tradition entsprechend, lehrte *Leibowitz* den unumkehrbaren Vorrang der mündlichen Tora vor der schriftlichen; nur autorisiert von der mündlichen steht die schriftliche der Bibel überhaupt in Geltung, und sie vermag es nur so weit, als die mündliche ihr die Sprache gibt. In der mündlichen Tora sind Wort und Weisung Gottes aktuell, sprechen zur Generation von heute und lehren Zukunft erschließen für das nächste Geschlecht; während – nach Leibowitz – das Schriftliche fast unvermeidlich *spaltet* durch den Streit der Deutungen, die es erzeugt, eint mündliche Tora auch mitten in Gegensätzen der Auffassungen: einfach durch den nie abgeschlossenen und durch niemanden abzuschließenden Austausch. Davon dürfte die *Lévinassche* Unterscheidung des Sagens vom Gesagten nicht weit entfernt liegen, zumal auch er eine Besinnung kennt auf den Unterschied des Sagens vom Schreiben, also des Mündlichen vom Schriftlichen (den wir hier nicht weiter dargestellt haben). Im Vorrang des »Sagens« vor dem »Gesagten« sehen wir jedenfalls den Vorrang der mündlichen Tora vor der schriftlichen sich auch bei Lévinas wiederholen und darin eben auch den Ansatzpunkt für die Denkbarkeit radikaler, nicht sich dialektisch an Immanenz vermittelnder Transzendenz. Wir erinnerten uns auch schon an *Luther,* der offensichtlich mit dieser urjüdischen Unterscheidung in seinem Denken etwas anzufangen wußte, wenn er von der viva vox evangelii lehrte, es sei eigentlich ein Irrtum, wenn sie schriftlich und zu einem Bibelteil geworden sei, denn »Schrift« sei eigentlich nur das Alte Testament, während die Botschaft des Neuen nur in einem »mundlich G'schrei« ihren angemessenen Ausdruck finde.[148] In allen drei Fällen handelt es sich nicht etwa um eine dialektische Bestimmung von Mündlichem zu Schriftlichem, vielmehr um einen in einer qualitativen Differenz begründeten Vorrang des Sagens vor dem Gesagten. Denn das Sagen ist Annäherung, das Gesagte Trennung, – im Sagen sind wir auf dem Weg zum Nächsten, Fernsten, Anderen – im

148. Vgl. M. Luther, Kirchenpostille 1522. WA 10.1.1; 17,4ff.

Gesagten getrennt von ihm: bei der allenfalls uns selbst dienlichen Lehre. »Jener« jedenfalls, die Illeität, Gott, »der ganz Andere«, entspricht dem Sagen, nicht dem je Gesagten als solchem, – dem Kerygma, nicht dem Dogma: dem Dogma nur, sofern es im Kerygma aus Gesagtem zu Sagen wird. In der Spannung zwischen beiden erfahren wir nach Leibowitz die Transzendenz, – nach Lévinas: in dem unendlichen Hinaus des Sagens über alles je schon Gesagte.

Beide – Leibowitz und Lévinas – bestimmen radikale Transzendenz als unendliche *Ferne: Leibowitz* nennt sie die Ferne jeder Haggada über Gott und damit: Gottes selbst; im Gebot und im Tun des Gebotenen *erreicht* uns SEINE Ferne. Das Gebot überbrückt sie nicht, vielmehr: in ihm erreicht uns Gott *in* seiner Ferne, indem er alle Verantwortung für Gott, Mensch und Welt *uns* übergibt. *Lévinas* nennt die Ferne der Illeität Gottes, seines Jenseits-von-Sein im Antlitz des Anderen. Dabei »repräsentiert« der Andere nicht Gott, bringt ihn uns sowenig nahe, sowenig er den Anderen uns zum »Nächsten« verwandelt. Gott entzieht uns gerade den Anderen in seine unaufhebbare Andersheit hinein. Dieser Entzug freilich wird uns zum Trauma, besetzt uns als Obsession, rückt uns auf den Leib und wird uns so zu einer Nähe, die uns ent-setzt von uns selbst. Ist bei *Leibowitz* das ewig Ferne uns nahe in seinem Gebot, so ist bei *Lévinas* der Nächste, der uns auf den Leib, die Seele, vor allem: den Geist rückt, der ewig Ferne: in der Andersheit, in der Gott an ihm vorübergegangen ist und in die hinein er uns nun nachzieht hin zu ihm, dem Anderen. Der Ferne nah – der Nächste der Fernste: beides keine Korrelationsverhältnisse, sondern *Geschicke und Geschichten radikaler Transzendenz,* die wir weltlich nicht mehr auffangen können, die uns mit sich reißen und uns aus dem Gleise werfen.

Transzendenz also wird gedacht: Wir werden aus den Gleisen geworfen: den Gleisen des Gesagten, das wir schon gehört haben, durch das Sagen, das noch nie gesagt wurde, – aus der Voraussetzung und einem Wissen von Gott durch das immer neue Gebieten der Tora, – durch den Nächsten, der uns zum Anderen, Fremden, Fernen wird und sich uns zur Geisel nimmt. Und nicht einer Nähe ent-spricht Gott, sondern ihm ent-sprechen sie: solche uns Fernen. *Gott ist Gott in seinen Fernen.*

d. Transzendenz in der Trinität

Uns muß nun am Ende unseres Weges daran liegen, *solche von Juden gehütete Transzendenz Gottes auch im christlichen Bekenntnis zu einer Drei-Einigkeit Gottes zu wahren.*

Im Verhältnis zum trinitarischen Gottesbekenntnis der Kirche waren Juden und Christen schon immer voneinander getrennt und sind dies bis heute geblieben. Von Juden her gesehen, ist die Trinitätslehre das tiefste Unterscheidungsmerkmal. Den Verdacht, darin der avoda zara, des Götzendienstes schuldig zu sein, werden Christen in jüdischen Augen nicht los. Selbst wenn dies Bekenntnis uns nicht als moralischer Defekt vorgehalten wird, behalten wir doch den Geruch eines crimen laesae majestatis: einer Verletzung der göttlichen Erhabenheit. Wir werden angesehen wie Leute, die Gott *zu nahe treten,* und objektiver Ausdruck unseres Übergriffs gegen die Gottheit Gottes ist – mit jüdischen Augen gesehen – der *schittuf:* jene »Gesellung« und »Vergesellschaftung« Gottes mit einem Anderen, als die die trinitarische Zuordnung eines »Sohnes« und eines personifiziert gedachten »Geistes« zu Gott empfunden wird.[149] Anmaßend werde da Gott etwas angemessen und beigemessen, was Kreatur Gottes ist, von der er sich doch in Wahrheit unterscheide wie der Himmel von der Erde.

Zudem werde damit die innere Einheit und die äußere Einzigkeit des Einen Gottes angegriffen, die den eisernen Kern der Gotteserkenntnis Israels ausmacht, wie sie im Gebet des Sch'ma Jißrael von Juden täglich erkannt und bekannt wird.

Diese Gottes-Einheit ist aber weit davon entfernt, nur eine theologisch-theoretische Einsicht zu bedeuten – sie ist schlechthin lebenswichtiges Festhalten eines jüdischen Selbstverständnisses. Das Bekenntnis der Einheit des einen Gottes scheint nämlich *praktisch* wichtiger, als es die Wahrung eines Erkenntnisinteresses an einem Monotheismus sein könnte. Denn *die Einheit Gottes ist eine Erwählungswirklichkeit, an der auch die Volkseinheit* des so leicht zerstreubaren und zerstörbaren Volkes *hängt.* Der eine Gott meint nämlich – im Sinne eines von Hermann Cohen und Leo Baeck so benannten »ethischen Monotheismus« – die Einheit Gottes mit seinem Volk, – Dieses Volkes mit unverwechselbar Diesem und keinem anderen Gott, – die Einheit Dieses Volkes mit dem Gott, mit dem es sich geeint *hat,* einen *kann* und immer wieder einen *möchte.* Insofern steht mit der Frage der Einheit Gottes kein so oder auch anders zu diskutierendes theologisches »Thema« zur Debatte, sondern die raison d'être des jüdischen Volkes in seiner Identität – wobei diese aber nicht in der monotheistischen Eigenart seiner Gottes*vorstellung* und ihrer Bewahrung besteht, sondern in dem *Widerfahrnis* der Treue Dieses Gottes – des Gottes JHWH –, der sich bisher immer wieder neu dazu hergegeben hat, Einungsziel des jüdischen Volkes in allen seinen Zerstreuungen und Zerstreutheiten zu sein und *dessen* Einungswillen zu beantworten mit seiner Bundestreue, also seiner inneren Selbstbindung an Dieses Volk. In dieser Bereitschaft, sich mit Israel zu einen und Israel mit sich sich einen zu lassen, hat er nach jüdischer Erfahrung sein »Wesen«, darin ist er der Gott *Israels,* – der Gott *Abrahams, Isaaks und Jakobs* – also der

149. Vgl. F.-W. Marquardt, Was dürfen wir hoffen, wenn wir hoffen dürften? Bd. 1, 1993, 271f.

Gott der Generationenfolge, der »Zeugungen« Dieses Volkes, – der Gott, der »*mit euch sein will,* als der und wann immer ich mit euch sein will«: JHWH, – also: der eine Gott und Gott: der Eine.

Eine Besinnung auf das jüdische Nein zum trinitarischen Bekenntnis der Christen hängt solange in der Luft, solange die Erwählungsbedeutung, also: die auf Tod und Leben des jüdischen Volkes gehende praktische Bedeutung des jüdischen »Monotheismus« verkannt wird. Darin unterscheidet sich der »Monotheismus« Israels von jedem anderen religiösen oder philosophischen – nicht zuletzt auch dem des Islam. Dieser vertritt einen Gedanken theologischer und philosophischer Rationalität – die freilich in zusammenfassender Macht und Gewalt auch eine religiös-und-politisch-praktische Wirkform besitzt. Aber die Macht dieses Monotheismus ist doch nur gleich der Macht, die jeder Theorie schon in sich selbst eignet, sofern diese sich auch äußerlich auswirken kann, wenn sie Gesetz und – vermittels des Anspruchs jeder Theorie auf Allgemeinheit – so oder so durchgesetzt wird. Die *jüdische* Einheit Gottes dagegen ist die einer täglichen, praktischen, darum auch geschichtlich-offenen Verwirklichung, ohne theoretischen Allgemeingültigkeitsanspruch. Darum macht es auch keinen Sinn, wenn in abgehobener Theologen-Diskussion manchmal abschätzig von einem »abstrakten« jüdischen Monotheismus gesprochen wird, der »abstrakt« wirken soll gegenüber der Mannigfaltigkeit und entsprechend größeren Konkretheit des trinitarischen Bekenntnisses der Christen. Das wäre im Jüngsten Gericht ja erst noch zu erfahren, wer »abstrakt«, wer »konkreter« von Gott gedacht und sich zu ihm verhalten hat: Juden oder Christen !

Zumal der Vorwurf der »Abstraktheit« des jüdischen Monotheismus ein schwerwiegendes Selbstmißverständnis des christlichen Bekenntnisses offenbart. Denn einerseits ist zumindest die christliche Trinitäts*lehre* ihrerseits Kind eines Denkbedürfnisses, also eines »abstrahierenden«, nämlich Mannigfaltiges zur Einheit führenden Interesses. Andererseits entspringt auch das *Bekenntnis* von Christen zum Dreieinigen Gott einem unmittelbar *praktischen* Bedürfnis christlichen Lebens: nicht weniger als es im Sch'ma Jißrael der Juden erkennbar wird. In ihm versucht insbesondere ein der heidnischen Völkerwelt entspringendes Christentum einem wichtigen Moment seiner Existenzunsicherheit und seiner ursprünglichen, nie zu überwindenden Identitätsschwäche zu begegnen.[150] Können wir, die wir von Jesus von Nazareth und seinem Geistwirken unserem angeborenen Vaterhaus und den bergenden Freundschaften, Sitten, seelischen Reaktionszusammenhängen, geistigen und ästhetischen Strukturen unserer Sozialisation entnommen werden, uns »in Gott« geortet wissen: im Gott Israels neu geborgen, neu identifiziert, in ihn »aufgenommen«? Ist überhaupt *denk*bar, daß die Botschaft

150. Vgl. zum Folgenden noch einmal oben § 9, 427ff.

eines Menschen – Jesu – und die Botschaft von der ewigen (neue Welt, neues Leben bringenden) Wirklichkeit dieses Menschen wirklich »in Gott« begründet sind? Könnte ein Mensch nicht täuschen, jedenfalls: enttäuschen? Wie verhält dieser Mensch sich zu »Gott«, dem – wie wir hoffen – zuverlässig Tragenden, Bergenden, dem »Felsen«, der »Zuflucht«: und wie Gott sich zu ihm? Könnten wir nicht auch allzu leicht einer bedrohlichen *Selbst*täuschung unterliegen, wenn wir uns von Jesu Geist mitreißen und begeistern ließen, – hat solche Begeisterung irgendeinen verläßlichen Gehalt, und inwiefern könnte sie – wenn es sich nicht bloß um schnelle Begeisterung für Jesus, sondern um eine wirkliche Begeistung durch ihn handelte – ewigen Halt bieten? Aus dem Heidentum kommend, fehlt uns, wenn wir Christen werden, der bergende Anhalt an Gottes Gesetz und Sitte, an Tora und Chochma, die in »Häusern« gelehrt, in gesellschaftlicher Ordnung befestigt und im eigenen Volk bis ins Unbewußte hinein tradiert werden. Selbst wo wir womöglich nicht durch die Botschaft von Jesu Tod und Auferweckung, sondern vielleicht durch sein Verkündigen der Tora Israels und des im jüdischen Volk bekannten Gotteswillens für den Weg Jesu gewonnen sein sollten – dürfen wir uns darin des »wahren« Gottes versichern und in ihm auch sichern? Die trinitarische *Frage* ist sicher in einer *Notlage von Heidenchristen* geboren, die nach ihrem Auszug aus Vaterhaus und Freundschaft neuen Grund in einem ihnen fremden, nicht heimatlichen, beheimatenden, ihnen auch nicht »natürlichen« Gott suchen wollten. Sie fragten Jesus, der sie im Nachfolge-Ruf aus ihrer Heimat losgerissen, und den Geist, der sie mitgerissen und von dort fortgerisssen hatte, gleichsam in Gott hinein. Jesus und Geist hatten ihnen Zugang zu diesem neuen Gott geöffnet. Und nun drangen sie in ihn, um sich ihrer beider Helfershelfer *zu* Gott auch *in* Gott zu vergewissern. *Das trinitarische Bekenntnis ist so Ausdruck der Missionssituation der frühen Kirche, ein Versuch, der aufgebrochenen Identitätsproblematik der Heidenchristen eine Orientierung zu ermöglichen.* In der Trinitäts*lehre* aber versuchen sich Christen gewordene Heiden des Gottes *Israels* zu vergewissern, – ihm zu trauen, indem sie sich – in ihn ihre Anwälte Jesus und Geist hineindenkend – ihm anvertrauten.

Wenn dies auch nicht dasselbe ist wie jüdisches Sich-Einen mit Gott, so ist es doch ebenfalls ein *praktisch-religiöses, keineswegs nur ein theoretisches* Motiv, das Christen zur Ausbildung ihres trinitarischen Bekenntnisses hinleitete. Jüdisches Sich-Einen mit Gott und christliches Einbringen Jesu und des Geistes in Gott – beides sind Versuche, sich selbst in Gott einzubringen und so in ihm Grund der eigenen Existenz zu suchen. Durchaus dies auch im Sinne einer religiösen Selbst-Sicherung in Gott.

Nur mit dem Unterschied, daß jüdisches Sich-Einen eines mit dem *Willen und Wort* Gottes ist, Aufnahme einer vorwiegend praktischen Lebensbeziehung, die freilich ER von innen her bejaht, die ihn sogar bindet – so daß sie, christlich gedacht, durchaus als Moment seiner Wesens-Identität angesehen werden kann; er ist von sich selbst her und aus sich heraus der Gott *Israels.* Die biblischen Anthropomorphismen von inneren, seiner Seele entspringenden Leidenschaften Gottes für Israel drücken dies aus. Aber es sind Regungen *seines* Inneren. Sie können ihn in inneren Widerstreit mit sich selbst bringen – seiner Gerechtigkeit mit seiner Barmherzigkeit z.B. –, aber keine kann sich gegen eine andere verselbständigen, geschweige denn so zu einer eigenen Ganzheit und Einheit in Gott personalisieren, wie dies im christlichen Trinitätsdenken geschah. Im Inneren Gottes ist »der Sohn« Instanz Jesu von Nazareth, – der »Heilige Geist« Instanz der bestimmten Menschen widerfahrenen Geistleitung; d.h. Gott hat zwar *nicht* Kreatur Gottes in sich; ein entsprechender Vorwurf, in ihrem Trinitätsbekenntnis *vermischten* die Christen Gott und seine Kreatur miteinander und zerbrächen dadurch den Abstand von Schöpfer und Geschöpf, – verletzten mit der Einheit die Heiligkeit Gottes, geht daneben. Der »Sohn« und der »Geist« sind nach christlichem Verständnis in Gott selbst und nur *in ihm gründende,* ihm nicht von außen angetragene Instanzen Jesu und des Geistes.

Aber sie werden »Personen« genannt und gegeneinander in Selbständigkeit gedacht, weil sie eben doch *auch* Wirklichkeiten repräsentieren, die wie *in* Gott so *auch außer ihm* in der kreatürlichen Welt wirklich sind. Der »ewige Sohn« des Vaters ist das »fleischgewordene Wort«: also eins mit Jesus von Nazareth, Jesus dem Juden; und die dritte »Person« des »Heiligen Geistes« ist eins mit jenem durchaus mit alkoholischer Trunkenheit vergleichbaren Umgetriebenwerden nicht weniger Menschen vom Geist Gottes, dem, in dem sie sich inmitten aller weltlichen Wirklichkeit heiligen für ihn. Insofern kann sich christliche Theologie nicht mit einer sprachlichen Notlage – etwa einer Mißverständlichkeit des Personbegriffs in der Trinitätslehre – herausreden. Der »ewige Sohn«, der in Gott Instanz für den Menschen Jesus von Nazareth ist, ver*gegenwärtigt* doch umgekehrt eben diesen Menschen in Gott. Und der »Heilige Geist«, der in Gott Instanz für jenen Geist der Heiligung ist (das πνεῦμα ἅγιον, das innergöttliche Instanz für die mit ihm nicht identische ruach-ha-kodesch ist), repräsentiert doch jenen Heiligungsgeist, der ausgegossen wird »über alles Fleisch« (Joel 2,28 Zürcher Zählung), in Gott.

»*Instanz*« meint dabei: Der »ewige Sohn« ist zugleich der Gottes*grund,* auf dem Jesus von Nazareth alle seine Wege bis in seinen Tod hinein geht, und die *Quelle,* aus der er trinkt und sich stärkt. Der »Heilige Geist« ist in gleichem Sinn der Sendungs*grund* jenes Gottes-Geistes, von dem Menschen ergriffen und zur Heiligung Gottes in ihrem weltlichen Leben erwählt und berufen werden. *In* Gott sind die Mittler und *Kräfte des Lebens,* das Heiden und Juden Christen werden und bleiben läßt. Aber wie die Bundeserfahrung den Juden den Gedanken einer *Gegenseitigkeit* im Verhältnis von Gott und Israel nahelegt, so ergreifen auch

Christen diesen Gedanken. Zwischen dem »ewigen Sohn«, dem »Heiligen Geist« und dem »ewigen Vater« besteht ein immer lebendiges *Gegenseitigkeits- und Austauschverhältnis,* und das drückt sich darin aus, daß Jesus und der Menschen leitende Geist nicht nur eine Instanz in Gott haben, sondern eben auch eine eigene *Repräsentanz* in ihm. Wie er ihnen gegenwärtig sein will durch die ihm dafür zur Verfügung stehenden Instanzen, so räumt er ihnen umgekehrt die Möglichkeit ein, bei Gott (πρὸς τὸν θεόν: Joh 1,1) gegenwärtig zu sein. Im »Sohn« und im »Geist« schafft Gott Jesus und dem Geist – und damit: den Anhängern Jesu und den von seinem Geist Begeisterten – Raum neben sich, ja: setzt Sich ihnen als ihren Lebensraum, makom, und erlaubt ihnen so, in ihm gegenwärtig zu sein.

Ein so *jüdisch* nicht denkbarer Gedanke? Ist er so nur ein *Trost der Heiden:* ihre Weise der für sie lebensnotwendigen Erfahrung, von Gott einen Raum neben sich eingeräumt zu bekommen und so auch ihrerseits Gott als Felsen unter sich zu haben, vgl. Ex 33,21: ihm also felsenfest trauen zu können?

Repräsentanz, Vergegenwärtigung Jesu und der Seinen, – des Geistes und derer, die »geistlich« sind, meint mithin eigentlich ein *Zeitgeschehen,* und das trinitarische Bekenntnis lobt eigentlich das Geschenk jener *Gleichzeitigkeit* von Gott und nun auch den Heiden, die *Israel* erschlossen ist im *Namen* Gottes: »Ich werde mit euch sein, als der und wann immer ich mit euch sein werde« (Ex 3,14). So läßt sich durchaus denken, daß das *Trinitätsbekenntnis* am besten als eine *Nachzeichnung* des dem Mose am Sinai für das jüdische Volk offenbarten Namens Gottes – JHWH – zu verstehen ist: *für Nichtjuden,* die unter das Königtum eben dieses Gottes treten wollen und sich dafür auf Jesus und den Geist berufen. Und die drei »Personen« sind dafür zugleich die in Gott geschaffenen Instanzen und Repräsentanzen.

Keineswegs wollten und wollen Christen damit der inneren und äußeren *Einheit* Gottes zu nahe treten. Um dies unmißverständlich auszuschließen, unterschieden sie diese ihre Instanzen und Repräsentanzen (»Personen«) ausdrücklich vom »Wesen« Gottes. Gott ist für sie nie *jemand anderer* gewesen als der, den Israel im Sch'ma Jißrael bekennt, er galt ihnen auch nie *anders,* in anderer Art und Weise als Gott, als er im Sch'ma Jißrael gelobt und angerufen wird. Eben mit den Worten des Sch'ma Jißrael hat ja die Gemeinde Jesus sich zu Gott bekennen gehört: Mk 12,29-30, und dies auch an heidenchristliche Gemeinden unverändert so weitergegeben.

Dennoch und erst recht stellt sich die Frage, ob der – von den Ausgangsbedingungen der Heiden im Verhältnis zu Gott her wohl begreifbare – Versuch ihrer Selbstvergegenwärtigung im Gott Israels (mit Hilfe der Vergegenwärtigung Jesu und seines Geistes in ihm) nicht doch eine empfindliche *Mißachtung der Jenseitigkeit Gottes,* womöglich eine respekt- und erfahrungslose *An-Eignung Gottes* durch sie bedeutet, ob der Trinitätslehre der Christen nicht – mit begreifbarer Not – doch zuviel nacktes Heidentum anhaftet. Die neuplatonisch-philosophische Denkfom der sich entwickelnden Trinitäts*theologie,* die vermeintlich darin greifbare »akute Hellenisierung« des Christentums (A. v. Harnack), wäre dabei doch harmlos im Vergleich gerade mit dem *praktischen* Zugriff auf Gott durch Heiden, der die Christen zur Ausbildung dieser Lehre motiviert hat.

Christen wollten sich in ihrem Trinitätsbekenntnis vor allem der *Nähe* Gottes auch zu ihnen versichern und bildeten es theologisch darum auch in einer Sprache der Nähe und Familiarität aus. Jesu Gottes- und Gottes Jesus-Verhältnis dachten sie als *Sohn-Vater- und Vater-Sohn*-Beziehung, und der »Sohn« galt ihnen eher als »Erbe« des Vaters denn als dessen »Knecht«; jedenfalls stritten sie leidenschaftlicher um eine Bestimmung der Nähe zwischen »Sohn« und »Vater« als um die einer Unterordnung und Distanz des »Sohnes« vom »Vater«, – energischer um eine Gottheit Jesu als um eine Menschlichkeit Gottes. Und entsprechend leidenschaftlicher um den Heiligen Geist, der Friede und Freude ist (Röm 14,17) und neues Wesen wirkt (Röm 7,6) als für die κρίσις des Geistes, der des Fleisches Geschäfte *tötet* (Röm 8,13). Gewiß wollten sie »ausgeglichen« von Gott-in-Nähe und Gott-in-Distanz sprechen, und ihrer *begrifflichen* Mühe darum ist dies auch gelungen. Aber das ganze Vorhaben, gedanklich in Gott einzudringen, Jesus und den Geist in Gott zu setzen und damit den Gott Israels den Gojim zu öffnen, kann als ein *Gewaltakt der Liebe und einer heidnischen Selbstannäherung* an Gott empfunden werden, für deren Problematik Christen sich doch sensibel zeigen sollten, ehe sie einen trinitarisch so erschlossenen und aufgeschlossenen Gott dem jüdischen Respekt vor der Unantastbarkeit und Transzendenz Gottes immer noch entgegenzusetzen versuchen: als wäre dies eine dem biblischen Zeugnis besser entsprechende Weise, von Gott zu reden.

Doch wer besäße da andere Kriterien, zu urteilen, als die je eigenen und besonderen gerade seiner Lebensverhältnisse in bezug auf Gott? Mit ihnen sind Juden anders dran als Griechen, und Griechen anders als Juden, und ich kann mir *nicht* vorstellen, daß es *über* beiden eine Möglichkeit gäbe, *zwischen* ihnen und ihrem Verständnis grundsätzlich zu entscheiden. Welche Grundsätze sollten da denn gelten können? Welche theologische Wahrnehmungs- und Wahrheitsfähigkeit sollte denn über den verschiedenen *praktischen* Bedingungen begründet werden können?

Gewiß haben christliche Theologen sich um eine Wahrnehmungs- und Wahrheitsebene *über* dem Widerstreit von Griechen und Juden bemüht und versucht, *Gott aus Gott* wie praktisch zu bezeugen so auch zu denken und damit Gott »*über* alle Dinge« zu fürchten, zu lieben und zu vertrauen.[151] Aber gerade da klafft der Zwiespalt auch am tiefsten. Nicht nur in dem unbedingten Zutrau-

151. M. Luther, Der kleine Katechismus, zum 1. Gebot.

en zur Gottgemäßheit ausgerechnet von Theologie; das Judentum bestreitet sie vehement und bindet – wie Jesus – die Erkennbarkeit von Wahrheit an die Erkennbarkeit der Früchte menschlichen *Tuns* (vgl. Mt 7,16). Indem das Christentum die Möglichkeit, Gott *aus* Gott zu *erkennen,* als das Werk von Theologie erschafft und also als Möglichkeit menschlichen *Denkens* ergreift, zieht es Gott grundsätzlich in eine Nähe menschlicher Begreifbarkeit – also (wenn wir dies mit Lévinas'schen Lehren im Ohr bedenken wollen) in die abendländische »Nähe« des *Philosophierens:* im Rückbezug aller Wirklichkeit auf unser, nur an uns selbst orientiertes Fassungsvermögen. Eine dritte Ebene über Widersprüchen in der Realität ist dem abendländischen *Denken* immer erschwingbar gewesen. Tertium datur war und ist unserer Weisheit höchster Schluß: Synthesis.

Doch war schon eh und je die Frage, ob wir Gott folgen, indem wir ihm eine dritte Ebene über unseren Gegensätzen einrichten und einräumen, als ließe er sich von uns einen Platz zuweisen! Schon immer war dies die *Fraglichkeit von Theologie* als einem angemessenen Medium der Vergewisserung über die Wirklichkeit Gottes.

Das Judentum hat diese Frage stets empfunden und sich gegen jede Verknüpfung von Theologie und Bewahrheitung Gottes mehr als spröde verhalten. Gott aus Gott: ihn also *über* allen Dingen zu fürchten, zu lieben und zu vertrauen, schien ihnen immer angemessener, als ihn in Modellen von Nähe zu bezeugen. Gott schien ihnen aus Gott besser begreiflich, wenn man ihn in seiner *Ferne* respektierte, ja: ihn seiner Unendlichkeit, Transzendenz, Freiheit *preisgab,* seiner Erhabenheit und Göttlichkeit *überließ. Gerade dann war man sich am eigenen Leibe und in der Gottesferne seiner eigenen Erfahrungen einer Bezugsintimität ohnegleichen gewiß.* Mag ja sein, daß Christen als notorische homines novi, permanente Anfänger des Lebens mit diesem Gott, sich an Zeichen seiner Nähe beständig klammern müssen. Mag mithin auch umgekehrt verständlich sein, daß ältere Brüder im Leben mit diesem Gott – ernüchterter durch Erfahrung – gelernt haben, daß Er widersteht, wenn man Ihn domestizieren, an Menschennähe gewöhnen will, und daß er verläßlicher *Gott* gerade dann ist, wenn man *ihn* nicht assimiliert und ihn in seiner Ferne sein läßt, der er ist.

Aber *nach Auschwitz* sind so oder so geortete »Modelle« von – sei es auch: verschiedenen – Gotteserfahrungen nicht mehr anwendbar. Seine »Ferne« ist kein theologisches »Modell« oder »Paradigma« mehr – auch kein »Seinsgeschick« von »Gottesfinsternis« oder »Tod Gottes« oder was immer wir da sprachlich zu fassen und begreiflich zu machen versuchen. Die Transzendenz Gottes liegt nun »Jenseits von Sein«, und nicht Gott, sondern seine Transzendenz, seine radikale Entzogenheit sind *Krise* von Sein.

So entsteht die *Frage, ob unser Trinitätsbekenntnis noch an diese Entzogenheit Gottes heranreicht,* ob das Bekenntnis der Nähe, das das trinitarische Bekenntnis meint – sofern es ja als Bekenntnis zur *inneren* Trinität Gottes eines zu einer ewig ungebrochenen Kommunikation *zwischen* Vater, Sohn und Geist und *mit* den Menschen und der Welt außer Gott ist – dem *Widerfahrnis der Ferne standhalten kann, das Auschwitz ist.*

Eine Frage, die wir unmöglich *entscheiden* können, da wir ja überhaupt nur *hoffen,* aber nicht wissen und bekennen können, daß Gott will und er lebt. Unter dem Vorbehalt, der in dieser uns nach Auschwitz einzig zugänglich gebliebenen Hoffnung sich ausdrückt, fragen wir nach *Spuren radikaler Transzendenz* in unserem christlichen Heiden-Bekenntnis zum dreieinigen Gott und spüren *distanzierenden* Kräften in der Trinitätslehre nach, die in unserem Bewußtsein hinter vermittelnden vielleicht zu sehr zurückgeblieben sind.

α) Der Heilige Geist

Beginnen wir mit einer Besinnung auf den *Heiligen Geist.* Er gilt ja als die aus Gott, dem Vater und seinem Sohne entströmende und überfließende Kraft und Wirklichkeit, in der Er-selbst in uns eingehen will, um uns von unserem Inneren her für sich zu gewinnen: uns zu erleuchten, zu heiligen, zu berufen und in ein »neues Wesen« zu versetzen (Röm 7,6). Der Geist, aus Gottes Innerem hervorgehend, sucht unser menschliches Innere, um uns zur geschwisterlichen Liebe zu wenden, – für freimütiges Reden, – für Singen und Beten zu Gott, – für die Heiligung unseres Leibes, – der Tage der Jahre unseres Lebens, – der Dinge der Welt für Gott zu öffnen. Im Geist teilt Gott neues, ewiges Leben aus denen, bei denen er Eingang findet.

Aber in den Jesus-Schriften kann dies Wirken des Geistes doch nur als ein hartes *Kampfgeschehen* geschildert werden. Nicht nur, daß sich diesem Geist Gottes ein hartnäckiger Widerstand der Macht des »Fleisches« und seiner »Welt« entgegenstellt, also: die Gott verschlossene, ja gegen Gott aggressive Wirklichkeit. Es gehört zur *Selbst*wirksamkeit des Geistes, *Widerstands*geist und *Überwinder*geist zu sein auch dort, wo ihm gar nicht besonderer Gegenwille entgegenwirkt. Er erforscht, erfragt ja alles: auch »die Tiefen Gottes« (1 Kor 2,10); d.h. im Geist ist sogar Gott sich selbst *Gegen*-Stand, es gibt Unerschlossenes, »Tiefen« in ihm (die wir durchaus auch als Abgründe verstehen müssen), die er durch seinen Geist allererst erschließen, vielleicht sogar erst öffnen will. Als *Geist einer Selbsterkenntnis Gottes* ist er einer, der eindringt in das, was Gott an sich selbst rätselhaft und verschlossen geblieben ist. Paulus hat dies nicht spekulativ gemeint. Er sprach von einer Selbsterfragung Gottes durch den Geist, »damit wir wissen, was uns von Gott geschenkt worden ist« (1 Kor 2,12), – also offensichtlich in der Meinung, *uns* bliebe Gott in seinem Wesen verschlossen, solange er sich nicht selbst erschlossen sei. Menschliche Gotteserkenntnis und Selbsterkenntnis Gottes wurden hier aufs engste miteinander verknüpft – aber *kritisch* verknüpft, insofern Paulus durchaus damit rechnen konnte, daß ein sich selbst verschlossener Gott, so auch: ein sich selbst »unbekannter« Gott (vgl. Apg 17,23) nicht Gegenstand einer menschlichen Gotteserkenntnis sein könne. Unser offenes oder verschlossenes Wissen von Gott, daat elohim, hängt ab von einer Offenheit oder Verschlossenheit Gottes für sich selbst. *Ohne innere Geschichtlichkeit Gottes keine Gottesgeschichte mit uns und für uns.* Dies ist ein Erkenntnisgrund für unsere Formel: »So Gott will und er lebt«. Die Fraglichkeit einer Selbstbejahung Gottes ist die Fraglichkeit Gottes, die uns bewegt. Die *Frage, ob Gott sei,* ist eine Frage, die er selbst im Bezug zu sich selbst zu beantworten und entscheiden hat. Sie ist gleich der Frage nach dem Geist, »der da lebendig macht« (Joh 6,63); *so hat der Geist in seiner Rückwendung auf die »Tiefen« und Abgründe Gottes eine schlechthin kritische, über Tod und Leben Gottes entscheidende Bedeutung. Er ist Geist von Sein oder Nichtsein Gottes und als solcher der Gott an Gott erfragende Geist.*

Er entscheidet damit zugleich darüber, ob *wir* Gott »im Geist und in der Wahrheit anbeten« (Joh 4,24) können oder uns mit unserem religiösen Tun in lauter *Illusionen* über seine Wirklichkeit bewegen.

Insofern ist der Heilige Geist die am Sein oder Nichtsein Gottes orientierte *Religionskritik* schlechthin. Er *bricht,* wenn er an uns wirkt, jede Unmittelbarkeit eines religiösen Bewußtseins, – jede Vermischung und Verwechslung uns lebenswichtiger Bedürfnisse mit der Wirklichkeit oder den Gaben des biblisch bezeugten Gottes. Statt von »Bedürfnissen«, die Religion erzeugen, könnten wir auch von »Notwendigkeiten« oder »Strukturen der Existenz« oder »Strukturen des Daseins« sprechen: Verfaßtheiten des Gattungslebens, kosmologischen Entwicklungstendenzen, ethischen Postulaten, die Religion erzeugen, u. dgl. Zu alledem verhält der Heilige Geist sich nicht reinigend, sondern tötend; er tötet »die Werke des Fleisches« (Röm 8,13), sofern sie Geschäfte menschlicher Selbstbemächtigung der Wirklichkeit im ganzen – also: Religion – sind und doch nichts gegen den Tod vermögen, den wahren und letzten Feind Gottes, vielmehr ihn heiligen und integrieren: als wäre er Gott. Dagegen »ergrimmt« Jesus »im Geist« und »empört sich« (Joh 11,33 Zürich), – führt also den *Geist* vor *als Grimm und Empörung gegen den Tod: den Religionsstifter schlechthin.*

So ist eine *trinitarische Ortung* dieses Geistes in Gott selbst die *Begründung aller anti-heidnischen Religionskritik in Gott.* Die Sinngötter, die wir uns machen, werden konfrontiert mit der selbstkritischen Wirklichkeit Gottes, der immer erst sich selbst erfragen muß, über seine Tiefen und Abgründe sich selbst immer erst hinwegbringen muß, zu deren Tiefstem und Abgründigsten nach unserer Erkenntnis die Frage gehört: ob er will und er lebt, – die *Seins*frage in bezug auf Gott. Oder wird gerade der Geist Gottes ihn nur noch im »Jenseits von Sein« ἐρευνᾶν = aufstöbern können (1 Kor 2,10)?

So ist der Geist Gottes – gerade der, der in unser Inneres zu dringen vermag – der *über Sein oder Nichtsein Gottes* (für sich und bei uns) *von der Tiefe Gottes her beunruhigte und uns beunruhigende Geist,* der uns Gottes allenfalls so versichert, daß er uns *unsicher* macht: *an Deus sit, ob Gott sei. So aber ist er Geist radikaler Transzendenz.*

Nun ist er aber – nach den Einsichten der christlichen Trinitätslehre – ein an den Sohn und den Vater *gebundener,* von ihnen und niemandem sonst *ausgehender* und *gesendeter* Geist. Insofern läßt er sich *nicht* als ein *freier Geist* bestimmen, der sich beliebigen Inhalt wählen und so zum Liebling freier Menschengeister erküren ließe. Wohl hat er sich in der Frömmigkeitsgeschichte auch so experimentieren lassen: als jedem Inhalt frei zur Verfügung stehender Geist: Geist von großen Geschichtsepochen und kirchenkritischen Protestbewegungen, – von Klassen-, Frauen-, Völker-Emanzipationsbewegungen, – politischer Führungen und Führer, – persönlicher Frömmigkeit, die vor allem nach Frieden mit sich selbst trachtet, – auch als philosophischer Weltgeist, – Geist von Geisterbeschwörungen und jeder anderen Art von Begeisterungen. Aber als *Heiligen* Geist haben die Kirchen ihn doch nur erkannt, insofern er *an Gott gebundener Geist* war – und (da so etwas wie »Gott« ja wie eine höchst verwechselbare Wirklichkeit benutzt werden kann): *an Jesus gebundener,* – Geist z.B. des Grimms und der Empörung Jesu gegen und über den Tod, und *Lebens*geist nur aus den Kräften dieser Empörung und dieses Grimms.

Es ist also Heiliger Geist nur der, der vom Lehren, Leben, Leiden, Sterben und Erwecktwerden Jesu ausgeht, – der ihn in seinen Werken und in seiner Person entfaltet: ihm *dienstbarer Geist.* Gerade darin *fehlt* ihm jede religiöse Unmittelbarkeit zu uns und gleich auch jede Universalität. Der Heilige Geist ist Geist einer *bestimmt-begrenzten* Geschichte, – das Trinitätsdogma lehrt: der Geschichte des »Sohnes Gottes«: Jesu von Nazareth. Nach unserer in den Bänden der Christologie vorgetragenen Erkenntnis[152] müssen wir aber sofort hinzufügen: Geist auch des »Sohnes Gottes«: Israel. Die Ostkirchen, die das filioque der abendländischen Kirche bis heute nicht mitmachen können (also die Lehre, daß der Geist ausgehe nicht nur vom Vater, sondern auch vom Sohne), halten mit ihrer Verweigerung die *Möglichkeit* offen, den Geist auch ohne Vermittlung durch Jesus nur aus dem Verhältnis des Vaters zu Israel (wie zur Kirche) hervorgehen zu lassen. Wir schätzen das filioque, sofern es uns den Geist als Geist Jesu, des *Juden,* verstehen lehren könnte. Wir schätzen die ostkirchliche Beschränkung auf das Ausgehen des Geistes nur vom Vater, sofern sie uns das Gott-Israel-Verhältnis ebenso als Geist-sendende Wirklich-

152. Vgl. F.-W. Marquardt, Das christliche Bekenntnis zu Jesus dem Juden. Eine Christologie, Bd. 2, 1991, § 7, 52ff.

keit erfahren, verstehen und theologisch denken lehren könnte – auch ohne Vermittlung durch Jesus.

Wie auch immer: Der Heilige Geist wird so als *Geist konkreter Namen,* also Geist der Gottesgeschichte und an sie gebundener, ihr dienstbarer Geist gelehrt, verwehrt also jede Geschichtslosigkeit des Gottesverständnisses.

Dies aber ist *eine äußerst kritische Auffassung* von der Art und dem Wesen dieses Geistes. Denn so kann er *unmöglich verwechselt* werden mit dem Geistdenken alten und neuzeitlichen Philosophierens: platonischen – neuplatonischen – gnostischen – idealistischen. Er hat nichts mit der Denkmacht Geist zu tun. *Er haucht den Atem Gottes aus nur zwei kleinen Geschichten: der Israels und der Jesu.* Als Geist von deren Namen ist er im Kosmos des Geistes nur ein kleiner Geist: begrenzend, beschränkend, materiell-gebunden, ohne Allgemeingültigkeit, Evidenz – subversiver Geist also, der die Geistesgewaltigen vom Stuhle stößt und die geistlich-Armen erhöht (Mt 5,3). Die Empörung, die er in Jesus gegen den Tod wirkte, wiederholt er in seinem spröden Grimm gegen alles geistig-Großmächtige – wie es zum Beispiel auch Allgemeinbegriffe, Kategorien des Denkens oder allgemeine moralische Werte oder politischer common sense oder religiöser consensus gentium sind: es »gäbe« Gott.

Wenn er *uns* durch sein Wirken auf diese kleinen Geschichten *begrenzt,* dann heiligt und erhält er uns im rechten einigen Glauben[153], – dann tut er sein in Wahrheit *großes* Werk an uns: führt uns ein in die Gemeinschaft des Geistes, – beschneidet uns in einer Beschneidung, die im Geiste geschieht (Röm 2,29), – hilft der Schwachheit unserer religiösen Selbstbefriedung auf (Röm 8,26), – leitet uns in die Liebe, – schenkt uns die Freiheit (2 Kor 3,17), – transzendiert uns von unserem alten zu einem neuen Leben, – wirft uns aus den alten Gleisen und bezeugt sich in der Kraft, uns transzendieren zu können, als *Geist der Transzendenz:* der Gottes und unseres »Übergangs« zu ihm hin, dem Jenseits-des-Seins.

b) Der Sohn

Sprechen wir nun vom *»Sohn«:* der Instanz und Repräsentanz für Jesus von Nazareth in Gott. Er gilt der Trinitätslehre als *die aus Gott heraussprechende Wirklichkeit, als Logos:* als das, was Gott erhaben macht über alles Sprachlose, – kosmisches und geschichtliches Schweigen, – was ihn unterscheidet von jedem heidnischen ineffabile, Unaussprechlichen der Tiefen des Seins, – was durch sein Reden sogar die Götter zum Schweigen bringt. *Daß Gott im »Sohn« spricht, ist das antiheidnische Zeugnis schlechthin.*

153. M. Luther, Der kleine Katechismus, Auslegung des Dritten Artikels.

Der Trinitätslehre lag daran, *Jesus im Sinne von Lévinas als das »Sagen« Gottes* aussagen zu können.

Speziell dem diente, so wie wir es verstehen, die Lehre von einer *ewigen »Zeugung«, generatio* des Sohnes durch den Vater. Dabei dachten die Trinitätslehrer nicht an so etwas Einmaliges, wie es die Zeugung und Geburt Jesu von Nazareth aus der Jungfrau Maria darstellen sollte. Die Rede von der *»ewigen«* Zeugung des ewigen Wortes oder Sohnes Gottes wollte uns darauf aufmerksam machen, daß Gott *immer neu anhebt,* aus Jesus, durch Jesus, in Jesus zu der Menschenwelt zu sprechen. Jesus soll als »Sohn« und »Wort« Gottes *nie nur ein je schon Gesagtes* sein, nie als abgeschlossene, fertige Geschichte aufgefaßt werden, die Vergangenheit und historisch werden kann, wie Menschengeschichte sonst, – schon gar nicht als ein in sich geschlossener, einmal erzeugter und seitdem irreversibler Ideen- oder Verkündigungskomplex. »Ewige Zeugung« meinte: »All Morgen ist ganz frisch und neu / des Herren Gnad und große Treu« (EKG 336,1/EG 440,1), ja besser noch – weil die Neuigkeit des Wortes Gottes ja kein Tag- und Nachtzeiten-Geschehen ist -: *Wann immer und wenn immer Jesus zu einer sprechenden Wirklichkeit wird, geschieht dies im Ereignis, daß Gott Jesus just in diesem Augenblick zum ewigen Sohn und Wort »zeugt« = schafft, erschafft.* Das opus ad intra ist eins mit einem opus ad extra, d.h.: *Wir danken es der Aktualität Gottes, wenn es geschieht, daß Jesus uns aktuell wird.*

Anders gesagt: Die Lehre von der *generatio* des ewigen Sohnes *erzeugt keine mythische Befindlichkeit Jesu und stattet auch Gott nicht mit einem mythischen Zweitwesen neben sich aus.* Die Einmaligkeit der Erzählung von der Jungfrauengeburt Jesu aus Maria will auch nicht die Hervorbringung eines mythischen Gott-Mensch-Wesens bedeuten, will gerade nur *Zeichen* sein, daß der frauen- und menschengeborene Jesus dazu da, »in die Welt gekommen« ist (1 Tim 1,15), uns durch Geistzeugung zum Sagen Gottes zu dienen, – zu uns zu *sprechen aus dem Inneren Gottes heraus,* aus dessen Zustimmung zu dem, was Jesus uns in seinen Worten und Handlungen und in seinem Verkündigtwerden besagt.

Auch von der Erschaffung einer mythischen Göttlich*keit* Jesu im Akt seiner ewigen Erzeugung durch Gott kann keine Rede sein. Auch von einer *»Gottheit« Jesu* ließe sich nämlich *nur* sprechen im Hinweis auf *das unvorhersehbare und unableitbare Geistgeschehen, in dem Jesus uns zum Sagen Gottes wird,* uns anspricht durch das, was er – als Mensch Jesus ! – sagt und tut, leidet, wird und ist. Man kann unmöglich sagen, daß Jesus Gott ist. Diese *Identifizierung* ist nur möglich auf einer nur noch schwer zu haltenden Sprach- und Vorstellungsebene, die die *Transzendenz-* und *Geschehens*freiheit der Wirksamkeit Gottes völlig außer acht läßt. Auf dieser Ebene »machen« tatsächlich wir Jesus zu Gott – wie uns oft von Juden, Muslimen und Heiden vorgeworfen wird. *Nicht wenn wir uns zu Jesus »als Gott« bekennen, nur wenn Gott als Gott sich in unseren Herzen zu*

Jesus bekennt, kann es allenfalls Sinn machen – nicht: von einer Göttlich*keit,* als einer beständigen Qualität, aber von einer *Gottheit* Jesu zu sprechen und damit eine *Bekenntnisbeziehung Gottes zu Jesus* zu meinen, die immer nur ein Ereignis sein kann (das der »ewigen Zeugung« eben) und Jesus gegenüber ebenso transzendent bleibt wie uns gegenüber. Die Rede von Jesu »Gottheit« gibt *keine Wesensbestimmung, sondern eine Geschehensbeziehung:* Es kann *geschehen,* daß uns aus diesem Menschen nicht nur dieser Mensch, sondern – vere Deus – in Wahrheit Gott anspricht, wie es umgekehrt geschehen kann, daß Gott, wenn er uns anspricht, in Wahrheit anders nicht als – vere homo – durch diesen Menschen, also: durch und durch nur menschlich anspricht. »*Wahr Mensch und wahrer Gott« sind Weisen des Sagens Gottes,* und wir sollten sie zurückzuholen versuchen aus unseren Sprachformen einer *Gesagtheit, in der Gottes Transzendenz preisgegeben wurde durch Identifikation.*

Nun haben aber auch andere Züge von Transzendenz Gottes gegenüber seinem »Sohn« Israel und seinem »Sohn« Jesus keinen Eingang in die Trinitätslehre gefunden, obgleich sie für die *biblischen* Zeugnisse höchste Bedeutung besitzen. Kein Wort im Dogma von der ewigen *Leitung* des »Sohnes« durch den »Vater«. Und kein Wort davon, daß der »Sohn« Gottes auch »*Knecht«* Gottes heißen und sein kann.

Schnell einzusehen, warum dies im Dogma fehlt: Beide scheinen Aussagen von einer Unterordnung, Subordination des Sohnes unter den Vater, die im kirchlichen Dogma gerade ausgeschlossen werden sollte. Gott und »Sohn« sollten als völlig gleichen »Wesens« bestimmt werden und ihre Gemeinschaft als Wirkgemeinschaft zweier in Freiheit Verbundener. Diese Absicht schloß ein *Ringen* um Einung von »Vater« und »Sohn« (wie übrigens alles *geschichtlich* Bewegende) aus – also z.B. den Gethsemane-Kampf um Jesu Einstimmung und Zustimmung zum Willen des Vaters oder das Verlassenheitsgebet des Gekreuzigten oder seine wirkliche Gottverlassenheit während der Tage im Grab des Josef von Arimathia. Es ist, als wäre der »ewige Sohn« doch *nicht* das fleischgewordene Wort, sondern eine *über* das Verhältnis Jesu zu Gott *erhabene* und davon ganz *abgehobene* Wirklichkeit.

Diesem Verdacht wäre genauer nachzugehen. Gewiß dürfen wir sagen, daß die Bekenner und Lehrer einer Trinität Gottes nicht nur Personenstandsbestimmungen für das Gott-Wort-und-Geist-Verhältnis geben, also nur notiones personales, d.h. Personen-Kennzeichen geben wollten – als wäre ihr Interesse das eines theologischen Paßbeamten gewesen. Sie sprachen auch von *actus* personales und *opera* der drei gottheitlichen »Personen«, d.h.: Sie wollten die inneren Beziehungen Gottes nicht nur als Standesbeziehungen, aber auch nicht nur – »anthropomorph« – als innere psychologische Affekt-Beziehungen sehen, sondern als *Tat- und Werkbeziehungen.* Doch entwickelten sie dafür eine *nur spärliche* Sammlung von *Handlungsbegriffen* – wählten eigentlich nur drei aus: generare, Zeugen, – spirare, Hauchen, – und procedere, Hervorgehen (der Vater »zeugt« den Sohn, – Vater und Sohn »hauchen« den Geist, – der Geist »geht hervor«). Im Vergleich mit der fast unübersehbaren Mannigfaltigkeit von Handlungsworten, mit denen *die Bibel* das Verhältnis von »Vater« und »Sohn« – Gott und Israel, Jesus und Gott – zu beschreiben vermag, *im Dogma ein ärmlicher Befund!*

Freilich berücksichtigen wir, daß der Bibel der Gedanke noch nicht gekommen war, reinweg ein inneres Leben Gottes kennen und benennen zu wollen. *Die kirchliche Trinitätslehre ist ein Kind nachbiblischer Zeiten und Fragestellungen. Die Bibel kennt* – in der Sprache des Dogma ausgedrückt – *nur opera Dei ad extra: die auf uns, die außergöttliche Wirklichkeit gerichteten Werke und Handlungen, Leidenschaften und Affektionen Gottes.* So fällt es uns nicht schwer, die Eigenart der Probleme zu würdigen, die die Alte Kirche aufgriff, als sie eine »immanente« Trinitätslehre entwickelte, und anzuerkennen, daß sie sich für diese eigenartige Aufgabe auch eine eigenartige und der Bibel gegenüber neue Sprache erst schaffen mußte.

Sie fand sie in diesen drei Grundworten des »Zeugens«, »Hauchens« und »Hervorgehens« – zu denen wir auch zugeben müssen, daß wir deren Bedeutungsumfang womöglich nicht mehr ermessen können, den sie in alten Zeiten und in antiken Gesellschaften besessen haben mögen. Wir kennen die antike Familie, das damalige »Haus« nicht mehr, wo es einen pater familias gab: »Vater«, Haushaltsvorstand, wirtschaftlicher Unternehmer, Religions- und Sittengeber in »Person«, – wo ein »Sohn« in der Regel nur einer unter vielen Geschwistern war, also Erbstatus und Erstgeburt, Enterbung und weibliches oder männliches Geschlecht eines Kindes nicht nur (wie oft bei uns noch) psychische, sondern auch rechtliche Bedeutung hatten und überhaupt »Zeugung« viel weniger eine anthropologische, psychologische, gar nur sexuelle Konnotation besaß, sondern eine fundamental-gesellschaftliche, nicht private, sondern öffentliche. Beim trinitarischen Zeugungsbegriff wären solche uns fehlenden Bedeutungen immer mitzubedenken, mindestens in dem Sinne, daß das innertrinitarische Vater-Sohn-Verhältnis durch den Zeugungsbegriff als *Aktualität eines öffentlich-rechtlichen Verhältnisses* beschrieben wird – *keineswegs nur als ein besonders intimes.*

Noch schwerer dürfte es uns fallen, das zweite Grundwort der *spiratio,* der *Hauchung,* auch nur einigermaßen dem entsprechend verstehen zu können, was es einst bedeutet haben mag. Goethes Divan-Vers gibt uns auch nur noch eine sehr entfernte Ahnung von der antiken Atem-Geist-Einheit, die wir hier mit zu bedenken hätten: »Im Atemholen sind zweierlei Gnaden: / Die Luft einziehen, sich ihrer entladen; / Jenes bedrängt, Dieses erfrischt; / So wunderbar ist das Leben gemischt. / Du danke Gott, wenn er dich preßt, / Und dank ihm, wenn er dich wieder entläßt«[154]. Das ist Atem – aber noch nicht »Hauchung«, zu welcher der Ursprung der »Seele« ebenso gehört wie Geist und vor allem: Leben. Wie »Zeugung« ein Rechts- und Öffentlichkeitsverhältnis herstellen mag, so »Hauchung« ein Lebens-, Seelen- und Geistverhältnis.

Ähnlich beim dritten Grundwort des »*Hervorgehens*« des Geistes aus dem »Vater« und dem »Sohn«. Beim procedere verfallen wir fast unvermeidlich auf so etwas wie eine Prozession, einen religiösen, raumgreifenden Bewegungsritus. Aber können wir umschreiben, der Geist sei ein *Vorgang* im gemeinsamen Leben von »Vater« und »Sohn« – »Vorgang« hier im Sinne eines événement, eines Ereignisses ihrer gelebten Beziehung? So müssen wir es verstehen. Und sind doch unsicher angesichts der Doppelsinnigkeit des Wortes: Beschreibt es einen »Ausgang« des Geistes in einer *inner*trinitarischen Bewegung, ist der Geist ihr zugleich vom »Vater« und vom »Sohn« betätigtes inneres Beziehungsleben, – umkreisen sie im Geist beständig einander, so etwa, daß einer dem anderen dabei »die ruhige Mitte seinen Monologen« wäre[155] oder der Anlaß eines zwischen ihnen geführten ewigen Gespräches; wäre der Vorgang Geist eine *dialogische* Wirklichkeit in Gott?

Aber dann erst recht stellte sich die Frage, die sich auch ohnehin stellt: *Oder* meint das procedere des Geistes aus »Vater« und »Sohn« einen *Ausgang aus Gott selbst:* hinaus in die außergöttliche Wirklichkeit, – einen »Übergang zum Anderen«, – ein opus ad extra? *Oder* meint es *beides in einem,* den *inneren Vorgang,* das innere Gespräch Gottes untrennbar von seinem *Übergang vom »Einen« zum »Anderen«* ? Meinte dies procedere aber beides zugleich, meinen dann das »Zeugen« und das »Hauchen« nicht auch Vorgänge, die *zugleich* solche in Gott *und* solche im Übergang zu uns hin bedeuten? Und wie kämen dann wir in der Trinität vor? Unsere Lehrer lehrten nachdrücklich, daß die »Werke« des Dreieinigen Gottes untrennbar solche nach innen und zugleich nach außen seien.

Wäre dies aber so, dann wäre schließlich doch die *Sprachbeschränkung des formulierten Dogma* im Bezug auf die Verben der Lebenstätigkeiten Gottes nicht leicht verständlich. So er wollte und er lebte, – und so er wollte und er lebte als *Dieser:* von innen her den Menschen zugewandter und ihnen in seinem Inneren auch geöffneter Gott, und er wäre *in sich* und so: auch *für uns* noch lebendig – müßten dann nicht *mannigfaltigere Sprachmöglichkeiten* gewählt werden als nur die klassischen und sehr stereotyp weitergegebenen drei, – müßten dann nicht grundsätzlich die biblischen Erzählungen von dem Zusammen*wirken,* Zu-

154. J. W. v. Goethe, West-östlicher Divan, Buch des Sängers. Talismane.
155. R. M. Rilke, Wer seines Lebens viele Widersinne ..., in: Das Stundenbuch, 1905. Erstes Buch. Vom mönchischen Leben. (1899).

sammen*leben,* Zusammen*kommen,* nicht zuletzt: vom gemeinsamen *Wollen* von Gott, Israel/Jesus und Geist sprachbildend für das Dogma, das Dogma nicht auf seine alte Traditionssprache beschränkt werden, – müßten dann nicht z.B. auch die biblischen Erzählungen vom *Ringen um,* (vom) Gewinnen und Verlieren der Einheit zwischen dem »Vater« und dem »Sohn« und dem »Geist« in die Sprache des Dogma Eingang finden – damit sofort freilich auch zur »Sache«, Stoff, Inhalt des Dogma werden? Dürften dann noch alte dogmatische Gegensatzbestimmungen wie z.B. die von »Wesens«einheit in »Personen«verschiedenheit, aber mehr noch von Consubstantialität von »Vater« und »Sohn« und Subordination des »Sohnes« unter den »Vater« immer weiter verhandelt werden – als blieben dies unter allen denkbaren Wandlungen der Fragestellungen und der Situationen doch immer gleiche Konstanten von jeder Zeit an jedem Ort immer gleichen Wahrheits- und Unwahrheitsbestimmungen? Sind die *Formulierungen des Dogma übergeschichtliche Wahrheit und sind es auch nur die Fragen des Dogma?* Kämen wir an das altkirchliche Interesse an der Bewahrung der *Einheit* Gottes nicht besser heran, wenn wir sie *nicht* in Relation zu drei »Personen« weiter besprächen, auch nicht als drei »Seinsweisen« des Einen bestimmten, sondern – weitaus geschichtlicher – als *ein noch nicht abgeschlossenes Ringen von »Sohn« und »Geist« um ihre immer wieder neu zu suchende Einung mit dem »Vater«* – ohne Angst vor »subordinatianisch« anmutenden Untertönen, die dabei unvermeidlich scheinen, und erst recht ohne Angst vor der Voraussetzung, die dann in der Tat gemacht werden müßte: daß *Gott-selbst eine um seine Einheit noch ringende,* z.B.. seine innere Einung zwischen seiner Gerechtigkeit und seiner Barmherzigkeit oder eine innere Stimmigkeit von »Vater«, »Sohn« und »Geist«, – Gott, Jesus und unserer Begeisterung noch kämpfende, *so auch: in sich selbst offene Wirklichkeit wäre?* Die Trinitätslehre wäre dann nicht *als* Geschichte, aber *geschichtlicher in der Denkform* zu entfalten. Und sie bekäme dann die Chance eines besseren Verhältnisses zur Bibel, müßte sich nicht auf einzelne dicta probantia, Bibelzitate, stützen, dürfte viel mehr der *Struktur und dem Gang des biblischen Erzählens* entsprechen, also substantiell biblischer werden und – biblischer eher nachzuprüfen als bisher.

Wäre dann bei der *generatio,* der ewigen Zeugung des »Sohnes« durch den »Vater«, nicht doch auch an die *biblischen toledot, Zeugungen* zu denken, mithin an die Geschichte der Generationen Israels, aus denen auch Jesus »hervorging«, und die – als solche! – *be*zeugt werden durch jene Schriftensammlung, die unter dem Titel eines βίβλος γενέσεως (eines Buches der Zeugungen Jesu Christi) die neutestamentliche Verkündigung eröffnete und unter die Völker trug (Mt 1,1)?

Und wäre nicht *Gottes* Verhältnis zu seinem »Sohn« in eben den Generationen Israels, denen auch Jesus entstammt, als Verhältnis seiner ewigen *Treue und immer kreativen Begleitung* seines »Sohnes« als wahrhaft inneres Verhältnis beschrieben, in dem er *sich* treu, sich-*selbst* bleibt, darin daß er seinem »Sohn« treu bleibt?

Wäre nicht auch die ewige *spiratio,* Hauchung des Geistes von jenem Hauchen her zu denken, mit dem der vom Tode erweckte Jesus unvermittelt in die Mitte der vor den Juden verängstigten Seinen tritt, sie mit dem Schalom-Gruß grüßt und dann durch den Hauch seines Mundes den Geist empfangen läßt (Joh 20,22)? Wäre da der *Friedens*hauch Jesu nicht gleich dem *Lebens*hauch, mit dem Gott den Adam so anhauchte, daß er zu einer »lebendigen Seele« wurde (Gen 2,7), und wäre nicht von diesem »opus ad extra« her der *innere* Sinn des trinitarischen spirare zu fassen als: Gott in einer ewigen Bewegung des Friedens mit sich selbst und *da*mit seines beseelten Lebens begriffen – so daß seine Vielen so unangemessen *anthropomorph* klingenden Seelenbewegungen und Leidenschaften eben *keine menschlichen Zuschreibungen,* sondern seinem Lebensvollzug *gemäß* wären? So daß ferner auch das ewige Hauchen des Geistes durch »Vater« und »Sohn« ein »*Werk« gegen die Leere, Vergeblichkeit und Angst* genannt werden dürfte, die Jesu Jünger erlitten, *ehe* Jesus ihnen den Geist zuhauchte, und – wer weiß? – nicht auch ein im Inneren Gottes sich beständig ereignendes Werk gegen die Judaeophobie der Freunde Jesu? Empfangen des von Gott und Jesus gehauchten Geistes ginge dann – aus Gott heraus gedacht! – niemals mit Angst vor Juden und Jüdischem zusammen, Antijudaismus wäre dann in der Tat »Sünde gegen den Heiligen Geist«.[156]

γ) Gott: der Vater

Doch mehr noch. Gibt es nicht eine Reihe von Erzählungen, die man *trinitarische Erzählungen* nennen könnte?

Gott ließ *Jesus* vom *Geist* in die Wüste führen, um ihn dort versuchen zu lassen vom Versucher (Mt 4,1ff). Im *Geist* wurde *Jesus* erregt und betrübt, als ihm ein Jünger als sein Verräter aufging (Joh 13,21). In der Synagoge von Nazareth mußte er von innen her auf sich beziehen, was geschrieben stand: »Der *Geist* des *Herrn* ruht auf *mir«* (Lk 4,18). Nach dem *Geiste* der Heiligung hat *Gott* ihn »eingesetzt zum *Sohne* Gottes voll Macht … kraft der Auferstehung von den Toten« (Röm 1,4).

Vor allem aber: »Mit Mutterhänden leitet er / die Seinen stetig hin und her« (EKG 233,5/EG 326,5), – Gottes Verhältnis zu Jesus ist ein *leitendes* Verhältnis.

156. Vgl. F.-W. Marquardt, Was dürfen wir hoffen, wenn wir hoffen dürften? Eine Eschatologie. Bd. 1, 1993, 420ff.

Einmal kehrt Jesus »in der Kraft des Geistes nach *Galilaea* zurück« (Lk 4,14) – einmal führt der Geist ihn in die *Wüste.*

Von solchen *geschichtlichen Führungen* des »Sohnes« durch den »Vater« und den »Geist« weiß die uns überkommene Trinitätslehre *nichts* zu sagen – während sie doch *im Verhältnis Gottes zu Jesus, das die Bibel bezeugt, ein wichtiges Handeln sind:* und ja nicht nur in vorösterlicher Zeit, sondern auch im österlichen opus Dei selbst.

Sollte es also nicht Gebot einer Trinitätslehre werden, von Gott nur zu sagen, was er an seinem Sohn Israel/Jesus *tut,* und von Jesus nur, was Gott an ihm, durch ihn, für uns *tut?* Muß Trinitätslehre nicht jede Art eines *feststellenden* Denkens verlernen und in die Gestalt eines »neuen«, von Franz Rosenzweig so benannten »erzählenden« Denkens überwechseln, in dem ein Wesenhaftes aus seinen erzählbaren Handlungen und so: in seiner Wirklichkeit erkannt wird?[157] *Muß* es dabei bleiben, die »Personen« der Trinität zwar als Beziehungsfiguren eines lebendig gelebten inneren Lebens Gottes weiter zu tradieren, aber deren Personalität weiterhin meilenweit entfernt von dem zu denken, was nicht nur »uns heute«, sondern längst auch dem Tenach und den Jesus-Schriften als Kennzeichen eines Personalen bewußt war?

Wir meinen dabei vor allem das Kennzeichen gegenseitiger *Berührbarkeit* von Personen in einem interpersonalen Verhältnis: Mitleiden, Mitfreude, Selbstveränderung durch Teilnahme am Geschick des Anderen, – das Ausgesetztsein und Außer-sich-Geraten im Zusammenleben mit einem Anderen, – das Sich-Verlierenkönnen in einem Anderen oder auch: durch ihn, – das Sich-selbst-Vergessen im Geschick eines Anderen, – aber auch die Stärkung eigener Identitätskräfte auf Kosten eines Anderen, – das Sich-ihm-Ergeben, – aber auch das Sich-Behaupten im Widerspruch und Widerstand gegen ihn. Läßt Jesu Verlassenheitsgebet am Kreuz den »Vater« gänzlich unberührt? Erstirbt der »Vater« im Tode des »Sohnes«, – obsiegt der »Sohn« bei seiner Erweckung durch den »Vater« am Ostermorgen? Der *Sinn* der Trinitätslehre war zweifellos eh und je schon, die *gegenseitige tiefe Betreffbarkeit* von »Vater«, »Sohn« und »Geist«, also von Gott, Jesus und den von ihnen im Geist Ergriffenen denkbar zu machen, und die Absicht dabei, es *dennoch zu keinem Identitätsverlust der Eigenarten je der drei »Personen«*-Wirklichkeiten kommen zu lassen.

Angesichts der in beiden Bibelteilen bezeugten Willens- und Affektprägung des biblischen Gottes, – des »Anthropomorphismus« der biblischen Rede von Gott, – ist jedoch zu fragen, ob das (unaufgebbar-notwendige) Interesse an einer Identitäts*wahrung* der »Personen« gleichbedeutend sein muß mit der Ab-

157. Vgl. F. Rosenzweig, Das neue Denken. Einige nachträgliche Bemerkungen zum »Stern der Erlösung« (1925), in: Kleinere Schriften, 1937. 383f.

wehr einer Identitäts*gefährdung* je einer der drei »Personen« durch je die andere? Ist die vom trinitarischen Dogma angestrebte Simultaneität in der Dreierbeziehung notwendig gleichzusetzen mit einer undramatischen inneren Ausgeglichenheit ihrer Funktionen, – ist ihre personale Partizipation, wie sie die Naturenlehre der kirchlichen, vor allem lutherischen Christologie entwickelt, wirklich ohne jede Irritation der einen »Person« durch die »andere« zu denken? Welche Rolle spielt tatsächlich die *Eigenheit* der Personen? Gehört zu ihr mehr als die Unterscheidung funktionaler Verschiedenheit – auch die Anerkennung der *Andersheit* der je als eigen zu begreifenden Person?

Wir stellen dieselbe Frage in unserem Zusammenhang aber noch schärfer: Gestattet das dogmatische Interesse an der Aussage der Wesenseinheit der trinitarischen Personen die Aussage von einem inneren Leben in »transzendentalen« Beziehungen zueinander, wodurch die Vorstellung von ihrer wesentlichen Teil*habe* gründet in *immer neu* zu beginnenden Vorgängen ihrer Teil*gabe* aneinander?

U. E. hängt daran die Möglichkeit, das »Wesen« des dreieinigen Gottes als das des von der Bibel bezeugten *»lebendigen«* Gottes zu bestimmen. Nach Auschwitz käme es auf nichts so sehr an wie auf die Bestimmung eines Lebendigen an Gott, das sich in schematisierten Funktionseinteilungen und Tauschbestimmungen von Wesensmerkmalen angesichts der Funkionalität der Todesmaschinen von Bürokratie, seelischer und rassischer »Wesens«bestimmungen und Personen-Annullierung nicht mehr ausdrücken läßt. Teilhabe und Teilgabe am Lebendigen sind in Auschwitz zugrundegegangen, – das, was dort *nicht* geschah – der Übergang, das Transzendieren zum Anderen – tritt als Kennzeichen von Lebendigem über dem Tode um so deutlicher hervor. Jedenfalls scheint es uns geboten (aber auch möglich), die innertrinitarischen Handlungsbegriffe des »Zeugens«, »Hauchens« und »Hervorgehens« als Begriffe einer transzendentalen Struktur aufzufassen, *gerade* im trinitarisch gedachten Gott, die Wesenseinheit einer »Person« unter dem *wesentlichen Vorbehalt* je einer anderen »Person«, des immer neu erst zu suchenden und zu beginnenden Übergangs zu ihr zu denken und so *den Anderen* zum Kennzeichen des Wesens der Einheit Gottes zu machen.

Es wäre dies eine Einheit des Ganz-Anderen, die nicht aus der Erfahrung des Gott-Mensch-/Gott-Sünder-Abstandes herrührte, sondern aus den biblischen (und talmudischen und midraschischen) Zeugnissen von einer *inneren Beziehungshaftigkeit* Gottes – und einer, die mit Seinsbegriffen nicht ebenso genügend gefaßt werden könnte wie mit Handlungs- und Affekt-Begriffen. Gott ist nicht nur in unserem menschlichen Verhältnis zu ihm, er ist *auch in sich und seinem Verhältnis zu sich selbst* nur transzendental zu denken. *Er »hat« Sich so wenig fest wie wir ihn. Er gewinnt Sich-Selbst stets neu und gewinnt Sich-Selbst stets einer Andersheit ab, die ihn in immer neuen Gestalten bewegt.* Nichts spricht so dafür wie die biblischen Zeugnisse, daß Gott Sich-etwas-gereuen läßt (Gen 6,6;

Ps 106,45; Joel 2,13 u. ö.). Das sagt doch, daß es ihm nichts Unbekanntes ist, immer erst wieder zu Sich-Selbst finden und kommen zu müssen; sozusagen: über Sich-Selbst hinaus, als ein Anderer über einen Anderen.

Transzendenz im inneren Verhältnis Gottes zu sich selbst stünde dann unter solchen Kennzeichen wie *Rückbezüglichkeit und Vorbehalt.*

Auch innertrinitarisch gedacht, vermag der »Sohn« nichts ohne den »Vater«; er schöpft die ihm eigenen Lebens- und Wirkkräfte aus jener essentia, die er überhaupt nur durch seine ewige, ständig neue »Zeugung« vom Vater empfangen kann. Ihm eignet dabei – wie Augustin lehrte – auch nicht die Fähigkeit des Vaters, a se agere, von sich, aus eigenen Seinskräften zu handeln. »Sohn« ist er nur in ständigem Rückbezug auf den »Vater«, – ohne ihn könnte er nichts tun (vgl. Joh 5,19). Die dogmatischen Bestimmungen bezeichnen hier eine radikale, *essentielle* Differenz zwischen »Sohn« und »Vater«: pater a se ipso essentiam habet, ideo a se agit, filius a patre.[158] Dem »Sohn« fehlt jede Aseität, die einzig vom »Vater« behauptet werden kann. Dies ist nicht nur eine Denkfigur stärkster Subordination (»Der Vater ist größer als ich«: Joh 14,28), sondern auch einer radikalen Andersheit. Denn sie besagt, daß der »Sohn« ohne den »Vater« weder Stand noch Wesen (essentia) hat. Ohne das, was er von einem Anderen empfängt, ist er selbst wesenlos, verloren in sich, könnte er jedenfalls nicht λόγος, Weisheit, »Sohn« – nicht etwas Sprechendes, schon gar nicht »das Sagen« sein. Er wäre bei Gott überhaupt nur als eine Projektion unserer Erhöhung, eine Hypostase, Grundlage, ein »Seiendes« aus Kräften, die *wir* ihm doch erst schüfen und beilegten. Und Jesus als ein derart wesenloser »Sohn« Gottes wäre ein Mensch wie nur ein Mensch sonst, »den man vergessen kann«; er bedeutete nichts.

Solche essentielle Rückbezüglichkeit finden wir z.B. in den johannäischen *Worten von dem Weggehen* Jesu zum Vater.[159] Während der dogmatische Handlungsbegriff der »Zeugung« des Sohnes durch den Vater (außer natürlich in Ps 2,7/Lk 3,22 D) von johannäischen Gedanken der Sendung Jesu durch den Vater geschichtliche Breite und Anschauung empfangen kann, gibt es umgekehrt *für den Weg des Sohnes hin zum Vater kein Pendant in der trinitätstheologischen Reflexion* – obgleich dieser Gedanke in der Darstellung des Johannes-Evangelisten nicht geringere Bedeutung hat als der der Herkunft des Sohnes aus Gott: Er ist *von Anfang an* nicht nur auf einem Weg vom Vater her, sondern auch auf einem *zum Vater hin.* Johannes schildert diesen Weg als einen, den die Jünger nur als einen in die Fremde, ins Unendliche, zu einem ihnen unerschwinglichen Anderen begreifen können, und Jesus bestätigt ihnen dies auch: »Wohin ich

158. Zit. nach Chr. E. Luthardt, Kompendium der Dogmatik, 8. verb. Aufl. 1889, 115.
159. Vgl. F.-W. Marquardt, Das christliche Bekenntnis zu Jesus, dem Juden. Eine Christologie. Bd. 2, 199.

gehe, dahin kannst du mir jetzt nicht folgen, du wirst aber später folgen« (Joh 13,36). »Petrus sagt zu ihm: Herr, warum kann ich dir jetzt nicht folgen? Mein Leben will ich für dich hingeben« (Joh 13,37) – Petrus weiß demnach um *die Radikalität dieses transire, Hinübergehens, dieser Transzendenz: Sie verlangt Todesbereitschaft.* Aber Jesus sieht seinen Jünger Petrus dieser Radikalität noch nicht gewachsen. Bereits in der nächsten Perikope (Joh 14,1ff) weiß ein anderer Jünger, Thomas, mit *diesem* Weg und dieser Wegrichtung als solchen gar nichts anzufangen: »Herr, wir wissen nicht, wohin du gehst; wie können wir den Weg wissen?« (Joh 14,5) – worauf Jesus sich selbst mit dem berühmten Wort von Weg, Wahrheit und Leben benennt, also als den Menschen einer grundsätzlichen Rückbeziehung zum Vater (Joh 14,6), in der er sein »Wesen« hat. Denn indem er zum Vater geht, geht er zu dem, der »größer ist als ich« (Joh 14,28).

Die *Radikalität dieser Transzendenz* zeigt sich darin, daß seine Wendung zum Vater bei Jesu Freunden und Freundinnen nur *Traurigkeit im Herzen* erzeugen kann: *wie über einen Toten* (Joh 16,6.20-22) – so entzogen ist er auf diesem Weg nicht nur ihnen, sondern der Welt schlechthin. Sie können ihn weder im Horizont der Welt noch in ihrem eigenen (Kirchen-)Horizont mehr »sehen« (Joh 16,16; 14,17.19), – werden und müssen ihn auf seinem Weg hin zum Vater »allein lassen« (Joh 16,32).

Doch noch deutlicher erscheint die Radikalität der Transzendenz im Verhältnis des »Sohnes« zum »Vater«, sofern Johannes es in seiner Ganzheit unter dem von J. Leibowitz so besonders hervorgehobenen rabbinischen Motiv des »Nicht um seiner selbst willen« schildert. Es ist dies das Gethsemane-Motiv des ganzen Lebens Jesu: »Doch nicht wie ich will« (Mt 26,39b). Als sich die bat-kol, die Tochterstimme Gottes, zur Verklärung Jesu hören ließ (verwechselbar mit Donnergrollen oder auch einem Engelslaut), sagte Jesus: »Nicht um meinetwillen ist diese Stimme erschollen ... : οὐ δι' ἐμέ » (Joh 12,30). »Ich ehre meinen Vater ..., aber suche nicht meine Ehre« (Joh 8,49-50). »Wenn ich mich selbst ehre, ist meine Ehre nichts ...« (Joh 8,54) – und das ist Jesu Antwort auf die Unterstellung »der Juden«, er »mache sich zu etwas«: τίνα σεαυτὸν ποιεῖς (Wozu machst du dich?: Joh 8,53). »Ich kann nichts von mir aus *tun«:* Οὐ δύναμαι ἐγὼ ποιεῖν ἀπ' ἐμαυτοῦ οὐδέν (Joh 5,30) – non a se agit. Er sucht auch nicht seinen *Willen:* οὐ ζητῶ τὸ θέλημα τὸ ἐμόν , sondern den Willen jenes Anderen, Gottes, der ihn gesandt hat, ἀλλὰ τὸ θέλημα τοῦ πέμψατός με (Joh 5,30). Er kann und will auch nicht sich selbst *bezeugen,* – täte er es, wäre sein Zeugnis nicht wahr: 'Εὰν ἐγὼ μαρτυρῶ περὶ ἐμαυτοῦ, ἡ μαρτυρία μου οὐκ ἔστιν ἀληθής (Joh 5,31), d.h.: Er kann und will weder sein Tun noch seinen Willen noch sein Zeugnis zurückbeziehen auf sich selbst, – in alledem geht er *heraus* aus sich selbst, ja: von sich fort, richtet sich auf den Vater und dessen »Ehre«; nur um *Dem* Gewicht, kavod, δόξα zu geben lebt und wirkt er.

Freilich ist im johannäischen Zeugnis diese radikale Rückbeziehung des »Sohnes« auf den »Vater« christologisch, also bundestheologisch gedacht; Jesus lebt extrem nur um des »Vaters« willen, weil und so wie der »Vater« nicht weniger extrem um des »Sohnes« willen lebt. Die Vater-Sohn-Beziehung ist eine reiner Gegenseitigkeit. Insofern erfüllt sie die *Problem*stellung nicht, die wir oben bei der Schilderung der Lévinas'schen Lehre von der »Transzendenz des Anderen« dargetan haben[160]; die Rückbeziehung des johannäischen »Sohnes« geht nicht ins »Unendliche« des unbekannt-Anderen, sondern eben zum »Vater«, der sich seinerseits auf den »Sohn« bezieht. Dessen Transzendenz ist im Sinne von Lévinas doch nicht *die* radikale, die der Problematik des abendländischen, fundamental selbstbezüglichen Denkens Widerpart bieten könnte. Aber die Einsicht in diese Problematik lehrt uns doch umgekehrt achthaben auf den strukturellen Sinn, den die johannäischen Zeugnisse vom Herauslösen und Weggehen Jesu aus dem Horizont der »Welt« und seiner Freunde und die Zeugnisse von seiner Existenz »nicht um seiner-selbst-willen« haben und die wir mit dem Begriff des »Rückbezugs« des »Sohnes« auf den »Vater« beschrieben haben. Dafür hat das trinitarische Dogma keine Sprache gesucht. Diese fand sie nur – mit dem Begriff der ewigen »Zeugung« – im hierarchischen Gefälle vom »Vater« zum »Sohn«. Suchte sie einen Ausgleich für solche Einseitigkeit der Beziehung in der Lehre von der Perichorese, dem Besuchsumgang der drei göttlichen »Personen« beieinander, ihrer tätigen Nachbarschaft zueinander, so machte das doch deren fundamentale Differenz nicht wett, nach der »Sohn« und »Geist« ihre Essenz und ihre Handlungsmotive nicht a-se, sondern nur aus den Lebens- und Wesensmitteilungen des »Vaters« haben.

So bleibt das Leben des »Vaters« der ewige *Vorbehalt* gegenüber dem Leben und der Wirksamkeit des »Sohnes«: wie ihrer beider Leben und Wirksamkeit ein ewiger Vorbehalt gegenüber dem Leben und der Wirksamkeit des »Geistes« bleiben. Der »Sohn« ist überhaupt nur »Sohn« unter der Bedingung und Voraussetzung, daß Gott sich an ihm als »Vater« betätigt, bezeugt und ihn als »Sohn« zeugt. Ohne Gott kein »Sohn Gottes« – wie umgekehrt freilich auch ohne einen »Sohn Gottes« kein Gott, der als Abba, Vater angerufen werden könnte. Der Vater-Name Gottes ist keiner aus einer allgemeinen Religionsgeschichte, auch keine Benennung aus dem (als allgemein-naturhaft begriffenen) Schöpfungswerk Gottes; nicht in seinem bara und asah, »Schaffen« und »Machen« zeigt Gott sich als »Vater«, sondern in seinem »Zeugen« des Sohnes. Der dogmatische Begriff der ewigen generatio, »Zeugung« Gottes wahrt hier die besondere Geschichtlichkeit des Vater-Namens und der Vater-Tätigkeit des *biblischen* Gottes. Er ist nicht Vater aller Menschen, sondern »Vater« seines »Sohnes«: Israels

160. Vgl.oben S. 432-439.

und Jesu, Vater in der spezifischen Genealogie, den toledot der »Väter« und »Mütter« Israels, denen auch »der Sohn« Jesus von Nazareth entstammt, also »Vater« auch nur, indem er sich zum »Vater« macht, im Vollzug jenes Vaterwerdens, in dem er seine essentia und seine Handlungskräfte fortpflanzt, fort-«zeugt«, um sie auch in einem Anderen als sich selbst aufleben zu lassen. Diese Fortzeugung aber setzt sich fort im von »Vater« und »Sohn« gemeinsam unternommenen Werk der spiratio, dem Erhauchen des »Geistes«, der den Einen mit dem »Anderen« – und dann sie gemeinsam verbindet mit »allem Fleisch«.

So beobachten wir innerhalb der christlichen Trinitätslehre, speziell der von einer »inneren« Trinität Gottes, Transzendenzbeziehungen, die wohl Gegenseitigkeitsverhältnisse beschreiben, wie wir sie so nur aus dem Bundesdenken Israels kennen, die aber zugleich Beziehungen »radikaler Transzendenz« genannt werden können, weil es nun doch einen qualitativen Unterschied benennt, wenn vom »Vater« wesenhaft (und nicht nur funktional) anderes gesagt werden kann und muß als vom »Sohn« und »Geist«: daß ihm a-se eignet, was »Sohn« und »Geist« nur kraft der Teilgabe durch den »Vater« zukommt: essentia und die Fähigkeit: a se agere, »von sich selbst« aus zu handeln. Was nach der klassischen Trinitätstheologie auch umgekehrt formuliert werden konnte: Er, der ewige »Vater« a nullo est, er ist von niemandem her, verdankt sich niemandem als sich selbst, – was auch ausgedrückt werden konnte: pater a nullo procedit, der »Vater« geht aus niemandem und nichts als sich selbst hervor; *theosophische Bedürfnisse,* sich eine Ursprungs- und Ableitungsgeschichte Gottes denken zu können, werden durch die Fassung radikaler Transzendenz gerade innerhalb der Trinitätslehre *ausgeschlossen.*

Das heißt aber: Der »unendliche qualitative Unterschied« zwischen Gott und Welt bekommt *innerhalb* der Trinitätslehre seinen Platz, seine Repräsentanz in der spezifischen Differenz zwischen dem »Vater« und dem »Sohn« und dem »Geist«. Das Verhältnis der drei »Personen« zueinander wird als ein *geschichtliches, bewegliches, dynamisches* beschrieben – insofern als eines, das *wir* nur in der Weise der *Hoffnung* mitleben können darauf, daß der »Vater« semper gignit filium und nicht desinet gignere: immer wieder den »Sohn« zeugt und *nicht damit aufhört* – was man mindestens als den Grenzbegriff eines *christlichen* Gottesverständnisses, wenn nicht gar als einen *Katastrophenfall Gottes* genau so mitdenken und zur Sprache bringen muß wie die Hoffnung, daß die spiratio, die ewige Hauchung des Geistes intra sinum deitatis a patre et filio permanens bleibe (so beharrlich im Inneren der Gottheit vom Vater und Sohn her anhalte), wie dies trinitätstheologisch vorgesehen ist. Daß, was in alter Dogmatik nur als Grenzbegriff formuliert wurde, nach Auschwitz aus dem rein Begrifflichen ins seinshaft-Wirkliche getreten sein könnte – Gott wirklich *aufhörte,* den »Sohn« zu zeugen, als er die Vernichtung Israels zuließ, – also auch *aufhörte,* mit Hilfe des Sohnes fortzeugend den Geist seines Lebens in die trinitarisch Bekennenden zu hauchen, so daß sie die Kraft des Helfens wenigstens aus Gottes Busens Reine empfangen hätten, die sie aus ihrem eigenen Inneren nicht bekamen – das macht grenzbegriffliche Nebenbemerkungen von einst zu scharfen *Kriterien* für eine unmögliche oder doch mögliche Fortsetzung dieser Lehre heute. Mehr als je steht die Trinitätslehre auf dem Prüfstand des jüdischen Nein: heute nicht nur hinsichtlich des »Monotheismus« und ethischer »radikaler« Transzendenz, sondern nach Auschwitz auch hinsichtlich des trinitarischen Bekenntnisses zu Gottes *Lebendigkeit.*

Nun wurde freilich in der theologischen und kirchlichen Bekenntnisüberlieferung des trinitarischen Dogma der Alten Kirche viel stärker als die Differenzierung der drei »Personen« *die Einheit von Gottes »Wesen«* betont.

Darin zeigt sich natürlich das Interesse auch der vorwiegend heidenchristlichen Kirche, unter keinen Umständen etwa die Einheit des Sch'ma Jißrael zu verletzen, sich vom jüdischen Volk etwa durch die Anrufung eines anderen Gottes als des Gottes Abrahams, Isaaks und Jakobs zu unterscheiden, – ein anderes als das biblische »Bild« von Gott zu erschaffen und gar: Gott selbst »andere Gottheit« »ins Angesicht« zu setzen, – avoda zara durch schittuf zu treiben: Götzendienst durch Vergesellschaftung Gottes mit einem Anderen.

Andererseits waren das Widerfahrnis des Geistes, vor allem aber die Erwekkung Jesu vom Tode für die Christen so fundamental wichtige Ereignisse, die sie überhaupt erst in ein Verhältnis zum biblischen Gott und in seine Geschichte hineinversetzten (sofern sie geborene Nicht-Juden waren), daß für sie ein inneres Bedürfnis unabweisbar war, Gott um Jesu willen zu *loben,* – dem Gott, der in »Christus Jesus« sich ihnen erschlosssen hatte, – bald aber auch dem Jesus Christus selbst »wie Gott« carmina zu singen. Am Anfang der Wege zur Wesenseinheit steht das »religiöse«, *praktische* Von-innen-her-nicht-anders-Können, als Jesus (in der Kraft des Geistes) in das Loben Gottes mit hineinzu*singen* – und dann natürlich: auch bald -zu*sagen.* Für dies *praktische* Grundmotiv des christlichen Weges zu einem trinitarischen Bekenntnis steht der Heilige Geist als die dritte »Person« der Trinität. Er ist die Wirklichkeit, die den »Vater« und den »Sohn« erst zu einem ihnen gemeinsamen Tun – dem »Hauchen« des Geistes – bewegt. Dies Tun verbindet sie. Zugleich aber ist der Geist die von dem »Vater« und dem »Sohn« »hervorgehende«, sie zu uns Menschen hin tradierende Kraft, die uns zum Beten und Loben eben dieses Gottes erweckt. Von uns Menschen aus gesehen, bekommt der Geist den Vortritt sowohl vor dem »Sohn« als auch dem »Vater«: Denn es war und ist der Geist, der uns auf den Weg des Sohnes zum Vater führt.

Das besagt aber, daß das trinitarische Bekenntnis der Kirchen sich *primär nicht einem theoretischen Denkinteresse an einer Einheitsfassung des christlichen*

Gottesverständnisses verdankt, sondern den Versuch bedeutet, einen *Widerfahrnis-Spiegel* des christlichen Lebens mit Gott im Bild oder Begriff, besser: in der Sprache von Gott zu schaffen. Mit Herbert Braun geredet, ließe sich sagen: »Vater«, »Sohn« und »Geist« sind keine weltanschaulichen begrifflichen »Vorgaben« (etwa neuplatonischer Begrifflichkeit) für ein christliches Verstehenlernen Gottes – sind vielmehr genaue Benennungen dessen, *worum* Gott sich den Christen verdient gemacht hat, – *wofür* sie ihn darum loben: um des Weges des Geistes willen, der ihnen Jesus von Nazareth und »in« und »durch« diesen den Gott Israels zugänglich gemacht und erschlossen hat. In der Trinitäts*lehre* spiegeln sie das, was ihnen dieser *Weg* bedeutet: daß sie vom Geist bewegt und Jesus nachfolgend nicht auf bösem Wege, nicht theologisch auf einem Abweg wandeln, sondern sich von Gott selbst geleitet wissen auf ewigem Wege (vgl. Ps 139,24).

Das Maß dafür ist aber in der Tat die unverletzte *Einheit Gottes.*

Diese nun haben die frühen Christen nicht mehr mit Handlungs-, sondern mit *Seinsbegriffen* ausgedrückt: οὐσία, essentia, substantia, φύσις, natura – und wie dergleichen mehr gefunden wurden. Uns interessieren nicht sprachliche Mißverständlichkeiten, die in diesen Worten in Anwendung auf diesen Denkgegenstand enthalten sein können und viel diskutiert wurden. Wir stoßen uns vielmehr am Substanzhaften, Feststehenden dieser Begriffe. Sie können das Wesen Gottes *nicht mehr als das Beziehungswesen* benennen, das der wesenshaltige biblische Name Gottes bedeutet: Eheje ascher eheje, Ich werde und will mit euch sein als der und wann immer ich mit euch sein werde. Die alten Lehrer wollten so auch Gottes Einheit als eine Substanzeinheit bestimmen, an der die drei »Personen« gemeinsam teilhaben und wo die Differenz der »Personen« – die Aseität nur des »Vaters« – dann doch keinerlei Bedeutung mehr haben sollte. Ihnen lag vor allem daran, Jesus mit Gott, – den »Sohn« mit dem »Vater«, als »gleicher Gott von Macht und Ehren« ansehen zu können (M. Luther, EKG 132,2/EG 183,2). Das war in der Tat dazu angetan, Gott und Jesus nicht mehr voneinander unterscheiden und die Christen als Vergotter eines Menschen anklagen zu können – damit zweifellos als des Götzendienstes schuldig. Die Christen haben, was für sie in der Hauptsache doch eine Herzensangelegenheit ihres Singens war – ein *liturgisches* Motiv –, zu einem *polemischen* Motiv ihrer *inneren* Auseinandersetzungen um die reine Lehre, aber auch ihrer *äußeren* Abwehr von einem ihnen allzu »abstrakt« vorkommenden jüdischen und moslemischen Monotheismus gemacht: dem Begriff und Bild von einem in sich selbst undifferenzierten, nicht sich selbst gegenständlich seienden, unlebendig und geschichtslos wesenden Gott. Im Zusammenhang je konkreter theologischer Auseinandersetzungen kam es dann zu einer Bestimmung des *Wesens* Gottes, das seine Einheit als unterschiedslose *Identität* in den drei »Personen« behauptete: unus

Deus est ipsa trinitas. Mit *dieser* Wesenseinheit im Sinne einer Identität liegen die Personendifferenzen, die wir herausgearbeitet haben, zweifellos im Widerspruch – den die alten Lehrer der Trinitätslehre durchaus gekannt und mit der Antwort versehen haben, daß dies Dogma über jede Faßlichkeit der menschlichen Vernunft (also auch über jedes logische Postulat von Widerspruchslosigkeit) hinausgehe und allenfalls *als* Geheimnis begreiflich sei.[161]

Die Frage ist freilich, ob die polemischen Situationen, durch die die *Begriffs*gegensätze zwischen »Personen« und »Wesen« Gottes der Bibel und dem existentiellen Bedürfnis der Christen gegenüber immer mehr verschärft wurden, Anspruch auf ewige Wahrheit behaupten dürfen, und wir fragen jetzt gleich direkt: ob es »heute« nicht geboten sein könnte – den Strukturen der biblischen Verkündigung entsprechend – Gottes »Wesen« aus der differenzierten Beziehung seiner »Personen« zu bestimmen, besser: sein Sein aus den (wohlgemerkt: innertrinitarisch bestimmten) Taten seines »Zeugens«, »Hauchens« und »Hervorgehens«, – das *Subjekt* Gottes aus den *Verben,* die von seinem göttlichen Tun gebildet worden sind.

Keineswegs müßte dies eine Wahl zugunsten einer »ökonomischen«, an Gottes Werken »ad extra«, »nach außen«, nur an seinem Mensch- und Weltverhältnis orientierten Trinitätslehre sein – gegen die schwierigere »innere« Trinitätslehre. Gerade heutigen Christen müßte – wie denen der alten Zeit – wieder daran gelegen sein, das, was sie von Gott noch zu empfangen meinen, als in Gott-selbst, also: als wirklich in Gott *begründet* denken zu können – *und nicht bloß hemmungslos auf ihn projiziert.* Mag sein, daß die links-hegelische und marxistische Projektionskritik heute schon längst untergegangen ist in den hemmungslosen und ihrer selbst bewußtlosen theologischen Projektionsmoden der theologischen Postmoderne, die eine die andere jagen (Gott: »gegenständlich« oder »gegenstandslos-unendlich«; Gott: Frau oder Mann, – schwarz, gelb oder weiß; Gott: im Gewand aller möglicher indigenous theologies, mit Einschluß des abendländisch-Eingeborenen unserer eigenen Theologie usw.). Die Lehre von einer inneren Trinität Gottes hat ihre Bedeutung als Anker der Vergewisserung darüber, daß wir uns über Gott nicht täuschen und keinen Illusionen nachlaufen in unseren Theologien, – wir mithin *Gott nicht aus uns, sondern Gott aus Gott zu denken* versuchen. Wer, wie Juden, Gott und das jüdische Volk in der praeexistenten Tora begegnen sieht, wird Verständnis gewinnen für Christen, die Israels Gott und sich (als Gojim) im ewigen »Sohn« begegnen sehen. Und wer, wie Juden, Gott und sich in den *Werken* der Tora begegnen sieht, wird Verständnis gewinnen für Christen, die Israels Gott und sich (als Gojim) in

161. Vgl. Joh.. Gerhard, Loci theologici, Tomus I, 1610. Locus tertius: De Sanctissimo THS PANAGIAS KAI UPERARRHTOU TRIADOS Mysterio.

Werken des Geistes Gottes verbunden sehen. *Die »immanente« Trinitätslehre besitzt immens kritische Funktion* und ist darum für projektionsgierige Heiden unverzichtbar – *wenn* und solange sie sich gerade um die *Transzendenz Gottes in Gott* bemühen und sich verbieten, die innere Einheit Gottes als glatte Gegebenheit einer (von keinem differenzierenden Ereignis und Akt mehr abhängigen) Identität zu denken.

e. *Die Erkennbarkeit Gottes in seinem Reich*

Das kirchliche Bekenntnis zu einer trinitarischen Einheit Gottes hat biblischen Anhalt vor allem in den Worten, die der vierte Evangelist Jesus hat sagen hören: »Ich und der Vater sind eins« (Joh 10,30). Das ist noch lange nicht im Sinne einer definierenden Wesensaussage gemeint, wie sie die später sich bildende Trinitätslehre gebraucht, vielmehr aus dem Gebet des »Sohnes« zum »Vater« gehört worden (Joh 17,1): Laß, Gott, die Meinen so miteinander eins werden, wie wir eins sind (Joh 17,11.22).

Auch den Zahlen nach sind das ja keine trinitarischen Worte, sprechen sie doch nur von einer *Zwei*-Einheit zwischen dem »Vater« und dem »Sohn«. Allerdings ist diese die Urzelle der späteren kirchlichen Drei-Einheit. Um des (christologischen) Verständnisses Jesu und seiner Gott-Mensch-Einheit willen wurde ja die Trinitätslehre zeitlich und sachlich erst nach den kirchlichen Bemühungen entwickelt, das Beieinander von Gott und Mensch in Jesus zu verstehen. Wenn Gott und Mensch so zusammengehören, wie es den Christen in ihrer Begegnung mit Jesus aufgegangen war, war die Frage ja fast unvermeidlich, ob sich ihre Einheit wirklich aus Gott-selbst verstehen und dann gedanklich auch verantworten ließ oder ob dies nicht *doch* die Einheit Gottes zerstören und zu avoda zara, Götzendienst führen müßte. Die Trinitätslehre sollte die Unversehrtheit des einen Gottes angesichts des Christus-Widerfahrnis schützen helfen. Insofern ist auch das Wort Jesu: »Ich und der Vater sind eins« (Joh 10,30) sehr schutzbedürftig.

Um so mehr sollten wir aber beachten, wie der johannnäische Jesus selbst sein hochgreifendes Wort schon vor jedem Mißverständnis geschützt hat. (Der Johannes-Evangelist ist in der Substanz seines Zeugnisses viel sensibler jüdisch, als die Interpreten wahrhaben wollen, die ihn zu einem antijüdischen Christen schlechthin stempeln).

Jesus redet von seiner Einheit mit dem Vater und des Vaters Einheit mit sich in einem eschatologischen Horizont – und zwar einem auch für ihn noch *offenen.* Ihr fehlt von innen wie von außen her noch Entscheidendes: Von »innen«: die *gegenseitige* Verherrlichung von »Vater« und »Sohn« (Joh 17,1); sie gab es bisher nur einseitig als eine des »Vaters« durch den »Sohn« »auf Erden« (Joh 17,4), und auch sie nur erst in der Gestalt der Offenbarung des »Namens« des Vaters durch den »Sohn« (17,6). Noch fehlt von außen die Überwindung der »Welt« (Joh 16,33), – die Machtgewinnung über »alles Fleisch« (17,2), – das Fruchtbringen der Freunde Jesu (15,16), – die Gabe des »ewigen Lebens« an Alle (17,2).

Vor allem aber fehlt der Einheit von »Vater« und »Sohn« noch die Einheit der Dritten im Bunde: die innere der Gemeinde Jesu (Joh 17,11) – deren äußere mit Menschen, die Gott schon als »die Seinen« erkannt, bestimmt und der Gemeinde zugedacht hat, die aber bis jetzt noch nicht für sie gewonnen wurden (17,20f), – schließlich aber: daß »die Welt glaubt« (17,21), – sie: um deretwillen der »Vater« dem »Sohn« ja »Macht über alles Fleisch« gegeben hatte (Joh 17,2).

Das heißt: Die Einheit des johannäischen »Sohnes« mit dem »Vater« trägt noch *Kennzeichen eines Unerfüllten.* Sie hat sich noch nicht dahin aus-gewirkt, wohin sie zielt und worum willen von ihr überhaupt zu reden ist. Sie ist teleologische Einheit, besser: *Wirk*einheit. Die Einheit zwischen »Vater« und »Sohn« ist Anfang und Entwurf für mehr als nur sie selbst. Darum nennen wir sie *eschatologische Einheit,* eine, die auf eine Erfüllung aus ist und ohne sie noch nicht ist, was ihr Sinn ist. Die Einheit zwischen »Vater« und »Sohn« zielt auf die Einheit derer, die des »Vaters« und des »Sohnes« sind, und diese wiederum zielt auf die Erkennbarkeit Gottes, also den Glauben »der Welt« (17,21). Erst in einer Drei-Einheit wird und soll also die Zwei-Einheit von »Vater« und »Sohn« zu sich selber kommen. Offenbar wollte die spätere dogmatische Rede vom Geist als einer dritten »Person« und seinem procedere zu den Menschen diesen Drang zum Dritten und darin erst zur Erfüllung der Zwei-Einheit ausdrücken. Dritter im Bunde sollte aber mit den Freundinnen und Freunden Jesu die (bis dahin im Widerstand gegen Gott begriffene) »Welt«, – sollte »alles Fleisch«, – kurz: die Menschheit schlechthin sein. *In der einen Menschheit erst festigt sich die Einheit Gottes – als Einheit des »Vaters« mit dem »Sohn«, des »Sohnes« mit dem »Vater« im »Geiste«.* In der Zwei-Einheit von »Vater« und »Sohn« ist er ein Entwurf auf einen Drei-Einigen hin, – *als* Drei-Einiger, also trinitarischer, ist er eine *eschatologische Wirklichkeit* und unter den Umständen des gegenwärtigen Wirkens Jesu eine noch nicht erfüllte Verheißung – wir sagen: *Utopie.* Jesu Gebet: ut *omnes* unum sint (Joh 17,11) schließt – so sehr ihrer beider Einheit bereits Grund für das Beten Jesu ist – theologisch doch ihn und den Vater ein; denn das Beten des »Sohnes« zum »Vater« zeigt, wie zwischen ihnen etwas offen ist. (Wir sagen nicht: »noch« offen; das Beten Jesu wird wohl *für immer* das entscheidende Kennzeichen seines Einsseins mit dem »Vater« bleiben – wie das talmudische Beten Gottes zu sich selbst: b Berachot 7a; dies Beten Gottes ist *jüdisches* Wissen um seine innere »Gegenständlichkeit«, Lebendigkeit – wie das Beten des »Sohnes« zum »Vater« dasselbe ist in *christlicher* Gestalt). Wir bestimmen solche Gebetsoffenheit zwischen »Vater« und »Sohn« also nicht als Zeichen von ihrer beider Noch-Nicht-Einheit, wohl aber als eines für ihre noch nicht *vollendete* Drei-Einheit. Das Unvollendete der Drei-Einheit *zeigt* sich erst im Beten Jesu zum »Vater« um weitere Einungen.

Johannes spricht also von der Einheit Gottes *geschichtlich,* in einem »soziologischen« Kontext. *Zur Einheit von »Vater« und »Sohn« gehört Menschheitseinheit,* sie ist – können wir arg abstrakt sagen – ein soziopolitischer oder theopolitischer Begriff: Durchaus denkbar, daß er nach rabbinischer Logik gebildet worden ist, die das Zusammen von dem einen Gott mit dem einen Volk und der Einheit Gottes mit der Einheit des Volkes kennt: θεὸς εἷς καὶ 'Εβραίων γένος ἕν – »Gott: Einer und der Hebräer Geschlecht: eines«[162]. Der *Christ* Johannes sucht die Volkseinheit in der Gemeindeeinheit, aber (darin wieder hellenistisch-jüdisch) auch in der Menschheitseinung, wie sie z.B. auch für Philo von Alexandrien zum einen Gott gehörte.[163] Insofern ließe sich die Vater-Sohn-Einheit des Johannesevangeliums geistesgeschichtlich in den Problemzusammenhang eines »politischen« Monotheismus hineindenken, wie ihn Erik Peterson dargetan hat.[164] Gotteseinheit und Menscheneinheit sind dort ein Thema der Monarchia, der *Gottesherrschaft, seiner Alleinherrschaft in der Welt.*

Die aber ist ein Thema der Eschatologie, besser: einer radikalen Utopie. *Wie es des einen Gottes zur Bildung einer geeinten Menschheit bedarf, so umgekehrt einer geeinten Menschheit zur Erkenntnis der Drei-Einheit Gottes, insofern aber auch zu der Erfüllung des Wissens Jesu darum, daß er und der Vater eins sind. Offenbar untersteht die Wirklichkeit des trinitarischen Zeugnisses (damit aber auch ihre Erkenntnismöglichkeit) den Bedingungen einer neuen Welt und in ihr völlig neuer Menschen.* Sie ist unsereinem unter den Gegebenheiten der alten Welt nicht erschwinglich, jedenfalls nicht zu verifizieren. Wir hörten schon, daß die alten Lehrer der Dogmatik darum wußten, – deswegen die Behauptung einer Trinität Gottes als »Geheimnis« bezeichneten – das sie allerdings eher im *logischen* Widerspruch der Zahlen sahen (daß nämlich: »der, wie er ist Drei in Ein, …« EKG 218,7/EG 263,7) als (wie wir es für besser hielten) in ihrem *eschatologischen,* noch nicht zur Evidenz geöffneten Grund und Sinn.

Auch darum scheint der Johannes-Evangelist gewußt zu haben. Er erzählt, wie einst »die Juden« Steine herbeitrugen, um Jesus zu steinigen, als sie ihn sein Wort sagen hörten: »Ich und der Vater sind eins« (Joh 10,31.30). Das zeigt, daß der vierte Evangelist gerade in dieser Frage den jüdisch-christlichen Gegensatz gesehen und selbst zur Sprache gebracht hat; dieser gehört zur *frühen,* nicht erst

162. Josephus, Archaeol. 5, 57; zit. nach: E. Peterson, Der Monotheismus als politisches Problem, Anm. 26, in: Theologische Traktate, 1951, 110.
163. Philo, De specialibus legibus II, § 167 vgl. I, § 97.
164. E. Peterson, Der Monotheismus als politisches Problem (Leipzig 1935), in: Theologische Traktate, 1951, 45ff.

einer allmählich entstehenden späteren Entwicklung des christlich-jüdischen Grundgegensatzes; er war da, lange ehe es ein trinitarisches Dogma der Kirche gab, – gehörte zum *christologischen* Grund dieser Lehre: »weil« – nach jüdischer Sicht – »du, der du ein Mensch bist, dich zu Gott machst« (Joh 10,33).

Freilich wollte der johannäische Jesus das als einen Vorwurf nicht auf sich sitzen lassen, – öffnete die Tora und trug Psalm 82,6 vor, wo man den Gott Israels sagen hören kann: »Selber ich hatte gesprochen: / ›Götter seid ihr, / Söhne des Höchsten ihr alle!‹«: elohim attem u bene eljon, – nach der griechischen Übersetzung der LXX : ἐγὼ εἶπα θεοί ἐστε – und eben wörtlich so zitiert den Vers der Jesus des Johannesevangeliums: 10,34. Obgleich im Zusammenhang des Psalms 82 bei den elohim an Gottheiten der Völker gedacht ist, hat *jüdische* Auslegung hier immer anderes gehört: um die Einzigkeit Gottes nicht angreifen zu lassen durch ein Wort, in dem sogar Gott selbst andere Wesen neben sich als Gottheiten, elohim anspricht. Lieber nahmen die Lehrer Israels in Kauf, *Menschen* von Gott als »Gottheiten« tituliert zu sehen, als die Existenz anderer Gottwesen neben Gott anerkennen zu müssen. Sie nahmen hin, daß die Tora Menschen »Götter genannt hat« (Joh 10,35), und brachten in ihre Diskussion die Frage ein, inwiefern das so gesagt werden könnte und was es meine. Rabbinische Lehrer konnten hier wohl auch an die ihnen auch sonst bekannten »Dienstengel« denken, aber durchaus auch an die Israeliten schlechthin oder an besondere Gruppen im jüdischen Volk: vor allem die erkenntnis- und urteilsfähigen Richter: Der Inhalt von Psalm 82 legte gerade diese Deutung nahe. Aber wie immer in der jüdischen Diskussion gibt es da viele Möglichkeiten. Der johannäische Jesus beteiligt sich an dieser Diskussion; sein Verstehensvorschlag für vom Gott der Tora als »Götter« angesprochene Menschen lautet: Das sind alle die, »an die das Wort Gottes erging«: πρὸς οὓς ὁ λόγος τοῦ θεοῦ ἐγένετο (Joh 10,35). Menschen werden zu elohim, θεοί, Göttern in der Kraft des Wortes Gottes, das sie anspricht. Jesus besteht auf der Schriftgemäßheit seiner Deutung: Die Schrift, die das sagt, »kann nicht aufgelöst werden«, οὐ δύναται λυθῆναι ἡ γραφή – womöglich soll dieser Hinweis unterstreichen, daß seine Deutung von Menschen als Göttern aus der Kraft des Wortes Gottes *schriftgemäßer* sei als beispielsweise die rabbinische auf die angeborene oder erworbene Einsichtsfähigkeit von Richtern. Der Name θεοί, Götter, für Menschen kann nur von Gott, nur aus seiner Wirkung an Menschen gegeben werden, – ist keine einfache Mitgift, durch die ein Mensch sich selbst als »Gott« qualifizieren könnte.

Wie auch immer – der Psalmenvers 82,6 bringt jüdische Interpretation in eine verzwickte Lage: entweder Gottheit neben Gott anerkennen oder Menschen als »Götter« – von Gott selbst angesprochen! – denken zu müssen. Die rabbinische Diskussion zeigt, daß man lieber die zweite Möglichkeit gewählt – damit aber auch einer »christologischen« Problemstellung Einlaß gewährt hat.

Der johannäische Jesus beruft sich für sein Selbstverständnis – »Ich und der Vater sind eins« – auf diese rabbinische Möglichkeit, die im Wortlaut der Tora »unauflöslich« begründet, jüdisch also fundiert ist, schützt sie vor möglichem Mißbrauch aber zugleich durch seine theozentrische (und die damit vermutlich gemeinte Abwehr einer anthropozentrischen) Deutung: »Götter« können Menschen nur durch die Wirksamkeit der Tora in ihnen genannt werden.

Daß der johannäische Jesus dabei wirklich an *Israels* Tora denkt, zeigt sich daran, daß das Wort von Menschen als Göttern mit jenem »Wort Gottes« verbunden ist, das im Tun guter Werke bewährt wird (Joh 10,32.33.37) – also *nicht* mit einem theologisch-spekulativen, womöglich gnostischen Wort, das – mythisch – eine Gott/Menschengötter-Einheit stiften oder beschwören würde. Gott erkennt solche Menschen als »Götter« (ihm ent-sprechende Wesen), die aus dem Widerfahrnis des Wortes Gottes zu Tätern dieses Wortes werden; mit ihnen sieht er sich verbunden, ja einig, ja »eins« durch ihr und sein »Sein in der Tat«.

»Die Juden« von Johannes 10 empören sich gegen Jesus auch nicht wegen der Tatmerkmale seines Wirkens: »Nicht wegen eines guten Werkes wollen wir dich steinigen« (Joh 10,33), »sondern wegen einer Lästerung, und zwar, weil du, der du ein Mensch bist, dich zu Gott machst«. Eben diesen Lästerungsvorwurf weist Jesus zurück, er ist in seinen Augen nicht schriftgemäß und bleibt überdies hinter dem Stand rabbinischer Diskussion zurück. Im übrigen aber akzeptiert er, der Jude, das jüdische Hauptkriterium: »Tue ich die Werke meines Vaters nicht, so glaubet mir *nicht!* Tue ich sie aber, so glaubt, wenn ihr auch nicht mir glaubt, doch den *Werken,* damit ihr erfaßt und erkennt, daß der Vater in mir ist und ich im Vater« (Joh 10,37-38). Letzte *Entscheidung* über eine Gott-Mensch-Einheit in Jesus fällt also *nicht* an dem – jüdisch durchaus erschwinglichen – Namen »Gott« für einen Menschen, sondern an den ἔργα, den Werken, die Jesus, durch die Tora des Vaters angesprochen, tatsächlich tut.

Allerdings würde der johannäische Jesus den Erweis der Werke der Tora und den Erweis des Gottesnamens aus der Tora *nicht gegeneinander ausspielen* lassen, nicht: die halachische gegen die haggadische Einheitsbestimmung. *Er akzeptiert den Vorrang,* das jüdisch Allgemeinverbindliche, *der halachischen Bestimmung* vor der haggadischen: Wenn ihr gar nicht anders könnt, dann »glaubt« eben nur den Werken, die ich tue, – erkennt mich über die Werke, die ich gemäß der Tora Gottes tue. *Aber akzeptiert doch auch,* daß es daneben noch eine andere Dimension der Erkennbarkeit des Gott-Mensch-Verhältnisses gibt: *die der Namen neben der der Werke.* Sie gehört genau so zu jüdischer Tradition und Denkmöglichkeit wie der Erweis durch Werke. Bei seinem Namen wird ja ein Mensch gerufen, – er legt ihn sich nicht selbst bei, – und ruft *Gott* einen Menschen bei dessen Namen, dann bedeutet das ja: »Du bist mein« (Jes 43,1): in engster Zusammengehörigkeit, im Vater-Sohn-Verhältnis (sofern es nach den biblischen toledot-Erzählungen Vorrecht des Vaters ist, den Namen eines Neugeborenen zu »rufen«: kara beschem, dadurch den Neugeborenen öffentlich anredbar, also gesellschaftlich kommunikationsfähig zu machen – womit ein Geburtsvorgang erst völlig abgeschlossen ist).

Jesus läßt sich auf dies Gespräch aber nicht etwa ein, um dadurch den Juden seine *Gottheit* aus der Tora als jüdisch nicht völllig undenkbar zu erweisen. Sein Wort »Ich und der Vater sind eins« erhebt keinen Anspruch auf eine »Göttlichkeit« Jesu. Für sein Einssein mit dem Vater genügt ihm der Name eines »Sohnes Gottes« (10,36) – mehr will jedenfalls er aus der Psalmenstelle von der Gottes-Anrede an menschliche elohim, θεοί, Götter für sich nicht in Anspruch nehmen. Dies aber *wohl,* – und dies *kann* er, weil Ps 82,6 ja nicht exklusiv ihm allein gilt, sondern – nach rabbinischen Voraussetzungen jedenfalls – Menschen überhaupt, vor allem: »jenen« (Joh 10,35) Juden. Der Name eines »Sohnes Gottes« ist (wie wir in unserer Christologie dargetan haben) kein nur exklusiv für Jesus von Nazareth sprechender Name; er spricht, sagten wir, zu Jesus, weil er zuvor und grundsätzlich zu Israel spricht, dem Volk, zu dem Jesus gehört.[165]

Das heißt aber auch, daß mit dem Namen des »Sohnes Gottes« keineswegs, wie im späteren Dogma der Kirche (und seither in der feinen oder platten Gewöhnung des kirchlichen Sprachgebrauchs), der Gedanke einer göttlichen »Natur« oder Gottheit Jesu verbunden gedacht werden muß. Ein »Sohn« Gottes muß nicht Gott sein. Wohl aber kann von all den »Söhnen« Gottes, die biblisch mit diesem Namen gesegnet sind, gesagt werden, daß sie ihre Gottessohnschaft dem verdanken, daß sowohl nach rabbinischer als auch jesuanischer Erkenntnis Gott im »Gesetz«, in der Tora und mit dem »Wort Gottes« Menschen als Götter angeredet, sie dadurch *erhöht,* mit Gnade und Barmherzigkeit *gekrönt* (vgl. Ps 103,4), sie zu schlechthin neuen Menschen gemacht hat: neu – in ihrer *Aller* Einheit mit Gott.

In *diesem* Zusammenhang sehen wir die *eschatologische* Bedingung und Ermöglichung der Erkenntnis von der Drei-Einheit Gottes. Joh 17 schildert sie im *Horizont* der Gemeinde- und Menschheitseinheit, – Joh 10 in der *Substanz* von durch das Wort Gottes zu neuen Geschöpfen, »Göttern« und »Söhnen Gottes«, geschaffenen Menschen. Solche neuen Menschen können Sinn und Grenze des Selbstzeugnisses Jesu begreifen: »Ich und der Vater sind eins«, weil sie selbst in die Einheit mit Gott durch den Geist der Neuerschaffung erhoben worden sind. Wir können auch sagen: weil an ihnen die »eschatologische« Gottesherrschaft erlebbar und wirklich geworden ist. Gleiches kann da durch Gleiches erkannt werden – eine im johannäischen Gedankenkreis auch sonst bezeugte *Hoffnungs*aussicht.

165. F.-W. Marquardt, Das christliche Bekenntnis zu Jesus, dem Juden. Bd. 2, 1991, 69ff.

Wir schließen unsere Besinnung auf die vorerst noch ganz offene *Utopie des trinitarischen Gotteslobs der Christen:* »Geliebte, jetzt sind wir Kinder Gottes, und noch ist nicht offenbar geworden, was wir sein werden. Wir wissen, daß wir, wenn es offenbar geworden ist, ihm gleich sein werden – ὅμοιοι αὐτῷ ἐσόμεθα; denn wir werden ihn sehen, wie er ist. Und jeder, der diese Hoffnung auf ihn hat – τὴν ἐλπίδα ταύτην ἐπ' αὐτῷ –, heiligt sich, wie er heilig ist« (1 Joh 3,2-3). Die Anähnelung von Gott und Mensch – Hoffnung und Utopie: derzeit ganz offene Erkenntnisbedingung für IHN, J-H-W-H: »der, wie er ist drei in ein, / uns in ihm läßt eines sein. / Erbarm dich, Herr« (EKG 218,7/EG 263,7).

4. Noch einmal: Nach Auschwitz

Innerhalb des Gesamtprojekts unserer Dogmatik haben wir also die Lehre von Gott (und seiner trinitarischen Erkenntnis) ins Utopische gerückt.

Das hat uns nicht gehindert, von Anfang an (die Schriften auslegend und auf die Erkenntnis der Kirche hörend) von Gott zu reden. Dieser Widerspruch war uns von vornherein bewußt, und wir haben uns ihm mehr als einmal gestellt. Hatten Theologen in der vorigen Generation unter dem Andrang der nihilistischen Grundsituation im Abendland Theologie zu treiben versucht, etsi Deus non daretur: als gäbe es Gott nicht, finden wir uns in der umgekehrten *Situation, von Gott zu reden: als gäbe es ihn.*

Wir empfinden dies als die Situation nach Auschwitz. Eigentlich wäre von Gott nur zu *schweigen* – nicht nur weil die Verlassenheitserfahrungen noch nicht ausgestanden scheinen, von denen wie die Opfer der von Christen nicht verhinderten nationalsozialistischen Gewaltverbrechen, so auch wir Mittäter gezeichnet sind – und als Mittäter gezeichnet *bleiben,* solange sich bei uns ein »Denken aus der Umkehr heraus« noch nicht durchsetzen kann, vor allem: Theologie eine Selbsterforschung ihrer geistigen Mittäterschaft weit von sich weist und so tut, als wäre nichts Böses geschehen, wofür auch sie verantwortlich wäre; solange sich das nicht ändert, bleibt sie eine von allen guten Geistern und auch gottverlassene Theologie. Zu schweigen wäre von Gott auch nicht nur, weil die geistesgeschichtliche Lage etwa noch immer eine Rede vom »Tode Gottes« nötig erscheinen ließe; die kapitalistische Postmoderne verdaut auch noch Nietzsche und den Nihilismus, ohne daran zu ersticken. Zu schweigen wäre von Gott auch nicht nur, weil unter den Bedingungen der kapitalistischen Postmoderne die Möglichkeiten, Gottes-Ersatz en masse zu produzieren, propagieren und durchzusetzen, zur Struktur dieses Gesellschafts- und Wirtschaftssystems gehören, also selbst Systemcharakter haben. Am Anfang des kapitalistischen Wirtschaftens in Deutschland hat niemand so wie Martin Luther die Systemstruktur des Abgöttischen daran erkannt und wie in sein predigendes und ethisches, so in sein theologisch-systematisches Reden von Gott aufgenommen[166]; seine Einsichten haben sich seither immer neu bestätigt, und das vollendet sich im gesellschaftlichen Geltungsverlust der Kirchen, im totalen öffentlichen Wissensverlust von Inhalt und Sinn der christlichen Verkündigung, ja selbst der »Werte« des »Christentums«: jenes kulturellen und politischen Abfallprodukts der Geschichte der christlichen Predigt. Wie schon in den frühen Nachkriegsjahren des Kampfes gegen die christliche Restauration in Westdeutschland halte ich nach wie vor Existenz und Programmatik von »christlichen« Parteien für Alibi-Institutionen, die im tiefsten zum Absterben »christlicher« Traditionen, Werte und eines öffentlichen Wissen von der biblisch-kirchlichen Verkündigung beitragen – ganz analog zur Entchristlichung im Herrschaftsbereich der religionsfeindlichen real existierenden Sozialismen. Beide konvergieren in einem Menschen- und Weltverständnis ohne imago Dei und ohne Hoffnung des Reiches *Gottes* und bringen (brachten) die Rede von Gott ins Sinnleere. Kein Wort wäre darüber zu verlieren, wenn nicht die Kirchen, christliche Prediger und nicht minder systematische Theologen ihr Reden von Gott dieser Weltwirklichkeit beständig und (bei der Ausbildung ihrer theologischen Prinzipien) grundsätzlich anglichen.[167]

Von Gott zu schweigen *wäre* wegen der Nacht von Auschwitz, die nach wie vor über allem Leben liegt – gerade auch dem geistig-seelischen, das eben nicht über das geschichtliche Elend erhaben geblieben ist, vielmehr es mit verursacht hat.

Zu schweigen wäre von Gott, weil man nicht von ihm reden kann.

Wir reden dennoch von ihm, weil uns das Wort jüdischer Verzweiflung einleuchtet, daß wir nicht Hitler noch nachträglich Recht geben sollten, indem wir von Gott schweigen. Das wollte Hitler ja mit der Ausrottung der Juden.

Aber nicht nur retrospektiv verhalten wir uns zu Hitler. Er ist noch gegenwärtig. Nicht in den Neonazis Europas, Rußlands, der USA, Deutschlands. Sie könnten uns nicht ins theologische Konzept spucken. Aber was geistig *zu* Hitler führte, ist noch da – durch die Amerikanisierung und kapitalistische Universalisierung unserer Kultur nicht ernsthaft verdeckt oder eingewickelt. Es ist am meisten da, wo die Überzeugung von eigener Unbetroffenheit jede Aufgabe verneint, uns am eigenen Zeuge zu flicken.

166. Vgl. F.-W. Marquardt, Gott *oder* Mammon, aber: Theologie *und* Ökonomie bei Martin Luther, in: Einwürfe 1, 1983, 176ff.

167. Dieter Schellongs Schrift: Bürgertum und christliche Religion. Anpassungsprobleme der Theologie seit Schleiermacher, 1975. ²1984, enthielt weit mehr als eine theologiegeschichtliche Unterrichtung über die Entwicklung der letzten 200 Jahre; sie ist eine bis heute nicht angenommene systematische Herausforderung an das kirchliche Reden von Gott.

In Evangelischer Theologie scheint das Unbetroffenheitsgefühl chronisch. Während Gemeindeglieder auf Kirchentagen nach Möglichkeiten theologischer Veränderung geradezu gierig fragen, – Pfarrkonvente sich (freilich langsamer als Laien) dafür zu interessieren beginnen, – Synoden dabei sind, die Grundgesetze ihrer Kirchen in den Horizont ihrer eigenen Opfer zu stellen und sich als gerade ihnen – gerade dem jüdischen Volk! – prinzipiell zugehörig definieren, verändert sich die von Theologen zu verantwortende Dogmatik und Kirchenlehre so gut wie gar nicht. Einigkeit gibt es hier wohl über ein *ethisches* Versagen von Christen und Theologen, und hier ist man bereit zu jeder Revision von Einstellungen, die Antijudaismus und Fremdenfeindlichkeit möglich machten. Doch *an die dogmatische Substanz der Lehrtradition läßt man nicht rühren,* beschwört Ängste um Identitätsverlust, scheint nicht einmal zu leisen Infragestellungen und Veränderungen bereit – weil man grundsätzlich einen vermeintlich geschichtstheologischen Einfluß oder »kontextuellen« Zusammenhang christlicher Erkenntnis abwehren möchte. Wie oft habe ich nicht den entweder albernen oder gemeinen Vorwurf gehört: »Auschwitz« als ein theologisches Kriterium sei ein deutsch-christliches Projekt und etabliere eine zweite Offenbarungsquelle neben Schrift und Bekenntnis, verrate also Barmen I und II. Das ist Inhaltsleere schlechthin, bemüht sich auch nicht die Spur, sich antijüdische Gesinnungen und Konsequenzen in Inhalten und Formen christlichen Lehrdenkens bewußt zu machen und Möglichkeiten zu suchen, sie künftig zu vermeiden. Über Hunderten von Motiven, die Lehre welcher Geisteslage auch immer anzupassen, – über ...zig Experimenten mit »neuen Ansätzen«, »Paradigmenwechseln« und z.B. Genitiv-Verbindungen von Theologie mit Befreiung, Revolution, Emanzipation, Spiel, Natur, Religion etc., – über hemmungsloser Bereitschaft zur Machtgerechtheit von Theologie – wird nur gegen die Ortsbestimmung theologischen Denkens »nach Auschwitz« die Anklage auf häretische Struktur erhoben. Ich unterlasse die Psychoanalyse und Ideologiekritik, die allein an dies Syndrom heranreichten. Theologisch bedeutet solcher Selbstschutz von Dogma und Bekenntnis einen Dogmatismus, der nicht mehr glaubwürdig für den lebendigen Gott der Schriften sprechen kann und ihn auch noch aus der eh schon ghettohaften Theologie ins rein Utopische verdrängt.

Wir klagen darüber nicht, sondern gehen daran vorbei.

Uns ist Auschwitz nicht eine Last der »Geschichte«, über die sich immer leicht spekulieren läßt. Wir leben als Nachbarn, Schüler, Freunde von *Menschen,* die heute noch nicht wieder erholsam schlafen können, weil sie von den Erinnerungen an die Nazi-Zeit immer noch aus dem Schlaf gerissen und vom deutschen Tonfall immer noch in Angst und Schrecken versetzt werden. Wir leben als Christen in Kirchen, die den antijüdischen Tonfall (gegen den Gott verfehlenden »Heilsweg« des Gesetzes, – gegen das Tun, das »als solches« das Böse ist, –

gegen die Gottverschlossenheit eines »abstrakten«, nicht-trinitarischen Monotheismus, – gegen »Synergismus« jeder Art) in Theologien, Religionslehrbüchern, Predigten immer noch nicht aufklären und abschaffen können, – vor allem vom Geist der Ketzerriecherei und Ketzermacherei nach wie vor besessen scheinen bei gleichzeitiger Gleichgültigkeit gegen immer neue Chimären eines religiösen Pluralismus auch in den Theologien. »Repressive Toleranz« ist durchaus eines der Kennzeichen der theologischen Situation.

Ein anderes das Abfallen theologischer Dialektik nur noch an den Dienst gesellschaftlicher, wissenschaftstheoretischer, religiöser, psychologischer *Vermittlung,* also der Verlust einer Dialektik, in der Widerspruch und Gegensatz ohne Synthesis radikal bleiben bis ins Unlösbare und Unvermittelbare. Aber nur solch radikale »negative« Dialektik vermag Gott zu bezeugen: Es ist ihm zu überlassen, des Widerspruchs selbst Herr zu werden, ihn mithin als eine Figur eschatologischen Verweisens auszuhalten, Widerspruchsfreiheit – statt sie als Postulat vernünftigen Denkens und Redens vorauszusetzen – als Verheißung künftiger Erfüllung gelten zu lassen. Bis dahin ist Widersprüche aufzureißen unser Amt, in Widersprüche zu stürzen und in ihnen auszuharren Zeichen der Zeit unserer Not: der Seinsmacht des Todes, die von Auschwitz ausstrahlt, der wir Gott wohl widerstehen, doch nicht mehr sich erwehren sehen.

Es ist dies die Situation, in der wir *von Gott nur noch unter dem Vorbehalt Gottes* zu sprechen wagen, – wo das Vorzeichen von allem, was wir von Gott sagen (und in unserer Dogmatik gesagt haben) lauten muß: »So Gott will und er lebt«.

Und dies ist der Grund, weswegen wir Gott selbst im Wirklichkeitshorizont des Utopischen geortet haben. Nicht nur die meisten der von ihm uns zugesagten biblischen Verheißungen sind von der utopischen Art – er selbst erscheint uns schlechterdings als das Wesen, das keinen Raum in unserer Herberge hat. Sucht er überhaupt nach Raum in der Welt? Wer das *fragen* kann, *glaubt* – speist seinen Glauben aber nicht mehr aus einer Gewißheit der Existenz Gottes, sondern aus einer Utopie Gott. Sie ist insofern konkrete geschichtliche Utopie, als es die Raumlosigkeit des aus Kirche, Gesellschaft, Theologie verdrängten, des aus seiner Fleischwerdung vertriebenen, ins radikale Jenseits des Ganz-Anderen vertriebenen Gottes ist, eines Gottes, den wir in sich selbst zurückgejagt haben. Aber wer auch das sagt, *glaubt.* Und auch der *glaubt,* der statt die Welt noch als Ort für Gott Gott als den Ort, makom, der Welt anrufen möchte, – dem nicht Gott zum Problem der Welt, vielmehr die Welt zum Problem Gottes geworden ist. Dem verjagten Gott entspricht so ein verworrener, desorientierter hilfloser Glaube – und welche Systematik und Dogmatik besäße noch Mittel für eine Reorientierung Gottes bei den Menschen, gar: der Menschen bei Gott?

»Hüter, ist die Nacht schier hin?«: »Wächter, / wieviel von der Nacht noch, / Wächter, / wieviel von der Nacht?« (EKG 266,1[168]; Jes 21,11). ;

»Spricht der Wächter: / Morgen zieht herauf, / aber auch Nacht noch, – / wollt ihrs ermühen, / mögt ihr euch mühen ...« (Jes 21,12).

Wir lesen das Buch des Freundes Albert H. Friedlander: »Das Ende der Nacht. Jüdische und christliche Denker nach dem Holocaust«[169]. Wir hören ihn sprechen von »Reitern in die Morgendämmerung«. »Sie sind aufgebrochen in der Vergangenheit, sie haben die Vergangenheit nicht einfach hinter sich gelassen, und doch sind sie weitergeritten, nach vorn, in ein neues Leben«[170]. »War die Shoa eine Apokalypse«, fragt er und antwortet: »Nie könnte man das sagen, da wir noch leben und einander Fragen stellen«[171]. Albert traut dem Leben – mehr als dem Tod.

So müssen wir damit rechnen, daß eines Tages sogar Auschwitz sich – von selbst: durch den Abstand der Zeiten – historisch zu relativieren beginnt. Wir hören von Stimmen aus Israel, die es für ein weiteres Gedeihen des jüdischen Staates abträglich finden, das Gedenken von Auschwitz weiter als Moment der Staatsraison öffentlich zu beschwören, man solle es den *einzelnen,* ihren Erinnerungen, ihrem Nachleiden überlassen, es sei dort auch wahrhaftiger und schmerzender geborgen als in Staatsakten, die vom Seelischen sich abhängig machen. Solche Überlegungen gehören zu den schwersten Anforderungen des inneren Emanzipations- und Säkularisationsprozesses, in dem ein nicht unbeträchtlicher Teil der israelischen Gesellschaft heute begriffen scheint. Der für die Pioniergeneration tief schmerzliche Abschied vom Zionismus, seinen sozialen Idealen und Verwirklichungen, gehört genauso in diesen Prozeß wie die Emanzipation der Öffentlichkeit vom »Judentum«, d.h. vom religiösen Traditionsmoment im Lebensstil und in der geistigen Prägung eines israelischen Selbstverständnisses. Vielleicht, daß Israel beginnt, sich – nicht zuletzt um seines Friedens inmitten der Völker willen – zu historisieren, sein Ausnahmehaftes, damit aber auch sein qualitativ Besonderes einzuschränken. Das wertet die nie beendete Existenz der Gola, der jüdischen Diaspora unter den anderen Völkern der Welt, neu auf und wird vermutlich eine innere Anspannung der Beziehungen der orthodoxen und liberalen Richtungen untereinander mit sich bringen.

Noch ist es nicht so weit, aber wir können nicht ausschließen, daß wir irgendwann einmal die Gesellschaft Israels ansehen müssen und ansehen werden wie nur irgendeine Gesellschaft sonst.

168. Das Lied EKG 266 »Hüter, wird die Nacht« (1698) ist im EG nicht mehr enthalten. ;
169. Englisch 1993, deutsch 1995.
170. A.a.O. 13.
171. A.a.O. 10.

Nicht, daß sich dann die »besonderen« Beziehungen zwischen Deutschland und Israel erledigt haben könnten! Es geht mit rechten Dingen zu, wenn im Augenblick, in dem in Israel Relativierungsprozesse im schweren, allzu schweren Verhältnis der Generationen zur eigenen Erfahrung zu beginnen scheinen, in Deutschland (unerwartet, – einigermaßen überraschend, – durch keinen Druck einer öffentlichen Meinung bewirkt, – wie es scheint: völlig unbesonnen über gestaltgebende Inhalte) der 27. Januar als Gedenktag der Befreiung des Konzentrationslagers Auschwitz eingerichtet und wenigstens in die Kalender eingezeichnet wird. Vielleicht hätte das jüdische Volk schon früher damit beginnen können, sich zu *ent*lasten, wenn das deutsche früher begonnen hätte, sich mit Auschwitz, seinen Voraussetzungen und Folgen zu *be*lasten: das Gewicht dieses unfaßbaren und nie zu bewältigenden Elends auf sich zu nehmen als Element seiner (nach 1989 neuen) nationalen Identität.

Um wieviel mehr bedeuten dann die Vorgänge im deutschen Protestantismus: daß Kirchen begonnen haben, durch Grundgesetzänderungen bereits in Präambeln ihre Identität mit der »Israels« zu verknüpfen – und dabei nicht nur ans biblische Israel von einst, sondern an dessen Gegenwart im heutigen jüdischen Volk zu denken! Man kann sofort fragen, ob solche kirchlichen Grundgesetz-Veränderungen mehr als Formalien bleiben werden (mehr als Befriedungen eines schlechten Gewissens), ob – und wenn: in welchem Sinne – ein neues Selbstverständnis die Gemeinden verändern, die Liturgien und Predigten im Sinne der neuen Kirchenordnungen neu ausrichten wird, – wieviel Ermutigungen für eine Erneuerung des christlich-jüdischen Verhältnisses auf allen Ebenen kirchlichen Lebens davon ausgehen werden. Skepsis ist hier geboten – solange eine résistance der akademischen Theologen, die die Pfarrerausbildung in ihren Händen haben, dagegen nicht gebrochen wird.

Aber wo und wenn eine Erneuerung beginnt, wird sie ein untrügliches Erkennungszeichen darin haben, daß sie hilft, Auschwitz nicht zu verdrängen, – Mitverantwortung für Auschwitz zu übernehmen, – theologische Erkenntnis und neue theologische Satzbildungen immer wieder der Frage zu unterwerfen, was auch sie an Bedingungen auch nur der Möglichkeit von Auschwitz in sich hatten und womöglich behalten. Vor allem aber: ob sie soviel *seelsorgerliche* Kraft in sich haben, Menschen nicht zu erdrücken durch ihre Einsichten, sondern sie so zu befreien, daß sie sich neu zu sich selbst in der Kette der Generationen von Christen bekennen können, erneuerte Lehre nicht ängstlich als Identitätsbedrohung, sondern als Glück einer Chance empfinden, doch noch einmal als Christen aufrecht einem Gott entgegenzugehen, der dies gerade so *will* und darin: *lebt.*

Verzeichnis von Bibelstellen und Stellen aus Talmud, jüdischer Tradition und dem Koran

Die Übersetzungen der Bibelstellen ins Deutsche folgen in der Regel der Luther-Bibel (»Luther«), der Zürcher Bibel (»Zürich«) und der »Verdeutschung der Schrift« von Buber/Rosenzweig.

Namenregister

In deutscher Umschrift wiedergegebene Namen der Rabbinen entsprechen in der Regel der Schreibweise im Babylonischen Talmud, neu übertragen durch Lazarus Goldschmidt, 1930-1936, 3. Aufl. 1980f.

Sachregister – Begriffe und Sachverhalte

Verzeichnis der Kirchenlieder aus EKG und EG

A.: in Anmerkung

62,7	83,6	536
336,1	440,1	551
233,5	326,5	556
132,2	183,2	564
218,7	263,7	568, 572
266,1	nicht mehr im EG	576